KB233651

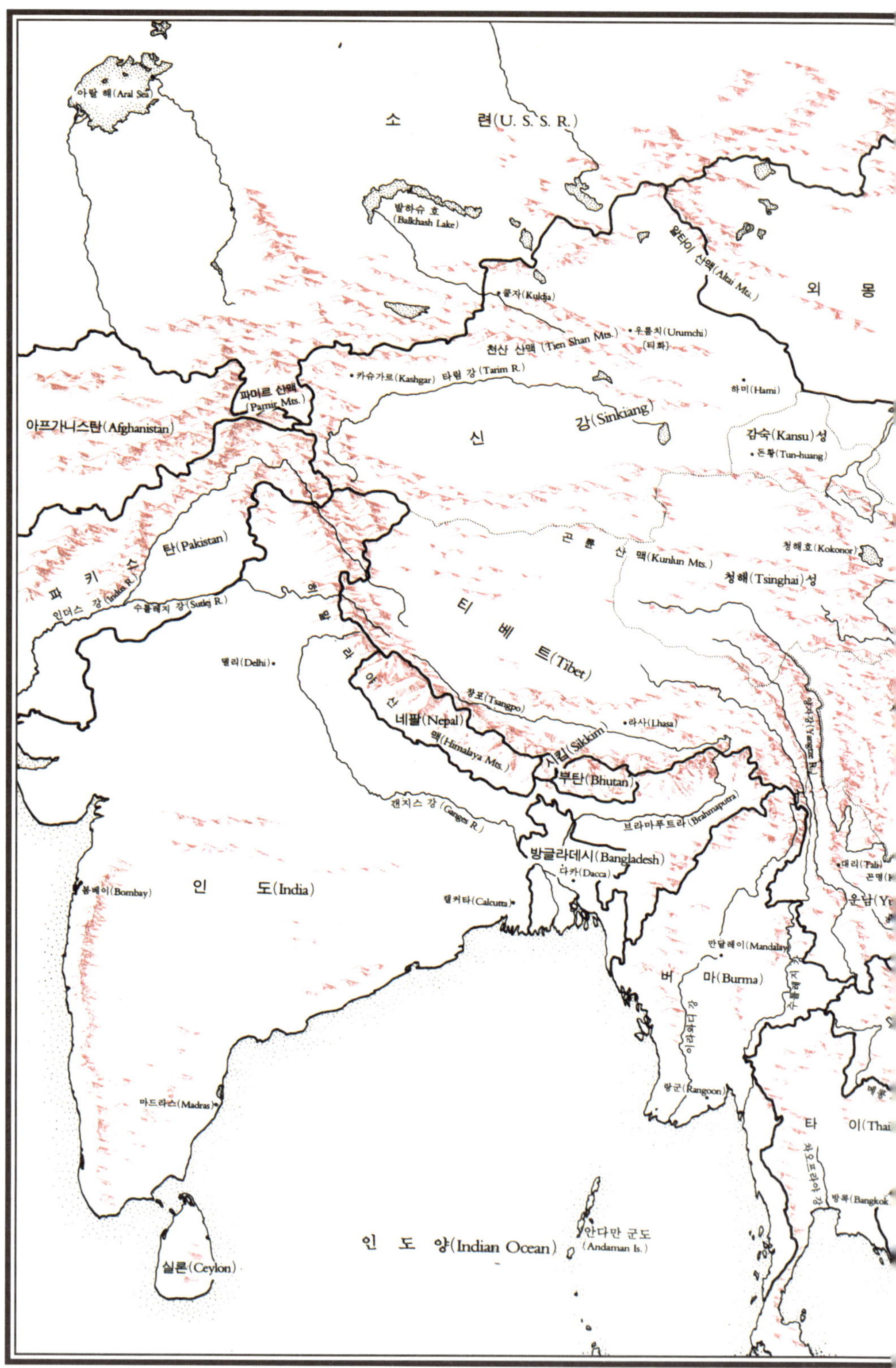

아랄 해(Aral Sea)
소 련(U. S. S. R.)
발하슈 호(Balkhash Lake)
룰자(Kuldja)
알타이 산맥(Altai Mts.)
외 몽
천산 산맥(Tien Shan Mts.)
우룸치(Urumchi)
(티화)
카슈가르(Kashgar) 타림 강(Tarim R.)
하미(Hami)
파미르 산맥(Pamir. Mts.)
신 강(Sinkiang)
감숙(Kansu)성
돈황(Tun-huang)
아프가니스탄(Afghanistan)
청해호(Kokonor)
곤 룬 산 맥(Kunlun Mts.)
청해(Tsinghai)성
탄(Pakistan)
파 키 스
인더스 강(Indus R.)
수틀레지 강(Sutlej R.)
티 베 트(Tibet)
델리(Delhi)
창포(Tsangpo)
네팔(Nepal)
라사(Lhasa)
히말라야 산 맥(Himalaya Mts.)
시킴(Sikkim)
부탄(Bhutan)
갠지스 강(Ganges R.)
브라마푸트라(Brahmaputra)
방글라데시(Bangladesh)
대리(Tali)
곤명
다카(Dacca)
운남(Yü)
봄베이(Bombay)
인 도(India)
캘커타(Calcutta)
만달레이(Mandalay)
버
마(Burma)
마드라스(Madras)
랑군(Rangoon)
타 이(Thai)
방콕(Bangkok)
안다만 군도(Andaman Is.)
인 도 양(Indian Ocean)
실론(Ceylon)
양자강(Yangtze R.)

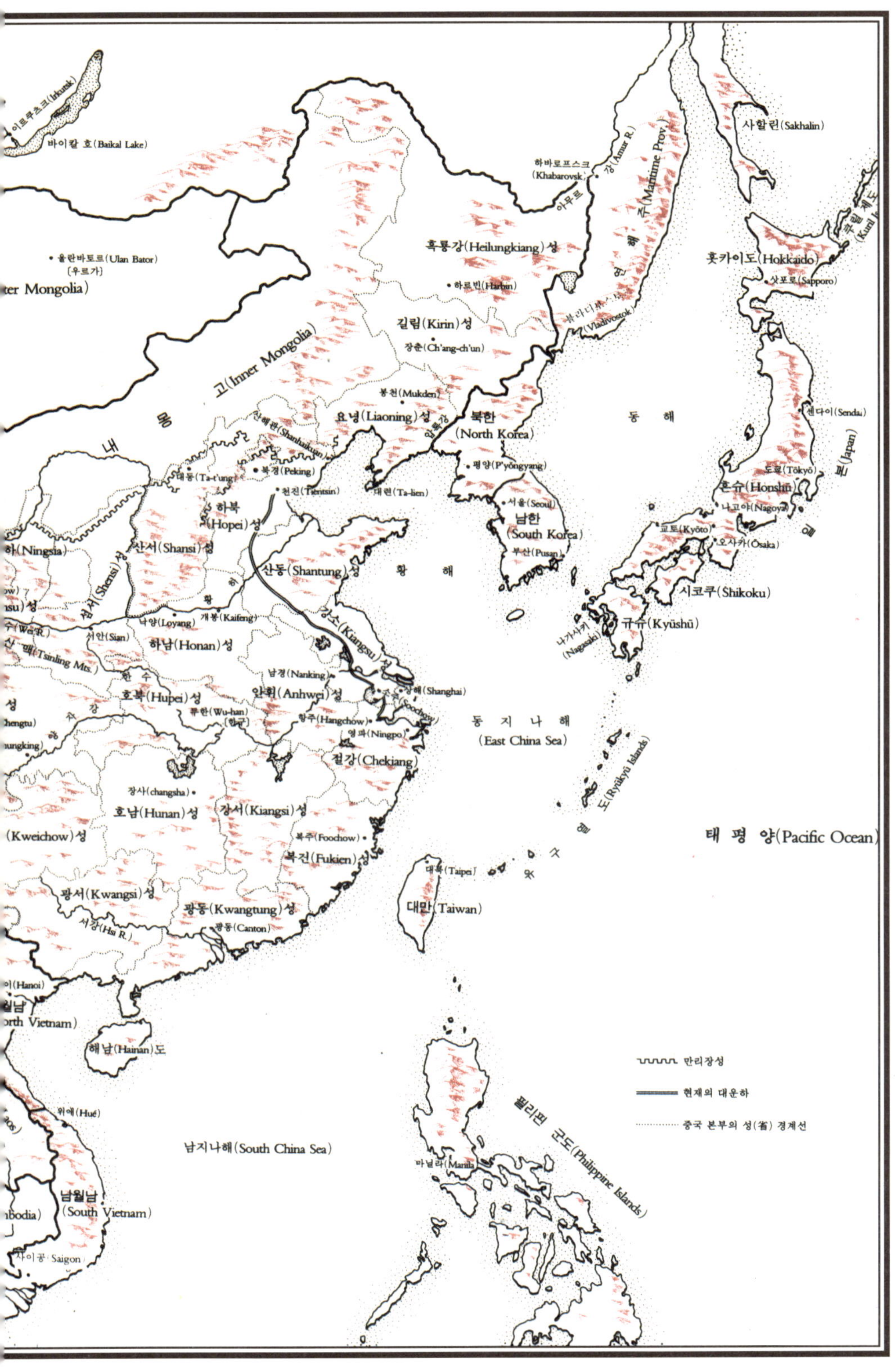

이르쿠츠크(Irkutsk)
바이칼 호(Baikal Lake)
울란바토르(Ulan Bator)
(우르가)
(Inner Mongolia)
하바로프스크(Khabarovsk)
강(Amur R.)
아무르
연해주(Maritime Prov.)
블라디보스토크(Vladivostok)
사할린(Sakhalin)
쿠릴 제도(Kuril Is.)
흑룡강(Heilungkiang)성
하르빈(Harbin)
길림(Kirin)성
장춘(Ch'ang-ch'un)
몽고(Inner Mongolia)
내몽
산해관(Shanhaikuan)
요녕(Liaoning)성
압록강
봉천(Mukden)
북한(North Korea)
평양(P'yŏngyang)
동 해
홋카이도(Hokkaido)
삿포로(Sapporo)
센다이(Sendai)
하(Ningsia)성
대동(Ta-t'ung)
북경(Peking)
하북(Hopei)성
천진(Tientsin)
대련(Ta-lien)
산서(Shansi)성
서울(Seoul)
남한(South Korea)
부산(Pusan)
혼슈(Honshū)
도쿄(Tōkyō)
나고야(Nagoya)
교토(Kyōto)
오사카(Ōsaka)
일본(Japan)
산동(Shantung)성
황 해
시코쿠(Shikoku)
섬서(Shensi)성
위(Wei R.)
산 맥(Tsinling Mts.)
성
서안(Sian)
낙양(Loyang)
개봉(Kaifeng)
하남(Honan)성
강소(Kiangsu)성
남경(Nanking)
안휘(Anhwei)성
호북(Hupei)성
무한(Wu-han)
(한구)
항주(Hangchow)
영파(Ningpo)
절강(Chekiang)
규슈(Kyūshū)
나가사키(Nagasaki)
성
(Chengtu)
(Chungking)
상해(Shanghai)
복주(Foochow)
동 지 나 해(East China Sea)
류큐 제도(Ryūkyū Islands)
장사(changsha)
호남(Hunan)성
강서(Kiangsi)성
복주(Foochow)
복건(Fukien)성
태 평 양(Pacific Ocean)
(Kweichow)성
광서(Kwangsi)성
광동(Kwangtung)성
서강(Hsi R.)
광동(Canton)
대북(Taipei)
대만(Taiwan)
(Hanoi)
월남(North Vietnam)
해남(Hainan)도
위에(Hué)
남지나해(South China Sea)
필리핀 군도(Philippine Islands)
마닐라(Manila)
(Cambodia)
남월남(South Vietnam)
사이공(Saigon)
만리장성
현재의 대운하
중국 본부의 성(省) 경계선

동양 문화사 (하)

존 K. 페어뱅크 · 에드윈 O. 라이샤워 · 앨버트 M. 크레이그 지음
김한규 · 전용만 · 윤병남 옮김

을유문화사

East Asia
Tradition & Transformation   *Revised Edition*

John K. Fairbank, *Professor Emeritus*
Edwin O. Reischauer, *Professor Emeritus*
Albert M. Craig
Harvard University

First Published by Houghton Mifflin Company,
Boston, Massachuesetts, United States of America

Korean Edition © 1991 by Eulyoo Publishing Company, Ltd.,
Seoul, Korea

ISBN 89−324−0002−4 93920

역자 서문

20여 년 전, 대학과 대학원에서 전해종(全海宗) 교수의 동양사 강의를 들으면서, 기억 속에 소중하게 담아 둔 한 마디의 말씀이 있었다. 그것은 역사를 전체적으로 이해할 수 있는 폭넓고 긴 안목을 기르기 위해 틈틈이 개설서를 읽으라는 권고였다. 이것은 지금까지도 동아시아사를 공부하는 역자에게는 중요한 지침의 하나가 되고 있지만, 당시에는 그 뜻을 제대로 헤아리지도 못한 채, 개설서에 밑줄을 그어 가면서 열심히 읽었던 기억이 새롭다. 그 무렵에 주로 읽은 동양사 개설서가 바로 하버드 대학의 존 페어뱅크(John K. Fairbank) 교수와 에드윈 라이샤워(Edwin O. Reischauer) 교수 및 앨버트 크레이그(Albert M. Craig) 교수 등이 함께 지은 *A History of East Asian Civilization*의 제 1 권 *East Asia, The Great Tradition*(1960)과 제 2 권 *East Asia, The Modern Transformation*(1965)이었다. 전해종 교수, 고병익(高柄翊) 교수, 민두기(閔斗基) 교수 등이 함께 한국어로 번역하여 을유문화사에서 〈東洋文化史〉(上(1964)·下(1969))로 출간한 이 책은 당시 미국 동양사학계의 역량을 모두 결집한 정수였다. 중국이나 일본의 동양사학계에서도 이미 많은 개설서를 출간하였지만, 객관적 입장에서 동아시아사 전체를 거시적 안목으로 조감한 개설서로서는 이만한 책이 없었던 것으로 기억된다.

금번 을유문화사로부터 본서의 번역을 의뢰받았을 때, 영어 해독력의 미흡함에 대한 부끄러움과 상당 기간 '본업'에 지장이 초래될 것이라는 걱정이 앞섰음에도 불구하고 선뜻 응낙하게 된 가장 큰 이유도, 이 책이 학창 시절에 그토록 열심히 읽었던 바로 그 책을 모태로 하여 태어났기 때문이다.

페어뱅크·라이샤워·크레이그 세 사람이 다시 공저한 본서 *East Asia, Tradition & Transformation*(1978년 초판, 1990년 개정판)은 앞의 두 책을 한 권의 책으로 통합하고 현대사와 월남사 등을 보완하면서, 장과 절을 다시 조정하고 문단과 문장을 재정리한 것이다. 그러나 이 책의 존재 의미를 단순히 앞에 나온 책의 개정판 정도로 국한시켜서는 안 된다. 이 책을 번역하면서 앞서 나온 책과 비

iv

교해 본 결과, 이 책의 특징을 대체로 다음의 세 가지로 정리할 수 있었다.

그 하나는 동아시아사의 범주를 나름대로 획정했다는 것이다. 이 책의 저자들은 직접적으로 동아시아사 개념을 정의하지는 않았지만, 구체적 서술 체제를 통해 중국사(유목 민족사, 티베트사, 중앙 아시아사 포함)·월남사·일본사·한국사 등을 내용으로 한 동아시아사의 총체적 범주를 제시하였다. 대부분의 동양사 개설서들이 주로 중국사만을 서술 대상으로 하였는 데 반해 이 책은 동아시아사를 구성한 모든 요소들에게 적절한 의미를 부여하고 지면을 할당하였다.

두번째로 주목되는 이 책의 특징은 현대사의 충실한 서술을 통해 동아시아의 고대와 현대를 체계적으로 연결하는 데 성공하였다는 점이다. 아직도 어떤 사학자들은 역사에 현대사란 있을 수 없다고 주장하기도 하지만, 역사학도가 현대사를 포기한다면 역사학은 공허한 도락의 대상이 될지도 모른다. 이 책을 통해 수천 년 전의 고대사와 1990년의 동아시아 역사를 함께 읽는 독자들은 현재의 자아가 고대의 유기적 산물임을 실감하게 될 것이다.

그러나 그 무엇보다도 값진 본서의 독자적 존재 가치는 전서에 대한 철저한 자아 비판의 흔적을 보이고 있다는 점이다. 저자들은 권외에서 동아시아의 역사를 들여다보았다는 점에서 객관성은 미리 확보하고 있었지만, 그 대신 혈통과 체험을 통한 역사적 이해는 처음부터 불가능하였으며, 간접적 연구에 의한 사실의 오류 역시 부분적으로는 피하기 어려운 것이었다. 또한 전서는 미국 대학생을 대상으로 한 개설서였기 때문에 서양, 특히 미국의 입장에서 본 동아시아사라는 문제점을 안고 있었다. 한국이나 월남과 같은 현실적 약소국에 대한 관심의 상대적 부족 역시 어떤 이유에 기인하든 바람직한 일이 아니었다. 이 책은 저자들이 30여 년간에 걸쳐 이 모든 문제들을 치밀하게 검토하고 스스로 반성한 결과로서 태어났다. 이 책에서는 월남사의 독립된 장이 설정되고 한국사가 크게 보강되어, 동아시아사에서 점하는 양자의 위치와 역할에 대한 저자들의 인식이 그 동안 크게 변화되었음을 보여 주고 있다. 특히 이 책을 읽는 독자들은 철저한 수정 작업을 통해 이론(異論)의 여지를 제거한 치밀한 서술과 기존의 이론 체계나 연구 분위기, 문화적 편견, 민족주의적 감정 등에 구속되지 않은 공정한 서술에 대하여 역자와 함께 찬탄을 금하기 어려울 것이다.

　이 기회를 빌어, 앞서 나온 책의 번역자들과 을유문화사의 편집진 여러분들, 그리고 하와이 대학의 슐츠(E. Shultz) 교수 등 이 책의 번역에 많은 도움을 준 여러 분들께 감사의 뜻을 표하고 싶다.

1991년 8월
역자를 대표하여 김한규가 씀

<h1 align="center">범　례</h1>

1. 이 책은 하버드 대학의 존 페어뱅크(John K. Fairbank) 교수와 에드윈 라이샤워(Edwin O. Reischauer) 교수, 앨버트 크레이그(Albert M. Craig) 교수 등이 함께 쓴 *East Asia, Tradition & Transformation*의 1990년 개정판을 번역한 것이다.

2. 가능한 한 원서의 내용을 충실하게 그대로 옮기려 노력하였다. 단, 역자가 독자의 이해를 돕고, 기초적 사실을 보완하기 위하여 필요하다고 판단한 경우에는 〔 〕를 이용하였다.

3. 원서의 'Korea'는 대한 민국(大韓民國)을 가리키는 경우도 있지만 주로 우리 민족의 역사적 실체를 총체적으로 의미하였기 때문에 적절한 표현을 발견하기 어려웠다. 역사적 개념으로서는 '조선(朝鮮)'이 더 가까울지도 모르나, 우리의 통상적 관례에 따라 '한국(韓國)'으로 번역하였다. 'Vietnam'의 경우는 '베트남'보다는 '월남(越南)'이 우리에게 더 익숙해 있을 것으로 판단하여 '월남'으로 번역하였고, 'Tibet'는 '서장(西藏)'보다는 '티베트'가 더 우리의 귀에 익다고 판단하여 '티베트'로 번역하였다.

4. 지명과 인명의 표기는 각국의 특수성에 따라 서로 달리하였다. 우선 중국의 지명과 인명은 한자음을 한글로 표기한 다음, ( ) 안에 한자와 영문으로 중국어 발음을 표기하였다. 한국의 인명과 지명은 고유한 발음을 한글로 표기한 다음, ( ) 안에 한자를 써 두었다. 일본의 경우, 일본어 발음을 표기하고 〔 〕 안에 한자를 표기하였다. 월남의 인명은 한자음을 표기하고 ( ) 안에 한자와 영문으로 월남어 발음을 표기하였다. 단, 월남의 지명은 월남어 발음을 표기하고 ( ) 안에 한자를 써 두었다. ( ) 안의 영문 발음 표기는 원서의 체계를 따랐다. 이처럼 고유 명사를 다양하게 표기한 원칙은 외국의 인명과 지명에 대한 관례와 습관을 존중한다는 뜻에서였다.

5. 이 책에 게재된 도판과 삽화 및 지도 등은 거의 원서 그대로 재삽입되었다. 그러나 이 책 서두의 '중국어·일본어·한국어 및 월남어의 발음'에 관한 글은 번역하지 않았고, '삽화의 출처를 밝힌 글'은 번역하지 못하였다.

6. 역자 3인은 각자의 전공 분야에 따라 다음과 같이 나누어 번역하였다.

　　　　김한규 : 저자 서문, 1~12, 20, 26(후반), 27, 28(후반)
　　　　전용만 : 16, 19, 21, 24, 25, 28(전반)
　　　　윤병남 : 13~15, 17, 18, 22, 23, 26(전반)

vi

저자 서문

지난 10여 년 동안, 동아시아의 어떠한 나라도 격변의 소용돌이에서 벗어나지 못하였다. 중국은 모택동의 정책들을 거부하면서, 지속적인 경제 성장을 시작할 수 있다는 희망을 갖고 새로운 방침을 안출하였다. 남한, 대만, 홍콩, 그리고 싱가포르는 근대적인 경제 성장을 시작하고, 보다 개방적인 사회를 확립하는 방향으로 움직여 왔다. 북한과 월남은, 중국과 마찬가지로, 더 많이 뒤떨어지지 않기 위하여 그들의 정책들을 수정하기 시작하였다. 소련을 제외한 아시아의 나머지 나라들 모두를 합한 것보다도 더 큰 경제력을 갖고 있는 일본은 서양을 따라잡을 수 있도록 조정하기 시작하였다. 일본의 높은 공업 수준은 그 과학 기술상의 향상에 걸맞는 것이었으며, 일본의 영향력은 세계의 금융 시장에서 감지되기 시작하였다. 이 책에서 우리는 이러한 변화들을 고려하여 1978년 판의 전후(戰後) 관계 내용들을 수정하고 개정하였다.

1978년 판은 1960년 판인 *East Asia : The Great Tradition*과 1965년 판인 *East Asia : The Modern Transformation* 등 우리가 저술한 두 권의 원판을 고쳐 쓰고 간추린 개정판이었다. 이러한 책들은 1939년에 시작되어 제2차 세계 대전 이후에 더 발전된 하버드 대학의 한 연속 강의 과정에서 페어뱅크(J. K. Fairbank)와 라이샤워(E. O. Reischauer)가 공동 연구한 결과였다. 라이샤워 씨가 주일 미 대사직을 맡기 위하여 1961년에 하버드 대학을 떠났을 때, 강의 과정에 그 동안 참여하였던 크레이그(A. M. Craig)가 제2권의 일본사 관계 장절 가운데 나머지 부분을 기꺼이 맡아 주었다. 세 명의 저자들은 상호간의 격려와 비판으로 서로 많은 도움을 받았으며, 이 책의 다른 저자가 쓴 부분에 대하여 각자가 폭넓게 기여하였다. 그러나 각 장의 일차적 책임은 다음과 같이 나눠진다.

제 1 장 : 페어뱅크와 라이샤워
제 2 장~6 장 : 라이샤워
제 7 장~10 장 : 페어뱅크

우리가 동아시아의 역사를 연구하기 시작한 이래 수십 년 동안, 중국과 일본, 한국 및 월남 인민들은 전쟁과 침략이라는 커다란 재앙을 경험하였고, 국가적 생존과 재건이라는 위대한 과업을 성취하였다. 오늘날의 현실은 복잡하여 간단하게 요약하기가 쉽지 않다. 일본은 경제적 초강대국으로서의 새로운 입장을 조정해 오고 있다. 지난 10여 년 동안 중국 인민이 직면한 광범한 문제들은 좀더 잘 이해할 수 있게 되었다. 한국은 여전히 분단 국가로 남아 있다. 그리고 월남 인민은 전쟁으로 인한 황폐한 상태로부터 계속 회복되고 있다. 그러나 이들 네 나라는 이제 모두 새로운 시대로 접어들고 있음이 분명하다. 그들 인민들은 과거는 그러했지만 앞으로는 희망찬 미래가 전개될 것임을 잘 알게 된 것이다.

역사가로서 우리는 현재를 상세하게 다루는 것을 목적으로 하지 않을 뿐만 아니라, 미래를 내다보려고 시도하지도 않는다. 그러나 우리는 역사의 이해가 현재를 조망하고 미래를 판단하는 데 없어서는 안 될 필수적인 것임을 단언한다. 역사는 역사가 아니면 중요하게 보이지 않을지도 모르는 변화, 혹은 역사가 아니면 심각하게 잘못 이해될지도 모르는 변화에 의미를 부여한다.

우리는 이 책에서 인류의 3분의 1이 3,000년 이상의 기간 동안 전개해 온 역사를 기술하고자 하기 때문에 자연히 다수의 다른 동서양 학자들의 저작에 의존하지 않을 수 없었다. 그 가운데 어떤 이는 우리에게 개인적인 도움과 조언을 주었고 훨씬 더 많은 이들이 자신의 저작물을 통해 우리를 도와 주었다. 우리는 그들 모두에게 깊이 감사하는 바이지만, 이들 동료들 가운데 보다 중요한 인물들조차 그 명단을 일일이 열거한다는 것은 사실상 불가능한 일이다.

뿐만 아니라 이 방대한 주제에 관한 문헌 목록을 여기서 일일이 제시하는 것도 실행하기 어려운 일이며, 이 책에 포함될 수 있을 정도로 적은 문헌 목록이라면 어처구니없을 정도로 소략한 것이 될 것이고, 머지않아 아주 시대에 뒤떨어진 것이 될 것이다. 앞서 출간된 두 권의 책에서, 우리에게 특별한 개인적 도움을 준 몇몇 분들을 소개한 바 있다. 따라서 여기서는 이 책의 원고 작성에 폭넓은 도움을 제공한 세 사람에게 우리의 특별한 감사의 뜻을 표하는 것으로 그치고자 한다. 제5장과 제6장의 중국사 부문에 도움을 준 고인이 된 에드워드 크래키(Edward A. Kracke) 교수와 월남사 분야에서 도움을 준 알렉산더 우드사이드(Alexander B. Woodside) 교수 및 한국사 분야에 도움을 준 에드워드 와그너(Edward W. Wagner) 교수가 바로 그들이다. 한편 이들 세 권의 책 모두에 삽입된 그림 설명을 정리함에 있어, 특히 중국에 관하여, 우리는 윌마 페어뱅크(Wilma Fairbank)로부터 많은 도움을 받았다.

또한 우리는 러시아 태생이요 프랑스 시민인 세르주 엘리세프(Serge Elisséeff)가 교수와 개척자로서 1932년부터 1957년까지 하버드 대학에서 동아시아 연구를 발전시킨 위대한 업적에 대하여 특별히 사의를 표해야 할 의무를 느낀다. 우리는 오랫동안 계속되어 온 우리들 노력의 정수를 그에게 바칠 수 있는 기회를 갖게 되어 다행스럽게 생각한다.

존 K. 페어뱅크(John K. Fairbank)
에드윈 O. 라이샤워(Edwin O. Reischauer)
앨버트 M. 크레이그(Albert M. Craig)

차 례

지도 차례

제16장

19세기의 중국 — 열강의 침입과 중국 안의 반란

변화에 대한 전통 중국의 저항

19세기 중엽의 몇십 년 동안에 중국, 일본, 월남, 그리고 한국은 팽창하는 서양 국가들과 각각 차례대로 마주 대하게 되었고, 강제로 그들과 더 격렬한 접촉을 가지게 되었다. 영국인들에게는 그렇게도 기운을 돋우어 주던 빅토리아 시대가 동아시아 사람들에게는 낙담과 재난을 몰고 왔다. 이는 거대한 중화 제국에 특히 잘 맞아 들어간 사실이었으니, 서양 열강들이 문을 두드리기 시작하던 바로 그 무렵 중화 제국은 왕조 순환의 내리막 단계로 접어들었던 것이다. 19세기가 진전됨에 따라 하나의 재난이 또 다른 재난을 몰고 오면서 국내외의 고통들이 잇달아 터져 나왔다. 이 시대를 연구하는 사람들에게 가장 중요한 한 가지 문제는 중국 안에서 일어난 반란과 바깥에서 몰려온 서양의 침략이 준 충격 사이의 복합적인 상호 작용을 분별해 내는 일이다. 하나의 과정이 얼마만큼이나 다른 과정의 원인이 되었는가 하는 점은, 두 가지 모두가 순간순간 상호 작용하면서 거의 한 세기에 걸쳐 진행되었기 때문에, 아무 의미 없는 질문이다.

중국이 근대 세계로 전환하는 데에 영향을 미친 가장 주요한 점은 중국 문제의 핵심(核心)이 내면 깊숙이 자리잡고 있었다는 사실이다. 동아시아 고대 문명의 중심지였던 중국의 오랜 역사는 중국인들로 하여금 모든 외부인들에 대한 우월감을 어릴 때부터 가지도록 하였다. 전통적인 양식에 대한 타성과 지속성, 물질적인 면과 지적인 면의 자족성(自足性), 이 모두가 서양의 도전에 대한 중국의 태도를 상당히 저항적이고 냉담하게 만들었다. 일본에서는 경제적·사회적 동요(動搖)가 이미 진행되고 있었다. 서양과 접촉하는 것은 부분적인 측면이었으나, 이러한 격동은 전반적인 정치 및 사회 변천으로 발전해 갈 것이었다. 훨씬 더 큰 청 제국 안에서는 이러한 변화가 일어나지 않았다. 그토록 오랫동안 지체된 이유에 대하여 학자들은 아직도 논쟁을 벌이고 있다.

지배 계급과 토지 소유에 기반을 둔 그들의 앞날　농민으로 이루어진 거대한 집단과 훨씬 적은 규모의 제국 정부 사이에 끼여 있는 지배 계급의 자아상(自我像) 또는 세계관이 중국이 가진 타성의 한 원인이었다. 명대와 청대의 지배 계층은 확실히 여러 가지 유형——소작료를 거두어들이는 지주, 상인, 학위를 가진 독서인, 직책을 가지고 있지 않은 관료——을 가진 사람들의 혼합체였다. 그들은 모두 지방의 소도시나 행정 중심지에서 지방의 엘리트층을 이루었고, 만주 왕조의 지방 협력자였다.

지배 계급은 독서 능력과 그에 따른 높은 문화를 소유함으로써 서로 결합하였고, 농민들로부터 분리되었다. 지배 계급은 대가족 제도에서 더욱 정확히는 상층 계급에서 힘을 얻었으니, 그들은 그들 자신과 그들의 신분을 보존하기 위하여 갖가지 수단을 추구함으로써 커다란 성공을 거둔 가문들로 구성되어 있었다. 씨족 계보나 같은 핏줄을 가진 집단[족(族) 또는 종족(宗族)]의 나이 많은 지도자들은 공동 재산을 관리하였고, 족보를 기록하였으며, 사당(祠堂)에서 조상 숭배 의식을 행하였다. 그리고 그들은 후생 사업을 시행하였고, 재능 있는 자식들을 공부할 수 있도록 해 주었으며, 버릇없는 구성원들을 지방 관헌에게 재판을 받게 하여 감옥으로 보냈다. 결혼은 가족-씨족의 구조를 유지한다는 목표 아래 가문들 사이에서 결정되었으며, 개인 당사자의 의견에 따르지 않았다. 물론 그것은 계급의 경계선을 초월하여 가난한 일족들을 부유한 친족들과 연결시키고, 씨족 안에서 지주 가족과 소작 가족 사이에 접촉의 통로와 응집력을 가져다 주었다. 이는 하층 계급이 지배 계급으로 상향 이동하는 것을 조장하였으나, 인구가 늘어나는 시대에는 가족내의 자식들에게 분배되는 토지 소유의 분할에 따라 하향 이동에 영향을 주었다. 대체로 지방 엘리트의 혈연 관계는 그 제도 안에서 특권은 적지만 재능 있고 활동적인 사람들을 보호하기 위하여 적당한 이동을 허용함으로써, 그들에게 균형과 영속성을 가져다 주었던 것 같다.

　이러한 신사(紳士) 엘리트의 이상(理想)은 도시적이기보다는 농촌적이었고, 사치보다는 검소함이었다. 공자의 가르침은 토지 경작을 칭찬하였고, 상인들의 기생적인 농간을 비난하였다. "한계를 깨달아야 행복에 이른다"는 것은 오래된 교훈이었다. 이상적으로 말하면, 이웃 마을의 개가 짖는 소리를 들어도 한 번도 그곳에 가 본 적이 없는 삶을 살아가는 도가(道家)의 훌륭한 인물처럼 자연에 가깝게, 사람은 자신이 소유한 들판 안에서만 만족해야 하였다.

　지방 엘리트는 주로 토지 소유에 의지하였고 과거 시험을 통하여 출세를 모색한다는 사실 때문에, 이 목가적이고 향수적인 세계관은 강하게 살아 남았다. 자기 수양은, 특히 경전 연구에 기초를 둔 배움을 통하여, 한 인간을 군자(君子)로 될 수 있게 할 것이며, 과거 시험을 통하여 학위 소지자나 관리도 되게 할 것이라고 유가 사상은 가르쳤다. 과거 시험 제도가 학인(學人)이 아닌 사람들에게도 편의를 제공함으로써 이러한 이상은 유지되었다. 그들은 돈을 이용하여 그 제도 속에 들어갈 수 있을 만큼 부자들이었고, 따라서 과거 시험 제도를 지지하였던 것이다. 관리로 임명될 자격이 없는 하급 신사인 낮은 단계의 학위 소지자들은 두 가지 유형으로 나뉜다. 그들 대다수는 예비 시험을 통과한 진정한 학인(생원(生員)이라 불렀다)들이었다. 그러나 이 가운데 약 3분의 1은 돈으로 학위를 매입한 사람(감생(監生))들이었으니, 그들의 '기부금'이 학위 신분으로 보상되었던 것이다. 역대 왕조들의 초기처럼 약간의 학위들은 역시 계승(繼承)이나 천거(薦擧)를 통하여 취득되었다. 1800년 현재 하급 신사들은 모두 100만 명을 넘었고, 이들은 더 높은 신사 및 관리들로 구성된 상위 계층을 배출하는 저수지를 이루었다. 관리로 임명될 자격을 가진 사람들로 구성된 상급 단계는 현직에 있는 관리들과 은퇴한 관리들을 모두 합하여 약 12만 5,000 명 정도였고, 자신들을 하급 신사들과 떼어놓게 하는 특권을 가지고 있었다. 이와 같이 과거 시험은 융통성이 있었다. 수단껏 수지를 맞출 수 있었던 사람들에게는 지배 계급으로 향하는 상향 이동을 허용하였던 것이다. 게다가 특히 상급 단계에서 대부분의 학인들은 실질적으로 권력을 쥐고 있는 사람들 가운데서 주도권을 잡고 우월한 지위를 차지하도록 평상시에도 보장받고 있었다. 그리고 이것이 누구나가 인정하는 정통적인 이상의 계속적 지배를 보장하였던 것이다.

중국의 전근대적 경제　서양과 가진 접촉은 처음에 통상(通商)의 형식으로 이루어졌다. 무역은 외교적 관계나 서양 사상들보다 훨씬 먼저 중요성을 갖게 되었다. 그러나 중국의 경제는 지배 계급과 마찬가지로 반응의 속도가 느렸다. 이는 중국의 면적이 광대하다는 점과 고도의 자급 자족성 때문이었다. 19세기초에 적어도 전체 인구의 5분의 4에 해당하는 약 3억의 인구가 중국의 농촌 지역에 살고 있었다. 그들의 주요 재산은 주로 토지였고, 둑을 쌓고 관개 수로를 갖춘 논을 만들기 위하여 끈질기게 노동력을 투입함으로써 수세기에 걸쳐 농지를 개량하였다. 그래서 때때로 관개가 불가능한 서북 지역에서조차 계단식 경작지가 만들어졌다. 운송과 관개를 위한 수로(水路)들은 제방과 수문이 있는 인공 수로, 토양에 물을 대기 위하여 발로 밟는 장치, 두레박과 수차(水車)를 갖추고 있었다. 이러한 농업 경제는 노련한 노동력의 막대한 투입을 의미하였고, 그것을 경작하기 위하여 연속적으로 많은 노동력이 투입되어야 한다는 것을 전제로 하였다. 다른 형태의 중요한 설비 —— 짐을 끄는 데 이용하는 가축, 공구, 건물, 창고 등 —— 는 오히려 빈약하였다. 기술 면에서 혁신이 없다고 가정한다면, 개발이 가능한 천연 자원은 한정되어 있었다. 이와 반대로 노동력은 풍부하였다. 18세기에 있었던 급작스런 인구 증가는 서민 대중의 높은 비율을 젊은 연령층에서 차지하도록 만들었다. 이처럼 토지는 한정되어 있었고 자본도 부족하였다. 그러나 노동력은 풍부하였고, 일반적으로 전통적인 생산 방법들에 익숙하였다. 노동력을 절약하기 위한 기술적인 면의 혁신을 가져올 수단이나 자극은 거의 없었다. 기술 혁신도 육체 노동자와 정신 노동자 사이의 명확한 구별 때문에 방해를 받았다. 그들은 서로 다른 사회적 차원에서 생활하였던 것이다. 농민들과 장인(匠人)들은 대체로 문맹 상태였고, 반면에 학식을 갖춘 사람들은 들판과 상점의 실제적이고 기술적인 문제들을 좀처럼 처리하려 하지 않았다.

상업의 단계에서 보면, 지방의 교역은 장이 서는 조그마한 도회지인 시진

내몽고(Inner Mongolia)
황하(Yellow R.)
만리장성(Great Wall)
난주(Lanchow)
장가구(Kalgan)
북경(Peking)
산해관(Shanhaikuan)
난하(Luan R.)
승덕(Chengteh)
요하(Liao R.)
봉천(Mukden)
조선(Korea)
보정(Paoting)
대고(Taku)
천진(Tientsin)
해하(Hai R.)
산서(Shansi)성
태원(Taiyuan)
직례(Chihli)성
1852년 이후의 황하강 어귀
황하(Yellow R.)
제남(Tsinan)
청도(Tsingtao)
산동(Shantung)성
감숙(Kansu)성
위수(Wei R.)
섬서(Shensi)성
서안(Sian)
정주(Chengchow)
개봉(Kaifeng)
내운하(Grand Canal)
강서(Kiangsu)성
1852년 이전의 황하강 어귀
가릉강(Chialing R.)
회수(Huai R.)
하남(Honan)성
안휘(Anhwei)성
양주(Yangchow)
진강(Chinkiang)
한 수(Han R.)
사천(Szechwan)성
호북(Hupei)성
남경(Nanking)
소주(Soochow)
성도(Chengtu)
의창(Ichang)
한구(Hankow)
한양(Hanyang)
무창(Wuchang)
안경(Anking)
양자강(Yangtze R.)
상해(Shanghai)
송강(Sungkiang)
사포(Chapu)
중경(Chungking)
동정호(Tungting L.)
악주(Yochow)
파양호(Poyang L.)
구강(Kiukiang)
항주(Hangchow)
영파(Ningpo)
주산(Chusan)도
티베트(Tibet)
양자강(Yangtze R.)
장사(Changsha)
남창(Nanchang)
절강(Chekiang)성
감강(Kan R.)
귀양(Kweiyang)
호남(Hunan)성
상 강(Hsiang R.)
강서(Kiangsi)성
민 강(Min R.)
운남부(Yunnan-fu)
귀주(Kweichow)성
복건(Fukien)성
복주(Foochow)
운남(Yunnan)성
계림(Kweilin)
천주(Ch'üan-chou)
광서(Kwangsi)성
광동(Kwangtung)성
하문(Amoy)
서 강(Hsi R.)
대만(Taiwan)
남녕(Nanning)
광동(Canton)
산두(Swatow)
남오(Namoa)도
대남(Tainan)
홍하(Red R.)
조경(Chao-ch'ing)
마카오(Macao)
홍콩(Hong Kong)
라오스(Laos)
월남(Vietnam)
동경만(Gulf of Tongking)
해남(Hainan)도
시암(Siam)
—— 성의 경계
■ 총독의 소재지
• 그 밖의 도시들

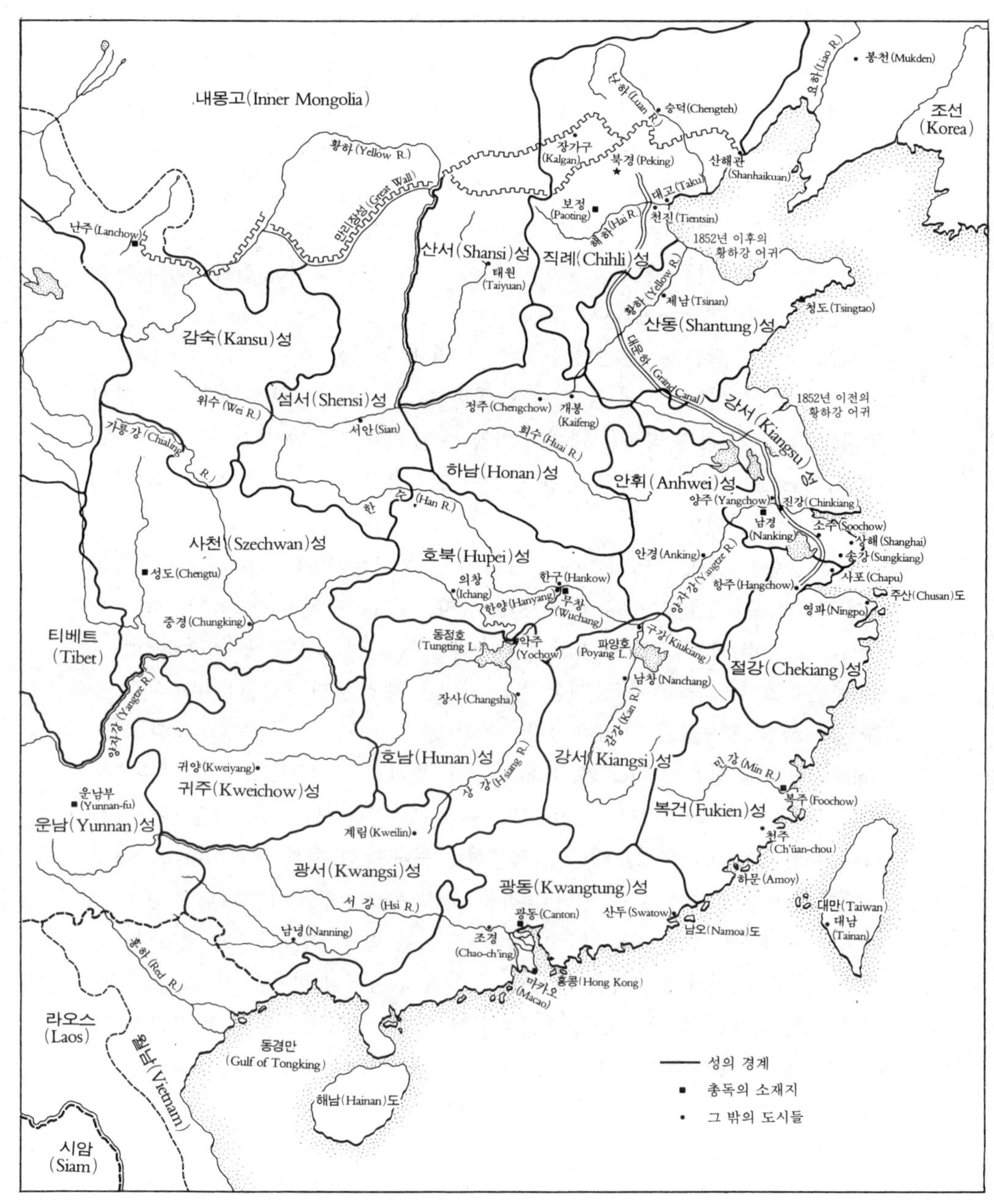

청대(淸代)의 행정 구역

6

(市鎭)에 집중되었으며, 각 성(省)마다 많은 수의 시진이 있었다. 대체로 3 일 혹은 4 일 만에 열리는 그들의 정기적인 시장에서는 각 시진의 주변 촌락에서 생산된 물품이 모여들었다. 주변 촌락은 가축이나 손수레, 운반용 장대, 또는 수로의 거룻배로 운송 거리가 왕복 하루 정도 걸리는 범위 안에 있는 12 곳 이상의 작은 마을들이 전형적이었다. 봇짐 장수나 객상(客商)은 농민들이 스스로 만들 수 없는 약간의 생활 필수품들을 가져왔다. 그것은 주로 소금, 금속, 종이, 간단한 사치품, 직물, 도자기, 차, 그리고 도시의 수공업자들이나 다른 지역에서 만든 생산품이었다.

세포 형태와 같은 시진 구역 안의 거래 위에 특산품 —— 구리, 자기(磁器), 모피, 면직물, 비단, 목재 등 —— 에 대한 지역간의 광범위한 교역이 추가되었다. 중국의 국내 교역은 세계에서 가장 큰 단일 시장을 이루고 있었다. 광동(廣東, Canton)에서 이루어진 유럽 인들의 교역은 단지 그것의 조그마한 곁가지에 지나지 않았다.

수로 운송은 국내 교역이 의존하였던 대단한 시설이었다. 전차(磚茶 ; 운반하기에 편리하도록 벽돌 모양으로 만든 차)는 양자강과 그 지류인 한수(漢水)까지 운반되어 거슬러 올라갔고, 거기서부터는 대상(隊商)이 그것을 몽고와 러시아까지 운반하였다. 북중국과 양자강 델타 지역은 해안뿐만 아니라 대운하를 통해서도 생활 필수품을 거래하였다. 복건(福建, Fukien)성의 차와 안휘(安徽, Anhwei)성의 비단은 강서(江西, Kiangsi)성을 통과하는 감(贛, Kan)강의 수로를 따라 광동까지 운반되었다. 사천(四川, Szechwan)성의 모든 생산물은 양자강을 따라 운반되어 내려왔고, 해안을 왕래하는 —— 특히 영파(寧波, Ningpo)에서 만주에 이르는 북쪽의 모든 방면과 하문(厦門, Amoy)에서 남쪽으로 동남 아시아에 이르기까지 —— 정크 선단이 또 다른 넓은 운송망을 이루고 있었다. 그들은 만주에서 콩과 콩깻묵을 가져왔고, 아열대 지역의 산물을 북방으로 가져갔다. 수로를 이용하여 운송하는 중국의 이러한 교역은 중국 경제 속으로 파고드는 서양인들의 가장 주요한 표적이었고, 증기 기선의 도입은 바로 이점에서 전통적인 기술을 빠르게 대체하여 나갈 수 있었다.

그런 반면 외국을 상대로 한 접촉이 거대한 국내 경제의 형태를 빠르게 변화시킬 수는 없었다. 차와 비단 같은 수출품은 노동 집약적인 농촌 가내 수공업체의 전통적인 생산품이어서 쉽게 근대화를 받아들일 수 없었다. 수입 상품에 대한 지방민들의 수요와 교역을 위한 자본의 공급은 크게 제한된 상태였다. 신용의 창출은 거의 없었고, 동전과 은괴로 된 화폐가 제한적으로 공급되었을 뿐이었다. 상인은 관리의 지배를 받음과 동시에 그들의 보호를 받았다. 그렇지 않으면 상인들은 스스로 준(準)관리가 되어 생산 기업의 위험을 부담하는 투자자라기보다는 독점적인 세금 징수자의 기질을 드러냈다.

19세기초의 정부 차원에서는 경제 발전을 지향하는 지도력을 갖지 못하였다. 국가의 고전적인 방침은 경제 성장에 대하여 거의 아무런 사상도 표명하지 않았으며, 새로운 부(富)를 창조하기보다는 지조(地租)의 검소한 사용을 강조하였다. 고정된 양의 교역이 있다고 가정되고 있었던 것이다. 관세는 수입품에 부과된 것과 같은 세율로 수출품에 부과되었다. 수출을 통한 국부(國富)의 극대화라는 중상주의적 개념도 없었고, 전매 제도와 특허 제도는 경쟁을 위축시켰다.

요컨대, 1800년 무렵의 중국 경제는 유럽과 다른 발전 단계에 있었을 뿐만 아니라 다르게 구축되어 있었고, 또 완전히 다른 조건 속에서 생각이 이루어지고 있었다. 첫째, 중국은 스스로를 비교적 자급 자족하고 있는——사실상 그러하였다——경제 실체라고 생각하였다. 국내외의 교역은 공식적으로 장려되지도 않았고 세금이 무겁게 부과되지도 않았다. 둘째, 중국은 과학적 연구와 발명을 아직 제도화하지 않았으므로——유럽은 제도화하는 과정에 있었다——새로운 기술 개발이 무시되었다. 셋째, 대외 무역 및 새로운 기술에 대한 자극이 없는 점과 새롭게 이익이 날 만한 어떠한 사업이라도 독점하거나 세금을 무겁게 매기려는 정부의 태도 때문에, 영국의 공업화에서 그렇게도 중요했던 기업가 기질이 중국에서는 전혀 불가능하였다. 자본 축적은 관리들의 보호를 받지 않으면 불안정하였다. 법적인 보호나 투자 시장, 그리고 주식 회사의 형태도 모두 결여되어 있었다. 마지막으로, 모든 과정들——관개와 벼농사와 운송과 수공업 등과 같은——에 대한 풍부한 노동력의 이용은 자원 이용 면에서 고도의 효율을 이루었으나, 그것은 기술이 정체된 단계에서 그러하였다. 인구 증가는 어떠한 생산의 증가도 상쇄하기 쉬웠다. 목숨을 겨우 연명하는 정도의 끝없는 순환 속에서 생산물은 대개 완전히 소비되어 버렸고, 따라서 순수한 저축과 투자는 거의 불가능하였던 것이다.

정부의 타성　　외국의 자극에 대하여 비슷한 냉담성을 보인 것이 청조 행정 기관의 특징이었다. 행정 기관은 지방의 경우 매우 드문드문하게 분포되어 있었고, 따라서 너무나 수동적이라는 사실에서 그 특징이 생겨난다. 전형적인 지현(知縣)은 300평방 마일의 지역과 25만 명의 주민들을 담당하였다. 정부의 말단 관리로서 과중한 행정 업무를 담당하였던 지현은 반항적인 서민과 지방의 신사들을 억압하거나 새로운 정책을 세우는 지위에 있지도 않았으며, 더구나 그가 가진 통치 철학은 그 스스로 그러한 일들을 시도하도록 허용하지도 않았다. 지현은 그가 데려와서 그 자신이 보수를 지급하는 개인적인 비서진이나 조언자들 및 하인들로부터 도움을 얻었다. 그들의 도움으로 그는 반(半)종신적인 관청 사무원들과 잡다한 하급 관리들——전령, 감옥지기, 경찰, 잡역부 등——로 구성된 지방 아문(衙門)의 부하 직원들을 상대하였다. 지현은 자신의 지역 안에서 일어나는 모든 것에 대하여 거미줄 같은 책임 속에 얽매여 있었다. 지현이 가진 사법권은 기능적이거나 전문화된 것이기보다는 지역적이고 전체적인 것이었다. 지현 자신의 덕행은 본보기로 굳어진다고 가정되었으므로, 그는 자신의 관할 구역 안에서 일어나는 모든 것에 대하여 거의 관례적인 방법으로 비난하거나 칭찬하도록 되어 있었고, 이는 제국 안의 황제와 마찬가지였다. 의례적인 책임이라 해야 할 이 방침은 관리들에게 분쟁의 발생을 피하기 위한 모든 수단을 모색하도록 만들었다. 3년 안에 새로운 지위로 옮겨 갈 것을 희망하면서 지방의 관리들은 자신들의 장기적인 발전을 염두에 두기보다는 자신들의 지역 안에서 직접적인 곤란을 당하지 않는 데에 더 관심을 두고 있었다. 소요를 진압해야 하는 것과 그에 따른 소요 사실의 인정은 그것을 보고하지 않은 한 계속 두는 것보다 개인적 경력 면에서 훨씬 더 불리할지도 몰랐다. 도적떼들에게 공개적으로 대항하기보다는 그들을 지방의 민병대에 편입하게 하면서 돈을 주고 매수하는 편이 더 좋았다. 그 결과는 지방의 상황을 변화시키는 것이 아니라 여러 요인들을 타협시키고 조화시키려는 깊게 뿌리 박힌 풍조로 나타났다. 중국인들의 관료 생활에 깃든 기풍은 그런 까닭에 수동적이었다. 관리들은 사태가 일어나지 않을 것을 기대하면서도 터져 나오도록 내버려두었던 것이다.

　견제와 균형이라는 통치 구조는 국가라는 배를 전통적인 진로 위에서 유지하도록 짜여 있었지만, 그것을 새로운 방향으로 나아가게 하도록 되어 있지는

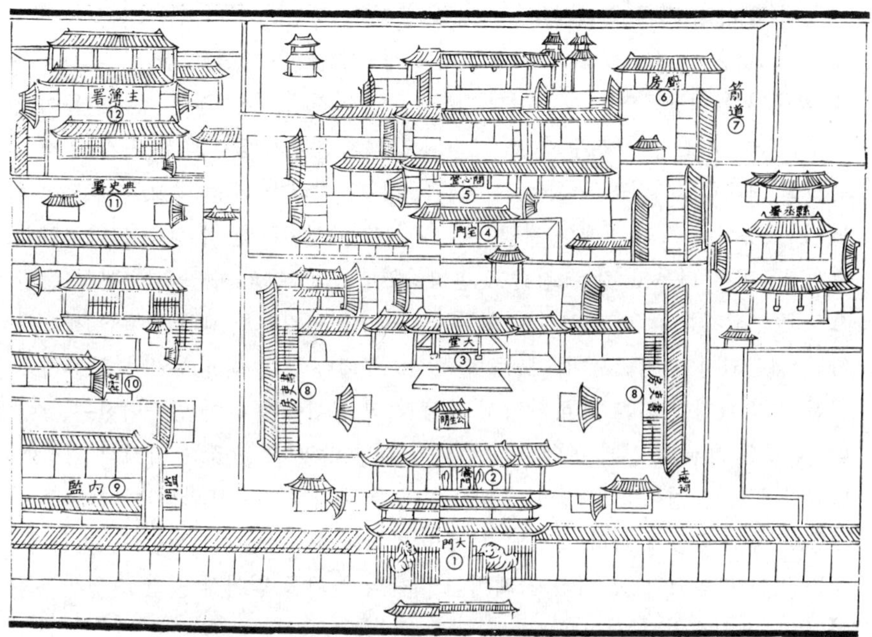

상해(上海, Shanghai) 지현의 아문(衙門) (1871년의 〈상해 지방지(地方志)〉에서). 건물마다 명칭이 붙어 있다.

않았다. 가장 높은 곳에서조차도, 즉 황제 본인의 통치도 수동적이었다. 황제의 기능은 정책을 세우는 것보다는 미화(美化)된 어음 교환소처럼 봉사하는 것이었다. 업무는 황제에게 상주문(上奏文)을 제출하는 것으로 시작되었고, 그가 칙령(勅令)을 내리면서 종결되었다. 업무량이 너무나 많아서 황제는 여러 제안들을 창안하는 사람이기보다는 점점 더 그것을 전달하는 사람 또는 선택하는 사람으로 되어 버릴 정도였다. 서양의 도전에 부딪쳤을 때 중국이 적절치 못한 정부 기구를 개편시키려던 한 가지 이유가 여기에 있었다. 통치력은 밑에서는 무의미하였고, 맨 꼭대기에서는 넌더리나는 것이었다. 각 성의 현지에 있던 관리들은 쉽게 혁신할 수 없었고, 북경(北京, Peking)에 있는 황제는 너무 바빠 그렇게 할 수 없었다. 관료 정치 제도의 광범한 책무들은 독창력이나 혁신을 위한 지방의 능력과 조화되지 못하였으니, 황제의 권력을 보전하는 성가신 안전 장치들이 지방의 융통성을 빼앗아 버렸던 것이다.

독직(瀆職)에 따른 약화(弱化)　　재정 운영은 정부의 민감도를 더욱 제한하였다. 그것은 19세기 중엽까지 청조에서 재원(財源)을 강탈해 간 조직적인 독직의 증가를 허용하였기 때문이다. 관리들은 여전히 세금 징수 청부인들이었고, 그들은 자신들이 징수한 조세 수입으로 자신들의 공직과 개인적 조직의 유지를 기대하였다. 공금(公金)과 사재(私財)의 이러한 혼동은 오늘날도 상상될 수 있듯이 관리의 지배와 책임감에 대한 그 자신의 개인적 성품을 반영하였으며, 동시에 다음과 같은 점들도 반영하였다. 즉, 그의 수입은 순전히 돈만으로 징수되지는 않았고(약간의 현품, 또는 노역이었다), 예산과 결산 제도에 따라 계산되지도 않았으며, 모든 면에서 구(舊)중국을 특징지었던 무한하게 얽힌 개인 관계에 따른 상호 작용과 에누리 및 흥정을 통하여 만들어졌던 것이다. 납부된 세금의 실제 총액은 고정되어 있지 않았다. 그것은 각각의 경우에 납세자와 세금 징수자와 그의 상급자는 물론 국가까지도 포함되는 이해 당사자들의 상호 작용에 따라 결정되었다. 비공식적인 수수료나 '뇌물'을 받는 관례는 널리 만연되었다. 다만 관례적인 뇌물의 한계를 넘어설 때만 진정한 '독직'으로 생각되었던 것이다.

중앙 정부의 조세 수입 총계는 지배 계급과 정부가 함께 농민에게 어떤 방법으로 피해를 끼쳤는가에 대한 가장 피상적인 견해를 우리들에게 줄 뿐이다. 평화롭고 수확하기 좋은 기후일 때 지배 계급과 정부와 농민 모두가 수지를 맞추었는지 모른다. 그러나 지배 계급이 가진 금욕적인 유가(儒家) 윤리가 어느 정도 쇠퇴하게 되면, 정부와 지방 엘리트의 이해 관계는 불가피하게 빗나가기 쉬웠다. 지방 지주 계급의 본질은 끊임없이 자신들의 개인적 이익을 증대시키는 것이었다. 만약 이것이 견제되지 않는다면, 서민들을 상대로 계속 증가되는 부담에 대한 책임을 정부가 지도록 만들어 천명(天命)을 잃게 할 것이었다. 이처럼 관리들이 거두어들여야 할 세금의 할당액과 북경 당국에 제출한 보고액은 겉껍데기에 지나지 않았으며, 그 뒤에서 지주와 관리와 농민 사이의 삼각 투쟁이 끊임없이 벌어졌던 것이다.

예를 들면, 쌀의 주요 잉여 생산 지대인 양자강 하류 유역에서 토지세는 두 가지 항목으로 이루어졌다. 첫째 항목은 지정은(地丁銀)으로서 경작 면적에 대한 지세(地稅)와 16세에서 60세까지의 남자에게 옛날부터 부과하여 왔던 정세(丁稅)를 결합시킨 것이었다. 그러나 그것은 1700년대초부터 각 행정 구역에서 징수될 순전한 재정 수입이 되었다. 둘째 항목 역시 할당액에 따라 징수되는 것으로서 북경에 보낼 조량(漕糧)이었으며, 현물이나 화폐로 징수되었다. 세금을 징수하는 관리들은 할당액에 추가 금액을 꽤 많이 붙였을 뿐만 아니라 징수 과정에서 이익을 얻는 방법도 발견하였다. 대체로 이러한 이익은 뻔뻔스러운 방법으로 이루어졌다. 쌀 1부셸[1 bushel ≒ 2 말]을 몇 펙[1 peck = 4분의 1 bushel]씩이나 깎아 내려 계산하였으므로 이는 곧 '착취당한' 것이었고, 은화로 납부할 때는 시장 가격보다 더욱 높게 내도록 요구받았으며, 은화 대신 동전으로 납부할 때는 은과 동전의 교환율보다 더욱 높게 내도록 요구받았다. 추가 부담과 강탈당한 액수는 정해진 세금의 총 10배는 되었을 것이다. 세금을 징수하는 관리들의 개인적인 착복은 이 방식에 협조하였던 지방의 신사나 더 높은 관리들에게 항상 나누어 주어야 하였다. 세금 징수 관리들과 신사들, 더 높은 관리들은 농민들의 '피와 땀'을 먹고 사는 하나의 조합을 이루었다. 잡다한 하급 관리들과 관청의 사무원들은 운임과 검사비와 검인비 및 입장료 등의 여러 가지 요금들을 조작하여 자신들의 부정 수입을 올렸다.

이 모든 제도화된 부패 속에서 가장 심각한 문제는 관리들과 '대호(大戶)들' 사이의 동맹이었다. 일반적으로 대지주들은 신사(紳士) 신분을 지니고 있으면서 중농(中農)이나 빈농(貧農)보다 낮은 세율의 세금을 내고 있었다. 이는 조세 제도를 '진보'시킨 근대의 소득세를 닮기보다는 빈민에게 지나친 부담을 줌으로써 조세 제도를 '퇴보'시켰다. 부유한 가문일수록 관리들과 더 잘 타협할 수 있었다. 사회적으로 신사 학위 소지자들은 지주들이 아니더라도 관료 사회에 접근할 수 있기 때문에 세금 징수관들의 호의적인 결정을 자신들에게도 마찬가지로 내려 주게 할 수 있었다. 부유한 사람이 가난한 사람보다 더 낮은 세율로 납부하였다는 사실은 각 성에서 증명될 수 있다. 한 대호(大戶)가 1부셸에 해당하는 조세로서 4,000 문(文)을 납부해야 하는 지방에서, 한 소농(小農)은 2만 문을 납부해야 하였다. 태만한 소작인들을 윽박지름으로써 지주들을 도우려고 아문의 전령들이 항상 준비하고 있었다. 중요한 점은 빈농들이 자신들의 납세를 대호의 더욱 유리한 조건에 맞추려고 그들의 보호를 구한다는 점이었다. 대호의 편에서 보면, 대호 신사들은 이웃 소농들을 대신하여 기꺼이 납세하고 그 처리에서 나오는 이익을 차지하였다. 다른 사람들을 대신하여 세금을 납부하는 대호들을 '포람가(包攬家)'라고 불렀다. 이와 같이 지주 신사들은 중개인으로서 그들의 이익을 취하였고, 국가는 조세 수입을 횡령당하였으며, 힘없는 사람들은 우세한 지주-관료의 연합에 대하여 무방비 상태에 있었던 것이다.

앞에서 우리들은 19세기초의 중국 농민들의 곤궁에 대하여 서로 다른 해석들을 제시하였다. 첫째는, 농민 대중들이 자신들의 토지를 개량할 경제적 수단(특히 자본과 기술)을 가지고 있지 않았다는 점이다. 둘째는, 그들의 생산물에 대한 타락한 부정 배분이 지주-관료로 구성된 지배 계급들로 하여금 그들을 착취하도록 하였다는 점이다. 이러한 해석들은 물론 서로 모순되지는 않는다. 다양하게 많은 지역적 변형들과 아직까지는 별로 연구되어 있지 않은 중국인들의 모습을 앞으로의 연구가 밝혀 줄 것이다.

학문과 사상

'금문(今文)'학파와 '경세(經世)'학파　　'백련교도(白蓮敎徒)의 난'(1796~1804 ; 제 9 장 참조) 이후, 왕조 쇠망의 통례적인 징조들을 학인-관료 계급이 놓쳐 버릴 리가 없었다. 그들은 자신들이 받은 교육을 통해서 하나의 왕조가 흥망하는 과정에 대하여 특히 잘 알고 있었으며, 그것을 믿었던 사람들이었다. 조정의 부패와 반란은 이전 왕조들의 수명을 단축시켰다. 청조는 어떻게 모면할 수 있었을까?

이러한 관심이 새로운 학문의 성장을 자극하였다. 19세기까지 한학(漢學)이 하나의 새로운 정통파로서 확고하게 자리잡았다. 그러나 이제는 두 가지의 새로운 경향이 중요하게 되었다. 하나는 경전(經典) 비판을 중심으로 하는 '금문'학파의 존속이었다. 정통 한학은 그 명칭이 암시하듯이 후한(後漢) 시대의 경전들을 연구하였고, 전해지는 바에 따르면 고문(古文) 경전들이 발견되면서 정통으로 인정받게 되었다. 그러나 17세기말에 이른바 '고문' 〈상서(尙書)〉라는 것이 위작(僞作)이라고 판명되었다. 그렇게 되자 대담하고 원기 왕성한 학자들이 다른 고문 경전들에 대하여서도 의문을 제기하였고, 그 가운데서 위작이거나 편집할 때 부당하게 변경되었던 더 많은 증거들을 발견하였다. 이리하여 '금문' 학파는 역설적으로 전한(前漢) 시대에 복원되고 인정받았던 더욱 오래된 판본을 신봉하였고, 후한 시대부터 인정되었던 정통 고문 경전들보다 금문 경전이 더욱 오래되고 믿을 만한 것이라고 주장하였다. 동시에 그들은 이러한 금문 경전들 가운데 —— 특히 〈춘추 공양전(春秋公羊傳)〉에서 —— 지금까지 금기시되어 왔던 정치 문제에 대하여 함축적이면서도 19세기에 일어난 사건들의 흐름에 관계 있는 것처럼 보이는 급진적인 새로운 의미들을 발견하였다. 간단히 말하면, 〈공양전〉의 변화 개념은 제도 개혁을 주장할 하나의 논거로서 이용될 수 있었던 것이다. 이로써 경전의 전통에 대한 19세기말의 대대적인 공격을 위한 길이 준비되었던 것이다. 그것이 바로 그 전통의 중심부에서 개혁과 진정한 혁명을 위한 문을 열게 될 것이었다. 그러나 1890년대까지 금문학 운동은 아직도 힘을 조금씩 집중하고 있는 중이었다(이 이후의 역사에 대하여서는 246쪽 참조).

 이와 마찬가지로 19세기초의 또 하나의 경향도 일찍이 있었던 연구 방법을 재생시킨 것이었다. 이것은 '경세(經世)'학파로서, 그들은 직관적 지식과 사변(思辨) 철학 및 형식주의에 대항하여 학문을 정부의 행정 문제에 적용시키려 하였다. 정책과 행정 운용 절차에 대한 관심의 부활은 왕조 쇠퇴의 조짐들에서 자극을 받았다. 한대(漢代) 이전에 대한 연구와 특히 문헌학에 한정되었던 청대(清代) 학문의 주된 전통은 고대 제국의 제도에 대하여 상세한 지식을 제공하였으며, 그것은 고대의 제물(祭物)과 상복(喪服)과 운반 수단 및 머리 장식의 모양새까지도 포함할 정도였다. 그러나 이것은 청말에 이르러 정부가 부딪힌 긴급한 문제들을 처리하는 방법에 대하여서는 거의 아무런 지혜도 제공하지 못하였다. 쇠퇴의 징조가 더욱 뚜렷해지자, 17세기 명·청 교체기의 혼란한 시기에 그랬던 것처럼, 과거를 반성하는 사람들은 학자들의 비(非)실용성과 무미 건조하고 쓸모 없는 학문에 전념하는 것을 다시 비난하기 시작하였다. 고염무(顧炎武 ; 상권 290 쪽 참조)의 저작들은 하나의 특별한 자극을 주었다. 이 새로운 움직임의 구호는 '경세 치용(經世致用)'이었다. 이 운동의 지도자들은 어떻게 하면 제국의 경제 제도와 정치 제도를 유지할 수 있는가를 연구하는 일에 스스로 몰두하였다.

 '경세'학파의 노력은 호남(湖南, Hunan)성 출신의 박학하고 실용적 정신을 지닌 학자이면서 행정가인 위원(魏源, Wei Yüan ; 1794~1857)의 경력에서 잘 드러난다. 그는 북경에서 송(宋)의 신유학(新儒學)과 한학(漢學)을 공부하였고,

14

이들 정통 학문에 대한 그의 비평은 금문학 운동을 일으키는 데 기여하였다. 그는 또 행정상의 긴급한 실제 문제들에 학자의 재능을 적용해야 한다고 주장한 주요 인물이 되었다. 대운하가 막혔을 때 위원은 북경으로 보내야 하는 조량(漕糧) 수송에 바다를 이용하자고 주장하는 논문을 1825년에 집필하였다. 그를 칭찬하였던 개혁주의적인 강소(江蘇, Kiangsu)성의 순무(巡撫)〔도주(陶澍)〕는 이 계획을 1826년에 1년 동안 실행에 옮겨 1,500척 분량의 쌀을 천진(天津, Tientsin)으로 운송하였다. 1830년대에 위원은 회북(淮北, North Huai) 지역 염(鹽) 전매 제도의 개혁을 도왔다. 그 후 1850년에 위원 자신이 훌륭한 업적을 쌓으면서 이 소금 생산 지역의 일부를 관할하였다. 이처럼 그는 실무 경험을 쌓은 학자였다.

1826년에 위원은 〈황조경세문편(皇朝經世文編)〉을 편집하도록 요청받았다. 이 책 속에는 경제 문제와 행정 문제에 관한 2,000편 이상의 논문이 수록되었다. 이 문편(文編)은 이런 편찬물의 전반적 형식에 관한 모범이 되어 12종 이상의 속편(續編)이 출간되었으며, 그러한 편찬 사업은 통치 문제들에 관련된 학인-관료들의 생각에 쉽게 접근하기 위해서였다. 위원은 북경의 내각(內閣)에 소속된 한 자리를 얻어 공문서 보관소에 출입하게 되었으며, 그곳에서 그는 청조 당국이 쌓아 놓은 채 발간하지 않았던 산더미 같은 제안서(提案書)와 연구서, 보고서 및 판결문들을 보았다. 그는 청조의 최근 전쟁 역사에 관한 〈성무기(聖武記)〉라는 방대한 저술을 편찬하기 시작하였다. 그는 이 책에서 중국과 몽고, 티베트, 신강(新疆, Sinkiang) 및 대만(臺灣, Taiwan)을 청조가 정복한 사실과, 러시아 인, 버마 인, 월남인들 및 백련교도의 난을 청조가 평정한 사실에 관한 인상적인 기록을 나열하였다. 그는 영국이 미증유의 참사를 일으켰던 바로 그해인 1842년에 이 책을 완성하였다.

위원과 마찬가지로 당시의 정책에 관심을 가졌던 다른 사람들도 있었으나, 불행하게도 그들은 큰 집단 속의 한 작은 효모(酵母)에 지나지 않았다. 학자들을 설득하는 청조의 일관된 정책은 공식적인 정책에 대하여 행정 경로 밖에서 이루어진 반대 의견과 학문적 토론을 억압하고 금지하였다. 동시에 만주의 정복 활동 시기에 나타났던 정치 사상에 대한 초기의 활력을 버리고 대신 정통적인 경전 연구나 그것을 위한 사실(事實) 수집에 전념하도록 만들어 버렸다. 회의(懷疑)와 비판은 대개 어원학(語源學)과 경전에 대한 주석(註釋)에 제한되었

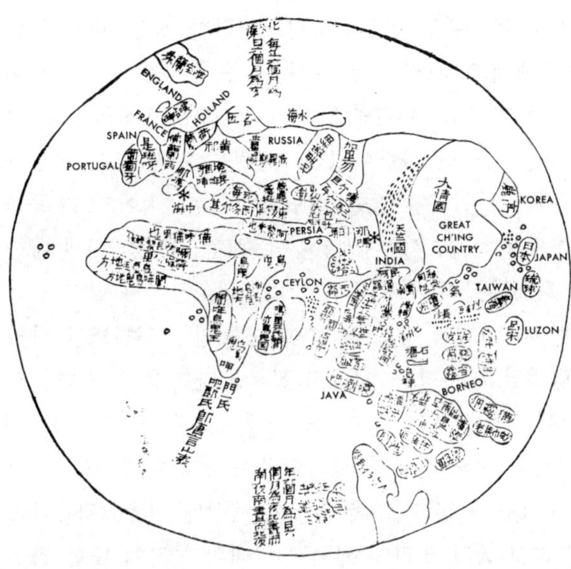

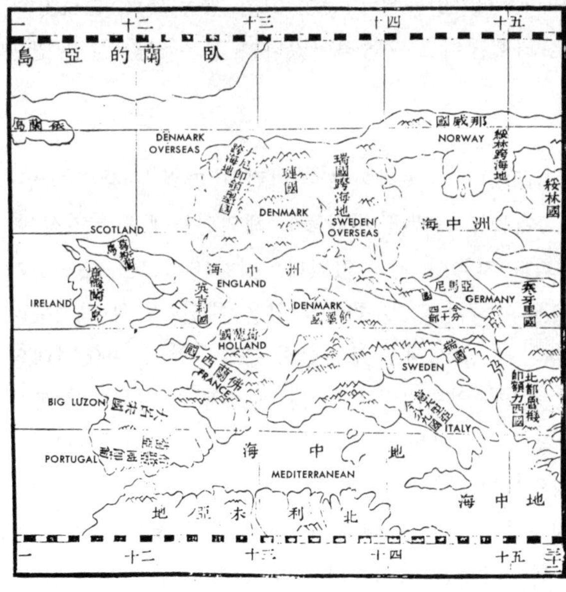

세계 지리에 대한 근대 이전 중국의 견해 (영어 표기는 덧붙인 것). 둥근 지도는 1730년 무렵에 널리 이용되었던 〈해국문견록(海國聞見錄)〉에서 뽑은 '사해총도(四海總圖)'이다. 잘못된 많은 명칭 가운데서 흑해(黑海)는 '사해(死海)'로 잘못 붙여졌고, 인도양은 거의 없어졌으며, *표가 붙은 두 곳은 모두 나마(那嗎, Rome)라는 명칭으로 되어 있다. 사각형 지도는 위원의 〈해국도지(海國圖志)〉(1844)에서 뽑은 유럽 지도이다. 이 지도 안에서, 독일은 '현재 24 부분으로 분할되어 있고', 이탈리아는 '아홉 나라'로 분할되어 있으며, 영국은 크고, 덴마크는 확대되어 있다. '스웨덴'과 '스위스'가 혼동되어 있고, 둘 다 간략하게 '서국(瑞國)'으로 되어 있다. 이러한 지도들이 임칙서(林則徐, Lin Tse-hsü)의 동서양관(東西洋觀)에 영향을 주었다.

16

다. 때문에 그 당시에 학문적 재능을 가진 사람들은 정밀한 서지학(書誌學)이나 오로지 경전에 관한 연구 활동에만 몰입하였다. 이러한 점은 완원(阮元, Juan Yüan ; 1764~1849)의 경우에서 잘 드러날 것 같다. 그는 유명한 장서가(藏書家)이면서 학문적 사업의 후원자였고, 1817년에서 1826년까지 결정적인 10 년 동안에 양광 총독(兩廣總督)을 지냈던 사람이었다. 완원은 여러 차례 순무와 총독을 지냈고, 많은 도서관과 서원(書院)들을 설립하였으며, 적어도 12 종류 이상의 큰 저작집들 —— 미술품 목록, 시선집(詩選集), 사전, 13 경(經)에 대한 교감기(校勘記)와 주석서, 희귀본집 등 —— 을 발간하였다. 영국과 벌인 참담한 싸움이 구체화되고 있던 때인 그의 광동 체재 10 년 동안, 그는 또 하나의 서원〔학해당(學海堂)〕을 설립하였고, 〈광동 지방지(廣東地方志)〉를 편찬하였으며, 366 책(冊)으로 된 180 편(篇)의 경전 주석서를 인쇄하였다. 또한 그는 50 권(卷) 정도로 이루어진 자신의 시와 산문과 서지학적 주해(註解)를 출판하였으며, 강소성 지역의 시들을 183 권(卷)으로 뽑아 모아 세상에 내놓았다. 그는 또 중국의 회화와 수학, 그리고 돌과 구리에 새겨진 고대의 문자에 대한 연구에 중요한 공헌을 하였다. 이 모든 일이 이루어진 시기에 그는 중국과 서양의 관계를 담당한 최고 관리였다. 서양인들에 대하여 그가 광동(廣東, Canton)에서 취한 정책이 전반적으로 타협적이고 수동적이었다는 점은 약간 놀랄 만한 일이다.

서양에 대한 중국의 인상(印象)   정통적이고 부지런한 완원과 같은 학인-관료들을 예로 든다면, 중국에는 교육받은 사람들이 해외인들에게 호기심 어린 관심을 추구할 만한 기회나 자극이 거의 없었다. 정화(鄭和, Cheng Ho)가 서쪽으로 항해하고 유럽 인들이 처음으로 중국에 왔을 때인 명(明)대로부터 이어져 온 지식은 오류와 왜곡이 섞인 채로 부지런히 복사되었고, 1800년대의 유럽 인들에 관한 정보로서 설명되었으며, 다른 자료에 끝없이 전해져서 복사된 하나의 낡은 전거(典據)였다. 이 지식을 제외한다면, 다른 유일한 정보 근원은 광동에 들어왔던 서양인들이었다. 그러나 그들은 숫자가 얼마되지 않았고 학인보다는 상인에게 접근하기가 훨씬 쉬웠다. 더 정확한 정보가 없는 가운데서 19세기초의 중국인 관찰자들은 아시아의 이웃 나라 사람들과 수천 년 동안 접촉하는 동안에 발전되어 왔던 여러 가지 상투적인 문구를 유럽 인들과 미국인들에게 적용시켰다. 마치 내륙 아시아 초원 지대의 유목 부족들이 끊임없이 흥망하고 그들의 명칭과 위치를 바꾸었던 것과 마찬가지로, 광동에 들어온 서양인들도 중국의 기록에 남아 있듯이 유령처럼 신원을 옮기고 바꾸었다. 그들의 명칭은 완전히 혼동되었다. 1819년에서 1822년 사이에 완원 휘하에서 편찬되었던 〈광동 지방지〉에서는, 필리핀에 있던 스페인 사람들에 대한 설명이 퀼론(Quilon, 남부 인도에 있다)과 몰루카(Moluccas) 군도(群島) 사이에 끼여 있고, 명대(明代)의 것만이 취급되었을 뿐이었다. 포르투갈은 말라카(Malacca) 근처에 있다고 설명되어 있다. 잉글랜드는 홀란드(Holland)의 다른 명칭이거나 보호령이거나 둘 중의 하나로 되어 있고, 프랑스는 본래 불교 국가였으나 나중에 카톨릭 국가가 되었다고 하였으며(중국에서는 그리스도 교가 불교의 한 분파라는 것이 일반적 통념이었다), 결국 프랑스는 포르투갈과 동일하다고 설명되었던 것이다.

학인들이 서양에 대해 관심을 갖지 않았다는 점이 인상적이다. 위원과 같은 예외적인 사람들이 서양에 대하여 관심을 가지려고 했을 때, 그들은 서양 저작물의 번역물을 찾아야 했다. 그러나 중국에서는 그러한 것들이 발견될 수 없었다. 팽창하던 서양은 불시에 중국을 습격하였고, 4세기 동안 상당히 잘 활용되었던 대외 관계에 관한 운영 방식들은 갑자기 아무 쓸모 없게 되어 버렸다.

광동 무역 체제의 붕괴

지역 무역과 개인 무역업자들 인도에서 사기업(私企業)은 처음부터 동인도 회사 운영상의 불가피한 확장에서 왔으며, 이는 아시아 지역의 무역과 수입원을 그들과 연결시키는 데 필수적이었다. 이 사기업은 이른바 지역 무역(Country Trade)의 형태로 나타났다. 말하자면 그것은 동인도 회사의 상업적 지배 영역 안에서 동인도 회사의 특허장을 가진 민간인들이 경영하던 무역이었다. 지역 무역은 처음에 인도 안과 그 주변 지역에서 성장하였다. 그곳에서 영국의 동인도 회사는 지역 무역업자들에게 인도의 캘커타나 영국의 런던에서 지불되는 환(換)어음들을 팔았고, 그렇게 함으로써 무역업자들의 이익을 동인

건륭(乾隆, Ch'ien-lung) 황제 시대 '조공 사절(朝貢使節)들의 모습' '스웨덴에서 온 한 양이(洋夷)'(왼쪽)와 '한 잉글랜드 인'(오른쪽). 〈황청직공도(皇淸職貢圖)〉(칙찬(勅撰), 1761년)에서 뽑음.

도 회사의 환어음 발행 수단으로 이용할 수 있었다. 지역 무역은 더 많은 이익을 올릴 수 있는 기회를 틈타 동쪽으로 뻗어나갔다. 예를 들면, 벵골(Bengal)산 아편의 공급은 동인도 회사가 독점하여 경매에 붙여 팔았으며, 지역 무역업자들이 그것을 매입하여 처음에는 주로 말라카 해협과 인도네시아로 수출하였다. 잉글랜드 인들과 스코틀랜드 인들의 사기업들이 지역 무역을 촉진시켰다. 그들은 '대리 상관(代理商館)'을 설치하여 스스로 선적 화물에 투자하였을 뿐만 아니라, 다른 상인들을 대신하여 수수료를 받고 선박 화물과 선박과 창고, 보험 및 판매를 처리하기도 하였다. 그들은 영국과 근대 국제 경제가 상업적, 재정적, 그리고 공업적으로 팽창해 나가는 날카로운 칼날이었던 것이다.

지역 무역은 곧 인도에서 중국으로 확대되었다. 진취적인 영국인들은 영국 동인도 회사의 지배를 피하기 위하여 이미 1780년대에 유럽의 다른 정부들의 명목상 대표자로 광동에 남기 시작하였다. 이것은 하나의 확실한 관례가 되었다. 예를 들면, 1823년에 제임스 매티슨(James Matheson)은 덴마크의 영사였고, 토머스 덴트(Thomas Dent)는 사르디니아(Sardinia)의 영사였다. 이러한 사업을 성공시키는 데는 자본보다는 대단한 모험심과 재간이 필요하였다. 이리하여 광동에 있던 덴트, 매티슨, 그리고 그 밖의 '개인 자격의 영국 사람들'은 곧 상선단(商船團)을 소유하고 보험 회사를 세우며 은행업을 시작하였다. 개인 무역업자들은 인도에 있는 유사하기는 하지만 좀더 큰 대리 상관 소속 상인들의 극동 지역 통신원들이거나 친구들 또는 친척들이었다. 인도에 있던 상관들은 동인도 회사가 1813년에 인도 안의 영국 무역 독점권을 중지당한 이후 확고한 지위를 차지하게 되었다. 이 상관들은 광동의 상관들처럼 차례대로 런던이 차지하고 있던 영국의 전세계적 경제 팽창의 중심을 상대하게 되었다. 이러한 팽창 과정에서 지역 무역은 (대략 1817년 이후) 영국 수입품의 4분의 3을 광동에서 공급함으로써 두 가지 일을 한꺼번에 달성하였다. 즉, 그것은 인도의 생산물에 대하여 판로를 만들어 주고 이익금을 인도로 송금하였으며, 동인도 회사의 중국 차〔茶〕 수입 대금을 계속 조달하였던 것이다. 그리고 이 차에 대하여서는 런던에 있는 영국 정부가 항상 동인도 회사에 유리하게 세금을 부과하였다.

그와 비슷한 상업적 이권이 중국 편에서도 생겨났지만, 아직 이것에 대하여서는 충분하게 연구되지 않았다. 광동은 주로 남부 중국 농가들이 관계된 수공업 공장들에서 생산되는 차와 비단과 면직물의 수출 항구였다. 면직물은 남경(南京, Nanking)을 뜻하여 붙인 'nankeen'〔남경 목면〕이라는 이름으로 유통되었다. 중국 면직물 공장의 주요 중심지가 소주(蘇州, Soochow)와 송강(松江, Sungkiang) 부근에 있기 때문이었다. 서양에 대한 이러한 수출품들은 전적으로 중국의 국내 생산물이었고, 국내 생산물의 주된 시장은 여전히 중국인 대중이었다. 19세기가 될 때까지 인도에서 들어오는 지역 무역의 주된 수입품은 중국의 토착 직물 공업에 공급할 원면(原綿)이었다. 공행(公行)의 행상(行商)들은 객상(客商)들이 중부 중국의 생산 지역에서 모아들인 차와 비단의 위탁 상품을 쏟아 내는 깔때기 역할을 하였다. 강서(江西, Kiangsi)성을 거처 광동까지 바닥이 평평한 거룻배와 쿨리〔고력(苦力, coolie)〕 노동자를 이용한 수송 경로가 크게 발달하였다. 비교적 적은 양인데도 광동의 교역은 자본의 축적과 상업 기구의 창설과 확실한 상업적 이익이 보장된 성장의 중심지로서 중요하게 되었다. 광동에서 서양 무역을 독점하여 이익을 본 상사(商社)와 제국의 관리들로 대표되는 '광동 세력'은 중국이 정책적으로 고려해야 할 한 요소로 되었던 것이다.

아편 무역의 증가　　영국이 중국과 인도 사이에서 아편 무역을 하게 된 원인은 부분적으로는 중국에서 아편 흡연이 증가한 점에 있었다. 아편은 하나의 습관성 마약이었으므로, 그것은 당시의 영국에서 악(惡)으로 생각된 술인 진(gin)보다 더욱 해로운 사회악이었다. 양귀비는 중국에서 오래 전부터 알려졌으며 수확물은 약용으로 이용되었다. 그러나 담배 흡연이 17세기에 미국으로부터 마닐라를 거쳐 중국으로 전해진 이후에야 (실제로는 증발된 기체를 빨아들이는) 아편 '흡연'이 겨우 시작되었다. 18세기 동안에는 1년에 약 1,000 상자의 아편이 인도에서 중국으로 수입되고 있었다.　1800년부터 1821년까지는 1년에 평균 4,500 상자였고, 1838년까지는 한 해에 총 4만 상자로 증가하였다 (한 상자에는 보통 133 파운드의 아편이 들어 있었다). 아편 중독의 만연은 확실히 이미 말하였던 다른 경향들—— 인구 압력, 예상되는 생활 수준의 저하, 정부 안의 부패와 인민들의 반항 증가—— 과 관련될 수 있다. 간단히 말하면 퇴폐 풍조 중의 하나가 당시의 시대 정신이었던 것이다. 이러한 풍조의 한 징후인 아편 흡연은 특히 아문(衙門)의 잡역부들과 군인들 사이에 퍼져 나갔으며, 이 두 집단은 인민들과 접촉한다는 점에서 정부를 대표하였다.

　동시에 아편 무역의 성장 배경에는 영국령 인도가 재정 수입의 5 퍼센트에서 10 퍼센트까지를 아편 무역에 의존하게 되었다는 근본적인 사실이 깔려 있었다. 벵골산 아편은 동인도 회사의 관리 아래 재배되었으며, 캘커타에서 개인 무역업자들에게 공식적으로 경매되었다. 동인도 회사가 재배하지 않은 서부 인도의 아편은 처음에는 벵골산 아편과 경쟁하였다. 그러나 1830년대에 동인도 회사가 그것을 선적하는 봄베이(Bombay) 같은 항구를 장악하게 되었고, 그에 따라 서부 인도의 아편에 통행세를 부과하여 이익을 얻을 수 있었다. 한편, 벵골산 아편과 서부 인도산 아편의 경쟁은 더 싼 가격으로 더 많은 아편을 생산하도록 자극하였다.

　중국에 있는 아편 무역업자들은 공급량에 따라 가격이 오르내렸으므로 큰 이익을 얻을 수 있었다. 1821년 이전에 아편 한 상자는 1,000 멕시코 달러, 심지어는 2,000 멕시코 달러로 팔렸고, 그 이후 공급량이 증가된 시기에는 700 멕시코 달러에서 1,000 멕시코 달러까지 팔렸다. 이 투기적인 무역은 치열한 경쟁을 불러일으켰다. 외국 상인들은 그들의 경쟁자들을 앞지르기 위하여 초기 형태의 쾌속선을 사용하기 시작하였다. 그들은 물건을 '돈선(躉船)'〔거룻배를

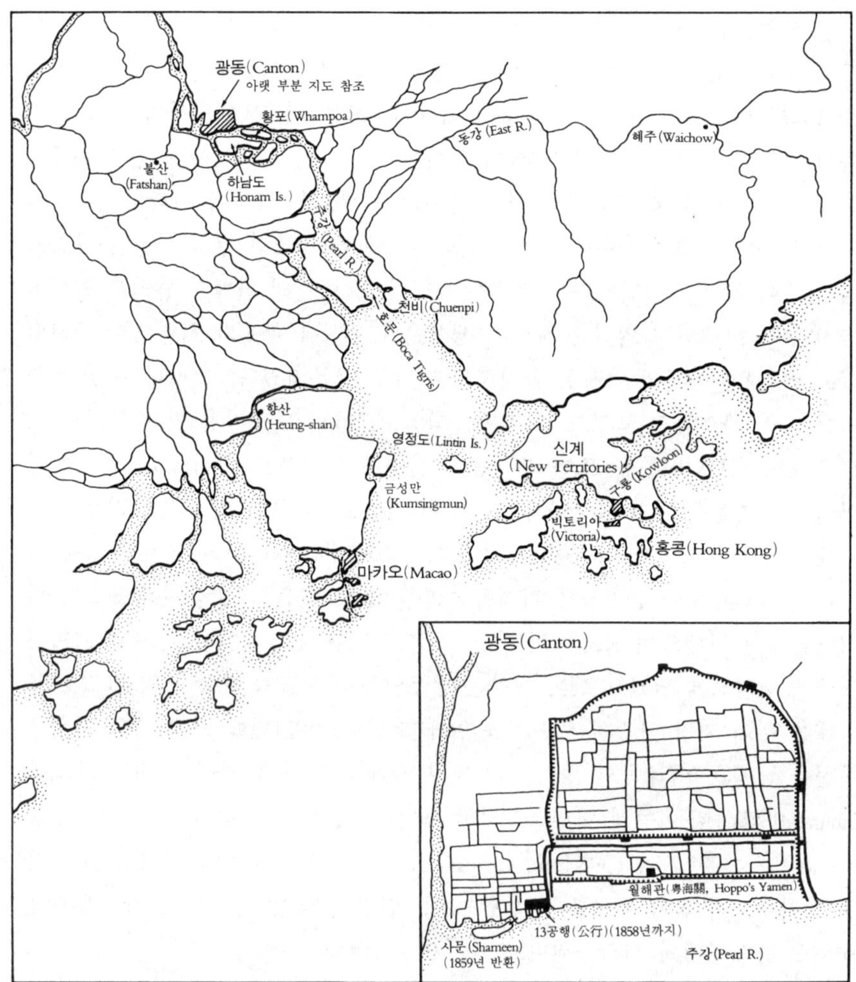

광동 하구(河口)와 그 근해(19세기)

말하며, 외국인 아편 무역상들이 아편을 저장하는 기지로도 이용하였다]에 넘겨주었
는데, 이 배는 중무장을 하고 물 위에 떠 있는 창고와 같았다. 중국인 아편 무
역업자들은 보통 20명 또는 그 이상의 동업자들로 구성된 중개점들을 조직했
으며, 그들의 재원은 투자를 위한 자본으로 마련되었다. 60명 또는 70명이 배
치되어 노를 젓는 그들의 무장된 (이러한 이유에서 이 배들을 중국에서는 배
룡(扒龍) 또는 쾌해(快蟹)라고 불렀던) 밀수선들은 보통 외국인들의 돈선에서

아편 상자들을 인수하였다. 1830년대까지 100척 또는 200척의 중국인 밀수선들이 광동 밖의 바다 위에 떠 있던 약 25척의 외국 돈선으로부터 아편을 인도받고 있었다. 처음에는 아편의 국내 배급이 중국 중앙부를 향하여 서쪽으로, 특히 광동 북쪽의 내륙 통상로를 따라 이루어졌으나, 드디어는 광동 동북쪽의 중국 해안에서 외국 배들이 아편을 분배하는 새로운 양상이 시작되었다.

아편 무역을 저지하려는 중국 정부의 무능함은 청조의 정책 노선과 관리들의 실행이 서로 반대되었다는 점에서 드러난다. 아편의 판매와 흡연은 일찍이 1729년에, 아편의 수입이나 국내의 생산은 1796년에 황제의 칙령으로 금지되었고, 1800년 이후에 이러한 금지령들은 자주 반복되었다. 그러나 무역의 증가에 따라 관리들의 묵인도 늘어나게 되었고, 아편은 수지가 맞아 부패의 새로운 근원으로 되었다. 또한 욕심을 부릴수록 두려움도 늘어났다. 왜냐하면 아편 배급자들은 비밀 결사들과 결합되어 있었고, 뇌물을 받지 않으려는 관리들에게 폭력을 행사할 수 있었기 때문이었다. 고위 관리들은 금지 명령을 내렸다. 그러나 하급 관리들은 거래를 묵인하였고, 그들의 부정 수입을 그들의 상관들에게 보냈으며 조정에까지도 보냈다. 고위 당국자들은 폭로와 협박과 질책에 취약하게 되었으므로, 그들은 밀무역을 자신들의 관할 구역 밖으로 몰아내는 것이 가장 안전하다는 것을 알게 되었다. 1821년에 양광 총독 완원은 돈선들을 광동 아래쪽의 정박 장소에서 강제로 떠나게 하여 영정도(伶仃島, Lintin) 바깥으로 이동케 하였다. 외국 무역업자들은 동북쪽의 남오도(南澳島, Namoa)와 천주(泉州, Chinchew, Ch'üan-chou)에서 판로를 찾기 시작하였다. 광동 삼각주보다 훨씬 통제를 적게 받는 이 '연안 무역'은 광동에 못지않게 아편 수입을 1830년대에 시작하였다.

아편 무역은 양쪽 방면에서 강요를 받았다. 영국의 상업적 팽창이 아편에 의지하게 되었을 뿐만 아니라, 마약 중독자의 수가 늘어나는 만큼 정부를 부패시키는 강력하게 조직된 하나의 밀수 조직체로서 아편 무역은 중국을 잠식하게 되었던 것이다. 북경의 황실은 근 1세기 동안 광동 무역에서 재정 수입을 거두어들이는 데 심취해 있었다. 아편은 단지 비공식적인 수입을 증대시켰을 뿐만 아니라, 동시에 '광동 세력'을 강화시켰다. 마찬가지로 영국의 아편 이익은 중국 안에서 상업적 팽창을 바랐던 영국의 오랜 숙원에 추가된 최근의 부가물이었다. 또한 그것은 오랫동안 공식화되어 왔던 영국의 요구에 더 큰 추진력을 가져다 주었다.

공행(公行) 행상들의 자금 부족은 영국인들의 새로운 불만 사항의 하나로 추가되었다. 행상들 가운데서 가장 유명한 사람은 오가공행(伍家公行)의 대표인 호관(浩官, Houqua)〔오병감(伍秉鑑; 1769~1843)의 상명(商名)〕이었다. 그는 큰 재산을 모았고, 무역을 하고 심지어는 보스턴의 자본으로 설립된 기창 양행(旗昌洋行, Russell and Company)에 소속되어 있던 그의 미국인 친구들을 통하여 해외에 투자까지 하였다. 그러나 호관은 예외였을 뿐이다. 대부분의 행상들은 정부에 낼 '기부금'과 자본 부족 때문에 끊임없이 압박을 받아 정기적으로 동인도 회사의 빚을 얻었으며, 동인도 회사는 다음 철의 차와 비단을 구매하기 위하여 자본을 미리 빌려 주었다. 그러나 외국 상인들에게 갚아야 할 빚을 징수할 법적 기구가 없었고, 따라서 갚지 않은 행상들의 빚은 점점 누적되었다.

또한 중국의 형법에 따라 피고인들을 임의적으로 체포하고 고문하는 것에 대하여 서양인들은 반감을 가졌다. 개인의 권리와 책임에 관한 정반대되는 가설들이 앵글로 색슨의 법률적 전통과 중국의 법률적 전통의 기초를 이루고 있었던 것이다. 그러한 이유로 광동에 있던 영국인들은 1784년 이후부터, 미국인들은 1821년 이후부터 살인 사건의 경우 중국의 사법권에 복종하기를 거부하였다. 실제로는 어느 정도의 치외 법권(외국인에 대한 외국인의 사법권)이 생겨났으나, 그것은 중국측으로부터 확실하게 보장받은 것이 아니었다.

동인도 회사를 대신한 영국의 왕권   위기는 1834년에 자유 무역을 지지하는 사람들이 중국과 영국의 무역에 대한 동인도 회사의 독점권 폐지를 보장받았을 때 왔고, 영국 정부는 동인도 회사를 대신하여 통상을 감독하도록 한 명의 공식적인 무역 감독관을 광동으로 파견하였다. 그는 스코틀랜드 출신의 나피어 경(Lord Napier)으로서 외교적으로나 또는 아시아 지역에 대하여 아무런 경험도 없었다. 그는 적절한 지시와 준비 또는 지원도 받지 않은 채 거의 불가능한 임무를 시도하기 위하여 파견되었다. 그 임무는 중국과 영국 사이에 평등한 관계를 여는 일로서, 고대 중국의 조공 제도에 종말을 가져올 것이었다. 예상대로 지방 관리들은 서로 평등하게 서신 왕래를 하자는 나피어의 요구를 거절하였다. 그들은 곧 영국인들의 무역을 중지시켰으니, 이는 외국 상인들에게 그들이 흔히 사용하던 재갈을 물리는 방법이었다. 그리하여 나피어는 청조 관리들이 무역과 그에 따른 이익을 무시하는 데 대하여 비난하는 중국어로 된 전단을 돌렸다. 관리들은 그에 대한 대답으로 영국인들에 대한 모든 물자 공급을 끊어 버렸다. 나피어 휘하의 프리깃(frigates) 함(艦) 2척이 강의 중요한 입구를 돌파하여 중국의 요새와 포격을 주고 받았다. 청의 황제는 영국을 무력으로 굴복시키거나 추방하라고 명령하였다.

이 격분에 찬 대결은 한편에서는 행상들이, 다른 편에서는 영국인 자유 무역업자들이 서로 타협하도록 압력을 넣어 어느 정도 완화되었다. 나피어는 마카오로 돌아가 1834년 10월에 병으로 사망하였다. 그리고 그 후 4년 동안 그를 이은 후계자들은 '침묵 정책'을 계속하였으며, 한편으로는 두 계열의 정책 입안자들이 영국의 정책이 나아가야 할 바를 모색하고 있었다. 이화 양행(怡和洋行, Jardine, Matheson and Company ; 그 이전의 여러 상회의 후신이며, 1832년부터 이 명칭을 지니고 있다)이 이끄는 대다수의 상인들은 영국 해군이 나피어 경의 굴욕을 설욕할 것과 더욱 많은 항구의 개방을 보장받아야 한다고 요구하였다. 그러나 경쟁 상대인 보순 양행(寶順洋行 ; Dent and Company)이 이끄는 상인 집단은 조용하게 무역 이익을 거두어들이는 쪽을 택하였다. 광동의 관리들은 영국측이 책임을 질 수 있는 상인 우두머리를 지명하도록 요구하였다.

이리하여 광동 무역 체제는 1836년에 와해되었다. 무역은 더 이상 광동에만 한정된 것이 아니었고, 공행은 더 이상 중국측의 교역(특히 아편 수입에서)을 독점하지 못하였으며, 공행의 행상들은 빈번히 파산하였다. 동인도 회사의 독점은 경쟁하는 개인 무역업자들에게 굴복하였으며, 영국 상인들을 통제하던 동인도 회사의 기능을 행상들로부터 명령받기를 거부하는 한 관리가 떠맡았다. 무역의 규모와 무역의 무법성 모두가 커지고 있었다.

아편 전쟁

근대 역사에서 1839년부터 1842년까지의 제 1 차 청영(淸英) 전쟁 —— 해로운 아편 밀수를 막으려던 청 정부의 노력으로 촉진되었고, 영국 전함들의 우세한 화력으로 종결되었으며, 서양인들이 중국에서 누릴 특권들을 갖게 된 굴욕적인 조약들이 뒤따른 전쟁 —— 보다 더 '제국주의 침략'이라는 비난을 받을 만한 사건은 없었다. 최근 모든 진영의 애국적 중국인들이 그 내력을 재음미하였듯이, 이 전쟁은 서양의 무력 침입과 그 후 거의 한 세기 동안 중국을 '반(半)식민지'의 상태로 종속하게 한 점에서 그들의 마음을 아프게 하는 감정의 알맹이였다.

이러한 관점과 더불어 근대 역사의 주요한 흐름의 맥락 속에서 아편 전쟁을 살펴볼 필요가 있다. 19세기까지 대외 관계에서 차지하는 중국의 지위는 그 당시 일본의 쇄국 정책처럼 시대에 뒤떨어져 있었으며, 그것은 더 이상 지탱될 수 없었다. 기술과 조직 능력, 군사력에서 빠르게 앞서 공업화한 서양은 더 이상 18세기의 유럽처럼 다루어질 리 없었다. 힘의 관계에서 커다란 틈이 발전되어 갔으며, 이는 불가피하게 중국과 외부 세계의 관계에 엄청난 변화를 가져올 것이었다. 조공 관계라는 옛 질서는 조만간 무너질 것이었다. 그것은 중국 군사력의 상대적 약화 때문만이 아니라 근대 세계를 휩쓸기 시작하였던 사상적 흐름——예를 들면 과학적 학문, 개인의 자유, 그리고 경제 성장 등에 대한 개념——때문이기도 하였다. 외교적 평등과 통상의 기회를 요구한 점에서 영국은 모든 서양 국가들을 대표하였고, 서양 국가들은 영국이 하지 않았더라도 조만간 같은 일들을 요구하였을 것이다. 중국 무역에서 활기넘치는 영국의 상업적 관심이 차〔茶〕뿐만 아니라 아편에도 집중되었다는 것은 하나의 역사적 우발 사건이었다. 만약 중국의 주된 수요가 인도의 원면(原綿)에만 계속되었다면, 또는 청말의 중국에 아편 시장이 없었다면, 아편 전쟁은 없었을 것이다. 그러나 저항하기 힘든 서양의 팽창력과 중국의 흔들리지 않는 제도적 타성을 가정해 본다면, 아마도 어떤 종류로든 중국과 외국의 전쟁은 일어났을 것이다.

아편 금지 운동   영국이 전쟁이라는 수단에 호소한 것은, 청 조정이 마침내 청조의 사활이 걸린 이해 관계에 위협을 주는 아편 무역에 부딪쳐 뒤늦게 광동에서 사태를 수습하려고 노력하였을 때 촉진되었다. 아편 금지 운동은 그러한 경우에 종종 일어났던 것처럼 구체적인 이해 관계와 부합하는 하나의 도덕적 개혁 운동이었다.

1830년대까지 아문(衙門)의 하급 벼슬아치와 군인들 가운데서 아편 중독자가 증가하여도, 그리고 뻔뻔스러운 밀수와 관리들의 묵인이 늘어나도 북경 당국은 지속적인 탄압 노력을 기울이지 않았다. 그러나 다른 한편에서 또 다른 문제가 제기되었다. 두 가지 금속을 사용하는 중국의 통화 제도를 뒤엎어 버릴 것처럼 보였던 은의 유출 또는 '고갈'의 원인이 아편 유입 때문이라고 생각되었던 것이다. 일상적 거래에서 사용하던 동전과 정부의 재정 운영에 사용하던——무게와 순도의 단위는 냥(兩)으로 알려진——은괴 사이의 환율이 변하기 시작했다. 은(銀)은 동전으로 환전할 경우에 비싸게 되었다. 이러한 사실이 모든 단계에서 어려움——농민들은 세금을 내기 위하여 더 많은 동전들을 지불해야만 하였고, 반면에 은으로 할당액을 채워야 하는 세금 징수 관리들은 개인적으로 도중에서 가로채는 동전이 적어졌다——을 가져왔으므로, 이는 정부의 입장에서 볼 때 진정한 위기였다. 실제로는 몇 가지 요인들이 이러한 상황의 배경을 이루고 있었다. 첫째, 동전의 크기와 무게가 대략 3분의 1로 줄어든 데서 오는 동전 가치의 하락이었다. 둘째, 매년 공식적으로 주조하는 동전의 양은 증가되었고, 값싼 위조 동전의 주조와 은을 숨겨 버리는 행위가 이러한 문제를 더욱 부채질하였다. 끝으로, 현실적으로 은의 유출과 '고갈'이 1821년 이후 어느 때부터인가 시작되었다. 그때까지 중국은 외국 무역——일본, 마닐라, 영국, 미국, 인도와 그 밖의 지역으로부터——에서 계속해서 은을 받아들이는 입장이었다. 그러나 적어도 1830년대에 이르러 중국은 은의 순손실을 겪기 시작하였으며, 주로 은괴로써 아편 대금을 지불하기 위하여 은이 인도로 빠져나갔다. 은의 고갈이 확실해진 것은 균형이 실질적으로 변화하기 이미 오래 전에 지적되었다. 중국인 관찰자들은 은이 아편의 값으로 지불되지만 결국 중국산 차에 대한 대금으로 돌아오는 것이 아님을 깨달았기 때문이었다. 그 결과 그들은 단순화된 하나의 결론으로 비약하였다. 1825년에 한 어사(御使)가 은의 유출을 특별히 아편 유입과 결부시켜 생각하였고, 동전과 은의 환율 변동으로 초래된 재정 위기가 아편 무역으로 말미암은 은의 고갈 때문에 일어난 것으로 널리 받아들여졌다.

이 당시에 아편 해독이 워낙 컸기 때문에 뿌리째 뽑아 버리는 것은 매우 힘든 일로 생각되었다. 어떤 현실주의자들, 특히 완원이 광동에서 설립하였던 서원과 관련을 맺고 있던 한 집단은 타협 정책을 권고하였다. 즉, 학인과 관리, 군인들이 아편 흡연의 반대를 계속하지만, 아편 밀수를 단념시키는 동시에 은의 유출을 막을 수 있도록 은이 아닌 중국산 상품들과 교환 구매를 통해서만 아편을 수입하게 하는 관세법을 이용하여 아편의 수입을 합법화하자는 것이었다. 완원이 북경의 내각 대학사(內閣大學士)로 있을 시기인 1836년 5월에 이러한 제안이 황제에게 제출되어 광동으로 회부되었다. 그리고 언젠가는 합법화될 것이라고 기대하던 외국인 무역업자들에게 이러한 사실이 곧 알려지게 되었다. 광동 당국은 1836년 9월에 이 제안에 대한 지지를 표명하였다. 그러나 북경에서는 그 동안 논의가 다른 방향으로 흘러가 버리고 말았다. 아편의 합법화 운동은 제창된 지 4개월 만에 끝났다. 1837년에서 1838년까지 광동에서 아편 무역에 종사하는 중국인들에 대한 탄압은 더욱 격렬해졌다. 그러나 아편 밀수는 연안에서 계속되었으며, 수입은 또다시 절정에 이르렀다. 1838년 후반에 제국 전체의 고위 관리들로부터 올라온 상주문들을 통한 격렬한 논쟁은 결론을 내지 못하였다. 그러나 황제는 1838년말에 최종적으로 아편에 관련된 모든 폐단에 대하여 철저한 탄압을 결정하였으니, 아편 재배자들과 아편 상인들, 소비자들 모두를 사형에 처하도록 하는 것이었다. 1839년에 공포된 이 법령은 외국인 수입업자들에 대해서도 사형을 규정하였다.

이 당시까지 광동에서 벌어진 반(反)아편 운동은 많은 아편 소굴들을 파괴하였고, 아편 판매인들을 처형하였으며, 아편 무역을 억제하였다. 그리하여 아편 무역은 1838년부터 1839년에 걸친 겨울 동안에는 거의 정지된 상태였다. 그러나 이러한 조처는 연안 무역을 자극하였고, 외국인 수입업자들에게 더욱 적극적이고 강력한 무장 밀수 행위를 하도록 만들었다. 한편 영국 정부의 입장은 "밀수업자들을 도와 주거나 억제하는 방법으로" 간섭할 수는 없다는 것이었다. 아편 무역에 대한 탄압은 청 정부가 실행해야 할 일이었다.

이 시기의 뒤엉킨 사건들 속에서 한 가지 점이 두드러진다. 즉, 청 정부는 한꺼번에 두 가지 일을 시도했던 것이다. 그것은 아편의 폐단을 억누르는 것과 대외 관계에서 조공 체제를 유지하려는 것이었다. 광동 당국은 공행의 행상을 통한 경우를 제외하면 영국의 무역 감독관과 해야 할 서신 왕래를 몇 번이나 거절하였으며, 하급자가 상급자에게 하듯이 '청원(請願)'한다는 의미를 가진 문자〔품(稟)〕를 편지의 머리 부분에 적으라고 요구하였다. 이리하여 두 정부 사이에는 어떤 종류의 무역 협정이나 협조 노력도 불가능하게 되었다. 두 세계가 서로 반대 입장을 고수하였던 것이다. 아편 무역에 대항한 중국의 투쟁은 조공 체제에 대항하는 영국의 투쟁과 관련된 속에서 진전되었다.

흠차 대신(欽差大臣) 임칙서와 광동　아편의 폐단을 뿌리 뽑도록 선정된 사람은 임칙서(林則徐, Lin Tse-hsü ; 1785~1850)였다. 그는 '경세'학파의 실천자로서 청렴하고 능력 있는 행정가였다. 그는 1839년 3월 10일에 광동에 도착한 이후 서양 자료들의 번역물을 구하는 데 솔선하였다. 예를 들면, 국제법에 관하여 쓴 바텔(Vattel)의 책[*Le Droit des gens*을 말한다. '국제법'의 의미이다. 그 당시 중국에는 완역된 국제법 관계 책이 아직 없었고, 임칙서는 미국인 Peter Parker에게 이 책에서 3문장을 번역하여 주도록 요청하는 정도였다. 위원(魏源)은 〈해국도지(海國圖志)〉에서 〈각국율례(各國律例)〉로 소개하고 있다]에서 대외 무역을 관리하는 국가의 권리에 관한 한 문장을 뽑았다. 그는 또 빅토리아 여왕에게 보낸 (배달되지는 않았던) 두 통의 감동적인 편지에서 "영국에 팔려고 아편을 들여오는 다른 나라의 사람이 있다면, 그리고 영국인들을 부추겨서 아편을 사서 피우게 한다면, 당신은 분명히 그들을 깊이 증오하고 크게 분노할 것입니다……."라고 말하였다.

임칙서의 방책은 중국인 아편 수입업자들과 아편 판매업자들의 광동 조직망을 없애 버리는 것이었고, 실제로 그는 그 일을 수행하였다. 외국 무역업자들에게 무력을 사용하는 것은 그의 목표가 아니었고, 더군다나 영국과 전쟁을 시작하는 것은 더욱 아니었다. 그러나 그는 곧 그들의 아편 재고품을 강제로 포기하도록 할 필요가 있음을 알아차렸다. 이 목적을 위하여 그는 3월 24일에 약 350명의 외국인들을 13공행(公行)에 감금하였다. 이들은 물품 공급은 받았으나 하인들이 철수된 채 6주일 동안이나 감금 상태로 지냈다. 임칙서는 영국의 상인들이 그들의 아편 재고품을 양도했을 때야 이들을 풀어 주었으며, 그 후 그는 아편을 공공연히 못 쓰게 만들어 버렸다. 이리하여 그는 약 2만 상자의 영국 아편을 인도받게 되었으나, 두 가지 일이 이것을 실속 없는 승리로 만들었다. 첫째, 아편 시장은 붕괴되었으나 중국 안의 공급량이나 인도에서 들어올 것으로 예상되는 양은 약 5만 상자로 늘어났다. 그 결과 상인들의 관심은 어떠한 가격이라도 가능하다면 아편을 확보하는 데 있게 되었다. 둘째, 영국의 무역 감독관이 영국 정부를 대신하여 아편 양도에 대한 개인적 책임을 졌다는 점이다. 그 당시에 매티슨(Matheson)이 자딘(Jardine)에게 말했듯이 "중국인들은 영국 왕에게 직접적으로 책임을 져야 하는 함정에 빠지고 말았던 것이다." 영국 국민들과 관리들을 임칙서가 강제로 처리한 것은 전통적인 조공 체제의 불평등한 성격을 그대로 지킨 것이었다. 그러나 근대 국제 세계의 관점에서 그것은 영국 정부에게 전쟁을 선포하는 근거가 되었다.

대외 관계에서 중국의 전통적인 질서는 술취한 영국의 수병(水兵)들이 한 중국인〔임유희(林維喜)〕을 살해하였을 때인 1839년 7월에 더 큰 문제를 불러일으켰다. 이 사건은 합법적 재판 관할권에 대한 논쟁의 상징이 되었다. 중국 당국은 범죄자를 인도하라고 요구하였으나 영국은 영국 국민들에 대한 중국 형법의 적용을 거부하였다. 논쟁이 확대됨에 따라 그것은 아편 무역과 마찬가지로 외교 관계와 합법적 재판 관할권에 관한 중국과 서양의 갈등을 두드러지게 하였다.

압력을 받고 영국인들은 광동에서 마카오로, 그 다음에 1839년 8월에는 홍콩으로 잇따라 퇴각하였다. 홍콩은 약 30평방 마일의 면적에 거의 주민이 살지 않는 섬이었고, 세계에서 가장 물이 깊은 훌륭한 항구들 중의 하나를 사이에 두고 본토의 구룡(九龍, Kowloon) 반도와 떨어져 있었다. 첫번째의 해전(海戰)이 1839년 11월에 발생하였다. 그러나 광동 무역은 전쟁 동안에도 계속되었다. 기창 양행 같은 미국 회사는 그들의 친구이며 행상인 호관(浩官)과 긴밀하게 협조하면서, 영국기 대신 미국기를 달고 제철에 나오는 많은 양의 차를 수출하였다. 한편 아편의 연안 무역도 중무장한 가운데 계속되었으며, 이미 흠차 대신 임칙서의 손길을 벗어나 있었다. 영국의 한 원정 함대가 1840년 여름에 도착하여 상해 남쪽의 주산도(舟山島, Chusan Island)를 점령한 뒤 수도에 가까운 천진 아래 쪽에서 협상을 벌였을 때, 아편의 폐단을 막고 광동 무역 체제를 유지한다는 임칙서의 두 가지 노력은 성공하지 못하였음이 확실해졌다. 9월에 그는 황제의 눈 밖에 나서 소환당하였으나, 영국은 군사력을 이용하여 조약을 준비하고 있었다.

전쟁과 협상 청조가 전쟁에 대비하지 못하였던 것은 중국 군대의 기술적 후진성과 군대 행정의 부패 때문이었다. 군대 훈련은 내용도 없는 형식을 강조하였고, 칼과 창을 지니고 의미도 없는 자세를 취하였다. 비적(匪賊)이나 반란자들에 대항하는 하나의 부대를 만들기 위하여 다른 많은 수비대(守備隊)에서 작은 규모의 분견대(分遣隊)들을 뽑아 모으곤 하였는데 이러한 점들이 사기가 충천하고 지속적 통솔력을 가진 공격적인 대규모 군대로 발전하는 것을 방해하였다. 군인들도 늘상 반항적이었다. 훈련이나 규율을 갖추지 못한 그들은 전장(戰場)에서 기술과 용기도 부족하였고, 적이 당도하기도 전에 도망하려 하였으며, 그들이 두려워하지 않는 존재는 오직 무력한 평민뿐이었다.

청조 군사력의 쇠퇴는 육지에서보다 바다에서 훨씬 분명하게 드러났다. 해군의 전통에는 해군력을 언제나 대기시키고 사용할 수 있는 기동 공격 부대의 개념이 없었다. 그 대신 해안의 각 성은 연안(沿岸)의 담당 지역에서 소요를 진압할 정크 전투선 함대들을 유지하였다. 심해 순양 훈련이나 합동 기동 훈련도 받지 않으면서 각 성의 독자적 지휘를 받는 중국의 '수군(水軍)'은 물 위에 떠 있는 경찰과 같았다. 그래서 해적들은 비적들처럼 능숙하게 이동하는 방법 —— 관할 지역의 경계선을 가로질러 도망쳤으므로, 해적들이 괴롭혔던 성에서는 그들을 추적할 수 없었고, 또한 해적들이 들어간 성에서는 아직 그들을 추적할 이유가 없었다 —— 을 이용함으로써 도망칠 수 있었다. 정크 무역선이 1,000 톤을 운반할 수 있었던 시기에 중국의 해군 함선은 여전히 소형 —— 약 300 톤의 적재량과 100 피트의 길이에, 100 명이 탑승하고 6 문의 대포를 가졌다 —— 이었다. 그것은 19세기의 서양 해군에 대항하여 중국을 방어하기에는 적당치 않았던 것이다.

청 정부를 응징하기 위하여 영국은 최신식 전투 장비 —— 강풍과 조수(潮水), 불붙은 뗏목과 요새들에도 대항할 수 있는 밑바닥이 얕고 평평한 철갑 증기선 등 —— 를 갖춘 수천 명으로 구성된 기동 부대를 파견하였다. 활 쏘는 사람들과 낡은 대포를 갖춘 중국의 정크 전투선들은 형편없는 포수(砲手)와 고정된 포상(砲床)을 가진 그들의 해안 포대(砲臺)만큼이나 쓸모 없는 것으로 드러났다. 광동에서 상해에 이르는 연안을 따라 있는 중국의 강력한 거점들을 영국이 함락시키는 일은 어렵지 않았다.(다음 쪽 참조) 진짜 문제는 중국의 대외 관계에 새로운 질서를 만들어 내기 위하여 이 군사적 우세를 어떻게 자본화하는가 하는 것이었다. 영국은 홍콩 같은 통상 기지 이외에는 영토에 대한 야망을 가지고 있지 않았다. 또한 중국인 평민들을 공격하는 것이 영국의 목표는 아니었다. 중국의 평민들은 광동의 경우를 제외하면 일반적으로 전투에 대하여 수동적으로 구경만 하였고, 침략군들에게서 노임을 벌려고 일하려는 많은 하층 노동자들을 제공해 주었다. 그러나 중국에 있는 외국인의 새로운 지위를 천자(天子)가 인정하도록 만드는 것은 오래된 일련의 신념과 관례의 종말을 뜻하였다. 한마디로 말하자면, 그것은 조공 체제의 붕괴를 의미하였다.

중국 전통 수군(水軍)의 운명   영국 군함에서 출발한 작은 배들의 지원을 받는 동인도 회사의 철갑 외륜(鐵甲外輪) 증기선 네메시스 (Nemesis) 호가 1841년 1월 7일에 천비(穿鼻, Chuenpi) 근처 얕은 바다 에서 한 중국 함대를 공격하고 있다. 네메시스 호는 길이 184 피트, 120 마력, 이물과 고물에 있는 선회축 위에 32 파운드 무게의 대포 2 문을 갖추고 있으나 물에 잠기는 배의 부분은 불과 6 피트에 지나지 않는다.

1840년부터 1841년 사이에 벌어진 첫번째 단계의 전쟁에서 부유한 만주 고관인 임칙서의 후계자[기선(琦善)]가 실효를 거두지 못한 한 조약[천비 초약(穿鼻 草約)]을 1841년 1월에 서명하였다. 그 조약은 홍콩을 할양하고, 영국에게 외교적 평등과 배상금을 주며, 광동을 다시 개방하라는 내용이었다. 그러나 두 나라의 정부는 이 실행되지 못한 조약을 단번에 거절하였다. 1841년 5월에 제철에 생산된 차를 배에 실은 후, 2,400 명으로 구성된 작은 규모의 영국군 부대가 광동을 공격하였다. 그러나 600만 달러의 '배상금'을 받은 후 곧 성 밖으로부터 철수하였다. 영국군이 철수할 때 관(官)이 선동하고 신사들이 동원한 지방의 민병(民兵)들이 그들을 위협했으니 (삼원리(三元里)에서 일어난) 이 사건은 영국 군대에 대한 광동 인민들의 승리로 환영을 받았다. 어떤 역사가들은 이 사건을 중국의 일반 대중 가운데서 근대적 민족주의 정신이 최초로 나타난 것으로 보고 있다.

1841년부터 1842년 사이에 벌어진 두번째 단계의 전쟁에서 영국은 처음부터 해안선을 따라 하문(廈門, Amoy) 항과 주산도(영국인들은 일찍이 이 섬에서 철수하였다)와 영파에서 거점을 확보하였다. 영국은 1842년 봄에 군대를 증강하여 청조의 모든 형태의 저항을 물리치면서 상해를 점령하였고, 대운하가 양자강과 교차하는 지역인 진강(鎭江, Chinkiang)을 탈취하였으며, 남경 교외까지 진출하였다. 청의 저항은 여러 가지 양상으로 나타났다. 영국과 교역을 중지하였고(다른 나라는 아님), 광동에서 민병을 동원하였으며, 항구와 강의 입구를 봉쇄하였고, 정크 전투선을 건조하였으며, 여러 성에서 군대를 소집하였던 것이다. 1842년 3월에 청의 기습 공격이 영국의 점령 아래 있던 영파에 감행되었다. 그러나 중국의 이러한 전통적 방식의 공격은 지휘권과 조직 및 장비 면에서 한결같이 쓸모가 없었다. 한편 방어 면에서 요새를 수비하는 만주 팔기(滿洲八旗)의 주방병(駐防兵)들만이 희망 없는 용기를 가지고 저항하였다.

영국의 새로운 전권 대사인 헨리 포팅거(Henry Pottinger) 경은 영국의 공격으로 청·영 관계의 완전히 새로운 협정에 청조가 강제로 동의하도록 만든 후에야 협상하였다. 만주 왕조는 왕조 자체를 보존하기 위하여 조건부로 항복하였다. 이민족 정복자의 후손인 북경의 통치자들은 그렇게 많은 '한인(漢人) 반역자들'이 침략자들에게 제공하고 있었던 협조에 대하여 민감하였다. 비밀 결사들은 아편 밀수에 적극적이었고 홍콩에서 활동적이었다. 영국군에게 패배를 계속 당하는 것은 만주 왕조의 중국 지배를 약화시킬 것이었다. 청조는 중국 인민에 대한 통치를 유지하기 위하여 영국 침략자들에게 양보를 할 수 밖에 없었다. 한인 개혁가인 임칙서는 아편의 폐단을 억제하는 데 실패하였다. 이제 또 한 사람의 만주인 고관인 기영(耆英, Ch'i-ying ; 1858년 사망)이 영국을 진정시키기 위하여 파견되었다.

최초의 조약 체결　기영은 1842년 8월 29일에 포팅거와 남경 조약을 체결하였다. 조약은 광동에서 외국 무역에 대한 공행의 독점을 폐지하고, '협정 관세율(協定關稅率)'을 약속하며, 홍콩을 영국에 할양하고, 영국인의 거주와 무역을 위하여 다섯 항구——광동, 하문, 복주, 영파, 상해——를 개방하는 등 하나의 새로운 질서로 향한 길을 마련하였다. 2,100만 멕시코 달러에 이르는 배상금은 행상들이 진 빚을 갚아 주고, 몰수된 아편의 대금을 갚으며, 영국령 인도 정부의 전쟁 비용을 변상하기 위한 것이었다. 그러나 1843년에서 1844

동아시아의 '개방'

1842년부터 1943년까지 '불평등' 조약 체제에 속한 기본 조약들

특징 : 개항장, 치외 법권, 최혜국 조관, 협정 관세

시 작	발 전	폐 기
중 국 남경 조약(영국) 1842, 호문채 추가 조약 1843	망하 조약(미국) 1844, 황포 조약(프랑스) 1844 천진 조약(영국, 프랑스, 미국, 러시아) 1858 지부 조약(芝罘條約), (영국) 1876, 비준 1885 의화단 의정서(義和團 義定書), 신축 조약(辛丑條約) 1901	독일, 오스트리아, 헝가리 1919, 소련 1924 관세 자치권(自治權) 1930(1922년의 워싱턴 조약과 그것에 대한 1928년 이후의 각국의 승인에 따라) 새로운 평등 조약들 (미국, 영국) 1943
일 본 가나가와 조약(神奈川條約) 페리(미국) 1854 (영국 1854, 러시아 1855)	해리스(Harris)(미국) 1858	영국, 조약의 개정(일영 통상 항해 조약(日英通商航海條約)) 1894, 치외 법권은 1899년 폐지, 관세 자치는 1911
월 남 사이공(Saigon) 조약(프랑스) 1874(제 1 차 사이공 조약, 프랑스 1862)	위에(Hué)(프랑스) 1883, 보호령으로 확정 (1885년에 프랑스 보호령으로 청조가 승인)	'프랑스 연합 안에서 자치' 1946, 월남(越南, Vietnam) 공화국 독립 1954
한 국 강화 조약(江華條約)(일본) 1876	슈펠트(Shufeldt)(미국) 1882	(일본 보호령 1905, 병합 1910) 대한 민국(남한) 1948

년 사이에 첫 조약을 완결하기 위한 세 번의 추가 조약이 필요하였다. 영국과 맺은 호문채 추가 조약(虎門寨追加條約 ; 1843년 10월 8일), 미국과 체결한 망하 조약(望厦條約 ; 1844년 7월 3일), 프랑스와 체결한 황포 조약(黃埔條約 ; 1844년 10월 24일)이 그것이다. '최혜국(最惠國)' 조관(條款) —— 어떠한 특권들이 한 나라에 주어지면 동시에 다른 국가에도 주어져야 한다는 점을 받아들이겠다고 각국에 약속한 것 —— 때문에 이 조약들은 서로서로 단일한 조약 법규의 체제를 이루면서 보강되었다. 중국은 대부분의 특권들을 넘겨주었기 때문에, 이 조약 체제는 당연히 '불평등'하다고 비난받았다. 그러나 이것은 하루아침에 만들어진 것이 아니었으니, 사실상 그것을 확립하려고 18년 동안 계속된 무역과 외교, 종국적으로는 전쟁을 통하여 이루어졌던 것이다.

최초의 조약은 다만 하나의 쐐기를 박는 것이었다. 다섯 군데의 개항장에 영국의 영사들을 두어서 영국인 거주자들에게 그들의 영사로부터 사법적 보호를 받게 하였다. 즉 그들은 치외 법권을 가졌던 것이다. 서양의 법적 절차에 따른 보호는 상인과 선교사뿐만 아니라 그들의 상품과 재산까지 망라하였고, 때로는 실제로 그들의 중국인 하인과 보조원에게까지 미쳤다. 이리하여 서양인들과 중국인들의 사업체들은 관리들의 수탈로부터 비교적 안전하였다. 오래된 제국 관세율에 기초를 둔 명문화된 관세율은 매우 엉성하게 4퍼센트에서 10퍼센트까지를 범위로 정하였다. 광동의 공행처럼 중국인의 무역 독점체나 무역 조합은 자유 무역의 명분으로 금지되었다. 기영과 커싱(Caleb Cushing)의 협상으로 체결된 미국과 맺은 조약은 치외 법권에 대한 조항에서 영국의 것을 다소 개정하였고, 영국인들이 싸워서 얻었던 모든 특권들을 한 번의 전투도 없이 미국인들에게 주었다.

초기 개항장을 통한 서양의 영향

전통적 질서를 필연적으로 잠식하게 될 서양과 접촉하는 일은 1840년에서 1844년 사이에 첫번째의 전쟁과 그에 따른 조약들로 진행되었고, 1856년에서 1860년 사이에 두번째의 연속된 전쟁들과 조약들로 이어졌다. 이 시기 동안의 청조 위정자들은 만주인이건 한인이건 그들이 하고 있는 일 자체가 뒤늦은 것임을 깨달았다. 서양 침략자들에 관한 연구에 앞장서는 일은 광동에 있던 흠차대신 임칙서의 손으로 시작되었다. 그는 자신이 얻은 번역물들을 그의 친구이며 학인-관리인 위원에게 넘겨주었고, 위원은 1844년에 그의 〈해국도지(海國圖志)〉를 저술하였다. 세계 지리와 서양의 사정에 관한 이 자료집은 동시에 '양이(洋夷)' 문제를 처리하는 방법에 대한 논의도 싣고 있었다. 위원의 전략적인 생각은 옛 것과 새로운 것의 혼합물이었다. 그는 오랑캐들을 누르기 위하여 오랑캐들을 이용하는 '이이제이(以夷制夷)'(예를 들면, 영국을 누르려고 프랑스와 미국을 이용하는)라는 고대의 주제와, 오랑캐들을 누르기 위하여 그들의 우수한 기술을 배운다는 '사이장기이제이(師夷長技以制夷)'라는 새로운 개념을 결합시켰으며, 그가 말한 서양의 우수한 기술은 특히 전함과 화기(火器) 및 군인들을 유지하고 훈련시키는 방법을 의미하였다. 서양의 수단과 기술을 빌려와 중국이라는 국가 자체를 강하게 만들어야 한다는 자강(自强) 운동은 이러한 개념에서 비롯되었던 것이다. 이는 위원 및 그 외의 사람들이 국내 문제들 처리에 대하여 벌써부터 주장하였던 경세 치용(經世致用)의 사상을 서양의 침략이라는 과제에 직접적으로 적용한 것이었다. 서양에 관한 지식을 얻자는 욕구는 병법(兵法)에 관한 주(周, Chou) 왕조 시대의 고전인 〈손자(孫子)〉에서 '지기지피 백전백승(知己知彼 百戰百勝)'을 인용하여 정당화시킬 수 있었다〔〈손자〉에는 知彼知己百戰不殆로 표현〕. 그러나 중국은 불행하게도 너무나 큰 나라였고, 내륙 지방 성들의 거대한 저장소에서 배출되어 관직 생활에 투신하는 전통에 사로잡힌 학자들이 너무나 많았다. 그러므로 그들은 변방 해안 지역에서 외국 사상을 접촉하여도 쉽게 자극받을 수 없었다. 서양을 본보기로 하여 받는 자극은 주로 홍콩과 개항장들에 한정되었던 것이다.

상인과 선교사들   북경 당국은 아편 무역을 합법화하자는 영국의 요구를 거절하였다. 그러나 아편 무역은 계속되어 조약에도 언급되지 않은 채로 연안을 따라 북쪽으로 상해까지 확대되었다. 다섯 군데의 개항장 외에 밀수입 기지의 수가 두 배로 늘어났으며, 이 밀수입 기지는 비밀스런 장소였지만, 이곳에서 외국인 아편 수입업자들과 중국인 아편 배급업자들이 정기적이고 평화로운 아편 무역을 행하였다. 아편 중독자도 증가하였다. 1850년대에는 한 해의 수입이 5만 상자에서 심지어는 6만 상자로까지 늘어났으니, 이는 1830년대초 광동에 수입

차 생산의 전과정 언덕의 중턱(왼쪽 위)에서 찻잎을 따서, 말리고, 분류하고, 볶고, 누르고, 포장하고, 그리고 그 다음으로 최상급의 모자를 쓰고 최상급의 겉옷을 걸친 외국인 세 사람이 구입하여(왼쪽 아래) 그들의 배들(오른쪽)로 운반할 때까지 연속적인 단계들을 통하여 가공 처리되었다.

된 양의 두 배였다. 광동에 공급되던 인도산 아편과 경쟁하기 위하여 터키산 아편을 가져왔던 기창 양행 같은 미국인 아편 상인들은 이제 인도산 아편의 수입 대행자로 되어 이화 양행이나 보순 양행과 직접 경쟁할 수 있게 되었다. 중국인, 잉글랜드 인, 스코틀랜드 인, 그리고 인도 인 조로아스터 교도와 마찬가지로 미국인들도 아편 무역을 통하여 돈을 벌었다. 그리고 앞으로 있을지도 모르는 인도산 수입 아편의 대체를 예견케 하는 중국 안의 양귀비 재배가 급속하게 늘어갔다. 그러나 19세기 중엽의 수십 년 동안 소수의 큰 상회들이 그들의 쾌속선과 잘 무장된 돈선(躉船), 그리고 축적된 자본 및 우수한 시설을 갖고 과점(寡占) 상태를 유지하였다. 차 수출은 1억 파운드로 늘어났으며, 비단도 마찬가지였다. 그러나 둘 다 주로 아편 수입에 대한 대금으로 지불되었다. 직물 및 기타 영국의 공업 제품에 대한 중국의 시장은 실망할 정도로 한정되어 있었으니, 중국 농민들의 자급 자족과 가난이 그것의 주된 이유였다. 중국 농민들은 아직도 그들 스스로 옷감을 만들었으며, 구입할 수 있는 돈의 여유가 거의 없었던 것이다. 거대한 대륙의 한쪽 가장자리에 있던 외국 상인들은 이 점을 알지 못하였다. 그들은 모든 '중국인'이 만약 자신들의 옷자락을 1 인치만 늘인다면 랭커셔(Lancashire) 지방의 방직 공장들은 한 세대 동안 바쁘게 돌아갈 것이라고 계속 믿고 있었던 것이다.

개항장들, 특히 상해는 조직적인 경쟁을 바탕으로 진취적이고 고도로 활기에 찬 새로운 질서의 표본이었다. 주로 영국인과 미국인의 약 200 개 업체가 상해와 광동의 상공 회의소 관할 아래 결합되어 있기는 하였지만 무역의 모든 면에서 필사적으로 경쟁하였다. 그러나 다섯 항구와 홍콩은 주로 영국의 포함(砲艦)으로부터 보호를 받으면서 하나의 공동체를 이루었고, 젊고 이동이 잦은 주민들이 거주하였다. '이교도' 대중인 중국인을 개종시키기 위한 비슷한 정도의 조직적인 경쟁과 지나친 기대가 초기 프로테스탄트 선교사들에게 활력을 불어넣었고, 이들은 중국인들의 더딘 반응 때문에 비슷한 좌절을 겪었다. 1773년에 예수회가 해체된 이후 프랑스의 나자렛 수도회의 신부들이 북경에서 예수회의 지위를 대신하였다. 북경에서는 선교사들에게 손을 대지 않고 있었지만, 청 정부는 다른 지역에서 그리스도 교에 대한 탄압을 어느 정도 성과를 얻으면서 시도하고 있었다. 동인도 회사의 보호로 1807년부터 광동에서 살았던 최초의 프로테스탄트 선구자인 로버트 모리슨(Robert Morrison)을 제외하면, 1801년부터 1829년까지 불과 얼마 안 되는 선교사들만이 중국에 들어갈 수 있었다. 프로테스탄트의 선교 활동은 공업화에 따른 고난에 대한 정신적인 반려(伴侶)로서 나타났으며, 18세기말의 영국에서 복음주의 운동으로, 그리고 뉴잉글랜드에서도 이와 비슷한 발전을 하였다. 로버트 모리슨은 중국어를 배워 성경을 번역하는 데 성공하였으며, 그의 동료들은 그리스도 교에 대한 광동인들의 적개심을 피하기 위하여 1818년 말라카(Malacca)에 영화 학당(英華學堂)을 열었다.

1830년에 광동에 도착한 최초의 미국인 프로테스탄트들은 미국 대외 전도국(美國對外傳道局)에서 파견되었다. 이 단체는 1810년에 여러 교파의 대행 기구로 설립되었으나 종국적으로는 조합 교회(組合敎會)를 대표하게 되었다. 이 선교사들은 중요한 월간지인 *The Chinese Repository* (1832~1851년 간행)〔중국 문고(中國文庫)라는 의미〕를 창간하였고, 편집자 가운데 한 사람인 윌리엄스(S. Wells Williams)는 중국에 관한 영향력 있는 일반 해설서였던 *The Middle Kingdom* (1848년 간행)〔'중국'이라는 의미〕을 편찬하였다. 피터 파커(Peter Parker)는 광동에서 안과 병원을

38

열어서 의료를 통한 선교 활동을 시작하였다. 윌리엄스와 파커는 모리슨과 그 외의 영국 선교사들이 했던 것처럼 나중에 외교 면에서 자신들의 정부에 이바지하였다. 그러나 처음에는 그들의 노력이 주로 중국어로 된 복음의 전파에 집중되었으며, 특히 최초의 중국인 개종자인 양아발(梁亞發, Liang A-fa ; 1789~1855)이 쓴 것과 같은 작은 책자들을 통한 것이었다. 복음을 유용하게 만드는 데 몰두한 그들은 로마자화(즉, 중국어의 발음을 로마자의 알파벳으로 적는 문자 교체)하는 실험을 시작하였다. 그러나 오랫동안 그리스도 교도로 남아 있었던 사람들은 100.명 가운데 10명 꼴로 아주 극소수였다.

한편 로마 카톨릭의 선교 활동이 개항장들과 내륙 지역에서 되살아났다. 카톨릭 선교 활동의 근대적 후원자인 프랑스 정부는 청의 황제로부터 그리스도 교를 더 이상 금지하지 않으며, 교회 복원을 어느 정도 허용하는 칙령의 반포에 관한 보증을 1844년과 1846년에 얻어냈다. 중국인 성직자들 및 성체(聖體)를 받을 자격이 있는 사람들로 이루어진 토착적인 성직자 계급 제도를 통하여 노력함으로써 카톨릭 교회는 광범한 성장을 이룰 수 있었다. 1814년에 재건된 예수회는 상해 근교의 서가회(徐家匯, Zikawei ; 마테오 리치의 고귀한 동료인 서광계의 구가(舊家)가 있던 곳)에 본부를 설립하였다. 예수회, 나자렛 수도회, 도미니크 수도회, 그리고 그 밖의 유럽 인 선교사들은 그들의 중국인 동료들과 함께 거의 모든 성에서 활발하게 카톨릭 사회를 되살아나게 하였다. 이는 아직까지는 불법이었지만, 내륙 지역에서 뻗어가는 카톨릭의 활동은 프로테스탄트 선교사들의 노력보다 훨씬 더 방대하고 조직적이었다. 그러나 중국 사회에 대하여 날카로운 문화적 도전을 프로테스탄트보다는 적게 주장하였다. 카톨릭 신부들은 중국식으로 옷을 입고 생활하였으며, 그들이 세운 학교는 유럽의 언어를 가르치지 않았다. 그러나 프로테스탄트 선교사들은 자신들의 세속적인 문화를 들여와 불교와 도교를 '우상 숭배'라고 공격하였으며, 중국의 종교적이고 사회적인 관습을 더욱 노골적으로 비난하였다. 이리하여 카톨릭의 선교 활동은 중국 대중들 속으로 더 깊이 파고들었으나, 프로테스탄트가 더 큰 혁명적 충격을 주었다.

광동인들의 역할　서양의 영향은 광동인들을 통하여 가장 직접적으로 감지(感知)되었다. 가정집의 하인들, 외국과 합법적 무역을 하는 중국인 상인들, 중국인 아편 배급업자들, 그리고 그리스도 교 서적 보급원(종교 서적을 판매하는 사

1854년 무렵, 광동의 공행들이 있는 상가(商街) 15명이 탄 빠른 배 (앞쪽)가 경주용 배를 타고 훈련하는 2명의 서양인들(가운데)과 경쟁하고 있는 것으로 생각된다. 미국의 외륜선 리버버드(Riverbird) 호가 공행들의 앞면 넓은 곳에 정박해 있으며, 각각의 공행들은 독자적인 깃대를 세워 놓고 있다(중국 화가가 그린 유화(油畵)).

람) 등 모두가 처음에는 오랫동안 서양인들과 접촉해 왔던 멀리 떨어진 남쪽 지역들, 특히 광동에서 왔다. 아주 이상한 '사투리'(사실상 다른 언어이다)를 지껄이면서 자신들의 독자적인 지역 사회를 조직하여 상해나 하문(廈門, Amoy)까지 외국 상인들을 수행하던 광동인들은 다른 지역 주민들과 동화될 수 없는 이질적 요소를 스스로 가지고 있었다. 만약 그들이 싱가포르나 홍콩에 거주지를 마련했다면, 그들은 자신들에게 주는 영국 국민의 신분 증명서들을 가질 수 있었다. 만약 그렇게 되거나, 또는 그들이 개항장에서 조약에 따라 허용된 외국 상인 '사업체'의 구성원이 된다면, 그들은 치외 법권에 따라 외국의 보호를 요청할 수 있었다. 그들은 또한 때때로 특권적 지위를 과시하려고 서양식 의복을 입기도 하였다.

  1840년대말 외국 상인들과 관련된 이들 중국인들은 쿨리 무역이라는 또 다른 사회악이 전개되도록 거들었다. 이 무역을 통하여 주로 하문뿐만 아니라 마카오와 그 밖의 개항장들에서 남자 노동자들이 계약을 맺고 배에 실려 갔으니, 이것은 쿠바, 페루, 하와이, 수마트라, 그리고 말레이 등과 같은 새로이 개발되고 있는 지역들에서 값싼 노동력을 요구하는 데에 응하기 위해서였다. 중국인들의 동남아 이민은 여러 세기 동안에 걸쳐 진행되어 왔다. 그러나 이제 여러 가지 요인들이 결합되어 그 속도가 빨라졌다. 하나는 노예 제도 폐지에 대한 전세계적인 노력이었고, 그 대체물로서 계약 노동자에 대한 수요가 늘어났던 것이다. 다른 하나는 범선과 경우에 따라서는 증기 기선을 포함한 외국 선박의 도입이었으니, 그것은 대단히 저렴한 가격으로 쿨리 같은 대량의 선적물을 운송할 수 있었던 것이다. 외국의 깃발을 달고 이루어진 이 새로운 무역은 중국인 '유괴 알선업자(노동자 뚜쟁이)'가 배에 싣기 위한 인간 화물을 수용 창고(노예 수용소)로 모아들여 지키는 동안에 불가피하게 난폭한 행동들이 자행되었다. 일부 외국 선박들은 마치 옛날 아프리카와 미국 사이의 초기 노예 무역 환경들을 거의 본뜬 것 같았다. 영국 정부는 선박에 대한 영사관의 검색을 통하여 악폐를 막으려고 노력하였다. 청조는 전통적인 이민 금지 정책을 계속 유지하였다.

광동의 공행 폐지는 매판(買辦)이라는 새로운 모습의 중국인 상인을 등장시켰다. 그들은 외국 상사의 업무 가운데서 중국측 일을 맡아 중국인 상인들을 다루도록 계약을 맺고 고용되었으며, 상업 정보를 확보하고 매매(賣買) 행위도 하였다. 이 모든 것이 매판 상인을 새로운 중국인 기업가 계급 가운데서 개항장의 보호를 받으며 성장하는 근대적 기업가로 훈련시켰다. 이리하여 중국인들은 청 제국의 해안 변경에서 구체화되기 시작한 국제 무역이라는 근대 경제에 처음으로 참여하였다.

반란의 발생

1850년 이후 농민에 기반을 둔 반란들이 거의 20년 동안에 걸쳐 18성의 대부분을 휩쓸었다. 1850년 이전에 있었던 서양 영향의 제한된 범위를 생각해 보면, 서양의 영향이 이들 엄청난 혼란의 주된 원인이라고는 도저히 생각할 수 없다. 반란의 원인은 중국의 일반적 환경에 있었고, 이러한 점은 확실히 1840년대말에 이르러 반란이 일어나게끔 만들고 있었다. 인구는, 만약 당국의 통

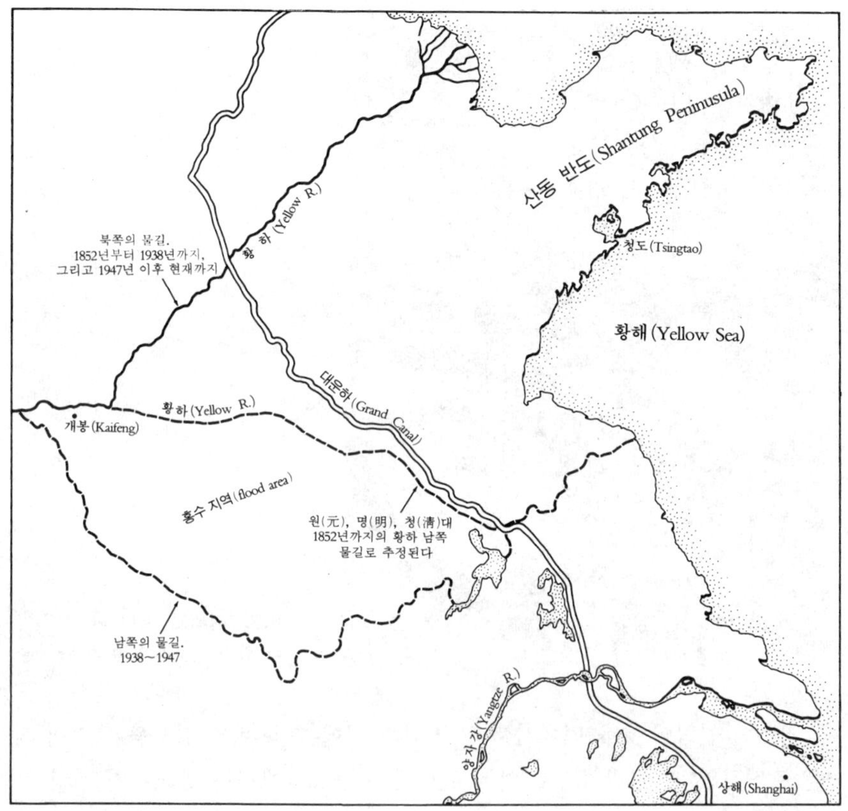

황하의 물길

계에 따른 추세를 받아들인다면, 계속 증가하고 있었다. 행정도, 몇 가지 경우에 비추어 보면, 늘 있는 골치 아픈 문제들에도 아랑곳하지 않고, 만연되어 있는 관료들의 이기주의에서 오는 압박으로 계속 타락하고 있었다. 그런 까닭에, 예를 들면, 황하나 대운하에 진흙이 퇴적되는 것은 제방을 유지하는 것만으로는 해결되지 않았다. 대운하는 양곡의 수송이라는 점에서는 점점 더 쓸모 없게 되었다. 1852년에 황하가 마침내 붕괴되었고, 물줄기의 본류를 산동(山東) 반도의 남쪽에서 북쪽으로 바뀌게 하는(1194년 이래 첫 대변천이었다) 길고 긴 재난의 과정이 시작되었다. 홍수와 기근, 가난과 부패에서 오는 겹친 시련과 그에 따른 정부의 무능함은 비적, 폭동, 그리고 여러 지역에서 일어난 소소한 봉기의 증가로 나타났다.

비밀 결사들 삼합회 회원이 되기 위한 입회식의 여러 단계들.

　청조의 권력이 효율 면에서 점차 떨어져 감에 따라 비밀 결사들은 적대 세력을 조직하였다. 일반적으로 이들 집단들은 북중국에서는 종교적인 분파나 가르침을 의미하는 교(敎)로 불리었고, 남중국에서는 결사나 협회를 의미하는 회(會)로 불리었다. 백련교(白蓮敎)의 분파들(1900년 의화단의 전신이다)이 1813년에 북중국에 나타났으나 재빨리 진압되었다. 그러나 남중국에서는 파괴 활동이 쉽사리 억제되지 못하였다. 남중국에서 불안의 주된 매체는 삼합회(三合會)였으며, 이 조직은 천지회(天地會), 홍문(洪門), 그리고 그 외의 몇 가지 명칭으로도 알려져 있었다. 전해지는 바에 따르면, 1674년에 부패한 관리들에게 희생당한 복주(福州, Foochow) 근처에 있던 한 수도원의 호전적 승려들이 이 조직을 만들었다고 한다. '멸청복명(滅淸復明)'의 구호를 내건 이 조직은 정교한 비밀 의식을 발전시켰고, 조직 회원들은 만주족의 지배를 근절하기로 맹세한 혈맹의 의형제가 되었다. 그러나 삼합회의 하루하루의 역할들은 한층 평화롭고 평범하였으며, 서양의 비밀 공제 조합(秘密共濟組合)처럼 회원들 사이에 고도의 도덕률과 상호 부조(相互扶助)를 맹세한 우애적인 조합이었다. 삼합회는 한 장소에서 다른 장소로 옮겨다니는 사람들——객상, 뱃사공, 운수 노동자, 하급 관리, 밀수업자 등——에게 특히 유용하였다. 삼합회의 은밀한 몸짓과 암호의 이용은 무역 통로상의 낯선 장소나 싱가포르와 바타비아(Batavia) 같은 해외에서 회원에 대한 보호를 보장해 줄 수 있었다.

1840년대말 제국의 통제력이 약화되어 있었던 남중국에서 두 가지 요인으로 말미암아 혼란은 매우 넓게 번져 나갔다. 첫째 요인은, 그곳이 중국에서 가장 늦게 정복된 지방이었고, 청조의 지배를 가장 적게 받았으며, 광동(廣東, Canton)에만 만주 기인(旗人)들의 요새가 있었다는 점이다. 둘째, 그곳은 외국 무역 및 접촉을 통하여 혼란된 영향들을 오랫동안 받아 왔던 지역을 포함하고 있었으며, 그 영향들은 아편 교역과 영국을 상대로 한 전쟁에서 절정기를 이루었다. 실로 광동은 근대 중국 민족주의의 온상이었으며, 애국심과 민족적 이익에 관한 본보기였던 서양으로부터 가장 집중적으로 자극을 받은 지역이었다. 영국을 물리치기 위하여 무장하였던 광동의 민병대는 1841년에 자신들이 영국을 무찔렀다고 생각하였다. 나중에 청조가 그들을 해산시켰을 때, 그들은 영국과 영국에 유화 정책을 편 만주인들에게 분노를 품었다. 차와 비단 생산 지역들에 더욱 가깝다는 이유로 1843년에 이루어진 상해의 개방은 광동에 이르는 수송로에서 활동하던 강도들의 생계를 끊어 버렸다. 결국 영국의 해군이 1849년에 해적 소탕 계획을 시작하여 성공하게 되자, 해적들은 해안에서 서강(西江)을 거슬러 올라가 광서(廣西, Kwangsi)성 안의 내륙 지역으로 이동할 수밖에 없었다.

태평 천국(太平天國)　대부분의 민중 반란이 그러하였듯이, 종교적 숭배는 광서성에서 마침내 터져 나온 반란 운동에 열정적인 조직 기반을 마련해 주었다. 창시자인 홍수전(洪秀全, Hung Hsiu-ch'üan ; 1814~1864)과 그의 주요 협력자들은 객가(客家) 출신이었으니, 말하자면, 북중국에서 남쪽으로 내려와 남중국에서 큰 집단을 이루면서 오랫동안 정착한 특이한 언어를 사용하는 이주민들의 일원이었다. 그들은 전혀 동화되지 않았고, 때로는 '본지인(本地人)'들과 지역 전투를 벌이기도 하였다. 홍수전은 또한 광동에서 치러진 과거 시험에 여러 번 낙방한 경험이 있는 좌절한 학인이었다. 결과적으로 볼 때, 그는 신비주의자거나 아니면 적어도 불안정한 성격을 가진 사람이었다. 그의 병고(病

苦)와 종교적 체험은 그에게 자신이 새로운 구세주라는 것을 확신시켜 주었다. 홍수전의 종교적 숭배는 프로테스탄트의 성경에 기초를 두었다. 이 성경은 초기의 개종자였던 양아발(梁亞發)이 중국어로 적은 작은 책자[권세양언(勸世良言)]로서 1836년에 그의 손에 처음 들어왔다. 그는 오랫동안 정신 착란에 빠져 있다가 환상을 보았다. 그는 이 작은 책자를 오랫동안 읽은 뒤 하나의 해명(解明)을 얻었다. 즉, 그는 하느님과 자신의 형인 예수 그리스도를 만났으며, 그 자신은 천제(天弟)로서 이제 인류를 구해야만 한다는 것이었다. 홍수전은 광동에서 프로테스탄트 선교사들과 비교적 짧은 기간 동안 접촉하였다. 그러나 그는 신약 성경의 자비로움보다는 구약 성경의 호전적인 가르침을 주로 빌려 와서 자신의 독자적인 종교를 만들었다. 예컨대 십계명은 그대로 받아들였으나 산상 수훈(山上垂訓)은 택하지 않았던 것이다.

홍수전이 자신의 새로운 신앙을 설교하면서 여러 해를 보낸 후, 그의 추종자들로 구성된 군대 조직이 그 시대의 전형적인 상황 속에서 조직되었다. 청조의 관리들은 비적들을 진압할 능력을 잃어버렸기 때문에, 흔히 지방의 민병대들이 질서 유지를 위하여 조직되었다. 민병들은 일반적으로 급료를 지급받았고 그 지방의 지도자인 신사들의 지휘를 받았다. 그러나 동시에 비밀 결사들이나 종교적인 숭배에 따라 구성될 수도 있었으며, 강제 기부나 세금 또는 갈취 등에서 수입원을 개발할 수 있었다. 여하튼 중앙 권력의 계속적인 쇠퇴는 곧 이들 지방 세력들이 서로 경쟁하도록 만들었다. 칭기즈 칸(Chinggis Khan)이 나타나기 이전의 초원 지대의 부족들처럼 이 민병 부대들은 거대하게 불어난 '커다란 집단'에 휩쓸려 들어가기 쉬웠다.

홍수전의 추종자들이 1840년대말에 조직한 부대는 '배상제회(拜上帝會)'였으며, 모든 불평 불만 분자들——객가, 삼합회 회원, 해적, 그리고 고향을 등진 농민들——의 마음을 사로잡았다. 그들은 광서성의 서강(西江) 근처에 있는 한 촌락[계평현(桂平縣) 금전촌(金田村)]에서 1850년 7월에 청조 군대를 상대로 그들의 무장 투쟁을 시작하였다. 급속하게 세력이 확대된 그들은 1851년 9월에 북쪽의 영안(永安, Yung-an)주(州)의 성(城)을 점령하여 왕조 반란의 깃발을 올렸다. 홍수전은 '태평 천국'의 천왕(天王)의 칭호를 갖게 되었다. '태평'이라는 용어는 경전에서 나온 것으로 일찍이 반란자들이나 중국의 여러 왕조들의 연호(年號)로 사용되었으며, 여기에 성경의 구절을 번역하여 새로운 용례로 추가한 것이다. 또 다른 지도자로서는 전직(前職)이 목탄상(木炭商)이었던 양수청(楊秀淸, Yang Hsiu-Ch'ing, 1856년 사망)이 등장하였다. 그는 동왕(東王) 겸 총사령관이 되었으며, 다른 사람들은 북왕(北王), 서왕(西王), 남왕(南王), 그리고 익왕(翼王)이 되었다.*

영안이 청 군대에 포위당하자 태평군은 1852년 4월에 그곳을 벗어나 북쪽으로 가면서 곳곳에서 병력을 늘려 나갔다. 포병대를 갖지 못한 그들은 광서성의 수도[계림(桂林, Kweilin)]와 호남성의 수도[장사(長沙, Changsha)]를 탈취하는 데는 실패하였으나, 호북성의 수도[무창(武昌, Wuchang)]를 1853년초에 점령하였다. 그리고 그들은 큰 규모의 함대를 이끌고 양자강을 따라 내려와서 청조 제2의 도시인 남경을 1853년 3월에 함락하였다.

이 놀랄 만한 군사적 성공을 뒤이어 일진일퇴를 거듭하는 전투가 전개되었다. 한 원정 부대가 북경을 향하여 파견되었다. 그러나 북중국의 겨울 추위에 쫓기면서 서쪽 방향인 산서(山西, Shansi)성을 거쳐 직례(直隸, Chihli)성으로 되돌아왔으나, 결국은 1853년말에 천진 부근으로 퇴각하고 말았다. 한편 태평군은 자신들이 광서성에서부터 북쪽으로 횡단하였던 지역들에 대한 행정적인 지배력을 확립하지 못하였다. 그들에게는 지방의 행정 관리로 임명할 만한 자격을 갖춘 인물이 부족하였다. 그들의 군대는 18성 가운데 16성에 진출하였으며, 약 600개의 도시들을 공략하였다. 그러나 그들은 자신들이 정복한 곳을 통치하지는 못하였다. 양자강을 따라 비옥한 지역에서 자리를 잡은 그들은 남경에서 전통적인 6부를 갖춘 중앙 정부를 설립하였으나, 지방에서는 군정(軍政)과 다를 바 없었던 것 같다.

초창기의 군사적이고 종교적인 사회 속에서 남자들과 여자들은 한동안 별개의 막사에 엄격하게 격리되었다. 그리고 남녀 모두에게 순결이 강조되었다. 여자들은 노동에 종사하도록 조직되었고 심지어는 보병 부대로도 편성되었다. 남녀 평등은 전족(纏足)의 폐지와 여자들을 관리 및 행정가들로 임명한 데서 잘 드러났다. 태평군의 청교도 같은 열정은 또한 그들을 노예 제도와 간통, 주술, 도박, 술 및 담배 등에 반대하게 만들었다. 그들의 종교와 이념은 그리스도 교적인 것과 중국적 요소들로 이루어진 매력적인 혼합물이었다. 상제(上

---

*국왕에 대한 고대의 용어인 왕(王)은 청조에 이르러 왕자(王子) 및 외국 통치자의 칭호로 사용되었다. 태평 천국의 '왕들'을 영어로 표현할 때 종종 'princes'라고 썼다.

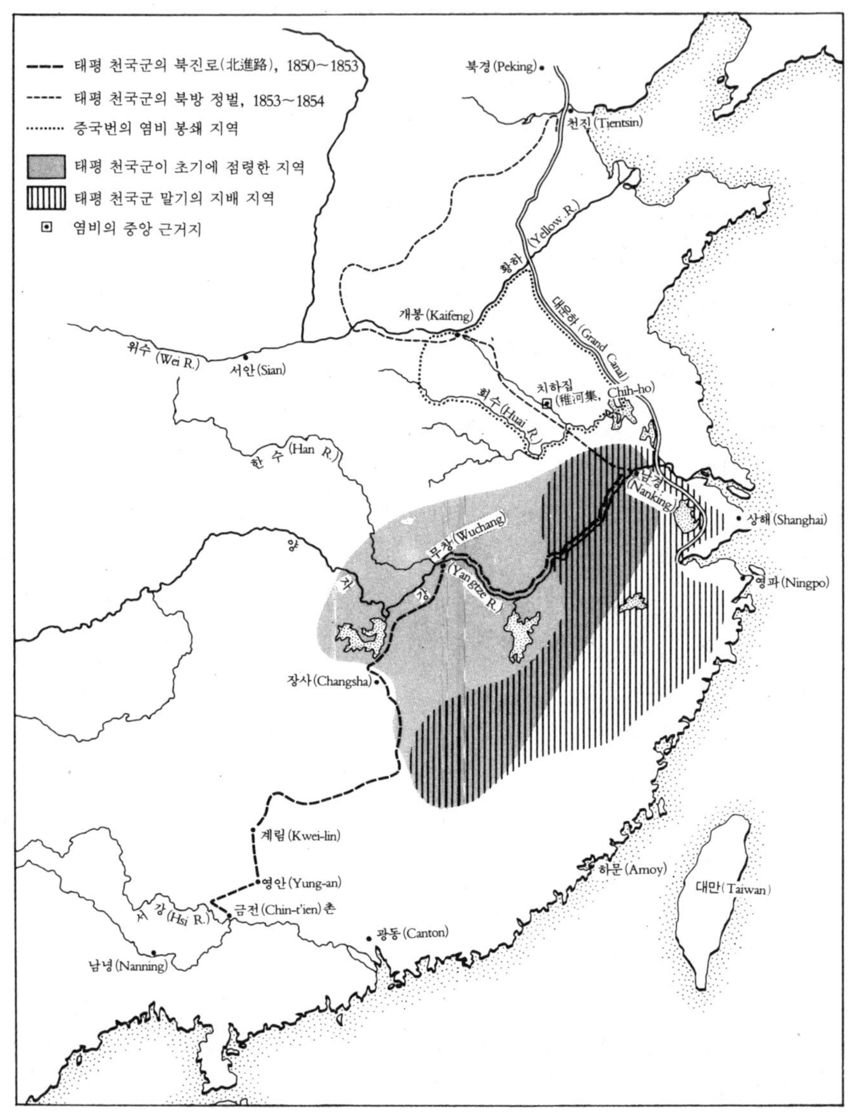

태평 천국의 난과 염비의 난

帝)의 둘째 아들인 홍수전은 천명(天命)에 따라 지명된 새로운 천자(天子)로 환호를 받았다. 그의 추종자들은 군중들에게 설교하면서 상제에게 희생을 바쳤다. 그들은 우상들과 묘우(廟宇), 그리고 도교적인 것과 불교적인 것 및 유가적인 것을 파괴하였다. 그들의 첫번째 도덕률은 상제와 예수 및 홍수전을 숭배하는 것이었으나, 두번째 도덕률은 효도였다. 사해 형제(四海兄弟)의 관념이 계급 신분 사회와 역설적으로 결합되어 있었던 것이다

태평 천국 체제의 대부분은 사실상 중국의 전통에서 유래하였다. 성경은 상세한 청사진을 제공해 주지 않았으므로 홍수전과 양수청은 급진적 개혁주의자인 왕망(王莽, Wang Mang ; 9~23년에 집권)과 왕안석(王安石, Wang An-shih ; 1069~1074년에 개혁 주도) 같은 사람들이 인용하였던 〈주례(周禮)〉에서 모델을 찾아냈다. 유토피아에 관한 중국의 전통은 원시적인 경제적 공산주의를 반영하고 있었다. 모든 사람들은 자신들의 재산과 업무를 공동 기금으로 기부하고, 그로부터 자신들의 생활비를 받도록 되어 있었다. 토지와 인민들도 재배치하도록 되어 있었다. 토지 소유는 생산성에 따라 아홉 등급으로 분류되고, 농가들은 가족수에 따라 생산량을 균등하게 할당받도록 되어 있었다. 25 가구가 한 명의 관리 밑에서 하나의 교회와 공공 창고를 가진 하나의 단위가 되며, 그 관리는 종교와 교육, 분쟁에 대한 판결과 동시에 군대 조직뿐만 아니라 금전의 지불까지 책임지도록 되어 있었다. 이상적으로 말하자면 농민 개개인은 한 명의 병사였고, 정부의 계급 조직은 문관과 무관을 동시에 겸하였다(토지를 균등하게 소유하는 것과 서로 의존하는 편성 단위들 속으로 가구(家口)들을 집단화하는 것, 그리고 농민병도 모두 중국의 옛 제도였다). 실제로는 태평 천국이 지방 행정을 시행하지 못하였기 때문에, 어느 정도로 토지 이용의 균등화가 이루어졌는지는 확실치 않다. 그들의 계획은 초창기에 주로 남경에서 실행되었다. 평등에 관한 관념은 각 왕들이 독자적인 왕궁과 행정 기관과 군대를 건설하였기 때문에 제한되어 있었다.

홍수전은 자신의 개인적인 역할과 초월적인 신성(神聖)을 강조하였다. 때문에 그는 자연의 내적 질서에 기초를 두어야 한다는 더욱 이성적인 주장과 함께 중국의 전통적인 것과는 아주 다른 국가 체제를 마음 속에 그렸다. 태평 천국의 광신적인 면은 그들의 호소력을 약화시켰다. 그들의 반만(反滿) 공격은 유가주의 및 사회의 전반적인 질서에 대한 공격과 결합되어 있었다. 그들은 보수적인 학인-신사 계급을 배격하였고, 반역적인 삼합회와 동맹을 맺는 데에도 실패하였다. 태평 천국은 삼합회의 몇몇 전문 용어들을 빌려다 사용하였고, 많은 삼합회 회원들이 태평 천국에 참여했다. 그러나 남경 당국은 1853년에 하

월등한 화력으로 태평 천국군을 격파하는 청조의 수군(水軍)(왼쪽).
증국번(曾國藩, Tseng Kuo-fan)이 보고한 1855년 1월의 구강(九江,
Kiukaing) 부근 전투.

문(厦門, Amoy)과 상해에서 지방의 반란을 이끈 삼합회 회원들을 돕지 못하였
다. 태평 천국의 지도자들은 외국의 지원을 얻을 수 있는 한 근원지였던 상해
를 낮게 평가하였고, 외국을 상대로 하는 무역을 발전시키려는 어떠한 노력도
거의 하지 않았던 것이다.

　한편, 태평 천국 운동의 최초의 창시자들 가운데서 일어난 질투는 태평 천
국의 파멸 원인이 되었다. 권모 술수에 능한 양수청은 황홀경에 빠져들어가
상제의 신탁(神託)을 접수함으로써 처음부터 어느 정도의 권력을 얻게 되었
다. 그만큼 간악하지는 못하였던 홍수전은 상제의 아들이라고 주장하면서도
양수청과 유사한 신탁을 받았다고 주장하지는 않았다. 마침내 양수청은 홍수
전의 초월성에 도전하였고, 1856년에 홍수전은 북왕〔위창휘(韋昌輝, Wei Ch'ang-
hui)〕에게 양수청을 암살토록 하였다. 이에 위창휘는 더 나아가서 양수청의 가
족과 추종자 수천 명을 살해하였다. 홍수전은 이번에는 위창휘를 암살할 수밖
에 없다는 것을 곧 알게 되었다. 자신의 원래의 부관들이 제거되어 버리자 홍

수전은 이제 왕국을 통치하기 위하여 별로 뛰어나지도 못한 친척들을 임명했다. 태평 천국 운동은 방탕과 부패에 빠지게 되었고, 한 새로운 군사적 천재〔이수성(李秀成, Li Hsiu-ch'eng)〕가 나타남으로써 겨우 지탱되었다. 이수성은 1859년에 충왕(忠王)의 칭호를 받았으며, 마지막 해까지 태평 천국군을 양자강 하류에서 지휘하였다.

1850년대에 각 성에서 반란이 일어났는데도 청조는 거듭 자기의 존재를 내세울 수 있었고, 그것은 청조가 중화 제국 안에서 통치 방법을 알고 있는 훈련받은 행정가들을 계속 독점하고 있었기 때문이었다. 이러한 사람들의 충성은 학인 통치의 전통에 기여하였고, 국가와 문화의 통일성을 전진시킨 점에서 강희(康熙) 및 그의 후계자들의 업적에 공헌하였다. 학인 계급은 이단적인 반란을 통한 한족의 통치보다는 차라리 전통적인 노선 위에 있는 만주족의 지배를 택하였다. 마침내 태평 천국은 한인 학인-관리의 지휘를 받는, 특히 호남성 출신의 새로운 한인 군대들에게 진압당하였다.

가장 주된 지도자는 증국번(曾國藩, Tseng Kuo-fan ; 1811~1872)이었으며, 그의 경력은 태평 천국의 전체 과정을 잘 보여 준다. 증국번은 1838년에 진사(進士)가 되었으며, 그 다음 10년 동안 북경에서 고위 관리들과 학자층 사이에서 지냈다. 1852년에 그는 그의 고향인 호남(湖南)성을 방어하기 위한 민병대를 조직하는 임무를 부여받았다. 그는 중국의 전통 사회를 방어하기 위하여 유가적 원칙에 입각한 그의 상군(湘軍)을 건설하였다. 증국번은 절충적인 학자였으며, 행정상의 실용적인 '경세(經世)'를 주장한 사람이었다. 화려하지는 않지만 꾸준하게, 그리고 스스로에게 충실한 관리들처럼, 그는 먼저 지방 신사들의 협력을 구하였다. 그는 기율(紀律)과 훈련과 온정주의를 통하여 그들 부대의 사기를 북돋운 다음, (1)상관에 대한 존경, (2)백성들에 대한 배려, (3)좋은 습성의 함양 등을 주요한 덕목으로 권유하였다. 상군은 몇 단계를 거쳐 발전되었는데, 처음에 상군이 다른 성들을 구조하려고 파견되었을 때 수비 부대에서 공격 부대로 변하였다. 둘째로, 상군은 중부 중국의 수로(水路)에서 이용할 수군(水軍)을 창설하고 훈련시켰다. 셋째로, 증국번은 그의 군대가 무창(武昌)을 다시 탈환한 1854년까지는 호남성 밖으로 서둘러 이동하기를 거부하였다. 그러나 이 무렵까지도 청조의 지휘권은 통일되지 않았고, 반란은 여전히 확대되고 있었다.

염비(捻匪)의 난과 회교도(回敎徒)들의 반란　　1853년 양자강 유역에 침입한 태평 천국군의 자극을 받은 또 다른 반란이 그해에 회수(淮水)와 황하 사이에 있는 대운하의 서쪽 지역에서 일어났다. 4개 성이 경계를 이루고 있는 이 지역(46쪽의 지도 참조)은 간단하게 염(捻, Nien)이라 불리던 비밀 결사를 이룬 비적들이 오랫동안 은신하였던 곳이다. 염비의 기원은 백련교(白蓮敎)까지 거슬러 올라갈 수 있다. 대도시들은 없었지만 모든 방향에서 쉽게 접근할 수 있는 이 지역은 소금 밀매업자들, 촌락 사이에서 일어나는 불화, 그리고 종종 일어나는 소수의 중국인 회교도들의 반란뿐만 아니라 홍수와 기근과 피난민들 때문에 시달리고 있었다. 염비는 최고 지도자를 뽑음으로써 1853년 이후 마침내 어느 정도의 통합을 이룰 수 있었다. 수백의 무리들이, 요새화된 그들의 흙벽으로 둘러싸인 촌락에 근거를 두고, 씨족이나 촌락 지도자들의 지휘를 받으면서 광대한 지역에 걸쳐 중앙 정부의 관리들을 밀어내 버렸다. 그들은 무기와 말들을 모으고, 독자적으로 조세를 징수하였다. 그리고 곧 인접 지역들을 약탈하기 위하여 기병을 이용한 침략을 시작하였다. 1855년에 염비는 황기(黃旗), 백기(白旗), 청기(靑旗), 흑기(黑旗), 적기(赤旗)로 이루어진 다섯 개 주요 집단의 연합으로 조직되었다. 염비는 비밀 결사 방식의 암호와 혈맹(血盟) 및 엄격한 의식을 이용하였고, 또 머리칼을 길게 길러 태평 천국을 모방하였다. 염군(捻軍)과 태평 천국의 군대는 많은 경우들에서 협력하였다. 그러나 염비의 활동은 지방 분산적이었으며, 세력을 팽창하여 대도시들을 탈취하거나 경쟁적인 왕조 정권을 창설하려고 노력하지 않았다. 그러나 차차로 염비의 지도자들은 주로 기병으로 이루어진 효율적인 군대를 창설하였고, 안정된 지배력을 확립하여 처음에는 지방 민병대를 이겨냈고, 다음으로는 약 10만 평방 마일의 지역 안에서 인구와 식량 공급을 확보하였다. 1860년에 그들은 청조에게 염비와 태평 천국이 연합할지도 모르는 위험에 직면하도록 만들었다.

　청조에 대항하여 훨씬 오랫동안 계속된 반란이 멀리 떨어진 운남(雲南, Yunnam)성에서 일어났다. 회교도들은 몽고족 시대 이래 중국의 서북 지역과 서남 지역에서 단단하게 뿌리를 내렸다. 운남성에 있던 회교도 소수민들은 여전히 별개의 종교적 공동체를 구성하고 있었으며, 때때로 이웃의 비(非)회교도들과 싸웠다. 싸움은 특히 광산 지역에서 발생하였으니, 조금씩 감소되던 자원인 구리와 주석, 납 및 전근대적 방법으로 캐낼 수 있는 귀금속이 분쟁의 씨앗이었다. 멀리 떨어진 산악 고원 지대에 있던 청조 관리들은 수적으로 매우 적고 무능하여서, 1855년에 회교의 도사(導師)가 지휘하여 시작된 소요 사태를 전혀 막을 수 없었다. 반란을 일으킨 회교의 도사는 매우 헌신적이고 학식을 갖춘 사람이었다. 메카(Mecca)를 순례하였던 그는 회교 신앙이 유가의 사회적 가르침과 모순되지 않는다고 생각하였다. 1861년에 그는 청조에 대한 충성이라고 단정할 수는 없지만 투항을 하도록 설득당했다. 그러나 운남성의 서부 지역에서는 용맹한 전사(戰士)인 두문수(杜文秀, Tu Wen-hsiu)의 지휘로 반란이 일어나 그 후 12년 동안이나 계속되었다. 1856년에 그는 술탄(sultan)이라 자칭하면서 대리(大理, Tali ; 한때 중세 시대 남조(南詔) 왕국의 수도였다)를 그의 새로운 회교 왕국의 수도로 만들었다. 이 정권은 버마를 통하여 약간의 무기를 얻었고(이는 때때로 판타이(Panthay) 반란이라고 불리며, 판타이는 버마 어로 회교도를 뜻한다), 1872년에 목적을 이루지는 못하였으나 영국의 협조를 구하려고 런던에 사절단을 파견하였다. 한편 1862년에 시작된 또 다른 격렬한 회교도 반란이 중국의 서북 지역을 뒤흔들어 놓았으며, 귀주(貴州, Kweichow)성의 산악 지대에서는 미개한 묘(苗, Miao)족이 1854년 이래 계속 반란을 일으키고 있었다.

이들 작은 규모의 반란들——염비, 회교도, 묘족 등의 반란——이 모두 태평 천국 정도의 규모를 갖추지는 못하였으나, 중앙 권력의 붕괴를 보여 주는 비슷한 징후들이었다. 청조는 이제 '내우 외환(內憂外患)'이라는 두 가지 폭력 사이에 휘말리게 되었다. 그러나 국내의 반란들은 전통 체제를 대신할 제도를 만들어 낼 수 없었던 반면, 개항장에 있던 서양인들은 연안 지역에서 하나의 새로운 질서를 창조할 기회를 힘차게 찾고 있었다.

조약 체제의 확립

대규모의 반란에 따른 수백만에 이르는 동족 상잔의 학살과 도시 및 농업 자본의 완전한 파괴(비단 문화에 필수적인 뽕나무 등)와 비교하면, 수천 명의 희생자를 낸 아편 전쟁은 실로 작은 규모의 사건이었다. 초기의 아편 무역과 선교 활동, 그리고 초기의 개항장들도 마찬가지로 모두 작은 규모였다. 그들은 중국 평민들의 생활에 직접적인 영향을 주지는 못하였다. 그러나 옛 질서에 대하여 의문을 불러일으킴으로써 그들은 중국 사회의 제도들을 와해시킬 장기간에 걸친 과정을 시작하였다. 그러나 단기적으로는 외국의 외교적 영향이 반드시 혁명적이었던 것은 아니었다. 반대로 중국 근대사의 문제들 가운데 하나는 서양 열강이 1860년 이후 비틀거리는 청조를 떠받쳐 줌으로써 정치적 변화를 어느 정도로 방해하였는가라는 의문이다. 반란이 시작된 이후 10년 동안인 1851년부터 1860년까지 서양 열강들은 북경과 협상하던 정책에서 강압하는 정책으로 전환하였으며, 제2차 조약을 체결한 다음에는 다시 강압 정책에서 청조와 협조하는 정책으로 전환하였다.

1850년대에 지방에 대한 중앙 정부의 통제력이 약화됨에 따라 광대한 내륙의 성들과 마찬가지로 개항장에서도 지방의 권력자들이 생겨났다. 그러나 개항장의 경우, 내륙 지역의 여러 반란 정권들이나 신사 지도자들이 세운 것과 같은 중국식 행정 기관이 창설되는 대신, 외국의 영사들이 그곳에 그들 자신의 새로운 서양식 기관들을 창립하였다. 상해의 외국인 정착 지역은 태평 천국에서 피난 온 사람들로 넘쳐흘렀다. 1853년에 삼합회의 한 분파가 상해를 점령하자 청조의 세관은 기능을 상실하였고, 도대(道臺)를 비롯한 청조의 관리들은 추방되었다. 외국인 거류민들은 서양 상인들로 구성된 독자적인 상해 의용단(上海義勇團)을 조직하였다. 1854년 7월에 영국과 미국, 프랑스의 공사들은 어느 정도의 자치권을 가진 정부를 설립한다는 규정에 대한 도대의 동의를 얻어 내는 일에 함께하였다. 이 규정은 그들 자체의 세금 징수권과 도로 유지와 자치 경찰권을 가져서 나중에 공동 조계(共同租界)와 프랑스 조계로 성장하는 기초를 이루었다. 이리하여 양자강 유역의 입구에 위치한 중국 근대화의 미래 중심지는 반(半)외국 도시로 변하였으며, 조약에 따라 치외 법권의 보호를 받는 지방의 외국인 토지 임차자(賃借者)들이 그곳을 운영하게 되었다.

한편, 청조의 세관이 없는 가운데서 영국 영사는 조약에 따라 관세의 징수를 계속하였고, 이는 내륙 지역의 외국인 무역에 대한 중국의 관세 징수를 막기 위해서였다. 모든 사람들에게 통고되어 균등하게 부과될 협정 관세율의 이념은 중국인 관세 징수자들과 경쟁적인 외국 상인들 사이의 결탁 앞에서는 실행될 수 없었다. 그러나 균등하게 과세되지 않는다면, 자유 무역과 합법적인 상업 활동의 안정된 성장은 위태로워질 것이었다. 그리하여 1854년 7월에 영국과 미국 및 프랑스의 영사들은 그들이 지명하는 사람들이 도대에게 관세 징수관으로서 봉사토록 하며, 외국 상인들이 불공평하게 세금을 부과받는 것을 그에게 감시토록 하고, 또 도대가 관세 수입을 받을 수 있도록 보장할 것을 타협하였다. 이렇게 시작한 데서부터 외국인 세무사(稅務司) 제도가 발전되었다. 1855년부터 한 영국인〔호레이쇼 넬슨 레이(Horatio Nelson Lay)〕이 대외 무역에 대한 중국측의 관세를 부과하기 위하여 중국 정부에 개인적으로 고용되었다. 공동 조계나 외국인 세무사 제도 역시 더욱 정상적인 시대의 강력한 중국 정부 아래에서는 만들어지지 않았을 것이다. 절박한 위기 속에서, 이것은 영국인들의 성격에서 말미암은 타협의 산물이었고, 변경(邊境)의 강력한 외국인들과 협력하려는 중국인들의 탄력성에서 나온 결과였다.

영국·프랑스 연합군과 청조의 전쟁   차, 비단, 그리고 아편에 대한 중국의 대외 무역은 반란이 더욱 넓게 확대되고 있던 바로 그때에도 증가하였다. 그러나 광동은 무역에서 우월하였던 지위를 잃어버렸고, 배외 감정은 높아지고 있었다. 한편, 서양인들은 여전히 성내(城內)로부터 내쫓겨 있었으니, 이것이 영국과 중국 사이의 '체면'에 관한 문제로 되었다. 1851년에 영국은 더 많은 무역 특권을 얻기 위하여 중국을 다시 강압할 준비를 하였으나, 외국의 침공은 중국의 국내 혼란을 더욱 부채질하여 대외 무역을 해친다는 점을 알게 되었다. 또한 태평 천국은 청조보다도 서양 무역을 촉진시킬 것 같지 않았고, 따라서 서양 열강들은 반란에 대하여 중립을 지키게 되었다.

1854년에 영국, 미국, 프랑스는 광동과 상해에서, 그리고 천진 앞바다에서 있었던 예비 교섭을 통하여 북경 당국과 조약 개정을 협상하려고 시도하였다. 그러나 협상은 거부되거나 회피되었으며, 빈번하게 일어난 민중들의 서양인들에 대한 공격은 외국인의 위신에 관한 문제를 야기시켰다. 이 당시에 일본과 그 밖의 아시아 국가들을 상대로 통상 조약을 강요하고 있었던 서양인들은 그들의 조건대로 중국과 그 이상의 교섭을 가지려고 그들의 요구를 밀어붙이려는 분위기에 싸여 있었다. 만약 조약 체제가 다시 확인되지 않거나 확대되지 않는다면 가치가 저하될 것이라고 확신한 영국은 1856년에 마침내 하나의 구실을 찾아내었다. 홍콩에 등록된 중국인 소유의 로처 선(lorcha ; 서양식의 선체에 중국식 장비를 단 선박) 애로우(Arrow) 호에 게양된 영국 국기가 무시당하였다고 영국 영사가 주장하였을 때였다. 반란 지역에서 파괴 활동을 한 혐의

54

로 붙잡힌 한 프랑스 인 선교사가 광서성에서 처형당하였을 때, 프랑스는 중화 제국을 강압하기 위하여 이것을 영국과 협력하는 하나의 구실로 사용할 수 있게 되었다.

영국은 자신들이 원하는 것 —— 국제 무역과 그 관계에 대한 서양인들의 개념을 천자가 받아들이는 것 —— 을 알고 있었으나, 그들이 그것을 얻는 데는 4년이나 걸렸다. 약간 지체된 후, 그들은 1858년초에 광동을 점령하였고, 연합국 위원회의 명령을 받아 도시를 통치할 중국인 광동 순무(巡撫)를 꼭두각시로 앉혔다.

황제를 겨냥하여 영국과 프랑스의 협상자들은 그들의 군대를 곧 바로 천진으로 진격시켰으며, 그곳에서 1858년 6월에 그들의 조약을 체결하였다. 이 조약으로 그들의 외교 사절들은 외교적 평등이라는 조건 아래 북경에 주재할 수 있게 되었다. 미국과 러시아의 전권 대사들은 '중립국들'로서 천진으로 갔으며, 거의 동일한 조약들을 체결하였다. 서양인들이 북경에 영구적으로 주재한다는 것은 중국의 우월성이라는 오래된 전통에 종지부를 찍는 것이었다. 그러므로 비록 이것이 조약문 초안에서 수락되었다 하더라도 청조는 더욱더 이 점에 대하여 양보하지 않을 것을 결정하게 되었다. 영국과 프랑스의 공사들이 북경에 가서 조약 비준서를 교환하려고 1년 뒤인 1859년 6월에 천진 앞바다에 도착하였을 때, 그들은 통과를 거부당하였다. 그들은 강제로 강을 거슬러 올라가려 하였으나 격퇴당하였다. 4척의 영국 포함들이 의외로 많은 희생자를 내며 침몰당하였고, 영국과 프랑스는 1860년에 더욱 강력한 군대를 이끌고 다시 올 수밖에 없었다. 이 막판 대결을 위하여 영국은 북중국에 41척의 군함, 143척의 병력 수송선, 1만 500명의 병력, 그리고 광동인 2,500명으로 이루어진 쿨리 부대를 동원하였다. 프랑스는 6,300명의 병력과 60척 이상의 군함을 동원하였다. 연합군은 몽고인 총사령관 승격림심(僧格林沁, Senggerinchin)의 지휘를 받은 더 큰 규모의 청조 군대를 격파하였고, 10월에 북경으로 진군하였으며, 황제는 만리장성 너머 열하(熱河, Jehol)로 도망갔다.

북경 협상에서는 영국과 프랑스 사이에 알력이 생겨났으니, 이는 중국에서 아무런 통상 이익도 갖지 못하고 있던 프랑스가 조국의 영광을 갈망하였기 때문이었다. 반면에 영국의 협상자인 엘진 경(Lord Elgin) 역시 '노련한 중국통(中國通)들'의 팽창주의적 요구를 억제시키지 않으면 안 되었다. 그러나 영국의 협상 책임자가 휴전의 상태에 있는 동안 체포되었고, 그가 석방되기 전에 약 20 명에 이르는 그의 일행들이 처형되자, 엘진은 약 200 동의 건물로 이루어진 북경 서북쪽의 하궁〔夏宮 ; 원명원(圓明園)〕을 파괴함으로써 황제 개인에 대한 보복을 감행하였다. 그곳은 이미 침략군과 중국인 주민들에게 약탈을 당한 터였다. 군수품의 부족과 겨울의 시작으로 연합군은 신속하게 조약을 체결하고 철수를 해야 했다. 그들은 황제의 동생으로서 이제 왕조를 대표하게 된 공친왕(恭親王)을 상대로 새로운 협정에 서명하였다. 이 문서들은 1858년의 조약들을 비준하였고, 그들의 배상금을 증가시켰으며, 몇 곳의 다른 조차지들을 더 추가시켰다. 예를 들면, 영국은 홍콩 맞은편의 구룡(九龍, Kowloon) 반도를 확보하였고, 프랑스는 내륙 지역에서 재산을 소유하기 위한 속임수로 카톨릭의 선교 활동 권리를 얻었다.

제 2 차 조약은 중화 제국을 서양과 교섭토록 개방하는 데에 전반적인 영향을 미쳤다. 어떠한 근본적인 원칙도 제기되지 않은 채로, 이 조약은 초창기의 5 개 개항장에서 영국의 주도로 발전되어 왔던 외국인의 특권에 대한 범위를 확장시켜 놓았다.

러시아의 만주 진출 최혜국 조관에 따라 러시아도 이러한 특권들을 얻었다. 그러나 한편으로는 러시아의 특사들도 역시 도처에서 활동하여 왔다. 1689년과 1727년의 청·러시아 조약으로 청조의 황제들은 러시아 인들을 아무르(Amur) 강 유역 밖과 몽고의 변경에서 멀리 떨어진 곳에 묶어 놓는 데 성공하였다. 이것은 러시아의 팽창을 아시아의 다른 지역으로 돌리게 하였다. 베링(Bering)은 1741년에 알래스카를 발견하였고, 러시아의 근거지들이 캄차카(Kamchatka)에 설치되어 일본을 상대로 한 러시아의 접촉이 시작되었다. 미국·러시아 상사(商社)는 영국의 동인도 회사에 뒤지지 않기 위하여 태평양에서 러시아 무역을 독점하는 특허를 1799년에 받았다. 1812년부터 1839년까지 그 회사는 캘리포니아 지역에 전진 기지를 유치하기까지 하였으나, 샌프란시스코에 있던 멕시코의 전진 기지에서 북쪽으로 별로 멀지 않은 곳에 있었다.〔미국은 멕시코와 벌인 전쟁의 결과로 1848년에 캘리포니아 지역을 멕시코로부터 합병하였다.〕 한편, 1727년부터 1860년 이후까지 정기적인 청·러시아 무역이 러시아의 캬흐타(Kiakhta) 시 맞은편에 있는 외몽고 지역의 중국 국경 도시 매매성(買賣城, Mai-mai-ch'eng)에서 이루어졌다.(상권 318쪽 참조) 비록 북경으로 가는 무역 사절이 중단되어 있었으나, 러시아의 선교단은 4명의 성직자와 언어를 배우는 6명의 학생들과 함께 북경에 계속 머물고 있었다. 이 사절단은 중국 연구의 중심지로 되었고, 동시에 반(半)공식적인 교섭 장소이기도 하였다.

개항장들을 개방한 사실은 중앙 아시아로 러시아가 계속 진출한 것과 같은 때에 일어났고, 이 지역은 머지않아 러시아령 투르키스탄(Turkestan)으로 알려지게 되었다(파미르 고원의 동쪽인 중국령 투르키스탄과 대립시켜 부른 지역 명칭). 18세기에 러시아 인들은 초원 지대에서 이동하던 키르기즈(Kirghiz) 부족과 카자흐(Kazakh) 부족에 대항하여 요새화된 전진 기지들의 경계선을 구축하면서 꾸준히 진출하였다. 이 전진 기지들은 머지않아 카스피 해(海)의 북쪽으로로부터 오렌부르크(Orenburg)까지, 그리고 거기서부터 동쪽으로 이르티슈(Irtysh) 강을 따라 뻗어나갔다. 이 활 모양으로 굽은 전진 기지선은 남쪽으로 조금씩 꾸준히 밀려내려갔다. 이 변경 지역에서 러시아는 히바(Khiva)와 부하라(Bokhara) 및 사마르칸트(Samarkand)와 마찬가지로 중국령 투르키스탄과 무역을 발전시켰다.(204쪽 지도 참조) 1851년에 하나의 청·러시아 조약이 일리(Ili) 지역의 중심 도시인 쿨자(Kuldja)에서 체결되었으니, 이 조약은 더욱 동쪽의 상업 중심지인 캬흐타에서 이미 확정되었던 방침에 따라 쿨자의 무역을 규정한 것이었다. 러시아 인 무역 대상(隊商)들은 교역로와 계절과 상관(商館) 및 거류지 등을 자세하게 규정받도록 되어 있었다. 그러나 그들은 쿨자에 있던 러시아 영사의 통제를 받도록 되어 있었다. 이 협약은 평등과 호혜를 조건으로 하였는데, 이는 청조와 러시아 황제들 사이의 교섭을 특징짓는 것으로 생각된다. 특히 이처럼 멀리 떨어진 변경 지대에 대하여 러시아와 청은 모두 정복 국가들이었으며, 동시에 호전적인 그 지역 부족들에 대항하여 어떤 이해 관계를 공통적으로 가지고 있었던 것이다.

중국에서 거둔 영국의 성공에 자극받아 러시아 인들은 1689년 이후 철수하지 않을 수 없었던 아무르 강 유역에 대하여 2차 침략을 시도하였다. 이러한 침략은 1847년에 동부 시베리아의 총독으로 임명된 열정적인 니콜라이 무라비예프(Nikolai Muraviev)가 이끌었다. 그는 러시아의 소규모 수송 선단을 1854년과 그 다음 몇 해에 아무르 강 하류로 보냈고, 우수리(Ussuri) 강이 아무르 강으로 흘러들어가는 곳인 하바로프스크(Khabarovsk)에 이르는 아무르 강 북쪽 강 기슭에 전진 기지들을 설치하였다. 러시아의 군대와 거류민들은 곧 이어서 강력한 진지들을 창설하였다. 천진에서 조약이 체결되기 바로 전인 1858년 5월 16일〔러시아 달력임 ; 중국의 달력으로는 음력 4월 16일〕에 무라비예프는 아이훈 (Aigun)에서 조약을 체결하였다〔璦琿條約〕. 이 조약으로 중국은 러시아에게 아무르 강의 북쪽 강 기슭을 할양해 주었으며, 우수리 강과 해안 사이의 지역을 중국과 러시아의 공동 소유로 하면서 그 이상의 결정은 미루어 두었다. 인구가 희박한 변경 지역을 점유하려는 무라비예프의 계획은 지금까지 회의적이었던 페테르스부르크(Petersburg)의 러시아 중앙 정부로부터 지원을 얻게 되었다. (상권 317 쪽 지도 참조)

1858년 6월에 러시아와 체결한 천진 조약은, 서양 열강이 가진 무역 특권들을 모두 획득하였지만, 만주의 동쪽 연안 지역 문제를 해결하지 않고 그냥 두었다. 1860년에 동아시아의 러시아 획득 지역들을 공고히 하는 것은 총명한 외교관인 니콜라이 이그나티예프(Nikolai Ignatiev) 장군의 임무였다(이러한 일은 북경 당국이 1859년에 아이훈 조약을 거부한 뒤 더욱 절실한 문제로 되었다). 협상을 벌이면서 이그나티예프는 몇 가지 책략을 이용하였다. 천진 앞바다에서 영국의 포함들을 청나라가 격퇴한 뒤인 1859년 6월에 북경에 도착한 그는 러시아의 선교단에 숙소를 정하고, 몇 달 동안 알맹이 없는 협상을 벌였다. 1860년에 그는 상해로 가서 북경 당국에 관한 그의 견문을 이용하여 다른 서양 열강 전권 대사들의 비위를 맞추어 주었다. 연합군이 북경으로 진격해 들어간 후, 이그나티예프(그는 연합군과 함께 있었다)는 연합군과 청조 사이를 중재할 수 있는 위치에 있었다. 영국과 프랑스가 철수한 후인 1860년 11월에 체결된 청·러시아 사이의 북경 조약은 그의 중재에 대한 보상이었다. 이 조약은 아이훈 조약을 추인하였고, 거기에 덧붙여 무라비예프가 이미 1860년 7월에 건설한 블라디보스토크(Vladivostok)가 있는 우수리 강과 태평양 사이의 연해주 (沿海州)를 러시아에게 주었다. 이리하여 서양 열강이 무역과 복음 전도를 위하여 청조를 개방시키자마자 곧 러시아는 청조의 영토를 분할하려고 조작(操作)하기 시작하였던 것이다.

청 정부의 중흥

국내의 혼란과 외국의 침략에서 오는 해악을 이겨내기 위하여 중국은 상층부의 강력한 지도력을 필요로 하였다. 그러나 이 엄청난 과제에 대하여 태평천국은 일찍부터 아무 준비도 없고 무능력하다는 점을 드러냈다. 즉, 천명(天命)은 결코 그들의 손안으로 들어오지 않았던 것이다. 1860년에 평화와 질서를 다시 확립하는 유일한 희망은 북경 당국에 달린 것처럼 생각되었다. 여기에서 참다운 '중흥(中興)'이 일어났으니, 그것은 중국 역사에서 이전에도 일어났던 것처럼 파괴적인 반란들이 있은 이후의 왕조 통치력의 회복이었으며, 그러한 점은 특히 동한(東漢)의 창건과 당(唐, T'ang) 중기에서 잘 드러난다. (상권 109, 153쪽 참조) 황제의 이러한 통치력 회복은 투쟁이 벌어지던 시대의 몇몇 전환점 —— 무엇보다도 반란에 대한 군사 행동에서 —— 과 일치하였다.

남경 아래쪽에 있던 청조 군대의 강남 대영(江南大營)이 1860년에 태평 천국군의 강건한 지도자인 이수성에게 다시 격파당하였다. 이 재난은 반란 진압에 따른 전체 군사 행동에 관련되는 통합된 지휘권을 호남성 출신의 학인-장군 증국번에게 청조가 마침내 주지 않을 수 없도록 만들었다. 1860년 8월에 그는 양자강 중류와 하류에 있는 성들에 대한 최고의 행정권(行政權) 및 군권(軍權)을 가진 총독 겸 흠차 대신에 임명되었다. 그는 다른 한인(漢人) 학인-장군들을 각 성의 순무(巡撫)로 앉히고, 마침내 반란군들을 포위하기 시작하였다. 그러나 다른 한편으로 북경을 함락한 영국과 프랑스가 최후까지 저항하는 청조 안의 배외파(排外派)의 배후 세력을 깨뜨림으로써 또 다른 방면이 무너졌으며, 황제의 동생인 공친왕(恭親王)이 조약을 매듭지으려고 나섰다. 조약 체제를 받아들임으로써 침략자들을 달래는 것이 왕조를 구하는 유일한 길이라고 인정하였던 것이다. 마침내 함풍(咸豊, Hsien-feng) 황제가 1861년 8월에 죽고, 그의 동생 공친왕과 나이 어린 새 황제의 어머니인 서태후(西太后) 자희(慈禧, Tz'u-hsi ; 1835~1908)가 쿠데타를 일으켜 권력을 잡게 되었다. 더욱 배외적인 경쟁 상대 친왕들을 제거한 그들은 두 가지의 노선을 따라 새 정권에 강력한 만주족의 통치 권력을 부여하였다. 즉, 조약 체제의 범위 안에서 신중하게 협조토록 하는

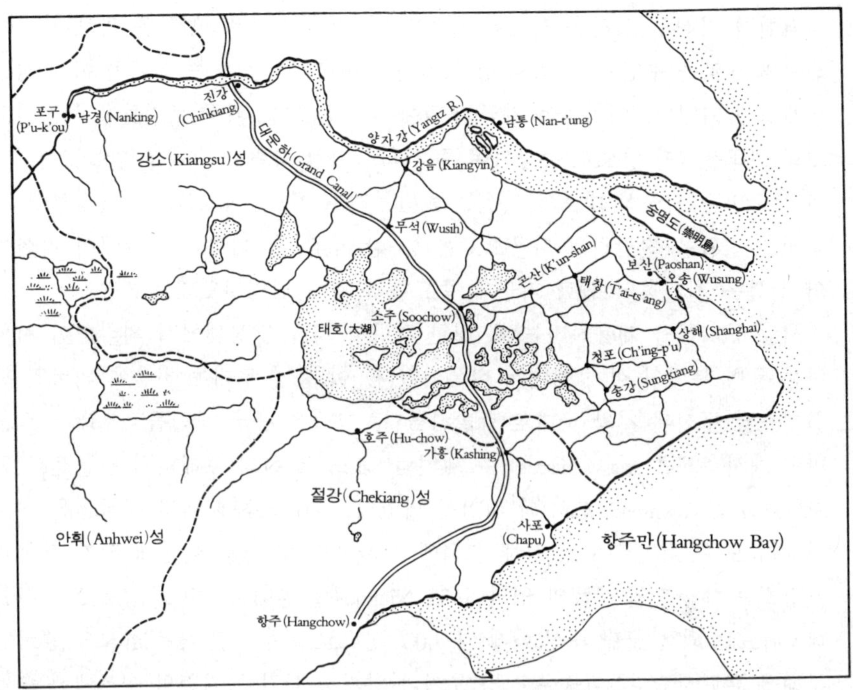

양자강 삼각주 지역

것과 반란 진압에 나선 증국번 휘하의 한인 신사 지도자들에게 충분한 지원을 주는 것이었다. 공친왕이 단정하였듯이, 반란은 중국의 치명적인 질병이었고, 양이(洋夷)들은 단지 손발의 고통일 뿐이었다. 새 연호(年號)는 '질서를 위한 합동'을 뜻하는 동치(同治)라 하였다.

   외국의 지원과 태평 천국의 종말   상군을 지원하기 위하여 증국번은 그의 유능한 젊은 제자 이홍장(李鴻章, Li Hung-chang ; 1823~1901)에게 회군(淮軍)을 창설케 하였다. 회군은 지방에 근거를 두었고, 신사가 이끄는 공격 부대로서 상군과 유사하였다. 상군은 장기간 계속된 손실과 부적절한 재정 지원 때문에 이미 쇠퇴하였으므로, 1862년 4월에 이홍장은 그가 새로 창설한 회군을 외국에서 빌린 기선에 태워 신사-상인들의 지원을 받으면서 상해로 이동하는 데 성공하였다. 강소(江蘇, Kiangsu) 순무로 임명된 이홍장은 점차 양자강 삼각주 지역에서 자신의 입장을 확고히 하였다. 거기다가 조량(漕糧)을 확보한 그는 해관의 새로운 수입과 그 밖의 상해 지역의 통상에서 나오는 세금을 어느 정도 통제하게 되었다. 이리하여 자금 조달에 성공한 그는 외국 무기들을 사들이고 그의 회군을 7만 명으로 증강하여 중국에서 가장 강력한 군대로 만들었다. 그와 증국번은 서양식 대포와 기선들을 만들려고 기기창(機器廠)을 설립하였고, 우선 반란들을 진압하고 다음으로는 '자강(自强)'을 꾀하는 과정에서 자신들의 심복을 개인적인 관료 기구의 중요한 직책에 임명하였다.

서양 무기들을 채용하자는 데 대한 하나의 자극은 상해에서 외국인이 지휘하는 용병 부대의 실제 예에서 비롯되었다. 이 용병 부대는 처음에 외국인 모험가들로 구성된 지방 군대로 출발하였다. 그들은 중국 상인들로부터 급료를 받고 매사추세츠(Massachusetts) 주 세일럼(Salem) 출신의 프레더릭 타운센드 워드(Frederick Townsend Ward)의 지휘를 받았다. 1862년초에 태평 천국군은 최후의 대규모 폭동 반란으로 상해 교외에 진군하게 되었다. 이렇게 되자 영국과 프랑스는 개항장인 상해와 영파(寧波, Ningpo)를 방어하려고 중립을 포기하였다. 워드는 외국 군단 대신 이제 약 4,000 명으로 이루어진 작은 규모의 중국인 부대를 훈련시켰다. 이들은 서양 무기와 양자강 삼각주 지역의 수로에서 수륙 양면(水陸兩面)의 기동 전술을 이용함으로써 100 회 이상의 전투에 승리하였고, 이는 그들에게 '상승군(常勝軍)'이라는 이름을 가져다 주었다. 워드가 1862년에 사망한 후, 영국군에서 찰스 조지 고든(Charles George Gordon) 소령을 고빙(雇聘)하였다. 그는 드디어 지휘권을 계승하였고, 워드와 마찬가지로 순무 이홍장의 휘하에서 무관직(武官職)을 수여받았다. '중국에 충성하는' 고든과 그가 지휘하는 작은 규모의 중국인·외국인 부대는 소주 탈환을 도왔다. 이와 비슷한 프랑스 인·중국인 부대는 항주 탈환을 거들었다.

마침내 1864년 7월에 외국인의 도움 없이 치러진 필사적인 전투 끝에 증국번의 젊은 동생〔증국전(曾國荃)〕에게 남경이 탈환되었다. 이리하여 태평 천국은 피비린내 나는 종말을 맞았다. 초기에는 용기와 이상이 가득하였던 이 대중 운동은 적절한 지도력을 갖지 못하였고, 무턱대고 불화와 부패 속으로 비틀거리며 들어가서 마침내 패망하였다. 서양 열강들이 한때 청조 정부와 실질적으로 전쟁을 벌이고 있었고, 그러한 몇 해 동안 태평 천국은 외국의 도움을 얻을 기회가 있었다. 그러나 태평 천국은 그 기회를 결코 이용하지 못하였다. 마지막 단계에서 반란군에 대항하여 대규모로 싸운 것은 증국번 휘하에서 동원된 대규모의 한인 군대였다. 청조가 외국 군대를 이용하는 것은 신중하게 제한되었다. 1862년에 내린 황제의 한 칙령에서 "당분간 우리들은 우리의 군인들을 훈련시키기 위하여, 자강의 방책으로 외국인들을 이용하지 않으면 안 된다 ……."고 말하였다. 청조를 도우려는 서양의 동기는 외국인들의 간섭을 통해서라기보다는 한인 지도자들 자신이 '자강'의 정신으로 외국 무역 수입과 서양의 대포, 선박, 군사 훈련을 이용한 데서 왔던 것이다. 만주 왕조는 유가적 질서의 일부로서 청조에 충성을 바치는, 그리고 자신들이 오랫동안 계속한 노력의 마지막 몇 해에 자신들의 목적을 위하여 서양의 원조가 유용함을 발견한 한인 학인-관리들의 힘으로 구조되었다. 19세기 중엽의 다른 반란들——염비(1853~1868), 서남 지역의 회교도(1855~1873), 서북 지역의 회교도(1862~1873)의 반란——은 서양 열강의 참여 없이 다만 약간의 근대적 무기들을 사용하여 모두 진압되었다.

중국의 개방   제 2 차 조약을 중국이 받아들였다는 사실은 서양 열강들에게 기존 질서에 대한 이해 관계를 나눠 갖도록 한 것이다. 서양인들은 이제 중국과 한편이었기 때문이다. 1860년대초에 그들은 자신들의 기회를 발전시키려고 행동하였다. 11 개 이상의 개항장들이 결국 추가로 개항되었으니, 북중국과 만주, 대만, 그리고 양자강을 거슬러올라가 멀리는 한구(漢口, Hankow)까지 포함하였다. 외국 선박들은 해안과 강의 여러 항구에서 이루어지는 국내 교역에 계속 참여하였고, 이러한 권리가 중국 이외의 다른 대부분의 국가에서는 외국인에게 허용되지 않았던 것이다. 아편 수입은 적절한 세금의 지불로 합법화되었다. 모든 종류의 외국산 수입품은 수입 관세의 약 2.5%에 해당하는 통과세를 추가로 지불하면 내륙 지역에서 자유롭게 허용되었다. 이렇게 하여 그들은 토착 상품과 경쟁하였다. 대외 무역에 대한 규제는 상해의 외국인 세무사 제도를 확대시킨 기구를 통하여 관할되었고, 이것이 외국인으로 이루어진 북경 정부의 한 기관인 총세무사서(總稅務司署)를 설립하게 하였다. 통행증을 가지고 내륙을 여행하는 것은 모든 주민에게 접근할 수 있는 방법을 선교사들에게 가져다 주었다. 카톨릭과 프로테스탄트 모두가 재빨리 내륙 지역에서 새로운 재산을 얻어 이용하기 시작하였다.

상인과 선교사의 팽창을 위한 이 모든 기회 뒤에는 영국이 주도하는 서양 국가들의 무력(武力)이 버티고 있었다. 개항장에 있는 포함(砲艦)을 배경으로 한 그들의 북경 주재 공사(公使)들은 조약에 규정된 권리를 강화하는 1차적 기능을 가지고 있었다. 그 결과는 엄청나게 격화된 서양의 도전이었다. 새로운 '오랑캐들'은 이제 사실상 대문 안에 있게 되었다. 그러나 중국 인민들은 이러한 위협에 대하여 아직까지 민족주의적 의미에서 대응하지는 않았다. 조공 체제는 파괴되었으나, 근대적 국제 관계를 향한 부분적 단계일 뿐인 조약 체제는 이상하게도 중국의 전통적인 정치 체제를 생각나게 한다. 즉, 조약 국가의 국민들은 치외 법권을 가짐으로써 특권을 지닌 만주인 및 한인으로 구성된 지배 계급에 추가되기는 하였으나, 그들 대신 들어서지는 못하였던 것이다. 이전에도 그렇게 자주 이민족(異民族) 통치자들을 적응시켰던 중국의 전통적인 국가적·사회적 질서는 여전히 변화하지 않은 채 남아 있었다. 유럽 인들의 바로 그 경쟁성이 침략자들을 서로 대립하게끔 조종하는 기회를 청조에게 준 것 같다. 이리하여 청조는 1864년 이후 한숨 돌리게 되었고, 중국은 서양의 도움을 받으면서 자기 방어를 위하여 근대화하는 기회를 가지게 되었다.

제17장
서양에 대한 일본의 대응

서양의 충격

초기의 압력   1639년까지 일본인들은 외부 세계에 대한 그들의 문을 너무도 성공적으로 닫아 버려서 그 후로 일본은 유럽 인들의 의식으로부터 거의 탈락되었다. 카톨릭 선교사들까지도 일본에 다시 진출하려는 그들의 노력을 궁극적으로 포기하였고, 일본 근처에 이르는 서양의 함선들도 거의 없었다. 유일하고도 중요한 예외는 동인도 제도로부터 나가사키〔長崎〕항의 데시마〔出島〕섬에 있는 네덜란드 상관(商館)에 연례적으로 찾아왔던 네덜란드 선박들이었다. 서양인들은 일본 열도에 접근할 수 없음을 단순하게 지정학적 사실로서 받아들였고, 아시아의 다른 보다 더 넓은 지역들에서의 팽창에 몰두하여 일본에 대해 거의 관심을 갖지 않은 채, 단지 멀고 가난한 나라로 간주해 버렸다. 그러나 18세기말과 19세기초에 중국 지역에서의 서양의 활동이 증대되자 그들은 다시 한 번 일본에 주의를 돌리게 되었다. 서양의 함선들이 일본 해역에 종종 출몰하기 시작하였고, 일본이 상업적·외교적 관계를 위해 중국의 예를 따라 문호를 개방해야 한다는 요구들이 서구에서 증대되기 시작하였다.

러시아 인들이 일본에 압력을 가했던 최초의 사람들이었다. 18세기 동안 러시아와 일본의 탐험가들과 상인들은 때때로 일본의 북쪽 섬인 홋카이도〔北海

道) 북쪽의 쿠릴 열도와 사할린에서 서로 조우하였다. 1809년 일본의 탐험가 마미야 린조(Mamiya Rinzō, 間宮林藏 ; 1780~1845)는 위험을 무릅쓰고 심지어 아무르 강까지 진출하였다. 러시아 대표들은 1792년에 홋카이도에서, 그리고 1804년에는 나가사키에서 공식적인 관계를 맺으려고 시도하였으나, 비록 정중하게 그러하였지만 두 번 다 단호하게 거절되었다. 화가 난 러시아 인들이 1806년과 1807년에 홋카이도의 북쪽 섬들에 있는 일본인들의 거점들을 약탈하였고, 일본인들은 1811년 일부의 러시아 인들을 생포하여 2년 동안 감금하는 것으로 보복하였다.

한편 영국인들도 일본 해역으로 되돌아오기 시작하고 있었다. 영국 함선들은 나폴레옹의 지배하에 있던 네덜란드 배들을 찾아서 1797년에 홋카이도를, 1808년에 나가사키를, 1818년에는 에도(江戸) 만을 방문하였다. 1824년에 규슈(九州) 남쪽의 한 작은 섬에서 영국 선원들과 일본인들 사이에 무력 충돌이 발생하였다.

19세기 중엽까지 미국은 일본을 개항시키는 데 가장 흥미를 가진 나라로서 영국과 러시아를 대신하게 되었다. 뉴잉글랜드로부터 온 다수의 포경선들이 북태평양을 종종 찾았고, 태평양을 가로지르는 대순항 항로가 광동(廣東)을 왕래하는 미국 범선들을 일본 해안에 가까이 가도록 만들었다. 미국인 선원들은 자연히 일본의 항구에서 보급품을 획득하는 것과, 그리고 적대적인 일본인들에 의한 생포와 학대의 위험을 줄이는 것에 관심을 갖게 되었다. 더구나 증기선이 사용됨에 따라서, 일본에 저탄소(貯炭所)를 갖는 것이 하나의 매력적인 가능성으로 보여졌다. 이와 같은 여러 이유들로 인해 일본의 항구들을 개항시키는 것이 미국인들에게 점점 중요하게 되었고, 바로 그때 서부 팽창의 대륙 횡단로가 그들을 태평양에 도달하도록 만들어 '명백한 숙명'이 그들을 바다 건너로 유혹하는 것처럼 보였다.

일찍이 1791년에 두 척의 미국 배가 일본 해역에 들어갔고, 1797년에는 나폴레옹 전쟁에 의해서 본국으로부터 고립된 네덜란드의 동인도 당국이 선박을 전세 내어 나가사키를 방문하였다. 1837년 광동(廣東)에 있던 한 미국인 상인이 7명의 일본인 표류자들을 송환하고, 이러한 선의의 행동을 통하여 일본과의 관계를 열기 위해 소선 모리슨(Morrison) 호를 파견하였다. 그러나 비무장이었던 이 배는 일본인들에 의해 포격을 받고 쫓겨났다. 1846년 비들(Biddle)

제독은 에도 만에 들어갔고 교섭을 시작하기 위한 보람없는 시도 속에 일본인들의 갖은 모욕을 감수하였다. 1849년 글린(Glynn) 제독은 나가사키에서 강경한 태도를 취하였으나 별로 성공적이지 못하였고, 다만 15명의 표류한 미국 선원들을 구출할 수 있었다.

일본의 반응 일본인들은 그들이 간직해 온 쇄국에 대한 이들 침범에 대하여 민감하게 반응하였다. 북쪽에서의 러시아 인들의 약탈 후에 바쿠후〔幕府〕는 그 지역의 방비를 강화하기 위하여 홋카이도의 마쓰마에 한〔松前藩〕을 잠시 동안 접수하였다. 1806년 '바쿠후'는 또한 지방 당국들에게 모든 외국 선박을 쫓아 버리라고 명령하였다. 그리고 1825년 외국인 침투자들을 두 번 생각할 것 없이 죽이라고 명령함으로써 이러한 입장을 강화하였다. 그러나 폭력을 피하기 위해 불가피해지자 1842년 '바쿠후'는 다시 지방 당국들이 외국 선박들에 보급품을 공급할 수 있도록 이들 명령을 현실적으로 완화할 수밖에 없었다.

일본의 지도자들은 여전히 전통적인 쇄국 정책을 굳건히 유지하려 하였고, 일본의 민족적 존엄에 대한 서양의 무례로 여겨진 어떤 협정에도 반대하였다. 오랜 동안 존왕(尊王)적 색채를 띤 강한 민족주의적 정서의 중심지였던 심판〔親藩〕 미토 한〔水戶藩〕 출신의 사람들이 강경 노선의 옹호를 주도했다. 1825년 아이자와 세이시사이(Aizawa Seishisai, 會澤正志齋 ; 1782~1863)는 〈신론(新論)〉이라 불린 문서에서 "오랑캐들이 나타나면 언제든지 그들을 분쇄할 것"을 '바쿠후'에 강력히 요구하였다. 그는 해외 무역은 경제적으로 일본을 해롭게 하고, 외국과의 접촉은 일본인들의 풍기를 해칠 것이며, 이에 유일하고 건전한 대비는 서양인들을 배척하면서 보다 더 큰 통합과 서양 기술의 현명한 사용을 통해 국력을 확립하는 것이라고 주장하였다. 이러한 일반적 입장은 후에 또 다른 미토의 지식인인 후지타 도코(Fujita Tōkō, 藤田東湖 ; 1806~1855)에 의해서 더욱 발전되었다. 미토 '한'의 다이묘였던 도쿠가와 나리아키(Tokugawa Nariaki, 德川齊昭 ; 1800~1860)는 1830년 이들 미토 사람들의 견해를 강조하면서 정치적 개혁을 요구하였다. 그는 보다 더 큰 국가적 통합과 군사적 혁신에 의해서 지탱될 계속적인 쇄국을 주장하였다. 특별히 그는 '바쿠후'에게 다이묘들을 군사적으로 약하게, 그리고 경제적으로 무력하게 만들었던 통제 수단들을 완화하도록 촉구하였다. 그는 자신의 '한'에서 '한'의 군대를 강화시키기 위해 서양의 군사 기술을 차용한 정력적인 개혁을 시작하였다.

그러나 일부의 일본인들은 외국의 해군력이 일본이 대항할 수 없을 정도로 강력하다는 것을 분명히 깨닫고 있었다. 특히 난학자(蘭學者)들은 맹목적인 저항이 위험한 것임을 알고 있었다. 증대되는 서양의 위협이 서양의 과학과 군사 기술에 대한 주의를 끌었기 때문에 그들의 발언권은 과거에 그러했던 것과 같이 대수롭지 않은 것은 아니었다. 1811년 '바쿠후' 스스로가 서양의 서적들을 번역하는 관청을 설립하였는데, 그것은 1857년 '반쇼 시라베쇼〔蕃書調所〕'라는 이름하에 서양의 과학과 언어를 위한 학교가 되었다. 유사한 학교들이 몇몇 대번(大藩)들, 그 중에서도 미토〔水戶〕, 사쓰마〔薩摩〕, 조슈〔長州〕, 시코쿠의 도사〔土佐〕, 규슈의 히젠〔肥前(사가)〕 등에 설립되었는데, 이들 모두는 이후의 시대에 중요한 역할들을 수행하였다.(상권 500~501 쪽 지도 참조) 일부의 난학자들은 대담하고 거리낌없이 이야기하였다. 1838년 다카노 조에이(Takano Chōei, 高野長英 ; 1804~1850)는 외국과의 접촉을 위해 일본의 개국을 촉구하는 소책자를 발간하였으나, 그의 대담함으로 인해 투옥되었고 끝내 자결하도록 강요되었다. 서양식 포술의 전문가였던 사쿠마 쇼잔(Sakuma Shōzan, 佐久間象山 ; 1811~1864)은 그가 필수적인 것으로 깨달은 기술적 변화들을 정당화하기 위한 노력으로 '동양 도덕 서양 예(東洋道德西洋藝)'라는 구호를 만들어 냈는데, 이 개념은 중국에서 개발된 그것에 상응하는 개념과 같이 근대화 주장자들의 전(全)세대에 위안을 주는 것이 되었다.

일본의 개국   미국은 마침내 일본의 항구들을 개항시키기 위해 결정적인 행동을 취하기로 결심하였다. 미국은 이 목적을 위하여 매슈 페리(Matthew C. Perry) 제독을 선정하여 미국 해군의 4분의 1에 해당하는 세 척의 증기력 순양함과 다섯 척의 다른 함선들을 배정하였다. 페리는 인도양을 경유하여 1853년 7월 일본에 도착하였다. 에도 만 입구에 가까운 우라가(Uraga, 浦賀)에서 며칠간의 외교적 대결 후에, 그는 일본의 천황에게 보내는 미국 대통령의 서신을 접수하도록 강요한 다음, 답신을 위해 다음해 돌아올 것을 약속하고 떠났다. 페리는 2세기 전에 서양에서 잘 알려졌던 사실, 즉 그가 교섭하려고 시도했던 '천황'이 실제로 단지 쇼군이었음을 결코 깨닫지 못하였다.

일본인들은 그들의 작은 선박들과 해안의 오래된 포대들이 페리 지휘하의 함대와 아시아 해역에 있던 영국 해군에 상대가 되지 못함을 깨닫고 있었다. 에도는 서양의 우수한 대포에 노출되어 있었고, 인구 100만 이상인 이 도시의 바다를 통한 식량 공급은 해안 봉쇄에 전적으로 취약하였다. '바쿠후' 당국은 최근 '아편 전쟁(阿片戰爭)'으로 중국인들에게 일어났던 일을 잘 알고 있었고, 네덜란드 인들은 나가사키를 통하여 '바쿠후'에 그들이 외국의 요구에 양보하지 않을 수 없을 것임을 되풀이하여 충고하였다.

혹자는 쇄국 정책이 17세기에 도쿠가와 씨 쇼군들에 의해서 창출되었기 때문에 19세기에 그들이 그것을 어렵지 않게 포기할 수 있다고 생각할지 모른다. 그러나 그 정책은 이미 신성 불가침한 것이 되어 있었고, '바쿠후'는 고위직을 차지하였던 후다이 다이묘〔譜代大名〕들, 그들 군사력의 많은 부분을 통제했던 심판 한〔親藩藩〕들, 그리고 자신의 가신(家臣)들의 '여론'에 의해 여러 방향으로 이끌려서 무력하고 우유부단하게 되어 있었다. '바쿠후' 자체가 이와 같이 지극히 논쟁적인 문제에 의해서 분열되어 있었기 때문에, 그것은 나라의 나머지 부분에 대해서건 서양에 대해서건 통일된 전선을 제공하지 못하였다.

1845년 이래로 '바쿠후'의 로주〔老中〕 중에서 가장 중심적인 인물은 유능하고 젊은 '후다이' 다이묘 아베 마사히로(Abe Masahiro, 阿部正弘)였다. 아베는 보다 더 많은 외국과의 교섭 접촉에 나라를 여는, 지극히 인기가 없으나 불가피한 정책에 대한 전반적인 이해가 필요함을 깨닫고 있었다. 따라서 그는 페리에 의해서 제기된 문제를 다이묘들에게 회람시켰다. 이것은, 2세기 반 동안의 '바쿠후' 지배에 있어서 선례가 없었던 중대한 조치였다. 그것으로 '바쿠후'의 모든 정책들에 대한 논의와 비판의 문이 열렸고, 따라서 도쿠가와의 위엄과 권위의 급속한 침식이 시작되었다. 1853년부터 1868년의 궁극적인 붕괴까지 도쿠가와 지배의 최후의 시기는 적절하게도 '바쿠마쓰〔幕末〕', 혹은 '바쿠후의 종말'로 알려져 있다.

다이묘들에 대한 아베의 호소는 어떤 국가적 합의도 만들어 내지 못하였다. 답장들은 압도적으로 배외(排外)적이었으나 종종 애매 모호하였다. 주도적인 '한'들의 3분의 1 가량은 일본이 통상에 관해 어느 정도 양보해야만 하고, 그것으로부터의 이익이 그 다음에 국방을 강화하는 데 쓰여질 수 있음을 깨닫고 있었다. 일부는 통상에 반대하였으나, 더 많은 군사적 준비를 위한 시간을 벌기 위해 충분히 양보할 것을 권고하였다. 나머지는 어떤 양보도 해서는 안 되

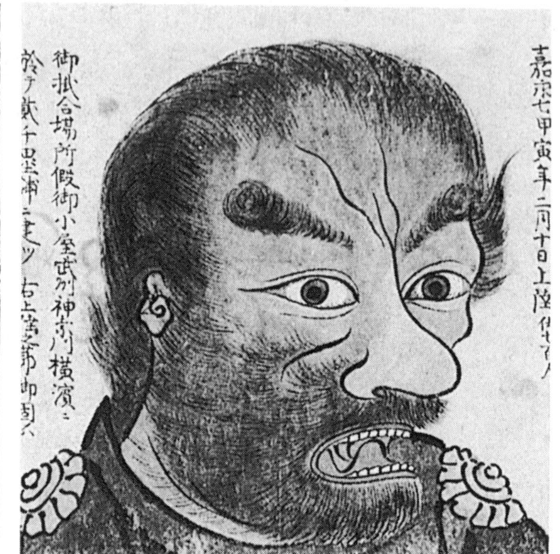

'북아메리카 공화국'의 페리 제독의 진상(眞像)을 보여 주는 1854년의 목판화와, 미국의 원정을 묘사한 두루마리 그림(1854) 중의 부사령관 애덤스의 초상.

고 미국인들을 물리쳐야 한다고 요구하였다. 또한 이러한 상의를 받았던 '바쿠후'의 유학자들도 이와 같은 입장을 취하였고, 내륙의 수도인 교토에서 외국의 압력으로부터 격리되어 있던 조정 또한 강력하게 고립주의적이었던 것으로 알려졌다.

페리는 1854년 2월에 되돌아왔고 에도 만을 더욱 거슬러 올라가 있는 현재의 대항구 도시 요코하마(Yokohama, 橫濱)의 일부인 가나가와(神奈川)에서 협상을 행할 것을 주장하였다. 일본인들은 마침내 그들이 최소한의 미국의 요구라고 생각했던 것을 수락하였다. 3월 31일 서명된 '가나가와 조약'에서 그들은 미국의 선박들에 식량을 공급할, 별로 중요하지 않고 고립된 두 개의 항구에 대한 개항과 제한된 양의 무역에 합의하였다. 이 두 항구는 산이 많은 이즈(伊豆) 반도의 끝에 있는 시모다(Shimoda, 下田)와 홋카이도에 있는 하코다테(Hakodate, 函館)였다. 그들은 또한 미국 영사(領事)의 시모다 주재에 합의하였고, 조난당한 미국 선원들을 잘 대우해 줄 것을 약속하였다. 중국 조약 체계의 한 요소인 최혜국 대우(最惠國 待遇) 조항이 포함되어 있었고, 다른 나라들에 주어진 추가적인 특권들이 미국에도 자동적으로 적용된다고 규정되어 있었다. '바쿠후'는 10월 14일 영국인들과, 1855년 2월 7일에는 시모다에서 러시아인들과, 그 후에 다시 네덜란드 인들과 이와 유사한 조약을 체결하였다. 러시아와의 조약은 개항장으로서 나가사키를, 그리고 중국 조약 체계의 또 다른 요소인 치외 법권(治外法權)을 추가한 것이었다.

이들 조약은 서양 열강들이 바라던 완전한 통상 협정이 아니었기 때문에 그들은 증대된 무역 관계를 위하여 압력을 가하였다. 1856년 중국에서의 영불 전쟁의 발발과, 일본과의 통상 조약에 관해 협상의 뜻을 밝힌 영국의 선언은 '바쿠후'로 하여금 페리와 체결한 조약이 단지 잠깐 동안의 휴식이었음을 깨닫게 하였다. 더 큰 요구들을 방지하기 위하여 일본은 1857년 10월 나가사키와 하코다테에서 면밀하게 통제된 무역을 위해 네덜란드 및 러시아와 조약을 체결하였다. 그러나 일본이 통상을 완전히 개방하도록 만든 것은 미국 영사 타운센드 해리스(Townsend Harris)의 역할이었다.

1856년 시모다에 도착한 해리스는 '바쿠후' 당국에, 보다 더 강력하고 보다 더 요구하는 것이 많은 유럽의 열강들에 의해 불리한 조약을 강요당하기 전에, 상대적으로 평화적이고 우호적인 미국과 완전한 통상 조약을 체결하는 것이 더 좋을 것이라는 것을 점차 납득시켰다. 1858년 7월 29일 서명된 그에 따른 조약은 외교관들의 교환, 시모다와 하코다테에 더하여 가나가와와 나가사키를 무역에 즉각적으로 개방할 것, 1860년과 1863년 사이에 서쪽 해안에 있는 니이가타(Niigata, 新潟)와 효고(兵庫, 오늘날의 고베)를 무역에, 그리고 에도와 오사카를 외국인 거주지로 개방할 것, 수출입 관세에 대한 적절한 제한, 그리고 미국인들에 대한 치외 법권 등을 요구하였다. 다음 수주일내에 네덜란드, 러시아, 영국 및 프랑스가 유사한 조약을 맺었으나, 일본의 수입 관세를 상대적으로 낮은 수준으로 함으로써 조약 관계의 불평등은 고조되었다.

해리스가 체결한 조약이 효력을 발생한 1859년 여름 훨씬 이전에 외국의 무역업자들이 가나가와에 가까운 요코하마 만에 다수 정주하였고, 이 대수롭지 않던 어촌이 곧 해외 무역의 주된 항구로 성장하였다. 금과 은의 비가(比價)가 세계적으로 15대 1이었던 것에 비하여 일본에서는 5대 1이었기 때문에, 그리고 일본의 주조 화폐의 가치가 '바쿠후'에 의해서 정해져 있었고 동전의 금속적 내용에 의존하지 않았기 때문에, 외국 통화의 유입은 일본의 통화 제도를

완전히 교란하였다. 이로 인해 특정의 수출품——특히 생사(生絲)와 차[茶]에
——대한 막대한 외국의 수요, 값싼 외국의 제조품들——특히 면제품——
의 유입, 군사력을 증강시키려는 필사적인 노력 등이 외국의 위협으로부터 초
래되어 증대된 정치적 분열들과 함께 악성 인플레를 유발하였다. '바쿠후'는
온갖 가능한 방법으로 해외 무역을 제한하기 위하여 최선을 다하였으나 서양
인들의 결의와 신속한 이윤에 대한 일본의 상업 집단들의 열망에 의해서 좌절
되었다.

조약의 가장 심각한 결과는 상당수의 서양인들이 일본에 머무르게 된 것이
었는데, 대부분의 일본인들은 커다란 불신과 적대감으로 그들을 대하였다. 열
렬한 사무라이 활동가들과 서양의 외교관들 및 무역업자들 사이에서 필연적인
말썽이 생겨났다. 1859년에 몇 번의 암살이 있었고, 1861년에는 해리스의 네덜
란드 인 통역 휴스켄(Heusken)이 살해되었다. 같은 해에 에도에 있던 영국 공
사관이 습격당하였고 1863년에는 방화되었다. 1862년 요코하마의 산둥성이에
서 말을 타고 가던 4명의 영국인이 사쓰마 다이묘의 행렬 중의 사무라이들에
의해 습격을 받고 그 중의 한 명인 리처드슨(Richardson)이 죽음을 당하였다.
그와 같은 사건들은 '바쿠후'의 재정을 압박하는 막대한 배상금을 초래하였
고, 오만하고 요구하는 것이 많은 서양 열강들과 비타협적인 국내의 쇄국주의
자들 사이의 충돌 속에 '바쿠후'를 끼워 넣어 그것의 권위를 더욱 침식하였
다.

일본의 정치적 혼란

일본의 대응　　당시의 관찰자들에게 일본이 처한 상황은 중국의 그것보다
훨씬 더 위태로운 것처럼 보였다. 당시 일본은 260개의 독립적인 봉건 정권들
에 의해 분열되어 있었고, 권위와 권력이 급속도로 허물어지고 있던 쇼군에
의해서 단지 통합되어 있었다. 때문에, 중앙 집권적이며 완전하게 관료적인
중국보다 정치적으로 더 후진적이고, 효과적인 행동을 취할 능력이 더 적은 것
처럼 보였다. 그것의 봉건적 계급 사회는 보다 더 근대화된 서양 국가들의 도
전에 대응할 준비가 되어 있지 않는 것처럼 보였다. 또한 전산업화 단계의 경

제는 유럽의 기계 생산에 상대가 되지 못하였다. 일본은 방대한 중국 제국이 가지고 있던 거대한 대륙적 견고성을 갖지 못하였고, 작은 섬들은 서양의 해상 세력에 노출되어 있었다.

그럼에도 불구하고 일본은 서양의 도전에 더 빠른 속도로, 그리고 훨씬 더 성공적으로 대응하였다. 어떤 전쟁도 치르지 않았고, 어떤 밀무역도 발전하지 않았으며, 어떤 영토도 빼앗기지 않았다. 혼란이 존재했으나, 그것으로부터 곧 그 치하에서 일본인들이 근대적 세력이 되는 것으로 급속도로 나아갔던 근본적으로 변화된 정치 체제가 등장하였다. 비록 일본이 그들 고급 문화의 대부분을 중국으로부터 획득하였지만, 명백하게 19세기 중엽의 일본은 서양의 도전에 아주 다르게 대응할 수 있는 중국과는 매우 다른 나라였다.

하나의 분명하고 결정적인 차이는 외부 세계에 대한 태도에서 비롯되었다. 중국인들은 중국만이 유일한 문명국이라는 관념에 오랫동안 익숙해져 있어서 다원 국가의 유럽의 국제 개념들을 수용할 수 없었고, '오랑캐'들로부터 배울 만큼 가치 있는 것들이 많다고 믿지 않았다. 비록 그들은 서양인들의 무례에 분노하였지만, 이 새로운 '오랑캐'들이 이 전의 다른 자들과 같이 중국의 우월성을 이해하게 되고 그것을 수용하게 될 것으로 가정하여 도전의 심각성을 실제로 깨닫지 못하였다. 반면에 일본인들은 강한 별개의 주체 의식을 발전시킬 수 있을 정도로 충분히 언어적, 문화적, 지리적으로 중국인들과 구분되었고, 또한 국가들의 복수성에 대한 분명한 이해를 가지고 있었다. 동등하고 독립적인 국가들의 유럽적인 체계는 그들이 받아들이기에 용이하였다. 그들이 오랜 동안 중국으로부터 심지어는 한국과 인도로부터도 배웠다는 것을 모두 잘 알고 있었으므로, 서양으로부터도 배울 수 있는 대단히 중요한 것들이 많음을 쉽게 깨달을 수 있었다. 중국이 일본보다 훨씬 더 크고, 오래되었고, 앞서 있다는 생각에 익숙해져 있었기 때문에, 그들은 거만한 문화적 우월감이 아니라 차라리 열등에 대한 성가신 두려움을 가지고 있었다. 따라서 서양에 의해서 위협을 받았을 때 그들은 경멸이 아니라 두려움, 노함, 민족주의와 관련된 옹색한 자존심 등이 결합하여 반응하였다. 사실상 그들의 반응은 지극히 민족주의적인 것이 되었다. 여러 한[藩]들간의 격심함 경쟁에도 불구하고, 외부적 위협에 직면하여 일본의 지도자들의 대부분은 구래의 봉건적 충성보다 국가의 이익을 앞세웠던 것으로 보여진다.

　바로 일본의 정치·사회 체제의 분권화와 다양성이 또한 중국에서 나타난 것보다는 훨씬 다채로운 대응들을 가능하게 하였고, 이러한 다양성으로부터 힘든 시행 착오의 과정을 거쳐서 성공적이었던 것으로 판명된 얼마간의 대응이 등장하였다. 예를 들면, 대부분의 '한'이 효과적으로 반응하기에 너무 작았거나 혹은 정치적으로 너무 분열되어 있었던 반면에, 충분한 수의 '한'들이 다양한 대응을 제공할 수 있었다. 엄격한 계급 구분도 똑같은 영향을 끼쳤다. 한편으로 사무라이들이 그들의 봉건적인 군사적 배경으로 인해 중국의 문관 관료들보다 우월한 서양의 군사력에 대해 훨씬 예리한 판단을 보여 주었고, 다른 한편으로 일본의 농민 기업가들과 도시의 상인들은 개인의 경제적 목표에 대한 강조로 인해 해외 무역에 대한 새로운 기회에 민첩하게 대응하였다. 전체 인구의 약 6퍼센트를 이루면서 경제와 행정의 사소한 잡무에 종사하는 사람들을 포함하고 있던 광범위하고 기능적으로 계층화된 사무라이 계급은 상대적으로 폭이 좁았던 중국의 고위 관료들과 신사(紳士) 엘리트들보다는 훨씬 더 폭넓은 대응들을 만들어 냈다.

　또 다른 일본의 장점은 예외적인 문화적 동질성과 경제적·지적 중앙 집권화였다. 이것은 부분적으로 일본의 지리적 고립과 중국보다 훨씬 작은 영토와 인구의 결과였다. 그러나 동질성과 중앙 집권화는 훨씬 더 많게는 전체 도쿠가와의 통제 체계, 특히 다이묘들이 에도에 머물렀던 '산킨 고타이〔參勤交代〕' 제도의 산물이었다. 내륙 지역들이 흔히 외국의 위협을 잘 알지 못했던 중국과 달리, 설사 다양한 방식이지만 일본의 모든 지역들은 이에 즉각적으로 반응하였다. 이러한 상황은, 상대적으로 규모가 컸던 일본의 지배 계급과 상승하는 생활 수준과 높은 문자 해독률이 가능하게 만들었던 고수준의 정치적 지배와 경제적 통합과 함께, 일단 어느 하나가 결정되고 난 뒤에 일본이 중국보다 서양에 대한 통합되고 효과적인 대응을 훨씬 더 잘 수행할 수 있었다는 것을 의미하였다.

　아이러니컬하게도 바로 도쿠가와 체제의 토대들의 부식이 일본인들에게 유리한 것이었음이 또한 판명되었다. 중국에서는, 왕조들은 등장하였다가 사라졌으나, 기본적인 정치적·사회적·사상적 제도는, 심지어 경제적 제도까지 1,000년 동안 예외적으로 안정적인 채로 남아 있었다. 어떤 다른 제도를 생각하기 어려웠고, 그것을 수용한다는 것은 더욱더 드물었다. 그러나 17세기초 일본의 봉건적인 사회·정치 구조는 19세기에 이르자 분명히 시대에 뒤떨어진 것이 되었다. 경제, 사회, 문화가 그것을 넘어서 발전하였다. 개인적 능력을 가진 사람이 정치적 지도력을 가지는 것이 정당하다는 유교적 관념과 천황의 지배라는 고대의 일본적 전통은 도쿠가와 정체(政體)에는 근본적으로 파괴적인 것이었다. 따라서 정치 조직의 다른 체계들이 상상되어질 수 있었을 뿐만 아니라 일부에 의해서 몰래 열망되었다. 사회내에 어느 정도의 반항적인 기운이 존재하고 있었는데, 특별히 하급 사무라이들 사이에서 그러하였다. 단단했던 정치적 구조가 심각하게 손상당하였고 고요함 이면에는 사회내의 위험한 단층선들을 따라서 긴장이 형성되어 가고 있었다. 따라서 상대적으로 가벼운 외부적 충격이 일본을 어느 정도 움직이게 만들었으나, 보다 더 큰 충격들도 기본적으로 훨씬 더 안정적이었던 중국을 움직일 수가 없었다. 결과적으로 일본이 새로운 세계의 상황에 적응하는 데 있어서 더 빠르게 출발할 수 있었고, 이것이 연이어지는 다음 세기 동안 일본에게 결정적으로 유리하게 작용하였다.

조정의 대두 아베〔阿部〕는 대부분의 다이묘들에게서 표출된 의견과 조정의 공공연한 불찬성에도 불구하고 페리와 조약을 체결하지 않을 수 없었고, 이것이 '바쿠후'를 이례적인 입장에 빠지게 만들었다. 그는 그의 입장을 강화하기 위하여 조정이 조약을 정식으로 재가하도록 하는 새로운 조치를 취했다. 또한 미토〔水戶〕의 나리아키(Nariaki, 齊昭)에게 해안의 방비를 책임지게 하는 등, 강력한 '심판'및 '도자마' 다이묘들을 정부의 핵심적인 위원회에 끌어들였다.

에도 정부를 전통적으로 지배하였던 '후다이' 다이묘들은 이들 국외자들의 역할에 대하여 분개하였다. 1855년말 아베를 대체한 홋타 마사요시(Hotta Masayoshi, 堀田正睦)하에서 이들 후다이 다이묘들은 나리아키의 영향력을 감소시켰으며, 정부에 대한 완전한 통제력을 회복하려고 시도하였다. 그들은 또한 에도의 상황에 보다 더 충분히 개입하고 있었기 때문에 보다 덜 노출된 지역의 대다이묘들보다 일본이 처한 곤경에 대해 더 잘 인식하고 있었다. 그래서 그들은 서양 열강들에게 후속적인 양보를 하는 데로 나아갔다.

1858년 해리스와 통상 조약을 체결하기에 앞서 홋타는 다시 다이묘들에게 그들의 의사를 물었다. 설사 1853년에 그랬던 것보다는 좀더 현실적이었지만, 반응은 또 다시 주로 부정적인 것이었다. 홋타는 또한 미리 천황의 허락을 얻기 위하여 교토에 상경하는 전례가 없는 조치를 취하였다. 한편 조정은 오랫동안의 정치적 무기력 상태에서 깨어나고 있었다. 도쿠가와 시대 동안의 일본 고대사에 대한 부활된 관심과 가정된 타국에 대한 우월성의 주된 원천으로서의 단절되지 않았던 천황가에 대한 강조가 점차적으로 천황들에 관한 관심을 불러일으켰고 그들의 위광을 구축하였다. 이제 '바쿠후'와 다수의 '한'들이 이러한 국가적 위기에, 그리고 에도에서의 불확실한 순간에 직면하여 교토로 눈을 돌렸다. 홋타의 정책들에 대한 몇몇 큰 '한'들의 반대에 힘입은 조정은 거부와 다름이 없는 모호한 답변을 하였다.

이러한 때 '후다이 한' 중에서 가장 큰 히코네〔彦根〕의 다이묘 이이 나오스케(Ii Naosuke, 井伊直弼)가 1858년 5월 30일, 오로지 위기의 때에만 보통 이이씨의 우두머리에 의해 채워졌던 '바쿠후'의 수상직인 다이로〔大老〕 직을 차지하였다. 이이는 전국에 대한 지배력을 회복하려는 노력으로 강경한 입장을 취하였다. 그는 조약에 서명하였고 조정에 의해 소환당하자 교토에 가는 것을 거부함으로써 조정이 조약을 승인하도록 강요하였다. 또한 이이는 '바쿠후'의 개혁을 지향했던 당파의 후보이며, 나리아키〔齊昭〕의 아들로 유능한 성인이 된 게이키(Keiki, 慶喜) 대신 '심판' 와카야마 한〔和歌山藩〕의 미성년의 다이묘를 지지하여 쇼군의 후계자를 둘러싼 논쟁을 결정하였다. 이들 행동들에 대한 맹렬한 비판이 일어나고 체제 전복적이고 근왕적(勤王的)인 운동이 고조되자 그는 나리아키, 게이키 및 소수의 주요 다이묘들을 가택 연금하에 두었고, 몇몇 정신(廷臣)과 막신(幕臣)들을 처벌하였으며, 미토〔水戶〕의 근왕파 지식인들에 대한 숙청을 감행하였다.

에도의 권위를 회복하려는 이이의 노력은 잠시 동안 성공하는 것처럼 보였으나, 그것은 1860년 3월 24일 일군의 과격파 미토 사무라이들이 그를 암살함으로써 붕괴되고 말았다. 만일 그가 생존하였다면 '바쿠후'가 그의 강력한 지도력하에서 그 후의 일본을 근대화하는 데 있어서 주된 역할을 수행하였을 것이라고 주장하지만, 당시 '바쿠후'는 전통에 의해 심하게 속박되어 다른 집단들보다 혁명적 변화에 대한 역량이 더 적었기 때문에 이것은 있을 법하지 않았던 것처럼 보인다. 도쿠가와 절대주의에 대한 이이의 재주장은 실제적이기보

최초의 도쿠가와 해외 사절. 1860년 워싱턴에서.

다는 보다 더 외양적인 것이었다. 실제로 에도의 위엄과 권위가 크게 하락되었다. 전국에 걸쳐서 사무라이 활동가들은 모든 국가 정책의 문제들에 대해 자유롭게 그들의 의견을 발표하고 있었다. 오래 유지된 금령에도 불구하고 다이묘들과 그들의 대리자들, 그리고 심지어는 자발적으로 행동하는 무사들이 이제는 그들의 견해에 대한 조정의 지지를 획득하기 위하여 자유롭게 교토의 조정에 접근하였다. 천황의 재가는 어떤 주요 정책의 결정을 위해서도 필수적인 것이 되어 가고 있었다.

따라서 조정은 에도의 외교 정책에 대한 반대를 위해서뿐만 아니라 외국으로부터의 위협에 직면하여 정부와 사회를 개혁하려는 노력을 위한 핵심으로 부상하였다. 존왕(尊王)과 양이(攘夷)의 구호들은 반대파의 두 개의 집결점이 되었다. 이것은 강하게 반(反)막부적인 의미를 내포하였고, 따라서 항상 도쿠가와 지배에 대해서 원망을 키워 온 일부 ‘도자마 한’의 사무라이들에 의해서 특히 열렬하게 받아들여졌다. 이들 구호의 호소력이 너무도 강하였기 때문에 심지어 이이조차도 일본이 충분히 강해지기만 하면 바로 오랑캐들을 몰아낼 것이란 애매한 약속을 조정에 하지 않을 수가 없었다.

‘한’들이 에도에 대한 그들의 독자성을 주장하기 시작하고, 들떠 있는 사무라이들이 그들의 ‘한’ 정부에 대해 독자적으로 행동함에 따라 또한 명백한 봉건적 규율의 붕괴가 있었다. 많은 무사들이 그들이 지지하는 정책들을 위하여 교토나 혹은 다른 곳에서 자유롭게 활동하기 위하여 로닌〔浪人〕이 되었다. 시시〔志士〕 혹은 '높은 뜻을 가진 사람'으로 알려져서, 이이를 죽이고 일본 전역에 걸쳐서 정치적 암살의 폭넓은 자취를 남겨 놓게 되었던 사람들이 바로 이런 종류의 활동가들이었다.

'바쿠후'는 명백하게 절망적인 처지에 놓여 있었다. 에도는 무역에 대한 외국의 압력에 저항할 수 없었으나 여론에 밀려서 양이(攘夷)의 약속을 하지 않을 수가 없었다. '한'들에 대한 그것의 권위와 개별 무사들에 대한 통제가 급속하게 약화되어 가고 있었다. '바쿠후'는 조정의 궁극적인 정치적 권위를 인정하지 않을 수 없게 되었다. 그것이 토대를 두었던 정치 질서와 경제 체제가 서양의 충격하에 포기되어 가고 있었다. 이이는 쓰려져가는 구조를 지탱해 보려고 시도하였고 그의 죽음은 그것의 최후의 단단한 버팀목을 제거한 것이었다.

사쓰마와 조슈의 대두   어떤 새로운 다이로〔大老〕도 임명되지 않았고, '바쿠후'는 우유 부단하게 갈팡질팡하고 있었다. 조정과 일부의 '도자마 한'에 주도권이 넘겨졌다. 특히 남규슈의 사쓰마(Satsuma, 薩摩)와 혼슈 서단의 조슈(Chōshū, 長州)가 두각을 나타내었다. 그들은 최대 '한'들 중에 속하였고, 수입에 있어서 공식적으로 2위와 9위의 자리를 차지하고 있었다. 두 '한'은 16세기말의 전쟁들로 인해 영토가 엄청나게 감소되었으나 가신(家臣)들은 감소되지 않았기 때문에 사무라이들의 비율이 전국 평균보다 훨씬 더 높았다.

조슈와 사쓰마, 특히 사쓰마는 변경에 위치하여 경제적, 사회적인 면에서는 상대적으로 후진적이었으나, 이것이 불리한 점이 되기보다는 유리한 점이 되었다. 그것은 이들 '한'의 사무라이들의 사기와 응집성이 도쿠가와 세력의 대부분이 자리를 잡고 있던 선진의 중앙 지역에 있어서보다 덜 부식되었음을 의미하였다. 그들은 또한 2세기 반 이상 전의 그들의 패배에 거슬러 올라가는 강한 반도쿠가와적 전통의 이점을 가지고 있었다. 이와 대조적으로, 미토는 도쿠가와 권력 구조의 일부였고, 반(反)도쿠가와 운동이 진정으로 혁명적인 것이 되었을 때인 1860년 나리아키가 죽자 정치의 무대로부터 사라졌다. 일부의 다른 큰 '한'들도 도쿠가와 씨에 대한 전통적인 충성 때문에 또한 강력한 입장을 취하는 것이 억제되었다.

사쓰마와 조슈 대두의 또 다른 이유는 대부분의 '한'들이 격심한 부채에 허덕이고, 사무라이들이 극심한 재정적 압박 속에 놓여 있을 때에 이들 두 '한'이 가졌던 재정적 능력에 있었다. 사쓰마와 조슈는 사무라이들의 사기를 지탱할 뿐만 아니라 서양 무기를 구입하고 결정적인 행동에 자금을 공급할 부를 보유하고 있었다. 비록 19세기초에 사쓰마는 압도적인 부채에 시달리고 있었지만, 소위 '뎀포 개혁〔天保改革〕'의 벽두인 1830년에 정력적인 개혁에 착수하였다. 그것은 '한'의 부채를 무효화하였고, 기후적인 이유로 인해 사쓰마가 일본에서 사실상의 독점권을 가졌던, 특히 설탕에 대한 상업적 독점을 강화하였다. 이러한 노력은 주로 그 지역의 상대적인 후진성 때문에 성공을 거두었다.

조슈의 '뎀포 개혁'은 1838년에 시작되었고, 부분적으로 독점의 감소를 통해 사무라이들의 부채를 줄이고 '한'의 지출을 삭감한 것이 특징이었는데, 이것은 사쓰마가 했던 독점의 강화보다 한층 더 '뎀포 개혁'을 대표하는 것이었다. 그러나 조슈가 재정적 능력을 가지게 된 주된 이유는 '무육국(撫育局)'으로 알려진 색다른 기관에 있었던 것으로 보여진다. 곤궁할 때 '한' 정부와 사무라이를 돕기 위한 비상 기금으로 1762년 설립되어, 점차 하나의 투자 기관이 되었다. 이것은 '한'의 잉여미를 판매하고, 세토〔瀨戶〕 내해에서 해운 활동에 종사하고 있는 다른 '한'들에 대한 상품 보관 및 자금을 대여하는 것에 특히 성공적이었다. '한'의 재정 능력의 전부를 빚을 상환하는 데 충당하는 대신에 이 관청을 통해서 '한'의 수입의 일부를 정기적으로 투자함으로써 조슈는 적자 재정의 체계 속으로 빠져들었다. 그러나 서서히 인플레이션이 진행된 이 시기 동안에, 조슈는 '한'의 부채 가치가 점차적으로 감소하고 투자 가치는 증진되어 이익을 보았다.

많은 다른 '한'들에서와 같이 조슈의 정치는 사무라이 당파들 사이의 경쟁이 문제가 되었는데, 그것들은 다이묘와 그의 주요 가신들이었던 소위 가로(家老)들의 지지를 획득하는 것에 의해서 교대로 정권을 잡았다. 1857년 온건 개혁파가 권력을 잡고 있던 보수파를 대체하였고, 조슈가 국내 정치에 참여해야만 한다고 결정하였다. 그러나 그것은 1861년에 가서야 비로소 구체적인 조치를 취하여, 천황이 쇼군에게 해외로의 팽창 정책에 착수하도록 명령하여, '조정과 바쿠후의 연합(公武合體, 고부 갓타이)'을 이루도록 교토 조정에 제안하였다. 교토와 에도가 다 같이 찬성하였는데, 전자는 그 제안이 천황의 정치적 수위(首位)에 대한 공개적 인정이었기 때문에, 후자는 그것이 '바쿠후'의 외교 정책에 대한 조정의 지지를 획득하는 것이었기 때문이었다.

그러나 교토와 에도 사이를 중재하려는 조슈의 노력은 아무것도 이루지 못하였고, 1862년 5월 사쓰마에 의해서 제기된 '고부 갓타이'를 위한 일련의 보다 구체적인 제안들이 그것을 곧 가려 버렸다. 이 결과로 사쓰마는 조정으로부터 교토에서 활동하고 있던 많은 과격파 로닌들을 제압하여 그곳에서 질서를 회복하는 권한을 부여받았다. 사쓰마는 또한 게이키〔慶喜〕를 어린 쇼군의 후견인으로 삼도록, 그리고 에치젠〔越前〕의 '심판' 다이묘 마쓰다이라 게이에이(Matsudaira Keiei, 松平慶永)를 일종의 임시 수상에 임명하도록 에도를 설득하였다. 보다 광범위한 국가적 합의를 획득하기 위한 노력의 일환으로 마쓰다이라는 '한'들에 대한 '바쿠후'의 최후의 통제 장치들을 완화하였는데, 구래의 인질 제도를 폐지하였고 '산킨 고타이〔參勤交代〕' 제도하에서 다이묘의 에도 출석을 무의미한 매3년마다 100일로 감소시켰다.

그 동안 조슈는 그 입장이 보다 극단적으로 존왕적이 되었다. 이것은 주로 젊은 병술(兵術) 선생이었던 요시다 쇼인(Yoshida Shōin, 吉田松陰 ; 1830~1859)의 영향 때문이었다. 요시다는 나가사키와 에도에서 란가쿠〔蘭學〕를 공부했고 존왕파 미토〔水戶〕 사상가들에 의해서 깊은 영향을 받았다. 그는 1854년 페리의 함선들 중의 한 척에 올라 밀항하려고 시도하였으나 투옥되었다. 조슈에 돌아와서 그는 새로운 학교를 열어 새로운 일본을 건설하는 데 있어서 중요한 역할을 수행할 수 있었던 다수의 젊은이들에게 그의 극단적인 존왕 사상을 심어 놓았다. 비록 그는 교토에 있던 에도의 대표를 암살하려고 모의하였다는 이유로 1859년 처형되었지만, 그의 제자들 중의 하나로 기도 고인(Kido Kōin, 木戶孝允 ; 1833~1877)이라 불린 명문 출신의 사무라이가 '한' 정부의 중요한 인물이 되어 조슈가 공개적으로 존왕 양이(尊王攘夷) 정책을 향하여 방향을 바꾸는 것에 기여하였다.

조슈의 새로운 급진주의로 인해 조정은 사쓰마 지지에서 조슈 지지로 옮겨갔는데, 조슈는 소규모의 '황군(皇軍)'뿐만 아니라 교토에 초보적인 정부를 구성하였다. 조슈의 강력한 존왕적인 입장은 잠시 동안 시코쿠의 주요 '도자마 한'인 도사(Tosa, 土佐)에 의해 지지를 받았으나, 더욱 온건한 도사의 당파가

1863년초 '한'에 대한 지배권을 회복하여 한층 더 조심스러운 정책을 채택하였다. 그러나 교토에 있던 다수의 로닌 행동대들은 온건파들을 암살하는 것에 의해 존왕적 대의를 강화하였고, 그 동안 과격파 사무라이들에 의해서 자극된 약 2,000명의 농민 집단인 소위 '덴추 구미〔天誅組〕'가 교토 남쪽 나라〔奈良〕 지역에 있던 '바쿠후' 관청들을 공격하였다.

무력에의 호소

힘의 시험   조슈가 지배한 조정은 쇼군이 1863년 봄에 교토에 상락(上洛)하도록 권유하였는데, 그곳에서 쇼군은 1863년 6월 25일을 '오랑캐'들이 추방되어야 할 일자로 정하도록 강요당했다. '바쿠후'가 명백하게 이 약속을 실행할 수 없었기 때문에 이것이 '바쿠후'를 굴욕적인 입장에 놓이게 만들었으나, 그것은 또한 조슈도 매우 불리한 입장에 빠지게 하였다. 지정된 날자에 이르렀을 때 '바쿠후'는 아무런 조치도 취하지 않았으나, 세토 내해의 서단에 위치한 시모노세키〔下關〕 해협을 따라 있던 조슈의 요새들은 외국 선박들에 대하여 포격을 개시하였다. 이에 대한 보복으로 한 척의 미국 군함이 7월 16일 요새들을 포격하여 최근 나가사키에서 구입한 두 척의 조슈 군함을 격침하였고, 한편 4일 후에 프랑스의 군함들은 상륙대를 상륙시켜 요새들과 무기를 파괴했다.

조슈의 비현실적인 대외 정책은 자신의 위신을 손상시켰고 다른 일본인들에게 경종을 울려 주었다. 1863년 9월 30일 사쓰마와 북혼슈의 '심판 한'으로 그 다이묘가 에도에 의해 '교토 슈고다이〔京都守護代〕'로 임명된 아이즈(Aizu, 會津)의 군대가 조정에서 쿠데타를 감행하여 조슈 세력을 교토로부터 몰아내었다. 길었던 도쿠가와의 평화는 마침내 깨어졌다. 온건파 공경(公卿)들이 조정을 지배하도록 투입되었고 임시적인 정부 기구들과 '황군'이 해체되었다. 1864년초 6명의 '도자마' 다이묘와 '심판' 다이묘들이 조정을 보좌하기 위하여 '참여 다이묘' 집단을 이루었으나, 정책의 통일성이나 효과적인 행정 기구들이 결여되어 곧 허무하게 해산되었다.

조슈가 요새를 재건하고 서양의 함선들에 대하여 계속해서 포격을 가하였기 때문에 17척의 영국, 프랑스, 네덜란드 및 미국의 연합 함대가 1864년 9월 다시 요새들을 분쇄하였다. 서양 열강들은 그 후 조슈가 해협을 다시 '요새화하지 않는다는 것에 동의하도록 만들었고 '바쿠후'로부터는 300만 달러의 배상금의 약속을 억지로 받아 냈다. 그 후 1866년 6월 열강들은 수입 관세를 약 20퍼센트에서 5퍼센트로 엄청나게 낮추는 것을 포함한 새로운 무역상의 양보에 대한 대가로 배상금 지불 연기에 동의하였다.

외국 열강들에 의한 조슈의 반복된 군사적 패배가 조슈의 지도자들로 하여금 그들의 대외 정책의 비실제성을 깨닫도록 만들었다. 그들은 또한 국내의 경쟁에 있어서도 그들의 군사력이 부적절한 것임을 알게 되었다. 조슈의 군대가 1864년 여름 교토에 진군하였으나 8월 20일 황궁의 한 문에서 사쓰마와 아이즈의 군대에 의해서 패퇴되었다. 조슈가 자신의 군사력을 증강하고 근대화하는 노력을 배가하지 않으면 안 된다는 것은 명백한 일이었다.

조슈는 1857년에 소총대를 구성하기 시작하였고 1860년에는 서양의 군함과 대포를 구입하는 계획에 착수하였다. 1863년 조슈는 농민 의용군과 유명한 '기헤이타이(奇兵隊, 비정규군)'와 같은 사무라이와 평민들로 구성된 소총대를 조직하기 시작하였고, 이들 계획들은 이제 확대되었다. 농민 병사의 사용은 군사적으로뿐 아니라 사회적, 정치적으로 도쿠가와 체제 전체로부터의 혁명적인 이탈이었다. 새로운 '쇼타이〔諸隊〕'는 주로 요시다 쇼인의 제자들을 포함한 젊은 과격주의자들에 의해서 지휘되었고, 따라서 '한'의 정치에 있어서 과격파에게 증가된 힘과 그것의 보다 비천한 구성원들에게 권력에 이르는 새로운 길을 제공하였다. 예를 들면 1861년 에도에서 영국 공사관을 습격하는 데 참여한 뒤 2년 후에 영국에 유학을 떠났던 두 명의 젊은 사무라이, 이노우에 가오루(Inoue Kaoru, 井上馨 ; 1835~1915)와 이토 히로부미(Itō Hirobumi, 伊藤博文 ; 1841~1909)는 새로운 혼성 부대의 두 지휘관들로서 영향력 있는 지위에 올랐고, 계속해서 일본의 근대화에 있어서 중심 인물들이 되었다. 실로 농민 출신이었으나 최하급 사무라이 계급 가문의 양자 상속자였던 이토는 아마도 새 정부의 가장 중요한 설계자가 되었는데, 그의 이력은 일본의 혁명적 전환에 있어서 하급의, 그러나 야심적인 사무라이의 커다란 역할을 예증하여 준다.

사쓰마도 또한 일본의 전통적인 군사력의 무력함에 대해 조슈와 거의 똑같은 교훈을 얻었다. 1862년 영국인 리처드슨(Richardson)이 사쓰마 사무라이들에 의해 암살된 후에 영국인들은 '바쿠후'에게 10만 파운드의 배상금을 강요하였고, 나중에는 범인들의 처벌과 '한'에 의한 배상금의 지불을 강제하기 위하여 함대를 사쓰마의 조카마치[城下町] 가고시마[鹿兒島]에 파견했다. 1863년 8월 15일 사쓰마의 요새들이 영국 군함들에 대하여 포격을 가하였으나, 영국은 도시의 대부분을 쑥대밭으로 만들어 버렸다. 사쓰마는 결국 주로 '바쿠후'로부터 차용한 2만 5,000 파운드의 배상금을 지불하고 영국 해군에 대한 깊은 존경심과 흥미를 갖게 되었다. 사쓰마는 즉각 영국의 차관을 가지고 서양의 군함을 획득하기 시작하였고, 따라서 제국 해군으로의 성장에 대한 기초를 쌓았다.

조슈 정벌 1864년 8월 교토에 대한 조슈의 공격이 마침내 '바쿠후'로 하여금 단호한 행동을 취하도록 유발하여 '바쿠후'는 다수의 '한'들로부터 징발되어 이루어진 15만 명의 군대를 조슈로 파견하였다. 1864년 조슈에 발생한 연속적인 재앙이 개혁파의 평판을 나쁘게 만들었고 조슈를 국내 정치에 개입시키는 정책에 일관되게 반대했던 보수파들이 그해 11월 다시 권력을 장악하였다. 압도적인 '바쿠후' 세력에 직면한 보수파는 1865년 1월 24일 항복하였고, 교토 공격의 사과, 조슈의 정치에 책임이 있는 세 명의 가로(家老)의 처형, 조슈로 도망친 7 명의 공경들의 반환, 교토를 공격한 새로운 혼성군의 해체 등에 대한 '바쿠후'의 관대한 요구를 수락하였다. '바쿠후'의 조건의 관대함은 그 자신의 약점을 반영한 것이었다. '바쿠후' 군을 구성하였던 '한'들은 긴 원정의 희생을 감당하려고 하지 않았고, 사쓰마와 같은 그들 중의 일부는 조슈의 완전한 멸망을 통해 '바쿠후'의 힘이 신장되는 것을 원하지 않았다.

비록 '한' 정부가 '바쿠후'에 굴복하였다 하더라도, 혼성 소총대의 과격파 지도자들은 그들 권력의 토대가 파괴되도록 그냥 두지 않았다. 그들은 '쇼타이'의 해체를 거부하였고 조슈가 '바쿠후'에 항복하기 훨씬 전에 '한' 정부에 대한 무력 투쟁을 시작하였다. 소규모 전투들에서 차례로 승리한 후에 그들은 3월 12일 마침내 조슈의 '조카마치'를 점령하여 개혁파와 함께 연립 정권을 세웠다. 기도[木戶]는 그곳에서 유력한 인물로 등장했다. 조슈의 내란에 있어서 혼성 '쇼타이'의 승리는 일본의 사회사와 군사사에 있어서 하나의 전환점이었다. 미천한 출신의 사무라이들이 벌을 받지 않고 그들의 '한' 정부에 도전하였고, 농민과 사무라이의 혼성군이 '한' 정부의 귀족적이고 계급적인 군대보다 우월하다는 것을 증명하였다.

조슈 내란의 결과는 또한 '바쿠후'의 조슈 원정 결과를 무효화하였다. 원정의 가정된 성공에 고무된 에도는 '산킨 고타이' 제도의 회복을 명하였으나, 다이묘는 그 명령을 간단하게 무시하였다. 이제 '바쿠후'는 반항적인 조슈를 동의시키기 위해 전적으로 다시 시작하지 않으면 안 된다는 것을 깨닫게 되었다. '바쿠후'의 정책들에 대한 지지를 강화하고 조슈를 억압하여 그것의 조건들을 수락시키려는 1년간의 공작이 결실을 거두지 못하자 마침내 '바쿠후'는 1866년 8월 조슈에 대하여 두번째의 군대를 파견하였다. 그러나 이번에 '바쿠후'는 그것이 종전에 누렸던 군사적 우월을 갖추지 못하고 있었다. 그것의 군대는 잘 조직화되지 못했고 목적에 있어서도 덜 통일되어 있었다. 사쓰마와 일부의 다른 웅번(雄藩)들이 참여하기를 거부하였다. 반면 조슈는 더욱 결의가 굳은 사람들에 의해서 지도되어 이제는 보다 단합되어 있었고, 그 사이에 무기들을 향상시키고 표준화하고 그 군대 전체를 근대화된 군대로 재조직화하여 군사적으로 더욱 강력해져 있었다. 비록 수적으로 열세였지만 조슈의 병사들은 '바쿠후' 군에 싸워 이겼고, 참여했던 '한'들의 일부가 그들의 지지를 철회했기 때문에, 10월에 이르러 '바쿠후'는 화평을 청하지 않을 수 없었다.

'바쿠후'의 붕괴　단 하나의 '한'이 에도에 반항하였고 마침내 그것을 패배시켰다. '바쿠후'의 종말은 단지 시간 문제인 것처럼 보여졌고, 이제 그것의 몰락은 서로 협력하기로 한 사쓰마와 조슈의 결정에 의해서 촉진되었다. 전체 도쿠가와 체제는 '한'들 사이의 상호 대립에 의존하고 있었다. 사쓰마와 조슈는 '바쿠후'에 대한 만큼 전통적으로 상대에 대하여 적대적이었고, 이 태도는 1861년 후 교토에서 주도권을 둘러싼 그들 사이의 경쟁과 대외 정책에 대한 조슈의 보다 비타협적인 입장에 의해서 첨예화되었다. 그러나 조슈가 '오랑캐' 문제에 대한 사쓰마의 보다 현실적인 접근에 따라가지 않을 수 없게 되고 양자가 서로에 대한 질시보다도 회복된 '바쿠후'의 힘에 대해 더 큰 두려움을 느끼게 됨에 따라 이들 차이점들은 점차로 완화되었다. 그들은 천황 치하의 주요 '한'들의 연합이 조정과 '한'과 '바쿠후'의 미봉된 결합보다 스스로를 위해서나 일본을 위해서나 보다 더 효과적이고 안전한 정치 체제임을 깨달기 시작하였다.

오쿠보 도시미치(Ōkubo Toshimichi, 大久保利通 ; 1830~1878)와 비록 하급 무사 출신이었지만 뛰어난 개성을 지녔던 사이고 다카모리(Saigō Takamori, 西鄉隆盛 ; 1827~1877)와 같은 사쓰마의 지도자들은 '바쿠후'의 의도에 대해 점점 의심을 품게 되었다. 일부의 에도 관리들은 개혁과 군사적 근대화 정책들 다음으로 조슈를 완전히 분쇄하는 것과 사쓰마와 같은 다른 '한'들에 대한 후속적인 억압을 옹호하고 있었다. 그들은 되살아난 '바쿠후'를 통하여 프랑스의 영향력이 증대되는 것을 희망하는 프랑스 공사 레옹 로슈(Léon Roches)의 강력한 지지를 받았다. 그의 노력을 통해서 요코하마에 프랑스 어 학교가 개설되었고, 해군 조선소가 근처의 요코스카[橫須賀]에 건설되었으며, 대량의 무기가 수입되었다. 이에 지지 않기 위해서 중국을 개항시키는 데 큰 역할을 했던 영국 공사 파크스(Parkes) 경은 정보와 무기로써 사쓰마를 지원하였고, 한편 사쓰마 자신은 조슈와 화해하는 데로 나아갔다. '한'의 온건파들에게 쫓겨 사쓰마와 조슈에 피난처를 구했던 도사 출신의 두 명의 근왕파 '로닌'들이 서로 의심하고 적대적인 이들 두 '한'을 결합시키는 데 있어서 중개자로서 활약하였다. 마침내 1866년 3월 7일 사이고와 오쿠보는 교토에서 기도와 비밀 동맹을 체결하였다.

10년 전 쇼군 직에 오르지 못했던 게이키[慶喜]는 1867년 1월 젊고 후사가 없는 쇼군을 계승하였고, 즉시 '바쿠후' 군을 근대화하고 그것의 행정을 재조직하는 데 착수하였다. 1866년말 그는 유력 다이묘들의 협의체를 조직하려고 시도하였고, 그것을 통하여 '바쿠후'는 권력에 대한 독점을 포기하는 한편으로 자신의 수위를 보전하려고 하였다. 그러나 그 노력은 초청받은 24 명의 다이묘들 중에서 단지 5 명만이 참석하여 결국 실패하였다. 도사는 이제 쇼군이 정치상의 권력을 천황에게 반환하고 천황 치하의 다이묘 위원회의 장이 되어야 한다고 제안하였다. 이 해결책은 가장 큰 '한'의 크기에 적어도 7배나 되는 쇼군의 수입과 권력의 원천으로서의 그의 개인적 영국을 그에게 남겨 놓은 채로 그에게서 국가적, 외교적 직무들에 대한 전적인 책임의 부담을 덜어 줄 수 있는 것이었다. 게이키는 1867년 11월 8일 이 제안을 수락하였으나, 이 '다이세이 호칸[大政奉還]'은 다른 다이묘들이 위원회에 참여하라는 그의 초대를 또다시 무시하여 실패로 끝났다.

한편 사쓰마와 조슈는 보다 극단적인 행동을 결정하였다. 오쿠보와 밀접한

'바쿠후'와의 전투에서 갓 승리한 사쓰마 병사들. 모두 서양식 제복을 착용하였고, 둘은 서양식 두발을 하고 있으나, 그들은 사무라이의 도검을 휴대하고 있다(그들의 소총은 이 그림에서 보이지 않는다).

관련을 맺고 있던 공경(公卿) 이와쿠라 도모미(Iwakura Tomomi, 岩倉具視 ; 1825~1883)를 통해서 그들은 '바쿠후'의 멸망을 요구하는 전적으로 변칙적인 칙명을 획득하였다. 그 후 1868년 1월 3일(음력으로 1867년 12월 9일) 사쓰마와 조슈의 군대가 '심판 한'인 에치젠〔越前〕과 나고야〔名古屋〕와 '도자마 한'인 도사와 서혼슈의 히로시마〔廣島〕의 군대에 의해 지원을 받아서 황궁을 점령하고 또 다른 '왕정 복고'를 선포하였다.

게이키는 이 쿠데타의 결과를 수락하는 쪽으로 기울어졌고 '황군'과의 충돌을 피하기 위하여 그의 군대와 함께 교토로부터 오사카로 철수하였다. 그러나 일부의 '심판'과 '후다이' 다이묘들과 많은 '바쿠후' 관리들은 그들의 오랜 경쟁자들이 권력을 장악하도록 온순하게 따르려 하지 않았다. '바쿠후' 군이 오사카로부터 교토로 진군하였으나 1월 27일 수도의 남쪽에서 패퇴하였다. 그들은 '황군(皇軍)'을 수적으로 압도하였지만 다시 한 번 승리는 기술적으로 우월한 쪽으로 넘어갔다.

'황군'은 그 후 에도로 진군하였다. 원래 그 자신이 근왕파의 미토 출신이었던 게이키는 항복하기로 결정하였으나, 완고한 '바쿠후' 지지자들은 에도에서, 주로 7월 4일 현재의 우에노〔上野〕 공원에서, 전투를 하였다. 북혼슈의 아이즈〔會津〕는 '황군'에 결사적으로 저항했으나 11월에 궤멸되었다. 에도 만을 빠져나갔던 도쿠가와 해군은 홋카이도에서 전투를 계속하였다. 그러나 1869년 5월 마침내 그들이 항복하여 일본 전역은 혁명가들의 지배하에 놓이게 되었다.

새 정부의 창설

새로운 지도력　도쿠가와 씨 타도는 비교적 용이한 것이었다. '바쿠후'가 그 자신의 내부적 분열에 의해서 무력해지고, 일본의 나머지의 대부분이 효과적인 행동을 취하기에 너무 작거나 너무 우유 부단한 단위들로 나뉘어 있는 동안에 조슈와 사쓰마 출신의 소수의 유능한 젊은 사무라이들이 그들 자신의 '한'들에 대한 지배권을 획득하였고, 이들 두 '한'의 군사력의 과감한 사용을 통하여 빠른 속도로, 그리고 상대적으로 피를 덜 흘리고 전국에 대한 지배권을 장악하였다. 그러나 이러한 군사적 승리를 지속적인 정치력으로 전환하는 것은 또 다른 문제였다.

이론상 '왕정 복고'는 1868년 1월 3일 이루어졌으나, 이것은 주로 상징적인 문제였다. 일본인들은 명색뿐인 천황, 쇼군, 다이묘들에 너무도 많이 익숙해져 있어서 천황의 친정(親政)에 쉽게 돌아갈 수가 없었다. 천황이나 그의 조정은 실제적인 정치적 지도력을 행할 준비가 되어 있지 않았다. 과격 근왕파의 적이었던 고메이(Komei, 孝明) 천황이 1867년초에 죽자, 그때 단지 14세에 불과했던 그의 아들 무쓰히토(Mutsuhito, 睦仁)가 황위를 계승하였다. 1912년까지 군림했던 무쓰히토는 머지않아 인상적이고 영향력 있는 인물로 성장하였다. 1868년에 채택된 새로운 연호 메이지(Meiji, 明治 ; 계몽된 지배)를 따라 메이지 천황으로 알려진 그는 일본 근대화의 개인적인 상징이 되었고, 정치적 대변혁은 '메이지 유신'으로 알려지게 되었다. 그러나 1868년에 그는 지배력을 갖기에는 너무 어렸고, 다수의 정책 결정자들 중의 하나일 뿐 그 이상의 존재는 결코 아니었던 것으로 보여진다. 고대 후지와라[藤原] 귀족제의 후손들이며 천황 주위에 있던 정신(廷臣)들도 나라를 이끌어 갈 수가 없었다. 이와쿠라와 몇몇 다른 사람들은 그들이 정통성의 천황적 원천을 통제하여 신정부에서 유력한 인물들이 되었다. 그러나 대부분의 정신들은 전과 같이 단지 상징적인 역할을 계속하였을 뿐이었다.

서남 일본의 과격파들이 그들 각자의 다이묘의 이름하에 행동하였기 때문에 이들 다이묘들이 신정부에서 두각을 나타내는 것은 당연한 것이었다. 그러나 그들 자신의 '한'에서 흔히 그러했던 것과 같이 그들의 역할 또한 주로 상징적인 것이었고, 머지않아 그들은 심지어 명목적인 직책으로부터도 탈락되었다. 비록 그것이 다이묘, 공경, 천황 들의 층을 통해 교묘하게 행사될 수밖에 없었다 하더라도, 실제적인 주도권은 주로 혁명을 꾀했던 사무라이들의 손아귀 속에 놓여 있었다. 그러한 복잡한 구조가 지도력의 익명성과 모호성을 초래했으나, 그것은 일본인들에게 오랫동안 친숙했던 제도였다.

새 지도자들은 두드러지게 젊은 사람들의 집단이었다. 최연장자였던 이와쿠라가 1868년에 43세였다. 사무라이 출신 중 가장 유력했던 세 명, 기도와 오쿠보와 사이고는 35세에서 41세 사이였고, 이토는 겨우 27세였다. 대체로 그들은 비교적 지위가 낮은 가문 출신이었다. 기도는 구체제하에서 전국적이진 않았지만 지역의 정치적 주도권을 획득한 소수 중의 하나였다. 이와쿠라는 비록 공경이었지만 실제적인 정치력을 결코 꿈꿀 수가 없었고, 대부분의 나머지 사람들은 대단찮은 관리들이거나 아마도 학자들이었다. 분명히 그들은 구체제에 대해 감정적으로 거의 구속되어 있지 않았다. 또한 그들은 분명히 정상에 급속도로 상승했던 예외적인 재능, 탄력성, 과감성을 지닌 인물들이었다.

새로운 정책들　새 지도자들은 그들의 전임자들보다 두 개의 명확한 이점을 가지고 있었다. 그들은 전통의 멍에로부터 보다 더 자유로웠고 따라서 과감한 개혁을 할 수 있는 더 큰 능력이 있었다. 그러나 가장 중요한 것은, 페리

청년의 메이지 천황과 메이지 정부의 지도자 오쿠보 도시미치.

의 내방 이래로 격동의 15 년 동안 일본이 자신의 독립을 보존하기 위하여 어떤 길을 택해야 할 것인가를 분명하게 깨달은 것이다. '양이(攘夷)'는 명백하게 불가능한 것이었다. 대신에 일본은 서양의 군사력과 산업 기술에 대적하기 위해서 노력하지 않으면 안 되었다. 오로지 그것만이 일본이 서양에 대하여 안전을 확보하고, 관세에 대한 통제력을 회복하고, 조약의 다른 불평등한 특징의 제거를 기대할 수 있게 한다. 일본이 서양의 군사력과 경제력에 필적할 수 있기 전에, 우선은 훨씬 더 중앙 집권적이고 근대적인 정부를 창출해야만 하고 경제적·사회적인 대개혁을 수행하여야만 한다는 것이 또한 분명해지고 있었다.

이미 1868년 4월 8일 혁명가들은 천황으로 하여금 '5 개조의 서문(誓文)'을 포고하도록 하였는데, 그것은 그들이 추구하여야 할 방향을 보여 주는 것이었다. 한 조문은 "널리 회의(會議)를 일으키고 모든 일은 공론(公論)에 의해서 결정되어야 한다."라고 기술하고 있다. 이것은 새 지도자들이 거의 알고 있지 못했던 민주적 제도를 창출하겠다는 약속이 아니라, 차라리 새 정부에 아직 대표되지 못한 다른 사무라이 집단들을 제외하지 않을 것이란 보장의 말이었다. 두 조문은 과거의 봉건적 계급 제한과의 혁명적 단절을 약속한 것으로 "문

무관리뿐 아니라 서민에 이르기까지 각자는 자신의 뜻을 추구하도록 허용되어 따라서 불만이 없도록 할 것”과 “구래의 누습(陋習)을 타파하여 천지의 공도(公道)에 토대를 두어야 한다.”고 기술하고 있다.

마지막 조문은 전체적인 유신 운동의 기본 철학이었던 것을 제안한 것으로 “지식을 세계에 구하여 천황 지배의 토대를 강화해야 된다.”라고 기술되어 있다. 서양에 대한 유일한 방비는 서양의 기술을 통해서 가장 잘 성취될 수 있다는 고대 중국의 이상의 근대적 형태인 ‘부국강병(富國强兵)’을 이루는 것에 있었기 때문에 일본은 서양 지식의 사용을 통해서 근대화되고 강화되지 않으면 안 된다는 것이다.

대부분의 혁명가들은 이러한 가정하에 혁명을 시작했으며, 이것은 놀랍게도 그들이 도쿠가와 씨를 타도하는 데 있어서 크게 도움을 주었던 노골적인 ‘양이(攘夷)’ 개념의 공공연한 거부였다. 그러나 이제 그들이 권력을 장악하고 있었기 때문에 이러한 종류의 단순한 외국인 배척은 그들을 당혹하게 만드는 것이었고, 그들은 그것을 계속해서 옹호하는 자들을 철저하게 탄압하였다. 영국 공사의 암살 미수범들은 일반 범법자들로서 처리되었고, 1867년초 오사카에서 프랑스 해병, 해군과 충돌했던 아군의 지도자들이 자결하도록 강요되었다. 전체적인 태도의 변화는 1868년 3월 교토에서 마련된 외국 열강 사절들에 대한 천황의 접견에 의해서 상징적으로 나타났다.

정부 기구　전반적인 정책들을 수립하는 것은 그것을 실행하는 것보다 쉬운 것이었다. 새 정부는, 해결할 수 없는 대외 문제들에 직면했고, 재정적으로 파산 상태였으며, 일본 대부분의 지역에 대한 직접적인 지배를 결코 행사하지 못했으며, 한때 가졌던 통제력의 많은 것들을 상실했던 ‘바쿠후’의 처지를 물려받았다. 중앙 집권적인 정부 기구들이 주로 혁명에 의해서 파괴되었다. 새 정권은 전(前)정권과 마찬가지로 서양의 군사력 앞에 사실상 무력하였고, 1866년 협정에 의해 부과된 5퍼센트의 관세율은 서양의 값싼 공업 제품에 대해서 일본을 경제적으로 무방비 상태에 놓이게 만들었다.

새 지도자들 중 어느 누구도 전국적인 정권을 운영하는 경험을 가지고 있지 못했다. 그러나 그들은 시행 착오를 통해서 비록 임시 변통적인 것이었다 해도 하여간 제대로 작동했던 정부 조직을 발전시켰다. 1868년 1월 3일 교토에서 권력을 장악하던 날, 그들은 새 정부를 구성하는 '3 관직'을 창설하였다. 6월 11일 그들은 다시 고대의 다이조칸〔太政官〕을 따라 이름붙여진 다이조칸〔太政官〕하에 정부를 재조직하였고, 미국 정부의 권력 분립에 대한 명백한 모방으로 입법부와 행정부로 구분하였다. 1869년 8월 15일 '다이조칸'은 그 밑에 6성〔省〕을 거느린 것으로 재조직되었다. 그러나 신토〔神道〕와 천황가의 오래된 관계 때문에 진기칸〔神祇官 ; 실제로 고대의 진기칸과 동명임〕이 그것을 능가하게 되었다. 정부 관리들을 위한 구래의 관위 제도도 부활되었다. 1871년 9월 13일 최종적으로 '다이조칸'이 입법, 사법, 행정 기능들을 담당하는 3 원(院)으로 나누어졌고, '진기칸'은 현실적으로 하나의 보통의 성(省)으로 지위가 격하되었다.

그와 같은 급속도로 변화하는 정부 기구들은 그것들을 차지했던 사람들보다 덜 중요한 것이었다. 일반적으로 공경이나 다이묘들이 보유했던 최상위 직책들은 대체로 상징적인 것이었다. 전체적인 개념이 명확하게 이해되지 못했기 때문에 '5 개조의 서문'에서 약속되었던 것과 같은, 다수 '한'의 대표들을 대의 기구를 통하여 끌어들이려는 노력은 실현될 수 없는 것으로 판명되었고, 1870년 후에는 노력 자체가 포기되었다. 사무라이 활동가들 스스로가 줄곧 정부의 주요 구성원들이 되었는데, 그들은 일반적으로 '산기〔參議〕' 직과 각 성의 차위(次位)의 직책들을 차지하였다. 점차로 그들은 명목상의 책임을 지닌 직위로 상승하였다. 이것은 1871년 오쿠보가 대장경(大藏卿)이 되었을 때 처음 발생했으며, 1873년까지 실제로 그것들을 운영했던 젊은 사무라이들이 성의 우두머리가 되는 것이 하나의 규칙으로 되었다.

그 동안 황도(皇都)가 에도로 옮겨지게 되었는데, 그것은 2세기 반 동안 실질적인 일본의 정치적 수도였다. 1868년 9월 3일 그것은 도쿄(Tōkyō, 東京)로 새로 이름붙여졌고, 다음해 5월 천황이 옛 쇼군의 거성으로 이사하였는데, 그때부터 그것은 황궁이 되었다.

권력의 중앙 집권화   핵심적인 정부 기구들 자체가 중앙 집권적 지배를 창출하지는 못하였다. 이것을 이룩하기 위해서 신정부는 260 개가 넘는 개별 '한'들에 대한 권위를 획득하지 않으면 안 되었는데, '한'들은 이론상 자치권을 가지고 있었고, 일부는 '바쿠후'의 최후의 몇 년간 거의 독립적이었다. '왕정 복고'를 꾀했던 자들을 포함한 모든 '한'들의 다이묘들과 대부분의 사무라이들은 그들의 '한'이 새롭고 보다 중앙 집권화된 형태의 정부 속에 흡수되어 들어가리라고는 생각하지 않았다. 그러나 새 지도자들은 놀랍도록 짧은 기간에, 그리고 그들 자신의 권력의 엄청난 증진과 함께 이것을 성취하였다. 이 국면의 놀라운 반전은 오로지 다음 세 가지 요인들 때문에 가능하였다. 첫째로 지도자들이 만약 일본이 서양에 성공적으로 대항할 수 있게 되기 위해서는 완벽하게 중앙 집권적인 정부가 필요한 것임을 분명히 깨닫고 있었던 점이고, 둘째로, 천황 정부를 지탱하고 있던 군사력을 제공한 '한'들을 그들 자신이 이미 지배하고 있었던 점과, 끝으로, 다른 '한'들이 통일된 행동을 위한 토대를 갖고 있지 못했고, 어떤 일이 일어나고 있는가에 관해서는 막연히 알고 있을 뿐이어서 단지 명백하게 진행중에 있던 정치 권력의 대개편에서 제외되지 않기만를 간절히 바라고 있었다는 점일 것이다.

신정부는 쇼군의 영국을 행정상의 목적을 위해서 현(縣)들로 분할하였고, 처음부터 '한'들에 대한 징세권과 통제를 주장하여 '한'의 행정을 대략 현들의 그것과 같은 것으로 만들었다. 또한 1869년에는 가도(街道)에 있던 세키쇼〔關所〕와 일부 '한'들이 유지하던 관세를 폐지하였다. 그러나 결정적인 조치는 1869년 3월 5일 기도와 오쿠보가 조슈와 사쓰마의 그들 '한'의 다이묘들에게, 그리고 도사와 규슈의 히젠〔肥前〕 다이묘에게 그들의 '한'을 천황에게 반납하도록 설득하였을 때 찾아왔다. 신정부에 의해 차별 대우받는 것을 원하지 않았던 많은 다른 다이묘들이 그 뒤를 따랐고, 나머지도 7월에 그와 같이 하도록 명령되었다. 그것이 주로 상징적인 행동이었기 대문에 이 '한세키 호칸〔版籍奉還〕'은 너무도 쉽게 성취되었고, 다이묘들은 예상대로 지사(知事)로 다시 임명되었다. 그러나 이제 1871년 8월 20일의 완전한 폐번(廢藩)을 위한 무대가 마련되었다. 대부분의 다이묘들과 사무라이들은 벼락을 맞은 것 같았으나, 모두 온순하게 승락하였다. '한'들이 혼란하였고, 파산 상태였고, 상호 불신에 의해 분열되어 있었기 때문에 신정부에 대해 효과적인 아무런 저항도 할 수가 없었던 것에 반해, 신정부는 외세의 위협에 직면하여 '천황의 지배'와 '국가적 통합'이라는 인기 있는 개념들을 옹호하는 것에 의해 일본 전역으로부터 지지를 획득할 수가 있었다. 따라서 3세기 이상 효과적인 정치적 단위로서 존재하였던 '한'들이 과감한 일격에 사라지게 되었고, 전일본이 3 부(府)와 72 개의 현(縣)들로 나누어지게 되었다. 그 수는 1889년 홋카이도와 류큐[琉球] 제도를 제하고 전부 45 개로 줄었고, 그때 이래로 변하지 않은 채로 남아 있다.

도쿄의 지도자들은, 군사력이 중앙 정부의 전국에 대한 지배를 위해서뿐 아니라, 서양으로부터 일본을 방어하기 위한 노력에 있어서도 결정적인 요소임을 분명하게 깨닫고 있었다. 신정부가 '바쿠후'에 대해 승리를 거두었을 때도 정부의 직접적인 통제하에는 단지 소수의 자원병 부대들만이 있었을 뿐이어서, '한'의 군대들, 주로 조슈와 사쓰마 군대의 지원에 의존하지 않을 수가 없었다. 보다 대규모적이고 보다 잘 중앙의 통제를 받는 군대가 필수적인 것이 명백해졌다. 1871년 정부는 사쓰마, 조슈 및 토사 '한'의 군대들로부터 선발된 1만 명의 '친병(親兵)'을 조직하여 프랑스식으로 훈련시켰다. 그 후 1872년 병부성(兵部省)은 육군성과 해군성으로 분리되었다.

새 해군은 '바쿠후' 함대와 다수 '한'들의 함선들로 이루어졌으나 주로 사쓰마 출신들에 의해서 지휘되었는데, 그들이 그 후 수십 년간 해군을 지배하게 되었다. 한편 새 육군은 조슈 출신들, 특별히 야마가타 아리토모(Yamagata Aritomo, 山縣有朋 ; 1838~1922)의 지도하에 놓이게 되었다. 조슈의 최하급 사무라이 가문 출신인 야마가타는 요시다 쇼인[吉田松陰] 밑에서 공부하였고, 조슈 내란 때에는 기헤이타이[奇兵隊]를 지휘하였으며, 1870년 일년 동안의 유럽 유학 후에 귀국하였다.

가장 중요한 군사 개혁은 1873년 1월 10일의 징병령(徵兵令)의 공포였다. 그것은 그 직후 바로 육군 대신이 되었던 야마가타에 의해서 조심스럽게 준비되었다. 모든 성인 남자들이 사회적 배경에 관계없이 3 년간의 현역 복무와 그 후 4 년간의 예비군 복무의 의무를 갖게 되었다. 10년 전 조슈의 혼성대에서 평민 자원병들의 사용에 의해서 미리 나타났던 보통 징병제는 아마도 일본의 근대화에 있어서 가장 혁명적인 조치였다. 거의 3 세기 동안 평민들은 심지어 도검을 소지하는 권리조차 부정되었다. 전체 계급 제도가 평민들과 사무라이들 사이의 분명한 기능적 구분에 의존하고 있었다. 이제는 무기를 지니지 않았던 대중들이 크게 확대됨에 따라 완전히 집권화되고 근대화된 군사 제도의 토대가 되었다. 물론 일반 징병제가 완전하게 효력을 발생하기까지는 몇 년이 소요되었으나, 그것이 점차로 하나의 실체가 되어감에 따라 신정부는 전국에 대한 도전할 수 없는 지배권을 확립하였다.

신정권의 강화

재　정　중앙 정부가 1871년 '한'들을 쉽게 폐지시킬 수 있었던 것은 봉건 계급에 제공했던 관대한 재정적 보상에 의해서 부분적으로 설명될 수 있을 것이다. 다이묘들은 특별히 우대되었다. 1869년 다이묘들이 과거 '한'들의 지사로 임명되었을 때 정부는 그들에게 과거 '한' 조세의 10분의 1을 개인 수입으로 주었고, 1871년까지 이것을 유지하였다. 중앙 정부가 지방 정부의 비용과 구래의 '한'의 부채를 인계받았기 때문에 다이묘들은 재정적으로 전보다 나아졌다. 사무라이들은 덜 우대되었다. 그들의 봉록(俸祿)은 계속됐으나 1869년과 1871년 사이에 과거에 받았던 것의 약 3분의 2로 삭감되었다.

신정부가 다이묘들과 사무라이들에 대한 질록처분(秩祿處分)을 너무 관대하게 행함으로써 불필요하게 정부의 재정 문제들을 복잡하게 만들었다고 주장하기도 하지만, 이것은 의문의 여지가 있다. 사무라이 계급은 전체 인구의 대략 6퍼센트를 이루고 있었는데, '프랑스 혁명' 당시 프랑스 특권 계급 비율의 약 10배에 해당된다. 특히 오랫동안 무술과 정치적 주도권을 독점해 왔던 그렇게 큰 집단의 재산권을 박탈하려고 시도하는 것은 곤란하고 위험한 것이었을 것이다. 더구나 다이묘에 대한 충성이 강하게 남아 있었고, 새 지도자들 스스로가 대부분 그들 자신의 다이묘와 '한'들에 밀접한 관련을 맺고 있던 사무라이 출신들이었다. 그보다 적은 보상이 1870년대초에는 가능하지 않았을 것이다. 우리가 보게 되는 바와 같이, 신정부는 그것이 강력해짐에 따라서 보상의 조건들을 심각한 반란이 초래될 정도까지 축소하였다. 실제로 정부는 한편으로는 재정적 파탄의 위기들과 다른 한편으로는 다이묘들과 사무라이들을 연합된 반란이나 프랑스에서와 같이 구체제의 지지자들에 의한 영속적인 저항으로 몰아가는 위험 사이에서 성공적인 방향으로 운전해 갔던 것으로 보여진다.

그러나 신정부의 심각한 재정적 곤궁을 부정할 수는 없을 것이다. 신정부는 '바쿠후'와 '한'들에게 부적절한 것으로 입증된 것들 이외의 다른 수입원은 갖고 있지 않았던 반면, 정부의 경상 지출과 다이묘들과 사무라이들에 대한 보상뿐 아니라 권력을 잡기 위해 싸웠던 원정의 비용들, '바쿠후'와 '한'들의 누적된 부채와 배상금, 나라를 근대화하기 위한 노력과 관련된 많은 새로운 비용들에 대한 부담을 안고 있었다. 1866년의 조약에서 관세가 5 퍼센트로 제한되어 있었기 때문에 그것으로부터의 도움도 거의 기대할 수 없었다. 오히려 조약은 일본에게 등대를 건설하고 부표와 등대선을 설치해야 하는 등의 비용이 많이 드는 계획의 부담을 안겨 주었다.

오늘날 기술적으로 뒤떨어진 정권들은 용이한 조건의 차관이나 혹은 무상 증여 형태의 해외로부터의 재정 원조에 종종 의존할 수 있지만, 이것은 19세기에는 상상할 수 없는 것이었다. 일본인들은 서양의 진출을 두려워하여 어떤 외국의 재정적 비호하에 자신들을 두는 것을 꺼렸고, 서양 국가들과 은행들은 일본을 위험률이 높은 나라로 간주하여 특별하게 높은 이자율과 확실한 보증을 요구하였다. 1869년 철도 건설 자금을 조달하기 위해서, 그리고 1872년 폐번(廢藩) 비용의 충당에 조력하기 위해서 런던에서 모집된 차관을 제하면 해외에서 돈을 빌리는 것은 새 정부의 자금 조달에 있어서 중요한 것이 아니었다.

정부의 재정 상태가 심각한 상태이었음은 1868년 수입이 지출의 거의 3분의 1에 지나지 않았던 것과, 이들 수입의 3분의 1 이상이 '바쿠후'가 했던 방식으로 신정부가 대상인 가문들에게 강요했던 강제적인 대부였던 사실로부터 살펴질 수 있을 것이다. 1869년 상황은 단지 조금 나아졌을 뿐이었고, 정부는 대량의 지폐를 발행하는 것에 의지할 수밖에 없었는데, 그것들은 자연적으로 가치가 하락하여 전(前)정권에 의해서 물려진 이미 혼란돼 있던 통화 상황에 기여했다. 그러나 1870년대초부터는 정부의 재정 상태가 향상되었다. 신정부가 전국을 완전하게 장악하게 됨에 따라 조세 수입이 1872년까지 지출의 60 퍼센트까지 증가하였고, 더욱 중요한 것은 정부의 장래에 대한 신뢰가 일본내에서 크게 증대되어, 정부가 국내에서 필요로 하는 돈을 빌리는 데 있어 거의 어려움이 없었다.

한편 도쿄 정부는 일련의 통화, 금융, 조세 개혁을 실시하고 있었는데, 그것들은 정부의 재정 상태를 안정시키는 것에 일조하였다. 이들 개혁을 주도했던 사람들은 구습 타파적 기질을 지녔던 히젠(肥前) 출신 사무라이로 1869년 대장성(大藏省) 차관(大輔, 다유)이 된 오쿠마 시게노부(Ōkuma Shigenobu, 大隈重信 ; 1838~1922)와 통화 제도를 연구하기 위하여 미국에 파견되었다가, 오쿠마의 보좌관이 된 이토(伊藤)였다. 이 두 사람은 근대적 조폐국을 설립했고,

일본에서는 잘 작용되지 못해 결국에는 포기되었던 미국의 국립 은행 제도를 채택하였으며, 1871년 '엔〔圓〕'을 그 단위로 한 단일한 십진 통화 제도를 확립하였다.

1873년 7월 오쿠마가 대장경이 되기 몇 달 전에 철저한 지조(地租) 제도의 개정이 시작되었다. 지조는 정부 수입의 주요 원천으로 늦게는 1880년까지 전조세 수입의 5분의 4를 차지하고 있었다. 1873년의 개정 전에 지조는 봉건 시대에 그러했던 것과 같이 농업 산출고의 비율로써 산정되었다. 그러나 이것은 추수에 따라서 지불될 액수가 변하였기 때문에 정부의 예산 계획을 곤란하게 만들었다. 따라서 1873년 이들 비율은 토지의 가치에 근거해 금납(金納)하는 정액 조세로 바꿔졌다. 토지 수확의 절반을 조세로써 수취할 의도를 가지고 정부는 처음에 조세를 평가된 지가(地價)의 3 퍼센트로 정하였으나, 이것이 비현실적으로 높은 것으로 판명되어, 1876년 2.5 퍼센트로 낮추었다.

새 조세 제도를 실시하기 위해서는 모든 토지에 대한 소유권이 명확하게 확립되지 않으면 안 되었다. 이것은 1872년에 행해졌다. 이제까지 경작자들, 봉건 영주들, 그리고 많은 경우에 중간 집단인 비봉건적 지주들이 토지에 대한 권리를 가지고 있었으나, 이제는 조세를 부담하는 사람이 —— 일반적으로 경작자나 지주였는데 —— 소유자가 되었다. 따라서 근대 일본에는 봉건제 후의 유럽 대부분과 달리 잔존한 봉건 장원은 존재하지 않았던 반면, 처음부터 상당한 정도의 소작지가 존재하였다. 흉년이 들었을 때 가난한 농부들이 정액 조세를 지불할 수 없게 되어 그들의 토지를 저당잡히지 않을 수 없었기 때문에 금납의 정액 조세가 소작지 증가의 원인이 되었다. 조세 제도의 변화 바로 전에 전토지의 약 4분의 1이 소작인들에 의해서 경작되었으나, 이 숫자는 다음 20 년간 40 퍼센트로, 그리고 1908년까지 45 퍼센트로 치솟았다.

봉건적 특권의 폐지　　그들 스스로가 봉건적 제약들을 무시하고 권력을 장악했던 젊은 사무라이 지도자들은 '5개조의 서문'에서 봉건적인 사회적 제한의 제거를 약속했고, 그들은 이 약속을 놀라운 속도로 이행해 갔다. 1869년 그들은 직업의 활동 분야에 있어서 계급적 제한들을 철폐하였고, 다음해에 평민들이 성(姓)을 취하도록 허용하였다. 비록 그들에 대한 사회적 차별이 심지어 오늘날에도 강하게 남아 있지만, 당시 인구의 1 퍼센트 내지 2 퍼센트를 이루고 있던 에타〔穢多〕와 다른 천민 집단들에게조차 1871년 완전한 법적 평등이 주어졌다.

사무라이들은 여전히 평민들과 구별되었으나, 그들 별개의 분류가 법적 특권을 수반하지 않았으며 머지않아 단지 역사적 관심의 문제가 되었을 뿐이었다. 좀더 유능한 일부 사무라이는 신정부의 관료가 되었으나, '한'들이 폐지되고 군대가 제한된 계급의 직업으로부터 대중 징병제로 전환됨으로써, 대부분은 사회에서 그들의 기능적 지위를 상실하였다. 그들이 확연히 드러나는 그들의 위엄의 상징을 상실하게 되자 그들의 자부심은 더욱 손상당하게 되었다. 1871년 그들이 전통적으로 휴대하던 장검과 단검을 벗어 버리는 것이 그들에게 허용되었고, 1876년에는 그렇게 하도록 명령되었다.

또 다른 심각한 타격은 그들이 경제적 특권을 상실한 것이었다. 1868년 전에도 그들 대부분은 작은 봉록에 의지하여 곤궁한 생활을 근근히 이어갔는데, 이 봉록들이 그때 이래로 상당히 삭감되었다. 1873년 정부는 좀더 곤궁한 사무라이들에게 최종적인 일시불 지불의 선택권을 제공하였고, 1876년에는 모든 사무라이들의 봉록을 가난한 사무라이들에게 비교적 더 많이 준 슬라이드제(制)에 의거해 정부 채권으로 환산하였다. 평균적으로 사무라이들은 이미 삭감된 그들 봉록 가치의 대략 절반에 해당되는 단지 246 엔만을 수령하였다. 그들의 대부분은 새로운 상황들에 적응할 수 없어서 가난에 빠졌고 하나의 계급으로서 사라지게 되었다. 그러나 당시의 다이묘들에 대한 재정 처분은 또 다시 훨씬 더 관대한 것이었다. 그 후의 연례 지불에 대신하여 1876년 그들이 수령한 정부 공채는 그들을 비교적 부유한 자본가들로, 그리고 당시의 은행 자본의 큰 부분의 원천으로 만들었다.

이들 급속한 사회적, 경제적 변화들은 당연히 적지 않은 혼란을 수반한 채 성취되었다. 보다 능력 있고 진취적인 사람들은 새로운 기회들을 이용하여 앞서 나갈수 있었으나, 대부분의 사람들은 적응하는 데 어려움을 겪었다. '바쿠후'와 '한'들의 특권적 보호에 익숙해져 있던 도시의 대상인 기업들의 다수가 파산하였다. 많은 농민들이 금납의 정액 조세와 징병제에 격심하게 반대하였는데, 징병을 '혈세(血稅)'라고 규정하였다. 혼란했던 '바쿠후'의 말년 동안에 배로 증가했던 농민 잇키〔一揆〕는 1868년 후 훨씬 더 빈번해졌고, 징병령 후인 1873년 절정에 다다랐다. 그러나 종래의 사무라이들의 불만이 도시에 있어서의 불온이나 농민 소요들보다 새 지도자들에게는 훨씬 더 심각한 위협이었고, 훨씬 더 큰 관심사였다. 그들은 곤궁한 사무라이들을 새로운 토지에 농부로서 정착시키거나 정부와 군대와 새로운 산업들에 흡수하기 위한 각별한 노력을 기울였다.

대외 정책　보다 전통적인 일부의 새 지도자들에게 대외 전쟁은 사무라이들의 실업 문제에 대한 해결책으로, 그리고 봉건적인 군사적 덕목들을 부활시키는 수단으로 여겨졌다. 조선(朝鮮)은 양국 사이의 관계를 근대화하고 쓰시마(對馬)의 다이묘인 소(宗) 씨에 의해 조선 남해안의 부산(釜山)에서 행해진 무역에 대한 1606년의 조약을 수정하려는 일본의 시도를 모욕적으로 거절하였다. 정권을 잡고 있던 집단이 이 국면을 이용하여 1873년 여름, 조선을 응징하기 위한 군사 원정을 결정하였다.

이 결정은 다수의 보다 강력하고 개명된 정부 지도자들이 부재중이어서 내려질 수 있었다. 1871년 11월 이와쿠라(岩倉)는 서양을 직접 돌아보고 '바쿠후'로부터 물려받은 불평등 조약을 수정하도록 외국 열강들을 설득하기 위하여 48 명의 해외 사절단을 인솔하여 떠났다. 행정부의 다른 두 명의 지도적 인물들인 기도(木戸)와 오쿠보(大久保), 그리고 이토(伊藤)와 같이 장래가 촉망되는 사람들 몇몇이 이와쿠라와 함께 떠났다. 이와쿠라 사절단은 처음 미국으로 갔고, 그 후 유럽의 여러 나라들을 찾았다. 비록 그것이 단원들에게 교육적으로 크게 유익한 것이 되었지만, 조약을 수정하도록 서양 열강들을 설득하는 데는 완전히 실패하였다.

이와쿠라와 다른 사람들이 해외에 나가 있는 동안 정부는 주로 1868년 원정의 주요 장군들인 오쿠마와 사이고, 그리고 신정부에서 사쓰마와 조슈 출신들이 우세한 것에 불만을 가지고 있었던 도사의 군인-사무라이 이타가키 다이스케(Itagaki Taisuke, 板垣退助 ; 1837~1919)의 수중에 놓여졌다. 이들 세 명이 정한(征韓)을 결정했으나, 서양과 비교하여 일본의 약점을 완전하게 깨닫고 1873년 9월 귀국한 이와쿠라와 그의 동료들은 그 계획에 소스라치게 놀라 가까스로 그것을 번복시켰다. 이것이 지배 집단을 분열시켰고, 사이고와 이타가키는 울분을 품고 사임하였다.

패배한 당파를 위무하기 위해 덜 위험한 원정에 일치를 보았다. 언어와 문

사이고 다카모리〔西鄕隆盛〕.

화상 일본인들과 다른 사람들이 살았던 류큐(琉球) 제도는 그들 자신의 왕가를 가지고 있었는데, 그것은 수세기 동안 중국에 대한 조공자였고 1609년 이래로 사쓰마 다이묘의 엄격한 통제를 받는 가신이었다. 1872년 도쿄 정부는 이 제도에 대한 지배를 확대하였고, 이제 1871년 조난당한 54명의 류큐 인들을 살해하였다고 하여 대만(臺灣) 동해안의 원주민들에 대해 3,600명의 응징적인 원정군을 파견할 것을 결정하였다. 1874년 원정은 성공적으로 이루어졌으나 중국과의 외교적 위기를 불러일으켰다. 서양 국제법의 세세한 점들에 대해서 알지 못했던 북경(北京)이 일본에게 원정의 비용과 살해된 류큐 인들에 대한 배상금을 지불하는 것에 의해 분쟁을 해결하였다. 따라서 이것은 서양의 관점에서 류큐 제도(諸島)에 대한 일본의 주장을 인정한 것이었는데, 1879년 그것의 가장 큰 섬의 이름을 따서 오키나와〔沖繩〕 현으로 되었다.

조선과의 관계는 페리의 방법을 빌리는 것에 의해 해결하였다. 1875년 일본인들은 해군력을 과시하였고, 잠깐 동안의 군사적 조우(遭遇) 후에 1876년 2월

98

27일 한국인들로 하여금 강화도 조약(병자 수호 조약)에 조인하도록 만들었다. 이미 일본인들이 거류하고 있던 부산에 더하여 두 개의 항구가 일본과의 무역을 위해 개방되었고, 비록 중국이 계속해서 종주권(宗主權)을 주장하였지만 조선의 독립이 명언되었다.

사무라이 반항의 진압　대만 원정과 다른 조치들이 사무라이들의 재정적 어려움을 가볍게 하는 데 별로 도움을 주지 못하였고, 그들 중 일부가 무력으로 새 정책들에 저항하였다. 반란들은 대개 새로운 지도력이 도출된 서일본의 '한'들에서 주로 발생하였는데, 그것은 아마도 그곳의 사무라이들이 한때 그들의 동료였던 이들 벼락 출세한 새로운 지도자들에게 그다지 외경심을 갖지 않았기 때문이었다. 반란은 일찍이 1870년 조슈의 혼성대 사이에서 발생하였다. 사이고가 1873년 정부로부터 사임하였을 때 황군(皇軍)에 있던 다수의 사쓰마 병사들이 그와 함께 사쓰마로 돌아갔고, 중앙군을 더욱 조슈 출신 사람들의 수중에 남겨 놓았다. 1874년 2월 2,000 명의 과거 히젠〔肥前〕의 사무라이들이 신정부의 일원이었으나 정부에 환멸을 느낀 에토 심페이(Etō Shimpei, 江藤新平)의 지도하에 반란을 일으켰고 사가〔佐賀〕의 조카마치〔城下町〕를 점령하였다. 보다 소규모의 반란들이 규슈의 여러 지역들에서, 그리고 1876년 조슈에서 뒤따랐다.

그러나 가장 심각했던 사무라이들의 반란은 사쓰마에서 발생하였다. 그곳에서 불만을 지닌 사무라이들이 사이고를 중심으로 모여들었고, 그들 중 과격파들이 1877년 1월 그가 창건하기 위해 그렇게 애써 일했던 정부에 대항해서 무장 반란을 지도하는 처지에 빠지도록 만들었다. 사이고의 군대는 전성기에 약 4만 명을 헤아렸으나, 도쿄는 그들에 대항해서 새로운 징병군과 해군, 그리고 국립 경찰의 전군사력을 파견하였는데, 그것들은 중앙 정부의 주된 보루로서 주로 구(舊)사무라이들로 구성되어 있었다. 피비린내 나는 전투에서 사쓰마 군은 마침내 궤멸되었고, 사이고와 그의 주요 부관들은 최후를 맞게 되었다. 농민군이 보다 나은 무기와 보다 우수한 수송 기관들에 의해 뒷받침되어 승리를 거두었다. 다시 한 번 근대화된 조직과 기술적 우위가 결정적이라는 것이 판명되었다. 사이고 자신은 뒤돌아볼 때 메이지 유신(維新)의 가장 인기 있고 낭만적인 영웅이 되었으나, 그의 패배는 구질서의 종말을 의미하였다. 신정부가 직면한 커다란 국내적 도전은 이것이 마지막이었다. 그때부터 정부는 국내적으로 반동 세력들이 자신을 타도할지도 모른다는 두려움으로부터 벗어나서, 일본을 근대화하고 외부 세계에 대항해서 그것의 힘을 구축하는 일을 강력히 추진해 나갈 수가 있었다.

제18장
메이지 시대의 근대화

경제 발전

정부와 국민들의 역할　새 지도자들은 중앙 집권적 정부를 창출하고 분노한 사무라이들의 공격을 물리치는 문제들과 고투하고 있을 때조차도 일본이 서양과의 평등을 확보할 수 있는 '강병(強兵)'을 보유하기 위해서는 일본을 '부국(富國)'으로 발전시켜야 할 필요가 있음을 결코 잊지 않았다. 그들은 놀랄 정도의 폭넓은 이해와 개방적인 정신을 가지고 일본 경제와 사회를 근대화하는 문제에 접근하였다. 그들은 어떤 외국의 원조도 기대할 수 없었으나, 적어도 근대화라는 외래 이념으로부터 자유로웠다. 20세기의 종종 비현실적인 가정들과 대조적으로 일본이나 해외의 어느 누구도 일본인들이 그토록 갑작스럽게 그들의 봉건 사회를 완전한 민주주의로, 그리고 그들의 후진적인 농업 경제를 완전히 산업화된 것으로 전환해야만 하고 또 할 수 있다고 생각하지 않았다. 보다 낮았던 기대 수준이 오늘날의 개발 도상국들에 공통적인 것보다도 문제들에 대한 훨씬 더 실용적이고 단계적인 접근을 가능케 하였다.

아마도 부분적으로 이러한 보다 건전한 접근법 때문에 결과들이 더욱 극적인 것이었고 어느 누가 예상할 수 있었던 것보다 좀더 신속하게 찾아왔다 하겠다. 불과 반 세기내에 메이지 지도자들은 그들의 목적을 달성하였고 비교적 건전하고 근대화된 경제를 창출하였는데, 그것을 토대로 하여 일본은 그들이 갈망하던 국가의 안전과 평등을 확보할 수 있었다. 비록 비스마르크 시대의 독일에서와 같이 군사력과 개인적인 것에 반대되는 국가적 번영에 대한 강조가 뒷세대들에게 심각한 문제들을 물려주었다 하더라도, 그들 자신의 목표들에 관한 그들의 성취는 근대의 국가적 신데렐라 이야기를 이루었다.

메이지〔明治〕 시대 경제 발전의 과정에서 정부와 국민들 각각의 역할들에 대한 문제는 이들 둘 사이의 적당한 균형이, 많은 개발 도상국들에 있어서 하나의 논쟁점이 되어 있는 오늘날에 있어 특히 중요하게 부각된다. 일본에서는 정부가 국내 교역과 개인 활동에 가해졌던 봉건적 제약들을 제거하고, 내부적 안정을 확보하고, 건전한 통화와 적절한 금융 기구들과 효율적인 정부의 서비스를 제공하는 것 등을 통해 경제 성장을 위한 유리한 환경을 마련하였다. 또한 산업 발전에 있어서도 직접적인 역할을 담당하였다. 정부는 많은 산업 부문들을 개척하였고, 혹은 다른 것들의 발전을 후원하였는데, 이는 실업가들이 새롭고 위험 부담이 큰 종류의 노력을 하도록 장려하고, 필요한 자본을 모으는 것은 돕고, 허약한 기업들이 보다 튼튼한 단위들에 합병되도록 하고, 개인 기업가들에게 오늘날 정실로 간주될 수 있는 종종의 보조와 특혜를 제공하는 등의 방법을 통해서였다. 이 모든 것은 기업 활동이 정부의 관용과 후원하에 운용되었던 도쿠가와 시대의 전통들과 궤를 같이하는 것이다. 정치 지도자들 중 일부는 정치와 사업에서 이중적인 역할을 수행하기조차 하였다. 예를 들면, 조슈〔長州〕의 이노우에〔井上〕는 대미쓰이〔三井〕가의 문제들에 대한 일종의 조정자가 되었다.

하지만, 만일 새로운 경제적 기회들에 대한 수많은 민간인들의 열렬한 응답이 존재하지 않았다고 한다면, 이들 노력들은 별다른 의미를 갖지 못하였을 것이다. 장기적으로 바로 이 사적 기업심이 일본 경제의 근대화와 성장을 만들어 냈다. 일군의 소기업가들과, 또한 대규모적으로 경제 조직의 근대 서양 기술을 과감하게 실험했던 예외적인 사람들이 등장하였다.

비록 처음에 민간인들은 위험하고 거의 이해되지 못했던 기계 생산의 분야에 진출하는 데 주저함을 보였지만, 그것은 어떠한 경우에도 단지 매우 완만하게 성장하였고, 해외 무역과 보다 전통적인 경제 부문에 대한 정부의 새로운 정책들에 의해 창출된 기회들에는 정력적으로 반응하였다. 그 결과로 메이지 시대의 첫 20년 동안에 농업, 상업 및 전통적인 형태의 제조업의 성장이 새로운 산업들의 발전을 상당히 압도하였다. 1880년대에만 농경지가 7퍼센트, 에이커당 산출고가 21퍼센트 증가하였다. 전체 농업 생산이 다음의 25년 동안 배증되었다. 따라서 경제는 전체적으로 정부가 경제의 피라미드의 맨꼭대기에 육성하려고 추구했던 근대 산업들을 위한 건전한 토대를 발전시켰다. 이것이 아마도 일본의 그 후의 급속한 산업화와 중국과 다른 아시아 국가들의 덜 성공적이었던 시도와의 차이를 만들어 낸 주된 이유들 중의 하나였을 것이다. 그곳들에서는 위로부터 주도된 근대 산업이 종종 정체된 지역 경제의 수렁 속에 빠져버렸다.

초기의 산업화　그러나 전통 경제의 성장에 관계없이 만일 일본이 서양의 위협에 대항할 수 있기 위해서는 근대 산업이 여전히 필수적인 것이었다. 정부 지도자들은 근대 군사력이 의존하였던 전략 산업들을 발전시키는 것에 특별한 관심을 가지고 있었다. 바쿠후〔幕府〕와 히젠〔肥前〕, 미토〔水戶〕, 사쓰마〔薩摩〕와 같은 보다 강력했던 일부의 한〔藩〕들이 제철과 대포 주조의 서양 기술을 차용하는 데 앞장섰다. 그들은 또한 서양식 함선들을 건조하기 시작하였고, 메이지 유신의 시기까지 '바쿠후'와 '한'들은 일본에서 건조되었거나 해외에서 구입한 138척의 서양식 선박들을 보유하였다. 그들은 또한 서양의 항해술을 익히기 시작하였다. 1860년 '바쿠후'는 전적으로 일본인들만이 승선한 증기선 간린마루〔咸臨丸〕로 태평양을 횡단하여 '바쿠후'의 견미 사절을 수행하도록 파견할 수 있었다.

신정부는 '바쿠후'로부터 요코스카〔橫須賀〕와 나가사키〔長崎〕에 있는 두 개의 근대적인 조선소를 물려받았고 효고(兵庫 ; 현재의 고베)에 또 다른 하나를 건설하였다. 그밖에 정부는 도쿄와 오사카에 대포, 소총, 탄약을 만드는 대공장들과 세 개의 소규모의 화약 공장들을 운영하였다. 비록 서양식 설계들이 사용되었지만, 외국인들은 보안상의 이유로 이들 다섯 군수 공장에 고용되지 않았다.

정부는 또한 근대적 통신들의 개발을 주도하였는데 이 사업이 가진 공공적 성격과 막대한 비용 때문이었다. 항해 가능한 강이나 훌륭한 도로들이 거의 없었기 때문에 일본내의 국내 교통은 지극히 후진적이었고 비용이 많이 들었

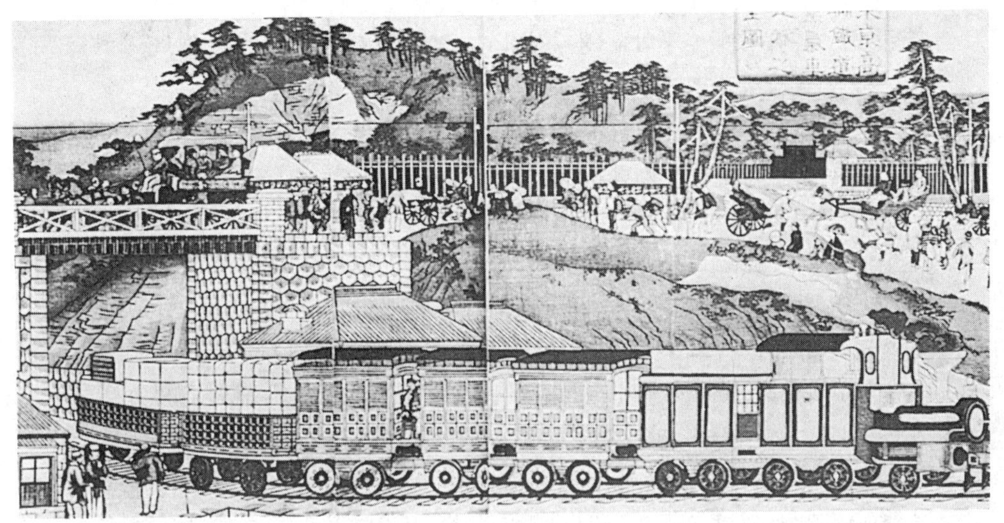

도쿄-요코하마 간 철도 위를 달리는 기차로 메이지 초기 목판 화가
들이 애호했던 주제였다.

다. 일본내에서 상품을 50마일 운반하는 것이 유럽으로부터 일본까지의 비용
만큼 소요된다고 말해졌다. 결과적으로 철도는 일단 건설되면 엄청난 이익을
가져다 줄 것으로 판명되었다. 1872년 요코하마〔橫濱〕와 도쿄 간에 19마일의
철도가 부설되었고, 1874년에는 고베〔神戸〕에서 오사카〔大阪〕까지의 선이 완공
되었고, 1877년에는 교토까지 연장되었다. 전신망은 건설하기에 비용이 덜 들
고 전국에 대한 행정 통제에 중요한 것이었는데, 1880년까지는 모든 주요 도시
들이 연결되었다.

　비전략 산업들도 일본이 서양과 성공적으로 경쟁하고 해외 무역에서 발생한
위험한 불균형을 제거하기 위하여 발전되지 않으면 안 되었다. 실제로 1860년
대에는 유럽의 뽕나무 고조병(枯凋病)이 일본 생사와 누에고치에 대한 큰 수요
를 창출하여 일본은 한 10여 년 동안 바람직한 무역 수지상의 균형을 즐길 수
가 있었다. 그러나 유럽 견직 공업의 회복과 1866년의 관세 인하가 결합하여
1869년 이후 큰 적자를 내게 되었다. 불균형은 일본인들이 여전히 너무 경험이
없어서 제공할 수 없었던 해운, 보험, 다른 서비스들에 대한 수수료 등으로 더
욱 고조되었다. 외국 공업 제품들의 유입이 농민들이 그들의 생활을 위해 의

존하고 있던 다수의 수공업을 붕괴시켰고, 정금(正金)의 유출은 지폐와 채권의 가치를 손상시켰고, 따라서 사무라이들의 경제적 곤궁의 원인이 되었다. 새로운 공업들이 외국 상품의 유입을 막고 농민들과 사무라이들에게 고용을 제공하기 위하여 절박하게 필요하였다.

정부는 1870년 12월 공부성(工部省)을 설치하였다. 다음해 이토가 차관으로 그것에 대한 책임을 맡게 되었고, 1873년 장관이 되었으며, 1878년까지 이 핵심적인 직책에 머물렀다. 공부성은 기술 원조와 용이한 대부 및 장려금을 통해서 민간에 의한 제조업과 제산업의 발전을 장려하였으나, 다수의 모험적 새 사업들이 파산하였다. 더구나 일본인들 스스로가 거의 기계에 관한 경험이 없었고, 외국 기술자들은 과도하게 비용이 들었다.

따라서 정부는 점점 공업과 광업 사업에 관여하게 되었다. 1873년까지 광업국(鑛業局)은 34명의 외국인들을 고용하였다. 1874년 정부는 히젠〔肥前〕이 영국의 기술과 재정 원조에 의해서 1869년 시작한 탄광을 매수하였고, 8개의 다른 근대적 탄광들을 개발하였으며, 1881년에는 한 근대적 철광산에 대규모로 투자하였다. 정부는 또한 1871년 공작 기계 공장을, 1875년 시멘트 공장을, 1876년 유리 공장을, 그리고 1878년 벽돌 공장을 모두 도쿄에 건설하였다. 비록 개인 자본이 성냥 제조와 제지와 같은 비교적 단순한 과정들에 근대적인 방법들을 채용하였지만, 그러나 일본의 석탄, 철, 구리 광산들의 대부분은 근대화되지 못하고 사영(私營)인 채로 남아 있었다.

방직 공업　직물들이 1868년과 1882년 사이에 일본 수입의 질반을 이루고 있었기 때문에 그것은 가장 중요한 공업 부문이었다. 병사들과 정부 관리들이 이제 서양식 모직 제복을 입게 되었고 많은 다른 남자들이 양복을 입었기 때문에, 모직물이 처음으로 일본에서 중요하게 되었다. 이것은 일본에 전혀 새로운 공업이었기 때문에 정부 스스로 그것을 개발시키지 않을 수 없어서 1877～1878년에 공장을 세웠는데, 그것이 1900년 전후까지 주요 생산자로 남게 되었다.

면사(綿絲)와 면직물은 훨씬 더 큰 공업을 이루었다. 그러나, 외국 제품들과 경쟁하려고 시도하는 가운데 국내 제조업자들은 그들이 보다 비싸고 열등한 국내 면사로 인해 불리한 입장에 놓여 있음을 발견하게 되었고, 궁극적으로 일본인들은 면화 재배를 포기하지 않을 수가 없었다. 면직 공업은 또한 비용 면에서 서양과 경쟁하기 위해 필요한 대규모 생산을 위한 기술적 경험과 적절한 자본을 결하고 있었다. 결과적으로 정부가 처음에 큰 역할을 수행하지 않으면 안 되었다. 한 에도 상인이 일찍이 1864년 미국제 직조기(織造機)를 주문하였고, 사쓰마는 영국의 방추(紡錘)와 직기를 가진 직물 공장을 세웠고 1870년에는 오사카에 또 다른 공장을 건설하였다. 이것은 1872년 정부에 의해서 접수되었고, 정부는 또한 1880년과 1881년에 다른 두 개의 공장들을 세웠다. 보다 중요한 조치는 1878년 민간 기업가들에게 쉬운 조건으로 대부를 제공하기 위해 1,000만 엔의 기금을 설정한 것이었다. 이 결과로 민간의 관심이 면직물 부문으로 조심스럽게 움직여 갔다.

한편으로 명주실을 자아내는 것은 비교적 쉽게 기계화되었고, 정부의 역할은 기술적 조언을 제공하고 몇몇 실험적인 공장들을 운영하는 것에 제한되었다. 왜냐하면 명주의 얼레를 증기력이나 수력으로 돌리는 것은 손으로 감는 것보다 훨씬 더 좋은 생사를 생산할 수 있었는데 단지 적당한 자본을 필요로 하는 단순한 과정이었고, 반면에 실뽑기의 모든 다른 과정들은 그것에 일본인들이 이미 숙련돼 있는 수공 과정들이었다.

최초로 기계에 의한 견방적 공장이 한 '심판' 다이묘에 의해 중부 혼슈의 견직 생산 지역에 설립되었고, 정부는 세 개의 시험적인 공장을 1872년과 1877년 사이에 세웠다. 그러나 관립 공장들은 일본의 기계 견방적의 단지 작은 부분을 설명하는 것이었다. 나머지는 민간 기업가들에 의해서 발전되었다. 오노(Ono, 小野)가는 1870년말 도쿄에 한 개의 견방적 공장을 세웠고, 1872∼1873년간에 7개를 더 건설하였다. 중부 혼슈의 견직 생산 지역 기업가들이 그 뒤를 따랐다. 1880년까지 일본의 생사 수출품의 약 30 퍼센트가 기계로 감아진 생산품이었는데, 나머지 아시아 지역의 손으로 감아진 생사보다 우수하고 유럽의 생사와도 충분히 경쟁할 수 있었다. 생사는 일본 수출의 약 43 퍼센트를 차지하였고, 주로 해외에서의 그것에 대한 활기 있는 수요 때문에 일본의 해외 무역은 1880년대 중반에 바람식한 균형을 보여 주기 시작하였다. 따라서 해외 무역의 균형에 가장 많이 기여한 공업은 거의 전적으로 민간 자본과 기업에 의해 발전된 것이다.

홋카이도의 개발　개발되지 않은 유일한 일본의 변경은 홋카이도(Hokkidō, 北海道)에 있었고, 그것의 개발은 경제적·전략적 이유들로 인해 메이지 지도자들에게 중요한 것으로 여겨졌다. 일본인들이 대략 11세기 이래로 이 춥고 황량한 섬에 대하여 어느 정도 지배권을 행사했으나, 19세기초에 이르기까지 일본인 주민은 여전히 주로 해안과 맨 남쪽에 제한되어 있었고, 한편 섬의 나머지와 북쪽의 작은 섬들에는 아이누 원주민들이 대부분 거주하고 있었다. 그러나 일본인들은 홋카이도 북쪽의 섬들과 바다를 측량하고 지도를 만들었으며 그것들의 어장을 이용하고 있었다.

1854년 가나가와[神奈川] 조약을 통해서 하코다테[函館]가 외국 선박들에게 개항되었기 때문에 '바쿠후'는 종전의 어떤 경우에 그러했던 것과 같이 마쓰마에[松前] 다이묘로부터 하코다테에 대한 직접적인 지배권을 접수하였다. 또한 1855년 일본에 속하게 된 쿠릴 열도 남쪽의 두 개의 큰 섬들인 구나시리[國後]와 에토로후[擇捉]로 북쪽 경계를 대략 정하는 것과 두 나라가 사할린의 공동 점령을 계속한다는 러시아의 요구에 동의하였다. 북쪽 국경에 대한 보다 분명한 해결은 1875년 러시아가 중부와 북부 쿠릴 열도에 대한 주장을 철회하는 대가로 일본이 사할린에 대한 이해를 양도하여 이루어졌다.

신정부는 홋카이도를 개발하는 야심적인 계획에 착수하였다. 1869년 정부는 섬에 '북쪽의 해로'를 뜻하는 현재의 이름을 부여하였고(원래 그것은 오랑캐를 뜻하는 에조[蝦夷]로 알려져 있었다), 사쓰마 출신 사무라이였던 구로다 기요타카 (Kuroda Kiyotaka, 黑田淸隆; 1840~1900) 지휘하의 개척사(開拓使)를 설치하였다. 구로다는 1870년 미국에 갔고 그곳에서 그랜트(Grant) 대통령의 조언에 따라서 1만 달러와 나머지 비용을 가산한 봉급으로 미국의 농업국장 호레이스 캐프론 (Horace Capron)을, 그리고 홋카이도 개척에 관해 조언을 해 줄 일군의 미국인 전문가들을 고용하였다. 이들은 1875년까지 일본에 남아서 홋카이도의 전원 풍경에 낙농의 가축떼와 사일로의 틀림없는 미국적 특성을 남겨 놓았다.

1869년과 1881년 사이에 홋카이도의 인구가 3배 이상 증가하여 24만 391명에 이르렀고, 농경지가 10배 이상 늘어났으며, 어업이 배 이상 증가하였다. 비록 홋카이도는 겐[縣] 대신 계속해서 도[道]로 불려졌지만, 1883년 그것에 통상적인 지방 정부의 '겐' 제도가 주어졌다. 1918년까지 인구가 10배 더 증가하였고 홋카이도는 확실하게 일본화되었고 중요한 경제의 한 부분이 되었다.

재정의 긴축 홋카이도 개발이 비록 장기적으로는 가치 있는 것이었다 하더라도 1870년대 동안 중앙 정부의 재정적 고갈을 가중케 하였다. 한편으로는 많은 관영 공업 기업들이 대부분 적자를 내고 있었다. 특히 1876년의 공채 지급과 다음해의 사쓰마 반란 등 구체제를 해체하는 일에 필요했던 막대한 지출에 더하여진 이들 비용들이 정부의 재정 지출을 극심하게 긴장시켰다. 1880년까지 지폐는 액면가의 거의 절반도 되지 않게 떨어졌고, 극심한 인플레이션이 시작되었다. 쌀값이 1877년과 1880년 사이에 두 배 이상 증가하였고, 인플레이션이 정부 재정이 의존하고 있던 정액 지조(地租)의 실제 가치를 크게 삭감시켰다.

이 재정적 위기에 직면하여 정부는 경제적 긴축과 디플레이션 정책을 선택하였다. 1880년 11월 5일 발표된 최초의 주된 조치는 모든 비전략 관영 산업의 불하(拂下)였다. 이 긴축 정책의 최고의 주장자이며 주된 집행자는 사쓰마 출신의 하급 사무라이 가문 태생으로 1881년 대장경(大藏卿)에 임명되어 1892년까지 그 핵심적인 직위에 남아있던 마쓰카타 마사요시(Matsukata Masayoshi, 松方正義; 1835~1924)였다.

민간 자본이 취약했고 대부분의 관영 산업이 이윤이 없는 것이었기 때문에 도쿄 정부가 공업 사업에 대한 구매자를 찾기가 곤란하여 결국 원래 투자액의 11 퍼센트에서 90 퍼센트에 걸친 매우 삭감된 가격으로 그것들의 대부분을 처분하지 않으면 안 되었다. 대부분이 종종 경쟁 입찰 없이 내부자들, 즉 지도자들과 이미 밀접한 관련을 맺고 있던 기업가들이나 정부 관료들에게 불하되었다. 특히 관영 산업들을 삭감된 가격에 구입한 것이 토대가 되어 일본의 산업화가 그 후 수년 안에 처음의 불리함을 극복하고 상당한 이윤을 내기 시작함에 따라, 이 기업들을 구입할 수 있는 위치에 있던 소수의 사람들이 부유하게 되었고, 근대화된 일본 경제의 큰 부분을 지배하게 되었다. 이 모든 것이 일본 산업의 많은 부분이 궁극적으로 소수의 거대 기업들, 즉 후에 경멸적으로 불려졌던 '자이바쓰(財閥)'의 수중에 집중되는 원인이 되었다.

긴축 정책의 이러한 결과는 관영 산업 불하의 주된 동기가 정부 지도자들의 대규모 자본주의에 대한 경도(傾倒)였다는 마르크스주의자들의 해석을 낳게 하였다. 그러나 이 설은 어떤 실제적 증거도 갖고 있지 않고, 전혀 개연성이 없는 것처럼 보이는, 일본 지도자들이 그들 행동의 장기적 효과에 대한 이해를 가지고 있었고 정부 소유에 대해 자본주의를 선호했다는 가정하에 성립된다. 모든 동시대의 문서들은 정치 지도자들이 정부의 지출을 삭감하기 위해서 필사적으로 노력하고 있었고, 산업의 불하가 단호한 예산 삭감의 단지 한 측면이었음을 보여 주고 있다. 그들의 내부자들에 대한 호의도 또한 이해될 수 있는 것이었다. 그들은 주로 국가 경제의 성장에 관심을 가지고 있었다. 기업들을, 그들이 능력 있다고 생각된 사람들에게 적절한 가격에 파는 것이 그것들의 지속적인 발전을 보장하는 최선의 길인 것처럼 여겨졌다. 이것이 정부가 수령한 지불 금액보다 국가 이익에 훨씬 더 중요하였다. 그것이 판명된 것과 같이 불하된 기업들은 10 년 이상 동안 다른 경제 부문의 수익에 비견될 만한 이윤을 낳지 못하였다. 기업 구매자들이 일본 산업의 장래에 대해 갖고 있던 신뢰야말로 사실 그들이 지불했던 낮은 가격들보다 더욱 놀라운 것이다.

마쓰카타의 긴축 정책들은 성공적이었고, 1886년까지 그는 정부가 재정적 안정을 회복하도록 만들었다. 새로운 조세들이 제정되었고, 1882년 중앙 집권적 유럽식 금융 제도가 새롭게 설립된 일본 은행(日本銀行)하에 과거의 미국식 제도를 대체하였다. 전체 경제도 또한 비록 디플레이션 정책들에 의해 일시적으로 침체되었지만, 곧 회복되었고 전보다 훨씬 더 급속도로 성장하였다. 디플레이션이 1870년대 후반의 인플레이션 상황하에서 번영했던 불건전한 투기적 사업을 솎아 내어 보다 건전한 기업들만을 남겨 놓았다. 따라서 기업들은 경화(硬貨)로의 복귀와 약 15 퍼센트로부터 약 10 퍼센트로 이자율이 인하된 것으로부터 득을 보았다. 종전의 관영 기업에 대한 민간 경영이 번거로운 관료적 통제로부터 벗어났기 때문에 또한 보다 효율적인 것처럼 보여졌다. 그 사이에 일본인들은 높은 국내 수송의 비용과 기계에 대한 미숙함과 같은 처음의 불리함을 극복하기 시작하고 있었다. 요컨대, 적어도 일정 부문들에 있어서 일본은 산업상의 획기적인 약진을 이룩할 준비가 되어 있었다.

경제계　　다음의 수십 년 동안 일본 경제의 급속한 발전을 주도했던 사람들은 메이지 시대의 정치 지도자들만큼 훌륭한 집단이었고, 많은 점에서 그들과 대단히 유사했다. 그들은 또한 분명하게 예외적인 재능과 유연성을 지닌 인물들이었고 앞서의 경제적 혼란으로부터 과감하고 너무도 성공적으로 두각을 나타내었다. 정치 지도자들과 같이 그들은 종종 개인적 야심만큼 애국심에 의해서 움직였다. 그들은 자신들이 또한 나라를 부강하게 하고 안전을 공고하게 하고 있음을 깨달았다. 정부 지도자들도 같은 생각이었고, 경제 활동에 대한 전통적인 일본인들의 멸시를 고려할 때 사회가 그들에게 놀라울 정도의 존경과 위엄을 표시하였다.

도쿠가와 시대 후기의 경제뿐 아니라 문화를 압도했던 도시 상인들이 새로운 경제적 지도력의 대부분을 이루었을 것으로 가정할 수 있겠지만, 실제로 그들의 역할은 비교적 작았다. '바쿠후'와 '한'들에 종속적이었던 그들의 과거 경험이 그들이 새로운 기업가적 기능을 개발하는 것을 방해하였던 것으로 보여진다. 그들은 대부분 전통적인 상업과 금융 활동을 고집하였다. 새로운 분야로 나가려 했던 사람들은 시마다〔島田〕가(家)와 오노〔小野〕가와 같이 파산하였다. 한때 대단했던 고노이케(Kōnoike, 鴻池)가는 존속하였으나 점차로 기반을 상실하였다.

보다 큰 상회(商會) 중에서 오로지 미쓰이〔三井〕가만이 완벽하게 성공적인 전환을 하였다. 이것은 출생이 모호한 고아였던 미노무라 리자에몬(Minomura Rizaemon, 三野村利左衛門 ; 1821~1877)의 지도하에 이루어졌는데, 그가 총지배인으로 임명된 것은 미쓰이 역사에 전례가 없는 것이었다. 그는 이노우에〔井上〕와 밀접한 관계를 맺었고, 회사를 교토로부터 에도로 옮겼고, 다섯 명의 미쓰이가 사람들과 두 명의 직원들을 근대적 경영 방법들을 수학하도록 미국에 보냈다. 또한 회사를 판매 부문과 나머지 부문으로 분리시켰는데, 판매 부문은 머지않아 도쿄의 대백화점들 중의 하나인 미쓰코시〔三越〕로 근대화되었다. 미쓰이는 궁극적으로 재벌 기업들 중 최대의 것으로 발전하였다. 세번째로 큰 재벌 기업인 스미토모(Sumitomo, 住友)도 또한 구래의 상인 기업으로부터 성장하였는데, 그것은 미쓰이와 같이 17세기까지 거슬러 올라가며 동광업(銅鑛業)을 전문으로 하였다.

새로운 경제를 발전시키는 데 있어 사무라이 출신들이 도시 상인들이 했던 것보다 훨씬 더 큰 역할을 수행하였다. 사무라이들이 상업과 이윤 동기를 전통적으로 멸시했던 것을 고려할 때 이상하게 여겨질지 모르나, 이것은 지도력에 대한 사무라이의 전통, 그들의 높은 교육 수준, 도쿠가와 시대 후반부 동안 사무라이 지식인들의 경제 문제들에 관한 엄청난 관심, 일부의 사무라이들이 '한'과 '바쿠후'의 관리들로서 개발했던 경영 기술들, 그리고 1870년대에 대부분의 사무라이들이 직면했던 심각한 재정적 어려움 등에 의해서 설명될 수 있을 것이다.

그러나 방대한 사무라이 계급 안에서 성공적인 기업가로 두드러졌던 사람들은 단지 소수의 비전형적인 인물들이었다. 보다 여유가 있던 사무라이들은 다이묘들과 함께 정부의 공채 교부로부터 새로운 금융 자본의 많은 부분을 공급하였으나, 은행들은 정부에 의해 엄밀한 감독을 받았고 중요한 사무라이 기업가들의 활동을 대변하지 못하였다. 실제로 사무라이들에 의해서 설립된 많은 회사들의 대부분이 실패하였다.

성공한 사무라이 기업가의 가장 두드러진 예는 이와사키 야타로(Iwasaki Yataro, 岩崎彌太郎 ; 1834~1885)였다. 그는 나가사키에 있는 도사〔土佐〕 '한'의 상업 활동 책임자였고, 폐번(廢藩) 후에는 '한'의 상업과 해운 사업을 그의 개인 회사로 만들어 나중에 미쓰비시〔三菱〕라고 이름붙였다. 그는 정부에 의해 많은 특혜를 받았는데, 정부는 그가 외국 선박들에 대한 의존을 없애고, 일본의 해운 회사를 발전시킬 수 있는 사람이라고 생각했다. 1874년의 대만 원정 시에 정부는 정부가 구입했던 13척의 선박들을 그에게 운영하도록 하였고, 후에 그것들을 그에게 수여하였다. 그는 사쓰마 반란 때에 다시 해상 수송의 책임을 맡게 되었고, 9척의 선박이 그에게 다시 주어졌다. 그의 해운 회사가 1879년 해외에서 운영되기 시작하였고, 궁극적으로 미쓰비시는 두번째 큰 재벌로 성장하였다.

농민 출신들조차 중요한 사업가들이 되었다. 1876년의 지조(地租) 경감은 지속적인 인플레이션과 함께 일본 농촌의 조세 부담을 보통 수준 이하로 끌어내렸다. 이것이 상당한 정도의 농촌의 번영과 부농들이 농업 개량과 그들의 전통적인 상업과 공업 활동에 투자할 수 있는 기회를 가져다 주었다. 예를 들면 견사 방적의 기계화는 주로 농민 기업가들의 업적이었다. 다른 사람들은 더 멀리 과감하게 나아갔다. 야스다 젠지로(Yasuda Zenjirō, 安田善次郎 ; 1838~1921)는 그의 농촌집을 떠나 에도로 도망하였는데, 그곳에서 그는 성공적인 은행가와 네번째로 큰 재벌 기업의 설립자가 되었다. 농촌 출신의 또 다른 인물인 아사노 소이치로(Asano Sōichirō, 淺野總一郎 ; 1848~1930)는 정부가 건설한 시멘트 공장에 대한 통제권을, 그리고 나중에는 소유권을 획득하여 이제껏 재정적으로 손해가 컸던 사업을 성공으로 전환시켰다.

농민 출신의 가장 탁월한 실업가는 시부사와 에이이치(Shibusawa Eiichi, 澁澤榮一; 1840~1931)였다. 에도 근방에서 염색업에 종사하던 부농 가문에서 태어난 시부사와는 좋은 교육을 받았고 큰 야망을 키워 갔다. 1863년 그는 사무라이 지위를 획득하겠다고 굳게 결심하여 집을 떠나 게이키〔慶喜〕 휘하의 사무라이로 등록되었고, 1867년의 공식 사절에서 게이키의 동생을 유럽까지 수행하였다. 게이키의 양위(讓位) 후에 시부사와는 그의 전(前)주군을 위한 금융 무역 회사를 시작했으나 곧 새 중앙 정부에서 일하도록 선발되었다. 오쿠마와 이노우에의 후견하에 그는 급속도로 승진하여 대장성(大藏省)의 주요 인물 중의 한 사람이 되었다. 그러나 그는 1873년 정부를 사임하여 제일 국립 은행(第一國立銀行) 총재가 되었는데, 그것은 그가 미쓰이와 오노의 은행 사업의 합병을 강요하여 설립되도록 도운 것이었다. 1880년 그는 오사카 방적 공장을 만들었는데, 그것은 곧 일본 최초의 주된 공업상의 성공이 되었다. 이것을 출발로 하여 그는 일본의 가장 위대한 기업가들 중 한 사람이 되었으며, 나아가 300개 이상의 기업들을 설립하고 경영하는 데 관여하였다.

산업상의 성공   이런 종류의 인물들의 지도하에 일본 산업은 그것이 가졌던 처음의 불리함을 극복하고 가속적인 성장을 하기 시작하였다. 시부사와의 오사카 방적 공장은 새로운 산업상의 발전을 선도하였다. 그것은 이전의 공장들에 비해 훨씬 대규모적이어서 경상 비용을 절감하였고, 시부사와는 한 청년을 영국에서 훈련시켜 가장 최신의 기술들을 가지고 공장을 운영하도록 하였다. 디플레이션에 의한 불황의 한가운데서도 1884년까지 공장은 이미 대단한 재정적 성공을 거두고 있었다. 다음의 수년 동안 특별히 면화 교역의 옛 중심지였던 오사카의 방적 공업으로 기업가들이 쇄도하여 들어왔다.

방적에 있어서의 호경기를 뒤이어 보다 전반적인 호경기가 뒤따랐다. 새 회사들이 광업, 직물, 맥주, 도자기, 가스 및 전기와 같은 다양한 부문들에서 번영하였으나, 최대의 성장은 면방적과 철도 교통에서 발생하였다. 1883년부터 1890년 사이에 관영 철도가 181 마일에서 551 마일로, 사철(私鐵)은 63 마일에서 898 마일로 확대되었다. 1882년과 1887년 사이에 면방적기는 3 배로 증가하였고, 생산은 이후 5년 동안에 10 배로 성장하였다. 1894년까지 일본의 방적 공업은 너무도 능률적이어서 그 제품들이 상당한 규모로 세계 시장에 진출하기 시작하였고, 1897년 일본은 면사(綿絲)의 순수한 수출국이 되었다. 19세기 말까지 면방직은 24만 7,117 명, 즉 전체 공장 노동자의 63 퍼센트를 고용하였다.

1880년대는 또한 첨예한 경쟁을 대신하여 기업 합병과 기업 연합(카르텔)에 유사한 조직이 일본의 재벌들 사이에서 대두되었다. 그러한 경향들은 성숙한 산업 경제들에서는 일반적인 것이었지만, 일본에서 그렇게 일찍 출현한 것은 아마도 정부의 경제적 효율에 대한 열망과 정부 후원하에 독점적인 조직들을 형성했던 도쿠가와 상인들의 오랜 전통 때문이었을 것이다. 1885년 경쟁적인 미쓰비시와 미쓰이 소유의 증기 해운사들이 미쓰비시 지배하의 일본 우선 회사(日本郵船會社, N.Y.K.)로 합병되었다. 시부사와의 주도하에 또한 견고한 면방직 카르텔이 조직되었는데 이는 숙련 노동력의 부적절한 공급을 할당하고, 비경쟁적 원면의 구입과 해외에서의 면사 판매를 조정하고, 과잉 생산의 경우 할당량을 정하고, 해운 회사들과 판매 기업들과의 상호 이익이 되는 계약들을 조정하기 위하여 행해졌다. 따라서 1890년대까지 전산업에 걸친 기업 연합들과 금융, 상업, 제조업의 서로 관련을 가진 사업체들의 결합들을 발전시키기 위한 유형이 설정되었다.

일본의 산업 성장은 다른 나라들에서와 같이 직선적인 발전은 아니었다. 1880년대의 호경기 다음으로 완만한 성장의 시기가 뒤따랐으나, 1895년 일본의 청일 전쟁(淸日戰爭) 승리로 모든 기성 산업 부문들과 화학 비료와 같은 새 부문들에서 또 다른 급격한 팽창이 시작되었다. 현존 기업들이 더 크고 튼튼한 단위들에 합병된 또 한 번의 경기 둔화가 뒤따랐다. 그 후 1904~1905년의 러일 전쟁은 세번째의 더 큰 호경기를 가져왔다. 면직(綿織)이 면방적(綿紡績)을 따라잡기 시작하였고, 전기 산업은 철도가 전화(電化)되고 도시들이 가로 등과 전차를 설치함에 따라 성장하였다. 해운업의 선적량과 해외 서비스가 급격하게 팽창하였고, 석탄 생산은 1904년의 10 년 후에 거의 세 배로 늘어났을 뿐 아니라 1901년 규슈 북단에 정부에 의해서 설립된 야와타〔八幡〕 제철소는 철과 강철에 대한 수요량의 상당 부분을 충족시킬 수 있었다. 소수의 다른 중공업들이 경제의 중요한 구성 요소로서 보다 단순한 경공업들에 합류하기 시작하였다. 따라서 마쓰카타의 재정 개혁 후 25 년 동안 산업들이 하나씩 차례로 성숙해졌고, 이제 일본은 산업적 토대가 다양하고 건전하게 확립되어 지속적인 산업 성장의 시대로 들어가게 되었다.

사회의 변화

서구화 정치적·군사적 근대화뿐만 아니라 산업화도 새 기술, 새 태도들 및 광범위한 지식에 의존하였다. 지도자들은 처음부터 사회적·지적 근대화가 다른 분야들에서의 성공적인 개혁에 필수적인 것임을 깨달았다. 그러나 경제 분야에서 그러하듯이 사회적·지적 분야들에서는 장기적으로 볼 때 당국들의 계획보다는 모든 계급의 수많은 개인들로부터의 응답이 더욱 중요하였다.

많은 혁신들이 근대화에 실제 필요한 것이 아니라 단지 서양의 관습들을 모방한 것에 지나지 않았다. 그러나 당시에는 근대 기술의 근본적인 특징들과 단순한 서양의 기습(奇習)들 사이의 구분이 결코 분명하지 않았다. 만일 서양 무기들을 사용하는 것이 필요한 것이었다고 한다면, 양복을 입거나 서양식으로 악수하는 것에도 또한 가치가 있었을 것이다. 더구나 메이지 시대의 일본인들은 서양 문화의 보다 표면적인 특징들까지 수용할 충분한 이유를 가지고 있었다. 19세기의 국제 세계는 서양에 의해서 완벽하게 지배되고 있었고, 문화적 우월성에 대한 오만한 서양의 가정을 고려할 때 일본인들이 근대 기술뿐만 아니라 서양 문화의 많은 표면적인 특징들까지 보유한 후에야 비로소 겨우 준동등자로서 간주될 것이라고 판단했던 것은 아마도 옳은 것이었다. 그 결과 서양 것이라면 어떤 것이든 모두 차용하려 했던 당시의 노력이 지금은 무차별적인 것으로 보이지만, 여러 상황을 고려한다면 그것은 완벽하게 이해될 수 있는 일이다.

일부 새롭게 채용된 것들은 기술적 진보와 문화적 일치에 대한 혼합된 욕망들에 의해서 고무된 것이었다. 예를 들면, 서양의 보건상의 습관들이 소개되었고, 일본인들은 머지않아 열광적인 칫솔의 사용자와 특허 매약의 소비자가 되었다. 양력(그레고리력)이 일주일이 7일인 것, 일요일이 휴일인 것과 함께 채택되었고, 1872년(메이시 5년)의 12월 6일이 1873년(메이지 6년) 1월 1일이 되었다. 우편 서비스가 같은 해에 도입되었고, 1886년 일본은 국제 미터 협정에 참여하여 1924년 일반의 사용을 위해 미터법을 채택하였다. 동양과 서양의 흥미있는 혼성물은 1869년 일본에서 발명된 인력거(人力車)였다. 그것은 우월한

근대식 벽돌 건물들, 인력거와 말에 의해 견인되는 마차가 있는 도쿄 도심의 긴자[銀座]를 보여 주는 1877년의 목판화.

서양식 수레와 동양의 값싼 노동력의 기발한 결합이었고, 20세기에 이르러 일본에 자동 운송 기관이 도입되기까지 아시아 전역에 걸쳐서 확산되었다.

새롭게 채용된 것들은 서양인들에게나 일본인들 자신에게나 단지 심리적 효과만을 위한 것이었다. 서양식 이발은 사무라이들의 면도한 머리와 맨 꼭대기에 매듭으로 묶어진 긴 머리를 대신하여 서구화의 주된 상징이었다. 군인들과 공무원들이 서양식 제복을 입었고, 유명한 사람들은 종종 양복을, 그리고 심지어는 그때 서양에서 유행하던 턱수염을 길렀다. 1872년 서양 예복이 조정과 정부의 의식들을 위해서 지정되었다. 메이지 시대 후반부에 모닝 코트(일본음으로 모오닌구)가 너무도 깊숙이 자리를 잡게 되었기 때문에 그것은 공식 모임들을 위해 아직도 널리 사용되고 있고, '하이 칼라(high collar)'는 '유행하는'을 뜻하는 유행어가 되었다. 비록 육식이 불교적 태도로 인해 과거 비도덕적인 것으로 간주되었지만 장려되었고, 이 당시 개발된 소고기 요리인 '스키야키'는 일본 문화의 대중적인 증명이었다. 서양 미술과 건축술이 채용되어 도시들에 어설픈 빅토리아풍의 허식과 부자들의 저택에 보기 흉한 '양실(洋室)'

을 만들어 냈다.

서구화의 광분은 1880년대에 절정에 달하였다. 이성(異性)간의 사회적 관계를 서양 관습에 일치시키려는 노력들조차 있었다. 양가의 규수들이 외국어와 사교춤을 배웠다. 1883년 정부는 도쿄에 로쿠메이칸[鹿鳴館]으로 불려진 정교한 사교장을 세웠는데, 정치 엘리트들과 외교 사절들을 위한 무도회가 매주 일요일 밤 개최되었다. 1887년 그곳에서 정부의 주요 고관들이 참석한 가운데 대가장 무도회가 개최되었다.

그러나 이 가장 무도회를 끝으로 보다 보수적인 일본인들은 그러한 노력들이 더 이상 쓸데없는 것이라고 여기게 되었다. 서양 것을 불필요하게 모방하는 것에 대해 고유한 가치와 전통의 재강조를 수반한 전반적인 급격한 반동이 있었다. 사교춤과 같은 서양 문화의 표면적인 특징들이 포기되어서 중요한 기술적 혁신들이 불필요하고 화나게 만드는 기습(奇習)들과 관련된 오명으로부터 벗어나게 되었다. 열광적이고 어느 정도 무차별적인 서양 방식의 채용 후 이들 새로운 것들 중 덜 필수적인 요소를 거부하는 동일한 순환 과정이 그 후의 일본 역사에서 한 번 이상 반복되어졌고, 다른 아시아 국가들에서도 또한 발견되었다.

법률 개혁　서양에 받아들여지기 위해 일본인들은 서양식으로 그들의 법률 제도를 개혁해야만 했다. 치외 법권은 불평등 조약 체제 중에서도 가장 기분 나쁜 특징들 중 하나였지만, 서양 열강들이 일본의 법률적 절차들에 대한 완전한 신뢰를 가진 뒤에야 비로소 그것을 제거할 희망이 있었다. 법률상의 개선은 또한 기술의 근대화에도 근본적인 것이었고 구계급 구조의 폐지와 진행중인 다른 대변화들에 의해서 필요하게 되었다.

비록 공식적인 주민 등록을 위해서 법률이 계속해서 가부장과 법률적으로 새로운 '이에[家]'를 형성하기 못한 그의 후손들과 방계 친척들로 이루어진 구래의 확대 가족이나 '이에'를 인정하였지만, 가족이 아닌 개인의 재산 소유권이 채택되었다. 사회직 의무에 대한 전통적인 강조에 반대되는 것으로서 법률상의 권리에 대한 개념들이 새 법률들 속에 흡수되었다. 법원의 구조와 절차들이 서양의 그것들에 일치하도록 만들어졌고, 승인된 법률적 관행이었던 고문이 1876년 폐지되었다. 그러나 매춘과 혼욕(混浴)의 금지와 같은 일부의 변혁들은 단지 서양인들의 편견을 달래기 위하여 채택된 것으로 효과적이지 못하였고 그 후에 단념되었다.

대부분의 법률 개혁은 단편적으로 제도화되었고, 법률의 완전한 재편찬은 어렵고 완만한 과제였음이 판명되었다. 주로 프랑스의 영향하에 마련된 초안들이 1881년에, 그리고 다시 1888년에 제출되었다. 주로 독일의 판례에 토대를 두어 수정된 완전한 법전이 마침내 1896년 효력을 발생하였다.

종 교 신정부가 취할 수 있었던 어떤 다른 조치보다 서양 문명의 한 특징인 그리스도 교의 채택이 서양인들에게 보다 호의적인 인상을 심어 주었을 것이지만, 정부는 이를 수용하려는 어떠한 움직임도 보이지 않았다. 일본에서는 그리스도 교에 대한 편견이 너무도 깊은 데까지 미치고 있었다. 사실상 새 정부는 그리스도 교를 금하는 구 도쿠가와 시대의 공고판을 1868년 다시 세웠고, 그것은 16, 17세기의 카톨릭 선교의 시대로부터 나가사키 지역에 남아 있던 약 3,000 명의 그리스도 교도 비밀 공동체를 뿌리째 뽑아 버리는 것에 의해 외국 사절들로부터 맹렬한 항의를 불러일으켰다. 이와쿠라[岩倉] 사절단 단원들이, 서양인들이 그들의 종교에 대해서 얼마나 강렬하게 느끼고 있는가를 목격한 후에야 비로소 정부는 1873년 그리스도 교에 대한 옛 금령(禁令)을 중지시켰다. 그러나 그때조차도 그 내용이 이미 잘 알려진 지상에 세워진 공고판들을 제거하는 것에 의해 다만 간접적으로 그렇게 했을 뿐이었다.

그러는 동안 그리스도 교가 다시 일본에 들어 왔다. 일찍이 1859년 미국의 프로테스탄트 선교사들이 해리스의 조약을 이용하여 개항장에 들어오게 되었다. 그들 중 한 명으로 미국 장로교 의료 선교사였던 헵번(J. C. Hepburn) 박사는 1869년 상해(上海)에서 출판된 〈일영 사전〉을 편찬하였는데, 그것은 아직도 그의 이름을 지닌 일본어 로마자화의 표준적인 체계를 확립한 것이었다. 카톨릭 선교사들도 또한 나가사키 지역에서 그들의 남아 있던 무리들을 재결집하는 일에 착수하였다. 러시아 정교 승려인 니콜라이(Nikolai ; 1836~1912)는 1861년 하코다테를 방문하였고, 1872년 도쿄로 옮겼는데, 그곳에서 그는 번성하는 선교 교회의 주교(主敎), 그리고 나중에 대주교(大主敎)가 되었다.

점차적으로 그리스도 교에 대한 적대감이 누그러졌고, 정부는 1880년대에 분명한 종교적 관용 정책을 채택하여 소리 없이 그리스도 교를 불교와 신토[神

道〕와 함께 일본의 3대 종교의 하나로서 수용하였다. 그리스도 교는 많은 일본인들이 명백한 '미래의 물결'로 생각했던 서양 문명과 관련되어 있다는 사실로 사무라이 계급 출신의 다수의 탐구적인 일본 지식인들을 끌어들였는데, 그들은 그것에서 서양의 진보와 힘의 비결을 발견하였다. 그들은 또한 그리스도 교에서 과거의 행위 규범이 혼란되어 있는 이때에 일본을 강하게 만들 개인적 윤리와 충성의 규범을 발견하였다.

중부 혼슈 출신 사무라이로 1864년 미국에서 앰허스트(Amherst) 대학을 졸업하고, 조합 교회 목사가 되었던 니이시마 조(Niishima Jo, 新島襄 ; 1843~1890)는 후에 도오시샤〔同志社〕대학으로 성장한 학교를 1875년 교토에 설립하였다. 규슈 구마모토 한〔熊本藩〕출신의 일군의 젊은 사무라이들이 미국인 영어 선생에 의해 개종되어 1876년 그 조직으로 들어갔고, 후에 뛰어난 그리스도 교 지도자들이 되었다. 매사추세츠(Massachusetts) 농과 대학 총장으로, 새롭게 설립된 삿포로 농업 학교를 책임맡기 위해 1876년 일본에 갔던 윌리엄 클라크(William S. Clark) 박사의 영향으로 몇몇 유능한 젊은 사무라이들이 개종했는데, 대표적으로 지도적인 학자와 교육자가 되었던 니토베 이나조(Nitobe Inazō, 新戶部稻造 ; 1862~1933)와 무교회(無敎會) 운동을 창시함으로써 프로테스탄트 선교사들의 종파적 분열과 밀접한 국가적 관련에 반대했던 우치무라 간조(Uchimura Kanzō, 內村鑑三 ; 1861~1930) 등이 포함된다.

이와 같이 그리스도 교는 일본의 지식인들 사이에서 강력한 영향력을 가지고 있었으나, 그것의 대중적인 매력은 미약하게 남아 있었다. 비록 17세기초에 그리스도 교도들이 일본 인구의 2퍼센트 가깝게 이루고 있었지만, 그들은 4만 명의 카톨릭 교도와 2만 9,000명의 신교도와 1만 8,000의 정교도로 나누어져 1889년에 이르러서는 0.25퍼센트 이하를 기록하였고, 최근까지도 인구의 1퍼센트에 결코 도달하지 못하였다.

그리스도 교에 대한 대중적 관심의 결여가 고유의 종교들과 철학들로의 회귀를 의미하는 것은 아니었다. 지도자들의 유교적 배경에도 불구하고 도쿠가와 체제의 정통 사상이었던 유학은 그들이 눈에 의심스러운 것으로 비쳐지고 있었다. 유학자들이 그리스도 교에 대한 가장 효과적인 비판자들이었고 머지않아 그들의 태도들에 대해 어느 정도 정부 지도자들의 수락을 획득하였지만, 유학의 기본 개념들 중 많은 것들이 새로운 상황에 분명하게 맞지 않았다.

　신토〔神道〕는 그것에 대한 부활된 관심이 '왕정 복고'에 기여했던 지적 경향들의 핵심적인 요소였기 때문에 보다 평판이 좋았다. 민간 정부 기구를 초월하여 진기칸〔神祇官〕을 신설한 것은 1,000년 이상 전의 반신정 국가(半神政國家)를 모델로한 '신토' 지향적 정부를 수립하려는 시도였으나, 이것이 비실제적인 것임이 판명되었다. '신토'에 보여 준 정부의 호의에도 불구하고 이 단순한 자연 숭배는 제도적으로나 지적으로 새 시대의 사람들에게 줄 것을 그리 갖고 있지 못하였다. 기도된 부활이 거의 내적 생명을 갖지 못하고 곧 사라져 버렸다. 정부가 계속해서 보다 중요한 '신토' 사원들을 통제하고 지원하였지만, '신토' 숭배 자체는 그것들의 전통적인 수동적 상태로 퇴락하여 단지 사람들의 감정 생활의 고요한 지면의 융기부를 형성하였을 뿐이었다. 덴리쿄〔天理敎〕와 같이 근자에 창시되었고, 절충적 종교이며, 하층 계급들 사이에서 유행했던 소위 대중적 교파 신토〔敎派神道〕만이 계속해서 많은 활력을 보여 주었다.

　편애된 '신토'의 지위가 신정권의 처음 수년 동안 불교에 대한 폭력적인 해체의 원인이 되었다. 약 1,000년 전 불교 승려들이 대부분의 '신토' 사원들에 대한 행정적 지배권을 획득하였고, 도쿠가와 체제하에 대부분의 일본인들은 인구 조사 목적을 위해 불교 교구(敎區)의 성원으로 등록하지 않으면 안 되었다. 이제 이 후자의 관행은 중단되었고, 불교와 '신토' 사원들 사이의 행정적 관련들도 해제되었으며, '신토' 재산이 그들 자체의 승려들에게로 반환되었다. 이 조치들은 전반적인 반불교적 기운의 폭발을 자극하였는데, 그 속에서 사원의 재산과 많은 예술적 보물이 파괴되었다.

　불교는 큰 타격을 입었으나, 실제로 박해는 그리스도 교의 도전과 함께 최근 수세기 동안 그들이 가졌던 얼마간의 무력함을 떨쳐 버리도록 자극했다. 불교 교학의 점진적인 부활이 있었다. 방대한 신슈〔眞宗〕는 특별한 생명력을 보여 주었고, 머지않아 근처 대륙과 하와이와 미국의 서부 해안에 해외 선교를 하는 것을 포함한 그리스도 교 교회들의 조직 기술의 일부를 채용하였다.

　세속 사상　일본인들이 그리스도 교 수용에 실패한 것과 그들이 차용했던 많은 것들의 천박함은 단지 서양 문명의 껍데기들만이 받아들여진 것이고 고유한 전통들은 서양의 이상과 가치에 의해서 침투될 수 없다는 가정을 낳았다. 따라서 일부의 관찰자들은 사쿠마〔佐久間〕의 ‘동양 도덕 서양 예(東洋道德西洋藝)’라는 구호가 적절한 것이라고 느꼈는데, 다수의 메이지 지도자들이 이에 찬성하였다. 그러나 실제로 서양 문명의 외부적 측면들과 그것의 내적 가치 체계 사이에 분명한 선을 그을 수 있는 것은 아니었다. 예를 들면, 서양의 법률 형식들은 그것들과 함께 필연적으로 그것들이 토대를 두었던 개념과 가치 판단을 수반하였다. 더구나 메이지 시대 초기의 일본인들은, 비록 당연히 그들이 과거의 봉건적, 유교적 요소들에 의해 영향을 받았지만, 그럼에도 불구하고 서양 사상과 제도에 개방적인 채로 남이 있었다. 과학 기술들과 외적인 유행들은 서양 사상과 가치보다 이해하고 수용하기에 더 용이하였지만, 이들이 또한 스며들어서 사회에 심대한 영향을 주었다.

메이지 지도자들은 그들 자신이 철저한 공리주의자이자 실용주의자였다. 그들은 교조적인 전통주의자도 서양에 대한 맹목적인 추종자도 아니었다. 그들 모두는 서양 사상이 유용하거나 필연적인 추세로 여겨졌을 때 그것들을 수용하거나 전통적인 관점들이 지속적인 가치를 지닌 것으로 보여졌을 때 이것들은 옹호할 만반의 준비가 되어 있었다. 그들은 ‘부국강병’을 이룩하는 데 도움을 줄 가능성이 있는 어떠한 사상이나 기술도 이용하였다.

이러한 태도는 아마도 도쿠가와 사상의 실용주의와 유교 사상의 세속적, 불가지론(不可知論)적 경향의 자연적인 성장이겠지만, 또한 서양 사상들에 의해서도 영향을 받았다. 메이지 지도자들은 그리스도 교를 무시하였지만 19세기 서양의 증대되는 세속주의, 민족주의 및 물질주의 속에서 그들의 관점을 고무시킬 수 있는 것을 발견하였다. 그들은 과학을 모든 문제들을 위한 만병 통치약으로 여기는 서양 과학에 대한 신뢰를 수용하였다. 그들은 제러미 벤담(Jeremy Bentham)과 존 스튜어트 밀(John Stuart Mill)의 공리주의(功利主義)가 매우 매력 있는 것임을 발견하였고, 허버트 스펜서(Herbert Spencer)는 많은 일본 지식인들의 우상이 되었다. 얼마 후에 사회 진화론(社會進化論)이 인기 있는 이론이 되었는데, 이것은 메이지 지도자들의 성공을 설명해 주고 제국주의 세력으로서 일본의 대두를 정당화시켜 주는 것으로 여겨졌다.

메이지 지도자들의 실용주의는 따라서 도쿠가와적 속성들과 서구적 태도들의 용이한 혼합이었다. 이것은 또한 일본을 재창조한 혁명가들의 예외적인 온건함과 유연성을 설명하여 준다. 1860년대와 1870년대의 정치적 암살의 물결은 대의를 신봉함에 있어 일본인들이 얼마나 과격해질 수 있나를 보여 준 것이었으나, 메이지 지도자들은 어떤 교의(教義)를 증명하는 것이 아닌 효과 있는 방식들을 찾는 것에 관심을 가지고 있었다. 그들은 궁극적인 목표가 무엇인지에 대해 완전하게 통일되어 있었다는 이점을 가지고 있었으나, 그들은 그것이 어떻게 도달될 수 있는가에 대해서는 놀라운 정도로 개방적이었다. 그들은 또한 그들의 배후에 집단 책임과 의견 일치를 통한 결정이라는 일본의 옛 전통을 가지고 있었다. 비록 모두 강한 개성을 지니고 있었지만, 어느 누구도 타인들을 제거하는 것에 의해 권력을 독점하려고 추구하지 않았다. 한 사람의 정책이 실패하거나 지지를 상실하였을 때 그는 새로운 접근법을 가지고 있거나 보다 잘 합의를 대변할 또 다른 사람을 위해서 곧 옆으로 비켜났다. 그것의 결과는 의견의 차이를 결정하기 위한 공식 기구를 갖지 못했던 정부를 위한 정책에서의 예외적인 유연성과 돌이킬 수 없는 실책을 범하기 전에 그것들을 교정할 수 있던 놀라운 능력이었다.

새로운 지식의 추구 메이지 지도자들은 새로운 기술들과 지식에 대한 필요를 분명하게 인식하고 있었으며, '5개 조의 서문'에서 그들은 "세계에 걸쳐서 지식을 구해야 할 것"이라고 기술하였다. 이 지식을 획득하는 하나의 분명한 방법이 해외에 유학생을 파견하는 것이었다. '바쿠후'와 일부의 '한'들에서는 유신 전부터 이것을 시작하였고, 신정부는 이러한 노력을 계속해 갔다. 54명 이상의 학생들이 1871년 이와쿠라 사절단에 동행하여 해외로 갔다. 서구 유학으로부터 귀국한 학생들이 정치, 사상, 경제의 개혁자 및 지도자들로서 중요한 경력들을 쌓았고, 야마가타, 이토 및 이노우에와 같은 일부는 새로운 일본의 주요 설계자들이었다.

외국인 전문가들을 영입하는 것이 서양 기술을 획득하고 그 기술을 익히는 또 다른 방법이었다. 구체제의 마지막 몇 년간에 외국인 전문가들이 다양한 산업상의 사업들에 기용되었고, 신정부는 그와 같은 인재들의 고용을 확대하였다. 이미 살펴본 바와 같이 외국인들은 홋카이도의 개발과 광산국에서 널리 활용되었고, 1879년까지 공부성(工部省)은 130명의 외국인들을 고용하였는데, 그들의 급료가 공부성의 고정 지출의 거의 5분의 3을 차지하였다.

도쿠가와 시대의 란가쿠(蘭學)가 반 세기 혹은 더 이상 뒤떨어진 것으로 판명되었기 때문에 외국 학자들에 의한 서양 과학과 학문의 새 출발이 이루어졌다. 일련의 독일 의사들이 1871년부터 시작하여 일본 의학에 강한 독일적 특성을 부여하였다. 영국과 미국 학자들은 다른 과학들에 있어서 더욱 중요하였다. 1877년 일본에 온 하버드 대학의 모스(E. S. Morse) 교수는 근대 동물학, 인류학, 고고학 및 사회학 연구의 창시자로 기억되고 있다. 그리고 일본인들은 보스턴의 어니스트 페놀로사(Ernest Fenollosa)에 대하여 아직도 빚을 지고 있다는 강한 느낌을 가지고 있는데, 그는 1878년 철학 교수로 일본에 왔고 그 자신의 열정에 의해 일본의 고유한 미술 전통에 대한 관심을 부활시키는 것에 기여하였다.

일본의 기준으로 볼 때, 외국인 전문가들과 학자들이 엄청난 급료와 사치스러운 생활 방식을 요구하였기 때문에 그들에게 과도한 비용을 들여야 했다. 아마도 그들이 일본인들에게 과다한 비용 부담을 주었기 때문에 그들은 오늘날 개발 도상국들에서 종종 그러한 것보다 더욱 존경을 받았고 더 잘 이용되었는데, 그곳들에서는 외국인 전문가들을 위한 비용이 흔히 외국들이나 국제 기구들에 의해서 지불되고 있다. 그러나 엄청난 지출은 또한 일본인들로 하여금 가능한 한 빨리 그들을 그들이 훈련시킨 일본인들이나 해외로부터 귀국한 유학생들로 대체하기를 간절히 바라도록 만들었다. 1870년대에는 이미 이러한 일이 시작되었고, 1880년대에는 마쓰카타의 긴축 정책들에 의해 그 과정이 가속화되었다. 세기의 전환까지 외국인 전문가들은 언어 교사를 제하면 거의 남아 있지 않았다. 하나의 예외는 외국인 선교사들이었는데 그들은 자비로 찾아왔고 차차 그 숫자가 늘었다. 그들은 가치 있는 영어 선생님이자 다른 지식의 전수자들이었다.

인쇄물이 도쿠가와 시대 동안 난학자(蘭學者)들에게 서양 지식의 주된 원천이었고, 번역물과 서적들이 새 시대에 훨씬 더 큰 역할을 수행하였다. 서양에 관한 지식의 지도적인 보급자는 메이지 시대 일본의 재야에 있어서 가장 영향력 있는 인물이었던 후쿠자와 유키치(Fukuzawa Yukichi, 福澤諭吉 ; 1835~1901)였다. 그는 북규슈 출신 사무라이로 나가사키와 오사카에서 란가쿠〔蘭學〕를 공부했고, 에도에서 네덜란드 어를 가르쳤다. 1859년 이후 그는 요코하마〔横濱〕에 모여든 사람들의 언어가 영어인 것을 발견하자 영어로 바꾸었다. 1860년과 1862년에 그는 각각 미국과 유럽으로 보내진 '바쿠후'의 사절단에 동행하였

사무라이 복장을 한 구식의 '비개화인'과 서양식 모자, 우산 및 도
구를 지닌 '반개화인'과 서양식 복장에 지팡이와 개를 완비한 '개
화인'을 보여 주는 1870년대초의 판화.

고, 에도에 한 학교를 설립하였는데, 이것은 후에 일본의 주도적인 두 사립 대
학 중 하나이고 일본의 최고 경제 지도자들을 배출한 게이오〔慶應〕 대학으로
성장하였다. 그러나 최초의 명성은 그의 저술들로부터 비롯되었다. 1869년 그
는 〈서양 사정(西洋事情)〉을 발간하였는데, 그 속에서 단순하고 분명한 용어들
로 서양의 정치, 경제 및 문화 제도들을 묘사하여 영국 의회제에 대한 그의 선
호를 분명하게 드러냈다. 이 책의 초판은 15만 부가 팔렸다. 후쿠자와는 다음
10년 동안 70만 부가 팔렸다고 전해지는 〈학문의 장려〉를 포함한 다수의 다른
저작들을 뒤이어 출판했다.

많은 다른 민간 학자들이 서양 지식을 확산시키는 임무를 후쿠자와와 함께
수행하였다. 15명의 지적 지도자들이 그에 합류하여 1873년 메이로쿠샤〔明六
社, 메이지 6년의 결사〕를 설립하였는데, 그것은 단명하였으나 영향력 있는 존
재로 공개 강좌를 개최하고 잡지를 발간하였다. 서양 서적들을 번역하는 것은
당시의 주된 문필 활동이었다. 새뮤얼 스마일스(Samuel Smiles)의 〈자조론(自助

論)〉과 밀의 〈자유론〉은 1870년과 1871년에 출판되었는데 둘 다 대단히 인기가 있었다. 또한 〈로빈슨 표류기〉(1859)로부터 줄 베르느(Jules Verne)에 이르기까지 모든 형태의 서양 문학의 번역물들이 홍수를 이루었다.

교 육 새 지도자들은 조직된 교육 제도가 근대화 사회의 근본적인 특징임을 분명하게 깨달았고, 일찍이 1871년 그러한 제도를 발전시키기 위해 문부성(文部省)을 만들었다. 이 노력은 물론 비교적 높았던 문자 해독률과 일본인들의 학교와 공교육에 대한 친숙감으로 인해 비교적 쉽게 추진될 수 있었지만, 다양한 도쿠가와 시대의 교육 기관들 스스로가 새로운 상황에 적응할 수 없음을 증명하였다. 사무라이를 위한 유교 중심의 한가쿠[藩學]와 평민들이 읽기와 쓰기를 배웠던 소위 데라코야[寺子屋 ; 사원 학교]는 모두 사라졌다. 유일한 예외는 '바쿠후'의 학교였다. 1869년 에도의 유학(儒學) 대학, 의학교(醫學校) 및 쇼헤이코(昌平黌 ; 서양 서적 연구소)의 언어 과정이 하나의 정부 기관으로 통합되었다. 1871년에는 교육 과정 중의 비서구적 요소들이 탈락됐고, 1877년 도쿄 대학으로 다시 이름붙여졌는데, 그 이름하에 그것은 일본 교육 제도의 정상으로 남게 되었다.

대부분의 종래 학교들이 사라짐에 따라 정부는 완전하게 근대화된 교육 제도를 마음껏 발전시킬 수 있다. 정부는 대부분의 서구 제국들에 존재했던 종교와 교육 사이에 확립된 연고와 결코 싸울 필요가 없었다. 따라서 단일한 공립 교육 제도에 대한 서구의 개념들을 19세기에 서구 자신의 많은 나라들에서 가능했던 것보다 더 완전하게 실시할 수 있었다.

문부성은 처음 프랑스식의 고도로 중앙 집권적인 교육 제도를 채택하였다. 16개월의 학교 교육이 남녀 아동들을 위해 의무적인 것이 되었다. 의무 교육은 1880년 3년으로, 그리고 1907년 6년으로 연장되었다. 그러나 이러한 계획들을 시행하는 것은 재원과 교사들의 부족으로 인해 쉬운 일이 아니었다. 늦게는 1886년까지 법정 학령 아동의 단지 46퍼센트만이 학교에 다닐 수 있었고, 1905년까지는 95퍼센트로, 그리고 서시히 훨씬 너 높게 증가하였다.

그러는 동안 원래의 프랑스식 중앙 집권적 제도가 부분적으로 미국식으로 분산화되고 수정되었다. 이것은 후쿠자와와 사쓰마 출신 사무라이로 주미 공사를 역임한 후 문부상(文部相)이 되었던 모리 아리노리(Mori Arinori, 森有禮 ;

1875년 문부성 제작의 어휘 괘도를 통해 공부하고 있는 1학년 학급을 보여 주는 1877년의 판화.

1847~1889)와 1873년부터 1879년까지 문부성 고문으로 일했던 럿거스(Rutgers) 대학의 데이비드 머리(David Murray) 박사와 같은 사람들의 영향하에 이루어졌다. 그 이상의 교육의 자유화는 또한 대다수 사립 학교들의 급속한 발전에 의해서 촉진되었다. 이들 다수가 선교사에 의해서 설립되었고, 그리스도 교 학교는 소녀들을 위한 중등 교육의 분야에서 특히 중요하였는데, 이 부분은 정부에 의해서 어느 정도 방치되어 있었다. 상당수의 선교 기관들이 후에 대규모 대학들로 성장하였다. 또한 많은 세속의 사립 학교들이 있었다. 1882년 전 정부 지도자였던 오쿠마가 학교를 설립하여 이를 후쿠자와에 의해서 설립된 게이오〔慶應〕에 합류시켰다. 이것은 또 하나의 대사립 대학이 되었으며 후에 의회 정치인들의 주된 원천이었던 와세다〔早稻田〕 대학으로 성장하였다. 다른 세속의 사립 학교들이 뒤따랐는데, 그들의 일부가 설사 그렇게 명문은 아니었지만 조만간 거대한 대학들이 되었다.

1880년대에는 보다 중앙 집권적이고, 권위주의적인 교육 제도로 후퇴하는 경향이 나타났고, 1890년 교육 칙어(敎育勅語)의 공포시에는 절정에 달하였다.

이 짧은 문서는 교육 자체에 대해서는 단지 조금밖에 언급하고 있지 않으나 조화와 천황에 대한 충성을 강조하는 것에 있어서 유교 이념의 부활된 영향을 보여 주었다. 그러나 공교육을 통한 대중 교화(大衆敎化)에 대한 그것의 핵심 개념들은 전적으로 근대적인 강조였다. 새로운 교육 정책의 한 부문은 이제까지 서구의 과목들에 대한 집중적인 관심에 대한 균형을 유지하기 위하여 일본과 중국의 문학, 역사, 사상으로의 바람직한 회귀였다. 새 정책의 다른 요소들은 교육에서 교화에 대한 강조가 늘어난 것, 교육 과정의 표준화, 특별히 하위 교육 단계의 사립 기관에 대한 정부 통제가 증대된 것이었다. 여전히 또 다른 요소는 공립 학교 제도의 확대와 사립 학교들에 대한 그것의 권위를 향상시키는 것이었다. 이 결과로 사립의 초중등 학교들은 상대적으로 덜 중요한 위치로 떨어졌다.

도쿄 대학은 1886년 진정한 다수 학부의 종합 대학으로 재조직되어 장래 정부 관료들의 주된 훈련 본부가 되었다. 1893년까지 졸업생들은 시험 없이 바로 공무원으로 채용되었다. 이 정책의 필연적인 결과는 아직도 계속되는 전통으로, 도쿄 대학 법학부(法學部) 졸업생들에 의한 고위 관료직의 지배이다. 그때 이후로 제국 대학(帝國大學)으로 알려진 다른 국립 대학들이 설립되었는데, 1897년에 교토 대학, 1907년 센다이〔仙臺〕에 도호쿠〔東北〕 대학, 1910년 후쿠오카〔福岡〕에 규슈 대학, 1918년 삿포로〔札幌〕에 홋카이도 대학, 그리고 다른 몇 개의 대학이 추가되었다.

20세기초에 일본의 새 교육 구조는 거의 완전한 것이었다. 맨 밑에는 군대와 공장과 논밭에서 효율적인 임무를 행할 문자 해독이 가능한 시민을 양성하기 위해 마련된 의무적인 6년제 남녀 공학인 소학교(小學敎)가 있었다. 이 위의 단계에는 세 가지 형태의 기관이 있다. 첫째는 5년제 남자 인문계 중학교(中學校)이고, 둘째는 보다 낮은 수준의 기술을 양성하는 다양한 하급의 기술 학교들이고, 셋째는 보다 나은 가정 출신의 소녀들에게 필요한 모든 교육을 제공하도록 되어 있는 고등 여자 학교이다. 이 단계 위에 1896년 시작된 3년제 남자 인문계 고보(高普)와 1903년 시작된 보다 상급의 기술을 위한 전문 학교들이 있었다. 피라미드의 정상에는 소수의 지도적 엘리트들을 양성하는 3년제 대학(의과의 경우 4년)이 있었다.

이것은 아주 잘 짜인 논리적인 제도로, 당시 대부분의 서양 제국들에서보다 더 합리적으로 인식되었고, 획일적으로 시행되었다. 그것은 또한 대체로 매우 잘 작용하였다. 가장 낮은 수업료로 운영되었던 공립 기관들의 도전받지 않는 권위가 일본의 교육에 영어권 국가들의 학교들보다 더 평등주의적인 특성을 부여하였다. 그것을 이용할 열망과 능력을 가진 모든 사람들에게 현저하게 개방되어 있는 교육 제도가 국가의 지도자들을 선발하는 주된 도구가 되었다. 이 결과로 단지 얼마 전만 하더라도 엄격하게 세습적인 봉건 가계들을 따라서 조직되었던 사회가 겨우 한두 세대내에 영국이나 다른 유럽 국가들보다 계급에 덜 속박되었다.

그러나 이 교육 제도는 또한 심각한 결점들을 가지고 있었다. 국가의 필요가 지도자들에 의해서 계획되었고, 그것에 따라 교육 제도가 너무도 조심스럽게 재단되었기 때문에, 일본 사회가 발전해 감에 따라서 그것은 모든 교육적 필요에 적절하게 대처하지 못하였다. 예를 들면 여성들에 대한 고등 교육은 주로 공교육(公敎育) 구조의 바깥에서 성장하였고, 사립 대학들의 급격한 성장은 일본 사회에 정부가 적당하다고 생각했던 이상으로 훨씬 더 많은 고등 교육에 대한 수요가 존재했음을 보여 주었다. 또한 장기적으로 일본에 지극히 해가 되었던 것으로 판명된 속박하는 순응주의와 획일적인 주입의 가능성이 존재해 있었다.

헌법의 제정

대의 기구에 관한 초기의 관심　　메이지 지도자들은 그들이 수행한 초기의 정치 개혁들이 주로 임시 변통적인 것이었음을 깨닫고 있었다. 그들이 '사쓰마 반란(서남 전쟁)'을 진압한 후 전국에 걸쳐 도전을 받지 않는 지배권을 확립하자, 그들은 좀더 영속적인 정부 형태를 고안하는 일에 관심을 돌렸다. 2세기 이상 분명하게 규정되고, 완전하게 수용되었고, 거의 변하지 않는 정치 질서를 향유했던 사회에 있었기 때문에 그들은 그것과 같이 분명하고, 변하지 않고, 도전을 받지 않는 정통성이 있는 정치 체제를 갈망하였다. 서양 사상의 영향을 받은 그들은 그것이 어떤 형태의 대의 기구들을 실현하는 것이라고 생각하였다.

‘릿시샤’는 국회 개설뿐만 아니라 사무라이 계급의 경제적 회생을 목표로 였다. 그것은 도사에서 널리 확산되었고, 1875년초 ‘아이코쿠샤〔愛國社〕’로 명되어 다른 지역들에 침투하기 시작하였다.

새 정치 지도자들 중 왜 이타가키가 민주주의로 유별난 선회를 하게 되었는, 혹은 그의 고향 도사에서 왜 그의 사상들에 대한 그렇게 즉각적인 호응이 었는가를 말하는 것은 쉽지 않다. 도사는 상대적으로 후진적 변경 지역이었, 이타가키는 특히 군인 정신이 넘치는 사무라이였다. 하나의 요인은 새 정에서의 사쓰마와 조슈의 지배적인 역할에 대한 도사 사람들의 원망이었을 이다. 보다 기본적인 이유는 도사의 고시〔鄕土〕 계급이 사무라이 지위를 살 있도록 허용되었던 ‘쇼야〔庄屋, 촌장〕’들이나 상인들과 함께 오랫동안 ‘한’ 의 도시 행정에 대해 반대해 왔고 그들의 대중적 반대의 태도들이 용이하게 새 정부로 옮겨진 것에 있다.

정부 지도자들은 이타가키의 요구에 특별히 충격을 받지 않았고 계속해서 그를 그들 중의 하나로 간주하였다. 사실 그들 자신이 헌법을 위한 여러 제안들을 연구하였고, 1875년 천황으로 하여금 머지않아 국회가 개설될 것이라는 약속을 하게 하였다. 기도도 또한 그 전해에 화가 나서 사임하였는데, 그 후 정부에 다시 참여하도록 그를 권유하기 위해 오사카에서 오쿠보〔大久保〕와 기도 사이에 합의가 이루어진 바 있었고, 그 합의에 기초하여 1875년 이타가키도 마찬가지로 정부에 복귀하도록 설득되었다. 오사카의 합의는 정부의 재편을 필요로 하였다. 사법부의 독립을 보장하기 위하여 대심원(大審院)이 설치되었고, 원로원(元老院)이 구성되어 국회를 준비하는 임무가 부여되었다. 원로원이 1880년 마침내 헌법의 초안을 제시하였으나, 그 당시 정권의 최고 실력자들이었던 이와쿠라〔岩倉〕와 이토〔伊藤〕는 이 초안이 영국 제도들을 지나치게 본떴다고 하여 묵살해 버렸다.

오사카 협정의 또 다른 항목은 현지사(縣知事)들의 회의를 소집하는 것이었다. 그것은 1875년 6월 처음 모였고 1878년의 두번째 모임에서 민선에 의한 부현회(府縣會)의 설립을 설정하였다. 비록 선기권이 5엔 이상의 조세를 지불한 남자들에게 제한되어 있었고, 그것의 권한이 지사들에 의해 제출된 조세와 예산의 문제들을 논의하는 것에 제한되어 있었지만, 1879년 3월 소집된 이들 기구들은 비서구 세계 어디에서건 성공적으로 작용했던 최초의 민선 정치 기구

대의 정치 기구의 창출을 기꺼이 고려하려는 그들의 의지는
로부터 놀라운 이탈이었다. 그러나 그것은 당시 서구 제도들으
가장 선진적이고 강력한 나라들이 대의 정치를 구현한 헌법들
때문에 진보와 힘을 만들어 내는 무엇이 헌법과 대의 기구에 있
한 가정에 의해서 설명되어질 수 있을 것이다. 그들은 프랑스
아 후진성의 원인이 지나치게 전제적이었던 정권에 있다고 생ㄱ
일본의 지도자들은 헌법과 의회가 일본에 대한 서구의 존경을
고 일본이 동등자로서 그들에게 받아들여질 날을 더 가깝게 할
다.

이러한 국면의 또 다른 요인은 정부 지도자들이 단지 억압된 ㄴ
적으로 무감각한 조닌〔町人〕들만을 다루지 않았다는 것이다. 사
전체는 잘 교육을 받았고 자신들이 정치의 정당한 참여자들임을
들로 가득 차 있었다. 그러한 사람들은 정부에서의 몫을 지속적으
고, ‘5개조의 서문’에서 “널리 회의를 일으켜 모든 일을 공론(公論
할 것”이라고 한 약속이 아마도 그들에게는 그들이 새로운 정치
리를 찾을 것이라는 보장을 의미하였다. 그러나 ‘회의’와 ‘공론’은
본인들에게 그렇게 익숙하지 못한 기술이었다. 1868년과 1870년 ㅅ
적으로 ‘한’의 대표들로 구성된 심의 회의를 만들려는 네 번의 시도
있는 어떤 일도 하지 못한 것처럼 여겨졌고, 이 시도가 조용히 중단
별다른 큰 반대가 없었다.

대의 기구들에 대한 관심은 1873년 가을, 도사의 이타가키〔板垣〕기
럽을 창설하자 새로운 단계에 접어들었다. 그는 정한론(征韓論)에 ㄷ
때문에 정부를 떠난 후에 히젠〔肥前〕의 에토〔江藤〕와 다른 도사 지도ㅈ
불어, 정치 결사를 조직하였는데 이를 나중에 ‘아이코쿠 고토(Aikoku
國公黨)’라고 이름붙였다. ‘도(tō, 黨)’라는 말이 중국 역사의 관료적 당
와 관련되어 있었기 때문에, 이것은 과감한 조치였다. 그러나 새 집단
의 자의성(恣意性)을 비난하고 ‘민선 의원(民選議院)’의 설치를 서슴없이
하였다. 이타가키는 다음해 사가〔佐賀〕에서의 에토의 반란에 가담하기를
하였으나, 대신에 스마일스의 널리 읽혀진 책인 〈자조론(自助論)〉의 일본
목에 근거한 이름인 ‘릿시샤〔立志社〕’로 불려진 새로운 정치 조직을 설ㄹ

였다. 1880년 유사한 구(區), 정(町), 촌(村)의 민선 의회들이 그것의 뒤를 따랐다.

자유 민권 운동 이타가키는 표면적으로 오사카 협정의 한 항목이 실행되지 않은 것을 이유로 1875년말 다시 정부로부터 사임하였다. 그와 그의 측근들은 '사쓰마 반란'에 개입하는 것을 가까스로 모면하였고, 1878년 전국적 대중 운동을 창출하기 위한 그들의 노력을 재개하였다. 이번에는 그들의 의회제 형태의 정부 요구에 대한 엄청난 호응이 있었다. 소위 이 '지유 민켄 운도〔自由民權運動〕'가 인기 있었던 이유 중 하나는 많은 사무라이들의 현재 상황들에 대한 불만이었다. 그러나 수가 가장 많았고 또 가장 열렬했던 운동의 참가자들은 부유한 농민 지주들인 고노〔豪農〕와 소기업가들이었는데, 그것은 곤궁한 사무라이들보다는 그들이 주요한 조세 부담 집단을 이루고 있었기 때문이었다. 사무라이 출신들이 보통 최상위의 지도자들과 지적 지도자가 되었으나 농민과 기업가는 주된 재정적 원조와 새로운 정치 결사의 구성원의 대부분이 되었다.

국회 개설 운동 확산의 또 다른 이유는 주로 후쿠자와의 책들과 다른 저술가들의 책들로 인해 일본 지식인들의 민주주의적 기구들에 관한 지식이 증대하였기 때문이다. 예를 들면, 도사의 사무라이 출신 나카에 조민(Nakae Chōmin, 中江兆民; 1847~1901)은 루소(Rousseau)의 사상을 널리 보급하였다. 나카에는 1881년 〈동양 자유 신문(東洋自由新聞)〉의 창간에 기여하였는데, 그것은 이 운동의 영향력 있는 도구가 되었다. 일본 최초의 진정한 신문이 1870년 시작되었고, 1875년까지 100 개 이상이 존재하였다. 신문과 다른 정기 간행물은 지지자의 정치적 견해를 반영하는 의견 일지였다. 실업자 사무라이와 다른 정치적 국외자들이 신문 작업에 모여들었고 따라서 일본 언론이 정치적 저항의 강한 성향을 띠도록 하였는데, 이것은 오늘날까지 존속한다.

민주주의 전통과 표현의 자유가 일본에 결여되어 있었기 때문에 당시의 사람들에게 정치적 선동과 반란을 통한 반대 사이의 구분이 결코 분명하지 않았다. 앞서의 10 년 동안 시시〔志士〕들의 주된 무기였던 정치적 암살조차 장래의 자유 민권 운동 옹호자들의 일부에게 정당한 것으로 여겨졌다. 정부의 최고 실력자였던 오쿠보가 1878년 사쓰마 반란에서 사이고〔西鄕〕의 죽음에 대한 복수와 '인민의 권리'를 수호한다는 기묘하게 혼합된 동기들을 가진 과격파들에 의해서 살해되었다. 이타가키는 애국사의 전국 집회를 통해서 우후 죽순처럼 늘어나는 정치 운동을 통제하려고 시도하였다. 최초의 집회가 1878년 9월 개최되었고, 1880년 4월 개최된 네번째 회의에서 조직의 명칭이 국회 기성 동맹(國會基成同盟)으로 변경되었다.

정부 지도자들은 이러한 운동의 성장과 때때로 발생하는 폭력에 대해서 당연히 우려하였다. 1875년 그들은 신문이 정부를 공격하는 것을 방지하도록 고안된 새로운 언론, 출판, 명예 훼손에 관한 조례(條例)들을 채택하였다. 언론인들과 관리들 사이의 끊임없는 싸움으로 정부가 주간들을 투옥시키고 벌금을 부과하는 것과 신문사들이 방어 전술의 일환으로 꼭둑각시 주간들을 세우는 일이 생겨났다. 1880년 정부는 대중 집회에 관한 엄격한 조례를 채택하였다. 이 법은 어떤 대중 집회라도 경찰의 허가를 필요로 하도록 하였고 군인, 경찰, 교사, 학생들이 정치 활동에 참여하는 것을 금지하였으며, 당국들에 너무도 일반적이고 애매한 권력들을 부여하여 그들로 하여금 거의 어떤 형태의 정치적 선동도 탄압할 수 있게 했다.

1881년의 위기　정부 지도자들은 어떤 종류의 국회 개설을 반대했다기 보다는 차라리 이것을 자신들의 방식으로 하려고 굳게 결심하고 있었다. 그들 가운데 의견은 영국 제도들을 찬양하는 사람들과 보다 제한적인 프러시아 모델을 주목하는 사람들 사이에서, 그리고 점진주의자들과 어떤 조치가 단숨에 취해지지 않으면 안 된다고 생각했던 사람들 사이에서 갈라졌다. 상황을 명확하게 하기 위하여 모든 원로(元老)들은 천황에게 그들의 견해를 서면으로 제출하도록 요청되었다. 응답들은 압도적으로 온건하였다. 이 시기까지 원래의 메이지 유신의 가장 강력했던 세 지도자들이, 기도는 1887년 결핵으로, 사이고는 같은 해에 반란 때문에, 오쿠보는 1878년 암살자의 손에 각각 사라지고, 약간 더 젊었던 제 2 선의 사무라이들이 그들의 자리를 차지하였다. 육군의 건설자인 야마가타는 '자유'에 대한 대중의 요구를 비난하였으나, 그도 어떤 종류의 국회가 형성되어야만 하고 현회(縣會) 출신의 보다 훌륭한 사람들로 시작하여 완만한 시행 착오의 방법들을 통해서 진정한 국회를 만들어야 한다고 생각하였다. 홋카이도의 개척자였던 구로다(黑田)만이 국회에 관한 모든 논의가 시기 상조라고 생각하였다.

이미 10년 이상 그들이 적당하다고 생각한 것에 따라서 국가의 운명을 이끄는 것에 익숙해져 있었고, 무엇이 일본에 좋은가를 가장 잘 알고 있다고 확신하는 정부 지도자들이 충분한 지식을 갖지 못하고 그들 눈에 어중이떠중이 선동가들로 보이는 사람들의 요구에 응하려 하지 않았다는 것은 전혀 놀라운 사실이 아니다. 놀라운 것은 그들 대부분이 정치적 결정에 있어서 적어도 적은 몫을 가질 어떤 형태의 민선 기구의 설립을 고려할 용의가 있었고, 그들 중 하나인 오쿠마가 1881년 3월 완전한 영국의 의회 제도를 즉시 채택할 것을 제안한 것이다.

이토는 오쿠마의 극단론에 충격을 받았고, 오쿠마가 '자유 민권'이라는 수레에 뛰어오름으로써 정부의 지도력을 둘러싼 그들의 경쟁에서 자기를 앞서가려 한다고 느꼈던 것으로 보여진다. 즉, 그는 오쿠마가 정부에 있는 그의 동료들에 대항해서 외부에 있는 자들과 공모하고 있다고 의심하였다. 이러한 인상은 구로다의 홋카이도 개척사(開拓使) 소유의 자산들이 투자 가치의 3 퍼센트에 불하(마쓰카타의 디플레이션 계획)되었다는 언론의 소란스러운 폭로에 의해서 강화되었는데, 오쿠마는 이 계획에 반대했다. 이 의심은 아마도 정당화될 수 없는 것이었고, 오쿠마는 다른 지도자들과의 협상 목적을 위해서 극단적인 입장을 취하려고 노력하고 있었을 것이다. 만일 그랬다면, 그는 전술상 엄청난 실수를 저지른 것이었다. 이토와 그의 동료들은 오쿠마를 정부로부터 추방할 것을 결정하였다. 10월에 그들은 그를 관직에서 해임시켰고 동시에 반대파에 대한 선심으로 홋카이도의 불하를 취소시켰다. 그들은 또한 1890년 후에 국회 개설을 약속하는 조칙을 발령하였다.

따라서 점진주의자들의 견해가 1881년의 위기에서 승리를 거두었고, 이토는 정부에서 가장 영향력 있는 인물로 부상하였다. 또한 정상의 지도력 전체가 배타적으로 사쓰마와 조슈 출신의 집단으로 굳어졌다. 이타가키와 다른 도사의 사람들은 이미 물러났고, 에토와 히젠 출신의 다른 사람들도 또한 그러하였으며, 이제 히젠의 오쿠마가 또한 축출되었다. 유일하게 진정한 영향력을 지녔던 공경(公卿) 이와쿠라가 1883년 죽었다. 다음의 15년 동안 지도권은 이토, 야마가타, 이노우에와 같은 조슈 사람들과 구로다, 마쓰카타와 1874년의 대만 원정을 이끌었던 사이고의 동생 쓰구미치(Tsugumichi, 從道)와 같은 사쓰마 사람들의 수중에 놓여 있었다. 정부가 두 '한'의 과두 정치, 혹은 그것이 냉소적으로 불려진 것과 같이 '삿초 한바쓰〔薩長藩閥〕'가 되었다는 증대되는 불만들이 존재하였다.

정당 운동　오쿠마는 그가 하야(下野)할 때 민주적 정치인으로 매우 뛰어난 경력들을 갖게 될 사무라이 출신의, 이누카이 쓰요시(Inukai Tsuyoshi, 犬養毅; 1855~1932)와 오자키 유키오(Ōzaki Yukio, 尾崎行雄; 1859~1954)를 포함한 몇몇 유능한 젊은 관리들을 데리고 갔다. 다음해 3월 오쿠마와 그의 추종자들은 '릿켄 가이신토〔立憲改進黨〕'를 설립하였는데, 그것은 영국의 의회제 개념들을 지향하였고 처음 그것의 주된 지지를 주로 도시의 지식인들과 기업가들로부터 획득하였다. 후쿠자와와 그의 게이오 대학 출신들이, 미쓰비시 재벌의 총수인 이와사키가 그러했던 것과 같이, 그것의 가장 중요한 지지자들에 속하였다.

한편 이타가키는 '지유토〔自由黨〕'라는 새 이름하에 그의 정치적 추종자들을 다시 한 번 재조직하였는데, 채택된 그 이름의 영어 번역이 항상 '자유주의당(Liberal Party)'이었고, 이 명칭이 당의 그 후의 역사에 보다 잘 합치하였다. 과격한 프랑스의 신조에 의지하여 자유당은 "자유가 인간의 자연적 상태다."라고 주장하였고 국민 회의에서 결정될 헌법을 옹호하였다.

이들 두 정당들은 비록 반복해서 해체되고, 재조직되고, 합병되고, 개명되었지만 일본에서 두 개의 주된 정치적 조류로 남게 되었고, 그것들은 사실상 제2차 세계 대전 후의 자유 민주당(自由民主黨)의 두 개의 근원들이자 분리된 이름의 이유이다. 비록 그들이 자주 열광적인 대중의 지지를 불러일으킬 수 있었지만, 그들은 거의 등록 당원들을 가지고 있지 않았고 초기에는 기껏해야 수천 명 정도였다. 대부분의 일본인들은 봉건적인 과거에 너무도 가깝게 남아 있었기 때문에 정당에 참여하여 공개적으로 자신의 입장을 분명하게 드러낼 수가 없었다. 두 정당은 그들의 주종(主從) 조직 속에 봉건적 요소들을 지니고 있었고 쉽게 더 작은 주종의 파벌들로 분열하였다. 그들은 일본의 정치적 통합의 상징으로 천황제를 지지했던 한편으로 민선 의회가 사쓰마와 조슈의 번벌(藩閥) 정치보다 더 잘 천황의 의지를 대변할 수 있다고 주장하였다. 그러나 각 정당은 곧 상대편을 단지 '삿초 한바쓰'를 대체하려고 하는 이기주의적인 파당이라고 비난하였다. 특히 개진당은 자유당을 미쓰이의 이익에 봉사한다고 비난하였고, 자유당은 개진당이 미쓰비시에 의해서 지배되고 있다고 비난하는 것으로 대응하였다.

정부는 1882년 대중 집회들에 관한 조례들을 강화하여 정당들에 대항하였다. 또한 이타가키의 유럽 정부들의 시찰에 필요한 자금을 미쓰이가 제공하도록 설득하여 그를 국외로 나가게 만들었다. 따라서 이타가키가 해외에 나가 있는 동안 그의 당은 심각한 어려움에 빠졌다. 당원들의 일부가 마쓰카타의 디플레이션 정책들에 의해 야기된 쌀값의 엄청난 하락과 그에 따른 조세 부담의 증가에 저항하여 농민 반란에 가담하게 되었다. 정부는 소요들을 진압하는 데 별 어려움이 없었으나, 자유당은 반란의 개입으로 너무도 분열되고 불신되어서 1884년 10월 자진 해체하였다. 또한 파벌 지배의 개진당도 곧 분열되었다.

1887년 정부에 대항하는 반대 세력들을 결집시키기 위한 또 다른 시도가 행해졌다. 이 운동은 민주적 제도들의 옹호보다는 정부의 외교 정책에 더 목표를 두었다. 치외 법권을 철회하도록 서양 열강을 설득하기 위하여 외무 대신 이노우에가 외국과 일본 재판관이 섞인 법정이 서양인이 관련된 사건을 재판할 과도 기간을 제안하였다. 이 제안과 일본 전역을 외국인 거주지로 개방하는 계획은 둘 다 매우 인기가 없었고, 정당들은 정부를 공격하기 위하여 이 문제를 물고 늘어졌다. 그러한 외국인 배척이 자주 정당들의 입장을 특징지었다. 서양의 의회주의를 옹호하는 한편 그들은 정부만큼 다른 문제들에 관해서 국수적으로 반서구적일 수가 있었고 정치적 책임을 결하고 있었기에 한층 더 비현실적이었다.

이 새로운 공격에 대항하기 위하여 정부는 1887년 12년 25일 보안 조례(保安條例)을 공포하였는데, 그것은 정부에게 '공공의 안녕에 위험'하다고 느껴질 수 있는 어떤 사람도 도쿄 지역으로부터 추방할 수 있는 권리를 부여하였다. 다음의 며칠 동안에 약 570명의 사람들이 수도로부터 추방되었다. 부활된 정당 운동은 이 일격에 의해서 동요되었고 그 지도자들 중 일부가 유혹되어 정부에 복귀함으로써 곧 완전하게 붕괴되었다. 오쿠마가 1888년 2월 외무 대신이 되었고 따라서 불평등 조약의 개정에 실패한 사쓰마와 조슈의 번벌(藩閥)들을 대신하여 그가 대중의 분노의 대상이 되었다. 그리고 1889년 10월 한 광신자가 투척한 폭탄으로 그는 다리 하나를 잃었다.

헌법의 준비 정당들이 비교적 별 성과 없이 정치적 결정들에 영향을 미치려고 노력하고 있는 동안 이토와 그의 동료들은 약속된 국회와 헌법의 작성을 조직적으로 열심히 준비하고 있었다. 1881년 오쿠마가 정부로부터 축출되기 전에도 이토는 몇몇 기본적인 점에 대한 승인을 획득하였는데, 그것은 최종 결과들 속에 구현되었다. 그는 헌법이 서양의 어떤 제도를 독창성 없이 복제하기보다는 일본의 특수한 필요에 맞게 고쳐져야 하고, 동시에 서구의 최상의 헌법 이론과 실제에 바탕을 두어야 하는데, 그래야만 그것이 서양의 판단과 일본 사용의 이중 시험에 견딜 수 있다고 굳게 믿었다. 1882년 3월 그는 유럽으로 연구 사절을 인솔하였는데, 주요 수도들을 방문하였으나 주로 베를린과 비엔나에서 연구에 집중하였고, 그곳에서 그가 일본에 가장 적합하다고 느꼈던 이론과 실제를 발견할 것이라고 믿고 있었다.

이토는 1883년 8월 일본으로 돌아왔고 다음해 봄에 헌법 기초 특별 위원회의 의장이 되었다. 그러나 이 임무를 시작하기에 앞서 그는 선거에 의한 기구의 모험적인 실험이 시작되기 전에 필요하게 되라라고 여겨진 정부 기구를 만드는 일에 착수하였다. 첫째로 그는 1884년 선거에 의해 뽑힐 중의원(衆議院)에 대한 제동 장치로 고안된 귀족원(貴族院)을 차지할 새로운 귀족을 창출하였다. 새 귀족은 공작, 후작, 백작, 자작, 남작(고대 중국 주나라에서 쓰여졌던 명칭들을 따라 이름붙여졌다)의 5 등급으로 나누어져 주로 과거의 다이묘들로 구성되었는데, 그들은 과거의 '한'의 크기와 왕정 복고에서의 봉사에 따라서 등급이 정해졌다. 귀족은 또한 구래의 공경들과 새 지도자들의 일부를 포함하였는데, 그들은 이토와 다른 소수의 사람들이 공작으로 되기까지 계속해서 스스로를 높여 갔다.

이토의 가장 중요한 혁신은 1885년 12월 유럽의 가장 최신 모델에 바탕을 둔 내각(內閣)의 도입이었다. 공경이 천황과 번벌 사이의 공식적인 매개자로서 남아 있던 다이죠칸(太政官)을 대체하여 내각이 각성의 대신들로 이루어졌는데, 그들은 대부분 주요 번벌들 자신이었다. 따라서 지도자들은 단번에 보다 더 효과적인 행정부로 통합되었다. 이토 자신은 총리 대신(總理大臣) 직을 차지하였다. 1888년 그가 그것을 그만두었을 때, 그것은 사쓰마 출신의 구로다에게 돌아갔다. 1889년 오쿠마에 대한 폭탄 공격 뒤에는 두번째의 유럽 여행으로부터 금방 귀국한 조슈 출신의 야마가타에게로 넘겨졌다. 관료 임명 제도

1870년대 젊은 대장성 관리로서, 그리고 후대에 지도적인 대신으로서 그의 가족과 함께한 이토 히로부미.

전체가 또한 근대화되어 1887년 독일을 모범으로 한 문관 시험 제도가 채택되었다.

이토와 그의 동료들은 천황의 권위가 그들이 설계하고 있던 정치 체제 전체에 핵심이 되는 것을 깨닫고 있었다. 결국 그들 자신의 혁명적 정권 장악이 '왕정 복고'로 정당화되었고, 그들은 그들 스스로가 만드는 것에 힘쓴 신화를 상당한 정도로 신봉했던 것으로 여겨진다. 또한 번벌들은 천황의 대권이 정치 권력의 몫에 대한 증대되는 대중의 요구로부터 그들이 피난할 수 있는 최상의 방파제가 된다는 것도 아마 깨닫고 있었을 것이다. 이토는 따라서 천황의 위엄을 증진시키고 대중의 압력들로부터 황위를 보호하는 데 최선을 다하였다. 1885년 그는 흔히 '옥새 대신'으로 번역되는 고대의 내대신(內大臣)의 직을 부활하였다. 그는 또한 궁내성(宮內省)을 내각의 바깥에 두었다. 1888년 4월 기초되고 있던 헌법에 대해 천황의 이름하에 판결을 내릴 추밀원(樞密院)을 만들었고, 과연 그답게 스스로 그 기구의 의장을 차지하여서 그 자신이 한 일에 대한 승인을 보장할 수 있었다.

이토와 그의 동료들이 근대 일본의 영속적인 정치적 패턴이 될 것으로 희망했던 것을 점차 확립하여 감에 따라, 공식적 철학의 결정적인 고착화가 존재하였다. 지도자들이 이미 젊은 혁명가들이 아니라 중년에 접어든 노련한 행정가들이었기 때문에 아마도 이것은 어떠한 경우에도 필연적인 것이었다. 이 시점에서 교육이 엄격한 중앙 집권적 통제하에 놓이고 서양의 사회 관습을 모방하는 것이 중지되었다. 충성과 복종에 대한 유교적, 봉건적 강조가 다시 유행하게 되었고, 우리가 본대로, 1890년의 교육 칙어(敎育勅語)에 표현되었다.

이토가 새로운 정치 질서의 주요 기구들을 새로이 만들고 있는 동안 야마가타는 약간 다른 길을 가고 있었다. 그는 이토보다 천황의 지배에 관한 보다 더 문자 그대로의 관념을 가지고 있었던 것처럼 보였고, 육군의 주된 설계자로서 그는 강력한 행정권의 보루로서 군대에 보다 더 중점을 두었다. 그는 따라서 육군의 사기와 기술적 능력을 구축하는 일에, 그리고 정부내에서 군대의 어느 정도의 독자성을 발전시키는 데 전념하였다.

1878년 12월 야마가타는 독일의 참모 본부 제도를 채용하였고, 참모 총장은 군령의 문제에 있어서 재정과 행정상의 문제들과는 달리 육군 대신과 민간 정부에 독립하여 오로지 천황의 명령하에서만 행동하고 천황에의 직접 상주권

(上奏權)을 갖도록 했다. 참모 총장의 중요성을 강조하기 위하여 야마가타는 육군 대신을 사임하고 이 새 직책을 차지하였다. 같은 해에 야마가타가 충성, 용감, 복종의 옛 덕목들을 강조하는 군인 훈계(軍人訓戒)를 공포했고, 1882년에는 천황으로 하여금 군인 칙유(軍人勅諭)를 공포하도록 하였다. 본문은 육군과 해군의 '통수권'이 천황의 수중에 있고 따라서 민간 정부 기구들로부터 군대의 독립성을 강화한다는 것을 명백히 하였다.

또한 야마가타는 1883년부터 1888년까지 내무 대신에 재직함으로써 다른 분야들에서도 강력한 행정권을 구축할 기회를 가졌다. 그는 경찰을 보다 중앙에서 통제되고 효과적인 집단으로 재조직하였고, 1887년의 보안 조례(保安條例)는 대체로 그의 작품이었다. 그는 또한 지방 정부를 효율적이나 고도로 중앙 집권적이고 권위주의적인 체계로 재조직화하는 작업을 실행하였는데, 그것은 1888년과 1890년에 공포된 법률들 속에 구체화되었다.

메이지 헌법 헌법을 기초하는 실제적인 작업과 그것의 보조적인 입법은 1886년까지 진행되지 못하였다. 이토 지휘하의 주요 참여자들 가운데 독일인 헤르만 뢰슬러(Herman Roesler)가 있었다. 완성된 문서는 1889년 2월 11일 공포되었는데 이날은 기원전 660년의 일본 국가의 가정된 개국 공식 기념일이다.

헌법은 1890년까지 국회를 개설하겠다는 약속을 확인하였다. 그에 따르면, 영어로 '다이어트(Diet)'로 불려진 양원의 국회, 즉 제국 의회(帝國議會)를 두고, 고위 귀족들, 하위 관등 귀족들 중 선거로 뽑힌 대표들, 결과적으로 흔히 학식이 뛰어난 사람들인 천황의 지명자들로 귀족원을 구성하도록 되어 있었다. 또한 중의원(衆議院)은 15 엔 이상의 조세를 납부하는 성인 남자들로 제한된 선거권자들이 선발하도록 규정하였다. 선거권자들은 1890년에 약 45만 명이었는데 성인 남자 인구의 약 5 퍼센트에 지나지 않았다. 제국 의회는 예산과 모든 영구적인 법률들이 양원의 동의를 필요로 하였던 점에서 권력의 실제적인 몫을 부여받았다. 헌법은 또한 종교, 언론, 출판, 집회, 결사의 자유와 정당한 법의 절차에 대한 권리들과 같은 전반적인 일련의 기본권을—— 비록 이것들이 모두 "만일 법에 규정된 경우가 아니면"이거나 "안녕과 질서에 해가 되지 않는 범위내에서"와 같은 구절들에 의해 제약을 받고 있었지만—— 보장하였다.

이것은 대담한 혁신이었으나, 지도자들은 그들이 천황의 대권과 이런 방식으로 자신들의 권력을 적절하게 보장하였다고 믿었다. 헌법은 천황의 하사품으로서 주어졌는데, 천황은 수정을 발의할 독점적인 권리를 예비하고 있었으나 어떤 수정도 이루어지지 않았다. 헌법은 천황이 '신성 불가침'하고 '만세일계(萬世一系)로 군림한' 왕조의 후손으로서 주권의 소재임을 선언하였다. 또한 천황이 모든 행정권과 아울러 '제국 의회의 동의하에 입법권'을 행사한다는 것을 분명히 하였다. 그리고 천황이 육군과 해군의 통수권을 갖는다는 것을 구체적으로 기술하였다. 또한 개개의 대신들이 내각으로서 집단적인 책임을 지기보다는 그에게 직접적으로 책임을 지도록 만들었는데, 내각은 헌법에서 언급조차 되지 못하였다. 황실의 예산은 의회의 통제로부터 전적으로 벗어나 있었다. 천황은 언제든지 의회를 일시적으로 정지시키거나 새로운 선거를 필요로 할 중의원의 해산을 감행할 수가 있었다. 의회가 휴회중일 때 그는 법을 대신하는 칙령(勅令)을 발할 수가 있었다. 번벌들은 또한 돈주머니 줄에 대한 의회의 지나친 통제를 방지하기 위하여 그들이 비상 수단으로 생각했던 것을 보유하였는데, 만일 의회가 새 예산을 통과시키지 못하면 전년도의 예산이 그대로 효력을 지니도록 하였다.

헌법은 다수의 대립적인 사상들의 혼합이었으나, 그것은 결과적으로 당시의 다양한 정치 세력들 사이에서 상당히 성공적인 균형을 이룬 것으로 판명되었다. 최근에는 이것이 민주주의를 거의 제공하지 못했다고 종종 비난을 받고 있으나, 이것은 후대의 시각이다. 당시 대부분의 서구 국가들 자체가 선거인과 의회의 힘에 제한이 있었고, 그랜트(Grant) 대통령과 스펜서와 같은 본질적으로 다른 인물을 포함한 대부분의 서구인들은 일본인들에게 서서히 민주적 실험을 행하라고 조언했다. 정부를 지배했던 사람들의 봉건적 배경 및 권위주의적 경험과 대중들의 민주적 사상과 제도에 대한 생소함을 고려할 때 헌법은 당시에 성공적으로 운용할 수 있는 아마도 가장 민주적인 정치 체제를 규정하였다. 반대 집단들에게는 실망을 주는 것이었지만 그것은 동시에 보다 더 보수적인 세력들을 완전하게 소외시키지 않고 그들의 최소한 요구들을 충족시켜 주었다. 이러한 균형과 그것이 가정하는 천황의 기원에 대한 신성 때문에 헌법은 어느 쪽으로부터도 심각하게 도전받지 않았다.

보다 타당한 비판은 헌법 체제의 애매성에 향해질 수 있었을 것이다. 광범

메이지 헌법하의 정치 체제

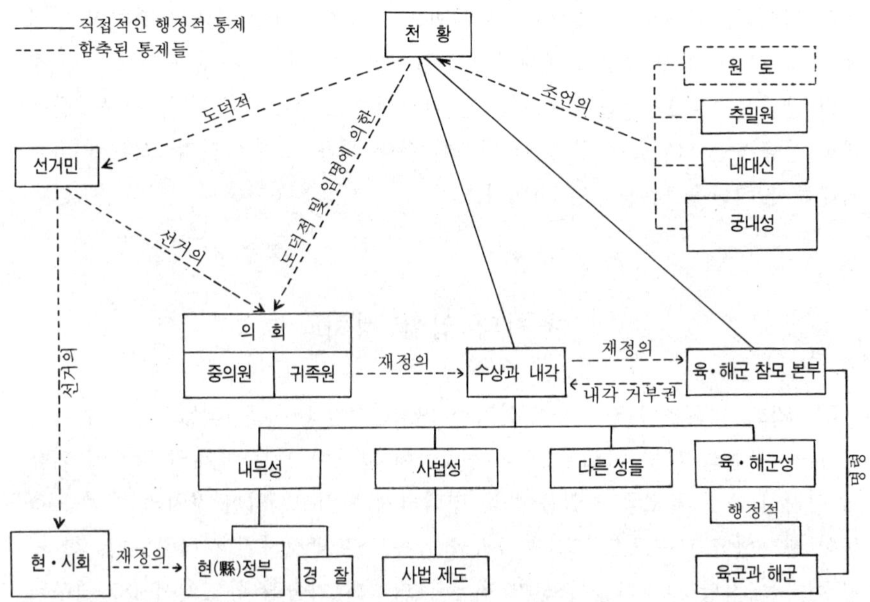

위한 천황권에 대한 가장(假裝)은 사실상 천황이 본질적으로 상징으로 남아 있
는 한 번벌들이 그의 이름으로 행동함에 있어 어떤 심각한 어려움도 초래하지
않았다. 그러나 번벌 집단은 헌법의 어디에도 언급되지 않았고 어떤 후계 기
구를 위해 마련된 규정들도 존재하지 않았다. 이 지도자들이 무대에서 사라졌
을 때 두 가지의 심각한 문제가 대두하였다. 하나는, 정부의 어떤 기구들이 천
황의 대권을 행사해야만 하는가가 분명하지 않은 것이었다. 예를 들면, 총리
대신직을 채우거나 다른 누군가를 지명할 번벌들이 더 이상 존재하지 않게 되
었을 때 누가 총리 대신을 선택할 것인가와 같은 문제였다. 게다가 거의 무제
한적인 천황권은 번벌들과 같은 전반적인 권한과 폭넓은 통찰력을 갖지 못한
개인들이나 정부 기구들에 의해서 남용될 수 있었다. 예를 들면, 양자를 감독
할 번벌들이 더 이상 존재하지 않게 되었을 때 누가 독립적인 군대를 민간 정
부와 조화하도록 제어할 수 있느냐 하는 것이었다.

 이토가 자신과 같이 통제할 수 있는 사람들이 계속될 것이라는 무의식적인 가정에서 이들 문제들을 발견하지 못했는지, 혹은 그 후의 발전을 위한 여지를 마련하기 위하여 의도적으로 헌법을 애매한 채로 남겨 놓았는지 결코 알 수 없는 일이다. 어쨌든, 바로 이러한 헌법의 애매성이 1880년대의 정치적 인식에 의해서 엄격하게 규정된 체제하에서 일어날 수 있었던 것보다 더 건전한 정치적 발전을 아마도 가능하게 하였고, 결과적으로 이토가 남겨 놓은 문제들에 대한 성공적인 해답들을 찾는 데 실패한 것에 대해 그가 아니라 그 뒤를 따른 세대들이 비난을 받아야 할 것이다.

초기의 입헌 정치

제1의회　　최초의 전국적인 선거가 1890년 7월 1일 실시되었고, 제국 의회는 11월 개원하였다. 이토와 그의 동료들이 그들이 만든 체제의 작용에 대해서 심각한 계산 착오를 하였음이 곧 명백하게 되었고, 입헌 정치의 과정은 그들이 생각했던 모습으로부터 멀어져서 급속도로 발전하기 시작하였다. 한 가지 이유는 정당 정치가들이 선거 운동과 의회의 기술상에 있어서 1879년부터 존재했던 현회(縣會)들에서 상당한 경험을 획득한 것이었다. 일부는 지방의 유권자들 사이에서 강력한 지지 기반을 발전시켰는데, 이는 정부를 당혹하게 하는 것으로 유권자들은 공공연히 정부를 지지하는 사람들보다는 정당 정치가들을 계속해서 선호하였다. 300명의 제1대 중의원 의원들 중에서 130명은 새롭게 재구성된 자유당에, 41명은 개진당에 속하였고, 한편으로 무소속의 일부는 분명히 정부에 대항하여 야당들과 함께 투표할 준비가 되어 있었다.

정당인들은 내각에 대한 의회의 지배를 확립하기를 원하여 헌법이 의회에 부여한 하나의 실제적인 권력을 즉각 사용하였다. 그들은 번벌들을 추종하는 관료들의 월급과 수당을 중점으로 예산을 11퍼센트 대폭 삭감하였다. 이토의 비장의 카드가 별로 가치 없는 것임이 입증되었다. 급속도로 팽창하는 경제에서 전년도의 예산은 결코 충분하지 않았다. 돈주머니 줄에 대해 의도했던 것보다 더 많은 통제력이 의회에 주어졌고, 결과적으로 상상했던 것보다 훨씬 더 많은 양보를 정당 정치가들은 얻었다.

번벌들은 내각이 '초월적인' —— 즉 의회 정치의 위에 —— 것으로 남아야만 한다는 데 있어서 통일되어 있었다. 의회의 명령을 가장 덜 용인할 사람 중의 하나였던 야마가타가 당시 총리 대신이었고, 그는 위협과 뇌물을 통하여 반대를 무력화시키기 위하여 최선을 다하였다. 결국 이타가키와 그의 자유당 원들의 일부가 의회에 의해서 삭감된 재원들의 약 4분의 1을 부활하는 것에 동의하였고, 내각은 이 절충에 만족하지 않을 수 없었다.

이런 종류의 절충들이 다음의 수년간 의회 정치의 주된 패턴이 되었다. 그것들은 공식적인 지위와 내각에 대한 통제를 갈망했던 의회 정치가들에게나 이제까지 거의 무제한적이었던 그들의 권력에 대한 이 잠식을 원망했던 번벌들에게나 누구에게도 만족스럽지 못한 것이었다. 왜 어느 편이든지 이 상황을 용인하였는가에 대해서 질문이 제기될 수 있을 것이다. 정당들에 대한 해답은 너무도 쉬운 것으로 그들은 어떤 다른 것을 할 권력을 갖고 있지 못하였다. 번벌들의 경우는 한층 더 복잡하다. 부분적인 해답은 헌법의 저작자로서의 자부심에 있었을 터인데, 특히 이토는 체계가 잘 작용하기를 필사적으로 바라고 있었다. 또 다른 이유는 가장된 헌법의 흠정성(欽定性)에 있었는데, 그것은 헌법을 무시하는 것을 어렵게 만들었다. 훨씬 더 중요한 이유는 서구 제국들의 태도로 '서구화'를 시도한 일본의 정치 제도들의 명백한 실패가 조롱을 불러일으킬 것이고 동등자로서 일본을 수용하는 것을 더욱 지연시킬 것이라는 점이었다. 그러나 가장 중요한 이유는 아마도 번벌의 성격에 있었다. 그들은 상당히 폭넓은 견해들을 가지고 있었고, 합의에 의해서 일을 하는 경향을 가졌고, 일생 동안의 경험에 의해서 실용적인 사람들이었다. 그들은 이 새로운 문제에 대해서 유연하게 반응하였고, 의회에 대항해서 어떤 통일된 입장을 제시하지 않았는데, 의회 스스로 상호 적대적이고 이기적인 야심을 가진 집단들 사이에 분열되어 있었다. 통일된 대중의 민주 운동과 통일된 독재 사이의 한층 더 분명한 대결은 빠르게 재난을 가져왔을 것이다. 전에도 그러했던 것처럼 애매함, 합의, 절충을 향한 일본적 경향들은 오래 전에 영국에서 타올랐던 의회제의 길을 따라 놀라운 속도로 움직여 간 점진적 발전을 가능하게 하였다.

의회와 내각 사이의 투쟁(1891~1898)　야마가타는 1891년 5월 불쾌한 가운데 수상직을 사임하였고, 사쓰마의 마쓰카타[松方]가 그를 계승하였다. 그때까지 조슈와 사쓰마 번벌들 사이의 권력 교대가 1898년까지 깨어지지 않은 채로 계속되었다. 마쓰카타는 의회에 대한 탄압 정책을 수행하려고 시도하였는데, 야마가타도 그것을 옹호하였다. 의회가 1891년 다시 예산을 삭감하려고 시도하자 그는 중의원을 해산하였다. 1892년 2월 15일의 선거에서 경찰과 지방 자치제에 대한 책임을 맡고 있던 내무 대신(內務大臣)이, 결과적으로 일본 역사에 있어서 가장 많이 피를 흘리고 가장 타락했던 선거에서 야당 정치가들을 패배시키기 위하여 그가 동원할 수 있는 모든 뇌물과 강제력을 사용하였다. 그러나 이 전면 공격도 실패하였다. 야당 세력은 다시 163석의 명백한 다수를 획득하였고, 양원은 정부를 비난하는 결의문을 통과시켰다.

마쓰카타는 양면으로부터 공격을 받았다. 중의원은 추가 경정 예산의 3분의 1 삭감을 표결하였고, 육군과 해군 대신들은 선거에 개입한 장교들에 대한 처벌에 항의하여 내각으로부터 철수하였다. 마쓰카타는 1892년 5월 사임하지 않을 수 없었고, 이제 이토가 의회를 상대하는 일을 교대하게 되었다. 그는 그의 전임자들보다 한층 더 유연한 태도를 취했고, 1892년초에는 의회를 공략하기 위하여 여당 형성을 제안하기조차 하였다. '초월적인' 내각의 개념에 종지부를 찍을 이 깜짝 놀랄 착상은 그의 동료들에 의해서 거부되었으나, 이토는 다른 묘책들을 가지고 있었다.

예산에 대한 흔히 있는 공격에 대응하여 이토는 천황이 그 자신의 수입의 일부를 포기하도록 하는 동시에 고위 관료로 하여금 그 뒤를 따르도록 명령하였고, 이 예산의 자발적인 삭감을 통해서 나머지를 통과시킬 수 있는 충분한 지원을 획득하였다. 1893년 11월의 의회 회기 중에 그는 그의 외교 정책들에 대한 개진당의 협조를 가까스로 획득하였고 따라서 야당들을 분열시켰다. 그러나 외교 정책에 대한 지속적인 의회의 소란스러움에 직면하여 그는 1894년 1월 끝내 의회를 해산하지 않을 수가 없었고, 3월의 선거 후인 6월에 또 다시 그러하였다. 새 의회가 선출되기 전인 8월 1일 청일 전쟁(淸日戰爭 ; 148∼149 쪽 참조)이 발발하였고, 일본의 군사적 승리에 대한 국민적 열광이 의회와 내각의 대립을 크게 완화하였다. 대부분의 서양의 의회들과 똑같은 방식으로 전쟁 상황에 반응하여 의회는 모든 전쟁 예산을 만장 일치로, 그리고 거의 토론 없이 표결하였다.

1895년 전쟁의 부산물들 중 하나였던 요동(遼東) 반도가 강요에 의해 중국에 반환된 후에 의회가 내각에 대한 공격을 재개하였을 때 이토는 '초월적' 내각의 개념으로부터 떠나는 큰 걸음을 내디디었다. 그는 이타가키와 그의 자유당과 협상하여 그들의 협력에 대한 보상으로 1896년 4월 이타가키에게는 내무 대신의 직을, 그리고 그의 측근들에게는 다른 몇몇 관직들을 수여하였다.

이토와 자유당원들 사이의 연합은 오쿠마의 지배하에 있던 개진당이 의회의 다른 세력들과 결합하여 '심포토〔進步黨〕'로 이름붙여진 새 정당을 결성하도록 자극하였다. 이 집단이 마쓰카타와 관계를 맺기 시작하자 이토는 마쓰카타와 오쿠마를 그의 내각에 끌어들이려고 노력하였으나, 이타가키가 반대하였다. 그 후 1896년 1월 화가난 이토는 수상직을 마쓰카타에게 넘겨주었다.

마쓰카타는 이토의 예를 따라 의회내에서 진보당의 협력에 대한 대가로 오쿠마를 외무 대신직에 임명하였다. 그러나 이 새 연합은 1897년 11월 오쿠마가 내각을 사임하여 깨졌다. 마쓰카타는 감정이 상하여 중의원을 해산하였고 그 후 1898년 1월에 사임하였다. 이토가 수상으로 복귀하였으나, 진보당이나 자유당 어느 쪽의 지원도 확보하지 못하여 마쓰카타의 예를 따라 중의원을 해산하고 그 후 6월 사임하였다.

실패한 실험   내각과 의회의 대립은 난국에 도달하였다. 이런 상황하에 번벌들 중 누구도 수상직을 차지하려고 하지 않았다. 이토는 그가 여당을 결성하도록 허용하든지 아니면 그들 집단의 과거 멤버들인 오쿠마와 이타가키에게 내각을 맡겨야 한다고 제안하였다. 이들 두 사람은 그들의 정치적 추종자들을 회합하여 '겐세이토〔憲政黨〕'를 발족시켰다. 번벌들은 두 제안 중 덜 싫은 쪽을 택하여, 오쿠마가 이타가키를 내무 대신으로 하여 수상이 되었다. 그러나 민당(民黨)들은 그러한 막중한 책임을 맡을 준비가 아직 되지 않았다. 군인 출신이었던 육군과 해군 대신들은 오만하게 자신들을 내각의 나머지로부터 초연한 상태에 두었고, 관료들은 전체적으로 비협조적이었다. 게다가 과거 파벌의 구분이 새 정당내에 강하게 남아 있었고, 이타가키는 내각에 오쿠마의 측근들이 네 명인 것에 비하여 그의 측근이 두 명뿐인 것에 불만을 품고 있었다. 직무를 맡은 지 불과 4개월 후 내각은 깨졌고 헌정당은 그것의 구성 요소들로 재분할되어, 자유당계는 헌정당의 이름을 유지했고 진보당계는 스스로를 '겐세이혼토〔憲政本黨〕'로 불렀다.

야마가타는 다시 수상으로 복귀하였고 정치의 시계 바늘을 뒤로 돌리려고 시도하였다. 이토가 1896년 자유당원들과의 연합을 형성했을 때 그는 유럽에 있었고 이 조치를 본심으로 찬성하지 않았다. 오쿠마가 수상이 되었을 때 야마가타는 육군과 해군 대신은 내각의 나머지와 별개로 임명되어야 한다고 주장하였다. 그러나 그는 그가 의회의 지지를 얻어야만 한다는 것을 깨달을 정도로 충분히 현실적이었고, 비록 그가 내각의 자리를 헌정당원들에게 주는 것을 완강하게 거부하였지만, 그들과 함께 공동 입법 계획을 성사시켰다. 이러한 협조적인 합의의 한 결과가 1900년 투표를 위한 조세 제한을 15 엔으로부터 10 엔으로 감소시킨 것과 중의원을 369 명으로 확대한 것이었다. 또 다른 결과는 상당한 정도의 뇌물에 힘입어서 야마가타의 예산들과 증세를 위한 그의 법안들이 통과된 것이었다.

그러나 야마가타의 주된 노력은 군대의 자치와 관료들이 민당의 침투나 영향으로부터 자유롭게 되는 것을 증진시키는 데 바쳐졌다. 1899년 그는 공무원 제도를 수정하여 이제껏 정치적 임명자들에게 개방되었던 최고위의 직책들을 정치인들이 미치지 못하도록 하였다. 1900년 그는 추밀원의 권한들을 확대하였고 최상위 두 계급의 현역 장군만이 육군과 해군 대신직을 맡을 수 있다는 재정을 공포하여, 따라서 육군과 해군의 참모 본부들이 이들 두 지극히 중요한 직책들에 대한 완벽한 통제력을 가지도록 보장하였다.

그러나 야마가타는 시대의 흐름을 영원히 막을 수가 없었다. 그가 정당 사람들을 행정부의 직책으로부터 동결시킴에 따라, 그들은 그와의 편의적인 연합에 대해 싫증을 느끼게 되었다. 의회의 지지 없이 물론 그는 직무를 효과적으로 계속할 수가 없었고, 1900년 10월 그는 사임하였다.

정우회(政友會) 지지 내각들(1900~1912) 한편 헌정당은 이토에게 접근하였는데, 그는 마침내 여당을 조직하려는 그의 오랜 착상에 대한 그의 동료들의 마지못한 승인을 획득하였다. 그리하여 1900년 9월 헌정당내의 구자유당계와 관료 집단내의 그 자신의 지지자들로 이루어진 '릿켄 세이유카이〔立憲政友會〕'라 불린 새 정당을 창설하였다. 대중적 정치 조류들 중 가장 큰 것과 관료 집단내의 주된 파벌로부터 추출된 정우회는 그 후 20 년간 중의원에서 끊임없는 다수와 종종 명백한 다수당의 지위를 향유하였다.

제 1 차 세계 대전중 78세의 원로
로서의 야마가타 아리토모.

이토는 1900년 10월 주로 순수한 정당인들이거나 정당에 참여한 전직 관료
들로 구성된 내각과 함께 수상이 되었다. 그는 정우회의 지원을 받아서 중의
원에서 순항하였으나, 번벌내에서 그의 동료들 중 일부가 그의 전술에 대해
비판적인 채로 남아 있었고, 귀족원은 실제로 그의 조세 법안을 부결시켰다.
내각내의 언쟁과 수상으로서 그의 네번째 임기에 대해 싫증을 느낀 이토는
1901년 5월 사임하였다.

야마가타가 정치적 소용돌이 속에 다시 들어가기를 바라지 않았기 때문에
수상의 낙점은 그의 부하로 그와 같이 조슈 출신 장군인 가쓰라 다로(Katsura
Tarō, 桂太郞;1847~1913)에게 돌아갔다. 이것은 원래의 번벌들이 정부내에서
명목적 책임을 맡는 것이 끝났다는 것을 나타낸다. 이토와 야마가타는 1903년
부터 1922년 야마가타가 사망한 해까지 추밀원 의장직을 차지하였으나, 그들
뿐 아니라 그들 세대의 어느 다른 누구도, 국외자인 오쿠마를 예외로 하면, 다
시 수상이 되거나 각료직을 차지하지 못하였다. 대신에 그들은 다소 젊은 그
들의 부하들로 하여금 뒤를 잇게 하여 그들이 불려지게 되었던 것과 같이 겐로

〔元老〕로서 단지 간접적이고 점차 쇠퇴해가는 통제력을 보유하였다.

가쓰라는 그의 후원자인 야마가타의 전통을 따라서 순전히 관료적인 내각을 성립시켰다. 이토가 당총재로서 정우회로 하여금 그를 지원하도록 하였기 때문에, 처음에는 의회와의 사이에 별다른 어려움이 없었다. 그러나 가쓰라는 농촌의 조세 납부자들을 대표했던 이토의 당원들과 이토가 그 이상의 해군의 증강에 충당할 인상된 토지세를 위한 법안의 지지를 거부하였을 때 곤란에 빠지게 되었다. 마침내 가쓰라는 증세보다는 대부로 해군의 확장을 충당한다는 것으로 절충하지 않을 수 없었다. 그는 이토가 정우회의 총재직을 떠난 후인 1903년말 보다 더 심각한 곤란에 빠지게 되었다. 마침내 12월 의회를 해산하지 않을 수 없었으나, 다음해 2월 러일 전쟁(151~152쪽 참조)의 발발과 그것이 의회에서 만들어 낸 열광적인 반응에 의해서 흔히 있는 결과를 모면할 수 있었다.

그러나 1905년 9월의 전쟁을 종결지은 화약의 조건들은 일본 대중을 실망시켰다. 승리의 길목에서 패배를 낚아챘다고 정부는 비난을 받았고 만연된 폭동이 있었다. 계엄령을 통해 질서가 회복되기까지 도쿄에서 1,000명 이상의 경찰과 시민들이 죽거나 부상을 당하였다. 오쿠마 파, 즉 헌정 본당은 이 국면을 이용하여 정부에 대한 공격을 강화하였고, 가쓰라는 1906년 1월 사임하였다.

이토는 야마가타의 압력 때문에 1903년 7월 정우회 총재직을 사임하였는데, 야마가타가 정당의 총재와 원로로서 이중적인 이토의 역할이 너무 변칙적이고 그 자신의 영향력에 지나치게 위협적인 것임을 인식하였기 때문이다. 그러나 이토는, 당총재로서 그의 입장과 똑같은 너무 변칙적인 인물에 의해 대체되었다. 이 사람은 구래의 고위 공경(公卿)의 일원이었던 사이온지 김모치(Saionji Kimmochi, 西園寺公望; 1847~1940) 공이었는데, 그는 10년간 프랑스에서 유학하였고, 귀국 후에 자유주의자 언론인이 되었다. 조정은 관료직을 위해 그의 이 충격적인 경력을 포기하도록 강요하였다. 거기에서 그는 이토의 부하가 되었고 그를 따라서 정우회에 들어갔다. 사이온지는 가쓰라의 뒤를 이을 명백한 선택이었으나, 번벌들은 표면적으로 그를 정당의 총재로서가 아니라 공경과 관료로서 선택하였다. 그러나 그는 그의 정당 동료들 중 두 명을 내각에 임명하였고 의회에서 완전한 정우회의 지지를 향유하였다.

1906년 사이온지 내각의 조각과 함께 적어도 당분간 비록 애매한 것이긴 해도 상당히 안정된 의회 문제의 해결에 도달하였다. 수상직은 1912년까지 사이온지와 가쓰라 사이에서 비교적 용이하게 주고 받아졌고, 누구도 다시는 의회를 해산하도록 강요되지 않았다. 둘은 그들 각자의 후원자들인 야마가타와 이토가 그러했던 것보다 더 적은 공개적인 알력을 가지고 협력할 수 있음을 입증하였다. 가쓰라는 의회를 상대함에 있어 야마가타가 그러했던 것보다 더 유연하고 화해적이었고, 사이온지는 비록 이토보다 더 진정한 의회 정치의 지지자였지만 내각에 대한 정당의 지배를 향하여 단지 매우 조심스럽게 나아갔다. 동시에 그는 그의 내각들에 대한 정우회의 지지를 유지하고 가쓰라의 내각들과 정우회가 협력하는 데 이토만큼 성공적이었다.

정우회 정치인들은 권력에 있어서 그들의 몫과 필요한 입법을 위해서 그들의 표결에 분명하게 의존했던 내각들을 통해서 후원을 얻는 것에 적어도 일시적으로 만족하였고, 사이온지와 가쓰라는 의회에서 필요한 지지에 대한 대가로 그들에게 그것들을 줄 준비가 되어 있었다.

메이지 시대 이상의 실현

안보와 제국주의   따라서 20세기의 첫 10년까지 상당히 성공적인 반의회제(半議會制) 정부 형태가 성취되었다. 사실상 다수의 작은 조치들과 일련의 전변하는 절충들이 대부분의 메이지 지도자들이 바랐던 것보다 민주주의에 있어서 훨씬 더 큰 출발을 만들어 냈고, 보통 교육과 급속도로 확대되는 대학 제도가 일본을 민주주의로 향하여 더 많이 이끌어갔다. 그러나 이것은 메이지 번벌들의 진정한 목표가 아니었다. 의회 제도들은 산업화나 보통 교육과 같이 목적에 대한 수단, 즉 그들이 진정으로 추구했던 것의 단순한 부산물에 지나지 않았다. 서구 제국으로부터 안보를 확보하는 것과 그들에 의해 일본이 동등자로 수용되는 것이 그들의 목표였고, 비록 미래 세대들에 문제를 야기하지 않은 것은 아니지만, 그들은 이것을 완전히 성공적으로 성취하였다.

안보와 평등의 달성에 있어서 두 개의 핵심적인 단계들은 중국과 러시아에 대한 승리였다. 이들 두 전쟁은 무엇보다도 일본이 안보와 평등을 이루는 데 필요한 '부국 강병(富國强兵)'을 진정으로 발전시켰음을 보다 명백하게 입증하였다. 그러나 그것들은 또한 반 세기 후 일본이 파국으로 끝난 해외 정복과 제국의 길로 들어서게 만들었다. 사람들은 당연히 서구의 제국주의로부터 자신을 방어하려고 노력하던 일본이 왜 그 과정에서 스스로 제국주의 세력이 되어야만 했는가에 의문을 가질 것이다.

1877년의 사쓰마 반란의 진압을 통해서 내부적 안정이 보장된 후에 야마가타는 그의 관심을 해외로 돌렸고, 강한 열정으로 일본이 수호하여야 할 국익의 지리적 경계는 주권의 경계 훨씬 너머에 놓여 있음을 주장하였다. 이러한 제국주의자의 관념들은 야마가타의 옛 스승이었던 요시다 쇼인〔吉田松陰〕이나 혹은 사무라이 계급의 전체적인 군사적 분위기에서 기원을 찾을 수 있을 것이다. 그러나 해외 팽창은 일본 전통의 중요한 부분은 아니었다. 일본 역사에서 단지 두 번의 국가적으로 조직된 노력들이 —— 즉, 7세기까지의 한국 남부에서의 원정들과 16세기말에 있었던 히데요시의 조선 침략 —— 있었다. 쇄국이 일본에게 일반적인 통례였다.

야마가타 추론의 훨씬 더 분명한 원천은 서구 제국주의의 예였다. 제국주의적 팽창과 지배는 일본이 동참한 서구가 지배하고 있던 세계의 고유한 요소로 보여졌다. 야마가타는 그가 표출한 생각들에서 단지 그의 시대의 전형적인 군인이었다. 그리고 다음 수십 년 동안의 일본의 해외 팽창은 '근대화'를 위한 어떤 다른 노력보다 서구로부터 많은 찬사를 받았다. 당시 일반적으로 수용된 사상들과 관행들이 거의 필연적으로 모든 군사 강국들을, 특히 특수한 지정학적 위치에 있던 일본을 제국주의적 모험으로 이끌었다.

청일 전쟁　　1876년의 일본에 의한 조선(朝鮮)의 개국은 반도를 둘러싼 중국과의 분쟁을 일으켰다. 북경(北京)은 조선에 대한 종주권을 완강하게 주장하였는데, 일본은 그것을 인정하지 않았고 조선의 개혁가들은 후쿠자와와 같은 일본의 자유주의자들로부터 영감을, 그리고 일본 정부로부터는 지원을 기대하였다. 1882년 여름 서울에서 수구적이고 배외적인 군중들이 일본 공사관을 습격하였을 때 중국과 일본은 각각 반대파들을 돕기 위하여 군대를 파견하는 것으로 대응하였다. 조선의 개화파에 의한 1884년의 쿠데타가 중국 병사들과 일본의 공사관 경비대 사이의 충돌로 종말을 고하였다. 사태를 진정시키기 위하여 이토와 중국의 정치가 이홍장(李鴻章)이 1885년 천진(天津)에서 만나서 양국이 그들의 군대를 조선으로부터 철수할 것과 다시 파견할 경우에는 상대편에 미리 통보할 것에 합의하였다.

다음 10년 동안 중국인들은 그들의 군대, 특히 해군을 근대화하려는 노력을 강화하였고, 한편으로 일본인들은 점점 조선에 개입하게 되어, 훨씬 더 심각한 대결을 위한 무대를 마련하였다. 강한 배외적 편견을 가진 대중 종교 조직인 동학(東學)이 1894년 조선 남부에서 반란을 일으켰다. 이에 중국은 조선 왕의 요청으로 소규모의 군대를 파견하였고, 일본은 그 후 대규모의 군대를 파견하여 조선 정부의 개혁을 요구하였으며, 마침내 조선에 대한 지배권을 확보하고 중국에 선전 포고를 하였다. 8월 1일 중국과 일본 사이에 전쟁이 시작되었다.

이어진 전투 행위는 중국과 일본이 꼬박 한 세대 동안 준비하고 있던 군사적 근대화를 위한 노력에 대한 최초의 진정한 시험이었다. 대부분의 서구인들은 거인 중국이 신승(辛勝)할 것으로 예상하였으나, 일본은 그들의 근대화가 보다 더 성공적이었음을 신속하게 증명하였다. 일본 군대가 조선 전역을 점령하였고 이어서 만주를 침공하였다. 그러나 승리는 주로 해군력에 의해서 결정되었는데, 철도가 없었기 때문에 조선에 이르는 중국의 통로조차 해군이 통제할 수 있었다. 중국의 함대가 더 컸지만, 일본의 함대는 질적으로 더 우수하였다. 9월 17일 압록강의 입구에서 일본인들은 영국의 근대적 해군 전술을 사용하여 중국 함대를 무력하게 만들었는데, 함대는 기마대와 같이 한 줄로 나란히 서서 출현하였다. 이어서 일본인들은 남만주의 여순(旅順) 해군 기지를 획득하였고 산동(山東) 북쪽 해안의 위해위(威海衛)를 포위 공격하였는데, 그곳에서 남은 중국 함대가 궤멸되었다. 위해위가 함락되고, 함대가 항복하였고, 중국은 강화를 구하지 않을 수 없었다.

1895년 4월 17일 이토와 이홍장 사이에서 체결된 시모노세키 조약의 조건들은, 만일 한 일본의 광신자가 이홍장에 총격을 가하여 부상을 입히지 않았다면 그렇게 되었을 것보다 대체로 좀더 작은 것이었지만, 비교적 가혹한 것이었다. 중국은 대만, 페스카도레스 제도, 남만주의 요동 반도를 할양하고, 조선의 독립을 인정하고, 2억 냥(兩)의 배상금을 지불하고, 더 많은 항구들을 개방하고, 통상 조약을 협상하지 않으면 안 되었다. 1896년에 체결된 통상 조약은 일본에게 서양 열강들이 중국에 가지고 있던 모든 특권들을 부여하였고,

150

개항장에서 값싼 노동력을 이용하여 기업을 운영할 모든 특권을 추가하였다.

그러나 일본의 승리는 서양 국가들의 노골적인 힘의 과시에 의해서 곧 손상당하였다. 만주와 조선에 대한 야심을 가지고 있던 러시아는 일본의 성공에 놀라지 않을 수 없었다. 이에 러시아는 독일과 프랑스를 설득하여 외교적 간섭으로 1895년 4월 23일 일본에게 요동 반도를 포기하도록 충고하였다. 강압에 굴복하여 일본은 보상으로 3,000만 냥의 추가 배상금을 받기로 하고 이를 승락하였다. 당연히 일본의 대중들 사이에 강한 분노의 반응이 있었는데, 이것은 똑같은 세 강대국이 1898년 중국의 영토를 차지하였을 때 더욱 쓰라린 것이 되었고, 러시아 인들은 25년간 조차라는 조건하에 일본이 불과 3년 전에 반환하도록 강요되었던 요동 반도를 차지하였다.

평등의 달성　　중국에 대한 일본의 승리는 서구를 크게 감명시켰고, 특히 중국의 무능에 실망한 영국은 결정적으로 보다 친일적인 태도를 보여 주기 시작하였다. 전쟁 전에도 그들은 일본의 국내 질서와 사법 개혁들에 충분히 감동을 받아서 치외 법권을 포기하는 것에 합의하였다. 수년간 불평등 조약을 개정하려는 일본의 노력은 정당들과 대중들에 의한 점점 더 폭발적인 요구들에도 불구하고 성과가 없었다. 1888년까지 오직 한 나라, 즉 멕시코만이 치외 법권을 포기하였다. 그러나 마침내 영국이 중국과의 전쟁 발발 바로 수일 전인 1894년 7월 16일, 런던에서 체결된 조약에서 1899년을 기해서 치외 법권을 포기한다는 것에 동의하였고, 미국과 다른 열강들이 신속하게 그 뒤를 따랐다. 그 후에 일본은 1911년 2월 21일 체결된 조약을 통해서 관세에 대한 완전한 통제권을 회복하였다.

1900년 북중국에서 격심하게 배외적 성격을 띤 '의화단(義和團)의 난'이 발생하여 많은 외국인들이 살해되고 북경의 공사관들이 위협받게 되었을 때(249~255쪽 참조), 일본은 공사관을 구하고 외국 조약의 권리를 지키는 '서구' 열강의 일원으로 행동하였다. 북경에 진주한 2만 명의 구출 원정대의 거의 절반이 일본 군대로 이루어져 있었는데, 그들은 서양 파견대의 일부와 대조적으로 모범적으로 행동하였다.

일본은 또한 보다 극적인 방식으로 서구 제국들과의 평등을 이룩하였다. 1902년 7월 30일 서양 국가와 비서양 국가 사이에 최초로 평등한 조건의 군사 동맹인 영일 동맹이 체결되었다. 동방의 바다들에 대한 그들의 긴 지배가 새로운 해군력의 대두에 의해 위협되는 것을 발견한 영국인들은 이 지역에서 유일하고 강력한 해군 세력과 동맹을 맺음으로써 동아시아에서의 그들의 위치를 강화하였다. 그들은 또한 이 조약으로 북동 아시아를 분할할 러시아와 일본의 협정을 앞질러 방지하였고, 대신에 중국에서의 조약 체제의 유지를 위한 일본의 지지를 확보하였다. 한편 조선과 만주를 둘러싸고 러시아와 증대되는 경쟁 관계에 직면해 있던 일본으로서는 만일 전쟁이 발발하면 1895년 요동 반도에 대한 간섭에서 그러했던 것과 같이 러시아가 다른 유럽 열강들과 동맹을 맺지 못하도록 보장할 동맹이 필요하였다.

동맹의 내용에는 그러한 경우 영국이 일본을 원조한다는 것이 명백히 명시되었다. 동맹은 또한 일본이 조선에 '상업적, 산업적으로뿐만 아니라 특별한 정도로 정치적으로' 흥미를 가지고 있다고 인정하여 조선에 대한 일본의 야심에 영국의 축복을 보장하였다. 이토는 만주를 러시아에게 주고 조선을 일본에게 줄 러시아와의 협정을 지지하였으나, 야마가타와 가쓰라는 러시아와의 전쟁이 필연적인 것이고, 따라서 영국과의 동맹이 필요한 것임을 확신하고 있었다. 1902년에는 그들이 정권을 잡고 있었고, 그들의 견해가 승리를 거두었다.

러일 전쟁 일본으로 하여금 세계 열강으로서의 완전한 지위와 서구 제국과의 평등을 실제로 얻게 한 사건은 서양 열강 중—— 설사 보다 선진적인 나라들 중의 하나는 아니었지만 —— 가장 큰 러시아에 대한 일본의 승리였다. 러시아는 1869년 북경으로부터 만주를 가로질러 동해안에 있는 항구 블라디보스토크에 이르는 중국 동부 철도 부설권을 획득하였다. 따라서 1891년 건설하기 시작한 시베리아를 가로질러 태평양에 이르는 철도인 시베리아 횡단 철도를 단축시킬 수 있었다. 러시아가 1898년 요동 반도에 대한 조차를 획득하였을 때 또한 이 선을 남쪽 연장선인 남만주 철도에 의해서 여순항과 대련(大連)항에 연결시키는 권리를 획득하였다. 이들 철도에 대한 양보는 러시아에게 만주에 대한 상당한 지배권을 부여하였고, '의화단의 난'의 위기는 러시아가 전지역을 군사적으로 석권하도록 허용하였다. 그러나 만주를 차지하려는 러시아의 노력은 외교적 좌절 가운데 끝났고, 러시아는 자신의 군대를 단계적으로 철수시키는 것에 합의하였다.

상호 불신과 적대감이 일본과 러시아 사이에서 꾸준히 늘어나고 있었다. 1903년 8월과 1904년 2월 사이에 행해졌던 협상에서 일본은 조선에서의 상당한 재량권을 얻었으나, 만주에서는 새 철도를 따라 있는 지역들에서만 러시아의 권리를 인정하겠다고 제안하였다. 한편 러시아 인들은 그들의 군대를 좀처럼 철수시키지 않았고, 1903년 완공된 시베리아 횡단 체계를 통하여 대규모 증강군을 수송하기 시작하였다. 일본은 2월 6일 러시아와의 관계를 단절하였고, 2월 8일 여순항에 있는 러시아의 함대에 대한 심야 어뢰정 공격으로 전투를 개시하여, 이틀 후 선전 포고를 하였다.

5월 일본 군대가 조선으로부터 압록강을 건너 만주로 들어갔고, 한편으로 해군은 대련을 점령하여 여순항을 포위 공격하였다. 해군 기지가 1905년 1월 마침내 함락되었다. 그 동안 일본 육군은 만주에서 러시아 인들을 몰아내고 있었고, 5월에 이 지역의 수도인 봉천(奉川)을 점령하였다. 러시아 인들의 최후의 희망은 그들의 발틱 함대였다. 영국이 수에즈 운하와 세계에 걸친 항구 체계를 이용하는 것을 거부하여 45척의 조화되지 못하고 준비가 제대로 안 된 러시아 함대는 모든 어려움을 극복하고 마침내 동아시아 해역에 도달하였다. 그러나 블라디보스토크의 비교적 안전함을 위한 마지막 항진을 하던 함대는 5월 27일 쓰시마 해협에서 일본 함대에 의해 요격을 받고 궤멸당하였다. 두 국가 모두 전쟁에 의해서 지쳐 있었고, 러시아 인들은 국내적으로 혁명에 의해서 곤경에 처해 있었다. 그들은 모두 시어도어 루스벨트(Theodere Roosevelt) 대통령의 외교적 제안을 바로 수락하였고 화평의 조건들을 논의하기 위하여 뉴햄프셔의 포츠머스에서 만나게 되었다.

1905년 9월 5일 조인된 포츠머스 조약은 조선에서 일본이 '최고의 이해'를 가짐을 인정하였고, 적어도 이론상으로나마 만주에서 중국의 주권과 행정이 회복되었다. 또한 러시아의 조차지 요동 반도와 북쪽으로 장춘(長春)까지 러시아가 건설했던 남만주 철도를 일본에게 주었다. 일본인들은 러시아로부터 배상금을 받아내기를 열망하였으나, 러시아는 이것을 완강히 거부하였고, 궁극적으로 사할린의 남쪽 절반을 대신 차지하는 것으로 해결을 보았다. 배상금 획득의 실패는 일본 대중에게 너무도 큰 실망을 주었다.

일본은 이제 조선에서 어떤 외국과도 경쟁하지 않았다. 이토는 양국 사이의 새로운 관계를 만들어 내는 임무를 떠맡아서 11월에 조선을 보호국으로 만들

고, 조선이 다른 열강들과의 외교적 관계를 중단하도록 하였다. 그는 스스로
통감(統監)이 되었다. 1907년 그는 조선 정부에 대한 일본의 통제를 확대하였
고, 일본인들이 조선의 관리로 일할 수 있도록 조정하였고, 조선 군대를 해체
하였다. 이들 조치에 따른 만연한 폭동은 1908년과 1910년 사이의 1,450회의
교전에서 가혹하게 진압되었다. 그 동안 이토는 통감을 사임한 후에 만주를
여행하던 중, 1909년 10월 조선의 애국 지사인 안중근(安重根)에 의해서 암살
되었다. 1910년 8월 일본은 조선을 조용히 합병하였다. 열강들로부터 어떤 항
의도 없었는데, 그들은 세계의 진보에 있어서 당시에 필연적인 조치로 판단되
었던 것을 일반적으로 승인하였다. 고대 한국의 이름인 조선의 일본 발음인
'조센'으로 불리었던 한국은 일본의 전략적 경제적 목적들을 위해서 군인 총
독하의 일본 관리들에 의해 지배되었다.

　따라서 일본은 다만 근대 국가가 되었을 뿐만 아니라 한국과 대만에 중요한
식민지와 남만주에 지배적인 이권들을 가진 주요한 제국주의 세력이 되었다.
일본은 영국의 우방으로 제 1 차 세계 대전에 참전하였고, 비록 최소한의 군사
적 역할밖에 수행하지 않았지만, 동아시아와 태평양에 있던 독일 식민지들,
즉 독일인들이 1895년의 요동 반도에 대한 그들의 개입 후에 1898년 획득했던
교주(膠州)만과 청도(靑島)항과 전쟁 종반에 국제 연맹(國際聯盟)의 위임으로
일본에 지정된 독일의 북태평양 제도를 획득하였다. 일본은 베르사유 강화
회의에서 승전 5 대 열강, 즉 서양에 의해서 완전한 동등자로 받아들여졌던 유
일한 비서구국으로 참석하였다. 따라서 메이지 지도자들은 그들이 가장 좋아
했던 꿈들 이상의 성공을 거두었다. 이것은 1909년 이토가 죽기 전에 이미 명
백한 것이었다. 그것은 집단의 마지막 멤버들이 존경받는 80대로서, 즉 야마
가타가 1922년에, 그리고 마쓰카타가 1924년에 무대에서 사라질 때까지는 훨
씬 더 분명한 것이 되었다.

제19장

서양에 대한 중국의 대응

초기의 자강 운동

1868년에서 1912년에 걸친 메이지[明治] 시대 일본의 성공 실화는 같은 시대 중국의 실패를 더욱 주목하게 만든다. 두 나라는 그들의 주권을 해치고 경제적 독립을 위협하는 불평등 조약을 다 같이 짊어지고 있었다. 일본이 복잡한 근대 서양 세계를 따라잡고, 마침내 전면적인 근대 전쟁에서——겨우 한 사람의 일생에 해당하는 시간 동안에——주요 세계 열강 중의 하나를 패배시킨 것은 거의 믿기 힘든 업적이었다. 그렇게 하지 못한 중국의 무력함에 대하여서는 일본의 성공보다도 오히려 더 이해하기 쉽다. 일본이 위업을 달성하게 되었던 한 가지 분명한 이유는 일본인들의 역량이었다. 즉, 민족주의가 서양인들에게 불러일으켰던 것과 같은 정도의 애국적 동원 체제를 갖춘 국민으로 일본인들은 행동하려 했다는 점이다.

서양의 국가들처럼, 격렬한 민족주의는 역사 서술과 실제로 일어났던 일들에 대한 우리들의 이해에도 영향을 준다. 일본의 성취에 대하여 당연하다고 생각하는 일본의 역사가들은 메이지 시대를 훌륭하게 기록하여 왔다. 중국에서는 같은 시기에 낡은 질서의 붕괴 현상이 일어났고, 그것은 단지 소수의 왕실 연대기 편찬자와 그들이 기록해야 할 장기적인 비극만을 남겼다. 일본의 강성과 중국의 쇠퇴라는 대응되는 과정은 확실히 우리들에게 성공한 쪽을 좋게 보려는 선입견——아니면 적어도 더 완전한 기록으로 보려는——을 가지게 한다. 혁명은 스스로 역사를 만들어 나가기는 하지만 역사를 서술하는 기회는 거의 주지 않기 때문에, 1912년 이후에도 청말의 역사가 충분히 연구되지는 않았다. 요컨대, 일본의 역사 서술은 일본의 근대화와 더불어 근대화되었지만, 중국에서는 역사 서술이 다른 부문과 마찬가지로 훨씬 더 오랫동안 전통적인 방식 속에 머물러 있었던 것이다. 이러저러한 이유들 때문에 중국이 서양에 어떻게 대응하였는가에 대한 우리들의 이해는 연구의 진전에 따라 달라지리라 생각한다.

우리들의 견해는 서양에 대한 중국의 대응을 결정한 주요인이 중국외의 것이 아니라 중국 사회의 내부에 있다는 것이다. 이들 요인들 가운데서 가장 중요한 것은 타성(惰性)인데, 이는 위험이 절박하면 임시적인 대응을 하고 위험이 사라지면 포기하는 식의 피상적인 서양화 노력에서 잘 나타난다. 좀더 넓게 말하면, 중국 사회가 규모 면에서는 너무나 거대하고 체제 면에서는 너무나 굳어져 있어서 서양식의 체제로 급속하게 변화할 수 없었으며, 따라서 전통 중국은 일본이 이루었던 것과 같은 근대화를 결코 이룩할 수 없었다고 우리들은 생각하는 것이다. 이러한 관점에서 보면 비록 붕괴되어 가는 낡은 사회 구조이기는 하였지만, 뿌리 깊게 박혀 있던 사회 구조의 대부분이 모두 파괴될 때까지 근대화된 중국은 건설될 수 없었다. 규모가 더 작으면서도 반응에 더욱 민감하였으며, 그 위에 서양의 제도와 사상을 수용할 준비가 되어 있었던 일본에 비하여 중국의 변화 과정은 훨씬 느렸던 것이다.

중국의 근대화가 느렸던 점에 대한 이와 같은 설명은 사회학적이고 제도적인 것이다. 이것은 전통 중국의 사회가 서양과 특별히 다르지 않고 근대화가 더디었던 까닭이 무엇보다도 억압적인 서양의 '제국주의' 때문이었다는 설명과 다르다. 그러한 관점이 극단적으로 되면 서양과 가진 모든 접촉은 해로운 것이며 '제국주의'의 한 형태를 지닌 것이라고 생각해 버리기 쉽다. 그러나 이는 제국주의와 같은 불가항력의 영향이 왜 중국과 일본에서 그렇게 다른 결과를 가져왔는지에 대하여 설명하지 못한다. 두 나라에서 서양의 영향은 처음에는 미미하였으며 억압적이기보다는 자극적이었는데, 그것이 일본을 신속하고도 성공적으로 대응하도록 자극하였다고 생각된다. 중국의 대응는 그 규모

공친왕(恭親王)(혁흔, 奕訴, I-hsin ; 1833~1898). 함풍제(咸豊帝)의 동생으로서 1860년의 불평등 조약에 서명하였고, 군기처(軍機處)와 총리 아문(總理衙門)의 최고 실력자였다.

와 타성 때문에, 그리고 이미 말하였던 문화 지상주의 같은 유가적(儒家的) 국가 사회체의 특징적인 현상 때문에 방해를 받았다. 제국주의의 억압적이고 착취적인 영향이 증대되고 누적되었던 19세기말에는 중국이 성공적으로 대응하기에는 이미 너무 늦었던 것이다. 그렇다 하더라도 근대화를 위한 중국의 초기 노력 가운데서 몇 가지 점들은 정력적이었고 감동적이었다. 일본과 대비되는 점은 후에 가서야 비로소 나타나는 것이었으니, 1860년대의 상황 속에서라면 관찰자는 아마 다른 발전 방향을 점쳤을지도 모른다.

두 가지의 의미 심장한 변화가 1860년에 청조의 정치 구조 안에서 이루어졌다. 첫째, 영국·프랑스 연합군의 북경 침공은 전세계의 제왕(帝王)이라는 군주 국가 체제의 오래된 천자(天子)의 권위를 숙명적으로 훼손시키면서, 외국의 군주를 그와 동등한 존재로 인정하게 만들었다. 둘째, 양자강 하류에서 새로 일어난 태평 천국의 위협은 만주 조정으로 하여금 반란 진압을 증국번(曾國藩) 휘하의 한인(漢人) 신사(紳士)들에게 맡기도록 만들었고, 이는 지방의 한인 군사력을 증강시킨 반면 만주인들의 통제력을 약화시켰다. 이것은 일본이 빠르게 대응해 나간 것과 같은 방향에서 추진된 구조적 변화였다. 즉, 중화 제국을 국제적으로 대등한 국가들 중의 하나로 처신토록 하였고, 일반 중국 인민에게서 군사력의 기반을 찾도록 만들었던 것이다. 그런데도 일본에서는 그 결과가 매우 빠르게 성취되었으나 중국에서는 훨씬 후에까지도 실현되지 못하였다. 혁명적이면서 활기에 찬 메이지 유신과 다르게 1860년대 초기 중국의 개혁은 수많은 우여곡절을 겪게 될 기나긴 과정의 첫단계였을 뿐이었다.

'**자강(自强)**'과 협조 정책   1860년부터 1862년까지 있었던 태평 천국군의 원정은 상해(上海)와 영파(寧派) 일대에 대한 영국과 프랑스의 원조 때문에 패배하였다. 그로 말미암아 1860년대 초기의 중국은 서양의 군사적 우위를 잘 알고 있었으며, 군사적 측면의 서양화가 국내외 문제의 해결책으로 생각되었다. 증국번은 "만약 당신이 당신의 나라를 잘 다스릴 수 있다면 누가 당신의 나라를 모욕하려 들겠는가?"라는 맹자의 말을 인용하였고, 공친왕은 반란 진압을 서양 무기의 보유 계기로 삼자고 제안하였다. 1840년대에 위원(魏源)이 주장하였던 중국의 전통적인 지혜——오랑캐의 힘을 빌어 오랑캐를 제압하는——가 이제는 부적합한 것으로 생각되었다. 그 대신 "오랑캐를 제압하기 위하여 오랑캐의 우수한 기술을 배우라"는 위원의 다른 말이 강조되었다. 이리하여 '자강(自强)' 운동이 시작되었고, 1861년 이후에는 외교와 재정, 교육, 군사의 각 방면으로 번져 나갔다.

북경 주재 서양 외교 사절들은 중국의 새로운 외교 정책을 환영하였다. 그들은 이제 영국, 프랑스, 미국, 러시아 사이의 협조 정책 및 그들과 중국 사이의 협조 정책에 전념하였다. 조약 체제 구축의 주요 공로자였던 러더포드 앨코크(Rutherford Alcock ; 1865~1869년 사이의 영국 공사) 같은 외교관은 외국의 조약상 권리와 중국의 합법적 이익 사이의 균형을 유지하고, 개항장에서 활동하는 영국 상인들의 공격적 요구를 저지하는 데 힘을 기울였다. 앨코크는 중국의 근대화가 "세상이 시작된 이래 한 번도 본 적이 없는 혁명"을 가져올 것이라고 생각하였다. 진행은 빠를 수 없었다. 1860년대의 '협조 정책'은 점진적으로 근대화하는 중국을 돕자는 것이었다.

서양을 상대로 한 외교 관계를 처리하기 위하여 1861년 3월에 새로운 '총리각국사무아문(總理各國事務衙門, 약칭 總理衙門)'이 만들어졌으며, 공친왕이 그 책임자였다. 그러나 실제로는 새로 설립된 부서가 아니라 군기처에 소속된 하급 기관으로서 1901년에 신설 기관이 만들어질 때까지 대외 관계 업무를 처리하였을 뿐이다. 대외 정책에 관한 결정은 아직도 황제로부터 내려왔고, 총리아문은 단지 북경에서 대외 관계 업무의 처리를 맡고 있었다. 해안 지역의 성(省)에서는 대외 관계 업무를 위한 두 명의 책임자가 임명되었다. 그들은 남경(南京, Nanking)과 천진(天津, Tientsin)에서 총독 지위도 겸임하면서 황제에게 직접 보고하였다. 이러한 지방 분권화 현상은 태평 천국에 대항하는 동안에 생겨났던 지방 권력의 성장 과정과 일치하였다.

해관(海關) 업무　대외 관계 업무에 대한 새로운 질서의 수립은 영국측 교섭자들로부터 많은 영향을 받았다. 호레이쇼 넬슨 레이(Horatio Nelson Lay ; 53쪽 참조)는 중국으로부터 급료를 받는 '외국인 감독관'으로서 1855년 이래 상해에서 정력적으로 해관 업무에 종사해 왔다. 조약 관계와 중국어에 대한 그의 정통한 지식은 그가 1858년 천진에서 청조의 조약 협상자들을 위협하면서 결정적 역할을 하는 데 도움이 되었다. 그 당시 그는 세관으로부터 휴가를 얻고 있었다. 그 후 그는 새로운 해관 업무를 확장하는 일에 참여하였다. 1861년 1월 공친왕과 총리아문은 그를 총세무사(總稅務司)에 임명하였고, 곧 그는 그 당시 최강의 무기였던 증기선 포함(砲艦) 함대를 중국 정부에 조달하라는 지시를 받아들였다. 그러나 레이는 영국에서 영국 해군 장병들이 탑승한 8 척으로 구성된 함대를 구입하였을 뿐만 아니라, 함대의 통솔까지 자신의 수중에 두려고 하였다. 1863년 이 강력한 함대가 중국에 도착하자 공친왕과 증국번은 레이의 조치를 거부하였다. 레이는 급료를 받은 뒤 해임당하였다. 레이는 그 자신이 중국 당국을 위하여 일하고 있는 것이지, 그들의 지배를 받는 것은 아니라고 거만하게 생각했던 것이다. 그는 "야만인들 밑에서 일하는 젠틀맨을 생각한다는 것은 어이없는 일이다."라고 말하였다.

1863년에 레이의 뒤를 계승한 로버트 하트(Robert Hart ; 159 쪽 참조)는 해관 업무를 전혀 다른 토대 위에서 수립하였다. 하트는 북아일랜드 출신이었고, 중국에는 1854년에 영국 외무성의 통역관으로 부임하였다. 그는 해관의 외국인 세무사들에게 "중국 정부로부터 급료를 받는 사람들과 고용된 사람들은 중국인 관리와 같은 동아리이며, 어떤 의미에서는 중국 인민의 동포"라고 말하

일을 하고 있는 로버트 하트 경(Sir Robert Hart). 그림은 총세무사가 그의 유명한 입식 책상에서 일하고 있는 모습을 보여 준다.

였다. 그는 그의 외국인 세무사들에게 해관의 모든 업무 과정을 감독하게 하였으나, 그들은 실제로 관세를 징수하는 각 항구의 중국인 해관 책임자(보통은 지방의 도대(道臺))들에게 명목상으로 예속되어 있었다. 하트 자신은 모든 외국인 직원들의 총책임자였는데, 외국인 직원은 1875년 당시 영국인 252명과 서양의 다른 16개국 출신 156명으로 구성되어 있었다. 이와 같이 훌륭한 솜씨와 참을성 및 통찰력을 지닌 그는 청조 중앙 정부의 손과 발이 되는 하나의 행정 기관을 이루어 내었으니, 그것은 외국 상인들을 다루기 위하여 외국인들을 고용함과 동시에 근대화에 대한 중국의 노력을 도와 준 것이었다.

새 해관의 총수입은 하트의 신중한 조언과 함께 북경에 새로 설립된 통역관 학교인 동문관(同文館)의 운영에 지원되었다. 동문관은 외국인 통역관에게 의존하지 않는 중국인 외교관의 양성을 목표로 하였다. 총리아문에서 "외국을 상대로 한 어떠한 협상에서도 먼저 필요한 것은 그들의 성격과 감정을 파악하는 것"이라고 강조한 것이라든가, 이홍장(李鴻章, Li Hung-chang)이 "먼저 그들의 야심을 이해하라. 그들의 욕심과……그들의 강점과 약점을 간파하라."고 말한 것도 같은 맥락에서였다. 이와 유사한 소규모 학교들이 상해와 광동(廣

東, Canton) 그리고 복주(福州, Foochow)에 개설되었으나, 지명된 학생들이 주로 중년의 만주 기인(旗人)이었기 때문에 그 결과는 보잘것없었다.

서양의 과학 지식에 대한 요구는 병기창(兵器廠)과 조선소의 설립으로 시작되었다. 증국번과 이홍장은 1865년 마침내 상해의 강남 기기 제조국(江南機器製造局)에 그들의 모든 힘을 쏟아 넣었다. 1868년까지 그곳의 중국인 기술자들은 비록 외국에서 생산된 엔진을 달기는 하였으나 중국 최초의 증기선을 건조하였다. 서양의 과학 논문과 입문서에 대한 번역도 이러한 발전의 필수적인 부문이었다. 복주에서도 또 하나의 병기창〔윤선 제조국(輪船制造局)〕과 해군 학교〔선정 학당(船政學堂)〕가 1866년에 프랑스의 도움으로 설립되었다.

서양화를 위한 이러한 모든 조치는 전통적인 기관보다는 북경의 신설 기관인 총리아문에서 처리되었다. 1860년대에 추구된 정책은 이와 같이 낡은 것과 새로운 것의 혼합물이었다. 중국은 조약을 맺어 무역과 교섭을 함으로써 서양의 침략자들을 누그러뜨렸고, 외국의 공격을 막아내면서 국내의 반란을 진압하려고 막강한 서양 군사력의 비밀을 배웠다. 그러나 그 동안의 노력은 낡은 유가적(儒家的) 통치 형태를 다시 일으켜 세우는 방향으로 진행되었다. 국가와 문화의 통일을 수반하는 전통적 질서의 부흥이 사실상 주된 목표였고, 자기 방어를 위한 서양화는 부수적인 목표에 지나지 않았던 것이다.

유가적 통치의 중흥

이미 말하였듯이, 중국의 국가와 사회는 정치, 경제, 사회, 사상 및 그 이외의 각 분야에서 전체적인 기력이 시들어 갔지만, 아직까지는 바깥의 영향을 받지 않을 정도로 균형과 자급 자족을 이루어 왔다. 통치 과정에서 질서의 필요성, 학인-관료 및 지주 계급의 기득권, 그리고 유가주의의 보수적 이념이 맞물려 서로서로 보강하여 주었던 것이다. 그 결과, 외국의 침략과 국내의 반란이라는 이중적 위협에 처한 1860년대의 중국이 보여 준 기본적인 반응은 중국을 근대화하는 것보다는 낡은 유가적 체제를 다시 확인하거나 '중흥(中興)' 하는 것이었다. 새로운 것은 기대되지도 찬양되지도 않았으니, 외국에서 들어온 것은 더 말할 나위도 없었다. 한 극단적인 보수주의자는 "왜 우리들이 야만적인 외국인들에게서 배워야만 하는가? …… 그들은 우리의 적이다."라고 말할 정도였다.

이러한 제도적이고 심리적인 타성에다 1860년 이후에는 청조 중앙 권력의 정치적 약체성이 덧붙여졌다. 심각한 반란 이후에 왕조 통치가 되찾은 중흥의 목표는 혁신보다는 전통적인 방식이었다. 그러나 왕조는 심하게 동요되었다. 황제가 통치해야 함에도 불구하고 동치(同治, T'ung-chih ; 1862~1875) 황제는 그의 어머니인 서태후(西太后)의 섭정 통치를 받는 유약한 어린아이에 불과하였던 것이다. 기다란 칭호의 첫 두 글자를 따서 흔히 자희(慈禧, Tz'u-hsi)라고 불리는 이 특출한 여인은 영리하고 강한 의지를 가졌으나, 마음이 편협하였다. 아들을 위한 공동 섭정을 했던 그녀는 자신이 제국의 실질적인 지배자로 되기 위하여 관리의 임명, 승진, 상훈(賞勳), 감찰, 해임, 처벌 등 황제의 특권을 어떻게 다루어야 하는가를 곧 익혔다. 그녀는 궁정의 환관과 믿을 만한 고관들의 도움을 받아 통치하면서 굳고 튼튼한 권력을 다지게 되었지만, 중국의 근대화 문제를 잘 이해하지 못하였다. 그 결과 중국적 방식으로 유가적 통치를 중흥한 것은 정력적이었고 부분적으로는 성공하였지만, 근대화를 향한 조치들은 고난의 늪으로 빠져들게 되었다.

반란 진압   1864년의 남경 함락으로 왕조 권력에 대한 진정 유일한 경쟁자였던 태평 천국은 멸망당하였으나, 광대한 지역들은 아직도 반란에 휩싸여 있었다. 염비(捻匪)는 '견벽청야(堅壁淸野)'의 방어 전술을 전개했는데, 그들의 세력권 안에 흙벽을 이용하여 만든 요새화된 촌락들을 기지로 삼았다.(50 쪽 참조) 이 전술은 들판에서 수확한 곡식과 농민을 흙벽으로 둘러싸인 촌락 안으로 모아들여서, 공격해 오는 관군이 인력과 식량 공급을 얻지 못하도록 만드는 것이었다. 그렇게 하면서 북방 지역의 성에서 염비의 기병대는 히트 앤드 런(hit-and-run) 방식의 기습 공격을 감행하였다. 태평 천국의 잔당이 염비에 합세함으로써 1865년에 증국번은 염비 토벌의 명령을 받았다.

염비의 세력 지역을 점령하고 흙벽을 헐어서 평평하게 만드는 일을 재차 하였시만 아무 소용이 없있다. 주민들과 촌락 민병대의 수령들이 계속하여 염비를 지지하였고, 흙벽도 다시 쌓아올렸던 것이다. 증국번은 더욱 전통적인 전술을 시도하였다. 그는 염비의 지도자들에 대한 처형 명단을 작성하여 공개하였으나, 투항해 오는 추종자나 촌락의 수령들은 용서하고 보호하겠다고 약속하였다. 네 곳의 강력한 거점 지역과 봉쇄선을 설치함으로써 염비의 세력권을 고립시킨 증국번은 그 안으로 공격해 들어갔다. 그런 다음에 흙벽으로 둘러싸인 촌락들을 하나하나씩 신중하게 조사하면서 주민들을 다섯 가구씩 상호 보증하여 등록하게 하고, 공식적으로 촌장을 임명하였다. 그 동안 그들은 황폐해진 경작지에 다시 농사를 시작하고, 주민 통제와 식량 공급을 회복시켰다. 그리하여 염비의 기습 부대를 그들의 인력과 식량의 공급원으로부터 차단시켰다. '견벽청야'는 이와 같이 반란군에 대하여 다시 거꾸로 적용되었던 것이다.

1866년말 이홍장은 염비 진압의 주력군이 그가 창설하였던 회군(淮軍)이었기 때문에 염비 진압의 임무를 물려받았다. 증국번은 태평군을 패퇴시킨 이후 군대내의 재정과 지휘권 및 훈련의 긴박한 문제들을 모면하기 위하여 그의 상군(湘軍)을 공식적으로 해산하였고, 그 결과 이홍장의 회군이 중국 최고의 근대적 군대가 되었다. 회군은 상해의 신설 기기창에서 생산된 무기와 비옥한 양자강 삼각주 지역에서 징수한 쌀을 공급받았다. 그리하여 회군은 머지않아 7만 명의 병력에게 공급할 3만 정 이상의 전장총[前裝銃 ; 탄약을 총구에서 재는 총]과 수송용 함선에 탑재할 대포 및 7,000명의 기병을 갖추게 되었다. 1866년 이후 염비는 화북 평원의 동부와 서부 지역에서 떠돌아다니는 두 그룹의 무리로 나누어졌다. 그들은 10만 명의 병력을 동원한 1,000마일의 봉쇄선으로 말미암아 서로 분리되었는데, 이 봉쇄선은 산동성의 서쪽 및 서북 경계 지역에 있는 대운하와 황하를 따라 설치된 것이었다. 염비는 점점 더 포위되어 갔으니 동쪽의 무리는 1868년의 1월에, 서쪽의 무리는 8월에 평정되었다.

두문수(杜汶秀, Tu Wen-hsiu)가 1856년에 자신의 회교(回敎) 국가를 세웠던 (51쪽 참조) 서남 중국에서는, 중앙 정부의 권위를 재확인하기 위한 싸움이 더 오래 계속되었다. 회교 종파주의자인 두문수는 회교도가 아닌 한인(漢人)에게는 확실히 아무런 영도력도 발휘하지 못하였다. 여러 종족이 뒤섞여 생활하는 지역의 모든 사람들에게, 청조의 방식은 질서가 잡힌 더 나은 행정 집행과 어느 쪽으로도 치우치지 않은 공정성을 베풀었던 것으로 보인다. 청조의 몇몇 장군들은 민병대의 지도자로 행세하였던 지방의 신사 출신이었다. 회교도조차도 청조측을 택하면 더 유리하다는 것을 알고 있었다. 그 동안의 사망

북경의 저택 북경의 관리가 아들과 함께 그의 정원 안뜰에 앉아 있다. 위층에는 여인들과 어린이들 및 하인들이 있고, 신원이 확실치 않은 여인이 왼쪽 끝에 보인다(1872년경).

과 이동으로 주민들도 반 이상이나 줄어들었다. 운남부(雲南府, Yunnanfu ; 현재의 昆明)와 같은 성벽 도시는 오랫동안 포위당하기도 하였다. 한때 회교도들의 세력은 53개의 성벽 도시들을 토대로 하였으나, 관군이 하나하나씩 탈환하면서 대학살을 감행하기도 하였다. 그리하여 대리(大里, Tali)는 마침내 1873년에 함락되었고, 두문수는 자살하였다. 같은 해에 귀주(貴州, Kweichow)의 묘(苗, Miao)족 반란도 평정되었다.

서북 중국의 건조한 기후 지역이면서 납작 냄비의 손잡이처럼 길게 생긴 감숙(甘肅, Kansu)성은 투르키스탄과 이어지는 길목을 이루고 있는데, 그곳에서 1780년대에 신교(新敎)로 알려진 광신적 교파의 영향을 어느 정도 받아들인 회교도의 봉기가 일어났다. 19세기 중엽에 새로 일어난 한 반란은 청조에 대한 반항이라기보다는 지방 관리들의 부패에 대항하였던 것으로 보이는데, 1862년

164

에 서안(西安, Sian) 근처에서 반란이 일어나 서쪽으로 확대되어 나갔다. 호전적인 신교의 지도자는 그의 근거지를 영하(寧夏, Ning-hsia) 근처에 두었다. 이 서북 지역은 전략적으로 대단히 중요한 지점이었으나, 그 지역을 회복하는 것은 먼저 1864년에 태평 천국을 진압하고 다음으로 1868년에 염비를 평정할 때까지 기다려야만 하였다. 진압 임무는 호남성의 신사로서 전승(戰勝) 장군이었던 좌종당(左宗棠, Tso Tsung-t'ang)에게 주어졌다. 섬서(陝西, Shensi)성과 감숙성의 회복은 그가 예언한 대로 꼭 5년(1868~1873)이 소요되었다. 그가 보여준 부하 통솔과 광범한 보급선의 유지 및 지방 행정의 회복은 모두 전통적 방법의 효능을 증명하여 주는 것이었다. 그는 조직적이면서도 끈질기게 천천히 진군하면서 반란군의 거점을 줄여 나갔고, 되도록이면 많은 반란군들을 살해하였다. 그가 한 친구에게 보낸 편지 내용처럼 1871년에 그의 아내는 죽었고, 머리칼은 희게 변하여 갔으며, 이도 모두 빠진 데다 이질과 말라리아까지 앓고 있었고, 진군 속도가 늦다는 비판까지 받고 있었다. 1873년이 되면서 서북 지방의 인구는 크게 줄어들었으나, 그곳에는 평화가 깃들게 되었다.

1860년대의 중흥은 전통적 방식 안에서 이루어진 전쟁과 행정 두 방면의 승리였다. 증국번과 이홍장, 좌종당은 능력이 뛰어난 학자인 동시에 행정가였다. 그들의 성공은 격전(激戰)뿐만 아니라 유가적 윤리와 정치 원리의 적용, 그리고 경제 부흥의 권장 및 적절한 세금의 부과와, 거기에 덧붙여 서양 기술을 어느 정도 이용한 것에 말미암았다. 그러나 중흥의 성공이 중국을 이전의 상태로 되돌려 놓지는 못하였다. 오히려 각 성 행정의 상층에 있는 세력 있는 관료들이 왕조에 충성을 바쳤으나, 막강한 지방 세력을 형성하여 새로운 균형 상태로 몰아갔던 것이다. 왕조의 중앙 권력은 이러한 지방주의의 성장 덕택으로 살아 남을 수 있었지만, 이후에는 그들과 대립할 수밖에 없었다.

내란의 경제적 영향　1860년대말의 미국처럼 중국도 재건이라는 거대한 과업에 맞닥뜨려 있었다. 전쟁은 미국보다 더욱 긴 시간이 걸렸고 더 넓은 지역에서 벌어졌다. 그러나 중국은 국가적 상처를 치유할 근대 산업의 능력이 없었다. 자본의 손실도 심각하였다. 예를 들면, 서북 지역의 관개 사업과 비단 문화에 없어서는 안 될 중부 지역의 뽕나무 등이다. 가정을 잃은 많은 사람들에게는 먹을 것을 주고 일을 시켜야 하였고, 인민들은 주로 인내심과 근면성으로 이러한 문제들에 대처하였다. 각 지역의 신사들이 관청의 원조를 얻어 주도권을 장악하고 실행하였다. 구호 양곡의 수송과 분배, 빈민 구호를 위한 식당의 설립, 고아원, 피난민 수용소 등의 공공 사업을 —— '자선 대신에 사업을 하면서' —— 신사와 관리들이 함께 수행하였다. 정부가 하는 일은 주로 도덕적 권유와 지도의 형식, 광범위한 토지세의 면제 및 세율의 인하였고, 때로는 씨앗과 농기구를 주어서 농민들을 정착하게 하는 것 등이었다. 전체적으로 보아서, 이러한 조치들은 소작인들보다는 지주들에게 도움이 되었다. 지주들은 더 적은 토지세를 내게 되겠지만, 소작인들에게는 소작료의 인하가 거의 보장되지 않았던 것이다.

1850년대의 내란 발생 이후 중앙 정부의 재정은 빠르게 고갈되어 갔고, 부유한 성에서 올라오는 토지세는 끊어졌다. 북경은 관위(官位)와 관직까지도 점점 더 많은 돈을 받고 팔았고, 새로운 철전(鐵錢)과 지폐 및 그와 다른 형태의 저가(低價) 화폐를 발행하였다. 이리하여 신사층의 수가 빠르게 증가되었으며, 통화량도 급격히 팽창하였다. 그러나 조세 수입의 위기는 토지세의 인상이라는 방법으로 해결될 수 없었다. 1712년에 황제가 세금의 할당량에 대하여 이후부터는 결코 인상시킬 수 없다는 낙관적인 칙령을 내린 때부터 각 지역의 토지세에 대한 할당량이 고정적으로 설정되어 있었기 때문이다. 청조의 재정은 이처럼 탄력적이지 못한 이유로 말미암아 고난을 당하였다.

이러한 재정 위기를 타개하기 위하여 1853년에 강소(江蘇, Kiangsu)성에서 상인들과 무역상들에게 적은 금액의 세금을 부과하였는데, 이금(釐金, li-chin ; '1000분의 1의 세금'이라는 뜻)이라 불려졌다. 이 새로운 세금은 세 가지의 중요한 특징이 있다. 세액이 너무나 적어서 힘들여 탈세할 필요가 없었고, 따라서 징수하기가 쉬웠다는 점, 둘째로 소비 품목에 대하여 과세되었는데 이금 징수소를 통과하는 상품에 대하여 통과세로 징수되거나 상품이 판매되는 곳에서 판매세의 형식으로 징수되었다는 점, 그리고 끝으로 이금 수입은 주로 성에서 보유하였고 지방의 신사들이 이금 제도의 운용에 참여했다는 점이다. 1860년까지 이금 제도는 중국의 거의 모든 지역에까지 파급되었고, 군대를 동원하고 있던 신사와 관리들은 군대를 지탱하기 위하여 이금을 징수하였다.

1850년 이전의 중앙 정부의 조세 수입은 주로 농업 경제 부문에서 징수되었다. (166쪽 도표 참조) 19세기말이 되면 상업 부문에 대한 새로운 세금이 조세

청조 중앙 정부의 조세 수입 평가

	1850년 이전	1890년대초	1900년대초
토지세와 양곡 징수	30	32	33
염과(鹽課)	5 내지 6	13(a)	13(a)
구식 관세	4	1	4
신식 해관세	0	22	35
이금	0	15(b)	14(b)
관위와 관직의 매매 및 기타	1	5	4
추정 합계	40	89	103

(명목적으로 북경에서 인수토록 되어 있는 것. 단위 : 100만 냥)

(a) 소금에 대한 이금세 포함
(b) 중국산 아편에 대한 이금세 포함

수입을 두 배 이상으로 증대시켰다. 이 가운데에서 북경의 손에 들어오는 이금 수입이 처음에는 가장 중요하였다. 그러나 해관의 새로운 수입이 1860년대에는 한 해에 약 700만 냥에 이르렀고 그 후에는 점점 더 증가되어 갔다. 그것은 점점 더 수입량이 증가되어 가던 인도산 수입 아편에 과세된 세금을 포함하고 있었다. 겉으로만 중앙 집권화된 농업-관료 국가의 옛 방법에 의하여서는 이제 중국 정부가 더 이상 재정을 꾸려나갈 수 없다는 것은 명백한 일이었다. 지방 군대의 성장과 이금 제도의 보급은 지방 분권화 혹은 지방 분립주의의 경향을 가져왔다. 그것은 유가적 이데올로기의 재확인으로 억제되기는 하였지만 돌이킬 수 없는 추세였다.

중흥 운동의 철학과 영도력　1860년대의 중흥에서 서양 사상은 아주 미미한 역할밖에 하지 못하였다. 반대로 중흥의 지도자들은 중국 고대의 도덕성을 재확인하고 '경세론(經世論)'을 통하여 실제 업무에 적용할 것을 강조하였다. (13~14 쪽 참조) 이 도덕성이 지닌 실천에 대한 주요한 관념은 일련의 명제로 요약될 수 있다. 즉, 중국 사회의 조화는 계급적 조직과 최상부터 최하까지 누구에게나 주어진 고유한 역할을 완수하는 데에 있다. 각각의 개인은 사회적 행동 규범인 고대의 '예(禮, li)' 혹은 '사회적 관례'를 따라야 한다. 군자(君子)의 고결한 본보기는 그에게 도덕적 권위를 갖게 하여 주며, 법률적 처벌과 폭력의 사용은 다만 고결한 도덕적 본보기에 의거한 통치를 보충한다. 따라서 반란은 응징되어서 개조되거나 제거되어야 하지만 폭력의 사용은 타락하지 않은 올바르고 자비로운 통치에 뒤따르는 것이다. 이리하여 국내의 조화는 다시 회복될 것이고, 번영은 계속될 것이었다. 이러한 철학은 극히 엘리트주의적이고 계급적이어서 근대의 평등주의 경향과는 반대된다. 그것은 고대의 황금 시대에서 모델을 찾았으며, 근대의 진보 관념과는 전혀 달랐다. 경제 정책의 주 강조점은 생산과 조세 수입의 증대가 아니라 검약과 일정한 세액 및 자원의 적절한 이용이었다. 중흥의 이상(理想)은 정(靜)적인 조화이지 동(動)적인 성장은 아니었으며, 그것의 미래상은 고대의 유가적 모델에 한정되어 있었다. 따라서 그것은 주기적 변화 혹은 '전통 속의 변화'라는 신조를 가지고 개혁의 정당화를 호소할 수 있었던 것이다. 그러나 개혁은 본질적으로 보수적이었고, 두 가지 신조에 따라 제한되고 있었다. 즉, '민생(民生)'을 제공하는 농업이 국가의 기초이며, 신중하게 선발된 '인재(人才)'가 좋은 정치의 바탕이라는 것이었다.*

1860년대가 되자 만주인과 한인 지도자들의 관심과 이상은 거의 일치하게 되었으니, 둘 다 모두 전통적 체제를 다시 만드는 일에 열중하였다. 1850년까지 만주인들은 어림잡아 북경에 있는 중앙 관리의 반(半)과 각 성에서 총독(總督)의 3분의 2와 순무(巡撫)의 3분의 1을 차지하였다. 그러나 계속된 반란의 진압 과정을 통하여 등장한 새로운 인재는 거의 모두가 한인이었다. 그들은 언제나 더욱 낮은 하위직 참모를 거느렸고, 이제 만주인들은 각 성에서조차 드물게 되었다. 1860년대가 되자 만주는 더 이상 한인들의 이주가 엄격하게 금지되는 지역이 아니었으며, 만주의 기(旗)는 더 이상 잠재적 군사력이 될 수 없었다. 만주어는 거의 사용되지 않았고, 만주인과 한인의 결혼에 대한 금지도 더 이상 소용이 없었다. 만주의 통치 권력도 거의 한인 상층 계급이 차지하게 되어 버렸다. 1890년대에 한인의 새로운 민족주의가 청조를 이민족(異民族)이라고 공격할 때까지 청조는 중국의 전통적 제도로서 기능을 발휘하였다. 오늘

---

* Mary Clabaugh Wright, *The Last Stand of Chinese Conservatism : The T'ung-chih Restoration, 1862~1874* (Stanford, Calif. : Stanford University Press, 1957)를 참조.

군대의 근대화 소형의 대포를 갖추고 광동 주재 영국 영사관의 경
비를 맡은 만주 기인(旗人)들(1870년경).

날의 비판자들이 이 시대의 한인 지도층에 대하여 청조에 충성을 바침으로써
이민족의 통치자들에게 '팔려 버렸다'고 주장하는 점은 충성에 대한 민족주의
의 기준을 시대 착오적으로 적용하고 있는 것이다.

중흥에 필요한 '인재'를 찾는 첫번째 단계는 정기적인 과거 시험을 부활시
키고, 지방의 서원(書院)을 다시 열며, 표준이 되는 서적을 다시 간행하는 일
이었다. 그 다음의 다른 노력은 과거 시험의 문제를 당시의 현실적 문제들과
관련짓는 것이었다. 예를 들면, 군대를 어떻게 잘 훈련시키고 보급하며 유지
할 것인가 하는 점이다. 이러한 실용적 측면은 전통적 방법의 더욱 능숙한 이
용을 강조하는 '경세(經世)'학파의 주장을 따른 것이다. 또 하나의 필요한 방
법은 학위(學位)의 판매 억제, 즉 연납(捐納)을 억제하는 것이었다. 연납 제도
도 지나치지만 않으면 두 가지 면에서 쓸모가 있었다. 비상시에 신속하게 조
세 수입을 마련할 수 있다는 것과, 학인의 우월성을 침해하지 않으면서 학인
계급의 구성원이 되게 함으로써 부유하지만 학위(學位)가 없는 사람들의 충성

을 확보할 수 있다는 것이다. 돈으로 구입할 수 있었던 ‘비정규적인’ 학위는 ‘정규’ 과거 시험의 학위와 명백히 구별되었다. 19세기 전반에 연납을 통하여 1년에 정례적으로 100만 냥, 어떤 때는 200만 냥을 거두어들였다. 가장 낮은 학위를 지닌 연납 출신의 ‘비정규적’ 신사는 어림잡아 전체 신사층의 10분의 3을 차지하였는데, 1850년까지 제국의 전체를 통틀어 신사의 총수는 어느 해를 막론하고 약 110만 명에 육박하였다.

관직의 판매를 막고 관위의 판매를 제한하도록 한 중흥의 노력은 어느 정도 성공적으로 시도되고 있었다. 그러나 이전의 상태로 다시 되돌아갈 수는 없었다. 각 성에서 치러지는 과거 시험을 통하여 학위를 받을 수 있었던 첫 단계 학위에 대한 정원의 증가는 ‘정규’ 신사의 수적 증가를 가져왔다. 반란 시기 동안의 기부금에 대한 보상으로서 할당된 정원이 약 18퍼센트까지 점차적으로 증가하였다. 부유한 지역은 많은 정원을 확보함으로써 더 많은 수의 젊은 이들을 신사 계급에 참여케 할 수 있었다. 청대 전체를 통하여 부유하고 문화적 수준이 높은 양자강 하류 유역의 중심 도시들은 북경에서 치르는 시험에서 높은 합격률을 유지하였다. 강소(江蘇, Kiangsu)성에서만 약 5분의 2가 배출되었다. 그곳은 만주 조정이 쌀을 공급받는 지역이었으며, 무엇보다도 지지자들이 필요한 지역이었다.

그 동안 비정규 신사의 수는 정규 신사의 수보다 훨씬 빠르게 증가하였다. 19세기말에 신사의 수는 총계 약 145만 명이었고, 그중의 3분의 1 이상이 연납으로 자격을 얻었다. 이는 의심할 바 없이 상인들이 신사 신분으로 변화해 갔음을 가리킨다. 이와 같이 과거 시험은 부흥되었음에도 불구하고, 유가적 통치의 근원인 과거 시험의 지위는 더욱 약해져 갔다. 언급되어야 할 것은 이러한 중흥은 관례적인 사례금이나 ‘강요에 따른 뇌물’에 의지하여 통상적으로 살아가던 잡역 관리들 같은 최하층 말단에게는 별 효력이 없었다는 점이다. 여기에다 전통적 도덕성은 극도로 약화되었다. 이러한 상황에서 ‘인재’를 선발하거나 훈련할 수는 없었으며, 근대적 정부가 필요로 하는 기술적 전문화에도 대비하지 못하였다.

그리스도 교 선교 활동에 대한 반발

유가적 교의(敎義)에 따른 중흥의 실제적인 한 결과는, 목적과 정신이 역시 방어적이긴 하지만, 증가하는 선교 활동으로부터 영향을 받아 일어나게 된 반(反)그리스도 교 운동이었다. 카톨릭과 프로테스탄트의 선교 사업은 크게 다른 종류의 활동이었다. 1800년에 카톨릭은 각 성에 흩어져 있었던 15만여 명의 신도를 유지하고 있었고, 조약이 처음으로 맺어지면서 그들은 성장의 밑거름으로 되었다. 1870년에 카톨릭 신도는 거의 40만 명을 헤아렸다. 예수회, 프란체즈코 수도회, 나자렛 수도회, 도미니크 수도회 및 그 밖의 수도회의 유럽 인 성직자 약 250여 명과 많은 중국인 성직자와 전도사들이 그들을 이끌었다. 1860년의 청불 조약은 선교사들에게 완전한 신앙의 자유와 재산의 반환을 약속하였다. 중국어로 된 조약문에도 역시 선교사들이 어디에서든지 땅을 빌리거나 매입하고 건물을 세울 수 있도록 허용하였는데(따라서 다른 모든 외국인에게도 역시 허용되었다), 이는 프랑스의 계략이었다. 이렇게 하여 교회는 지주가 되어 재산을 임대하여 주었으며, 게다가 일반 학교와 신학교 및 고아원까지 운영하였다. 중국에서 오랜 역사를 가진 카톨릭은 중국 사회에 단단하게 뿌리를 내리게 되었다. 개종자들은 먼저 숭배자가 되고, 다음에는 세례 지망자가 되고 마지막으로 세례를 받는데, 이러한 단계를 통한 인상적인 의식들이 의미를 가지게 되었다. 종교적 축일(祝日), 순례 여행, 가족 예배, 도덕적 행동의 가르침, 교회의 경제적 지원 등 이 모든 것이 신자들을 카톨릭 사회로 들어가게 하였다. 과거의 박해로 말미암아 유화적(宥和的)으로 된 카톨릭의 모든 노력은 조심스럽게 중국식으로 조정되었다.

이와 대조적으로 프로테스탄트의 선교사들은 아직도 중국의 주변 지역에 머물러 있었다. 1850년에 그들의 전체 수는 20여 선교회를 대표하는 겨우 80여 명이었고, 거의 전적으로 5개의 개항장과 마카오 및 홍콩으로 그 활동이 제한되어 있었다. 카톨릭 신부들처럼 실험해 본 선교 방법도 없었던 프로테스탄트 선교사들과 역시 거의가 선교사인 그들의 부인들은 의심할 여지없이 개항장이라는 중서(中西) 혼합 사회의 한 부분에 불과하였다. (200 쪽 사진 참조) 1870년에 이르러 350명 이상의 프로테스탄트 선교사들이 있었으나, 개종자들은 통틀어 6,000명에도 이르지 못하였을 것이다. 그들 선교사들은 서양 상인들처럼 거의 개별 분산적이었는데, 그들의 노력을 통합 조정할 로마 교황청의 해외 포교 성성(海外布敎聖省)에 비견될 정도의 단일 기관이 없었다. 런던 전도(傳道) 협회와 미국 대외 전도국(對外傳道局)(조합 교회)과 같은 개척적인 단체들에 이어 네덜란드 개신교, 복음 침례교파, 웨슬리언 감리교파 등과 그 외의 많은 다른 단체들이 동참하였다. 북유럽과 북아메리카 출신의 프로테스탄트 선교사들은 종교 개혁의 결과를 위험한 이단(異端)으로 여기는 주로 라틴계 국가들에서 온 카톨릭 선교사들과 뚜렷이 구별되었다. 프로테스탄트의 입장에서 볼 때, 로마 교황청은 반(反)그리스도 교적이었고, 카톨릭의 신앙은 경쟁적인 종교였다. 그리스도 교의 두 종파 사이에서는 협동이나 연락조차 미미하였다.

1866년에 영국의 탁월한 조직가인 허드슨 테일러(Hudson Taylor)는 훗날 최대의 선교 단체로 성장하게 되었던 중국 내지 전도회(中國內地傳道會)를 시작하였고, 그는 오로지 복음의 전파에만 힘을 쏟았다. 그는 그리스도 안에서 믿음을 통하여 얻는 구원이 지옥의 영원한 괴로움을 피하는 유일한 선택이라는 외곬의 신념을 가지고 있었다. 그는 중국을 하나의 커다란 문젯거리로 생각하였다. 그는 "그곳에서는 신(神)을 모르는 채 한 달에 100만 명이 죽어가고 있었다."고 나중에 말하였다. 그는 교파와 국가의 구분 없이 프로테스탄트의 선교사를 모집하였다. 그리고 그들에게 급료도 주지 않고 "하느님께서 마련하실 것"이라 주장하면서, 중국인의 옷을 입혀 중국 사람들 사이에서 꾸밈없이 살게 하고, 중국인들의 영혼을 구원으로 인도하기 위하여 내륙의 중심지로 파견하였다. 기도 외에는 지원을 구하지 않는다는 사실이 널리 알려지면서 테일러에게 기부금과 지원자가 계속 나타났다. 프로테스탄트 선교 사업의 근거지는 점차 카톨릭 교회가 오랫동안 기반을 닦아 왔던 내륙의 성에도 등장하기 시작하였다.

신사층의 반감　17세기의 양광선(楊光先, Yang Kuang-hsien) 이래(상권 314 쪽 참조) 유가(儒家)들은 그리스도 교의 교리를 미신적이고 이단적이라고 비난하였다. 그들은 "왜 전능하고 자애로운 신이 원죄를 허용하였는가?"라고 질문하였다. 카톨릭은 1724년에 이단으로 배척되었고 1846년까지도 그러하였다. 이 모든 것이 중국 학인 계층의 지적 풍토에 그리스도 교를 어울리지 못하게 하였다. 여기에 절박한 정치적 이유가 덧붙여졌다. 태평 천국군은 그리스도 교도임을 자청하였고, 서양에서 온 막강한 야만적 침략자들 역시 그리스도 교를 공언하였던 것이다. 끝으로 중국의 신사들은 이제 그들의 사회적 역할의 수행에 라이벌이 될 듯한 존재로 맞서 오기 시작한 선교사들을 발견하였던 것이다.

무엇보다도 선교사들은 교사로 행동하면서 종교적 가르침을 주었고 학교를 세웠다. 그러면서 그들은 유가가 아닌데도 학인 계층의 구성원임을 자청하였다. 그리스도 교의 메시지를 전하기 위해서 선교사들은 신사들이 지방의 지도자 역할을 하는 사회적 질서에 의문을 제기하는 일이 —— 적어도 암시적으로나마 —— 필요함을 알게 되었다. 그들은 고아를 수용하거나 가난한 사람들을 구제하고 굶주림과 재난을 당했을 때 원조를 하는 등 현실적인 문제 속에서 관례적인 역할의 어떤 부분을 대신하면서 신사들과 경쟁하였던 것이다. 양자간에 있었던 알력의 다른 중요한 이유는 선교사들이 치외 법권 위에서 자신들의 특권 신분을 요구하거나, 혹은 본의 아니게 그들에게 부여된 특권 신분 때문이었다. 신사들이 체형을 면제받고 관리들과 쉽게 접촉하며 영향을 주기 쉬운 특권 때문에 일반 인민들과는 구별되듯이, 선교사들도 불가침의 특권을 갖고 있었고 관리의 위압을 거부할 수 있었으며 중국 관리에게 중재를 요구할 수 있었다. 이것이 실패할 경우에는 본국 정부에 도움을 요청할 수도 있었다. 특히 카톨릭 주교들은 대단히 화려하게 격식을 차리면서 마치 준(準)관료 신분인 것처럼 행동하였다. 더욱이 유력한 신사처럼 특권적 지위를 지닌 선교사들은 주로 중국인 신자의 이익을 지켜 주어야 할 경우도 있었고, 신자들은 그들을 후원자나 보호자로 여겼다. 중국인 신자들과 비(非)신자들 사이에서 마찰이 일어나면, 선교사들은 지방관과 함께 간섭하여 죄인에 대한 처벌과 배상금의 지불을 요구하여 달라는 부탁을 받았다. 신자들이 종종 기회주의적인 '구호 물자를 바라는 신자'이거나 출세의 통로인 유가적 학문 소양이라고는 거의 없는 비(非)특권층 출신이라는 사실 때문에 적대감은 줄어들지 않았다. 그리스도 교는 열심히 불평 불만자들을 동원하는 것처럼 보였던 것이다.

근대 민족주의의 기준에 따라 판단한다면, 이상한 말씨와 괴상한 태도, 그리고 분명히 질서 파괴의 목적을 지니고 들어오는 성직자나 순회 설교자를 상대로한 신사들의 적대감에 대하여 그 이상의 확고한 근거를 상상하기는 힘들다. 자신들의 동료에 대한 구원과 구제라는 밀로 표현되는 선교사들의 목적은 중국의 전통적 질서에 대하여 필연적으로 파괴적이었다. 그러니 중국 학인층의 적대감은 놀라운 것이 아니다. 중국인들의 반발은 1860년부터 1899년까지 선교사들에 대한 수천의 소소한 사건과 약 240 건의 폭동이나 습격을 불러일으킬 정도로 충분히 폭력적이었다. 하지만 그것은 선교 운동을 저지하거나 서양으로 쏟아져 들어간 선교 관계 문헌에 두드러지게 나타날 정도는 아니었다.

대중의 적대감을 불러일으키는 전통적인 수단을 이용하는 신사들이 곳곳에서 산발적으로 반(反)그리스도 교 운동〔구교 운동(仇敎運動)〕을 이끌었다. 그들의 첫번째 방책은 인쇄된 글로 하는 것이었으니, 그것은 읽고 쓰는 능력이 아직도 상류층의 표식이었던 나라에서 권위를 가지게 하였다. 많은 전통적인 비난들이 다시 인쇄되었다. 즉, 그리스도 교는 단지 불교와 이슬람 교의 한 분파였고, 성찬을 받은 사람들은 부도덕하고 사악한 짓에 열중하였으며, 성직자들은 연금술을 목적으로 종부 성사(終傅聖事)를 하면서 죽어 가는 사람의 눈알을 뽑아 내는 기회로 이용하였다거나, 그 밖의 이와 비슷한 비난의 내용들이었다. 1860년대의 외설 문학적인 편찬물에서는 남녀 공동 집회에서 그리스도 교의 성직자와 신자들이 즐기는 혼음을 생생하게 묘사하였다. 이러한 노골적인 춘화(春畵)는 독자들을 끄는 동시에 그리스도 교를 불신케 하였다. 광적인 반(反)그리스도 교주의자는 그 다음에 공공연하게 행동을 자극하는 익명의 선전 전단을 써 붙이는 오래된 방법을 이용하였다. 그들은 특히 수만 명의 과거 시험 지원자가 과거 시험을 치르는 행정 도시에서 일주일이나 그 이상 머무는 때를 이용하였다. 지방의 문제들은 선교사가 재산을 빌리거나 그 지방의 풍수(風水)에 좋지 않은 영향을 주는 건물을 지을 때 발생하였다.

사실을 과장시킨 소문과 마찬가지로 분규도 좀처럼 없어지지 않았다. 사람들을 가장 격분시켰던 사건이 카톨릭 수녀들의 자선 사업회 때문에 터져 나왔다. 그들은 부랑자나 고아들을 받아들였고, 때로는 자신들의 보호를 받도록 불쌍한 사람들을 데려오게 하려고 약간의 돈까지 지불하였던 것이다. (174 쪽 참조) 대중적인 의심 때문에 잘못 해석되어진 이러한 자선은 어린이에게 최면을 걸어서 유인해 간다는 유괴에 대한 옛 이야기와 연결될 수 있었다. 어떤

이동중인 카톨릭 고아원. 한 수녀(중앙)가 옮겨지고 있는 갓난아기
들을 조사하고 있다. 1891년경 반그리스도 교 폭동이 있던 시기에
구강(九江, Kiukiang), 혹은 그 부근 지역에서 촬영되었다.

경우에는 실제로 적은 금액이라도 타기 위한 중국인 유괴범들에게 이것이 이
용된 적이 있었는지도 모른다. 이것은 사회적으로 화약고(火藥庫)와 같은 역할
을 하였다. 공공연한 행동은 정해진 시간에 정해진 장소에서 시위를 하도록
예의 범절을 수호하려는 모든 사람들을 동원하는 벽보를 이용하여 점화될 수
있었고, 지방의 하층민이 폭도의 무리로 변할 수 있었다. 폭동과 파괴, 방화,
구타 및 심지어는 살인까지도 일어날 정도였다. 선교사들보다 수는 더 많았지
만 세력은 훨씬 약한 중국인 신자들이 항상 더 큰 피해를 입었다. 수십 년 동
안 중국의 여러 지역에서 반복된 이러한 형태의 사건은 대부분 낡은 질서를 위
한 비(非)조직적 방어임이 분명했고, 서양을 상대로 한 접촉에서 그 자신 가장
위협받고 있다고 느끼는 상층부 가운데서도 존경을 덜 받는 사람들이 그것을
이끌었다.

1870년의 천진 대학살　　이 사건은 서양과 중국이 지향하는 목표와 태도의
상반되고 화해될 수 없는 성격을 드러나게 하였고, 지난 10년 동안의 노력을

본래의 상태로 되돌려 놓았다. 영국의 목표는 청조 중앙 정부에 조약 체제를 이행할 책임을 지우고, 한편으로는 근대화를 시작하도록 돕는 일이었다. 그러나 평화적인 권고로써 무력 위협을 대신할 수는 없었다. 특히 선교사들에 대한 조약상의 권리를 보호할 수 없었다. 예를 들면, 양자강 바로 북쪽의 대운하 지역인 양주(揚州, Yangchow)에서 중국 내지 전도회의 거점을 구축하였던 허드슨 테일러가 1868년 8월에 폭도들의 습격을 당했을 때, 앨코크 공사는 태만한 양주 관헌들을 파면시키도록 증국번에게 압력을 넣으려고 4척의 포함을 남경에 파견하였다. 이러한 종류의 다른 경우들도 있었으니, 청조와 프랑스의 관계는 더 나빴다. 보호해야 할 상업적 이권이 없었던 중국 주재 프랑스 관리들은 프랑스의 정치적 영향력을 확대시키기 위한 수단으로서 그리스도 교 선교 사업의 보호를 이용하는 경향이 있었다. 이 보호권을 주장하기 위하여 그들은 포함을 이용하였고 선교사 사건들을 직접 성 당국과 협상하였다.

천진에 있던 프랑스 수녀들의 자선 사업회가 고아들을 데려 오면 수고값을 지불하겠다고 하였다. 소문이 퍼져 나갔고, 긴장은 고조되었다. 1870년 6월 21일에 군중들이 모여들었다. 야만스런 프랑스 영사가 군중들의 해산을 요구하면서 지현(知縣)에게 총을 쏘았으나 빗나갔으며, 그 자신은 찢겨 죽었다. 그 뒤 폭도들은 20명의 외국인(주로 프랑스 인이며 10명의 수녀를 포함)을 죽이고 카톨릭의 시설물들을 파괴하였다. 분노와 두려움에 찬 열강은 포함을 천진에 집결시켰다.

위기는 증국번의 진영에서 일어났다. 이제는 늙고 병들었음에도 불구하고 그는 다시 한 번 그의 인격과 용기를 보여 주었다. 그는 사건을 조사하여 그가 확인한 달갑지 않은 진상들을 동포들에게 알려 주었다. 즉, 그곳에는 중국인이 저질렀다는 유괴의 확실한 증거가 없다거나, 혹은 선교사들이 눈알과 심장을 빼낸 확실한 증거도 없다는 것이었다. 동시에 그는 프랑스의 가혹한 요구에 대항하였고 끝내는 유럽에서 터진 사건으로 덕을 보게 되었으니, 보불 전쟁에서 프랑스가 패배하여 힘을 잃게 되었던 것이다. 그 뒤 1870년 후반기에 안휘(安徽, Anhwei)군의 지지를 받는 이홍장이 직례(直隸, Chihli)성 총독으로서 천진을 접수하였다. 천진 대학살은 중국과 서양의 관계를 분노와 공포에 말미암은 훨씬 더 쓰라린 관계로 만들어 버렸다.

조약 체제 속의 경제적 발전

서양의 경제적 침략은 주로 중국인 상인들의 손으로 이루어졌으므로 초기에 있었던 서양 군대의 침공이나 선교사들의 유입 때처럼 직접적이고도 구체적인 반응을 불러일으키지는 않았다. 그런데도 중국은 서양의 산업 발전 형태에 대한 모방을 빨리 하지 못하였으니, 이에 대한 이유가 이 시대 역사의 주요 문제이다.

치외 법권과 개항장의 체제 확립　개항장에서는 '조계(租界)'라고 불리는 넓은 지역을 영국과 프랑스의 정부가 영구적으로 조차(租借)하였고, 매년 비싸지 않은 임대료를 중국 정부에 지불하였다. 1860년대에 광동(廣東, Canton), 하문(厦門, Amoy), 진강(鎭江, Chinkiang), 한구(漢口, Hankow), 우장(牛莊, Newchwang)에 영국의 조계가 있었고, 광동, 상해, 한구, 천진에 프랑스의 조계가 있었다. 시간이 흐를수록 그 숫자는 늘어났다. 이 조차지 안에서 외국 영사들은 점차 토지를 빌리는 사람에게 99년 동안 빌릴 수 있도록 허락하였다. 치외 법권 안에서 그들은 자기 나라의 국민들에 대한 사법권도 집행하였고, 경찰력과 자치 도시 정부의 다른 특징들을 발전시켜 나갔다. 이와 같이 중국의 주권은 상실되지 않았으나 주요 항구의 외국인 지역에는 중국의 주권이 거의 미치지 못하였다. 그 사이에 상해에서는 영국과 미국이 1863년에 상해 국제(공동) 조계를 만들기 위하여 지역을 합동하면서 자체의 독특한 자치 정부를 창설하였다. 2,000명 이상의 외국인 거주자 가운데 영국인이 압도적으로 많았고, 미국인이 그 다음이었다. 외국 영사들과 그들의 치외 법권을 밑받침으로 하여 권한을 부여받은 위원회가 선출되어 외국인으로서 토지를 빌린 사람들(혹은 지방세 납부자)을 대표하였다. 점차 상해 공부국(上海工部局, Shanghai Municipal Council)이 거대한 도시의 모든 문제들—— 도로, 방파제, 하수도, 위생, 경찰, 경마장 같은 오락 시설 등—— 을 처리하기 시작하였다. 중국인 거주자들은 대표권도 없이 중국의 통치를 받는 것처럼 세금을 징수당하였다. 상해는 여전히 중국의 영토였지만 중국에 세금을 내지 않고, 조약 체제 안에서

중국의 법과 질서 칼을 쓰고 있는 죄인. 칼은 상해의 지현(知縣)이 봉인하였다(1872년).

외국 영사관의 통제를 받았다.

상업에 대하여 독특한 적용법을 갖춘 서양의 법률이 서양의 통치를 통하여 들어왔다. 예를 들면, 합법적인 병합과 계약의 강제성을 시행하는 것 등이다. 서양 사람들은 자기 나라의 영사 재판소에서 재판을 받았고, 중국인이 제기한 소송도 그곳에서만 당할 수 있었다. 영국은 각 지역의 영사 재판소에서 올라오는 상고 사건을 처리하기 위하여 중국과 일본 지역을 담당하던 홍콩의 최고 법원을 상해로 옮겼다. 그러나 프랑스의 영사 재판소에서 올라오는 상고 사건은 사이공으로 가야만 하였고, 스페인과 네덜란드, 러시아의 경우는 마닐라와 바타비아, 블라디보스토크로 각각 가야만 되었다. 이는 중국인 고소자들에게 영사관의 판정에 대하여 상고하기가 어렵도록 만들었다. 1864년에 만들어진 새로운 기관은 상해의 회심 아문(會審衙門; Shanghai Mixed Court)이었고, 중국인 지방 관리가 주재하였으나 한 사람의 외국인 영사가 배석 판사가 되어 공동 재판관으로서 그와 함께 나란히 앉아 처리하였다. 여기서는 서양의 소송 절차를 채택하여 중국인 지방 주민 사이의 사건과 중국인이 피고로 된 사건을 다루

개항장들
● 광동–1842~1844년에 개항된 최초의 5개항
● 천진–1860년대에 추가로 개항된 9개항
○ 아이훈–1911년까지 개항된 항구(몇몇 지역의 명칭은 생략되었다)
1898년에 외국에 조차된 지역들
여순과 요동〔관동〕 반도(러시아)
위해위(영국)
교주(독일)
구룡, 신계(新界)(영국)
광주만(프랑스)
중립 지대
러시아 제국(Russian Empire)
아이훈 (Aigun)
만주리 (Manchouli)
만   주(Manchuria)
하르빈 (Harbin)
수분하 (Sui-fen)
장춘 (Changchun)
훈춘 (Hun-chon)
봉천 (Mukden)
우창 (Newchwang)
안동 (Antung)
북경 (Peking)★
천진 (Tientsin)
여순 (Port Arthur)
대련 (Dairen)
한국(Korea)
지부 (Chefoo)
위해위 (Weihaiwei)
교주 (Kiaochow)
청도 (Tsingtao)
일본 (Japan)
황하의 옛 입구
진강 (Chinkiang)
남경 (Nanking)
오송 (Wusung)
상해 (Shanghai)
의창 (Ichang)
한구 (Hankow)
영파 (Ningpo)
구강 (Kiukiang)
중경 (Chungking)
악주 (Yochow)
장사 (Changsha)
온주 (Wenchow)
삼도오 (Santuao)
복주 (Foochow)
담수 (Tamsui)
등위 (Tengyueh)
몽자 (Mengtze)
하문 (Amoy)
대만부 (Taiwanfu)
유구 열도 (Ryūkyū Is.)
사모 (Szemao)
남녕 (Nanning)
광동 (Canton)
구룡 (Kowloon)
산두 (Swatow)
버마 (Burma)
북해 (Pakhoi)
홍콩 (Hong Kong)
마카오 (Macao)
프랑스령 인도차이나 (French Indochina)
광주만 (Kwang Chow-wan)
시암 (Siam)
해남 (Hainan)도
필리핀 (Philippines)

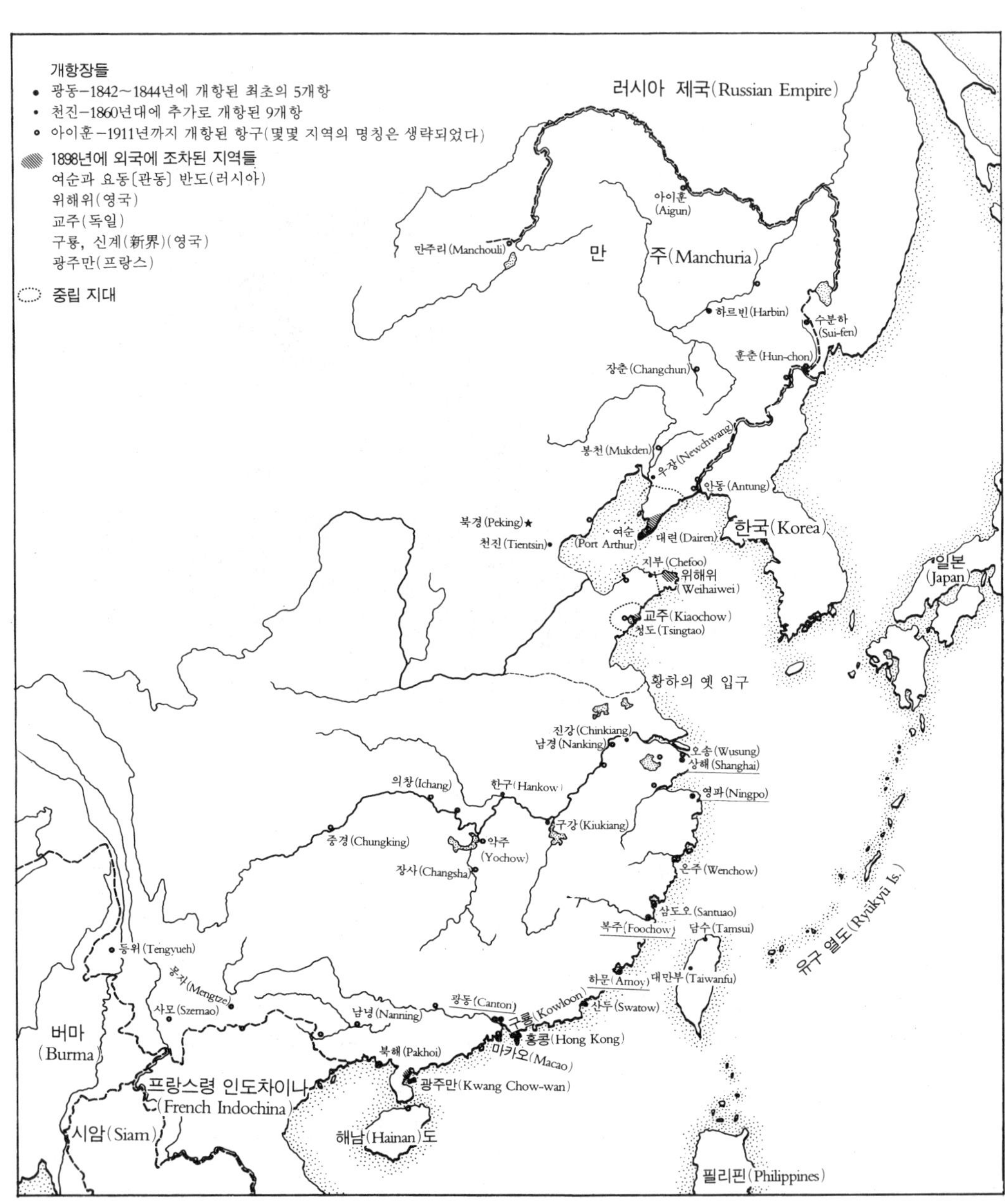

외국의 중국 잠식

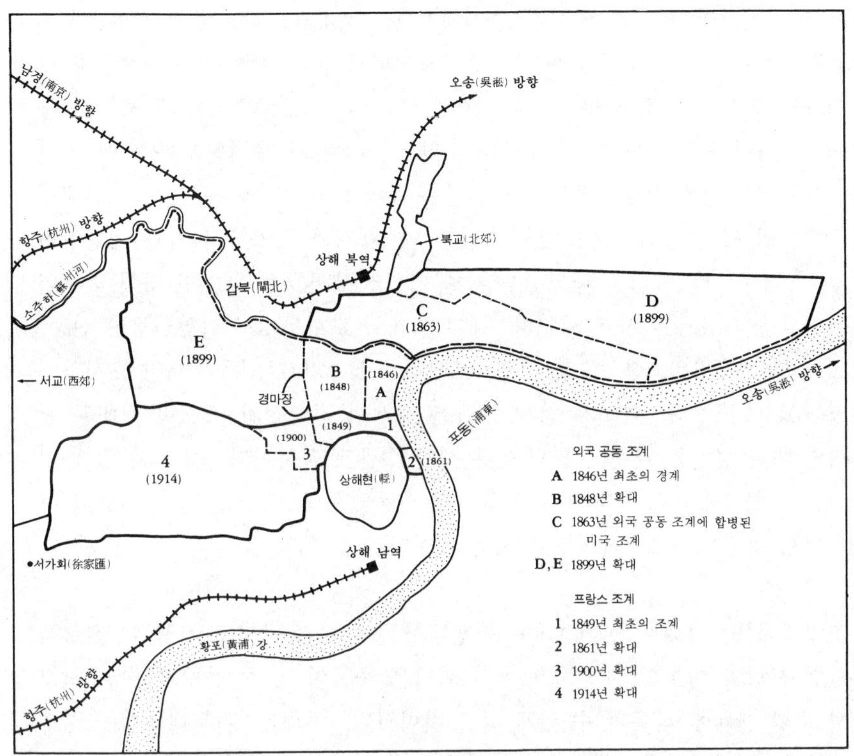

상해의 발전

었다. 이리하여 외국인과 중국인 피고들은 자기 나라의 법률을 적용받으면서 자기 나라의 판사들 앞에서 재판받을 권리를 가지게 되었다.

상해의 상업은 치외 법권의 토대 위에서 발전하였다. 중국인들이 밀려들어와 부동산의 가격이 오르자 외국인으로서 토지를 빌린 사람들은 그들이 빌렸던 땅을 다시 빌려 줌으로써 큰 이득을 보았다. 상해, 광동, 천진, 한구와 그 외의 다른 중심지들은 거대한 근대 도시로 성장하여 갔으며, 치외 법권에 근거를 둔 기득권도 그에 따라 증대되어 갔다. 중국의 사법적 관습을 적용받는 데서 오는 고통에 대항하여 주로 서양의 개인들을 보호하기 위한 법적 수단으로서 시작된 것이 외국의 상회와 회사들을 중국 당국의 세금 징수에서 보호하는 고도의 방편으로 되어 버렸다. 중국과 조약 관계가 없는 나라의 국민들은 조약국 영사의 피보호자가 됨으로써 치외 법권의 특권을 누렸다. 예컨대 중국 정부를 대신하여 프랑스 영사가 중국에서 메멜(Memel)〔발트해 동부 연안의 지방. 현재 리투아니아 공화국에 속함〕·모나코·페르시아·루마니아 사람들에 대하여 사법권을 집행하였던 것이다. 최혜국(最惠國) 대우의 조항은 조약국 중 어느 한 나라가 획득한 모든 특권을 조약국 전체에게 부여하도록 되어 있었다. 5개 개항장에서 350명의 외국인들을 통제하기 위한 체제로 1840년대에 시작되었던 것이 결과적으로 20세기에는 약 90개의 조약상의 지정 개항장이나 개방 항구, 약 25개의 증기선을 위한 기항장(寄港場), 약 30만 명의 외국인 거주자들을 대상으로 하게 되었다. 새로운 개항 도시들에서 서양인들은 신문, 학교, 도서관, 병원, 상하수도 시설, 포장된 도로, 가로등 등의 서양 도시적인 시정(市政) 기구들을 발전시켰다. 그들은 육식과 가죽신과 스프링 침대와 근대적인 배관 설비를 갖춘 그들의 높은 생활 수준도 들여왔다. 이 모든 것이 외국인들을 중국에서 일종의 상층 계급으로 만들었으니, 중국인 상층 계급과 마찬가지로 특권도 있고 세력도 가졌던 것이다.

조약 개정의 실패　1860년대에 북경에서 중서(中西) '협조 정책'에 적극적이었던 서양과 청조의 관리들 모두의 희망은 중국이 더 큰 불행을 겪지 않고 점차 바깥 세계에 적응할 수 있게 되는 것이었다. 양측은 각각 대립하는 경쟁 상대를 가지고 있었다. 개항장의 상인들은 내륙 지역을 외국의 선박과 철도와 광산 사업에 개방할 것과 이금 및 통과세를 폐지하고 어디에서든지 외국인들이 거주할 수 있도록 허용할 것과 같은 더 많은 특권을 요구하였다. 반대 편의 극단적 입장에서는 청조의 반란 진압 성공으로 용기를 얻은 완고한 배외주의자들이 있었다. 그중 어떤 사람들은 중국인들의 대중 감정이 지닌 자주적 저항력에 의지하여 선교사들을 힘으로 몰아내려고 준비하고 있었다. 한쪽은 탐욕스럽고 다른 쪽은 타협을 모르는 두 진영 사이에서, 서양 외교관들과 청조의 고관들은 평화와 안정을 수립하려고 노력하였다.

　해관의 하트(Hart)와 영국 공사관의 웨이드(Wade)가 중국을 강국으로 만들기 위한 개혁안들을 1865년부터 1868년 사이에 특별히 제출하였다. 그들은 그 뒤 수십 년 동안 중국의 개혁가들에게 더 철저히 이용되었던 논의들을 제안하였다. 서양과 접촉함으로써 전례 없는 대외 문제가 발생되었고, 그 문제들은 국내의 근대화로써 풀어야 하는 미증유의 것이었다. 하트는 "만약 정책이 변경된다면, 중국은 모든 나라의 지도자가 될 수 있다. 만약 정책이 변경되지 않는다면, 중국은 모든 나라의 하인이 될 것이다."라고 적었다. 서양을 상대로 한 접촉이 많아지는 것은 중국이 자신의 문명을 쇄신토록 돕는 가장 좋은 방법 중의 하나인 것처럼 생각되었다. 퇴임하는 미국 공사 앤슨 벌링게임(Anson Burlingame)은 1861년 이래 '협조 정책'의 대들보였으며, 1868년에 중국이 최초로 서양에 파견한 외교 사절이 되었다. 문일품관(文一品官)으로 임명된 그는 수행원들과 함께 서양의 수도들을 돌아다녔다. 위싱턴에서 그는 더욱 평등한 조건으로 하나의 조약을 맺었다. 그러나 그는 역시 웅변에 능한 사람이었다. 역사가 오래된 중국에 그리스도 교와 서양화(西洋化)의 새벽이 밝아 왔다는 그의 선언은 때 이른 것이었고, 판단을 그르치기 쉬웠다. 1870년에 그가 러시아에서 갑작스럽게 죽자 그의 임무는 끝나 버렸다.

한편, 조약은 10 년이 경과한 후에 개정될 수 있으므로 앨코크는 하트의 도움을 얻어 1868년부터 1869년까지 장기간에 걸친 협상을 벌였다. 그는 영국 상인들의 요구에 부분적으로 합치되면서도 중국의 보수주의자들로부터 배척당하지 않을 양보에 바탕을 둔 합의점에 이르도록 노력하였다. 1869년 10월에 조인되고 뒤에 비준을 하기로 한 앨코크 협약의 정치적 수완이 담긴 조항들은 영국의 팽창과 중국 안의 모든 조약 체제를 미래를 위하여 좀더 공평한 토대 위에 올려 놓을 것이었다. 그러나 앨코크가 중국에 대한 외국의 충격을 제한하면서 안정시키려고 노력하고 있었기 때문에 그의 조약문 초안은 중국을 상대하는 영국 무역업자들의 심한 공격을 받았다. 그 결과 영국 정부는 비준을 거부하였다. 중국측에서는 공친왕이 조정(朝廷)과 군기처와 성의 고위 지방 관리들에게 의논하였다. 조약은 중국측의 외교적 승리로 보였고, 황제의 칙허(勅許)는 결정적이라고 생각되었다. 그러므로 조약에 대한 영국의 예기치 못한 거부는 1860년대의 온건한 '협조 정책'의 체면을 손상시키는 타격이었다. 이 좌절은 1870년에 천진에서 발생한 더욱 참담한 교안(教案)과 함께, 중국과 중국에 대한 외국의 이익 사이에 얼마나 큰 틈이 있는가를 암시하여 주는 것이었다.

중국의 대외 무역의 성장과 변화　　지난 세기의 후반 수십 년 동안 중국에서 영국의 지위가 꾸준히 강화되어 옴에 따라 하트가 이끄는 해관 업무는 조약에 근거하여 교역을 촉진시켰고, 동시에 새로운 제도를 이용한 중국의 근대화 노력을 돕는 다방면에 걸친 역할을 수행하였다. 우선 무엇보다도, 증가되고 믿을 수 있으며 용도가 정해져 있지 아니한 새로운 고정 수입의 원천을 해관이 북경에 확보해 주었고, 밀수와 부패에서 중국의 관세 제도를 보전하여 주었다. 자유항인 홍콩에서 인접한 중국 영토로 반입되는 아편과 소금 및 기타 소비 물자에 대한 대규모의 중국인 밀수를 막아내기 위하여 두 가지 조처가 필요하였다. 첫째, 이전부터 포르투갈의 항구였던 마카오는 1887년에 정식으로 포르투갈에 할양되어 외국 영토로 되었다. 둘째, 해관은 중국의 정크 선 밀수를 막기 위하여 구룡(九龍, Kowloon)과 랏파(Lappa)〔마카오 북쪽의 공북(拱北)을 말함〕에 분관(分關)을 설립하였다. 해관은 중국 연안의 해도(海圖)를 완성하였고, 등대와 수로(水路) 표지와 표지 설치 도구 및 기타 근대적 항해 보조 시설도 설치하였으며, 항만 시설의 전반적 운영도 맡았고, 무역 통계와 상업적·과학적 보고서까지도 발간하였다. 개항장의 외국인 세무사는 북경의 하트처럼 조약상의 외국 권리와 중국의 이익 사이를 조정하면서 종종 외교적 기능에 버금가는 일을 수행하였고, 해관의 중국인 간부는 공무원들에게 근대적인 기초 훈련을 시켰다. 1875년에 서양인 직원이 400 명이었고 중국인 직원이 1,400 명이었던 것이, 1895년에는 각각 700 명과 3,500 명으로 불어났으며, 반 이상이 영국인이었다. 요컨대, 하트와 해관은 조약 체제의 핵심이었고, 조약 체제 전체를 판단하더라도 그들의 일은 가장 건설적인 현상의 하나였다.

개항장이 근대 도시로 발전해 나감에 따라 중국을 외부 세계와 끊임없이 접촉하게 하는 기술상의 발전이 이루어졌다. 1869년에 수에즈 운하가 유럽까지의 거리를 반으로 줄였다. 1870년부터 1871년 사이에 블라디보스토크, 나가사키〔長崎〕, 상해, 홍콩, 싱가포르를 연결하는 해저 케이블이 놓여져서 런던을 거쳐 샌프란시스코까지 세계를 한 바퀴 도는 전신 연락망이 이루어졌다. 중국은 이리하여 세계 경제 속으로 더 깊게 빨려들어갔고, 국제 가격의 변동과 경기 위기 및 대외 경쟁에 좌우당하게 되었다. 19세기의 후반기 동안 중국의 무역은 전세계적인 은가(銀價) 하락의 영향을 받았다. 은의 생산량이 늘어났고 많은 나라들이 금본위제를 채택하면서 은본위제를 취소하였기 때문이다. 조약상의 관세는 대개의 경우 종가(從價) 5 퍼센트로 하는 고정된 금액으로 1858년에 정하였으나, 그 후 수십 년간 물가가 오름에 따라 그것은 점차 저율의 관

해관의 방판(幇辦)과 그의 부하 직원(1892년). 핸코크(W. Hancock)는 1877년의 3등 방판에서 1904년에 대리 세무사까지 승진하였다. 이 사진은 아마도 그가 홍콩에서 운남성의 경계까지 여행할 때 하노이에서 촬영되었을 것이다. 오른편에 있는 핸코크의 중국어 선생은 그의 두 명의 아내와 그녀들의 하녀를 동반하고 있다.

세로 되어 버렸다. 외국산 수입품과 중국산 수출품은 개항장과 내륙 지역 사이의 어느 방면을 통과하더라도 통과세로서 2.5 퍼센트(관세의 반)의 부가세를 내게 되었고, 순전한 중국의 국내 상업 상품이 납부해야만 하였던 모든 이금과 기타 다른 세금들을 수출입품은 오래지 않아 면제받게 되었다. 마찬가지로 중국의 한 항구에서 다른 항구로 외국 선박을 이용하여 수송하는 중국산 물품에 대하여서도 더 이상의 다른 세금을 면제받을 수 있도록 하기 위하여 2.5 퍼센트의 부가세를 '연안 무역'세로 지불할 수 있게 되었다. 이러한 협정들 때문에 중국은 보호 관세를 부과하지 못하였으니 이것은 주권의 심각한 손상이었고, 외국 상인에게는 중국인 경쟁자를 앞지르는 특권적 이익을 가져다 주었다.

더욱 좋은 기회를 기대하여 오던 외국 상인들은 꿈이 실현되지 않게 되자 실망하였다. 1870년대와 1880년대 동안에 중국은 서양 상품에 대하여 서양인들이 기대하였던 시장 규모를 가지지 못하였다. 1890년까지 중국과 교역한 무역 총액이 수출입을 통틀어서 영국 화폐로 겨우 5,000만 파운드에 지나지 않았다. 이는 여러 소국들보다 작은 것이었고 일본의 대외 무역액도 이미 이 정도를 넘어선 액수였다. 이렇게 부진한 원인의 첫째는 의심할 것도 없이 중국의 가난과 자급 자족과 보수주의 때문이었다. 그러나 영국의 상인들은 그 이유를 아직도 통과세를 부과하여 중국 시장의 '개방'을 방해하는 중국 관리들의 음모 때문이라고 생각하였다.

무역의 내용을 보면, 19세기 중엽의 최대 주요 거래 물품이었던 수입 아편과 수출 차〔茶〕는 모두 최대 한도에 도달한 뒤에 줄어들기 시작하였다. 1858년부터 1860년에 걸친 조약에서 합법화되고 세금이 부과된 아편 수입은 1879년에 8만 7,000 상자로서 최고를 이루었다. 그러나 그 후 중국산 아편(수입량의 몇 배가 된다)이 꾸준히 증가되어 가던 중국인의 수요를 점차 충당하기 시작했다. 마찬가지로 영국으로 수출되던 차는 1830년대의 3,000만 파운드에서 1880년대에는 1억 5,000만 파운드에 다다랐으나, 19세기 중엽에 중국에서 인도와 실론으로 옮겨 심은 차가 영국 시장을 차지하기 시작하였으므로 그 후에는 줄어들었다. 중국은 차 산업을 근대화하지 못하였다. 인도산 차는 자본이 투자된 대규모 농장에서 대량 재배로 생산되었다. 그것은 조심스럽게 규격화되고 관세 없이 수출되었다. 중국산 차는 소규모 농장에서 재배한 개인 농가들에서 수입되었으며, 품질 면에서는 일확천금을 노리는 상인들의 부정품 섞는 짓을 방지하지 못하였고, 통과세와 수출세를 두 가지 다 물고 있었다. 중국의 가장 이름난 생산품인 비단은 1900년 이후 비슷한 쇠퇴의 길을 겪기 시작하였다. 유럽과 일본에서 누에의 질병에 대한 과학적 예방, 명주실 잣는 일을 기계화한 것, 그리고 근대적 시장 조직이 이루어져 높은 품질의 규격화된 상품을 생산하였기 때문이었다. 청조 정부는 다른 나라 정부처럼 상업상의 지도(指導)와 조절 기능을 수행할 수 없었던 것이다.

주로 양자강 유역에서 중국의 면화가 생산되어 대규모로 이루어지던 수공업에 공급되었다. 2차 조약 이후 1890년까지 중국의 면제품 수입은 영국이 기대하였던 커다란 증가를 이루지는 못하였다. 주된 증가는 면직물에서가 아니라 주로 인도에서 수입되는 면사에서 이루어졌고, 1872년부터 1890년까지 20 배나 증가하였다. 이는 기계로 실을 뽑아내는 작업이 손으로 하는 작업보다 생산성

1894년 무렵, 영파(寧波, Ningpo)에서 부인과 딸 및 고용인들과 함께
있는 해관의 세무사 메릴(H. F. Merrill). (왼쪽에서부터) 유모, 아이
보는 소녀, 1번 소년(당번), 2번 소년, 수위, 요리사, 요리사 보조,
세탁 담당 소년, 4명의 가마 운반인.

은 약 80배나 높았으나, 기계로 짜는 면직물은 손으로 짜는 것보다 겨우 4배
밖에 빠르지 않았기 때문이었다. 이처럼 외국에서 들여오는 값싼 면사가 중국
토착의 방적 산업에 피해를 주면서도 중국의 직물업에 공급되었고, 중국의 농
가에서는 여전히 예전처럼 오랫동안 수직기(手織機)로 일을 계속해 오고 있었
다.

　19세기의 중국에 대한 대외 무역의 실질적 영향에 관하여서는 견해들이 다
르다. 기계 공업 제품이 후진국의 농업 경제를 붕괴시킨다는 고전적 마르크스
주의 개념은, 중국의 세계 경제 관련성이 동남 아시아의 완전한 식민지 지역
보다 적었기 때문에, 중국의 경우에는 한정적으로 적용되어야 할 것이다. 차
와 비단 수출의 감소에 따라 중국은 공장이나 농장보다는 소농가에서 생산하
는 주로 값싼 노동력의 부산물인 다양한 생산품(식물성 기름, 오동나무 기름,
돼지털, 가죽, 콩 등)을 수출하기 시작하였던 것이다.

매판(買辦), 은행가, 기업가　　외국 선교사들과 중국 신사들의 대립 관계와는 달리 외국과 중국의 상인들은 서로를 필요로 하였다. 광동 무역에서는 행상(行商)이 외국 무역상과 중국 국내 시장 사이의 주요한 매개자였다. 1842년 이후 개항장에서는 매판이 그들의 역할을 이어받았다. 그러나 행상은 정부로부터 면허를 얻은 중국식의 중개인들이었으나, 매판은 외국 무역 상사에서 그들 사업의 중국측 업무를 맡아 보는 계약된 고용인이었다. 매판들은 동양과 서양 사이에서 문화적·언어적·제도적인 틈을 메웠다. 유명한 매판들 중의 한 사람은 당경성(唐景星, Tong King-sing)인데, 그는 대부분의 초기 매판들처럼 광동의 델타 지역 출신이었다. 영어를 사용하는 선교사에게 교육을 받은 그는 홍콩 정청(政廳)의 통역관으로 일하다 상해 해관의 서기로 옮겼으며, 1863년에 상해에 있던 이화 양행(怡和洋行 ; Jardine, Matheson and Company)의 매판이 되었다. 그는 전형적으로 신사 신분을 돈으로 사서 관리 계급의 구성원이 되었고, 한편으로는 역시 개항장의 사업에서 자본 투자가가 되었다.

매판 상인들은 중국 국내 교역의 성장에서 가장 두드러진 요소였을 뿐이다. 또 하나는 영파의 해안 지역에 집중되어 있던 전장(錢莊)의 체인점들을 통하여 발전된 사설 금융업이었고, 신기하게도 육지로 둘러싸인 북서 지방의 산서(山西, Shansi)성에 있는 몇몇 도시에서도 이러한 것이 발전되었다. 산서는 오랫동안 제국 통치의 전략적 요충지였고, 낙타 대상(隊商)과 북중국·중부 중국의 운하 수송을 연결하는 지역이면서 동시에 무역 통로의 교차점(몽고와 사천(四川, Szechwan)성 사이와 북중국과 중앙 아시아 사이의)이었다. 산서 상인들은 이미 다른 성에도 많은 거래처와 전당포를 가지고 있었으며, 아울러 은을 호송하기 위한 사설 호송대를 고용하여 은의 선적도 보증해 주기 시작하였다. 강도의 만연으로 은괴의 운송이 위험하게 되자 하주(荷主)들은 은행 업무의 편리함을 이용하기 시작하였던 것이다. 은의 무장 호송은 그 가격의 2퍼센트 내지 3퍼센트의 비용이 들었다. 그러나 이들 사설 송금 은행들은 다만 어음 액면가의 1퍼센트에 대하여 10분의 3의 비율로 수수료를 청구하였던 것이다.

1800년 무렵의 선구자적인 산서 은행가는 염료 상회의 상인이었다. 그는 천진에 가게를 가지고 있었으며, 중경(重慶, Chungking)에서 원료를 구입하기 위하여 사무실을 설립하면서 송금 업무를 시작하였다. 중부 산서에 근거를 둔 3대 주요 그룹에서 조직한 은행〔산서표호(山西票號)〕 체인점의 수는 마침내 20～30 개로 불어났다. 북경의 호부(戶部)로부터 면허를 받으려면 신설 은행은 이미 영업중인 다른 은행에게서 보증을 얻어내야만 하였다. 산서성의 상회들은 성 밖의 자본가들에 대한 그들의 보증을 보류함으로써 독점에 가까운 상태를 유지하였다. 성의 고위 관리들은, 자금 면에서 최대의 하주 중의 일부였고 대개 뇌물을 이용하여 개인적 행운을 쌓아올린 사람들로서, 무수히 많은 비공식적인 방법으로 사설 은행가들에게 의지하였다. 은행은 그들의 공금을 북경으로 보냈을 뿐만 아니라, 성의 재정 기금에서 호부에 이르는 길목에 줄지어 서 있는 굶주린 관리들을 요리하는 일도 전문적으로 하였던 것이다. 은행들은 또한 수지가 맞는 약속을 기대하면서 관리들에게 자금을 상납하였다. 19세기의 2/4분기 이후부터 그들은 광동의 고객이 중국의 중부 지역에서 차와 비단을 구매하거나 수입 아편의 대금을 지불할 때 어음으로 자금 결재를 하도록 거들었다.

외국 수입품의 배분에서 중국인 도매업자는 길드 조직과 지방 사정에 관한 정통한 지식에서 도움을 받았다. 처음부터 각 항구마다 지점을 실치하였던 외국의 상회들은 그것들을 거두고 홍콩이나 상해 같은 주요 해운 중심지로 그들의 사업을 집중시키기 시작하였다. 한 항구에서 다른 항구로 거래하는 중국 국내 교역의 항구간 거래에서, 중국의 상인들은 국내 선박보다 더욱 안전하고 신뢰할 수 있는 외국 선박의 주요 이용자가 되었다. 단적으로 말해서, 중국의 자본가들은 조약 체제의 안전성과 편리성에서 역시 혜택을 입을 수 있었던 것이다. 외국 상사의 일자리를 그만두고 개항장의 사업가가 된 매판들은 이러한 추세의 가장 두드러진 대표자일 뿐이었다.

상해가 중국의 자본 시장으로 성장한 것은 주로 영국 상사들이 회풍 은행(匯豊銀行, Hong Kong and Shanghai Banking Corporation)을 1865년에 설립하면서부터였다. 다른 은행들과 함께 회풍 은행은 중국 상인들과 중국 은행들에게 융자하여 주었고, 각 항구 사이의 자금을 송금하였으며, 화교가 본국으로 보내는 송금을 취급하였고, 그들의 은행권까지 발행하였다. 중국의 자본은 부동산에 대한 투자의 안정성과 지방 산업의 필요성(상품을 가공 처리하고 공익 시설과 도시의 주택을 공급하며 해상 운송업을 지원하기 위한) 때문에 항구 지역으로 흘러들어갔다. 중국과 외국 사이의 상호 협조적인 성장이 중국의 자본과 재능을 끌어들였다. 예를 들면, 1862년에 기창 양행(旗昌洋行; Russel and Company)

이 미국에 있는 같은 계열의 회사와 중국 주재 외국 상인들과 중국인 상인들 및 매판에게 거의 같은 몫으로 자본을 투자하게 하여 기선 회사를 조직하였다. 물에 잠기는 부분이 얕고 바퀴를 양옆에 부착한 미국제 외륜선(外輪船)을 확보하여 상해와 한구 사이를 주 2 회 정기 운항토록 함으로써 미국인이 이끌고 중국인이 후원한 이 사업은 양자강에 기선이 운항되는 근사한 시대를 개시하였던 것이다.

1870년 이후 개항장의 경제적 발전은 투자 자본의 재원과 기업 경영술을 창조해 내고 있었으니, 그것은 좋은 환경 속에서 적당한 때에 공업화의 위급한 단계를 극복하고 자주적 성장의 획기적 도약을 중국에 가져다 주는 데에 이용되었을지도 모른다. 그러나 개항장은 중국 경제의 한 부분에 불과하였다. 공업 근대화의 성공은 더 큰 중앙의 지원과 포괄적인 안목이 필요하였다는 것을 같은 시대 일본의 경험이 보여 주었다. 그것은 개항장 밖의 지역에는 없었던 전반적인 환경 —— 더욱 선명하게 규정된 국가적 정치 목표, 법과 통화 운영 실태에 대한 훨씬 안정된 구조, 정부의 더욱 강력한 지도력, 기업 경영에 대한 더욱 독자적인 방식 —— 을 필요로 하였던 것이다.

공업화 초기의 어려움들

1870년 이후의 4 반세기 동안 중국이 이룬 경제적 근대화는 무시할 수 없을 정도이기는 하지만 일본과 서양에 비해 뒤떨어져 있었다. 양자강에 기선이 운항된 것은 미시시피 강의 경우를 본뜬 것이었으나, 미국의 서부처럼 철도 시설을 갖추는 후속 시대가 뒤따르지 못하였다. 일본의 경우 공업화가 전국적으로 번져 나가기 시작하고 있었던 반면, 중국에서는 외국 영토로 둘러싸여 있는 몇몇의 작은 지역에서 여전히 제한되어 있었다. 중국의 공업화가 늦은 것은 지적·심리적·사회적·경제적·정치적·행정적인 복합적 요인 탓으로 돌려야 할 것이다.

정부 지도력의 불충분　　불평등 조약이 중국의 공업화를 방해하였다는 생각은, 만약 일본의 예를 통하여 판단하여 본다면, 지나치게 단순하며 실제로 일어난 사태를 설명하지 못한다. 결단은 무엇보다도 중국 정부의 소임이었으니, 정부의 태만 때문에 개항장이 후대에 그렇게 중대한 역할을 하게 되었던 것이다. 조약 체제의 억압적인 영향은 누적되었으며, 뒤에 나타난 여러 해악은 처음부터 결코 피할 수 없었던 것은 아니었다. 요컨대, 정부가 앞장설 능력이 없었다는 점이 중국의 산업화가 더디게 된 첫번째의 중요한 이유였다.

북경 당국의 무능력은 재정과 정책의 두 가지 면에서 잘 드러난다. 북경의 낡은 재정 체제는 여전히 세금 징수 청부 형식에 의존하였다. 즉, 성의 관리들은 자신들이 거둔 세금 가운데서 북경 당국에 일정액을 바치고, 그 나머지로 자신들과 자신들의 행정 기구를 유지하도록 되어 있었다. 예산 편성, 회계, 중앙 정부의 계획 및 통제는 불가능하였다. 1890년 무렵, 북경 당국은 연간 조세 수입의 대체적인 총계를 8,900만 냥으로 잡고 있었으나(166 쪽 참조), 이 보고된 액수 가운데 단지 일부분만이 북경에 도달하였고 대부분은 성의 비용에 충당되고 있었다. 그러나 보고되지 않은 세액이 북경의 기록에 실려 있는 것보다 아마도 세 배 내지 다섯 배는 되었을 것이다. 재원(財源)의 동원은 이처럼 중앙 정부의 힘을 벗어나 있었던 것이다.

각 성의 공업화는 반쯤 눈이 먼 관료 계급의 반대 때문에 방해를 받았다. 이러한 지적인 보수주의는, 예를 들면, 증국번의 경제관에서 잘 드러난다. 1867년에 그는 혐오감을 갖고 다음과 같이 적었다. "서양의 국가들은 여러 세기 동안 물질적 소득을 위하여 탐욕스럽게 싸워 왔다. 개항장의 서양 상인들은 중국을 희생시키면서 이익을 추구하였다. 지금의 기선과 철도 및 전신(電信)을 만약 외국인이나 외국인에게 고용된 중국인이 운영한다면, 그것은 민생(民生)을 위협할 것이다. 유가적 통치는 대중의 노여움이 촉발되지 않도록 민생을 보호하여야 한다." 증국번이 '자강 운동'의 영도자이기는 하나 근대적인 경제 발전에 대하여서는 아무런 생각도 하지 못하였던 것이다. 19세기말의 서양화론자들은 중국의 산업화에 대한 그들의 실패로 말미암아 회고적인 사람들로부터 오늘날 비난받기도 한다. 그러나 당시에는 그들이 너무나 많은 변화들을 지나치게 서두른다고 공격받았다. 바깥 세계에 대하여 아무것도 몰랐던 비판자들은 국내의 여러 개혁 조치들을 보았으나, 중국의 변화가 무시할 수 없을 정도의 속도로 진행되는데도 다른 나라들을 여전히 따라잡지 못하고 있었다는 커다란 모순을 볼 수 없었던 것이다. 중국의 상층 계급은 진보의 개념(끊임없이

말 위에 올라탄 나이 어린 광서 황제(1871년 출생).

변화하고, 정지를 거부한다는 의미에서)도 민족주의의 개념(동등한 입장에서 국제적인 경쟁을 한다는 의미에서)도 받아들이지 않았다.

청조 지도자들이 가졌던 타성의 배후에는 당시의 권력 구조를 유지하는 것과 그 구조 속에서 오직 개인적이고 정치적인 목적 때문에 근대화를 이용하는 그들의 기득 권익이 깔려 있었다. 1894년까지 대부분의 시기 동안에 조정은 여전히 서태후의 강력한 지배를 받았으며, 그녀는 꾸준히 자신의 관료적 기관을 증강시켜 나갔다. 그녀는 어린 황제를 지배하였고, 전하는 바에 따르면 황제에게 무절제한 생활을 권하여 그의 나이 19세 때인 1875년 1월에 그를 죽게 하였다고 한다. 권력을 유지하기 위하여 서태후는 왕조의 신성한 상속법을 깨뜨렸으니, 상속법은 효도에 따른 제사 의식을 유지하기 위하여 항상 바로 다음 세대에서 새로운 황제를 선택토록 규정하였던 것이다. 그 대신, 그녀는 동치 황제의 계승자로서 그와 같은 세대의 네 살난 어린아이였던 그녀의 조카(여동생의 아들)를 골라 광서(光緒, Kuang-hsü; '영광된 계승'의 뜻, 1875~1908)라는 연호를 사용하는 황제로 택함으로써 정통 계승법을 뒤흔들어 놓았다. 1889년 광서 황제가 친정(親政)할 때까지 그녀는 통치를 계속하였으며, 1884년에는 공친왕을 권좌에서 제거하여 버렸다. 전국의 관리들은 그녀의 개인적 영화(榮華)를 위하여 거의 말없이 봉사하였다.

강렬한 개성을 지닌 서태후는 전통적인 중앙 권력과 새로 일어나는 지방 세력 사이의 균형을 이룸으로써 왕조를 유지하려는 보수적 목적에 전력을 기울였다. 지방 분권주의는 세력 있는 관리들의 근대화 계획—— 성의 중심지들에 세워진 새로운 군수품 공장과 산업체들—— 으로 뒷받침되었다. 서태후는 오직 지방 권력자들과 협력하고 그들을 조종함으로써 만주 왕조를 유지할 수 있었다. 예의바르고 유가적인 공손한 태도를 지닌 지방의 권력자들 모두는 관리 임명권과 최종적인 결정권을 가진 청조의 왕좌를 여전히 존중하였으며, 아직 군벌의 독자적 힘을 행사할 생각이 없었던 것이다.

이홍장의 공업 왕국 이홍장의 생애(59 쪽 참조)는 왕조에 대한 충성과 지방 권력 사이의 미묘한 균형을 보여 준다. 1870년 이후의 4 반세기 동안 그는 직례성의 총독 겸 북방 항구를 담당하는 북양 대신(北洋大臣)으로서 계속 천진에서 권력을 잡고 있었다. 이는 최고위의 관리라 하더라도 3 년 혹은 길어야 6년마다 옮겨야만 하는 전통과는 정반대되는 일이었다. 이홍장의 지위는 세 가지 점에 기초를 두고 있었다. 첫째, 그의 안휘군이었다. 2만 5,000 명 내지 4만 명의 병력이 직례(直隷, Chihli)성, 산동(山東, Shantung)성, 그리고 강소성에도 여러 해 동안 주둔하였고, 천진과 남경 및 상해의 군수품 공장들에서 물자를 공급받았다. 둘째, 약 200 명으로 구성된 젊은 지휘관과 관리 및 기술 전문가들이었다. 그들 중의 다수는 이홍장의 고향인 안휘성 합비(合肥, Ho-fei) 출신으로서 그를 보호자로 생각하면서 일하였다. 셋째, 지방의 성 자체 조세 수입과 직례성을 지키기 위하여 주로 양자강 하류 지역에서 징수한 것을 합친 재력(財力)이었다. 이홍장을 북중국으로 보내면서 서태후는 강대해져 가던 그의 세력을 반대하기보다는 힘을 합치기로 확실히 작정하였다. 양측은 정책과 이익의 두 가지 면에서 서로 의존하게 되었다. 이홍장의 관료 기구는 마치 미국 도시의 폭력배 두목처럼 운용 공금을 시사롭게 빼돌려 이용하였다. 이와 같이 서양화에 대한 그의 오랜 영도적 지위는 복합적인 동기가 깔려 있었으니, 그것은 애국적인 것과 개인적인 것, 그리고 이념적인 것과 금전적인 것이었다.

새로운 경제 계획을 수립하면서, 이홍장과 그 밖의 사람들은 ‘관독 상판(官

督商辦)’의 방식을 이용하였다. 이익 위주의 사업 경영은 상인들이 하지만 관리가 통제하고 감독한다는 것이 그 의미이다. 이는 소금 전매의 전통을 따른 것으로서 고정된 수요를 가진 독점 품목에서 공식적인 세금과 개인적인 뇌물을 짜내는 재정 방식이었다. 이 정(靜)적인 세금 징수 청부 전통은 위험을 무릅쓰고 근대 공업을 설립하는 기업가의 동(動)적인 것과는 정반대의 것이었다. 그것은 그들에게 재투자보다는 이익을 분배토록 하였고, 공업화보다는 폭리를 추구하게 만들었다.

이홍장의 첫번째 모험 사업은 당연히 기선에 관한 것이었다. 북경의 식량 공급은 여전히 양자강 하류 유역의 세미(稅米)에 의존하고 있었는데, 그 세미는 다 허물어져 가는 대운하를 거룻배가 거슬러 올라가거나 정크 선이 산동성을 돌아 바다로 운반하였다. 따라서, 이홍장이 1872년에 설립한 윤선초상국(輪船招商局)은 해마다 세미의 운임에 대한 정부 보조금을 받아서 운영 자금의 일부로 삼았다. 이홍장은 처음에 부적절하게도 세미를 정크 선으로 운반하여 본 경험이 많은 사람을 경영자로 임명하였으나, 영어를 말할 수 있는 이화 양행의 매판이었던 당경성으로 곧 교체하였다. 당경성은 그 자신 및 다른 중국인들 소유의 기선 몇 척뿐만 아니라 이화 양행 소유 기선의 운항을 감독하고 있었다. 당경성이 운영하는 신설 회사에서는 상인 주주들이 관직을 가지고 경영자가 되는 일이 보통이었다. 그들은 친척이나 친구들을 직원으로 임명하면서 부수입이나 찬조금을 확보하였다. 현대적 의미에서 볼 때 이 사업은 정부 경영도 개인 영업도 아니면서 관청과 상인들이 돈을 벌기 위하여 합작하였던 잡종이었다. 세미의 취급에서 나오는 보조금의 도움을 받으면서, 초상국은 중국 해역에서 운항하는 외국의 선박 회사들과 성공적으로 경쟁하였다. 1877년에 초상국은 기창 양행으로부터 더욱 큰 규모의 선단(船團)을 매입하여 가장 큰 회사가 되었고, 이후부터 영국의 해운 회사와 함께 독점적인 운임 협정을 유지하였다. 그러나 영국 회사는 더욱 신중하게 이익을 재투자하였고, 초상국의 경영자들은 이익을 빼내어 선단을 쇠퇴케 하였다. 영국의 선박들은 마침내 중국의 국내 운송업에서 그들의 지배권을 회복하게 되었다.

초상국은 다른 사업들의 모델이 되었으나, ‘관독 상판’의 체제는 전통적인 것이지 근대적인 제도가 아니라는 점이 사업마다 차례차례로 나타났다. 첫째, 그것은 친족을 중시한 파벌과 뇌물에 시달렸고, 더욱이 모험적인 주도권의 결여를 드러냈다. 둘째, 정부의 통제를 받기 때문에 경영자들은 그들의 사업에 이익을 재투자할 수 있도록 저축하기보다는 정부에 빼앗기지 않도록 곧바로 분배할 생각을 하게 되었다. 끝으로, '관독' 방식은 늘 일종의 독점권을 가져다 주었으니, 애초에는 외국인과 벌이는 경쟁을 돕기 위하여 독점권을 주었던 것이지만 곧 비능률을 보상하는 버팀대로 사용되었다.

하나의 사업이 또 다른 사업을 필요로 하게 되는 필연적 관계 때문에, 이홍장은 당경성을 그의 경영자로 삼아 1876년에 천진 북쪽의 개평(開平, Kaiping)에 근대적인 석탄 광산을 개발하기 시작하였다. 이는 초상국의 선박들에 연료를 공급하고 세미를 북으로 가져온 후 남쪽으로 실어갈 화물을 얻기 위한 것이었다. 근대적인 펌프와 송풍기 및 기중기의 사용은 구식의 중국인 탄갱 채굴자들이 포기하였던 석탄층에서 곧바로 이익을 낳게 하였다. 12명의 외국인 기술자와 근대적인 장비를 갖춘 개평 광무국(鑛務局)은 1883년에 기계 제작소를 설립하여 엔진과 철로 차량 및 예인선을 자체 생산하였고, 지방의 전화와 전신 및 7마일 길이의 철로를 건설하였다. 개평 광무국에서는 얼마 되지 않아서 일 년에 25만 톤의 석탄을 생산하게 되었다. 그러나 당경성은 1892년에 죽었고, 그의 후임자는 만주 조정과 친밀한 한인 기인(旗人)이었다. 그는 뇌물을 긁어 내는 수법의 전문가로서 개평 광무국의 재원(財源)을 착복하였다. 개평 광무국은 차차 외채에 의존하게 되었고, 1900년에 미국인 기술자(뒤에 대통령이 됨)인 허버트 후버(Herbert Hoover)가 대표로 있었던 한 영국 회사에 양도되었다. 1912년 이후에는 중영 개란 광무 총국(中英開灤鑛務總局)으로 합병되었다.

이와 같이 화북 지방에서는 기선이 석탄 광산을 개발하게 하였고, 다음으로는 철로를 필요로 하였다. 초기의 철로 계획은 외국의 착취를 저지하려고 마음먹은 관리들 때문에 거부당하였다. 1876년에 외국인이 개설하였으나 당국으로부터 허가를 받지 못하였던 상해-오송(吳淞, Wusung) 사이의 짧은 철로를 다음해에 남경 총독이 매수하여 즉시에 해체시켜 버렸던 것이다. 개평의 석탄 때문에 부설되었던 철로는 1888년에 천진 남쪽까지, 1894년에 산해관(山海關, Shanhaikuan) 동북까지, 그리고 1896년에는 북경 교외까지 더디게나마 연장되었던 약 240마일이 전부였다. 대만에 있는 짧은 철로 노선을 제외하면, 이것이 30년 동안의 논의 후에 이루어진 철로 시대에 대한 중국의 반응 전부였다. 이

1876년에 상해와 오송 사이를 이화 양행과 다른 회사들이 함께 부설한 중국 최초의 철로로서 폭 30인치의 협궤(狹軌)였다. 1호 기관차인 영국제 '파이어니어(Pioneer)'가 있고(왼쪽), 변발을 한 중국인 참석자가 눈길을 끈다. 27인치 크기의 바퀴를 6개 부착한 9톤 무게의 '실레스티얼 엠파이어(Celestial Empire)' 기관차(가운데). 1877년에 중국 당국이 철로를 매입하여 해체하였다.

렇게 지체된 것에 대한 이유들은 시사하는 점이 많다. 우선 무엇보다도 화북 지방을 제외하면 수운망(水運網)이 잘 발달되어서 철로와 심한 경쟁을 하였다. 기선은 물길을 따라 중국의 내륙 지역 깊숙이 파고들어갔으나, 철로는 운하와 농토를 가로지르고 묘지를 헤치면서 중국인들의 생활을 훨씬 더 직접적으로 침범할 수 밖에 없었다. 민간의 미신과 외국인 혐오에서 오는 반대가 일어나기 쉬웠다. 땅값이 비싸지는 것과 대중의 감정과 결부되어 노선에 대한 어떠한 권리이건 값비싼 투자가 되게 만들었다. 자본은 쉽게 조달되지 않았고, 정부의 재정도 허약하였다. 공채 발행이나 신용 창출을 위한 다른 방법도 발달되어 있지 않았다. 북경 당국의 국방 전략은 철로를 외국인이 경영하지 못하도록 하고, 중국인 운영의 철로 노선에 대한 대규모의 외국 차관을 모두 반대하는 것에 맞추어져 있었다.

이홍장의 공업 왕국에서 최고위까지 올라간 관리 겸 기업가는 성선회(盛宣懷, Sheng Hsüan-huai ; 1844~1916)였다. 초상국의 부지배인이 된 후, 그는 또 다른 '관독 상판' 기업인 전보 총국(電報總局)을 설립하였다. 그 명칭이 관청 소속일 듯한 느낌을 주지만, 이 기업체는 상인들, 특히 경영에 참가한 성선회와 그 밖의 사람들에게 주식을 팔아서 모은 약 200만 달러의 자본으로 설립되었다. 높은 전주(電柱)가 '풍수(風水)'적인 지세(地勢)를 해칠지도 모른다고 생각하는 성난 농민들이 전선을 파괴하지 못하도록 정부에서 자금을 빌려 주고 전선 경비를 맡아 주었다. 그러나 이익금은 매년 20퍼센트씩 주주들에게 배당되었다. 1900년 이후 전보 총국의 전선이 차차 국유화될 때까지, 이홍장은 그의 대리인인 성선회를 통하여 직원을 임명하고, 직원들이 부패하였다는 비난을 막아 주면서 전국의 전보 총국을 통제하였다.

각국의 공업화 과정에서 기계를 이용한 면제품 생산이 선도(先導) 산업이었다. 방적 공장들은 1880년대의 일본에서 대단히 성공적인 것들로 증명되고 있었다. 이홍장은 외국 수입품과 경쟁하기 위하여 일찍이 1878년부터 중국의 방직 공장인 상해 기기 직포국(機器織布局)을 후원하기 시작하였다. 황제는 직포국에 대하여 면세를 허락하였고, 면포(綿布)나 면사(綿絲)에 대한 10년간의 독점 생산권을 주었다. 외국제 기계와 기술자도 도착하였다. 그러나 상인들의 주식 응모액은 넉넉하지 못하였고, 초대 지배인은 그 자본을 현명하지 못하게 투자하였다. 1887년에 성선회가 이 사업을 인계받은 후, 그는 역시 자신이 책임자로 있는 초상국과 이홍장의 직례성 당국으로부터 돈을 빌려 직포국의 운영 자금으로 넣었다. 1890년에 시작하여 약 4,000명의 근로자들이 이내 훌륭한 직포와 면사를 생산해 내고 있었다. 불행하게도 보험에도 들지 않은 공장이 불에 타 버렸던 1893년의 주주 배당은 약 25퍼센트였다. 화재로도 기가 꺾이지 않은 이홍장과 성선회는 11개의 공장을 더 설립하여 새로 일어나는 중국의 방직 공업을 독점하고 외국에서 들어오는 수입을 없애려고 계획하였다. 그들은 1894~1895년의 청일(淸日) 전쟁이 그들의 희망을 꺾어 버릴 당시 5개의 공장을 운영하고 있었다.

근대화의 느린 진척

상업과 공업을 겸비한 개항장의 물질적 성장은 당연히 지적(知的)·문화적 개혁도 수반하였다. 그러나 서양과 가진 접촉에서 얻은 새로운 사상과 태도는 여전히 중국의 전통이 지닌 거대한 흐름 속에서는 작은 요소들에 지나지 않았다. 변발, 학인의 긴 겉옷, 여자들의 전족(纏足), 결혼과 장례 행렬 및 복잡한 거리를 지나가는 관리들의 가마 등 중국인들의 생활에 나타나는 전반적인 모습은 같은 시대의 일본을 휩쓸고 있었던 서양 문물의 어떠한 유행에도 영향을 받지 않은 그대로였다. 변화에 대한 관념이 퍼져 나가고 있었으나 그 속도는 매우 느렸다. 만약 근대적인 우체국이나 신문, 해외 유학생의 양성과 같은 새로운 발전들을 살펴본다면, 우리들은 하나의 공통적인 형식을 발견할 수 있다. 즉, 어떤 경우이든지 중국의 근대화는 서양의 예에서 자극받은 것이었지만, 옛날부터 존재했던 제도 위에 덧붙여져야 했다. 이 전통적인 제도가 개혁에 대한 요구나 필요성을 늦출 만큼 강하게 살아 남아 있었던 것이다.

우편 업무와 신문　　로버트 하트는 일찍부터 전국적인 우편 업무의 설립 작업을 추진하였다. 그러나 그것은 30년이나 걸렸으니, 비록 전근대적 능률이긴 하지만 이미 중국의 필요에 충족되는 몇몇 제도가 있음을 그가 깨달았기 때문이었다. 첫째, 북경에서 전국으로 뻗어 나간 5개의 주요 노선에 1,600개 가량의 역참(驛站)이 있었다. 이 옛 체제는 관원(官員)과 서신, 물품 및 금전을 단지 통치의 목적을 위하여 이동시켰다. 둘째, 일반 인민들의 우편 업무에 대한 요구를 위하여 상업적인 '민신국(民信局)'이 노선의 거리와 이익의 정도에 따라 소액의 수수료를 받고 개인 우편물을 전달하여 주었으나, 중국의 모든 지역에 배달해 주려고 하지는 않았다. 19세기말까지 24개 개항장에 약 300여 개의 등록된 민신국이 있었고, 전국적으로는 더 많은 수가 있었다. 마지막으로, 서양 각국의 정부들은 그들 자신의 우편 업무를 대외 무역 때문에 중요한 도시들 사이에서 개설하였고, 외국인 거주자들에게도 그 시설을 이용하도록 개방하였다. 마침내 수십 개의 외국 우편국이 중국에서 운영되었던 것이다.

이러한 모든 기득 이권들 속에서 근대적인 전국적 우편 제도를 발전시키기 위하여, 하트는 해관의 재원을 이용하였다. 겨울철에 공사관의 우편물을 북경까지 배달하는 일을 하면서 해관은 차차 우편 업무를 담당하는 한 부서를 확립하여 나갔다. 마침내 해관은 중국 해역에서 청 제국 우편국의 우편물만을 실어 나르기 위한 외국 기선들을 마련하게 되었고, 이것이 1896년에 공식적인 해관의 한 부서로 확립되었다. 새로 설립된 이 부서는 사설 민신국의 모든 우편물들을 기선에 선적시키기 위한 대행 기관이 되었고, 낡은 방식의 경쟁자를 폐업시키기 시작하였다.

근대화의 또 다른 지표인 직업적인 저널리즘의 시작 역시 유서 깊은 선례를 가지고 있었다. 유명한 경보(京報)는 적어도 당대(唐代)부터 시작되었고, 조정에서 공표한 관(官)의 문서를 번각(翻刻)하였다. 그러나, 그것은 관청의 발행물이 아니고 한 가지의 형태로 이루어진 것도 아니었다. 북경에 있는 사설 업체들이 상업적인 목적에서 이른바 경보를 발간하고 배달하여, 조정의 소식과 황제 관계 문서들을 전국의 학인-신사 계급에게 배포했던 것이다. 도시에서도 역시 상업용 광고 쪽지나 새로운 소식을 적은 종이를 이용하여 뉴스가 전파되었으니, 인쇄소의 부업으로 만들어진 이것을 길거리에서 소리내어 외치며 팔았던 것이다. 상인 단체나 도서 출판업자들이 배포한 시세표들은 흔히 관청이나 학인-신사층이 후원하였으며, 이것은 인쇄된 소식을 전달하는 또 하나의 전통적인 방법이었다.

프로테스탄트 선교사들은 이러한 전통적인 수단에 혁명적인 요소를 가미시켰다. 1860년대까지 내륙으로 진출하지 못하였던 선교사들은 고문(古文)이 아닌 백화문(白話文)의 중국어로 번역된 복음을 유포시키려고 인쇄 방법을 일찍부터 이용하였다. 런던 전도 협회는 1815년에 말라카(Malacca)에 인쇄소를 설립하고 중국어판 월간지를 발행하였다. 다른 선교사들도 이것을 모방하였다. 중국어로 된 선교사들의 정기 간행물 이외에도 〈차이나 메일(China Mail ; Hong Kong, 1845~)〉과 〈노스 차이나 헤럴드(North China Herald ; Shanghai, 1850~)〉 같은 영문으로 된 신문도 간행되었다. 무역업계를 위한 이들 신문들은 근대적 형식을 갖추게 될 중국 신문들의 직접적인 모델이 되었다.

문필 재능을 가진 사람들이 논설을 실어 발행하기 시작하면서 중국의 신문은 비로소 순전한 사실 보고 정도의 수준을 넘어섰다. 이런 활동은 청조가 대단히 싫어하는 것이었으므로 개항장의 보호 아래에서만 가능하였다. 이 분야의 선구자인 왕도(王韜, Wang T'ao)는 고전학자로서 출발했으나, 1850년대에는 상해에서 런던 전도 협회 소속 신문의 중국인 편집자로 일하였다. 그리고 1860년대에는 제임스 레게(James Legge)를 도와서 그의 기념비적인 〈오경(五經)〉(상권 54~56 쪽 참조)의 번역을 완성하였으며, 이 무렵의 2년 동안 그는 레게와 함께 스코틀랜드에서 생활하였다. 오랜 동안의 수련 기간 후에, 왕도는 1870년대에 독자적인 신문인이 되었다. 그는 홍콩에서 그 자신의 일간지〔순환일보(循環日報), 1874년〕를 창간하여 편집하였고, 유럽과 일본의 여행으로 내용이 풍부해진 자신의 해설을 실어서 발간하였다. 왕도는 심적(心的)으로는 민족주의자였고, 지적(知的)으로는 중국의 현상을 비판하는 선각자였다. 그의 서양 접촉은 애국심과 개혁 사상 두 가지를 생겨나게 하였던 것이다.

해외 유학생의 양성　　개혁을 위한 더욱 중대한 자극은 서양에서 받은 교육의 경험으로부터 왔다. 선구적인 해외 유학 '귀국 학생'은 마카오 출신의 가난한 소년이었던 용굉(容閎, Yung Wing)이었다. 그는 선교사가 경영하는 학교에서 영어를 배웠고, 선교사들이 그를 미국으로 보냈다. 그는 그리스도 교 신자와 미국 시민이 되었으며, 1854년에는 예일 대학을 졸업하였다. 예일 대학의 교육이 그에게 "무지(無知)로 가려진 눈으로는 결코 이해할 수 없는 책임"을 깨우쳐 주었다고 그는 말하였다. 그는 "서양의 교육을 통하여 중국이 갱생되고 강해질지도 모른다."고 생각하였다. 그러나 1872년이 되어서야 비로소 용굉은 증국번과 이홍장의 후원으로 유학생 단체의 미국 파견이라는 그의 오랜 숙원 사업을 실현시킬 수 있었다. 이 계획에 따라 주로 가난한 광동 출신의 긴 겉옷을 입은 120 명의 중국 소년들이 코네티컷(Connecticut) 주의 하트포드(Hartford)로 가서 코네티컷 벨리(Valley)의 가정집 여기저기에 30 명씩 4 개 반으로 나누어 하숙하였다. 그리고 그들은 정기적으로 유학생 단체 본부에 들러 중국의 고전 학문을 공부하였다. 그러나 오래지 않아 그들은 언어와 복장에서 그들의 변발을 감추고 강건하고 화려하며 점잖치 못한 태도를 드러냈다. '점진적이지만 뚜렷한 변화'를 겪었으니, 한마디로 미국화하였던 것이다. 이제는 미국 여인과 결혼하여 유가(儒家)라기보다는 조합 교회 신자의 외모를 가진 용굉은 이러한 문화적인 변모를 권장하였다. 그러나 보수적인 그의 동료들은 매우 놀랐고, 그들이 비난하는 목소리는 북경에까지 울려 퍼졌다. 이 교육 사업은 돈이 많이 들었고, 이미 동양인에 대한 배척이 정치 문제화되어 있었던 캘리포니아에서는 중국인을 반대하는 운동이 크게 일어나고 있었다. 결국 1881년에 여러 가지 이유로 해외 유학 교육 사업은 중단되었다.

상해 도대(道臺)에게 고두(叩頭)을 올리려고 상해에 도착한 하트포드 출신 유학생들은 개혁되지 않은 과거 시험 제도 안에서 그들이 모든 학인들의 기득

미국으로 파견된 중국의 유학생 단체 1872년 코네티컷 주의 하트
포드로 가는 도중에 샌프란시스코에 도착한 학생들. (위) 1878년
하트포드의 중국 유학생 야구팀 'The Orientals'. (아래) 유학생 단
체는 1881년에 소환되었다.

장로 교회의 미국인 개척자들—캘빈 매티어(Calvin W. Mateer) 목사와 줄리아 매티어(Julia B. Mateer) 부인　산동성의 등주(登州, Tengchow) 에서 캘빈 매티어는 중등 학교를 설립하였고, 성경 번역을 도왔으 며, 널리 이용되었던 *Mandarin Lessons*(1892년)를 위시한 많은 교재 들을 발간하였다. 또한 중국에 있는 그리스도 교도들을 단단히 결 속시키기 위하여 서양에서 더 우수한 교육 방법을 도입해야 한다고 주장하였다.

권을 위협할 것이라는 의구심을 받았다. 그 결과 용굉이 거느렸던 학생들은 주로 서양 기술이나 관리(管理) 방면인 해군과 전신 행정, 철로 행정, 외교 업 무 및 개평 광무국에서 중국의 근대화에 기여하게 되었고, 겨우 12 명만 정식 관료로 임명되었다.

프로테스탄트 선교 단체와 근대화　활기 찬 개척 활동과 온당한 결과들, 그리고 대단한 노력과 심한 좌절이라는 비슷한 경력들이 선교 활동의 특색이 었다. 외국인 카톨릭 성직자는 1870년에 약 250 명, 1896년에는 약 750 명이었 음에 비하여, 중국으로 오는 프로테스탄트 성직자는 매10 년마다 2 배로 늘어났다. 프로테스탄트 선교 사업의 근거지도 그에 따라 1860년에 14 개 장소의 35 개소에서 1900년에는 356 개 장소의 498 개소로 늘어났다. 그러나 1890년에 프로테스탄트 선교사들은 1,300 명으로서 카톨릭보다 2 대 1 로 우세하였으나, 프로테스탄트의 신자수는 카톨릭의 50만 명에 비교하여 겨우 3만 7,000 명에 지나지 않았다. 프로테스탄트 선교단은 대략 같은 수의 미국인과 영국인들이 대부분이었으며, 주로 중산층이나 농촌 지역 출신으로서 더러는 충분한 고등 교육을 받지 못한 사람도 있었다. 대부분의 프로테스탄트들이 여전히 복음 전파에 전념하는 동안, 소수의 사람들은 복음 전파만 하는 것보다는 선행(善行)을 하는 편이 더욱 성과가 클지 모른다고 깨닫기 시작하면서 그러한 사람들의 수가 늘어났다. 그들은 당연히 전도 방법을 개혁하였다. 개인적인 품행을 고쳐 보려는 선교사들의 노력은 그들을 많은 사회적 관습에 격렬하게 대항하도록 만들었으니, 영아 살해, 아편 해독, 일부 다처제, 유아(幼兒) 결혼, 전족, 도박, 점(占), 다른 종교들의 우상 숭배 및 유가(儒家)의 조상 숭배 등이었다. 중국인들이 복음을 받아들이고 교육받은 토착인 목사가 전도를 하기 위해서는 글을 읽고 쓰는 능력과 그에 따른 학교 교육이 필요하였다. 1877년에 제 1 차 프로테스탄트 선교사 총회가 실태를 조사하였을 때 중국에는 신학교 20 개교와 231 명의 학생이 있었다. 프로테스탄트의 초등 학교는 점차 중등 학교로 발전하여 가서 '대학'이라고 불리게 되었고, 1879년 이후 상해의 성약한 대학(聖約翰大學, St. John's College)처럼, 뉴잉글랜드와 중서부 지방에 있는 종파별 칼리지의 방계는 아닐지라도 비슷한 것으로 되어 갔다. 이리하여 1881년에 오벌린 칼리지(Oberlin College)에서 온 선교단은 선교 활동에 종사할 미국 대학생들을 모집하기 시작한 외국 선교 학생 지원 운동의 선구자들이었다. 의료 선교단과 약국과 병원 및 중국인 의사들을 양성할 의학교까지 병행하여 발전하고 있었다. 1890년에 제 2 차 프로테스탄트 선교사 총회가 열렸을 때, 그들은 그들의 중국 교육 협회와 병행하여 활동할 중국 의료 선교사 협회를 만들었다. 그리스도 교가 선행(善行)할 수 있는 기회에는 제한이 없었던 것이다.

산서 지방에서 1877~1879년의 끔찍한 기근과 싸웠던 한 침례교도는 티모시 리처드(Timothy Richard)였다. 폭 넓은 상상력을 가진 웨일즈 사람이었던 그는 대체로 중국이 서양 문명의 결실을 받아들이는 정도에 따라 서양 문명의 활력인 그리스도 교가 더욱 효과적으로 중국을 정복할 수 있다고 믿었다. 인류의 진보와 서양의 생활 양식은 신(神)이 생각하는 계획의 한 부분이었고, 선행 가운데서도 특히 교육이 진보에 필요하다는 것이었다. 1891년부터 광학회(廣學會)의 서기를 맡은 그는 학자와 관료 계급에게 개혁 사상을 보급시키려고 시도하였다. 그는 중국인 그리스도 교 신자들을 위하여 1868년부터 주간 〈교회신보(敎會新報)〉를 발행하던 번역가 겸 편집자였던 조지아(Georgia) 주 출신인 영 앨런(Young J. Allen)의 협력을 얻었다. 앨런은 이것을 〈만국공보(萬國公報)〉(*The Globe Magazine,* 후에 *Review of the Times*로 명칭을 고침)로 확장하였다. 중국인 학인들이 훌륭하게 편집한 이 신문은 중국인 학계에 서양의 사상과 정보를 널리 뽑아볼 수 있도록 해 주었다. 그것은 실제로 1890년대말 개혁 운동의 한 원천이 되었다. 그러나 왕도의 논설이나 용굉의 유학생 단체처럼 개혁을 외친 선교사들의 호소도 중국인들의 생활에서는 지엽적인 것이었다. 그것은 개항장 도시들의 중서(中西) 사회의 새로운 산물일 뿐 농민들이나 학인 신사와는 거리가 먼 것이었다. 1895년 일본의 대승리 때까지, 중국인들의 사고는 대부분 여전히 전통에 얽매여 있었던 것이다.

제20장

중국, 월남, 한국에 대한 제국주의의 침입

중국 주변에 대한 외세의 침입

중국적 세계의 주변을 조금씩 뜯어먹는 제국주의자들의 경쟁은 몇 가지 이유로 인해 1870년 이후 더욱 격렬해졌다. 유럽에서는 경제적 민족주의가 영국과 프랑스 같은 민주주의 국가들을 움직여 식민지를 확장하는 길로 나아가도록 했다. 모든 유럽 열강의 유식한 시민들은 도시 언론의 성장으로 인해 세계의 사건들과 새롭게 접촉하여, 해외에서의 국가적 위업에 대해 다양한 정도의 열정에 고취되어 있었다. 이는 모든 민족과 국가가 생존을 위하여 필연적으로 경쟁하고 오직 적자(適者)만이 생존할 뿐이라는 사회적 다윈설〔進化論〕의 원리에 의해 합리화되었다. 선교사들의 종교적 열정이 '백인(白人)의 책임'을 의식하는 위정자들의 이상주의에 호응하였다. 신문을 읽는 대중들은 심리적으로 현장에 있는 사람이 되어, 매일매일의 사건에 놀라거나 의기 양양해하였고 아우성치며 행동을 요구했다.

식민지 경쟁이 발전됨에 따라, 중화 제국의 국경이 불확실하고 불안정하다는 사실이 드러나게 되었다. 흔히 지도는 신뢰할 수 없고 역사적 주장도 모순되었으며, 청조 권위의 한계가 점차 논의의 대상이 되었다. 영토의 경계가 불확실할 뿐만 아니라 조공국(朝貢國)들에 대한 북경(北京)의 주장도 애매 모호

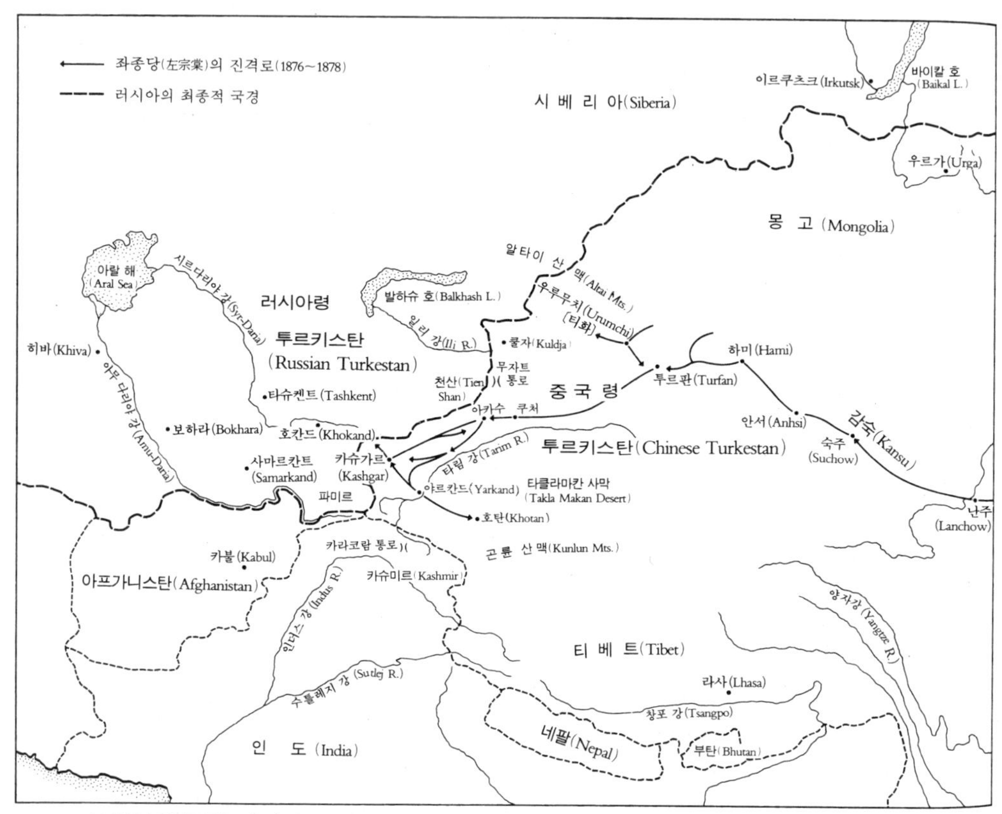

19세기의 중앙 아시아

하고 소극적이었다. 요컨대 조공 제도란 대체로 계약법이나 군사적 지배력에 근거하기보다 유교적 윤리나 문화적 우월성에 의거한 수동적인 제도였다. 조공 지역에서의 무질서에 대해 책임을 지고 피해를 입은 외국인들에게 보상을 하든지 그렇지 않으면 종주권을 포기하라는 요구를 받았을 때, 북경은 우선 배상의 책임과 지불을 회피하려는 충동을 받았다. 그리하여 유구(琉球) 제도 와 대만(臺灣), 월남(越南), 한국(韓國) 및 중앙 아시아의 여러 지역들이 외세 의 식민지 확장 과정에서 '잡아도 괜찮은 사냥감'이 되었다.

중앙 아시아에서의 러시아의 압박　청(淸) 제국의 영토 보전은 1870년대에 서북쪽으로 가장 멀리 떨어져 있는 변방인 중국령 투르키스탄(Turkestan)에서 위기에 봉착했다. 청의 전략가들이 주목하는 세 군데 주요 지역 가운데서, 그 첫번째 지역은 중국 서북의 감숙성(甘肅省)에서 사막을 거쳐 중앙 아시아로 들어가는 관문이라 할 수 있는 하미(Hami, 哈密) 부근이었다. 하미 지역과 부근의 다른 동서 교통 중심지들은 멀리 떨어진 서방을 군사적으로 원정하는 데 필요한 만주인(滿洲人)들의 병참 기지였으며, 청이 중앙 아시아를 정복하고 지배하는 데 협조한 터키 어를 사용하는 동맹국과 통치자들의 근거지였다.

두번째의 전략 지역은 북쪽의 알타이(Altai) 산맥과 남쪽의 천산(天山) 사이에 위치한 일리(Ili, 伊犁)하 유역의 목축 지대에 집중되어 있었다. 이곳은 과거 서부 몽고 중가르(Zungar) 부의 본거지였으며, 1750년대에 그들이 괴멸된 뒤에는 유형지(流刑地)와 군 주둔지로 이용되면서 수도 쿨자(Kuldja)에 주재하는 군정 장관〔伊犁將軍〕에 의해 통치되었다. 이곳과 청의 다른 전초 기지에 중국의 차, 비단, 면직물 등이 카자흐(Kazakh) 부족 거주 지역에서 온 말들과 교역되어 서북방으로 보내졌다.

세번째의 지역은 청의 통제력이 가장 약하게 미친 곳으로, 천산의 남쪽 파미르(Pamir) 고원 동쪽의 타림(Tarim) 강 유역이었다. 오아시스 국가들로 구성되어 있었던 이 지역은 교역 통로의 초점인 주요 오아시스의 이름을 따서 카슈가리아(Kashgaria)라 불리기도 했다. 이들 중심지의 주민은 파미르 서쪽의 상업 오아시스 국가들처럼 투르크 어를 사용하는 무슬림〔回敎徒〕들이 압도적으로 많았다. 파미르 고원의 동쪽과 서쪽에 위치한 이들 두 개의 중앙 아시아 지역은 언어나 종교, 문화, 통상 및 정치로서 밀접하게 연결되어 있었다. 왜냐하면 이 두 지역은 모두 몽고의 차가타이(Chaghadai) 칸국에 의해 지배받은 뒤, 13세기와 14세기에는 티무르(Tamerlane, 帖木兒) 제국에 의해(상권 208, 253쪽 참조), 14세기부터 17세기까지는 언어는 투르크 어를 사용하고 종교는 회교를 믿었으나 스스로 몽고의 후예임을 자처하는 무굴(Moghuls)족 전사들에 의해 연속적으로 지배되었기 때문이다.

이들 일련의 지배자들 가운데 가장 마지막 지배자는 회교의 교조 무하마드(Muhammad)를 계승한 종교적 일족으로서 17세기말에 많은 오아시스 국가들에서 권력을 장악하였던 호자(Khoja)가의 일원이었다. 그리하여 카슈가리아의 호자 지배자들은 파미르 고원 서방과 밀접한 관계를 갖고 있어 그쪽에서 지원을 받을 수 있었다. 청에 의해 축출되었을 때, 그들 후예 가운데 일부는 서쪽으로 산맥을 넘어 호칸드(Khokand)에 피난하였다. 호칸드 칸국(汗國)은 상업적 팽창의 중심이 되어 청과의 조공 무역을 발전시켰다. 그곳은 또한 반청(反淸) 반란의 기지이기도 했다. 카슈가리아에 있던 청의 행정 장관은 270여 명의 지방 추장들에게 토지 및 노예 등과 더불어 베그(beg)라는 칭호를 수여하여, 형식상 북경의 은혜를 입은 지방의 지배 계급을 형성하게 하였다. 그럼에도 불구하고, 중국적 세계의 가장 먼 변두리에 위치한 이들을 통제하는 일은 결코 쉬운 일이 아니었다.

청이 지배한 지 1세기밖에 되지 않은 1860년에 이르러, 중국령 투르키스탄, 즉 동부 투루키스탄은 팽창하는 러시아 제국과 대영 제국의 점증하는 관심의 대상이 되었다. 특히 러시아는 키르기즈(Kirghiz)와 카자흐(Kazakh) 초원을 가로질러 남쪽과 동남쪽으로 끊임없이 침식하여 들어와, 마침내 면화 생산지로서뿐만 아니라 영국령 인도의 북면에 접근할 수 있는 전략적 가치를 갖고 있던 서부 투르키스탄, 즉 러시아령 투르키스탄을 거의 다 장악하였다. 한편 북경은 3,500마일이나 떨어져 있어, 역마로 6주나 걸리는 카슈가리아와 일리에 대한 빈약한 지배력을 간신히 유지하고 있었다. 이는 경제적 관심에서라기보다 전통적으로 강하게 유지되었던 몽고 서부 변방에 대한 전략적 관심 때문이었다.

1862년에 중국의 서북방에서 일어난 회교도 반란으로 인해 호칸드에서 호자의 지원을 얻은 중국령 투르키스탄에서도 반란이 일어났다. 호칸드의 장군 야쿠브 베그(Yakub Beg)가 곧 권력을 장악하여 1865년부터 1877년까지 타림 분지의 대부분을 회교 독립 국가로서 지배하였다. 1871년에 러시아는 야쿠브와 영국의 영향력을 미리 막기 위하여 전략적 요지인 일리 하 유역으로 군대를 이동시켜, 1851년 이래로 영사관(領事館)을 두어 교역을 조절해 왔던 상업 중심지 쿨자를 점령하였다. 러시아는 청의 통제력이 회복되면 언제든지 일리로부터 철수하겠다고 북경에 약속했다.

이리하여 북경은 1870년대 중엽에 이르러 위기에 봉착하였다. 비록 좌종당(左宗棠, Tso Tsung-t'ang)의 군대가 1873년에 서북의 회교도들을 진압하기는 하였지만, 그의 군대는 카슈가르에 있는 야쿠브의 수도로부터 대체로 캔자스시티에서 로스앤젤레스까지 가는 거리만큼 멀리 떨어진 감숙성에 있었으니, 이 길은 수백 마일의 사막을 가로지르고 대상(隊商)으로 90일이나 걸리는 여정이

었다. 이 무렵 중국은 대만(臺灣) 문제를 둘러싼 일본과의 분쟁에 끌려들어가 있었다. (97 쪽 참조)

이러한 위기는 두 가지 전략의 상충을 불러일으켰다. '자강(自强)'과 해상 침입에 대한 해안 방어에 관심을 갖고 있었던 이홍장(李鴻章) 등은 멀리 떨어진 중앙 아시아의 불모지를 재정복하려는 좌종당의 값비싼 노력에 돈을 들이는 것을 반대하였다. 황제에게 올리는 글을 통해 크게 논쟁한 결과, 좌종당이 승리하여 전진하게 되었다. 중앙 아시아는 주로 몽고에 대한 청조의 전통적 방어 전략으로 인해 중시되었으며, 그곳을 되찾는 일은 황실의 조상들에 대해 존경을 표하는 데도 필요한 것이었다. 좌종당은 서양의 대포를 구입하고 난주(蘭州, Lanchow)에서 병기창과 모직 공장을 운영하기 위하여 상해에서 외국채(外國債)와 중국채를 일으켰다. 한편 그는 병사들로 하여금 곡물과 면화를 경작게 하여 의식(衣食)을 충당하였다. 그는 감숙 지방에서 근거지를 구축하고 더 멀리 서쪽에다 전진 기지를 세웠다. 1876년에 좌종당의 군대는 사막길을 가로질러 돌진하여 우루무치(Urumchi)와 다른 전략적 요지들을 점령하고 중국어를 사용하는 북부 지역의 회교 반도들을 국내의 반역자처럼 취급하여 무자비하게 학살하였다. 그런 다음 그들은 타림 분지로 침입하여 그곳의 위구르(Uighur)계 투르크 주민들을 변방의 반도로 취급하여 보다 관대하게 대우하였다. 야쿠브는 1877년에 죽었다. 1878년까지 좌종당은 일리 지역을 제외한 중국령 투르키스탄 전역을 회복하였다.

이 대단한 성과로 인해 북경은 러시아에게 일리를 넘겨줄 것을 요구하게 되었다. 이를 위해 파견된 만주의 첫번째 교섭 책임자는 어리석게도 너무나 많은 것을 러시아에 양보하여 참수의 형을 선고받았다. 커다란 외교적 격동과 전쟁의 위협이 잇따랐다. 그러나 위기는 지나갔다. 1881년에 체결된 또 다른 조약이 중국에 많은 보상을 요구하였지만 중국으로 하여금 일리의 대부분을 되찾을 수 있게 해 주었다. 1884년에 중국령 투르키스탄(Chinese Turkestan)은 신강(新疆, Sinkiang; '새로운 영토'라는 뜻)이라는 이름으로 새로운 성(省)이 되었다. 이처럼 다행스러운 결과가 중국인들이 자신감을 되찾는 데 도움이 되었으며 보수주의자들이 자기 만족에 빠져 서구화(西歐化)를 반대하면서 외세의 침입에 대항하여 싸우라고 쉽게 말할 수 있도록 조장하였다.

중국의 신속치 못한 외교적 대응　　북경이 적의 국내 사정을 살펴 중국의 이익을 지킬 수 있는 사절단을 해외에 파견하는 일을 그토록 지체한 까닭이 무엇인가? 서방의 공사(公使)들은 1861년부터 북경에 주재하였지만, 중국의 외교 사절로서 해외에서 활동한 사람은 1877년까지 한 사람도 없었다. 이 같은 타성은 심리적인 면과 정치적인 면에 함께 뿌리를 두고 있었다. 사절은 힘이 약할 때 이적(夷狄) 부족들에게 평화를 구걸하기 위하여 파견되기도 했지만 전통적으로는 힘이 강성할 때 황제의 권위를 널리 전파하기 위하여 해외에 파견되었다. 고두(叩頭)의 예를 취할 필요가 없게 된 서방 공사들의 북경 주재로 인해 황제의 권위가 일단 산산이 부서져 버리게 되자, 대외 관계는 굴욕적인 것이 되어 버렸다. 이렇게 상처입은 자존심이 정치에 이용되었다. 이홍장과 같이 서구화(洋務)를 주장하는 세력은 서방과의 접촉을 통해 성장하였지만, 외국인과의 모든 협력이 단지 반역 행위일 뿐이라고 비난하는 완고한 보수주의자들의 날카로운 규탄이 허용됨으로써 양무파의 독주가 잘 견제되고 보수 세력과의 균형이 이루어질 수 있었다. 따라서 서태후(西太后)는 양측의 주장에 모두 귀를 기울여 주고, 이 균형의 대치 상태에서 자신의 이득을 챙겼다.

　유구의 도민들이 대만에서 원주민들에 의해 살해된 사건에서 일본인들이 그러했던 것처럼(97 쪽 참조), 외국의 팽창주의자들 역시 북경의 우유 부단한 태도로 인해 이익을 취할 수 있었다. 유구는 비록 1609년 이래로 일본의 사쓰마(薩摩) 번(藩)에 의해 통제되어 오기는 했지만 공식적으로는 중국의 조공국이었는데도 불구하고, 어리석게도 총리 아문(總理衙門)은 유구 제도에 대해 종주권을 주장하는 일본에게 이의를 제기하지 않았다. 더욱 좋지 않았던 것은, 일본에 배상금을 지불하지 않기 위하여 총리 아문이 대만 원주민에 대한 책임을 부인하였고, 그로 인해 고집센 일본 무사들이 1874년에 응징을 위한 원정군을 대만에 파견하였다. 전쟁은 피할 수 있었지만, 일본군을 철수시키기 위하여 중국은 배상금을 지불하지 않으면 안 되었다. 이홍장 등은 중국의 사절이 일본에 주재해 있었다면 이같이 값비싼 사건은 피할 수 있었을 것임을 강조하였다.

　또 다른 돌발 사건이 일어났다. 영국의 한 탐험대가 새로운 육상 교역 통로를 열기 위하여 1875년에 버마(Burma)에서 운남(雲南, Yunnan) 지방으로 들어갔을 때 한 명의 영국인 통역이 무장한 중국인에 의해 살해된 것이다. 영국은 배상과 사과, 중외(中外) 접촉 규정의 개선, 그리고 교역상의 특권 등을 요구하였고, 이 모든 것은 1876년에 지부(芝罘, Chefoo)에서 체결한 조약 체제의 마지막 단계에서 구체적으로 포함되었다. 그 결과의 하나로서, 중국 최초의 해외 주재 공사(公使)로서 곽숭도(郭嵩道, Kuo Sung-tao)가 사과하기 위하여 1877년에 런던으로 파견되었다. 곽숭도는 호남(湖南, Hunan) 지방 출신으로, 한림원(翰林院)의 학사였으며 증국번(曾國藩)의 친구였다. 런던에서 보낸 보고서에서 그는 철도와 전신, 광산업 등을 칭송하고 기술을 배우기 위해 영국에 와 있던 200 명의 일본인들을 칭찬하였다. 서구화에 대한 곽숭도의 솔직한 지지는 완고한 보수주의자들의 비난을 촉발하여, 그는 결국 1879년에 은퇴하지 않으면 안 되었다. 그러나 그때에 이르면, 중국은 영국 외에도 미국과 독일, 프랑스, 일본, 러시아 등에서도 공사관을 갖게 되었다.

중국이 처한 어려운 상황—— 외국의 군주들에게 사절단을 보냄으로써 그들의 대등한 지위를 인정하기를 원치 않았던—— 은 열강이 중국의 조공국들을 장악하게 되자 위험스럽게 되었다. 이런 일은 특히 월남에서 일어났으니, 이곳에서는 서방의 호전성, 조공국의 약세, 서양식 종주권을 주장할 수 없었던 중국의 무기력 등과 같은 요소들이 모두 결합하여 조공 체제의 낡은 질서를 파괴하였다.

프랑스의 월남 병합

19세기에 월남 국가의 힘이 미약하였던 것은 많은 요인—— 무엇보다도 그 크기와 가늘게 늘어진 모양——에 기인하였다. 북부의 하노이(Hanoi, 河內) 일대 델타 지역은 전통적으로 인구와 생산 및 힘의 중심이었다. 사이공(Saigon)의 남쪽 메콩(Mekong) 강 유역의 델타 지역은 최근에 장악되어 아직 덜 개발된, 월남 팽창 과정의 변경이었으며, 경작이 가능한 해안의 좁고 긴 땅에 자리잡은 새 수도 위에(Hué)는 북부와 남부를 함께 통일 국가 안으로 융해시켜야 할 과제를 안고 있었다. 사회적으로 통일은 오지 산악 지대에 사는 원주민이나 남부에 잔류한 참(Cham)과 크메르(Khmer ; Cambodian) 유민들과 같은 비(非)월남계 소수 민족들이 존재함으로 인하여 더욱 방해를 받고 있었다. 월남은 중국 문명과 인도의 영향을 받은 동남 아시아 문명 사이의 문화적 경계 위에 위치하고 있었기 때문에, 중국과 같은 정도의 민족적·사회적 동질성을 얻지 못하였으며, 한국이나 일본에 비해서는 그 동질성이 현저히 적었다. 유교적 국가와 그 관료 조직은 다소 이질적인 촌락 사회의 위에 위치하고 있었지만, 전통적인 교육을 받은 농촌의 엘리트, 즉 신사(紳士) 계층에 의지하여 지방을 지배하고 왕권에 대한 충성을 계속 유지할 수는 없었다. 절충적 종교 분파들이 쉽게 일어나 번성하였고, 지방의 유력가들은 여전히 말로만 조정에 봉사할 뿐 그들의 독자적 군대를 유지하고 자신의 지방 정부를 운영하였다.

2세기 반 동안의 남·북 분열기를 청산하고 전국을 통일하려는 시도의 하나로서, 새 완조(阮朝)의 황제들은 당시의 청조(淸朝)를 본떠서 자신의 정부를 정력적으로 재건하였다. 특히 명명(明命, Minh-mang)제(1820~1841)는 중국형의 중앙 집권적 관료 체제를 채택하였다. 그는 중앙에서 임명된 지방 장관에 의해 토지를 조사하고 조세를 징수하는 지방 행정 체계를 남부에서 확립하였다. 그는 새로 얻은 변경 지역에 군사적 식민지를 설치하였으며, 유능한 인재를 광범하게 확보하기 위해 과거 제도를 장려하였다. 또한 그는 불교에 대한 충분한 통제력을 확립하였다. 그러나 그를 계승한 소치(紹治, Thieu-tri)제(1841~1847)와 사덕(嗣德, Tu-duc)제(1848~1883)는 반란을 야기한 물가 폭등과 자연 재해와 같은 심각한 문제들에 빠져들게 되었다.

프랑스의 침식 특히 완조의 군주들은 외세의 침투를 막아 낼 수 있는 아무런 방법도 발견하지 못하였으니, 그 까닭은 긴 해안 국경의 통제가 불가능하였고 그것이 또한 프랑스 선교사들의 도움을 받은 로마 카톨릭 교회의 지속적 성장을 용이하게 해 주었기 때문이다. 2세기에 걸친 활발한 개종의 과정이 있은 뒤, 그리스도 교회는 중국 전역에서 보다 더 많은 신자를 얻은 월남 최대의 종파가 되어, 월남의 정치와 촌락 간의 분쟁 및 간헐적인 불화에 깊숙이 관여하였다. 제국적 정통성을 통해 윤리적 지도력을 확립한다는 유교적 원리에 정권의 기초를 두고 있었기 때문에, 완조의 군주와 그 보수적 지지자들은 외래의 종교로부터 점차 위협을 느꼈다. 그들은 그것에 대항하는 방향으로 움직였다. 1860년까지 12년 동안에, 약 25명의 유럽 인과 300여 명의 월남인 사제들 및 아마도 3만여 명에 달하는 월남인 그리스도 교 신도들이 박해로 죽음을 당하였다. 이것은 제국을 만들려는 프랑스 인들에게 그들이 구하는 바를 성취시켜 줄 기회를 제공하였다.

영국에 뒤지지 않으려는 노력이 여러 차례 실패로 돌아가고 프랑스가 대외 교역에서 별다른 이익을 얻지 못하게 되자, 야심 만만한 나폴레옹(Napoleon) 3세는 카톨릭 선교를 옹호하는 일에서 동아시아에서의 적극적인 역할을 발견하였다. 영국과 힘을 합하여 1857~1860년에 중국에 대항한 바 있었던(53~55 쪽 참조) 프랑스는 월남에 대해서 군사력을 사용하여 1859년에는 사이공을 점령하고 그 주위의 세 개 성(省)을 장악하였다. 당시 통킹(Tongking, 東京)에서 일어난 반란으로 심한 압박을 받고 있었던 사덕제는 프랑스에 이들 3성을 양도하고 1862년에 교역과 종교의 자유 및 월남의 대외 관계에 대한 분명치 않은 보호권을 약속한 조약에 조인하였다.

북부에서는 사덕제에 대한 월남인들의 반란이 있었고, 이제 여기에 더하여 남부에서는 프랑스에 대항하는 월남인들의 봉기가 일어났다. 지방의 관리들이 달아나 버렸기 때문에, 프랑스 인들은 그들을 통해 지배할 수 있었던 방식을 대신하여 자기들 스스로가 직접 통치하여 코친 차이나(Cochin China) 식민지를 경영하지 않을 수 없게 되었다. 메콩 강을 거슬러 올라가 중국과 교역할 수 있는 가능성을 주시하였던 그들은 1863~1864년에 부근의 캄보디아(Cambodia)까지 보호령(保護領)으로 확보하기에 이르렀으니, 우선 그들은 역시 반란의 곤경에 처해 있던 노로돔(Norodom) 왕(1860~1904)에게 도움을 제공한 다음, 수도 프놈펜(Pnom Penh)에서 군사력을 시위하여 시암(Siam)에의 의존을 포기하도록 강요하였다. 1867년에 프랑스와 시암 사이의 조약이 맺어져 이러한 타협이 확정되었다. 같은 해에 프랑스는 그들 코친 차이나 주위의 남쪽 끝 3개 성(省)을 차지하였다.

남부 월남에 구축된 이 프랑스 거점은 주로 해군이 만든 작품이었을 뿐, 선교사들은 오직 2차적 역할만 수행하였고 상인들은 거의 아무런 일도 하지 않았다. 본국 정부는 다른 곳에 열중하고 있었기 때문에, 프랑스 인 제독들이 대체로 자기들 책임하에 통치하였다. 1866~1868년의 메콩 강 지리 탐험이 인도 차이나 제국에 대한 프랑스 대중의 욕구를 돋우었다. 한 탐험대가 앙코르(Angkor) 유적을 탐험하였고, 비엔티안(Vientiane)과 루앙프라방(Luang Prabang)을 거쳐 중국의 운남(雲南) 지방으로 갔다. 그 결과 메콩 강은 중국 서남부에

곤명(Kunming)
운남(Yunnan)
서 강(Hsi R.)
중 국 (China)
광서(Kwangsi)
엔바이(Yen-Bai)
남녕(Nanning)
홍하(Red R.)
카오방(Cao-Bang)
랑손(Langson)
통 킹 (Tongking)
디엔비엔푸(Dien-Bien-Phu)
하노이(Hanoi)
하이퐁(Haiphong)
버마(Burma)
메콩강(Mekong R.)
루앙프라방(Luang Prabang)
통킹 만(Gulf of Tongking)
해남도(Hainan Is.)
라오스(Laos)
비엔티안(Vientiane)
17°N
위에(Hué)
투렌(Tourane)
[다낭(Dà-Nẵng)]
안 남(Annam)
관로(官路, Mandarin Road)
시 암 (Siam)
코라트(Khorat)
불 령 인 도 차 이 나(French Indo-china)
남 지 나 해(South China Sea)
방콕(Bangkok)
시엠레아프(Siemreap)
앙코르(Angkor)
메콩 강(Mekong R.)
바탐방(Battambang)
톤레사프 호(Tonle Sap)
달라트(Dalat)
캄 보 디 아(Cambodia)
시암 만(Gulf of Siam)
프놈펜(Pnompenh)
사이공(Saigon)
코친 차이나(Cochin China)
풀로콩도르 섬(Pulo Condore Is.)

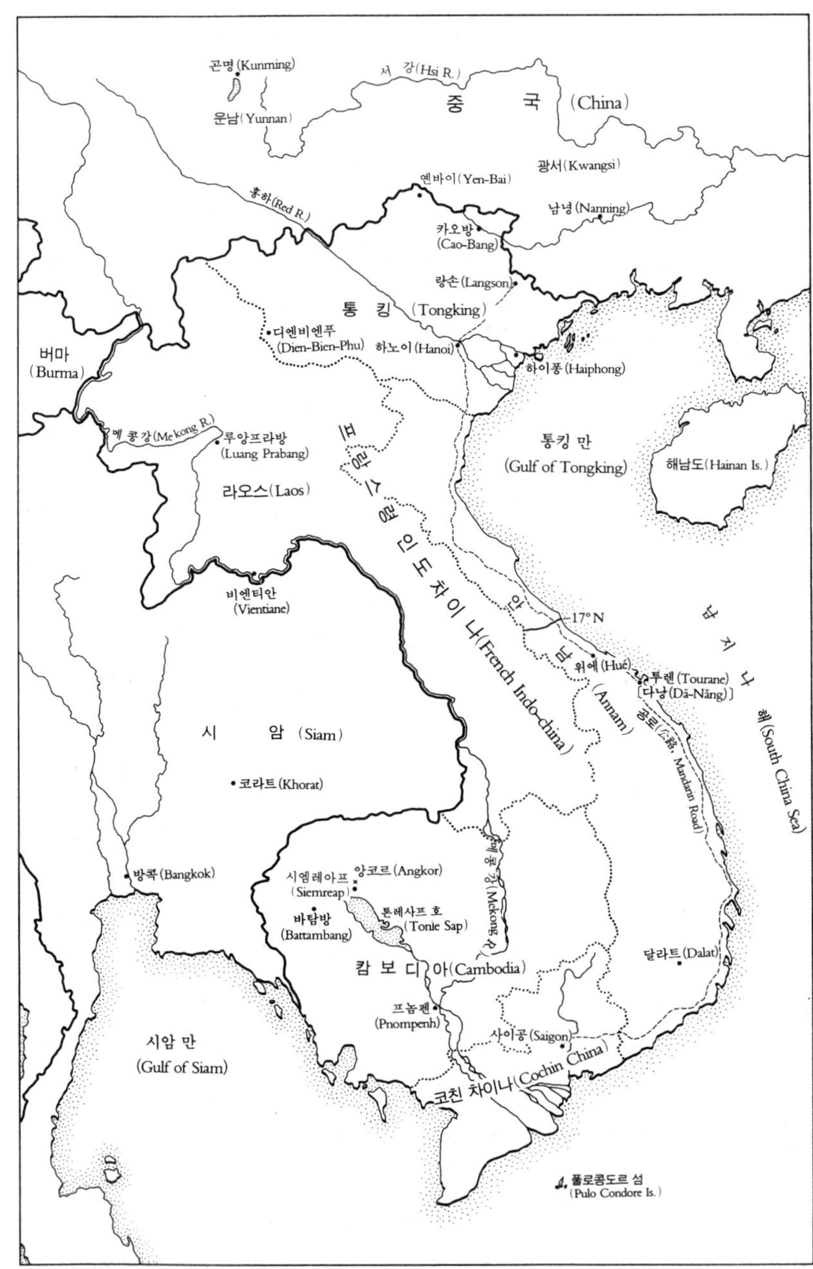

프랑스령 인도차이나

이르는 교역 통로로서 버마의 이라와디(Irrawaddy) 강과도 경쟁할 수 없음이 판명되었으며, 프랑스 인의 관심은 이제 통킹을 통해 가는 송코이(Song Koi, 紅河)로 옮겨지게 되었다. 이 변방에서, 프랑스의 팽창주의자들은 프랑스의 활력을 다시 주장하고 우세한 영(英)·미(美)의 힘과 경쟁하면서 약소한 민족들을 도와 주는 자신의 모습을 확인할 수 있었다.

 청불(淸佛) 전쟁   1880년대에 이르러 안남(安南;중국과 서방에서는 월남을 이렇게 불렀다)에 대한 종주권이 프랑스와 중국 모두에 의해 주장되었다. 프랑스는 1874년의 프랑스·월남 조약에 근거를 두고 있었고, 중국은 1664년 이래로 최근의 1877년과 1881년에 이를 때까지 월남 군주들이 북경에 보낸 약 50여 회의 조공 사절에 근거하여 종주권을 주장하였다. 그러나 프랑스는 남부의 코친차이나에 있는 식민지를 지배하고 있었고 월남의 수도 위에(Hué)에서도 압도적인 영향력을 행사하고 있었다. 프랑스와 중국의 적대 관계는 북부의 중월(中越) 국경 지대에서 발전되었으니, 이곳의 통킹은 10년 동안 무질서한 상태에 놓여 있었다. 현재 월남을 지배하고 있는 완조(阮朝)에 대한 민심의 이탈이 있었을 뿐만 아니라, 태평 천국(太平天國)과 판타이(Panthay) 반란의 잔당과 같은 중국인 비정규군이 침투해 들어와 있기도 했다. 그로 인해 야기된 소란으로, 프랑스는 홍하를 이용한 교역과 같은 새 조약상의 권리를 행사할 수가 없었다. 월남의 군주는 프랑스에 대항하도록 이들 비정규군을 부추겼으며, 이들 모두와 대항하도록 중국군을 끌어들이기도 했다. 마침내 프랑스는 1882년에 하노이를 장악하여 조약으로 안남에 대한 보호권을 확립하였고, 이와 동시에 증원군을 파견하지 않으면 안 되었다. 중국은 1883년에 정규군을 파견하여 운남과 광서(廣西, Kwangsi) 지방에서 국경을 넘어 통킹으로 진군케 하였으며, 그곳에서 그들은 프랑스 군과 조우하여 총력전을 벌이게 되었다.

 1883~1885년에 동시에 일어난 중국과 프랑스의 적대 행위와 협상은 당시의 관찰자들뿐만 아니라 그 이후의 역사가들까지 혼란스럽게 만들었다. 사태를 복잡하게 만든 요인의 하나는 책임 당국이 다수 존재하고 있었다는 것이었으니, 양측의 협상 담당자들은 자기 편이 패할 때마다 점점 더 전쟁을 요구하는 자국민의 아우성 때문에 어려움을 겪지 않을 수 없었다. 주전파(主戰派)는 러시아와의 일리(Ili) 위기중에 청 정부의 중심부에서 나왔다. 1860년대와 1870년

214

대의 반란 평정으로 인해 중국의 관료 조직 안에는 문관의 의관을 갖춘 노장(老將)들이 산재하게 되었으며, 이들은 중앙 아시아에서의 청조의 승리에 의해 고무되어 있었다. 북경에서 외국 문제를 다룸에 있어 가장 호전적이고 비타협적인 방책을 주장한 사람들은 '청류파(淸流派)'라 불려진 6명의 젊은 학자들이었다. 상주문(上奏文)을 잘 쓰고 서태후(西太后)를 추종하였던 이들은 연로한 '자강(自强)'주의자들을 유화주의자라 공격하고 러시아와 프랑스에 대한 군사적 저항 태세를 지지하였다. 1884년에 프랑스가 승리하여 공친왕(恭親王)과 군기처(軍機處)가 물러나게 되자, 청류파가 잠시 권력을 잡았지만, 그 뒤에도 계속적인 프랑스의 승리로 이들도 차례로 패퇴와 몰락을 겪지 않을 수 없게 되었다. 이들 무리 가운데서 가장 유능하고 마지막까지 권력에 살아 남았던 유일한 인물은 장지동(張之洞, Chang Chih-tung ; 1837~1909)이었다. 그는 1884년에 양광(兩廣 ; 廣東-廣西) 총독(總督)이 되어, 전쟁 수행을 지원하는 데 필요한 실질적 능력을 갖추었음을 입증하였다.

중국과 프랑스의 협상은 적대 상태가 시작된 것과 거의 동시에 시작되었다. 마침내 이홍장은 1884년 5월에 프랑스의 한 해군 장교와 이(李)-푸르니에(Fournier) 협정이라 불린 조약을 체결하였다. 이 협정은 중국이 군대를 철수하고 통킹을 통한 프랑스의 교역을 허락하는 대신, 프랑스는 안남과 그 조약상의 권리를 보장하고 중국에 배상을 요구하지 않을 것임을 규정하였다. 이러한 협정에 대하여 주전파는 47통의 상주문을 올려 이홍장을 혹독하게 비난하였고, 조정은 종주권의 상실을 받아들이기를 거부하였다. 협정이 유산됨에 따라 산발적이나 보다 격렬한 적대 상태가 지속되었다. 정치에는 관여하지 않은 채 북경의 자문에 응하고 있던 로버트 하트(Robert Hart)가 비밀 교섭을 시작하였다. 1885년에 그는 런던에 주재하고 있던 자신의 해관(海關) 업무 대리인을 파리에 보내어, 이-푸르니에 협정에 기초하여 강화 조건들을 조정의 권위로서 결정하였다. 이홍장은 1885년 6월에 강화 조약에 서명하였다.

덤으로 연장된 적대 기간은 중국에는 값비싼 것이었다. 프랑스의 한 함대가 1884년 8월에 대만 북부를 공격하였고, 또 다른 함대가 복주(福州, Foochow)항에 정박하였는데, 그 옆에는 복주에서 건조한 11척의 소규모 목재 증기 전함들, 즉 새로운 중국 해군의 복건(福建, Fukien) 함대가 나란히 정박하고 있었다. 8척의 프랑스 장갑선이 더 크고 더 무거운 대포를 장착하고 있었다. 북경 당국이 5주간 동안이나 결정을 내지 못한 채 프랑스가 제시한 최후 통첩 시한 인 8월 23일을 넘겨 버리자, 프랑스는 불과 수분 동안에 중국의 함선들을 모두 파괴히고 프랑스 인 기술자의 도움으로 1866년에 세웠던 조선소까지 부숴 버 렸다.

육지에서는 프랑스의 우세가 그다지 뚜렷하게 드러나지 않았다. 지나치게 자신한 프랑스 군은 가끔 통킹의 밀림에서 레밍턴(Remington) 소총으로 무장한 중국군 복병에 의해 기습당하기도 했다. 프랑스 인들은 하노이 부근의 델타 지역을 장악한 다음, 북쪽으로 광서 변경으로 통하는 주요 통로로 진군하여 진남관(鎭南關 ; Chen-nan-kuan) 바로 남쪽의 랑손(Langson)을 끝내 점령하였다. 뜻밖에도 중국인들은 1885년 3월에 이 전략적 요지를 회복함으로써 프랑스의 내각을 무너뜨리고 중국인들의 자존심을 약간 달랠 수 있었다.

프랑스와의 전쟁은 1860년대에 자강 운동이 시작된 이래 근대적 적군에 대 항한 중국 최초의 방어적 행위였다. 이 전쟁으로 인해 주요한 사실 하나가 드 러났으니, 그것은 근대적 조직과 지도력이 없으면 근대적 무기도 거의 효력이 없다는 것이었다. 최고 수준의 유럽제 총포가 적절한 훈련과 전술, 보급, 통 신, 전략 및 지휘를 갖추지 못한 중국인들의 손에서는 쓸모 없는 것이 되었다. 예컨대, 복주항은 신형 크루프(Krupp) 포와 암스트롱(Armstrong) 포로 무장된 요새를 지나 좁은 수로를 통해 바다로부터 20여 마일 떨어진 곳에 있었다. 그 러나 지휘 계통은 정보에 어둡고 조직적이지 못하여 과감하게 결정을 내리기 어려웠기 때문에 근대적 장비를 제대로 활용하지 못하였을 뿐만 아니라 전통 적 봉쇄 및 방해 전술조차 프랑스 군에 대하여 적극적으로 써보지 못하였다. 또 예를 든다면, 1884년에 중국은 대부분 자국의 조선창에서 제조된 50 척 이 상의 근대적 전함을 보유하고 있었지만, 이들 전함들은 종류가 너무 다양하였 고 4 종의 독립된 지휘 계통하에 놓여져 있었다. 남양 대신(南洋大臣)과 북양 대신의 지휘를 각각 받고 있었던 남양 함대와 북양 함대(北洋艦隊)는 광동(廣 東) 함대와 복건(福建) 함대보다 규모가 더 컸지만, 본거지 해역에서 방어적 태세로 머물러 있었다. 관료들은 저마다 자신의 안전을 위해 지나치게 조심하 고 경쟁적이어서, 국가적 차원의 전쟁 노력을 방해하였다.

그러나 청불 전쟁은 민족주의의 발로를 낳게 하였으니, 특히 통킹에 파견한 군대의 주요 발진 기지였던 광동에서 민족주의를 활발하게 불러일으켰다. 광

결연한 자세로 세 형제들 가운데 앉아 있는 성태(成泰, Thanh-thai) 황제는 1889년부터 1907년까지 통치하였으나, 프랑스 인들의 말을 고분고분 듣지 않았기 때문에, 프랑스 인들은 그를 1907년에 퇴위시키고 미치광이로 취급하여 레위니옹(R'eunion) 섬으로 추방하였다.

동인들의 오래 된 배외(排外) 감정은 —— 프랑스의 공격에 대한 공포, 복주에서 참패한 뒤의 선전 포고, 죽은 프랑스 인에 대해 현금으로 보상하겠다는 장지동(張之洞)의 구식 제안 등과 같은 —— 몇 가지 일들로 인해 고조되었다. 이 지역에 대한 침공은 없었지만, 특히 카톨릭과 프로테스탄트 선교사들에 대한 폭동과 약탈이 광범하게 일어났다. 홍콩에서 현대 중국어로 간행된 신문이 이제 학인-독서인층보다 훨씬 더 광범한 독자층에 선동적인 소식을 공급하여, 도시를 중심으로 전개된 대중적 민족주의의 성장을 도왔던 것으로 보인다.

인도차이나에 대한 식민 지배　청불 전쟁으로 인해 네 지역에 대한 프랑스의 지배가 확립되었으니, 식민지로서 직접 통치된 코친 차이나(Cochin China), 보호령으로서 보다 간접적으로 지배된 캄보디아(Cambodia)와 안남(安南, 즉 중부 월남) 및 통킹(東京) 등이 그것이다. 이들 지역들은 1887년에 인도차이나(Indo-China) 연합으로 통합되었다.

캄보디아 주재 프랑스 인 관리들은 1860년대 이래로 노로돔(Norodom) 왕을 대신하여 캄보디아를 통치하였지만, 월남의 완조(阮朝) 군주들은 이제 좀더 큰 어려움에 처해지게 되었다. 1883년에 사덕(思德)제가 죽은 뒤, 세 명의 계승자들이 비정상적인 종말을 맞았으며, 네번째 계승자인 소년 황제 함의(咸宜, Ham-nghi)제는 1885년에 저항 세력을 지도하기 위하여 산악 지대로 도피하였다가 3년 뒤에 붙잡혔다. 그리하여 프랑스는 완조를 통한 간접적 지배를 계속하기 위하여 그들 자신이 고른 말 잘 듣는 인물을 제위에 앉혔으며, 역전 조직과 토벌 별동대를 이용하여 반란을 진압하였다. 그럼에도 불구하고 (수석 감찰관 반정봉(潘廷逢, Phan Dinh Phung)과 같은) 왕실에 충성하는 관리들이나 (통킹의 황화탐(黃花探, Hoang Hoa Tham ; 1913년 사망)과 같은) 게릴라 전사들에 의해 영도된 산발적인 저항이 1895년경까지 지속되었다.

한편 프랑스의 인도차이나 당국은 팽창하는 과정의 월남 국가들과 시암(Siam) 사이에 위치한 지역들에 대하여 전통적으로 월남이 주장해 온 바를 계승하는 일에 열중하였다. 앞서 공동 종주권하에 놓여 있었던 캄보디아는 1860년대에 이미 점령되었으며, 프랑스의 정력적인 제국 건설자들은 통킹을 정복하기도 전에 메콩 강 상류의 라오스(Laos)와 그 인접 지역을 정밀하게 탐험했다. 라오스는 1707년에 두 개의 적대 세력으로 나누어져 루앙프라방 (Luang Prabang)과 비엔티안(Vientiane)에 각각 수도를 세웠으며, 전자가 시암의 조공국으로 남게 된 반면 후자는 1828년에 시암에 의해 병합되었다. 통킹에 혼란이 일어나 중국인 반도들이 루앙프라방으로 들어가자, 시암의 군대가 이들을 진압하기 위하여 그곳으로 진입하였으며, 프랑스는 이러한 시암의 '팽창'에 대항하여 간섭하기 시작하였다.

이미 아프리카와 기타 지역에서 영국과 맞서 온 1890년대의 프랑스 제국주의는 월남을 위하여 메콩 강 동쪽의 모든 지역을 '회복'하겠다고 나서게 되었다. 변경에서의 돌발적 사건들로 인해 프랑스와 시암은 전쟁 직전의 상황까지 밀려갔다. 1893년에 프랑스는 포함들을 보내어 방콕(Bangkok)에 최후 통첩을 전하였으며, 이에 영국은 프랑스에는 온건한 자세를 전하고 시암에게는 이를 응낙하도록 촉구하였다. 이리하여 압력받은 시암이 프랑스에 라오스와 메콩 강 동쪽 강변 전역을 양도하고 (1907년에 결국 프랑스에 양도하게 될) 앙코르 (Angkor) 부근의 옛 캄보디아 지역에서 철수하였다. 1893년의 이 라오스 병합으로 고무된 프랑스의 팽창은 1896년의 영불 협정이 맺어질 때까지 계속되었으니, 이 협정에서는 메남(Menam) 강 유역에서 전쟁을 피하고 시암의 독립을 보장할 것을 약속하였다. 메남 강 유역은 시암국의 실제 중심부이고 영국 무

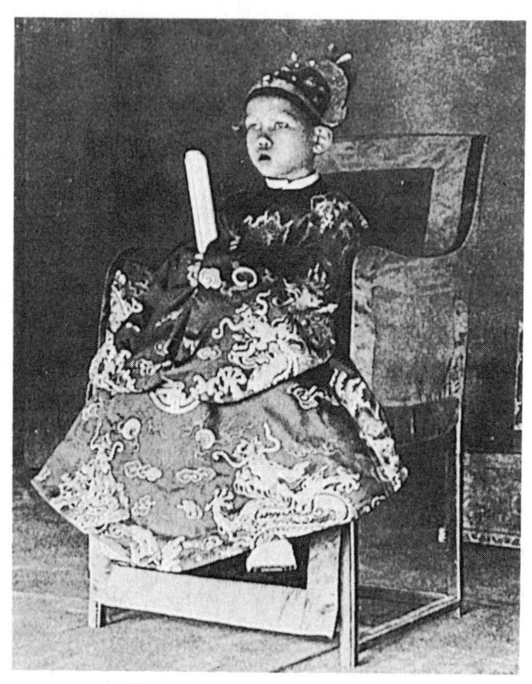

유신(維新, Duy-tan) 황제는 1907년에 7세의 나이로 즉위하였으나, 1916년에 군사 반란의 은밀한 계획에 연루되어 퇴위당하고 레위니옹 섬으로 추방되었다.

역의 주요 지역이었다. 따라서 프랑스 팽창주의자들은 광대하기는 하지만 사실은 경제적 가치는 거의 없는 지역을 얻은 것으로 만족하였던 것이다.

1897년부터 1902년까지 총독(總督)이었던 폴 두메르(Paul Doumer)는, 보호령 제도를 통해 근대적 정부를 간접적으로 구축하려고 시도하는 대신, 자급 자족적이고 중앙 집권적인 정부의 재정적·행정적 기초를 확립하였다. 총독은 하노이에 있는 수도에서 지사(知事)를 통해 코친 차이나를 통치하였으며, 캄보디아와 안남, 통킹 및 라오스 등 네 개의 보호령은 프랑스 인 고등 주재관(résidents supérieurs)을 통해 통치하였고, 고등 주재관 아래의 프랑스 인 주재관들은 다시 현지인 관료들을 통해 각 지방을 통치하였다. 이처럼 월남인 관리들을 사용하여 형식상으로는 간접적 지배의 형태를 띠었지만, 권력의 소재가 어디에 있었는가는 의심할 여지가 없는 일이었다. 나폴레옹(Napoleon)의 방식대로, 소금, 아편, 술 등의 정부 전매를 포함한 통일된 주세 징수와 항만 시설, 운하, 도로, 철도 등 공공 사업과 공익 사업 계획을 관리하기 위하여 중앙의 주요 관청들이 새로 세워졌다. 이것이 전국적 행정과 경제적 확장의 뼈대를 형성하였다. 프랑스의 자본이 탄광업과 대규모 농장의 문을 열었다.

프랑스 지배의 일반적 효과는, 대신할 만한 새로운 사회 질서를 창조하지 못한 채, 전통적인 법률, 윤리 및 가족 체제와 촌락 공동체를 말살시키든가 그렇지 않으면 약화시키는 것이었다. 촌락 공동체를 파괴한 반면, 프랑스 지배는 지주제와 그것이 수반한 소작제, 고리 대금업, 단편적 토지 소유로 인한 비효율적 생산 등 여러 사회악을 창출하여, 특히 북부 델타 지대의 쌀농사 경제는 곧 인구 과잉과 자본 부족의 현상을 드러내게 되었다. 사회 질서와 생활 수준이 모두 타격을 입었다.

바깥 세계에 대한 한국의 반응

월남과 마찬가지로, 한국은 유럽의 기준으로 보면 작은 나라가 아니었지만 중국의 기준으로는 작은 왕국이었다. 두 나라는 모두 중국의 지원 없이는 외세의 침입을 막아 낼 수 없었다. 그러나 월남이 해외로 멀리 팽창된 유럽 세력에 의해 덧없이 희생되었는 데 반해, 한국은 지리적으로 중국과 일본, 러시아 등 세 제국이 만나서 부딪치는 초점에 위치하는 운명을 타고났다. 더구나 제국적 유교 이념과 그 조공 체제의 유해한 영향은 월남에서보다 한국에서 더 뚜렷하게 작용하였다. 수세기 동안, 한국의 대외 관계는 중국에 정규적 조공 사절을 보내고 일본에 약간의 또 다른 사절단을 파견하는 일에 국한되어 있었다. 한국의 왕들은 국내의 군주로서는 힘이 약하였지만 서방의 접촉에 대해서는 언제나 적대적이었다. 그들은 외교술을 배우기에는 너무나 늦었다고 판단될 때까지 경직된 쇄국 정책을 유지하였다. 제국주의의 위협에 대해 한국이 마지못해 억지로 반응하고 그 반응의 목적이 뒤죽박죽 혼동되었다는 사실이 참담한 결과를 낳은 주된 이유였다. 다른 곳에서처럼, 한국에서도 제국주의의 팽창은, 비록 후기에 가면 도저히 저항할 수 없는 힘이 되지만, 초기에는 바깥 지평선상에 나타난 지적 도전의 하나에 지나지 않는 것으로 보였다.

반란과 복고　1860년대의 한국 국가는, 중국과 월남이 수년 전에 그러했던 것과 같이, 국내외의 두 방면에서 온 도전에 직면하였다. 국내에서는, 한 종

220

교 교파에 의해 영도된 대규모의 농민 반란이 1862~1863년에 한국의 동남부에서 일어났는데, 이는 수백년 이래 가장 심각한 반란이었다. 비록 1차적으로는 빈곤과 양반의 실정에 대한 저항이었지만, 이 봉기는 중국에서의 태평 천국 반란과 외세의 침입이라는 뜻밖의 소식에 의해 자극받은 바도 있었다. 그러나 한국에서의 국내 반란과 외국 종교는 중국에서 그러했던 것과는 다른 관계를 갖고 있었다.

카톨릭 그리스도 교는 북경에서 예수회원들로부터 얻은 한문 서적의 형태로 한국에 처음 전래되어 '서학(西學)'이라는 이름으로 알려지게 되었다. 18세기 말에 가서야 중국인 카톨릭 선교사가 처음으로 한국에 들어왔다. 신도를 얻은 지 얼마되지 않아, 그리스도 교는 1801년과 그 이후에 이단적인 종파로서, 그리고 외세의 위협으로 간주되어 곧 박해를 받았다. 그로 인해 어쩔 수 없이 비밀 조직이 된 그리스도 교회는 이 나라로 몰래 들어온 중국인 사제들과 1836년부터는 프랑스 인 사제들에 의해 사목(司牧)되었다.

1860년대에는 '동학(東學)'이라 불리운 절충적 교의를 가진 종파가 '서학'에 맹렬히 반대하면서 일어났으나, 이 역시 부분적으로는 서학의 전례에 의해 고무되었다. 동학의 창시자 최제우(崔濟愚 ; 1824~1864)는 죄의식에 시달리고 있던 어느 가난한 시골 학자의 아들로 경상 북도에서 태어났다. 그는 동시대에 중국에서 태평 천국(太平天國)을 지도하였던 홍수전(洪秀全)과 흡사하게 과거 시험에서 여러 차례 낙방하는 불운을 경험하였다. 연구와 명상의 시간을 여러 해 보내고 중국에서 일어난 태평 천국 운동과 영·프군의 공격에 관한 소식을 접한 최제우는 천주(天主)의 명령을 구해야겠다는 강렬한 충동을 느꼈다. 그가 1860년 5월 25일에 받았다고 주장하는 천주의 명령은 서방처럼 동방을 강하게 만들 수 있는 종교를 세우라는 신탁(神託)의 형태로 이루어졌다. 그의 가르침은 도교와 불교, 신유교의 개념들뿐만 아니라 카톨릭의 우주론까지 이용하였으나, 한국 고유의 샤머니즘〔巫覡信仰〕과 강하게 혼합되어 있었고 창조주와 신도 간의 정신적 결합에 대한 묵시록적 강조도 포함되어 있었다. '새 세상', 즉 '새로운 창조의 세계'에서는, 동학의 '도(道)'가 그 주술적 힘으로 서방인들을 이기고, 유교와 불교를 대신하여 새로운 역사적 순환 과정을 시작하여, 가난한 이를 부유하게 하고 낮은 이를 높여 준다는 것이다. 이 새로운 종교는 자연히 빈곤에 허덕이는 농민들의 마음을 이끌어 급속하게 전파되었으며, 한

중 국 (China)
양강도
자강도
남 북
경
함
도
신의주
북
안
남
도
함흥
흥남
평양
원산
동   해
진남포
해 도
황
1953년 휴전선
38°
개성
38° 1945년 점령선
강화도
서울
인천
(제물포)
경기도
남 북
충 청 도
공주
대전
황   해(서해)
상   도
·대구
북
경
남
북
남
라 도
전
마산
·광주
부산
목포
대마도
일   본 (Japan)
제주도

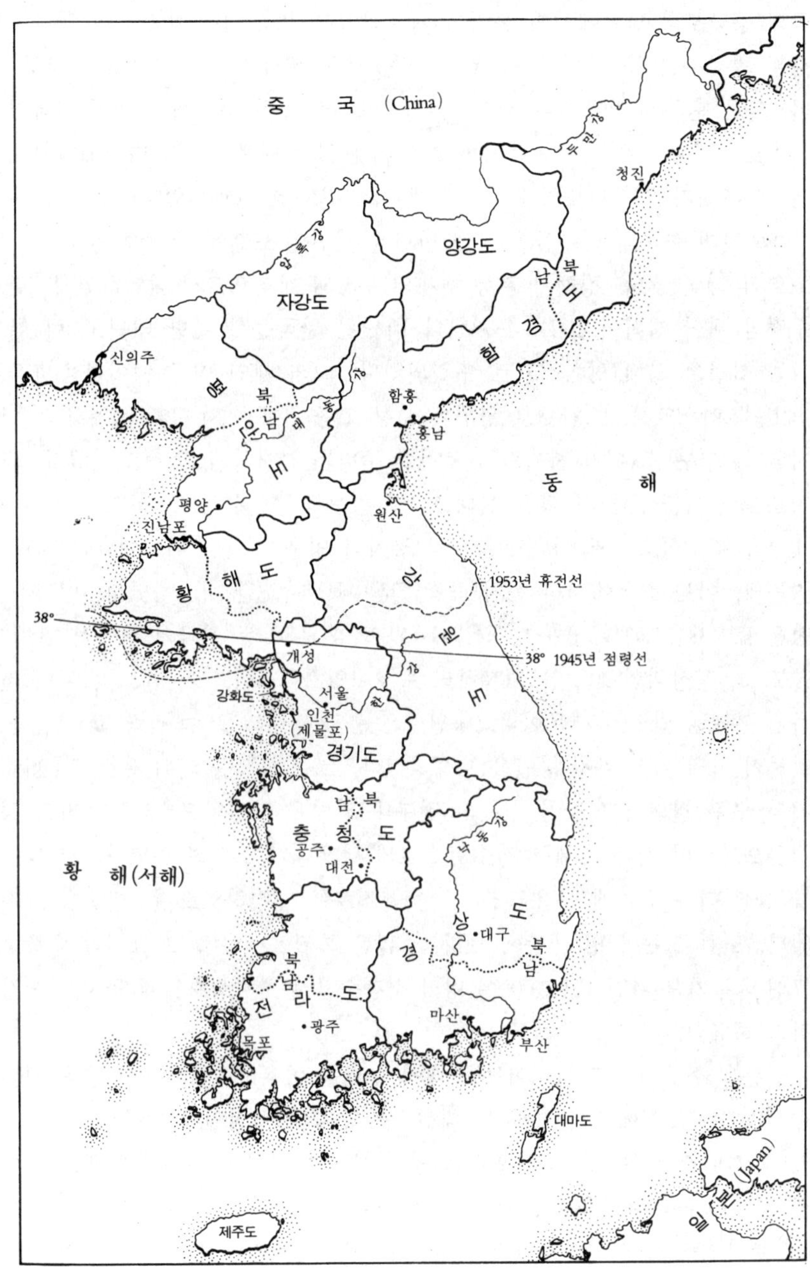

최근의 한국

국의 동남부와 남부에서의 봉기에 기여하였다. 1864년에 체포되어 재판에 회부된 최제우는 동학이 카톨릭을 물리칠 것을 목적으로 하였다고 주장하였으나, 불온 분자로 간주되어 참수되었다. 아마도 그의 가르침이 태평 천국의 그리스도 교 교의와 너무나 흡사한 것으로 보였기 때문일 것이다. 동학의 신앙은 그 후계자들의 지도하에 조용하게 각 도(道)로 전파되었다.

　1860년대 한국의 군주들은 국내 반란과 서방의 도전에 대하여 반(反)그리스도교적 쇄국(鎖國) 정책과 전통 체제의 부흥과 개혁으로서 대응하였다. 한 보수적인 개혁 계획이 1864~1873년의 10년간 한국을 통치한 대원군(大院君)이라는 섭정에 의해 정력적으로 추진되었다. 그의 개인 이름은 이하응(李昰應; 1821~1898)으로서, 소년으로 왕위에 오른 고종(高宗; 1864~1907년 재위)의 아버지였다. 그는 모든 기존 세력에 도전할 준비를 철저하게 갖추고 있었다. 그는 왕조 창건자(李成桂)의 황금 시대를 '부흥(復興)'할 수 있을 것으로 기대되는 개혁을 추구함으로써 이(李) 왕조의 국가적 명운이 걸린 위기에 대처하려 하였는데, 이는 중국에서의 동치 중흥(同治中興)과 약간 비슷하였다. 이러한 개혁은 토지세(田政)와 구제 양곡(還穀) 및 병역(軍政) 등 한국의 전통적 '3제도' (三政)의 정상적인 기능을 회복하려는 것이었으니, 이 모든 제도가 이미 철저하게 부패해 있었기 때문이다. 대원군은 중앙 정부와 군주 권력 및 왕실을 강화하기 위해 여러 가지 방안을 모색하였다. 그는 파당을 키워 온 서원(書院)을 거의 모두 철폐하고 감찰 기관의 정부내 권력을 박탈함으로써, 그리고 양반 계급으로부터 직접 조세를 징수함으로써 당쟁을 일소하려 하였다. 그는 인재를 훨씬 더 광범하게 등용하였고, 중앙 정부를 개편하였으며, 법전을 개정하였다. 또한 그는 군인 계층에 보다 더 많은 특권을 부여하고 요새를 수축하며 근대적 무기를 가진 1만 2,000여 명의 소총수를 훈련시킴으로써 군사력을 강화하려 하였다.

　전통을 소생시키고 심지어는 근대적 수단을 이용하면서까지 전통을 지키려 한 이 모든 노력에도 불구하고, 대원군은 한갖 정력적인 배외주의자(排外主義者)에 지나지 않았다. 그가 프랑스 인 신부를 처형하여 1866년에 프랑스 해군의 공격을 초래하였을 때, 대원군 휘하의 한 지휘관은 침입자에게 유교적 의(義)로써 준엄하게 설교하였다. "너희는 어떻게 우리에게 조상 전래의 가르침을 버리고 다른 이의 가르침을 받아들이라고 말할 수 있는가?" 프랑스 인들이 (한국인들의 생각으로는 패배하여) 물러간 뒤, 대원군은 그리스도 교 박해를 더욱 강화하였으나, 그는 기왕의 관행을 지켜 한국의 대외 관계를 북경의 손에 맡겨두었다.

한국의 개국(開國)　　러시아와의 일리(Ili) 위기와 프랑스와의 통킹 분쟁의 경보가 울리고 있던 동안에도, 이홍장은 북중국과 가장 긴밀하게 관련되어 있는 위험, 즉 특히 한국에서의 일본 세력의 성장에 대하여 눈을 떼지 않고 있었다. 일본인의 교역은, 마치 나가사키[長崎]에 제한되었던 네덜란드 인의 교역처럼, 부산(釜山)의 제한된 근거지에서 계속되고 있었으며, 서울의 외교 사절이 에도[江戶]의 쇼군[將軍]에게 간헐적으로 파견되었다. 그러나 이러한 일보다는, 국경을 단단하게 밀폐시켜 두는 것이 한국에서는 더 일반적인 일이었다. 북경에서 예부(禮部)의 안내를 받아 거행한 연례적 조공 행사는 1860년대에 이르기까지 유일한 정규적 대외 접촉으로 지속되었다.

19세기에 이르러, 서방의 배들이 현장 조사를 위해, 혹은 악천후에 쫓겨 보다 빈번하게 한국의 해안을 찾아들었다. 이럴 경우 한국은 으레 난파선을 구조해 준 다음 중국으로 쫓아 버렸을 뿐, 교역을 개방한다거나 심지어는 협상하려는 어떠한 노력도 완강하게 거부하였다. 이는 누가 페리(Perry) 제독을 본떠서 한국을 '개국'시킬 수 있을 것인가를 살펴보려는 경쟁을 불러일으켰다. 중국 주재 미국 공사가 1871년에 수도 서울로 들어가는 한강 입구에 다섯 척의 전함을 파견하였다. 그가 보낸 탐색자들은 강을 따라 거슬러 올라갔다. 두 명의 미국인이 부상을 당하였다. 그가 사과를 요구하였지만 아무런 소용이 없었다. 그 앙갚음으로 미국 함대가 5개의 요새를 파괴하고 250여 명의 한국인을 살해하였지만, 결국은 닻을 올려 떠날 수밖에 없었다. 의심할 바 없는 승리로 인해, 한국은 협상을 확고하게 거부하였고 낡은 쇄국 정책에 대하여 확신을 가질 수 있게 되었다.

이제 인접한 지역에서 팽창하는 세력이 먼 곳에서 온 서방인들보다도 더 심각한 위협을 가하기 시작하였다. 1870년대 중엽에 이르러 어려운 시대와 가혹한 정부로부터 도피한 4,000여 명의 한국인이 쇄국 정책에 감연히 저항하여 북쪽에 새로 형성된 러시아령 연해주(沿海州)에 정착하였다. 한편 한국과의 전쟁을 도발하는 것이 욕구 불만에 가득 찬 일본 사무라이[武士]들의 일관된 목표가 되었다. 그들의 침략 계획은 1873년에 일본의 좀더 냉철한 두뇌의 소유자들에 의해 미리 저지되었지만(96~97 쪽 참조), 도쿄〔東京〕 당국은 한국의 문을 열고 중국으로부터 떼어 내려고 시도할 것을 결정하였다.

1875년에 일단의 일본인들이 한국 해안을 탐색하던 전함에서 내려와 해안에 상륙함으로써 불을 붙였다. 여전히 한국에 대한 침공을 강력하게 반대하였던 도쿄의 정부는 이제 보다 우세한 무력 시위를 배경으로 하여 통상을 온건하게 요구함으로써 한국을 평화적으로 개국시키려 결심하였다. 총리 아문(總理衙門)과 이홍장은 낡은 중화주의적 개념, 즉 조공국에 대한 중국의 도덕적이나 소극적인 종주권 개념 —— "비록 한국은 중국에 종속된 나라이지만 중국 소유의 영토는 아니기 때문에, 그 국내 정치와 외교 문제는 자율적으로 처리된다." —— 을 고집하였다. 마침내 그들은 협상할 것을 한국에 종용하였다. 그리하여 인천(仁川) 앞바다에 정박한 일본의 전함과 수송선들이 1876년 2월에 서방이 중국이나 일본과 맺은 조약을 본뜬 불평등 조약을 확보하였다. 이 조약〔丙子修好條約;江華島條約〕은 일본과의 교역을 위해 세 개의 항구 —— 부산, 인천 (당시에는 濟物浦라고 불렀음), 원산 등 —— 를 열었고 한국이 '독립국'임을 선언하였다.

한국에서의 중일(中日) 경쟁　대외 접촉의 확대는 한국 안에서 격렬한 반응을 불러일으켰으며, 중국은 곧 한국 정부와 정치에서 보다 적극적인 역할을 수행하지 않을 수 없게 되었다. 그러나 비록 마지못해 하는 것이긴 하지만, 중국의 개입으로 인해 중국측의 온건한 개혁 계획과 일본에서 온 보다 급진적인 근대화 영향이 서로 경쟁하게 되었다.

대원군과 같은 완고한 보수주의자들이 중국과 일본의 영향력에 맹렬하게 저항하였기 때문에 개혁은 복잡한 양상을 띠게 되었다. 비록 1873년에 권좌에서 물러나기는 했지만, 1882년에 대원군은 다시 한 번 외세 봉기를 후원, 조장하였고, 이 동안에 민중들이 일본 공사관을 공격하였다. 중국과 일본은 다 함께 군대를 보냈으나, 중국이 더 많은 수의 군대를 보내어 대원군을 납치하였고, 그를 3년 동안이나 중국에 붙잡아 두었다. 일본은 배상금을 받고 감정을 진정시켰으며, 이홍장은 이제 한중(韓中) 교역 관계에 우선권을 부여하여 고문관을 임명하고 한국의 정치를 지배하려 하였다.

1880년부터 중국의 한국과의 관계는 전통적으로 조공 관계를 조정해 온 예부(禮部)로부터 이홍장의 책임 아래로 옮겨졌으며, 이홍장은 중국인과 영국인의 조언을 받아 포괄적인 정책을 개발하고 있었다. 첫째, 이홍장은 한국의 국내 문제에 중국이 개입하여, 중국이 해군과 육군을 발전시킨 것과 같은 '자강(自強)' 운동을 촉진시키기를 희망하였다. 둘째, 이홍장은 "이적(夷狄)으로써 이적을 제압한다[以夷制狄]"는 전략의 일환으로, 한국을 모든 교역 세력들과의 조약 관계 안으로 편입시켜 그들의 통상이 한국의 독립에 이익을 가져다 주게 함으로써, 한국이 일본이나 러시아에 병합되지 않도록 보호할 수 있기를 희망하였다. 이 새로운 정책이 수립된 뒤, 페리 제독의 전통을 다시 뒤쫓는 미국의 해군 외교관 슈펠트(R. W. Shufeldt) 제독이 처음에는 일본을 통하여 조약을 협상하려 하였다가 실패한 다음, 다시 이홍장을 통하여 협상에 성공하고 1882년에 천진(天津)에서 조약을 맺었다. 이홍장은 한국을 위해 협상하였지만 조약문 속에 한국을 '중화 제국의 종속 국가'로 표현하는 조항을 집어 넣는 데는 실패하였다. 그 대신, 한미(韓美) 통상 조약은 한국의 독립을 인정하였다. 그 뒤를 이어 1883~1886년에 다른 서방 열강들과 맺은 조약들도 한국의 독립을 인정하였다.

1880년대 초기에는, 한국에 대한 가장 큰 위협은 러시아(Russia)에서 오는 것처럼 보였으며, 러시아는 영국에게도 가장 두려운 세력이었다. 그러나 시간이 지남에 따라, 한국을 지배하려는 기본적 경쟁은 중국과 일본 사이에서 전개되었다. 처음에는 영국의 격려를 받은 중국이 경쟁에서 앞서는 듯 보였다. 그러나 한국 안에서 보다 급진적인 개혁가들이 일본 진영으로 끌려들어갔으며, 그 까닭은 일본이 중국에 비해 보다 적극적으로 근대화하고 있었기 때문이었다. 그리하여 한국의 국내에서 진행된 급진적 개혁가들과 전통적 개혁가들 사이의 다툼은 한국과 인접한 두 강대국 안에서 진행된 근대화 과정을 반영하였다. 그러나 한국의 보수주의와 당파적 경쟁이 여전히 근본적인 문제로 남아 있었다. 중국이 대원군을 데려감으로써 권력은 그의 정적인 민씨(閔氏) 일파에게 넘겨졌는데, 견고한 민씨 세력은 고종의 왕비(흔히 '閔妃'로 불려짐)가 대표하였다. 왕비와 민씨 일파는 이제 중국과 손을 잡고 대원군이 이룬 개혁의 일부를 취소하였으며, 일본의 예를 따르기를 원하였던 사람들의 근대화 노력에 대해서도 역시 반대하였다. 당쟁의 해독에서 잘 나타난 국가적 통합력의 결여로

한국의 개혁가 김옥균(金玉均).

인해, 독립과 근대화를 이룩하려는 한국의 노력은 무위로 돌아가 버렸다.

외국의 영향력이 한국의 정치 안으로 밀려들어갔다. 1881년에 문화 사절단이 중국과 일본 양국에 파견된 뒤, 1883년에 한국의 사절단이 미국을 방문하였고, 1888년에는 또 다른 사절단이 파견되어 워싱턴(Washington)에 공사관을 개설하였다. 1880년대에 일본에 강하게 작용하였던 미국의 영향력이 선교사 겸 교육자와 동정적인 외교관들을 통하여 한국에도 미쳐졌다. 이들은, 그 뒤에 '중국의 보전'을 위해 미국이 취하였던 것처럼, 한국의 독립을 위해서는 군사력의 사용도 불사해야 한다고 주장하였으나, 워싱턴에서는 이러한 생각이 한 번도 심각하게 고려된 적이 없었다.

1882년부터 1894년까지 서울에서 중국 세력이 우세하였던 시기에, 점차 더 많은 애국자들이 주로 일본과의 접촉을 통해 서양식 민족주의 관념과 개혁 관념에 고취되었다는 사실은 실로 역설적인 일이었다. 1880년대초에 김옥균(金玉均), 박영효(朴泳孝)와 같은 젊은 개혁자들에게 조언해 준 후쿠자와 유키치(Fukuzawa Yukichi, 福澤諭吉) 같은 일본의 자유주의자들은 미국이 일본에서 그러했던 것처럼 일본도 한국에서 새로운 시대를 열어 줄 것으로 기대했다. 그러나 일본을 본떠서 서구화하려 한 이들 한국인 개혁가들은 자신들의 희망이 집권 민씨 일파와 우세한 중국의 영향력에 의해 봉쇄되고 있음을 발견하고, 1884년에 쿠데타를 시도하였다. 일본 공사관에 미리 통지한 이들은 보수적인 대신들을 암살하고 국왕을 장악하였으나, 일본 공사관 경비병들을 패퇴시키고 국왕을 구출한 원세개(袁世凱)라는 정력적이고 젊은 중국군 지휘관의 저지를 받아 실패하였다. 이 위기는 이홍장과 이토 히로부미〔伊藤博文〕가 천진에서 이-이토 조약을 체결한 1885년에 해소되었는데, 이 조약은 두 나라가 한국에서 군대와 군사 고문단을 철수하고, 문제가 발생하였을 때는 다시 파병하기 전에 미리 상대방에게 통지해 줄 것에 동의한 상호 회피 협정이었다.

이 막다른 상황의 이면에는, 일본인들이 도쿄에서 큰 논쟁을 거친 뒤, 해외에서의 전쟁에 휩쓸려 들어가기 전에 국가적 힘을 더 강화하기로 결정한 사실이 감추어져 있었다. 이토 히로부미는 시간이 일본의 편에 있음을 확신하였고, 한국을 두고 너무 성급하게 싸우면 러시아만 득을 볼 뿐이라고 믿었다. 이에 반해 이홍장은 역사적 전통과 지리적 가까움이 중국에 유리하다고 생각했다. 적극적인 근대화 개혁을 갖고서 앞서 나간 이홍장은 20 년 전에 영국이 중국에 강요하였던 것과 같은 여러 가지 개혁들을 한국에 강요하였다. 이로 인해 한국의 관세 업무가 중국 해관(海關)에서 데려온 서양인의 감독을 받게 되었고, 외교적 문제와 전신 및 군사 훈련에 관한 미국인 고문을 두게 되었다. 미국의 외교관과 선교사들이 비교적 호의적으로 한국의 독립을 지지하였는 데 반해, 이홍장의 부관으로서 1885년부터 1894년까지 서울에 주재하였던 젊고 거만한 원세개는 중국 종주권의 형식이 보전되기를 기대하였다. 1885년 이후 10여 년 동안, 한국의 젊은 애국 인사들 사이에 일본의 영향력이 계속 증대되어 갔다.

그러나 이 기간 동안, 한국 정부의 앞뒤가 맞지 않는 개혁의 노력은 민중의 비참한 처지를 거의 완화시키지 못하였으며, 동학(東學) 운동은 순교한 교조(敎祖)를 추앙하면서, 억압받는 이들의 마음을 계속 끌었다. 고대 샤머니즘의 전통에서처럼, 동학도들은 질병을 피하기 위하여 산 위에 제단을 쌓아 놓고 노래와 춤으로 예배하였다. 때로는 왕궁 앞에서 종과 북을 울리면서 조직적인 시위를 벌이기도 했는데, 그 까닭은 "교조의 억울함을 시정하기 위하여"라는 그들의 주장처럼 전통적인 방식으로 사후의 사면을 얻기 위해서였다. 1894년에 몇 가지 보수적 요소들과 결합한 동학 운동이 그 대중적 조직을 이용하여 한국의 남부에서 반란으로 폭발하였으며, 민중에게 고통을 주는 부패하고 비효율적인 지방 행정을 개혁하라고 요구하였다. 이 반란은 중국과 일본의 개입을 초래하였고, 중일(中日) 전쟁으로까지 발전되었다. (148~149 쪽 참조) 일본의 결정적 승리와 그 결과 맺어진 평화 조약으로 인해 중국으로부터의 한국의 독립이 확립되었다.

일본의 한국 합병 1894년에 이르러, 일본의 모든 진영이 한국의 정치에 관여하게 되었다. 호전적인 팽창주의자들은 동학을 돕기 위해 달려왔으며, 후쿠자와 같은 자유주의자는 자기의 제자 김옥균의 암살을 공공연히 애도하였다. 그러나 중국의 영향력을 몰아내어 한국의 독립을 선언하는 것과 한국 정부로 하여금 일본식 근대화의 길로 들어가게 하는 것은 전혀 다른 별개의 일이었다.

한국에 잇따라 부임한 세 명의 일본 공사들은 이러한 과업에 모두 실패하였다. 첫번째 공사는 일본군이 1894년 7월 서울을 점령한 뒤에 누구보다도 대원군으로 하여금 권력을 장악하여 전반적인 개혁 계획을 지휘하게 하였다. 그러나 일본인들은 곧 이 노인이 오직 권력을 장악하고 정적을 숙청하는 일에만 관심을 갖고 있다는 사실을 발견하였다. 그리하여 두번째 공사는 1884년에 망명한 개혁가 박영효(朴泳孝)와 기타 친일(親日) 근대화론자들을 데려와 여러 정파로 이뤄진 정부 안에서 권력을 잡게 하였으나, 박영효는 다시 망명하지 않으면 안 되었다. 끝으로 세번째 공사는 대원군과 공모하여 1895년 10월에 이 노인의 며느리인 민비를 잔혹하게 살해하고 그 시신을 그녀의 궁전 뜰에서 불태웠다. 이 사건이 있은 뒤, 일본의 영향력은 2~3년간 러시아의 영향력에 의해 침식되었다. 특히 국왕이 안전을 위해 러시아 공사관으로 피신한 (1896년 2월) 뒤부터는 더욱 그러하였는데, 왕은 1년이 넘도록 그곳에 머물렀다.

왕조의 쇠약과 외세의 침입으로 인해, 1896~1898년 당시에 북경에서 꽃피었던 개혁 운동(243~250쪽 참조)과 같은 것이 서울에서도 일어났다. 이 운동의 주창자인 서재필(徐載弼)은 1884년에 시도한 쿠데타의 지도자였으나 무사히 피신할 수 있었다. 그는 미국으로 가서 '필립 제이슨(Philip Jaisohn)'이라는 이름으로 미국인 부인과 시민권, 그리고 의학 학위를 얻었다. 1896년에 정부의 고문으로 돌아온 서재필은 두 개의 개혁 기관을 세웠으니, 그 하나는 한자를 일체 쓰지 않고 고유 문자인 한글만을 사용한 〈독립신문〉이요, 또 다른 하나는 아직 태아 단계의 정당인 독립 협회였다. 독립 협회에서는 정치적 문제들을 토론하기 시작하였고 곧 정부의 개혁을 통해 국가의 독립을 촉진하기 위하여 대규모의 시위를 조직하기도 하였다. 동시대의 중국인 개혁 운동가들과 마찬가지로, 한국의 개혁가들은 동학과 같은 농민 운동과는 접촉이 없었지만, 조정을 지배하는 보수주의자들의 기득 권익을 위태롭게 하였기 때문에, 1898년 말에 이르러 이 개혁 운동은 보수주의자들에 의해 탄압되었다.

미약한 한국의 왕은 1897년에 황제(皇帝)라는 칭호를 갖게 되었지만 권력을 장악할 수는 없었다. 일본의 승리는 영국의 후원하에 있던 중국의 영향력을 종식시켜 버렸으며, 그로 인해 한국의 운명은 이제 일본과 러시아의 사이에서 엉거주춤 끼여 있게 되었다. 이들 두 나라는 1896년과 1898년에 한국에 관한 조약을 체결하였으나, 이것은 그들의 경쟁을 억제하는 데 거의 도움이 되지 않았으며, 오직 일본이 1904~1905년의 전쟁에서 러시아에 승리함으로써 마침내 반도를 보호령으로 지배하는 지위를 확립하였다. (152 쪽 참조)

이리하여 19세기의 대외 접촉에 대한 한국의 반응은 이중적인 불리함을 갖게 되었다. 중국의 조공 제도라는 보호막 안에서, 이 나라의 지도자들은 바깥 세계와의 관계에 대하여 월남의 지도자들보다도 준비가 덜 되어 있었다. 그러나 한국의 문이 열렸을 때에는, 열강의 경쟁으로 인해 한국에 가해진 압력은 월남의 경우보다 훨씬 더 크게 되었다. 한 나라가 아닌 다섯 나라가 한꺼번에 서울로 밀려들어왔으니, 중국과 일본의 군대, 러시아와 영국·미국의 외교관, 그리고 카톨릭〔天主敎〕과 프로테스탄트〔改新敎〕의 선교사들이 모두 다원적 대외 관계에 대한 어떠한 전통이나 경험도 갖지 못한 이 은자(隱者)의 왕국에 저마다의 영향력을 행사하였던 것이다. 한국인들은 처음부터 당황하고 있었다.

1905년에 일본이 러시아를 패배시킨 뒤, 한국에서의 일본의 의도는 나중에 진행된 것처럼 그렇게 극단적인 것은 아니었다. 이토 히로부미가 두 나라의 관계를 새로 만드는 일에 착수하였다. 일본군의 지원을 받은 그는 1905년 11월에 한국을 일본의 보호령으로 만들고 다른 나라와의 외교적 접촉을 종식시키는 협약을 체결하였다. 그는 일본의 이 보호령을 통치하기 위하여 메이지〔明治〕천황에 직속하는 통감(統監)을 두어 광범한 권력을 행사하게 하였으나, 한국의 황제는 그대로 군림할 수 있게 하였다. 한국인의 협력과 선의를 얻어 일본의 지배를 안전하게 하도록 한국을 근대화하고 부드럽게 통치하는 것이 이토 히로부미의 의도였다.

그러나 이처럼 온건한 방법이 어려움에 부딪쳤다. 한국의 황제가 일본의 지배에 항의하기 위하여 1907년에 열린 제 2 차 헤이그(Hague) 만국 평화 회의에 밀사(密使)를 파견하자, 일본은 의지가 박약한 그의 아들에게 제위를 물려줄 것을 강요하였다. 이토는 보다 광범한 권력을 제멋대로 휘둘러, 일본인이 한국의 관리로 일할 수 있도록 조치하고, 한국의 군대를 해산시켰다. 이에 광범위한 '폭동'이 일어나 사실상 전국적 규모의 저항으로 확산되었으며, 일본인들은 마을을 불태우고 12 개월 동안에 1만 2,000여 명의 '폭도들'을 학살하는 등 강력하게 탄압하였다. 이 전쟁에서, 일본인들은 1908년에 1,450 회, 1909년에 900 회, 1910년에는 147 회의 교전이 있었다고 보고하였다. 이토는 1890년대에 개혁자로 자칭했던 인물들을 포함하여 한국의 대신들과 함께 일하려 하였으나, 극단적 민족주의자들의 압력 단체들과 야마가타〔山縣〕와 가쓰〔桂〕 등이 주장한 즉각적인 합병론에 굴복하지 않을 수 없었다. 그러나 이토는 통감직을 사임한 뒤 1909년 10월에 만주에서 한국의 한 애국자에 의해 저격되었으며, 그 뒤를 이어 1910년 8월에 이루어진 한국의 합병은, 진보적이든 그렇지 않든, 일반적으로 일본 여론의 지지를 받았다.

이제 조선(朝鮮)이라 불렸던 한국은 일본의 헌정 절차 바깥에 위치한 식민지로서, 중급과 고급 수준의 일본인 관리들에 의해, 일본의 전략적·경제적 목적을 위해 통치되었다. 보수적 양반(일본인들은 이들의 계급적 지위를 폐지하였다)과 개혁주의적 학생들, 해산된 병사, 궁핍한 농민 등 외세의 지배에 똑같이 저항한 이 모든 이들이 민족주의라는 공통된 감정을 발전시키고 있던 바로 그때에, 한국은 독립 국가로서의 지위를 이렇게 빼앗겨 버렸다.

한편 1895년에 이르러 중화 제국은 가장 가까운 문화적 위성국이었던 월남과 한국 등 두 나라에 대한 전통적인, 그러나 소극적인 종주권을 잃어버렸다. 해외의 공업 국가 프랑스와 일본이 가한 외부로부터의 위협은 곧 더욱 확대되었고 보다 직접적으로 중국 민족을 괴롭히게 되었다.

제21장
제국주의의 중국내 전성기

중국을 둘러싼 무력 외교

중국의 '자강' 노력　1885년에 청불 전쟁이 끝난 후, 중국은 대외 관계에서 비교적 조용하게 10년을 보냈다. 한국에 대한 중국의 적극적 계획은 육군과 해군의 힘을 증강시키려는 더욱 전반적인 노력의 일환이었다. 그것은 중국의 주변 지역을 잠식하는 러시아·프랑스·일본에 대응한 것이었다. 이는 민족주의를 불러일으키고 자기 방어를 목표로 근대화하려는 여러 가지 노력을 북돋워 주었다. 그러나 중앙의 강력한 영도력이 없어서 이러한 노력들은 여전히 개혁파 관리가 한자리에 계속 머무는 것과 그에 반대하는 지방의 기득 이권이 상대적으로 약화되는 것에 의존해야만 하였다.

　개인적 후원을 받은 이런 종류의 개발이 지닌 취약성은 대만(臺灣)의 경우에서 잘 드러난다. 대만은 1885년에 복건성에서 분리되어 성(省)으로 되었다. 대만은 신사에 바탕을 둔 보수적 이권이 상대적으로 약하였으므로, 이홍장의 대리인의 한 사람으로서 초대 순무였던 유명전(劉銘傳, Liu Ming-ch'uan)은 6년간에 길친 재임 기간 동안 어느 정도 기억에 남을 만한 성과들을 얻을 수 있었다. 즉, 성도(省都)인 대북(臺北, Taipei)의 기기국(機器局), 대만과 본토 사이의 팽호 열도(澎湖列島, Pescadores Islands)에 기지를 둔 해군, 토지 조사와 인구 조사에 바탕을 둔 토지세 개혁, 그리고 그 밖의 근대적인 업무 등이었다. 불행하게도 그는 유학자 출신이 아니었다. 보다 정확히 말하면, 그는 농민 출신의 도적에서 출발하여 19세기 중엽의 반란들과 맞섰던 유능한 지휘관으로 출세하였다. 보수적인 비난들 때문에 1891년에 그는 결국 면직당했다.

더욱 강력한 지방의 개혁가는 장지동(張之洞, Chang Chih-tung ; 1837~1909)이었다. 프랑스와 전쟁을 치르면서 겪은 쓰라린 경험으로 근대화에 마음을 두게 된 그는 1885년 이후에 지역적인 영향력과 관료 정치의 면에서 이홍장의 주된 경쟁자로 떠올랐다. 1885~1889년에는 양광(兩廣) 총독이었고 1894~1896년에는 양강(兩江) 총독을 지냈음에도 불구하고, 장지동은 그의 지역적 기반을 무한 지구(한수(漢水)가 양자강으로 흘러들어가는 지점인 무창(武昌, Wuchang)과 한양(漢陽, Hanyang)과 한구(漢口, Hankow)를 합쳐서 부르는 명칭)에 두고 있었다. 그는 무한 지구에서 15 년 동안(1889~1894년과 1896~1907년) 호남(湖南, Hunan)성과 호북(湖北, Hupei)성의 호광(湖廣) 총독으로 근무하였다. 이처럼 오랜 동안의 재임 기간이 그에게 지방 권력에 부속된 여러 가지를 이루게 해 주었다. 그것은 그 자신의 지휘를 받는 참모진, 지방의 세원(稅源), 군사력, 공업체 및 정치적 후원 등이었다. 장지동의 학자적 재능과 배외주의의 경력은 그가 근대화를 착수하였을 때 다른 사람들보다 보수파의 공격으로부터 피해를 적게 입도록 만들었다. 이홍장보다 20 년이나 늦게 지방의 통치자가 된 그는 다방면에 걸친 재능은 적었으나 재정적으로 깨끗하고 강직하였으며, 근대화에 대한 철학적인 논거를 마련하여 중국의 고전적 전통에 이론적으로 꿰어 맞추려는 강렬한 욕망을 보여 주었다.

장지동이 근대적 시설을 하나하나씩 설립하여 나가는 단계에서, 그는 '자강(自强)'이 유가적 질서의 토대를 꾸준히 침식한다는 사실을 알았다. 예를 들면, 국방에는 사관 학교에서 교육받은 유식한 장교들이 필요하였으므로 학인의 자격을 겸비한 군인이 요구되었던 것이다. 이는 무(武)에 대한 문(文)의 우위라는 예로부터의 전통을 파괴하는 것이었다. 또 한편으로, 군대의 지휘에는 군자('마음으로 일하는' 학인-관료)와 소인('힘으로 일하는' 장인이나 그 밖의 하찮은 사람들) 사이의 오래된 구별을 희미하게 만들어 버릴 실제적인 군사 기술의 숙달이 요구되었다는 사실이다. 국방을 위한 장지동의 노력이 점점 더 서양의 기술을 받아들이기는 하였지만, 그는 변함없이 중국의 전통적인 학문과 가치

기준을 유지하려고 애를 썼다. 그는 '자강'을 통한 보수적 개혁으로 중국을 구제하려는 선두적인 대변인이 되었으니, 그것은 중국의 목적을 위하여 서양의 방법을 이용한다는 것이었다.

중국의 국방을 위한 주요 노력은 해군을 건설하는 것이었다. 1885년에 프랑스가 복건 함대를 격파한 뒤, 해군은 중앙 집권화된 하나의 기관으로 움직여야 한다는 것을 스스로 인식한 의사 표시로서 해군 아문(海軍衙門)을 북경에 창설하였다. 그러나 실제로는 지방 분권주의의 원심력이 중국 해안의 4 군데에 있는 4개의 함대들에 여전히 영속되고 있었다. 북양(北洋) 대신이었던 이홍장은 천진에서 북양 함대로 알려진 주력 부대를 창설하였다. 그는 여순(旅順, Port Arthur)항의 해군 기지와 위해위(威海衛, Weihaiwei)의 요새화된 병참부를 포함한 요새와 기지들을 북중국에 건설하려고 외국 상사와 계약을 맺었다. 복주(福州, Foochow)에서처럼 자신의 함선들을 건조하지는 않고, 이홍장은 영국과 독일의 규모가 큰 무기상들로부터 그것들을 구입하였다. 1890년까지 영국의 한 해군 장교가 그의 주된 고문관으로 일하였다. 그 당시에 약 25 척으로 구성된 이홍장의 북양 함대는 9 척의 근대적 전함들을 보유하고 있었다.

청말의 해군 건설에 대한 이러한 노력을 조정에서 방해하였다. 조정은 그것 대신 북경의 서북 지역에 새로운 이화원(頤和園)을 짓기로 결정하였으니, 1889년 서태후가 은퇴한 뒤에 머물 곳이었다. 이화원의 큰 호수 속에 있는 대리석 유람선은 이 사실을 잘 요약하여 설명해 준다. 그것은 꼭 4세기 전 명(明)나라를 멸망케 한 만력(萬曆) 황제의 궁전 사치를 생각나게 한다. 수석 환관과 그 밖의 아첨꾼들이 그들 자신의 주머니를 채우기 위하여 이러한 지출을 권장하였다. 내무부(內務部)는 각 성에서 징수한 '해군 자금' 등과 같은 막대한 금액을 남용하였고, 이화 양행에서 빌려서 충당하기도 하였다. 그 결과 수백만 냥이 이화원으로 들어갔고, 1890년대초의 북양 함대에는 추가로 지출되지 않았다. 반면에 유럽에서는 해군에 대한 집중적인 발전이 이루어지고 있었으며, 일본의 해군은 9 척의 쾌속 함선을 추가하고 있었다. 북양 함대의 작은 배들은 여순과 지부(芝罘, Chefoo) 사이에서 여객 수송까지 담당했다. 1894년에 이홍장은 그의 북양 함대가 무능하다는 것을 알아차렸으며, 일본과 대결을 피하기 위하여 전력을 다하였다.

중국인의 눈을 통해 본 서양인들   1884년에 창간된 〈점석제화보(點石齋畵報, Tien-shih-chai hua-pao)〉에서 발췌한 4장의 스케치. 삽화는 서양식 운동 경기(보트 경주와 페이퍼 체이스(Paper Chase))와 한 프랑스 인 아편 중독자의 결과로서 주의할 이야기 및 외국인의 의술(醫術)의 한 예이다. 중국어로 된 요약 설명이 있다.

"봄이나 가을의 좋은 날에 서양인들은 정기적으로 보트 경주를 열었다. 가로로 걸쳐 있는 장애물을 작은 배들이 제비처럼 빠르게 지나간다. 밑바닥이 얕은 배들은 나뭇잎같이 물 위를 나는 갈매기처럼 경쾌하다. 물결 가운데서 기운이 넘치는 선수들은 물에 젖는 것도 개의치 않는다. 양쪽 둑 위의 구경꾼들이 그들을 응원하고 있다."

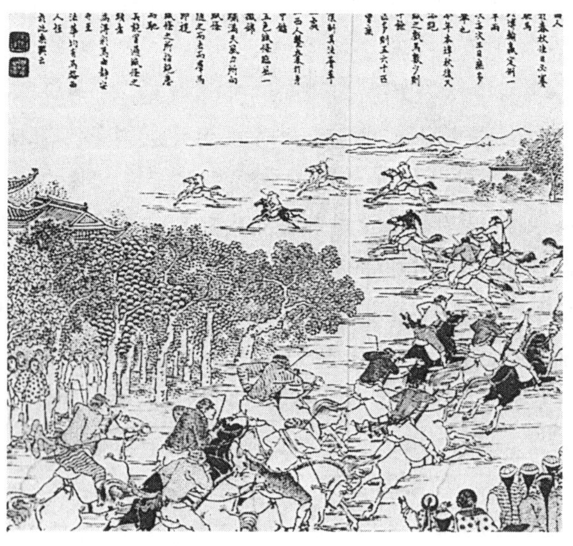

"봄이나 가을의 좋은 날에, 각 철마다 두 번, 3일간씩, 서양인들은 큰 돈을 걸고 승마 경기를 한다. 올 가을 상해에서 그들은 페이퍼 체이스 경기를 추가하였다. 50 내지 60명이 한 곳에 모여 한 사람이 여러 가지 색의 길고 가느다란 종이 조각들을 뿌리면서 달려나간다. 그리고 다른 사람들은 미친 듯이 달리면서 뒤쫓는다. 누구든지 종이가 떨어진 코스를 먼저 달리는 사람이 우승자이다."

"중국으로 들어오는 아편은 통제할 수 없는 해악이 되어 버렸다. 만약 그것을 중지시키겠다는 하늘의 뜻이 아니라면, 그 상태를 구제할 방법은 없다. 이제까지는 우리 중국인들만이 아편 흡연자라고 불려 왔는데 그렇지 않다. 한창 나이인 한 프랑스 인 중독자가 그의 아내와 영국인 친구 및 프랑스 인 하인 한 명과 함께 여행하면서 싱가포르의 어느 호텔에서 아편을 피우려고 가로 누워 있었으나 다음날 아침 병이 나서 죽고 말았다. 의사는 아편을 너무 많이 피웠기 때문이라고 말했다. 어찌 두렵지 않을쏘냐."

"부인병 및 외과 수술을 전공한 한 외국인 여의사가 홍구(虹口, Hongkew)의 동인(同仁, T'ung-jen) 의원에서 커다란 혹을 가진 여자 환자를 진찰하고 있다. '이것은 치료될 수 있다.'고 말하면서, 날카로운 칼 한 자루를 꺼내어 그 혹을(혹은 환자 몸무게의 4 분의 1 이나 되었다) 자르고 약을 발랐다. 한 달 뒤 병이 나았다. 그 환자로서는 이 의사를 찾은 것이 행운이었고, 의사로서는 그러한 기적 같은 의술을 증명할 이 환자를 발견한 것이 행운이었다. 이 사실은 한의사들을 침묵하게 하고 부끄러워하도록 만들었다."

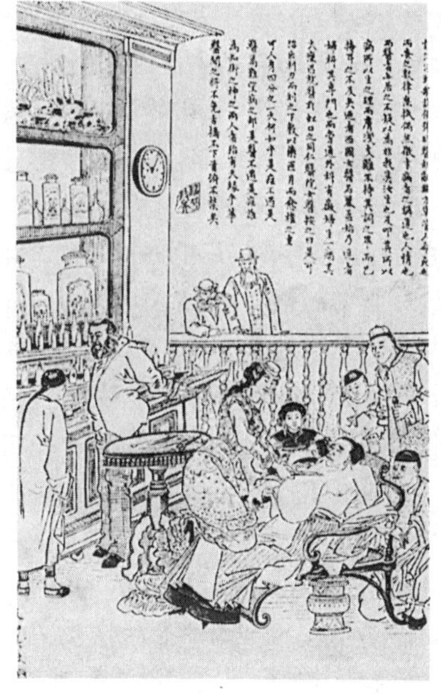

청일 전쟁 패배의 충격　1894년 9월에 일본의 신식 해군은 뜻밖에도 이홍장의 북양 함대를 압록(鴨綠)강 어귀에서 패배시켰다. 이러한 사실이 중국 안 및 국제 관계상의 세력 균형을 뒤엎어 놓았다. 이제 72세가 된 이홍장은 대만과 막대한 배상금을 일본에게 넘겨주는 굴욕적인 조약을 시모노세키[下關]에서 이토 히로부미[伊藤博文]와 협상하지 않으면 안 되었다. 일본의 승리는 전 세계적인 반향을 불러왔고, 중국의 희생 위에 팽창 경쟁을 하는 제국주의 열강 사이에서 경쟁자가 되었음을 말해 주었다.

그 당시 화력과 병참 면에서 결정적 수단이었던 근대적 증기선을 갖춘 해군과 철로가 지구상의 먼 지역을 지배할 수 있다는 점에서, 유럽과 일본의 근대적 민족주의와 공업주의의 발흥은 이제 일촉 즉발의 위기에 도달하였다. 유럽에서 바깥으로 팽창해 나간 열강들은 벌써부터 아프리카와 근동의 많은 지역을 자기들 것이라고 주장하였다. 육군 및 해군의 강자가 된 일본의 갑작스런 부상(浮上)은 청나라 조공 체제의 궁극적인 와해라는 점에 세상의 이목(耳目)을 집중시켰고, 불평등 조약 체제를 바탕으로 하였던 영국의 민간 주도 상업 지배력의 약점을 주목받게 만들었다. 그리하여 동아시아의 국제 관계는 불안정하게 될 좋지 못한 조짐으로 가득 찬 10년의 기간을 맞게 되었다.

열강이 펼친 외교의 혼란된 만화경(萬華鏡) 속에 어떤 질서를 제시하는 한 가지 방법은, 근동 지방과 인도의 서북 지역인 아프가니스탄의 경계로부터 중앙 아시아와 티베트 및 몽고를 거쳐 만주와 한국까지, 아시아 대륙 전체에 걸쳐 있는 영국과 러시아의 대항 관계를 살펴보는 것이다. 영국은 인도와 말라야(Malaya) 및 버마의 지배자로서, 그리고 시암(Siam)과 중국 및 주변 지역에서는 지배적인 무역 세력으로서 남부 지역을 잠식하였다. 시암과 버마에서 영국의 특정한 경쟁 상대는 프랑스였다. 특히 아프리카 지역에서 격심하였던 영국과 프랑스의 경쟁 관계는 프랑스・러시아의 동맹에 따라 1893년 이후에 조성되었다. 이처럼 극동 지역에서 유럽 인들의 경쟁 관계를 더욱 격렬하게 만드는 한 가지 요인은 아시아의 북부를 가로지르는 육군국 러시아의 가속화된 팽창이었다.

19세기 중엽 아무르(Amur) 지역에 대한 무라비예프(Muraviev)의 성공적인 침입과 1860년의 연해주(沿海州)를 획득한(57 쪽 참조) 뒤, 러시아의 팽창은 식량 공급과 수송이라는 심각한 곤란을 겪게 되었다. 아무르 강을 따라 교통로

이홍장의 세계 여행, 1896년 72세의 이홍장이 러시아, 독일, 프랑스, 영국, 미국을 방문하였다. 이 사진에서 그는 영국 수상 솔즈베리 경(Lord Salisbury)(왼편)과 나중에 인도 총독이 된 커즌 경(Lord Curzon) 사이에 서 있다.

를 이루고 있었던 60 개 부락의 코사크(Cossack) 인들은 좋지 못한 기후 환경에서 그들 자신을 먹여 살리기에 충분한 농작물을 재배할 수가 없었다. 여름철에 그들은 겨우 상류로 항해할 수 있었으나, 겨울철에는 얼음 위에서 수송에 필요한 짐끄는 동물들을 갖지 못하였다. 1867년에는 알래스카를 미국에 팔았고 태평양에서는 해달(海獺) 가죽 무역이 쇠퇴하였으며, 동북 아시아의 러시아 수비대와 해군까지도 감축되었다. 마지막으로, 아무르 강을 통하여 중국과 러시아령 유럽 사이의 교역을 발전시킨다는 러시아의 희망을 1869년 이후 수에즈 운하가 깨뜨려 버렸다. 1880년에 극동 지역 거주 러시아 인의 인구는 아직도 10만 명 이하였고, 중국인과 만주의 퉁구스(Tungus) 인 및 한국인들이 섞인 이 주민들의 수가 러시아 인보다 많아졌다. 무역은 주로 비(非)러시아 인들이 장악하였다. 러시아령 유럽에 이르는 지역간 연결은 육로보다는 주로 해로를 통하여 유지되었다. 러시아의 입장이 약해졌고, 그 정책도 수동적이었다. 1881년에 일리(Ili) 지역의 위기가 해결된 후 러시아 인들은 동아시아에서 방어적 입장에 서게 되었다고 생각하였다. 동아시아 지역에서, 러시아는 청제국의 적

238

극적인 만주 입식(入植) 계획과 북양 함대 및 여순 해군 기지에 대한 이홍장의 준비, 그리고 그 무렵에 이루어지던 일본 함대의 증강에 맞서게 되었던 것이다.

그러나, 1886년에 알렉산더 3세는 결단을 내렸다. 즉, 동아시아에서 러시아의 육군을 강화시켜 줄 시베리아 횡단 철로를 건설함으로써 러시아의 상황인 이 모든 약점들——인구, 식량 공급, 육로 운송, 해군력——을 극복할 수 있다는 것이었다. 다른 곳에서 겪는 외교적 고립과 좌절이 러시아로 하여금 다시 동쪽으로 쉽게 방향을 바꾸도록 만들었고, 프랑스의 자본도 이용할 수 있었던 것이다. 1903년에 완공을 목표로 시베리아 횡단 철로는 1891년에 양쪽 끝 지점에서부터 공사를 시작하였다. 그것은 중공업에 대한 러시아의 국가적 사업 계획의 결정적인 부문이었다. 러시아의 동진(東進)이 일단 시작되자 당시의 논객들은 그것에 대하여 서양의 문화를 동방으로 전파하는 하나의 성스러운 '역사적 사명'이라고 정당화하였다.

러시아의 이권과 군사력이 이처럼 증대되자, 러시아의 동방 정책은 훨씬 활기를 띠게 되었다. 1895년 일본의 승리는 러시아에게 직접적 행동을 하도록 만들었다. 프랑스와 독일을 선도(先導)하여 요동 반도를 중국에 반환토록 일본에게 강요한 후(150쪽 참조), 러시아는 자신의 유리한 입장을 계속 밀고 나갔다. 1896년에 러시아는 만주를 가로질러 블라디보스토크까지 동청 철로(東淸鐵路) 950마일을 건설할 수 있도록 중국의 동의를 얻어냈다. 이 지름길을 택함으로써 350마일이나 더 긴 아무르 강 노선을 따라 시베리아 횡단 철로가 필요로 하게 될 값비싼 터널이나 다리의 건설을 피하자는 것이었다. 성 페테르스부르크(St. Petersburg)에 가 있던 이홍장이 협상하여 1896년 6월에 노·청 비밀 동맹 조약을 맺었다. 이 조약에서 대륙에 대한 일본의 어떠한 팽창에도 중국과 러시아가 함께 대항하여 싸울 것을 약속하였다. 많은 책략과 말썽이 있은 뒤, 러시아는 1897년 12월에 여순항으로 해군 함대를 파견하였고, 1898년 3월에는 중국으로부터 만주 남쪽 끝인 요동(혹은 관동(關東, Kwantung)) 반도를 25년 동안 조차하였으며, 동시에 남북으로 뻗친 철로인 650마일 길이의 남만주 철로를 통하여 여순항을 동청 철로와 접맥시킬 권리를 얻어냄으로써 이 조약을 밀고 나갔다.

조차지 쟁탈 철로를 이용하여 유럽과 연결되는 부동항을 획득하려고 오랫동안 염원해 왔던 러시아의 성공은 중국에 대한 새로운 형태의 제국주의 침입이라는 기발한 수법을 보여 주었다. 이 새로운 수법은 사실상의 '세력권(勢力圈)'을 만들어 낼 차관과 조차지, 내륙 관세의 경감, 특정 지역에 대한 사법권과 경찰권 및 광산 개발권을 이용하였다. 영국, 프랑스, 독일, 러시아, 일본, 그리고 어느 정도로는 미국까지도 예상되는 중국의 해체에서 오는 이익을 서로 차지하려고 각양 각색으로 도전하고 도와 주며 앞질러 방해하거나 협동하는 등으로 열강들의 경쟁은 재빠른 대응 조치에 따라 움직여 나갔다.

쟁탈전이 벌어지는 가운데 대체로 다음과 같은 주요 사건들이 연이어 발생하였다. 두 명의 독일인 선교사가 산동성에서 비적들에게 살해당하자, 독일 함대가 1897년 11월에 산동성에 있는 교주만(膠州灣, Kiaochow Bay)의 청도(靑島, Tsingtao)항을 점령하였다. 거의 같은 무렵인 12월에 러시아의 함대가 이미 말하였듯이 남만주 요동 반도의 여순항을 강점하였다. 1898년 4월에는 프랑스의 함대가 인도차이나에 가까운 남부 광동의 광주(廣州, Kwangchow)항을 점령하였다. 영국은 홍콩 맞은편의 새 영토와 여순항을 마주보는 산동 해안의 위해위에 있는 해군 기지를 조차함으로써 대응하였다. 이 모든 요구와 강탈은 통례적으로 99년 동안 조차한다는 중국과 맺은 조약으로 합법화되었고, 소위 '세력권'이나 '이권 범위'를 만들어 냈다. 중국의 주권과 관세 징수는 유지되었으나, 핵심 지역에 대한 외국 지배와 개발도 역시 협정되었다. 이러한 책략들의 세부(細部)가 당시의 외교관들에게 그러했던 것만큼 오늘날의 역사가들을 크게 혼란시키고 있기는 하지만, 어떤 경향을 보여 주고 있다.

무엇보다 먼저, 어떤 국가도 단독으로 일관된 행동을 취하지 않았으니, 각국은 다른 모든 국가들로부터 영향을 받았고 종종 기지에서 전쟁도 불사하겠다는 압력을 받고 있었기 때문이었다. 예를 들면, 위에서 요약하여 말한 러시아의 움직임은 넓은 천의 실 한 오라기에 불과하였고, 부분적으로는 다른 국가들의 움직임에 대한 반응이었다. 이와 같이 독일과 영국 두 나라는 1895~1896년에 다른 지역에 대한 러시아의 압력을 줄이기 위하여 적극적으로 러시아를 동아시아로 밀고 나가도록 권하였다. 그리고 러시아는 독일 황제 빌헬름 2세(Kaiser Wilhelm Ⅱ)가 격려하여 주고 11월에 청도항에 독일의 함대를 파견하여 시범을 보인 직후인 1897년 12월에 여순항을 점령하였다. 러시아의 정책 논의는 곧잘 분열되었으며, 러시아가 힘들인 여러 가지 일도 실패하였다. 예기할 수 없는 사건들이 많았으며, 대담한 행동이 걱정으로 주저하는 행동과 엇갈려 나타났다. 이러한 점은 다른 국가들도 마찬가지였다.

둘째, 유럽의 열강들 사이에서는 어느 정도의 제휴가 있었다. 해상 교역을 거의 하지 않는 프랑스와 러시아 두 동맹국은 인도차이나와 러시아령 극동 지역에 있는 남과 북의 육지 근거지로부터 중국을 침략하였다. 프랑스는 서남 중국에서 광산을 개발하고 통킹(Tongking) 지역에서 그곳까지 철로를 연장할 목적으로 조차지를 강요하면서 1895년 6월에 실제로 행동을 취한 첫번째 국가였다. 운남(Yunnan)을 향한 철로 침투 계획에서 영국과 프랑스 사이의 수십 년에 걸친 경쟁 후, 프랑스의 성공은 하노이에서 홍하(紅河)를 거슬러 올라가 운남부(雲南府, Yunnan-fu)인 곤명(昆明, Kunming)까지 결국 프랑스의 협궤 철로 건설로 이어져서 1910년에 완공되었다. 더욱이 육지로 접경되는 지역에서 프랑스와 러시아가 중국의 관세율을 내리게 하였다. 벨기에의 신디케이트(syndicate)를 통하여 공작을 벌인 그들은 중국의 내륙을 관통하는 북경과 한구 사이의 철로[경한 철로(京漢鐵路)]에 대한 이권도 1897년 5월에 획득하였다.

한편, 중국과 육지로 접경되는 중요 지역을 갖지 않은 무역국이면서 해군국인 영국과 독일은 그들의 영역을 각각 양자강 유역과 산동 지역에서 구하였다. 그들 역시 거대한 자본원(資本源)을 소유하고 있었고, 그들의 은행가들은 중국이 일본에게 배상금을 갚기 위하여 필요로 하는 대부분의 자금을 빌려 주었다. 그러나 이 두 해양 국가 중에서 영국은 중국 대외 무역의 5분의 4를 점하는 오래 전부터의 상업적 지위를 방어하고 있었지만, 반면에 독일은 신예로서 벌써부터 영국의 주요 경쟁국이 되어 적극적으로 시장과 해군 기지를 물색하고 있었다. 독일 황제는 그와 친척 사이인 러시아 황제와 우호 관계를 유지하였고, 다른 곳에서 해군 기지를 물색하다가 1897년 11월에 독일의 교주만 점령에 대한 러시아의 묵인을 받아 냈다. 이러한 조처는 전반적인 쟁탈전을 촉진시켰다.

잇따라 발생하는 혼전 속에서, 중국 협회와 그 밖의 중국 무역 및 제국의 팽창을 주장하는 대변인들로부터 강경한 압력을 받던 영국 정부는 실용적으로 '보정(補整)' 정책을 취하였다. 영국은 한편으로는 여전히 중국의 영토 보전과 문호 개방과 각국에 대한 무역상의 기회 균등이라는 전통적인 방침을 신봉하였다. 그러나 영국은 그럼에도 불구하고 실제로는 해군력 경쟁에서 두 경쟁 상대가 어떻게 연합하더라도 어깨를 나란히 할 수 있도록 2개국을 기준으로 하는 방침을 적용하여 자신의 '세력권'을 분할하여 갈라 놓았다. 이리하여 결과적으로 프랑스는 광주만에 해군 기지를 갖춘(1898년 4월) 광동-광서(廣西, Kwangsi)-운남의 세력권을 획득하였고, 러시아는 만주에서, 독일은 산동에서 세력권을 얻었다. 각 세력권은 중립 지대로 둘러싸인 조차지와 주요 항구에서부터 출발하는 철로도 획득하였다. 그러나 그 동안 영국은 광동에서 서강(西江)을 따라 교역을 하기 위하여 서남 중국을 개방하고 버마 철로를 계획함으로써(1897년 2월) 프랑스에 뒤지지 않도록 했다. 게다가 불할양 협약(不割讓協約; 청나라가 다른 나라에 영토를 할양하지 않는다는 것)을 통하여 영국은 양자강 유역 전지역——중국 시장의 반을 차지하는 상해의 배후지(背後地)로서——에 걸쳐 권리 주장을 하게 되었다. 영국은 아울러 약 2,800 마일의 철로를 건설할 이권을 얻었고, 이는 프랑스(420 마일)와 러시아(1,530 마일) 및 벨기에 (650 마일)가 획득한 이권을 합친 길이와 거의 맞먹는 것이었다. 그뿐 아니라 영국은 여순항을 마주보는 위해위를 해군 기지로 조차하였으며, 홍콩에 이어 중국 본토에서 조차한 영토는 8 배로 증가하였다. 영국은 또한 서남 지역과 동북 지역에서 더 많은 개항장의 설정과 영국이 중국 무역의 최대 실적을 유지하는 한 총세무사의 지위는 영국인이 차지할 것이라는 약속을 확보함으로써 조약 체제의 존속을 확실히 하려고 노력하였다. 그러나 이러한 결과는, 영국이 취한 '보정' 정책이 운남과 산동 및 만주에서 다른 열강들의 특수 지위를 단지 확인한 것에 지나지 않았기 때문에, 중국에서 차지하는 영국의 지위를 약화시키기 쉬웠다. 이는 그 지역들에서 영국이 차지할 수 있는 이해 관계와 상반되는 일이었던 것이다.

1898년의 쟁탈전 결과들은 정치적 상황에서 가장 뚜렷하게 나타났다. '세력권'은 확실히 중국을 완전히 유럽 인들의 식민지 덩어리로 만들어 가는 부분적 단계였기 때문에, 그것은 조약 체제의 새롭지만 좀더 불길한 양상을 초래하였다. 이때까지는 영국을 필두로 하는 무역국이 중국의 대외 무역과 출입항과 국내의 수로(水路)를 지배하였으나, 이제는 독일과 러시아가 신설 철로와 광산과 공장, 그리고 항구 도시를 가지고 각 성들을 지배하려고 들게 된 것이다. 만주와 산동에서 외국인이 통치하고 경찰권을 행사하는 조차지와 철로 부속 지역은 종전의 개항장보다 중국의 영토 보전에 훨씬 더 광범위하고 더 위협적인 준(準)식민지가 될 것이었다. 요컨대, 제국주의는 청제국을 멸망시키려 위협하였다. 그것은 변법 운동(變法運動)과 의화단 봉기(義和團蜂起)를 직접적으로 자극하였다.

변법 운동

1894년 중국이 패배하자 근대화를 반대하던 보수주의자들보다 더 놀란 사람들은 없었다. 전투 현장과 멀리 떨어져 있으면서 뜻밖의 결과에 충격을 받은 그들은 모두다 이홍장을 반역자라고 격렬하게 규탄하고 강화(講和) 조약을 맹렬하게 반대하였다. 그들은 전쟁을 계속하라고 아우성쳤다. 겨우 20일 동안에 천자는 2,500 명 정도가 서명한 130통의 상주문을 받았다. 이렇게 쏟아져 나온 전대 미문의 애국적 열정은 배상금이 중화 제국을 외국인의 빚에 쪼들리게 할 것이며, 그 동안에 다른 조항들은 제국의 권위와 힘을 거의 질식할 정도로 약화사킬 것이라고 역설하였다. 배상금은 북경 당국이 1 년 동안 거두어들이는 조세 수입의 3 배에 해당하는 액수였던 것이다. 이렇게 경황이 없는 가운데, 광동 출신의 급진적 개혁주의자 강유위(康有爲, K'ang Yu-wei)는 북경에 머물고 있던 1,200 명 이상의 거인(擧人)들을 규합하여 1895년 5월 2일에 '만언서(萬言書)' 혹은 '공거상서(公車上書)'로 알려진 글을 상주(上奏)하였다. 그들은 3 년마다 열리는 회시(會試)에 응시하기 위하여 북경에 머물고 있었다. 상주문에서 그는 강화 조약을 거부하고 장기전(長期戰)을 위하여 수도를 옮기며 수많은 개혁들을 실시하자고 주장하였다. 이러한 움직임이 이후 4 년 동안 학인-관료 계급의 관심을 집중시킨 변법 운동을 출발시켰고, 반면에 제국주의자들의 요구는 변함없이 더 위협적으로 되어 갔다.

중국의 패전과 함께 둑이 무너졌다. 외국 열강들은 제국의 해체, 즉 '중국이라는 멜론을 갈라 먹는' 방향으로 움직이고 있었고, 반면 지배 계급은 전통적인 국가 문화체를 '자강' 이상의 그 무엇 —— 즉, 제도의 개혁 —— 으로써 구해 내려고 애썼다. 관직에 있지 아니한 학인-신사들이 정치적 토론으로 발전시킨 변법 운동은 하나의 제도적 혁신이었고, 이는 청조의 기존 법규와 정반대되는 일이었다. 일찍이 1652년에 붕당(朋黨)이 명(明)을 약화시켰다고 생각한 황제는 정책에 대한 학위 소지자의 의견 제시나 '다수의 타인들과 연합하거나 동맹을 맺거나 결사(結社)에 참여하는 것'을 금지하였다. 옹정(雍正)제와 건륭(乾隆)제는 관리들의 모든 모임을 이기적인 '당(黨)'으로 비난하고, 정책에 대하여 어떠한 나쁜 감정도 가지지 못하도록 하였다. 모든 관리는 황제가 '좋아하고 싫어하는 것을 자기 자신의 마음으로' 여길 정도의 개인적 충성을 요구받았다.

19세기에 이러한 권위주의가 실제로는 수정되기도 하였지만, 수많은 개혁을 주장하는 과거 응시자들의 상주(上奏)는 거의 전례가 없는 일이었다. 훨씬 더 혁명적인 것은 학인-신사들이 정치적 결사나 '학회(學會)'를 일으켰다는 점이었다. 가장 유명한 것은 1895년 8∼9월 무렵에 북경에서 결성된 '강학회(强學會)'였다. 강학회의 지회(支會)나 그와 비슷한 학회들이 곧 이어 상해나 각 지역의 주요 중심지에서 창설되었고, 장지동과 원세개 같은 개혁에 동조하는 고위 관료들의 재정적 지원을 받았다. 한 번 정치에 관계한 학인들은 재빨리 언론인들로 변모하였다. 학회들은 잡지와 신문을 발행하기 시작하였다. 강유위의 젊은 동료인 양계초(梁啓超, Liang Ch'i-ch'ao)가 1895년 8월에 강학회의 일간 신문을 편집하기 시작하면서 처음에는 한 월간 선교 잡지의 제호(題號)(〈만국공보(萬國公報)〉 또는 〈*The Globe Magazine*〉)를 빌려 썼고, 그 중에서 많은 기사들을 옮겨 실었다. 실제로 젊은 양계초는 개혁에 동조적인 선교사였던 티모시 리처드(Timothy Richard)에게서 한때 조수 노릇을 하였다. 변법 운동은 선교사들이 사용하였던 방법을 강하게 연상시키는 단체 조직과 토론회 및 적극적인 출판 활동을 이용하기 시작하였다. 읽고 쓰는 능력의 보급에 따라 이러한 방법들은 학인 계급만이 정치 생활에 참여하는 것보다 훨씬 많은 것을 이룩할 수 있었다.

변법의 이데올로기   모든 것을 다 포괄하는 유가 사상의 사회 이론을 자신들의 학업을 통하여 주입받은 학인들이니만큼 변화는 사상적으로 근거를 갖지 않으면 안 되었다. 변법 이론은 두 세대에 걸쳐 천천히 발전하여 왔으며, 흠차대신(欽差大臣) 임칙서(林則徐) 같은 사람들 이후 '경세(經世)'학파의 행정 개혁을 신봉하는 사람들은 아편 전쟁 동안에 서양 무기의 사용을 처음으로 주장하였다. 그러나 자기 방어를 위하여 서양의 방식을 채용하자는 압력이 가중되는 만큼 그 과정을 합리화할 필요성도 증대되었다. 중국적 방식을 어떻게 서양적 방식을 채용함으로써 방어할 수 있었을까?

한 가지 대답은 방어되어야 할 것과 채용되어야 할 것 사이에 목적과 수단의 구별을 짓는 것이었다. 일본의 개혁가들은 '동양의 윤리와 서양의 과학'이라는 글귀를 사용하였다. 중국에서는 장지동이 1890년대에 널리 보급시킨 "중국의 학문을 본질적 원리로 삼고, 서양의 학문을 실제적 쓰임새로 삼는다."라는 구호 속에서 '자강'을 위한 근거가 최종적으로 요약되었다. 그러나 비판론자들에게는 이 구호가 그럴듯하면서도 오해되기 쉬웠다. 이 구호는 '본질'을 가리키는 체(體)와 '기능'을 가리키는 용(用)에 대한 송학(宋學)의 구분에 의거하였다. 이 한 쌍의 용어는 어떤 것의 내적 본질과 외적 기능의 상호 의존성을 가리킨다. 그것은 예를 들면, 군자의 내적 수양과 다른 사람들에 대한 외적 통치, 또는 정신적으로는 성인(聖人)이고 행동 면에서는 왕이라는 지배자의 존재에 적용되어 왔다. 그러나 장지동은 이제 서양화라는 새로운 실천을 포함하도록 신유학(新儒學)의 옛 이데올로기를 확대하고 있었다. 이것은 엄복(嚴復, Yen Fu) 같은 사람의 비난을 받았으니, 엄복은 1890년대에 밀(J. S. Mill)과 헉슬리(T. H. Huxley)와 허버트 스펜서(Herbert Spencer) 및 그 외의 서양 작가들의 진화론과 공리주의(功利主義)에 대하여 번역을 하고 있었으므로 두 문명에 대하여 어느 정도 알고 있었다. 엄복은 "중국의 학문에는 그것의 체와 용이 있고, 서양의 학문에도 역시 그것의 체와 용이 있다."고 지적하였다. 기술은 가치에 영향을 주고 채택된 수단은 목적을 결정지을 것이기 때문에, 체-용의 논법은 하나의 함정이었던 것이다.

다른 접근 방법은 중국 자체의 전통 안에서 서양화에 대한 근거를 발견하는 것이었다. 이는 "현재의 변화에 대한 근거를 고대에서 찾는다."라고 하는 흔히 해오던 방식의 변형이었다. 이런 식으로 하여 1860년대에는 "서양의 과학이 중국의 고대 수학에서 그 뿌리를 빌려 갔다."고 주장함으로써 북경 동문관(同文館)의 서양 학문 연구를 정당화하였다. 1880년대가 되면 서양화에 대한 천박한 변명이 이런 방향으로 이루어졌으니, 예컨대, 화학을 중국의 문화적 유산의 한 부분으로 삼기 위하여 그 기원을 고대의 '오행'설(五行說)(상권 64쪽 참조)에서 찾았던 것이다.

그 다음 단계는 중국의 과거 속에서 변화의 논리를 찾는 것이었다. '방법의 변화'(즉, 변법(變法))라는 고대의 생각은 법(法)이라는 용어의 의미를 부연함으로써 점점 더 확대되어 갔다. 법은 글자 뜻 그대로 '방법'이면서 동시에 더 넓은 의미에서는 '법률' 또는 '제도'도 의미하였던 것이다. '방법의 변화'라는 무해한 글귀가 이제는 기본적인 것에 대한 '제도적 변화'를 뜻하기 시작하였다. 예를 들면, 1890년대 초기에는 저술가들이 의회(議會)의 개설을 주장하였다. 그들은 "지배자와 인민은 한몸이고, 상하(上下)는 한마음"이라는 고전적인 격언을 인용하여 그것을 정당화하였다. 그러나, 같은 시대의 서양에서 나온 저서들에서는 그렇게도 지배적이었으며 활기 넘치는 사상이었던 진보에 해당하는 것이 중국의 전통 속에서는 아직 있지 않았다.

유가 사상에 대한 강유위의 재해석   1895년에 급진적 탄원서를 제출하였던 강유위는 유가 경전이 서양화의 근거가 되게 하고 유가 사상이 진보 개념을 포함할 수 있도록 함으로써 마침내 재해석을 가하였다. 그는 광동의 저명한 학인-관료 집안에서 태어나 유가 경전에 조숙한 학생이 되었다. 그러나 곧 그는 그것들이 '모두 공허하고 내용이 없는 것'임을 깨달았다. 그의 스승이 "곧잘 나의 당치 않은 우월감에 대하여 주의를 주었으나," 그럼에도 불구하고 21 세 때 세계에 대하여 깊이 생각하다가 "크게 깨달아 내 스스로를 성인(聖人)이라 생각하였다……."고 강유위는 후에 말하였다. 그는 성인처럼 행동하였고 경전의 전통을 재구성하였다.

무엇보다 먼저, 그는 정통적인 몇몇 고문본(古文本) 유가 경전의 신빙성에 대하여 의문을 제기하였던 '금문학(今文學)' 운동을 계속 발전시켰다.(상권 85, 하권 12 쪽 참조) '금문학'파의 해석은 정통 신유학(新儒學)의 독점을 깨뜨렸기 때문에 경전의 전통 안에서 행동해야 하였던 개혁주의자들의 흥미를 끌고 있었다. 강유위는 금문학파의 연구 성과들을 종합하였고, 1891년에는 몇몇 경전들의 신빙성을 논박하였다. '한학(漢學)'은 기초가 잘못된 것이고, "송대(宋代) 학자들이 경의를 표하고 해설을 덧붙인 경전들은 대부분이 위작(僞作)이며 공자의 저술이 아니다."라고 그는 말하였다. 오늘날 학자들은 그의 강력한 논박을 대체로 받아들이지는 않으나, 그것은 박식하였고 설득력이 있었으므로 1890년대의 학계를 크게 뒤흔들어 놓았다. 고위 관리들은 1894년에 그 책의 판목(版木)을 불태웠으나, 그들은 강유위가 1895년에 진사(進士)에 급제하여 한림원(翰林院)에 들어가는 것을 막지는 못하였다. 그는 이제 체제의 맨 윗부분에 있게 되었던 것이다.

정통적인 견해를 무시해 버린 강유위는 어떤 부분의 금문학적 해석을 더 확대하였고, 1897년에는 공자는 주요 경전들을 단순히 편집한 것이 아니라 제도를 개혁하기 위하여 고대(古代)에 가탁(假託)하는 방법을 써서 스스로 저작(著作)하였다고 주장하였다. 만약 이 주장이 받아들여진다면 성인의 이름으로 혁명에 버금가는 것을 용인하는 셈이었다. 그리스도 교의 예에서 암시를 받은 강유위는 공자를 중국의 국민적 종교의 중심으로 숭배하자고 제안하였다. 이것만이 아니었다. 두 경전을 결합하여 그는, (1) 쇠란(衰亂), (2) 승평(升平), 소강(小康), (3) 태평(太平, t'ai-p'ing), 대동(大同, ta-t'ung)의 세 가지 세상으로 이루어진 진화적인 연속 단계를 도출하였다. 이 분석에 따르면, 세계는 쇠란의 세계 속에서 싸워 왔고, 강유위의 개혁에 따라 이제 승평과 소강의 세계로 들어간다는 것이었다. 이리하여 중국의 고전적 학문이 진화와 진보의 이론을 포함하게 되었다.

1898년 급진 개혁주의자들의 집권　강유위가 철학적인 기반을 마련하였지만 변법 운동이 즉시 세력을 얻지는 못하였다. 1895년의 패배에 뒤이은 공포가 서서히 가라앉자 강학회는 북경과 상해에서 탄압을 받았다. 그래도 몇몇 성에서는 관리들과 신사들이 개혁 활동을 추진하였다. 예를 들면, 호남성의 신사들은 태평군과 그리스도 교 선교사들에게 계속 대항하여 왔으나, 이제 가장 많은 개혁을 겪게 되었다. 총독 장지동의 배려로 호남성의 관리들이 수도인 장사(長沙, Changsha)에서 근대화 —— 도로 포장, 가로등 설치, 강의 증기선 운항, 외부 세계로 연결되는 전신선(電信線), 근대적 경찰 조직, 근대적 교과 과정을 갖춘 고등 교육 기관, 강의와 토론을 함께하는 학회 —— 를 추진하였다. 신사와 관리들이 힘을 합쳐 이룩한 이러한 성과들은 중국 각처에서 증대되고 있던 개혁 운동의 징후였다.

제국주의 열강이 1897년말에 위기 상황을 다시 조성하였을 때, 강유위는 기회를 붙잡았다. 정통적인 '자강 운동'에 전념하고 있던 온건론자가 그를 젊은 개혁 전문가로서 황제에게 천거하였다. 제국주의 열강들이 중국을 금방이라도 분할시킬 채비를 갖추고 있었던 1898년 중엽이 되자, 실천에 옮기는 것이 절대적으로 필요하다고 생각되었다. 강유위는 제안(提案)들로 머리 속이 꽉 차 있었고, 27세의 열렬한 젊은 황제는 마침내 그를 신임하게 되었다. 강유위의 최초의 알현은 5시간 동안이나 계속되었다. "중국은 곧 멸망할 것입니다." 라고 그는 말하였다. 황제는 "모든 것은 수구주의자(守舊主義者) 때문이다."라고 대답하였다. 강유위는 "만약 폐하께서 그들에게 개혁을 의지하려 하신다면, 그것은 나무에 올라가서 물고기를 구하는 것과 같습니다."라고 말하였다.

  강유위의 방안(方案)은 국내 행정의 재구성을 요구하였다. 그것은 중국의 전통적인 견제, 이중 견제, 권력의 분산, 권력자의 감시가 국내에서 일어날 적(敵)에 대비하여 왕조를 보존하려고 발전되어 왔다는 입장에서였다. 이제 밖으로부터 오는 적에 대처하기에는 이 거추장스런 기구가 쓸모 없다기보다는 해로운 것이었다. 그러므로 그는 어수룩한 6부(六部)와 군기처 대신에 근대적으로 훈련된 전문가를 배치한 12부로 된 내각 형태의 국내 행정 기관을 제안하였다. 서양의 국가들처럼 세금을 징수하고 부패를 막으며 공공 복리를 증진할 뿐만 아니라 통치자와 인민 사이의 유가적 유대를 강화한다는 점에서, 강유위는 일본인들과 마찬가지로 서양 의회 제도의 유용성에 대하여 크게 감명을 받고 있었던 것이다. 그는 학인-신사가 참여하여 개혁을 수행하는 국회와 헌법, 심지어는 지방의 '민정국(民政局)'까지도 요구하였다. 강유위의 추종자 가운데 여러 가지 엉뚱한 생각을 하는 사람도 있었으니, 민주주의와 문자의 간소화 및 심지어는 남녀 평등과 서양 의복 착용까지 주장하였다.

  1898년 6월 11일부터 9월 21일까지의 100일 동안에 막후의 조언자들인 강유위와 양계초(梁啓超, Liang Ch'i-ch'ao) 및 그 밖의 사람들과 더불어 광서 황제는 생각이 미치는 거의 모든 것을 다룬 40통 이상의 개혁 상유(上諭)를 내렸다. 즉, 근대적 학교의 설립, 과거 시험 제도의 개조, 치외 법권을 없앨 하나의 준비인 법률 개정, 농업·의술(醫術)·광업·상업·발명·해외 유학 등의 촉진, 육군·해군·경찰·우편 제도의 근대화 등에 관한 것이었다. 그러나 호남성을 제외하고는 이 명령들이 수행된 곳은 거의 없었다. 관리들은 1889년에 은퇴한 서태후가 이 급진 개혁안에 대하여 어떤 반응을 보일지 관망하고 있었던 것이다. 수구파의 반대도 물론 시끄러웠다. 황제를 제외한 모든 개혁 담당자들은 한인이었고, 황제의 한직(閑職) 폐지 조치는 많은 만주인 현직 관리들을 위협하였다. 어떤 사람들은 황제가 모든 만주인들을 면직시킬 것이라고 걱정하였다. 사원을 고쳐 학교로 바꾸자는 건의는 승려들의 간담을 서늘하게 하였으니, 그들은 궁전의 환관들 중에서 친구를 가지고 있었던 것이다. 군사적 개혁은 구식의 만주 팔기(八旗)와 한인 녹영군(綠營軍)을 위협하였다. 관리가 될 수 있는 자격증이었던 전통적 과거 시험에 대한 공격은 관리가 되려고 열망하였던 모든 학위 소지자들을 위협하였다. 요컨대, 그의 개혁안이 실행되자 황제는 자신이 모든 체제와 싸움 상태에 있다는 것을 알게 되었고, 63세로서 아직도 원기 왕성한 그의 양모 서태후와 황제의 관계도 마찬가지였다.

1898년의 사태는 개혁과 비개혁의 문제가 아니라 강유위의 급진주의와 온건 '자강' 운동의 연속 사이의 문제였다. 자강 운동은 더딘 서양화를 40년째 해오고 있었던 것이다. 자강 운동의 목적은 장지동의 책 〈권학편(勸學篇)〉에 요약되어 있었다. 이 책은 그가 백일 천하 동안에 반급진적 입장을 표명하기 위하여 간행하였던 것이다. 황제의 명령으로 배포된 이 영향력이 큰 책은 유가적 사회 질서의 부흥을 통하여 왕조를 보전할 것을 첫째 목표로 삼았다. 그러므로 그것은 '삼강'(三綱;〈맹자(孟子)〉에 나오는〔藤文公 上 참조〕유명한 다섯 가지 인간 관계 가운데 세 가지, 즉 군주와 신하, 아버지와 아들, 남편과 아내 사이의 인간 관계)을 크게 부르짖으면서 평등주의, 민주주의, 입헌 군주제, '민권(民權)'주의론, 의회 제도, 개인의 자유, 그리고 서양식의 시민의 자유를 강력히 반대하였다. 둘째, 장지동은 교육으로써 중국을 구하려고 노력하였다. 그는 과거 시험 제도의 개혁을 제안하였다. 단계적인 학교와 고등 교육 기관을 설립하고 북경에는 황립(皇立) 대학을 개설하며, 교육 과정은 유가 경전과 서양의 기술 모두를 중시하도록 하였다. 이 제안은 일본의 것을 본보기로 삼고 있으며, 해외로 유학생을 파견하는 것과 국민 개병(皆兵) 제도를 포함하였다. 셋째, 장지동은 공업화로써 중국을 구할 작정이었다. 이점에서 그가 무한(武漢)에서 노력한 '자강'은 하나의 실제적인 예로 착수되고 있었다. 그 목표들 가운데 하나는 중국을 수입 철강에 적게 의존하게끔 만드는 것에 있었다. 한양에 있는 제철소와 조병창(1890) 및 호북성의 대야(大冶, Ta-yeh)에 있는 철광산(1894)을 개발하면서, 장지동은 중국의 심장부를 관통하는 북경-한구-광동을 잇는 철로〔경한 철로(京漢鐵路)와 월한 철로(粵漢鐵路)〕를 중앙의 한 철로 행정 부서가 담당하여 건설하도록 주장하였다.

서태후의 정권을 떠받쳐 주는 두 기둥인 고전적 학문과 조직적인 부패를 대상으로 한 강유위의 공격으로 말미암아 서태후는 자신의 모든 것이 위협받고 있다는 것을 알아차렸다. 그녀는 반대 세력이 강해지는 동안 때를 기다리고 있었다. 마침내 1898년 9월 21일에 그녀는 최고위 만주인 군사 지휘관인 영록(榮祿, Jung-lu)의 도움으로 쿠데타를 일으켜 광서 황제를 유폐시키고 제 3 차 섭정을 시작하였다. 강유위와 양계초는 일본으로 도망갔으나, 호남성 출신의 영특하고 젊은 절충적 사상가인 담사동(譚嗣同, T'an Ssu-t'ung)을 포함한 6 명의 개혁주의자는 처형당하였다. 황제는 강제로 격리 생활을 하게 되었고, 1908년에 서태후가 마침내 죽게되었을 때 이상하게도 그는 그녀보다 하루 먼저 죽었다.

갑작스러운 백일 천하의 종결은 모든 것을 이전의 상태로 되돌려 놓았으나, 한직(閑職) 중의 어떤 것을 없애고 근대적 학교를 설립하는 것 등과 같은 몇 가지 온건한 개혁 방안들은 계속 시행되었다. 그러나, 1898년의 주된 의미는 일본에서 명치 유신으로 실효를 거두었던 혁명 방식을 따라 급진주의자들이 시도한 위로부터의 혁명이 실패하였다는 점이었다. 서태후의 역쿠데타는, 그것이 그 후 10 년 동안 온건 개혁을 수행하였음에도 불구하고, 어떠한 진정한 혁명적 변화는 밑에서부터, 그리고 폭력을 통하여 일어날 것이라는 점을 암시하여 주었다. 이와 같이 점진주의는 너무나 점진적이어서 폭력 혁명을 더욱 확실하게 만들었다. 그러나 그것은 아직도 미래의 일이었다. 서태후가 쉽게 쿠데타를 일으켰다는 점은 중국이 전반적으로 1898년에는 혁명을 위한 준비가 되어 있지 않았다는 점을 말해 주고 있다. 서방 세계로부터 60 년 동안 공격과 자극이 있은 후에도 중국의 전통적 질서는 근대화에 맞서서 아직도 완강하였으며, 격렬한 저항을 할 수 있었던 것이다.

의화단(義和團)의 봉기

의화단 운동   1898년의 급진적 개혁은 청조의 모든 정치를 근대화함으로써 외국의 위협에 대처하려는 한인 학인들의 대담한 노력의 결과였다. 그것이 실패한 후, 주도권은 전통적인 유형의 한 비밀 결사가 이끄는 대중 운동으로 넘어갔다. 서양인들이 '정의롭고 화목한 주먹들' 또는 더욱 간단하게 '복서들(Boxers)'이라고 번역한 의화권(義和拳, I-ho ch'üan)〔청조가 제국주의에 대항하기 위하여 의화권도(義和拳徒)들을 단련(團練)으로 편입시켜 이용하게 되면서 의화단으로 부르기 시작하였다〕이라는 명칭은 의화(義和)의 기치 아래 소위 중국식 '권법(拳法)'을 독자적 형태로 실행하였음을 말해 주고 있다. 그것은 일련의 자세와 훈련을 통하여 전투에 대비한 심신(心身)의 조화를 목표로 삼았다. 이는 도교(道敎)의 비술(秘術)을 사용하는 마술이었고 특정한 의식이었다. 특정한 의식이란 단원이 주문을 세 번 읊조리고 꽉 다문 이빨 사이로 숨을 쉬다가 입에 거품을 물면, 다행스럽게도 외국인이 쏜 총탄이 그들의 몸 속으로 들어가지 못하게끔 신령이 들리게 됨을 말한다. 의화단 무리들은 인민 혁명의 옛 전통 속에서 그들의 영웅들을 찾아 내었으니, 그 영웅들은 〈수호지(水滸誌)〉 같은 책에 등장하는 반(半)허구적이고 반(半)역사적이며 창극풍을 지닌 인물들이었다. 그들이 1899년초에 내건 본래의 구호는 '반청멸양(反淸滅洋)'이었다.

반(反)그리스도 교적 적대 감정은 의화단 운동을 불러일으킨 하나의 확실한 요인이었다. 왜냐하면 1890년대에 확실한 성장을 이룩한 선교 활동이 몇 십 년 동안 쌓여 왔던 그 전의 모든 문제를 악화시켰기 때문이었다. 어떤 중국인 그리스도 교 신자들은 신성한 가족 관계를 비웃고 그 지방의 축제나 신들을 거부하였으며, 그들의 문제에 선교사들을 끌어들여 간섭하게 하고 자신들을 돕도록 하였다. 프랑스의 지원을 얻은 카톨릭의 고위 성직자들은 지방 관리들을 위압할 수 있었다. 반면 상스러운 반(反)그리스도 교 비방도 계속 유포되었다.

의화단 운동의 갑작스런 봉기는 또한 경제적·정치적 상황으로 촉진되었다. 황하의 범람은 1898년에 산동 지방의 광범한 기근을 가져왔고, 북중국은 전반적으로 가뭄의 피해를 겪고 있었으며, 가난한 시골 사람들은 방랑자처럼 떠돌아다니고 있었다. 외국산 면제품과 유류(油類)의 수입은 지방의 산업에 상당한 타격을 주었고, 새 철로 건설 계획은 짐마차꾼과 뱃사공의 생계를 위협할 것으로 생각되었다. 실제로 1890년대말이 되자 18 개 성 모두에서 무질서와 폭동과 도적떼 및 지방의 봉기가 일어났으며, 이는 태평 천국 난 직전의 1840년대말을 연상시켰다. 요컨대, 의화단 운동은 전체 중국 인민의 생활 속에서 심각해져 가던 위기에 대응한 하나의 직접적인 행동으로 터져 나왔던 것이었다.

의화단 운동은 1899년에 만주인과 한인 고관들의 후원으로 친왕조적인 힘을 얻게 되었다. 청조의 수구파 만주인 친왕(親王)들의 핵심부는 실제의 통치나 바깥 세계에 대한 경험이 거의 없이 궁전 안에서 교육을 받아왔다. 이러한 사람들은 일본의 무사들이 40 년 전에 외쳤던 "오랑캐들을 쫓아내자〔양이(攘夷)〕"는 반(半)맹목적인 구호를 1899년에 채택하였다. 의화단을 이용하여 외국인들에 대항한다는 점에서 그들은 일반 인민들의 의로운 분노가 정책의 최종적 결정 요소라는 전통적인 사고 방식에 호소하고 있었다. 이는 서양의 '국민 주권'에 상당하는 중국적 사고 방식이었던 것이다. 배외적인 관리들과 친왕조적 의화단 사이의 동맹이 1899년 가을에 구체화되기 시작하였으며, 이는 관군이 산동 지역에서 일어난 반(反)왕조적 의화단의 반란들을 쳐부수고 상당수를 붙잡아들인 후의 일이었다. 의화단의 구호는 '부청멸양(扶淸滅洋)'으로 바뀌었고, 이것은 우스꽝스럽게도 비밀 결사들이 늘 써오던 반(反)청적 전투 표어와 다른 것이었다.

청조의 관리들은 열렬한 친의화단파와 수는 더 많지만 꺾여 버린 반(反)의화단파로 분열되었다. 최종적으로는 친의화단파가 득세하게 되었고, 반의화단파는 의화단 신봉자들의 미신에 사로잡힌 광신주의를 경멸하면서도 그들의 뜻에는 공감을 느끼고 있었다. 1900년 전반기의 5 개월 동안 직례성에서는 수천 수백의 의화단 집단들이 선교 시설물들을 불태우고 중국인 그리스도 교 신자들을 학살하면서 시골로 번져나갔다. 만주인 친왕들은 서태후에게 의화단 무리들이 마법으로 총상을 입지 않는다는 것을 정말이라고 믿게 했던 것 같다. 외교단으로부터 통고문이 되풀이되었을 때, 이에 대한 답으로서 1900년 1월, 그리고 다시 4월에 내려진 상유(上諭)들은 지극히 애매 모호한 것이었다. 즉, 선교사들과 신자들을 공격한 집단은 '다른 종류들'이었고, 그들을 진압하는 관리들은 좋은 분자들과 나쁜 분자들을 '구별'하지 않으면 안 된다는 것이었다. 서양의 우월성을 확신하는 외교단은 서태후가 불평등 조약 체제 속에서 외국의 특권을 수십 년 동안 강요당한 후 마침내 이러한 폭력을 이용한 대중 운동으로 서양에 맞서려고 준비하였다는 것을 뒤늦게야 깨달았다.

북경 공사관 구역의 포위와 그 여파　조정에서 의화단의 폭력을 진압하기보다는 이처럼 유화(宥和)하려고 결정하였고, 최후의 폭발을 점화시키는 데에 외국의 도발은 필요하지 않았다. 외국인들은 이미 60년 동안이나 도발을 해 왔던 터이다. 1900년 6월이 되자 의화단 무리들이 천진과 북경의 외국인 조계를 포위하였다. 열강들은 해군을 집결시키고 구원 부대를 상륙시켰다. 청조는 그들에게 전쟁을 선포하였다. 북경을 제외한 북중국에서는 약 250명의 외국인들이 살해되었다. 그들 중 대부분은 선교사였으며, 주로 산서성에서 발생하였다. 흩어져 있는 구역들을 스스로 방어하는 데 성공하였다고는 하지만, 중국인 그리스도 교 신자들은 훨씬 많은 수가 죽었다.

이 한여름의 광기(狂氣)는 세계를 깜짝 놀라게 했다. 북경 공사관 구역 안에 포위되어 있던 외교관들과 선교 지도자들과 로버트 하트 경 및 그 외의 사람들로부터 한 달 동안이나 소식이 없자 이들은 어김없이 학살되었다고 보도되었다. 한편 청조 정치의 지방 분권적 성격이 실제 면에서 약간은 유용하다는 점이 입증되었다. 어리석은 조정의 만주인들이 서양인의 절멸(絶滅)을 꾀하는 동안에, 세상 물정에 밝은 한인 지방 관리들은 재난을 완화시키려고 외교적 수단에 의지하였다. 양광(兩廣) 총독인 이홍장은 남경의 유곤일(劉坤一, Liu K'un-i)〔양강(兩江) 총독〕, 무한의 장지동〔호광(湖廣) 총독〕, 그리고 산동의 원세개(袁世凱)〔산동 순무(山東巡撫)〕와 제휴하여 조정의 선전 포고를 무시하도록 결정하였다. 그들은 만약 외국인들이 양자강 유역으로 더 이상의 군함들을 보내지 않는다면, 총독들은 질서를 유지할 것이라고 제안하였다. 이 제의의 의미는 북중국의 성들을 제외한 중국 전지역을 중립화한다는 것이었다. 의화단의 소동은 처음부터 그렇게 불려져 왔듯이 실제로 '반란'이지 조정의 지원을 받은 행동이 아니라고 함으로써 어려움을 피하기 위하여 꾸며낸 말이 받아들여졌다. 이리하여 19세기에 들어와서 중국이 서양 열강들과 싸운 네번째이면서 규모가 가장 큰 싸움이었던 의화단 전쟁은 북중국의 국지 전쟁으로 되어 버렸다. 그러면서도 한편으로는 그 이외 지역의 성 당국자들이 북경의 조정과 전보로 통신하고, 서태후에게 과자를 먹을 만큼 먹고도 역시 그것을 가지게끔하면서, 왕조의 이익을 충성스럽게 대변하였다. 서태후는 조정을 지배하는 만주인들이 요구하였던 서양인 절멸 정책, 그리고 해외 사신 및 남중국의 관리들이 정력적으로 시도하였던 평화 정책을 동시에 추구하였다. 청조 정책의 이율 배반성은 북경에서도 뚜렷하게 나타났다. 76명의 외국인이 공사관 구역을 방어하다가 죽었다. 관군의 일부를 거느린 사령관이 시끄럽게 공격을 되풀이

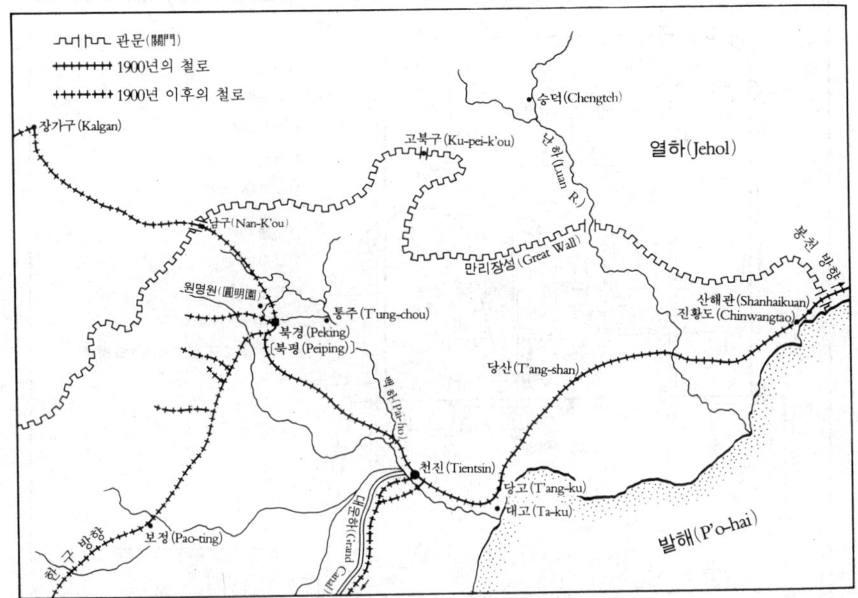

북경으로 통하는 길

하면서도 이용 가능한 대포를 사용하지 않음으로써, 바꾸어 말하면 그런 방침을 단호히 밀고 나갔기 때문에 서양인들의 나머지는 살아 남을 수 있었던 것이다. 연합군은 7월 14일에 천진의 조계에 대한 포위를 풀게 하고, 8월 14일에 북경 공사관 구역을 구조하였다.

서양의 침략자들이 이미 의화단 무리들이 약탈해 간 도시를 흔히 있는 지방 협력자들의 도움을 받아 약탈하기 시작하자, 서태후와 광서 황제는 변장하여 달구지를 타고 북경을 떠났다. 65세의 나이인 서태후가 도적떼와 무법적인 군대들에 맞서서 피난처와 식량과 보호자를 갈구하는 인민들의 고통을 이제 가장 가까이서 접하게 되었던 것이다. 황실 일행은 서안(西安, Sian)에 도착하여 그곳에서 1년 이상 머물렀다. 77세인 이홍장은 여느 때처럼 사태 수습을 위하여 나섰다. 그는 능숙하게 서양인들과 타협하였고, 그들은 교전 상태가 전쟁이 아니라 반란을 진압하기 위한 공동 노력이었다는 이홍장의 그럴듯한 말을 받아들였다. 독일 공사가 유일하게 피살된 독일인인데도 독일 황제는 연합군 총사령관 지명권을 요구하였다. 독일인 총사령관은 겨우 10월에야 북경에 도착하였고, 그 뒤 6개월 동안 계속된 북중국의 수십 개 도시들에 대한

내 성(內城)
성(皇城)
자금성
공사관 구역
아래의 지도 참조
운하(Canal)
외성(外城)
선농단(先農壇)
천단(天壇)
1 천안문(天安門)
2 전문(前門)
3 합달문(哈達門)
4 동편문(東便門)
8
문(門)
건 물
5 남당(南堂)
6 북당(北堂)
7 총리아문(總理衙門)
8 러시아 정교 선교단(正敎宣敎團)
마일
0 1 2

1900년의 북경

공사관 구역
황성(皇城)의 성벽
한림원
(翰林院)
영국
러시아
미국
일본
프랑스
수문(水門)
해자(垓字)
합달문(哈達門)
공사관
방위선
6월 20일 현재
8월 14일 현재
피트
0 1000

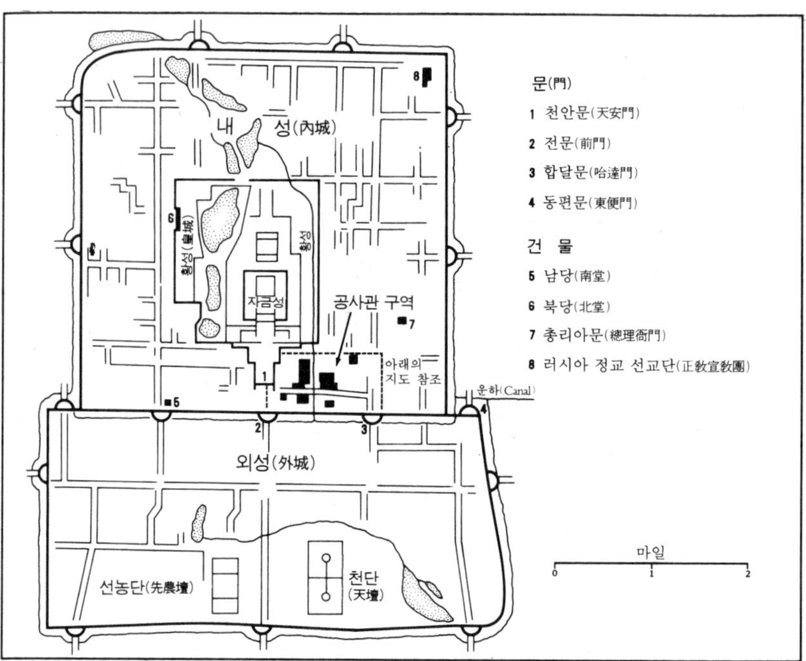

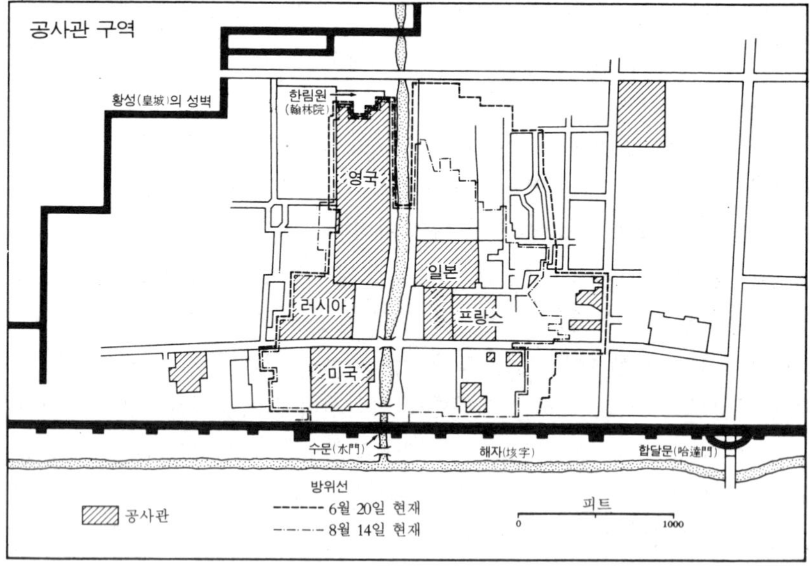

징벌 토벌대에 종사하였다. 1900년말에 약 4만 5,000명의 외국 군대가 북중국에 있었고, 또 다른 전투를 치르던 러시아는 그 후 오랫동안 만주를 점령하였다.

한 명의 만주인 친왕〔慶親王〕과 이홍장(그는 두 달 뒤 사망하였다) 및 11개국의 전권 대사들이 1901년 9월 7일 의화단 사건의 의정서(議定書)를 조인하였다. 의정서는 10명의 고위 관리들에 대한 처형과 그 외의 100명에 대한 형벌, 공식적인 사과, 신사 계급에게 불리하도록 45개의 도시에서 과거 시험을 정지시킬 것(그 중의 반이 산서성에 위치), 공사관을 요새화하여 수비 부대를 영원히 주둔시키도록 확대할 것, 외국인이 바다로부터 북경에 접근할 수 있도록 요새들을 파괴하고 철로를 점령할 것, 수입 관세를 실제 가격의 5퍼센트로 인상할 것, 그리고 엄청난 배상금을 요구하였다.

1902년의 영국의 통상 조약은 무역과 복음 전도에 대한 여러 가지 조건들을 개선하기 위하여 비교적 성공리에 시도되었다. 그러나 무역을 방해하는 이금세의 폐지, 전국적인 화폐 제도의 제정, 치외 법권의 폐지를 쉽게 할 법률 개혁의 통과, 그리고 일본이 1870년대에 채택하였던 근대화를 향한 여러 가지 조치가 이루어지기에는 거의 불가능하다는 점이 드러났다. 의화단의 봉기와 의정서는 청조의 대외 관계 가운데 가장 졸렬한 것이었고, 청조가 오랫동안 존속될 가능성을 거의 잃게 만들었다. 그러나 다른 대안이 있는 것도 아니었다.

제국주의와 중국의 대응

중국에 대한 외국의 재정 수탈 1901년 이후 새로운 제국주의의 지배는 '세력권'에만 국한되지 않고 북경의 전체 재정 구조에까지 확대되었다. 1893년까지 약 25종의 차관이 중국에 있는 외국 자금원으로부터 중국 정부 기관에 주어졌다. 지불하지 못한 총채무액(모두 해관 수입을 담보로 잡고 있다)이 아직 대단치는 않았다. 그러나 청일 전쟁 배상금은 약 1억 5,000만 달러(2억 3,000만 냥)에 달했고, 1895년과 1896년 및 1898년에 그것을 갚기 위하여 빌린 규모가 큰 차관은 외국 은행들이 까다로운 조건을 붙여 보증하였다. 즉, 중국은 처음에 액면 가치보다 적게 받고(즉 94퍼센트), 오히려 높은 이자를 45년 동안이나

왕조 쇠퇴기의 청정(淸廷) 왼쪽 : 정장을 갖춘 궁정의 환관들이 서태후를 태우고 이동하는 사진으로서 1903년에 촬영되었다. 돗자리로 지붕을 엮은 이화원(頤和園)의 뜰에서 용의 그림이 수놓여진 우산을 받친 서태후가 금으로 도금된 단(壇) 위에 올려진 작은 신발을 신고 있다. 오른쪽 앞사람이 수석 환관인 이연영(李蓮英, Li Lien-ying)이다. 오른쪽 : 의화단 폭동 후, 서태후는 외국인들을 회유할 수밖에 없었다. 이 사진은 그녀가 그녀의 주위를 에워싼 서양식 복장의 외교단 부인들과 함께 있으면서 미국 공사의 부인인 사라 파이크 콩거(Sarah Pike Conger)의 손을 잡고 있다. 콩거 부인은 북경 공사관 구역 포위에서 살아 남았으며, 청조 통치자의 '여성적 부드러움'과 '직관적 능력'에 깊은 감명을 받았다.

지불해야 했을 뿐만 아니라, 금의 은에 대한 환율에 맞추어 금으로 지불해야 했다. 또한 4억 5,000만 냥(약 3억 3,300만 달러)의 의화단 배상금은 4퍼센트의 금화 이자가 붙는 채권으로 지불해야 했다. 그렇게 되면 1940년에 지불이 완료될 때까지 갚아야 하는 이자와 원금이 총 9억 2,800만 냥(7억 3,900만 달러)이 될 것이었다.

일본에 대한 배상금과 의화단 배상금은 생산적인 차관들과는 달리 중국에게는 순전한 손실이었다. 배상금 지불은 해관에서 대외 무역에 대하여 징수한 청 정부의 수입을 고갈시켰으니, 그것은 본래 군비와 근대화를 위하여 제공되었던 자금이었다(물가의 오름이 1858년 화폐 가격으로 고정된 종가(從價) 관세를 점차적으로 축소시킴에 따라 이 한정된 수입원마저 더욱 줄어들게 되었다). 이후부터 각 성 수입의 대부분과 국내 교역에 대한 이금(釐金) 및 염과(鹽課)의 대부분이 해관세 수입에 덧붙여져서 채권을 소지한 외국인들에게 지불되어야 했다.

사실 제국주의의 총성은 때로는 제국주의로 말미암은 피해자보다 제국주의자 자신에게 더 불리하였다. 의화단 배상금은 이점을 잘 보여 준다. 결국, 제1차 세계 대전 동안에 제정 러시아나 독일 제국이 쓰러진 점, 배상금에 대한 미국과 영국 및 그 외 다른 나라들의 몫이 경감되었다는 점, 그리고 기타의 변화들에 따라서 처음에 부과된 금액의 3분의 1보다 적게 실질 지불액이 줄어들었던 것이다. 마찬가지로 일본이 1898년 4월에 불할양 협정을 통하여 획득한 복건 지역의 세력권 주장도 결코 그대로 실행될 수 없었다. 1899년 3월에 있었던 절강 지역에 대한 이탈리아의 요구도 모양 좋게 거절당하였다. 1890년대 말에 얻은 많은 철로 이권도 결코 적극적으로 실행되지는 못하였다. '중국의 분할'이 실현되지 않은 것은 한 제국주의 열강과 다른 열강 사이의 균형을 유지하게 만든 중국의 교묘한 수단(이 부분에 대하여서는 아직도 연구가 별로 이루어지지 않고 있다)에 부분적 이유가 있었다. 그러나 탐욕스런 강대국들의 경쟁 관계 및 착취적인 요구들을 내용으로 하는 이 재정(財政) 수탈의 제국주의 시대는 더욱 조용하게 상업적 침투와 경제적 성장을 겪은 이전의 수십 년 동안을 무색하게 하였고, 그 이후 애국적인 중국인들에게 모든 조약 체제를 '외국 제국주의의 멍에'로 여기도록 하여 씻을 수 없는 증오심을 심어 주었다.

미국의 팽창과 문호 개방   1890년대의 미국인들 가운데 많은 사람들은 미국이 유럽의 열강들과는 달리 아시아에서 전쟁을 하지 않았고 식민지도 강탈하지 않았다는 점을 당당하게 자랑하였다. 확실히 미국인 선교사들과 무역상들은 주로 영국 해군이 중국에서 획득하고 유지해 온 특권들을 누려 왔다. 그런데도 그런 사실을 적어도 미국인의 눈으로 볼 때, 미국인의 활동이 유럽에서 '뒤엉킨 동맹 관계'를 회피한 것처럼, 동아시아에서도 '제국주의'를 회피하였던 것으로 되었다. 영국의 독자적 주장인 최혜국 대우와 기회 균등에 의지함으로써, 영국이 받았던 증오나 책임도 없이 자유 무역에 대한 영국의 지배력으로부터 혜택을 입었던 것이다. 그러나 식민지에 대한 유럽 인들의 경쟁이 전개됨에 따라 새로운 팽창주의자적 경향이 역사상의 우연한 사건들과 얽혀 강대국인 미국을 똑같이 동아시아 무대에 서게 만들었다. 미국인들은 스스로 생각한 것보다 훨씬 더 제국주의라는 바이러스의 영향을 받기 쉬웠던 것이다.

미국의 팽창은 유럽의 열강들과 마찬가지로 복합적 요인들 때문이었다. 미국의 경우, 값싼 수출 상품을 생산하는 공업체들의 발전, 국내 서부 변경의 소멸, 그리고 해외 선교 사업의 전통 등이 그것이다. 해군력에 대한 탁월한 제안자인 해군 대령 머핸(A. T. Mahan)이 말한 것처럼, 사회적 다윈주의와 북유럽인의 인종적 우월성이 시장과 식민지와 해군 기지를 물색하는 점에서 다른 나라들에게 뒤지지 않는다는 근거를 제공해 주던 시대에, 미국은 '밖을 내다보고' 있었던 것이다. 해외 기지에 대한 머헨의 주장은 제 1 급의 전투 함대를 건설하기 위한 1890년의 의회 결정과 일치하며, 함대가 양대양(兩大洋)에서 활동할 수 있도록 니카라과(Nicaragua)를 가로지르는 운하를 파라는 여론과 일치하였다. 한편, 하와이에서는 오랫동안 계속되어 온 상업적 이해 관계가 있었으니, 그곳에서 사탕수수를 재배하는 백인 농장주들이 영토를 미국과 합병토록 시도하였던 것이다.

동아시아에서 1898년에 벌어진 미국의 팽창은 쿠바를 둘러싸고 스페인과 치른 전쟁과 우연히 일치함으로써 시작되었다. 해군성 차관 시어도어 루스벨트(Theodore Roosevelt)는 듀이(Dewey) 제독과 홍콩에 있던 듀이 제독의 아시아 함대에게 마닐라에 주둔한 스페인 함대를 공격하기 위한 준비를 갖추도록 하였다. 듀이는 5월 1일 새벽에 공격을 감행하였고, 점심 때가 되자 스페인 함대는 침몰당하거나 불에 타 버렸다. 선택의 여지도 없이, 미국은 1만 1,000명의 병력으로 1898년 여름에 마닐라를 점령하였고, 12월에 체결된 강화 조약에 따라 스페인으로부터 필리핀을 접수하였다. 그리고 곧 독립을 위한 필리핀 인들의 용감한 투쟁을 진압하는 데 몰두하게 되었다. 하와이는 7월에 의회의 의결로 합병되었고, 서태평양의 괌(Guam) 섬을 스페인으로부터 빼앗았다. 이러한 미국의 획득은 중국에서 어느 제국주의 열강이 획득한 것보다 능가하는 것으로서, 하와이 제도와 전체 필리핀 군도(群島)뿐만 아니라 진주만과 괌 섬과 마닐라에 있게 될 미래의 해군 기지를 미국에게 가져다 주었다. 미국 국무성의 존 헤이(John Hay) 장관이 1899년 9월에 처음으로 문호 개방 각서를 발표한 것은 바로 이러한 시대의 중간 무렵이었다.

존 헤이 장관은 그 무렵까지 런던 공사로 있었다. 그곳에서 1898년초 영국은, 중국에서 벌어진 제국주의의 '세력권' 경쟁에도 아랑곳하지 않고, 기회 균등의 전통과 무역상의 문호 개방을 유지하는 방법에 관하여 그에게 의논한 적이 있었다. 그 후 그는 로버트 하트 휘하 중국 해관의 주요 세무사 가운데 한 사람으로부터 조언을 얻었다. 그 결과, 미국의 제1차 문호 개방 각서는 로버트 하트와 중국 해관의 특별한 관심을 반영시켰는데, 이는 조약 체제 본래의 원칙—— 모든 개항장과 새로운 '세력권'의 외부에서뿐만 아니라 내부에서 외국 무역에 대하여 균등하게 과세한다는 원칙—— 을 유지한다는 점이었다. 이 각서에는 다음의 점들이 요구되었다. 첫째, 각국은 자국(自國)의 세력권 안에서 '어떤 개항장이나 어떠한 기득권'에도 간섭하지 말 것, 둘째, 중국 정부만이 그 개항장에서 무역에 대한 관세 징수를 해야 하고 그 세율은 조약에 정해진 대로 따를 것, 셋째, 세력권을 가지고 있는 국가의 국민들에게 특혜적 입항세나 철로 운임의 혜택을 주지 말 것 등이었다. 요컨대, 이 제1차 문호 개방 각서는 중국에서 무역상의 기회 균등을 유지하자는 것이었지 중국이라는 국가를 보존하자는 것은 아니었다. 영국, 독일, 프랑스, 이탈리아, 그리고 일본은 다른 모든 국가들도 그렇게 한다는 조건 아래 모두 이 조항들을 받아들이는 데 동의하였다. 러시아의 회답은 다소 부정적이었으므로 헤이의 성공은 제한적인 것이었다. 그러나 그의 각서를 만장 일치로 접수하였다는 것은 '최종적이며 결정적'이었다는 점을 모든 관계국들에게 정중히 주지시킴으로써 헤이 장관은 그것을 가능한 한 이용하였다.

의화단의 봉기가 외국 군대들을 1900년 여름에 북중국과 만주로 들어오게 만들자, 중국이 한 국가로서 살아 남을 기회는 어느 때보다 더 위태롭게 보였다. 그러므로 1900년 7월에 회람장의 형식으로 발송된 헤이의 제 2 차 각서는 "중국에 영구적 안정과 평화를 가져오고, 중국의 영토적·행정적 실체를 보존하며, 조약과 국제법상으로 우호국들에게 보장된 모든 권리들을 보호하고, 세계를 위하여 청 제국의 모든 지역에 걸쳐 동등하고 공평한 무역의 원칙을 보호할 해결책"을 미국이 희망한다는 것을 진술하였다. 이에 각국이 동의하였고, 문호 개방은 중국에 대한 미국의 전통적 정책으로 공식 확립되었다. 머지않아서 이 정책의 기본 개념은 외국의 상업상의 기회에 대해서 뿐만 아니라 중국이 하나의 국가로서 보전되는 것에 대한 보호가 되었다. 그러나 원래 그것은 멀리 떨어져 있는 해양 국가가 중국에서 벌어질 식민주의의 확산에 반대하고 조약 체제를 유지하기 위한 노력이었다. 그것은 말로만 원칙을 표현한 것으로서, 그것을 지원할 수 있는 강력한 행동에 대한 고려도 없이 그 자체가 좋은 일이라 하여 제안된 것이었다. 미국은 같은 때에 필리핀에서 식민지를 손에 넣고 있었던 것이다. 문호 개방 정책은 다른 지역에서보다 미국 안에서 더 기고 만장한 것으로 생각되었다 해도 지나치지 않을 것이다.

중국의 약점과 강점들   1900년의 사건들을 해석하려고 할 때, 제국주의 열강들이 그들의 특권을 누리기 위한 더욱 좋은 방법으로서 반동적인 청조의 권력을 유지시켰다는 것이 명료할 것 같다. 그들은 실제로 60 년 동안의 불평등 조약 체제를 통하여 기존 질서와 협력하였다. 중국에서 자신들의 이익을 지키기 위한 외국 세력들의 지독히 끈질기고 탐욕스러운 면을 보여 줄 증거들——1869년의 앨코크 협약의 실패(181 쪽 참조), 또는 중국측의 이익을 위하여 조약 체제를 고치려는 1902년의 영국의 조약 실패 등——은 수없이 열거될 수 있다. 커다란 변화는 외국인들에게 이익이 되지 않을 것으로 보였다. 그들은 차라리 구(舊)질서에 대한 지지를 택하였던 것이다.

중국이 외국 열강들에게 희생당하였다는 것은 틀림없는 사실이다. 이러한 논지는 현대의 중국의 애국자들에게 당연히 매력적이다. 그러나 기본적인 의문은 풀려지지 않은 채 남아 있다. 중국은 외국의 침해에 왜 좀더 빨리, 좀더 격렬하게 대응하지 못하였는가? 전통적인 중국의 국가 체제를 근대화하고 제국주의자들을 구축함으로써 서양의 침략에 맞설 수 있었던 혁명가들은 어디에 있었던가? 그러한 지도자들은 20세기에 나타났다. 19세기 때는 그들이 어느 곳에 있었을까?

반만(反滿)을 표명한 19세기 중엽의 반란들은 잠재적으로 민족주의적 가능성을 지니기는 하였으나 근대적 사상을 갖지는 못하였다. 그 가운데 가장 강력했던 태평 천국은 10년 동안의 발전 후, 그 스스로 권력에 대한 구식의 경쟁자였음을 보여 주었고, 전통적 질서에 대한 개조 능력이 형편없음을 드러냈다. 그 뒤의 '자강' 운동은 창조적이기보다는 방어적이었으며, 급진적 근대화를 회피하는 보수적 타협이었다. 1898년의 개혁가들은, 그들의 개혁안이 혁명에 대한 가능성을 지녔음에도 불구하고, 천자의 통치 권력에 전적으로 의지한 채 스스로를 왕조의 충신들이라고 생각하였다. 청 제국의 통치력 상실은 의화단의 어리석은 전환을 채택한 만주인 귀족들로부터 최종적으로 드러났다. 1900년 이전에는 큰 일을 할 수 있는 인물들이 진정한 혁명이나 개혁이라는 목표에 전혀 몸을 바치지 않았다. 구질서 안에서 철저한 변화를 가져올 어떤 확실한 가망성을 지닌 사람은 구체제 안에서는 나타나지 않았다. 중국 안에서 이처럼 변화 세력들이 취약한 것은 서양 제국주의가 초래한 것보다는 중국의 사회 질서와 국가 체제와 문화의 강점에서 더 크게 작용받은 것이다. 서양의 위협에 대한 중국의 신속한 대응을 근본적으로 막은 것은 중국 문명의 전면적인 점착성(粘着性)과 구조적 안정성이었다.

중국의 이러한 타성을 기존의 방법으로 유지하는 데는 한 가지 요인만이 꼭 필요한 것은 아니었다. 외국의 자극에 대한 중국의 남다른 무감각성은, 정반대되는 일본의 변화와 근대화에 대한 능력이 그랬던 것처럼, 복합적 요인들의 결과였다. 극히 일반적으로 생각해서 일본은 국가적 목표를 위하여 국민들이 함께 노력할 준비가 되어 있는 가운데 이미 근대적 민족주의의 기본적 요인들을 가지고 있었다고 우리는 암시하였다. 반면에 중국은 그렇지 못하였다. 이렇게 추상화시켜 놓은 후에 각각의 관찰자들은 상호 작용하는 많은 요인들 가운데서 그 자신의 균형을 선택할 수 있을 것이다.

예를 들면, 물질적인 면에서 중국은 거대한 자원을 가졌으나 그들은 전통적인 방법으로 개발하고 있었다. 근대적 방법으로 쉽게 대체될 수 없었던 것이다. 알다시피 일본은 근대화에 필요한 철과 같은 천연 자원의 면에서는 훨씬 부족하였으나, 일본의 국민들은 정력적으로, 그리고 적응성을 지니고 이 도전에 맞섰던 것이다. 청 제국의 광대함은 중국을 잠재적인 세계 열강으로 만들었지만 동시에 여러 가지 면에서 중국의 대응을 지체시켰다. 경제적으로 중국은 거의 자급 자족할 수 있었다. 전략적으로 중국은 패배는 당할지언정 정복당하지는 않았다. 해군력은 중국의 수많은 도시들을 지배할 수 있었으나, 광대한 내륙 지대에 대하여서는 그렇게 하지 못하였다. 반면 일본은 해군력의 공격에 대하여 대단히 취약하였다. 호남성이나 사천성처럼 인구가 조밀한 내륙 지방은 외국과 접촉이 없는 상태였고, 전통적 태도와 구식으로 훈련된 인재들의 저장소로 남아 있었다. 이 지역의 엘리트들은 신문을 읽는 대신 아직도 경전들을 공부하였고, 지적으로는 개항장의 영향을 거의 받지 않은 채로 성장하였던 것이다.

그러나 물질적 환경보다는 제도들이 훨씬 더 큰 차이점들을 만들어 냈다. 일본의 봉건적 질서는 17 장에서 설명하였듯이 충성스런 번(藩, han)의 행정가와 상인 자본가들, 난학자(蘭學者)들, 그리고 애국적인 개개의 무사들을 이미 갖추었다. 이들은 다른 민족 국가들과 경쟁하기 위하여 하나의 민족 국가를 창조할 수 있는 사람들이었다. 중국은 그러한 경쟁을 초월해 버린 다른 틀 속에 있었다. 중국의 전통적 제도는 세 계층——군주와 그의 관료들, 지주-학인-신사 계급, 그리고 문맹자들인 농사짓는 하층민——사이의 균형을 유지하도록 멋지게 균형이 잡히고 잘 조절되어 있었다. 농업이 압도적인 청 제국에서는 상인 자본가, 장인(匠人), 해외 무역업자들, 발명가, 국내의 투자자들 등 어느 누구도 균형을 무너뜨릴 수 있는 성장의 핵심 세력으로 될 수 없었다. 요컨대, 중국인들은 그들의 과거에 사로잡혀 있었다. 그들의 민족 종교는 사실상 과거에 대한 숭배였다. 효도의 첫째 덕목은 조상들을 숭배하는 것이었다. 사상계는 유가 경전들에 대한 숭배를 소중히 하였다. 통치자들은 그들 왕조 창업자의 훈령들을 거역할 수 없었다. 선례가 행정을 좌우하였던 것이다. 사회적·경제적 생활은 낡은 관습의 지배를 받았다. 반란들조차 과거에 의존하였으므로 진정한 혁명은 있을 수 없었다. 중국은 자신의 거대한 역사적 전통과 고대의 학문이라는 마법에 얽매여 있었으며, 이 두 가지는 모두 문어체(文語體) 문장을 통하여 명맥을 잇고 있었던 것이다.

이렇게 과거 지향적이고 자족적인 지적(知的) 생활은 중국의 지도자들에게 두 가지 주된 특징을 갖게 하였다. 첫째, 중화 제국의 일에만 집중하도록 훈련 받았으므로 그들은 해외의 일에 일부러 무지하였고, 또한 경멸하였다. 문화적 자부심과 중국적 세계 속으로 몰두하게 한 점이 그들을 '오랑캐'의 사상에 무 반응하게 만들었다. 둘째, 세계 국가를 떠받치고 있는 중국의 지도자들은 민 족주의에 대하여 면역되어 있었다. 동아시아 대륙의 거대한 제국이 비록 중국 의 조밀한 인구를 중심으로 하였지만, 오래 전부터 내륙 아시아의 변방인들을 받아들였다. 특히 초원 지대의 유목민들과 반(半)유목민들을 받아들였는데, 그들의 기마 전사(騎馬戰士)들은 중국 국내의 무력(武力) 정치에서 대단히 큰 역할을 하였다. 몽고족과 만주족의 중국 정복은——중국의 몇몇 연대기(年代 記) 편찬자들의 영향으로 그들을 무시하였음에도 불구하고——거대한 제국 의 정치 생활에서 피상적인 것이 아니라 주요한 현상이었다. 이민족 정복 왕 조 가운데서 화(華)·이(夷) 합동 행정의 가장 복잡 미묘한 예(例)인 청조 정권 은 종족적·민족적 감정을 강력하게 억압하였다. 과거 시험 제도를 통하여서 는 출세 위주의 충성심을 스스로 길러 온 재능 있는 관료들을 선발하였다. 관 료들은 최하층의 사람들을 대표해야 한다는 어떠한 공적인 가르침도 회피하였 다. 다른 나라들과 비교할 수 있는 시각을 제공해 주는 개항장의 신문들과 선 교사들의 교육이 있게 될 때까지, 통치의 모든 과정은 고도의 엘리트 중심이 었고 근대 민족주의의 상징이나 어휘 및 실행은 결여되고 있었다. 그 중에서 도 특히 엘리트는 군주와 과거에 충성심을 갖도록 훈련받았고, 변화를 만든다 는 국민적 목표에 대한 공통적 감각도 가지지 못하였다. 그리고 이러한 점은 근대화에 필요한 강력한 중앙 집중적 통솔력을 방해하였다. 만주인들은 왕조 가 더욱 확실하게 소외되고 필요 없게 되어 마침내 배척당하지나 않을까 염려 하여 정치 생활에 대한 한인 평민들의 참여를 활성화시킬 수 없었던 것이다.

이 특수하고 좀처럼 이해되지 않는 정치적 상황 아래서, 서양에 대한 중국 의 대응은 하나의 색다르고 비(非)민족주의적인 요인으로부터 강하게 영향을 받았다. 그 요인이란 '오랑캐들'을 중국 문명에 주변적으로 참여토록 허용하 거나, 변방의 강력한 침입자들과 공동 사업에 협력하는 것을 허용하는 경향이 었다. 그들의 조약에 근거를 둔 특권과 특별한 능력과 자원으로 말미암아, 외 국인들은 예로부터 있어 온 중국의 지배 계급에 덧붙여진 하나의 새로운 구성 요소로 되었다. 이점이 오랫동안 지속된 개항장의 역할을 생겨나게 하였으며,

중국의 비(非)한인 관리들   위 : 만주인 관리. 양홍기(鑲紅旗) 출신
의 숭선(崇善, Ch'ung-shan). 오른쪽 글은 "명예 장관직을 지니고 군
사적 공로로 수여받은 공작새 깃털을 단, 황실의 은총으로 받은 세
습직 장군" 등의 의미이다. 왼쪽 글은 "1905년, 74세인 숭우정(崇佑
庭, Ch'ung Yu-t'ing)의 인물 사진(우정(佑庭, Yu-t'ing)과 종실 숭선(宗
室崇善)의 봉인(封印)이 있다)"의 의미이다.   아래 : 중국과 외국
관리들. 1905년 무렵 복주(福州)에서 촬영. 앞 줄 왼쪽부터 해관 세
무사 드루(E. B. Drew, 미국인), 염법도(鹽法道), 일본 영사, 숭선 장
군, 미국 영사 그레이시(Dr. S. L. Gracey), 양저도(糧儲道), 프랑스 영
사. 뒷줄은 통역관과 관리들이다.

이밖에 달리 설명될 도리가 없다. 청조가 광대한 제국의 내륙 지역을 전체적으로 계속 통치하는 터에 외국 정부들이 그 지역을 부분적으로 지배했다는 의미에서 개항장은 확실히 반(半)식민지적 현상이었다. 해군력과 육군력, 외국의 방식과 이해 관계, 그리고 중국적 방식과 이해 관계가 묘하게 교착 상태에 빠진 채 조화를 이루고 있던 개항장에서 만났던 것이다. 근대적 민족주의의 입장에서 보면, 이것은 도저히 받아들일 수 없는 노릇이었다. 상인들은 그들의 이익을 나누어 가졌고, 중국인과 외국인 관리들은 그들의 권한을 분할하였다. 머지않아서 중국 정부는 자신의 성격을 바꾸지 않은 채로 해관과 그 외의 기관에 외국의 행정가들과 고문들을 고용함으로써 서양과 접촉하여 생겨나는 문제들에 맞섰다. 민족주의적 정신이 결여된 가운데 외국인들을 이렇게 고용한 것은, 그들에게 신속히 배워 그들을 제거하기 위한 기회(일본이 했던 것처럼)로 이용되지 못하였다. 그것은 아시아 내륙 변경에서 있었던 상투적인 타협 방식과 더욱 흡사하였으니, 그곳에서는 결코 물리칠 수 없는 강력한 오랑캐들이 제국의 영토 안에서 지위를 인정받았고, 가능하다면 국경 너머 그들의 동포들을 지배하곤 하였던 것이다. 19세기의 대외 관계에서도 다른 부문과 마찬가지로, 중국인들은 그들의 과거에서 도움을 구하고 있었던 것이다.

그 결과, 반(反)민족주의적인 청조는 왕조 순환의 끄트머리로 다가가면서 철저하게 방어적으로 되었다. 전통에 매달리고 반란을 진압할 정도로 강하였지만, 변화를 위한 영도력을 갖추기에는 너무 약했다. 그러므로 약자의 입장에서 제국주의 열강들을 상당히 성공적으로 처리한 청말의 외교적 실적은 더욱 더 놀랄 만한 일이다. 중국은 너무나 분명한 자신의 약점을 외국인들이 서로서로 자신들의 야심을 무의미하게 만들도록 자극하기 위하여 이용하였다. 청조의 협상자들은 유언비어를 퍼뜨렸고 비밀을 누설시켰다. 그들은 이권을 양도하면서 한편으로는 뇌물을 받아 챙겼다. 그러나 중국은 살아 남았고, 그들의 외교는 아웃사이더들이 알고 있었던 것보다 훨씬 더 효과적인 것으로서 재검토받을 가치가 있다고 하겠다.

제22장
일본 제국 —— 경제와 사회

일본이 불평등 조약하의 반식민지적 지위로부터 열강 대열과 영국의 동맹국으로 상승한 것은 하나의 전례 없는 성공담이었다. 이 새로운 일본에게 20세기의 처음 수십 년간은 황금 시대였다. 19세기 서양 열강에 의해 제기된 대도전에 성공적으로 대처했던 일본이 —— 사실상 일본은 그렇게 할 수 있었던 유일한 비서구 국가였다 —— 왜 표면적으로 보다 쉬운 것으로 보였던 그들의 장래 문제들을 극복할 수 없었던 것일까?

참으로 일본은 20세기의 첫 4반세기 동안 이 낙관적 전망에 부응할 모든 희망을 주었다. 일본은 모든 부문에서 급속도로 전진하였고, 불과 한두 세대 전에 일본인들을 너무도 겁나게 했던 일본과 서구와의 기술적 간격을 계속해서 놀라운 속도로 좁혀가고 있었다. 1925년에 일본은 러일 전쟁의 종결시보다 훨씬 더 근대화된 국가이자 훨씬 더 강력한 열강의 하나였다.

다음의 20년 동안에도 동일한 급속한 기술적 진보, 힘의 증진, 제도들의 근대화가 지속되었다. 그러나 한편으로 심각한 변화가 일본에 찾아왔다. 초기의 훌륭한 성공이 어찌된 셈인지 어마어마한 새로운 문제들로 바뀌었다. 확신이 새로운 두려움으로, 과거의 목표의 일치가 내부적 갈등으로 대체되었다. 일본은 계속해서 앞을 향해 돌진하였으나, 일본인들 스스로가 우려하며 그들이 어디로 가고 있는가에 대해 생각하기 시작하였다. 그들의 우려는 정당했던 것으로 판명되었다. 일본은 점차 증대되는 규모로 전쟁에 개입하게 되어, 1945년 마침내 일본이 새롭게 성취했던 식민지와 오래된 본토 모두가 근대의 어떤 국가를 압도했던 아마도 최대의 단일한 파국 속에 황폐화되었다. 일본의 유례없는 성공은 재로 변하였다.

일본의 근대화의 이 두번째 대단계는 의심의 여지없이 어떤 의미를 내포하고 있다. 그러나 아무도 아직까지 이 운명의 반전이 전적으로 의미하는 바에 대해 확신을 갖고 있지 못하다. 우리는 19세기 일본 근대화의 역동성에 관해 어느 정도 이해를 하고 있고, 1930년대와 1940년대에 닥친 재난도 충분하고도 분명히 알고 있다. 그러나 왜, 그리고 어떻게 전자가 그렇게 신속하게 후자로 바뀐 것일까? 이 질문에 답하려고 시도했던 소수의 사람들은 흔히 재난을 흡사 그것이 메이지 체제가 지녔던 불완전성의 직접적인 산물인 것처럼 다루고 있다. 그러나 우리는, 원래의 메이지 지도자들과 일본을 대패배로 이끌었던 사람들에는 두 세대간의 차이가 있음을 기억해야만 한다. 상대적인 안정성을 지녔던 완전한 한 세대가 메이지 번벌(藩閥)들과 후대의 위기 사이에 자리잡고 있었다.

그러나 19세기에 그들이 직면했던 문제들에 대처하기 위해 그들의 사회를 전환시키는 데 있어, 의문의 여지없이 일본인들은 20세기에 직면하게 될 새로운 문제들을 만들었다. 경제의 근대화와 근대 의학의 도입으로 인구의 분출이 이루어졌다. 따라서 오랫동안 자급 자족적이었고 19세기에는 식량의 수출국이기도 했던 일본이 점점 쌀과 원료의 수입에 의존하게 되었다. 경제적 안전 보장의 추구가 오히려 해외 시장들에 대한 의존의 원인이 되었다. 이와 유사하게 군사적 안전 보장의 추구는 군사력의 급속한 증강을 초래하였는데, 그것이 해외 팽창의 원인이 되었다. 일본인들은 제국주의적 경쟁과 20세기 모든 식민 열강들을 괴롭혔던 식민 지배의 곤란함에 휩쓸려 들어가 있는 자신들을 발견하게 되었다.

보다 덜 이해되었던 사회적·사상적 문제들도 또한 심각한 것이었다. 새 경제, 보통 교육, 그리고 다른 많은 요소들이 엄청나게 더 복잡한 사회를 만들어가고 있었다. 일본의 도시들이 농촌보다 더 급속도로 변화하였고, 사상과 태도들에 있어서의 간격이 대중들, 즉 단지 초등 교육만을 받은 사람들과 새로운 서구 지향의 고등 교육을 받은 사람들 사이에 확대되고 있었다. 심지어는 교육받은 사람들 사이에서조차 태도의 차이가 더 벌어지고 있었는데, 직업 군인, 문관 관료, 교육자, 문필가, 사업가 및 정치가 들이 각기 다른 종류의 삶을 살고 있었고 다른 사상들을 생각하고 있었다.

또한 하층 계급들 사이에서 새로운 불만이 꿈틀거리고 있었다. 소작제가 농촌에서 꾸준하게 늘어났고, 공장 노동자들인 새로운 도시 무산 계급이 농민적 기원들로부터 점차 분리됨에 따라 산업 경제의 경기 변동에 더욱 취약하게 되었다. 일본인들의 생활 수준이 전반적으로 계속해서 향상되었으나, 경제적 기대가 훨씬 더 빠르게 상승하였다. 소작 농민들과 공장 노동자들의 비참한 생활 조건들이 주요 사회 문제를 제기하였다.

여전히 지도력이 또 다른 문제였다. 메이지 지도자들은 서양 기술의 사용에 의해 일본의 안전 보장과 평등을 달성한다는 그들의 목표로 일치된 하나의 밀착된 집단이었다. 그러나 그들의 전임자들보다 훨씬 더 한정되게 전문화된 직업 군인들은 보다 큰 제국을 차지하기 위한 증대된 군사력에 일본의 장래가 달려 있다고 주장하였고, 반면에 경제 지도자들이나 그들의 도움으로 선출된 정치인들은 희생이 크고 위험한 그러한 방향보다는 산업의 확장에 투자하는 것이 더 좋을 것이라고 생각하였다. 그와 같은 의견의 분열은 근대 사회들에서 드문 것이 아니었으나, 그것을 해결하는 데 필요한 강력한 지도력이나 논쟁을 조정할 효과적인 기구를 일본은 갖추고 있지 못했다. 메이지 번벌들은 그들이 위로부터 지도할 수 있는 정부를 창출하였다. 그들은 그들과 같이 강력하고 통일된 지도 집단이 지속될 것으로 가정하였다. 그러나 제 2 세대와 제 3 세대의 지도자들은 체제의 설계자들이 아니라 상속자였다. 그들은 그것을 초월하는 곳에 있었던 것이 아니라 그것 안에 있었다.

정치적 애매함의 배후에 증대하는 다양한 가치들이 존재하였다. 메이지 시대 전환의 지도 정신은 천황 중심의 민족주의였다. 이것이 일본을 강대국으로 만드는 정력적인 야심 속에 표현되었다. 그러나 일단 일본이 힘을 달성한 후 비록 민족주의의 핵심적 요소들이 강력한 채로 남아 있었지만, 그것의 목표들이 다양하게 되었고 초기의 의견 일치는 심상치 않게 깨졌다.

19세기말과 20세기초 일본의 정치 생활은 한편으로는 자유로웠고 또 한편으로는 자유롭지 못한 것이었다. 일본 사회가 보다 근대적으로 발전함에 따라, 자유에 대한 보다 큰 요구가 서구 사상의 새로운 조류, 고조된 사회적 유동성,

확대되고 향상된 교육, 사회의 정치적 지배에 국민들이 보다 폭넓게 참여하는 것 들에 의해 생겨났다. 이것은 1920년대까지 일본 정치의 주된 경향 —— 즉, 정부의 다른 엘리트에 대하여 의회와 정당의 힘이 단계적으로 증가한 것 —— 을 반영하였다. 하지만 같은 기간 동안 더 큰 권위주의적 지배에 대한 가능성이 또한 증가하였다. 1930년대초 일본 지도자들이 해결할 수 없었던 위기가 대두되었을 때 엘리트들 사이의 균형에 변화가 일어났고 일본은 군국주의 국가가 되었다. 군사적 지배로의 전이로 인해 근대화의 이익뿐 아니라 해악들이 서구 제국들에서와 같이 비서구 국가에도 나타날 수 있음을 입증하였다.

경제의 성숙

일본의 근대 산업 발전의 토대가 19세기의 마지막 30년 동안 형성되었다. 최초의 발전은 전통적 경제 부문에서 발생하였다. 도쿠가와 시대의 제약으로부터 벗어나고 제도적 혁신과 개혁에 의해 자극을 받은 일본의 소규모 전통 산업들이 두드러지게 확대되었다. 발전의 제 2의 물결이 1880년대말과 1890년대 동안 근대적 부문에서 발생하였다. 그러나 우리는 19세기의 이러한 성장을 적절한 관점에서 바라보지 않으면 안 된다. 그것은 질적으로 훌륭한 것이었으나 소규모적이었다. 양적 의미에 있어서 일본의 도약기는 실제로 러일 전쟁 후에 시작되었다. 19세기말 일본은 여전히 기술적으로 후진적이었고 대부분 생사 같은 원료나 반가공품을 수출하고 있었다.

1900년 후의 경제 성장률은 괄목할 만한 것이었다. 19세기말의 급상승이 이후 40년 동안 거의 중단 없이 계속되었다. 1900년과 1930년대 사이에 원료의 생산이 3 배 이상, 제조품 생산이 12 배 이상 증가하였다. 1930년대말까지 일본 경제는 중공업에 있어서도 비교적 성숙되어 있었다. 그러는 동안 약 20 배 이상 성장한 수출 가운데 60 퍼센트 정도가 완제품들로 이루어져 있었고, 서구 대공업국의 몇몇 산업들은 일본과의 경쟁에 대해 거의 병적으로 두려워하게 되었다.

많은 학자들은 이 경제 성장을 일본의 식민지 국가에 대한 착취의 탓으로 돌렸다. 일본인들은 확실히 그들이 할 수 있던 많은 것을 식민지로부터 강탈하였고, 한국과 대만의 농산물과 광산 자원들에 대한 지배가 결과적으로 전략적 이점을 가져다 주었다. 그러나 식민지 국가가 인간적 조건에 있어서 아무리 착취적인 것이었다 하더라도, 그것은 아마도 자산이기보다는 더욱 큰 경제적 소모였다. 설사 식민지를 점령하고 방위하는 데 필요했던 증대된 군사 지출을 무시한다 하더라도 그것들로부터 획득한 것보다 더 많은 것이 지출되었다.

다른 학자들은 일본의 경제 성장을 설명하기 위하여 해외 시장(그 중에서 식민지 시장들의 역할은 매우 작은 부분을 이루고 있었다)의 역할을 강조하였다. 또한 지주제의 불공평과 재벌들에 의한 부의 집중이 국내 소비를 제한하여 일본이 시장들을 찾아서 밖으로 나가게 만들었다고 주장하였다. 이 가설도 또한 사실들에 의해 뒷받침되지 않는다. 원료와 앞선 기계의 공급원으로서 해외 무역은 필수적이었다. 그러나 그것은 서구 제국들이 그러했던 것보다 일본의 전체 경제 활동에서 보다 작은 부분만을 설명하여 준다. 일본 경제는 종속적인 것이 아니라 지배적이었다. 그것의 성장은 주로 자생적이었다.

성장의 일부가 인구 증가에 의해서 소모되었는데, 인구는 1900년의 4,384만 7,000명으로부터 1940년의 7,310만 명으로 두 배에 가깝게 증가하였다. 많은 부분이 새 제국을 위한 투자와 증대된 군사 지출에 충당되었다. 높은 비율이, 즉 호경기에는 순수입의 15퍼센트 이상이 자본 투자로 재투자되었다. 하지만 일본의 전체 생산에 대한 이러한 여러 필요에도 불구하고 충분한 것이 남아서 20세기의 처음 40년 동안 국민 일인당 소비의 상당한 증가에 영향을 주었다. 비록 다른 집단들 사이의 상대적 불균형이 또한 증대되었지만, 사회의 모든 단계에서 어느 정도 수준이 향상되었다.

경제가 발전함에 따라 일본은 세계 경제에 밀접하게 통합되었다. 광대한 광산 자원들이 결핍된 일본은 공업 생산이 늘어남에 따라 계속해서 증대되는 양의 원료를 수입해야 했고, 그것들은 오로지 상응하는 수출의 확대로 지불될 수 있었다. 대부분의 기간 동안 이것들은 쉽게 획득되었으나, 의존에 대한 심리적 자각이 더욱더 강렬하게 되었다. 게다가 해외 무역이 일본 경제 성장의 원동력은 아니었지만, 그것은 경제가 고속으로 혹은 저속으로 성장하는 차이를 만들 정도로 충분히 크게 늘어났다. 1950년대와 1960년대에, 뉴욕이 재채기를 하면 도쿄가 감기에 걸리게 된다고 말해졌다. 이 상황의 단서가 이미 1920년대와 1930년대에 보여지고 있었다.

성장의 유형 1905년 이후 시작된 호경기가 1913년까지 계속되었다. 이 향상에 기여한 세 가지 형태의 수요가 1930년대까지 일본의 성장을 지탱했던 힘을 특징지었다. 최초의 것은 전통적 경제 부문의 지속적 확대였다. 비교적 불변인 채로 남아 있던 소비자의 취향이 임금이 상승함에 따라 새 산업 제품들보다는 오히려 전통적 상품들로 향해졌다. 국내외 수요의 두번째 형태는 면화와 자전거 및 일본의 다른 경공업 제품들에 대한 것이었다. 수요의 세번째 형태는 정부 지출에 의해 창출된 것으로 1913년 전의 20년간 6배 증가하였다. 이 증가의 대부분이 군사적인 것이었다. 1887년부터 1940년까지 전기간 동안 경제에 있어서의 정부 투자가 총투자에 대한 비율로 평균 40퍼센트를 훨씬 상회하였다. 이것이 일본의 중공업 제품들이 서구 제품들과 아직 경쟁적인 것이 되지 못한 시점에서 그것에 대한 시장을 꾸준히 창출하였다.

1905년 이후의 일본의 정부 지출과 산업 투자의 비율은 일본이 유지하기에 너무 높은 것으로 판명되었고, 1911년까지 일본은 심각한 재정적 위기에 직면하였다. 그러나 이것은 경제적 팽창을 위한 강력한 새로운 자극을 낳았던 제1차 세계 대전에 의해서 해소되었다. 이것은 일본 역사상 '최상의' 전쟁이었는데, 일본의 군사적 개입이 최소한이었던 것에 비해 동맹국들로부터의 군수품 주문이 쇄도하였고, 통상적인 유럽의 공급원으로부터 단절된 아시아와 다른 시장들에서 일본 제품에 대한 수요가 엄청나게 증가했기 때문이다. 1915년과 1920년 사이에 일본 경제가 비약적으로 성장하였다. 유럽 선박의 파괴가 일본 상선에 이익을 가져와 그 규모가 거의 두 배로 늘었고, 순수입도 약 10배 증가하였다. 공장 노동자의 수가 거의 두 배로 늘었고, 면제품의 수출도 또한 그렇게 되었다. 막대한 이윤을 내었고, 급격한 물가 상승에도 불구하고 일본에서는 흔히 고율인 공업에 있어서의 자본 투자를 가능케 하였다. 뿐만 아니라 일본은 6년내 6배 증가한 20억 엔 이상의 정금을 보유하여 처음으로 채권국이 되었다.

급상승한 인플레이션이 전쟁 경기를 강화 후에도 1년 이상 지속시켰으나, 1920년 3월 물가가 폭락하였다. 다음의 12년간은 일본 근대사에 있어서 경제적으로 가장 무미한 시기였다. 하나의 이유는 일본 농업과 원료의 국내 생산이 정체기에 도달한 것이었다. 이 평탄화가 농촌과 도시의 소득 수준의 점증하는 차이를 두드러지게 하였고 확대되는 인구를 공업 부문에서 흡수해야 할 부담을 안겨 주었는데, 공업 부문 또한 그것 자체의 문제를 안고 있었다. 이 기간 동안의 빈약한 실적에 대한 두번째 이유는 정부 지출의 상대적 감퇴였 다. 종전에는 정부의 지출이 경제를 경기 변동으로부터 보호하는 역할을 했 다. 평화와 민주적 경향의 시기인 1920년대 동안 군사비가 다른 지출의 보상적 인 증가 없이 삭감되었다. 그 결과로 일본인들은 국내외 시장의 기복에 더욱 더 노출된 상태에 놓였다. 세번째 이유는 제 1 차 세계 대전 후 대부분의 나라 들의 물가 구조가 일본의 물가 구조가 그러했던 것보다 더 완전하게 수축된 것 이었다. 이것이 1920년대초 무역의 불균형과 정금 보유의 상실을 가져왔다. 일본의 수출은 1920년대 후반 미국의 번영에 의해서 고무되었으나 대공황의 경제적 결과에 의해 재앙의 일격을 맞았다.

다른 국내 요인들이 또한 1920년대 일본의 경제 생활의 뒤섞인 양식의 원인 이 되었다. 1922년 전후의 불경기에서 벗어나기 시작하였으나, 1923년 9월 1일 13만 명의 사람이 죽고 수십 억 달러 상당의 재산이 파괴된 대지진이 도쿄 지 역에서 발생하였다. 이것이 부분적으로 외국 차관에 의해서 조달된 건설 붐을 일으켰다. 1924년 후 일본은 금본위제(金本位制)를 일시적으로 해제하여 엔을 절하했는데, 그것이 해외 무역을 자극하였다. 인플레성 경제 팽창이 뒤따랐으 나, 이것은 1927년 봄의 금융 공황에 의해 억제되었고, 몇 개의 주요 은행들이 파산하여 디플레이션이 다시 한 번 시작되었다. 그 후 잠시 활기를 되찾았으 나 1930년 경제는 훨씬 더 큰 충격을 경험하였다. 1월 전통적인 성격의 대장상 (大藏相) 이노우에 준노스케(Inoue Junnosuke, 井上準之助)가 미국의 폭락 바로 두 달 후, 그리고 세계 가격이 이미 하락하기 시작한 시점에 현명치 못하게 일본 을 금본위제로 복귀하도록 하였다. 결과적으로 엔의 가치가 상승하여 수출이 줄어들었고 일본은 심각한 불경기에 빠졌다.

이들 어려움에도 불구하고 일본 경제는 1920년과 1930년 사이에 정체된 것 은 아니었다. 즉, 기술의 향상이 이루어졌고, 산업이 보다 광범위하게 다양화 되었고, 제조업 생산이 거의 두 배에 가깝게 되었으며, 제 1 차 세계 대전의 성 과와 불건전 기업들의 소멸에 의해 1922년부터 1927년까지의 인플레성 팽창이 강화되었다. 그러나 사람들의 고통과 사회적 불안의 대가는 격심한 것이었다. 앞선 6 년 동안 174 퍼센트 상승했던 쌀값이 1920년의 디플레이션 후 1 년내에 절반 이상 떨어졌다. 그러다가 1925년까지 거의 예전의 높은 수준을 회복하였

274

으나, 그 후 1931년까지 거의 1914년 수준으로 떨어졌다. 일본의 주요 수출품이자 일본 농업의 가장 중요한 보조적인 생산물인 생사의 가격이 1925년과 1929년 사이에 3분의 2 이상 떨어졌다.

회복과 전시 경제의 대두　비록 불경기가 미국에서 수년간 계속되었지만, 일본은 이미 1932년에 회복하고 있었다. 이 회복에 기여한 주요인은 해외 무역의 확대였다. 일본은 1931년 12월 금본위제를 포기하여, 엔이 50 센트에서 30 센트로 하락하였다. 이 평가 절하가 수출 붐을 만들어 냈다. 보다 값싼 일본 상품들이 유럽 제국(帝國)들 내에 갇혀 있지 않던 아시아와 아프리카의 다수 시장들을 장악하였다. 급속한 회복의 원인이 된 두번째 요인은, 1931년 군사적 모험으로의 복귀에 의해 앞선 10 년 동안 결여되었던 고수준의 군사 지출을 회복한 것이었다. 경제가 불경기에 빠져 있었기 때문에 이들 두 요인들은 상호 보완적이었다. 즉, 무역이 군대에 도움을 준 산업상의 힘을 형성하는 것을 촉진하였고, 군사적 수요가 불경기로부터 회복하는 것에 기여하였다. 1936년까지 산업이 보다 더 다양하게 되어 야금(冶金), 기계, 화학 공업 등에서 기술적 진보가 이루어졌고, 6 년내에 해외와 식민지들에 대한 수출량이 두 배로 되었으며 순국민 생산이 절반 이상 증가하였다.

일본의 수출에 대한 서구의 반응은 부정적이어서 관세가 인상되었고, 규제가 시도되었으며, '덤핑'과 값싼 동양의 노동력에 대한 항의가 있었다. 일본의 수출이 세계 수출의 단지 4 퍼센트에 지나지 않았고, 미국과 유럽으로부터의 일본의 수입이 이들 지역에 대한 수출보다 많았던 것을 고려할 때 그와 같은 공포는 지나치게 과민한 것으로 보였는데, 세계 경제 질서의 생존 능력에 대한 서구의 중대한 우려를 반영한 것이었다.

일본의 수출 확대에 대한 서구의 반발이 일본에서 팽창을 옹호하는 사람들에 대한 지원을 제공하였다. 다른 산업 열강들은 넓은 식민지나 막대한 국내 자원을 보유하고 있었다. 아시아의 영국인 일본에는 이 두 가지 모두가 결핍되어 있었다. 서구의 제약들에 직면하여 국가적 운명을 실현하기 위한 유일한 방법은 경제적으로 자급 자족적인 제국을 건설하는 것으로 여겨졌다. 그러나 1936년 후 전개된 사건들이 이들 주장이 오류였음을 보여 주었다. 인상된 해외의 관세에도 불구하고 일본은 불경기로부터 성공적으로 회복하였다. 이 회복은 다각적인 형태의 무역에 토대를 두고 있었다. 일본은 아시아와 아프리카에서 구매하는 것보다 더 많은 것을 판매하였고, 미국과 유럽에서는 판매하는 것보다 구매하는 것이 더 많았다. 통화가 환산될 수 있었기 때문에 무역에 있어서의 이 지리적 불균형이 가능하였다.

그러나 1936년 후 더 많은 일본의 수출품들이 식민지로 가게 되었다. 이것이 대외 수지의 악화를 가져왔고 일본이 달러 수입품들에 대한 통제를 가하도록 만들었다. 또한 1936년까지 일본 경제는 잘 정비돼 있었다. 1930년대초의 팽창이 완전 고용을 가져왔고 유휴(遊休) 자원은 거의 없었다. 따라서 일본이 1937년 중국과, 다음으로 1941년 미국과 서구의 연합국들과 전쟁을 하게 되었을 때 성장을 또 한 번 되풀이할 가능성은 거의 없었다. 일본은 오로지 소비를 줄이고 생산 능력을 군수 산업에 돌리기 위한 엄격한 통제를 가하는 것에 의해서만 전략적인 가능성이 있었다. 이것이 일본과 미국과의 차이를 고조시켰는데, 미국은 방대한 원료의 원천을 보유하고 있었고 전쟁을 시작할 무렵에 결코 완전 고용을 향유하고 있지 않았다.

재벌 제도 메이지 시대 초기의 자본 부족, 경제를 구축할 장래성이 있는 기업가들에게 재정적 원조와 특권을 기꺼이 제공하려는 정부의 용의, 그것들을 구입할 수 있는 소수에게 1880년대에 관영 산업이 불하된 것 등이 상대적으로 소집단의 경제 지도자들이 산업화의 결과가 나타나기 직전에 일본 경제의 근대 부문의 많은 것의 지배권을 획득하는 것을 가능케 하였다. 19세기말 이렇게 확립된 재벌(財閥)들이 경제 전체보다 더 빠르게 성장하였고, 1920년대까지 일본 경제력의 대부분을 지배하였다. 제 1 차 세계 대전의 산업상의 급상승기에 이들 실업가들이 막대한 성장을 하였고, 전후의 경제적 불확실의 시기 동안 그들은 경제에 대한 지배를 더욱더 굳게 하였다. 적어도 절반 이상의 은행들이 이 기간 동안 사라져서, 대규모 산업 팽창을 위해 필요한 재정 능력이 소수의 거대 기업의 수중에 집중되었다.

지도적인 금융, 산업 집단들은 처음부터 정부와 밀접하게 협력하였으나, 이제 더 큰 역할의 평등화가 발생하기 시작하였다. 기업가들은 그들의 자본 필요를 위해 더 이상 정부에 의존하지 않게 되었다. 대기업은 정부 정책의 도구 노릇을 계속하는 한편으로, 관료 집단내에 가진 유대와 정당에 대한 재정적 영향력에 의해 정책 형성에 증대되는 발언권을 가지게 되었다. 많은 일본인들에게 그것은 '하극상(下剋上)'으로 여겨졌다. 이들 거대 기업들을 나타내는 것으로 널리 쓰여진 '재벌'이라는 용어는 강한 경멸적인 의미를 지닌 것이었다.

어떤 기업이 재벌을 이루고 있었는가에 대해선 분명한 의견 일치가 결코 존재하지 않으나, 4대 재벌에는 크기의 순서대로 미쓰이〔三井〕, 미쓰비시〔三菱〕, 스미토모〔住友〕, 야스다〔安田〕가 항상 속해 있었다. 그 외에 무기를 조립하는 것과 육군의 만주 개발을 원조하는 것에 의해 1930년대에 대두한 아이카와〔鮎川〕의 닛산〔日産〕과 다른 '신재벌'들뿐 아니라 후루카와〔古河〕, 구하라〔久原〕, 가와사키〔川崎〕와 같은 대기업들을 포함시키는 것에 대해 아무도 반박하지 않을 것이다.

재벌 기업과 서구 기업의 최대의 차이점은 전자가 일반적으로 다양한 분야들에 확산하여 단일한 대기업이기보다는 차라리 기업 집단이라 할 수 있는 연합체를 이루고 있었다는 점이다. 그러한 기업 합동은 횡적으로 다양한 제조업과 광업, 종적으로 단일한 제품의 다른 생산 단계들을 통하여 확산될 수 있었다. 따라서 한 미쓰비시 광업 회사가 광물을 캐면, 그것으로 한 미쓰비시 제조 회사가 제품을 만들어서 그것을 한 미쓰비시 상사가 해외 시장에 파는데, 또 다른 미쓰비시 자회사의 선박으로 그것을 수송하는 것이다. 그리고 이 전과정에는 미쓰비시 은행을 통해 자금이 조달된다.

1920년대와 1930년대 동안 미쓰이와 미쓰비시는 아마도 두 개의 세계 최대 개인 경제 제국이었다. 1941년 다방면에 걸친 미쓰이 재벌은 70개의 직계 회사들을 가진 하나의 지주 회사(持株會社)로 이루어져 있었다. 가장 큰 미쓰이 물산과 미쓰이 광산은 각각 126개와 31개의 다른 자회사들을 지배하였고, 반면 108개의 다른 기업들이 나머지 68개의 직계 회사들의 지배하에 있었다. 절정기에 미쓰이 재벌은 아마도 일본 본토내에 약 100만 명을, 그리고 제국내와 해외에 또한 100만 명을 고용하고 있었다.

미쓰이는 미쓰이가(家)에 의해 소유되어 있었는데, 그들이 그들 부의 90퍼센트를 보유하였고, 그들의 가법(家法)에 의해 행동과 지출이 엄격하게 통제되었다. 미쓰이가는 많은 미쓰이 회사들의 지분을 직접 보유하였고 중심이 되는 지주 회사에서 다수의 지배권을 소유하였다. 가문과 지주 회사의 구분이 비교적 근자에 대두했던 재벌 기업들에서는 존재하지 않았다. 미쓰이와 다른

미쓰이〔三井〕 재벌의 구성
(재벌내의 주요 업체 중의 특정례에 의거함)

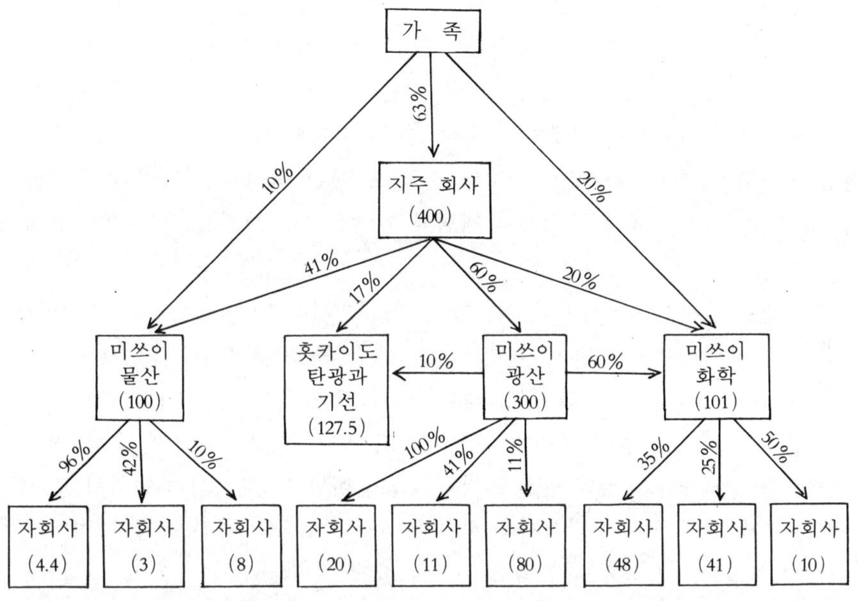

화살표는 주식 소유의 퍼센트. 괄호 안의 숫자는 100만 엔을 단위로 한 자본 불입금(3엔이 1달러).

대부분의 재벌들 사이의 또 다른 차이는, 미쓰이 재벌의 실제적인 사업상의 지배권이 경영자들의 수중에 오래 전에 넘어갔던 반면에, 신생의 재벌 기업들에서는 창업 기업가들과 그들의 직계 후손들이 여전히 재배권을 가지고 있던 점이었다. 재벌의 내부적 응집력과 세력은 가족 소유에 더하여 상호 중첩되는 이사회, 재벌이 단지 소수의 주식 지분을 가진 자회사들을 지배할 수 있는 재정과 마케팅 능력의 사용, 거의 봉건적인 기업에 대한 충성심들에 의해 보장되어 있었다. 계열 기업들의 직원들은 자신들을 전체 조직의 부분으로 간주하였고 그것에 충성하였다.

재벌 제도의 효율성에 대한 열띤 논쟁이 있었다. 오늘날 대부분의 경제학자들은 그 제도가 매우 효율적인 것이었고, 그 시대에 그와 같은 것이 거의 필연적인 것이었다는 점에 의견의 일치를 보이고 있다. 어떤 후진국이라도 산업화하려고 할 때 자본과 숙련 노동과 기술적 능력의 부족이 존재한다. 급속한 성장을 이룩하기 위하여 이것들이 집중된 형태로 결합되지 않으면 안 된다. 19세기 후반 자유 기업이 강력했고 사회주의적 발전 모델이 존재하지 않았을 때 이것이 개인의 손에 의해 일어난 것은 자연스러운 것이었다. 재벌 제도가 일본 경제에 기업가적 용기를 제공하였는데, 기성 기업들로부터의 이윤이 재벌들에 의해 새로운 분야를 개척하는 모험 자본으로 쓰여졌다. 소수의 지배적인 가문들에 부가 집중하는 것조차 경제적 순이익이어서 많은 이윤이 그 이상의 팽창을 위해 재투자되는 것을 가능케 하였다. 물론 독점의 경향이 존재했으나, 해외 시장과 원료의 중요성이 재벌의 가격들이 경쟁력을 유지하는 것을 도왔다.

제벌 제도의 사회적·정치적 결과를 평가하는 것은 더욱 곤란하다. 이것은 능력 있는 사람들에게 개방된 출세의 길을 제공하기도 했으나 반면 관료적이자 위계적이었고 개인주의를 옹호하지 않았다. 그것들이 일본 사회 전체보다 더 비민주적이었는지 어떤지는 의문의 여지가 있다. 일부는 재벌에 의한 부의 집중이 강력한 중산 계급의 발전을 방해했다고 비난하였다. 기업 주식의 보다 폭넓은 분배가 더 좋지 않았을까? 반면에 재벌 기업들의 중간 경영자층이(전문직, 소기업가, 지주 및 관료의 상층부와 함께) 주택, 정기 예금 및 그들 자녀들의 교육에 대해 높은 관심을 가지고 1920년대에 있어서조차 알아볼 수 있는 중산 계급을 이루고 있었다. 재벌 제도가 조장했던 급속한 경제 성장이 경제적 집중으로 이 계급을 약화시켰다기보다는 강화시키지 않았을까?

재벌들과 정당들, 그리고 정부의 관계는 아직 적절하게 연구되지 못하였다. 선거 운동에 대한 재벌들의 헌금이 어느 정도 정당의 정책들에 영향을 미친 것일까? 그렇지 않았더라면 정당들이 다른 정책들을 채택하거나 정치적으로 더욱 건전하였을까? 해답들이 어떤 것이든 간에 재벌들의 정치적 활동은 일찍부터 대중들의 비난의 표적이 되었고 많은 일본인들의 마음 속에 의회제 정치의 개념을 변식시키는 것에 기여하였다.

비록 비민주적이었다 하더라도 재벌은 당시 일본에서 발전하고 있던 다른 정치적 경향인 군국주의와 잘 조화되지 않았다. 그들이 가진 보수 정당들과의 유대가 그들이 1920년대에 존재한 것과 같은 대의 정부를 선호하도록 이끌었다. 경영자들의 고등 교육과 해외 경험이 해외 무역의 중요성에 대한 자각과 함께 재벌에게 국제적 전망을 제공해 주었다. 전쟁 전 군국주의 지지자들이 재벌에 대한 가장 혹심한 비판자들이었다. 예를 들면 만주에 있던 일본 관동군(關東軍) 장교들은 재벌들을 서구적이고, 도시적이고, 자유주의적이며, 부패한 것으로 간주하여 1931년 후의 초기 만주 개발에 그들이 참여하는 것을 봉쇄하였다. 일본이 1937년 후 전쟁에 더욱 깊숙이 빠져들어감에 따라 재벌 산업들이 필연적으로 전시 경제의 핵심이 되었다. 그때조차 재벌을 통제하는 것이 어려웠음이 판명되었다. 재벌이 경제력의 집합을 대변하였기 때문에 그것들에게 복종을 강요하기보다는 협조를 구하는 것이 정부에게는 더 득책이었다. 협조의 방식이 어떤 것이었는지는 아직 연구되지 않았다.

일본 경제의 이중 구조　일본 경제의 또 다른 두드러진 특징은 5명 이하의 노동자를 가진 엄청나게 많은 수의 소기업들이었다. 예를 들면 1930년 일본 제조업 노동력(475만 9,921명)의 절반 이상(277만 2,183명)이 그러한 소기업들에 고용되어 있었다. 그것들의 세금 보고가 경제에 있어서 그들의 실제적 역할을 대체로 과소 평가한 것이었기 때문에 그들의 생산 능력을 산정하는 것은 곤란하다. 그것이 대규모 근대적 공장보다 덜 효율적이었고, 그 수가 많았던 것에 비해 그들이 산출한 생산 가치가 상당히 낮은 것이었다는 것은 명백하다. 그러나 그것들이 단지 전통적 소규모 산업의 퇴조하는 부문으로 무시될 수는 없다. 중간 및 대규모 산업들과 비교하여 총생산에서 그들이 차지하는 비율이 완만하게 감소하고 있었으나, 도쿄에서만도 그것의 숫자가 1923년의 약 3,000으로부터 관동 대진재(關東大震災) 후인 1932년에는 거의 2만 6,000개로 명백하게 증가하였다.

　이러한 이중적 양상이 일본 경제를 특징짓고 있었는데, 소수의 거대 재벌과 수천 개의 소규모 작업장이 그것이다. 또한 그들 사이에는 비교적 소수로 이루어진 중간 규모의 산업들이 존재하였다. 일본의 경제사가들은 이러한 양태를 경제의 '이중 구조'라고 칭하였다. 부분적으로 그것은 분리된 기술의 결과였다. 즉, 재벌의 기술자들은 도쿠가와 시대의 직인(職人) 전통에 뿌리를 가진 소기업 소유자들과 대조적으로 서양 과학에 숙달되어 있었다. 자본 취득의 가능성도 또한 이중적이었다. 재벌 은행들은 동일 기업 합동내의 산업들에 조달하였지만, 소기업들은 개인 저축이나 후원자의 대부로 시작할 수 있었다. 양극단은 또한 사회 조직의 분명한 차이를 반영하고 있다. 재벌은 비록 가부장

견사 스크린 장인(匠人)들이 점차 예술가들이 됨에 따라 전통적 기술의 일부가 현대에 살아 남았다.

적이지만 인식할 수 있을 정도로 근대적이거나 '서구적'이었으나, 작업장들은 일본의 전통적인 소집단 조직을 고수하고 있었다. 1930년대말까지 이들 구분들의 일부가 희미해지기 시작하였다. 보통 교육과 대산업들과의 연결이 소기업들의 기술 수준이 상승되도록 이끌었다. 또한 사회 조직에 있어서도 변화가 일어나고 있었다. 그러나 일반적으로 상대적 차이점들이 임금의 이중 기준과 함께 전후 시대까지 계속되었다.

5명 이하의 노동자들을 가진 소기업은 전통적 수공업, 직조업, 일용 필수품을 만드는 공장 및 수선 공장 등이었는데, 생활 수준이 향상됨에 따라 모든 분야에서 수요가 증가하였다. 또한 소기업들은 경제의 가장 선진적인 부문과 결합하게 되었다. 아마도 일본 소기업의 절반 이상이 재벌형 산업들의 하청에 전적으로 의존하고 있었다. 예를 들면 시간이 많이 걸리는 한 전기 기구의 조립이 공장으로부터 100마일 떨어진 마을의 작업장에서 행해질 수 있었다.

이 이중 구조의 의의는 논쟁을 불러일으킨다. 소기업의 낮은 효율이 경제의 장애물이었는가, 혹은 소규모 작업장들이 단순 노동력을 제공하여, 근대적 부문이 그것의 모든 에너지를 보다 복잡하고 자본 집중적인 기술적 생산 임무에 돌릴 수 있도록 하여 전체 경제를 보다 급속도로 확대시키는 것을 가능케 하였는가? 전자의 입장을 취하면 재벌과 소기업이 착취적인 관계를 이루어 이들 작업장에서 노동자들에게 단순한 임무를 부여하여 값싼 노동력을 이용하여 억압적인 사회적 양식을 유지하였다고 볼 수 있다. 만일 전생산 과정이 공장으로 옮겨졌다고 한다면 보다 큰 임금의 균등화, 노동 조합을 위한 보다 유리한 조건, 새로운 사회적 양식이 발전하였을지도 모른다. 인간적 관점에서 그 제도는 분명히 착취적인 것이었고, 소규모 작업장들의 노동 조건은 비참한 것이었다.

반면에 그러한 작업장들을 사용하는 것이 생산을 하는 가장 값싼 방법이었으니, 노동력을 쥐어짜내도록 한 것은 재벌의 어떤 사회 정책이 아니라 차라리 이 같은 경제적 고려라 하겠다. 게다가 이중 구조는 재벌의 계획 때문에 발전한 것이 아니라 재벌의 성장에도 불구하고 발전한 것이었다. 그것이 빠른 산업 성장에 의해서도 파괴되지 않은 것은 높은 인구 증가율 때문이었는데, 그것이 값싼 노동력의 공급을 유지시켰다. 전후 시대에 있어서 급격하게 감소한 인구 증가율과 결합하여 근대적 부문에서의 동일한 형태의 경제 성장이 소규모 산업들과 농촌으로부터 노동력을 뽑아 내었다. 이 상황이 소기업들로 하여금 임금을 인상하도록 만들었고 점차적으로 전전(戰前)의 이중 구조를 침식시켰다.

사회 변동

일본 가족　20세기의 처음 몇 십년 동안 일본에서는 사회적으로뿐 아니라 정치적으로도 가족이 계속해서 중요하였다. 그것은 독특한 일본의 '고쿠타이〔國體〕'를 이루는 벽돌과 같은 것으로 간주되었다. 가족의 이상적 덕목인 조화, 단결, 충성 등이 일본 국가에 투사되었다. 그것은 일본에서 유교적 사회 관습의 최후의 근거지였다. 생활의 많은 측면이 근대척이었던 도시 주민조차도 그의 가족 생활에 있어서는 여전히 일본의 전근대적 전통의 생기 넘치는 분야에 참여하였다.

가족내에서는 이미 19세기말에 존재했던 것과 마찬가지로 결혼이 아니라 혈통이 신성하게 여겨졌다. 가계(家系)는 조상들로부터 부모에게로, 그리고 그들의 장자(長子) 상속자에게로 이어졌다. 며느리의 지위는 부분적으로 "자궁을 빌렸다."라는 속담에 의해 규정되어 있었다. 결혼 생활에 자식이 없으면 '신부'를 돌려보내거나, 양자로 상속자를 삼거나, 부유한 가정에서는 첩을 얻을 수가 있었다. 다른 미혼의 자녀들뿐 아니라 장자와 그의 아내가 부모들과 함께 살았다. 이상적인 가정은 삼대(三代)가 한지붕 밑에 사는 것이었다.

가족과 같은 기본적인 제도내에서는 변화가매우더디게 진행되었다. 제2차 세계 대전 후에도 위에서 언급된 형태가 일본 농촌의 대부분의 지역들에서는 여전히 찾아질 수 있었다. 하지만 일본의 도시에서는 19세기말부터 변화가 이미 진행중에 있었다. 일본의 초기 산업화에 따른 인구 팽창으로 인하여 도시들로 이동한 막대한 수의 2남과 3남들이 가계보다는 부부 관계를 중심으로 하여 핵가족을 이루었다. 경제가 발전함에 따라서, 사람들은 더 많은 시간을 가족을 떠나 보내게 되었고, 임금 소득자들이 증대됨으로써 생산 단위로서의 가족의 중요성이 사라지기 시작하였다. 여권(女權) 운동, 민권론(民權論), 낭만주의 사조, 그리스도 교, 사회주의 및 다른 영향들이 혈통에서 배우자 관계로 전이되는 원인이 되었다. 모두가 성간의 평등을 강조하였다. 그러나 핵가족으로의 전이가 완전한 것은 아니었다. 비록 장래 배우자들의 의사가 반영되고 최소한의 거부권이 행사되기도 했지만, 도시들에서조차 대부분의 결혼은 여전히 부모들과 중매쟁이에 의해서 정해졌다. 그 결과는 일본식 배우자 가족이었는데, 서구와 달랐으나 또한 전통적 가족 제도와도 달랐다.

농촌 사회　　세기의 전환시까지 일본 농촌 사회는 결코 단순한 농민 사회는 아니었다. 초등 교육이 바야흐로 보편화되는 시점에 있었다. 여유 있는 집안의 아이들은 종종 중등 및 고등 교육을 받았다. 신문들이 읽혀졌다. 많은 농촌 장정들이 육군 병사가 되어 여행하였다. 대부분이 증대되고 있던 도시에 살고 있는 친척들을 두었다. 신농법들이 채택되었다. 철도가 건설됨에 따라서, 농산물 시장이 전국적인 것이 되었다. 정부의 영향력이 구석구석에 스며들었다.

농지의 삼대(三代)

농촌 사람들이 일본의 군사적 승리에 감격하였다. 어느 정도의 '개방 상태'가 발전하여 무라〔村〕가 도쿠가와 시대의 '무라'와 질적으로 다른 것이 되었다. 하지만 그것이 근대 사회는 아니었다. 많은 중요한 방식으로 관습의 덩어리가 타파되지 않은 채로 남아 있었다. 종교적, 사회적, 정치적으로 도쿠가와 시대의 '전통 사회'로부터 유래한 공동체적 유대의 관행이 효력을 지닌 채로 남아 있었다.

'유기적' 지역 사회의 단위는 부락, 즉 오늘날 일본 시골에 점재해 있는 10에서 70세대 정도가 모여 있는 마을이다. 그러한 그룹들내의 사회적 응집력은 몇 가지 근원을 가지고 있었다. 하나는 조화의 윤리, 즉 일본의 얼굴을 마주 대하는 집단들내에서 발견되는 예절이다. 또 다른 하나는 공동체의 유대를 강조하는 마을의 진자〔神社〕나 사원의 의식이었다. 관개는 대부분의 지역에서 제한된 수원의 할당에 관한 공동체의 결정을 필요로 하였다. 도쿠가와 시대부터 대부분의 마을들은 공동 목초지나 숲이 있는 언덕들을 보유하였고, 이것에 관한 결정은 각 세대가 한 명의 대표를 보내는 마을 회합에 의해 결정되었다.

이 회합은 또한 징세와 위기시에 가정들에 대한 원조와 심지어 공동체의 오락을 위한 계획까지 다루었다. 마을내에서 조직의 한 원리는 친족 관계였다. 한 가계나 동족 가족들이 마을 회합내에서 한 조로 행동할 수 있었다. 또 다른 보다 더 중요한 요인은 토지 소유의 방식이었다. 메이지 유신 당시 약 25 내지 30 퍼센트의 토지가 소작인들에 의해서 경작되었다. 이 비율은 1908년까지 45 퍼센트로 완만하게 상승하였고 제2차 세계 대전 후에도 그 수준으로 유지되었다(1941년에 46 퍼센트였다). 일본 지주들의 대부분은 그들 스스로 경작할 수 있는 것보다 몇 에이커를 더 가진 소지주들이었다. 보다 더 크게 보유한 사람들조차도 반드시 그들의 토지에서 생활하고 있었다. 보유지의 크기와 형태에 있어서 무수한 등급들이 존재하였다. 농가(農家)의 단지 20 퍼센트만이 순수 소작인들이었고, 35 퍼센트는 반소작인들이었고, 45 퍼센트는 그들이 경작하는 토지 모두를 자기가 소유하고 있었다.

지주제가 지배적인 지역에 있어서의 공동체의 유대는 위계적이었다(어촌에서 선박 소유권은 농촌의 토지 소유권에 상당하였다). 경작될 수 있는 토지보다 경작하고자 하는 사람들이 항상 더 많았다. 이것이 지주들을 유리하게 만들었다. 소작인들은 관습에 의해서 보호받았으나, 기록된 계약은 드물었다. 지주들의 힘은 복종, 충성, 조화, 검소의 덕목들을 강조하는 유교적 색채를 띤 농본주의와 같은 이데올로기에 의해 강화되었다. 지주제가 농촌 사회내에 심각한 불평등을 낳았다. 메이지 시대 초기에 수확물 가치의 35 퍼센트를 취했던 조세가 조세 삭감과 슬며시 다가온 인플레이션의 결과로 1902년까지 약 20 퍼센트로 떨어졌다. 그러나 소작인들로부터 징수된 소작료는 수확물의 약 50 퍼센트로 거의 도쿠가와 시대의 수준에 머물렀다. 도시들이 성장하고 번영하였으나, 전체 인구의 44 퍼센트를 이루고 있던 농민들은 1930년대말에 있어서조차 국부의 적은 부분만을 수취하였다. 도시 생활의 번영으로 인해 기대감이 교육과 함께 상승함으로써 시골의 곤궁을 전보다 더 참기 힘든 것으로 만들었다.

제1차 세계 대전 후 소작 조합(농민 조합으로 불리었다)이 처음에는 도쿄 주변의 현들에서, 그리고 다음으로 동북 지방과 다른 지역들에서 형성되기 시작하였다. 이것들은 도시에서 일어나고 있던 노동 조합들과 평행하였고 대부분 도시 지식인에 의해 설립되었다. 초기에 그리스도 교 사회주의자들이 주된 역할을 수행했으나, 20년대 중반까지 마르크스주의자들이 주도적이었다. 이들 조합의 전국 조직이 1922년 결성되었다. 이들 조합의 중요성을 과장할 수 있다. 그러나 거의 400만 가구가 전적으로 혹은 부분적으로 소작인들이었는데도, 조합은 절정기인 1927년에도 단지 36만 5,000명의 회원들을 보유하였다. 1931년의 만주 사변(滿洲事變) 후에 소작 운동은 탄압되었다. 하지만 전통과 그렇게 대립되는 사상들이 들어와서 어쨌든 수용될 수 있었다는 사실이 농촌 사회가 가진 새로운 개방성의 징후였다.

일본 농촌의 정치 권력은 두 개의 연동되어 있는 전국적 계급 조직, 즉 관료 집단과 정당 정치가들의 조직들에 주어져 있었다. 후자는 의회의 의원들로부터 시작하여 현회 의원을 거쳐 지방의 명망가(名望家)들에 이른다. 흔히 지주들이거나 소기업가들인 영향력 있는 지방 인사들은 공적 혹은 사적인 선심에 대신하여 무더기표를 가져다 줄 수 있는 중개인들이었다.

지방 관료는 내무성(內務省)에서 시작하여 아래로 현을 거쳐 시, 정(町), 촌으로 이어졌다. 임명은 위로부터 주어졌고 권위 계통은 고도의 복종과 상위 권위에 대한 책임에 의해서 특징지어진다. 관리들의 보조자는 역시 내무성 산하에 있던 경찰이었다. 내무성의 정치적 역할은 시간이 지남에 따라 변화하였다. 일찍부터 그것은 정당들에 대항하기 위해서 정부에 의해 사용되었다. 그 후 정당인들이 정부에서 권력을 획득하고 정당 임명자들이 관료 집단의 우두머리를 차지하게 됨에 따라, 내무성이 여당에 의해 그들의 후보를 진출시키기 위해 이용되었다. 내무성은 항상, 특별히 1930년대 동안 '불온 사상'을 경계하는 감시자였다.

보통 산개한 몇 개의 부락들로 이루어진 무라(村)는 관료적 계급 조직내에서 최하위의 행정 단계였다. 여기에서 기록, 명령, 비인간성 등을 지닌 근대 관료제가 개인적 유대, 가족, 집단적 연대가 최고의 것이었던 부락 사회에 조우하였다. 무라 조직 자체가 이들 둘 사이의 타협이었다. 그것이 운영되는 규칙과 그것의 책임의 대부분이 위로부터 강제된 것이었다. 하지만 촌장은 선거로 선출되었고, 뽑힌 사람들은 일반적으로 그들의 공동체의 명망가들이었고, 보통 이상의 교육을 받은 좋은 가문 출신 사람들이었으며, 농사와 농업 재정에 경험을 가진 사람들이었다. 촌장 밑에 선거로 뽑힌 촌회가 있었다. 이것이 지역의 중요사들을 결정하였고, 촌장이 정부의 명령을 집행하는 데 있어서 촌회에 의해 표현된 지방의 여론을 반영하도록 기대되었다.

도시 사회   일본의 전통 도시들은 시골보다 더 자유로웠다. 마치카이쇼[町會所], '진자'의 고[講], 동업 조합, 소방 집단들과 같은 규제 조직들이 존재하였다. 가옥들이 밀집되어 있는 복잡한 지역들에서는 사생활이 거의 존재하지 않았고 인접한 이웃들은 가깝고 친밀했다. 그러한 개인적 유대가 도시 조[町]의 모든 주민들 사이에 형성될 수는 없었다. 도시로의 이입과 도시로부터의 유출이 빈번하였다. 농업과 공동 재산의 관리에 요구된 협동이 존재하지 않았기에 공동체적 연대감이 약했다.

일본 경제의 성장에 따라 일본의 근대 도시들이 전통 도시들로부터 성장하였다. 1895년 4,200만의 일본인들 중 단지 12 퍼센트만이 1만 명 이상의 도시나 '조'에 살았다. 1930년대 중반까지 6,900만의 일본인들 중 45 퍼센트 이상이 그와 같은 도회지에서 살았고, 인구의 4분의 1 이상이 10만 명 이상의 도시에서 살았다. 1940년까지 도쿄는 677만 명의 인구를 갖게 됨으로써 런던과 뉴욕에 필적하였고, 한편 오사카, 교토, 나고야와 새 항구 도시들인 요코하마와 고베[神戸]를 합한 인구수가 도쿄와 비슷하였다.

도시들은 일본 근대의 문화적 전환의 중심지였다. 1870년대와 1880년대 동안 신시대의 구체적인 표시들, 즉 마차, 가스등, 소고기를 파는 정육점, 양식 건물, 사무라이 스타일이 아닌 다른 머리 모양을 해 주는 이발소, 양복, 새로운 학교와 대학 들이 도쿄에 처음으로 등장하였다. 변화는 균일하지 않았다. 늦게는 1901년 도쿄에서 맨발로 다니는 것을 금하는 명령이 발해졌다. 하지만 이때까지 초등 교육이 거의 보편적이었고, 도시에서 성장한 사람들뿐 아니라 농촌으로부터 이주해 온 사람들도 문자 해독 능력이 있었다. 일본의 학령 인구가 1873년의 420만으로부터 1893년의 720만으로, 그리고 1935년의 1,130만으로 증가한 것을 고려할 때 이 성취의 주요성은 명백한 것이 된다. 도시는 또한 근대 일본의 신문화를 확산시킨 고등 교육의 중심지가 되었다. 대학과 전문 학교의 등록자수가 1900년의 2만 2,910 명으로부터 1940년의 22만 3,477 명으로 증가하였다.

제 1차 세계 대전의 종전시까지 도시 생활의 변화들은 훨씬 더 두드러졌다. 생활 수준이 향상되었고, 노동자들이 맥주와 청량 음료를 마셨으며, 주간지, 영화관, 술집, 식당 들과 다른 대중 문화의 표상들이 등장하였다. 전쟁 동안 대두한 벼락 부자인 '나리킨[成金]'이 많이 나타났다. 그때는 '모보(모단 보이,

소학교 취학률

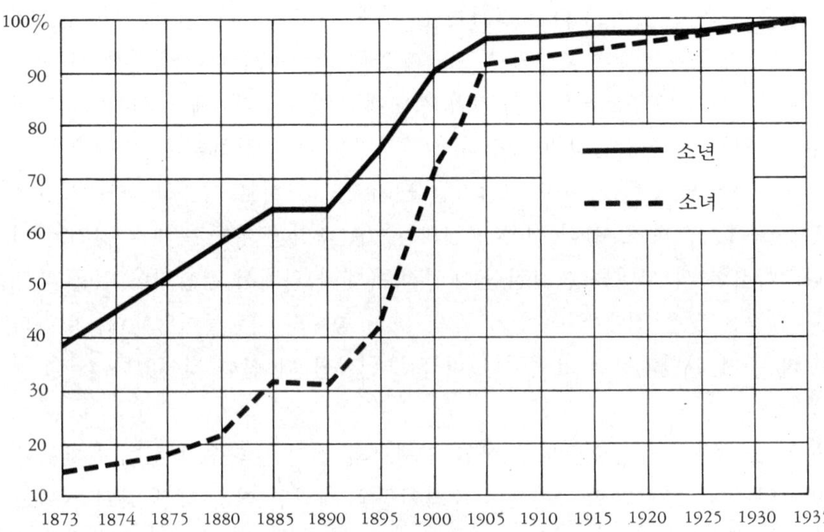

modan boi)'와 '모가(모단 가루, modan garu)'의 시대로 그들은 도쿄의 긴자〔銀座〕나 오사카의 주통로를 거닐며, 청년들은 해럴드 로이드 안경을 쓰고 숙녀들은 술마시고, 담배를 피우고, 문학 작품을 읽었다. 이 시대는 또한 파마, 수영복, 다리를 들어 낸 합창대, 무도장과 카바레의 해였다. 학생들이 좌파의 정치 운동에 관심을 보이기보다는 '3S', 즉 스포츠, 스크린, 섹스에 몰두했던 시대였다. 1930년대초 일본 빅터(Victor)와 다른 축음기 회사들이 갑자기 확대되어 인생의 무상, 눈물과 술의 불가분성, 재즈와 술과 춤의 쾌락, 시간의 흐름, '긴자'를 따라 있는 버드나무의 축 늘어진 아름다움들을 암시하는 수백, 수천의 슬픈 노래들을 팔고 있었다. 레코드 판매가 1929년의 1,048만 3,000 장에서 1931년의 1,689만 5,000 장으로 껑충 뛰어올랐다.

이 대중 문화는 유럽의 기준으로 보면 대단치 않은 것이었지만, 많은 일본인들에게는 충격적인 것이었다. 일부의 비평가들이 1931년과 1932년에 절정을 이룬 시대를 '에로, 구로, 난센스(에로틱, 그로테스크, 난센시컬)'의 시대로 불렀다. 일본의 도시 문화가 이 지점에 이르자 도시와 농촌의 간격은 거의 메울 수 없는 것이 되었다. 1931년과 1932년 일본은 불황의 구덩이에 있었고, 농촌의 상황은 특히 나빴다. 이 결과로 우익 주창자들은 도시들과 도시의 생활 양식이 진정한 일본적인 것과 반대되는 것이라고 혹평하였다.

일본의 사회 변동의 또 다른 결과는 큰 세대차가 만들어진 것이었다. 1930년 대에 80대의 조부모들과 50대의 부모들과 20대 자녀들의 삼대가 함께 사는 가족들이 많았다. 조부모들은 도쿠가와 시대에 출생하였다. 제 2 세대는 세기의 전환 후 일본의 근대 문화가 등장하기 시작했을 때 성장하였다. 다수가 농촌 지역들로부터 시골의 사회적 그림자들을 가지고 도시로 이주하였다. 제 3 세대는 민주주의, 재즈, 불황, 1920년대와 1930년대의 공황들 속에서 성인이 되었다. 이러한 세 세대들이 친밀한 개인적 유대에 의해서 결합되어 있을 때조차도 그들은 많은 점에 있어서 세 개의 다른 종류의 사람들이었는데, 변화의 템포가 좀더 완만해졌던 유럽이나 미국보다 훨씬 더 심한 것이었다.

산업 노동자　농업으로부터 산업 경제로의 전환은 다수의 사회 문제들을 수반하였는데, 도시의 노동자들이 소작인들을 제외한 어떤 다른 사회 집단들보다 고통을 당하였다. 정부는 처음부터 인간의 복지보다는 국력에 관점을 둔 사람들에 의해서 지배되었다. 심지어 정당들에 있어서조차 재산 보유자들의 이해가 지배적이었다. 때문에 도시 노동자들을 보호할 사회 입법의 채택이 늦어졌다. 거대한 빈민가가 도시들에서 커져 갔고, 1926년까지 공장 노동의 조건이나 시간에 관한 제한이 존재하지 않았다. 아동들이 때때로 하루에 14 시간 이상 일하였고, 다수의 과로한 노동자들이 결핵으로 고통을 당했다.

노동력은 풍부하고 값쌌다. 방직 공장들에서는 많은 여공들이 수년간 일한 후에 그들의 농촌 고향으로 되돌아갔다. 다른 노동자들은 불황시에 농사일에 복귀하였다. 농촌 가정들에서 산업 성장을 조화시키기 위해 필요한 산업 신참자들이 쉽게 제공되었다. 이들 관련 때문에 노동력의 근대화가 완만하여, 1930년대에 있어서조차 도시 노동자들이 여전히 정체된 수전(水田) 경제에 한 발을 담그고 있었다. 기술상의 진보는 또한 노동력에 대한 수요가 산업 성장보다 덜 빠르게 상승했음을 의미하였다. 그럼에도 상황이 전적으로 어두운 것만은 아니었다. 비록 비숙련 노동자들이 거의 교섭권을 가지고 있지 못했지만, 산업 노동자들의 실질 임금이 1914년과 1929년 사이에 절반 이상 증가하였다.

그러한 상황하에서 노동 운동은 미약한 채로 남아 있었다. 1897년까지 5 명

1918년 나고야〔名古屋〕의 쌀소동 치솟는 쌀값이 대도시들에서 미곡 상인들에 대한 대규모의 폭동을 불러일으켰다. 경찰이, 그리고 나중에는 군대가 그것을 진압하기 위하여 투입되었다.

이상을 고용하고 있는 공장들에 40만 명의 노동자들이, 1907년까지는 60만 명이 존재하였다. 그리스도 교와 초기 사회주의 운동의 영향하에 몇몇 노동 조합들이 결성되었다. 그것은 곧 경찰의 압력을 받고 시대 착오적인 노동 조합 운동으로 나아가는 경향을 보였고, 1911년 후 억압되었다. 두번째 단계는 제 1 차 세계 대전 중 온건한 그리스도 교 지도자들 하에서 시작되었다. 종전시까지 170만 명의 공장 노동자가 있었고, 1920년까지 86 개의 노동 조합이 있었다. 1918~1920년간은 특별히 악성 인플레이션, 쌀 소동, 노동 분쟁들에 의해 특징지어졌다. 1920년부터 노동 조합주의는 마르크스 사회주의로 경사되었다.(304~307 쪽 참조) 이것과 싸우기 위해 정부는 온건한 조합을 합법화하였고 얼마간의 산업 입법을 통과시켰다. 동시에 정부는 혁명적인 좌익에 대한 압박을 더하였다. 그 결과는 보다 과격한 정당과 관련을 맺고 있는 다수의 극좌파 소조합과 온건파 사회주의자에 의해 지도되고, 조직 노동자의 다수를 포함하고 있는 한두 개의 대동맹이었다. 절정의 해인 1936년조차 973 개의 조합들이 전체 산업 노동력 609만 116 명 중 적은 비율인 42만 589 명의 조합원들을 보유하였다. 다음해 여러 가지 압력하에 주된 동맹이 사회주의로부터 국가 사회주의로 전환하였다.

사상의 흐름

오늘날 일본의 지식인들은 초기 메이지 사상가가 아니라 세기의 전환 직후에 성숙해진 세대의 계승자들이었다. 메이지 사상가들이 유신 지도자들과 도덕적, 사회적, 심지어 정치적으로 유사했던 것에 반해서 세기 전환 후의 지식인들은 사회와 메이지 후기의 정치 질서로부터 점점 소외되게 되었다.

서양인들의 눈에 20세기초의 진보적인 지식인들이 문화적 간격을 거의 메우고 서구의 동료들과 동시대적인 것으로 보였다. 낭만주의가 사실주의에, 그리고/후에 자연주의에 양보하였고 사회주의와 무정부주의가 당시의 논쟁점이었다. 시인 이시카와 다쿠보쿠(Ishikawa Takuboku, 石川啄木)의 1908년의 일기는 편견이 없는 내성(內省), 침대에서 투르게네프를 읽는 것, 전차로 통근하는 것, 옆방의 교토 대학 테니스 팀의 이야기에 귀를 기울이는 것 등 놀랍도록 근대적인 생활을 보여 주고 있다. 그의 시적 이미지조차도 근대 세계로부터 끌어 낸 것이었다. "만일 내가 이 의무의 외피를 벗어 버릴 수가 있다면, 내 몸은 수소와 같이 가벼워질 텐데." 부분적으로 그는 너무도 근대적이었기 때문에 그가 그의 시대에 느꼈던 고립감과 소외감은 깊은 것이었다.

다른 사람에게 사랑받지 마시오. 그들에게 은혜를 입지 말고, 아무런 약속도 하지 마시오. 용서를 구하지 않으면 안 되는 어떤 일도 하지 마시오. 당신 자신에 관해 아무에게도 말하지 마시오. 언제라도 다른 사람의 머리를 때릴 수 있도록 항상 싸울 준비를 하시오. 어떤 사람과 사귈 때 조만간 틀림없이 절교하게 됨을 잊지 마시오. *

이 소외감이 출현하게 된 데는 몇 가지 이유들이 있다. 한 가지 이유는 특별히 졸업생들의 수가 정부에서 일할 수 있는 자리보다 더 많았던 점이다. 또 다른 이유는 서구 지향의 신세대가 정부의 신전통주의에 반발하였다는 점이다. 그러나 소외의 보다 더 근본적인 원천은 일본의 문화적 정체성(正體性)에 있

---

* 도널드 킨 역. Donald Keene ed., *Modern Japanese Literature*, An Anthology (Grove Press, 1956).

다. 일본적인 것과 근대 서구 문화의 많은 것의 급작스러운 차용이 무엇을 뜻하는 것이었을까? 세기의 전환 후의 지식인들은 앞선 세대가 그러했던 것보다 훨씬 더 심각하게 이 문제에 직면하였다. 도쿄 제국 대학(이후로 도쿄 대학으로 칭함)의 교수로 일본의 가장 위대한 소설가였던 나쓰메 소세키(Natsume Sōseki, 夏目漱石; 1867~1916)는 일본이 단지 피상적으로 서구의 가르침을 받아들였다고 쓰면서, 만일 일본이 50년내에 계몽되는 것을 완료하였다고 한다면 어떻게 되었을 것인가 질문을 던지고 있다.

　　만일 우리가 육체적으로 정신적으로 최선을 다하고, 또 급속도의 발전으로 인한 곤란과 어려움을 참작하지 않더라도, 서양인들이 100년이나 걸려서 점차적으로 도달할 수 있었던 어떤 전문화의 극단에 그 절반도 되지 않는 시간만으로 도달하였다고 한다면, 우리는 이 놀랄 만한 지식의 수확을 자랑할 수 있겠지만 동시에 필연의 결과로서, 패배하여 일어날 수 없는 신경 쇠약에 빠져 숨넘어갈 듯하고 노변에서 신음하는 현상이 반드시 일어날 것이다. *

일본의 주요 사상가들이 취했던 몇몇 입장들을 살펴보기에 앞서 우리는 먼저 이 당시 일본의 전통이 어떤 것이었는지 묻지 않으면 안 된다. 일본의 근대사를 이해함에 있어서 가장 중요한 전통의 소재지는 1890년과 1945년 사이에 일본의 정통 사상을 이루었던 국가 철학의 몇몇 해석들이다.

일본 국가의 정통 철학　메이지 유신 이래 일본 지도자들의 목표는 강력한 국가 구조를 창출하는 것이었다. 다른 열강들이 헌법을 보유하고 있었고, 정치적 국외자들이 헌법을 요구하였기 때문에 메이지 헌법(일본 제국 헌법)이 기초되었다. 비록 헌법 자체는 독일 모델에 기초한 것이었지만, 그것은 일본 전통의 요소들을 포함하고 있었다. 아마도 핵심적인 개념은 독특한 일본의 국체를 나타내는 '고쿠타이〔國體〕'일 것이다. 이것은 메이지 헌법에서 '만세 일계(萬世一系)'로 묘사된 천황가를 중심으로 하였다. 이 가계의 끝에 '신성 불가침한' 천황이 있었다. 또한 '고쿠타이'의 한 부분에는 다른 나라 국민들에게 결여되어 있던 덕목들, 즉 인민들과 천황을 결속시켰던 충(忠)과 국가를 이루

---

* 고사카 마사아키〔高坂正顯〕 편, 〈메이지 사상사(明治思想史)〉, pp. 447~448.

는 가족들을 단단하게 묶고 있던 효(孝)가 있다. 그러한 도덕적 원리들에 의해 통합되어 있는 일본 사회는 조화를 이룬 전체로 여겨졌다. 제 2 차 세계 대전 중 도쿄 대학의 한 경제학자가 '일본 자본주의'를 강의했는데 그때 일군의 청중들이, 조화를 이루고 있고 평화로운 일본은 다른 산업 사회들에 존재한 계급 대립을 결코 경험한 적이 없기 때문에 자본주의로 불려질 수 없다고 하면서 그를 비난했다.

1945년까지 헌법 해석상의 본질적인 문제는 이런 저런 정치적 행동의 강령을 정당화하는 것으로, 헌법에 의해 부여된 실제적 법적 권리들과 특권들을 천황의 절대적인 종교적 권위와 어떻게 조화시킬 것인가였다. 강조점이 일본의 '신토' 전통에 놓여졌는가 아니면 독일법에 놓여졌는가에 따라서, 그리고 어떤 학파의 독일법이 사용되었는가에 따라서, 헌법 학자들은 보다 권위주의적인 입장에 서거나 혹은 의회제 정부를 더 지지하거나 하였다.

일본의 천황계와 도덕적 특성들에 대한 설명을 제공했던 하나의 헌법상의 해석이 이토 히로부미에 의해서 제의되었다. 독일의 국가 유기체설을 따라서 그는 이들 특성을 일본 국민의 역사적 진화의 산물로 보았다. 육체내에서 뇌가 진화한 것과 마찬가지로 천황제가 정체내에서 발전하였다. 그와 그의 동료들이 실제적인 결정들을 내렸다는 것을 이토는 완벽하게 깨닫고 있었다. 그가 천황에게 절대적 권위를 부여한 것은 부분적으로 사회의 건설자로서의 의식적 행동이었다. 1888년 그는 추밀원(樞密院)에 "유럽에서 종교는 인민들의 마음에 스며들어 그들을 단결시키는 공통의 원리다."라고 보고하였다. 그러나 일본에서 의회제가 필요로 하는 국가적 통합을 위한 상응하는 토대가 존재하는 것일까?

> 우리 나라에서는 종교가 취약하다. 국가의 원리로 쓰여질 수 있는 것이 하나도 없다. 불교는 오늘날 퇴락하였다. '신토'는 우리 조상들의 가르침에 근거를 둔 것이고 그것들을 전한 것이지만, 그것은 종교로서 사람들의 마음을 움직일 힘을 거의 갖고 있지 못하다. 우리 나라에서 공통의 원리는 천황가만이 있을 뿐이다.

이토의 국가관의 가장 합리적 요소들이 도쿄 대학의 교수였던 미노베 다쓰키치(Minobe Tatsukichi, 美濃部達吉)에 의해 1900년과 1932년 사이에 더욱 계발

미노베 다쓰키치〔美濃部達吉〕. 도
쿄 제국 대학 법학부 교수로 그는
천황을 하나의 정부 '기관'으로
보았다.

되었다. 미노베는 '고쿠타이'론의 핵심적 요소들을 수용하였다. 그러나 미노
베는 이것 위에 국가를 주권과 지배권을 보유한 법적 인격으로 기술하는 보다
최신의 독일 이론을 덧붙였다. 천황은 국가의 행정적 기능을 수행하는 궁극적
인 권리를 가진 국가의 최고 기관이었다. 이 견해와 이토 견해와의 차이는 대
수롭지 않은 것이었다. 하지만 결과는 중대했다. 미노베의 해석으로는 천황은
분명히 국가보다 작고 그것의 법들에 종속적이었다. 이것이 천황 권위의 절대
적 성격을 감하였고, 그것과 다른 국가 기관들의 권위가 균형을 이루도록 하
였다. 이 해석이 천황의 이름하에 행해졌던 관료들에 의한 전제적 지배에 대
한 재가를 약화시켰고 증대된 국회 권력의 길을 열었다. 미노베의 이론이 1910
년대와 1920년대 동안 정당 내각들을 수립하는 운동을 위한 이론적 발판을 제
공했다고 말하는 것은 과장이 아니다.

　미노베의 설은 학계에 있어서조차 독점적 지위를 확보하지 못하였다. 그러
나 그것은 제1차 세계 대전부터 1935년 그가 공격을 받을 때까지 헌법에 대한
지배적인 법률상의 해석이었다. 그것은 학자들과 지식인들에게 영향을 주었
을 뿐 아니라 일본 관료제의 관문인 고등 문관 시험에서 헌법의 지정된 주된

문제가 되었다. 이 20년 동안 정부가 상당히 합리적으로 기능한 것이 이 이론의 합리성과 무관하지 않았다. 일본을 위해 불행하게도 관료들은 그들이 믿는 것을 다른 사람들이 배우는 것을 바라지 않았다. 따라서 국가의 교육 제도내에서 다른 덜 자유주의적인 견해들이 지배하게 되었다.

그러한 견해의 하나가 일본의 전통의 요소들과 19세기 독일 사상의 덜 합리적인 요소들을 결합하였다. '고쿠타이'가 유교의 용어로 내재적이고 영구적인 질서로, 그리고 천황가가 '천지와 동년대인' 것으로 간주되었다. 도쿄 대학의 또 다른 교수(1888년과 1912년 사이)였던 호즈미 야쓰카(Hozumi Yatsuka, 穗積八束)는 모든 일본인들은 천황의 조상과 동일한 공통되는 민중의 조상의 자손이기 때문에 일본은 하나의 '가족 국가'라는 개념을 더하였다. 일본 전체가 따라서 단일한 민족과 정신의 가족이었다. 20세기의 20년대부터 다음과 같은 구절들이 도덕 교육의 교과서들에 나타나기 시작하였다.

> 우리 나라는 가족 제도를 기초로 하였기에 나라가 하나의 거대한 가족이고, 천황가는 우리의 종가다. 우리 국민들은 자식의 부모에 대한 경애의 정을 가지고 만세 일계(萬世一系)의 황위를 숭경한다. 충효(忠孝)의 일치는 진실로 우리 '고쿠타이'의 특색이다. *

이러한 보수적 사회관은 그 이후 바뀌지 않았다. 그러나 제 1 차 세계 대전 중의 교과서 개정은 보다 자유주의적이고 국제적 견해에 관한 보조적 자료들을 소개하였다.

'고쿠타이'에 대한 종교적 관점의 그 후의 발전은 역사와 '신토' 신화와의 결합이었다. 이 혼합물은 또한 이 세기의 10년대말에 교과서에 들어갔고 한 일본의 역사가는 그것을 '20세기 일본의 신화'라고 불렀다. 일단 역사가 신화에 연결되자 천황은 단지 도덕적 질서의 현시로뿐 아니라 태양 여신의 직계 자손으로서 신성하였다. 여전히 또 다른 도쿄 대학의 교수(1903년과 1929년 사이)였던 우에스기 신키치(Uesugi Shinkichi, 上杉愼吉)가 이 이론에 천황이 국가 기구와 일치하는 절대 군주제설을 덧붙였다. 이 설이 20세기의 20, 30, 40년대 동안 미노베설에 대항하였다. 학계와 고위 관료들 사이에 있어서 그것의 추

---

*이시다 다케시[石田雄], 〈메이지 정치 사상사 연구(明治政治思想史研究)〉, pp. 7~8.

종자들은 일반적으로 반대파보다 덜 성공적이었으나, 그들은 1930년대말 군국 일본의 이념가들로서 인정을 받게 되었다.

요약하면 비록 정통적인 신념의 범위가 세기의 전환기에 협소하였지만, 1914년까지 정통론내에서 몹시 대립적인 입장들이——미노베의 자유주의적 입헌 군주주의 대 '신토' 색채를 띤 우에스기의 군주주의—— 발전하였다. 후자가 애국적 결사들, 군인 집단들, 농촌 집단들 및 다른 집단들로부터 받았던 지지에도 불구하고 그것은 1920년대초 보다 자유주의적이고 국제적인 견해들에 지반을 잃었다. 하지만 두 가지 점에 주의하지 않으면 안 된다. 1930년대에 성인이 된 세대는 일본의 전통에 대한 이 '신토적' 관점이 학교의 교과서에 침투하였던 바로 그 해에 교육받기 시작하였고, 1930년대와 1940년대의 보수적 민족주의에서 이미 30년 전에 발전하지 않은 것은 거의 찾아질 수 없었다.

또한 이들 정통 사상의 경향들이 공통적으로 가졌던 것에 대해 언급할 가치가 있을 것이다. 첫째로 그들은 그들의 메이지 시대의 선조들과 마찬가지로 변화 없는 사회에 대한 전대의 유교적 관점을 거부하였다. 단지 몇몇 고정된 관점들 즉 천황, 충, 효, 조화들을 제한 대부분의 사회적 내용들이 도쿠가와 '고쿠타이'로부터 벗겨졌다. 그러나 결과적으로 정통 이데올로기는 많은 종류의 사회적 변화에 대한 장애물이 아니었다. 둘째로 전대의 사상을 유지함에 있어 그들은 자연과 사회 사이에 어떤 분명한 구분도 보여 주지 않았다. 국가 유기체설의 관점에서 사회적 진화는 자연적 과정으로 간주되었다. '신토'의 관점에서 이 인간 세계는 신화로부터 역사로, 그리고 반인간 신들로부터 반신 인간으로의 변이가 지각될 수 없는 비합리적 신계와 합쳐진다. 인간적인 것과 신적인 것 사이의 정신적 연속에 대한 이 관점이 바로 1945년까지 천황에게 신성을 부여하는 것을 가능케 하였다. 셋째로 정통 이데올로기에 있어서 사회와 자아 사이의 구분은 단지 미약한 것이었다. 윤리는 자립심이나 개인적 성실을 통해서가 아니라 개인의 사회에 대한 의무의 이행을 통한 자기 실현을 가르쳤다. 개인이 사회 질서에 대한 충성을 보류할 수 있는 근거가 존재하지 않았다. 가족, 학교, 작업 집단, 혹은 국가의 주장들이 개인으로서의 그 성원의 주장보다 항상 더 높은 우선권을 가졌다.

추측건대 이 정통론 때문에 근대 일본 사상가들은 자아의 문제에 특별히 깊은 관심을 나타냈다. 이것은 때때로 개인이 사회에 대항해서 맞설 수 있도록

296

만드는 철학적 원리들을 추구하는 형태를 취하였다. 얼마간의 해답이 서양 문화 속에서 찾아졌고, 다른 것들은 일본 전통의 요소들을 변형시키는 것 속에 찾아졌다. 그러나 개인의 궁극적 가치에 대해 서구 자체에서 점점 의문이 제기되고 있던 때였기 때문에 그 추구는 곤란하였다. 일본 정통 사상의 배경으로 인해 사회 집단으로부터의 독립보다 사회 집단내에서의 평등을 강조하는 것이 훨씬 더 용이하였다.

문 학 1880년대와 1890년대초 동안 소설은 낭만적이고 자유주의적이었다. 그것은 정당 운동의 이상주의와 병행하였다. 그러나 정당들이 권력 장치를 주고 받는 것에 개입하게 되고, 지식인들 사이에 소외가 대두되고, 새 문학 사조의 영향에 따라서 일본 작가들은 대중적 관심들로부터 멀어져서 개인들의 사적 생활들에 집중하게 되었다. 그들이 쓴 문학 작품들은 정치에 무관심한 것으로 천황, 군부, 정치, 경제 등을 무시하였다. 그것은 의식적으로 비전통적이어서 개인에 사로잡혀 있었고 구래의 가족 제도에 반대하였다. 그러나 이러한 구습 타파에도 불구하고 구사회에 대한 대안을 묘사한 문학 작품은 거의 없었다.

예를 들면 세기 전환의 자연주의 작가들은 진정한 자아를 자연의 힘과 동일시하였다. 인간은 그의 자연적 욕망, 특히 성(性)을 인위적 사회의 제약으로부터 해방시키는 것에 의해 그의 존재를 깨닫는다. 그러나 '자연인'은 역동적이었다기보다는 차라리 시대, 나이, 죽음, 질병, 빈곤, 성 등의 내적 및 외부적 요구들에 순응적이었다. 그는 목적에 합치한 행동을 취하는 굳은 의지를 지닌 사람이 아니었다. 차라리 변화하는 환경에 의해 불러일으켜진 분위기와 이들 자연적 힘에 사로잡힌 사람들의 감정의 감각적인 묘사가 크게 강조되었다. 자연주의자들의 작품의 섬세하고, 내성적이고, 우울한 특징은 〈평범〉, 〈먼지〉, 〈곰팡이〉, 〈고독〉, 〈방종〉과 같은 그것의 제목 속에조차 반영되어 있다.*

소설가 나쓰메 소세키〔夏目漱石〕는 근대 일본의 진보는 일본이 전통과의 유대를 단절하고, '조상의 힘'을 상실하고, '단순한 외양'에 몰두하도록 이끈 '외부적 계몽'의 결과라고 주장하였다. 서양 문화의 진정한 이해가 개별적으

---

*Howard Hibbet, "The Portrait of the Artist in Japanese Fiction," *Far Eastern Quarterly,* Vol. 14(1955), p. 350.

로 보유된 내적 가치에 토대를 둔 독립 정신을 가져온다고 그는 강조하였다. 이 관점이 나쓰메 소세키로 하여금 정치에 언급하도록 이끌었다. 그는 개인의 도덕성이 국가의 도덕성보다 우위에 있다고 주장하였고 모든 행동을 애국심의 관점에서 정당화하는 사람들을 조소하였다.

두부 장수가 그의 상품을 행상할 때 그것은 국가를 위해서 하는 것은 아니다. 그의 기본적 목적은, 비록 이것이 간접적으로 국가를 이롭게 한다고 하더라도, 그것에 의해 생활을 영위할 수입을 얻는 것이다……. 그러나 만일 그가 항상 국가의 이로움을 마음 속에 두어, 국가를 위하여 식사를 해야만 하고, 국가를 위해 세수를 해야만 하고, 국가를 위해 화장실에 가야 한다면 그것은 무시무시한 것이 아니겠는가?

소세키 사상의 긍정적이고 개인주의적 측면이 다른 사람들에 의해서 더욱 발전되었다. 아베 지로(Abe Jirō, 阿部次郎 ; 1883~1959)는 보편적 양심의 원리들을 강조하며 신칸트 학파의 윤리적 개인주의를 발전시켰다. 학생들 사이에서 인기 있었던 아베는 자아의 윤리적 특성을 강조하였다. 그는 자연주의자들의 관능적 개인주의와 정부의 가족 국가의 이상을 비판하였고 여성의 권리를 지지하였다. 집안 좋고 낭만적인 개인주의자들인 백화파(白樺派)의 작가들이 또 다른 찬동 집단을 이루었다. 그들은 재능과 이상주의를 상찬하였다. 누군가가, "내가 톨스토이를 알지 못했다면 믿음이나 존재 이유 없이 하루하루 살아가는 정치가가 되었을 텐데."라고 썼다. 구사회의 인위성을 인간의 자연적인 이타주의와 대조시키면서 그들은 일본을 위한 새로운 도덕성을 규정하려고 시도하였다.

그러나 근대 문학의 전체에 있어서는 보다 어둡고 비관주의적인 경향들이 지배적이었다. 나쓰메 소세키의 후기 소설들은 개인의 완전한 발전이 자유에 이르는 것이 아니라 공포와 좌절과 절대 고독의 암울한 세계로 이어지는 것을 보여 준다. 〈문(門)〉이라는 소설의 주인공은 친구의 아내를 가로챈다. 그는 그녀와 함께 고립되어 비참하게 그의 남은 인생을 보내고, 각자는 상대편의 고독과 아픔에 고통스러워한다. 끝에 가서 그는 선종(禪宗)에서 해답을 찾으려고 시도하였으나 성공하지 못하였다. '문'은 열리지 않았다. 〈행인(行人)〉이라는 소설에서 주인공은 더 큰 공포와 불안에 사로잡혀 결국은 종교, 광기, 죽

책으로 꽉찬 일본식 서재에 앉아 있는 소설가이자 평론가인 나쓰메 소세키〔夏目漱石〕.

음만이 남게 된다. 그러나 소세키에 있어서 종교나 광기는 진정한 선택이 되지 못하였다. 〈마음〉이라는 소설의 결말은 자살이고, 〈길가의 풀〉에서는 해답 없는 운명에 대한 체념이었다. 주로 그러한 고통에 있어서 나쓰메 소세키는 자연주의자들과 달랐고, 그의 인생관으로부터 비록 인간의 운명이 희망이 없는 것이라 하더라도 인간의 윤리적 특성을 긍정하였다.

어떤 가치들을 가지고 살 것인가 하는 문제가 소세키의 작품들에 일관되고 있다. 소설 〈행인〉에서 이치로〔一郞〕라는 인물이 근대화되어 가고 있던 사회에서 개인의 위기를 보여 주고 있다.

그가 행하는 어떤 것도 그에게 목적도 아니고 수단도 아니기 때문에 그는 괴로워한다. 그는 끊임없이 불안해하고 마음을 놓을 수가 없다. 그는 잠을 이룰 수 없기에 잠자리에서 나온다. 그러나 그가 깨어 있을 때 고요하게 머무를 수 없게 되어 그는 걷기 시작하였다. 걸어가다가 달려야 한다고 생각하였다. 그가 달리기 시작하자 멈출 수가 없었다. 계속 달려야만 한다는 것은 고약한 것이었으나 그는 한걸음 한걸음 내디딜 때마다 속력을 내지 않으면 안 된다는 것을 느꼈다. 이 모든 것의 종말이 어떻게 될 것인가를 생각해 보고는 그는 너무도 소스라치게 놀라서 식은땀을 흘렸다. 두려움을 참을 수 없게 되었다.

이치로의 친구는 불안을 누그러뜨리려고 다음과 같이 대답하였다.

"네가 말하는 불안은 인간 전체의 불안이다. 어느 것도 너 혼자 괴로워하고 있는 것이 아니라는 것을 깨달아야 한다. 맹목적으로 유전하여 가는 것이 우리들의 운명이기 때문이다."

나의 이 말은 명료하지 못하였을 뿐 아니라 자못 불쾌할 정도로 미온적인 것이었다. 날카로운 네 형〔이치로〕의 눈에서 경멸의 빛이 보임과 동시에 물러서지 않으면 안 되었다.

"인간의 불안은 과학의 발전으로부터 초래된다. 진보하여 멈추어야 할 곳을 알지 못하는 과학이 우리에게 멈춰야 할 것을 허용한 적이 없다. 걷는 것으로부터 수레로, 수레로부터 마차로, 마차로부터 기차로, 기차로부터 자동차로, 그리고 항공선(航空船), 그리고 비행기로 어디까지 가더라도 쉬지 않는다. 어디까지 우리를 데려갈 것인지 알 수가 없다. 정말로 두려운 일이다."

"그래요, 두려운 일이요."라고 나는 말하였다.

네 형님은 미소를 지었다.

"네가 두렵다고 말한 것은 두렵다라는 말을 쓰더라도 지장이 없다라는 의미일 것이다. 실제로 두려운 것은 아닐 것이다. 즉, 머리 속에서 두려워하는 것에 지나지 않을 것이다. 나의 것은 다르다. 나는 가슴 속에서 두려움을 느낀다. 맥박이 살아서 뛰는 그러한 종류의 두려움이다."*

이치로의 친구는 다수의 일본인들의 전형인데, 그들은 기차, 비행기, 과학, 생활 수준의 향상 및 그들의 근대 생활의 나머지 것들에 즐거워하고 있다. 그는 고등 학교로부터 대학의 법학부로, 그리고 정부나 기업의 직장에 성공적으로 나아간 학생들을 대표하였다. 그러나 이치로는 그의 삶의 요소들을 통합하거나 그 속에서 의미를 찾을 수가 없었던 소외된 지식인을 대변하고 있었다.

---

*Edwin McClellan, "An Introduction to Soseki," *Harvard Journal of Asiatic Studies*, Vol. 22 (December 1959), pp. 205~206.

1920년대 동안 그의 시대 천재로 칭송되었던 또 다른 작가는 단편 소설 〈라쇼몬〔羅生門〕〉의 저자인 아쿠타가와 류노스케(Akutagawa Ryūnosuke, 芥川龍之介)였다. 나쓰메 소세키의 제자였던 아쿠타가와는 서양 문화가 일본에서 가졌던 의미에 대한 그의 스승의 관심을 지속시켰다. 그러나 나쓰메 소세키가 '내적 근대화'가 머지않아 도래할 것이라고 생각했던 것에 대하여 아쿠타가와는 부정적이었다. 그의 소설 〈창백한 신의 미소〉는, 16세기말 일본에서 자신의 선교를 방해하던 이상한 물활론적 힘에 의해 둘러싸여서 신의 권능에 대한 그의 신앙을 유지하기 위해 애쓰던 포르투갈 신부의 관점에서 쓴 이야기다. 인간의 모습을 한 일본의 신(神)인 한 노인이 신부에게 말한다.

아마도 신조차도 이 나라 태생이 될 것이다. 중국과 인도는 변하였다. 서양도 또한 변하지 않으면 안 된다. 우리는 수목들 속에서, 얕은 물의 흐름 속에서, 장미 사이를 스쳐가는 바람 속에서, 사원의 벽에 비치는 밤의 불빛 속에서 존재한다. 어디에나 항상 우리를 주목하시오.

동아시아 문화의 한 부분으로 일본 문화의 전통은 애니미즘보다 훨씬 더 많은 것을 가지고 있었다. 그러나 메이지 시대 초기에 불교와 유교가 분명하게 거부된 뒤 아쿠타가와가 서구의 보편적 가치들에 대조시키기 위해 이 상징을 사용해야만 했다는 것은 이상한 것이 아니다. 다른 곳에서 아쿠타가와는 일본을 미친 사람들에 의해 행해지는 올림픽에 비유하였다. 그 자신의 불확실성을 투사하면서 그는 심지어 단테의 지옥이 적어도 법과 정해진 규칙이 있기에 더 좋을지 모른다고 암시하였다. 1927년의 아쿠타가와의 자살은 일본의 좌파 비평가들에 의해 '중산 계급 문화'가 도달한 막다른 골목을 상징하는 부르주아 문학의 종말로서 칭송되었다.

종교나 그것의 결여가 20세기 일본의 문학적 관심의 중심이 되었다고 말하는 것은 과장일 것이다. 지배적인 장르는 저자 자신이 때때로 방종한 주인공으로 등장하는 고백적이거나 명상적인 사소설(私小說)이었다. 종종 대단한 미인과의 관능적 경험의 감촉에 관한 하이쿠〔俳句〕와 유사한 묘사가 이것과 결합하였다. 그러나 문학이 지식인들 사이에 만연했던 문화적 불안을 반영한 것이었다고 말할 수 있을 것이다. 이것은 일본이 그것을 대체할 천황 중심의 민족주의보다 본질적인 어떤 것을 발견하지 못하고 그 자신의 철학적 전통의 대부분을 방기했던 사실과 관련을 가지고 있었다.

철 학 근대 일본의 철학사는 믿겨지지 않을 정도로 복잡하다. 불교 철학의 학파들과 같은 것은 말할 필요도 없고 사실상 유럽이나 미국의 모든 사상의 학파들이 한 가지 혹은 다른 형태로 재현되었다. 그러나 일본에서 가장 강력한 서양 철학 사상의 흐름은 19세기말에 시작하여 20세기에 기반을 다진 독일의 것이었다. 메이지 말기에 고등 학교 학생들에 의해 불려졌던 노래는 다음과 같이 시작한다.

데칸쇼(데카르트, 칸트, 쇼펜하우어)
데칸쇼
한해의 절반을 그들과 함께 살고
다른 절반에는 잠을 잔다.

1920년대까지 가장 인기 있던 서양 철학은 독일 관념론이었고, 가장 인기 있던 철학자는 헤겔이었다. 이러한 유형의 철학이 수용될 수 있었던 것은 독일의 국가 철학에 대한 앞서의 관심과 관련된다. 또한 부분적으로 20세기 일본의 지적 생활과 독일 형이상학의 번민 사이에 유사성이 존재하였다. 일본의 학생 유형과 같은 '문학 청년들'과 베르테르와 같은 '철학 청년들'이 19세기말의 '정치 청년들'을 대체하였다. 이러한 광범위한 사상의 흐름 속에 일본 전통과의 가장 독창적인 종합은 니시다 기타로(Nishida Kitaro, 西田幾太郎)의 것이었다.

니시다는 나쓰메 소세키보다 3년 뒤인 1870년 태어났다. 1894년 도쿄 대학 철학과 졸업 후에 그는 시련의 기간을 보내야 했다. 그는 고등 학교와 전문 학교에서 가르쳤으나 별다른 인정을 받지 못하였다. 또한 선불교를 행하기 시작했으나, 그의 일기는 좌절의 해들에 관해 말하고 있다. 비록 좌선(坐禪)을 하였지만, 그는 집중하는 것이 어려움을 깨달았고, 그의 육체가 고통스러웠고, 해외 여행을 하거나 유명하게 되는 백일몽을 꾸었으며, 마음은 먹구름인 채로 남아 있었다. 1905년에 가서야 비로소 다음과 같은 항목이 등장하였다. "젠

302

[禪]은 음악이고, ‘젠’은 미술이고, ‘젠’은 행동이다. 이것을 넘어서 마음의 평화를 주기 위해 구할 필요가 있는 아무것도 존재하지 않는다.” 이때부터 니시다의 임무는 ‘동양 문화의 기초’였던 ‘무형(無形)의 형상의 모습과 무성(無聲)의 실재의 소리’를 위한 ‘철학적 토대를 제공하는 것’이었다.*

이 임무를 달성하기 위하여 니시다는 헤겔, 제임스, 베르그송과 같은 광범위한 철학자들에 의존하였는데, 그들은 모두 종교적 경험의 철학적 표현에 관심을 가지고 있었다. 니시다의 첫번째 관심은 그가 ‘젠’에서 발견한 ‘진정한 존재의 순간’을 위한 보편적 범주들을 발견하는 것이었다. 그가 교토 대학의 조교수가 된 뒤인 1911년 출판된 그의 첫 저작인 〈선(善)의 연구〉에서 그는 이것을 지자(知者)와 피지자(被知者)가 구분되기 전의 경험인 ‘순수 경험’으로 불렀다. 니시다의 두번째 관심은 이 통찰을 존재의 세계에 관련짓는 것이었다. 니시다의 세번째 관심은 서양 문화와 관련하여 일본 문화의 위치를 규정짓기 위하여 불교의 ‘무(無)의 논리’를 적용하는 것이었다.

전전(戰前)의 일본에 대한 니시다 철학의 의미는 모호한 것이었다. 한편으로 그것은 자아가 일단 ‘순수 경험’ 속에 통합되고, 모든 갈등이 해소되어 더 이상의 행동이 불필요하게 되었기 때문에 어떤 사회적 의미도 지니지 않은 철학으로 여겨졌다. 니시다는 조화, 공동체 및 정통 사상에 발견되는 다른 가치들의 중요성을 강조하였고, 그의 제자들의 일부는 제2차 세계 대전 기간 동안의 대동아 공영권(大東亞共榮圈)의 학문적 선전가들이 되었다. 근대 문화 속에 내재하는 대립은 오직 일본의 독특한 정신성으로 회귀하는 것에 의해서만 초극될 수 있다고 그들은 주장하였다. 다른 한편으로 니시다 스스로가 1938년과 1939년 애국심의 미명하에 과학과 자유로운 탐구를 비난하는 자들을 비판하기 위하여 발언하였다. 그는 일본 문화가 비록 독특한 것이지만 독특한 개별자들로 이루어진 보편적인 세계 문화의 일원으로서만 의미가 있음을 강조하였다. 똑같이 그의 일본 국가에 대한 강조도 국가들에 의한 세계 사회의 맥락 속에서 행해졌다. 서양 철학의 개념들 속에서 형성되어서 종교적 개별성에 대한 그의 경험은 전통적인 ‘젠’에 결여되어 있던 의미를 띠게 되었다.

---

*우에야마 슈페이〔上山春平〕, “니시다 기타로”, 〈일본의 사상가 Ⅱ〉

근대 일본의 그리스도 교   메이지 시대 동안 그리스도 교가 서양 문화의 한 부분으로 일본에 들어왔고 점차로 도시와 농촌에 확산되었다. 그 후 1890년대에 새로운 민족주의가 자리를 잡게 됨에 따라 농촌 지역에서 점차 쇠퇴하였고 도시의 중산 계급과 지식인들 사이로 집중되었다. 전체 인구 중 그리스도 교인들의 비율은 여전히 적은 채로 남아 있었고, 1970년대초조차도 단지 0.5 퍼센트 정도에 머물렀다.

그리스도 교는 일본의 근대화의 세기 동안의 지배적인 지적 경향들과 분명히 조화되지 않았다. 한편으로는 그리스도 교가 비과학적이고 세속적 시대의 기운에 적합하지 않는 것으로 여겨졌고, 다른 한편으로는 일본의 정통 사상의 가치들과 잘 맞지 않았다. 초기의 사무라이 개종자인 에비나 단조(Ebina Danjō, 海老名彈正)는 "신을 그의 봉건 주군으로 취하였을" 때 세계에 내재하는 충성으로부터 초월적인 충성으로의 자신의 변화를 "코페르니쿠스적"인 것으로 묘사하였다. 가족 국가의 이상에 대한 초월적인 부정은 도시샤〔同志社〕 대학의 설립자인 니이시마 조(Niishima Jō, 新島襄)의 "나의 부모가 아니라 신이 나를 창조하였다."라는 말 속에 나타나 있다. 또 다른 그리스도 교인인 우치무라 간조(Uchimura Kanzō, 內村鑑三)는 그의 시대의 선교 교회들에 반대하면서, 그리스도 교의 평화주의에 입각하여 1905년의 전쟁에서 러시아에 대한 일본의 행동을 반대하였다.

따라서 그리스도 교가 정통 사상과 조화될 수 없다는 관측의 추론은 그것이 수용되었을 때 때때로 격심한 변화를 가져올 수 있다는 것이었다. 그리스도 교인들은 메이지 정부가 거의 관심을 갖고 있지 않았던 많은 사회 복지 사업들을 주도하였다. 그들은 여성의 고등 교육에 관심을 기울였고, 고아원을 개설하였고, 천민 집단들을 도왔고, 빈민가에서 가난한 사람들과 함께 일했고, 윤락녀들이 재활하는 것을 도왔고, 여권 운동에 활동적이었다. 그들은 노동 운동과 사회주의 운동의 초기 단계에 있어서 정치적으로 활발하였고, 다수가 정부에서 민주주의를 위해 일하였다.

예를 들면 요시노 사쿠조(Yoshino Sakuzō, 吉野作造 ; 1878~1933)는 고보(高普) 재학시에 그리스도 교도가 되었다. 도쿄 대학에 있는 동안 그는 그리스도 교 잡지를 편집하는 것을 도왔고 그리스도 교 사회주의자들과 교류했다. 1916 도쿄 대학의 법학 교수로서 그는 의회 개혁을 위한 선언문인 '헌정의 본의'를 저

정치적 자유주의자이자 도쿄
제국 대학 교수였던 요시노
사쿠조〔吉野作造〕.

술하였다. 미노베의 헌법 해석의 틀 안에서 일하면서 그는 보통 선거, 귀족원의 개혁, 육군의 내각에의 종속 등을 옹호하였다. 그의 두번째 관심은 사회 민주주의였다. 그는 의회제적 방법에 의한 사회주의로의 점진적 발전을 선호하였다.

한 일본의 역사가는, "유럽인들과 미국인들은 마르크스주의가 일본 지식인들의 의식 속에 들어간 정도를 이해하지 못했고, 한편 일본의 지식인들은 유럽과 미국의 역사적 삶 속에서 '자유주의의'라는 단어가 보유하는 매력의 정도를 또한 이해하지 못하였다."라고 기술하였다.* 요시노가 왜 자유주의적 입장을 유지했는가? 왜 그가 사회적 평등을 지지했을 뿐 아니라 개인의 가치를 강조했는가? 해답은 이들 언명들이 그의 그리스도 교 신앙과 독일 관념 철학으로부터 유래했다는 사실에서 보여진다. 독일 철학이 그에게 추상적인 휴머니스틱한 이상을 제공하였다. 그리스도 교가 이것을 구체적이고 생명력을 가진 것으로 만들었다. 그는 "민주주의를 완벽하게 실현하기 위하여 휴머니즘

* 쓰루미 슌스케〔鶴見俊輔〕, 〈현대 일본의 사상〉, p. 55.

이 살아 있는 개념으로 기능해야만 한다.”고 쓰고 있다. 요시노는 이것을 “모든 인간을 신의 자녀로 간주하고 모든 인간들 속에 신의 광채가 있음을 인정하는” 그리스도 교 신앙 속에서 발견하였다. 혹은 보다 간단하게 “그리스도 교 신앙은 그것이 사회의 모든 분야에서 나타나고 있듯이 민주주의다.”라고 하였다.*

일본의 마르크스주의　　이론으로서의 사회주의가 19세기의 마지막 10년 동안 일본에 유입되었다. 1901년 주로 그리스도 교 사회주의자들에 의해 사회 민주당이 결성되었고 같은 날 금지되었다. 다음 10년 동안 마르크스주의 사회주의와 무정부주의적 조합주의가 또한 알려지게 되었다. 그러나 이러한 운동은 1911년 천황을 암살하려는 음모가 발각되어 탄압되었다.

　사회주의 사상의 두번째 물결이 자유주의와 국제주의의 시대였던 제 1 차 세계 대전 후의 연간에 대두하였다. 전쟁중 경제가 도약하였고, 노동자들과 학생들의 숫자가 증가하였으며, 1918년의 ‘쌀소동’이 많은 사람들의 사상을 일본내의 새로운 사회 문제들에 향하도록 만들었다. 또한 러시아 혁명과 유럽 사회주의의 새로운 흐름이 영향을 주었다. 1920년대 중반까지 마르크스주의가 자유주의와 조합주의와 무정부주의를 대체하였다.

　사회주의에 대한 정부의 대응은 적어도 전략적으로 의회주의 좌익을 인정하면서 혁명적인 좌익을 탄압하는 것이었다. 이 정책이 대체로 운동의 진로를 형성하였다. 최대의 정당들과 그것들과 관련된 노동 조합들은 온건하였다. 그들은 설사 그리스도 교 사회주의자들에 의해 지도되더라도 일반적으로 강령에 있어서 마르크스주의적이었으나, 그들은 의회주의적 방법을 채택하였다. 이것이 1937년까지 선거에서 10 퍼센트의 표를 획득한 세력이었다. 필연적으로 온건 사회주의자들은 또한 민족주의의 호소에 가장 취약하였다.

　혁명적 좌익에는 다수의 학생들의 ‘사회 과학 연구 그룹들’, 분열된 정당들, 과격파 노동 조합들이 있었다. 이것들은 일반적으로 규모가 작았고 너무도 빈번하게 재조직되었기 때문에 이름으로 그것들을 언급하는 것이 거의 불가능하다. 1922년 결성된 일본 공산당에 대한 경찰의 압박이 너무도 컸기 때문에 종종 지도적인 공산주의자들 중 수감되어 있는 사람들이 밖에 있던 사람들

---

* 다케다 기요코〔武田淸子〕, “요시노 사쿠조”, 〈일본의 사상가 Ⅱ〉.

보다 더 많았다. 혁명적 좌익에 있어서 대학들이 핵심적인 역할을 수행하였다. 매번의 탄압 후에 졸업생들의 새로운 세대가 좌익 정당들을 부활시키곤 하였다. 극좌파 정당들과 노동 조합들이 거의 완벽하게 탄압되었던 1933년 후에조차도 대학의 연구 그룹들이 마르크스주의 저작들을 탐독하고 제작해 냈다. 제2차 세계 대전 후의 마르크스주의의 재대두는 주로 이 전전 세대의 학자들에 기인한 것이었다.

마르크스주의의 지적 활력의 분명한 증거는 그것이 문학에서 가졌던 힘이었다. 1927년부터 1932년까지 프롤레타리아 파가 다른 신조들을 가진 작가들이 '좌익의 독재'에 저항하기까지 일본 문학계를 지배하였다. 프롤레타리아 파는 문학의 목적이 사회적 계몽이라고 믿었다. 그것은 부르주아 존재의 무목적성과 무익함을 그렸고, 노동자들의 영웅주의를 묘사하였다. 그것은 다음의 시에서 일본 전통의 무력함을 공격하였다.

노래부르지 마시오.
자줏빛 꽃이나 잠자리의 날개를 노래부르지 마시오.
살랑살랑 부는 바람이나 여자의 머리 내음을 노래부르지 마시오.
약하고 섬세한 모든 것
거짓되고 속이는 모든 것
모든 음울한 것을 빼 버리시오.
모든 멋을 버리시오.
오로지 정직한 것만을,
배를 채우게 되는 것을,
가슴을 꿰뚫고 들어오는 좌절의 순간을,
노래부르시오.
매맞았을 때 뛰어오르는 노래를
치욕의 밑바닥으로부터 용기를 불러일으키는 노래를
이들 노래를
목을 돋우어 힘찬 운율로 노래부르시오 !
이들 노래를
지나가는 사람들의 가슴 속에 처넣으시오 !*

---

*도널드 킨 역. Donald Keene ed., *Modem Japanese Literature*, An Anthology(Grove Press, 1956).

왜 마르크시즘이 그와 같이 확산되었는가? 그것이 일본에서 무엇을 의미한 것일까? 그것의 한계는 무엇일까? 그것이 확산된 하나의 이유는 분명히 1920년대가 전전 일본의 어떤 다른 시기보다 개방적이었고, 동시에 경제 성장의 관점에서 볼 때 가장 무미한 시기였다는 것이다. 일부의 일본 학자들은 마르크스주의가 일본적 전통과 조응하였기 때문에 성장했다고 제안하였다. 그들은 일본이 근대적(개인주의적) 사회를 전혀 발전시키지 않고 전근대적(집단적) 사회로부터 탈근대적(사회주의적) 사회로 발전되어 갈 수 있겠는가라고 질문을 던지고 있다. 마르크스주의가 '국가를 위해서' 희생하도록 배웠던 다수의 일본인들에게 '인민을 위해' 자신을 희생할 기회를 제공하는 것으로 그들의 도덕 관념에 호소력을 지녔던 것은 아닐까? 다른 학자들은 마르크스주의가 일본에서 전통과 민족주의 양자에 반대했다고 지적하였다. 그것은 가족, 국가, 경제가 착취적인 것이라고 가르쳤고 그것들에 대항해서 영웅적인 행동을 요구하였다. 심지어 일부는 양자의 정신적 기능이 천황적 우주론을 거부하는 것이었다고 말하면서 그것을 그리스도 교에 비유하였다. 확실히 일본에서 마르크스주의가 가졌던 호소력은 대부분의 다른 아시아 국가들에서의 그것과 달랐다. 후자에게 마르크스주의의 확산은 레닌의 제국주의론과 사회주의를 통한 산업화의 사상에 의존하였다. 그러나 그것 자체가 제국주의 세력이었던 일본에서는 자본주의 사회내에서의 병리에 대한 마르크스의 분석이 중심적인 것이었다.

종국적으로 일본이 상당히 근대적인 국가라는 사실이 혁명적 마르크스주의자들이 다른 아시아 국가들의 상황과 다르다는 것을 실망하며 깨달았던 객관적 상황이었다. 대학내의 마르크스주의자 그룹들의 지적 활력이 사회 전반에 거의 영향을 끼치지 못하였다. 비학생 조직들은 강력한 정부 및 산업 관료제에 직면하여 거의 지속력을 보유하지 못하였다. 중앙 집권적인 경찰 제도는 고도로 능률적이어서, 그것은 어떤 서구의 경찰 제도보다 훨씬 더 완벽하게 일본을 덮어 버렸다. 일본에는 혁명가들이 정부 권력이 미치지 못하는 곳에 그들의 세력을 조직화할 수 있는 어떤 '지배되지 않는' 산중의 요새도 존재하지 않았다.

제 23 장
일본 제국 —— 민주주의와 군국주의

의회 영향력의 증진

정치 엘리트   1890년과 1945년 사이의 일본 정부는 입헌적이었으나 그것은 대체로 의회제적인 것은 아니었다. 헌법은 다른 기구들에 다른 권력을 부여하였다. 이들 기구들은 체제의 엘리트로 불려질 수 있는 것이었다.

한 쌍의 엘리트들은 육군과 해군이었다. 그들은 정부 구조내에서 두 종류의 권력을 보유하였다. 첫째로, 양군의 참모 총장들은 천황에 직속되어 있었고 내각에 책임을 지지 않았다. 이것이 그들의 '독자적 통수권'이었다. 어떤 결정적인 순간에 어디에서 이 권리가 끝나서 대외 정책이 시작되는가를 규정짓는다는 것은 곤란하였다. 둘째로, 양군은 그들의 대신들을 철수시키는 것에 의해 내각을 붕괴시킬 수 있었고, 대신직을 보류하는 것에 의해 새 내각의 구성을 막을 수 있었기 때문에 내각에 대해서도 영향력을 보유하고 있었다. 다른 한편으로 내각과 의회는 양군의 대신들을 통해서, 그리고 군사 예산에 대한 통제에 의해 양군에 압력을 가할 수 있었다.

또 다른 엘리트는 '천황의 관리들'인 문관 관료였다. 그들의 권력은 헌법으로부터가 아니라 행정적 기능을 수행하는 책임으로부터 유래하였다. 관료제 내에서 중앙 부서의 최고위 관리들은 특별히 중요하였다. 대부분의 경우 그들은 도쿄 대학의 법학부를 졸업하고, 국가 공무원의 경력을 위한 어려운 고시를 통과한 교육받은 양질의 인재였다. 그들은 대단한 능력을 가졌고, 사회적 지위도 높았다. 비록 관료제내의 어떤 부문들은 시간이 경과함에 따라 정치적으로 되어갔지만, 중립적인 기구로 고안되었던 그들은 그 속성상 보수적이었다. 그들은 의회에 제출된 법률을 기초하고, 내각의 대신직에 나아가고, 법률들을 집행하고, 정규의 관료직으로부터 은퇴한 후에는 그들의 보다 영향력 있는 멤버들이 고위의 정책 결정의 직위들을 차지하는 것과 같은 방법들에 의해 정부에 영향을 미쳤다.

또 다른 엘리트들은 천황 측근의 다양한 사람들과 그룹들로 구성되었다. 천황은 수상을 지명할 권리를 가지고 있었으나, 항상 다른 누군가가 그것을 행사하였다. 처음에 그것은 전적으로 초법적인 기구인 번벌(藩閥)들이었다. 그러나 야마가타[山縣]가 사망한 해인 1922년 후에 그것은 사이온지[西園寺]로, 다시 전(前)수상들의 그룹으로 이어졌다. 수상으로 지명된 사람이 내각을 조각하고, 선거를 요구하고, 흔히 선거에서 승리할 수 있었기 때문에 수상를 지명하는 권리는 지극히 중요하였다. 천황 측근의 다른 영향력 있는 관리들은 내대신(內大臣)과 궁내대신(宮內大臣)과 추밀원(樞密院) 의원들이었다. 추밀원은 조약을 개정할 헌법상의 권리를 보유하고 있었으나, 그것의 실제적 힘은 그것이 영향력 있는 사람들, 즉 전직 관료들과 전직 대신들로 구성되어 있다는 점이었다.

헌법상의 엘리트는 아니었지만 여전히 또 다른 영향력을 가진 집단은 재벌 기업들이었다. 특히 유권자의 숫자가 증대됨에 따라서 선거에 많은 비용이 필요했기 때문에 이들은 정치적으로 힘을 가졌다. 1915년과 1924년 사이에 선거 운동에 대한 지출이 500만 엔으로부터 2,200만 엔으로 증가하였다. 같은 기간 동안 뇌물과 선거 위반 사례들이 배로 증가하였다. 선거 운동에 대한 헌금은 그러한 영향이 필요하다고 여겨질 때 입법에 미치는 영향력을 의미하였다. 때때로 "재벌들이 의회를 움직이고 있는가?"라는 의문이 제기되었다. 국가와 기업들의 기능이 대체로 분리되어 있었다는 것이 해답이 될 것이다. 그들 각자의 목표인 국가 권력과 성장은 대체로 양립될 수 있었다. 이러한 목표들의 조화가 기업을 편하게 만들었다. 사회적 비판이 인 1920년대와 공황기의 1930년대초에 이르러서야 비로소 양자의 이해가 실제로 동일한 것인가 하는 의문이 제기되었다.

또 다른 엘리트는 지명된 귀족원과 선거에 의해 뽑힌 중의원을 가진 의회였다. 귀족들과 명망가들로 된 귀족원은 중의원에 대한 보수적인 견제 장치로 고안되었다. 그것은 이 기능을 잘 수행했고 특별히 그것에 대해 언급할 만한 것은 거의 없다. 오로지 의회만이 항구적인 법률들을 통과시킬 수 있었고, 또 예산의 증액이 의회의 승인을 필요로 했기 때문에 중의원은 힘을 가졌다. 이러한 승인권이 이토〔伊藤〕가 의도했던 것보다 중의원을 더욱 강력하게 만들었다. 그는 증액된 예산이 항상 필요하게 되리라고는 생각지 못하였다. 1890년부터 어떻게 중의원을 통제할 것인가가 일본 정부의 큰 문제였다. 어떤 좋은 해답도 발견되지 않았고, 따라서 중의원을 지배한 정당들만이 점차 다른 엘리트들과의 경쟁에서 승리할 수 있었으며, 정치의 중심 무대인 내각의 지배를 향하여 움직여 갔다.

타협에 의한 정부 운영　그러나 엘리트들이 단지 경쟁만을 한 것은 아니었다. 그들은 또한 협력하였다. 헌법은 다양한 엘리트들에게 다른, 그러나 실제적인 권력들을 부여하였다. 정부의 사업이 완수되기 위해서 엘리트들은 함께 일하지 않으면 안 되었다. 자세히 관찰해 보면 각 엘리트들이 완비되어 있는 것도 아니었고 단합되어 있는 것도 아니었음을 우리는 발견하게 된다. 오히려 각 엘리트 안에 경쟁적인 파벌이 존재하여, 귀족원내에서는 정신(廷臣)들이, 중앙 부서들내에서는 관료들의 파벌이, 육군내에서는 조슈 파와 비조슈 파 장교들이, 해군내에서는 사쓰마 파와 반대파들이, 의회내에서는 정당들이, 재벌들 사이에서는 미쓰이와 미쓰비시가, 번벌들 중에는 이토와 사이온지가 야마가타와 가쓰라와 경쟁하고 있었다. 따라서 다른 엘리트를 포함한 파벌들의 연합이 일본에 있어서 지배적인 것으로 대두하였다.

한 엘리트의 파벌이 정당이나 혹은 또 다른 엘리트의 파벌과 결합하는 유대는 개인적인 것이었고 때때로 의회의 결성에 앞서는 것이었다. 예를 들면 호시 도루(Hoshi Tōru, 星亨)는 세이유카이〔政友會〕로 발전한 정당의 정치가로 무쓰 무네미쓰(Mutsu Munemitsu, 陸奧宗光)의 친구였다. 무쓰는 이토의 부하였다. 이것이 1900년 후 이토가 호시의 정당에 대한 지도권을 장악하게 되는 결과를 가져왔다. 이토는 다시 미쓰이 가와 밀접한 관련을 맺고 있던 이노우에 가오루(Inoue Kaoru, 井上馨)의 친구였다. 이것이 미쓰이를 초기 세이유카이의 후원자가 되도록 이끌었다. 미쓰비시 재벌의 지원에 의존하여 이에 필적하는 엘리트간 연합이 또한 1913년 결성된 두번째 주요 정당을 중심으로 이루어졌다.

1905년까지 엘리트들간의 협력은 정상에 있던 번벌들의 통제하에 획득되었다. 번벌들을 입헌적인 "펀치(Punch)와 주디(Judy)의 쇼"[인기 있는 유럽의 인형극]의 꼭두각시 조종자로 간주하는 것은 단지 약간의 과장일 뿐이다. 특히 야마가타가 힘이 있었다. 그에게 충성스러운 사람들이 육군을 움직였고, 고위 관료직──특히 차례로 지방 정부와 경찰을 통제했던 내무성──을 차지하였고, 또한 귀족원과 추밀원에 자리를 잡고 있었다. 배후에서 적절하게 조종하면서 야마가타와 다른 번벌들이(혹은 그들이 후기에 불려진 것 같이 원로) 다양한 엘리트들의 업무를 조정하였다. 그러나 이와 같은 능력을 보유하고도 야마가타의 '권력 기구'는 1890~1900년 기간에 중의원을 통제할 수 없었다. 따라서 이토는 1900년 지유토[自由黨]를 끌어들여 세이유카이[政友會]를 결성하였다. 그것이 가지고 있던 권력과의 연줄을 이용하여 '세이유카이'는 다수당이 되었다. 그러나 1905년까지 그것은 번벌들과의 관계에 의존하고 있었고 나머지 엘리트들과 같이 주로 위로부터 조종되었다.

1905년은 하나의 전환점이었다. 경제에 있어서는 일본의 근대적 부문의 지속적인 경제 성장의 시작을 특징지은 호경기가 시작되었다. 러시아에 대한 승리가 일본의 식민 제국을 확대시켰고, 일본을 동아시아에서 단연 돋보이는 열강으로 만들었다. 전쟁은 또한 전쟁 전보다 훨씬 더 강력한 민족주의적인 각성을 불러일으켰고 정치에 있어서는 하나의 전환점이 되었다. 이토는 정당 지도자로서 실패하였다. 그는 그가 원했던 것같이 정당을 지배할 수 없었고 당원들을 상대하는 가운데 그가 마주했던 협상, 작은 음모, 욕설 등을 감내할 수 없었다(그는 전당 대회 동안 오물 세례를 받았다). 사이온지가 그의 뒤를 이었으나 또한 성공적이질 못하였다. 사이온지는 1905년과 1912년 사이에 두 번 수상으로 일하면서 1905년 후는 정당의 총재로서보다는 실제로 한 명의 겐로[元老]로서 행동하였다. 반면 하라 게이[Hara Kei, 原敬]는 진정한 정당 지도자가 되었다.

1856년에 태어난 하라는 메이지 시대의 지도자들과는 다른 세대의 사람이었다. 그는 또한 메이지 유신에서 아무런 역할도 수행하지 못했던 동북 지방 출

초기의 메이지 지도자들과 달리 하라(原)는 경쟁적인 엘리트, 파벌, 연합들의 한가운데 그의 권력을 구축했던 타협적인 인물이었다.

신이었다. '국외자'로서 그의 경력은 따라서 색다른 것이었다. 23세에 그는 당시 정치에 밀접했던 직업인 신문 기자로 일했다. 26세에 외무성에 들어갔고, 15년 후 조선 공사가 될 때까지 꾸준하게 승진하였다. 그 후 그는 계속해서 일본의 한 대일간지의 주필, 은행 관리, 회사 사장, 의회의 의원이 되었다. 그는 또한 1900년 이토가 '세이유카이'를 결성하는 것을 도왔다. 참을성 있고, 총명하고, 근면하고, 온정주의적이었던 하라는 그의 시대에 있어서 일본의 가장 능력 있는 정치가였다. 그가 추구했던 국가적 목표들은 나중의 강령 속에 선언된 "국방의 완성, 교육의 확대, 산업의 진흥, 통신의 확대"였다. 하라의 목표들은 야마가타 말년의 그것들과 그렇게 다르지 않았다. 그러나 그는 그것들이 번벌들이 아니라 정당들에 의해 지도되는 정부에 의해 성취되어야만 한다고 생각하였다. 1905년부터 하라는 '세이유카이'의 권력을 구축하기 위하여 정력적으로 일하였다. 다음 16년의 많은 기간 동안 일본 정부의 이면사(裏面史)는 야마가타에 대한 하라 기구의 투쟁이었다.

권력을 구축하기 위해 하라가 사용한 한 방법은 수직적인 정당 조직을 만드는 것이었다. 한 명의 의원이 선거에서 승리하기 위해서는 현회(縣會) 정치가들의 지지와 명망가들에 의한 지방의 지지를 필요로 하였다. 어떤 지역들에는 1890년부터 매번 선거에서 이누카이(Inukai, 犬養)가의 멤버를 의회에 보낸 오카야마〔岡山〕현의 '철옹성 선거구'와 같은 개인적 정치 조직들이 존재하였다. 1890년 후의 몇 십년간 이 지역의 76퍼센트에 이르는 표가 이누카이나 그에 의해 지명된 후보들에 주어졌고, 1932년 후 아들이 아버지로부터 '봉토(선거구)'를 상속했을 때에는 47퍼센트, 제2차 세계 대전 직후의 기간에 있어서는 여전히 의회의 의석을 확보하기에 충분한 35퍼센트가 주어졌다.

그러나 그러한 선거구들은 예외적이었다. 대부분의 지역들에서 지방의 우두머리들은 여당의 특혜를 확보하기 위하여 무더기 표를 한 정당으로부터 다른 정당으로 옮겨 주곤 하였다. 무더기 표는 지방 연대의 표현이었다. 도시의 유권자들보다 더 높은 비율의 농촌 유권자들이 투표장에 나타났다. 농촌에서는 표를 허비하는 것에 반대하는 감정이 존재하였고, 반대로 만일 한 표가 그 해당 지역을 위한 학교, 도로, 댐, 다리, 혹은 조세 면제를 확보할 수 있는 후보자를 선출하기 위하여 다른 표들과 합해지면 그것은 가치를 지니게 되었다. 하라의 전술은 정부 보조금 정치에 의해 이들 무더기 이동표들을 확보하는 것이었다. 그는 세 차례 내무 대신을 역임했고, 그의 대신직의 자원들이 '세이유카이'를 지지하는 선거구들에 특혜를 베푸는 데 사용되었다. '세이유카이'와 연합한 지역 사회들은 학교와 도로를 획득하였고, 그렇지 않은 지역들은 감시를 받았다. 1906년에 국유화된 철도는 시혜의 또 다른 부문이었다. 군부는 일본의 철도를 대륙에서 사용된 것과 동일한 광궤(廣軌)로 전환하기를 원하였다. 하라는 사용할 수 있는 재원이 '세이유카이'의 선거구들에 있어서 새로운 협궤 철로를 설치하는 데 쓰여질 수 있도록 하기 위해 이 계획을 좌절시켰다.

정당의 힘을 확대하기 위하여 하라가 사용한 두번째 방법은 관료들을 정치화하는 것이었다. 관료제의 꼭대기는 여전히 시험을 치르기 이전 시대에 번벌들에 의해 임명된 사람들에 의해 채워져 있었다. 문관 시험 제도와 관료제를 통할하는 규정들이 다음 세대의 관리들이 또한 정당의 영향으로부터 벗어날 수 있도록 보상하기 위해 야마가타에 의해 마련되었다. 실제로 '중립'은 번벌들에 충성스러운 상급자들에 대한 충성을 의미하였다. 다음으로 번벌들은 자신들이 당파적 이해의 무리들을 초월하여 오로지 일본 전체에 유익한 것에만

수 상 1898∼1921

야마가타〔山縣〕	1898년 11월∼1900년 10월
이토〔伊藤〕	1900년 10월∼1901년 6월
가쓰라〔桂〕	1901년 6월∼1906년 1월
사이온지〔西園寺〕	1906년 1월∼1908년 7월
가쓰라	1908년 7월∼1911년 8월
사이온지	1911년 8월∼1911년 12월
가쓰라	1912년 12월∼1913년 2월
야마모토〔山本〕	1913년 2월∼1914년 4월
오쿠마〔大隈〕	1914년 4월∼1916년 10월
데라우치〔寺內〕	1916년 10월∼1918년 9월
하라〔原〕	1918년 9월∼1921년 11월

관심을 갖고 있다고 생각하였다. 하라는 관료들, 특히 영향력을 가진 내무성이 야마가타 기구의 핵심이라고 생각했다.

하라는 머지않아 관료제내에서 얼마간의 시혜적인 임명권을 획득하였다. 그러나 보다 더 중요한 것은 그가 정당의 대의에 정규 문관 관료들을 확보하는 데 성공한 것이었다. 관료 집단은 1890년의 2만 9,000 명에서 1908년의 7만 2,000 명으로 성장하였다. 1905년까지 고시 제도 출신의 새로운 사람들이 제도의 정상에 있던 번벌들의 임명자들을 대체하기 시작하였다. 1906년 하라가 내무 대신이 되었을 때 그는 이들 새로운 사람들의 일부와 함께 일하는 관계를 확립하였고, 그들을 경찰과 공공 사업, 철도 건설, 지방 업무들을 통제하는 관직 중 전략적인 직책들에 임명하였다. 이들은 앞서 언급한 보조금 지급 정책을 충족시킨 사람들이었다. 하라는 또한 현(縣) 단계에 있어서도 변화를 가하였는데 그의 정책들을 실행하려고 하지 않을 '인기가 없는' 지사(知事)들을 파면하고, 그 자리에 그의 생각에 보다 협조적인 '효율적인' 사람들을 임명하였다. 20세기의 20년대까지 '세이유카이' 관련 내각하에서 고위 관직을 획득하고, '세이유카이'가 정권을 잃었을 때 그들의 직책들을 상실했던 다수의 문관 관료들이 존재하였다. 즉, 관료제의 일정 부분이 정당들에 의해 잠식되었다.

정당의 권력을 확대시키는 세번째 방법은 다른 엘리트들에 파고드는 것이었다. 이것은 보다 더 곤란한 것이었다. 번벌들이 약화됨에 따라서 일부의 젊은 귀족원 의원들이 그것들에 보다 더 독자적으로 되었고, 정당의 영향력을 통해 임명된 일부의 새 귀족원 의원들이 정당과 제휴하게 되었다. 따라서 하라의 정당은 1920년대에 귀족원의 최대 파벌과 실제적인 동맹을 이룩하는 데 성공하였다. 그러나 이것은 짧은 기간 동안이었다. 어떤 때에 내각은 또한 추밀원에 압력을 가하는 데 성공하였으나, 그것도 또한 정당의 영향력에 대항하는 데 대체로 성공적이었다. 군부에 대하여 정당들은 훨씬 덜 성공적이었다. 따라서 정당의 세력 증진은 계속해서 다른 엘리트들과의 타협에 크게 의존하였다.

1912~1913년의 '다이쇼' 정변   1905년부터 1912년까지의 기간은 표면적으로는 1900년부터 1905년까지의 기간과 유사하였다. 가쓰라와 사이온지가, 그들의 지도자였던 야마가타와 이토가 전대에 그러했던 것과 같이 교대로 수상직을 차지하였다.

가쓰라와 사이온지 양자를 위한 의회에서의 지지는 '세이유카이'에 의해 제공되었다. 물론 그것은 대가를 치르고 제공되었다. 1912~1913년의 겨울에 이르러 이 조정은, 1912년 여름에 즉위한 새 천황을 위해 선택된 연호를 따라 이름붙여 일본 역사가들이 '다이쇼(Taishō, 大正)의 정변(政變)'으로 불렀던 것에 의해서 깨어졌다. 정변이 당시 일본 정부내에서의 일부 세력을 예시하고 있기 때문에 그것은 좀더 자세하게 살펴볼 만한 일이다.

사이온지는 1911년 여름 두번째로 수상이 되었다. '세이유카이'의 요구에 따르고 일본의 필요에 부응하여 그는 긴축 정책을 강행할 결의에 차 있었다. 그러나 육군과 해군이 예산의 증액을 위해 압력을 가해 왔다. 몇 개월의 협상 끝에 양군의 요구가 거부되었다. 따라서 육군 대신은 야마가타와 협의한 후 사이온지에게 통보도 하지 않고 천황에게 그의 사임을 전하였다. 이것으로 사이온지 내각은 붕괴되었다.

새로운 사람을 찾는 일에 직면하여 번벌들은 처음에는 사이온지에게 또 다른 내각을 구성하도록 요청하였다. 그는 거절하였다. 야마가타는 데라우치(Terauchi, 寺內) 장군을 원하였으나, 다른 사람들은 육군 출신은 정당들에게 받아들여지지 않을 것이라고 생각하여 거부하였다. 번벌이자 재정의 권위자인 마쓰카타가 선정되었으나 거부하였고, 또 다른 야마가타의 총애자들 중의 한 명도 마찬가지로 거절하였다. 사쓰마 출신의 야마모토 곰베이(Yamamoto Gombei, 山本權兵衛) 제독도 육군내의 조슈 파가 그것 자체의 어지러움을 정리하지 않으면 안 된다고 효과적으로 말하면서 또한 수상직을 거부하였다. 결국 최후의 수단으로서 가쓰라가 그의 세번째 내각을 구성하도록 요청을 받았고, 그는 이것을 수락하였다.

가쓰라는 조슈 출신이었고 전직 장군이었다. 그는 육군이 아주 폭넓은 통찰력을 가진 사람들(30년대의 폭이 좁고 직업적인 장교들과 달리)에 의해 지도될 때 그곳에서 성장하였다. 세기의 전환기에 있어서 그는 내각이 정당의 지배를 받지 않는 '초연한' 것이어야 한다는 야마가타의 견해에 공감하였다. 그러나 1912년까지 그는 '세이유카이'와 협력하는 것에 익숙해 있었고 그 자신의 정당을 결성할 만반의 준비를 갖추고 있었다. 그는 스스로를 군인이 아니라 정치가라고 생각했고, 그리고 그의 전임자의 긴축 정책을 지속시킬 의도를 가지고 수상직을 수락하였다. 또한 그는 단순히 야마가타의 볼모가 아니었다. 1911년 그는 야마가타에 노골적으로 반대하여 사이온지를 그의 후임에 추천하였고, 그가 "내가 유럽 여행에서 돌아오면 야마가타와 같은 사람들이 은퇴하도록 촉구할 것이다."라고 말한 것으로 야마가타에게 전해졌다고 한다.

그러나 대중들과 정당들의 눈에는 가쓰라 자신이 그 직책을 차지하기 위해 사이온지 내각을 붕괴시키도록 육군을 조종한 것으로 보여졌다. 그는 번벌의 지배를 영속화시키려고 노력하는 조슈 출신 장군으로 간주되었다. 가쓰라가 직면한 첫번째 문제는 군함에 관한 해군의 요구였다. 해군은 또한 요구가 충족되지 않으면 해군 대신을 보류하겠다고 위협하였다. 그것에 대한 반격으로 가쓰라는 해군에게 대신을 제공하도록 지시하는 칙령이 발령되도록 하였다. 신문들과 정당들은 이것을 양군에 대한 반대가 아니라 천황의 통치권을 이용한 비민주주의적이고 고압적인 행동으로 해석하였다.

야당들, 일부의 실업가와 지식인들, 그리고 몇몇 전문직 종사자들이 1912년 헌정 옹호 운동(憲政擁護運動)을 조직하였다. 그들은, 바로 메이지 천황의 초기에 근대 일본을 지향하는 광범위한 개혁들을 목격한 것과 같이 다이쇼[大正] 천황의 지배가 민주 일본을 향한 유사한 변화로서 시작되어야만 한다고 말하

가쓰라〔桂〕는 조슈 출신의 장군으로 출발하였으나, 시대의 요구가 그로 하여금 정당 정치가가 되도록 만들었다.

면서 '다이쇼 유신'을 요구하였다. 이 운동은 가쓰라의 칙령 이용에 반대하는 대규모 항의 집회들을 결행하였다. 일본의 주요 도시에서 열린 집회에서 연설자들은 "사쓰마〔薩摩〕·조슈〔長州〕의 지도자들을 쳐부수고 가쓰라의 목을 베라."고 외쳤다. 신문들이 운동을 지지하였고, 지방의 '세이유카이' 정치가들이 참여하였다. 당분간 '세이유카이'의 전직 관료 출신의 지도부는 중립을 유지했으나, 가쓰라가 그 자신의 정당을 결성하는 데로 나갔기 때문에, 그들은 그의 내각을 지지하겠다는 앞서의 서약으로부터 자유롭게 되었다고 느꼈고 반대파의 운동에 참여하였다. 가쓰라의 정당은 의회에서 다수를 갖고 있지 못하였다. 그의 내각은 너무도 인기가 없었기 때문에 그가 선거에서 승리할 희망은 거의 없었다. 의회는 종종 조롱하는 군중들에 의해 포위되었다. 희망이 없는 상황임을 깨달은 가쓰라는 사임하였고, 그 해에 실의에 찬 채 죽었다.

새 내각이 야마모토 제독에 의해 성립되었는데, 그는 앞서 수상직을 거절한 적이 있었다. 새 내각은, 의회에서 '세이유카이'의 지원을 받는 온건파 전직 관료들로 구성된 내각을 가진 정부라는 정변 전의 패턴으로의 일시적인 복귀로 특징지을 수 있다. 대부분의 대신들은 그들이 야마모토 내각에 입각할 때 '세이유카이'에 참여하였다. 정당에 유리한 많은 법안들이 내각에 의해 통과되었다. 그것은 앞서의 긴축 정책을 계속하여 예산을 13퍼센트 이상 삭감하였고 1만 명 이상의 관료들을 감축하였다. 바로 이때 정당원들의 일부가 관료제 내의 영향력 있는 직책에 처음으로 임명되었다. 야마모토 내각은 또한 이때까지 양군의 규율에 의해 통제를 받는 현역 장군과 제독에 제한되어 있던 육군과 해군의 대신직을 장군급 및 장관(將官)급 퇴역 장교들에게도 개방하였다. 아무도 임명되지는 않았지만, 그들이 임명될 수도 있다는 사실이 양군이 내각을 붕괴시키기 위해 더 이상 기도하는 것을 방지하였다.

제1차 세계 대전 중의 국내 정치　　정변의 부산물은 1913년 일본의 두번째 주요 정당인 도시카이(同志會 ; 합병을 통해 1916년 겐세이카이〔憲政會〕로, 그리고 1927년 민세이토〔民政黨〕가 되었다)의 결성이었다. 거의 13년 동안 '세이유카이'가 권력과 관직 임명권을 독점한 후 의회내의 다른 집단들은 권력에 굶주려 있었다. 따라서 가쓰라가 '세이유카이'와 같이 정부에서 동반자의 역할을 효과적으로 경쟁할 수 있는 두번째 정당을 결성하려고 하였을 때 다수의 중의원 의원들이 참여하기 위해 모여들었다. 번벌들은 또한 싹이 튼 '세이유카이'의 힘과 그것이 야마모토 내각 동안 아무런 노력도 하지 않고 다시 권력을 차지한 것에 대해 기분 나빠하였다. 그들은 '도시카이'에서 평형추의 가능성을 발견하였다. 1914년 한 스캔들이 야마모토 내각의 붕괴를 가져왔을 때 1881년 '도시카이'의 먼 전신에 해당되는 것을 설립했던 오쿠마〔大隈〕가 새 내각을 구성하도록 요청되었다. 오쿠마는 자연히 의회내의 지지를 '도시카이'에 의존했고, 총재인 가토 고메이(Katō Kōmei, 加藤高明)를 내각의 외무 대신에 임명했다.

　오쿠마는 1915년 3월 의회를 해산하고 총선거를 명하였다. 이 선거에서 일본 최초의 근대적 선거 운동들이 나타났다. 오쿠마와 그의 대신들은 전국을 누비며 집회에서 연설하였다. 오쿠마의 "입헌 정치에 있어서 여론의 힘"이라는 연설은 녹음되어 일본 전역에 걸쳐서 연단에서 축음기로 재생되었다. 선거일 아침에 중요한 선거구들에서는 오쿠마의 이름으로 전보들이 유권자들에게 전해졌다. 동시에 '도시카이'도 또한 '세이유카이'가 앞서 개발했던 그 기술들을 효과적으로 사용할 수 있음을 보여 주었다. 즉, '도시카이' 후보들을 돕기 위하여 경찰과 지방 공무원들을 동원하였고, 승패를 좌우하는 표를 획득하기를 바랐던 선거구들에게는 특혜를 약속하였다. '도시카이'가 의회에서 절대 다수를 확보하였다. 이 승리는 1900년의 '세이유카이'의 결성으로부터 1924년까지 의회에 대한 그것의 지배에 있어서 유일한 중단이었다.

선거에서 승리를 거두고 '세이유카이'가 제지되자 번벌들과 '도시카이'의 이해가 갈라졌다. 번벌들은 '도시카이'를 상대하는 것이 '세이유카이'를 상대하는 것보다 결코 쉬운 것이 아님을 발견하였다. 의회를 지배함에 있어 양정당들은 거의 비슷하게 행동하여 정부내에서의 정당의 힘을 증대시키기 위해 노력하였다. 야마가타는 특히 외무 대신 가토의 행동에 분노하였다. 과거에는 번벌들에게 비밀 외교 문서들을 열람시키는 것이 관례였다. 가토는 이것에 종지부를 찍었다. 그 대신 번벌들에 의해 요청되었을 때 그는 사안을 설명하기 위한 관리들을 파견하였다. 가토는 사전에 야마가타에게 통고하지 않고 일본을 제 1 차 세계 대전에서 연합국측에 가담하도록 만들 최후 통첩을 독일에 발하였다. 이것 때문에 그는 불려가서 꾸지람을 받았고 앞으로는 예의바르게 행동할 것을 약속하였다. 그러나 1915년 그가 중국에 '21 개조의 요구'를 강요하였을 때 그는 다시 번벌들과 의논하는 것을 생략했다. 가토가 하라보다 더 나쁘다는 것이 야마가타의 반응이었다. 두 사람 사이에 골이 깊어 갔고, 야마가타는 그가 살아 있는 한에 있어서 가토가 내각 구성의 요청을 받지 못하도록 조치하였다. 이때는 1916년 '도시카이'에서 이름을 바꾼 가토의 겐세이카이〔憲政會〕에게 어려운 시기였다.

그러는 동안 하라는 1915년의 선거에서 만일 야당이 정권을 잡게 되면 '세이유카이'의 모든 이익이 사라질 수 있다는 것을 깨닫게 되었다. 따라서 그는 야마가타가 귀를 기울이는 사람들에 접근하고 궁극적으로는 야마가타와 만나는 등 그의 정치적 지반을 보완하기 시작하였다. 그 결과 오쿠마 내각이 1916년 붕괴하였을 때 야마가타의 부하인 데라우치(Terauchi, 寺內) 장군이 새 수상으로 임명되었고 그는 바로 하라에게 의회에서의 지지를 구하였다. 그러나 하라는 그 자신과 '관료적'인 수상 사이에 거리를 유지하여 그의 당의 대의에 유리한 문제들에 대해 지원을 보냈고, 그가 필요하다고 느꼈을 때 그것을 유보하였다. '세이유카이'는 1917년 선거에서 최대 정당으로서 그것의 위치를 재확립하였다. 내각이 1918년의 '쌀소동'의 여파로 붕괴하였을 때 1905년에 시작된 과정이 그것의 논리적 결론에 도달하여 하라가 수상으로 임명되었다.

1918년부터 1921년까지의 3년간의 하라 내각은 그가 오랫동안 노력해 왔던 다수의 목표들을 달성하였다. 그는 군청(郡廳)을 폐지하여 마치〔町〕와 무라〔村〕들에 대한 관료 지배를 줄이고, 보통 정당의 영향력하에 있던 시 정부들의 자율성을 증대시켰다. 그는 소수의 정치 집단들이 대표될 여지가 있던 대선거구에 대신하여 소선거구(미국의 그것과 같은 한 석의 선거구)를 확립하였다. 이것이 선거에서 대정당들에 이익을 가져다 주었다. 그는 그의 보조금 지원 정책을 계속하여 학교들을 건설하고 8억 엔의 철도 확장 계획을 수행하였다. 그는 식민지 관료제내에 정치적 임명자들을 위한 얼마간의 자리를 확보했다. 그는 '세이유카이'가 특히 농촌에서 세력을 떨쳤기 때문에 세금 제한을 10 엔에서 3 엔으로 줄여서 농촌의 소지주들에게 선거권을 부여하였다(도시에 지반을 가진 '겐세이카이' 당원들은 이것을 민주주의적 진보가 아니라 의회내에서의 '계급적 전제주의의 영속화'로 간주하였다).

하라는 정부의 구조를 바꾸지 않았다. 사소한 수정 이상을 시도하는 것은 다른 엘리트들과의 갈등을 낳았을 것이고 '하라 기구'의 토대를 뒤흔들었을 것이다. 하라가 생각하기에 구조적 변화들은 불필요한 것이었다. 타협에 의해 다른 엘리트들을 조종하고 당의 목적들을 달성하는 것이 더 나았다. 하라의 전기 집필자가 표현했듯이 그의 목적들과 전술들에 있어서 "1918년 하라 수상은 여전히 내무 대신 하라"였다. 하라가 하지 못한 또 다른 하나는 사회 입법을 촉진하는 것이었는데, 그는 경제적으로 보수적이었고 치솟는 사회 운동에 반대하였다.

다이쇼 민주주의

1921년 한 국수주의자에 의한 하라의 암살은 그의 빛나는 경력에 갑작스러운 종지부를 찍게 되었으나, 그의 사망 후 수년간 입헌 정부를 향한 움직임은 계속되었다. 이들 새로운 발전들은 비록 그것들이 당연히 일본내의 경제적, 사회적, 사상적 변화들을 반영한 것이었지만, 또한 20년대 동안 자유주의적 경향들이 고조되었던 서구로부터의 새로운 영향에 조응한 것이었다. 이 시기는 1912년부터 1926년까지 펼쳐진 연호를 따라서 어느 정도 애매한 것이기는 하나 '다이쇼 민주주의'의 시대로 불려진다.

제국의 외교   1874년의 대만 원정으로부터 1910년 조선의 합병까지 일본의 대외 정책은 일관된 것이었다. 번벌들하에 단합된 정부에 의해 공통의 목표들을 위한 행동들이 취해졌다. 목표는 안전 보장과 자립과 열강의 지위였다. 안전 보장은 산업과 군사적 발전을 통해서 성취되었다. 자립은 1890년대 중반 불평등 조약들이 개정되었을 때 회복되었다. 열강의 자격은 1895년과 1905년의 중국과 러시아에 대한 승리로 주어졌는데, 그것들이 일본을 제국화시켰다. 제국은 다른 제국주의 열강들과의 상호 조약에 의해서 견고하게 되었다. 1902년의 영일 동맹은 1905년과 1911년에 갱신되었으며 핵심적인 조약이었다. 1907년과 1916년 사이에 일본은 또한 조선과 만주에서의 일본의 특별한 지위를 보장한 제정 러시아와의 네 차례의 조약을 체결하였다. 미국도 또한 일본의 제국을 인정하였다. 즉, 1905년 태프트(Taft)와 가쓰라는 필리핀과 조선에 관해 상호 보장을 해 주었고, 1917년의 랜싱(Lansing)-이시이〔石井〕 협약은 '영토적 근접성'으로 일본이 중국에서 특수한 이해를 가짐을 인정하였다. 다른 아시아 민족들에 대한 팽창이 일본내에서 사회 진화론, 고유한 일본 국체에 대한 우수성의 개념, 후진적인 이웃들에게 진보와 근대화를 가져다 주어야 한다는 일본의 국가적 사명 의식들에 의해 합리화되었다.

 일본 제국주의의 역사에 있어서 두번째의 짧은 시대는 제 1 차 세계 대전부터 1922년까지였다. 이 시대의 전반부 동안 유럽 열강들이 전쟁에 개입하고 있었기 때문에 동아시아에서 힘의 공백을 가져왔고, 일본은 이것을 이용하였다. 영국의 동맹국으로서 일본은 독일에 대해 선전 포고하였고 산동(山東)에 있는 독일의 거점을 접수하였다. 다음해인 1915년 일본은 소위 중국에 대한 21 개조의 요구를 발표하였다. 그것은 일본이 러일 전쟁의 결과 만주에서 획득한 일본의 위치를 강화하고 중국에서의 새로운 진출을 도모하기 위한 시도였다. 처음의 14 개 조문은 산동과 만주에서의 경제적 양보와 몽고에서 새롭게 획득한 지위에 대한 중국의 확인을 요구한 것이었다. 중국인들은 이것 중 마지막 몇 개의 요구에는 성공적으로 저항하였는데, 그것은 중국 정부내에 일본인 고문들을 임명하는 것을 포함한 중국 본토내에서의 광범위한 권리를 확보하기

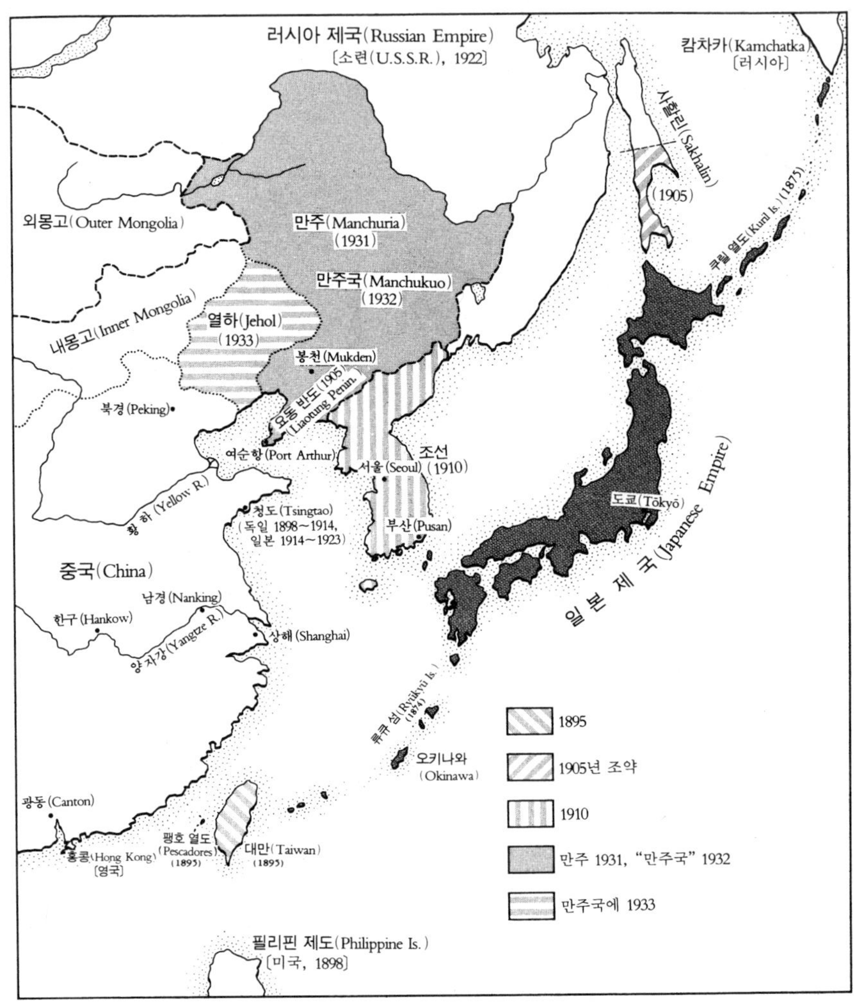

일본 제국의 성장

위한 것이었다. 분쟁 지역에서 무엇인가를 획득하기 위한 세번째 시도는 1918
년 일본이 연합국의 간청에 의해 연합국의 간섭에 참여하기 위하여 동부 시베
리아에 군대를 파견한 것이었다. 일단 정부가 군대를 보내자, 육군은 '통수권
의 독자성'을 이용하였고, 원래 합의된 병력수의 몇 배를 파견하여 다른 연합
국들이 철수한 뒤에도 오랫동안 그곳에 군대를 유지하였다. 이 행동은 막대한

비용이 들었고 일본내에서 매우 인기가 없었다. 그것은 군부의 위엄을 퇴조시키는 데 기여하였고 마침내 1922년 군대는 그들의 노력에 대한 아무 대가도 없이 철수하였다.

그러는 동안 국제 관계는 새로운 전후 단계에 진입하였다. 제 1 차 세계 대전에서 민주주의의 승리와 병행하여 각 민족의 자결과 주권을 강조하는 윌슨(W. Wilson)의 '신외교'가 대두되었다. 신외교의 추진은 전시의 무장으로부터 평화시의 제한 군비 축소로, 그리고 전전의 상호 조약의 체제로부터 전후의 다변적 조약 체제로의 전환이었다. 이 체제는 1921년 11월과 1922년 2월 사이에 개최된 워싱턴 강화 회의에서 합의된 세 조약들 속에 구현되어 있었다. 일본, 영국, 미국, 프랑스 사이에서 이루어진 '4 국 협정'이 영국과의 안전 보장 협약을 대체하였는데, 이는 섬나라의 소유물에 대한 위협이 존재하는 경우 상호 협의를 한다는 보다 약한 집단적 합의였다. '5 국 협정'이 태평양에서 군사적 균형을 확립하였는데 영국과 미국이 싱가포르의 동쪽이나 하와이의 서쪽에 요새를 건설하지 않을 것과 일본의 한 개의 대양 함대와 영국과 미국의 2 개 대양 함대들의 주력함의 비율이 3 : 5 : 5가 될 것이라고 명기하였다. '5 강'의 다른 둘인 프랑스와 이탈리아는 1.75 비율에 동의하였다. 이 합의의 의도는 일본을 자신의 수역에서 안전하게 만드는 것이었으나 미국이나 영국에 대항해서 전쟁을 수행할 수 없도록 하는 것이었다. '9 국 조약'은 중국 문제를 다루었다. 한편으로 그것은 중국에서 불평등 조약의 권리들을 인정하였고 만주에서의 일본의 지위를 암암리에 승인하였다. 다른 한편으로 그것은 "중국의 주권과 독립 및 영토적·행정적 보전"을 확인하였다. 사실상 그것은 첫째로 열강들이 더 이상 중국을 해체시키기 위하여 중국의 분열을 이용하는 것을 방지하고, 둘째로, 그 이름에 합당한 정부가 중국에서 출현하는 경우 적용하도록 고안된 원칙들을 기술한 것이었다.

따라서 워싱턴 강화 회의 체제는 식민지의 현상 유지에 반대하지 않았다. 심지어 그것은 제 1 차 세계 대전의 승리자들의 손에 의한 안정적인 식민 질서를 보장하였다고 말해질 수 있다. 그러나 이 외교 질서를 깨뜨리는 어떤 새로운 침략이나 어떤 새로운 식민지 획득도 있을 수 없는 것은 물론이었다.

이러한 강대국 관계의 유형에 맞추어 일본은 1924~1927년과 1929~1931년에 외무 대신이었던 시데하라 기주로(Shidehara Kijurō, 幣原喜重郎)의 이름을 따서 때때로 '시데하라 외교'로 불려졌던 국제주의 외교 정책으로 전환하였다. 참으로 국제주의는 1920년대 동안의 일본 대외 관계 전부를 특징지었다. 그것은 의회내에서의 원내 연합, 관료들, 그리고 문화에 있어서 국제적이고 제 1 차 세계 대전의 민주주의 승전국들인 미국, 영국, 프랑스와 일본의 긴밀한 유대와 병행해 대두된 실업가들에 의해 지지를 받았다. 대중들의 눈에 그것은 원내 연합이 권력을 장악한 것과 관련된 것으로 보여졌다.

신자유주의　전후의 국제주의적 분위기는 또한 내부적으로도 일본에 영향을 끼쳤다. 1880년대에 이토가 헌법을 찾아서 유럽에 갔을 때 그는 독일적 원리들이 그에게 가장 좋은 것임을 발견하였다. 그러나 1918년 민주주의는 강력했고, 그리고 승리를 거두었다. 전쟁에 관한 일본의 인기 있는 이미지는 〈펀치(Punch)〉지의 판에 박힌 형태의 이미지로, 구레나룻을 기른 독일 군국주의 황제가 연합국의 대의를 대변했던 아름다운 자유의 여신과 싸우는 것이었다. 이 민주주의적 흐름의 영향은 일찍이 1916~1917년 교과서가 국제주의에 대한 강조를 포함하도록 (종교적인 천황관과 나란히) 개정되었을 때 피부로 느껴졌다. 말할 필요도 없이 이것은 서구 지향적이었고, 이 당시 일본에서는 비서구 세계의 나머지에서의 변화에는 말할 것도 없고 이웃 중국에서의 민족주의 운동에 대해서도 지적인 관심을 가졌던 사람이 거의 없었다.

항상 서구의 견해에 민감했던 일본내의 자유주의의 지적 흐름이 이때에 꽃을 피웠다. 도쿄 대학 교수였던 요시노 사쿠조(Yoshino Sakuzō, 吉野作造 ; 1878~1933)는 여러 잡지들에 기고한 논문들 속에서 다양한 엘리트들을 정당 내각에 종속시키기 위하여 정부 구조의 재조직을 위한 그의 계획들을 발표하였다. 시대의 정신은 소설가 무샤코지 사네아쓰(Mushakōji Saneatsu, 武者小路實篤)의 낭만적 개인주의 속에 잘 반영되어 있었는데, 그는 "오로지 권위가 존재하지 않는 나라만이 살 만하다."고 썼고 언젠가 괴테나 에머슨과 같은 작가들이 일본에서 태어날 것이라고 희망하였다.

한 일본 작가는 1919년 그가 젊었을 때 참석했던 보통 선거를 위한 집회를 묘사하였다. 그것은 그리스도 교인 스즈키 분지(Suzuki Bunji, 鈴木文治)의 온건한 지도력하에 1912년 이후 대두한 노동 조합 유아이카이〔友愛會〕의 후원하에 개최되었다. 연설자인 경력이 풍부한 국회 의원 오자키 유키오(Ozaki Yukio, 尾

남자 보통 선거를 지지하는 1919년 우에노 공원에서의 집회.

崎行雄)을 만나기 위해 갔던 300명의 사람들은 교토 거리를 행진하면서 개척자적인 그리스도 교 사회 사업가 가가와 도요히코(Kagawa Toyōhiko, 賀川豊彦)가 작곡한 노래를 불렀다. "노동이 신성한 직업인 것을 깨닫고, 원대한 이상을 향하여 우리의 정신을 용감하게 전진시키자……." 강연장은 꽉찼고 돌려보내진 군중들이 오자키의 연설을 듣기 위하여 창문들과 문을 부수었다. 그날 소란한 박수 속에 통과된 선언문은 "무산 계급의 비참함과 유산 계급에 의한 그들의 억압"을 지적하였고, "신성한 천황에 대한 충성을 서약하는" 한편으로, "현재의 사회·경제 제도의 부정의를 일소하는" 수단으로 보통 선거를 요구하였다.

이러한 단적인 예에서 우리는 1917년과 1920년 사이의 짧은 기간을 특징지은 임시적인 노동 조합, 초기의 좌익 정치 운동, 그리스도 교 사회 운동, 자유주의 정당 정치가, 언론인, 학자 들을 보게 된다. 동일한 이념적 다양성을 이 당시 도쿄에서 결성된 다양한 학생 결사들에서 발견할 수 있다. 한 결사에 의해 발행된 잡지가 링컨(Lincoln), 루소(Rousseau), 크로포트킨(Kropotkin), 마르크스(Marx), 레닌(Lenin) 및 로자 룩셈부르크(Rosa Luxemburg)의 사진들을 싣고 있었다. 한 작가는 이 시대의 지적 내용을 '충분히 씹지 않고 통채로 삼킨' 다른 요소들의 혼합물로, 그리고 학생 시절의 자신의 입장을 '민주주의에 대한 좌익적 천황 지향적 신념'이라고 묘사하였다. 전시의 번영과 이념적 흥분 속에서 태어났기 때문에 '사회 운동'은 그것이 불려지게 된 것과 같이 지식인들의 참여에 의해 고양되었다. 새로운 민주주의의 상징들에 호소하고 평등주의 이론에 의해 영향을 받아서 그들은 보통 선거, 사회 입법, 여권 등을 위한 운동을 펼쳤다. 노동자들과 소작인들의 조직이 하룻밤 사이에 번성하였다. 다양한 좌익의 정치 집단이 결성되었다. 일찍이 1918년 하라는 과격 사상이 그가 처리하지 않으면 안 되었던 가장 심각한 문제였다고 말하였다. 운동이 강력했던 것은 부분적으로 그것이 국가의 정통론의 어떤 측면에 반대하였던 모든 집단들로부터 지지를 끌어낼 수 있을 정도로 충분히 확산되었기 때문이었다.

정당들도 또한 이러한 시대 정신의 변화에 의해 영향을 받았다. 1916년 후 계속해서 권력을 차지하지 못했던 겐세이카이〔憲政會〕는 야당의 역할을 수행했을 뿐 아니라 '사회 운동'에 의해 그 성격이 어느 정도 변화되었다. 이 점에 있어서 1917년의 선거가 하나의 전환점이 되었던 것으로 보여진다. '겐세이카이'가 1917년 선거에서 '세이유카이'에게 패배하였으나, 그것은 전에 '세이유카이'에게 돌아갔던 몇몇 도시 선거구들에서 승리를 거두었고, 성공적인 후보자들의 다수는 당의 지도부보다 더 자유주의적인 언론인, 교수, 변호사와 같은 새로운 유형의 사람들이었다. 이 사람들 중의 다수가 사회 운동과 연합하여 1917년과 1918년의 보통 선거 운동에 참여하였다. '세이유카이'내에서도 또한 그들이 충분한 표를 확보할 수 있기 위해서는 새로운 이해를 대변해야 한다는 것을 인정하는 새 사람들이 등장하였다. 그러한 경향들은 1921년 하라의 사망 후에 '세이유카이'내에서 폭발한 파벌 싸움에 의해서 가속화되었다. 당 총재와 수상으로서의 하라의 계승자는 당내에서 단결을 유지하는 데 성공적이지 못했다. 1922년과 1924년 사이에 다양한 성격의 세 개의 비정당 내각들이 그의 내각의 뒤를 이었다. 그 결과 '세이유카이'의 보다 자유주의적 파벌의 일부가 '겐세이카이'와 동맹을 맺었고, 1923년 제2차 헌정 옹호 운동을 발진시켰다.

만약 이 운동이 당시 도시에서 등장하고 있던 새로운 화이트 칼라 계급, 학생, 노동자 집단들의 지지를 얻었다고 한다면, 그리고 만약 자유주의 의원들의 동맹과 보통 선거 운동을 특징지은 사회 운동이 지속됐다고 한다면 아마도 그 후의 20년간의 역사는 달라졌을 것이다. 그러나 실제에 있어서는 1920년초까지 사회 운동의 주요 구성원들이 헌법의 틀내에서의 정치 운동의 계획을 포기하였다. 이것의 주된 이유는 1920년 보통 선거 운동의 패배였다. 그들은 또한 하라 내무성의 반노동, 반노동 조합 입장에 대해서 분노하였다. 노동 조합은 1920년의 불경기에 의해서 상처를 입었다. 그리고 보다 일반적으로 이들 새로운 이상주의적 조합들은 정당들이 권력을 장악하기 위해 타협했던 현실주의에 실망을 하였다. 결과적으로 노동 조합, 정치 집단, 학생 조직 들이 무정부 조합주의와 직접적인 행동으로, 그리고 그 후 마르크스주의와 같은 좌익으로 기울어짐에 따라, 소수의 기자들을 제외하면 제 2 차 헌정 옹호 운동은 지식인들의 지지를 확보하지 못하였다. 심지어 자유주의자인 요시노 사쿠조마저도 그것에 냉담하였고, 노동 조합을 일본의 장래의 민주화에 대한 유일한 희망으로 삼았다. 일본의 주요 도시에서 집회가 개최되었으나, 참여는 열광적이지 않았다.

지지의 결여가 정당들이 선거에서 약하게 되었다는 것을 의미하지는 않았다. 제 2 차 헌정 옹호 운동을 지지했던 정당들의 연합이 1924년의 선거에서 손쉽게 승리하였다. 이것이 내각의 사임을 가져왔고, 가토 고메이를 수상으로 한 새 정당 내각이 성립되었다. 그러나 두 주요 정당들로부터 '진보적 지식인들'이 소외된 것은 다른 선진국들에서 의회를 우익의 공격으로부터 방어했던 사회적 요소들이 일본에서는 의회제 국가의 비판자들이었다는 것을 의미하였다. 이 상황의 중요성은 1930년대초에 가서야 비로소 분명하게 되었다.

정당 정부의 시대   전전(戰前) 일본에서 정당 정부의 절정은 1924~1926년의 가토 고메이의 내각이었다. 이것으로 수상직이 두 주요 정당들의 총재들 중 한 사람이나 혹은 다른 사람에게 돌아갔던 8 년의 기간이 시작되었다. 다수당의 총재가 내각을 구성할 권리를 자동적으로 가지는 것이 아니었기 때문에 그것은 영국적 의미에서의 정당 정부는 아니었다. 때때로 수상직이 소수당의 총재에게 주어졌는데, 그는 그 후 퇴진하여 선거에서 다수를 획득하였다. 그러나 정부는 정당의 지도자들에 의해 운영되었고, 의회에서의 다수의 지지가 지배에 필수적인 것으로 인식되었다.

가토 고메이는 적절하게 근대 메이지 관료의 모델로서 묘사되었다. 1860년에 태어난 그는 도쿄 대학의 졸업생(민세이토〔民政黨〕에서의 그의 후계자인 와

수상 1924~1932

세이유카이〔政友會〕	겐세이카이〔憲政會〕―민세이토〔民政黨〕
	1924~1926 가토 고메이〔加藤高明〕
	1926~1927 와키쓰키〔若槻〕
1927~1929 다나카〔田中〕	
	1929~1930 하마구치〔濱口〕
	1931 와카쓰키〔若槻〕
1931~1932 이누카이〔犬養〕	

카쓰키와 하마구치와 같이)으로서 출발하였다. 그는 21세에 미쓰비시에 입사하여 상사의 딸과 결혼하였다. 얼마간 영국에서 지내다가 외무성에 들어갔고 (대장성에서 출세한 와카쓰키와 하마구치와는 달리), 40세에 외무 대신이 되었다. 그는 하라와 같이 유능한 사람이었는데, 빠르고 연속적으로 의원, 대신 문사 사장, 수차에 걸친 외무 대신, 주영 대사를 거쳐 1914년부터 '도시카이' 와 그것의 계승자인 '겐세이카이'(1916년후)의 총재를 역임하였다. 1924년 전의 그의 마지막 내각의 직책은 중국에 대한 21개조의 요구시 오쿠마 내각에 서의 외무 대신직이었다. 인간적인 면에서 가토는 무뚝뚝하고 냉정하고 오만하였는데 비록 인기는 없었지만 존경받는 순수주의자였다. 또한 '개명된 보수주의자'로도 불려졌는데, 이 이름은 또한 그의 정부에도 적용될 수 있을 것이다. 친영파로 그는 영국 모델에 기초한 정당 정부를 이해했고 강력하게 지지하였다.

　설사 가토 내각이 부정적 측면을 가지고 있었다 하더라도 그것의 업적은 상당한 것이었다. 하나의 주된 업적은 1925년의 남자 보통 선거 법안의 통과였다. 이로써 선거인이 300만 명에서 1,300만 명으로 증가하였다. 전국적인 선거 제도가 단지 1890년에 시작되었음을 고려할 때 이것은 놀랄 정도로 빠른 발전을 나타내는 것이었다. 이것과 결부되어 그때 이래로 지속된 중선거구 제도가 재확립되었다. 그러나 1925년초에 가토는 일본의 '고쿠타이'의 변화나 사유 재산의 폐지를 옹호하는 조직의 결성을 금지하는 강화된 체제 전복 반대의 수단, 즉 치안 유지법(治安維持法)을 통과시키는 것에 동의하였다. 그러한 조직

일본 유권자의 성장

2자격 기준	선거 년도	선거권자의 수	전체 인구
1889 : 25세 이상의 남자, 15엔 이상 납세자	1890	453,474	40,072,000
1900 : 25세 이상의 남자, 10엔 이상 납세자	1902	983,193	45,227,000
1919 : 25세 이상의 남자, 3엔 이상 납세자	1920	3,069,787	55,963,000
1925 : 25세 이상의 남자	1928	12,409,078	63,863,000
1947 : 20세 이상의 전국민	1949	42,105,300	78,100,000

에 가입하는 것에 대해서 최고 징역 10년의 벌칙이 가해졌고, 이들 조건들이 1928년 일본 공산당에 적용되었을 때 훨씬 더 가혹하게 되었다. 이 법과 보통 선거법의 결합은 모든 사람에게 노출될 정치적 선택의 범위를 제한하려는 보수적 욕구뿐 아니라 모든 사람들의 정치적 잠재력을 인정하려는 용의가 있음을 보여 주었다. 소련과의 외교 관계 회복이 또한 보통 선거 법안에 대한 협상과 관련되어 있었다(미국에 의한 유사한 행동이 있기 8년 전이었다).

 가토 내각의 두번째 업적은 노동자들에게 유리한 사회 입법 계획이었다. 노동 조합에 반대하여 사용되었던 치안 유지법의 제 17 조가 폐지되었다. 국민 건강 보험법과 노동 쟁의 조정법이 제정되었고, 메이지 시대 말에 제정된 공장법이 개정되었다. 이것들이 보통 선거법과 함께 이 당시 대두하고 있던 비혁명적 사회주의 운동에 대한 노동 조합의 지지를 사실상 합법화하였다. 혁명적 좌익, 즉 천황의 타도를 주장하는 자들에 대하여 가토 내각은 가혹하였으나, 일본 헌법의 틀내에서 기꺼이 일할 용의가 있는 자들에 대하여는 관대하였다.

 세번째 개혁은 귀족원에 관한 것이었다. 1885년 이후의 귀족들이 많았던 이 기구는 정당 정부의 측에서 볼 때 하나의 가시와 같은 존재였는데 종종 중의원에 의해서 통과된 법안들을 봉쇄하였다. 원래 가토는 귀족원의 기능을 축소하기 위하여 헌법의 개정을 원하였다. 이것은 불가능한 것이었으나, 그는 귀족 출신 의원들의 수를 제한하고 흔히 법조인, 학자, 혹은 다른 공적이 있는 사람들이었던 천황에 의해 임명되는 의원들의 수를 증가시키는 것으로 귀족원의 구성을 바꿀 수 있었다.

정당의 지배권과 도시의 민주주의적 흐름의 대두와 국제주의 외교 정책이 군부의 위엄의 퇴조를 가져왔다. 육군 장교들이 근무 후에 사복을 입었다. 1924년 4개 사단이 2만 명의 공무원을 줄이는 광범위한 비용 절감 계획의 일환으로 해체되었다. 1922년 전예산의 42퍼센트였던 군사비 지출이 1925년에 29퍼센트, 1927년에 28퍼센트로 절감되었다. 그러나 육군이 결코 전적으로 무대로부터 사라진 것은 아니었다. 이 시기 동안 육군은 기계화되었다. 군사 훈련이 중학교와 고등 교육 기관들에 채택되었고, 교육을 계속받지 못하는 젊은이들을 위한 지방 훈련대들이 세워졌다. 해체된 4개 사단의 많은 장교들이 이 계획에서 교관이 되었다. 정당 권력의 전성기인 1925년 12월 온건한 육군 대신 우가키(Ugaki, 宇垣) 장군은 그의 일기에서 다음과 같이 썼다.

20만 이상의 병력이 현역에, 300만 명 이상이 예비군 조직에, 50만 명 혹은 60만 명의 중학교 몇 고등 교육의 학생들이, 그리고 80만 명 이상의 훈련병들이 지방의 훈련대에 있다. 이들 모두가 육군에 의해서 통제될 것이고, 그들의 힘은 전시와 평화시에 똑같이 천황을 보필하는 핵심적인 세력으로 일할 것이다. 비상시 천황의 군대에 대한 독자적인 통수권은 병력의 지휘에 한정되는 것이 아니라 국민들을 통제할 권력을 포함하고 있다.

정당 정부의 혼란기——1927~1932　가토 고메이는 1926년 죽었고 같은 당의 와카쓰키〔若槻〕가 그를 승계하였다. 시데하라는 외무 대신으로 계속 일하였고 가토 정책과의 단절이 거의 존재하지 않았다. 그러나 1927년 '세이유카이'가 정권에 복귀하였고, 그것의 행운은 1925년 총재가 되었던 다나카 기이치(Tanaka Giichi, 田中義一) 장군에 의해 부활되었다. 다나카는 1863년 조슈에서 태어났다. 육군에 들어가서 계속 진급한 그는 1918년 하라 내각의 육군 대신이 되었다. 그가 정당 정치가들과 너무도 밀접하게 관련을 맺고 있었기 때문에 일부의 장군들은 그를 불신하였고, 그의 야심이 육군의 이익에 반해서 작용할 것이라고 생각하고 있었다. 다나카는 군사적인 번벌이 아니었고 진정한 정당 정치가도 아니었으나, 그의 뒤를 이었던 1930년대말의 편협되게 직업적이었던 장군들보다 시야가 넓었고 기민하였다.

수상으로서 다나카는 만주에서의 일본의 지위를 강화하고 중국인들에 대하여 보다 강경한 태도를 취하는 '적극적 외교 정책'을 주장하였다. 사실 일본과 중국의 관계는 대체로 시데하라 하에서와 같이 남아 있었으나, 다나카의 호전적인 어조가 중국에서 반일적인 반응을 불러일으켰다. 이것은 다나카 내각에 자업 자득의 결과를 가져왔다. 1928년 만주에 있던 관동군(關東軍) 장교들이, 이 지역의 일본의 보호를 받던 군벌(軍閥)인 장작림(張作霖)보다는 그 아들이 덜 민족주의적이고 일본의 제안에 보다 더 순응할 것이라 여겨 장작림을 암살한 사건이 일어난 것이다. 다나카는 이 사건을 은폐하려고 노력하여 심지어 1926년 그의 아버지를 계승한 젊은 쇼와(Shōwa, 昭和) 천황에게 육군은 책임이 없다고 보고하였다. 사실이 드러났을 때 천황은 다나카를 거짓말쟁이라고 불렀다. 이것이 그의 사임을 가져왔다.

1929년 민세이토〔民政黨〕가 다시 정권을 잡은 것(하마구치와 와카쓰키의 내각에서 시데하라는 외무 대신이었다)은 정당의 지배에 보다 많이 헌신했던 정부로의 복귀였다. 하마구치〔濱口〕 내각의 주요 업적들 중의 하나는 1930년의 런던 해군 군축 조약에 일본이 참여한 것이었는데, 그것에서 워싱턴 회의의 주력함들에 대한 5 : 5 : 3의 방식이 보조함들에까지 확대되었고 10 : 10 : 7의 방식이 순양함들에 적용되었다. 하마구치는 그의 정책의 토대를 미국과 영국과의 우호와 군비 경쟁을 피하기 위한 굳은 결의에 두고 있었기 때문에 해군의 다수 의견을 극복하기 위하여 온건한 제독들을 이용하였다. 해군 군령부(軍令部)는 그가 군의 통수권을 침범했다고 선언하였다. 추밀원과 귀족원과 '세이유카이'는 런던에서 이루어진 양보에 대해서 공격을 가하였다. '세이유카이'는 이 결정적인 순간에 '민세이토'에 대한 비판이 정당 권력 전체를 약화시키는 데 영향을 미친다는 것을 깨닫지 못하였다. 하마구치는 1930년 11월 그가 우익의 '애국자'에 의해 저격을 당하기까지 이 연속적인 비판에 성공적으로 맞섰다.

순양함의 비율에 관한 대소동에 더하여 1928년과 1930년의 선거들에서와 같이 정치적 이전 투구(泥田鬪狗)가 때때로 그러하였기 때문에 흡사 두 주요 정당들 스스로가 정당 정부의 붕괴를 재촉하려고 의도했던 것처럼 보여졌다.

1927년의 금융 공황이 미쓰이 재벌에 대단히 유리한 조건으로 해결되었기 때문에 '민세이토'는 1927년부터 1929년까지의 '세이유카이' 정부를 '미쓰이 내각'이라고 불렀다. 이에 대한 응전으로 1930년 '세이유카이'는 하마구치 정부를 '미쓰비시 내각'으로 불렀다. 이 기간의 일본 정치가들이 실제로 서구의 정치가들보다 더 타락했는지에 대해선 의문의 여지가 있다. 그러나 바로 재벌의 규모 자체가 그들의 선거 운동 헌금의 원천을 보다 뻔한 것으로 만들었고 고도로 제약적인 선거법에 대한 위반이 많았다. 게다가 정부의 도덕성에 대한 보다 높은 수준의 윤리적 기대가 존재하였다(정부는 정당들과 다른 사적 이익 집단들을 초월하지 않으면 안 된다는 야마가타의 신념을 지탱했던 것과 같은 유교적 가정들로부터 도출된 것이었다). 부패가 불경기에서 비롯된 고통과, 그리고 좌익과 우익으로부터의 내리치는 공격에 의해 과장되어 더 많은 주의를 끌었고, 정당 정부에 대한 신뢰가 심지어 정당들이 획득한 것들을 되돌릴 수 없다고 여겨졌던 시대에 이르러 약화되어 가고 있었다.

1924~1932년 기간의 역사를 재검토할 때 우리는 먼저, 정치가 다수의 엘리트들로 이루어진 헌법 구조내에서 전개되었다는 것에 주목하게 된다. 세력 균형이 중의원에 유리하게 전환되었고, 사회가 보다 더 개방적이 되었고, 대중 매체가 보다 영향력을 가지게 되었으며, 경제가 보다 더 다양화되었다. 그러나 새로운 정치 구조로의 어떤 획기적 도약이 발생하지 않았다. 보통 선거의 법 제정조차도 체제의 통상적인 작용을 교란시키지 못하였다. 도시, 마을, 국가 사이에서 중개자 역할을 수행했던 매개적 기관들, 즉 현 조직들, 재향 군인회, 진자와 사원 협회, 경제인 조직, 경찰, 하급 관료 및 교육 제도들이 견고한 채로 남아 있었다. 새롭게 선거권이 주어진 사람들이 현존의 정치적 기구내에 수용되었다.

보통 선거가 사회주의 운동에 영향을 미쳤다. 그것은 온건한 노동 조합들과 정치 조직들에 새로운 힘을 제공하였다. 마르크스주의 이데올로기를 지녔던 많은 조직들조차 1925년후 의회제 전술을 채택하였다. 그러나 유감스럽게도 새롭게 선거권이 부여된 사람들이 1928년, 1930년, 1932년의 선거에서 그들 표의 대부분을 두 개의 구정당들에 주었을 때 선거에서의 수확에 대한 그들의 장미빛 희망이 산산히 깨어졌다. 그것은 어느 정도 혁명적 과격파를 배양했던 유권자들을 끌어들이는 것에 대한 온건 좌익의 무능 때문이었다. 선거에서의 미약한 결과는 전전 사회주의의 중요성이 수적이기보다는 지적인 것이었음을 의미하였다.

두 주요 정당들이 정치 구조를 변화시킬 수 없었던 것은 지도자들의 보수적 특성으로부터 유래되었는데, 그들은 보통 다른 보다 더 보수적인 엘리트들에게서 오랜 기간의 수련 과정을 쌓은 뒤에 정당에 들어왔다. 그러나 만약 그들이 다른 엘리트들과 효과적으로 협력하고 우익으로부터 가능했던 폭력적인 반응을 피할 수 있었다면, 정당들은 그들이 될 수 있었던 만큼 자유주의적이었다고 말할 수 있을 것이다. 두 정당은 많은 점에 있어서 유사하였고 적어도 그들이 정권을 잡았을 때 그러하였다. 그들 중 하나를 선택하는 것이 유권자들에게 민주주의적 열정을 표시하는 것과 같은 것은 아니었다. 그러나 그들의 본질적 유사성은 얻어질 수 있었던 어떤 성과의 전제 조건이었고, 1924년 이전의 보통 선거에 대한 '겐세이카이'의 강조와 같은 어떤 특정 시기에 있어서의 그들 사이의 사소한 차이는 입법상의 진보를 위한 가능성을 규정하였다. 만일 '겐세이카이'가 그것의 반대파보다 현저하게 앞서 나갔었다면 정부는 '겐세이카이'를 정권으로부터 영원히 제외시키고 '세이유카이'와 안정적인 연합을 이루었을 것이다.

비교사가 아직은 초기의 단계에 있지만, 일본과 비교되는 복수 엘리트들의 정부를 가진 바이마르 공화국 이전의 독일과의 대비는 영미 민주주의의 견지에서 일본 정부를 해석하여 나온 전망과는 두드러지게 다른 점을 제공해 준다. 일본과 독일은 둘 다 후발 개발국이었고, 양국 모두 호주권(戶主權)과 군대의 위엄과 같은 반봉건적 잔존물을 보유하고 있었다. 양국은 입법부의 권력을 제한하는 정신에 있어 프러시아적인 제국 헌법을 가졌다. 양국은 학문적이고 정선된 관료들에 의해 운영되었고, 군대는 직접 군주의 휘하에 있었다. 그들 사이의 중요한 차이의 하나는 일본 사회가 훨씬 더 동질적이었다는 점이다. 즉, 일본에는 정치적으로 중요한 종교적 분열, 강력한 지역적 충성, 자신의 정당을 가진 융커 계급, 광범위한 정치적 지지를 확보한 강력한 사회주의 정당 들이 존재하지 않았다. 점진적 변화의 속도가 너무도 고른 것이었기 때문에 양대 정당들은 대체로 동일한 사회 집단들, 즉 농촌의 지주들, 농촌의 정치 구조에 있어서의 '명망가들', 도시의 산업 실업가들을 대변하였다. 의회제가 아직 발달하지 못했던 제 1 차 세계 대전 전의 독일과의 비교는 또한 일본이 메이지 헌법하에서 획득한 것들에 대해 높은 평가를 해야함을 시사해 준다. 그것은 특히 일본이 의회 조직을 건설하지 않으면 안 되었을 뿐 아니라 그것의 명료화를 위해 필요한 용어 자체들을 이식하지 않으면 안 되었다는 것을 생각할 때 더욱 그러하다.

군국주의의 대두

만약 일본이 1929년 후 새로운 외부로부터의 영향을 받지 않았다고 한다면, 일본은 헌법의 틀 안에서 의회제 방향으로 초기의 완만한 성취 패턴을 지속하였을 것이다. 의회내 다수당의 총재를 자동적으로 수상으로 선출하는 원칙이 성립되었을 것이라고 말하는 것조차 가능하다. 그러나 이 경향은 종말을 고하게 되었다. 1913년 전의 번벌 지배 형태로의 반전은 없었다. 또한 1890년 후의 정부 구조에 있어서의 혁명적 변화들도 존재하지 않았다. 실제로 일어난 일은 엘리트들간의 균형에 작은 변화로, 즉 우세가 정당들로부터 군부로 옮겨진 것이다. 이 작은 변화가 정치적 풍토와 정책에 있어서의 막대한 변화를 낳았고 일본을 제2차 세계 대전의 재앙의 과정으로 이끌었다. 세 가지의 가장 중요한 외부적 영향들은 1929년 미국에서 시작된 세계 대공황, 만주에서의 일본의 지위를 위협한 강력한 중국 민족주의의 대두와 함께 국민당(國民黨)군의 북진, 독일과 이탈리아에서의 히틀러와 무솔리니의 정권 장악 등이었다.

대공황　1926년의 일본 국내의 불경기가 그 가운데 몇 개의 취약한 은행들이 일소된 1927년의 금융 공황을 가져왔다. 1920년대 동안 일본 경제의 상태가 상대적으로 취약했다는 경제적 배경에 직면하여 이들 변화가 발생하였다. 세계 대공황이 1930년초 일본을 강타하자 주된 파국이 이들 가벼운 위기를 뒤따랐다.

객관적 지표들은 일본의 수출액이 1929년과 1931년 사이에 50퍼센트 감소했음을 보여 준다. 노동자들의 실질 소득이 1926년의 지수(指數) 100으로부터 1930년에는 81로, 그리고 1931년에는 69로 떨어졌다. 실업이 약 300만 명으로 늘어났고 더 많은 부담이 농가들에 안겨졌다. 일본의 농촌은 공황의 고통을

1934년 공황의 해에 아오모리〔青森〕에서의 부락 회의. 화제는 딸자
식들을 팔지 않고 생존하는 방법에 관한 것이었다.

정면으로 맞게 되었다. 예를 들면 1929년 9월과 1930년 9월 사이에 누에고치의
가격이 65 퍼센트 하락하였다. 1930년에는 '대풍작 기근'이 발생하였다. 10월
2일 전년도보다 12 퍼센트 늘어난 수확이 예측되었고, 다음날에는 생산 비용이
17 엔이었던 것에 반해 쌀값은 한 가마당 16 엔으로 떨어졌다. 10월 10일까지
는 가격이 대략 10 엔으로 떨어졌다. 1931년 너무 풍족해서 탈이었던 것이 이
제 너무 부족해서 더욱 곤란해졌다. 전례 없는 흉작이 동북 지방과 홋카이도
에서 발생하였다. 일본 공황의 상징이 이 사건에 의해 형성되었다. 아이들은
기차의 식당차 밖에서 음식을 구걸하였고, 굶주린 농민들은 소나무의 연한 내
피를 벗기거나 풀뿌리를 캤고, 남은 팔것이라고는 오직 딸밖에 없는 농민들은
도시 사창가의 대리인들과 흥정을 벌였다. 1926년과 1931년 사이에 농촌의 현
금 소득이 지수 100에서 33으로 떨어졌고, 1934년에는 겨우 44로 회복되었다.
더 낮아진 물가 때문에 결코 올라간 적이 없는 농민들의 실질 소득이 대략 3분
의 1로 떨어졌다. 호시절에 있어서조차 거의 생존 수준에 머물렀던 소작인들
과 보다 가난한 농민들의 상황은 훨씬 더 나빴다.

공황에 대한 비난이 정당들에 가해졌다. 이것은 대중의 마음속에 정당 지도자들이 재벌, 관료, 지주, 도시의 사무 계급과 밀접한 관계를 맺고 있다고 생각되었기 때문이었다. 이 '의회제 연합'의 모든 집단들은, 아마도 지주들을 제외한다면, 민주주의 제국의 우호와 병행한 국제적 경제 질서에 참여함으로써 경제적 성장을 이룩한다는 공통의 비전을 가지고 있었다. 이것은 대외적으로는 강대국들과 협력하며 국내적으로는 제한적 민주주의와 온정주의적 자본주의를 발전시킨다는 메이지 시대 비전이 1920년까지 성장한 결과였다. 그러나 공황이 국제적 경제 질서의 타당성에 대한 의문을 제기하였다. 이것이 차례로 민주주의 제국의 우애와 일본의 의회제 정치의 가치에 대해 의문을 품게 만들었다. 동시에 이탈리아와 독일에 있어서의 파시스트와 나치의 등장이 일본에서 비민주적 세력이 대두하는 데 기여하였다. 서구 제국 중 가장 칭송을 받았고, 또 일본 헌법의 모델이었던 독일이 민주주의를 등지고 미래의 물결을 권위주의적이고 군국주의적 정책들에 기대하고 있다는 것은 많은 사람들에게 특히 중요한 것이었다.

이러한 사태 발전이 메이지 헌법에 관한 해결되지 않았던 의문을 다시 일깨웠다. 누가 일본을 지배할 것인가? 누가 천황의 의사와 국민들의 이익을 가장 잘 대변할 것인가? 그것이, 자기 만족적인 고위 관료들과 사이 좋게 일하며, 재벌들과 밀착되어 있고, 그들의 정부 밑에서 농민들이 너무도 많은 고통을 당하고 있는 정당 정치가들인가? 때묻지 않은 명예와 의무감을 보존하고 있는 천황의 육군이 지배하기에 더욱 적합하지 않을까? 적어도 육군의 일부는 이러한 관점을 갖고 사태를 주시했다. 육군이 대내적으로도 더 큰 역할을 해야 한다고 주장하는 사람들은 나아가 높아가는 관세 장벽, 값싼 일본 상품에 대한 반대, 적절한 원료와 시장을 발견하는 문제 등에 직면하여 일본이 세계 경제에 의존하여 나갈 수 있는지를 물었다. 그들은 해외의 군사적 팽창만이 일본 스스로를 세계 경제의 변덕으로부터 보호할 수 있는 독자적인 제국으로 만들 수 있다고 주장하였다. 그것은 그 안에서 농민과 노동자들의 생활이 보장될 통제된 제국 경제를 의미하였다.

정당 정부는 비록 늦었지만 공황을 물리치기 위하여 효과적으로 행동하였다. 이누카이 쓰요시(Inukai Tsuyoshi, 犬養毅)가 1931년 12월 '세이유카이' 내각의 수상이 되었고 금본위제를 포기하였다. 이것이 수출에 있어서의 호경기를 가져와 일본은 불경기를 극복한 최초의 나라가 되었다. 1936년까지 국내 소비가 20퍼센트 늘어났다. 그 중의 얼마는 7,000만으로 늘어난 7퍼센트의 인구 증가에 의해 흡수되었으나, 전국적으로 실질 소득이 10퍼센트 이상 증가되었다. 그러나 이것은 균등하게 분배되지 못했다. 봉급 생활자 계층이 가장 많은 혜택을 입었다. 실업이 줄어들었고, 노동자들의 실질 임금이 1925~1929년 동안의 지수 155에서 1930~1934년 동안 174로 상승했으며, 그 후 1935~1939년 동안 완만한 인플레이션이 시작되어 다시 166으로 떨어졌다. 농촌의 소득도 또한 약간 회복되었으나, 새로운 부채가 앞서의 조세와 지대를 보다 더 과중한 것으로 만들었기 때문에 거의 이득을 보지 못하였다. 그러나 이런 경제 회복은 정당들을 이롭게 하기에는 너무 늦게 찾아왔다.

육군의 정치 개입——만주 사변 번벌의 퇴조 이래로 육군은 독자적인 행동을 취할 능력을 보유하고 있었다. 이것은 천황에게 직속하는 군령부의 지위에 의해 보장되었다. 이 독자성의 사용이 1931년에 새로운 것은 아니었다. 육군은 1920년대초 시베리아 원정을 연장시키기 위해, 그리고 다른 때에는 군사 예산을 위해 싸우는 데 그들의 힘을 사용했다. 그러한 예는 영관급 장교가 독자적으로 행동하여 성공했을 경우 육군 전체를 어떤 정책에 끌어들이는——그것은 그러한 방법이 아니고서는 다른 방법이 없을 때 그러하였다——독자적 행동이 그것이다. 그러나 일반적으로 다른 엘리트들에 대한 육군의 상대적 퇴조와, 정당들과 기꺼이 협력하기를 원했던 과도기 세대의 장군들에 의한 온건한 지도력이 결합하여 1920년대 후반까지 육군을 제어할 수 있었다.

육군과 일본 전체의 만주에 대한 집착은 오래된 것이었다. 국민적인 감정에서 만주는 러일 전쟁에서 잃었던 10만 일본인들의 목숨에 대한 보상으로 여겨졌다. 육군의 전략 입안자에게 만주는 북쪽의 러시아 세력에 대한 완충물이었다. 군사적 중요성이 공산주의 포위 정책에 의해 1918년 이후 강화되었다. 만주에서의 해외 투자 가운데 75퍼센트가 일본의 것이었고, 남만주 철도 회사는 특히 중요했다. 만주에는 대부분이 조선인들인 100만 명의 일본 신민(臣民)들이 있었고 일본의 대중국 무역의 40퍼센트가 이 지역과 이루어졌다. 이 경제적 지위를 확대시키는 것을 옹호하는 주장들이 공황에 의해서 매우 강화되었다.

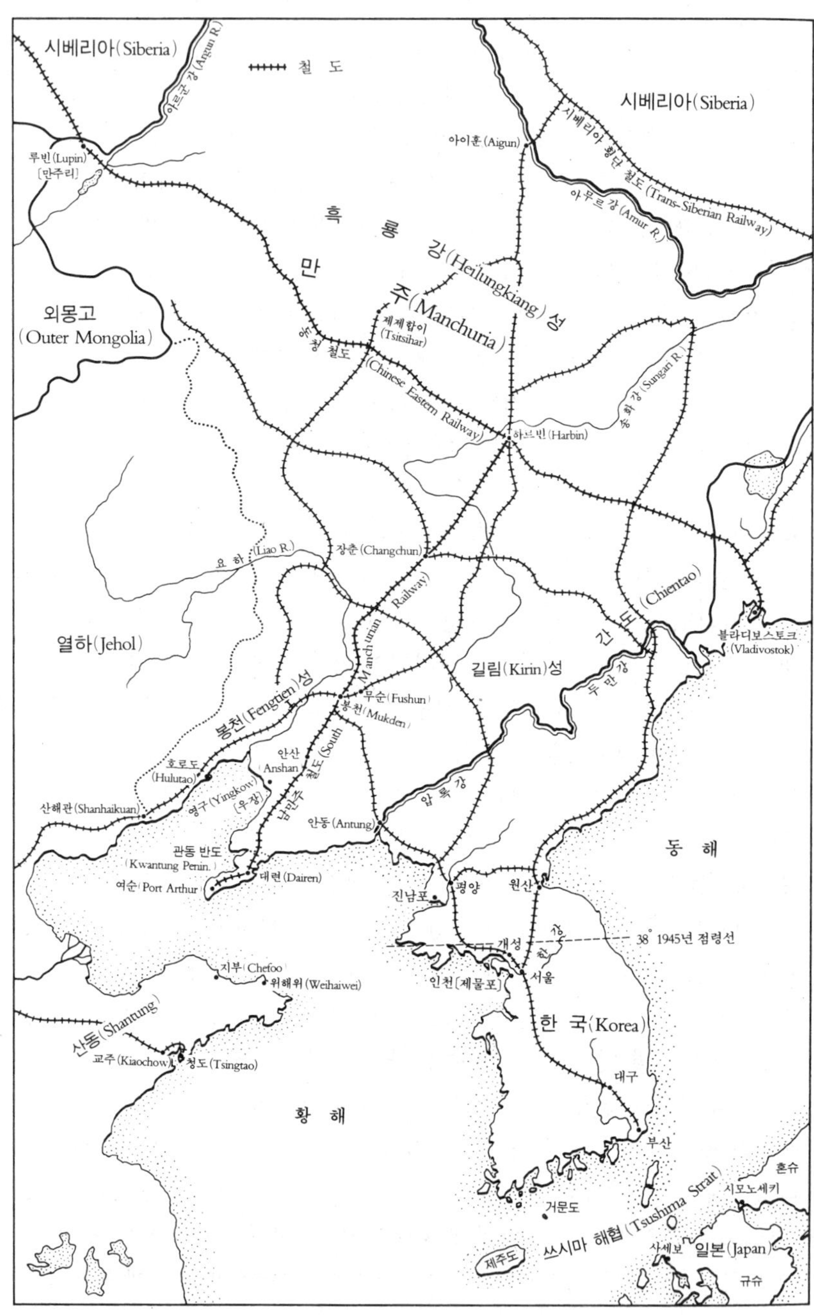

한국과 만주에 있어서의 국제 경쟁

이들 다양한 이해에도 불구하고 일본은 만주를 식민지로 격하시키는 정책을 가지고 있지 않았다. 일본인들은 중국의 분열 상태에서만 가능했던 균형, 즉 반괴뢰적인 한 군벌하에 중국 주권의 외관을 유지하는 것에 만족해하였다. 그러나 이 균형은 1920년대말 1926~1928년 국민당에 의한 중국 통일과 중국 민족주의의 대두에 의해 깨어졌는데, 그것들은 점점 만주에서의 일본의 지위에 도전하였다. 이러한 새로운 상황에 직면하여 일본의 어떤 중요한 집단도 철수를 고려하고 있지 않았다. 와카쓰키와 시데하라와 같은 일본의 정당 지도자들은 평화 외교와 국제 무역을 주창하였으나 이미 현상(現狀)은 무너져 가고 있었다. 만주에서의 일본의 지위가 유지될 수 있기 위해서는 행동이 필요하였다. 정당내의 많은 사람들조차 이것을 인정하였고, 육군내의 모든 집단이 어떤 형태의 행동을 지지하였다. 1931년 8월 온건파 장군들 중 가장 강력했던 미나미(南)가 계획을 세웠다. 외무성과의 협력에 바탕을 두면서 그것은 1932년 봄까지 실제적인 결과를 획득하기 위한 '만주를 위한 근본 정책'의 형성을 목표로 하고 있었다. 육군의 중국 전문가들인 다테카와(Tatekawa, 建川) 장군 지도하의 두번째 그룹은 동경과 관동군의 많은 장교들이 그러하였듯이 육군에 의한 직접 행동을 지지하였다.

일본의 만주 점령을 가져온 유조구(柳條溝) 사건은 그들의 상급자들이 알지 못한 채 젊은 장교들에 의해 수행된 쿠데타로 종종 기술되었다. 이것은 사실이 아니다. 이 음모의 설계자들은 단지 영관급 장교들인 관동군의 이타가키(Itagaki, 板垣) 대령과 이시와라(Ishiwara, 石原) 중령이었다. 1931년 8월말 이시와라는 군령부의 다테카와 장군과 다른 사람들에게 일본의 만주 점령을 가져올 사건을 일으키기 위한 그의 계획에 관해 말하였다. 아무도 반대를 하지 않았다. 그는 또한 관동군 사령관인 혼조(Honjō, 本庄) 장군에게 말을 했는데, 그는 위기시에는 그가 '즉각적인 행동'을 취할 것이라고 대답했다고 전해진다. 관동군의 참모장이 이 음모에 관해 들었을 때 그는 동경의 육군 본부에서 관동군에게 동경의 정책에 관해 알려 줄 누군가를 보내 달라고 요청하였다. 다테카와가 파견되었으나 떠나기 전 그는 음모의 계획자들에게 전문을 보냈다. 다테카와는 9월 18일 저녁 만주에 도착하여 기생집으로 직행하였고 그의 훈령은 전달되지 않았다. 그날 밤 유조구 북쪽의 일본 철도의 철로가 폭파되었다. 이 타가키 대령은 유조구의 중국 군대에 대해 전면적인 공격을 가할 것을 명령하였고 혼조 장군은 사태를 보고 받고 전관동군을 출동시켰다. 일단 행동이 시작되자 육군의 어느 누구도 종전의 상황으로 돌아가는 것을 고려하지 않았다.

육군의 침략이 정부에 미친 영향은 파멸적인 것이었다. 전투가 시작된 다음 날 와카쓰키 내각은 '전쟁 행위의 불확대' 정책을 결정했다. 그러나 9월 21일 관동군은 남만주 철도 구역의 범위를 벗어난 지역들로 진군하였다. 9월 24일 일본 정부는 "일본군의 행동은 자위를 위해 취해진 것이고 따라서 불가피한 것이었으나, 군대가 이미 철도 구역으로 되돌아오고 있다."고 발표하였다. 그러나 실제에 있어 군대는 계속 진군하고 있었고, 일본 정부는 그것을 통제할 수가 없었다. 1932년초까지 만주 전역에 대한 정복이 완료되었다. 1932년 3월 만주가 청의 마지막 황제인 부의(溥儀) 지배하의 독립국임을 선포하였다. 국제 연맹의 리턴(Lytton) 조사단이 1932년 봄 만주를 방문하여 일본을 침략자로 비난하였다. 국제 연맹에 의해 보고서가 채택되었는데, 이것에 항의하여 일본은 연맹으로부터 탈퇴하였다. 이때까지 일본군은 이미 만주로부터 서쪽으로 진군하여 내몽고 열하성(熱河省)의 약 5,000 평방 마일을 점령하였다.

와카쓰키 내각은 그들의 분열로 인해 효과적인 행동을 취할 수가 없었다. 몇몇 각료들은 관동군의 행동을 지지하였고, 대부분은 침묵하는 것으로 반대의 뜻을 나타내었으며, 단지 두 명만이 공공연하게 비판적이었다. 분열된 내각은 수개월 동안 흔들리다 마침내 12월에 사임하였다. 다음 내각은 전전 일본의 최후의 정당 출신 수상인 이누카이[犬養]에 의해서 구성되었다. 이누카이의 '세이유카이' 또한 분열되어 있었다. 한 파벌이 군사적 팽창을 지지하였다. 수상을 포함한 다수는 만주 정복을 수락하였으나, 중국내에서 육군이 더 이상 팽창하는 것을 반대하였다. 오랫동안 정당 지배를 위해 노력해 온 이누카이는 특히 군대가 내각의 의사 결정 기능을 침해한 것에 분노하였다. 따라서 그는 중국인들과 직접 협상하려고 시도하였다. 그의 아들에 의하면 이누카이가 또한 만주의 군대를 규제하기 위한 칙령을 획득하려고 노력하였다고 하나 이것은 성공하지 못하였다. 결국 이러한 움직임들은 효과가 없었고, 1932년 5월 15일 이누카이는 국수주의자들에 의해 암살되었다.

이 시점에 이르러 정당들은 그들이 40년 동안 너무도 성공적으로 사용했던 방법의 희생물이 되었다. 그것은 다른 엘리트들을 교묘하게 다루는 것에 의해, 그리고 타협에 의해 권력을 장악하였다. 1932년에 이르러서 타협은 단지 정당 권력의 약화만을 가져왔을 뿐이었다. 정당들은 거부하여 싸울 수 있는 강력한 지도자들을 필요로 하였다. 그러나 아무도 나타나지 않았다. 만약 사이온지〔西園寺〕가 좀더 강력한 인물이었다고 한다면, 그리고 그가 단호하게 천황의 이름으로 육군에 대항해서 말했다고 한다면 '의회 연합'이 원기를 회복할 수 있었을지도 모른다. 육군이 내각을 무시한 근거는 육군이 천황의 직접 명령에 의거해서 행동한다는 허구였다. 그러나 사이온지는 그의 으뜸되는 임무가 천황을 정치적 논쟁 속에 말려들어가지 않도록 보호하는 것이라고 생각하였고, 이것이 의회제 정치에 대한 그의 보다 박약한 관심에 우선하였다.

1932년은 불경기의 최악의 해였고, 혁명적 우익에 의한 선동이 절정에 달한 해였다. 만주 정복, 1월과 2월 상해(上海)에서 발발한 일본군과 중국군 사이의 전투, 그리고 지배층의 인물들에 대한 '애국적 암살'에 흥분된 많은 사람들은 육군의 장군이 수상으로 선출될 것이라고 희망하였다. 이러한 상황에서 사이온지가 할 수 있었던 최선의 것은 군부와 정당내의 온건파를 화해시킨다는 희망 속에 온건파 해군 제독 사이토 마코토(Saitō Makoto, 齋藤實 ; 1858~1936)를 수상에 임명한 것이었다. 민세이토〔民政黨〕의 총재인 와카쓰키〔若槻〕는 군부에 받아들여지기에 너무 자유주의적이었다. 반면 '세이유카이'의 새 총재는 육군의 대륙 정책을 고무한 팽창주의자였다. 사이토(1932년 5월~1934년 7월 수상)와 그의 후계자인 오카다〔岡田〕 제독(1934년 7월~1936년 3월 수상)은 군인으로서 그들의 온건한 성격에도 불구하고 육군에 용납될 수 없을 정도의 인물들은 아니었다. 사이토의 '거국 일치' 내각은 6명의 전직 관료들과 양정당들로부터 임명된 정치가들로 이루어졌다. 파벌들로 분열되어 있었고 서로를 질시하고 있었기 때문에, 정당들은 그들의 역할이 정부내의 대신직에 축소된 것을 기꺼이 수용하였다. 정당들은 의회의 토론장으로부터 군부에 대한 강력한 비판을 계속하였으나, 일반적으로 사이토와 오카다 내각의 4년간은 1920년대의 정책들로부터의 지속적인 표류였다.

혁명적 우익의 대두와 몰락——1931~1936 1920년대에 가서야 비로소 민간의 애국 결사들이 존재하게 되었으나, 그 후로 번성하기 시작하여 1930년대와 1940년대 동안 그 수가 엄청나게 많아졌다. 일본 학자들에 의해 그려진 그것들의 계보와 상호 관계를 보여 주는 도표는 컴퓨터 배선의 회로도와 같다. 대부분의 조직들은 작은 것이었다. 이념적으로 모두가 천황, '고쿠타이〔國體〕', 조화와 책임의 일본적 덕목에 의탁하고 있었다. 대부분이 국제주의에 반대하였고 일본의 팽창과 범아시아주의를 지지하였다. 일부는 '천황 측근의 매국노들'에 대한 직접 행동을 주장하였다

1930년대의 혁명적 우익 운동의 두번째 구성 요소는 육군과 해군 청년 장교들의 특정 그룹들로 이루어져 있었다. 장교들은 중학교를 졸업한 후 육군의 학교에서 교육을 받았기 때문에 대부분의 다른 사회 부분들보다 더 전통적인 사고 방식을 갖고 있었다. 그들은 병사의 대부분이 충원되는 일본 농촌과 관계되었고, 농촌의 공황 후 곤궁에 대해 동정적이었다. 따라서 일부는 정당 정치가들의 부패한 정부를 타도하는 도덕적으로 순수한 직접 행동이라는 전통적 사고에 영향받기 쉬웠다. 이러한 감정들과 혼합된 것이 조슈 출신 장군들에 의한 육군 지배의 독점화나, 혹은 소수의 사관 학교 졸업생들에 의한 육군 관료제의 지배에 대한 반감들이었다.

1931년 군부와 민간의 국수주의 단체들이 정부를 타도하고 육군이 이끄는 내각하에 '국민 국방 국가'를 확립하려는 두 개의 음모에 가담하였다. 이 음모는 실패하였다. 일찍이 1932년 민간의 혈맹단(血盟團)이 한 정당 정치가와 미쓰이 재벌의 이사장을 암살하였다. 1932년 5월 15일 육군과 해군의 일군의 청년 장교들이 농촌의 애국 단체들과 연계적으로 행동하여 이누카이 수상을 살해하고 '세이유카이' 본부, 일본 은행, 여러 관저들 및 도쿄 경시청(警視廳)을 습격하였다. 1934년 한 중좌가 반대파에 속한 최고위 장군들의 삼두 체제 중의 한 명을 살해하였다. 혁명적 우익에 의한 최후의, 그리고 최대의 쿠데타는 1936년 2월 26일의 제 1 사단의 반란이었다. 청년 장교들이 1,400 명의 병력을 도쿄 거리에 출동시켰다. 그들은 정부 기관들을 습격하고 내각 대신들과 궁내성 관리들을 살해하였다. 군인들이 국회, 육군성, 참모 본부 및 다른 정부 기관들을 점령하고 있었기 때문에 3 일 동안 도시의 중심부는 계엄 상태에 있었다. 처음에 육군의 일부 장군들은 반란군을 회유하려고 하였다. 그러나 천황 측근의 고위 관리들은 천황이 단호한 입장을 취하도록 하였고 해군을 포함한 다른 엘리트들이 반란을 반대하는 데 참여하였다. 29일 봉기자들은 반란군으로 규정되었고, 다른 부대로부터 투입된 병사들에 의하여 진압되었다.

반란 뒤에 육군내에서 파벌 정치에 개입하였던 장군들에 대한 숙청이 있었

다. 후에 일본을 제 2 차 세계 대전으로 이끈 도조〔東條〕 장군을 포함한 장교들이 권력을 수중에 넣게 되었던 것이 바로 이때였다. 반란의 지도자들은 신속하게 재판에 회부되어 처형되었고, '직접 행동'을 옹호했던 사람들을 색출하는 헌병의 힘이 증대되었다. 육군내에서의 군기의 재확립이 엘리트로서 육군의 탈정치화를 의미하는 것은 아니었다. 오히려 육군의 발언권이 더 커졌고, 만약 육군의 요구가 받아들여지지 않을 경우 폭력의 재발에 대한 위협이 정치적 협의의 가장 중요한 논제가 되었으며, 외교 정책의 결정 요소가 되었다.

공포 시대의 두번째 결과는, 처음은 좌익에 대한, 그리고 다음으로 자유주의자들에 대한 탄압이었다. 우익으로부터의 공격에 직면하여 일부의 정당 정치가들을 포함한 정부의 많은 사람들이 그들 자신의 애국심을 보여 주기 위해 좌익에 대한 그들의 박해를 강화하였다. 소수 집단들에 대한 민권 전통의 결여가 치명적인 것이었음이 판명되었다. 천황을 부인하며 공공연하게 이단적이었던 혁명적 좌익이 첫 대상이 되었다. 1932년 1,500 명의 사회주의자, 공산주의자, 노동 조합 간부들이 체포되었고, 1933년 다시 그만한 수의 사람들이 체포되었다. 다수가 투옥되었고 몇몇은 처형되었다. 1933년부터 자유주의 교수들이 비난을 받게 되었다. 일부가 그들의 일자리를 잃었다. 1935년 미노베(Minobe, 美濃部)는 천황이 국가의 기관이라고 제안하였다고 하여 국회에서 공격을 받았다. 그는 그의 모든 직책들로부터 해임되었으며, 그의 저작들은 금해졌다. 이때부터 정통적이었던 헌법 이론이 이단적인 것이 되었고 국가에 대한 종교적 해석이 공식화되었다.

상반되는 경향들——1936~1937 1936년의 2·26 사건 후로부터 다음해 여름의 중일 전쟁 시작 전까지는 정치적으로 혼란된 시기였다. 그 기간에 상반되는 두 개의 경향들이 나타났는데, 하나는 정부내에서 전쟁을 의중에 두고 있던 육군의 발언권이 더 강해진 것과, 다른 하나는 육군 지배의 정부에 반대하여 정당들이 소생한 것이었다.

오카다〔岡田〕 내각은 반란 후에 사임하였고, 새 내각이 전 외무 대신이며 경력이 많은 외교관이자 보다 강력한 외교 정책의 옹호자였던 히로타 고키(Hirota Kōki, 廣田弘毅)에 의해 구성되었다. 육군은 처음부터 내각에 간섭하여 지도적인 외무성 관리였던 요시다 시게루(Yoshida Shigeru, 吉田茂 ; 1946~1947,

1948~1954 수상)와 다른 몇 사람들이 지나치게 자유주의적이라는 것을 근거로, 그들이 내각의 대신이 되는 것을 거부하였다. 결국 단지 4명의 정당인들만이 내각에 들어갈 수 있었다. 이 내각과 그 뒤를 이은 하야시〔林〕 장군의 내각에 의해 수행된 정책들이 1934~1936년간의 보수주의와 중일 전쟁 후의 강화된 군국주의 사이에 논리적 교량을 만들었다.

히로타 내각이 취한 행동의 하나는 불온 사상의 통제를 위한 보다 엄격한 법률을 통과시킨 것이었다. 또 다른 하나는 군사비 지출을 위해 크게 증액된 예산의 통과였다. 이것이 군부가 오랫동안 주장하여 왔던 육군의 근대화에 필요한 재원을 제공하였다. 외교 정책에 있어서 내각은 정책을 육군의 정책과 일치시켜서 중국 북부의 다섯 성(省)의 중립화를 요구하였다. 또한 처음으로 중국의 남부 지역들에 대한 일본의 관심을 강조하였다. 1936년 12월 일본은 독일과 반(反)코민테른 협정을 체결하였다.

히로타 내각은 또한 현역 장군과 제독이 양군의 대신으로 임명될 수 있다는 규정을 재확립했다. 이것의 목적은 1936년의 반란 후에 축출된 장군들이 옆문으로 정치에 다시 진출하는 것을 방지하기 위해서였다. 그러나 결과는 1913년 이전에 그랬던 것과 같이 분명히 내각들을 군부의 호의에 의존하도록 만들었다. 1937년초 우가키〔宇垣〕 장군이 내각을 구성하도록 요청되었을 때, 이것은 명백해졌다. 우가키가 정당들과 밀접한 관계를 맺고 있고, 육군의 파벌주의와 연결되어 있으며, 1924년의 4개 사단 감축에 대한 책임자라는 이유로 육군은 육군 대신의 제공을 거절하였다. 퇴역 장군으로서 우가키는 그 자신 내각의 육군 대신이 될 수 없었고 사퇴하지 않을 수 없었다. 그에 대신하여 육군의 노선을 충실하게 따랐던 하야시 센주로(Hayashi Senjūrō, 林銑十郎)가 수상이 되었다. 4개월의 단명이었던 그 내각의 특성은 그것이 사용한 구호들, 즉 '경신 존황(敬神尊皇)'과 '제정 일치(祭政一致)' 속에 요약되어 있다.

이 기간 동안의 두번째 상반되는 경향은 정당들의 부활과 육군에 대한 그것의 반대였다. 1936년 2월의 선거에서(반란의 일주일 전) 보다 민족주의적인 '적극적' 외교 정책을 견지했던 '세이유카이'는 '민세이토'의 146석에 대하여 현직의 301의석을 가지고 선거에 임했다. 그러나 "어떻게 될 것인가, 의회제 정부인가 아니면 파시즘인가?"와 같은 구호들을 사용한 '민세이토'가 선거에서 현저한 승리를 거두어 '세이유카이'의 174석에 대하여 205석을 획득하고 선

수상 1932~1945

온건파 제독들	사이토〔齋藤〕	1932년 5월~1934년 7월
	오카다〔岡田〕	1934년 7월~1936년 3월
군국주의 발홍기	히로타〔廣田〕	1936년 3월~1937년 2월
	하야시〔林〕	1937년 2월~1937년 7월
중일 전쟁	고노에〔近衛〕	1937년 7월~1939년 1월
	히라누마〔平沼〕	1939년 1월~1939년 8월
외교적 휴지기	아베〔阿部〕	1939년 8월~1940년 1월
	요나이〔米內〕	1940년 1월~1940년 7월
추축국 동맹	고노에〔近衛〕	1940년 7월~1941년 7월
	고노에	1941년 7월~1941년 10월
제 2 차 세계 대전	도조〔東條〕	1941년 10월~1944년 7월
종 전	고이소〔小磯〕	1944년 7월~1945년 4월
	스즈키〔鈴木〕	1945년 4월~1945년 8월

거를 종결지었다. 그러한 결과는 무기력한 대중에 의한 단순히 습관적인 선거가 아니었다. 그것은 얼마간 당시의 문제들에 대한 적극적인 자각을 보여 주는 것이었다.

점점 더 관료-군부 내각에 무시당하게 된 정당들은 점차로 정부에 반대하게 되었다. 1937년 1월 한 '세이유카이' 소속 의원이 정부내의 육군의 간섭을 비난하는 감동적인 연설을 행했다. 육군 대신의 답변이 있었고, 격심한 토론이 뒤따랐다. 그 국회 의원은 육군 대신이 할복 자살을 해야 할 것이라고 권고하였고, 육군 대신은 의회의 해산을 원하였다. 그러나 해군 대신과 다른 사람들이 반대하여 결국 히로타〔廣田〕 내각은 사임하였다. 4 개월밖에 지속되지 못했던 하야시 내각도 또한 정당들에 의해 무너졌다. 세기의 전환기의 야마가타처럼 하야시는 내각들이 정당이 대변하는 파벌 투쟁에 초연해야 한다고 생각했다. 그는 그의 내각에 입각한 사람들에게 정당과의 유대를 포기할 것을 요구하였다. 그가 원하던 단결을 확보하기 위하여 그는 예산을 통과시킨 직후 의회를 해산하였고, 정부의 지지를 친군부 정당인 쇼와카이〔昭和會〕로 옮겨 버렸다. 분명히 그의 생각은 일본에서 나치의 '한 국가 한 정당' 방식을 실현하는 것이었다. 그러나 1937년 4월의 선거에서 '쇼와카이'는 전체 466석 중 단지 19석만을 획득하였고 하야시는 사임하지 않을 수 없었다. 메이지 시대말과 같이 여당이 선거에서 승리할 수 없다는 것이 명백해졌다.

1937년 선거는 정부 엘리트들 사이의 균형에 있어서의 우익적 경도에도 불구하고 일본 국민들이 어느 정도 온건하고 반군부적인 입장을 유지했는가를 보여 주는 것이었다. 천황과 일본에 대한 강한 애착이 자동적으로 그들이 정치에서 보다 극단적 형태의 민족주의를 지지하도록 이끌지는 않았다. 대부분의 국민들은 1930, 1932, 1936년의 선거들에서와 같이 양대 정당들을 지지했는데, 그것들은 비록 심하게 파벌로 갈라져 있었지만 하야시 정권에 대항하여 공동 전선을 구축하였다. 이들 정당이 700만 표 이상을 득표하였고 의회에서 354석을 획득하였다. 친정부 정당들은 겨우 40석 가량 획득했다. 대체로 1930년대의 투표 양태는 1920년대의 그것과의 단절이 아니라 연속을 보여 주는 것이었다. 이것은 또한 온건 사회주의의 점진적 성장 속에서도 발견될 수 있는데, 그것은 1928년 8석, 1930년과 1932년에 5석, 1936년에 18석, 1937년에 37석(90만 표 이상을 득표)을 획득하였다. 사회 대중당(1932년 결성)은 한쪽으로는 국가 사회주의의 극단론에 의해, 그리고 다른 쪽으로는 반의회주의적인 마르크스주의에 의해 감염되어 있었기 때문에, 그것은 단순히 민주주의 세력으로 언급될 수 있는 것은 아니었다. 그러나 그것은 그리스도 교도인 아베 이소오(Abe Isoo, 安部磯雄)와 가타야마 데쓰(Katayama Tetsu, 片山哲; 1947~1948 수상)와 같은 온건파들에 의해 지도되었고, 그것의 구호인 '반공산주의, 반파시즘, 반자본주의'는 진정한 민주적 호소력을 가졌다. 이 정당에 대한 지지는 도시에 집중되어 있었고 전후 일본에 있어서 훨씬 더 강력한 세력으로 등장할 요소들을 대변하였다.

정당들과 정부의 대립을 해소하고 국가적 통합의 '쇼와[昭和] 유신'을 진전시키기 위하여 고노에 후미마로(Konoe Fumimaro, 近衛文麿) 공작이 다음 내각을 조각하도록 요청되었다. 고노에는 육군, 정당들, 그리고 일본 재계와 유대관계를 맺고 있었다. 민간인으로 고대의 궁정 귀족의 후손이고, 사이온지의 부하이자 재치 있고 인기 있는 작가이며, 청년 시절 교토 대학에 들어갔던 고노에는 특히 철학자 니시다[西田]와 마르크스주의 경제학자 가와카미 하지메

(Kawakami Hajime, 河上肇)에게 철학과 경제학을 배웠다. 고노에는 모든 집단들에게 얼마간의 매력을 지니고 있었라. 그의 지명은 모든 방면에서 다같이 열렬한 환영을 받았다. 확실히 정당들은 그로부터 하야시하에 존재했던 것보다 더 큰 관대함을 기대하였다. 그러나 그가 평화시에 어떤 잠재력을 가졌을지 모르지만, 그의 조각 후 한 달 만에 발발한 전쟁의 과정 속에서 점점 더 강력하게 정부를 장악했던 군부와 호전적인 민간인들의 요구를 물리치기에 그가 너무 약했음이 입증되었다.

전시 일본

중일 전쟁　1937년 일본 육군의 모든 전략은 소련이 동아시아에서 일본의 유일한 적이라는 가정에 근거하여 예측된 것이었다. 1935년까지 소련은 극동 지구에, 일본이 만주에 가지고 있던 것보다(16만 명) 더 많은 병력을(약 24만 명) 보유하고 있었다. 1935년의 제 7 차 코민테른 회의에서는 파시스트 국가인 독일과 일본이 소련의 적이라고 선언되었다. 1936년 3월 소련은 외몽고와 상호 방위 협정을 체결하였고, 또한 1936년 이후 국민당과 중국 공산당을 결집시킨 연합 전선 정책으로부터 분명히 득을 보았다. 동아시아에서의 소련의 군사력에 필적하기 위해 일본 육군은 1937년 여름 '전쟁 물자 생산을 위한 5 개년 계획'을 수립하였다. 이것을 달성하기 위해서는 시간과 평화가 필요하였는데, 일본이 바라던 최악의 경우가 중국과의 전면 전쟁이었다.

만주를 별문제로 할 때, 중국에 대한 일본의 전략적 관심은 만일의 소련과의 전쟁 동안 있을지도 모를 기습 공격으로부터 만주를 보호하기 위하여 북중국에 완충 지대를 형성하는 것에 한정돼 있었다. 그리고 이들 제한된 목적들은 1935년말까지 대체로 달성되었다. 그렇지만 일본은 여전히 국민당 정부가 대륙에서 일본 제국의 안전 보장을 위해 북중국 성(省)들이 가지는 특별한 중요성을 공식적으로 인정해 주기를 원했다. 육군의 중국 전문가들 중 몇몇과 관동군의 일부 과격파 장교들은 남경(南京) 정부가 소련과 동맹을 체결하고 남쪽으로부터 만주를 위협할 시간을 갖기 전에 그것을 분쇄해야 한다고 주장하였다. 그러나 그러한 전술적 강조는 소련에 대항하여 기획된 전체적인 전략내에서의 소수 의견을 대변한 것이었다. 그럼에도 불구하고 1937년 7월 7일 북경 지역에서 일본군과 중국군 사이에 국지적이고 예기치 않은 충돌이 발생하자 그것은 신속하게 전면전으로 확산되어 갔다.

전쟁이 확대된 이유의 하나는, 도덕적 가정에 있어서의 중·일 간의 차이였다. 일본은 중국에서의 자신의 위치를 국가적 운명, 경제적 필요, 역사에 근거한 것으로 보았다. 대부분의 일본인들은 1931년 이래 그들이 취한 행동들이 정당한 제국의 이익을 수호하기 위하여 필요한 것이라고 느꼈다. 그들은 사태를 중국 민족주의에 의해 교란되고 있던 현상 유지의 관점에서 판단하였다. 반면에 중국은 그들의 전근대 역사를 외국 열강들에 의한 계속적인 침략의 역사로 간주하였다. 일본의 침입은 가장 최근의 것이고 가장 분노를 불러일으키는 것이었다. 상승하는 중국 민족주의는 이것들을 더 이상 참을 수가 없었다. 두번째 이유는, 군사 동원의 위기였다. 즉, 양측의 장군들이 군대를 투입하였고, 따라서 그들에게는 약하다는 이유로 어쩔 수 없이 협상을 하게 되는 일이란 있을 수 없었으며, 일단 병력들이 지상에 있게 되자 그들은 그들의 위치상의 유리함을 증진시키기 위해 전투를 결행하게 되었다. 세번째 이유는, 일본 정부내에서 어떤 정책을 취할 것인가 하는 문제가 누가 그것을 결정할 것인가 하는 문제와 뒤얽혀 있었던 점이다. 군인들과 호전적 관료들이 권력 투쟁에서 승리하였기 때문에 정책이 보다 더 공격적인 것이 되었다. 전선에 있던 군대에 의해서 몇 번이나 휴전이 합의되었으나 도쿄에서 이루어진 결정들에 의해 번복되었다.

전투가 확대됨에 따라서 국민당 정부의 중국에 대한 결정적인 일격을 지지하는 분위기도 고조되었다. 참모 본부는 만약 중국의 수도인 남경이 함락된다면 중국 정부가 일본의 요구들에 굴복할 것이라고 주장하였다. 12월 남경이 함락되었고, 과거 반일 선동의 심장부였던 이곳이 응징되기를 간절히 바랐던 육군 지휘관들의 열망이 수일간의 무차별적인 학살을 가져왔다. 그러나 국민당 지도자 장개석(蔣介石)은 계속 버티었고, 일본은 1938년 1월 일본에 우호적인 중앙 정부를 세우기 위하여 중국에서 전면적인 공세를 취하기로 결정하였다. 1938년 10월까지 한구(漢口)와 광동(廣東)이 점령되었다. 북쪽에 있는 소련의 위협이 일본의 중국내 개입을 철도들과 도시들에 대한 지배에 제한되도록 이끌었다. 11월 3일 고노에가 일본에 의한 '동아 신질서'의 확립을 선언하였다. 얼마 동안 일본은 장개석이 항복하여 일본 통제하 정부의 우두머리가 될 것이라고 희망하였다. 이 희망이 부질 없는 것이었음이 판명되자 일본은 장개석의 경쟁자인 왕조명(汪兆銘)과 손을 잡게 되었다. 그는 국민당 운동의 창시자인 손문(孫文)의 친일적 저술들을 부활시켰고, 1940년 3월 남경에 있던 괴뢰 정권의 수반이 되었다.

태평양 전쟁의 배경   중일 전쟁에서는 육군이 주도적이었으나, 태평양 전쟁에 이르는 사건들에 있어서는 해군이 더 중요했다. 1930년의 런던 군축 회의가 해군내의 의견을 활발하게 만들었다. 그 후 조약에 반대했던 사람들이 지배적이 되었고 그들의 권력을 첫째로, 조약을 지지했던 사람들 중 다수를 축출하는 데, 둘째로, 5:5:3의 주력함 비율을 위반하지 않고 해군을 강화시킬 무기 개발 계획(새로운 잠수함, 비행기, 군함, 어뢰)을 강력히 추진하는 데, 셋째로, 물론 1935년의 제 2 차 런던 회의에서 다른 열강들에게 수용될 수 없는 것으로 판명된 완전한 해군력의 동등에 대한 요구를 제기하는 것에 의해 국제적 군축 체제로부터 일본을 탈퇴시키려고 하는 데 사용하였다. 조약의 속박에서 벗어난 일본은 1937년 해군 축조의 대규모 계획을 개시하였다. 이것은 미국과 영국을 경계시키지 않도록 하기 위해서 비밀스럽게 추진되었다. 이 결과로 1940년에 이르러 일본 해군은 강력해졌다. 해군 지도자들은 비록 그것이 다대양(多大洋) 함대는 아니지만 서태평양 해역에서 어떤 다른 열강보다 동등자 이상의 것이었다고 생각하였다.

그것에 선행했던 국제 연맹으로부터의 탈퇴와 같이 미국과 영국에 대한 유대를 약화시켰던 군축 체제로부터의 탈퇴 후, 일본은 독일과 이탈리아와의 우호 관계 수립을 향해 더 가깝게 다가갔다. 독일 문제가 미국과 영국의 지도자들의 마음 속에 있어서 최우선적인 것이었기 때문에, 그리고 일본 문제가 독일 문제와 연결되었을 때에야 비로소 미·일 관계가 결정적으로 악화되기 시작하였기 때문에 이것은 외교적 대실수였음이 판명되었다. 중국에서의 사태들만으로는 똑같은 결과를 낳지 않았을 것이다.

군국주의 일본이 마침내, 국제 군축 체제에 불만을 가지고 있었고 일본의 중국 침략에 대해 비판적이지 않았던 서구의 유일한 두 국가인 나치 독일과 파시스트 이탈리아와 동맹을 맺게 된 것은 놀라운 일이 아니었다. 일본은 메이지 시대 후기 이래로 문화적으로 독일과 가깝게 되었고, 나치의 업적을 칭송하는 많은 사람들이 존재하였다. 일본의 '동아 신질서'는 거의 독일 것을 번역한 것같이 들렸다. 더구나 1936년의 반코민테른 협정은 나중의 더욱 강력한 관계를 예시한 소련에 대한 공통의 증오를 표현하였다. 뿐만 아니라 강대국들 중에서 일본, 독일, 이탈리아는 갖지 못한 나라들이었으며 서구 민주주의의 제국(帝國)들의 부를 몹시 탐내고 있었다. 하지만 이들 요인들이 사실이라고 하더라도 1937년의 일본의 상황을 1941년의 진주만 기습에 연결시킬 만한 직선은 존재하지 않았다.

일본의 관심사는 아시아였지 유럽이 아니었다. 1938년말부터 일본의 주된 문제는 중국에서의 궁지를 어떻게 해결할 것인가였다. 각각의 새 내각은 일본을 중국으로부터 벗어나도록 하겠다는 의향을 선언하였다. 물론 이것은 일본에 유리한 조건으로 한다는 것이었다. 1930년대 후기 동안 일본의 외교적·군사적 전략의 많은 것이 중국 정부가 일본에 항복해야 하는 상황을 만드는 데로 향해져 있었다. 두번째 문제는 소련과의 관계였다. 아시아에서 소련의 행동 가능성은 소련이 유럽 문제에 개입되는 것과 반비례였다. 유럽에서 소련에 대한 위협은 독일이었다. 이것이 독일과의 관계를 일본에 지극히 중요한 것으로 만들었다. 세번째 문제는 미국의 태평양 함대였다. 일본 해군은 이것을 가장 위험한 가상적으로 간주하였고, 따라서 해군은 만일 해군을 약화시키지 않고 우호 관계를 유지할 수 있다면 미국에 대항하려고 하지 않았다. 네번째 관심사는 자급 자족 경제의 형성을 위해 일본에 필요한 원료들이 풍부한 동남 아시아였다. 여기에서 일본은 프랑스, 네덜란드, 영국의 식민지들과 만나게 되었다.

1939년의 초기에 일본은 계속 소련에 대한 그들의 지위를 강화시키고, 독일과 이탈리아, 혹은 영국과 동맹을 성립시키는 것에 의해 중국 정부에 압박을 가하려고 노력하였다. 육군의 대부분과 히라누마(Hiranuma , 平沼 ; 1939년 1월~8월 수상)를 포함한 많은 민간인 관료들은 독일에 기울어 있었다. 그러나 독일은 러시아에 대항하는 것만으로 일본과 동맹을 맺는 것을 원치 않았고, 일본이 또한 영국과 미국에 대해서도 입장을 분명히 해야 한다고 주장하였다. 외무성과 해군성의 지도자들은 이 조건에 토대를 둔 동맹에 반대하였다.

1939년 8월 독일이 소련과 불가침 협정을 체결하고 서구에 대한 전쟁으로 전환하였을 때 일본에서는 친독일 그룹들이 지반을 넓혀 가고 있었다. 일본인들의 반응은 독일인들이 그들을 우롱했다고 하는 것이었다. 히라누마는 수상을 사임하며, "일본의 외교 정책은 실제로 배반당하고 있는 상태에 있다."라고 말하였다. 일본은 러시아에 대한 방위로서 동맹을 원했다. 이것에 대한 우려는 소련이 중국에 대한 원조를 연장한 1938년에 높아졌고, 심지어 독일이 소련과 협정을 체결하는 1939년 5월부터 9월까지 여름의 몇달 동안 일본 군대는 몽고와 만주의 경계에 있는 노몬한(Nomonhan) 근처의 대규모 전투에서 러시아의 몇 개 사단들과 싸우고 있었다. 휴전이 9월 서명되었으나, 승리는 보다 고도로 기계화된 소련군에 돌아갔다. 이제 독일은 소련이 아시아에서 훨씬 더 강력한 입장을 취하도록 소련을 자유롭게 해 주었고 영국과의 전쟁으로 나아갔다.

이것이 일본 정책의 방향을 갑자기 바꾸도록 했다. 히라누마의 수상직이 처음 아베[安部] 장군에 의해, 그리고 그 후 요나이[米內] 제독에 의해 계승되었는데, 요나이는 친영·친미적인 사람으로 유명했다. 이 기간 동안(1930년 8월~1940년 7월) 독일의 외교적 접근이 일본인들에 의해 거절되었고, 많은 지도자들이 미국과 영국과의 관계를 개선하기 위해 노력하였다. 중국은 여전히 장애물인 채로 남아 있었다. 미국의 국무 장관 코델 헐(Cordell Hull)은 중국을 포기하는 것에 의해 침략을 묵인해 주려고 하지 않았다. 따라서 이 방면의 협상은 수포로 돌아갔다. 이것이 외교사상 결정적인 순간이었고, 일부의 사람들은 미국이 보다 더 유연했다고 한다면 나중에 일본이 독일과 이탈리아와 협정을 맺는 것을 막을 수 있는 합의에 도달했을지도 모른다고 주장하였다. 그러나 설사 일본 외무성이 영국, 프랑스, 미국과 협정을 체결하였다 하더라도, 그 협정은 결국 일본 군부에 의해서 무효화되었을 것이다.

1940년의 늦은 봄까지 상황은 다시 변하고 있었다. 일본은 유럽에서의 독일의 승리에 깜짝 놀랐다. 가까운 장래에 영국이 함락될 것처럼 보여졌다. 독일과의 동맹을 지지하는 주장들이 다시 제기되었다. 7월 육군이 육군 대신을 철수시켰고 요나이 내각을 붕괴시켰다. 그것을 대신한 제 2 차 고노에 내각은 이제껏 조각된 것 중 가장 호전적이었다. 도조 장군이 육군의 대표로 입각하였다. 전에 만주의 경제 입안자였던 호시노[星野]가 무임소(無任所) 장관으로 입각하여 기획원(企劃院)의 원장이 되었다. 그리고 둔감하고, 변덕스럽고, 모순되고, 미국에서 교육을 받았으나 심하게 친독일적인 마쓰오카〔松岡〕가 외무 대신이 되었다.

이 정부가 1940년 9월 독일, 이탈리아와 삼국 동맹을 체결하였다. 동맹은 조인국들이 동맹 체결 당시 이미 교전중인 것들을 제외하고 그들 삼국 멤버 중 하나를 공격하는 어떤 나라에 대해서도 전쟁을 수행할 것을 조건으로 하고 있었다. 일본은 이 동맹으로부터 다음 네 가지를 얻기를 희망하였다. 첫째로 그것은 소련과의 보다 나은 관계를 원하였다. 표면상 소련과 사이가 좋았던 독일이 중개자로 행동할 것을 제안하였다. 협상은 시간이 걸렸으나 1941년 4월 일본은 소련과 중립 조약을 체결하였다. 둘째로, 일본은 유럽에서 독일이 패배시키고 있는 제국주의 열강 소유의 아시아 식민지들이 일본의 신질서 속으로 들어갈 것이라는 보장을 원하였다. 셋째로, 일본은 중국에서의 전쟁을 종결시키기를 원하였다. 만약 외부로부터의 물질적·도덕적 지원이 단절되면 중국이 붕괴할 것이라고 생각하였다. 일본은 유라시아가 독일과 러시아와 일본의 영역으로 분할되면 전쟁이 끝날 것이라고 희망하였다. 넷째로, 일본은 이 동맹이 그 어느 때보다도 미국을 고립시킬 것이고, 따라서 중국이나 또는 다른 곳에 덜 간섭하도록 만들 것이라고 생각하였다.

1931년부터 진주만 기습까지 동아시아에 있어서 미국의 정책은 문호 개방, 중국의 영토 보전, 비침략의 원칙들을 지지하였으나, 군사 행동에 의해 이 원칙을 지원하는 것을 회피하였다. 부분적으로 미국은 행동을 취할 능력이 없었다. 즉, 미국의 육군은 소수였고, 해군은 두 대양 사이에 나뉘어 있었다. 일본의 침략에 직면하여 미국은 단지 찬성하지 않았을 뿐이었다. 중국에서의 일본의 행동들에 대한 대중들의 분노가 완만하게 일어났다. 미국의 고철로 제조된 폭탄과 미국 회사들로부터 구입한 연료를 사용하는 비행기들로 행해졌던 중국의 도시들에 대한 폭격을 두려움을 가지고 보고 있었다. 그러나 대체로 미국 국민들은 불개입의 정부 정책을 굳게 지지하고 있었다. 1940년 선거 운동에서 각 후보자가 다른 후보자보다 더욱 평화를 주창하는 것을 볼 수 있었다. 일본이 미국의 경고에도 불구하고 남진하기 시작하였을 때 미국이 할 수 있는 최상의 것은 경제적 제재를 가하는 것이었다. 독일이 프랑스를 침략했을 때, 일본 육군의 관측자들이 1940년 6월 인도차이나 북부의 통킹에 파견되었고, 9월에 육군 부대들이 이를 뒤따랐다. 이에 대한 대응으로 미국은 일본에 대한 항공

삼국 동맹의 체결을 축하하는 파티. 도조〔東條〕 장군(무릎까지 오는 장화를 신고 있다)이 지켜보는 가운데 외무 대신 마쓰오카(오른쪽 앞에서 왼쪽을 보고 있다)가 문서를 "평화를 위한 동맹"이라고 부르면서 건배를 제의하고 있다.

용 석유, 강철, 고철의 수출을 제한하는 허가 제도를 채택하였다. 이 당시까지 미국은 유럽에 몰입해 있었다. 따라서 동아시아에 대해서는 단지 2차적인 관심밖에 없었고, 대서양에 있어서 그들의 힘을 약화시킬 아시아에서의 어떤 개입도 피하기를 바랐다. 그러나 1940년 9월 삼국 동맹이 체결되었을 때 유럽의 위기가 극동의 위기와 결합하였다. 완만하게 일어나고 있던 일본에 반대하는 여론이 독일에 대하여 이미 느끼고 있던 보다 큰 반감과 결합하였다. 결과적으로 일본이 의도한 것과 같이 미국을 고립시키기는커녕 삼국 동맹은 미국을 그 어느 때보다도 더욱 반일적으로 만들었다.

1940년 9월의 동맹 체결과 1941년 중반 사이의 수개월간은 일본에 있어서 그 이상의 남진을 위한 준비 시간이었다. 일본은 중국 정부를 남부 보급로로부터 차단시키고 전략 물자를 획득하기를 원하였다. 일본, 특히 해군 집단들 사이에서는 어느 순간에 미국에 의해서 전체적인 금수(禁輸) 조치가 실시될 것이고, 따라서 석유가 풍부한 네덜란드의 동인도를 포함한 자급적인 식민지가 군

354

사적으로 필요하다고 생각되었다. 일부는 심지어 전쟁의 위험을 무릅쓰고 남진을 지지하였다. 그러나 많은 사람들은 영국이 아직도 고수하고 있는 동안 네덜란드와 영국 식민지들에 진출하는 것에 주저하고 있었다. 그들은 미국과의 전쟁을 원치 않았는데 미국은 조차와 합동 군사 계획을 통해 점점 영국측에 가담하고 있었다.

1941년 6월 일본은 자신이 독일에게 배반당했음을 또 다시 알게 되었다. 영국을 해치움으로써 일본의 남진을 원활하게 만드는 대신에 독일은 동맹국인 일본에 거의 사전 통보도 하지 않고 러시아를 공격하였다. 독일이 소련에 대한 침략을 준비하는 동안 일본은 독일의 훌륭한 알선을 통해 소련과 중립 협정을 체결하였으므로 독일의 공격은 일본을 굴욕적인 처지에 빠지게 만들었다. 그 후 독일은 일본에게 동쪽에서 소련을 공격해 달라고 요청하는 것에 의해 모욕을 무마하였다. 이것이 육군내에서 러시아와의 전쟁을 지지하는 사람들과 남진을 원하는 사람들 사이에 격렬한 논쟁을 가져왔다. 1941년 7월 2일의 어전 (御前) 회의에서 만약 독일군이 서쪽에서 승리한 것으로 판명된다면 러시아와 싸울 것이라고 결정되었다. 9월까지 독일 군대는 모스크바에 이르지 못하고 저지되었다. 따라서 일본은 러시아와의 중립 협정을 존중하고 독일의 요청을 무시하기로 결정하였다. 대신에 유럽에서의 독일의 압박 때문에 이제는 러시아의 공격으로부터 안전하게 된 만주의 북쪽 측면을 가지게 된 일본은, 만일 미국이 최후의 협상들을 통해서 중국에서의 일본의 목적들을 수락하도록 설득되지 않는다면 영국과 미국과의 전쟁을 무릅쓰고라도 남진하기로 결정하였다.

그러나 남쪽을 향한 팽창에 대한 준비가 협상이 가질 수 있을지도 모를 성공에 대한 거의 희박한 기회마저 망쳐 버렸다. 일본군이 1941년 7월 남부 인도차이나에 진입하였고, 미국은 일본에 대해 전면적인 금수 조치를 취하는 것으로 대응하였다. 이것이 일본의 석유 수입을 종전 물량의 10 퍼센트로 격감시켰고 '비축 물자 축소의 위기'를 낳았다. 전쟁을 싫어하지 않았던 해군 참모 본부는 일본의 석유 비축이 단지 2년간 지탱될 것이라고 말하였다. 만약 10월까지 어떤 행동이 취해지지 않는다면, 그 후의 어떤 행동도 불가능하게 될 것이고 일본은 한걸음 한걸음 후퇴하여 그들이 획득했던 모든 것을 잃게 될 것이었다. 이 개념은 1941년 9월 3일, 연락 회의의 회합에 제출된 '제국 국책 요강(帝

國國策要綱)’ 속에 구현되었다.

이 계획의 양자 택일의 논리에 직면하여 일본의 지도자들은 만일 10월초까지 석유에 관한 합의를 하지 못하면 미국과 개전하기로 결정하였다. 이틀 후 어전 회의를 위한 보고에서 천황은, “이것은 전쟁에 우선권을 두는 것처럼 보인다.”라고 말하였다. 고노에는 그렇지 않고 다만 외교가 실패한 경우에 전쟁이 일어날 것이라고 대답하였다. 전쟁이 무엇을 의미하게 될 것인지에 대해 질문을 받은 해군 참모 총장은, 일본을 중병을 앓고 있는 환자에 비유하여 수술이 비록 지극히 위험한 것이지만 생명을 구하게 될 것이라고 말하였다. 이 숙명적인 결정을 승인한 다음날 개최된 어전 회의에서 천황은 메이지 천황이 지은 시를 읊었다.

> 세계의 모든 사람이 형제인데
> 왜 이와 같은 끊임없는 혼란이 있는 것인가?

전쟁의 가능성을 고려할 때 일본은 무엇을 의중에 가지고 있었던 것인가? 제 2 차 세계 대전 중 일본의 의도에 관한 일부의 터무니없는 보고들이 미국에서 유포되었다. 즉, 일본이 평화의 조건들을 백악관으로부터 끌어 내고 미국을 원래의 13 식민주로 축소시키기를 기대하고 있다는 것이었다. 이것은 터무니없는 것이었다. 일본에서 책임 있는 위치에 있던 어느 누구도 그러한 생각을 갖지 않았다. 일본의 전략은 경제적 자급 자족이 가능한 지역을 잘라 내고 미국이 전쟁에 싫증을 느낄 때까지 그것을 방어하는 것이었다. 그러기 위해서는 미국의 태평양 함대를 격침시켜야 했다. 일본은 단지 항공 모함을 놓쳤을 뿐 미 해군에 일격을 가하는 데 성공했다. 일본의 계획은 유럽에서의 독일의 승리, 영국의 패배, 중국 정부의 붕괴를 가정한 것이었는데, 1941년말 그것들은 모두 가능한 것처럼 보여졌다. 일본은 나아가 이들 조건들이 성취되면 일본이 동아시아에서 미국과 일대 일로 싸울 수 있을 것이라고 가정하였다. 일본은 미국의 더 큰 생산력에 대하여, 그들의 지상에 토대를 둔 공군력, 더 짧은 보급로, 가정된 더 큰 의지력에 승부를 걸었다. 전쟁을 넘어서 세계를 권역(일본, 독일, 소련, 미국)으로 분할하고, 국제 관계를 권역간 관계로 전환시키는 것에 대한 막연한 구상들이 존재하였다.

그러나, 비록 결정은 만약 협상을 통해서 석유가 확보되지 않는 경우 개전한다라고 되어 있었지만, 대부분의 일본 지도자들은 외교가 승리를 거둘 것이라고 생각하였다. 이 목적을 위한 일본의 노력이 1941년 7월 신중하게 개시되었고, 심지어 9월의 개전 결정과 10월의 도조 내각의 결성 후까지도 필사적으로 계속되었다(물론 평화를 위한 협상은 앞서 언급했던 인도차이나 진군과 태평양 전쟁에 대한 준비를 동반하였다. 진주만 기습은 남규슈의 가고시아 만에서 미리 수개월간 연습되었다).

1941년 7월 제 2 차 고노에 내각이 해체되고, 제 3 차 고노에 내각이 친독일의 외무 대신 마쓰오카〔松岡〕를 몰아내기 위하여 구성되었다. 양보할 것도 계획되었다. 일본 지도자들의 추론은 미국이 서태평양에서 효과적인 힘을 거의 갖고 있지 못하다는 것이었다. 만약 일본이 사소한 철군을 약속하면, 미국이 석유에 대한 금수 조치를 틀림없이 해제할 것이라고 생각했다. 그러면 전쟁을 모면하게 될 것이고 동아시아에서의 장기적인 정치적 결과는 유럽에서의 전쟁의 결과에 의존하게 될 것이다. 고노에는 루스벨트 대통령과의 회담을 요구하였다. 그는 분명히 설사 미국의 행동이 독일과의 전쟁으로 들어간다 하더라도 추축국 동맹의 조건하에 미국과 개전하지 않을 것이라는 것을 조건으로 정할 용의가 있었다. 일본의 '화평파'는 이 이상의 것을 제안할 수 없었다. 만일 협상이 성공적이었다면, 일본의 군부가 이것을 수락했을 것인가는 추측할 수밖에 없다. 육군은 분명히 중국에서의 정복을 포기하거나 1937년 전의 상태로 복귀할 용의가 없었다. 해군은 1940년 루스벨트 대통령에 의해 시작된 선박 건조 계획이 서태평양에서의 일본 해군력의 우세를 점점 감소시킬 것을 알고 있었다. 아마도 일본의 군사 계획이 너무도 멀리까지 진척되어 있었기 때문에 이들 협상들은 그것들이 민간 지도자들에 의해 아무리 심각하게 의도되었다 하더라도 단지 눈가림에 지나지 않는 것이었다.

고노에의 현실주의와 대조적으로 미국의 극동 정책 형성의 주도적인 목소리였던 국무 장관 헐의 논법은 엄격하게 도덕적이었다. 일본은 침략자였다. 어떤 타협도 침략을 용인하는 것이 될 것이다. 전쟁을 회피하는 최후의 기회는 일본이 1941년 6월의 상태로 돌아가기 위해, 즉 석유 금수 해제와 미국이 중국에 대해 손을 떼는 정책을 취하는 대가로 남부 인도차이나로부터 일본군의 철수를 잠정 협정으로 제안하였을 때인 11월에 찾아왔다. 루스벨트는 흥미가 있었으나, 헐이 수락을 저지하였다. 그는 미국 정책에 있어서의 갑작스러운 변화가 미국, 영국, 네덜란드, 오스트레일리아, 중국 사이에 형성되었던 관계들의 망상 조직을 위태롭게 만드는 것을 두려워하였다. 대신에 그는 인도차이나와 중국으로부터 모든 일본 군대의 철수를 요구하는 10 개 항의 계획을 제안하였는데, 이러한 비타협적 입장의 배후에는 일본이 감히 미국을 공격하지 않을 것이라는 것과, 또 일본이 공격을 한다 하더라도 신속하고 용이하게 격퇴할 수 있다는 신념에 궁극적으로 토대를 둔 평온함과 시간이 넉넉하다는 생각이 존재하였다.

일본은 헐의 계획을 더 이상의 협상에 대한 거부로 간주하였다. 일본에 의해서 지배되는 동아시아에 대한 꿈에 사로잡혀서, 그리고 그들 스스로 만들어 놓은 시간표에 올가미가 씌워져서 1941년 12월 7일 그들은 진주만을 공격하였다.

일본 군국주의의 특성 근대 사회는 민주주의와 전체주의 양자의 가능성을 지니고 있다. 산업화, 보통 교육, 민족주의는 정부가 대중의 정치적 에너지, 교통, 통신, 심지어 근대적 병기들조차 이용할 수 있게 만들어 새로운 자유를 창출하거나 혹은 인권을 탄압하는 데 쓰여질 수 있었다. 나치 독일과 스탈린의 소련은 근대, 혹은 근대화가 진행중인 사회들이 가졌던 전체주의의 가능성을 예증한 것이었다. 전후 일본의 역사가들은 세계적 경험의 관점에서 그들 자신의 역사를 관찰하여 1930년대의 변화들이 일본에 있어서의 파시즘의 성장이라고 거의 만장 일치로 규정지었다. 그것에는 참으로 많은 유사점들이 존재하였다.

일본과 독일 양자는 의회제 정부로부터 벗어났다. 양국에 있어서 편협한 민족주의와 혁명적 우익에 의한 폭력의 사용은 권위주의가 성장하는 데 기여하였다. 양국은 언론, 출판 및 집회의 자유를 제한했고, 침략이나 억압적인 입법에 반대하여 거리낌없이 이야기하려고 했던 자유주의자들과 좌익들은 박해를 받았다. 양자는 팽창주의적이고 공격적인 국가들이었다. 따라서 수준 높게 추상화시켜 보면 일본과 독일의 이러한 특징을 후발 근대화(333 쪽 참조) 국가들로서의 그들의 공통적인 역사적 특성과 결합시키고, 정치적 변화의 '파시스트 모델'을 구성하는 것이 가능해진다. 그러나 일본과 독일 간의 차이점들이 유사점들만큼 중요한 것으로 보여진다.

첫째로, 그들의 정부 구조가 기본적으로 상이하였다. 독일은 바이마르의 변화를 경험하여, 정부는 완벽하게 의회제적이었고 권력이 국회의 지배적인 정당들의 연합의 수중에 놓여 있었다. 권력을 획득하기 위하여 나치는 전국적인 선거에서 다수의 표를 획득하지 않으면 안 되었다. 1930년대의 일본 정부는 아직 전(前)바이마르적 단계에 있었다. 제1차 세계 대전 전의 독일에서와 같이 의회는 단지 여러 엘리트들 중 하나에 지나지 않았다. 의회내에서의 정당 권력의 균형에 변화 없이 정부의 특성에 변화가 일어날 수 있었다. 선거에서의 승리가 권위주의적 정권의 대두에 필수적인 것은 아니었다.

둘째로, 1930년대의 일본 정부는 제1차 세계 대전 전의 독일과 유사하였을 뿐 아니라, 그 사회가 히틀러 시대의 독일 사회보다 현저하게 덜 '근대적'이었다. 독일에서는 경제적 변화와 정치적 양극화 사이에 거의 명확한 상관 관계가 존재하였다. 1922~1923년의 마구 치솟는 인플레이션 후에 나치와 공산당이 중도파 정당들을 희생시키고 아주 미약한 세력에서부터 주요 정당이 되었다. 1928년까지 이룩된 경제적 안정이 선거에서 두 정당들을 급격하게 퇴조시켰다. 다음으로 세계 대공황 후인 1930년대초에 그들은 분발하였고 수적으로 우세한 나치가 책략을 써서 정권을 잡게 되었다. 이러한 양상에 대해 그의 곤경에 대한 개인의 자각과 전국적 단계에서의 정치에 대한 그의 반응과의 직접적 관계가 정상적이 아닌 병적인 것이었다고 말할 수 있을 것이다. 그것은 통상적으로 개인과 국가 사이의 관계를 완충했던 경제, 복지, 사법, 경찰과 같은 중간적인 제도들의 붕괴를 반영한 것이었다. 바이마르의 구조는 두 개의 극단적이고 반의회제적 계획들 사이에 직접 선거에서 해당되었던 것을 실행시키는 데 이용되었다.

대조적으로 일본에서는 전통적(1890년 후)인 사회 구조가 비교적 안정돼 있었다. 2대 정당들은 모두 중도적이었고, 그것들이 과격파 대중 정당에 의해 심각하게 도전을 받은 적이 결코 없었다. 그들은 계속해서 많은 표를 획득하였고, 표들이 자주 둘 중 보다 더 의회제적인 데로 갔다. 1931~1936년 사이에 두드러졌던 혁명주의 과격파 단체들은 선거에서 세이유카이〔政友會〕와 민세이토〔民政黨〕에 주어진 지지에 거의 영향을 미치지 못하였다. 그리고 이들 두 정당들이 1936년과 1937년 선거에서 정부 지원 정당들을 완전하게 패배시켰다.

1930년대의 선거에서 두드러졌던 유일한 다른 경향은 반(半)자유주의적 사회주의 정당들을 지지하는 완만한 현세적 추세였다. 일본의 선거에 있어서의 안정성의 배후에는 중간적인 제도들이 1920년대와 마찬가지로 양호한 상태에 있었다는 사실이 존재했다. 그것들이 공황 최악의 기간 동안에도 빈곤한 농민과 노동자들의 고통을 '흡수할' 수 있었다. 일본의 중산 계급은 독일의 중산 계급보다는 더 상태가 좋았다. 전쟁과 인플레이션이 독일에서 중산 계급의 저축을 한 푼의 가치도 없는 것으로 만들었고, 공황이 찾아왔을 때 그들이 의지할 수 있는 것이라곤 아무것도 없었다. 일본의 중산 계급은 전쟁과 1920년대 동안 어떤 심각한 인플레이션도 당하지 않았다. 공황이 중소 기업들을 해쳤으나, 은행 저축과 월급은 어느 때보다 귀중하였다. 많은 사람들에게 1930년대초는 전전 일본의 최상의 시기로 기억되고 있다.

셋째로, 정부 구조와 사회가 상이하였기 때문에 '반의회제 세력'이 대두하는 과정이 또한 매우 달랐다. 나치는 혁명적 강령을 가진 대중 정당으로 성장하였다. 정부를 차지한 후 나치당은 그것을 그 자신의 이미지에 따라서 개조하였고 한걸음 한걸음씩 권위주의적 통제를 확립하였다. 전체주의 정권을 창출한 후 그들은 전쟁을 일으켰다. 그들의 효율성을 과장하지 않더라도 그것의 역동성을 부정할 수 없다. 그러나 일본의 반의회제 세력들은 역동적이고, 목적을 가진, 단합된 집단이 아니었다. 1930년대에 내각에서 정당 지도자들을 점차 대체했던 사람들은, 그들이 전직 관료, 전직 군인, 귀족원과 추밀원의 전의원들이었다고 말하는 것 외에, 그들의 성격을 규정짓는 것조차 곤란하다. 그들은 권력을 장악하기 위해 음모를 꾸미지 않았다. 오히려 그들은 육군을 통제하는 데 있어 정당들보다 그들이 더 효과적일 것이라는 희망 속에 임명되었다. 시대가 정당들에게 불리했고, 따라서 비정당 출신 수상들과 더욱더 많은 비정당 출신 대신들이 임명되었다. 권력층내의 이 '표류'의 배후에는 다수의 정부 엘리트들 사이에 논쟁, 책략, 타협들이 자리잡고 있었다. 의사 소통이 잘 안 됐고 행동들이 조정되지 못하였다. 한 일본 학자는 일본이 전쟁에 도달했던 길을 체제내의 점진적인 신경 쇠약으로 묘사하였다. 가장 역동적인 집단은 군부였는데, 그들은 군사 전략과 국가 정책을 혼동하는 경향이 있었다. 군부는 근대화의 초기에 있는 국가들에서는 정치적으로 강력해지고, 반면 완전하게 근대적인 국가들에서는 약화되는 경향이 있다. 일본은 완전하게 근대

군대에 입대하는 학생을 위한 동급생들의 환송식.

화되어 있지 못하였다. 비교적 근대적이었던 국가 구조내에서 일본 육군과 해군의 권력은 그들이 법률상 민간 지배에 결코 완전히 종속된 적이 없다는 사실로부터 연유하였다. 1937년 여름까지 일본은 1931년에 그랬던 것보다 덜 의회제적이었으나 나치의 관념으로 보아 아직 전체주의적인 것은 아니었다.

최초의 전환점이 일본이 중국과의 전쟁에 빠져들게 되었을 때 찾아왔다. 두 번째 전환점은 진주만이었다. 전쟁이 전시 통제를 가져왔다. 연락 회의가 내각과 군부 사이에 정책 결정을 조정하기 위하여 구성되었다. 기획원(企劃院)이 전시 경제의 확대를 지휘하고 원료, 노동력, 무역, 물가, 임금 및 대민 봉사들을 관리하기 위하여 설립되었다. 경제가 규제들로 묶여지고 다시 묶여졌고, 주로 정부의 지시에 따라서 움직였다. 마침내 나치의 '한 국가 한 정당' 모델을 본뜬 '다이세이요쿠산카이〔大政翼贊會〕'가 정신적 동원을 위해 설립되었고, 노동 조합들, 재향 군인회, 이 외의 많은 다른 것들뿐 아니라 모든 일본의 주요 정당들이 그 속에 들어가게 되었다. 그러한 통제가 1941년까지 일본을 좀더 전체주의 국가와 유사한 것으로 만들었다. 게다가 정부의 통제가 서양의 그것들보다 훨씬 더 컸던 공동체와 가족의 압력에 의해 강화되었다. 이것은 '바른 행동'뿐 아니라 '바른 사상'을 요구하였고, 그 안에서 전쟁의 최후의 절망적인 기간 동안 대학생들이 가미카제〔神風〕 조종사들로 선발될 수 있었던 윤리적 풍토로 이어졌다. 그러나 이 기간 동안 일본을 파시스트적이었다고 하기보다는 군국주의적이었다고 이름붙이는 것이 더 좋을 것이다. 기본적인 국가 구조는 새로운 것도 혁명적인 것도 아니었다. 단지 구래의 '권력층'이 이제는 군부 엘리트들에 의해 지배되었고, 통제에 의해 압도되었고, 정신적 민족주의 속에 휩쓸렸다. 전쟁이 끝났을 때 의견이 변하였고 통제가 제거되었고, 점령 개혁이 장악하기까지 기본적인 국가 구조는 그것이 전에 그러했던 것과 대체로 동일한 것이었다.

마지막으로 나치 독일과 군국주의 일본 간의 정신적 상이성은 막대한 것이었다. 독일에서 튜튼족의 신화들이 전쟁을 재가할 가치를 위한 매개물로 이용되었으나, 신화가 문자 그대로의 진실로서 제시된 적은 결코 없었다. 신화와 과학을 조화시키는 문제는 일어나지 않았다. 과거와의 단절은 그리스도 교, 자유주의, 사회주의의 도덕적 입장과의 것이었다. 단절의 거대함은 나치 권력에 반대했던 사람들을 위한 강제 수용소를 필요로 하였다. 일본에서는 낡은 신화들을 발굴할 필요가 없었다. 그것들은 일본의 문화적 이중 구조의 전통적 부문에 여전히 살아 있었고 일본의 팽창을 정당화하기 위하여 이용될 수 있었다.

게다가 신화들과 함께 1930년대 일본의 입장에 합리적 차원이 존재하였다. 서구의 식민주의 열강들은 확실히 일본의 만주 점령을 비난함에 있어서 위선적이었다. 높아가는 관세 장벽과 차별적인 시장의 공황기의 세계에 있어서 경제적 자급에 대한 주장은 설사 그것을 획득하기 위하여 사용된 수단이 그렇지 못했다 하더라도 합리적인 것이었다. 그 결과로 대부분의 일본인들은 도덕적 단절감 없이 1920년대의 자유주의적 정통론으로부터 1930년말의 전시 정통론으로 전환할 수 있었다. 많은 사람들이 감옥으로 보내졌으나, 강제 수용소는 필요치 않았다. 그리고 전쟁이 끝난 후, 비록 반군국주의(과거 지도부의 정책들에 대한 전적인 거부)가 강력하였지만, 아시아의 피정복 국가들에 대한 지식인들의 태도를 제외하고 개인적인 죄의식은 거의 존재하지 않았다.

제24장
중국—군주 정치 체제에서 군벌 정치 체제로

청말의 개혁

20세기초의 중국은 여전히 일본이 1860년대에 겪은 것 같은 혁명의 초기 단계를 걷고 있었다. 구(舊)질서는 일본의 공격이 있었던 1894~1895년 이후부터 허물어지기 시작하였으나, 중국의 정치적 구조는 15년 동안이나 더 지속되었다.

1901년부터 1911년까지 청조의 마지막 10년간은 몰락의 시기라기보다 새로운 시작의 시기였다. 제도적·사회적 변화가 일찍부터 시작되었고 정치적 파멸은 마지막에 가서야 닥쳐왔다. 사실상 1911년까지 중국은 1890년대에는 주장해 보았자 아무 소용 없었던 주의 주장을 따라 점진적으로 재건을 꾀하고 있었다. 1898년에 광서 황제와 강유위를 권력에서 쫓아낸(249쪽 참조) 서태후와 그녀를 지지하는 수구파들은 1901년 이후 그들에게 쫓겨난 사람들이 주장하였던 급진적 개혁 방안의 대부분을 실행하기 시작하였다. 사실 그들에게는 선택의 여지가 없었다. 의화단의 투쟁은 단순한 배외주의의 파탄을 보여 주었고, 한편으로는 반청 반란이라는 위협이 청조로 하여금 스스로를 구하기 위하여 건설적 행위를 하도록 자극하였던 것이다. 보수적 개혁은 이처럼 공공연한 분위기 위에서 이루어지는 주된 운동이었다. 공화(共和) 혁명의 노력은 변경 지역에서 성장하고 있었으나 1905년까지는 개별적이어서 대단치 않았으며, 그 후에도 변화의 기류 속에서 여전히 하나의 조그마한 소용돌이였을 뿐이었다.

혁명의 토대를 주로 마련한 사람들은 혁명주의자들이 아니라 개혁주의자들이었다. 마침내 중국인의 생활 속에서 커다란 변화가 진행되었고, 이러한 변화들을 통제하려고 노력하던 이민족(異民族) 왕조인 청조는 종국적으로는 자신들을 파멸시킬 반(反)청적이면서 청조로부터 떨어져 나가려는 세력들을 키워 낼 수밖에 없었다. 정부가 해외에서 교육시킨 학생들, 국내에서 정부가 훈련시킨 신군(新軍), 국내 산업에서 정부가 장려한 상인들, 정부가 각 성에서 소집한 정치적 회합들, 이 모두가 조만간 청조를 반대하게 되었다. 정치적인 수렁 속에서 청조가 자신을 구하려고 버둥거릴수록 더욱 깊이 빠져 들어갔다. 근대화를 한다는 것은 이제 중국 민족주의를 의미하게 되었으며, 그것은 만주인 통치의 종말을 뜻하였다.

그러나 정치적 파멸로 치닫는 이 일방 통행의 길 속에서 청조가 시도한 개혁은 근대화라는 중국의 특수 문제를 해결하기 위하여 시도된 해결책들이라는 점에서 연구할 만한 가치가 있다. 1900년에 능란하게도 외국인들과 평화를 유지하고 왕조에도 충성을 유지하였던 양자강 지방의 ‘총독’이었던 장지동과 유곤일(각각 호남·호북성의 호광(湖廣) 총독, 그리고 강서·안휘·강소성의 양강(兩江) 총독)은, 1898년의 백일천하를 연상시키는 광범한 개혁 방안의 윤곽을 보여 주는 세 통의 상주문을 1901년 7월에 서태후에게 올렸다. “……대중적 감정은 30년 전과는 다르며, 사람들은 다른 나라들의 부(富)를 찬탄하고 중국의 가난을 멸시하고 있습니다.”라고 몇 가지 솔직한 진상을 그들은 거침없이 말하였다. 이들은 외국의 군대와 해관 업무의 ‘공정성’과 외국 조계 안의 엄격한 규율성을 칭찬하였던 것이다. 그리고 “반란들이 서서히 나타나고 있으며” 파괴적인 주장들을 퍼뜨리고 있다는 등이었다. 필요한 개혁에 대하여 그들이 제시한 목록은 이전보다 더 길었으나, 그 조목 가운데서 새로운 인재를 길러 낼 교육이 여전히 첫번째였다는 점은 의미 심장하다.

교육 —— 신학당(新學堂)과 새로운 학인들   교육 계획의 총괄적 목표는 관리들을 더욱 효율적으로 훈련시키고 선발하기 위한 것이었다. 그것의 목적은 중국 인민들을 대상으로 한 대중 교육도 아니고 중국인 개개인에 대한 교양 교육도 아니었다. 주된 과제는 그 당시에 재직중이던 학인-관료들과 고전적 교육을 받은 관직 지망자들을 유화(宥化)시키는 방법이었다. 그들은 모두 전통적인 과거 시험 제도에 대하여 기득권을 가지고 있었던 것이다. 그 해결책이란 하나의 타협안이었으니, 전국의 각급 행정 단위별로——현(縣), 부(府), 성(省) 및 북경——전통적인 과거 시험 제도와 병행하면서 학생들이 과거 시험을 치를 수 있도록 하는 계통화된 학교들을 설립하는 것이었다. 약 10년이 지난 뒤, 일반인들의 지원을 받은 신학당이 오래된 과거 시험 체제를 대신하게 되었다. 한동안은 두 가지 제도가 나란히 존재하리라고 기대되기도 하였다. 신학당에서 준비하는 지망자와 개인적으로 전통적 방법을 통하여 준비하는 지망자가 똑같이 약간 근대화된 과목의 정규 과거 시험을 치르기도 하였던 것이다. 첫 단계로서 팔고문(八股文 ; 상권 239쪽 참조)이 폐지되었고, 구식 학당[서원(書院)]은 관립 학당으로 전환하도록 명령을 받았다.

관직 취득을 위한 이 같은 두 방법 중 개인적으로 시험 준비를 하여 관직에 나아가는 전통적인 방법이 여러 해 동안 비싼 비용으로 수업을 받아야 하는 신식 방법보다 여전히 값싸고 쉬우며 더 매력적일 듯하였다. 따라서 관직을 희망하는 구식 지망자의 대다수는 신식 관립 학당을 기피하게 되었다. 이와 반대로 반항적이고 근대적 경향을 가진 젊은이들에게 둘러싸인 신식 관립 학당들은 주요 도시의 중심 지역에 위치한 그리스도 교 선교사들의 교육 사업과 경쟁을 하였다. 1905년까지 프로테스탄트 선교단은 1만 5,000명의 학생을 가진 약 389개의 '중등, 고등, 그리고 대학'을 가지고 있었다. 이 학교들은 치외법권의 보호 아래 그리스도 교 신앙과 개인주의와 여성 교육, 그리고 전반적인 서양식 방식을 조장함으로써 대변혁을 초래하는 예가 되고 있었다. 그들은 공자나 황제에게 예(禮)를 갖추도록(관립 학당에서는 그렇게 하도록 요구되었다) 학생들에게 요구하길 거부하였다. 이에 청조는 선교 계통 학당 졸업생들의 관직 취득을 금지함으로써 대항하였다. 중국인이 설립한 사립 근대 교육도 시작되고 있었다. 북양 수사 학당(北洋水師學堂) 졸업생인 젊고 유능한 장백령(張伯苓, Chang Po-ling)이 천진에서 1904년에 중학당(中學堂)을 열었고, 이 학교는 캠퍼스를 갖추어 1909년에는 남개(南開, Nankai) 대학[장백령의 회고에 따르면 남개 대학이 문을 연 것은 1919년이다]으로 발전하였다.

과거 제도에 집착하는 구식풍의 사람들과 선교 계통 및 사립 학당들에 몰리는 근대적 경향을 지닌 사람들 사이의 경쟁에 직면하여, 양자 택일적 제도인 과거 시험을 중지할 때까지 신식 학당 제도는 학생들뿐만 아니라 일반 재정 지원자도 확보할 수 없다고 장지동은 1903년에 결론을 내렸다. 1905년에 유력한 지방 장관들이 과거 시험 제도의 즉각적 폐지를 강력하게 주장하였고, 다음해부터 그렇게 하도록 명령이 내렸다. 교육에 거는 정부의 기대는 이제 전적으로 신식 학당에 두게 되었다. 1906년에는 신식 학당들을 감독하기 위하여 학부(學部)가 창설되었다.

일본의 방식을 모방한 새로운 제도는 정부에 근무할 전문가들을 양성하기 위하여 중학당(中學堂) 이상의 단계에서는 전문화를 필요로 하였다. 1904년에 공포된 수많은 세세한 규정들은 고등 소학당(高等小學堂;4년제), 중학당(5년제), 그리고 고등 학당(高等學堂;3년제로서 거인(擧人) 학위 취득)을 거쳐 경사 대학당(京師大學堂;3년제로서 진사(進士) 학위 취득)으로 학생들을 이끈다는 점에서 일본의 예를 따르고 있었다. 경사 대학당은 1869년부터 1895년까지 동문관의 책임자였던 미국인 마틴(W. A. P. Martin)이 서양 관계 학과의 초대 책임자가 되면서 1898년에 설립되었다. 1902년 대학당은 동문관을 병합하였다. 그러나 이 최고 기관 이하의 전국적인 새 학당 제도는 근대적 훈련을 받은 교사들과 건물과 시설물과 자금, 그리고 지도력이 없었다. 중급의 학교보다는 대학의 설립이 쉬웠고, 초급의 학교보다는 중급의 학교 설립이 더욱 쉬웠다. 새 제도는 여전히 밑바탕부터 허약하였던 것이다.

성(省)의 교육자들 역시 그들의 주된 착상을 일본에서 발견하였다. 장지동은 일본 제도의 관찰과 교과서 구매를 위하여 사절단을 두 번 파견하였다. 그는 일반 대중 교육이 인민들 가운데서 인재를 골라 내기 위하여 필요하다는 점을 깨닫기 시작하였다. 곧 이어 그는 일본인 교사들을 불러왔고, 그들은 중국인 동료들 및 학생들과 적어도 문자로써 의사 소통을 할 수 있었다. 그는 일본을 새로운 세대의 중국인 교사들을 훈련시킬 가장 적합한 곳으로 주목하기 시작하였다. 일본은 서양보다 가까워서 돈이 적게 들고, 일본의 '언어와 문헌과 관습'이 중국과 비슷하므로 힘들지 않으며, 수많은 서양의 책들이 이미 일본어로 번역되어 있었기 때문이다. 뿐만 아니라 중국 정부의 감독관이 일본에서 중국인 학생들을 더욱 쉽게 감시할 수 있었던 것이다.

근대적 교육을 받으려는 중국인 청년들이 도쿄〔東京〕로 몰려든 것은 1896년에 시작되었다. 변법 운동에 대한 1898년의 탄압 이후, 일본에 유학한 중국인 학생들의 수는 1899년에 약 200 명, 1903년에는 약 1,000 명, 1904년에는 약 1,300 명, 1905년말에는 어림잡아 8,000 명, 그리고 1906년에는 1만 3,000 명 이상으로 증가하였다. 그러나 일본으로 건너간 사람들의 수는 순수하게 대학의 학과에 등록한 사람들의 수를 훨씬 능가하였으며, 최종적으로 졸업을 한 사람들의 수보다는 더욱더 많았다. 실제로, 1912년 이전에 명망 있는 일본의 학교를 졸업한 중국인 학생은 한 해에 700 명을 넘어선 적이 없었다. 청의 마지막 10 년 동안에 일본으로 갔던 수천 명 가운데 절반은 중국 정부의 자금 지원을 받았으며, 주로 성 정부로부터 받은 것이었다. 학생들은 종종 신설 성 학당들에서 준비하여 항상 연례 대표단으로서 도쿄에 파견되었다. 그곳에서 그들은 같은 성 출신의 동료들 사이에서 모임이나 회(會)를 조직하던 중국의 관습을 지켰으며, 이는 북경과 그 외의 다른 주요 도시들에서 수백 년 동안 관리들과 신사와 상인들이 조직하였던 동향회(同鄕會)를 연상시키는 것이었다. 그 결과 새 교육 제도는 젊은 남자들끼리 때로는 젊은 여자들까지도, 옛 과거 시험 제도의 경우보다 더 오랜 기간 동안, 그리고 단체적 결합에 더욱 고무적인 환경 속에서, 서로서로 더욱 친밀하도록 만들었다. 마치 중국에 거주하는 신식 학생들의 생활이 성 단위의 자각과 애향심을 심어 놓았듯이 동경에 있는 학생들의 생활은 민족주의를 함양하였던 것이다.

이렇게 하여 중국의 교육은 조용한 가운데 바뀌어 갔다. 경전에 관한 공부는 중국과 서양의 것이 혼합된 교과 과정으로 대체되었다. 3년마다 전통적 주제들에 관한 과거 시험을 치르기 위하여 개인적으로 준비하던 일은 매일매일의 학당 생활이나 광범위한 사상들, 그리고 사회적·지적 접촉으로 대신하게 되었다. 새로운 제도는 공자와 천자에게 충성하도록 교화된 학인-신사 대신 혁명가들을 만들어 냈다. 장지동은 그의 학생들에게 담청색의 긴 겉옷과 붉은 술이 달린 모자와 예의 범절을 배양토록 하는 수많은 규칙들을 면밀하게 규정할 수 있었고, "성스러운 천자께서는 자강을 꾀하시도다…… 위생은 사람을 힘차고 건강하게 만든다…… 부모를 공경하고 통치자들을 존중하라……."는 교훈적인 노래를 신중하게 권할 수 있었다. 그러나 과거 시험 제도가 한 번 무너져 버리자 변화의 물결을 막을 아무런 장애물도 없게 되었다.

일본의 경우와 마찬가지로 중국에서도 새 교육의 지적인 내용은 서양으로부터 유입된 것을 많이 포함하게 되었다. 수십 년 동안에 걸쳐 확대되어 온 서양 접촉에도 불구하고, 중국의 학인 계급이 서양 사상을 실제로 흡수하기 시작한 것은 겨우 1900년 이후였다. 서양 소설을 일반인들에게 널리 보급시킨 것으로 유명한 임서(林紓, Lin Shu)는 구술(口述) 번역을 듣고 디킨스(Dickens), 뒤마(Dumas), 스콧(Scott), 발자크(Balzac)와 그 외의 사람들에 대한 그의 중국어 판 소설들을 이미 내놓고 있었으며, 모두 156 작품이나 되었다. 계속된 이러한 문학적 추세에다 서양 자유주의의 고전들에 대한 엄복(嚴復, Yen Fu)의 번역과 해설이 새롭게 추가되었다. 해군에 복무하면서 1870년대에 세계, 특히 영국을 알게 된 엄복은 서양의 힘이 지닌 비밀은 서양 사상이라는 결론을 내렸다. 그는 허버트 스펜서(Herbert Spencer)의 —— 개개인의 정력적인 자각은 그의 나라가 경쟁하여 살아 남는 데에 도움을 주는 것이 틀림없다는 —— 사회적 다원주의의 추종자가 되었다. 엄복의 생각으로 자유주의의 원칙들은 개인적 자유를 촉진하기보다 중국의 국가적 부(富)와 힘을 증대시키는 데에 더욱 필요하며, 민주적인 자치(自治)는 때 이른 것이었다. 번역가 엄복은 특히 청말의 중국에 가장 의미가 있다고 생각되었던 빅토리아 시대 영국의 사상을 전하기 위하여 노력하였다. 헉슬리(T. H. Huxley)의 *Evolution and Ethics*는 1898년에 엄복의 주석들을 단 고전 한문으로 간행되었고〔〈천연론(天演論)〉이라는 제목으로 번역〕, 이어서 다음 10년 동안에 애덤 스미스(Adam Smith), 밀(J. S. Mill), 몽테스키외(Montesquieu) 및 그 외의 사람들의 저작들을 번역하여 출간하였다. 엄복의 번역물과 주석들은 서양의 논리학과 법률, 자연 과학 및 진화론을 찬양하면서, 중국의 현인(賢人)들을 중국의 퇴보 원인이라고 호되게 비난하였다. 그러나 그것은 고전 한문체에 실려 지식 계급에게 전해짐으로써 자기들끼리만의 일이라는 형태로 이루어졌다.

신군(新軍) —— 원세개의 부상(浮上) 1901년까지 중국은 옛날부터 최근에 이르기까지 세 가지 주된 유형의 군사 조직을 물려받았다. 아직도 불충분한 급료로 생활하고 있던 만주의 팔기군(八旗軍)은 지방 분권적인 한인 녹영(綠營)과 함께 무능하고 쓸모가 없었다. 수천 명의 기인(旗人)들은 근대적 총을 지급받고 1862년에 북경 보군(北京步軍)이 되었다. 그 후 특히 북경 가까운 곳의 녹영 가운데서 선발된 부대들이 무기를 지급받고 훈련을 받았다. 그러나 장교들은 아직도 말 위에서 활쏘기, 서서 활쏘기, 칼 휘두르기, 강한 활을 당기기, 무거운 돌 들기 등의 근대적 쓰임새가 없는 기묘한 방식에 따라 선발되었다. 옛날식의 무과(武科)는 1901년 8월에 폐지되었고, 새로운 무비 학당(武備學堂)의 설립을 명령하였다.

군사 조직의 두번째 형태는 한인 문관들이 지휘하였던 지방 군대들이었다. 그들의 원형은 증국번이 1852년 이후에 만들었던 선례가 없는 상군(湘軍; 49쪽 참조)이었다. 상군의 농민 출신 병사들은 신사가 직접 지휘하였고, 500 명의 병사에다 180 명의 운반인을 합친 —— 명목상으로는 세 명의 병사에 한 사람의 짐꾼이 있다 —— 부대들로써 조직되었다. 증국번은 공식적으로 상군을 해산하였는데도(162 쪽 참조), 상군은 19세기 중엽의 반란들에 대항하기 위하여 이홍장이 만든 회군(淮軍)과 좌종당(左宗棠)이나 다른 사람들이 만들었던 비슷한 군사 조직들과 함께 계속 유지되었다. 신사가 이끌고 각 지역 나름으로 모집된 이 군대들은 일시적인 농민 병사라는 의미의 단순한 단련(團練)으로 이루어지지 않고 직업적 전사인 용(勇)들로 구성되었다. 독자적 지휘자의 조직망과 지방의 지지 기반을 갖추면서 그들은 기득권을 지닌 세력이 되었고, 성 안의 기인들과 녹영을 대신하였으며, 총괄적으로 방군(防軍)이라 알려졌다. 안휘군(천진의 이홍장이 통솔)과 호남군(남경의 유곤일이 통솔)은 이러한 세력들 가운데 주요 경쟁자들이었다. 그들은 구식의 화승총과 활강포(滑腔砲) 대신 근대적 소총과 대포로 무장하였지만, 근대적 훈련을 받은 장교들이나 전문 요원도 없었다. 그것은 규격이 통일된 장비가 아니었으며 공병과 통신, 병참, 근대적 수송 설비, 의료 부문은 말할 것도 없었다.

세번째로 가장 근대적 형태를 지닌 군사 조직은 일본의 공격에 대응하여 발전하였다. 이홍장과 장지동은 1880년대에 무비 학당들을 설비하였고, 새로운 장교들을 훈련시키기 위하여 독일인 교관을 고용하였다. 장지동은 1895년에 남경에서 독일식으로 본뜬 자강군(自强軍)을 창설했다. 자강군을 이룬 3,000 명은 농촌 출신들로서 신중하게 선발되어 보수를 넉넉히 받았다. 더욱 중요한 부대가 원세개 —— 그는 문관이라기보다는 군인이었으며, 이홍장이 파견하여 조선에 가 있으면서 출세하였다(227 쪽 참조) —— 휘하에서 발전되었다. 그는 1895년에 독일인 교관들과 함께 호부(戶部)의 재정 지원을 받는 제국의 새로운 군대를 훈련시키도록 임명되면서 곧 7,000 명을 천진 부근에서 훈련하게 되었다. 병사들은 몇몇 성에서 뽑았고 보수도 넉넉히 주었으며, 흔히 있는 부패에 대하여서도 조심하였다. 북양 육군(北洋陸軍)으로 알려진 새로운 군대에 대한 그의 개인적 통솔을 통하여, 원세개는 '북양 군벌'의 기반을 닦아 '군벌들의 시조'가 되었다. 그의 초기 장교들 가운데서 신해 혁명 후에 성의 독군(督軍)〔1916년 7월부터 24년 또는 25년까지 중화 민국에 설치되었던 성(省)의 군정(軍政) 장관〕이 된 사람이 적어도 10 명이었고, 중화 민국 시대에 북경 정부의 대총통이나 총리가 된 사람도 5 명(원세개 포함)이나 되었다.

이홍장의 사망(1901)과 유곤일의 사망(1902)으로 40대 중반의 원세개는 중화 제국에서 제 1 의 군대 건설자가 되었다. 1901년부터 1907년까지 직례 총독으로서 이홍장의 지위를 이어받은 그는 지위가 높은 만주인인 악명 높은 부패자 경친왕(慶親王)과 가까이 지내면서 일하였다. 경친왕은 1884년 공친왕이 해임된 이후 북경에서 대외 관계 업무의 최고직을 맡았다. 원세개가 여섯 부문으로 나누어진 군사 학교와 소규모의 참모진, 그리고 잘 훈련된 병력을 갖추고 인상적인 기동 훈련을 하는 6 개 사단의 북양 육군을 건설하자, 대부분의 성들에서도 불완전하고 효율이 떨어지기는 하였으나 그것을 모방하였다.

아직도 지역적으로, 그리고 성 단위의 이해 관계로 조각나 있는 청조로서는 진정한 군사적 중앙 집권화가 정치적으로 불가능하였다. 그러므로 1904년에 이루어진 재편성은 중국의 군대를 여전히 기본적으로 성 단위에서 통제받게 하였다. 신군(新軍)의 청사진은 36 개의 사단을 필요로 하였으나, 그것은 중앙 집중화된 방침의 기본적 요소와 적절한 재원과 공업적 측면의 지원이 결여되어 있었다. 주된 혁신은 북경 근처의 보정(保定, Paoting)에 설치된 것과 같은 새로운 무비 학당들이 이제는 애국심에 물든 군사적 행동주의자들인 학인-장교라는 새로운 계급을 만들어 냈다는 점이었으며, 그들은 제국을 질서 속으로 몰아넣기 위하여 학인들의 책임감 같은 것을 갖춘 근대적 군사 기술들을 겸비하였다. 독일인들보다 비용이 적게 드는 일본인 교관들이 점점 더 많이 고용되었고, 한인 장교 후보생들은 일본으로 파견되었다. 그곳에서 그들의 애국심은 외국의 예를 보고 한층 더 고양되었다. 절강성 출신인 18 세의 장개석(蔣介石, Chiang Kai-shek)도 1906년에 보정의 무비 학당에 입학하여 1907년에 일본으로 갔던 것이다.

양자강 유역에서 배를 끄는 작업   1940년대에 찍은 사진이다. 네 가닥의 줄이 두번째의 정크를 육지 쪽으로 끌어당기고, 19 명 이상의 배를 끄는 인부들이 한 가닥의 줄에 매달려 물길을 거슬러 올라가면서 배를 끌어당기고 있다.

사천(四川, Szechwan)성의 남자 짐꾼   티베트(Tibet)로 가는 도중 각각 298 파운드와 317 파운드의 전차(磚茶)를 진 채로 쉬고 있는 짐꾼들(1908년).

행정 개혁——중앙과 성 사이의 권력 균형 명(明)으로부터 이어받고 4세기 이상에 걸쳐 다듬어진 청조의 행정은 1800년 무렵까지 농업을 기반으로 하는 청 제국을 잘 운용하여 왔다. 그러나 말을 타고 활을 쏘는 사람이 갑자기 철로와 소총에 밀려나고 정크 선이 증기 기선에 밀려나듯이, 청조 정부도 시대에 뒤떨어지게 되었다. 중국은 이제 활기 있는 중앙 기관이 필요하였다. 그것은 보통 이상의 주도권과 속도로써 새로운 기능들을 수행하고, 새로운 법률과 재정적 절차를 적용하며, 성 정부들로부터 중앙 기관이 그 자신들보다 상급자이면서 협력자라는 점을 완전히 인정받기 위해서였다. 그러나 그러한 일원적인 전국적 정부는 중앙과 성 사이의 전통적인 균형 관계를 뒤엎어 놓을 것이었다. 성의 행정은 여전히 중앙의 행정과 병행하는 별개의 체제였고, 그들은 여전히 황제에게 직접 보고하였다. 성들은 수도에 있는 6 부로부터 지휘와 통제를 받기보다는 단순히 감독과 업무 연락을 받을 뿐이었다. 더욱이, 한인 신사의 지휘로 반란을 진압하면서 시작되었던 19세기말의 지방 중심주의의 성장이 개항장의 공업 발전과 지방의 교역에서 나오는 수입과 지방의 군대 및 개인적인 관료 기구들로 말미암아 더욱 촉진되었던 것이다. 이 모든 새로운 것들은 권력 구조 속에서 주요 성 정부들을 강화시켰으며, 이는 더욱 강력한 정부를 중앙에서 점점 더 필요로하는 것과 정반대되었다. 중앙 집권화는 결국 옛 기득 권리들에 대한 관료적 타성과 성 단위의 새로운 이해 관계들로부터 오는 다루기 힘든 반발에 부딪쳤던 것이다.

북경의 개혁 조치들은 대개 예로부터 있었던 정부 기관과 병행하거나 그 안에 혹은 그 아래에 설립된 새로운 부서들에서 시작되었으며, 새로운 기관들이 더 강해짐에 따라 옛 기관들은 쇠퇴하였다. 1901년에 의화단 의정서에서 요구되었던 것처럼 총리 아문은 외무부(外務部)가 되었다. 1905년에는 민정부(民政部)의 전신(前身)인 순경부(巡警部)가 설립되었다. 1906년의 조직 개편에서 새로 설립된 학부(學部)가 예부(禮部)의 시험 업무를 인계받고, 관례적으로 문관이 최고 책임자였던 병부(兵部)는 야심적인 만주인 장군들이 최고 책임을 맡는 육군부로 확대되었다. 바다에 접해 있는 성들의 '국(局)'에서 시작된 쇄신책들이 역시 북경의 위원회나 새로 설립된 부서들에서 추진하게끔 되었다. 즉, 상무국(商務局)이 유력한 여러 성들에서 상공 회의소와 상업 신문 및 상공업 계통의 학당들을 처음으로 추진하였고, 그 뒤 상무부(商務部)가 1903년에 북경에서 설립되었다. 상무부는 결국 옛날의 공부(工部)를 흡수하여 농공상부(農工商部)로 되었으며, 철로 건설, 공업 전시회, 도량형의 표준화, 상회의 등록, 광산 조례와 회사법, 농민 협회 및 기타 근대적 조처들을 추진하였다. 전형적으로, 경제적 업적을 쌓으면 그 보상으로서 농공상부가 관위(官位)를 주었다.

새로운 조처를 전국적으로 시행하는 것보다 북경에 새로운 기구를 설립하기가 더욱 쉬웠다. 예를 들면, 외국 열강들은 일본에서처럼 치외 법권을 폐지하려면 그 전제 조건으로서 법률을 개정해야 한다고 주장하였다. 형부(刑部)의 노련한 학자로서 65 세가 된 심가본(沈家本, Shen Chia-pen)의 지휘로 수정 법률관(修訂法律館)이 1904년에 작업을 시작하였다. 그는 전통적인 사회적 가치 기준에 근대적 표현을 부여하려 했으나, 혁명적인 변화들을 제의(提議)하고 말았다. 1907년 심가본은 도덕과 법을 구별하려 했던 일본과 독일의 본보기를 따라 형법 초안을 제안하였다. 즉, 효도와 같은 유가적 예(禮)를 법률로 강요할 수 없게 되는 것이다. 또, 황족(皇族) 이외의 모든 사람들을 법 앞에서 평등하게 만듦으로써 심가본은 신분과 나이, 성(性)의 구분에 근거를 둔 오륜(五倫)과 전반적인 사회 질서에 타격을 가한 셈이 되었다. 그의 초안은 거부되고 말았다.

그러나 그는 또한 대청률례(大淸律例)의 덜 과격한 수정안을 제출하였는데, 그것은 마침내 1910년에 공포되어 1928년 이후까지도 실시되었다. 그것은 낙인(烙印), 칼로 베기, 혹심한 노동, 머리와 시체를 공개적으로 전시하는 일 등을 폐지하고, 집단 책임을 개인 책임으로 대체하며, 민법과 형법을 구별하고, 수많은 특별 규정이나 '예(例)'의 적용에 지침이 되는 일정한 일반적 원리를 밝히는 등의 신체적 형벌과 고문을 줄임으로써 근대화에 기여하였다. 이것들은 청 왕조 시대를 통하여 총 1900 개 항목이 누적된 것이었으며, 구체적이기보다는 종종 지현(知縣)들이 어떠한 일관성이나 어느 정도의 예상을 가지고는 적용할 수 없었던 서로 모순되는 규정들의 집대성이었다. 사건에 적용될 수 있는 법률에 대한 이 모호함과 불확실함은 중국 사회에서는 법률이 중요하지도 않고 널리 스며든 것도 아니라는 사실과 얽혀 들었고, 그것들은 전반적인 법 철학이나 표현 방법과 법률 관계 직업 그 자체는 말할 것도 없이 지현들의 사법적 기능을 미숙한 채로 발달하지 못하게 하였다. 심가본은 예(例)의 수를 줄이기는 하였으나 이러한 상황을 개조할 수는 없었다.

재정적 측면의 개혁은 훨씬 더 어려웠다. 그것은 그 많은 사람들의 '밥통(개인적 수입들)'을 위협하였기 때문만이 아니라, 물려받은 재정 제도가 개혁을 하기에는 너무나 피상적이고 허약하였기 때문이었다. 전국에 걸쳐 실질적인 세금 징수액은 여전히 대부분 알 수 없었고, 예산이 세워진 것도 아니었으며 설명되어 있지도 않았다. 지방의 세금 징수자들은 그들보다 상급자인 성의 정권과 마찬가지로 여전히 그들이 거두는 세금에 의지하여 살아가야 했다. 더군다나 공식적으로 거두어들인 징수 할당액도 '공동 재원(財源)'으로 모여지지 않았다. 그 대신, 수많은 특정의 재원들에서 나오는 일정한 액수의 합계로 목록을 작성하여 수많은 특정 용도들에 할당되었다. 성에서 나오는 조세 수입은 성에서 혹은 그 외의 지역에서 필요한 일에 잘게 나누어져 분배되었다. 18성 가운데 13성은 다른 성들의 특정한 목적을 위하여 일정한 몫을 정기적으로 보냈다. 예를 들면, 북경의 기인(旗人)들을 유지하기 위한 700만 냥은 전국적으로 52종류의 서로 다른 재원들에서 나왔다. 이런 과정은 청조의 조세 수입에 수많은 기득 이권들을 얽혀 들게 하였는데, 주로 관리들과 군인들의 후원과 결합되어 있었다. 결정적으로는 북경에서조차 단일한 재정적 권한을 가지고 있지 않았다. 1905년 무렵의 청조 조세 수입은 장부에 기록된 것으로는 대략 미국 돈으로 7,000만 달러였고, 그렇게 큰 나라로서는 적은 액수였다. 그러나 새로운 교역세——관세나 이금——는 외국의 배상금 지불에 충당되었고, 전통적인 토지세는 여전히 비탄력적이었다. 1906년에 재조직된 탁지부(度支部)는 아직도 중앙 집권적 통제를 이룰 수 없었다. 다른 부서들은 그들의 전통적인 수입을 받아들이고 지출하기를 계속하였으며, 교통 은행(交通銀行, 1907년 설립)과 같은 그들 부서의 독자적 은행들을 설립하기까지 하였다.

국가 예산안을 만들기 위한 새로운 노력은 1908년의 전국적인 세원(稅源) 조사와 예산 편성에 대한 1910년의 평가로 시작되었다. 그 과정에서 중앙과 성 정부의 세입과 세출은 말단 행정 구역과는 구별되었다. 이 예산안은 전체 세입(2억 9,700만 냥)과 거대한 규모의 적자(7,800만 냥)가 예상되는 전체 세출(성의 것을 포함하여 전국적으로 3억 3,800만 냥이고, 말단 행정 구역의 것은 3,700만 냥임)에 대하여 개략적인 액수를 산출해 냈다. 운이 나쁘게도 계획과 예산, 통계 자료 수집, 그리고 세율의 결정이 중앙의 부서와 성들 사이에서 조정되지 않은 채로 진행되었는데, 성들은 중앙의 부서들에 예속되지 않으면서도 조세 수입을 공급하도록 되어 있었던 것이다. 중앙 집중성의 이러한 근본적 결핍은 중국인들의 관습, 정치적 가치 기준, 사회 구조 속에 깊이 뿌리박힌 것이었다. 그렇게 오랫동안 피상적이고 수동적이며 실로 기생적(寄生的)이었던 청 정부는 오직 그 기능을 크게 확대하고 중앙의 통솔권을 주장함으로써만 근대화될 수 있다는 점이 명백해졌다. 민족주의가 일어나던 시대의 이민족(異民族) 왕조로서는 이러한 일이 불가능하였다.

입헌주의, 성(省) 중심주의, 민족주의　　일본의 입헌 전제 군주 제도가 제정(帝政) 러시아의 전제 정치 체제를 1905년에 패배시키자, 입헌주의는 국가적 노력 속에서 지배자와 피지배자들의 조화를 위한 토대로서 유효하다는 것을 스스로 증명한 것처럼 보였다. 러시아까지도 이제는 의회 정부를 향하여 움직이고 있었다. 중국에서 입헌주의가 기대를 모은 것은 왕조 통치 안에서 늘어나는 성의 이해 관계에 상당한 공헌을 할지도 모른다는 것과, 따라서 성 정부도 중앙에 충성을 유지할 것이라는 데에 있었다. 1906년과 1911년 사이에 북경은 행정 면의 근대화와 입헌주의를 결합시키기 위한 이중 계획을 적극적으로 추구하였다. 그러나 그러한 변화들은 중앙 정부 안에서, 그리고 중앙 정부와 성들 사이에서 권력 투쟁을 촉진시켰다. 만주인 친왕들이 진정한 근본적 개혁들을 회피하면서 핵심 지위에 대한 그들의 지배력을 유지하거나 확장하는 데 성공하였다. 그러므로 북경의 친(親)만주 반한(反漢) 분위기는 중국의 나머지 지역에서 일어나고 있던 민족주의 정신을 적대하였던 것이다.

새로운 민족주의는 1905년에 중국 최초의 근대적 불매 운동을 일으켰는데, 미국의 중국인 차별 대우, 특히 노동자들에 대한 전면적 배척에 대항한 것이었다. 이 불매 운동 과정에서 지방 상인 조합들의 오랜 전통인 철시(撤市)가 전국적으로 퍼져나가 대부분의 개항장에 파급되었는데, 특히 상해와 광동에서는 학생들이 상인들과 함께 대중 집회와 근대적 신문을 이용한 선동을 하였다. 미국의 무역은 몇 달 동안 손실을 입었고, 북경 당국은 이 대중적 배외 운동이 동시에 반(反)왕조적으로 변하지 않을까 하여 저지하기를 망설였다.

민족주의 의식의 압력을 받은 당국은 1906년의 전반기에 입헌주의에 대하여 연구하도록 두 그룹의 공식적인 사절단을 해외로 파견하였다. 하나는 주로 미국과 독일을 방문하였고, 다른 하나는 일본과 영국, 프랑스를 방문하였다. 이토[伊藤] 공작은 일본에 온 방문객들에게 황제의 최고 권력 유지 필요성과 그 권력을 인민의 손안으로 떨어지게 해서는 안 된다고 말하였다. 그들이 귀국해서 다음과 같은 일본인들의 생각을 건의하였다. 즉, 황제가 모든 것을 인정하는 헌법과 '공공연한 토론'을 포함하는 시민의 자유는 황제가 그들 모두보다 위에 있을 것이기 때문에 실질적으로 황제의 지위를 강화시킬 수 있다는 것이었다. 1906년 9월에 서태후는 적절한 준비 기간을 거친 후에 '입헌 정치 체제'를 시행하겠다고 약속하였다. 1908년 8월에 서태후는 헌법 시행을 준비하기 위한 9년 동안의 계획에 대한 지침을 마련하는 일련의 원칙들을 선포하였다. 성의 자문 회의인 자의국(諮議局)은 1909년에, 자정원(資政院)은 1910년에 소집하도록 되어 있었다. 이 9년 동안의 보호 지도라는 생각까지도 일본을 모방하였는데 일본에서는 1890년에 국회를 열겠다고 1881년에 약속하였던 것이다.

1908년 11월 15일 서태후가 사망함으로써 청 정권은 가차없이 약화되었다. 존경의 뜻으로 보통 '노불야(老佛爺, Lao Fo-yeh)'라고 불리던 서태후는 반세기 동안 권력의 중심부에서 아직도 거의 규명되지 않은 엄청난 영향을 발휘하였다. 예를 들면, 서태후는 화려한 북방식 '경극(京劇)'의 열렬한 후원자였으나 훨씬 이전 시대의 강희(康熙)제나 건륭(乾隆)제가 가졌던 유력한 예술 비평가나 문학의 후원자로 될 수 있는 능력은 가지고 있지 않았다. 서태후의 사망과 동시에, 불행하였지만 건강했던 광서 황제가 그보다 하루 전에 사망하였다고 발표되었다. 37세인 광서제의 의문에 싸인 죽음은 중국이 입헌 군주제로 넘어가는 가장 좋은 기회를 놓치게 하였고, 황제의 권력은 무식하고 자부심이 강한 만주인 친왕들의 손으로 넘어갔다. 서태후는 광서제의 후계자로 그녀의 세 살 난 종손(從孫) 부의(溥儀, Pu-yi)를 지명하였고, 부의는 그의 아버지인 순친왕(醇親王 ; 2대)을 섭정으로 하여 선통제(宣統帝 ; 1909~1912)로서 통치하였다. 총세무사 로버트 하트 경은 1908년 영국으로 돌아갔고, 원세개는 1909년 1월에 강제로 물러나게 되었으며, 장지동은 그해 10월에 죽었다.

청조의 개혁 노력은 지나치게 꺼려 하고 속도가 느려서 그 자체로 해결할 수 있는 능력 이상의 더 많은 문제들을 만나게 되었다. 예를 들면, 1906년에 11 부(部)로 다시 조직된 새로운 중앙 행정 기구는 내각을 통한 조정을 필요로 하였다. 그러나 만약 총리가 그러한 부서를 자기 편으로 채워 놓고 지배한다면, 그것은 집행 활동의 원천인 황제의 권력을 능가할지도 몰랐다. 청조의 섭정은 그러한 상태가 만들어지는 것을 두려워하였던 것이다.

1910년 2월, 16성의 자의국 대표 모두가 북경에 모였다. 소란스러운 전국적인 운동을 대표하여 그들은 황제에게 국회를 개설하도록 요청하였다. 이것은 거부당했으나 청원(請願)은 계속되었다. 황제가 지명하는 100명의 의원과 각 성 자의국 의원 100명으로 구성된 자정원(資政院)이 1910년 10월에 소집된 이후 진정한 국회와 내각이 통치해야 한다는 요구는 더욱 격렬해졌다. 이러한 압력을 받은 섭정은 1913년에 국회를 열겠다고 약속했고, 한편으로는 1911년 4월에 마침내 내각을 수립하였다. 그러나 그는 믿을 수 없을 만큼 어리석게 8명의 만주인과 1명의 몽고 기인(旗人), 그리고 한인은 단지 4명만을 지명하였다.

철로 분쟁　　성과 중앙 권력의 갈등은 철로 건설을 둘러싸고 곪아터지기 시작하였다. 외국인이 경영하는 철로를 회피하려는 19세기말 중국의 정책은 1898년의 혼란 속에서 완전히 무너지고 말았다. 외국이 지배하는 철로들―― 러시아와 일본은 만주에서, 독일은 산동에서, 프랑스는 운남에서――은 이제 광산 개발과 자원 착취, 시장 개척을 준비하는 경제적 제국주의의 도구가 되었다. 다른 철로들은 비록 명목상으로는 청조가 소유하고 있었지만 외국 은행단과 계약하여 자금을 조달하였는데, 외국 은행단은 대개 청조에 제공하는 외국 차관 자금을 마련하기 위하여 공채(公債)를 발행하였다. 그 뒤 그들은 철로를 건설하고, 원래의 차관에 대한 담보물인 철로에 제1차 저당권을 설정하여 외국의 공채 소유자들의 수탁자(受託者)로서 철로를 경영하였다. 중국은 이처럼 이윤을 기다리는 외국의 자본가들과 함께 철로 시대로 들어가고 있었다.

그 결과 애국적인 '이권 회수' 운동이 대부분의 성에서 일어났고, 그러한 곳의 지방 단체들은 외국인이 소유한 철로들의 회수를 주장하였으며, 중국의 성이 소유할 철로들을 건설하기 위한 회사들을 설립하였다. 호북성, 호남성, 광동성에서 성의 지도자들로부터 정신적 지지를 받은 장지동은 1905년에 영국의 차관을 얻었고, 월한(粵漢) 철로를 건설하기 위하여 1898년에 화미 합흥 공사(華美合興公司)와 맺었던 계약을 다시 사들였다. 그러나 성의 재정은 철로를 건설하는 데 부적당하다고 판명되었다. 애국심과 이윤을 얻는다는 희망에 따라 이중으로 고무되었음에도 불구하고, 상인-신사의 철로 회사들은 철로 이권을 사들이는 것과 그 땅에 대한 토지세를 무는 것, 그리고 외국의 차량을 구입하는 데 필요한 자본을 마련하는 일이 어렵다는 점을 알게 되었다. 투기와 부패 역시 그들의 노력을 방해하였으니, 그것은 어떠한 경우에도 철로망의 중앙 계획과 방향에 대한 기술적 필요와 반대되었던 것이다.

철로의 중앙 집중화를 제의한 주요 주장자는 성선회(盛宣懷)였다. 그는 이홍장(191 쪽 참조)의 후원으로, 그리고 그 다음으로는 장지동의 후원으로 출세하였고, 1908년에 윤선초상국과 한구 주위의 장지동의 공업 기반을 관리하였다. 그 해에 성선회는 한양 조병창(漢陽造兵廠)과 대야 철광산(大冶鐵鑛山 ; 호북성에 있으며, 80 마일이나 떨어져 있다)과 평향(萍鄕, P'ing-hsiang)에 있는 탄광(강서성에 있으며, 남쪽으로 250 마일 떨어져 있다)을 한야평 매철 창광 유한 공사(漢冶萍煤鐵廠礦有限公司)로 만들려고 결합하였다. 이 회사에 자금을 조달하기 위하여 그는 일본의 차관에 거의 의존하게 되었으며, 이는 1896년에 설립된 일본의 야와타〔八幡〕제철소가 대야(大冶)의 철광석에 의존하게 된 것과 마찬가지였다. 방직 공장과 전신(電信), 그리고 그 밖의 사업들에 대한 '관독(官督)'을 하면서 거의 불법적으로 돈을 긁어모은 성선회는 이제 외국 차관을 끌어들이기 위하여 만주인 호부 상서(戶部尚書)와 함께 일하였다. 이는 특히 한구에서 광동까지, 그리고 한구에서 사천까지 철로〔천한(川漢) 철로〕를 건설하기 위한 것이었다. 이것이 이른바 '호광 철로(湖廣鐵路)'였다(한구에서 북경까지의 철로는 1905년에 완성되었다). 이리하여 철로 건설은 주요한 정치 문제가 되었다. 철로 건설에서 기술적으로 필요한 북경 당국의 지도력과 그것을 위하여 필요한 외국 차관들은 잘 알려진 성선회의 부패, 중앙 권력에 대한 성 정부의 반대, 그리고 전반적인 반만(反滿) 감정과 완전히 뒤엉켜 버렸다.

철로 차관들이 제국주의 침략의 주요 수단이 된 후, '달러 외교'라는 모순적 방법으로 문호 개방 정책을 옹호한 점에서 태프트(Taft) 정권의 미국은 이제 돈키호테적으로 뒤얽혀 버렸다. 미국의 국무 장관 필란더 녹스(Philander C. Knox)는 만주에 있는 철로들을 '중립화'하자는 모호한 제안을 1909년 11월에 내놓았다. 그러나 이는 러시아와 일본이 만주에서 팽창하는 것을 묵인한다는 1907년 이후의 영국의 정책과 대립되었다. 오해를 받은 녹스의 제안은 일본과 러시아에게 1910년에 동북 지역에서 그들의 세력권 분할을 비밀리에 재다짐하도록 자극했을 뿐이었다. 한편 1909년 7월에 태프트 대통령은 북경의 섭정에

열부(烈婦)를 기념하는 문 1908
년 사천성 충주(忠州, Chiung-chow)
부근. 맨 꼭대기에 새겨진 글은
'정효(貞孝)'이다.

게 개인적인 전보를 보내 호광 철로의 차관 협상에 간섭하면서, "중국의 복지
와……중국의 영토 보전"을 추진할 수 있도록 "미국 자본의 동등한 참가"를
요구하였다. 이는 모건(Morgan)계 은행들을 1910년에 설립된 4개국——프랑
스, 영국, 독일, 미국——의 은행 차관단에 참여하게 만들었다.

1911년 5월에 성선회가 서명한 차관단의 마지막 계약은, 성선회가 주장하였
던 대로, 모든 성의 철로 계획을 사들여서 국유화하고 북경 당국이 지배한다
는 황제의 조서(詔書)와 때를 같이하였다. 성의 이익을 억제하는 이러한 조치
는 불 속에 기름을 붓는 격이었다. 성에 거주하는 애국자들에게는 만주인들과
그들의 부패한 측근들이 그들 자신의 이익 때문에 중국을 외국 은행가들에게
팔아 넘기려 한다고 생각되었다. 그리하여 '보로 운동(保路運動)'이 일어났다.
특히 사천성에서는 대중 집회를 열고 북경 당국에 고통스런 탄원을 하였으나
모두 헛수고였다. 사천성의 운동은 격화되었다. 세금 납부가 중단되었고 농민
의 지지를 얻을 수 있었다. 9월에 당국은 군대를 이동시켜 시위자들에게 발포
하였고, 신사 지도자들을 체포하였다. 전형적으로, 이들은 재산이 있는 학위
소지자들로서 지주 겸 상인의 배경을 지니고 있었다. 일본에서 공부한 그들은

이제 자의국에서 두각을 나타냈으며, 철로 건설 계획에 크게 투자하고 있었다. '사천인을 위한 사천'이라는 배외적인 구호는 성 지배 계급의 이익을 대변하는 것이었으며, 그것은 이제 격렬하게 반(反)왕조적으로 되어 갔다.

이처럼 청말 10년 동안의 개혁들은 사회적·제도적 변천의 시작을 가져왔다. 의화단의 대실패 후, 근대 세계가 중국 안으로 밀려들어오기 시작하였고, 변화의 속도는 빨라졌다. 선교 교육과 Y.M.C.A.는 상층 계급과 도시의 청년들에게까지 뻗치기 시작하였다. 전족(纏足)에 대한 공격은 중국 여성들의 해방이 시작되었다는 표시였다. 전통적으로 멸시되어 온 두 직업인 상인과 군인은 새로운 명성을 얻었다. 개항장에서 외국인들을 상대한다는 점에서 특수화되었던 19세기 개항장의 관리들과 매판들은 해외에서 훈련받은 관리들과 넓은 배경을 가진 상인-자본가 사업가들로 대체되기 시작하였다. 더 이상 과거 시험이나 관직 승진을 목표로 하지 않은 일부 지주-신사는 지방의 상업적·공업적 이익을 개발하였다. 기본적으로 보수적인 이들 성의 엘리트들은, 북경의 국회가 그들을 지배 권력에 연결시킬 수 있으리라는 점과, 국회에 대하여 책임지는 내각이 차례대로 관료 정치를 책임지면서 중국의 재정과 행정, 그리고 공익 사업을 근대화할 수 있다는 희망을 가지고 입헌 운동을 지지했다. 1909년 이후부터 각 성의 자의국들은 새로운 정치 기관들로 되었고, 정책 토론과 정치 조직의 중심이 되었다.

대부분 개항장이었던 중심 도시들의 근대적 신문은 이 새로운 정치 생활의 혈류(血流)로서 봉사하였다. 1895년까지 중국어 잡지의 대부분은 선교사들이 발간하기 시작한 것이었다. 그러나 그 다음 15년 동안인 1911년까지 나타난 약 60종류의 간행물 대부분은 개혁 사상과 상업적 저널리즘이 결합하여 이뤄진 순전히 중국인들의 모험 사업이었다. 새로운 일간 신문들이 선구적인 〈신보(申報, *Shun Pao*)〉와 함께하기 위하여 상해에서 발간되었다. 1872년에 창간된 〈신보〉는 1895년에 1만 5,000부를 발행하기에 이르렀던 것이다. 근대적 출판업의 또 다른 선구자인 상무 인서관(商務印書館)이 1897년에 설립되어 여러 학당에 새 교재를 공급하였다. 각 성의 자의국과 신문은 1911년에 '신사'의 이익과 젊은 학생들 및 장교들로 이뤄진 새 계층을 위하여 '새로운 중국'에 대한 토론장을 제공하였다. 입헌 군주제는 여전히 그 당시의 구호였다. 그러나 왕조 질서는 혁명 사상 때문에 숙명적으로 무너져 가고 있었다.

1911년의 혁명

일본의 영향　중국의 새 왕조들은 외부의 근거지에서부터 그들의 정복 사업을 시작하곤 하였다.　10세기에서 17세기 사이의 거란〔契丹〕족, 여진(女眞)족, 몽고(蒙古)족, 만주(滿洲)족이 그것을 말해 준다.　20세기초의 개항장들과 동남 아시아와 그 밖의 해외 중국인 사회 및 일본 제국은 모두 한인 반란자들의 은신처를 제공해 주었다.　실제로 1911년의 혁명〔신해 혁명(辛亥革命)〕은 주로 일본에서 준비되었다.

중국의 서양화에 자극을 주어 왔던 서양인의 후손들이나, 뒤에 가서 일본의 침략으로 피해를 입은 중국인 애국자들은 다 같이 일본의 역할로 혁명의 테두리가 만들어졌다는 견해에 대해 불쾌해하거나 더 정확히 말하면 무시하였다. 그렇지만 1898년부터 1914년까지의 시기는 중국 역사의 흐름에 끼쳤던 일본의 커다란 충격을 보여 준다.　일본은 청조의 개혁자들에게 본보기가 되었고, 마찬가지로 1907년 무렵까지 반청(反淸) 혁명가들을 위한 근거지이기도 하였다. 중화 민국은 동경에서 학교를 다녔던 셈이다.　이미 설명하였듯이 중국의 근대 교육과 군사주의, 그리고 입헌주의에 대한 일본의 자극은 중국의 민족주의가 전반적으로 일어나게 한 광범위한 공헌의 한 부분이었다.　이 짧은 시기에 있었던 일본의 영향은, 19세기 영국의 영향이나 1915년부터 1949년까지의 미국의 영향이나, 또는 다른 견해가 있을 수도 있겠으나 1950년대 소련의 영향보다도 훨씬 직접적이면서 깊고 광범위하였다.　이에 대한 한 이유는 일본이 지리적으로나 문화적으로 가깝다는 점이었다.　다른 이유는 역사적 환경이었다. 즉, 현대의 새벽에 해당하는 이 시기에 중국은 배움에 더욱 열심이었고, 일본은 가르치기에 더욱 열중하였으며, 아직까지 국가적인 이해 관계에 따른 우려할 만한 충돌도 없었던 것이다.

일본이 1895년과 1905년 사이에 강대국으로 발돋움한 것은 아시아의 다른 나라들에서뿐만 아니라 일본에서도 애국자들의 눈에 일본을 아시아의 모범으로 보이도록 만들었다.　그것은 근대화를 향하고 서양 제국주의에 대항하여 범아시아적 영도자가 되겠다는 일본의 꿈을 강화시켜 주었다.　당시의 중국에 대한 일본의 관심은 정치적·문화적 팽창주의 지도자들이 1898년에 설립한 동아동문회(東亞同文會) 같은 조직들에서 나타났다. 도쿄과 교토〔京都〕에서는 중국이 역사적으로 연구되었고, 당대(當代) 중국 연구의 중심 기관이 대만에 설립되었으며, 봉천(奉天, Mukden)에서는 남만주 철도 회사가 그것을 설립하였고, 상해에도 만들어졌다. 한국을 넘어 러시아에 대항하는 일본의 대륙 팽창을 촉진하기 위하여 흑룡회(黑龍會 ; 아무르 강의 중국 명칭에서 따옴)가 1901년에 설립되었고, 학생으로서 여행자로서, 그리고 사업가로서 동아시아에 침투해 들어간 일본인 모험가들을 격려하였다. 자유당과 진보당의 야당 지도자들도 국내의 정치적 술책으로서 더욱 강경한 대외 정책을 정례적으로 정부에 건의하였다. 그들 가운데 약간은 중국의 개혁과 혁명에 적극적으로 관심을 가지게 되었다.

그리하여 1898년에 일본은 강유위와 양계초에게(243~250 쪽 참조) 보호와 은신처를 제공하였다. 강유위는 진보당의 창설자인 오쿠마 시게노부〔大隈重信〕와 함께 임시로 머물렀다. 오쿠마는 1898년에 잠시 총리를 역임하였으며, 이른바 그의 '오쿠마 방침'에서 증대되어 가던 일본의 중국에 대한 관심을 명확하게 한 장본인이었다. 오쿠마 방침이란 먼저 근대화된 일본이 중국의 자유를 보증하고 중국의 근대화를 도움으로써, 일본이 중국으로부터 받은 고대의 문화적 빚을 갚아야 한다는 것이었다. 오쿠마의 추종자인 이누카이 쓰요시〔犬養毅〕는 중국인 망명자들을 잘 돌보아 주었다. 1898년에 그는 양계초와 혁명파 지도자인 손문(孫文, Sun Wen)에게 강유위가 이끄는 급진적 개혁가들과 손문으로 대표되는 반청(反淸) 혁명가들 사이의 협력을 함께 논의하도록 하였다. 그러나 강유위는 손문이 자신의 제자가 되지 않는다면 그를 만나지 않겠다고 하였을 뿐만 아니라, 그 자신 역시 여전히 광서 황제에게 완고하게 충성을 바치는 군주제 지지자였다. 1899년에 강유위는 보황회(保皇會)의 지부들을 설립하고 자금을 모으며 개혁파 신문들을 격려하기 위하여 전세계의 화교 사회를 방문하기 시작하였다. 양계초는 그의 스승이 자리를 비운 사이에 한동안 손문과 힘을 합치려고 생각하였으나 강유위가 그것을 막아 버렸다. 일본인들의 통합 노력은 실패하였다. 중국의 두 망명 집단들인 개혁파와 혁명파는 모두 애국적이고 똑같이 북경 당국으로부터 추방당하였으나, 1900년 이후에는 괴로운 경쟁 상대자가 되었다. 이 시대에 등장한 많은 지도자들 가운데서 두 사람이 특히 잘 알려지게 되었고 많이 연구되었다.

두 주인공 —— 양계초와 손문　　양계초는 1900년에서 1901년 사이에 호놀룰루와 동남 아시아를, 그리고 1903년에 미국을 방문하였으나, 10년 동안의 대부분을 일본에서 보냈다. 이미 고전 학문의 대가가 된 그는 근대 사상을 탐욕스럽게 받아들였고, 명확하고 힘 있는 문체로 모든 종류의 주제를 감동적으로 저술하였다. 그 문장체는 그를 곧 그 시대의 가장 영향력 있는 저술가로 만들었다. 그는 중국의 학생들에게 세계를 향한 창문의 구실을 하였던 것이다. 그의 성공적인 잡지들의 이름 —— 〈청의보(淸議報)〉(1898년~　), 〈신민총보(新民叢報)〉(1902년~　), 〈국풍보(國風報)〉(1910년~　) —— 은 그의 사상적 경향을 보여 준다. 1903년에 겨우 30세였던 양계초는 곧 그의 스승을 앞질렀다. 그 당시 강유위는 45세로서 변화하기에는 나이가 너무 많았다. 양계초는 그를 '유가 사상의 마르틴 루터(Martin Luther)'이며 '다윈주의가 중국에 들어오기 이전' 시대의 가장 위대한 사상가라고 찬양하면서 그 자리에 거의 묶어 두었다. 양계초는 일본에서 근대 학문을 받아들이게 되자 중국의 문제들을 세계사의 맥락 속에서 보기 시작하였다. 개혁을 정당화시키기 위하여 그는 그 당시의 세계적인 신조였던 사회적 다윈주의를 택하였다. 그는 중국의 오랜 발전을 다른 나라의 것과 비교하였다. 콜럼버스(Columbus)와 바스코 다 가마(Vasco da Gama)를 정화(鄭和)와 비교하였고, 이마누엘 칸트(Immanuel Kant)와 왕양명(王陽明)을 비교하였으며, 1890년대에 그가 열렬히 신봉하였던 금문학(今文學) 운동을 르네상스 시대의 그리스 학문의 부흥과 비교할 수 있다고 하였다. 요컨대, 그는 중국의 고전 학문을 바깥에서 해석하였고, 아직도 진행중에 있는 중국 역사에 대한 근대적인 재평가를 시작하였던 것이다.

중국에 대한 양계초의 희망은 민족주의를 위한 대중 교육과 도덕적인 '신민(新民)'에 있었다. 후쿠자와[福澤]나 일본의 다른 서양화론자들을 그대로 따라서, 그는 앵글로 색슨적인 자존(自尊) 사상과 진취적 정신 및 공공심을 가진 시민 정신을 신봉하였다. 중국의 정치적 타락을 비난하면서, 그는 군주로부터 국가로 그리고 유가적인 인간 관계에서 법의 원칙으로 충성의 대상을 바꿀 것을 외쳤고, 새로운 제도들 —— 헌법, 의회, 책임 있는 정부 —— 의 설립을 주장하였다. 그는 또한 문학 잡지의 간행, 단편 소설과 그 외 다른 소설의 집필, 그리고 주로 일본어판의 세계 문학을 중국어로 번역하는 것 등을 후원하였다. 그러나 정치적으로 양계초는 중국의 병폐들을 만주 왕조의 책임으로 돌리는 것은 삼가하였다. 대부분의 외국인 관찰자들뿐만 아니라 어떠한 신사 엘리트와 마찬가지로, 그도 중국인들이 아직 의회 민주주의에 대한 준비를 하고 있지 못하다고 믿었다. 그러므로 그는 점진주의자이면서 입헌 군주주의자인 동시에 반(反)공화주의자여서 1910년이 다 지나갈 때까지 적극적인 혁명론자일 수가 없었다. 그가 1907년에 조직하였던 정문사(政聞社)는 질서 있는 정치적 발전을 주장하면서 흔히 있는 자유주의적 입장으로 빠져들어갔다. 이것은 입헌 운동에 커다란 영향을 미쳤으나 반대 입장인 청조와 반청(反淸) 혁명가들로부터 공격을 받았다.

   양계초가 지적인 상층 계급의 귀족이었고 행동보다는 사상적인 지도자였던 반면, 그의 경쟁자인 광동 출신 손문은 일찍부터 근대의 직업적 혁명가들 가운데 한 사람이었다. 두 사람은 서로 반대되는 사회적 배경에서 대조적인 선입관을 갖고 서로 다른 수단을 통하여 중국 문제에 접근하였다. 양계초가 중국 민족주의의 이념을 설명하고 있는 동안에, 손문은 초기 혁명 운동의 뼈대를 쌓았다. 손문은 혁명 지도자가 될 수 있는 조건들을 놀랄 만큼 가지고 있었거나 또는 배워서 익혔다. 그는 마카오와 이웃한 현(縣)〔광동성 향산현(香山縣), 현재는 중산시(中山市)로 바뀜〕의 출신이었다. 그곳은 서양인들과 오랜 접촉이 있었고, 북경의 통제로부터 멀리 떨어져 있었다. 또한 그곳은 최초의 '귀국 유학생'인 용굉(容閎)과 초기의 매판인 당경성(唐景星)의 고향이었으며, 해외의 화교 사회로 나간 수많은 이민자들의 고향이기도 하였다. 지리적으로뿐만 아니라 사회적으로도 손문의 출신은 그 시대의 사정에 알맞았다. 농민의 아들인 그는 태평 천국 운동을 위하여 투쟁하였던 숙부에게서 교육을 받았다. 태평 천국의 홍수전(洪水全)은 소년 시절 그의 영웅이었다. 손문의 젊었을 때 경력도 마찬가지로 북경의 황제를 향하고 있지는 않았다. 13세에 그는 호놀룰루로 가서 그의 형과 합류하였고, 그곳에서 그는 3년 동안 머물면서 성공회(聖公會)의 기숙사제 학교에서 영국의 교육 과정을 공부하였다. 그는 성가대에서 노래하면서 그리스도 교의 신자가 되었다. 우상 타파주의자로 고향에 돌아온 그는 지방의 우상들을 파괴하여 없애 버렸다. 그는 해외의 형으로부터 도움을 받으면서 홍콩에서 공부하였다. 호놀룰루를 다시 방문한 뒤, 그는 영국의 선교 계통 병원으로부터 그의 의학 학위를 얻기 위하여 화학, 생리학, 외과 의술 등을 공부하면서 광동과 홍콩에서 5년(1886~1892)을 보냈다. 1892년에 그는

홍콩의 발전 위 : 항구의 본토 쪽인 구룡(九龍, Kowloon)에서 바라본 항구와 빅토리아(Victoria)시, 빅토리아피크(Peak)(1856년 그림). 아래 : 120년 뒤, 맞은편에서 본 전망. 빅토리아 피크에서 내려다 본 시가지와 항구 건너편의 구룡(1976년 사진).

마카오에서 개업을 하였으나 면허증이 없었기 때문에 포르투갈 당국으로부터 쫓겨났다. 1885년에 중국이 프랑스에 패배당한 이후, 중국의 운명에 대하여 관심을 가진 손문은 그 당시 가장 중요한 양무 운동가였던 이홍장에게 개혁의 청원을 제출하였으나 아무 대답도 얻지 못하였다. 의사로서 좌절하고 권력자들에게 무시당한 그는 이제 —— 상인이나 농부나 학자가 아니고 개업 의사도 아니며, 계급도 없이 단지 모든 계급들과 함께 일할 준비가 되어 있는 혁명가로서 —— 새로운 사명에 손을 댔다.

손문은 이미 전통적인 반란 단체인 삼합회(三合會, 42 쪽 참조)와 접촉하고 있었다. 1894년에 그는 그 자신의 비밀 결사인 흥중회(興中會)를 만들었고, 마카오, 홍콩, 광동 지역에는 물론 하와이에도 지부를 두었다. 1895년에 광동성 정부 청사를 점령하려던 흥중회의 첫번째 모의는 탄로가 나서 그의 동지 몇 사람이 처형당하였다[廣州起義]. 그러나 일본으로 탈출한 손문은 그의 변발을 잘라 버리고 콧수염과 서양식 복장을 하여 나카야마(Nakayama, 中山 ; 글자 그대로의 뜻은 '가운데 산'이고, 중국 발음은 'Chung-shan'으로 이것은 나중에 공원과 거리와 교육 기관, 그리고 국민 정부 시대의 한 복장에도 명칭으로 이용되었다)라는 이름으로 일본인 행세를 하였다. 이제 북경 당국으로부터 '현상금이 붙은 인물'이 된 손문은 미국을 거쳐 런던으로 갔다. 1896년 그곳에서 그를 알아본 중국 공사관 직원에게 '납치'되었고, 처형하기 위하여 중국으로 송환할 배를 준비하는 12일 동안을 갇혀 있었다. 그러나 홍콩에서 그에게 크리킷 경기를 가르치기도 하였던 그의 의학 선생 제임스 캔틀리에 경(Sir James Cantlie)이 영국의 여론을 동원하여 그를 풀려나게 하였다. 이리하여 30 세에 이미 지도적인 반청 혁명가로서 세계적으로 유명해진 손문은 스스로를 운명적인 사람으로 생각하게 되었다.

1897년에 일본으로 돌아와 그곳 팽창주의자들의 도움과 충고를 받았을 당시, 손문은 반란에 필요한 요소들 —— 어떤 것은 옛 것이고 어떤 것은 새로운 —— 을 조합하였다. 새로운 요소들에는 화교 사회의 재정적 지원이 포함되었다. 화교 사회는 전통적인 본토 사회의 바깥에서 성장하여 유가 사상을 신봉치 않고 상업적 요소들을 갖고 있었으며, 민족주의적이지만 그들의 정치적 충성은 좌절된 채 있었다. 또한 다른 요소로는 근대화하던 중국적 생활의 가장자리에 위치한 광동 지역의 손문처럼, 반(半)서양화되고 때로는 그리스도 교 신자인 젊은 애국자의 소규모 집단에서 나오는 영도력이 있었다. 구식의 요소

386

들에는 본토의 비밀 결사들이 소집할 수 있는 무장 반란 집단들이 포함되었고, 또 어느 한 곳의 지방 권력을 힘으로 장악하려는 단순한 반(牛)왕조적 목표가 포함되었으니, 이들로써 북경 정권을 와해시킬 연쇄 반응을 시작하려고 희망하였던 것이다. 1900년 10월에 있었던 2주일 동안의 봉기는 삼합회의 협조로 홍콩 북쪽의 혜주(惠州, Waichow)에서 공작되었다〔혜주기의(惠州起義)〕. 그러나 그것은 일본제 무기들과 공작원들이 대만에서 오지 못하여 실패하였다. 전통적인 것과 근대적인 수단들을 결합시키면서 손문은 1903년에 하와이의 삼합회 미국 지부에 가입하였고, 그것을 통하여 미국 전역에 있는 중국인들에게서 자금을 구하였다.

이즈음 그는 새로운 문제에 부딪쳤다. 중국인 학생들, 특히 일본에 있는 새로운 중국인 학생 세대에게 어떻게 호소함으로써 다른 혁명가들과 경쟁하느냐 하는 것이었다. 이를 위해서는 혁명의 이론적 근거가 필요하였다. 강유위는 여전히 동남 아시아의 다소 보수적인 대부분의 화교 상인들로부터 지지를 받고 있었고, 양계초의 글들은 새로운 학생 계급의 이념으로 되어 가고 있었던 것이다. 한편 다른 사람들이 봉기를 시도하였고, 일본에서처럼 개항장에서도 혁명적인 결사와 학교 및 신문이 등장하고 있었다. 장병린(章炳麟, Chang Ping-lin)과 채원배(蔡元培, Ts'ai Yuan-p'ei) 같은 고전 학자들이 이끌던 상해의 한 집단〔광복회(光復會)〕은 강유위와 양계초를 공격하였다. 1903년에 그들의 선동적 반(反)만주 신문인 〈소보(蘇報)〉는 악명을 덮어쓰고 탄압되었으며, 장병린은 3년 동안 투옥되었다. 호남성에서는 황흥(黃興, Huang Hsing)이 1903년에 '화흥회(華興會)'를 창설하여 군인 장교들과 학생들 및 봉기를 위한 비밀 결사 대원들을 결합하려고 시도하였다. 그러나 흔히 그러하였듯이 모의는 곧 발각되어 분쇄되었다. 혁명 활동은 이렇게 성장하고 있었으나, 그것은 통합 조정 작업과 특정한 이념 및 장기간의 계획을 가지고 있지 않았다.

이러한 경쟁과 기회에 부딪친 손문은 이제 그 자신의 이념적 호소를 발전시켰다. 1903년에 그는 도쿄와 호놀룰루에서 그의 첫번째 신문 논설을 기고하였다. 1905년 중엽까지 브뤼셀과 베를린, 그리고 파리에서 중국인 학생 단체들을 조직한 후, 그는 다시 도쿄로 돌아왔다. 목표에 헌신하였지만 융통성 —— 진정한 기회주의자가 아니라면, 그 방법으로서 —— 이 있었던 손문은 이제 중국과 일본, 미국과 유럽에서 보고 들은 그의 여러 가지 문화적 배경에서 공화 혁명을 정당화하고 이끌어 갈 일련의 사상들을 종합하여 만들어 냈다. 이것이 삼민주의(三民主義)였으니, 민족주의(民族主義;인민과 인종을 모두 포함하는 용어), 민권주의(民權主義;글자 뜻 그대로 '인민의 권리'), 그리고 민생주의(民生主義;얼마 후에는 사회주의와 같다고 생각되었던 고전적 용어)였다. 변화 무쌍한 이 세 개념들은 그 시대의 격동을 요약하였는데도 특정한 내용에서는 많은 변화를 겪게 되었다. 민족주의는 이 당시에 반(反)만주—— 따라서 친(親)공화적인—— 와 반(反)제국주의 모두를 포함하였다. 그러나 혁명을 위하여 외국 원조를 구하는 사람들은 반(反)제국주의를 강조하지 않았다. 민권주의는 다섯 가지 권력을 가진 헌법—— 헌법은 양계초의 장기(長技)를 가로챈 것이다—— 에서 보장하게 될 반(反)유가적 평등주의를 의미하였다. 다섯 가지 권력은 미국에서처럼 행정, 입법, 사법에 중국의 전통에서 이끌어 낸 고시(考試)와 감찰(監察)—— 또는 '통제'—— 을 덧붙인 것이다. 이 '5권 헌법(五權憲法)'은 확실히 손문의 독창적 발명품이었다. 끝으로 그의 '민생주의'는 공업 발전에 따른 새로운 문제들에 대처하기 위한 것이지만 마르크스주의의 계급 투쟁을 포함하지는 않았다. 그러나 그 대신 일하지 않고도 증대되는 미래의 토지 가치에 적용하여 투기자들과 독점자들의 치부(致富)를 막을 수 있도록 그 당시에 유행하였던 헨리 조지(Henry George)의 단일세론(單一稅論)을 따르고 있었다. 이와 같이 전통적 용어인 '민생주의'는 1905년에 특정한 서양 단일세의 의미 안에서 주로 도시의 '토지 권리의 균등화'를 의미하였을 뿐, 농촌의 토지 재분배를 의미하지는 않았다. 상인이나 지주의 아들들이 정치적 혁명을 열망하였을지는 몰라도, 아직까지는 민생주의가 그들의 열정을 선동하지는 못하였다.

동맹회(同盟會)와 그 변천　이 모든 요소들—— 화교의 자금, 비밀 결사들과 가진 접촉, 새로운 학생층에 대한 지도력, 그리고 혁명 이념—— 이 1905년에 일본인들의 격려 속에 마침내 결합되었다. 경쟁 단체들을 함께 불러모은 손문의 일본인 친구들이 그를 호남성 단체의 황흥과 그 외의 사람들에게 소개하였다. 8월의 대규모 집회에서 동맹회(전형적인 비밀 결사의 명칭이다)가 설립되어 손문을 총리로, 황흥을 2인자로, 그리고 장병린과 그 외의 사람들을 주요 지위들에 임명하였다. 싱가포르, 브뤼셀, 샌프란시스코, 그리고 호놀룰루의 해외 지부들은 17개 성의 지부들과 통합될 예정이었다. 약 1,000명의 초기 회원들 가운데서 가장 큰 집단을 이룬 것은 교육 개혁가 장지동이 오랫동안 통치하였던 호남성과 호북성 사람들이었고, 그 다음이 광동인들이었으며, 규모면에서 사천성과 양자강 하류 지역 사람들이 세번째와 네번째였다.

매력적인 개성으로 많은 사람들을 끌고 있었던 39세의 손문은 가장 연장자였을 뿐만 아니라 가장 유명하고 가장 여행을 많이 하였다. 그리고 또한 그는 양자강 유역 성들과 그렇지는 못하였지만 일본과 그 외의 해외 지역에 대하여서는 많은 접촉을 가졌으며, 이 혁명 집단 가운데서 경험이 가장 풍부한 인물이었다. 한편으로 그는 외국화된 중국인으로서 학인 엘리트가 아니었고, 문학적인 저작보다는 음모와 무모한 행동으로 잘 알려진 사람이었으며, 피상적이기보다는 정말로 지적(知的)이었다. 이러한 그가 그와 같은 세대의 생각을 인도할 근대적 성인(聖人)의 역할을 떠맡을 수는 없었다. 그럼에도 불구하고 중국의 거대한 전통의 와해와 외국의 방식에서 오는 다양성으로 말미암은 다원적 문화의 혼란 속에서, 그나마 손문 정도의 성공이라도 가져올 수 있었던 조직적인 사상가는 아마 없었을 것이다.

공화주의라는 새로운 이념을 동맹회의 기관지인 〈민보(民報)〉를 통해서 손문을 문필로 보좌하는 사람들이 해설하였다. 양계초의 점진적 개혁과 입헌 군주제 사상을 공격하면서, 왕정위(汪精衛, Wang Ching-wei)와 호한민(胡漢民, Hu Han-min) 같은 논객들은 혁명으로써 중국이 서양을 따라잡고 능가할 수 있다는 매력적인 명제로 중국인 학생들의 지지를 획득한 점에서 대체로 성공하였다. 일본의 경우처럼 '결단력을 가진 인물'이 강력한 영도력으로 근대화 과정을 빠르게 하도록 개입할 수 있고, 근대 정치 생활을 준비하기 위한 점진적 발전과 대중 교육은 불필요하다고 주장하였다. 이를 위해 〈민보〉는 손문의 3단계 방안을 뒷받침하였다. 3단계 방안은, (1) 3년 동안의 군정(軍政) 시기로서, 현(縣)에서부터 지방 자치를 실시하고, (2) 6년 동안의 약법(約法) 시기로서, 이는 나중에 '훈정(訓政)' 시기로 알려지게 되었으며, (3) 선출된 총통과 국회를 갖는 마지막의 입헌 정부(立憲政府)였다. 이러한 낙관적 전제들과 지나치게 단순한 약속들이 양계초의 냉철한 합리성보다 더 대중적임이 곧 분명해졌다. 어쨌든, 인자한 전제 군주에 대한 양계초의 신봉은 1908년의 광서 황제의 사망으로 좌절되고 말았다.

새로운 통합을 이루었으나 혁명 운동은 반복되는 시련들을 겪었다. 가장 반항적인 호남성에서 가노회(哥老會)의 독자적 반란이 1906년 10월에 굶주림 때문에 일어났다. 그 반란에는 강서성 평향(萍鄕)의 석탄 광부들이 참가하였으나, 4개 성에서 온 정부군에게 한 달 만에 진압당하였다. 1907년의 청의 항의로 일본은 손문을 추방하게 되었다. 그와 황홍은 프랑스령 인도차이나에 있는 하노이(Hanoi)로 옮겨 가서 1907년에서 1908년 사이에 광동성과 광서성 및 운남성에서 여섯 차례의 폭동을 일으켰다. 그러나 우호적이던 프랑스는 곧 중국인들의 본보기가 월남인들의 불안을 자극한다는 점을 알게 되었다. 그들은 차례차례 동맹회의 음모자들을 추방하였다. 1909년에 이르면 청조의 체포와 처형이 혁명가들의 협조 부족 및 연속적인 실패와 겹치면서 해외 화교들의 재정 지원을 단념케 하였고, 운동 내부에 불화를 가져왔다. 운동은 사실상 정지 상태로 되었고, 손문은 자금을 구하기 위하여 다시 서양으로 갔다. 다른 사람들은 무정부주의를 택하였는데, 특히 파리의 유학생 단체에서 주창하였다. 그들은 러시아의 무정부주의자들처럼 그들의 주장을 극적으로 드러내기 위하여 암살을 이용하였다. 1910년에 잘 생긴 용모의 왕정위가 북경에 있던 섭정을 폭살시키려 하였으나 체포되어 투옥되었다. 반만(反滿) 감정은 끓어올랐으나, 혁명 운동은 완전히 좌절된 듯 싶었다.

황홍은 청조의 신군(新軍)을 무너뜨리는 가장 희망적인 수단을 추구하였다. 1910년 2월 광동(廣東, Canton)에서 일어난 군인들의 반란은 진압되었다. 그러나 주로 동남 아시아와 캐나다에서 온 자금이 홍콩 달러로 18만 7,000 달러나 모아졌다. 그것은 무기 밀수입에 지원되어 1911년 4월에 '결사대'가 광동으로 공격해 들어갔다. 초기 계획들처럼 이 '광동 기의(廣東起義)'〔廣州三二九之役〕도 개인의 영웅적 행위가 있었지만 연속된 어려움들, 즉 보안이 철저하지 못한 점, 당국의 대비, 마지막 순간의 계획 변경, 연락 업무의 부족, 그리고 전반적인 혼란 때문에 실패하고 말았다. 여러 부대에 속해 있던 황홍의 부하들은 평소처럼 정부 청사를 점거하려고 시도하였으나, 한 부대가 다른 부대를 잘못 알아보고 서로를 공격하게 되어 흩어졌다. 손문은 이것을 1895년 이래 그의 열번째 실패로 꼽고 있다. 황홍은 "혁명을 선동하려면 독재는 불가피하다. 한 번 반대의 목소리가 허용되면 혁명은 실패하고 만다."고 결론지었다.

이 모든 봉기들은 왕조의 권위를 파괴하고 권력을 잡으려는 미래의 목표에서 보면 군사적이기보다는 훨씬 더 정치적이었다. 폭동과 암살, 해외로부터 오는 자금과 무기는 그러한 것들이 갖는 파괴적 효과 때문에 천명(天命)을 구성하는 대중의 묵인 위에서 이용되었다. 그러나 이러한 것은, (1910년의 호남성에서처럼) 농민들의 쌀 폭동과 (1911년의 사천성에서처럼) 성의 '보로(保路) 운동'을 지지하는 신사의 이권이 좌절된 데서 볼 수 있듯이, 경제적 상황을 더욱 악화시킴으로써 똑같이 위태로워졌다. 둘 다 모두 청조 중앙 정부의 갑작스런 몰락과 그에 따른 제도였던 군주제의 갑작스런 몰락에 공헌하였다. 1911년에 천명은 실로 만주 왕조로부터 회수되었다. 만주 왕조는 신망과 중국 정치 체제의 커다란 부분 —— 지방 관리, 경찰, 근대적 군대, 그리고 그들의 사령관들까지 —— 을 잃었던 것이다.

청 왕조의 최후　　대단원의 막이 내려졌을 때, 그것은 부분적으로 우연한 것이었고, 지방에서는 즉흥적이었으며, 동맹회의 통제를 벗어나 있었다. 학생과 군인들은 봉기를 계획하기 좋은 혁명적 학회들을 호북성에서 연속적으로 조직하였다. 그들의 계획은 여느 때처럼 발각되어서(10월 9일), 무창(武昌, Wuchang)에 있던 신군 병사들의 일부가 그 자신들을 구하기 위하여 10월 10일에 반란을 일으켰다(그때부터 '쌍십절(雙十節)로 경축되고 있다). 훨씬 더 많은 군인들 가운데서 3,000명도 채 안 되는 숫자가 반란을 일으켰지만 군 사령관이 그랬던 것처럼 만주인 총독[서징(瑞澂)]도 그 도시에서 도망쳤다. 무창은 반란군들의 손에 떨어졌고, 외국 영사들은 중립을 선언하였다. 현장에는 혁명 지도자가 아무도 없었으므로 여단장(旅團長)인 여원홍(黎元洪, Li Yüan-hung)에게 압력을 가하여 통솔권을 갖도록했다. 이 반만(反滿) 반란은 지방에서 대중의 자발적인 지지를 받았다. 몇 주일 안에 대체로 24군데의 다른 중요 지역들에서 반만 선언이 일어나게 되었는데, 이것은 대개 동맹회와 신군과 자의국이 뒷받침하였다. 12월초 남부와 중부의 모든 성들과 북서부의 성들까지도 대개 도독(都督)[1912년 3월부터 1914년 6월까지 중화 민국에 설치되었던 성(省)의 군정(軍政) 장관]으로 된 군 장교의 지휘로 그들의 독립을 선언하였고, 입헌 운동을 하는 자의국의 지도자들과 연합하여 권력을 잡았다. 전투는 겨우 6곳에서만 발생하였을 뿐이었다.

청조는 이제 원세개를 다시 권력의 자리로 불렀으니, 최정예 부대가 그에게 충성을 바치고 있었기 때문이었다. 그러나 그는 군 총사령일 뿐만 아니라 새 내각의 총리로 되어야 한다는 조건을 내세웠다. 한편 반란을 일으킨 각 성들과 동맹회의 혁명가들은 남경에서 임시 정부 설립에 협력하였다. 미국 덴버(Denver) 시의 신문에서 무창 반란 기사를 읽은 손문은 차관을 구하는 것과 일본이 청조에 재정적·군사적 원조를 하지 못하도록 영국의 협조를 구하기 위하여 영국으로 갔다. 그는 때맞추어 상해에 도착하여 고참 간판 인물로서 중화 민국 임시 대총통으로 선출되었고, 1912년 1월 1일에 남경에서 취임하였다. 그러나 동시에 원세개가 새로 태어난 공화국을 지지한다면 언제든지 그를 위하여 은퇴하겠다고 제의하였다.

특히 무한 지구의 도시들에서 몇 번의 격렬한 전투가 발생하긴 하였으나, 1911년의 혁명은 전에 없이 비폭력적이었다. 그것은 동시에 결정적이지 못하였으니 혁명의 주된 목표가 만주족의 지배를 몰아내자는 순전히 소극적인 것이기 때문이었다. 몇 가지 적극적인 점에서 광범위하게 일치된 의견이 있었다. 각 성이 국회에서 대표되어야 하고, 중국의 통일은 외국——아마도 일본——의 간섭을 미리 막는 데에 필수적이며, 원세개는 풍부한 경험과 능력을 가진 사람이어서 새 정부의 우두머리로 지지받고 있었다는 점 등이었다. 손문, 황흥, 그리고 그 외의 혁명가들은 12월말에 원세개가 내전과 혼란 및 외국의 간섭을 피하는 데에 가장 적합한 인물로 생각된다는 것에 합의하였다. 군 지휘관들의 지지를 받고 있던 원세개측에서는 중간 위치에 서서 여러 경로를 통하여 공개적으로, 그리고 비밀리에, 한편으로는 청조와 또 한편으로는 혁명가들 및 그들의 남경 임시 정부와 협상을 벌였다. 그리하여 차차 전체적인 해결책을 만들어 나갔다. 1912년 2월 12일 어린 선통 황제(나중에 부의(溥儀, Pu-yi)로 알려짐)는 '민의(民意)를 통하여 드러난 천명'에 굴복하였고, 청조의 종말을 고하면서 퇴임하였다. 그 당시 손문은 임시 대총통을 사임하였고, 원세개가 남경에서 그의 계승자로 선출되었다. 그러나 북경에서 일어난 군인들의 격렬한 폭동은 원세개를 꼼짝없이 북경에 머물도록 만들었고, 그 때문에 그는 수도를 남쪽으로 옮기기를 거부하였다. 그는 국회가 구성되어 완전한 입헌 정부가 수립될 때까지 임시 헌법으로 통치하기 위하여 3월 10일에 그 자신의 세력 근거지인 북경에서 취임하였다.

그러나 대총통 원세개는 나중에 자신을 선출해 주었던 혁명가들을 '배신'하

중화 민국의 지도자들 1912년초 남경에서.(앞줄 왼쪽에서 오른쪽으로) 교육 총장 채원배, 육군 총장 황흥, 임시 대총통 손문.

였다. 그것은 마치 그가 자신을 내각 총리 대신으로 임명한 청조를 '배신'하였던 것과 같았다. 중국이라는 거인이 숨을 거두고 국가와 사회의 정점에서 중대한 황제의 기능을 수행하지도 않은 채 천자가 떠나 버린 전례 없는 때인 1912년에, 권력을 차지하는 능력 면에서 원세개에게 필적할 만한 경쟁자는 없었다. 이렇게 중대한 정치적 위기 속에서 만주족들은 연금을 받아 퇴직하기보다 전투를 하려고 했을지도 모르고, 남경 정부에 대항하여 북방 군대들이 이용될 수도 있었으며, 머지않아 침공해 올 일본인들이 이 때이른 기회를 붙잡을지도 모를 일이었다. 그러나 사실이 말하는 것처럼 그는 만주 왕조를 내쫓고, 외국의 승인을 구하면서 혁명가들을 속이고, 너무나 불확실한 시대의 행정을 유지하는 노련함과 책략을 가지고 있었던 것이다. 의견이 분열되어 있었던 일본인들은 적극적인 정책을 쓸 수가 없었다. 영국은 중국의 통일을 강하게 요구하였다. 군대도 없고 각 성들에 대규모 기반도 가지지 못한 손문과 그의 중화 민국 동료들은, 중국에 강력하면서도 통일된 정치가 필요하다는 것과 자신들은 그것을 마련할 수 없다는 것을 알고 있었다. 강력한 인물 밑에서 통일을 바라는 여러 가지 형태의 민족주의적 감정과 더불어 원세개는 유일한 후보로 등장하였다.

이와 같이 태고 이래의 중국의 군주제가 폐지되었으나 권력을 장악한 사람이 등장하여 충격을 완화시켰다. 그러나 천자가 없는 중국의 정치적 생활은 불가피하게도 타락할 수밖에 없었다. 그것은 국가 원수가 최고 권력을 집행하는 데 필요한 전통적·이념적 권리를 가지고 있지 않았기 때문이었다. 서양식 용어의 신권 정치(神權政治)는 아니라 하더라도 중국의 통치자는 의심의 여지 없이 사람들을 초월하여 있었으나, 원세개는 그렇지 못하였다. 정통성도 없었고 근대적인 그 어떤 것도 아직 발전되지 않았던 상태에서 천자의 계승자들──── 원세개와 군벌들 모두──은 점점 군사력에 의지할 수밖에 없었다. 몇 년 뒤에 결국 새로운 규정들이 만들어졌을 때, 그것은 혁명가들이 막연히 마음 속에서 그리고 있던 앵글로 색슨식의 통치 모델은 아니었다. 이리하여 1911년은 세계에서 가장 오래된 정부 안에서 중앙 권력의 장기적인 위기가 시작되었다는 점에서 의미를 가지게 되었다.

공화국의 쇠퇴와 군벌 정치

경제, 정치, 사회, 사상, 문화에 대한 근대의 광범위한 변모가 밀물처럼 세계를 휩쓸었고, 1912년이 되면 중국의 전통 문명을 조각조각 박살내기 시작하였다. 그리하여 그때 이후로 전대 미문의 시대를 살았던 중국인들은 모든 면──사적(私的)인 면과 공적(公的)인 면, 실제적인 면과 이론적인 면──에서 커다란 혼란을 겪게 되었다. 새로운 질서, 국력의 부흥, 국민 생활의 개조에 대한 모색은 어디에도 없었고, 그러한 노력은 더욱 장기화되거나 더욱 좌절되었다.

국내 정치──원세개 대(對) 국민당 새 임시 대총통인 원세개는 망해 버린 군주 국가의 주요 행정 기능을 이어받으면서 곧바로 혁명 지도자들을 상대로 권력 투쟁에 몰두하기 시작하였다. 1912년부터 1916년까지 권력을 유지하기 위하여 그는 뇌물과 군대와 암살을 이용하였고, 국회를 억압하였으며, 헌법을 마음대로 고쳐 마침내는 군주 제도의 부활을 획책하였다. 이 모든 행위들은 인민과 공화국에 대한 적이라는 낙인을 그에게 찍어 주었다.

1912년 3월에 원세개는 그의 심복인 당소의(唐紹儀, T'ang Shao-i)를 국무 총리로 임명하고 10명으로 구성된 내각을 구성함으로써 공화 정부 체제를 출범시켰다. 당소의는 당경성(唐景星)의 조카로서 용굉의 인솔로 코네티컷에서 교육을 받았다. 내각은 4명의 동맹회 회원을 포함하였다. 그 가운데서 호남성 출신의 송교인(宋敎仁, Sung Chiao-jen)은 황흥의 친밀한 동료였고, 새로운 임시 헌법을 주도적으로 기초(起草)한 사람이었다. 이 헌법은 대총통과 국회의 권한을 갈라 놓았으므로, 곧 이어 누가 내각과 내각의 행정을 통제하느냐에 대한 논쟁이 일어났다. 국무 총리 당소의는 정당 조직이나 인사권과 예산안도 가지지 못하였고, 그의 내각 각료들에 대한 통제권도 없었다. 원세개가 그에게 행정 집행을 맡기지 않을 것임을 알아차린 그와 4명의 동맹회 회원들은 사임하였다(1912년 6월). 그 후 내각은 국회가 아니라 대총통이 책임지게 되었다. 그러나 대총통 원세개는 불화를 피하려고 손문과 황흥을 북경으로 초대하였고, 그들은 약 한 달 동안 그곳에 머물렀다. 원세개는 그들을 자주 만나 그들에게 동의한다는 의사를 나타냈으며, 손문을 서류상으로만 가능하였던 거대한 국유 철도망을 지휘할 철로 책임자로 임명하였다. 정치에 익숙치 못한 나이 많은 혁명 지도자들은 정당 정치를 창조하거나 요구조차 할 수 없었다. 정당 정치에 대한 그들의 생각은 막연하였으며 그들의 목표도 분명치 못하였고, 그들의 견해도 분열되어 있었다. 즉, 제도 그 자체가 중국의 실정에서 실험된 것이 아니었던 것이다. 정당들도 사실상 이제 형성되고 있었으니, 그것은 두 가지의 전통에서 발생하고 있었던 것이다.

전통의 하나는 1895년 이후에 형성되었던 강유위의 자강 학회나 그 밖의 다른 정치적 학습 단체와 같은 학인-관료들의 당파(黨派)였다. 이것이 거국적인 입헌 운동에 기여하였고, 이제 1912년 5월에 원세개 정권을 여러 면으로 지지하였던 공화당(共和黨)을 결성하였다. 양계초가 영웅적인 환영을 받으면서 일본에서 귀국한 후 민주당(民主黨)을 결성하였는데, 1913년 5월에 공화당과 민주당, 그리고 그 밖의 하찮은 정당들을 진보당(進步黨)으로 통합하여 여전히 여러 면에서 집권 정부를 지지하였다. 정당 전통의 또 다른 근원은 혁명가들의 모반적 결사들로부터 영향을 받은 비밀 결사들이다. 많은 정치 단체들은 이 두 가지 전통을 가지고 있었다. 몇 개의 정당들에 가입한 정객들도 있었다. 어느 정당도 개인적 유대나 공통적인 배경에 따라 모여든 상층 계급 사람들의 집합체 이상에 지나지 않았고, 든든한 선거 구민이나 정치적 지위나 경험도 없었다. 요컨대, 1870년대의 일본에서 시작되었던 것처럼 정치 단체와 정치적 논의에 대한 서양식 방법의 채택이 중국에서는 이제야 겨우 시작되고 있었다. 정당의 제도적 역할 그 자체가 아직도 논의의 대상이었기 때문에 정당의 정책에 대한 진정한 논의는 심각하게 토론될 수가 없었던 것이다.

법의 지상권(至上權)이 국가의 중심 신화로 되고 그 밑에서 권력의 분립이 이루어지는 대신, 중국의 군주는 모든 통치권을 전통적으로 그 자신에게 통합시켜 왔다. 원세개는 내각과 민정(民政)을 지배하였고, 그것을 성의 도독들에게까지 확대하고 있었다. 이러한 부담들을 개인적 책임으로 짊어진 그는 중화민국에 더욱더 충성을 외치면서도 그의 정책이나 그 권력을 방해할지도 모를 '충성스러운 야당'을 묵인할 수 있는 경험이나 전통을 가지고 있지 못하였다. 그러나 이러한 점은 서양식의 의회 정치가 필요로 하는 바로 그것이었다. 국회를 지배하려고 노력하는 야당을 위하여 방법이 열려 있는 것처럼 보였고, 그러한 시도는 이루어졌다. 권력 투쟁의 이 다음 단계는 송교인이 이끌었는데, 그는 이제 혁명가들 가운데서 손문과 황흥 바로 다음의 서열을 차지하고 있었다. 그는 공개적 정당인 국민당을 조직하면서 1912년 8월에 4개의 소규모 단체들을 동맹회에 합류토록 권고하였다. 극히 제한적이고 간접적인 선거권을 바탕으로 하여 각 성에서 치르어진 전국적 선거가 1913년 2월에 양원제(兩院制) 국회 안에서 국민당을 다수당으로 만들었다. 이렇게 되자 송교인은 중국의 중부 지역에서 널리 선전 활동을 벌이면서 행정부를 공격하고 원세개가 대총통직을 유지하더라도 국민당이 내각을 지배해야 한다고 요구하였다.

이는 근대 중국에서 의회 민주주의의 절정이었다. 그러나 송교인의 선거 운동 개시는 이러한 유망한 발전을 극적으로 꺾여 버리는 위협을 당해야 했다. 상해의 회심 아문(會審衙門)이 상세히 밝혔듯이, 원세개는 암살자들을 고용하여 1913년 3월 20일 상해역에서 31세도 채 안 된 송교인을 암살하였던 것이다. 원세개는 황흥에게 날조된 비난을 퍼부어서 사람들을 일시적으로 혼란시켰다. 이전에는 암살이 권력을 가지지 않은 반청(反淸) 혁명가들의 무기였다. 그러나 권력을 쥔 대총통 원세개는 이제 그것의 이용 방법을 발전시켜 많은 친혁명파 장군들을 암살하거나 처형하였던 것이다. 정략적인 송교인 암살 사건은 (집권자는 법을 초월한다는) 어떤 원리를 드러냈고, (반대 운동은 그들의 지도자들을 없앰으로써 가장 잘 억제될 수 있다는) 하나의 술책을 보여 주었다. 그 이후로 암살은 중국에서 민주주의를 질식시키는 데 이용되었다.

원세개에 대한 감정적 반발은 그가 제국주의 열강들로부터 부담스런 조건 아래에서 돈과 승인을 얻어내자 더욱 격화되었다. 즉, 그가 한편으로는 국내의 정당 정치를 파멸케 하면서 중국의 조세 수입을 외국인들에게 저당잡히고 있다고 생각되었던 것이다. 이는 그의 재정적 긴박성 때문이었다. 원세개는 각 성 군대의 대부분을 지휘하는 도독들에 대하여 그들의 옛 상관으로서 개인적인 통제를 할 수 있었지만, 북경으로 들어올 토지세와 그 밖의 빈약한 조세 수입들을 증대시키는 점에서는 청조의 전임자들보다 더 이상 유능하지 못하였다. 청조는 '통화 개혁과 만주의 공업 발전'을 위하여 영국과 프랑스, 독일, 미국의 4개국 은행으로 구성된 차관단으로부터 1911년 4월에 영국 화폐 1,000만 파운드를 빌려 간신히 파산을 모면하였다. 여기에 러시아와 일본의 은행들이 1912년 6월에 6개국 차관단을 구성하기 위하여 추가되었다. 원세개는 일찍이 큰 액수의 외국 자금을 구하기 시작하였다. 그러나 차관단은, 중국에 대한 차관을 실질적으로 독점하고 있으면서도, 중국의 염(鹽)세를 담보로 하되 해관의 경우처럼 중국과 외국의 합동 운영으로 징수해야 한다고 요구하였다. 애국심을 가진 모든 중국인은 이러한 조건에 항의하였다. 1913년 3월에 윌슨(Wilson) 대통령은, 1909년의 태프트(Taft)의 견해를 번복하면서, 차관 조건들이 중국의 행정적 독립성을 위협한다는 이유에서 미국의 참가에 대한 지지를 거부하였다. 그러나 그럼에도 불구하고 14개월에 걸친 협상 끝에 영국 화폐로 2,500만 파운드에 달하는 선후(善後) 차관에 대한 계약은 체결되고 말았다(1913년 4월 26일). 이것은 국회의 승인도 받지 않고 미국을 제외한 5개국 은행단과 체결되었으며, 같은 날 송교인의 암살에 관계된 증거가 발표되었다. 채권은 겨우 90퍼센트만이 발행되고, 6퍼센트의 수수료를 은행단에 지불하였기 때문에 중국은 84퍼센트인 2,100만 파운드밖에 받지 못했다. 게다가 1960년까지 원금과 5퍼센트의 이자인 총 6,789만 3,597파운드를 갚아야만 하였다.

원세개가 야당의 생각을 분쇄하고 자신의 군대에 지급할 돈을 외국에서 빌려오는 데 성공한 것은 단지 원세개만이 중국에 통일과 평화를 유지시킬 수 있다고 널리 믿어졌다는 사실에 말미암았다. 1913년 중반기까지만 하더라도 그는 아직도 진보당의 지지를 받고 있었고, 국민당의 많은 사람들이 그를 묵인하였으며, 원세개의 부하들인 북양 군벌의 도독들이 그를 지지하고 있었다. 그러므로 그는 국민당이 제기한 여러 가지 양보들을 걷어차 버렸고, 국민당을 지지하는 중부와 남부의 도독들을 해고하였으며, 그들과 대항하기 위하여 군대를 이동시켰다. 1913년 7월과 8월 동안에 7개 성의 정부들이 빈약한 군비에도 불구하고 원세개의 공격적 태도에 반발하였고, 결국 단명했던 '제 2 혁명'을 목표로 북경 당국에 그들의 독립을 선포하였다. 이 운동은 대중적 지지와 외국의 지원을 빠뜨리고 있어서 전투도 거의 하지 않은 채로 두 달만에 진압되었다. 손문, 황흥, 그리고 그 외의 지도자들은 일본으로 도망가면서 그들 자신이 출발점으로 되돌아와 있다는 것을 알게 되었고, 반면에 원세개 휘하의 북양 군벌계 장군들은 대부분의 성들에서 그들의 지배를 확대하였다.

　의회 정치의 마지막 국면은 진보당이 국민당 온건파의 협조로 1913년 9월에 북경에서 원세개의 측근 몇 사람을 포함시키고 양계초를 사법(司法) 총장으로 임명한 내각을 구성하였을 때 시작되었다. 이제 더욱 분명해진 원세개의 의도는 미리 짜여진 절차에 따라 의회에서 정식으로 자신을 대총통에 선출되도록 하는 것이었고, 그 다음에는 의회를 없애는 것이었다. 뇌물과 협박이 국회를 그의 뜻대로 따르게 하였다. 10월 6일에 국회는 드디어 원세개를 대총통으로 선출하였다. 10월 7일에 그는 외교적 흥정 끝에 외국 열강들의 중화 민국에 대한 승인을 얻어내는 데 성공하였다. 10월 10일에 그는 정식으로 초대 대총통에 취임하였고, 곧 이어 국회를 파괴하기 시작하였다. 11월에 그는 국민당을 해산하도록 명령하였고, 국민당원이거나 이전에 국민당원이었던 438 명을 국회에서 내쫓았다. 1914년 1월에 그는 국회를 정지시키고, 나중에는 각 성의 지방 의회도 정지시켰다. 2월에 내각이 사퇴하고 54 세의 원세개는 이제 독재자가 되었다.

　훗날의 애국자들은 그를 비난했지만 원세개가 의회 정치의 엷은 껍질을 하나하나씩 벗겨나가도 일반 사람들 가운데 단지 극소수에게만 커다란 관심거리였던 것 같다. 그 대부분은 개항장이나 각 성의 수도들에서 이제 막 등장하기 시작한 소수의 의원 지망자들이었다. 외국 열강들이나 생각이 분명치 않은 일반인들이나 도시의 상인 계급은 어느 누구도 그것에 반대를 제기하지 않았고, 한편으로 행정부의 관료와 군대 및 대부분의 각 성 도독들은 정상을 차지한 한 사람 밑에서 단순히 안정만을 바랐던 것이다. 일본의 정치에서 볼 수 있는 책임 분산과는 다르게, 중국의 정치 체제는 서로 다투는 많은 이해 관계들을 조화시켜 마지막 결정을 내려 주는 한 사람의 우두머리에게 익숙하였다. 원세개가 이제 바로 그렇게 하였으니, 임명제 기관을 통하여 통치하였고, 1914년 5월 1일에 공표된 중화 민국 약법(中華民國約法)이라는 새로운 문서를 근거로 하여 지배하였던 것이다. 약법은 그에게 모든 것을 망라한 독재 권력을 가져다 주었다. 그는 언론에 재갈을 물렸고, 신사와 원로들이 이끄는 '지방 자치'를 권장하였으며, 감찰 기관과 공자에 대한 국가적 제사를 부활시켰다. 무장 승용차에서 내린 그는 천단(天壇)에서 옛날부터 해 오던 황실의 의식을 집행하였다. 1915년말 이제 그는 종신 대총통이었다.

대외 관계──중화 민국 대(對) 외국 열강들　　새로 생겨난 중화 민국은 이전 청 제국의 변경 지역 두 곳에 대한 지배력을 상실하면서 출발하였다. 티베트와 외몽고가 떨어져 나가 북경보다는 각각 영국과 러시아에 기울게 되었다. 민족적·종족적 자결권을 내걸고 만주족을 쫓아 버린 중국의 혁명은 내륙 아시아에 대하여 거의 아무런 주장도 하지 않았다. 그러나 북경에서 권력을 양도받은 원세개는 계속 전통적인 권리를 주장하였다. 그리하여 러시아와 외몽고와 중국은 중국의 종주권 아래에 있는 외몽고의 자치라는 방식에(실질적으로는 러시아의 지배를 허용하는) 곧 합의하였다. 영국도 비슷한 방식을 따랐으니, 중국의 종주권과 (영국의 영구적 권익을 인정하는) 티베트의 자치였다. 러시아와 영국은 1913년 11월 7일에 마침내 원세개 정부를 승인하였다.

중국의 변경 지대에 대한 강대국의 영향력 확대는 중국 국내의 조세 수입에 대하여 외국의 통제가 더욱 강화되는 현상과 나란히 진행되었다. 하트의 뒤를 이은 영국인 총세무사는 1911년 11월에 세관 수입 처리의 근본적인 변경에 대하여 청조 당국의 승인을 얻어냈고, 그것은 이제 중국이 빌린 외국 차관과 배상금 지불금으로 완전히 저당 잡혔다. 예전에는 외국인 세무사들이 자신들이 징수한 관세 계산서들을 북경 당국에 보고하였으나, 실제로는 중국인 세관 감독관들이 그 돈을 거두어들였다. 이제는 대부분의 성들이 독립을 선포하였으므로, 외국인 세무사들이 먼저 관세를 받아 총세무사를 통하여 외국의 채권자들을 대변하는 상해의 국제 은행단에 전달하도록 결정하였다. 그렇게 하여 세관 업무와 중국의 대외 신용 및 채무금 지불의 일관성은 모두 유지되었다. 상해에서 외국인 지위는 혁명을 맞이하여 더욱 강화되었으니 1911년말에 영사단이 회심 아문(177, 179 쪽 참조)을 지배하면서부터이다. 상해와 해관 수입에 대한 외국인 지배의 확대는 염무처(鹽務處)가 영국인 총감독 아래에서 근대화된 것과 더불어 불평등 조약 체제의 초기 양상의 대부분과 마찬가지로 양면성 —— 중국의 주권을 더욱 침범하면서도 우선은 중국 정부를 도와 주는 —— 을 지니고 있었다. 그렇게 함으로써 중국의 신용도가 유지되어 외국 차관을 촉진하였으며, 염세 수입도 크게 늘어났다.

조약 체제의 또 다른 모순적인 공로는 어느 한 강국의 탐욕이 다른 모든 열강들의 경계심 때문에 어느 정도 견제되었다는 점이었다. 그러나 제 1 차 세계 대전은 열강들의 관심을 돌려놓았고 일본을 침략의 길로 들어서게 만들었다. 1914년 8월, 중국은 중립을 선언하였다. 그러나 오쿠마〔大隈〕 내각은 독일에 선전 포고를 하였고, 일본은 독일의 세력권인 산동에 군대를 상륙시켜 중국의 중립을 우롱하였으며, 그곳에서 독일의 모든 지위를 접수하였다. 이것에 이어 일본은 1915년 1월 18일 원세개에게 5 항목으로 된 21 개조 요구를 비밀리에 내놓았다. 그중 제 5 항은 일본에게 경찰, 무기 구입, 병기 공장과 복건성 개발에 대한 특정한 지배를 고문(顧問) 제도를 통해 허용함으로써 중국 정부를 지배하는 것이었다. 이러한 터무니없는 조건들을 외국 신문에 누설하는 상투적 방법을 이용하여 원세개는 일본이 제 5 항을 '앞으로 토의할 사항'으로서 어쩔 수 없이 남겨두게 만들었다. 그러나 5월 7일 일본의 최후 통첩을 받고 그는 제 1 항목부터 제 4 항목까지의 대부분을 받아들이지 않을 수 없었다. 영국 공사가 "중국에 대한 일본의 행동은 벨기에에 대한 독일의 경우보다 더 나쁘다." 고 의견을 말하였다고는 하나, 서양의 어느 나라도 원세개를 돕지는 않았다. 1915년 5월 25일의 중일 조약은 이러한 요구들을 구체화하면서, 산동에서 일본의 지배적 지위와 오래 전부터 일본의 세력권으로 인정된 남만주 및 내몽고 동부에서 일본의 우월한 지위를 확실히 하였다. 덧붙여서 일본은 중부 중국에 있는 한야평(漢冶萍) 공업 지대의 특정한 이권을 가지도록 승인받았다. 이는 일본의 차관을 얻기 위한 담보물로 오랫동안 이용되어 왔던 것이니 1912년에 손문조차도 그렇게 하였다. 중국 국회에서 결코 비준되지 않았지만 이 조약은 일본에게 대륙 팽창의 선언서로 작용하였다. 일본의 신흥 공업 세력을 대변하는 내각이 표명한 21 개조 요구의 목적은 근본적으로 경제적인 것이었다.

그러나 중국에서 받은 영향은 주로 정치적이었다. 중국인들은 대중 집회, 파업, 일본 상품 불매 운동, 그리고 신문의 격렬한 항의들에서 표현된 새로운 민족주의 정신을 불러일으켰기 때문이다.

원세개의 군주제 실패　　원세개의 반(反)일본적 태도는, 그가 한국에서 출발한 이후 줄곧 그것 때문에 유명해졌으므로, 1915년에 그에게 거국적인 지지를 가져다 주었다. 그러나 중국을 지배하려는 그의 노력은 그의 이념적 공허 속에서 버둥거렸다. 고대 유가의 윤리적 강제력과 황제 지배의 의례적 형태들이 그 권위를 상실하였고, 한편으로는 민주 정치에 대한 근대적 신념과 제도는——정당끼리의 경쟁이거나 일당 독재이거나——아직 확립되지 못하고 있었다. 중국 사회는 이제 정치적인 신조를 가지고 있지 않았으므로 원세개는 오히려 "법가적" 전통 안에서 폭력과 속임수로 통치하였다. 그 자신조차 어떤 신념은 거의 갖지 못했고, 양계초가 말한 바 있는 인간은 "무기를 무서워하고 황금을 좋아한다."라는 사실만 알고 있었던 것이다.

이 같은 정치적 신념의 빈곤은 군주제를 부활시키려는 원세개의 노력에서 잘 드러난다. 1915년 8월에 그는 막후에서 군주제 추진을 개시하였다. 원세개를 황제로 추대하자는 단체인 '주안회(籌安會)', 전국적인 '인민의 청원', '선거'로 선출된 대표들의 만장 일치 투표, 구식의 상주문(上奏文), 그리고 유사한 계책들을 완비하였으니, 모두 원세개를 황제로 추대하기 위하여 요구하는 것들이었다. 원세개는 적당히 사양을 하다가 1915년 12월에 즉위하겠다고 승낙하였다. 그의 연호는 '홍헌(洪憲)'으로 1916년부터 시작될 것이었다. 그러나 이 모든 것은 결국 아무것도 이루어지지 않았다.

그가 실패하게 된 이유 한 가지는 그에게 애착을 갖지 않았던 휘하 장군들의 불만이었다. 다른 이유는 만장 일치에 가까운 조약국들의 견해를 동원하여 군주제에 반대되는 '충고'를 하였던 일본 정부의 반대였다. 일의 진행을 촉진시켰던 요인은, 역사를 역행시킬 수 없다고 생각하면서 중화 민국의 연속을 주장한 반(反)혁명주의자 양계초 같은 사람들이 불을 당긴, 중국내 군부의 반대였다. 양계초는 호남성 출신의 옛 제자 가운데 한 사람〔채악(蔡鍔)〕과 함께 일을 꾸몄으며, 그 제자는 원세개의 통제에서 가장 멀리 떨어진 운남성의 도독을 지낸 적이 있었다. 1915년 12월 25일에 운남성은 독립을 선포하였다. 6개월에 걸친 제한된 전투와 집요한 협상이 계속되었다. 차차 남부와 서부의 8 개 성들이 원세개에 대항하여 등을 돌렸다. 처음에 원세개는 그의 즉위를 연기하다가 나중에는 황제의 자리를 포기하였고, 결국은 1916년 6월 6일에 비탄에 잠겨 죽고 말았다.

이념적이고 지리적인 또 다른 영향들이 배후에서 군주제 발상에 반대하였다. 중국에서 권력을 인정받는 것은 징조나 대중의 묵인으로 표현되는 비인격적 천(天)으로부터 이제 더 이상 오지 않았다. 정반대로 나라의 정치적 실체인 인민이 역사의 적극적인 창조자라는 생각이 지배하였다. 1911년에 이르기까지 오랜 동안에 제도로서 역할을 해 왔던 천자(天子)는 차차 의심을 받게 되었다. 천명(天命)이 인민의 의사(意思)인 피치자(被治者)의 승낙으로 대체되었기 때문이었다. '민(民)'을 숭배하는 것은 '민군(民軍)'과 '국민당'과 '삼민주의'등에서 볼 수 있듯이 새로운 민족주의자의 사상을 가득 채웠다. 독재자 원세개는 대의제(代議制)라는 근대 사상을 너무나 깔보았다. 전통적인 면에서도 그는 역시 자신의 추종자들에게 너무나 불충실하였기 때문에 그들의 충성을 얻을 수 없었다.

지정학적 요인도 역시 원세개에게 불리하였다. 지리적·문화적·행정적으로 떨어져 있는 지역들인 각 성들은 1850년대 이래 진행되어 온 과정에서 점점 더 북경으로부터 멀어져 왔기 때문이다. 역대 왕조들을 귀찮게 하였던 것처럼, 남부 중국과 북부 중국 사이에는 기후적, 경제적, 역사적인 면에서 뿌리 깊은 차이점들이 있어 여러 가지 이해 관계와 사고 방식들을 만들어 내었던 것이다. 원세개가 죽은 뒤에도 외국의 영향이라는 또 다른 것이 중국의 통일을 방해하였고 그의 후계자들을 권력 투쟁에서 계속 좌절케 하였다. 첫째, 지방의 권력자들이 중앙의 통제를 벗어난 개항장에서 정치적 피난처와 전략 물자들을 이용할 수 있었다. 둘째, 제국주의 열강들이 각각의 세력권에서 가지고 있던 이해 관계와 능력이었으니, 그것은 그들에게 성 전체를 거의 지배할 수 있게 해 주었다. 셋째, 차관단에 가입하든 하지 않든 차관을 주거나 거두어들임으로써 중국 정부를 성립시키거나 부술 수 있는 외국 은행들의 힘이었다. 그리고 마지막으로, 해외에서 끊임없이 들어오는 새로운 사상과 기술이었으니, 크로포트킨(Kropotkin)의 무정부주의와 입센(Ibsen)의 개인주의에서부터 장갑(裝甲) 열차나 자전거에 이르는 모든 것들이 진행중이던 중국의 문화적 혁명과 옛 질서의 해체에 공헌하였다.

군벌 정치 체제의 본질　　중국은 1916년에서 1928년 사이에, 변경 지역에서는 그보다 더 오랫동안, 서로 경쟁하는 수많은 군벌들과 지방의 군사 지도자들로 분열되었다. 이들은 본질적으로 과도기의 사람들이었다. '전통 속의 변화'가 새로운 왕조를 탄생시키는 왕조와 왕조 사이의 정치적 공백 기간에 그들이 있었던 것은 아니었다. 하지만 그들은 새로운 질서를 마음 속에 품은 근대화 추진자들도 아니었다. 새로이 비대해지고 근대적으로 무장된 그들의 군대는 새로운 철로와 증기선을 이용하면서 이제는 더욱 쉽게 지역을 지배할 수 있었지만, 새로운 정치 체제는 창출하지 못하였다. 정당은 있으나 군대를 갖지는 못하였던 혁명가들은 1911년에 권력 획득에 실패하였다. 이제 군대는 가졌으나 정당이 없는 군벌들도 똑같이 불가능하였다. 그들이 국회와 구호들을 번번이 이용하고 남용하였음은 적절한 원칙과 제도를 가지고 있지 않았다는 것을 눈에 띄게 해 줄 뿐이었다. 1913년 이래 군대는 늘어났고, 정당들은 갈라져 나갔다. 아무도 새로운 정치 조직과 새로운 군사력을 통합할 수 없었다. 군벌들 아래에서 중국 정부는 타락하였고, 사람들은 고통을 겪었으며, 중국 사회는 1세기 동안의 쇠퇴 끝에 타락의 밑바닥에 도달해 있었다.

이 시대의 역사 무대를 가로질러 비틀거리는 군대를 거느리고 훈장을 단 수많은 지휘관들의 피상적인 행렬 뒤에는 일정한 전형적 특징들이 드러난다. 무엇보다도 군벌은 강력한 개성과 부하 장교들과 군대를 가져야만 하였다. 그의 과제는 먼저 그들을 훈련시켜 개인적 충성을 확보하며, 그들 모두를 먹여살리고, 보급해 주는 일이었다. 이를 위하여 그는 대도시와 성, 그리고 무역 통로나 철로에서 나오는 수입으로부터 지원이 필요하였고, 혹은 다른 군국주의자들이나 외국 열강의 지지를 필요로 하였다. 한 지역의 지리는 군벌에게 전략적 이익을 가져다 줄지도 몰랐다. 그러나 그 토지와 인민은 단지 요구되는 식량과 인력을 공급할 수 있을 뿐이었고, 농민 가운데서 지지를 획득하는 근대 게릴라의 의미를 가진 진정한 근거지는 아니었다. 전형적인 군벌 군대는 지방 인민 가운데서 뿌리를 내리지 못하고 오히려 겁먹고 멸시된 인민들에게 세금을 강요하고 촌락들에 기식(寄食)하는 채찍과 같았다. 그러므로 군대가 새로운 성으로 이동하면 적어도 일시적으로는 그 자체로서 더 좋을지도 몰랐다.

그것은 차라리 기생적(寄生的)이고 부랑적(浮浪的)이었다.

둘째로, 군사력은 오직 제도를 통해서 합법화하고 조종할 때만 정치 권력을 창출하였다. 그러므로, 군벌들은 공식적인 임명과 관인(官印)과 다른 사람들이 적당히 서명한 서류들을 얻으려고 노력하였으며, 공공 복지와 애국적인 방침을 지지하여 공표함으로써 그들의 행동 하나하나를 정당화하기도 하였다. 요컨대, 그들은 민간인 정치가들과 민간 정부의 도움을 필요로 하였던 것이다. 군벌 정치 체제는 통치상의 다른 요소들이 군사력을 대신하지 못하였으니, 그저 따로따로 평형을 유지할 뿐이었다. 평형을 유지하는 이러한 임시 변통은 이미 설명하였듯이 중국의 전통적인 민간 정부의 권위와 가치의 해체에서 왔다. 일부는 그것이 군벌들의 새로운 기술적 군사 능력인 증대된 기동력과 화력에서 왔고, 이러한 것들이 균형을 이루려는 새로운 정치 제도들의 발전과 균형을 맞추지 못하였던 것이다. 말할 것도 없이 이는 근대 세계 역사의 중요한 특색——물질적인 기술, 특히 군사적 기술이 정치에 대한 대중적 참여의 성장을 앞질러 버린 점에서——이었다. 이러한 점에서 볼 때 군벌 정치 체제는, 외국인들이 흔히 가정하였던 것과 같은 전통 중국의 관행이라기보다는, 그것들을 통제할 수 있는 정치적 기능들보다 군사력이 빨리 성장해 버린 불균형적인 근대화의 결과였다.

마지막으로, 군벌 정치의 본질은 그 당시와 그 후의 모든 사람들에게 매우 혼란스러운 것으로 느껴진다. 이는 군벌들이 돈밖에 모르고 배반을 잘하며 충성과 간사한 계략들을 갑작스럽게 바꾸어 버린 데에 부분적 이유가 있었으니, 〈삼국지연의(三國志演義)〉에 나오는 가극풍의 배우들을 연상시켰던 것이다. 그러나 전통적 권력 구조는 무너졌지만, 그것의 하급 구조인 지방 차원에서는 기능을 계속하였고, 고차원의 전국적 기관을 창출하려고 시도하였다. 군벌들의 궁극적 목표는 정치적인 것이었다. 그들은 자신들의 권력을 강화하고 팽창시키기 위하여 국회나 지방 의원, 심지어는 독군(督軍;도독의 바뀐 이름) 회의까지 소집하는 등 제도적인 모든 수단을 강구하였다. 근대 정치 조직에 대한 그들의 능력이 부족하였으므로 경쟁적인 군벌 단체들은 지역적인 수준을 벗어날 수 없었다. 이 시대 전체에 걸쳐서 북경 정부는 외교적으로 대외 기능을 계속하였고, 여러 가지 정부 업무들을 유지시켰다. 그러나 감히 새 왕조를 선언하는 자는 아무도 없었다. 시대가 변한 것이다. 군벌들끼리의 쟁투, 국회에서

군벌들 위 : 한때 '그리스도 교 장군'으로 불렸던 풍옥상(馮玉祥, Feng Yü-hsiang)이 1928년에 그의 군대 앞에서 연설하고 있다. 아래 : 천진에 주둔하고 있던 미국의 제 15 연대로부터 경례를 받는 '만주의 대원수' 장작림(1927년 무렵).

벌어진 의원들 사이의 투쟁, 그리고 군벌과 정치가 사이의 싸움은 국회의 약화와 중국의 분열을 향한 전반적 추세를 가져오는 연속된 국면으로 치달았다. 첫번째 국면에서는 양계초와 예전에 진보당원이었던 사람들이 '연구계(硏究系)'를 구성하였는데, 그들은 대체로 북경 정부와 함께 일하려고 애를 썼으며, 남부 지방 출신인 국민당 잔여 세력들이 그들을 반대하였다. 북부와 중부의 12개 성들을 지배한 북양 독군들이 정부와 국회를 더욱더 지배하려 하였고, 이것이 남부의 성들을 떨어져 나가게 하였다. 두번째 국면에서는, 1917년에 북경의 국회에서 남부 지방 출신 의원들이 탈퇴한 사실이 손문에게 또 하나의 기회를 주었다는 점에서 하나의 전기(轉機)를 이루었다.

　일본에서 손문은 혁명을 위하여 그의 예전의 비밀 결사적 방법으로 되돌아갔고, 1914년 7월에 '중화 혁명당(中華革命黨)'을 결성하였다. 그들은 지문을 찍고 손문에게 개인적 충성을 맹세해야 하였던 훈련받은 지하 엘리트들이었다. 손문의 의도는 "우리의 실패 원인이었던……당(黨) 기강(紀綱)의 결여"를 극복하자는 것이었다. 그러나 황흥과 그 외의 많은 사람들은 이 서약을 거부하였다. 이 되살아난 음모적인 시도는 확실히 비민주적이었고, 그 당시에 일어나고 있었던 애국심에도 호소하지 못하였다. 왜냐하면 손문은 1914년에 그의 새로운 당의 정강(政綱)에서 민족주의를 빼 버렸기 때문이었다. 본래 반만(反滿)을 뜻하였던 이 원칙은 (믿어지지는 않지만) 이제 더 이상 손문에게는 의미가 없었던 것이다. 즉, 그의 생각은 이제 일본과 함께 협력하는 쪽으로 눈을 돌린 범아시아적인 것이었지 제국주의에 대항하는 것이 아니었던 것이다. 시대에 어울리지 못한 손문은 1916년에 원세개를 좌절시킬 때 아무 기여도 하지 못하였다.

　그러나 1917년에 손문은 다시 나타나 군벌과 국회의 싸움에 뛰어들었다. 7월에는 예전의 국민당 동지들 및 중국 해군의 대부분을 이끌고 광동으로 갔다. 그는 약 250명의 국회 의원을 소집하여 군사 정부를 구성하였고, 스스로 대원수가 되었다. 그러나 실제로는 그 지방의 군벌들이 진정한 실권자들이었다. 광동에서 그 지방의 실권자들과 협력을 시도하던 손문은 북경에서 군벌 정권에 민간인을 포함시키려고 애쓰던 양계초와 비슷하였다. 북경 정권은 1917년 8월 독일에 선전 포고한 뒤 일본으로부터 이른바 '서원(西原, Nishihara) 차관'이라는 거액을 빌려 국내 전쟁에 조달하였다. 독일과 전쟁을 하기 위한 준비라는 것이 부분적 변명이었다. 북경 정권은 이제 일본과 군사 동맹을 체결하여 일본인 교관들을 초빙하였고, 친일 정객들의 단체 및 안복(安福 ; 안휘(安徽), 복건(福建))파로 알려진 군국주의자들과 가까이 하면서 일하였다. 권력자들이 그들의 군사력을 건설하기 위하여 외국인들에게 또다시 중국을 팔아 넘기고 있다고 많은 애국자들이 항변하였다. 양계초는 좌절하여 정치계에서 마침내 손을 떼 버렸다.

남쪽에서는 손문의 광동 국회 역시 분열되었다. 그 가운데 한 파〔정학계(政學系)〕가 군벌들과 협력하고 있었다. 그런데도 군벌들은 손문의 부하들을 암살하기 시작하였고, 1918년 5월에는 그를 상해로 은퇴하지 않을 수 없게 만들었다. 안복(安福)파가 북방을 지배한 이상으로 광서(廣西, Kwangsi)파 군벌들이 이제 남방을 지배하였다. 제1차 세계 대전의 종결은 남과 북을 일시적으로 수습되도록 하였고, 1919년에 두 파벌이 상해에서 성과도 없는 평화 회담을 하였다. 그러나 1920년이 되자 중국의 분열은 세번째의 국면으로 접어들었다. 어디에서든 가능하다면 동맹자들을 구하였던 남과 북의 소수파들이 권력을 잡고 있던 무리들을 쫓아냈으나, 여전히 그들도 독자적인 지배력을 확립할 수는 없었다.

1922년 이후 중국 민간 정부의 붕괴는 더 한층 새로운 국면으로 들어갔고, 남과 북의 여러 갈래의 결과들을 만들어 냈다. 북방에서는 군벌의 혼전(混戰)이 젊었을 때 원세개의 직접적 은혜를 덜 받은 새 유력 인물들을 부상(浮上)하게 만들었다. 결국 세 사람이 끝까지 남았다. 그들은 삼각 관계를 이루었으니, 각각은 자신들로부터 순서대로 세번째 사람에게 대항하기 위하여 두번째 사람과 동맹하였다. 이리하여 각자는 다른 사람들로부터 기만당하였다. 이들 세 사람은 다음과 같다.

⑴ 장작림(張作霖, Chang Tso-lin ; 1928년 사망). 마적(馬賊) 출신의 '만주 군벌'인 그는 러시아에 대항하여 일본의 동맹자로서 일어섰고, 1911년 이래 봉천(奉天, Mukden)의 독군이었다. 그를 지탱하여 주는 것은 동삼성(東三省)의 자원과 북중국의 공격을 쉽게 방어할 수 있는 전략적으로 유리한 위치였다.

⑵ 오패부(吳佩孚, Wu P'ei-fu ; 1872~1939). 그는 유가 경전으로 교육을 받았고, 보정 무비 학당〔보정 무비 학당(保定武備學堂)〕에서 일본인 장교로부터 훈련을 받았다. 중부 중국의 평화와 질서를 가져올 수 있으리라고 중국인들과 영국인들의 기대를 한 몸에 받았던 인물이다.

(3) 풍옥상(馮玉祥, Feng Yü-hsiang ; 1882~1948). 농민 출신의 몸집이 큰 사람으로서 11 세부터 병사였고, 보정 무비 학당을 졸업하였다. 1913년에 Y.M.C.A.의 지도자로부터 세례를 받은 그는 잘 훈련된 그의 군졸들에게 프로테스탄트와 내핍 생활과 실용적 교육 및 사회 개혁을 추구하도록 권하였기 때문에, 그의 외국인 선교사 친구들에게는 '그리스도 교 장군'으로 알려져 있었다. 1924년에 북경을 점령한 그는 북양 군벌들의 세력을 무너뜨렸고, 마침내는 그들의 의회 정치의 가면을 벗겨 버렸다.

이들과 다른 군벌들 사이의 복잡한 관계들은 상세히 말하기 힘들다. 1922년부터 1926년까지 성들 사이의 전쟁이 여섯 차례나 일어났다. 그들은 조직적인 약탈과 무거운 세금으로 짓눌린 서민들에게 헤아릴 수 없는 고통을 주었다. 군벌 정치 체제가 남긴 물질 면의 결과들은 통화의 인플레이션, 교역의 와해, 철로와 공공 토목 공사인 치수(治水) 및 관개(灌漑)의 황폐화, 그리고 아편 해독의 재발이었다. 청조 당국은 1906년에 아편 생산과 흡연에 대하여 총공격을 시작하여 광범한 애국적 지지를 받았다. 그리하여 이미 1 년에 5만 상자 이하로 줄어들었던 영국령 인도산 아편의 수입은 차차 줄어들었고, 1917년말에는 거의 중단되어 버릴 정도였다. 훨씬 더 많았던 중국산 아편 재배는 근절 상태에 있었으나, 군벌 치하에서 다시 활발해졌다. 이러한 점은 양귀비 재배에 적합한 땅에 아편을 재배해야만 세금을 낼 수 있을 정도로 높은 세금을 부과하였던 군벌들의 단순한 방책 때문이었다.

그러나 모든 해악들을 지닌 군벌 정치 체제의 충격은 애국 청년들의 마음 속에서 가장 심하였다. 양계초는 "오늘날의 중국에서는 오직 간사하고 부정직하며 비열하고 잔인한 사람들만이 번영할 수 있다."고 적었다. 이 시대의 절망과 굴욕을 헤치고 새로운 혁명이 지식 계급 사이에서 시작되고 있었다.

제25장

국민 정부 중국의 흥성(興盛)과 쇠퇴

사상과 문화의 혁명

근대 중국은 도덕적 타락과 쇠퇴에 뒤이어 왕조 순환의 단순한 변화보다 훨씬 더 큰 규모의 부흥과 쇄신을 겪었다. 만약 우리들이 19세기초의 사회적 병폐들(늘어가던 아편 중독이 하나의 징후였던)을 최근 수십 년 동안에 있었던 모택동(毛澤東, Mao Tse-tung)주의 혁명의 도덕적 열정 및 공헌과 비교하여 본다면, 우리들은 문명 전체가 쇠퇴하였을 뿐만 아니라 동시에 다시 만들어졌다는 결론에 이르지 않을 수 없다. 쇠퇴 현상은 1916년 이후의 군벌 정치 체제와 더불어 정치적 구렁텅이에 빠졌고, 부흥 현상은 일당 독재와 더불어 시작되었다. 이념적으로는 유가 사상의 쇠퇴가 결국 모택동의 마르크스-레닌주의의 채택으로 끝났다. 그러나 정치와 이념의 면에서 서양의 자유주의 방식이 영향을 주었던 결정적인 과도기가 있었다.

군벌 시대는 혼란하기도 하였고 창조적이기도 하였다. 이것은 전혀 역설이 아니다. 왜냐하면, 새로운 방식은 전통적 방식이 파괴된 이후라야만 시도해 볼 수 있었기 때문이다. 1916년 이후 10 년 동안에 모든 종류의 사상과 실천, 유행과 실습이 권위로부터 오는 제재 없이 끓어올랐다. 정치적 쇠퇴와 함께 지적·경제적·사회적으로 다원화된 발전이 이루어진 것이다. 지적(知的) 대

격동의 바탕은 도시들에서 진행된 경제 성장과 사회적으로 진행된 전반적 변동이었다.

　　경제적·사회적 변동　　중앙 권력의 쇠퇴가 시골 지방의 혼란을 가져왔음에 비하여, 제 1 차 세계 대전 동안과 그 이후에 중국으로 들어온 서양 수입품의 감소는 외국인들이 관리하는 개항장들에서 토착 공업의 발전을 촉진하였고, 그곳은 각 성들에서 번성하였던 군벌 정치 체제로부터 보호되었다. 전통적인 동업 조직 밖에서 새로운 상인 계급이 1901년 이후에 정부의 시책으로 육성되었다. 1914년에는 약 1,000여 개를 넘은 지방 상공 회의소들이 20만 명의 회원들을 거느리고 있었다. 그러나 대규모 기업들은 대부분 영국 소유였고, 미국(특히 상해에 있는)과 독일(1915년까지 산동성에 있던)의 소유도 있었다. 예를 들면, 중국의 석유 자원 부족은 조명용(照明用) 식물 기름을 대체할 외국산 수입 등유와, 석탄과 경쟁하게 될 외국산 수입 연료유(燃料油)에 좋은 시장을 제공하게 되었다. 이러한 수입품들은 스탠더드 석유 회사(Standard Oil)의 계열 회사들과 영국 및 네덜란드의 합작으로 1907년에 설립된 로열 더치 셸(Royal Dutch-Shell)의 계열 회사인 아시아 석유 회사(Asiatic Petroleum Company, 약칭 A.P.C)가 좌우하였다. 한편 면사(綿絲)와 면직물(綿織物)의 장기적 수입은 중국에 있는 영국인 및 일본인의 방적 공장에 공급할 중국인들의 면화 재배를 자극하였다. 연초(煙草) 시장은 미국인이 조직하고 런던에 근거를 두면서 합작하여 1902년에 설립된 영미 연초 회사(British-American Tobacco Company, 약칭 B.A.T.)가 처음으로 개척하였으며, 그 회사는 곧 매판들을 통하여 북중국의 연초 재배자들에게 씨앗과 돈을 빌려 주기 시작하였다. 그리하여 6개의 큰 B.A.T.연초 공장에 중국의 연초를 공급하기 위한 수집소와 건조 공장의 조직망을 세웠다. 그러나 1905년에 설립된 남양 형제 연초 공사(南洋兄弟煙草公司) 같은 중국인의 업체가 이내 경쟁을 벌이고 있었다.

　　1914년이 되자 중국인들의 근대적 행정가 계층과 사업가 계층이 나타났다(이들은 나중에 '매판 계급'이라는 시대 착오적인 비난을 받았다). 확실히 이들은 외국인 교육자, 공무원, 실업인(實業人)들의 보호 밑에서 성장하였다. 이 새 계급은 선교사 계통 학교들이나 그 외의 학교들에서 중서(中西) 혼합의 교과 과정을 체험하였고, 해관, 우편국(1911년에 해관에서 분리되어 1918년에는

100명의 외국인과 2만 7,000명의 중국인을 고용하였다), 기선 회사, 방적 공장, 상점, 이화 양행이나 태고 양행(太古洋行, Butterfield and Swire)처럼 개항장에 있는 오래된 종합 상사, 또는 A.P.C.나 B.A.T.처럼 새로운 특정 사업에서 경험을 쌓았다. 아직 성숙하지 못한 이들 중간 계급은 개항장 및 외국인들과 가진 접촉에서 근대의 경제 수단들을 배웠다. 그들은 경제 발전에 필요한 태도와 수법들을 축적하였고, 제1차 세계 대전이 그들에게 기회를 제공하였다.

공업화에 필요한 다른 요소 가운데서 중국인들의 자본은 해외 화교 사회들과 개항장들에서 축적되었다. 그것은 이제 중국의 근대적 은행들에서 처리되었고, 그 은행들 가운데 약간은 정부의 후원으로, 그리고 약간은 개인적 사업으로 성장하였다. 이 근대적 은행들은 1914년에 17개소에서 1926년에는 102개소로 증가하였고, 옛날 방식의 금융업〔예를 들면 산서 표호(山西票號) 등〕들을 파산케 하였다. 그러나 여러 가지 요소들이 여전히 재원(財源)의 증대를 지체시켰다. 예를 들면, 생산 투자에 대신하여 돈을 빌려 주는 구식의 사업은 여전히 1년에 12퍼센트 또는 그 이상의 이윤을 올릴 수 있었다. 통화 개혁과 화폐 통일을 위한 노력은, 비록 정부에서 주조한 은화가 대부분 원세개의 얼굴을 박아 넣어 그의 통치 시기에 널리 사용되기는 하였지만, 옛날부터 내려오던 다양한 계산 단위인 은량(銀兩)은 아직도 폐지하지 못하고 있었다.

그 동안에 노동력이 도시로 유입되었다. 도시에는 면방직이나 연초 제조, 또는 성냥 공장, 밀가루 공장, 통조림 식품 공장, 시멘트 공장 및 기타 대량 생산 소비품 공장에서 일할 수 있는 값싼 노동력이 필요하였다. 철도나 기선으로 말미암아 새로이 유혹받기 쉬운 이러한 고용 기회들은 단조롭고 폐쇄된 농촌 생활에 선택의 여지를 열어 주었다. 군벌들의 세금 징수와 징병, 인구 증가(추측이지만), 그리고 자연 재해들 때문에 도시로 이주하는 것이 촉진되었다. 도시 생활과 공장 노동이 전통적인 가족 제도의 유대를 파괴하였다. 임금을 받는 자식들과 부인들이 금전적으로 독립하게 되었고, 가족은 개인을 통제하는 자족적인 경제적·사회적 단위의 효력이 없어졌다. 신분이나 특정 친족 관계에서 오는 속박 대신에 비(非)인격적이며 직능에 대한 보편적인 기준이 도시의 노동 시장에 적용되었다. 혼잡한 빈민가나 낮은 임금으로 혹사시키는 착취 공장에서 새로운 가치들이 지배하기 시작하였고, 진정한 무산 계급 공장 노동자들이 서서히 누적되기 시작하였다. 1919년에 그들은 100만 명을 넘었고, 아마도 150만 명 정도는 되었을 것이다.

사회적 변동은 새로운 자본가나 노동자 계급에서뿐만 아니라 청년과 여자들의 새로운 신분에서도 분명하였다. 젊은 남자들은 1911년의 혁명을 이끌었고, 학생들은 이제 학인 계급의 해묵은 특권적 지위를 대신 이어받았다. 1915년에 교육부는 각종 관립 학교를 12만으로, 학생수를 400만 명 —— 옛날보다는 늘어났지만, 대학 수준에까지 이르는 학생들은 겨우 수천 명이었다 —— 으로 잡았다. 1919년에 카톨릭과 프로테스탄트의 선교 학교들에 다니는 학생들은 대략 50만 명 정도는 되었다. 또 프로테스탄트의 대학들은 고등 교육의 새로운 기준을 갖추고 있었다. 선교사들은 여성 교육에도 역시 선구자 역할을 하였으니, 여학생들은 프로테스탄트의 중등 학교의 학생 1만 3,000 명 가운데 상당한 비율을 차지하였다. 1915년에는 최초의 여자 고등 교육 기관인 금릉 여자 문리 학원(金陵女子文理學院)이 남경에서 문을 열었다.

이들 새로운 사회 계급들 —— 상인-기업가, 공장 노동자, 신식 학생 —— 의 등장은 중국 사회의 변화를 촉진하였다. 고전적인 학위 소지자들(좁은 의미의 신사(紳士))은 도시나 해외에서 교육을 받은 젊은이나 학생들에게 자리를 양보하였다. 지주들은 부재 지주인 도시 거주자들로 되었고, 더 이상 농촌을 통할하지 못하게 되었다. 요컨대, 대중 운동에 민감한 계급들과 함께 도시 생활의 시작은 그와 대응하여 농촌 생활의 쇠퇴라는 현상을 가져왔다. 농촌에서는 대가문의 통솔이 위에서부터 사라졌고, 농민 대중은 촌락에서 고통스러운 문제에 부딪쳤다. 교통 수단과 공중 보건의 개량으로 중국의 농촌 인구가 아마도 그 수에서 증가하였겠지만, 생활 수준은 틀림없이 떨어지고 있었을 것이다. 토지 없는 농민뿐만 아니라 소작인도 늘어났다. 그들은 문맹이고 떠돌이였으며, 직업이 없었으므로 비적(匪賊)이나 군벌의 군대, 또는 아주 값싼 쿨리 노동자로 되기 쉬웠다.

이러한 전통 사회의 붕괴가 새로운 학생 계급으로 하여금 지도자와 구세주로서 앞장서게 하였다. 학인들이 집권자에게 충고를 해야 하고 국가 문화체에 봉사해야 한다는 전통을 이어받아서, 그들은 자신들의 학업으로써 중국을 근대화하고 '구조(救助)'한다는 독특한 자격을 부여받았다고 생각하였다. 그들의 동기와 사상은 외국 접촉에서 더욱 솟아났다. 일본이 아직도 중국인 해외 유학생을 가장 많이 받아들였으나(약 5분의 2), 3분의 1은 이제 미국으로 갔다.

의화단 배상금 가운데 미국의 몫인 약 1,200만 달러(약 3분의 2)를 1908년에 중국에게 경감시켜 준 것이 북경의 청화(淸華, Tsing Hua) 대학 설립으로 이어졌고, 이리하여 장학금을 받아 미국으로 가는 학생들의 꾸준한 흐름이 1911년부터 시작되었다(1924년에 배상금의 나머지가 면제되었고, 지불할 필요가 없게 되어 경감된 배상액을 이용하기 위한 중화 교육 문화 기금 위원회(中華敎育文化基金委員會)가 설립되었다). 전쟁 동안에 유럽에서 필요로 하는 노동력 공급을 위해 약 14만 명의 중국인 계약 노동자들이 1916년에서 1918년 사이에 모집되어 프랑스로 갔고, 그곳에서 Y.M.C.A.의 안양초(晏陽初, Yen Yang-ch'u) 같은 중국인 학생 노동자들이 대중 교육의 방법들을 발전시키기 시작하였다. 프랑스에서는 중국인 유학생들 가운데서 일어난, 일하면서 공부하자는 운동[근공검학(勤工儉學)]을 채원배(蔡元培, Ts'ai Yüan-p'ei)와 그 외의 사람들이 벌써부터 주도하고 있었다. 이 모든 경험은 옛날부터 있었던 학문과 노동 사이의 장벽을 허물어 버리는 기나긴 과정을 조장하였다.

미국보다는 프랑스가 중국에 돌아온 귀국 학생들 사이의 정치 운동과 신조의 원천이 되었다. 유럽에서는 사회주의의 존재 이유를 가져다 주었던 산업 자본주의와 공장 노동자 계급이 중국에서는 아직 대수롭지 않았다. 그러나 유럽의 무정부주의론, 특히 피터 크로포트킨(Peter Kropotkin)의 무정부주의적 공산주의는 폭넓은 반응을 얻었다. 크로포트킨의 〈상호 부조(相互扶助) : 진보의 요소〉(1902년 출판)는, 협동이 잘 이루어지기 이전에 자유에 대한 속박이 물론 파괴되어야겠지만 상호 부조는 상호 투쟁처럼 자연의 법칙이라고 논하였다. 도쿄와 특히 파리에 있던 중국인 학생들은 모든 엘리트 조직들과 모든 정부(따라서 민족주의 그 자체도)를 반대함으로써 가르침을 적용하였고, 한편으로는 평등주의, 대중 운동, 그리고 암살을 포함한 직접적 행동을 옹호하였다. 청교도주의 및 자기 희생, 그리고 대중의 자발적인 결합과 뜻에 따른다는 유토피아적 신념을 가지고 기존 질서를 파괴하는 것과 결합된 이 무정부주의 계열의 사상은 주요 지점에서 활동하는 무정부주의 단체들을 사로잡았다.

북경 대학의 새로운 사조(思潮)　사상 혁명은 국립 북경 대학(흔히 줄여서 북대(北大, Peita)라고 부른다)에 집중되었다. 그것은 북경 대학이 교육 조직의 최정상이라는 권위 —— 그때까지 다른 국립 대학이라고는 두 곳뿐이었다 —— 와 신임 총장인 채원배가 1917년에 북경 대학으로 초빙해 온 교수진 때문이었다. 고전적 학인인 채원배는 25 세 때 한림원(翰林院)에 들어갔으나 나중에는 동맹회에 가입하였다. 그는 독일에서 칸트(Kant)와 그 외의 서양 철학자들을 공부하였으며, 1912년에 손문과 원세개 밑에서 중화 민국 첫번째 내각의 교육 총장으로 근무하였다. 독일과 프랑스에서 더 공부하고 돌아와서, 그는 북경 대학을 한직(閑職)이라도 잡으려고 관리를 준비하던 관료 지배의 학교에서 전세계의 사상이 경쟁하게 될 학문의 중심지로 개조하기 시작하였다. '정치적 통제를 벗어난……정치를 초월한 교육'에 대하여 그가 1912년에 주장하였던 것은 유가 이념의 부활을 위한 원세개의 권위적 조치로 침묵해야만 했고, 일당 독재의 시작으로 다시 침묵을 강요당했다. 장기적으로 보면, 중국의 재건은 새 정치 체제를 떠받쳐 줄 새로운 정통성을 찾으려는 것이었다. 그러나 군벌 시대의 정치 질서가 가진 바로 그 허약성이(법의 다원적 지배와 같은 힘이 아니라) 잠시 동안이나마 정말 자유로운 가운데서 사상의 자유를 누리도록 허용하였다. 채원배는 북경 대학에서 지극히 다양한 견해들을 장려하였고, 교수와 학생들의 개인적 정치 활동까지도 권장하였다. 그 결과로서 생겨난 지적(知的) 개화는 사상적 측면에서 1911년의 정치적 혁명에 버금가는 것이었다. 이 사상적 측면의 혁명은 대개 1880년대에 태어난 유례없는 과도기 세대의 사람들이 수행하였다. 그들은 중국의 고전 학문으로 기초를 닦은 뒤 해외에서 서양 문화에 몰두하였다. 그들은 두 세계를 딛고 섰으니, 그런 사람은 이전에도 이후에도 없었다. 그들은 무지(無知)가 아니라 전통적인 정통 사상을 지식의 세계에서 추방하였다.

채원배는 지도적인 혁명적 언론인인 진독수(陳獨秀, Ch'en Tu-hsiu)를 북경 대학의 문과 학장으로 데려왔다. 유복한 관료 집안 출신인 진독수는 과거 시험에 합격하였고 일본과 프랑스에서 공부하였으며, 1911년의 혁명에 참가하였다. 그는 프랑스 혁명식의 개인의 자유──자유, 평등, 박애──에 대한 열렬한 옹호자가 되었다. 그는 중국의 쇠약을 유가 사상 탓으로 돌렸다. 유가 사상의 가족적 의무가 개인을 무기력하게 만들었고, 유가 사상의 상업에 대한 천시가 경제를 허약하게 만들었다는 것이다. 진독수가 1915년에 창간한 월간지 〈신청년(新靑年)〉에서, 그는 중국의 청년들에게 "노예적이지 말고 자주적이어라…… 보수적이지 말고 진보적이어라…… 소극적이지 말고 진취적이어라

코넬 대학에서 중국 철학사를 강의하고 있는 1946년의 호적 박사.
그는 전쟁 초기인 1938년에서 1942년 사이에 주미 중국 대사였다.

……쇄국적이지 말고 세계적이어라…… 텅빈 형식이 아니라 실리적이어라……
상상적이지 말고 과학적이어라."고 요구하였다. 진독수는 북경 대학에서 〈신
청년〉의 편집을 계속하였다. 〈신청년〉은 편집자에게 보내는 편지를 게재하고,
1만 6,000 부나 발간하는 등 전국의 학생들을 분발시키면서 광범위한 토론의
광장이 되었다.

북경 대학에서 진독수의 협력자는 그보다 젊고 역시 학인-관료 집안 출신이
며 어릴 때부터 고전 교육을 받았던 호적(胡適, Hu Shih)이었다. 어려서부터 그
는 문학 작품에 문언(文言) 대신 백화(白話)를 사용하자는 많은 혁명가들이 주
장하였던 사상을 간직하고 있었고, 코넬(Cornell) 대학에서 철학을 공부하고 컬
럼비아(Columbia) 대학에서 존 듀이(John Dewey)에게 철학을 배웠다. 또한 명
대와 청대의 백화체 소설들 및 선교사의 책들도 백화 사용의 길을 닦아 놓고
있었다. 호적은 미국 시단(詩壇)의 '새 물결' 운동을 반영하면서 일상 생활 언
어로써 중국 시를 짓는 일에 앞장섰다. 그와 뛰어난 언어학 전공자의 한 사람
[조원임(趙元任)]은 백화를 쓰는 논거를 주장하였고, 백화 문학 운동은 진독수의
도움으로 〈신청년〉을 통하여 시작되었다. 〈신청년〉은 곧 이어 순전한 백화문

만으로 집필되었다.

　이 '문학의 르네상스'는 몇 가지 목적을 가지고 있었다. 첫째로 근대 사상을 이해하기 위하여 새로운 문장 형식을 창조하는 것이었다. "죽은 언어가 살아 있는 문학을 만들어 낼 수 없다."고 호적은 단언하였다. 듀이의 실용주의와 과학적 방법에 대한 그의 신봉은 그에게 비판적 사고를 위한 도구로서 새로운 문장체와 표현의 정확성을 추구하게 만들었다. 두번째 목적은 대중을 위하여 읽고 쓰기를 더 쉽게 만들고 그들의 삶에 직접적으로 근거를 둔 대중 문학을 창조함으로써 그들에게 접근하기 위함이었다. 진독수는 '신선하고 성실한' 사실주의를 위하여 '진부하고 과대 포장된' 고전주의를 포기하도록 권하였으며, 그것은 '소수 관료들의……이해하기 어려운 문학'을 타도하고 '평범하면서 간단하고 표현이 풍부한 대중 문학'을 창조하기 위함이었다. 이 운동의 또 다른 목적은 '유가적 윤리와 도교적 미신들의 저장소'였던 문장체를 파괴함으로써 개인을 해방시키자는 것이었다. 새로운 문학적 항변이 곧 나타났다. 〈신청년〉은 1918년 5월에 "광인 일기(狂人日記)"라는 풍자적인 단편을 실었다. 이 소설에서 미친 사람〔狂人〕은 사람들이 자신을 죽이고 먹으려 한다고 확신하고 있다. 미친 사람은 역사책에서 "페이지마다 '인(仁), 의(義), 도(道), 덕(德)'이라는 말들이 갈겨져 있음을 본다." 그러나 더욱 가까이서 들여다본 그는 "행간(行間) 사이에서 '흘인(吃人;사람을 먹어라)'이라는 두 글자가 연속되어 가득 차 있음을 발견"하였다. 중국의 전통 사회에 대한 이렇게 신랄한 고발은 저자인 노신(魯迅, Lu Hsün)을 상징하였으며, 그의 단편들과 짤막한 수필들은 곧 그를 중국 근대 문학의 위대한 개척자로 만들었다.

　이리하여 1919년까지 북경 대학은 해외와 중국의 고전적 전통에서 오는 다양한 영향들을 위한 만남의 장소로 되었다. 다른 토론지들도 〈신청년〉과 함께 하였다. 그 결과 흥분 속에서 그 당시 서양과 일본에서 유행하던 모든 사회 이론 및 철학 이론들——사실주의, 공리주의, 실용주의, 자유주의, 개인주의, 사회주의, 무정부주의, 다원주의, 유물론 등——이 충분히 이해되든 아니되든 소개되었다. 이 사상적 무기 창고들을 이용한 전통 사회에 대한 대대적인 비판은 진독수가 '덕(德, 민주주의) 선생'과 '새(賽, 과학) 선생'이라고 부른 주요한 두 주인공을 지지하였다. 진독수는 "오직 이 두 선생만이 중국의 정치, 도덕, 학문, 사상의 암흑 같은 병폐를 치료할 수 있다."고 적었다. 이리하여

416

정치와 학문에서 지적 에너지가 거대하게 폭발하게끔 사상과 전달 수단 면에서 바탕이 마련되었다.

5·4 사건　‘5·4’라는 말은 1919년 5월 4일 북경에서 일어난 학생 시위에서 비롯된 것이다. 그러나 그것은 이미 우리가 그 시작을 설명하였듯이, 대략 1917년부터 1921년까지 또는 그 이후까지의 전반적인 사상적 운동을 가리키는 것으로서, 숫자를 이용하는 중국의 관행을 따른 것이다. 5·4 사건은 민족주의의 등장을 정치 면의 지배적 에너지로 주목하였다. 이 애국적 관심은 1914년에 있었던 산동 반도에 대한 일본의 점령과 연이은 21 개조 요구 이후 고조되어 왔다. 제 1 차 세계 대전에 대한 1917년 8월의 중국 참전을 주장한 사람 중에는, 전쟁 시기 동안에 일어난 일본의 팽창에 대항하기 위하여 평화 회담에 중국의 참석을 확보할 수단으로 삼으려는 사람도 있었다. 그러나 일본은 이미 산동 지역에서 독일이 앞서 소유하였던 이권들을 일본이 보유하도록 영국, 프랑스, 이탈리아의 동의를 얻어 놓고 있었다. 이 비밀 각서는 또 미국과 체결한 1917년 11월의 랜싱-이시이(Lansing-石井) 협정에서도 묵인되었던 것으로 생각된다. 1918년 11월의 제 1 차 세계 대전의 종결은 군국주의를 이긴 민주주의의 승리라는 점에서 서방 세계에 기쁨을 가져다 주었다. 그러나 1919년 1월에 열린 파리 강화 회의에서 북경과 광동 모두를 대표한 중국 대표단은, 마치 윌슨(Wilson) 대통령이 그러하였듯이, 윌슨의 민족 자결 원칙과 공개 외교가 동아시아에서는 적용되지 않는다는 것을 곧 알게 되었다. 1918년에 북경의 군벌 정권도 역시 산동 지역에서 갖는 일본의 지위를 승인하는 비밀 협정들에 서명하였다는 것이 드러났다. 중국의 유능하고 젊은 외교관들의 주장도 헛일이었다. 중국인의 대중적 관심은 전례 없이 고조되었다. 수백의 해외 화교 단체들이 항의 전보를 파리로 보냈다. 학생들의 분노가 북경 정부의 비밀 거래 때문에 끓어오를 때, 일본을 산동에 그대로 둔다는 파리 강화 회담의 결정 소식이 전해졌다. 5월 4일, 북경에 있는 13 개 학교에서 3,000 명 이상의 대학생들이 천안문(天安門, T'ien-an Men)에 모여 선언문을 채택하였다. 잇달아 시작된 시위는 학생들이 한 친일 관리를 ‘매국노’라 하여 두들겨 패고 한 각료의 집을 불지르면서 폭력화되었다.

　5·4 사건의 역사적 충격은 그 뒤에 전개된 학생들의 정치적 운동 계획에서

왔다. 북경의 학생들은 남학생들과 마찬가지로 여학생들도 포함된 연합체를 조직하였다. 그들은 신문과 상인들로부터, 손문과 광동 정부로부터, 그리고 군벌 경쟁자인 안복(安福, An-fu)파로부터 재빨리 전국적인 지지를 확보하였다. 비슷하게 조직된 다른 도시의 학생들도 시위를 벌였고, 일본 상품들을 배척하기 시작하였으며, 거리에서 연설로써 지지를 불러일으켰다. 학생들은 근대 학인 계급으로 이루어진 유사한 조직 —— 교수, 교사, 작가, 언론인 등 —— 에 대하여 정치적 활동을 하도록 자극하였다. 5월말과 6월초에 200개 이상의 도시에 있는 학교들이 학생들의 동맹 휴학으로 휴교하였다. 학생들은 반일 애국심의 기치 아래 자신들이 정치적으로 새로운 세력임을 보여 주었다. 완력에 대한 믿음이 철저한 북경의 군벌 정권은 6월초에 1,150명의 학생 운동자들을 감금하고 북경 대학의 일부를 감옥으로 바꾸면서까지 운동을 진압하려고 하였다. 그 반응으로 여학생들도 남학생들을 따라 거리로 나섰다. 상해의 상인들이 일주일 동안의 긴 애국적 철시 기간 동안에 동조하여 그들의 가게를 닫았다. 약 40개에 이르는 상해의 공장들에서 노동자들이 애국적 동기에서 파업하였다. 이는 주요 계급이 참여하고 대중적 행동이 새로운 차원에 이르면서 그날을 승리로 이끈 진정 전국적인 운동이었다. 북경의 학생들은 의기 양양하게 감옥에서 나와 행진하였다. 3명의 친일 '매국노' 관리들이 해임당하고, 내각이 사퇴하였으며, 중국은 베르사유 조약의 비준을 거부하였다.

신문화(新文化) 운동   5·4 사건의 정치 활동에서 일당 독재의 발생, 사회주의적 사상의 성장, 그리고 제국주의에 대항하는 투쟁을 특징으로 하는 1920년대 중국의 새로운 민족주의가 생겨났다. 한편으로는 그 속에서 정치 행동을 발생케 한 지적 흥분이 꾸준히 계속되었다. 즉 의사 전달 수단이 증가되었으며, 서양 사상들이 열렬히 추구되었고, 구악(舊惡)은 신랄하게 비난되었으며, 그리고 새로운 가치관들이 토의되었던 것이다. 1919년 5월 4일 이후 한 해 또는 두 해에 걸친 이러한 지적 활동은 대체로 사회적·정치적 활동을 갑자기 멈추게 하였으니, 이것을 '신문화 운동'이라고 부른다. 그러한 환경에 따라 그 가운데는 아주 단순한 것도 있었지만 백화문으로 씌어진 수백 종의 잡지들이 나타났다. 신문들 역시 새로운 사상과 그에 따른 모든 가치관들을 다시 검토하는 일에 부응하였다. 서양 책들의 번역을 포함한 서적의 간행도 급격하게 일어났다. 이러한 수단들을 통하여 30대의 젊은 교수들과 20대의 학생들이 시작한 지적 혁명이 북경 대학에서 전국으로 퍼져나갔다. 수많은 목적을 위한 단체들이 곳곳에서 생겨났다. 탁월한 외국의 학자들이 강연을 하러 왔다. 존 듀이는 중국에서 2년 동안 지내면서 자주 강연을 하였으며, 가끔 호적이 통역을 곁들였다. 버트런드 러셀(Bertrand Russell)은 거의 1년 동안 머물며 국가 사회주의를 옹호하여 폭넓은 독자층을 얻었다.

계급과 신분으로 이루어진 전통적 유가 질서에 대한 공격은 해묵은 '삼강(三綱) —— 군주에 대한 신하의, 아버지에 대한 아들의, 남편에 대한 아내의 종속 —— '의 타당성을 부인하였다. 그 공격은 상응하는 세 덕목 —— 상급자에 대한 충성, 효도, 그리고 여성의 복종 —— 을 국가와 가족 안에 있는 전제주의의 버팀대라고 비난하였다. 반(反)유가주의자들은 부모의 학대, 결혼에 대한 부모의 결정, 그리과 가족에 대한 청년 남녀의 예속을 공격하였다. 서양에서 이루어지던 여성들의 참정권과 동등한 권리들을 위한 운동에 발맞추어 여성 해방은 이 시대에 큰 진전을 거두었다. 강유위가 1898년에 하였던 것을 아직도 주장하고 있듯이 유가 사상을 국가 종교[공교(孔敎)]로 만들려던 많은 보수주의자들은 점점 더 심한 반대에 부딪쳤다. 유가적 속성들 또는 예(禮)의 원칙들은 개인을 묶는 쇠고랑이라고 비난받았다. 불평등한 역할들에 근거를 둔 사회적 조화는 저주받았다. 노신은 "중국 문화는 주인에게 봉사하는 문화이고, 주인은 수많은 사람들을 비참하게 희생시키면서 의기 양양해한다."고 적었다.

유가 사상에 대한 공격은 고대 중국에 대한 비판적 재평가를 고무(鼓舞)하였다. 북경 대학의 의고파(疑古派) 학자들이 경전의 신빙성을 다시 평가하였다. 또한 호적과 이제 정치계에서 은퇴한 양계초는 '국고 정리 운동(國故整理運動)'을 주도하였다. 위대한 전통이라는 범위 안에 있는 왕겨로부터 낟알을 가려 내자는 것이었다. 이리하여 그들은 고대의 철학자인 묵자(墨子, Mo-tzu), 중국의 불교, 백화 소설의 역사와 청대 사상을 다시 연구하였다. 중국의 유산에 대한 이러한 관심은 제1차 세계 대전 이후 유럽의 '물질주의'가 가져온 환멸 때문에 고조되었다. 파리 강화 회의에서 돌아온 양계초는 서양 문명의 정신적 파탄을 확신하였으니, 그것은 '정신적 굶주림'으로 말미암아 물질주의적으로 되어 메말라 병들기 시작하였다고 보았던 것이다. 토론의 전과정은 주제들의 시비 곡직을 하나하나 논의하였다. 종교는 검토와 옹호와 광범한 비난을 받았다. 세계 그리스도 교도 학생 연맹이 1922년에 북경에서 회합하였을 때, 전국적인 반(反)종교 및 반(反)그리스도 교 운동이 학생들 사이에서 조직되었다.

지적이고 문화적인 혁명이 전통적인 질서를 극복해 냄에 따라 그것은 일관된 목표를 상실해 버렸다. 학문적 탐구, 개혁, 점진적 발전을 주장하는 사람들과, 정치적 실천, 반란, 폭력 혁명을 주장하는 사람들 사이에 분열이 생겨났다. 사람들은 어느 정도까지 각자의 배경과 개인적 기질에 따라 자신들을 구분하였다. 호적(胡適)은 중국 문명을 개조하기 위한 실용적인 접근 방법을 주도하였다. 그는 여러 종류의 사회주의와 그 밖의 광범위한 내용을 가진 모든 신조들의 ‘주의(主義)’를 통렬히 비난하였다. 그 대신 그는 ‘비판적 자세’를 가지고 ‘발생적 방법’으로 분석해야만 될 ‘문제’에 집중할 것을 주장하였다. 즉, “완전한 해방이나 완전한 재건은 없다. 해방이란 이 사람 또는 저 사람이 이 제도 또는 저 제도로부터, 이러한 신념 또는 저러한 신념으로부터 해방됨을 뜻한다. 그것은 조금씩 조금씩 한 방울 한 방울씩의 해방”이라는 것이다. 많은 사람들에게 이러한 것은 중국의 과제들을 대처하기에 부적당하고 마찬가지로 감정적으로도 불만족하게 생각되었다. 교육에 대한 호적의 장기적인 계획은 단기적인 정치적 수단을 가지고 있지 않았다. 그것은 기껏해야 군벌 정권에게 민권(民權)을 보장하라고 요구한 자유주의적 선언문을 만들어 낸 것에 지나지 않았으며, 모두 헛일이었다. 개인주의에 대한 중국인 지지자들은 서양의 자유주의처럼 개인의 권리와 자유에 관한 긍정적인 원칙에 호소할 수 없었다. 서양의 자유주의는 자연권과 법의 우월이라는 서양의 이론들에서 나온 것이었다. 그러나 중국에는 순수한 중국의 자유주의를 뒷받침할 만한 것이 없었다. 이와 달리 군벌이 통치하는 중국에서 자칭 자유주의자들은, 그 자신들의 민권을 이기적으로 요구하기에 앞서, 조국을 향한 그의 새로운 충성심이 요구되는 근대 국민 국가의 창조에 힘써야만 하였다. 한동안 관심의 집중점은 개인을 해방시키는 방법에 있었다. 그러나 1921년 이후 그것은 훨씬 더 관례적 과제인 국가를 부강하게 하는 방법으로 후퇴하였다. 민족주의가 자유주의에 우선하였던 것이다. 개인과 그의 문화적 활동을 선동하고 통제할 것을 다시 시도하려는 정치적 움직임들도 곧 이어 등장하였다.

마르크스-레닌주의의 도입　5·4사건은 정치적 행동을 조직할 때 학생들이 무엇을 이룰 수 있는가를 보여 주었다. 당시 상해에 있던 손문에게 이 잠재 세력의 의미는 매우 분명하였다. 그리하여 그는 자신의 전반적인 국민당 개조의 한 부분으로서 학생들을 모집하기 시작하였다. 정치적 활동은 마찬가지로 진독수의 낭만적 기질을 움직이게 만들었다. 바로 이 무렵 소련의 본보기와 주의 주장들이 실천적인 모습으로 등장하였다. 몇몇 국민당 주요 지도자들과 마찬가지로 신문화 운동의 한쪽 날개를 담당하던 사람들 전부가 그들이 찾고 있었던 행동 강령을 발견하였다고 곧 믿게 되었다.

마르크스주의의 지적 매력은, 과학이 서양의 우월성을 가져온 비결이었던 것처럼 생각되던 때에, '과학적'이기를 주장한 마르크스주의의 한 부분에서 찾을 수 있었다. 마르크스의 '유물 사관' 개념 —— '생산 수단'의 통제를 위한 지배 계급과 피지배 계급 사이의 '계급 투쟁'에 말미암은 일련의 연속된 단계들(원시, 노예 소유, 봉건, 자본주의, 사회주의)을 거치면서 사회가 진보한다는 —— 은 '진보'를 설명해 주고 역사상의 혼란된 사건들을 단순화시켜 주는 하나의 방식을 필요로 하고 있던 학생들의 마음을 사로잡았다. 계급 투쟁과 착취는 생산 수단의 개인 소유를 폐지함으로써 없앨 수 있다는 낙관적인 믿음이 공업화와 그에 따른 모든 문제들이 이제 막 시작되고 있던 한 저개발 국가에서 특히 매력적이었다. 더구나 마르크스주의는 공산당의 훈련된 지적 엘리트인 혁명 선봉대라는 레닌의 개념과, 식민 제국주의(植民帝國主義)는 국제적 독점 자본주의 성장 탓으로 돌려야 한다는 레닌의 설명으로 장식되어 있었다. 본래 선진 산업 사회들을 위한 처방이었던 유럽의 마르크스주의는 이제까지 중국의 사상사에서 아주 조그마한 주제였다. 그러나 마르크스-레닌주의는 뭔가 새로웠다. 1919년의 중국에서는 마르크스-레닌주의의 구세주적 환상이 소비에트의 놀라운 정권 획득으로 더욱 신뢰를 받게 되었다. 그것은 중국이 안고 있는 문제들에 대하여 모든 해결책을 제공해 줄 것처럼 보였다. 서양 '과학 사상'의 이름으로 제국주의적인 서양을 배격하고 중국의 굴욕적 후진성을 '군벌 봉건주의'(예를 들면, 안복파)와 동맹을 맺은 '자본주의적 제국주의'(예를 들면, 일본과 서양의 조약국들)에 속박당한 때문이라고 설명해 줄 수 있는 세계사에 대하여, 마르크스-레닌주의는 이론적인 면에서 모순이 없고 보편적이며 과학적인 관점을 제공하여 주었다. 정치적인 면에서 레닌주의는 새롭고 탄탄한 정당 조직 방법을 가져다 주었고, 권력을 획득하여 대중 선동과 사회 개조를 위하여 이용하는 새로운 기법 —— 실제로 서양 세계에서 정치적 기술을 빌려 온다는 점에서는 가장 새로운 조치이다 —— 을 제공해 주었다. 끝으로 레닌주의는 개인에게 애국적 목적을 위한 자기 수양과 희생의 방법을 제공한다고 주장하였다.

이러한 매력들은 시간의 흐름에 따라 더욱 확고해질 것이었고, 애국적 열정이 체계화된 표현을 모색하고 있던 때에 그것들이 적절하게 시기에 맞추어 나타났다. 중국이 베르사유에서 '속임'을 당하였다는 점은 민족의 진정한 적이 '제국주의'라는 극적인 증거였다. 그때부터 레닌이 말한 것처럼 민족주의와 반(反)제국주의가 연결되어 있다고 생각되었다. 신문화 운동의 몇몇 지도자들은 정치적 행동을 추진하였다. 중국 농민들의 해방에 큰 관심을 기울이는 철학적 경향을 지닌 교수 이대교(李大釗, Li Ta-chao)는 〈신청년〉에서 이미 '볼셰비즘(Bolshevism)의 승리'를 환영하였다. 그는 1919년에 마르크스주의에 관한 특집을 편집하였던 것이다. 북경과 상해의 연구회(북경 대학 도서관에서 이대교를 도왔던 호남성 출신의 학생 모택동(毛澤東, Mao Tse-tung)은 1919년 3월에 장사(長沙, Changsha)로 돌아가서 같은 성격의 연구회를 이끌었다)는 여러 종류의 사회주의 이론을 다루었다. 1920년대 중반에 진독수와 이대교는 전심 전력을 다하여 마르크스-레닌주의를 받아들였다. 진독수는 9월이 되자 중국 공산당 설립을 계획하기 위하여 여러 사람들과 만났다. 오늘날에 와서는 중국 공산당 제 1 차 전국 대표 대회를 창시한 것으로 간주되는 1921년 7월의 상해 회의에 모택동과 그 외 11 명이 참석하였고, 그때까지 작은 규모의 지부들이 역시 북경, 장사, 무한, 광동과 제남(濟南, Tsinan)에도 있었다.

이같이 갑작스런 발전에 대한 소련의 기여는 제정(帝政) 러시아의 불평등 조약들이 가진 모든 특권들을 포기하겠다는 제의에서부터 시작되었으며, 이러한 조치는 친소 감정을 널리 불러일으켰다. 제 3 인터내셔널(코민테른; 1919년 3월에 조직됨)은 상해에서 최초의 공산당 조직과 보도 기관과 출판물 및 지부의 설치를 도왔고, 제 1 차 전국 대표 대회에도 원조하였다. 이 단계에서는 코민테른의 실제적인 지식이 기본적 요소였다. 전후 프랑스에 있던 노동자-학생들 가운데 활동가들은 다수가 호남성 출신이었고, 1921년에 파리에서 그 자신들의 청년 중국 공산당을 창설하였다. 남개(南開) 대학 졸업생인 주은래(周恩來,

Chou En-lai)가 프랑스에서 돌아온 공산주의 지도자들 가운데서 가장 유명한 사람이 되었다.

1921년 이후 공산당과 국민당의 당 조직 성장은 지식인들에 대하여 정치를 피하고 학문을 추구할 것인가, 아니면 학문을 정치 활동에 종속시킬 것인가라는 고통스러운 선택에 부딪치게 하였다. 호적과 진독수가 4년 동안의 협동 끝인 1921년초에 동료들과 관계를 끊었을 때, 그들은 그 선택을 상징하였다.

작가들도 곧 비슷한 선택에 부딪쳤다. 유럽의 르네상스처럼 일상 생활 속의 백화 문장이 시험적으로, 그리고 실험적으로 문학의 모든 형식들에서 이제 막 시작되고 있었다. 장편 소설, 단편 소설, 수필, 시, 희곡을 위한 새로운 유파와 주제들 등 모든 것이 중국어로 된 신선한 창작물을 기다리고 있었다. 많은 것들이 시작되었으나 그 가운데서 많은 것들이 아직도 연구되지 않은 상태였다. 그러나 대부분의 작가들에게 압도적인 첫째 임무는 사회 혁명 —— 구(舊) 질서의 해악과 그것을 개조하기 위한 투쟁 —— 이었다. 작가들은 그들의 임무가 동포를 깨우치고 중국을 구하기 위한 교훈적인 사회 기능이라고 믿었다. 종종 영국적인 것과 미국적인 것의 모델을 좇아 낭만주의나 '예술을 위한 예술'을 개인주의자의 입장에서 추구한 사람들은 노신처럼 정신적 의사로서 조국에 봉사하려는 사회적 목적을 가진 사람들 때문에 곧 빛을 잃게 되었다.

가장 영향력이 있던 초기의 단체는 문학 연구회였으며, 그들은 상무인서관(商務印書館)이 발행하던 잡지인 〈소설월보(小說月報)〉의 편집을 인계받았다. 그들은 다양하고 사실적인 '인도주의(人道主義) 문학'을 옹호하였고, 서양 소설의 번역을 역설하였으며, 여류 작가들을 포함한 새로운 신인 작가들을 장려하였다. 이와 경쟁하는 단체는 곽말약(郭沫若, Kuo Mo-jo)과 그 밖의 사람들이 일본에서 결성한 창조사(創造社)였으며, 처음에는 전면적이고 반항적인 낭만주의에 몰두하였다. 창조사는 솔직한 자서전적 고백들을 발간하였는데, 필자들은 그 속에서 성적 욕망과 애국적 감정에 다같이 좌절을 겪은 주인공을 항상 후회하고 죄악감에 사로잡혀 있는 채로 두었다. 그러나 1920년대 중엽에 창조사는 똑같은 열정을 지닌 채 마르크스주의로 돌아섰다. 곽말약이 1924년에 자신의 전향에 대하여 "나는 이제 내가 조화시킬 수 없었던 모든 사상들에 대하여 질서를 부여할 수 있다. 나는 나에게는 자기 모순적이고 풀 수 없었던 모든 문제들의 열쇠를 발견하였다."고 적었다. 이는 마르크스-레닌주의의 매력을 요약하고 예술로서의 문학에 대한 자유주의적이고 개인주의적인 접근의 해독을 강조한 말이다. 근대적 문학의 전통과 새로운 환경 속에서 확립된 예술적 규준(規準)을 갖지 못하여 작가들은 혁명 과정에서 주로 사회적 기능을 더욱 쉽게 받아들였던 것 같다.

국민 혁명의 배경

1920년대는 군벌 혼란의 절정과 그것을 극복하기 위한 혁명이 발생된 시기이다. 그 혁명의 첫째 목표는 국가 재통일이었다. 이외의 다른 목표들은 국외적인 것과 국내적인 것이었다. 대외 관계에서 혁명은 불평등 조약상의 외국의 특권과 영향을 폐지하는 것을 목표로 하였다. 모든 애국자는 반(反)제국주의자였다. 그러나 국내 문제에서는 이해 관계들이 달랐다. 사회 혁명은 공장 노동자와 시골 마을의 농부들까지도 대규모 조직을 이룸으로써 하나의 가능성으로 등장하였다. 그러나 주된 영도 세력은 결국 사회 혁명을 반대하여 대중 운동을 탄압하였고, 국가 통일과 반(反)제국주의를 내세워 그 권력을 강화하였다. 혁명 과정은 1921년부터 1925년 중반에 걸친 준비 기간 동안에 먼저 여러 가지의 요소들을 축적하여 그 후 2 년 동안 고조기(高潮期)를 이루었고, 그 다음 시들어갔다. 중국의 정치적 근대화의 한 단계인 국민당의 부상(浮上)은 정부와 일당 독재의 새로운 형태가 마침내 왕조 체제를 대신하였다는 점을 의미하였다. 조약 체제 역시 최후의 선까지 물러나 중국의 주권을 더욱 행사하도록 허용하기 위하여 수정되었다. 하지만 이러한 발전 모두가 중도에서 중단되어 버렸다. 국민당의 독재는 중국의 모든 성을 확고하게 지배하지는 못하였다. 주로 도시에서 권력을 잡았던 국민당의 혁명도 농촌까지는 미치지 못하고 멈춰 버렸던 것이다. 마찬가지로 중국의 주권 회복도 치외 법권을 폐지하는 데 실패하였다. 이리하여 국민 혁명은 1911년의 혁명과 마찬가지로 제한된 결과들만을 얻게 되었다.

서양의 영향 역시 그 자체가 가진 피할 수 없는 한계들에 부딪치고 있었다. 개항장의 서양 기업체들과 내륙 지역의 선교사들은 중국의 정치 질서가 안고 있는 과제를 다룰 수 없었다. 중국을 재조직할 모델을 중국에 제시해 주거나 근대화라는 목적을 위하여 중국의 새로운 민족주의를 이용하는 방법을 보여 줄 수 있는 조약국 정부도 없었다. 서양은 옛 질서의 파괴를 도왔다. 그러나 어떻게 하면 새로운 질서를 만드는 데 도움을 줄 수 있었을까? 이 질문은 제 1차 세계 대전 이후 1921년에서 1922년 사이의 외교적 배경을 이루었다.

조약 개정의 부진(不振)　　조약국들은 중국이 다른 나라들처럼 안정된 중앙 정부를 발전시키도록 기대하였다. 조약 체제 그 자체는 파기될 가능성을 항상 가지고 있었다. 왜냐하면 그 조약들은 모두 주권 국가 사이에서 체결되었고, 그 가운데 한쪽(중국)이 자신의 주권에 대한 제약을 받아들였기 때문이다. 외국의 외교관들과 중국의 민족주의자들은 중국의 완전한 주권 회복에 대한 타당성보다는 그것을 성취하는 시기와 과정들에 대하여 견해를 더 달리 하였다. 중국 문제를 다루는 열강들의 주된 노력은 워싱턴 회의(1921년 11월 12일에서 1922년 2월 2일까지)에서 이루어졌다. 회의의 협약은 네 가지 주요 범주로 되어 있었다. 그러나 그것은 제재 규약과 실시 조항이나 무력 외교의 실행을 구속하는 점에서는 어떠한 강제적 수단도 가지고 있지 아니하였다.

첫째, 일본과 미국의 어떠한 갈등에 영국과 영국 연방을 휩쓸려들게 할지모를 영국·일본의 동맹은 그것을 대신할 만큼 강력한 동맹을 체결하지도 않은 채 폐지되었다. 둘째, 워싱턴 회의의 주요 목적인 주력 함정들에 대한 해군 군비의 제한을 영국, 미국, 일본이 각각 5:5:3의 비율로 받아들였으며, 영국이나 미국의 해군 기지들을 싱가포르의 동쪽이나 하와이의 서쪽에 두지 않는다는 단서가 붙어 있었다. 셋째, 일본은 산동과 동북 아시아 지역에서 군대를 철수시키는 데 동의하였다. 그곳에는 1918년 중엽 볼세비키 혁명에 대한 간섭으로서 연합군, 특히 일본군이 연해주와 북만주 및 동시베리아에 진주하여 있었다. 이리하여 서태평양의 해군 지배를 보장받은 대가로서 일본은 아시아 대륙 안에서 1905년 당시의 영토 위치로 철수하였다. 끝으로 9개국 조약은 중국의 문호 개방, 영토 보전, 행정적 독립에 대한 각국의 지지를 공식적으로 선언하였고, 중국의 관세와 치외 법권에 대한 회의를 요구함으로써 조약 체제의 점차적 폐지라는 방향으로 나아갔다.

이와 같은 합의의 결과로서 일본은 산동에서 철군하였고, 영국은 결과적으로 위해위(威海衛)를 다시 찾았다. 그러나 관세 회의는 1925년에서 1926년까지 열리지 않았고, 그 후에 가서도 중국은 1929년 이후 관세 자주권을 행사한다는 중요한 점을 제외하고는 합의에 실패하였다. 마찬가지로 1926년에 한 번 북경에서 개최된 치외 법권 위원회도 아무런 결과를 얻지 못하였다. 중국을 하나의 민족 국가로서 성장하기 쉽게 하는 이 국제적 노력을 방해하는 것은 효율적인 중앙 정부가 없다는 점이었다. 도적떼와 군벌의 난폭함은 외국인들의 생명과 재산을 위협하였다. 국제적 의무들을 완수하기에는 중국 당국이 무능하였으므로 주권을 행사하겠다는 중국의 요구는 꺾여 버렸다. 이처럼 중국 국내의 혼란이 불평등 조약 체제에 대한 개정 요구를 방해하였던 것이다.

중국 혁명에 대한 소련의 접근   소련이 1920년대에 중국에게 준 충격은 여전히 서양이 미친 영향의 또 다른 양상이었다. 그러나 중국의 대외 관계에 관한 점진적 개선이라는 점에서 조약국들의 마음에도 없는 노력들과 비교해 볼 때, 모스크바는 중국 안의 혁명에 대하여 실제로 도움이 되는 본보기를 제공하여 주었다. 일찍이 1912년에 레닌은 공산주의자가 이끄는 공업화된 유럽의 프롤레타리아 혁명이 아시아의 민족주의 운동들을 지원해야 한다고 말하였으니, 식민주의와 제국주의에 대항한 '부르주아-민주주의' 운동들이 아시아의 민족주의 혁명들을 이끌지 모르기 때문이라는 것이었다. 1920년에 열린 제2차 코민테른 대회에서 레닌은 "민족과 식민지에 관한 테제"에서 다음과 같이 주장하였다. 즉, 서양의 자본주의가 아시아 식민지에서 값싼 노동력과 원료들을 착취하여 그 생명을 연장시켰듯이, 서양의 프롤레타리아도 그들의 적인 '자본주의적 제국주의'에 대항하는 '측면 공격'으로서 아시아의 부르주아와 이제는 동맹할 수 있다는 것이다. 그리고 그것은 '자본주의 제국주의'가 아시아에 살고 있는 식민지 인민들에 대한 경제적 착취자이며 반동 '봉건' 지배 계급과 맺은 정치적 동맹이기 때문이라는 것이었다. 제국주의에 대한 레닌의 이론은 이처럼 세계 정세를 단일화하였다. 또한 단일 우주론 안에서 그것은 중국의 모든 정치적 요소에 대하여 역사적 의미를 부여하였다. 누구든 군사적 경쟁자들은 꺼져 가는 질서의 '봉건적 반동'을 대변하는 '군벌들'이라고 비난받을 수 있었다. 도시의 상인들과 중간 계층에 속한 개인들은 '민족 부르주아'로 분류될 수 있었으며, 역사적으로 자본주의 단계로 표현되는 이 단계는 마르크스주의의 적용을 통하여 이제 '도약'할 수 있게 된다는 것이었다. 소련의

426

원조와 중국 농민들을 이용함으로써 공산당 안에서 '프롤레타리아'가 이끄는 '통일 전선'이 발전될 수 있었다. 이러한 전술로 '부르주아 민족주의' 운동은 외국 '제국주의'를 패배시키는 데에 지원받을 수 있었던 반면, 동시에(이것이 중요한 점이었다) 내부에서 권력을 잡기 위하여 '프롤레타리아 정당'이 조직될 수 있었다. 레닌은 크게 열려져 있는 기회들을 예견하였다. 즉, 아시아의 공산당들은 통일 전선 안에서 '부르주아 민족주의' 운동과 '일시적인 합의와 동맹'까지 맺을 수 있거나, 아니면 그 대신 그들은 독립된 권력의 중심인 그 자신들의 공산당 '노동자 농민의 소비에트들'을 발전시킬 수도 있다는 것이었다.

레닌의 후계자들은 이러한 이론적 선택의 범위를 이어받았다. 트로츠키(Trotsky)는 중국 안의 독립적인 소비에트들을 주장하였으나, 스탈린(Stalin)은 국민당과 연계한 통일 전선을 주장하였다. 마르크스주의 사상에 따르면 진정한 정당이란 하나의 계급을 대표해야 하고, 따라서 스탈린은 국민당이 단지 하나의 연합이거나 '네 계급의 동맹'——프롤레타리아 노동자, 농민, 소시민(小市民), 그리고 뒤에 민족 부르주아지라고 불리게 된 자본주의자들의 동맹——에 지나지 않는다고 주장해야 했다. 이러한 양자 택일성이 소련의 중국 접근에 뿌리 깊은 이원론을 가져다 주었다. 즉, 그것은 외국 제국주의와 그에 대한 '아첨꾼들'에 대항한 모든 혁명 계급들의 통일 전선을 강조할 수도 있었고, 중국의 부르주아지에 더하여 봉건 반동 분자, 지주, 군국주의자, 그리고 그들 가운데 제국주의 지지자들과 투쟁하는 노동자와 농민들의 소비에트들이 중국 안에서 벌이는 계급 투쟁을 강조할 수 있었다. 다른 계급들과 대항하기 위하여 어떤 계급들과 동맹을 맺는 중도적 입장이 이 두 전술 사이에 있었으니, 예를 들면 '소시민들'과는 동맹하지만 '민족 부르주아지'와는 대립한다는 따위였다.

주의 주장의 이러한 융통성에 덧붙여 소련 정부는 공개 외교와 혁명적 파괴의 두 차원 위에서 중국에 대한 이중적 접근을 추진하였다. 소련 외무부가 지휘한 외교는 제정 러시아의 특권들을 포기하겠다는 제안과 함께 시작되었다. 북경으로 파견된 여러 번의 사절들이 힘든 교섭을 이끌었고, 동북 아시아에서 제정 러시아의 목적들을 사실상 재확인하였다. 1924년 5월에 북경과 체결한 소련의 최종적 조약은 동청(東淸) 철로의 공동 운영과 외몽고에서 독점적인 소련의 영향력을 규정하였다. 동시에 파괴적 혁명 활동이라는 소련의 계획 아래 코민테른의 요원들이 중국 공산당의 조직과 공산주의가 이끄는 노동 운동을 지원하였으며, 북쪽에서는 유력한 군벌들과, 그리고 남쪽에서는 손문과 접촉을 가졌다. 이 무렵 소련 안의 상황들이 1921년에 공산주의로부터 '잠정적 후퇴'인 신경제(新經濟) 정책이라는 레닌의 긴축 정책의 도입을 필요로 하였다. 이것이 극단적이지 않고 두렵지 않은 소련이라는 인상을 손문과 그의 추종자들에게 심어 주었던 것이다.

국민당의 개조(改組)와 코민테른의 협력 손문은 권력의 장악에서 세련되지 않은 중국의 대중에게 '훈정(訓政)'을 시행하는 민간 정부로 변모할 수 있는 정당 조직을 모색하고 있었다. 소련의 일당 독재는 이제 역사의 큰 흐름의 한 부분이 된 것처럼 보였고, 한편으로는 1919년 이후 이탈리아의 파시즘은 계급 전쟁에 기초를 두지 않은 일당 독재의 본보기를 보여 주었다. 5·4사건은 손문에게 국민당의 재건과 개조라는 생각을 불어넣었고, 새로운 일반 장정(一般章程)과 정당의 강령 및 선언문은 모두 세 가지 문서로서 1923년 1월 1일에 발표되었다. 개조는 1924년 1월의 국민당 제1차 전국 대표 대회에서 공식적으로 완료되었다. 이 과정에서 손문은 코민테른과 실제로 도움이 되는 협력 관계를 조금씩 더 발전시켰다.

손문은 몇 가지 사정 때문에 이러한 방침을 추진하였다. 조약국들은 북경 정부만 상대하였고, 조약 체제를 조금도 청산하지 않았다. 지방 해군의 잉여금을 광동 정부가 사용할 수 있도록 해 달라는 1923년 9월의 손문의 요청은 단호하게 거절당하였다. 그가 해관을 장악하는 것을 막기 위하여 조약국들은 해군 함정들을 광동에 집결시켰다. 그가 서양의 원조를 거듭 요청한 것도 아무 반응을 얻지 못하였다. 마찬가지로 그의 국내 정치의 운영도 기대에 어긋나는 것이었다. 광동에 있던 국민당의 잔여 의회는 북경에 있던 군벌의 의회처럼 곧잘 분열하였다. 지방 군벌과 맺은 손문의 불안한 협조도 그를 상해로 도망가게 만들면서 깨져 버렸다. 그에게는 원조가 필요하였던 것이다.

국민당과 코민테른의 협력은 이제 막 만들어진 초기의 중국 공산당과 협동한다는 것을 의미하였다. 1922년 중엽의 중국 공산당 제2차 전국 대표 대회는 국민당과 대등한 또는 동등한 조건에서 합작할 것을 지지하였다. 그러나 그것

손문과 그의 젊은 부인 송경령(宋慶齡, Soong Ch'ing-ling). 송경령은 미국의 조지아 주 메이컨(Macon) 시에 있는 웨슬리안(Wesleyan) 여자 대학을 졸업하였다. 1924년말 북경으로 가는 도중에 찍은 사진이다.

은 코민테른의 명령에 따라 정당 사이의 합작 대신 중국 공산당의 당원들이 개인 자격으로 국민당에 입당하여 자신들의 별개의 조직을 유지키로 결정되었고, 따라서 '당외 합작(黨外合作)'이 아닌 '당내 합작(黨內合作)'이 이루어졌다. 손문은 이대교가 국민당에 입당하였을 때 중국 공산당의 당원 자격을 유지하도록 허용하였다. 그 후 진독수도 비슷한 조건으로 입당하여 국민당의 고위직에 임명되었다. 다른 사람들도 그러한 예에 따랐다.

소련의 충고로 손문은 이제 당군(黨軍)을 창설하기 시작하여 그의 충실한 군사 보좌관인 장개석(蔣介石, Chiang Kai-shek)을 소련으로 파견하여 당군의 건설 방법을 배우도록 하였다. 국민당은 코민테른 대회에 대표를 파견하기 시작하였다. 1923년초에 광동으로 돌아온 손문은 주요 요직에 공산 당원들을 활용하기 시작하였다. 그는 유능한 소련인 고문 마이클 보로딘(Michael Borodin)에게 기술적 자문을 구하였는데, 보로딘은 국민당의 새로운 당헌(黨憲)을 기초하고 곧 이어 대중의 지지를 조직하는 방법을 선전자들에게 가르칠 정치 기구를 만들었다. 소련의 모델을 바탕으로 국민당은 이제 상급 기관(현과 성)에 보낼 대표들을 순차적으로 선출할 지방 당부(地方黨部)들을 설립하였다. 현과 성의 당 지부들은 집행 위원회를 선출하여 전국 당 대회에 올려보내고, 전국 당 대회는 중앙 집행 위원회를 선임하며, 그 위원회의 상임 위원회가 '민주적 중앙 집권제'로 중앙 집권적인 레닌식의 당을 지배할 수 있었다.

이 정략 결혼에 대한 공산당측 입장을 보면, 1923년 6월에 열린 중국 공산당 제 3 차 전국 대표 대회는 겨우 과반수의 표를 얻음으로로써 '당내 합작' 방식의 연합을 묵묵히 따랐다. 이 대회는 국민당이 '국민 혁명의 중심 세력'이 되어야 한다는 것에도 동의하였다. 예를 들면, 중국 공산당의 조직 부장인 모택동은 두 정당 조직을 '동등하게 하는' 점에서 한 충실한 국민 당원과 한동안 협력하였다. 그러나 1,000 명 미만의 당원을 가진 소규모의 중국 공산당은 공산 당원들에 대한 국민당의 지나친 통제를 가져올 긴밀한 협조를 반대하였다. 그들의 이중 전술은 이제부터 그들 자신의 대중 조직을 국민당 밖에서 발전시키면서 국민당을 내부적으로 장악하는 것이었다.

개인 자격으로 국민당에 입당하는 공산주의자들을 환영하는 손문의 태도는 자신 만만하였고 실용적이었다. 그는 학생들이 노동자와 농민들을 얼마나 효율적으로 조직할 수 있었는가를 보았던 것이다. 수백 명의 공산 당원들은 2만여 명 규모의 국민당에 비하면 겨우 한줌에 지나지 않았다. 레닌은 손문에 대하여 "말하자면 비길 데 없이 순결한 순진성"이라고 표현했다고 한다. 한편 손문은 자신의 당이 소련인들에 대한 제 1 의 중국측 협동자라고 확신하였으며, 소련인들이 중국 공산당의 애숭이들에게 농락당하지 않을 것이라고 생각하였다.

국민당의 이념과 당군(黨軍) 새로운 당 조직과 함께 손문은 늘 그러하였듯이 혁명 이념이 필요하였다. 1918년과 그 이후 상해로 밀려나 있을 동안에 그는 '심리 건설(心理建設)' 이론을 개발하였다. 이것은 "아는 것이 행하는 것보다 더욱 어렵다."라는 생각을 포함하였는데, 이는 지금까지의 혁명이 사상적인 면에서 부족하였다는 점을 인정하는 것이었다. 손문의 생각으로는 자본주의가 필연적으로 제국주의를 낳는다는 레닌의 명제에 동의할 수 없었다. 그는 압박하는 나라들에 대항하는 압박당하는 나라들의 투쟁을 지지하였지만, 이것을 각 나라들의 내부적 계급 투쟁과 연계시키지 않았다. 그 대신 국민당은

1925년 당시 황포(黃埔, Whampoa) 군관 학교의 교장인 38세의 장개석.

더욱 공식적인 이념을 가져야 한다는 보로딘의 요구에 대한 응답으로서 그 자신의 삼민주의(三民主義)를 수정한 주장을 내놓았다. 1922년에서 1923년 사이의 겨울에 행한 약간의 산만한 강연들에서 그는 민족주의(民族主義)——1905년에는 반(反)만주였고, 1914년에는 그의 정강에서 무시되어 버렸던——를 가지고 이제 반(反)제국주의를 강조하였다. 그것은 동시에 중국 인민들과 중국 안 소수 민족들의 자결권도 포함하였다. 가끔 민주주의(democracy)로 번역되기도 하는 민권주의(民權主義)는 인민의 주권과 정부의 행정 능력을 구별하였다. 손문은 "정부는 기계가 되고 인민은 기사로 만들어야 한다."고 경건하게 희망하였다. 그러나 이는 오직 선거, 의안 제출권, 국민 투표권, 소환권(지나간 시대의 미국의 진보 운동에서 모방한 것)이라는 방법을 통해서만 이루어지는 것이었는데, 중국에서는 한 번도 실행되지 못하고 말았다. 민생주의(民生主義)는 여전히 가장 모호하였다. 왜냐하면 손문은 계급 투쟁이라는 마르크스주의 이론을 특히 거부하였고, 헨리 조지(Henry George)가 주장하였던 단일세를 기초로 한 토지 소유의 균등화 및 자본의 제한이라는 그의 초기 생각들을 되풀이 하였기 때문이었다. 세 가지 주의 가운데서 민족주의는 이의가 있을 수 없는 가장 중요한 핵심이었다.

당 기구와 당 이념과 마찬가지로 중요한 것은 정신 훈련이 잘된 당군이었다. 장개석은 소련에 4개월 동안 머물다 귀국한 뒤, 소련 고문단의 지원을 받아 광동 아래쪽의 황포(黃埔, Whampoa)에 있는 새로 창설된 군관 학교(軍官學校)의 교장이 되었다. 중국 공산당의 주요 대표인 주은래는 정치부 부주임이었고, 공산주의자들은 정치부에 꾸준히 침투하였으나 궁극적인 성공은 거두지 못하였다. 곧 이어 2개 후보생 연대가 국민당의 '당군'을 구성하였고, 손문의 이념을 위하여 투쟁하도록 훈련받았다.

손문은 뜻밖에도 1925년 3월 12일에 사망하였고, 그의 화상(畵像)은 왕조의 창업자에게 바치는 조상 숭배를 생각나게 하는 혁명가의 숭배 대상이 되었다. 그의 저서들은 '손문주의'의 신조를 기록한 경문(經文)이 되었다. 그의 뜻을 이루기 위하여 국민 정부(國民政府)가 손문의 정치적 주요 계승자의 한 사람인 왕정위(汪精衛, Wang Ching-wei)를 주석(主席)으로 하여 군사 정당 독재 체제로서 7월 1일에 성립되었다. 때는 바야흐로 혁명이 거대한 대중 운동으로 발전되어 가고 있었다.

국민당의 정권 장악

노동 조직   1925년 여름에 두 혁명 정당——우세한 국민당과 약세인 중국 공산당——은 폭발적인 기회를 만났다. 솟구쳐오르는 애국적 반(反)제국주의가 투쟁적인 반(反)자본주의 노동 운동과 결합되었던 것이다. 이들 운동은 각각 그 나름의 이론적 근거를 가지고 있었다. 5·4운동이 일어난 지 6년이 지난 뒤에도 조약국들은 여전히 그들이 전부터 누려오던 거의 모든 특권들을 행사하였으며, 일본의 관동(關東) 조차지와 남만주 철도 주식 회사가 남부 만주 지역을 지배한 것이 그것이다. 남만주 철도 주식 회사와 영국이 소유한 개란 광무 총국(開灤鑛務總局)은 중국의 큰 석탄 광산들을 관리하였다. 천진에 있던 조차지들도 여전히 영국, 프랑스, 일본, 이탈리아 인들이 통치하였다. 공사관

경호대가 아직도 북경 시내를 줄지어 다녔다. 상해의 대부분은 외국인(주로 영국) 납세자들이 상해의 공부국(工部局)을 통하여 지배하였으며, 홍콩이 남부 중국 무역의 대부분을 지배하였다. 여전히 외국인들이 중국의 해관과 염무처(鹽務處) 및 우편처(郵便處)의 고위직들을 차지하였으며, 거기에서 나오는 수입은 거의가 중국에 대한 외국인 채권자들에게 돌아갔다. 외국 회사의 기선들과 포함들이 중국의 호남성과 사천성으로 가는 모든 내륙 물길을 왔다갔다 하였다. 많은 근대적 공업 기업체들이 외국인 소유였던 것이다.

어떤 중학생이라도 이 굴욕적인 반(半)식민주의를 설명할 수 있었다. 북부와 중부 및 만주의 경쟁 군벌들은 반(半)식민주의를 바꿀 수 없었으니, 그들 가운데 상당수가 실로 그 일부분이었던 것이다. 반(反)제국주의의 자극은 큰 항구 도시들——상해, 광동, 홍콩, 무한, 천진——에서 잘 볼 수 있었으니, 그곳에는 새로운 공장 노동자 계급이 밀집되어 있었다. 중국에서 공장 노동의 참상들은 노동력의 무제한적 공급만큼이나 심각하게 되었다. 대략 하루에 12시간, 그리고 불과 며칠의 잔칫날이 있긴 하나 일주일에 7일 동안을 일했다. 숙련되지 못한 농민들은 삯일을 하였는데 그들의 대부분은 농촌으로 돌아갔다. 어린이 노동도 어머니들의 노동과 마찬가지로 착취당하였으며, 그들의 젖먹이들은 비단실 뽑는 기계의 끓는 물이 담긴 가마솥 아래 눕혀 두는 수가 흔하였다. 신체나 건강에 불리한 위험, 중국인 계약 노동자들과 외국인 지배인들, 십장(什長)들 사이의 알력, 그리고 보수가 극히 낮은 탓으로 가족의 모든 성인들이 노동을 해야 하는 현실 등, 1세기 전의 유럽을 생각나게 하는 이러한 사정들은 중국의 노동 운동에 독자적인 추진력을 가져다 주었다.

물론 근대 노동 운동은 새로운 형태의 노동 조직을 필요로 하였다. 중국의 전통적인 수공업 조합들에서는 아직도 공장 주인들이 장인(匠人)과 견습공들을 지배하고 있었으며, 노동 계급의 단결이 아니라 동업 조합이 강조되고 있었다. 옛 비밀 결사들도 노동 운동을 이끌기에 적합하지 않았다. 상해를 주름잡고 있던 청방(靑幫)과 홍방(紅幫)은 아편 밀수, 매춘업, 범죄, 보호 명목의 금품 요구 따위의 암흑가 단계 이상으로 올라갈 수 없었다. 노동자들의 공제 조합 몇 개가 광부와 철로 근로자들 가운데서 대부분 만들어졌으나, 제일 빠르고 유력한 노동 조합은 1914년 이후 국제 항로의 중국인 선원들 가운데서 만들어졌다. 5·4사건과 함께 파업의 물결이 몰려왔다. 그때부터 무정부주의자

개항장의 생활상 위 : 영국, 프랑스, 그리고 미국에서 귀국한 유학생들. 아래 : 상해에서 교통 정리를 하고 있는 시크 교도 경찰관.

434

와 국민당, 그리고 그 외의 정치적 단체들의 조직 노력들은 중국 공산당의 활약으로 차차 빛을 잃었으니, 중국 공산당은 1922년 5월에 광동에서 제 1 차 전국 노동 대회를 주도하고 호남성과 호북성, 그리고 북중국의 철로 주변 지역을 따라 파업을 선동하였다.

1925년에 개항장의 외국 시설물과 성의 독군(督軍)들은 태도를 분명히 하는 수많은 중국 대중들에게 '제국주의'와 '군벌 정치'의 잘못된 동반 관계를 이루고 있는 존재들로 생각되었다. 국민당과 중국 공산당 역시 이들 두 가지 악을 '민족주의'의 적으로 간주하였다. 중국의 공업가들도 제 1 차 세계 대전 이후 대외 경쟁의 재발 때문에 그들에게 더욱더 반대할 태세를 갖추고 있었다. 1925년초 상해에서 노동 조합 조직과 파업이 증가하였고, 같은 때에 중국 총상회(中國總商會) 소속의 상인들은 상해 공부국에 종속된 법규 및 '대표권 없는 납세'에 대항하여 항의하였다. 5월 30일에 영국의 지휘를 받은 경찰이 남경로(南京路)에서 13 명의 시위자들을 살해하자, 전국적이고도 여러 계층을 포함한 항의, 시위, 파업, 불매 운동 및 투쟁적인 반(反)제국주의 운동이 계속해서 일어났다. 이 '5·30 운동'은 이전의 모든 반(反)외세 시위들을 작은 사건으로 보이게 만들었다. 6월 23일에 발생한 비슷한 사건에서는 광동 사면(沙面, Shameen) 조계의 영사관 건너편 사기로(沙基路, Shaki bund)에 있던 한 무리의 시위대가 황포 군관 학교의 생도들과 영국·프랑스 군대 사이의 총격전 발생의 도화선이었고, 52 명의 중국인을 사망케 만든 계기였다. 그 후 홍콩에 항거하는 15 개월 동안의 대규모 파업과 불매 운동이 계속 일어나 남부 중국의 영국 무역을 절름발이로 만들었다. 이들 격앙된 사건들은 많은 소소한 사건 및 문제들과 함께 학생 운동과 모든 계급들을 하나의 커다란 민족적 동기에서 동원할 수 있는 좋은 기회로 되었다. 중국 공산당은 이 기회를 이용하였다. 공산당의 젊은 투사들은 사건의 핵심으로 파고들어갔고, 청년단을 포함한 공산당 당원은 1925년말까지 약 2만 명으로 급속히 불어났다. 공산당은 대중 운동의 지도력을 도시에서 장악할 수 있는 가능성을 가지게 된 것이다.

북벌(北伐)과 국공(國共) 분열　　1925년의 5·30 운동에 대한 전국적인 반응은 국민 혁명을 위한 높은 물결이 시작되었다는 표시였다. 그것은 동시에 혁명의 궁극적 목적에 대한 의문을 불러일으켰고, 광동에서 함께 일하고 있던 본질적으로 다른 단체들의 통합을 강요하기 시작하였다. 광동 정부를 지배하고 있던 국민당 좌파의 야심적 지도자들이 부추긴 중국 공산당의 성장은 국민당 우파에게 방어 자세를 취하도록 만들었다. 국민당 우파의 주된 관심은 계급 투쟁을 통하는 것보다는 오히려 통일된 민족적 기반 위에 서 있는 반(反)제국주의에 있었다. 그들은 여러 계급을 포괄하면서도 반(反)제국주의와 반(反)공산주의여야 한다는 국가적 통일 이념을 원하였던 것이다. 중국 공산당과 공산당의 노선을 지휘하였던 코민테른으로서는 선택하기가 난처하였다. 국민당에 압도당할 위험에 부딪쳐서 국민당과 관계를 완전히 끊을 것인가, 아니면 국민당 우파와 좌파의 분열을 바라면서 우파에 대항하여 아직도 지배력을 보유한 좌파와 함께 일할 것인가 하는 것이었다. 공산주의자들은 노동 운동에서 독자적 세력을 발전시키고 있었고, 동시에 농민 운동들에서도 역시 그러하였다.

그러나 결국은 사건의 흐름이 국민당과 중국 공산당의 통일 전선을 아직도 옳게 생각되도록 만들었고, 스탈린은 통일 전선을 유지하기로 하였다. 국민당 좌파가 세력 균형을 유지하고 있었던 1926년 1월의 제2차 국민당 전국 대표 대회도 역시 합작을 계속하기로 하였다. 이 대회에서 국민당에 속한 주요한 공산주의자들이 비서처(秘書處)와 조직부에 임명되었으며, 중앙 집행 위원회에는 7명이(전체의 약 20퍼센트) 선임되었다. 이러한 합의는 국민당 좌파의 지도자인 왕정위와 주된 군사 지도자인 장개석이 다 같이 찬성한 것이었다. 장개석의 황포 군관 학교 생도들은 광동 지역에서 지방 세력들을 이미 타도하였으나, 홍콩의 파업과 불매 운동을 위한 투쟁적인 조직을 중국 공산당이 접수하였고, 광동에서는 무장한 공산주의자들이 이끄는 정부 안의 정부가 만들어지고 있었다. 공산당의 영향력은 국민당의 조직과 대중 조직들에 퍼져 나가고 있었고, 사실상 해군을 장악하였다. 3월 20일에 장개석은 광동에서 자기 방어를 위한 것이라고 전해지는 쿠데타를 일으켜 중국 공산당 지도자의 일부와 소련인 고문관들을 쫓아냈다[중산함 사건(中山艦事件)]. 그러나 이와 동시에 그는 광동 정부와 모스크바 사이의 협력 관계에 대한 그의 충성을 재확인하였다. 이리하여 1926년 봄에 장개석은 중국의 군사적 통일의 주역으로 등장하였고, 중국 공산당은 국민당과 계속 함께 일할 것인가 아니면 등을 돌릴 것인가라는 선택의 난관에 부딪치게 되었다. 모스크바는 다시 한 번 협조하기로 하였다.

436

스탈린은 트로츠키(Trotsky)에게 반론을 펴기 위한 방법으로서 장개석과 협력할 필요가 있었고, 이는 장개석이 북벌이라는 중대한 일을 위하여 중국 공산당과 연합한 혁명 노력 및 소련의 지원을 필요로 하고 있던 것과 마찬가지였다.

손문이 군벌들을 쳐부수고 중국을 다시 통일하기 위하여 오랫동안 계획해 왔던 이 중대한 군사적 행동은, 광동에서 벌어지던 지방적 투쟁을 벗어나는 동시에 정부의 수입 대상 지역을 확대하려는 목표를 겨냥하고 있었다. 새로 훈련받은 선전대(宣傳隊)를 앞세우고 1926년 7월에 시작된 북벌은 신속하게 진군하였고, 양자강에 도달하였을 때에는 군벌 군대 혹은 파견 부대를 34개나 접수하였다. 국민 정부의 군대는 인민을 존중한다는 것을 나타내 보였으므로 환영을 받았다. 단지 1개 연대만이 결국 공산당의 지휘를 받게 되었다. 중국 공산당의 세포들은 군대 안에 널리 구축되지 못하였던 것이다. 여전히 좌파가 지배하고 있었던 1926년말의 국민 정부는 광동에서 무한으로 옮겨갔다. 모스크바의 코민테른은 스탈린의 지도를 따랐으며, 중국 공산당에게 국민당 안에 머무르도록 지시하였다. 따라서 중국 공산당은 '당내 합작'을 계속하였고, 이는 농민의 동요를 이용하거나 독자적 군사력을 건설하는 데 크게 제약을 받았다.

1927년 봄의 북벌이 중부 중국을 성공적으로 계속 장악함에 따라 국민 혁명은 군대가 더 큰 역할을 하는 양상으로 접어들었고, 혁명 운동에 대한 순전한 정치적 조작은 결과적으로 어렵게 되었다. 군대의 압도적인 반(反)공산주의 입장은 얼마 있지 않아 먼저 장개석과 국민당 군대로 하여금 국민당 좌파와 중국 공산당에 대항하여 국민당 우파와 결합하는 분열을 조장하였다. 그리고 그 다음에는 국민당 좌파 또한 중국 공산당에 반대하여 등을 돌렸고, 마침내는 우파와 다시 결합하였다. 이리하여 통일과 새로운 정치 질서를 위한 국민 정부의 돌진이 계급 혁명과 사회 혁명을 위한 공산당의 분열적 계획을 씻어 버렸다.

이와 같은 사태의 진전은 장개석이 쌀 농사 지역과 상해 부근 지역의 공업 기지를 장악하기 위하여 양자강 하류로 내려온 이후에 전개되었다. 바로 이 무렵인 1927년 4월 6일에 북경 당국은 소련 대사관을 습격하여 파괴 활동의 죄를 덮어씌우는 증거를 압수하였다(이대교와 그 외의 다른 공산주의 지도자들은 뒤에 처형되었다). 그 후 4월 12일에 상해에서 외국의 지원을 얻은 장개석의 군대는 갑작스런 쿠데타와 공포 정치를 일으켜 중국 공산당의 무장 조직에 대항하고 노동 운동을 파괴하는 지방의 반(反)공산주의자들을 지지하였다. 4월 18일에 장개석은 무한 정부를 무시하고 대부분의 국민당 중앙 집행 위원회의 지지를 얻어 남경에서 독자적 정부를 수립하였다. 이러한 위기 속에서 무한의 코민테른 대표들과 중국 공산당 지도자들은 국민당 좌파와 협력하는 스탈린의 노선을 따르라는 모스크바의 지령을 아직도 받고 있었다. 그러나 마침내 환멸과 불안을 느낀 국민당 좌파는 7월에 공산당 동료들과 손을 끊고 그들을 추방하였다. 8월 1일 공산당이 이끄는 남창(南昌, Nanchang) 봉기는 두 당 사이의 공개적 내전의 시작이었다. 코민테른은 중국 공산당의 총서기 진독수를 '코민테른의 지령에 완전히 반대되어' 실패의 원인이 된 '기회주의'라고 비판하였다(그는 스탈린의 오판에 대한 희생양으로서 1929년에 쫓겨났다). 1927년 2월에 호남성의 농민 운동에 관한 보고에서 그 당시 모스크바의 지령에 반대하여 농민 봉기를 주장하였던 모택동은 이미 그때 호남성에서 이른바 '추수 폭동'을 이끌고 있었다. 그것은 곧 진압되었다. 산두(汕頭, Swatow)와 광동의 공산주의 폭동도 모두 실패하였다. 중국 공산당의 젊은 지도층은 처형당하거나 도시의 지하로 숨어들거나 혹은 시골로 쫓겨났다.

국민당 좌파와 화해하고 중국의 중앙 정부로 남경 정권을 건설하기 위한 길은 상해의 중국인 은행가들 및 사업가들의 지원을 받는 장개석과 국민당 우파에게 열려 있었다. 군벌 정치 체제는 아직도 완전히 쓸려나가지 않았으나, 중국은 그 이전 10년 동안보다 더욱 통일되어 있었다. 마침내 중국은 근대적 국민 국가의 건설과 민족의 위엄을 다시 주장할 것을 열망하는 정부를 가지게 되었던 것이다.

혁명과 외국 열강들 민족주의를 향한 중국의 극적인 각성에 말미암은 많은 요구들을 인정하고 양보하는 것이 조약국들의 반응이었다. 1925년의 5·30 운동 이후 중국인들이 상해의 공부국(工部局)에 참여하였고, 상해의 공원들이 결국 중국인 거주자들에게 개방되었다. 그리고 순수한 중국인의 지방 재판소가 상해의 회심 아문(會審衙門)을 대신하였다. 1926년에 열강들은 그들이 1923년에 손문에게 거절하였던 세관의 부가세 징수를 광동 정부에 허용하였다. 영국은 한구와 구강(九江, Kiukiang)의 조계를 포기하였다.

1925년에서 1927년까지의 전투는 대부분의 프로테스탄트 선교사들을 내륙 지역에서 철수하도록 만들었고, 상해를 지키기 위하여 4만 명의 연합군이 집결하였다. 1927년 3월 남경을 점령한 국민 정부의 군대가 외국인 6명을 살해하였을 때, 영국과 미국의 포함들이 보호 포격을 하였으나 그 후 협정을 맺었다. 그 당시의 열기와 공포를 생각하면 중국과 외국 사이의 폭력 사태는 정확히 말해서 거의 분출되지 않은 셈이다. 미국의 국무성도 영국처럼 중립을 선언하고, 중국의 배외주의가 모스크바의 계획이라는 상해 외국인 사회의 주장에도 불구하고 볼셰비키의 위협에 사로잡히기를 거부하였다. 서양 열강들은 국민 혁명에 미치는 소련 영향력의 성장을 막거나 쇠퇴를 재촉하는 아무 예방 조치도 강구하지 않았다.

1928년에 연이어 재차 북벌을 감행한 국민 정부는 북경을 점령하여 북평(北平, Peiping)으로 명칭을 바꾸었다. 1928년말에 국민 정부는 국제적 승인을 얻었다. 만주의 '청년 원수(元帥)' 장학량(張學良, Chang Hsüh-liang ; 군벌 장작림의 아들)은 동삼성(東三省)을 중국의 다른 지역들과 함께 정치적으로 통합하게 하였다. 중국의 통일은 명목상으로 완성되었다. 주로 서양에서 공부한 '귀국 유학생들'로 이루어진 새로운 세대가 이끄는 정부는 국가 자원들을 통합하고 불평등 조약을 폐지하려고 노력하였다. 주요 열강들의 치외 법권은 계속 유지되었으나, 남경 정부는 새로운 법률을 제정하여 많은 약소 외국의 국민들을 중국 사법권 아래에 두는 새로운 조약을 체결하였다. 관세 자주권은 1933년까지 완전히 회복되었고, 해관, 염무처(鹽務處), 우편처에 대한 지배권도 마찬가지로 이루어졌다. 외국의 조계 지역들은 33개에서 13개로 줄어들었다.

조약상의 특권들을 축소시키는 이 원기 왕성한 국민 정부의 외교 정책은 1931년 이후 약화되었다. 왜냐하면 일본의 새로운 침략은 중국과 서양 열강들에게 중국 안에서 서양의 법률적 지위를 유지함으로써 방어적 차원의 공통적 이익을 가져다 주었기 때문이었다. 남경 정부가 마르크스-레닌주의의 계급 투쟁을 반대하고 일본의 침략을 당함에 따라, 외국의 특권에 대한 공격의 목소리를 낮추어 외국인들과 함께 하는 공동 이익체를 발견하였던 것이다. 그들은 특히 영국인, 미국인, 프랑스 인, 그리고 투자 금액을 유지하여 특권을 누리는 무리들로서 중국인들의 생활에 계속 참여해 왔던 사람들이었다.

1920년대의 코민테른의 전술을 되돌아본다면, 그것은 어떠한 성공의 기회도 가지지 못했던 것 같다. 유럽처럼 권력 장악을 위한 도시 노동자의 정치적 조직은 중국에서는 아직도 성공할 가망이 없는 바람이었다. 노동 조합들은 새로운 국민 정부의 통치력과 외국의 이해 관계가 똑같이 극도로 집중된 몇몇 개항 도시들에서만 힘을 발전시킬 수 있었다. 당의 군대를 가지지 않은 중국 공산당은 도시를 장악할 수 없었다. 코민테른이 국민당에게 중앙 집중화된 소련식의 정당 구조를 만들어 주어서 파괴하기 힘들었으므로, 공산당은 국민당을 내부에서부터 장악할 수도 없었다. 한편 1920년대에는 농민들이 주로 정치적 목적을 위하여 이용되지는 않았다. 공산당은 소규모였고, 경험이 부족하였으며 모스크바의 지령은 어지러울 정도로 먼 데서부터 왔으니 공산당의 성공은 거의 기대할 수가 없었다. 국민당과 장개석은 그들의 승리를 통하여 국가의 정치 권력이 본질적으로 공업의 지원을 받는 직업적 군대들에 의지한다는 그 당시의 전형적인, 그리고 숙명적인 결론을 내렸다. 그들은 정치 권력의 또 다른 원천이며 군대를 지원할 수 있는 농민 조직의 잠재력을 모르고 있었던 것이다. 이것이 공산주의자들보다는 더 나이 많은 세대 전체의 생각이었으니, 그들은 농민보다는 도시들과 지주 계급에 더 밀접한 기반을 가지고 있었으며, 그들의 야망은 농촌의 사회 혁명을 계산에 넣지 않았던 것이다.

남경 정부의 10 년

1928년부터 일본의 전면적 공격이 있게 된 1937년까지 남경 시대는 중국이 서양에 가울었으나 불행하게도 서양은 그 자신의 문제에 빠져 있던 특이한 시대를 이루고 있다. 이 10 년 동안 소련은 스탈린주의의 개시를, 미국은 대공황의 시작을, 독일은 나치즘의 시작을 겪었다. 중국에 대항한 일본의 침략은 동아시아의 무대 밖에서는 아무런 방해를 받지 않았다. 이리하여 남경 정부는 세 가지 주된 영향 사이에서 불확실하게 균형을 유지하고 있었다. 즉, 다소 피상적이긴하나 스며드는 서양의 접촉, 고조되는 일본의 침략, 그리고 중국 농촌의 해결되지 않은 문제들이 그것이다. 국민 정부는 근대 서양과 중국의 과거 양쪽에서 가르침을 얻어내려 하였으나, 그 사이에 빠져 버린 상태였다. 이러한 이중 초점의 딜레마는 그것의 모든 잘못된 희망 및 좌절과 아울러 고대 제국의 폐허 위에 뒤늦게 근대화를 이루는 새로운 국가들의 전형일 것이다. 낡은 체제와 전통은 파산한 상태이고, 서양의 모델은 이 지역의 사정에 적합하지 않았다. 애국적인 지도자들은 양쪽에 다 의지하지만 허사였던 것이다.

국민 정부 중국의 두드러진 현상의 하나는 비교적 작은 규모 및 낙후된 조건을 가진 근대적 정부와 경제였다. 남경 시대 10년 동안의 말기가 되어도 4억 또는 5억이 될지도 모르는 중국인들이 스페인의 2,500만 인구가 사용하는 대략 같은 길이의 근대적 도로를 이용하였다. 철로는 이탈리아나 일리노이 주의 철로 길이보다 짧았고, 전신(電信)은 프랑스 전신선의 3분의 1에도 못 미쳤으며, 공업 생산량은 800만 인구의 벨기에보다도 적었다.

중국의 국가적 발전을 진전시키기 위하여 모색한다는 점에서 1930년대의 세대는 대부분 서양의 모델을 택하였으니, 일본도 소련도 도움을 얻을 만한 착상의 원천이 아니었기 때문이었다. 남경 정부와 서양 사이에 공동 이익체를 만들어 낸 이와 같은 서양 모델에 대한 의존성은 남경 정권의 피상적 성격을 설명하는 데 도움을 준다. 남경 정부의 근대화 계획은 서양화에 가까운 것이었다. 서양에서 교육받은 관리들은 당연히 그들이 해외에서 배운 것을 적용하려고 노력하였으며, 그들의 노력은 공업화된 국가들의 행정 기구와 기술, 그리고 생활관을 반영하였기 때문이었다. 서양의 공업화된 국가들에서는 농업의 후진성과 농민들의 불만이 주된 문제들은 아니었던 것이다. 결과적으로 남경 정부는 중국의 오지보다도 근대적 재정과 대외 무역 및 외환과 운송, 그리고 전신(電信)을 더 잘 이해하였다. 근대화를 열망하는 국민 정부의 관료들은 촌락을 거북스럽게 생각하였던 것이다.

국민당의 허약성은 그들이 권력을 획득한 방식에서도 말미암았다. 첫째로는 장악한 지역에서 대부분의 기회주의적인 지방 관리들을 높은 지위로 흡수한 데서 시작되었고, 둘째로는 중국 공산당에 속해 있던 젊고 이상주의적인 경쟁자들을 학살한 데서 유래하였다. 한번 권력을 잡은 국민당은 노동자, 농민, 청년 및 부인들을 동원하기 시작하면서 소련식의 조직을 포기하였다. 국민당은 학생 운동을 반대하였고, 지방 행정에 대한 세밀한 조사를 중지하였으며, 그들이 해야 할 사명에 대한 판단력마저 잊어버렸다. 요컨대, 국민당은 관료 정치의 날개였으며, 반(反)혁명적으로 되었던 것이다.

대원수와 군벌들 북중국을 장악한 후, 1928년 후반의 장개석(중앙)이 두 명의 군 사령관과 함께 있다. '모범 성장' 염석산(閻錫山, Yen Hsi-shan)과(오른쪽) '그리스도 교 장군' 풍옥상(馮玉祥, Feng Yü-hsiang ; 일반 병사들의 군복을 입고 있다). (왼쪽) 1930년대에 염석산과 풍옥상은 장개석과 권력 쟁탈을 위한 전쟁을 벌였으나 패배 당하였다.

장개석   20 년 전에 군주 정치가 끝났는데도 중국의 정치는 아직도 정상을 차지하고 있는 한 사람의 권력자에게 최종적인 대답을 요구하였으니, 상임 위원회나 헌법상의 권력 균형도 최종적인 대답을 대신할 수가 없었다. (군벌에 대항한) 통일과 (일본에 대항한) 저항이 그 당시의 급선무였으므로 권력자는 군사적 지도자라야만 하였다. 장개석은 없어서는 안 될 존재가 되었다. 그는 헌신적인 애국자이고, 단호한 결단력을 가졌으며, 정치적으로 기민하지만 지적으로는 과거 지향적인 어떤 한계를 지닌 인물이었다. 절강(浙江, Chekiang)성의 지주 집안에서 성장한 그는 증국번에 대한 변함없는 그의 존경심에다 일본 육군 사관 학교의 사무라이적 이념이 얼마간 덧붙여졌으며, 끝으로는 군대가 중요한 것으로 생각될 시절의 군벌 정치 경험이 영향을 주었다. 장개석은 소

442

련에서 대중 운동보다는 군대에 관한 것을 더 많이 배웠다. 그는 군대의 효용성에 비하여 대중 운동의 효용성을 믿지 않았다. 어떠한 경우든 그는 모든 권력자가 갖는 끊임없는 과제에 직면해야 했으니, 그것은 권력을 어떻게 유지하는가라는 것이었다. 모든 잠재적 경쟁 상대를 다룬다는 것은 인사 문제와 자금 문제를 끊임없이 방심하지 않고 조작할 것을 요구하였다. 장개석의 두 가지 과제는 정상에 머무르는 것과 동시에 국가의 군사적 강성을 이룩하는 것이었다.

장개석은, 웰슬리(Wellesley) 대학 졸업생이며 손문 미망인의 여동생인 송미령(宋美齡, Soong Mei-ling)과 1927년에 결혼한 후 송미령처럼 독실한 감리교 신자가 되었고, 그의 부인과 그녀의 남동생인 송자문(宋子文 ; 하버드 대학 졸업), 그녀의 매부인 공상희(孔祥熙 ; 오벌린 대학 졸업)를 통하여 서양과 접촉을 유지하였다. 그는 미국적 배경을 지닌 이들 인척(姻戚)들을 재정 관계의 최고 직책에 임용하였고, 일본에서 교육받은 오랜 동료들을 군사적 요직에 앉혔다. 정당 정치에서 본래부터의 호위병이 아니라 밖에서 들어온 사람이었던 장개석의 주된 과제는 당의 초창기 시절부터 이어져 내려온 국민당의 지도자들—— 특히 좌파의 왕정위와 우파의 호한민(胡漢民, Hu Hanmin)—— 을 어떻게 협조하고 분열시키는가 하는 것이었다. 1927년도에 장개석은 서로 다른 때에 어느 한쪽과 협력하여 다른 쪽에 대항하였다. 그 뒤 3년 동안 그는 왕정위를 권력에서 몰아내고 호한민과 함께 일하였다. 1931년에 그들 가운데 두 사람이 한때 단합하여 장개석에게 대항하였을 때, 장개석은 그 어느 때보다도 일본에 대항하는 군 사령관으로서 불가결한 존재임을 보여 주었다. 그 뒤 왕정위와 4년 동안 결합하였다. 호한민이 1936년에 사망하였고, 장개석은 1938년에 국민당의 지도자가 되었다. 스스로 손문의 계승자라고 자임한 왕정위는 1935년의 암살 시도에서 살아났고, 틀림없이 개인적이고 애국적인 두 측면에서 좌절하여 1939년에 일본으로 건너갔다. (22장 참조)

그 당시 '대원수'(Generalissimo ; 서양 신문들이 장개석에게 사용한 칭호)의 지상권(至上權)은 군대, 당, 정부라는 세 가지 기둥에 의지하게 되었고, 그 중심 각각에 그의 개인적 명령을 받는 기관을 두어 지방적 또는 경쟁적 단체들을 상대로 한 균형을 유지시켰다. 군대는 광동 시절 그의 생도들이었던 '황포파(黃埔派)' 장교들의 지배를 받았다. 그들은 군대의 거대한 관료 기구와 비밀 경찰을 관리하였고, 광서파 군인들 및 그 밖의 지방 세력들을 상대로 균형을 유지하였다. 장개석은 당 안에서 '조직파(組織派)'에 의지하였고, 진과부(陳果夫, Ch'en Kuo-fu)와 진립부(陳立夫, Ch'en Li-fu) 형제(이런 이유로 흔히 'CC 파'라고 부른다)가 이것을 지휘하였다. 이들은 국민당 중앙 비서처와 조직부 및 민간 관료들을 훈련시킬 중앙 정치국을 세웠고, 그들 나름의 개인별 신상 기록들과 자금 및 당 비밀 경찰을 함께 마련하였다. 그들의 주된 경쟁 상대들은 '정학계(政學系)'였으니, 이는 사업 관계로 맺어진 정치가들 및 행정가들로 엉성하게 뭉쳐진 단체로서 부분적으로는 양계초의 '연구계'에서 유래하였다.

국민당은 당원들에 대한 탄탄한 기강을 결코 이룰 수 없었는데, 실제의 당원수는 줄잡아 200만 명에서 400만 명 사이였다. 국민당의 권력 구조 안에서 당원수의 점차적인 확대는 최고 권력자가 끊임없이 권력을 집중시킴으로써 상쇄되어 버렸다. 1924년의 제 1 차 전국 대표 대회는 150 명의 대표들이 참가하였고, 1945년의 제 6 차 대회에는 600 명의 대표들이 참가하였으나, 이는 저명 인사들의 수용소처럼 되어 버렸다. 중앙 집행 위원회가 24 명의 정위원과 17 명의 후보 위원으로 1924년에 발족되었는데, 1945년에 이르러서는 222 명의 정위원과 90 명의 후보 위원으로 구성됐다. 중앙 집행 위원회는 한 해에 겨우 두 번 또는 세 번의 회의를 소집하였으므로 권력은 상무(常務) 위원회로 넘어갔다. 상무 위원회는 8 명으로 발족되었으나 50 명으로 늘어났으며, 대체로 일주일에 한 번 정도 회의를 열었다. 충직한 반대를 할 수 있는 제도가 없었으므로 국민당의 보호를 받는 중요 인사는 지도자와 개인적인 관계를 맺는 경향이 나타났다. 인민이 아닌 당이 훈정 기간(1928~1948) 동안에 정부를 지배하였고, 평소에는 정부를 대표하는 정치 회의가 국민당 중앙 집행 위원회의 하부 위원회로 되어 버렸다. 당의 몇몇 부서들——조직, 정보, 사회, 교무(僑務)——은 중앙 행정의 일부로 활동하였다. 당과 정부는 이처럼 서로 통하였고, 실질적으로 구별할 수 없게 되었다. 중국에서 정당 정치의 첫 경험은 이와 같이 왕조 통치의 여러 가지 양상들을 그대로 되풀이하였다. 즉, 서로 분리된 군과 민간의 관료 체제는 법으로 정해진 권력을 계속 유지하는 기관(정당)에서 선출된 통치자인 최고 권력에서만 결합되었고, 그 최고 권력자는 공식적인 감찰관과 비밀 감찰관의 보좌를 받았던 것이다.

군국주의의 성장 일본의 침략이 군사적 방어를 필요케 하여 국내 개혁으로부터 관심을 돌리게 함으로써 중국의 역사를 바뀌게 하였다는 설은 많은 논란이 있을 수 있다. 일본의 군국주의는 중국을 14년 동안(1931~1945) 침략한 후 마침내 파멸되었다. 중국을 재건하기 위하여 중국 정부가 가진 것 —— 또는 일본의 침략이 남긴 것 —— 이라고는 군국주의뿐이었다. 일본의 군국주의자들도 중국을 같은 방향으로 흘러가게 하였으니, 일본은 1920년대와 1930년대의 서양 영향을 소멸시켰고, 중국인들이 맞닥뜨린 과제들 가운데서 점진주의와 개혁, 그리고 진화에 대한 모든 가능성을 빼앗아 가 버렸던 것이다.

이러한 견해의 타당성을 반대하지 않더라도 군부 정치인인 장개석의 부상(浮上)에 대한 국내적 원인들을 역시 찾아볼 수 있다. 1927년의 국민당과 공산당 분열 이후, 남경 정부는 계급 전쟁 없는 통일과 국가 발전에 전념하였다. 국민당의 노동 조합들(공산당의 표현으로는 '황색' 조합들)은 좌익 조합들과 경쟁하도록 장려되었으나, 농민 협회들은 대개 탄압되었다. 권력의 근원인 촌락 단계의 대중 동원을 하지 않은 국민 정부는 거의 대부분 자체의 수준으로 잔존 군벌들과 맞서야만 하였다. 비대해진 군대를 해산시킬 목적으로 1929년에 열린 통일 후의 한 회담은 아무런 합의점에도 이르지 못하였다. 군벌 정치 체제는 아주 천천히 소멸되었고, 군사적 통일은 결코 달성되지 못하였다. 국민당 내부에서 장개석을 반대하는 한 세력이 광동으로 모였다. 운남성, 사천성, 산서성, 신강(新疆, Sinkiang)성, 그리고 그 밖의 성들에 있는 지방의 군인들은 단지 말로만 남경 정부를 도와 준다고 하였다. 1934년까지 강서성에 있었고 그 후에는 섬서(陝西, Shensi)성에 있었던 공산주의자들은 지역적으로 근거지를 둔 반란 세력을 이루었다. 1931년부터는 만주에, 그리고 1933년부터는 열하(熱河, Jehol)와 하북(河北, Hopei)성의 일부 지역에 진출하였던 일본은 외국인으로서 근거지를 가진 한 지방 세력으로 되었다. 중앙 정부의 군대는 국가 통일이라는 명분으로 해마다 연이어서 국내의 어느 지역에서 전투를 하거나 협상하였다. 이 과정에서 남경 정부가 거둔 상당한 성공은 장개석의 성공이었다. 장개석 휘하에서 국민 정부 군대의 체제는 국민당이 지배하는 소련식의 당 군대라기보다는 군대를 창설한 지도자 자신이 지배하는 반관적(半官的)인 것으로 되어 버렸다.

1927년에 소련 군사 고문단을 내쫓은 장개석은 일본의 경우처럼 독일의 고문들에게 기울어져 그들의 원조를 받고, 독일식 군대 조직으로 바꾸었다. 참모 본부는 자율적이었고, 행정원(行政院)의 군정 부장(軍政部長)으로부터 분리되었다. 국민 정부의 군대는 민간 정부에 대하여 독립한 상태였고, 입법 기관의 간섭으로부터 벗어났다. 군사 위원회는 순수한 군사 목적의 것들과 마찬가지로 경제적, 그리고 정치적인 부서들을 차차 더 많이 만들었다. 이 거대한 관료 체제 속에서 황포 군관 학교의 졸업생들이 더 이상의 훈련도 받지 않은 채 고위 직책들을 차지하였고, 국민 정부 수입의 상당 부분을 예산도 세우지 않은 상태에서 써 버렸다. 중국에서 가장 우수한 부대인 중앙군은 곧 30만 명의 정예 부대로 성장하였고, 상해와 남경 사이의 양자강 삼각주 지역은 요새화되었으며, 병기 공장은 독일식 무기들을 생산하였다. 독일인 전문가들은 비록 그들이 농민과 협조하거나 또는 있을 수 있는 모략 전쟁과 '초토화'를 상상하지는 않았지만, 결과는 그렇게 되었다.

경 제 남경 정부 10년간의 경제 성장의 주된 모델은 여러 수준의 '전체주의적' 국가들이었으니 나치 독일, 소련, 그리고 일본이 그것이다. 그러나 힘에 겨운 군대를 가지고 있는 상태에서 예산과 결산을 추진하려는 국민 정부로서는 국가 경제는 말할 것도 없이 경제 개발 계획을 추진하기 위한 재정조차도 결코 충분히 관리하지 못하였다. 미국은 공황과 뉴딜 정책에 몰두해 있었고, 아직까지 외국 원조에 대한 정부 대 정부의 계획이라는 개념은 가지고 있지 않았다.

재정은 정부의 경제적 노력의 첫번째 관심사였다. 30개 이상의 외국 은행들이 개항장에서 아직도 영업을 하면서 외환 거래를 독점하고 있었다. 어떤 경우에는 그들의 독자적인 은행권(券)을 발행하였으며, 흔히 중국의 정치인, 군인, 사업가 및 투기꾼들의 개인 재산 예치 기관으로 봉사하였다. 때때로 그들은 상해에 있던 은의 반을 차지하였는데, 상해에서 은은 가장 중요한 교환 수단이었다. 가장 큰 외국 은행은 5억 달러의 자본금을 가진 회풍 은행(匯豊銀行)이었다. 한편 100여 개의 —— 정부, 성, 또는 개인이 경영하는 —— 중국의 근대적 은행들은 낮은 가격의 은행권을 대량으로 발행하여 주로 단기적 상업 거래에 자금을 공급하거나 정부 기관에 빌려 주었다.

혁명 자금을 마련하기 위하여 국민당은 1924년에 광동에서 송자문을 경영자로 하는 중국 중앙 은행을 설립하였다. 1928년부터 중국 중앙 은행은 상해에서 화폐를 발행하는 중앙 은행으로서, 그리고 국고로서 업무를 처리하였다. 중앙 은행에 이어 중국 은행(1905년에 설립한 호부 은행(戶部銀行)의 후신), 교통 은행(1907년 설립), 그리고 중국 농민 은행(1933년 설립)이 참여하였다. 이들 네 정부 은행들은 이제 은행권 발행을 독점하여 유럽식의 중앙 국영 은행을 넷으로 동등하게 나눈 형태를 이루었고, 모든 근대적 중국 은행들의 자본금 및 지불 준비금의 5분의 2와 예금액의 2분의 1 이상을 차지하였다.

1933년까지 재정 부장(財政部長)이었던 송자문은 재정 혁명 —— 즉, 관세 자주권의 회복, 관세 수입의 증대, 이금세의 폐지, 전통적인 계산 단위였던 냥(兩)의 폐지 —— 을 수행하였다. 이러한 개혁들은 근대적 경제 부문에 차차 정부의 재정적 영향을 가져오게 하였으며, 신용에 대한 정부의 관리를 가능하게 만들었다. 1934년부터 미국이 시행한 은 매입 계획은 중국의 은화를 엄청나게 빨아들였다. 자기 방어라는 면에서 중국은 1935년에 화폐 개혁을 단행하여 은(銀) 대신 통제를 받는 지폐를 사용토록 하고, 한편으로는 외환을 보유함으로써 지폐를 보증하였다. 그러한 노력으로 중국 화폐의 국제적 가치를 안정시키고, 외국 열강들로부터 독립된 은행 체제를 건설하려는 것이었다.

근대적 부문에서 이러한 진전이 있었음에도 불구하고, 1937년에 설립된 신용 합작사(信用合作社)들이나 농본국(農本局)을 통하더라도 농민이 신용 대부를 얻는다는 것은 거의 불가능함이 드러났다. 농촌의 은행 대출은 아직도 계절적인 단기적 목적으로 이용될 수밖에 없어서 장기적인 생산 투자를 위한 것이 아니었으며, 구식 대금(貸金)업자의 고리 대금업과 경쟁할 뿐이었다. 토지 개간, 조림(造林), 관개(灌漑), 수자원 보호에서부터 전염병 예방, 종자, 농기구 개량, 농작물 수확 및 동물 사육에 이르는 농촌 계획들의 여러 가지 바람직한 청사진이 만들어졌고, 어떤 것은 시작되기도 했다. 미국식의 농지 확장 작업이 도입되었다. 그러나 농민의 생산성을 전국적으로 증가시키려는 어떠한 지속적인 노력도 농촌을 괄목할 만한 수준으로 끌어올리지는 못하였다.

공공 재정(公共財政)도 근대적 경제의 개항장 부문에서 마찬가지로 활동이 집중됨을 보여 주었다. 부분적으로 이는 남경 정부가 토지세에 대한 어떠한 요구도 포기하면서 성 당국에 그것을 착취하도록 넘겨주었다는 중대한 사실에서 온 것이며, 애초부터 내륙의 대부분 지역들을 지배할 능력이 없어 그렇게 처리하였던 것이다. 왕조들 대부분의 주된 수입원이었던 세금의 재통일은 골치 아픈 농촌 사정을 회피하려던 남경 정부의 성향을 보여 주는 것이었다. 그 대신 국민 정부는 수입의 약 50퍼센트를 해관에서 얻었다(약 1퍼센트인 미국의 경우와 비교된다). 그 외에 남경 정부는 소금 전매뿐만 아니라 담배와 등유와 밀가루 같은 주요 상품에 대한 종합 소비세를 통하여 소비하는 대중에게 세금을 부과하였다. 소득세라는 것이 없었으므로 이 역행적인 세제는 부유층에게 부담 주는 만큼 일반 소비자들에게도 부담을 주었고, 따라서 대중 구매력을 감축하기 쉬웠다. 계속되는 적자는 정부 지출의 약 25퍼센트를 4개 은행으로부터 빌려 옴으로써 메웠다. 4개 은행은 차례대로 국내 시장에 공채(公債)를 팔았으며, 그에 대한 상환금은 아직도 외국의 채권자들에게 갚아야 되는 거액의 돈을 곧 능가하였다. 이 모든 빚을 갚는 것이 총지출의 약 3분의 1을 차지하였다. 국내의 채권 소지자들은 남경 정부의 많은 관료들을 포함하였고, 그들은 종종 고율의 이자를 받아 갔다(20~40퍼센트이며, 만약 할인을 할 때는 구입 가격을 그대로 받았다). 중국 안에서 중국인에게 지불되는 그러한 부정 수입은 1901년 이후 외국 열강들에게 강탈당한 거액의 배상금보다는 덜 밉살스러운 거래임이 분명하다. 그러나 남경 정부의 정책은 국내의 생산을 장려한 것도 아니고 해외로부터 자본 차관을 장려한 것도 아니었으며, 장기적인 공업 성장을 위한 저축과 투자도 거의 달성할 수가 없었다. 국내의 자본은 동원되지 못하였고, 이용할 수 있는 자원은 주로 군대를 유지하거나 마르크스주의자들이 '관료 자본가들'이라고 부르는 사람들을 이롭게 하였다.

문화 생활과 미국의 영향   반란 진압과 절박한 침략의 그늘에 가린 생활이지만, 자신들을 5·4 시대의 정신적 상속자들이라고 생각한 1930년대의 중국인들은 두 주요 진영 —— 개량파와 혁명파 —— 으로 나누어져 있었다. 개량파의 대표자는 과학, 기술 그리고 정치와 관계를 맺지 않은 학문을 육성하는 학문적 경향의 학자들이었다. 혁명파의 전형적 인물들은 사회 혁명에 대한 문학을 창조하려는 활동적 경향의 작가들이었다.

문학계에서 노신(魯迅, Lu Hsün)은 고참 문인이었으며, 젊은 작가들을 격려하고 좌익 문학에 대한 검열과 탄압을 비난하였다. 동시에 그는 좌익주의자들의 선전을 기준으로 한 수준 낮은 문학을 한탄하였다. 그는 "훌륭한 문학 작품들

1933년 상해의 자유주의자들 왼쪽에서부터 미국의 언론인 애그니스 스메들리(Agnes Smedley), 조지 버나드 쇼(George Bernard Shaw), 송경령, 나중에 중앙 연구원의 원장이 된 채원배, 노신. 쇼는 중국을 방문중이었다. 다른 사람들은 단명하였던 중국 민권 보장 동맹(中國民權保障同盟)의 창립자들이었다.

은 다른 사람들의 명령으로 이루어진 적이 없다.”고 역설하였다. 사회적 불의에 대항한 반발로서 그는 공산당원으로 입당하지는 않았으나 공산주의의 주장에 감정적으로 동조하게 되었다. 1930년대에 그는 다른 사람들과 함께 좌익 작가 동맹을 구성하는 일에 참여하였다. 보조 간행물들과 논쟁 방법을 가진 이 광범한 조직은 최근에 펼쳐지기 시작한 ‘사회주의 리얼리즘’의 깃발 아래 문학계에서 공산주의가 우세해지는 출발점을 가져왔다. 국민당은 이러한 발전에 대하여 방해할 수도 경쟁할 수도 없었으며, 그러한 것은 젊은 학생들에게 그들의 세계관을 형성하도록 도와 주었다.

 1930년대 미국 개혁주의는 지식 계급 가운데 비(非)혁명파에게 영향을 주었다. 그들은 외국에서 교육받았고, 학술 또는 과학 기관에서 일하던 사람들이었다. 그리스도 교 계통의 12 개 대학들은 이제 그들 수입의 반 이상을 중국인들에게서 얻었으며, 지방별로 중국인 이사회의 관리를 받았고, 교수진의 3분의 2가 대부분 외국에서 교육받은 중국인이었다. 정부가 경영하는 100여 개 이상의 고등 교육 기관에 속한 4만 1,000 명의 학생들과 비교하여 그들은 겨우 6,500 명의 학생뿐이었지만, 그들은 생활 수준이나 사회 생활과 마찬가지로 교육에서도 여전히 주도자들이었다. 북경 대학이나 청화(淸華, Tsing Hua) 대학 같은 규모가 큰 국립 대학교들도 대부분 외국에서 —— 주로 미국에서 —— 교육받은 교수진들을 갖추었다. 미국의 영향은 중국 지질 조사소, 중앙 정부의 중앙 연구원에 속한 12 개 연구소, 남경에 있던 국립 농업 연구소, 그리고 록펠러 재단이 지원한 북경의 북경 협화(協和) 의학교와 그 학교가 선구적 역할을 한 국가적 보건 사업에서도 마찬가지로 현저하였다. 이러한 제도적 성장은 중국인 학생들을 서양에서 훈련시킨 결과였다. 1901년에서 1920년 사이에 약 2,400 명이 미국의 대학교에 입학하였고, 1921년에서 1940년 사이에는 약 5,500 명이 그렇게 하였다. 그들은 총 370 개 학교에서 주로 실용적 과목인 기술 계통이나 실무 경제학을 공부하였다. 상해의 사업체나 남경 정부의 여러 관청들이나 방금 나열하였던 기관들에서 일하려고 돌아온 근대적 교육을 받은 이 학생들은 새로운 엘리트들이었으며, 그들은 중국 농촌의 빈곤과 무지를 훨씬 뛰어넘은 물질적 및 지적 차원에서 살았다. 1920년대와 1930년대에 해외 유학에서 자극받은 새로운 중국인 학자 세대들은 여러 계통에서 창조적인 출발을 이루었다. 예를 들면, 북경인의 발굴과 안양(安陽, An-yang)에서 상(商, Shang) 왕조의 수도를 발굴한 것(상권 5, 24~25 쪽 참조), 예전에는 알려지지 않았던 건축상의 기념물, 청대 궁정 문서의 간행과 이용, 그리고 일반적으로 근대 과학의 용어들과 개념들을 중국어로 이해하는 것이었다.

중국 문제에 대한 선교사들의 반응은 아직도 복음 전도적이었지만 동시에 여러 가지 실질적인 형태를 취하기도 하였다. 1900년에 28 개 단체를 대표하는 1,000 명 이상의 미국인 선교사들은, 1930년에 60 개 단체를 대표하는 3,000 명 이상으로 증가하였다. 민족주의가 일어남에 따라 그리스도 교 교회를 중국에서 토착화하려는 노력이 생겼다. 중국인 목사가 이끌고 부분적으로는 자급함으로써 외국인 선교사는 단지 조언이나 보조만 하게 되었다. 복음 강조보다는 사회 봉사에 더 직접적 관심을 가진 Y.M.C.A.는 젊고 유능한 중국인 지도층의 마음을 끌었고, 이들은 공장 노동자에 대한 읽고 쓰는 능력과 사회 사업을

성서 연구회의 중국인 그리스도 교 교회의 지도자. 중국인 그리스도 교 신자들의 솜씨로 된 회화와 두루마리 및 조상(彫像)에 둘러싸여 있는 감숙(甘肅, Kansu)성 난주(蘭州, Lanchow)의 목사.

위한 계획을 발전시켰다. 그리스도 교도의 동점심은 다른 일들도 발견하였다. 1920년부터 1921년에 걸친 북중국의 굶주림은 화양 의진회(華洋義賑會)의 성립 계기가 되었다. 1936년에 의진회는 외국인의 기부금 5,000만 달러로 그 지역의 지방 당국과 협조하여 선구적인 농촌 개발 계획——우물 파기, 도로 건설, 하천 제방 쌓기, 그리고 약 20만 명의 회원을 가진 신용 합작사를 북중국에 설립하는 것 등——을 시행하였다. 중국의 그리스도 교도들이 사회 복지에 관심을 더 많이 갖게 됨에 따라 1922년에 열린 한 국제적인 프로테스탄트 회의에서 중화 기독교 협진회(中華基督敎協進會)를 조직하였고, 이는 한편으로는 사회에 복음을 전하면서 또 한편으로는 중국인 그리스도 교도들의 '토착화된 교회'를 장려하기 위한 것이었다. 협진회는 도시에 대한 계획 이외에도 농촌에 대한 계획을 개발하기 시작하여 농촌에 대한 조사와 농지 확대 사업을 권장하기도 하였다. 그리스도 교 선교 사업은 이처럼 1930년대에 '농촌 부흥'이라는 문제에 접근하고 있었다.

이러한 운동의 선구자인 안양초(晏陽初, James Yen)는 예일 대학의 졸업생이며 Y.M.C.A 출신으로서 북경 근처의 정현(定縣, Ting-hsien)에서 1926년에 록펠러 재단의 원조를 받아 일을 시작하였다. 여기서 중국 농촌 문제들을 다루기 위한 그의 평민 교육 운동이 외국의 지원으로 시작되었고, 농업에 과학을 적용하는 일과 초등 교육을 보급시키는 일을 선구적으로 시작하였다. 이 운동은 곧 농촌의 신용, 판매, 합작사, 농민 협회들에 대한 문제에 직면하였다. 이 최신 형태의 조직과 문자 해독 능력이 결합될 때 농민들이 불만을 말할 수 있고, 결국에는 토지 소유와 지방 정치에 대한 의문을 제기할 수 있을 것이다. 이점에서 사회 사업가와 교육가들의 점진적 접근은 지방 권력자들의 기득권과 충돌하였는데, 지방 권력자들은 가끔 군인들이나 비밀 결사들의 군사적 지원으로 활동하는 지난날 '신사'의 잔재들이었다. 이리하여 '농촌 부흥' 운동은 지금까지의 상태를 위협하였다.

본능적으로 정부 당국은 이 운동을 통제하고 이용하였다. 장개석은 교회 및 Y.M.C.A. 지도자들과 친분을 맺고 있던 송미령을 통하여 공산주의자들로부터 탈취한 강서성의 일부 농촌에 모범 현을 설치하려고 미국인 선교사들을 초빙하였다. 그러나 극심한 가난 때문에 종교적 또는 지역 사회의 사업을 아무것도 이룰 수가 없었다. 그래도 장개석은 중국의 갱생을 위한 신생활 운동에서 도덕적 행위에 관한 옛날의 덕목——예(禮), 의(義), 염(廉), 치(恥)——과 Y.M.C.A.의 방법들을 이용한 독자적인 계획을 세웠다. 그리하여 1934년에서 1937년 사이에 1,300 개의 지부 조직망을 통하여 대중을 훈계하였다. 대중에게 잘 알려지지는 않았으나 이 운동의 배경에는 유럽의 파시즘을 본뜬 남의사(藍依社)라는 장개석의 비밀 조직이 있었고, 이 조직은 국가를 그의 영도 아래에서 군사화하는 일에 전념하였다.

이 시기에 대하여 일반인들이 알고 있는 것이나 또는 통계적인 이해보다 대체로 낮은 차원에서 전통적인 중국 농촌 사회의 해체는 여전히 빠르게 진행되고 있었다. 무수히 많은 농촌들에 거주하는 엄청나게 많은 중국 농민들은 국민 정부나 선교사들의 개혁 노력이 미치지 못하는 상태였다. 농촌 수공업은 이제 공장 생산의 본격적인 충격에 시달리고 있었다. 냉혹하게도 화폐 경제 체제로 끌려들어간 농업은 자금이 부족한 상태였다. 경작자는 너무나 가난해서 그의 농작물을 비축하거나 종자나 농기구들을 개량할 수 없었고, 고리 대금업자로부터 돈을 빌리지 않을 수 없었다. 가난과 타락은 촌락들에서 더욱 악화되었고, 개조를 위한 비(非)공산주의자의 —— 대개 서양에서 암시를 받은 —— 조치나 계획들도 산발적이며 효과가 없었다. 어떤 경우든 농촌 재건에 대한 기대는 침략과 전쟁 때문에 줄어들었다.

일본의 중국 침략

만주의 일본 세력과 중국의 반응　중국의 동북 지역인 만주는 광대하고 새로운 변경 지역이었으며, 중국 본토의 4분의 1에 해당하는 크기이나 인구는 본토의 10분의 1도 못 되었다. 인구는 1900년의 1,100만 명에서 1930년의 3,400만 명으로 3배가 늘어났다. 이는 북중국에서 이주해 들어간 것이 부분적 이유가 되었으며, 만주 인구의 95퍼센트는 한인이었다. 그러나 만주에 있던 일본 군대는 제국의 사명감을 느끼고 있었다(337~389쪽 참조). 국민 정부의 부상(浮上)과 인종적, 역사적, 그리고 법률적으로 만주가 중국의 일부라는 국민 정부의 애국적 주장은 일본 관동군의 격정적인 군국주의와 정면으로 상충되었다. 일본인 장교들이 1931년 9월 18일의 '봉천(奉天, Mukden) 사건'[9·18事變, 柳條溝事件]을 꾸미고 만주를 점령하려고 진군하였을 때, 중국인들의 애국적 반발과 불매 운동은 상해 외국인 조계 지역의 바깥 쪽에서 '선전 포고 없는 전쟁'[1·28事件, 제1차 上海事變]을 일어나게 만들었다(1932년 1월 28일~3일 3일). 7만 명의 일본 군대가 놀라울 정도로 격렬한 중국인들의 저항을 맞아 싸운 뒤, 양쪽 모두 전투를 확대하기보다 휴전을 받아들였다. 그러나 그 사이에 만주에서 있었던 성공적인 공격이 국제 연맹의 집단 안보 체제를 박살내 버렸다. 무력으로 얻은 것에 대한 국제 연맹과 미국의 '불(不)승인 정책'도 이제는 일본의 팽창이라는 기세를 막을 수 없었다.

　이민족(異民族)들은 중국을 정복할 때 중국인들의 도움을 얻었다. 이러한 오랜 전통을 잘 아는 일본인들은 만주에서 일본인 고문들의 직접적 지배를 받는 괴뢰 정권을 세웠다. 만주국(滿洲國, Manchukuo)이 1932년 3월 1일에 선포되었다. 곧 이어 젊은 청조의 마지막 황제 부의가 황제로 즉위하였다. 만주의 중국인들은 '국가 독립'을 선언하면서 '자치 위원회'에 소속되었다. 독립 국가라는 허구는 열강들이 새로운 정부를 승인하지 않는 한 기득 권리들에 대한 배척을 정당화하였다. 만주국을 위한 육군의 계획은 공업화를 강조하였다. 새로운 회사들이 민간 자본을 동원하기 위한 특별한 권유로 설립되었다. 극히 필요한 화폐의 통일은 중앙 은행이 실행하였고, 통신과 운송 및 수력 발전이 급속도로 발전되었다. 전략적 철로 노선은 만주 지방의 소련 국경까지 밀고올라갔으며, 종전에 남만주 철도 주식 회사와 나란히 경쟁하였던 철로 회사들은 남만주 철도 주식 회사의 단일 체계 속으로 통합되었다. 이 모든 것은 일본 국내와 경쟁하는 공업 기지를 만주에 창출해 내었고, 막대한 자본 투자를 요구하였다. 일본의 경제적 이득은 극히 적었으나, 대륙의 새로운 전략 기지가 제국의 영광이라는 만족감과 동시에 더 확장된 기득 이권들을 가져다 주었다.

 가차없이 북중국으로 들어간 일본인들은 북평과 천진 사이에 있는 만리 장성의 바로 남쪽에 비무장 지대를 만들었다. 그곳에서 중국인 괴뢰 정권은 밀수품과 마취제의 북중국 침투를 조장하였다. 1935년 북중국에는 합의에 따라 중립 지대가 만들어졌고, 그리하여 일본인 장교들은 북중국의 5개 성을 합하여 화북국(華北國, Hua-pei kuo)이라는 괴뢰국으로 만들기 위하여 분리 운동을 선동하려고 노력하였다. 이 공작은 12월에 북평의 학생 시위를 만나 좌절되었는데 이 시위는 언제 어디서 힘으로 저항할 것인가라는 남경 정부의 딜레마를 극적으로 표현한 것이었다.

 봉천 사건 이후 불매 운동이라는 형태를 가진 중국의 비군사적 저항은 대단히 효과가 있어서 전국 및 해외로 번져나갔으며, 일본인들의 상품 판매와 심지어는 일본 은행들이나 사업체와 만나는 것까지도 막아 버렸다. 불매 운동은 학생과 상인들의 상당한 주도권과 아울러 국민당으로부터 조정을 받았다. 개항장에서는 필요한 때에 테러를 감행하면서 지하에서 조종되었고, 그 계획은 어느 곳에서든지 대중 집회, 선전, 감시, 벌금 및 위반자에 대한 실질적인 처벌을 통하여 강제로 시행되었다. 중국 본토에 대한 일본의 수출액은 반으로 줄어들었다. 일본의 침략은 대중 참여라는 새로운 차원의 전국적인 반응을 유발시키고 있었다. 그러나 남경 정부는 비군사적이고 준(準)군사적인(게릴라) 저항의 역량을 무시하였다. 국민당의 화력 전문가들은 비무장 시민들이 일본의 탱크와 비행기들을 멈추게 할 수 없다는 점을 알고 있었다. 이러한 생각이 의심할 여지없이 정확하다는 것은 세계의 대부분 군사 전문가들의 견해뿐만 아니라 상식적으로도 확인되고 있었다. 그러나 그것은 나중에 다른 나라들에

454

서 나타난 점——재래식 무기를 가지고 지원에 동원되고 협조할 때의 대중적
저항이 지닌 효율성——을 깨닫지 못한 것이다. 장개석은 전투를 시작하기에
앞서서 독일식으로 훈련 받은 군대를 건설한다는 그의 전략에서 판에 박힌 생
각을 드러냈다. 1931년 9월부터 거의 6년 동안 그는 교묘하고도 끈기 있게 세
상 풍조에 따르고 협상하고 철군하면서, 일본과 벌일 막판 대결을 피하였다.
이것은 확실히 마음에 들지는 않지만 필요한 것이었다. 그러나 그의 새로운
군대와 병행하여 장개석은 국민을 동원하기 위하여 대중 조직을 이용한다는
점에서는 아무런 성공도 거두지 못하였다. 그와는 반대로 그는 지주들에 대항
하는 농민들을 집결시키고 있던 공산주의자들의 계급 전쟁에 맞서면서(611~
620쪽 참조), 그의 새로운 군대를 항일에 앞서 중국을 통일해야 한다는 전략에
따르도록 하고, 1931년에서 1934년에 걸친 다섯 차례의 반(反)공산당 섬멸 작
전을 감행하였다. 일본 침략자들이 아니라 중국인들의 반란과 싸운다는 남경
정부의 정책은 공산당원이 아닌 애국자들을 격분시켰고, 이는 남경 정부에 커
다란 압력으로 작용하였다.

　강서성에서 출발하여 1934년에서 1935년에 걸친 대장정(大長征)에서 살아 남
은 공산당은 1936년에 이제는 서북 지역에서 근거지를 구축하였다〔연안(延安)〕.
1935년 8월에 중국 공산당과 코민테른은 제2차 통일 전선을 제의하였으며,
이번에는 일본에 대하여 국가를 방어하자는 목적에서였다. 이러한 전술적 변
화는 소련에 대한 일본의 압력과 중국 공산당에 대한 국민당의 압력을 없애자
는 데에 목적이 있었다. 1936년말에 로마와 베를린에 추축(樞軸)국이 형성되었
고, 독일, 이탈리아, 일본의 반(反)코민테른 협정은 침략의 위험성을 고조시
켰다. 장개석이 중국 공산당의 반란을 근절하는 것보다 일본에 대항하기를 더
열망하던 만주 출신의 중국 부대들에게 12월말 서안(西安, Sian)에서 강제로 체
포 (바꿔 말하면) '납치'되자, 주은래가 그를 풀어 주도록 중재하였고, 그때
부터 제2차 통일 전선이 조금씩 구체화되었다.

　제2차 중일(中日) 전쟁　처음에는 1937년 7월 7일에 북평 근처〔노구교(蘆
溝橋) 사건〕에서, 다음으로는 8월에 상해〔제2차 상해 사변〕에서 시작된 일본의
전면적인 침략은 사실상 제2차 세계 대전의 시작이었다. 중국에서 그것은
8년이나 걸렸으며, 유럽의 전쟁보다 더 길었다. 더구나 미국이 1941년 중엽까

지 더욱더 죄책감을 가지면서도 일본의 전쟁 무기에 없어서는 안 될 석유와 철을 계속 판매할 동안, 중화 민국은 1941년 12월 8일까지 처음 4년 동안 홀로 싸웠다. 그때까지 국민 정부와 그 지도자는 남경에서 그들의 통치를 특징지었던 불굴의 정신과 한계를 보여 주었다. 대외 무역과 접촉을 지향하던 국민 정부는 차차 그들과 관계를 끊고, 오지로 쫓겨 들어가 그곳에서 국민 정부가 해결해야 하는 문제를 그제서야 다루기 시작하였다. 장개석은 일본의 광신적인 침략성이 조만간 다른 나라들로 하여금 중국을 돕게 할 것이라고 정확하게 추측하였다. 그 전쟁은 끈기를 시험하는 것이 되었다. 국민 정부의 새 군대들은 상해에서 끝까지 싸웠으나 크나큰 고통을 겪었다. 1937년말에 일단 측면을 포위당하자 그들은 내륙 지역으로 옮길 수 없는 많은 공업 시설을 파괴하기 위한 '초토화' 전술을 이용하면서 '시간을 위하여 공간을 내주고' 서쪽으로 후퇴하였다. 1938년에 한구에서 잠시 쉰 국민 정부는 양자강 협곡을 거슬러 올라가서 사천성의 오지인 중경(重慶, Chungking)까지 이동하여 갔다. 모든 조병창(造兵廠)과 공장, 그리고 대학의 교수와 학생 무리들이 —— 일본의 비행기는 어쩔 수 없었지만 —— 탱크가 미치지 않는 곳으로 옮겨 갔다.

중국의 점령된 지역은 곧 두 괴뢰 정권으로 분할되었으며, 각각은 독자적인 통화를 사용하였다. 북중국에 있던 일본 군대들은 철로를 침략 통로로 이용하면서 도시를 점령하였고, 게릴라 활동이 구체화되기 시작하던 철로망 사이의 인구가 조밀한 평야 지대를 제외하고는 곳곳에서 일어난 저항을 매우 빠르게 격파하였다. 일본의 북중국 군대는 북평(北平)에서 중화 민국 임시 정부라는 괴뢰 정권을 설립함으로써 중부 중국의 상대를 앞질렀고, 군벌 시대에 일본에서 공부하였던 늙은 사람들을 명목상으로 내세웠다. 그들은 반(反)서양적이며 반(反)공산당적이었던 신문과 학교의 선전을 통하여 고전적 덕목의 회복과 범아시아적인 괴뢰 정권을 1938년 3월에 설립하였다. 10월에 광동과 한구가 점령된 후, 일본은 중국에 대한 서양의 조약 체제를 일본의 지배권으로 대체하게 될 동아 신질서 건설(東亞新秩序建設)을 선언하였다. (348쪽 참조) 이것이 좌절한 애국자이며 한때 일본에서 공부하였던 왕정위를 중경(重慶) 정부의 장개석으로부터 탈출케 하여 평화를 모색하게 하였다. 그리고 많은 협상을 거친 뒤 1940년 3월 30일에 왕정위는 남경에서 신국민 정부(新國民政府)의 책임자로 되었다. 그것은 종전 남경 정부의 희미한 복사판이었고, 왕정위와 함께 탈출

456

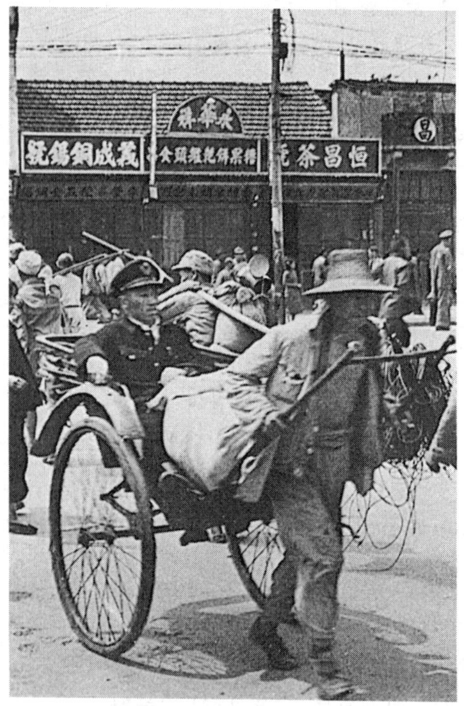

사람의 힘을 이용한 탈것들 위 : 앞에서 끌고 뒤에서 미는 한 가
족의 외바퀴 수레(19세기말의 한구에서).   왼쪽 아래 : 1949년 남경
에서 국민당 장교를 철수시키는 한 인력거꾼.   오른쪽 아래 : 1966
년 상해 남경로의 한 승객용 삼륜 자전거.

한 반장(反蔣) 국민 당원들의 잔재인 '순정(純正) 국민당'의 명목뿐인 통치를
받았다. 북평과 남경의 이들 괴뢰 정권들은 만주국과 마찬가지로 무력에 의지
하였을 뿐 누구를 우롱하는 것은 아니었다. 그러나 얼마 뒤의 유럽처럼 침략
자들의 우세한 무기들이 도시의 저항을 자멸케 만들었고, 부역(附逆)을 거의
피할 수 없도록 만들었다. 더구나 부역자들은 침략자 밑에서 일하는 동안이라
도 침략자의 가혹함을 완화시킬 수 있었고, 그렇게 하는 것이 전적으로 비애
국적인 것은 아니었다. 일본이 1930년대에 부역자들을 징집하고 중국의 대부
분을 지배하기가 비교적 쉬웠던 점은 중국 인민 모두가 아직 대중적 저항에 동
원될 준비가 되어 있지 않았음을 말해 준다.

국민 정부는 일본이 침략한 서남 외곽선 너머 개발의 정도가 낮은 오지에서
연명하였다. 이것이 국민 정부를 공산당과 경쟁하게 만들었다. 1937년 중엽부
터 또 하나의 국공 합작 시대[제 2 차 국공 합작]가 시작되었고, 공개적으로 경
쟁이 이루어졌다. 전쟁 시기 동안의 사회적 변질, 특히 대중 동원과 농민 무장
에서 중국 공산당이 더 많은 이익을 얻을 것이라는 점이 확실해졌다. 국민당
은 국민당이 지배하는 지역에서 그러한 발전을 반대하였고, 줄잡아 20만 명
이상의 국민당 군대가 서북 지역의 공산당 근거지 안에 그들을 가두어 버렸
다. 통일 전선은 단지 두 무장 정당의 독재 체제가 권력을 위한 궁극적인 경쟁
상대라는 사실을 감추기 위하여 통일의 겉껍데기로서만 계속되었다.

국민 정부는 농촌의 사회 변화를 회피하면서 자체의 정치 권력을 보강할 방
법을 강구하였다. 각계를 대표하는 저명 인사들을 뽑은 국민 참정회(國民參政
會)가 1938년에 형성되어 대의 정치의 요구에 응답하고자 했다. 그러나 그것은
오직 자문권 정도의 권력밖에 가지지 못하였다. 참정회의 질문들은 회답되어
야 할 필요가 없었던 것이다. 장개석을 단장으로 하는 삼민주의 청년단은 1939
년부터 1947년까지 당과 병행하는 피라미드식 구조를 구축하였다. 그러나 청
년 단원들이 늙어 감에 따라 청년단은 새로운 사상도 갖지 않은 채 당의 경쟁
상대로 되어 갔고, 마침내 당 속으로 흡수될 수밖에 없었다. 중경에서 훈련 기
관으로 설립되었던 중앙 훈련단은 분류된 단체들을 차례대로 소집하였다.
2주간 또는 3주간의 꽉 짜인 강의와 그 외의 훈련들 속에서 각 단체는 국민당
의 근본 방침들을 알게 되었고, 당의 지도자를 직접 보고 그의 목소리를 들었
다. 한편 지방 통치의 면에서는 '신현제(新縣制)'가 1939년에 도입되었다. 이

는 현(縣) 단계에서 원활하지 못한 경제적 활동과 복지 활동을 장려할 목적을 가지고 있었다. 동시에 그것은 상호 책임제와 감시 제도인 전통적인 보갑(保甲) 제도를 부활시킬 목적도 가지고 있었으며, 이는 지방의 질서 유지에 상당한 효과가 있었다. 이러한 부활은 촌락 행정에서 보(保)의 대표자 선출을 통한 '자치'라는 특징을 이루었다. 그러나 현에서 치러진 선출 과정에 대한 기록은 거의 없다.

이 모든 방법들은 전체적으로 중경 정부의 굽히지 않는 전쟁 수행에 어울리는 사상의 빈곤을 드러냈다. 국민당의 최초 지도자들이 아직도 권력을 잡고 있었다. 군사 위원회는 민간 정부의 기능들을 더욱더 많이 접수하였고, 한때는 휘하에 500만 명 이상의 군대를 가지고 있었다. 그러나 이 거대한 노력의 정신적인 지도력은 장개석이 1943년에 발간한 논문인 〈중국지명운(中國之命運)〉의 빈약한 이념 체계를 넘지 못하였다. 그 책의 첫번째 주제는 외국 침략의 해독과 불평등 조약들의 수많은 해독을 강조하는 반(反)제국주의였다. 근대화가 여러 가지 면에서 잘못된 것은 모두 서양이 중국을 희생시킨 때문이라는 것에 동의를 하든 하지 않든 불만을 말하는 애국심은 확실하였다. 두번째 주제는 유가적 사회 질서인 전통적인 덕목의 부활과, 개인을 국가에 완전히 복속시키려는 장개석의 제안이었다. 동시에 그는 국가 방어를 위하여 대규모의 공업화를 이루려고 하였으며, 농민들을 농민 병사로 만들기 위하여 집단화하려고 하였다.

전시(戰時)의 사천성은 주택 사정이 곤란하고 소비재가 부족하였다. 양자강 '하류 지역'에서 이곳으로 이주해 들어온 중경 정부 공무원들의 고통은 계속되는 인플레이션으로 더욱 심해졌다. 이 인플레이션은 천천히 목을 조이듯이 진행되면서 그들의 급료와 생활 수준을 엉망으로 만들어 버렸다. 비록 중경 정부가 상당한 정도의 식량 공급을 할 수 있는 자급 자족적인 농업 지역에 있었지만, 정부는 조세 수입의 개발에 실패하였으므로 필요한 자금을 조달하기 위하여 주로 지폐 발행에 의존하였던 것이다. 이는 농촌의 생활 경제에는 비교적 영향을 미치지 않았으나, 중화 민국의 근대적 요소의 전부인 도시 봉급자들을 인플레이션이라는 착취자에게 밀어넣게 했다. 봉급 생활자의 급료는 결코 오르지 않았다. 책과 의복 및 가구들을 식량과 바꾸었다. 영양 실조는 피부병과 만성 위장병, 그리고 결핵을 가져왔다. 가난은 많은 사람들에게 부패

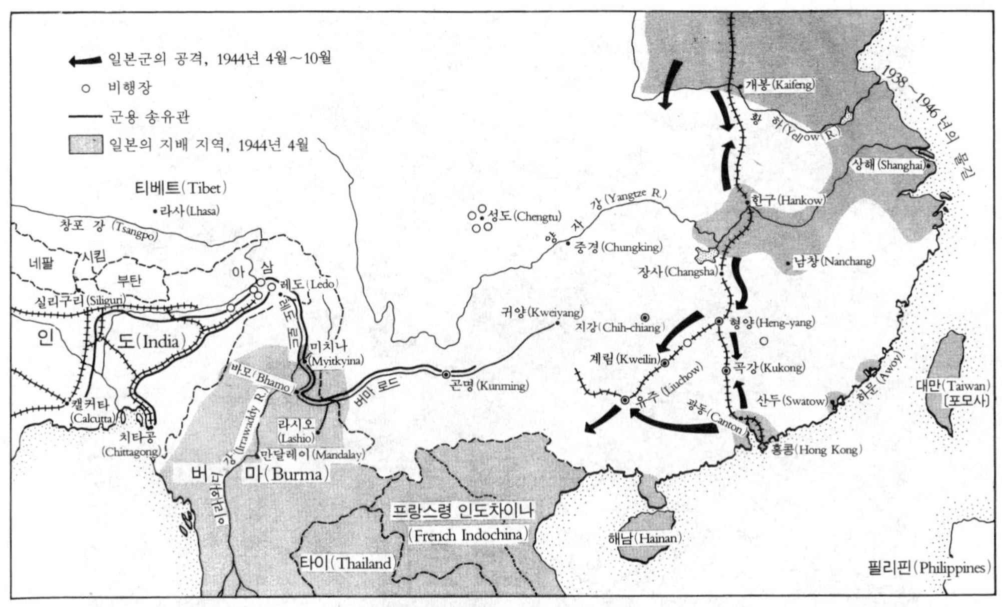

제 2 차 세계 대전 당시의 중국―버마―인도 전선

를 통한 생존이라는 굴욕의 원인을 만들었다. 사업을 하는 극소수의 특권층은
세금을 내지 않는 그들의 이익금을 투자하기보다는 소비품이나 금을 사들였
다. 그러나 중화 민국의 근대적 계층의 대부분은 기운이 빠지고 타락해 갔으
며, 결국은 권력을 잡고 있는 정권을 비난하였다. 이것은 국민당이 정치적 목
적 때문에 고등 교육을 확대하고 통제하려고 노력했던 대학교들에서도 마찬가
지였다. 지식 계급 가운데 학문에 종사하는 사람들은 국민당의 통치를 의심하
기 시작하였다.

   중국에 대한 미국의 원조   초기 2 년 반에 걸친 중국의 투쟁에서 국민 정부
는 미국이나 영국, 프랑스보다 소련으로부터 더 많은 원조를 받았다. 소련인
들만으로 구성된 '의용' 공군이 중국에서 일본과 싸웠다. 그러나 소련의 원조
는 1939년 9월에 제 2 차 세계 대전이 시작되자 끊어졌다. 처음에는 중화 민국
의 주장이 미국의 대중적 호응을 얻었으나 아무런 원조도 없었다. 하이퐁
(Haiphong)에서 곤명(昆明, Kunming)에 이르는 인도차이나의 철로 통로(1940년
프랑스가 패배할 때까지)와 버마의 철로 종점에서 곤명까지 높은 산맥과 깊은

비행장 건설을 위한 인력 동원 1942년 성도(成都, Chengtu) 근처에서 B-29의 비행장을 건설하려고 흙을 옮기고 바위를 부수는 수천 명의 농민들.

협곡을 넘는 트럭 통로인 버마 로드(Burma Road)를 제외하면, 중화 민국은 사실상 고립 상태였다.

1941년에 진주만에 대한 일본의 공격이 중경 정부의 실질적인 동맹국을 만들어 냈을 때, 미국은 군사 원조를 통하여 처음으로 중국의 국내 문제에 중요한 역할을 하기 시작하였다. 전쟁 시기 동안의 동맹은 과거 1세기 동안 성장해 왔던 중국인들의 생활에 대한 미국의 간섭을 최고 상태에 이르게 하였다. 1943년 1월의 영국과 미국의 조약 개정은 불평등 조약 체제를 공식적으로 마감하였다. 그러나 아이러니컬하게도 전쟁 수행이 이전 어느 때보다 더 막강한 미국의 등장을 가져왔고, 이는 공군력과 공군 기지, 훈련소, 보급과 수송 업무, 그리고 라디오 방송망과 항공로를 갖춘 기타 전시(戰時) 기관에서 잘 드러난다. 이 가운데 가장 눈부신 것은 셰놀트(C. L. Chennault) 장군 휘하의 미국 제14 공군이 중국의 도시들에 대한 일본의 폭격을 저지하는 데 성공한 것이다.

그러나 미국의 원조는 일련의 장애들을 겪었다. 첫째, 1942년초 버마에 대한 일본의 재빠른 점령이 버마 로드 공급 통로를 차단하였던 것이다. 유일한 대안은 인도에서 북부 버마의 산맥을 넘어 곤명까지 공중으로 보급하는 것이었으나 이는 매우 제한된 수송 능력에 비용도 많이 들었다. (지도 참조) 둘째, 일본보다 독일을 먼저 패배시키려는 연합국의 전략이 멀리 떨어진 중국·버마·인도 전선을 낮게 평가하였던 것이다. 중국에 준 무기 대여 원조는 1946년초까지 15억 달러였다. 그러나 이는 제 2 차 세계 대전 동안 다른 나라들에게 준 모두 500억 달러에 이르는 무기 대여 원조의 겨우 3 퍼센트 정도였다. 중국은 원조하기가 쉽지 않았고, 전략상으로 가장 중요한 대상도 아니었던 것이다. 장개석의 ‘참모장’으로 임명된 조셉 스틸웰(Joseph Stilwell) 장군은 일본을 공격할 예상 기지로서 중국으로 오는 육상 통로를 다시 열려고 북부 버마의 재탈환이라는 어려운 작전을 끈기 있게 밀고 나갔다. 1945년초까지 도로와 송유관은 다시 개통되었으나, 태평양의 해군 작전은 오래 전부터 일본과 직접 전투를 치르고 있었다.

이리하여 전쟁이 외교를 앞질러 갔다. 일본의 패망 후 동아시아를 안정시킬 수 있는 강국이 되도록 중국을 돕는다는 미국 정책의 주된 목표는 자체의 군사력을 건설하도록 국민 정부를 돕는다는 비슷한 군사적 목표와 결합되었다. 만약 일본에 대한 연합군의 공격이 실제로 중국을 거쳐 이루어졌다면, 전쟁 이후의 상황이 더욱 유리하게 되어 공산당의 반란을 초래하지 않았을지도 모른다. 그러나 실제로 중국은 무시당하였고, 지엽적인 문제로 취급되었다. 이것은 어떠한 동맹 관계에서도 불가피한 알력을 더욱 악화시켰고, 미국과 영국, 스틸웰과 셰놀트, 장개석과 그의 협력자들, 종국적으로는 미국과 중국 사이를 서로 빈정대고 비난하게 만들었다. 일본 격파에 크게 집중하였던 미국의 전쟁 수행은 안정된 사회에서 평화에 젖어 있는 사람들의 사고 방식을 보여 주었다. 그들은 한 번도 침략을 당한 적이 없었고, 바다 건너에서 벌어지는 전쟁을 짤막한 간주곡 정도로만 생각하였던 것이다. 그러나 중국 쪽에서 보면, 1937년 이래 일본의 침략을 견뎌 내기 위하여 본격적인 전쟁 노력이 벌써부터 치러지고 있었던 것이다. 군사적으로 중국을 통일하겠다는 국민당의 이상과 사회 혁명을 위하여 권력을 장악한다는 중국 공산당의 희망이 중국 정치의 바닥에 깔려 있었다. 전쟁을 승리로 이끌려는 미국은 국민당과 중국 공산당의 더욱

대원수와 그의 부인. 1942년 4월 버마의 마이묘(Maymyo)에서 스틸웰과 함께한 장개석.

통합된 전쟁 수행을 강요하였으나 실패할 뿐이었다. 부분적으로는 이 문제 때문에 스틸웰 장군이 1944년 11월에 소환당하였다. 1945년 8월에 일본이 패망하자 미국은 막강한 군사력을 신속하게 복원시켰다. 그러나 제공하였던 무기들은 국민당의 지휘관들에게 공산당을 억압할 수 있는 자신들의 능력을 과신하도록 만들었다. 그러나 제2차 세계 대전을 헤쳐 나온 국민당 정부는 우수한 화력을 가졌을 뿐 경제적으로는 쇠약하였고, 정치적으로도 불안정하였다. 이러한 여러 환경의 결합이 중국을 아무것도 이루지 못한 원래의 상태로 되돌려 놓았던 내전 속으로 치닫게 만들었던 것이다. (620~621쪽 참조)

국민당 초기의 약속 이후 국민당의 흥성과 쇠퇴는 미국에서 뜨거운 논쟁을 불러일으켰던 하나의 비극이었다. 몇 가지 점은 말해도 좋을 것이다. 첫째, 국민당과 중국 공산당이라는 경쟁 관계는 국민당이 레닌식의 일당 독재 체제로 다시 조직되었던 1923년 바로 그때부터 계속되었다. 전쟁과 정치에 참여시키려고 농민을 동원하는 것과 같은 혁명적 변화의 가능성은 꾸준히 증대되었으나, 국민당은 그 잠재력을 이해하거나 이용하는 점에서 성공하지 못하였다. 둘째, 1931년 이후 일본의 침략은 중국의 국민 생활에서 계속되었던 실제 현실이었고, 혁명의 가능성보다 훨씬 더 직접적으로 절박하였다. 그것이 정부를 많은 건설적 과업에서 관심을 돌리게 하여 군사화하게 만들었다. 셋째, 1941년 이후 국민 정부에 대한 미국의 원조는, 비록 중국 문제를 처리하려는 1세기 동안에 걸친 미국의 원조를 절정에 이르게 하였지만, 너무 늦었던 것이다. 만약 1941년 이래 많은 정권들에게 주었던 것과 같은 풍부한 미국 정부의 원조가 1930년대초에 남경 정부에 주어졌다면, 중국의 역사는 달라졌을지도 모른다. 그러나 가난에 쪼들리던 정권에게 뒤늦게야 도착한 전쟁 시기 동안의 미국 원조는 병을 치료하기 위한 방법이라기보다는 그것에 의지할 지팡이로 봉사하였던 것이다.

마지막으로, 8년 동안의 지구전을 치르는 동안 국민 정부의 타락은 ──정도에 대해서는 아직도 논의가 분분하다──압도적인 환경상의 영향과 부적절한 지도력을 모두 반영하였다. 해안 도시들에 근거지를 두었던 남경 정부로서는 내륙 지역으로 옮겨 간 것이 거의 치명적이었다. 비교적 성공적인 중국 공산당의 전쟁 시기 동안의 팽창은 정면 대항에서 오는 숨막히는 부담도 없이 이루어졌고, 중경 정부의 힘을 고갈시켰다는 민족적 책임도 없이 달성되었다. 반면 국민 정부의 군대는 줄잡아 해외 주둔 일본군의 반에 해당하는 중국 주둔 일본 군대에 묶여 있었고, 중국인 사상자의 대부분인 300만 명 이상의 희생자를 냈다. 그 동안 중국 공산당 정권은 그들의 군사력을 훨씬 더 근본적인 차원에서 건설하였다. (611~620쪽 참조) 중국인들은 전통적으로 역사를 근대 사회 과학이 했던 것보다 더 인간적인 관계 속에서 본다. 집권자로서 책임이 있는 장개석은 중국을 잃은 데 대하여 많은 사람들로부터 오랫동안 비난받아 왔다. 그러나 학문적으로 설명해야 할 것은 그가 중화 민국의 상황을 여간해서는 지배할 수 없었다는 점이다. 그의 완고한 염직성(廉直性)은 아직도 유가적 제국의 그늘 아래 있는 전반적인 정치적 전통에서 온 타성을 반영하였다. 또 한편으로는, 서양의 원조가 중화 민국의 타락을 막을 수 없었듯이, 서양의 모범도 전쟁 시기 동안의 중화 민국에 아무 소용이 없었다. 중국에서 전쟁이 끝나자 무언가 새로운 일이 일어났고, 그 가운데 가장 중대한 것은 중국의 혁명이었다.

제26장
새로운 일본

동아시아에 있어서의 제2차 세계 대전

때때로 역사는 음양(陰陽)의 변증법을 따르는 것처럼 보여진다. 즉, 극단까지 밀고 나간 행동이 정반대의 작용을 초래한다. 동아사아에 있어서 제2차 세계 대전을 시작한 일본 지도자들의 목적은 새로운 제국을 획득하고, 보수적인 '국체'를 보존하고, 아시아에 있어서 공산주의를 저지하는 것이었다. 그러나 전쟁의 결과는 일본의 식민 제국의 완전한 상실이었고, 구정체의 파괴였으며, 공산주의 중국의 성장이었다.

전쟁 동안 일본인들이 주장했던 목적들 중의 하나는 서구 제국주의의 질곡으로부터 아시아의 식민지들을 해방시키는 것이었다. "아시아 인을 위한 아시아"라고 일본의 대변인이 말했는데, 그것은 대륙에 대한 그들 자신의 먼로 독트린을 선언한 것이었다. '해방된' 나라들은 일본의 신질서가 과거의 식민 지배보다 더 가혹한 것임을 발견하였다. 그럼에도 전후에 재식민지화를 불가능한 것으로 만들었던 변화들이 일본의 점령 기간 동안 발생하였다. 장기적으로 볼 때 이것이 태평양 전쟁의 가장 중요한 결과일 것이다.

진주만과 동아시아에 있어서 일본의 전격전　　1941년 12월 7일 아침, 항공모함 함재기들에 의한 일본의 기습이 7척의 미국 전함들과 많은 작은 선박들을 침몰시켰고, 진주만과 하와이의 다른 미국 기지들에 있던 미국 항공기의 절반을 파괴하였다. 이것은 일본의 눈부신 전술적 승리였다. 그러나 고립주의에 의해 오랫동안 분열되어 있던 미국의 여론이 즉각적으로 통일되었다. 동남 아시아에 있어서의 일본의 그 이상의 팽창은 미국 국민들을 분열되고 불확정인 채로 남겨 놓았을 것이지만, 진주만 공격이 그들에게 충격을 주어 총력전의 노력을 하도록 만들었다.

미국인들이 진주만의 손실이 물자의 부족보다는 그들의 준비 부족과 더 관계가 있었다는 것을 깨달았을 때 충격은 훨씬 더 큰 것이었다. 미국의 주일 대사인 조지프 그루(Joseph C. Grew)는 동경으로부터 일본이 앞서의 전쟁들에서처럼 전격적으로 공격할지도 모른다고 경고하였다. 그리고 워싱턴의 미국 정부는 해독된 일본의 비밀 전문에 기초하여 대략 수주내에 공격이 있을 것으로 예상하고 있었다. 진주만에서 적의 잠수함들이 목격되었고 폭뢰가 설치되었다. 접근하는 비행기들이 공격 훨씬 전에 레이더에 의해서 실제로 발견되었다. 그러나 일요일 아침 미국 군대는 위험에 대해 준비가 되어 있지 않았다.

다행히 태평양 함대 소속의 항공 모함 3 척이 대해로 나와 있어서 아무런 타격을 입지 않았고, 또 침몰된 전함들이 낡아서 거의 쓸모없는 것이었기 때문에 진주만의 재난은 그리 큰 것은 아니었다. 그러나 두번째 재난이 그 뒤 바로 필리핀에서 이어졌다. 그곳에서 미국은 수적으로 열세였고, 빈약하게 무장되어 있었고, 통신에 의해 적절하게 연결되어 있지 못했다. 전쟁 발발의 소식이 이 제도(諸島)에 도달하였을 때 미국의 폭격기들과 전투기들이 이륙하기는 했으나 점심 식사와 재급유를 위해 다시 착륙하였고, 일본의 공습이 지상에 나란히 정렬히 있던 그것들을 급습하였다. 필리핀 주둔 사령관은 더글러스 맥아더(Douglas MacArthur) 장군이었다. 세번째 재난은 다음날 발생하였다. 영국 전함 웨일즈 공(Prince of Wales) 호와 순양 전함 리펄스(Repulse) 호가 공중 지원을 받지 못하여 일본의 함재기들에 의해 말레이 부근에서 격침된 것이다.

이 재난들은 동남 아시아라는 병으로부터 병마개를 빼낸 것과 같았다. 일본인들은 필리핀, 보르네오, 셀레베스를 통해서, 그리고 말레이와 수마트라를 통해서 자바에 상륙 공격을 가하였다. 일본 군대는 '침투할 수 없는' 밀림을 뚫고 전진하여 배후로부터 말레이 반도의 남단에 있는 싱가포르를 차지했다. 바다를 향해서 되어 있던 싱가포르의 유일한 수비인 대 해군 기지가 1942년 2

월 함락되었다. 일본은 육상으로는 인도차이나로부터 타이와 버마로 팽창하였다. 승리에 승리가 이어졌다. 필리핀 제도가 4월까지 정복되었고, 5월말까지 북부 버마에 있던 일본군은 버마로를 봉쇄하여 중국으로 가는 대부분의 보급을 차단하였다. 또한 태평양에서도 일본은 공세를 취하여 베링 해에 있는 알류산 제도의 키스카와 애투를 차지하고 태평양 중앙의 솔로몬, 엘리스, 길버트 열도와 북뉴기니아로 진군하였다. 1942년 여름까지 일본은 사할린에서부터 남쪽으로 거의 오스트레일리아까지, 또한 버마로부터 동쪽으로 길버트 제도까지 펼쳐진 거대한 해양과 대륙의 제국을 가지게 되었다.

정복지들을 강화하기 위한 일본의 노력　1942년의 중반부터 1944년의 중반까지 대전의 제2단계에서 일본은 그들의 제국을 건설하고, 이를 경제적으로 착취하려고 노력하였고, 그러는 동안 연합국들이 그것의 주변을 공격하였다.

일본에 의해서 정복된 지역은 문화적으로 다양하였다. 버마, 캄보디아 및 타이는 문화적으로 소승(小乘) 불교에 속했다. 월남은 대승 불교와 유교가 혼합되어 있었다. 말레이 인들과 네덜란드 동인도의 대부분의 사람들은 이슬람이었고, 필리핀 인들은 토착적인 요소들의 혼합과 함께 미국과 스페인의 카톨릭 문화를 가지고 있었다. 각 지역의 주민들은 상이한 언어를 사용하였고 상이한 종족적 기원과 민족사를 가지고 있었다. 월남을 제외하고, 일본의 새로운 정복지들은 동아시아 문화권의 일원이 아니었다. 이러한 이유 때문에, 또한 전시라는 곤란 때문에 이들 지역에서는 대만, 한국 및 만주에서 개발된 '일본의 식민지 패턴'이 보다 약하게, 그리고 심하게 수정되어 적용되었다.

이러한 제약내에서 일본인들은 성립된 지 오래 된 서구의 식민 정부들을 대체하고, 1930년대의 불경기와 정치적 발전으로부터 대두했던, 그리고 남쪽으로의 총진격을 고무시켰던 원료와 시장에 대한 필요를 충족시키려고 노력하였다. 따라서 일본은 일본과 그들이 정복한 나라에 공통으로 이로운 자급적 경제 공동체인 대동아 공영권(大東亞共榮圈)을 창설하는 것에 의해 양목표들을 동시에 달성하려고 추구하였다. 권내의 민족 정부들을 상대하기 위하여, 아울러 외무성이 육군의 직무에 관여하는 것을 방지하기 위하여 대동아성(大東亞省)이 1942년 11월 도쿄에 설치되었다. 민간인들에 의해 충원된 이 성은 새 제국내에서의 다양한 문화 교류와 대외 관계에 대한 책임을 맡았다. 그러나 정

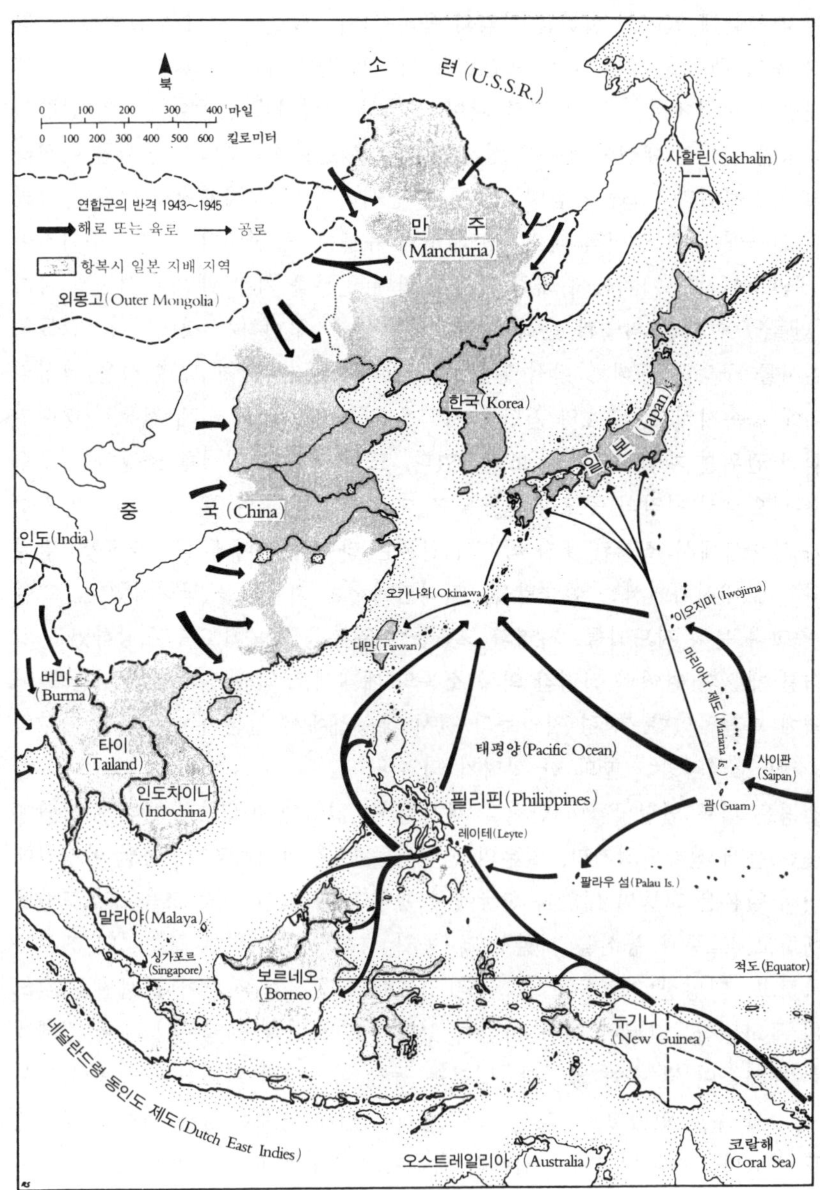

제 2 차 세계 대전시의 대동아(大東亞)

복된 지역들에 있어서 실권은 지역의 육군 지휘관들을 통해서 도쿄의 육군 참모 본부에 책임을 졌던 군정 요원들에 의해서 장악되어 있었다.

대만과 한국에서 그랬던 것과 같이 일본의 점령자들은 동아시아의 전통과 근대적인 일본적 패턴의 독특한 혼합인 새로운 문화적, 도덕적 질서를 이식하려고 시도하였다. 그들의 점령 정책들은 전시하의 일본 자체에서 너무도 강력했던 서구에 대한 양면적 태도, 즉 서구의 유물론, 공산주의 및 자유주의적이고 개인주의적인 가치들에 대한 공격과 함께 일본을 가장 발전된 서구화 국가로 만들었던 서양 기술과 문화적 형식의 사용을 구현하는 것이었다. 그들의 신질서를 구축하는 데 있어서 일본은 가장의 힘을 강화하고, 여성을 남성의 권위에 종속시키고, 충효와 집단적 책임을 강조하는 것에 의해 전통적 형태의 사회적 권위를 재생시키려고 노력하였다. 또한 일본은 질서를 조장하는 보수적 세력으로서 지역의 종교적 전통을 지지하였다. 유교와 '왕도(王道)'가 만주국과 북중국에서 조장된 것과 똑같이 일본은 타이와 버마에서는 불교를, 말라야와 인도네시아에서는 이슬람을, 필리핀에서는 카톨릭을 장려하였다. 그들은 종교나 문화 지도자들, 지역의 고관들이 일본을 방문하도록 초청하였고 일본어를 제2의 언어와 지역간 의사 소통의 매개체로 만들기 위해 교사들을 각 지역에 파견하였다. 점령 지역들의 전시 상황하에서 일본어 배우기를 거부하는 것이 소극적인 저항의 한 형태가 되었다.

점령은 비록 연합국들이 반격을 개시할 수 없었던 1942년과 1943년 동안에는 순조롭게 진행되었지만, 일본의 신질서는 결국 실패하였다. 동남 아시아에 있어서 일본은 그들이 대만과 한국에서 행한 것과 같이 대중 교육 프로그램을 수행하고, 교통과 통신을 개발하고, 농업 생산력에 있어서 결정적인 진보를 이룩하고, 다양한 지역을 그 자신의 경제에 통합시킬 시간이나 재원을 갖고 있지 못하였다. 그러나 설사 시간이 있었다고 하더라도 일본이 세계 경제에 대한 대체물이 될 수는 없었다. 일본은 동남 아시아의 열대산 수출품의 전부를 흡수할 수도 없었고, 긴장된 전시 경제로 인해 필요한 공업 제품을 공급할 수도 없었다. 전쟁 말년에는 일본의 해운이 축소됨에 따라서 점령된 국가들이 생산했던 원료를 수송할 수조차 없었다. 이들 지역은 지역의 주민들에게 극심한 고통을 가져다 주었던 이상 분배와 부족, 인플레이션에 빠지기 쉬운 정체된 자급 경제로 되돌아갔다.

점령된 국가들에 있어서 일본의 정복에 대한 반응은 대체로 민족주의의 형태를 취하였다. 제 2차 세계 대전 전, 아시아의 모든 식민지 국가들에 있어서 민족주의가 고양되고 있었으나, 어디에서도 그것이 식민 세력을 몰아낼 수 있을 정도로 충분히 강하지 못했다. 일본의 점령자들은 자신들을 서구 제국주의에 대항하는 아시아의 보호자라고 광고하면서 지역의 협조를 획득하기 위해 민족주의를 조장하고 이용하였다. 따라서 한 지역에서 일본은 자신의 점령을 '해방'으로 불렀고, 또 다른 지역에서는 토착 정부에 '독립'을 부여하였고, 세번째 지역에서는 과거 어디에도 존재하지 않았던 토착 정부를 수립하였다. 초기에는 이러한 정책이 주효했으나, 지역 경제가 퇴조하고 연합국이 승리하리라는 것이 분명해짐에 따라 민족주의 운동들이 일어나 일본에 반대하게 되었다. 또한 이 반응에도 단일한 패턴은 없었다. 예를 들면, 전쟁 전 독립국이었던 타이는 일본인들에 의해 새로운 영토가 주어졌고 전쟁중에 상당한 정도의 자치권을 유지하였다. '자유 타이' 운동이 전쟁의 말년에 성장하였으나 전투는 거의 없었다. 일본군은 타이에서 잘 통제돼 있었고, 전후에 어떤 반일 감정도 존속하지 않았다. 대조적으로 필리핀에 있어서는 미국에 의해 독립이 약속되었고, 친미적 감정이 만연되어 있었다. 강력한 반일 저항 운동이 일어났고 그것은 가혹하게 진압되었다. 뿐만 아니라 필리핀을 재탈취하려는 전투에서 일본의 군율이 무너졌고, 많은 잔혹 행위들이 자행되었다. 이것이 전후 시대에 있어서 필리핀 사람들의 태도를 형성했던 일본에 대한 쓰라린 감정의 찌꺼기를 남겨 놓았다.

점령된 국가들의 대부분에 있어서 전시의 민족주의 지도자들과 전후의 지도자들 사이에 연속성이 존재하였다. 예를 들면 인도네시아에 있어서 네덜란드인들은 소수 민족을 통해서 지배하였다. 전쟁 발발 후에 일본에 의해서 수립된 회교 다수파 정부가 네덜란드로부터 독립을 획득하는 데 성공하였다. 인도차이나에 있어서 민족주의에 대한 일본의 모순적 태도는 명확한 것이었다. 한편으로 일본 육군은 군정 요원의 부족으로 프랑스의 비시(Vichy) 정권의 관리들을 통해 인도차이나를 지배했고 민족주의 운동을 진압하려고 노력하였다 (베트민(Viet Minh) 정책은 일본과의 충돌을 피하기 위한 것이었다). 다른 한편으로 사이공의 일본 장군들은 유럽 제국주의를 비난하였고, 일본의 청년 장교들은 노골적으로 프랑스 인을 경멸하였다. 1945년 프랑스에서 비시 정권이 붕괴된 후 일본인들이 프랑스 관리들을 체포하였고 월남의 독립을 선언하였다. 그 후 전쟁이 끝났을 때 일본인들은 전후 시대의 반식민 운동으로 이어진 호지명의 ‘월남 민주주의 공화국’의 수립을 묵인하였다.

일본에 대한 연합국의 공세　만약 제 1 차 세계 대전이, 최초로 원료들이 무기로 가공되어지고, 서둘러 동원된 민간인들이 병사들로 만들어지고, 다음으로 양자가 전선으로 보내져서 대량으로 사용되었던 점에서 최초의 ‘산업 전쟁’이었다고 한다면, 제 2 차 세계 대전은 최초의 ‘산업·과학 전쟁’이었다. 그것은 소모전이었는데, 그 속에서 일본의 힘이 미국의 산업·군사력에 의해 지속적으로 분쇄되었다. 중국과의 전쟁에 의해 이미 팽팽하게 긴장되어 있었던 일본 경제는 급속히 팽창하던 미국의 능력을 당할 수가 없었다. 그것은 또한 과학과 기술의 전쟁이었다. 개전초에는 우월한 제로 폭격기들과 장거리 어뢰를 가지고 있던 일본이, 그것과 현격한 차이가 나는 덜 정교한 폭격기와 비효율적인 어뢰들을 전쟁의 처음 21 개월간 사용한 미국에 비해 훨씬 유리하였다. 그러나 그 후부터는 미국이 앞섰고 신형 비행기, 레이다, 유도 어뢰, 근접 폭발 신관, 새 의약품, 그리고 궁극적으로는 원자탄을 개발하였다.

태평양에 있어서 연합군의 반격은 두 가지 요인들, 즉 먼저 독일을 패배시킨다는 영·미의 결정과 미국 경제를 전시 생산으로 전환시키는 데 필요한 준비 시간에 의해 지체되었다. 태평양 전쟁의 최초의 중요한 교전은 1942년 5월 오스트레일리아 북동에서 싸웠던 코럴(Coral) 해 전투였다. 한 달 후 일본의 대함대가 미국의 태평양 함대를 궤멸시키기 위해 하와이 열도의 서단 섬인 미드웨이(Midway) 섬에 접근하였다. 그러나 미국의 비문(秘文) 해독가들이 일본 해군의 암호를 풀었고 미국 비행기들이 우세한 일본 함대의 항공 모함 4 척을 격침시켰다. 그것의 타격대를 상실하였기 때문에 그때부터 일본은 수세에 빠졌다. 그러나 일본은 그들의 새로운 제국을 2 년이나 더 유지할 수 있었다.

전쟁의 최종 단계에 있어서 연합군은 두 번의 섬을 뛰어 넘는 상륙 공격으로 일본의 문 앞에 이르게 되었다. 이 전쟁의 가장 파괴적이고 희생이 컸던 작전들 중의 하나로 연합군의 공세가 남쪽에서 시작되어 솔로몬 제도로부터 뉴기니아로, 그리고 필리핀까지 휘몰아쳤다. 앞서 맥아더는 필리핀에 돌아올 것이라고 약속하였고 또 그렇게 하였으나, 일부의 군사 사가들은 이 남부 공세의 필요성에 대해 의문을 제기하고 있다. 다른 하나의 연합군의 공세는 중부 태평양을 가로질러 길버트 제도로부터 마셜(Marshall) 군도와 캐롤라인(Caroline) 군도로 곧장 진격하였고, 다음으로 마리아나(Mariana) 군도와 이오지마〔硫黃島〕로 1,000 마일 도약하였다. 마리아나 군도의 사이판(Saipan)과 티니안(Tinian)은 일본을 미국 폭격기들의 사정 거리 안에 끌어들였다. 이오지마는 일본으로부터 복귀하는 고장난 미국 비행기들의 안식처가 되었다. 1945년 4월 두 공세가 오키나와〔沖繩〕에서 합류했는데, 그것은 6월에 함락되었다. 공세는 항공 모함을 토대로 한 제공권, 함포 사격, 완벽한 상륙술, 상륙선 및 병력을 합친 것이었다. 이들 작은 섬들의 크기를 고려할 때 손실은 엄청났다. 오키나와에서 수비 병력의 85 퍼센트 이상이 죽었고 4만 9,100 명의 연합군 희생자들이 있었다. 그중의 약 5분의 1이 해상에서 발생했는데, 바다에서 '가미카제(Kamikaze, 神風)'로 불린 일본의 자살 비행기들이 34 척의 함정들을 격침시켰고 다른 368 척에 손해를 입혔다.

태평양 전쟁에 있어서 하나의 결정적 요인은, 연합국이 일본의 상선대, 해군 및 해군의 공군력을 파괴시키는 것에 의해 일본을 그들의 식민 제국으로부터 고립시키는 데 성공한 것이었다. 전쟁의 벽두에 일본은 600만 톤의 상선대를 보유하였다. 정복과 새로운 건조가 이것을 총계 1,000만 톤 이상으로 올려 놓았다. 그러나 종전시까지 대부분이 연안을 왕복하는 작은 목선이었던 180만 톤을 제외한 전부가 침몰되었다. 일본은 수상 함정들의 포탄에 의해 10 퍼센트, 비행기가 떨어뜨린 폭탄이 30 퍼센트, 그리고 잠수함으로부터 발사된 어뢰에 60 퍼센트의 손실을 입었다. 잠수함 승무원은 미국 해군 인원의 2 퍼센트를 차지하고 있었으나 1,300 척의 일본 함선들을 격침시켰다.

일본이 인력, 장비, 식품 보급 및 원료를 수송할 수 없게 됨에 따라서 일본 경제는 약화되기 시작하였고, 따라서 일본의 제국 통치가 쇠약해졌다. 중국, 버마, 말라야, 타이, 인도차이나, 인도네시아 및 태평양 제도에 남아 있던 기지들은 연합군의 공세가 그것들을 우회하였기 때문에 전쟁 과정과는 무관하게 되었다. 전쟁이 끝날 무렵의 중국과 러시아의 공세는 전후 상황에 영향을 미쳤으나 일본의 패배에 거의 기여하지 못하였다.

두번째 요인은 폭격에 의한 일본의 산업들과 도시 주택의 파괴였다. 1944년 후반기에 시작된 공습은 강도를 더해 갔고, 항복 전의 몇 개월 동안은 1,000대의 비행기 출격에 의한 집중 폭격이 절정에 이르렀다. 가공할 파괴가 밀집 인구와 목조 건물을 가진 일본의 도시들에 가해졌다. 1945년 3월의 한 공습에서 연합군 비행기들은 도쿄를 가로질러 일정 간격으로 소이탄(燒夷彈)을 투하하였고 그것으로 10만 명 이상이 죽은 대화(大火)가 일어났다. 합해서 66만 8,000명의 민간인이 죽음을 당하였고, 230만 호의 주택이 파괴되었다. 전쟁의 최후 순간까지 철도들이 망가지고 있었고, 석탄 생산이 떨어졌고, 석유가 거의 바닥났고, 항공기 생산이 격감하고, 비군사적 공업 생산은 전무하였고, 보통의 민간인이 하루에 1,500 칼로리 이하를 소비하고 있었다. 전쟁의 공포가 수백만 일본인들의 일상 생활의 한 부분이 되었다. 일본은 졌으나 아직 패배를 인정하려고 하지 않았다.

전시 정치와 패배　개전 초에 도조 히데키(Tōjō Hideki, 東條英機) 장군은 수상이자 자신의 내각의 육군 대신이었다. 두 개의 직위를 차지한 그는 민사(民事)와 군사(軍事) 양자를 감독할 수 있었다. 1944년 2월 그는 세번째 직위를 차지하여 육군내의 행정과 지휘 기능을 조정하는 참모 총장이 되었다. 1942년 4월의 총선거에서 정부 후원의 다이세이요쿠산카이〔大政翼贊會〕는 친도조 의회가 선출되도록 하였는데, 그것이 또한 그 방면에 있어서의 지지를 확실하게 하였다. 최정상의 직위들과 이 광범위한 토대를 지배하면서 그는 1944년 7월까지 계속 권좌에 있었다.

그러나 전장에서 지적된 대로 도조는 결코 히틀러가 아니었다. 그는 양군을 이끌었던 다수의 장군들과 제독들 중에서 으뜸이었다. 양군이 전시하 일본의 가장 강력한 엘리트들이었다. 그러나 메이지 헌법은 유효한 채로 남아 있었고, 다른 비군사 엘리트들이 계속해서 기능하고 있었다. 도조의 위에 천황이 있었고, 천황의 주위에 다수의 내각의 관리들과 광범위한 접촉을 유지했던 원로 정치가들, 즉 내대신(內大臣), 추밀원 의장, 고노에〔近衛〕, 요나이〔米內〕, 히라누마〔平沼〕와 같은 여러 전직 수상들이 있었다.

처음부터 일본은 미국이 싸움에 싫증을 느끼게 되었을 때 평화를 위한 협상을 하려고 계획하였다. 지도자들은 태평양 중앙에서의 군사적 무승부를 기대하였다. 1944년 형세가 전환되었을 때 천황 주변의 사람들은 모든 것을 잃기 전에, 또한 육군의 과격파들이 '천황제 공산주의' 체제를 강요하기 전에 평화를 이룩하기 위한 협상을 지지하였다. 그러나 전시하의 분위기 속에서, 그리고 수년간의 정신적 동원 후에 이들 고위직의 사람들조차 육군의 광신자들에 의한 암살을 두려워하여 몰래 회합하였고 화평론을 입 밖에 낼 수가 없었다. 사이판의 함락과 일본에 대한 공습의 시작이 위기를 불러일으켰고, 원로들이 도조를 축출하기 위해 내각 대신들과 손을 잡았다. 그의 자리에 그들은 고이소 구니아키(Koiso Kuniaki, 小磯國昭)를 수상(1944년 7월~1945년 4월)으로, 온건파 해군 제독 요나이 미쓰마사(Yonai Mitsumasa, 米內光政 ; 1940년 1월~7월 수상)를 부수상 겸 해군 대신에 임명하였다. 고이소 내각은 4월의 오키나와 침공에 의해서 무너졌다. 원로들은 그의 후계자에 나이가 많으나 위엄이 있는 전추밀원 의장 스즈키 간타로(Suzuki Kantarō, 鈴木貫太郎)를 선출하였다. 스즈키는 그의 외무 대신에 빠른 화평을 지지했던 외교관 도고 시게노리(Tōgō Shigenori, 東鄉茂德)를 임명하였다. 그러나 새 외무 대신조차도 천황의 운명을 불분명한 채 남겨 놓은 연합군의 무조건 항복의 요구에 동의할 수 없었다. 모든 사람들이 최후까지 싸우겠다는 일본의 의향을 공공연히 재확인하였다.

1945년 2월 얄타에서 소련이 독일의 항복 3개월 이내에 일본에 대항하여 참전할 것을 약속하였는데, 독일은 그해 5월에 항복했다. 7월 포츠담에서 연합국들은 일본에게 항복한 경우의 '평화, 안전 및 정의의 질서'와, 항복하기를 거부한 경우의 '완전한 파괴' 사이에 하나를 선택하도록 통고하였다. 일본의 공식적 반응은 "성공적인 결말에 이르기까지 전쟁 수행을 결연히 추진한다."는 결정이었다. 미국의 트루먼(Truman) 대통령은 가을의 일본 침공에 예상되는 많은 희생자들에 직면하여 독일에 대하여 사용하기에 너무 늦게 개발되었던 원자 폭탄을 사용하기로 결정하였다. 8월 6일 히로시마〔廣島〕가 잿더미로 변하였다. 독일의 항복 이래 유럽에서 아시아로 군대를 이동시키고 있던 러시아가 8월 8일 일본에 선전 포고를 하고 만주를 침공하였다. 다음날 두번째 원자 폭탄이 나가사키를 파괴하였다.

이들 파국 후조차도 일본 군부는 완강했고 항복을 지지했던 내각과 최고 전쟁 지도 회의 사람들도 그들의 마음을 돌릴 수 없었다. 따라서 어전 회의가 소집되었고, 그곳에서 천황이 항복한다고 결정함으로써 교착 상태를 타개하였다. 그러나 모든 사람들이 천황에 의한 '국가 통치'의 대권이 손상되어서는 안 된다는 것을 주장하였다. 연합국의 회답은 그가 연합국의 통제하에 놓일 것이고 그의 운명이 일본 국민들에 의해서 결정된다는 것이었다. 8월 14일 아침 두번째 어전 회의가 소집되었다. 의견이 3대 3으로 갈라졌다. 두 명의 참모총장들과 육군 대신은 전쟁을 계속하는 것을 지지하였고, 요나이 해군 대신과 스즈키 수상과 도고 외무 대신은 그것의 종결을 원하였다. 천황이 "참기 힘든 것을 인내해야 된다."라고 말하면서 무조건 항복에 찬성하는 편을 지지하였다. 이것은 1890년후 일본에서 대두한 천황 중심의 정치적 정통론의 강고성(强固性)에 대한 최후의 주석으로, 비록 일본이 분쇄되고 패배당했다 하더라도 오직 천황만이 천황제를 위기에 빠뜨리는 항복을 재가할 수 있었던 것이다.

미국의 점령과 요시다 내각 —— 1945∼1954

전후의 첫 십 년간이 일본의 미래에 대한 패턴을 설정하였다. 이 십 년간의 첫 부분은 미국의 점령이었는데, 그것은 단지 7년간 지속되었다. 점령이 전대의 경향들에 바탕을 두었으면서도 또한 혁명적 방식으로 전대의 경향들과 관계를 끊었기 때문에 성공적이었다. 만일 일본이 외국 세력에 굴복하지 않았다고 한다면 발생하지 않았을 변화들이 일어났다. 이 십 년간의 두번째, 그리고 부분적으로 겹치는 부분은 요시다 시게루(Yoshida Shigeru, 吉田茂) 내각의 시대였다. 요시다는 점령 개혁들의 마지못한 이행자로서 시작하였다. 그 다음 1년 반 동안 그는 관직을 떠났다가 복귀하였으며, 몇 가지 점에서 미국의 정책들과 의견 대립을 보였고 사소한 점진적 변화들을 겪으며 그 후 수십 년간 지속될 정책들을 수립하였다.

점령의 배경　1945년 9월, 일본은 역사상 색다른 변화에 대한 개방성을 보여 주었다. 전도시들이 화재와 폭격에 의해서 파괴되었고, 공장들이 손해를 입거나 부서졌고, 국민들은 굶주려 헐벗고 있었다. 천황의 항복 연설이 방송되었을 때 민간인들은 최후의 '본토 전투'를 준비하고 있었다. 항복이 민족적 사명감을 산산이 깨어 버렸고, 일본인들을 심리적으로 어찌할 바를 모르는 방향이 없는 채로 남겨 놓았다. 대부분의 일본인들은 전쟁이 끝난 것에 대해 안도하였으나 뒤따를 일에 대해 두려워하였다.

일본인들은 점령이 잔인하고 가혹하리라고 예상했으나 그것은 호의적이었다. 그들은 보복적인 지배를 두려워했으나 건설적이었다. 이러한 상황하에서 그들로 하여금 전쟁의 희생을 감당할 수 있게 만들었던 의무감이 새 당국들과 긍정적이고 때때로 열광적이기까지 한 협력으로 변하였다. 전시의 정책들에 대한 거부와 민주주의를 향한 전환이 일본 국민들이 전쟁 중에 믿었던 것과는 정반대로, 일본이 공영권(共榮圈)에 속했던 모든 나라들에게서 비난받고 있다는 사실을 깨닫게 되어 더욱 강화되었다. 일부의 일본 작가들은 변화에 대한 일본의 수용성이 두드러졌던 이 시기를 페리 내항 후의 기간들에 비교하여 일본의 '제 2의 개항'이라고 이름붙였다.

점령이 미국에 의한 것이었다는 사실은 대단히 중요하였다. 1945년 일본은 민주주의와 전체주의의 가능성을 둘 다 가지고 있었다. 한편으로는 1890년 후의 의회제 전통이 있었고, 다른 한편으로는 이 전통을 질식시켰던 전전의 요인들과 경제 통제와 국민 동원의 전시 구조가 존재하였다. 만약 일본이 소련에 의해 점령당했다고 한다면 국가적 계획과 집단적 노력에 대한 일본의 능력이 의심할 여지없이 일본을 모범적인 공산주의 국가로 만들었을 것이다. 그러나 미국에 의한 점령으로 일본은 보다 개방적인 사회로 향하여 움직였던 일본의 근대적 전통 속에서 의회제 제도들을 부활시켰다. 기본적인 미국의 가정은 민주주의 일본이 세계 평화를 다시 교란할 가능성이 희박하다는 것이었다. 일본의 대의 정치 제도를 강화하고, 자본주의 경제를 보다 더 경쟁적인 것으로 만들어 일본을 그 자신의 이미지에 따라 개조하여, 전후 유럽으로부터 동아시아까지 급속도로 확산된 소련과의 냉전(冷戰)에서 미국의 편을 구축하는 것이 미국에게 전략적으로 이득이 되었다. 북조선(北朝鮮)에 소련이 전체주의 공산 국가를 수립한 것과 같이 일본의 민주화가 전후 세계 양극화의 원인이 되었다.

점령 구조　적어도 이론상으로 점령은 워싱턴의 13개국 극동 위원회와 도쿄에 있는 4개국 연합 대일 이사회를 가진 국제적인 것이었다. 맥아더 장군에게 연합국 최고 사령관(SCAP)의 직함이 주어졌고, 그 휘하의 모든 점령 통치가 또한 SCAP으로 알려지게 되었다. 사실상 점령은 거의 전적으로 맥아더와 그의 참모, 그의 지휘하의 미군, 일부의 영국군에 의해서 수행되었다. 맥아더

일본 천황의 맥아더 장군 방문. 1946년의 신년 조서에서 히로히토 천황은 "과거의 누습을 버리는 것과 인류애"를 포함한 메이지 천황의 5개조의 서문을 재확인하였고, "천황이 현인신이라는 것은 가공의 관념이다."라고 언급하였다. 맥아더는 "천황이 자유주의 노선에 따라서 미래에 대한 그의 입장을 단호하게 취했다. 그의 행동은 건전한 사상의 거부할 수 없는 영향을 반영한 것이다."라고 평하였다.

는 많은 점에서 그 직책에 이상적인 인물이었다. 그는 스스로를 역사의 무대에서 연기하는 숙명적인 인간이라고 생각하였다. 자신에 차 있었고 폭넓은 역사적 주제에 대해 이야기했던 그는 힘들었던 전후의 초기 동안 일본인들을 고무시켰고, 그들에게 보다 나은 미래에 대한 희망을 주었다. 그는 또한 미국 정치의 관점에서도 이상적이었는데, 민주당 정부하의 보수적 공화당원으로서 국내에서 비판을 불러일으키지 않고 가장 철저한 개혁들을 수행할 수 있었다.

독일과 달리 일본은 외국 군대에 의해서 직접 통치되지 않았다. 점령군은 일본의 행정 구조를 통해서 지배하였다. 맥아더 휘하의 SCAP의 총사령부는 도쿄에 있었고, 그것은 대략 일본 정부의 성(省)들에 병행하는 다수의 국(局)을 포함하였다. 현(縣)에는 군정 요원들이 있었는데, 그들은 법률로 제정된 개혁들이 실행되고 있는가를 확인하는 검열관으로 활동하였다. 정책이 형성되는 SCAP의 국들과 일본 정부 사이의 연락은 주로 외무성 관리들에 의해서 충원된 중앙 섭외국(涉外局)에 의해서 수행되었다. 1948년 이후에는 성들과의 직접 접촉을 위해 연락 조정이 없어졌다.

일부의 사람들은, 과거에 일본 군부의 명령을 추종했던 관료들이 이제 미국 군부를 추종한다고 말하면서 연합국 최고 사령부(SCAP) 지배 패턴을 비판하였고, 이것이 민주주의를 위해서는 조악한 준비라는 사실을 지적하였다. 사실 초기에는 민주화된 의회의 가정된 권력과 SCAP의 실제적 권력 사이에 불편한 긴장이 존재하였다. 그러나 실제에 있어서 초기의 개혁들 후에 SCAP은 점차적으로 정부의 권한을 일본인들에게 넘겨 주었다.

점령 정책들은 일본의 지도자들이 1930년대초 이래로 공격 전쟁을 수행하기 위한 거대한 음모에 관계했다는 역사의 악마설에 토대를 두고 있었다. 이 견해가 도쿄의 전범 재판에서 분명히 나타났다. 일본 사회가 '봉건적'이었고, 그것의 가치가 군국주의적이었고, 그것의 거대한 재벌들이 '죽음의 상인들'이었으며, 그것의 정치 체제가 반동적이었기 때문에 지도자들이 그들의 목적을 달성할 수 있었다는 것이다. 오로지 과격한 행동만이 일본을 개혁시킬 수 있다는 일본의 특성도 또한 비난되었다. 이 음모설은 부분적으로 잘못되었고 또 부분적으로 과장된 것이지만, 그것은 초기의 철저한 개혁을 수행하는 데 도움이 되었다. 미국의 보수주의자들이 급진적이 되었고, 자유주의 뉴딜주의자(New Dealer)들과 함께 이러한 정신적 풍토가 없었다면 불가능했을 개혁들을 법제화하였다. 일본을 민주화시키는 일에 대한 점령 당국의 열의가 종종 일본에 대한 사태 파악보다 앞섰으나, 그것은 헌신적이었고 대체로 성공적이었다.

민정 이양과 개혁   점령은 일본 군국주의의 기구들에 대한 청산과 함께 시작되었다. 제국은 해체되었고 해외에 있던 모든 일본의 병사들과 민간인들이 일본으로 돌아왔다. 군대가 해산되었고, 의회와 국수주의 단체들이 해체되었다. '신토' 국교제가 폐지되었다. 군수 산업들이 철거되었다. 내무성(內務省)이 폐지되었다. 경찰의 권한이 분산되었고, 그들의 권력이 줄어들었으며 언론과 '사상'을 규제할 수 있던 그들의 특권이 폐지되었다. 정치범들이 석방되었다.

점령은 다음으로 옛 지도층을 제거하기 위한 행동을 취하였다. 25 명의 고위 지도자들이 전쟁을 시작하였다고 하여 재판을 받게 되었다. 도조 장군을 포함한 이들 중 7 명이 1948년 12월 교수형에 처해졌다. 다른 대부분의 사람들에게는 장기 징역형이 선고되었다. 뒤돌아보면 일본 군국주의가 나치즘과 같은 종류의 것이 아니었고(그것은 어떤 수용소도 운영하지 않았다), 도쿄에서 뉘른베르크(Nürnberg) 재판의 원칙들을 적용한 것은 승자의 정의였던 것이 분명하다. 점령 당국은 또한 공직에서 제외시킨다는 의미에서 약 20만 명의 과거 정치가, 장교, 실업가들을 추방하였다. 이것이 보다 젊은 세대의 일본인들을 전면에 나서게 만들었는데, 그들은 점령 개혁에 더 잘 적응할 수 있었다.

가장 중요한 개혁은 1947년 헌법의 제정이었다. 메이지 헌법은 다음과 같이 시작되었다.

짐(朕)은 조상의 유업을 받들어 만세 일계(萬世一系)의 제위에 올라 짐이 친애하는 신민(臣民)의 복지와 그들의 도덕적, 지적 능력을 증진시키기를 원한다. …… 이에 짐은 국가의 대헌(大憲)을 제정하여 짐이 짐의 행동에 있어서 이끌어져야 하고, 또 짐의 후손들과 짐의 신민들과 그들의 후손들이 영원히 준행할 원리들을 알린다.

새 헌법은 다음과 같이 시작하였다.

일본 국민은 정당하게 선출된 국회에서 대표자를 통하여 행동하고, 우리와 우리의 자손들을 위해 모든 나라와의 협조에 의한 성과와 우리 나라 전국토에 걸쳐서 자유가 가져다 주는 혜택을 확보하고, 정부의 행위에 의해 또다시 전쟁의 참화가 일어나는 일이 없도록 결의하여, 여기에 주권이 국민에게 있는 것을 선언하고 이 헌법을 확정한다.

1947년의 헌법은 일본의 정치적 생활을 전환시켜서 일본을 진정한 의회제 국가로 만들었다. 주된 변화들의 일부는 다음과 같다.

1. 일부의 권력 엘리트들(군부와 추밀원 등)이 폐지되었고 다른 것들은 엄격하게 내각에 종속적이도록 하였다.
2. 내각은 영국 모델에 근거하여 의회내의 다수당이나 연합의 '위원회'가 되었다.
3. 의회의 양원은 완전하게 선거에 의해 선출되고, 선거권이 20세 이상의

모든 남자와 여자들에게 확대되었다. 466 명(후에 491 명으로 다시 511 명으로 증가됨)의 보다 더 강력한 중의원(衆議院) 의원들은 124 개의 선거구로부터 선출되는데, 그것들은 통상 각각 3 내지 5 개의 의석을 가지고 있어서 어느 정도의 비례 대표를 허용하였다. 250명의 참의원(參議院) 의원들은 현들(150 명)로부터, 그리고 전국적으로(100 명) 선출되도록 되어 있었다.

4. 사법부는 독립적이고, 최고 재판소에 국회 입법의 위헌성(違憲性)에 관해 판결을 내릴 권리가 주어졌다.

5. 현지사(縣知事)들은 이미 시장들의 경우 그러했던 것과 같이 선거에서 선출되도록 하였고, 지방 정부들의 권력이 증대되었다.

6. 인권이 보장되었다. 그중에는 서양의 고전적인 집회, 자유 언론, 생명, 자유 및 행복을 추구할 권리들이 포함되었고, 뿐만 아니라 '최저 수준의 건강하고 문화적인 삶'과 '학문의 자유'를 유지할 권리와 노동자들의 집단 교섭권과 같은 새로운 권리들이 포함되어 있었다.

천황의 지위도 또한 변화되었다. 종전에는 주권을 가지고 있었을 뿐 아니라 신성했던 그는 '정부에 관련된 모든 권력'이 박탈되었고, 그 지위는 주권이 존재하는 일본 국민의 총의로부터 유래하는 '국가의 상징이자 국민 통합의 상징'이 되었다. 항복의 결정을 제외하고는 그가 의사 결정자가 아니었기 때문에 천황의 실제적 역할에 있어서의 변화는 적었다. 그러나 이론상의 변화는 막대하였다. 천황이 완전하게 추방되지 않았던 것이 전후 세계로의 이행을 손쉽게 만들었다. 그러나 그의 변화된 지위는 1920년대에 요시노 사쿠조[吉野作造]에 의해서 요구된 정치적 재구성을 훨씬 넘어서 신화를 약화시키고 국가를 종교로부터 분리시키게 되었다. 이것은 일본의 오랜 '신토' 전통과 그것이 메이지 헌법에서 취했던 형식과의 결정적인 단절이었다. 변화에 대해 애석해했던 소수의 보수주의자들은 천황제 자체보다는 그것과 관련된 도덕적 질서를 더욱 염려하였다. 그들은 천황에게서 전통의 신화를 다시 되돌릴 수 있을지도 모를 특별한 종류의 힘을 느꼈다. 한편 새로운 헌법을 보존하기 위하여 싸웠던 사람들은 그들의 투쟁이 천황, 국가, 가족 제도 및 그것들과 관련된 의무, 전전 징후의 전체에 대항하도록 설정되어 있음을 발견하였다.

480

일본이 새 헌법에 대해 준비를 갖추고 있었다는 것은 이어지는 수십 년간의 의회제 정부 속에 분명하게 나타났다. 그러나 이 개혁을 실행하는 데 존재했던 어려움은 외부로부터 주어진 혁명으로서 점령의 성격을 분명하게 보여 준다. 연합국 최고 사령관(SCAP)은 1945년 9월 수상에게 헌법 개정의 중요성에 대해 통지하였다. 내각이 메이지 헌법과 거의 차이가 없는 헌법 초안을 만들어 냈다. 그런 까닭에 SCAP의 민정국(民政局)이 '지침'으로 쓰기 위한 그 자신의 초안을 마련하였다. 이 초안을 약간 수정한 안이 그 후 표면적으로 '일본 국민의 자유롭게 표현된 의사'에 따라서 메이지 헌법에 대한 수정으로 채택되었다. 한 일본 기자는 새 헌법의 일부 문장들이 "일본의 문학적 기준에 비추어 기이하고 미국적인 이국 정서"처럼 여겨진다고 썼다. 그의 이 논평은 정부 개혁에 관한 점령 당국의 지령에 대한 모든 언급들과 같이 SCAP에 의해서 검열 당하였다.

점령의 또 다른 업적은 농지 개혁이었다. 그것은 SCAP과 개혁 지향적인 일본 관리들의 협력을 필요로 하였다. 부재(不在) 지주들에 의해 소유된 모든 토지와 다른 사람들에 의해 소유된 토지 중에서 가족당 10 에이커를 초과하여 소유된 토지들은 정부에 의해 매수되었고, 이는 지극히 유리한 신용 대부 조건으로 과거의 소작인들에게 매각되었다. 이것은 소유자 자신에 의해서 경작될 수 있는 토지의 소유 상한을 7.5 에어커로 하였고 2.5 에어커를 더 소작할 수 있었다. 소작인들에 의해 경작된 토지의 비율이 46 퍼센트로부터 10 퍼센트로 떨어졌고, 지대는 알맞은 수준에 제한되어 있었다. 농민들이 농산물이 부족한 전후 일본에 있어서 번영하였기 때문에 채무가 신속하게 상환되었고, 소규모의 독립적이고 상대적으로 부유하며 정치적으로 보수적인 농민들로 이루어진 농촌이 등장하였다.

경제의 근대적 부문에 있어서 개혁가들의 표적은 자이바쓰(zaibatsu, 財閥)였다. 개혁의 일차적 흐름이 83 개의 재벌 본사들을 해체시켰고, 재벌가의 자산을 동결시켰고, 다음으로 자본 과세에 의해 그들의 재산을 몰수하였다. 그리하여 거대 기업들은 그것들을 이루었던 산하 기업 연합체, 회사, 은행들로 분할되었다. 동시에 이들이 재건되는 것을 방지하기 위해 SCAP은 독점 금지법과 새로운 상속세법과 소득세법을 제정하였다. 1947년 12월 SCAP은 1,200 개의 기업들에 대한 후속적인 분산을 계획하였으나, 이것은 점령 정책이 개혁으로부터 부흥으로 옮겨 감에 따라 포기되었다.

비판자들은 이들 개혁들이 거의 의미가 없는 것이었고 점령 후의 일본 정부가 독점 금지법을 무시했다고 주장하였다. 과거의 재벌 기업들이 과거 그들과 결합되었던 은행들과 다시 관계를 맺는 경향이 있었던 것은 사실이다. 이들 금융 능력에 심하게 의존하고, 중앙 집권적인 시장 기구와 다른 산업상의 유리한 점으로부터 이득을 보면서 느슨한 기업 연합들이 등장하였는데, 각각 은행과 상사(商事)를 중심으로, 일부의 경우들에 있어서는 미쓰이〔三井〕 그룹, 미쓰비시〔三菱〕 그룹 등과 같이 옛 이름들을 다시 채용하였다. 그러나 또한 상이점들도 존재하였다. 새로운 연합들은 전쟁 전보다 덜 위계적이었고 훨씬 덜 정연한 것이었고, 통제가 약화되어서 경쟁 은행들을 이용하는 것을 허용하였다. 일부의 회사들은 관계를 전혀 재건하지 않았다. 다수의 중요한 새 회사들이 재벌 전통의 바깥에서 대두하였다.

'재벌 해체'와 함께 점령이 노동 조합들에 도움을 주었다. 노동자들에게 조직하고, 교섭하며, 파업할 수 있는 권리가 주어졌다. 새로운 법률들이 피고용자들의 조건들을 개선시켰다. 이 변화된 풍토내에서, 전전의 노동 운동에 적극적이었던 사람들이 또 다시 노동자들을 조직하기 시작하였다. 1949년까지 650만 명이 노동 조합에 가입하였고, 그 후 수년간 그 수가 지속적으로 늘어났다. 미국보다 전체 노동력의 더 많은 비율이 조직화되었고 영국보다는 단지 약간 낮았을 뿐이었다.

노동자들의 활기찬 반응이 처음에는 점령 개혁자들을 기쁘게 만들었다. 그러나 그것이 미국식 노동 운동이 되는 대신에 전전 일본의 조합주의와 같이 정치적이고 마르크스주의적이 되자 열정이 쇠퇴하였다. 점령의 강조점이 경제 부흥으로 전환하여 감에 따라서 SCAP은 그 이상의 임금 인상은 생산의 증가를 기다리지 않으면 안 된다는 입장을 취하였다. 1949년 초기의 노동법이 개정되어 보다 제약적인 태프트-하틀리(Taft-Hartley)식 입법이 통과되었다. 1950년 소위 레드 퍼지(Red Purge ; 공산주의자 추방)에 있어서 공산주의 지도자들이 노동 조합들로부터 쫓겨났다. 그러나 이들 조치들이 운동의 지속적인 생명력에 즉각적인 영향을 거의 주지 못하였다.

새로운 틀내에서의 노동 운동의 고양은 점령 전체에 적용되는 보다 큰 명제를 뒷받침하여 준다. 점령이 비록 밖으로부터의 혁명이었지만, 보다 많은 자유와 민주주의를 희구하는 일본 국민들의 반응이 개혁을 성공적인 것으로 만들었다. 그렇지 않았다면 변화은 지속되지 못했을 것이고, 1952년 이후의 개혁으로부터의 혼란은 훨씬 더 큰 것이었을 것이다.

1947년말까지 점령은 그것의 주된 목표들을 달성하였다. 일본의 도시들에 외국군의 주둔과 검열, 그리고 SCAP의 정부 지도가 계속적으로 존재하는 것은 단지 부정적인 반응을 불러일으킬 수 있었다. 미국은 철수하기를 원하였으나 소련이 거부권을 요구하며 평화 조약을 방해하여 점령은 다시 5년간을 표류하였다. 이 기간 동안 두 번의 정책 전환이 있었다. 첫번째 것은 개혁으로부터 경제 부흥에 대한 강조로의 전환이었다. 전후 초기의 극심한 가난은 안정된 의회제 민주주의를 위한 토대가 결코 아니었다. 두번째 전환은 1950년 북한이 남한을 침략했을 때 발생하였다. 미국의 관심이 점령으로부터 한국 전쟁으로 옮겨졌고, 일본에 있어서의 의사 결정이 거의 전적으로 일본인들의 손으로 넘어갔다. 마침내 1952년 일본이 독립을 되찾았을 때 보통의 시민들은 거의 변화를 느낄 수 없었다. 1951년 4월 민주주의에 있어서 민간 정부의 힘에 대한 최후의 실례가 일본인들에게 주어졌는데, 트루먼 대통령이 한국 전쟁의 수행에 대한 맥아더 장군과의 이견 때문에 그를 해임하였을 때였다.

요시다 시대　　1984년의 한 여론 조사에서 "누가 20세기 일본의 가장 위대한 인물인가?"를 물었다. 공식적으로 알려진 승자는 요시다 시게루(Yoshida Shigeru, 吉田茂 ; 1878~1967)였다.

요시다는 전전의 일본에 있어서 그의 전경력을 쌓았다. 그 개인의 역사는 거의 일본의 근대 세기에 걸친 것이었다. 그는 1877년 사쓰마 반란의 1년 후에 태어났다. 토사한〔土佐藩〕 존왕파 사무라이의 14 명의 자녀들 중 하나인 그는, 태어난 지 9일 후 부유한 요코하마 상인의 집에 양자가 되었고, 그곳에서 '어린 주인'으로 양육되었다. 그는 한학숙(漢學塾), 엘리트 귀족 학교인 학습원(學習院), 그리고 이어서 도쿄 제국 대학 법학부에 다녔다. 졸업 후 그는 외무성에 들어갔다. 그의 경력이 일본 제국의 발전과 일치했고, 그의 의식이 대일본 제국의 그것이었다고 한 전기 작가는 적고 있다. 그가 주류인 독일파가 아니라 영·미파에 속했기 때문에 외교관으로서 그의 성공은 단지 완만한 것이었다. 국내의 사회적 논점에 대해 그는 철저하게 보수적이었으나 대영 제국을

1954년의 요시다 시게루〔吉田茂〕.

일본을 위한 모범으로 여겼고, 일본과 영국과 미국 간의 밀접한 유대를 지지하였다. 이러한 관점으로부터, 그리고 일본의 관료들 사이에 드문 독자적인 개성을 가지고 그는 제 1 차 세계 대전 중 일본의 중국에 대한 21 개조 요구를 비판하였고, 1930년대초에는 군부를 비판하여 일본의 만주 점령에 대한 항의로 1932년 주미 대사직을 거절하였다. 1936년 그는 주영 대사로서 그의 경력을 더하였다. 그는 독일과 이탈리아와의 반코민테른 협정에 반대하였다. 1939년 그는 61세로 은퇴하였다.

제 2 차 세계 대전의 마지막 해에 요시다는 전수상 고노에 후미마로를 중심으로 한 보수적 그룹의 일원이 되었다. 이 그룹은 일본의 상황이 악화됨에 따라서 '천황제 공산주의'의 대두를 미리 막기 위해 평화 협상을 원하였다. 그들의 계획에 어떤 일도 생기지 않았으나, 요시다는 헌병에 의해 체포되어 두 달간 수감되는 행운을 얻었다. 이것이 점령 시대에 있어서의 그의 역할, 즉 두 번의 초기 전후 내각의 외무 대신으로, 그리고 다음으로 1946년 4월 하토야마 이치로(Hatoyama Ichirō, 鳩山一郞)의 갑작스러운 공직 추방 뒤에 자유당(自由黨) 총재와 수상으로서의 길을 열었다. 요시다는 점령 개혁에 대하여 열광적이지

484

않았으나 스스로를 '천황의 충성스러운 신하'로 부르면서 그의 책임을 다하였고 그것들을 실행하였다.

전후 시대 초기의 정치는 혼미하였다. 다수가 무소속으로 출마했고 1946년 중의원에 선출된 사람들 중 81 퍼센트가 신인이었다. 그러나 1947년 선거까지 정치가 자리를 잡게 되었다. 전전의 2대 보수 정당들이 사회주의 정당들과 마찬가지로 모두 새로운 이름들을 가지고 재출현하였다.

〈표 26-1〉

	1937년 선거 득표율			1947년 선거 득표율
민세이토〔民政黨〕	36%	→	민주당(民主黨)	25%
세이유카이〔政友會〕	35%	→	자유당(自由黨)	27%
사회 대중당(社會大衆黨)	9%	→	일본 사회당(日本社會黨)	26%

투표 패턴은 기본적으로 전전 경향들의 연장이었다. 그것은 흡사 10년간의 군국주의와 전쟁이 사이에 끼지 않았던 것 같았다. 사회주의 정당은 1936년에 5퍼센트, 1937년에는 10퍼센트를 득표하였다. 1947년까지 노동자와 사무직의 표가 더 커졌기 때문에 사회주의 정당의 신장은 두드러졌다. 그렇지 않았더라면 두 보수 정당들이 전전 시대에서 그랬던 것 같이 권력을 놓고 대결하였을 것이다. 그들의 경쟁 의식이 너무도 강하여 1947년 민주당은 자유당이 정권을 잡지 못하도록 짧은 기간 동안 사회당과 손을 잡았다. 그러나 연립 정부는 기능하지 못하였다. 자유당이 1948년 정권에 복귀하였고 1949년 중의원 의석의 절대 다수를 획득하였으며, 1954년 12월까지 정권을 유지하였다. 대중의 위임과 점령에 의해 지지되어 요시다의 정치 스타일이 지나치게 독단적이었기 때문에 칭송자들과 비난자들이 똑같이 그를 '원맨(one man) 요시다'라고 불렀다. 요시다는 스스로를 그가 일본 역사의 어떤 다른 인물들보다도 칭송했던 메이지 번벌(藩閥)들과 같이 옛 가치들을 보존할 새 일본의 건설자로 생각하였다.

1947년과 1948년의 일본의 상황은 황폐하였다. 제국은 사라졌고, 전쟁의 폐허가 아직도 선명하게 남아 있었고, 인구는 소집 해제된 군인들과 식민지로부터 돌아온 일본인들로 불어났고, 해외 무역은 전무하였다. 1947년 생산은 전전 수준의 단지 37퍼센트에 불과하였다. 일본의 미래에 관한 예측은 한결같이 비관적이었다. 종종 '요시다 독트린'으로 불리는 요시다의 정책은 경제 성장에 우선권을 주는 것이었다.

주로 식량 공급 형태로 미국의 원조가 1947년 개시되었다. 1948년 이래로 SCAP은 부흥을 강조하였다. 인플레이션이 수출을 방해함에 따라 SCAP은 1949년 일본이 정치적으로 인기가 없는 절약 계획을 채택하도록 만들었다. 한국 전쟁 동안 40억 달러 상당의 미국의 군사적 조달을 위한 주문들에 의해 박차가 가해져서 제조업에서 최초의 호경기가 찾아왔다. 요시다는 전쟁을 '신이 주신 선물'이라고 불렀다. 1955년까지 일본의 생산력은 전전 수준을 회복하였다.

요시다의 경제 성장에 대한 탁월한 강조는 정치적 배경을 가지고 있었다. 1946년 요시다가 한 동료에게 "역사는 전쟁에서 진 후에 외교에 의해 승리를 거두는 예들을 제공하고 있다."라고 말하였다. 요시다에 의하면 전후 세계에 있어서 일본이 직면한 위험은 일본이 미·소 간의 냉전에 끌려 들어가서 물자를 군사비 지출에 허비하는 것이었다. 만일 그 위험만 피할 수 있다고 한다면 일본은 승리를 거둘 수가 있었다. 요컨대 비록 요시다가 국내의 사회적·정치적 논점들에 대해 친기업적이고, 반노동 조합적이고, 강력한 반공주의자였던 강경파 보수주의자였지만, 그의 국제 정책은 수동적이었고 군사적 개입을 피하려고 하였다.

미 국무 장관의 특사였던 존 포스터 덜레스(Jon Foster Dulles)가 1950년 6월 다수의 일본 방문 중 최초로 방문하게 되었는데, 그것은 우연히도 한국 전쟁의 발발과 일치하였다. 평화 조약과 주권의 회복에 대한 대가로 일본이 재무장해야 할 것을 그는 요구했다. 요시다는 거부하였다. 그는 새 헌법의 제 9 조를 인용하였는데, 그것에는 "일본 국민은 국가의 주권으로서 전쟁을 방기하고 결코 육·해·공군이나 다른 전쟁 능력을 유지하지 않을 것이다."라고 되어 있었다. 요시다는 일본의 경제적 취약성을 지적하고 맥아더가 그의 입장을 후퇴시키도록 설득하였다. 그가 덜레스의 일본 체제 동안 재무장 반대 데모를 시작하도록 야당인 사회당을 고무시키기까지 했다는 증거가 있다. 덜레스는 이 다루기 힘든 노인으로 인해 당황하였고, 결국 그가 얻은 것보다 더 많은 것을 주고 단지 최소한의 양보에 만족해야 했다. 1951년 9월 8일 미국과 다른 47개국들이 1952년 4월 28일 독립을 회복한 일본과 조약을 체결하였다. 소련과 중국

북
0   100   200   마일
0 100 200 300 킬로미터
신칸센
JR 선
인구 100만 이상의 도시
인구 50만 이상의 도시
인구 20만 이상의 도시
인구 20만 이하의 도시
공업의 중심지
홋카이도(Hokkaido)
삿포로(Sapporo)
하코다테(Hakodate)
모리오카(Morioka)
센다이(Sendai)
니이가타(Niigata)
일본해(Japan Sea)
혼슈(Honshu)
요코하마(Yokohama)
나고야(Nagoya)
도쿄(Tokyo)
고베(Kobe)
교토(Kyoto)
오사카(Osaka)
히로시마(Hiroshima)
기타큐슈(Kita-kyūshū)
후쿠오카(Fukuoka)
시코쿠(Shikoku)
나가사키(Nagasaki)
규슈(Kyushu)
태평양(Pacific Ocean)
가고시마(Kagoshima)
다네가시마(Tanegashima)
나제(Naze)
나하(Naha)
오키나와(Okinawa)

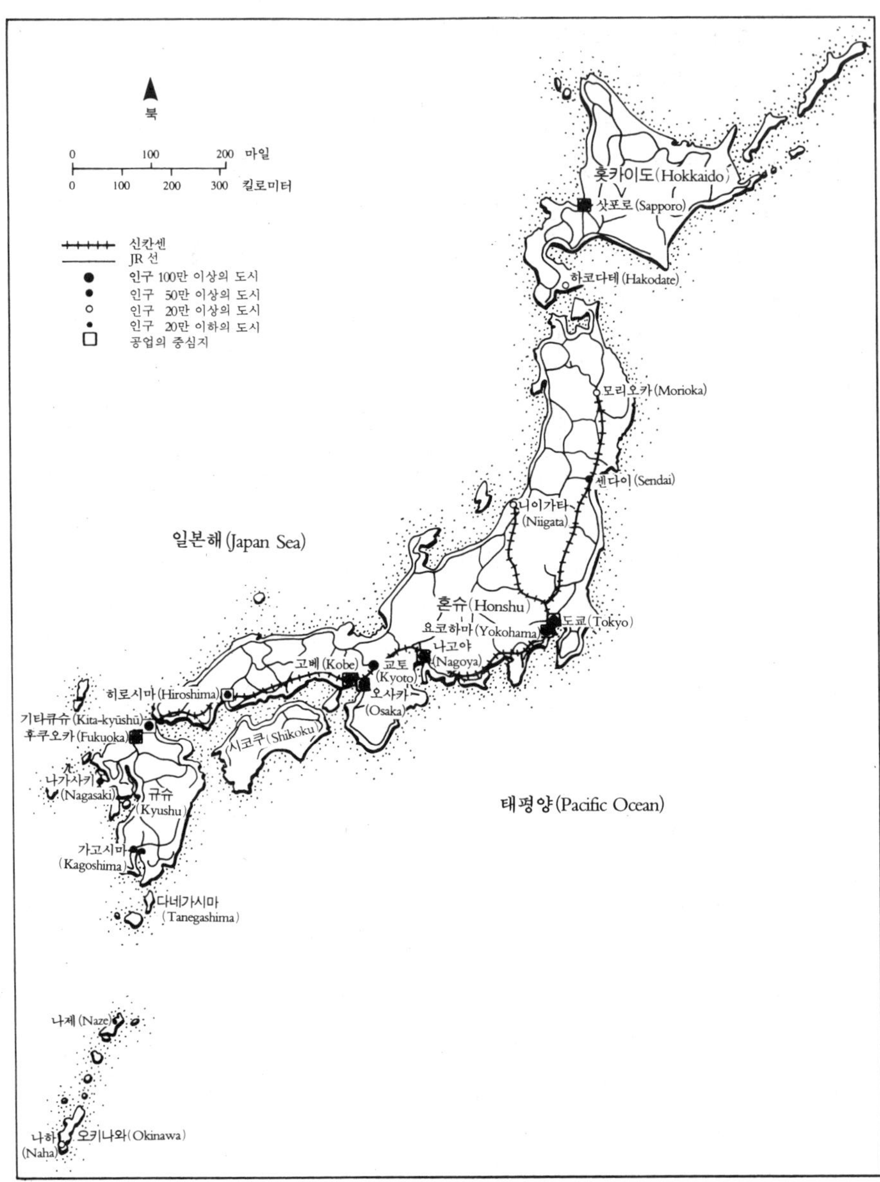

현대 일본

은 회의를 보이코트하였다.

평화 조약이 체결되는 날 일본은 또한 미국과 상호 안전 보장 조약을 체결하였다. 그것은 요시다가 가장 원하던 것, 즉 미국에 의한 일본의 안전 보장에 대한 장기적인 보장을 제공하였다. 그것은 후에 일본의 '핵우산'으로 불려졌다. 그 후 일본의 모든 방위 계획은 이 조약의 틀내에서 발생하였다. 그 대신에 요시다는 덜레스에게 두 가지를 양보하였다. 즉, 일본에 미국의 기지를 두는 것과 소규모의 일본 군대를 확립하는 것이었는데, 후자는 1950년 경찰 예비대(警察豫備隊)로 불려졌고, 1950년 보안대(保安隊)로, 1954년 자위대(自衛隊)로 개명되었다. 이 군대를 위한 비용은 그때 이후로 국민 총생산(GNP)의 약 1 퍼센트로 묶여져 있었는데 그것이 너무도 적은 것이었기 때문에 후에 해외의 비판자들은 일본이 '무임 승차'를 즐기고 있다고 비난하였다. 일본이 미국의 안전 보장에 관해서 어떤 보장도 하지 않았던 것이 주목될 수 있을 것이다. 그것의 새 군대는 일본이나 그것의 수역 밖에서 사용될 수가 없었다. 조약은 대단히 불평등한 자들 사이의 그것이었다. 물론 1950년 일본은 더 이상을 제공할 처지에 있지 않았다. 일본에 있어서의 강렬한 반군사적 감정을 고려할 때 그러한 양보조차도 커다란 것으로 여겨진다. 또 국제 연합군이 북한의 남한 침략을 물리치기 위하여 싸움을 하는 동안 일본과 일본의 미국 기지들이 유엔군의 계획 장소와 작업장으로서 중요하게 되었다.

고도 성장 시대의 사회적 · 정치적 변화

초기의 전후 시대는 1954년 12월 요시다의 마지막 내각이 붕괴하였을 때 끝이 났다. 일본을 전환시켰던 거의 20년간의 두 자리수 경제 성장이 이어졌다. 1955년에 일본은 전쟁의 폐허로부터 회복되었으나 아직도 다른 아시아 제국들에 단지 조금 앞서 있었을 뿐이었다. 그러나 1970년대 중반까지 일본은 유럽에 비견될 수 있는 수준의 풍요를 획득하였다. 일본은 무라[村] 사회가 여전히 제자리에 있는 채로 이 시대에 진입하였으나, 1970년대에는 압도적으로 도시화된 국가로 전환한 것이 분명해졌다. 일본은 소수의 교육받은 엘리트들과 낮은 교육 수준의 대중들을 가지고 진입하였으나 1970년대까지 문화적 전환을 경험하였고 고졸자들과 대졸자들의 나라가 되었다. 보수 정당들과 사회주의 정당들 간의 격심한 대립 속에서 시대가 열렸으나 1970년대초까지 의회제 정치를 위해 필요한 의견의 일치 같은 것이 형성되기 시작하였다.

성장 경제　1950년대초와 1970년대초 사이에 일본 경제의 연 성장률이 평균 11 퍼센트를 기록하였다. 복지와 함께 결과는 놀라운 것이었다. 국민 총생산이 20 퍼센트씩 성장하였고, 한편 개인당 소득은 16 퍼센트씩 성장하였다.

〈표 26-2〉　20년간의 경제 성장

	GNP (단위 : 10억 달러)	국민 일인당 GNP (단위 : 달러)
1955	24	268
1960	43	461
1965	88	898
1970	203	1939
1975	484	4320

　1975년까지 일본 경제는 오직 방대한 영토와 자원을 가진 두 대륙 국가들인 미국과 소련만이 능가할 수 있는 세계 제 3 위였다. 한 경제학자는 이것이 "모든 경제사에 있어서 가장 놀라운 성공담"이었다고 주장하였고, 다른 사람들은 그것을 '기적'이라고 불렀다. 그러나 그것은, 유리한 조건들과 오로지 발전에 초점을 맞추었던 국가 정책의 결과로 보는 것이 더 타당할 것이다. 자주 거론된 구호는 "어떠한 희생을 치르고서라도 성장"이었다.

　전후의 성장에 기여했던 얼마간의 요인들은 또한 전전에도 중요하였다. 노동자들이 근면했고, 문자를 해독할 수 있었고, 기술적으로 숙련되어 있었다. 1960년대 후반에 일본을 방문한 한 독일 기업가가 일본의 노동자들은 독일 노동자들이 일하는 식으로 일한다고 평하였다. 일본인들은 미국인들보다 4 배 내지 5 배만큼 그들의 봉급을 저축하였다. 1970년 도쿄의 한 광고 게시판의 은행 광고는 미소짓고 있는 한 가족, 즉 어머니와 아버지와 한 자녀(아들)를 보여 주었다. 표제는 "행복은 100만 엔(약 3,000달러)의 예금 구좌"이었다.

　일부의 요인들은 새로운 것이었다. 제 2 차 세계 대전 동안 미국과 일본 사이에 기술적 격차가 벌어졌고, 미국은 기꺼이 과학과 기술을 공유하기를 바랐다. 일본은 이 자원을 이용하는 데 필요했던 과학자들과 기술자들을 보유하였고, 그들은 종종 그들이 수입한 기술을 개량하였다. 가장 최신의 장비를 도입하여 일본은 앞질러 갔고, 일본의 산업이 세계에서 가장 효율적인 것이 되었다. 가장 발전한 국가들을 제외한 모두가 일본의 경험으로부터 배울 수 있는 하나의 교훈은, 새로운 기술을 스스로 개발하는 것보다 그것을 구입하거나 사용 허가를 얻는 것이 더 값이 싸다는 것이었다. 1970년대 중반까지 이 자원은 거의 사라졌다.

요시다 독트린의 결과인 낮은 군사비 지출이 일본의 경제 발전에 핵심적인 기여자였다. 다음의 1974년의 국방 예산을 살펴보기 바란다(나라들은 경제의 크기에 따라서 표에 실려 있다).

미 국	663억 달러
소 련	619억 달러
일 본	19억 달러
서 독	78억 달러
프랑스	58억 달러

일본은 다른 나라들보다 훨씬 적게 지출하였다. 군사비에 총생산의 1 퍼센트를 지출하는 것은 증대되는 수입이 모두 생산 목적에 투입될 수 있음을 의미하였다. 다른 국가들의 제조업자들은 국방비 지출을 위한 조세 부담으로 한 손이 등뒤에 묶여진 채로 경쟁하지 않으면 안 되었다. 1970년대까지 일본의 예로부터 이득을 보려고 생각할 만큼 일본에 대해서 충분히 알고 있던 나라는 거의 없었다.

심지어 농업 생산력마저도 증가하였다. 일본의 최초의 농업 혁명(1868~1920)은 그것의 산업화와 동시대적인 것이었다. 1920년대 동안 식민지로부터의 식량 수입이 국내 생산력을 동일 수준으로 만드는 결과를 가져왔다. 1945년 후 더 많은 화학 비료, 새로운 농약, 경농 기계, 새로운 종자를 사용하는 새로운 진보가 이루어졌다. 일본은 쌀을 자급할 수 있게 되었고 과일과 고기의 생산을 증대하였다. 토지 면적당 일본 농업은 세계에서 가장 능률적이다. 그러나 농업 일인당 생산의 면에서 그것은 가장 비능률적인 나라들 중의 하나다. 국내 생산 식료품의 가격은 흔히 세계 수준의 몇 배가 되는 것으로 보조금과 관세 제도에 의해서 유지되었다. 이것들을 유지한다는 결정은 경제적인 것이 아니라 정치적인 것이다.

성장의 또 다른 중요한 기여자는 무역이었다. 수출은 빠르게 성장하였다.

1955	20억 1,000만 달러
1965	84억 5,000만 달러
1975	557억 5,000만 달러

해외 무역이 경제 성장의 원동력이었다고 간단히 말해질 수 있는 것은 아니다. 일본 대중들을 위한 상품이 마쓰시타〔松下〕, 도시바〔東芝〕, 소니(Sony)와 같은 새로운 거대 기업들에 의해서 생산되었다. 국내 시장은 일본을 해외의 경쟁자로서 강력하게 만들 수 있는 규모의 경제를 만드는 데 있어서 중요하였다. GNP에 대한 비율로서 일본의 수출은 영국, 프랑스 혹은 서독의 그것들보다 작았다. 그렇지만 무역은 원료의 혜택을 거의 받지 못한 일본에서 필수적이었다. 1975년 일본 수입의 약 4분의 3이 원유, 철광석, 코크스탄, 강철, 고철, 고무, 면화, 모 및 목재와 같은 원료들이었다.

일본의 가장 중요한 단일 무역 상대는 미국이었고, 일본 수출의 22 퍼센트 이상을 받아들였다. 미국 시장의 개방이 일본에게 중요하였다. 일본에 대한 미국의 판매 절반 이상이 원료나 농산물이었고 미국에 대한 일본 판매의 거의 전부가 완제품이었기 때문에 몇몇 미국의 비판자들은 미국이 일본의 경제적 식민지가 되었다고 주장하였다. 일본인들은 이 주장을 돌려서 일본이 미국의 풍부한 자연 자원들과 보다 능률적인 농업을 가지고 미국을 위하여 상품을 생산하는 공장이 되었다고 말하였다. 미국의 일본으로부터의 수입과 일본으로의 수출이 균형을 이루게 되었기 때문에 대체로 이러한 비판들은 잠잠해졌다. 일본의 두번째로 중요한 고객들은 동아시아, 동남 아시아 및 남아시아의 비공산 국가들이었는데, 그것들이 일본 수출의 20 퍼센트를 받아들였다. 이 무역은 대체로 균형을 이루고 있었으나, 나라별로 보면 원료를 가진 나라들은 그들이 구입한 것보다 더 많이 팔았고, 반면에 다른 나라들은 일본의 자동차와 기계를 선망했으나 대신에 판매할 생산물이 거의 없었다. 이것이 정치적 저항과 일본의 해외 원조의 점차적인 증가를 가져왔다. 유럽은 일본 수입의 8 퍼센트 이하를 공급하였고 일본 수출의 14.4 퍼센트를 가져갔다. 그들은 일본의 경쟁을 두려워하였고 보호주의 정책으로 일본에 대항하였다. 중국과 소련과의 무역은 이 20 년 동안 점차적으로 증가하였다. 1975년 공산 국가들에 대한 수출이 전체 수출의 8.4 퍼센트였다.

1950년대와 1960년대 동안 제조 과정 자체는 노동과 경영 사이의 고도의 협력으로 특징지을 수 있다. 이것은 확실히 지속적으로 인상된 임금에 의해서 촉진되었다. 노동 조합의 선언들을 물들였고 메이 데이의 행진에서 적기가 전시되도록 이끌었던 계급 투쟁의 이데올로기에도 불구하고, 그리고 연례적인 '춘투(春鬪)'에서 노동측과의 어려운 교섭에도 불구하고, 일본의 공장들에 있어서 공장을 마비시키는 파업은 거의 없었다. 노동 조합들은 산업이 아니라 회사별로 조직되었다. 대기업에 근무하는 대부분의 노동자들은 평생 고용의 안전을 향유하였고 회사에 대한 충성을 보여 주었다.

마지막 요인은 다른 나라의 사업가들이 '일본 주식 회사'로 이름붙인 사기업과 정부 지도와의 결합이었다. 몇 가지 점들이 지적될 수 있을 것이다. 첫째로, 일본 은행[중앙 은행]이 장래의 이윤이 부채를 상환하기에 충분하게 될 것이라는 가정하에 투자 자본을 제공하는 데 있어서 민간 은행들을 지원하였다. 보통의 미국 기업에 있어서는 자본 필요의 3분의 2가 주식에 의해서 충당되고, 3분의 1은 부채에 의해서 충당되었던 것에 반하여, 일본에서는 그 반대였다. 이 과도할 정도의 장기간에 걸친 은행의 신용 대부가 고속 성장의 시기 동안 능률적으로 기업들에 자금을 재공급하였다.

다음으로 정부가 계획을 세우는 데 있어서 어떤 다른 사회주의 국가보다 더 깊숙이 개입하였고 어떤 사회주의 국가보다 더 능란하게 경제를 이끌었다. 대장성(大藏省)과 통산성(通産省 ; 흔히 영어로 MITI로 불림)이 경제 기획청(經濟企劃廳)을 통해 그들의 노력을 조정하여 일본 미래의 팽창을 입안하는 일에 협력하였다. 그들은 성장 산업들을 목표로 정하였고, 생산 목표를 설정하였으며, 해외 시장을 평가하였다. 그들은 높은 감가 상각 공제, 저리의 대부, 보조금 및 가벼운 세금 들로 보상하였다. 일부의 기업들은 정부의 연구소들에서 수행되어 그 후 상업적 개발을 위해 회사들에 넘겨진 연구로부터도 또한 이득을 보았다.

'일본 주식 회사'의 세번째 측면은 정부가 성장 산업들에 제공한 보호였다. 정부는 외국 회사들이 경쟁할 수 없거나 혹은 일본의 생산이 계획되지 않은 분야들에 있어서 외국의 경쟁을 허용하였다. 그것은 관세, 할당량, 통화 규제, 외국 투자 규제 및 관공서의 번거로운 절차의 연속적인 장벽들에 의해 특히 신기술의 초창기 산업을 보호하였다. 그리고 그것은 신기술을 도입한 해외 투자만을 환영하였고 게다가 소수주(少數株)로서만 그러했다. 1960년대말과 70년대초 사이에 일본이 초강대국으로 성장함에 따라서 이 보호주의에 대한 정당화가 불가능해졌다. 다른 시장들에 대한 일본의 접근을 유지하기 위해 일본은 자신의 시장을 다른 나라의 수입에 개방화는 '자유화'를 하지 않을 수 없었다. 그러나 이때까지 일본 상품과 경쟁할 수 있는 다른 나라의 공업 제품들은 거의 없었다.

마지막으로, 경제에 있어서 정부의 커다란 역할에도 불구하고, 그리고 일본의 진보에 대한 공적을 관료들이 계속적으로 주장함에도 불구하고, 일본은 사회주의 국가가 아니었기 때문에 기업들 간의 경쟁은 치열하였다. 대부분의 결정들이 기업내에서 내려졌고 각 기업은 그 자신의 재정적 토대에 의거하였다. 경제 전반에 걸쳐서 기업가들은 정부의 규제에 분노하였고 또 정부의 결정들은 자주 잘못된 것이었다. 일본의 자동차 산업은 MITI의 조언에 반해서 개발되었는데, 그것은 자동차 산업이 일본과 같은 작고 복잡한 나라에서는 부적절한 것으로 생각하였다.

〈표 26-3〉　　　　　　　　　자동차 생산

연도	자동차 수 (단위 : 천 대)
1953	8
1960	165
1970	3,178
1979	6,176

그럼에도 일본의 기업가들은 대부분의 다른 나라들에서는 존재하지 않았던 그와 같이 유리하고 협력적인 사업 풍토를 당연한 것으로 여겼다.

1970년대초에 일본에 들렀던 일시적인 방문자들마저도 복지의 증거들에 의해 충격을 받았다. 지붕 위로 솟아나 있던 텔레비전 안테나들, 에어컨과 자동문을 가진 새 사무 빌딩들, 검은 양복을 입은 남자들과 유행하는 복장을 한 여자들, 도시의 부산함, 그리고 시골에 있어서의 농기구들의 소음 등이 그것이

시속 125 마일의 탄환 열차의 전국적인 연결망이 거의 완료되었다.
매 15 분마다 한 대가 도쿄에서 오사카를 향하여 출발한다. 국가에
의해 개발되었으나 교통망은 1988년 사기업으로 분할되었다.

었다. 빠르고, 깨끗하고, 정시 운행하는 기차는 세계 최고였다. 도쿄와 오사
카 사이의 오래된 간선 도로로 히로시게[廣重]의 목판화들을 통해서 서구에 친
숙해진 한때의 아름다운 도카이도[東海道]가 거의 불연속의 산업 벨트가 되었
는데, 그것을 통해서 다른 나라의 선망의 대상인 '탄환 열차[신깐센]'가 질주
하였다.

  1975년의 일본의 수출품들에 대한 표본 추출은 제조업자들의 생산력을 보여
주었다. 일본은 그해 세계 선박의 절반 이상을 건조하였다. 미국으로부터 철
광석과 코크스탄을 구입하여 그 대신 강철을 판매하였다. 그때까지 미쓰이[三
井]와 미쓰비시[三菱]의 거대 재벌들은 화학 공장, 수력 발전소, 항만을 세계
의 어느 곳에든지 건설할 수 있었다. 신기술로부터 완제품으로, 또 판매 노력
으로 급속도로 움직여 갈 수 있는 일본의 능력은 놀라운 것이엇다. 혼다, 스즈
키의 오토바이와 혼다, 도요타, 닛산 및 다른 메이커들의 자동차가 세계 전역
에 걸쳐서 판매되었다. 니콘과 미놀타가 사진기로 그러한 것 같이 소니, 마쓰
시타(파나소닉), 후지쓰[富士通] 및 NEC 등은 마이크로칩으로부터 전자 현미
경에 이르는 그들의 전자 제품으로 유명하다. 사실 일본의 경쟁으로부터 초래
된 1970년의 독일 사진기 제조업들의 의지의 마비 상태는 '일본 콤플렉스'로
불려졌다. 전쟁 전 '일제'라는 말은 값싼 할인 상점의 상품들을 의미했으나,
점점 고급 제품을 시사하는 것으로 되었다.

사　회　일본을 중국과 대부분의 다른 아시아 국가들과 구분지었던 전후 일본의 중요한 변화의 하나는 인구 성장률의 감퇴였다. 근대 위생학의 이용이 사망률을 감소시켰기 때문에 메이지 유신과 제 2 차 세계 대전의 종결 사이에 일본의 인구가 배 이상 증가하였다. 종전 직후의 시기 동안 베이비 붐이 일어났고 1970년과 1975년 사이에는 베이비 붐 세대가 아이를 갖게 되어 두번째의 작은 붐이 일어났다. 그러나 1950년 후에는 전반적인 증가율이 하강하는 추세에 있었다.

1945	7,200만 명
1955	8,900만 명
1965	9,800만 명
1975	1억 1,200만 명

　인구의 안정화에 대한 한 설명은 정부에 그 공을 돌리는 것인데, 1948년과 1949년 사이에 '우생 보호법'을 통과시킨 것이다. 이 법으로 낙태(落胎)가 합법화되었는데, 그것은 1950년대 동안 때때로 출생률을 능가하였다. 정부가 가족 계획 병원을 설립하고, 공장들이 가족 계획 그룹들을 만들었다. 우체국의 포스터들이 잘 양육되고 행복한 아이들을 가진 소가족과, 여위고 옷을 잘 입지 못하고 쓸쓸한 모습을 한 대가족을 대조시키고 있었다. 1970년대초의 여론 조사는 젊은 부부들이 나이 많은 부부들보다 가족 계획을 지지하는 것을 보여 주었다.

　출생의 감소에 대한 두번째 설명은 일본의 관습과 사회 제도가 다른 선진국들이 취한 과정을 따라 발전하고 있었기 때문에 정부의 정책들이 효과를 거두었다고 주장하는 것에 있다. 의료 시설이 개선되었고, 더 많은 교육은 늦게 결혼하는 것과 더 적은 수의 자녀들을 뜻하였고, 교육받은 사람들은 두 자녀가 이상적이라는 것을 기꺼이 받아들였다. 또한 젊은이들은 배우자의 가족들과 함께 사는 것을 피하기 위해 혹은 단지 독신 생활의 독립과 즐거움을 지속하기 위하여 결혼을 늦추고 있었다. 한 신문의 만화가 일본의 여사무원들이 하와이와 유럽에 휴가가는 것을 의논하고 있고, 한편 그들의 출세를 위해 거의 휴가를 가지 않고 수입을 저축해야 하는 젊은 남자들이 부러운 듯 귀를 기울이고 있는 모습을 보여 주었다. 1970년대의 일본에 있어서 여자들이 남자들과 같은

왼쪽 : 도쿄 근처의 도요타 공장. 꽃은 한 노동자의 정원으로부터
가져온 것임.   오른쪽 : 소니 조립 라인의 여공들.

직업을 가지지 않을 것이라는 암묵의 가정에 대해 비판적이었던 여자들이 거
의 없었다.

　변화에 대한 세번째 설명은 일본인들이 그들의 사리(私利)를 다르게 인식하
기 시작했다는 것이다. 전전의 일본에 있어서 아이들은 종종 가족의 사업체나
농장에서 일하기 위하여 학교를 일찍 그만두었고 아들은 그들의 연로한 부모
를 부양하였다. 자녀들은 가치 있는 상품이었고 자녀를 많이 가지고 있는 것
이 최선의 보험이었다. 그러나 1950년대와 1960년대 동안 일본은 자녀들이 점
점 비용이 많이 들고 경제적으로 기여하는 바가 거의 없는 발전 단계에 도달하
였다. 그들은 다년간 학교에 다녔고, 다음으로 일하기 위해 회사에 들어갔고,
그리고는 1975년의 인구 조사가 확인한 것과 같이 결혼하여 독립 세대를 이루
었다. 만약 특별한 필요가 없으면 그들은 그들의 부모들을 정기적으로 돕지
않았는데, 부모들은 노년에 점점 저축과 퇴직 연금에 의존하게 되었다. 두 자
녀로 부모들의 인간적 필요가 충족되었고, 더 많은 자녀들은 저축을 곤란하게
만들었다.

　전후 일본의 두번째로 중요한 경향은 인구의 재배치였다. 급속도로 확대되
는 경제와 완만하게 증가하는 인구가 결합하여 노동력 부족을 가져왔다. 처음

에는 남자들이, 다음으로는 여자들이 좋든 싫든 농업과 중소 기업으로부터 도시에 있는 새로운 대기업들로 유인되었다. 1960년대 동안 더 좋은 직장으로의 노동자 이동이 전전 경제의 특징인 '이중 구조'를 부식시키기 시작하였다. 노동력을 둘러싸고 중소 기업들이 고임금과 더 큰 안전과 과외의 부가 급부를 제공했던 현대적 부문의 기업들과 경쟁하기 위해 임금을 인상하지 않을 수 없게 되었다.

전후의 초기에 농촌에 있어서의 변화는 표면적으로는 명백한 것이 아니었다. 기와나 초가 지붕을 한 집, 녹색의 계단식 들, 편재(遍在)하는 진자〔神社〕, 사원 등이 초시간적인 분위기를 가지고 있었다. 그러나 1960년대까지 외관적인 환경마저도 변화하기 시작하였다. 값싼 노동 비용을 이용하기 위해 공장들이 농촌 지역들에 세워졌다. 학교, 창고, 자동차 및 트랙터 판매점들과 같은 새로운 콘크리트 건물들이 등장하였다. 도로들이 개량되었고, 트럭과 농기구들이 벽지의 농촌에 출현하였다. 낮은 언덕들이 새로운 건설을 위한 부지를 제공하기 위해 깍여졌고, 집들이 파란색이나 노란색 혹은 갈색 기와로 지붕이 덮여졌고 헛간이 선명한 파란색이나 녹색 플라스틱판을 과시하고 있었다. 새로운 시골에서 사원들과 '진자'들이 종종 다른 시대로부터 온 침입자와 같이 보여졌다.

표면 아래에서의 변화들은 훨씬 더 깊은 것이었다. 상당한 양의 자본이 개입되어 농업이 전전보다 한층 더 상업화되었다. 농사는 이제 생계가 아니라 이윤을 위한 사업이 되었다. 만약 돼지가 공급 과잉일 경우 농민들은 그것들을 도살하고 양계를 하였고 똑같은 태도가 농업 작물들로 확대되었다. 1960년의 농업 세대는 600만으로 메이지 초기와 거의 동일한 것이었다. 그 후 숫자가 줄어들기 시작하여 1965년에 567만, 다음으로 1975년에 495만이 되었다. 농촌에 머물렀던 일본인들조차로 흔히 근처의 도시들에 있는 직장에 통근하였고, 한편 벽지에 있던 사람들은 도시로 이주해 간 사람들을 대체하여 소도시들에서 일자리를 찾았다. 이 결과로 비농업 고용이 농가 소득의 훨씬 더 높은 비율을 제공하였는데, 1960년 평균 소득, 1,143 달러의 47 퍼센트, 1977년의 소득 1만 1,086 달러의 66 퍼센트였고, 그 후에는 훨씬 더 높은 비율이었다. 종종 여자들이 조부모들이나 나이가 든 자녀들의 도움을 받아서 대부분의 농사일을 행하였다.

도쿄의 모습 제 2 차 세계 대전 최후의 시기. 아래 : 부흥 후의
1970년대.

통근자들로 붐비는 출근 시간의 도쿄 지하철.

　무라[村]사회도 또한 엄청나게 변화하였다. 1955년경까지는 농촌 공동체가 단단하게 정돈된 채로 남아 있었고, 많은 경제적, 사회적, 정치적 및 종교적 활동들이 공동체적인 것이었다. 그러나 그 후 마을의 거주자들이 밖을 보기 시작하였다. 행정상의 합병이 무라들은 조[町]로 통합하였는데 그곳에서 부락 생활을 규제하는 결정들이 이루어졌다. 모든 세대들이 보유하게 된 텔레비전 수상기들이 세계 뉴스와 일본과 미국의(능란하게 일본어 대사가 녹음된) 온갖 프로그램들을 소개하였다. 농촌 소년들이 고등 학교에 진학하였고 그 후 도시의 직장을 찾아 농촌을 떠났다. 농촌 소녀들은 농부의 아내가 되는 것을 원치 않았다. 일하는 주간에 가장들과 다른 일할 능력을 가진 남자들이 시골에 부재하게 됨에 따라서 전통 사회의 구조가 닳아서 희박하게 되고 부락의 유대가 무너지기 시작하였다. 토지와 외부의 직장을 가진 남자들이 공동체 활동에 그들의 주말을 보내는 것에 흥미가 없었고 근교 지역들에 있어서 '무라'는 거의 붕괴한 것이나 다름이 없었다. 단지 예외적인 '무라'들에 있어서 인간 관계의 옛 유형이 농민들의 협조나 아마도 어떤 마을의 사업을 중심으로 한 좀더 평등주의적인 형태로 부활하였다.

새로운 일본은 기본적으로 도시적이었다. 1972년의 경우, 9명의 일본인 가운데서 한 명은 도쿄에서 살았으며 4명 가운데 1명꼴로 도쿄 오사카(Tokyo-Osaka)의 공업 지대에서 살았다. 프랑스에서 파리가 그러하였듯이, 일본에서 도쿄는 정치와 재정, 금융, 산업 및 예술과 학문의 중심이었다. 도쿄는 거대한 전철 지선망의 중심이기도 하였으며, 전철의 터미널들은 끊임없이 증설된 지하철 망과 연결되었다. 이러한 교차 지점들에서, 긴자(Ginza, 銀座)와 같은 오래된 상업 지구에 더하여, 거대한 백화점과 상가, 회사, 사무실, 은행, 영화관, 다방, 음식점, 술집, 나이트 클럽 등을 갖춘 8~9개의 새로운 상업 지구가 발달되었다. 통근 열차가 너무나 혼잡해서, 1950년대말과 60년대초에는 만원 객차의 승객들을 태우거나 내리게 하기 위하여 학생들이 '미는 사람'과 '당기는 사람'으로 고용되기도 했다.

시내 중심부에는 개인 주택과 점차 증가한 다수의 사치스러운 새 아파트(일본에서는 만숀(mansion)이라 불렸다)들로 구성된 주거 지역이 있어, 베르사유 하이츠(Versailles Heights)와 같은 이름들을 뽐내었다. 좀더 오래된 중산 계층의 거주 지역은 시내 중심부를 에워싸면서, 전쟁 전에는 농촌이었던 외곽 지대로까지 확장되었다. 그리고 철도를 따라 좀더 바깥으로 나가면, 계획된 주거 지역인 단지(團地, danchi)가 있었다. 이들 단지의 일부는 조립식으로 지어졌으나 매우 다양한 효용성을 갖고 있는 시범 주택들로 구성되어 있었다. 다른 단지들은 혼잡하고 조그마한 방들로 이뤄진 복층 콘크리트 건물들의 단조로운 열로 구성되어 있었으며, 이들 단지의 대부분은 어울리지 않게도 일본의 역사가 시작될 때부터 경작되어 온 지역의 논 한가운데에 세워졌다.

이러한 도시 사회에서, 점령과 급속한 경제 성장이라는 한 쌍의 혁명이 광범한 사회적 결과를 초래하였다. 여성의 지위가 상승하였다. 대부분의 여자아이들이 고등 학교에 가고 다수의 여성들이 대학까지 진학함에 따라, 여성의 법적 권리들이 점차 인정되었다. 핵가족 관념이 확산되었다(신문에는 이따금식 시어머니에게 매정하게 대하는 며느리에 대한 불만을 토로하는 편지가 접수되기도 했다). 종교의 자유가 보장되는 새로운 풍토에서, 대중적인 교파들이 번성하였다. 소년 소녀들 사이의 사교 관계가 보다 자유로워졌으며, 다방이나 영화관, 당구장, 교향악단 연주회, 그리고 스키장과 해변, 캠핑장 등에서 행복(혹은 즐거움)을 추구하는 일이 특히 젊은이들에게 보다 일반화되었다. 이러한 변화들은 전쟁 전의 일본에서 그어졌던 선을 따라 이뤄진 양적인 발전으로 보여질 수도 있겠지만, 단순히 직선적인 변화는 아니었다. 오히려 이러한 변화들은 새로운 사회 질서와 새로운 생활 방식을 창출하였다. 구세대는 전후 세대가 자기들과는 완전히 다르다——보다 안이하고, 보다 거리낌없고, 예의바르지 않고, 보다 이기적이다——고 말함으로써 이러한 변화를 인식하였다. 나이 많은 이들은 청소년 범죄를 비롯한 여러 도시 현상들을 도덕적 쇠퇴의 한 징조로 보면서 이러한 변화를 못마땅하게 여겼으며, 또한 전후의 교육 제도를 비판하기도 했다. 그러나 1970년대에 이르러서는, 노년층 자신들도 제 2 차 세계 대전이 끝나는 시점에서는 상상 할 수 없었던 새로운 생활 방식을 받아들이고 참여하였다.

미친 듯이 성장에만 몰두했던 전후 20여 년 동안, 일본의 경제적 잉여분은 새로운 설비와 장비에 너무나 많이 재투자되었기 때문에 사회 프로그램에 투입할 여분은 거의 남아 있지 않았다. 병자와 노인을 위한 복지 사업은 최소한의 수준에 머물렀다. 교육은 재정 부족에 허덕였고, 하수 처리는 케케묵은 방식과 시설에 의존하였다. 그러나 1970년대부터는, 이런 세목에 대한 정부 예산, 특히 복지 부문에 대한 지출이 점차 증가하였다. 야당에서도 이런 문제들을 더 이상 쟁점화시킬 수 없게 되었다.

주택 역시 1960년대까지는 심각한 문제의 하나였다. 일본을 방문하였던 어느 프랑스 인은 일본인들이 토끼 우리에서 살고 있다고 말하였는데, 일본인들은 공정하지도 않고 부분적으로는 사실과도 다른 이 말을 결코 잊지도, 용서하지도 않았다. 그러나 정부는 주택 문제를 민간 부문, 즉 개인, 회사, 부동산 업자들에게 맡겨 두었다. 1970년대초에 봉급이 오르고 은행 융자를 이용할 수 있게 되자, 주택들이 상당한 정도로 고급화되고 넓어지기 시작하였다.

1960년대 중반에 부딪힌 가장 큰 내부적 해악은 공해 문제였다. 그것은 마치 미국 인구의 반과 미국 산업의 3분의 1이 캘리포니아 한 주 안으로 우겨 넣어진 것과 같았다. 일본의 자동차 문화가 도로와 주차 사정이 적합치 못한 혼잡한 도시들에서 발전한 것도 공해 문제의 한 원인이 되었다. 도쿄의 하늘은 흔히 잿빛이었고, 태양은 빛이 약한 달 같은 천체로 어두워졌으며, 도쿄 만은 유출된 공장 폐수로 진창이 되었다. 교통 경찰들은 매 두 시간마다 교대되었지만, 납중독으로 고통을 받았다. 일본인들은 1970년경에야 비로소 문제의 심각성을 인식하기 시작하였다. 잡지와 신문들은, 우리는 어디로 가고 있는가, 그리고 우리는 우리 자신을 위하여 무엇을 하고 있는가를 묻는 논설들로 가득 채워졌다. 일부의 논설 위원들은 기업을 우선적으로 지원하는 정부의 극단적인 입장이 문제와 정면으로 대결하는 것을 방해한다고 생각하였다. 야당들이 이 문제를 취급하기 시작하자, 정부는 곧 공해에 강경하게 대처할 수 있는 새로운 법률을 제정하여, 야당의 공세를 미리 봉쇄해 버렸다. 도쿄에는 '후지(Fuji, 富士) 산을 볼 수 있는 다리〔후지미바시(富士見橋)〕'라는 곳이 있다. 1960년대에는 그 이름이 어울리지 않았지만, 1970년대말에 이르러서는 개인 날에는 후지 산을 다시 볼 수 있었다.

일본 사회의 급속한 변화 속도를 고려한다면, 깊은 정신적 혼란과 심각한 사회적 불안을 예상할 수도 있다. 이러한 동요가 전혀 없었던 것은 아니지만, 고도의 사회적 통합성은 놀랄 만한 것이었다. 일본은 다른 선진 사회를 괴롭힌 많은 해악으로부터 벗어난 것처럼 보였다. 마약은 일본 사회에서 결코 심각한 문제가 되지 않았다. 총기법은 가혹하였고 엄격하게 시행되었다. 사냥총은 엄중히 통제되었고 민간인은 권총 소지가 허락되지 않았다. 일본에는 징병 제도가 없으며, 해외 파병이나 외국 전쟁에 참전할 수 있는 제도도 없었다. 전후에 있어서조차도 사회적 동화 상태가 완전하지 못했던 과거 도쿠가와 시대의 천민 공동체에 대한 편견의 흔적이 여전히 남아 있었으며, 일본에 거류하고 있는 60만여 명의 한국인에 대한 강한 편견이 있었다. 그러나 이러한 사회 집단들이 일본의 법을 준수하고 있을 뿐만 아니라 전체 인구에서 점하는 부분이 아주 적기 때문에, 그들에 대한 편견은 대부분의 일본인들의 눈에는 주요한 사회 문제로 보이지 않았다.

또한 일본에는 '빈곤의 문화'가 없었다. 가난한 사람과 최저한의 생활을 영위하는 사람조차도 인내하고 참으면서 최소한에 만족하는 윤리에 동의하였다. 그리하여 하층민 구역조차도 그런대로 중산층처럼 보였다. 일본의 범죄 발생률은 세계에서 가장 낮은 경우에 속하였으며, 일본의 어떤 도시에서도 밤에 길거리를 다닐 수 있을 만큼 안전했다. 이혼율은 선진국 가운데서 가장 낮은 경우에 속하였다. 자살은 도쿠가와 시대로부터 오늘날에 이르기까지 일본 민족의 문예적 전통이지만, 1974년에 이르러 자살률은 20년 이전보다 낮아졌으며, 오스트리아나 서독, 스위스 및 기타 유럽의 몇몇 다른 나라들보다 낮아졌다. 수명도 길어졌다. 남성은 8년이 더늘어 평균 수명 72세를 향유하였고, 여성은 9년이 늘어 77세를 향유하였다. 일본인들은 다른 선진 사회들이 안고 있는 문제들을 잘 알고 있었기 때문에, 자기들이 성취한 것에 대하여 점차 만족하게 되었다.

이 급격한 변화의 시기에 사회적 통합을 촉진시킨 새로운 현상의 하나는 이른바 신종교의 확산이었다. 그중 어떤 것의 기원은 도쿠가와 시대로까지 거슬러 올라가고, 어떤 것은 보다 최근에 시작되었다. 어떤 것은 신토〔神道〕나 불교에 의존하였고, 보다 절충적인 것들은 '신토'와 불교뿐만 아니라 그리스도교를 끌어들이기도 했다. 이들 집단들 가운데 전후 일본에서 가장 성공한 것은 창가 학회(創價學會, Sōka Gakkai)였다. 이 교파의 회원은 1950년대초에 수천 가구에 지나지 않았으나 1964년에는 430만 가구로 증가되었으며, 그 뒤에는 비슷한 수준을 유지하였다(일본 공산당은 이 회에 최상의 경의를 표하여 그것의 조직 기술을 연구하였다). 일본인 12명 가운데 1명이 회원이었다. 이 교파의 현실적인 호소가 뿌리를 잃었다고 생각하는 일본의 도시민들이나 전통적 공동체를 그리워하거나 일본의 새로운 번영의 몫을 나누어 갖지 못한 도시인들의 주의를 끌었다. 창가 학회는 먼저 가게 주인이나 택시 기사, 석탄 광부와 비숙련 노동자들 사이에 전파되었다가, 다른 유사 교파의 회원들을 유인하기 시작하였으며, 젊은 일본인들 사이에서 주목할 만한 성공을 거두었다. 개종시키려는 상대에게 회원들은 다음과 같은 질문을 던진다. "당신은 왜 살고 있는가?", "당신은 당신의 생활에 만족하고 있는가?" 전후 사회의 원자화와 개인의 소외 문제에 대하여, 이 집단은 전통적인 답을 제시하였다. 즉, 불교의 니치렌슈〔日蓮宗〕와 법화경(法華經; Lotus Sutra)의 신앙만이 개인과 국가 및 세계에 구원을 가져다 준다는 것이다. 이 종파는 신앙 치유와 상호 부조를 가르치면서, 회원들을 따뜻하고 빈틈 없이 짜여지고 협조적인 지방 조직 속에 포함시켰다. 이 회는 불교적 교리를 갖고 있음에도 불구하고, 초기에는 현세에서의 이익을 신념의 효능의 증거로서 매우 중시하였다. 그러나 1970년대초에 이르러서는, 현세적 이익의 중요성이 감소되었다.

창가 학회가 위계제를 기술하기 위하여 준(準)군사적 용어를 사용하고 전통적인 문화 내용을 강조하며 행진이나 행렬 혹은 대중 집회 등을 좋아했기 때문에, 어떤 이들은 이 종파를 현대성에 대한 반동으로 간주하기도 한다. 그러나 그들에게 보다 동정적인 입장은 창가 학회가 농촌에서 이주해 온 사람들이나 도시의 빈민들에게 공장이나 회사, 혹은 관공서 등의 사회 집단으로부터 얻을 수 있는 것과 같은 공동체 의식과 소속감을 고취시키는 정도를 강조하였다.

　그러나 대부분의 일본인들에게 가족과 가정, 일, 그리고 재산이 생활의 중심이 되었다. 전쟁 전에, 가족들은 주로 전통적인 물품을 추구하였으나, 현대 부부들은 새로운 생산품을 원했다. 3종의 신기(神器)──고대 일본에는 거울, 옥, 칼──가 1950년대말에는 텔레비전, 냉장고, 세탁기가 되었다. 1960년대초에는 3C, 즉 자동차(car), 컬러 텔레비전(color television), 냉방 장치(room cooler)가 새로운 소비재 보물 세트로 정해졌다. 그리고 1960년대말에 이르러서는, 3V, 빌라(villa), 휴가(vacation), 외국 방문(visit to a foreign country)로 변했다. 1970년대초에 이르러, 복지를 위한 색다른 신종 물품들이 차츰 없어짐에 따라 이런 용어들도 소멸되었으나, 보다 풍족한 생활 방식을 향한 지향성은 오히려 더 강해지게 되었다. 언론 매체들은 가정과 재산을 존중하는 개인주의적 태도를 가리켜 '마이홈주의(my-home-ism)', 또는 '마이카주의(my-car-ism)'라 표현하였다. 한 예로, 1969년의 어느 여론 조사는, 1만 4,000 쌍 이상의 부부에게 "당신은 무엇을 위해서 살아야 하는가?"라는 질문을 했다. 근 83 퍼센트에 달하는 여성과 57 퍼센트 이상의 남성이 "가정과 아이들"이라고 응답하였다. 나머지 남자들과 대학 교육을 받은 사람들 가운데 많은 응답자가 자신들의 일에 첫번째 자리를 내주었다. 말하자면, '마이잡주의(my-job-ism)'인데, 이는 표현할 말을 새로 만들어 낼 필요가 없을 정도로 오랫동안 일본인들이 지향해 온 것이었다. 여론 조사들은 회사에 대한 전통적인 충성에서 일에 대한 개인적 만족감의 갈망으로 변화되었음을 보여 주었다. 그러나 회사와의 일체감은 여전히 강하였다.

　교육 역시 전후 사회를 변혁시켰다. 전쟁 전의 교육은 두 갈래로 이뤄졌다. 대중들이 국민 학교와 중학교 교육을 받은 것에 반해, 3 퍼센트에 불과한 소수의 엘리트만이 대학에 들어갔다. 의심할 여지없이, 두 집단 사이의 간격이 전전의 의회 민주주의를 약화시켰다. 1940년대말에 점령 당국이 기본적 개혁들을 실시하였을 때, 일본인들은 스스로 그 필요성을 느끼고 있었기 때문에 개혁을 받아들였으며, 이러한 개혁의 효과는 그 다음 십여 년 동안에 나타났다.

　1947년에 중학교 교육이 의무화되었는데, 이는 이미 잘 진행되고 있던 추세를 가속화시켰을 뿐이기 때문에, 개혁 가운데서는 가장 중요하지 않은 것이었다. 중학생수가 240만에서 430만으로 증가하였으며, 그 뒤부터는 중학생수가 인구 가운데서 이 나이 또래가 점하는 규모를 반영하였다. 그 다음해에 구래의 고등 학교들이 미국식 고등 학교로 대체되었고, 고등 학생수가 38만 명에서 120만 명으로 급속히 성장했으며, 1955년에는 260만으로 1975년에는 430만으로 증가하였다.

대학의 극적인 성장은 점령 개혁으로 시작되었다. 전쟁이 끝날 무렵, 대학생이 모두 8만 4,000 명이었으니, 1936년의 7만 명에 비해 약간의 증가가 있었을 뿐이었다. 그러나 1955년에는 50만으로, 1975년에는 173만 명으로 학생수가 비약적으로 늘어났다(2년제 여자 대학은 이 통계에 포함되지 않는다). 결국, 고등 교육 기관으로 진학하는 학생 총수가 30 퍼센트대에 이르러, 대다수의 유럽 국가들보다도 높았다. 1975년에 이르면, 전쟁 전 엘리트 계층과 대중 사이에 있었던 교육적 간격이 사라졌으며, 일본 인구 가운데서 거의 90 퍼센트(고등 학교와 대학 졸업자)가 스스로 중산 계층으로 자처했다.

그러나 단순한 통계 수치와 행정적 개혁이 설명해 줄 수 있는 것은 일부에 지나지 않는다. 일본의 가족들은 성공의 가치를 확신하고, 교육이야말로 성공할 수 있는 방법이라고 믿었다. 부모들은 자신의 자녀에게 모든 편의를 주기 위해 희생하였으며, 자녀들은 대체로 부모의 뜻에 협조하거나 최소한 부모의 기대를 참고 견디었다. 사설 유치원들은 일하는 어머니들을 위한 탁아소로서, 혹은 조급한 부모들을 위한 조기 교육 과정으로서 크게 인기를 끌었다. 이런 미취학 아동을 위한 학교 가운데 일부는 입학시키기 전에 어린 지원자들 모두에게 시험을 부과하기까지 했다. 중학생과 고등 학생의 부모들은 자기 자녀들을 가르치기 위해 대학생들을 가정 교사로 채용하기도 하고, 혹은 정규 학교 시간(미국 학교보다 더 긴 시간과 더 많은 일수)이 끝난 뒤에 특별 사설 학원에 보내기도 했다. 그 결과의 하나는 상호 비교가 가능한 유일한 시험인 국제 수학 경시에서 일본의 고등 학생들이 서방 국가들의 학생들보다 더 많은 점수를 계속 얻는 것이다.

이처럼 결사적으로 공부하는 목표는 오직 하나, 즉 대학 입학 시험이었다. 이 시험만이——추천서나 과외 활동 혹은 고등 학교 성적이 아닌——대학 입학을 결정하였다. 이 시험에서 실패한 학생은 보통 사설 입시 학원에 들어

붙었다, 붙었다! 나는 시험
에 합격해서 도쿄 대학에 들어
가게 되었다!

가는데, 이곳에서는 시험 과목을 되풀이하여 주입시키고 정규 시험과 같은 모
의 입학 시험을 치르게 했다. 한편 이들 학원들도, 학생들의 성공에 의존해야
되기 때문에, 그들 자신의 입학 시험을 실시한다. 가장 인기 있는 학원의 수업
료는 도쿄 대학 공납금의 몇 배나 되었다. 전망도 불투명한 감옥 속에 갇혀 있
는 이들 입시생들은 흔히 로닌〔浪人 ; 정처 없이 떠도는 무사〕이라 불려졌다.

지적 경향   전전의 근대화 과정에서, 일본은 강력한 국가를 건설하기 위하
여 전통의 많은 부분을 파괴하였다. 그러나 약간의 전통적 관념들은, 실제로
는 파괴되고 있었던 것을 상징적으로 유지하기 위하여, 새로운 민족주의의 핵
심부에 소중히 간직되었다. 일본인들은 천황 사상을 어느 시대에나 절대로 옳
고 어느 곳에서도 진실인 가르침으로 믿고, 현대 세계로 진입하였다. 전후의

일본에서 이루어진 사상적 변화 가운데서 가장 중요한 것은 이러한 천황 국가 사상의 파괴였다.

독특한 민족이요, 문화라는 일본인들의 민족 의식[國民主義, kokuminshugi]은 상실되지 않았다. 일본인들의 우리와 그들을 대비하는 의식은 근대화된 다른 어떤 나라 보다도 더 강하게 남았다. 운동 경기에서 일본인이 이기거나 히말라야 봉우리를 정복하면 전국민이 열광적으로 환호하였다. 일본의 유엔(UN) 가입은 국가적 성취감을 가져다 주었다. 규슈[九州]의 어느 강철 회사는 압연 공장의 내벽에 "양과 질에 있어 세계에 앞장서자"는 벽보를 붙여 두었다. 그러나 국가에 헌신한다[國家主義, kokkashugi]는 의미의 민족주의는 어두운 구름 아래 들어갔다. 일장기가 전후 20여 년 간 거의 게양되지 못했다. 이제 행동들은 국가를 위한다는 것으로 더 이상 정당화될 수 없었다. 법적 제재가 요구된다면, 그것은 국제화를 지향하고 민주주의를 실현하는 새로운 일본을 위해서였다. 또한 군국주의나 전쟁과 관계된 모든 것이 지식인들을 비롯한 대부분의 일본인들에 의해 혐오의 대상이 되었다.

구래의 천황제 국가론이 폐기된 뒤, 많은 사람들이 목적 없는 상태에 빠지게 되었다. 그 반응의 하나가 전전 일본의 독일 철학 전통에 뿌리를 둔 실존주의 철학과 실존주의 문학의 유행이었다. 알베르 카뮈(Albert Camus)의 실존주의 소설 〈이방인(異邦人)〉이 베스트 셀러가 되었다. 많은 지식인들은 이 소설이 마치 일본인 저자가 쓴 것처럼 정확하게 자신들의 난처한 처지와 소외감을 묘사하였다고 생각했다. 재능 있는 작가 다자이 오사무(Dazai Osamu, 太宰治)는 여자와 술, 마약에 탐닉하면서, 무의미한 전쟁과 결정적인 패배의 결과로서 더 한층 기분에 맞게 된 아쿠타가와 류노스케(Akutagawa Ryunoske, 芥川龍之介)의 '부정적 자의식'을 이어나갔다. 다자이가 쓴 〈사양(斜陽)〉의 주인공은 "나 자신인 식물이 이 세상의 공기와 빛 속에서 산다는 것은 고통스러운 일이다. 나로 하여금 더 이상 살아갈 수 있게 할 그 요소가 어느 곳에도 없다."라고 말했다. 다자이는 1948년 정사(情死)로 죽었다.

무목적성과 불확실성에 대한 전후 지식인 사회의 또 다른 반응으로, 마르크스주의가 다시 살아났다. 그것은 특히 대학에서 강력하게 일어났지만, 노동조합과 좌파 정당들에도 영향을 미쳤다. 1930년대에 마르크스주의를 거부한 바 있었던 몇몇 학자들이 일본의 패전 후에 다시 그것을 선택하였다. 많은 학생들에게는 이 체제가 군국주의와는 대립되는 것으로, 근대 일본의 격변을 해석해 줄 수 있는 세계적이고 역사적인 도식을 제공해 줄 것으로 보였다. 일본 대학들의 환경이 마르크스주의의 확산을 용이하게 하였다. 전쟁이 끝난 뒤 수년간, 대학의 교정은 물리적으로 맥이 빠져 있었다. 음식이 나빴다. 대부분의 학생들이 가난했다. 학급의 규모는 컸다. 교수와의 접촉은 최소한의 수준에 머물렀으며, 학습은 보통 기계적으로 외우는 것이었다. 대학에 입학한 학생들은 자기 고향의 공동체 안에서의 그들의 지위가 아무리 높았다 하더라도, 이렇다 할 작정도 없이 방황하는 자신을 발견하는 경우가 흔했으며, 고등 학교를 통해 경험한 바 있는 엄청난 압박이 끝남에 따라 긴장의 이완을 느끼게 되었다.

이러한 환경하에서도, 대부분의 대학생들은 정치에 무관심하거나 온건한 좌파적 입장을 갖고 있었을 뿐이었다. 그러나 소수 학생들은 미 군정에 의해 세워진 학생 자치 조직을 곧 접수한 행동주의적 집단에 가담하였다. 젠가쿠렌 (Zengakuren, 全學聯)이라는 전국 규모 동맹체를 가진 이들 학생들은 저항 모임과 집회, 시위 등을 주기적으로 가졌다. 그들은 정치적 벽보로 대학 운동장을 가득 채웠다. 또한 전국의 정치적 상황으로 인해 광범한 지지자들을 동원할 수 있게 되자, 그들은 대학 바깥에서도 시위를 벌였다. 이러한 시위는 1950년대초에 최고조에 달하였고 1960년에 다시 고조되었다.

1960년 이후, 학생 운동이 여러 분파로 분열되어 주류는 일본 공산당에 종속되었다. 학생 집단은 탄압을 불러들일 것이 뻔한 폭력은 삼가하는 대신 조직화된 힘을 구축한다는 공산당의 정책을 따랐다. 이 집단은 마르크스주의 학생 집단 안에서는 거의 보수적인 것으로 보였다. 주류의 왼편에는 1960년대말에 폭력화한 여러 종류의 극단주의자 집단과 반(反)공산당 집단들이 있어, 대학 건물들을 점거하고 공항에서 시위를 벌이거나 지하철에서 화염병을 던지고 경찰과 충돌하였다. 이러한 집단들은 정부에 대한 정치적 비판에 있어서는 마르크스주의자였으나, 무정부주의자요 실존주의자이기도 했다. 그들은 현상에 대한 공개적 반대를 통해 자기 실현을 성취하려 하였다. 그들은 교수들을 죽은 지식의 조달자라고 비웃었고, 빈틈 없이 질서화된 일본 사회 안에서의 그들 자신의 삶을 볼펜에 비유하였다. 그들은 언제라도 투명한 원통 속을 빤히 들여다 보면서 얼마나 많은 잉크가 남아 있는가를 말할 수 있다.

음울했던 전쟁 직후의 시기가 지나감에 따라, 일본은 보다 통상적인 생활 양식과 사상의 패턴으로 되돌아갔다. 강렬하고 다양한 지적 생활에 따라서 일본은 풍부한 다양성에 의해 두드러진 문학을 가지고 세계에서 주도적인 출판국의 하나가 되었다. 일본인들은 또한 일인당 신문 구독에 있어서도 세계의 어떤 다른 국민들보다 앞서 있다(한 단위의 구독료로써 조간과 석간 신문을 모두 볼 수 있다). 프롤레타리아 문학이 부활하여 문학 활동의 한 작은 조류로서 계속 유지되었다. 군대 생활의 잔악함과 히로시마(Hiroshima, 廣島)의 공포를 그린 반전(反戰) 문학이 일어나 또 다른 조류를 형성하였다. 대중 문학은 사무라이〔武士〕 이야기와 슬프게 혹은 행복하게 끝나는 현대 이야기들을 담았다. 추리 소설이라 불린 공상 과학과 탐정 소설들이 광범하게 읽혀지게 되었다. 젊은 작가들은 일반적으로 좌익에 호의적이었으나, 현대 러시아와 중국의 소설을 모델로서 취할 정도로 맹목적으로 동정적이었던 것은 아니다. 작품의 형식과 내용에 있어, 그들은 유럽적인 것과 전통적인 것의 전전의 혼합주의에 직접 의존하였다. 심각한 소설들은 여전히 가족과 성(性), 고독, 죽음, 의사 소통의 불능, 정신 이상, 심미적 인생관, 그리고 소설가 자신들의 방탕한 생활 등 전쟁 전에도 추구하였던 주제들을 계속 탐색하였다.

전후의 시기에는 예술에 있어 위대한 창조성이 두드러지게 나타났다. 전쟁 기간 중에 금지되었던 다니자키 준이치로(Tanizaki Junichirō, 谷崎潤一郎)의 마키오카〔蒔岡〕가의 네 자매를 그린 〈세설(細雪)〉이 1948년에 출판되었다. 가와바타 야스나리(Kawabata Yasunari, 川端康成)가 〈산의 소리(山の音)〉와 〈1천 마리의 두루미(千羽鶴)〉를 써서, 1968년에 노벨 문학상을 받았다. 그는 1972년에 자살했다. 마찬가지로 미시마 유키오(Mishima Yukio, 三島由紀夫)와 오에 겐자부로(Ōe Kenzaburō, 大江健三郎)와 같이 재능 있는 젊은 작가들도 출현했다. 단게 겐조(Tange Kenzō, 丹下健三)와 같은 건축가와 나가레 마사유키(Nagare Masayuki, 流政之)와 노구치 이사무(Noguchi Isamu, 野口)와 같은 조각가들은 세계적인 명성을 얻었다. 구로사와 아키라(Kurosawa Akira, 黑澤明)와 오주 야수지로(Ozu Yasujirō, 小津安二郎), 나루세 미키오(Naruse Mikio, 成瀨巳喜男) 등의 영화는 전 세계의 극장에서 상영되었다. 회화 부문에서는, 오카다 겐조(Okada Kenzō, 岡田謙三)와 같은 근대주의자들의 작품들과 함께, 무나카타 시코(Munakata Shikō, 棟方志功)의 감각적인 목판 불화(佛畫)들과 한자(漢字)를 추상 예술 형태로 바꾼 근대 서예가들의 수묵화(水墨畵)들이 있었다.

1960년대에 들어와서, 일본의 지적 생활 가운데서 두 가지 새로운 경향이 나타나기 시작했다. 그 하나는 일본 마르크스주의의 완화 현상이었다. 스탈린 죄상의 폭로와 이어진 중소(中蘇) 분쟁으로 인해 좌파 운동에 분열이 일어났다. 1964년에 마르크스주의와 결별한 어느 작가는 이러한 폭로들이 1936년의 러시아 숙청 재판이 유럽의 지식인들에게 준 것과 같은 영향을 일본 지식인 사회에도 끼쳤다고 말했다. 마르크스주의 성향을 띠고 있던 몇몇 잡지들이 다른 유형의 글도 받아들이기 시작했다. 대학의 마르크스주의 학자들은 보다 절충적인 입장이 되었다. 일본의 마르크스주의는 서유럽의 이탈리아나 프랑스의 그것과 똑같은 방식으로 유력한 지적 경향의 하나로 남았다. 일본의 사업가들조차도 흔히 마르크스주의에서 유래한 개념들을 무의식적으로 사용하기도 했다. 그러나 총체적 사상 체계로서의 마르크스주의는 서서히 그 기반을 상실하기 시작하고, 그 통찰력만이 새로 출현한 다른 사상들 안에 내포되었다.

1960년대 중반의 두번째 경향은 국가적 자신감의 회복이었다. 일본인들은 자신들의 경제 성장이 얼마나 성공적이었는가를 깨닫게 되었고 그것을 자랑스럽게 생각하였다. 또한 그들은 1964년 도쿄 올림픽과 1970년 오사카 박람회의 개최에 대해 해외로부터 받은 갈채에 만족하였다. 공상 과학 소설과 비슷한 우주 기술이 전통적 주제에 대한 손쉬운 승리자가 된 후에는, 여론 조사에서 한결같이 나타나는 기술의 미래에 대한 낙관적 견해를 반영하였다. 또한 1960년대말부터, 제 2 차 세계 대전 중 일본군의 영웅적 행위를 다룬 서적과 영화들이 나타나기 시작했다.

그러나 다른 근대 국가들의 그것처럼, 이 새로운 민족주의는 널리 확산되었다. 천황제 이데올로기의 주요한 부분은 부활되지 않았으며, (많은 전전의 사상에서는 이기주의로 보인) 개인주의가 학생들과 젊은 일본인들 사이에서 계속 의식적인 목표가 되었다. 학생들은 자기 표현을 가능하게 할 일을 원했다. 조상 전래의 낡은 가족 관념은 계속 쇠퇴하였으며, 아무도 국가를 더 이상 가족의 집합체로 보지 않았다. 또한 일본의 신토[神道]적 과거가 더욱더 무의미한 것이 됨에 따라 천황에 대한 신화도 계속 약화되었다. 천황은 인기 있는 인물이었으나, 원래의 위엄은 상실하였다. 1970년에 실시한 한 여론 조사에서, 81 퍼센트가 천황을 상징으로 존속시키기를 희망하였고, 9 퍼센트(이들 가운데 26 퍼센트는 16 세에서 20 세였다)는 천황이 없는 것이 일본에 더 좋다고 생각하였으며, 8 퍼센트(이들 중 18 퍼센트가 60 세 이상)만이 천황의 권위가 높아지기를 원하였다.

되돌아보면, 1945년 이후 일본에서 이루어진 문화적 변화 가운데서 가장 중요한 것은 서구의 새로운 영향에 대한 개방성과 수용성, 그리고 일본 자신의 근대적 전통이 갖고 있던 보편주의적 경향이 강력하게 다시 대두하였다는 점이었다. 1937년의 중일 전쟁 발발 이래로 서구의 새로운 지적 영향으로부터 차단된 이후, 일본은 잃은 시간을 빠르게 벌충하였다. 특히 영향력이 컸던 것은 미국으로부터 온 새로운 지적 조류였다. 미국의 교과서들이 의학, 법률, 과학, 기술 등의 분야에서 광범하게 사용되었으며, 경제학 교수들은 기업 경영에 관한 책들을 번역하였다. 미국의 인류학과 심리학 및 사회학은 마르크스와 웨버(Weber) 및 영국의 사회 과학에 섞여 들어갔다. 아마도 예술과 문학 부문에서만 유럽의 영향력이 계속 우세하였을 것이나, 이 분야에서도 일본은 영국과 미국의 영향에 대하여 문을 열었다. 이들 다수의 영향들은 이론적으로 일관된 것은 아니었다. 그러나 전체적으로 보아, 그것들은 전전에 정통 교설의 주변에 위치하고 있었던 자유주의적 관념들과 결합하여, 일본인들의 지적 생활을 특징지어 주는 민주주의적 다원론을 강화시켰다.

의회 민주주의에 가장 헌신적이었던 일본의 몇몇 사상가들은 일본 역사에 뿌리를 둔 사상적으로 일관되고 민주적인 합의가 결여되어 있음을 예민하게 감지하였다. 그들은 서구의 국가들이 르네상스와 종교 개혁, 계몽 운동 등을 직접 경험하면서 그들 자신의 민주적 제도들을 만들어 낼 수 있었던 데 반해, 일본의 자유주의는 그 기초가 허약하다는 사실을 슬퍼하였다. 그들은 전후의 변화가 세기의 전환기에 나쓰메 소세키(Natsume Sōseki, 夏目漱石)에 의해 지적된 것들보다도 한층 더 '피상적인 계몽'이었다고 주장하였다. 어떤 비평가들은 일본 문화의 의미가 위기에 처했음을 상징하는 것으로 1970년에 있었던 우익 소설가 미시마 유키오의 극적인 자살을 지적하였다. 미시마의 마지막 작품 제목은 〈풍요의 바다(豊饒の海)〉였다. 이 제목은 달의 '바다'에서 따온 것으로, 현대의 일본 문화가 그 고유한 전통으로부터 단절되어 독창성을 결하고 있는 것으로 보는 미시마의 견해를 시사하였다. 그러나 다른 일본인들은 일본 전통의 중요한 요소들이 아직도 살아 있다고 주장했다. 그들은 그 증거로서

예술과 제도들이 근대적이기는 하지만 근대 서구의 그것과는 다르다는 점을 지적하였다. 어떤 이들은 일본의 전통이 서구 전통의 요소들과 성공적으로 융합되었으며, 서구를 형성한 가치와 경험들이 근대 일본 문화에도 내재해 있기 때문에 이러한 요소들이 사회에서 서서히 전개 될 것이라고 주장하였다.

정 치 1951년에 분열되었던 좌우익의 사회주의자들이 단일 정당을 형성하기 위해 합쳐지자 1955년 10월에 새로운 정치적 국면이 시작되었다. 야당의 통합에 직면하여, 두 개의 보수 정당들은 더 이상 분리된 상태로 남아 있을 여유가 없게 되어, 1 개월 뒤에 자유 민주당을 창당하였다. 언론인들은 비록 보수 정당이 의회 의석의 우세를 계속 점하기는 했지만 이러한 통합을 일본에서의 양당 제도의 출발로 보도하였다. 양측에게는, 이러한 정리가 현명한 것이었다. 일본 사회당은 일반 투표에서 29 퍼센트를 얻어, 보다 효과적인 반대를 제기할 수 있게 되었다. 자유당과 민주당은 그들이 채택한 정책에 있어 거의 구별되지 않았다. 각자가 단독으로 집권하기에는 너무 작았지만(1955년 2월의 선거에서 그들은 각각 26.6 퍼센트와 36.6 퍼센트의 표를 얻었다) 양자가 합하면 의석의 과반수를 쉽게 만들 수 있었다. 자유 민주당은 1955년부터 1976년까지 계속 집권했다.

세계의 많은 나라에서는, 일당 통치가 독재의 상징이다. 그러나 일본의 경우는 예외다. 내각은 의회에서 가장 큰 정당의 위원회였다. 의원을 선출하는 선거는 공개적이고 공정하였으며 불법적인 경우는 거의 없었다. 좌파의 공산당에서부터 우파의 가장자리에 위치한 소수 집단에 이르기까지 모든 정당들이 합법적이었다. 선거 운동은 활기차고 떠들썩하고 폭력에 의해 훼손되지는 않았다. 모든 종류의 신문들이 발행 부수를 경쟁하였으며, 헌법에 의해 보장된 인권은 법률에 의해 확인되었다. 자유 민주당이 정권을 잡게 된 것은 일본 인민 대다수의 의지가 자유롭게 표현된 것이었다.

일당 지배가 일본에서 몇 가지 결점을 갖고 있었던 것도 사실이다. 다른 민주주의 국가들에서 그러하였듯이, 선거 운동은 어떤 반대 급부를 기대하면서 제공하는 사적인 자금에 의존하였다. 집권 정당의 교대가 없었기 때문에, 경제 단체 연합회가 산하의 기업들로부터 자금을 거두어 자유 민주당의 여러 파벌들에게 분배해 주는 영구적 자금 확보 방법이 개발되었다. 영구적 정책 형

512

성 방안도 정당들과 관료 조직 사이에서 개발되어, 몇몇 정치 학자들은 누가 실권을 장악하고 있는 기수이고 누가 말인지를 물었다. 비록 일본 국민의 복지 향상을 통해 계속 집권할 수 있는 표를 확보하였다고 하더라도, 기업과 관료, 그리고 유일 집권 정당에 의해 짜여진 권력 구조는 점령 개혁이 일본을 민주화하려 하였을 때 마음속에 품고 있었던 본래의 의도와는 다른 것이었다. 또 다른 결점은 통치의 책임으로부터 계속 분리되어 있었던 야당들이 책임을 지지 않게 되고 인재를 확보하는 일이 어렵게 되는 경향을 보인다는 점이다. 그러나 일당 지배가 일본에 약간의 이점을 가져다 준 것도 있었으니, 그중 가장 큰 것이 정책의 지속성이었다. 이것은 대외 관계에 있어 중요한 의미를 갖고 있었으며, 특히 요시다〔吉田〕 독트린이 실제로 의미하는 바를 가리키는 산업 정책에 더욱 큰 의미를 갖고 있었다. 기업들은 정부에 기대할 수 있는 것을 정확하게 알 수 있었기 때문에 긴 안목으로 계획을 세울 수 있었다.

1955년 이후 20년간에 일본 의회에서 일어난 또 다른 근본적 변화는 대결에서 협의와 합의로의 전환이었다. 처음 5년 동안에는 의회 민주주의가 잘되어 가지 않았다. 두 정당 모두 전전이나 전시에 활동했던 정치가들에 의해 지도되었다. 마르크스주의자들과 온건 개혁론자를 포함한 사회당 지도자들은 자신들의 정치적 신념으로 인해 박해를 받았고 때로는 투옥되기도 했다. 자유 민주당은 박해를 주도했던 사람들에 의해 지도되었다. 마지막 요시다 내각이 1954년 12월 종말을 고하였다. 그를 대신하여 수상이 된 하토야마 이치로 (Hatoyama Ichirō, 鳩山一郞 ; 1954~1956)는 1930년대초에 문부성 장관이 되어 교토 대학의 교수진에서 자유주의자들을 축출하였던 인물이다. 또 한 명의 주요 수상이었던 기시 노부스케(Kishi Nobusuke, 岸信介 ; 1957~1960)는 미국과의 전쟁을 선포한 도조〔東條〕 내각의 일원이었다. 두 정당은 의회 안에서 서로 대결하였다. 사회 당원들은 자유 민주당의 의안을 패퇴시킬 수 있을 만한 의석을 갖고 있지 않았기 때문에, 표결 과정을 물리적으로 봉쇄하였다. 의회의 의원석에서 싸움이 일어나고 경찰이 왕왕 의회 안으로 불려졌다. 자유 민주당은 사회당의 계획된 의사 방해에 대응하기 위하여, 통상적인 의회 토의를 거치지 않은 채 불시에 표결을 요구하는 날치기 투표 방법을 사용하였다. 사회당은 이러한 전술을 다수의 횡포라고 비난하였다.

정책 논쟁이 의회 정치의 소동과 격랑에 기여하였다. 하토야마와 기시는 미군정에 의해 축출된 바 있었다. 하토야마는 반(反)요시다 강령 선언으로 정권을 장악했다. 하토야마와 기시는 점령 개혁을 과거의 상태로 되돌려 놓으려 시도했다. 경찰은 1954년에 다시 중앙 집중화되었다. 나아가 그들은 폭동과 국내 안보 문제에 대처할 수 있도록 경찰의 권력을 확대시켰다. 1956년에 그들은 (원래는 선출되었던) 교육 위원을 임명할 수 있는 권한을 문부성 장관에게 부여한 다음, 학교 교과서를 통제할 장관의 권한을 강화시켰다. 이러한 조치가 천황 문제와 1930년대의 중국 침공 문제에 대한 역사 교과서의 기술을 둘러싼 논쟁을 계속해서 불러일으켰다. 그들은 자치청——전전 내무성이 약화되어 잔존한 기관——에 지방 정부를 감독할 수 있는 권한을 더 많이 부여하였으며, 1960년에는 그것을 내각의 한 부처로 만들었다. 또한 그들은 1퍼센트 한도 안에서 일본의 군대를 계속 강화시켰다. 헌법 제9조에 분명한 금지 조항이 있음에도 불구하고, 정부는 자위대가 전쟁 잠재력을 조성하지 않는다고 주장했다. 보수적인 대법원은 정부의 위헌을 판결하려 하지 않았다. 마침내, 보수주의자들은 헌법 개정을 희망하였다. 그들은 천황이 오직 상징일 뿐이라는 사실과 일본이 군대를 유지할 수 있는 주권을 포기하였다는 사실을 불만스럽게 여겼다. 그들은 개헌을 권고할 위원들을 지명하였지만, 개헌에 필요한 의회의 3분의 2 의석을 갖지 못하였기 때문에 이 일은 수포로 돌아가고 말았다.

되돌아보면, 하토야마와 기시 내각이 실제로 이룩한 것은 그들이 내건 구호만큼 나쁜 것은 아니었다. 이들 내각들이 성취한 것은 거대한 개혁에 대한 아주 조그마한 수정이었다. 그러나 역사적 맥락에서 본다면, 사회당이 하토야마와 기시를 도깨비로 보고 그들의 법률 제정을 강압적인 전전 체제로 되돌아가는 첫걸음으로 보았다는 것이 놀라운 일은 아니었다. 만약 사회당의 결사적인 반대가 없었다면, 개정은 좀더 크게 이루어졌을 것이다.

대결의 정치는 미국과의 안보 조약의 개정을 둘러싸고 1960년 봄과 여름에 절정에 다다랐다. 제안된 변화는 일본에 한결같이 유리한 것이었다. 새 조약은 대규모의 국내 폭동을 진압하기 위하여 정부에 미군 사용의 권한을 허락한 조항을 불필요하다고 빼 버렸으며, 원래의 조약에서는 없었던 조항으로서, 미국이 아시아의 다른 지역에서 활동하기 위해 일본내의 군사 기지를 사용하기 전 일본과의 사전 협의를 규정하였다. 그러나 사회당은 조약 전체를 폐기할

514

것을 원하였다. 그들은 어떠한 조약도 미국이 아시아에서 수행하는 전쟁에 일본을 끌어넣게 될 것이라고 주장했다. 앞선 5년간의 긴장이 이 논쟁을 둘러싸고 폭발하기에 이르렀으며, 미·소 간의 나쁜 감정과 일본 신문들의 개정 비판 및 기시 수상의 인기 없음(대중들은 그를 편협한 관료로, 시사 풍자 만화가들은 원숭이로, 사회주의자들은 전범 기시로 보았다) 등으로 인해, 그리고 자민당이 통상적인 민주적 토의 없이 밤에 특별리에 개회된 의회에서 조약을 비준하였기 때문에, 한층 더 악화되었다.

조약 비준을 반대하는 대중 시위가 일본의 주요 도시들에서 발생했다. 도쿄에서는, 10만 명 이상의 시민이 거리로 뛰쳐나왔다. 이전에는 한번도 시위에 참여해 본 적이 없었던 시위 군중 가운데는 노동 조합원과 가정 주부, 교수, 굉장히 많은 수의 학생 및 문화·직업·여성 단체의 회원들이 포함되어 있었다. 도쿄의 대로를 통한 시위 행진은 대체로 평화적이었고, 약간의 과격한 학생들이 경찰과 충돌하였다. 보수주의자들은 시위를 일종의 대중 히스테리로 보았지만, 사회당은 일본 정치의 새로운 시대를 여는 혁명적 자각의 시작으로 환영하였다.

일단 조약이 승인되자, 기시가 사임하고 시위가 그쳤으며, 양당이 당분간 보다 온건한 입장을 취하는 좀더 평화스러운 시기가 시작되었다. 양당은 새로운 세대의 지도자들 —— 선임자들보다 과거의 싸움에 관심이 적고 서로에게 덜 적대적인 사람들 —— 이 대두하는 것을 목격하였다. 자유 민주당 안에서는, 요시다에 의해 발탁되어 자기 파벌의 구성원으로 간주된 보다 젊은 정치가들이 지도적 위치에 나서서, 경제 문제를 제 1 위로 강조하였다. 앞서 대장성 장관을 지낸 바 있는 이케다 하야토(Ikeda Hayato, 池田勇人 ; 1899~1965)는 1960년에 수상이 되어, 10년 안에 일본인들의 수입을 배로 증가시키려는 정책을 발표하였다. 사실 이 목표는 7년도 채 안 되어 달성되었다. 그의 선임자들의 오만한 태도와는 달리, 이케다는 야당에 대하여 저자세를 취하였다. 그는 정부의 법안을 의회에 제출하기 전에 야당의 지도자들과 협의하였으며, 그들의 충고에 유의하여 적어도 형식적으로나마 일부 수정하는 자세를 보여 주었다.

이케다 이후, 1960년대말에 대결이 재연되었다. 사회당이 그 좌익의 손안에 장악되고, 고자세의 사토 에이사쿠(Satō Eisaku, 佐藤榮作 ; 1964년부터 1972년까지

미일 안보 조약과 기시 수상, 미국 첩보기의 소련 영공 비행 및 아이젠하워(Eisenhower) 대통령의 일본 방문 제의 등에 반대하여 1960년에 일어난 학생 시위.

수상)가 자민당의 총재가 되었다. 그러나 사토 이후, 의견 일치를 향한 경향이 이전보다 더 강하게 다시 나타났다. 자민당은 내각의 법안을 제출하기 전에 상례적으로 야당과 협의하였고, 다른 정당들을 달래기 위해 때때로 법안에 형식적인 수정을 가하기도 했다. 1970년대말까지, 내각이 제출하여 어떤 정당도 반대를 제기하지 않은 법안의 수가 43 퍼센트에서 68 퍼센트로 증가하였다. 그리하여 1950년대의 분위기와는 대조적으로, 의회에서 새로운 상호 신뢰가 정당들 사이에서 나타났다. 야당은 이제 더 이상 자민당을 전전 시대의 가치와 정치를 복구하려는 우익 전통주의자들로 보지 않았으며, 자민당은 야당을 사회 질서를 파괴하고 일본 경제를 방해하려는 급진적 몽상가들로 보지 않게 되었다. 정당들 사이에 중요한 차이는 여전히 남아 있었지만, 이러한 차이들이 의회 민주제적 정부의 운용 그 자체에 더 이상 위협을 가하지는 않았다.

두 가지 다른 중요한 경향이 이 20년 동안에 나타났다. 그 하나는 자민당을

516

지지하는 대중의 표가 감소되었다는 것이고, 또 다른 하나는 야당이 소수의 정당들로 분열되어 자민당과 경쟁할 뿐만 아니라 야당 상호간에 경쟁하게 되었다는 것이다. 자민당 표의 감소는 기존 체제에 반대하는 정당들에 대한 지지가 증대되었음을 반영하였다. 그러나 앞서 통합되었던 야당의 분열은 자민당을 강화시켜 주었다. 한 경향이 다른 경향의 효과를 상쇄하여, 자민당이 전체 표수의 반도 얻지 못했음에도 불구하고 의석의 반 이상을 유지할 수 있게 해 주었다.

자유 민주당의 득표수는 1955년 선거에서 63 퍼센트였으나 1967년에는 50 퍼센트 이하로 떨어졌고, 1976년에는 42 퍼센트로 감소되었다. 매년 1 퍼센트 정도의 비율로 진행된 득표수의 감소는 사회학적 침식 현상으로 이해될 수도 있다. 다시 말해서, 보수적 정부가 거둔 경제적 변화의 성공 그 자체가 보수 정당에 투표한 인구 부분을 감소시키고, 야당에 투표한 인구 부분을 증가시키는 효과를 가져왔다. 1972년의 선거는 농민과 어민의 70 퍼센트 이상과 자영업자와 가게 주인의 대다수가 자유 민주당에 투표했음을 보여 주었다. 그러나 이들 집단들이 전체 인구에서 점하는 부분은 점점 작아졌다. 이에 반해, 급속히 그 수가 확장된 사무 노동자와 생산 노동자 및 판매와 서비스업에 종사하는 사람들 중 4분의 1 이하만이 보수주의자들에게 표를 던졌다. 1950년대초와 1970년대초 사이에, 노동 조합들은 회원을 배가시켰고 거의 12 퍼센트의 표를 사회주의 정당들이나 다른 야당에게로 보냈다.

야당의 분열은 1960년에 시작되었으니, 이때 민주 사회당이 안보 조약 논쟁을 계기로 일본 사회당으로부터 갈라져 나왔다. 사회당원들은 부분적으로는 마르크스주의적이었고, 부분적으로 그리스도 교적 혹은 온건주의의 전전 전통의 계승자였다. 사회주의의 좌익은 실제로는 그렇지 않다 하더라도 이론상으로는 혁명적이었다. 그들은 흔히 중국과 소련을 평화의 진영이라고 일컫고, 계급 정당에 대해 이야기하였으며, 일본의 최대의 적이 미국의 제국주의인지 일본의 독점 자본주의인지에 대하여 논의하였다. 이에 반해, 우익의 사회당원들은 개혁주의자요, 의회 민주주의 정부의 지지자였다. 영국의 노동당과 같이, 그들은 평등주의와 복지 계획의 이름으로 보수주의자들을 비판하였다. 사회당원들의 좌우익은 두 개의 거대한 노동 조합 연합에 의해 서로 필적되었다. 왼편에는 규모가 가장 크고 가장 강력한 연맹체인 소효(Sōhyō, 總評)가 있

어 공장 노동자뿐만 아니라 정부 고용인과 봉급 생활자들을 대표하였다. '소
효'의 오른편에는, 노동 조합주의에 실용적으로 접근하는 젠로(Zenrō, 全勞;
Dōmei(同盟)의 전신)와 다른 소규모 연합이 있었다.

몇몇 연합으로부터 지원을 받은 사회당 후보들은 선거에서 선전하였으나,
노동 조합의 지원을 받지 못한 이들은 초라한 결과를 얻었다. 사회당원들이
선거 운동 자금을 노조에 너무나 많이 의존하였기 때문에, 그들은 한 압력 단
체 정당이라고 불려졌다. 1960년의 분열은 정책 논쟁과 개인적 파벌에 모두 기
인하였지만, 대체로 보다 규모가 작은 '젠로'로부터 지원을 받은 온건론자들
은 민주 사회당을 만들었고, 보다 규모가 큰 '소효'의 지원을 받은 온건파와
좌파는 일본 사회당에 잔류하였다.

그 뒤 몇년 동안, 민주 사회당은 안정되었으나 작은 규모의 군소 정당으로
남게 되었다. 총투표수와 의석의 6 퍼센트 정도를 획득한 1976년에 이르러, 민
주 사회당은 복지 정책을 좀더 강력하게 실시할 것을 주장하는 중도파 정당이
되었다. 보다 다양한 변화의 역사를 가진 일본 사회당은 당내 좌파와 우파 사
이의 끊임없는 투쟁이 두드러지게 나타났다. 1960년대초에, 일본 사회당은 구
조적 개혁이라는 온건한 계획을 주장하였다. 이탈리아 공산당으로부터 빌어
온 이 개념은 일본의 부전(不戰) 헌법과 영국의 민주주의, 소련의 복지 제도
및 미국의 생활 수준 등을 결합한 사회주의의 미래를 목표로 한 것이었다.

그러나 1960년대 중반에는, 좌파가 통제력을 장악하여 보다 급진적인 노선
을 밀어붙였다. 어떤 사람들의 눈에는, 중국에서 일어난 문화 대혁명을 찬양
하는 일본 사회당이 오히려 일본 공산당보다도 약간 더 왼편에 서 있는 듯이
보였다. 이러한 입장이 이 당으로 하여금 표를 잃게 했다. 1963년 선거에서는
사회당 지지가 총투표수의 29 퍼센트였으나, 1965년에 28 퍼센트로, 1969년에
는 21 퍼센트로 떨어졌다. 그러나 일본이 더욱 번영하게 되자, 사회당의 좌파
조차도 점점 더 온건하게 되었으며, 일본 사회당은 1976년에 총투표수의 21 퍼
센트와 123 개 의석(24 퍼센트)을 얻어 제 1 야당으로 계속 남게 되었다.

일본 공산당은 제 2 차 세계 대전 이후 합법적 정당으로 출현하였다. 1949년
에 공산당 대표들이 의회의 35개 의석을 차지하였다. 1950년에 한국 전쟁이 발
발한 뒤, 일본 공산당은 사랑스러운 공산당이라는 표어를 없애 버리고 격렬한
시위를 선호하게 되었다. 그 결과 공산당은 1960년대말까지 선거 정치의 무대

518

에서 거의 사라지게 되었다. 1963년에 일본 공산당은 핵무기 실험 금지 조약 문제를 둘러싸고 소련과 사이가 나빠졌으며, 이때부터 1966년까지 중국으로 기울어졌다. 일본 공산당은 제 2 차 세계 대전이 끝날 무렵에 소련이 점령한 홋카이도(Hokkaido, 北海道) 북쪽의 4 개 섬을 일본에 반환할 것을 주장함으로써 소련에 대하여 좀더 분명한 태도를 취하였다. 전체적으로 보아, 일본 공산당은 애국적인 입장과 마르크스주의적 입장을 함께 나타내려 했으니, 예를 들면 일본 공산당의 운동 벽보에는 때때로 후지산을 배경으로 한 후보자의 모습을 보여 주기도 했다. 1976년의 선거에서, 일본 공산당의 후보들은 10 퍼센트의 득표수와 17개의 의석을 얻었다.

또 다른 야당인 공명당(公明黨, Kōmeitō)이 1964년에 출현했다. 이 정당은 종교적 용어로써 정의되는 것을 거부하였지만, 본질적으로 창가 학회(創價學會)의 정치적 날개였다. 공명당은 '깨끗한 정당'으로 번역되었다. 이 정당이 여론에 호소한 것은 부패와 인플레이션의 종식, 생활 환경의 개선, 국제 평화를 위한 노력 등과 같이 도덕적인 것이었다. 모체인 창가 학회의 많은 회원들이 도시 빈민층에서 나왔기 때문에, 이 정당은 일본 공산당과 득표를 다투었다. 공명당은 지방 선거와 참의원 선거에 나섬으로써 경쟁을 시작했으나, 1976년에 보다 강력한 중의원 선거에 후보를 내기 시작했다. 1976년에 이르러, 공명당은 총투표수의 11 퍼센트와 55 개 중의원 의석을 얻어, 장래에 어떤 연립 정부가 세워지면 참여할 수 있는 정당으로 간주되었다.

야당표가 이들 몇몇 정당들 사이에 분산되어, 자유 민주당은 계속 집권할 수 있었다. 선거구의 개정이 인구의 손실을 따라잡지 못하는 일부의 보수적 성향의 농촌 지역에서 많은 대표가 선출되는 것은 자민당을 돕는 요소의 하나였다. 그러나 1970년대초에 이르러, 자민당은 어려움을 겪었다. 의회에서 보수 진영의 의석수가 축소됨에 따라, 자민당은 의회의 몇몇 상임 위원회에 대한 통제력을 상실하였다. 1975년과 1976년의 사건 전개가 자민당에 곤경을 더하였다. 1975년에, 5 명의 소장 의원들은 원로 정치가들이 자민당을 계속 지배하는 데 저항하여 자민당과 결별하고 새로운 정당인 신자유 클럽을 결성하였으며, 이 소규모 집단이 1976년의 선거에서 17 개의 의석을 획득하였다. 다른 어떤 시기였다면 이러한 탈당이 문제가 되지 않았을 테지만(또한 그렇기 때문에 그런 일이 일어나지 않았다), 1976년의 선거에서 자유 민주당은 의석의 과

반수에서 7개가 모자라는 결과를 얻었다. 자민당은 신자유 클럽의 회원들을 내각에 포함시키지 않고서 간신히 정권을 유지할 수 있었으며, 단지 선거 후에 단독 조각에 필요한 수의 무소속이 자민당에 참여하였기 때문에 성공하였다. 그러나 누구나 동의하는 바와 같이, 자민당의 권력 독점은 끝나 가고 있었다. 정치학자들은 동등한 시대의 도래를 공언하였으며, 신문과 잡지들은 다음에는 무엇이 오게 될 것인지에 대하여 추측하였다. 자유 민주당은 온건한 야당과의 연립 체제로 들어가지 않을 수 없을 것인가? 그렇지 않으면 새로운 정당을 만들기 위하여 온건한 파벌이 자민당에서 떨어져 나와 온건한 야당과 통합할 것인가? 또한 이러한 변화들이 30년 동안이나 일본이 추구했던 정책들에 어떠한 영향을 미칠 것인가?

국제 관계　세계의 다른 대부분의 나라들과 마찬가지로, 일본에 있어 1950년대부터 70년대까지의 대외 관계는 미국과 소련 사이에 아치 모양으로 걸쳐진 핵균형 안에서 발전되었다. 유럽에서 영국과 프랑스가 그러했던 것처럼, 중국은 1964년에 핵보유국이 되어 매우 사소한 정도로 핵균형에 가담했다.

이 시기와 그 이후에 일본이 견지한 대외 정책의 중심 원칙은 미국과의 밀접한 결속을 유지하는 것이었다. 미국은 일본이 국제 연합(UN)이나 국제 통화 기금(IMF), 세계 은행(WB) 등과 같은 국제적 정치·경제 조직에 다시 가입하는 것을 후원하였다. 미국은 단연 일본의 가장 큰 단일 시장이었으며, 일본 기술의 대부분의 원천이었다. 또한 미국과의 안보 조약은 일본의 방어를 제공하였다.

물론 일본 자체의 자위대도 이 20년 동안에 성장하였으며, 1970년까지 자위대의 병력은 25만을 헤아리고 1,000여 대의 제트기를 보유하게 되었다. 비판자들은 자위대가 세계에서 가장 급속히 성장한 군대라는 점을 지적하였다. 이에 대해 옹호자들은 자위대의 비용이 GNP의 1 퍼센트에도 미치지 못하기 때문에 상대적으로 세계에서 가장 작은 군대라고 응수했다. 1970년대초에 이르러, 자체 방어의 타당성과 미국의 신뢰성에 관한 의문이 일본에서 일어났다. 몇몇 의원들이, 몇 년 전이었으면 의석을 잃게 할지도 모를 금기를 깨뜨리면서, 핵무기에 대해 공개적으로 논의하였다. 그러나 1970년의 방위 백서(白書 ; 정부 정책에 대한 공식적 성명)는 국방에 관해서 일관된 정부 정책을 되풀이하였다. 즉,

일본은 경제적으로는 강대국이지만, 군사적으로는 강대국이 되지 않을 것이다. 차라리 사회 복지와 세계 평화를 목표로 하는 새로운 종류의 국가가 될 것이라는 것이었다.

일본의 재래식 군대의 성장에도 불구하고, 1978년까지는 자위대와 미국 군대 간의 조정이 거의 없었다. 그러나 월남에서 미국이 패퇴함에 따라, 일본은 아시아에서 미국의 전면적 철수가 이루어질 것을 걱정하게 되었고, 그로 인해 일본은 병참과 전술 계획 및 군사 정보에 대한 양국 군대의 활동을 보다 적극적으로 조정하기 시작하였다. 그러나 일본은 계속 철저하게 일본 바깥에서 자국 군대를 사용하는 것을 고려하지 않았다. 일본의 경제 발전과 미국에의 안보 의존을 강조한 요시다(Yoshida) 독트린이 여전히 최고의 지표로 남아 있었다.

일본과 미국의 매우 긴밀한 결속이 몇 가지 문제들을 낳았다. 일본의 보수주의자들은 자기네 사회에서 점증하는 개방성과 자유를 미국화라고 비판하였다. 일본에 있는 미군 기지가 빈번한 자극의 원천이 되었으며, 비행장의 확장은 거의 필연적으로 정치적 시위를 불러일으켰다. 일본에서 제기된 또 다른 민감한 문제는 태평양에서 행한 미국의 원자 폭탄 실험이었다. 미국의 폭탄이 히로시마와 나가사키에 떨어진 바 있었고, 미국이 일본의 동맹국이었기 때문에, 그리고 일본 좌파의 목소리가 높았기 때문에, 미국의 원폭 실험은 소련이나 중국의 그것보다 훨씬 더 심하게 비판되었다.

미국이 오키나와(Okinawa, 沖繩)를 계속 점유하여 군사 기지로 사용하는 것도 또 다른 문제가 되었다. 보수주의자들은 이것을 일본 주권에 대한 모욕으로 보았다. 정치적 좌파 정당들은 오키나와 기지를 일본 영토에 대한 진군이며 미국이 아시아에서 취한 침략적 군사 정책의 상징으로 간주했다. 전전에는 일본의 2등 시민이었던 오키나와 인 자신들은 매우 민족주의적으로 되어, 미국의 섬 지배에 대항하여 공산주의자를 나하(Naha, 那覇)시의 시장으로 뽑았다. 이 논쟁은 미국이 섬을 일본에 반환하겠다고 약속한 1969년 11월에 이르러 누그러졌으며, 지배권은 1972년 5월에 일본인들에게로 되돌려졌다.

미국과의 긴밀한 결속을 유지하는 것 외에, 일본의 대외 정책을 이끈 두번째 원칙은 안정되고 개방된 시장과 세계 평화를 지지하는 것이었다. 일본은 대부분 원자재를 수입하고 제조품의 수출로 그 대가를 지불하였다. 따라서 외

국 보호주의의 작은 징조조차도 일본에게는 불안하게 보였으며, 작은 전쟁일
지라도 일본의 세계 교역을 교란하였다.

스스로 평화 애호 국가라고 자처하는 일본의 입장은 일본이 처한 지정학적
위치로 인해 지탱되었다. 비록 군국주의가 일본의 패전으로 인해 그토록 철저
하게 손상을 입지 않았다 하더라도, 전후의 세계에서는 군국주의가 움직일 여
지가 없었다. 일본의 이웃 국가들 가운데, 소련과 중국은 핵무기를 갖고 있었
고 북한과 (북)월남은 중국과 소련의 의존국이었으며, 남한과 대만은 미국의
의존국이었다. 일본이 보다 견고하게 재무장했다 하더라도, 증대된 군사력은
일본 자체의 방어를 위해, 그리고 아마도 미국이 남한과 대만을 방어하는 데
도움을 주는 데만 사용될 수 있었을 것이다. 그러나 이들 나라들은 일본과의
군사적 동맹을 원하지 않았으며, 어떤 경우일지라도 중국은 대만과의 동맹과
같은 것을 너그럽게 보아 주지 않았을 것이다. 다시 말해서, 다시 군국주의화
하는 것은 이익이 거의 없이 막대한 손실만을 초래하게 되었을 것이다.

평화로운 교역 질서가 일본에 이익이 됨은 동남 아시아와의 관계 발전에서
엿볼 수 있다. 1940년대말과 50년대초에, 일본은 과거 대동아 공영권내의 나
라들과 아무런 관계도 갖지 않았고 전쟁 손해에 대한 배상 문제도 미결인 채로
있었다. 1950년경부터, 대륙의 공산 세력(중국과 북한 및 곧 이어 북월남)과 그
주변을 활처럼 둘러싸고 있는 나라들, 즉 태국이나 남한에 이르는 미국에 의
해 지원을 받은 비공산 국가들 사이에 아시아의 균형이 발전되기 시작하였다.
1950년대 중반에, 일본은 배상 문제에 합의하고 주변 국가들과의 외교 및 교역
관계를 확립하였으며, 뒤이어 원조와 신용 대부 및 차관 등의 형식으로 배상
이 이루어졌다. 또한 일본은 이들 국가들에 대하여 대규모로 투자하여, 때로
는 공장을 지었으나 원유와 원광 및 목재 등과 같은 원자재를 확보하는 일에
더욱 주력하였다.

1960년대 중반에 이르러, 일본은 그 지역에서 제 1의 경제 강국이 되었다.
방콕의 네온 사인은 일본 상품을 선전하였고, 사이공의 거리는 일제 스쿠터로
가득 찼다. 어느 기자는 미국이 일본의 시장을 보호하기 위해 월남의 전장에
서 싸우고 있다고 기술하였다. 1970년대초에 이르러, 원자재를 수출하지 않은
동남아의 몇몇 나라들에서 일본과의 무역 역조가 심각해져서, 반일 감정(미국
이 라틴 아메리카에서 오랫동안 경험한 반미 감정과 비슷하다)이 일어나기 시

작했다. 일부의 일본인 시사 해설가들은 왜 이들 나라들이 우리의 생산품은 좋아하면서 우리 나라 사람들은 좋아하지 않는지 모르겠다고 이상하게 생각했다. 부분적으로는 이러한 반일 감정에 대응하여, 일본의 대외 원조가 증가되기 시작했다.

일본 대외 정책의 지표가 되는 세번째 원칙이 있었다면, 그것은 외교가 자국의 경제적 이익을 추구해야 한다는 것이었다. 예를 들면, 일본은 원유가 필요했다. 일본은 1941년에 원유 공급이 중단되었을 때 전쟁을 했으며, 1976년에 이르러서는 겨우 3 일분 연료 공급량이 1941년의 1 년분 원유 공급량과 맞먹게 되었다. 일본의 원유 공급 가운데 80 퍼센트 정도가 중동에서 왔다. 이것이 아랍 국가들에게로 기울어지고 이스라엘과 멀어지는 대외 정책을 결정하였다. 또한 산유국들끼리 서로 싸울 때는, 일본은 베네수엘라, 인도네시아, 캐나다, 미국 등과 같이 보다 안전한 지역에서 수입하는 양을 증대시키는 방책을 강구함과 동시에, 공평한 중립을 유지하기 위해 애써 고생하였다. 또 하나의 적절한 실례는, 일본에 원자재를 팔고 일본으로부터 완제품을 사는, 일본에게는 훌륭한 교역 상대국인 남아프리카였다. 남아프리카의 국내 정치에 대해 일본이 어떻게 생각하든 관계없이 교역이 미국과의 관계에 손상을 입힌다고 판단되었을 때에야 비로소 남아프리카와의 교역을 제한하기 시작하였다.

활처럼 대륙을 둘러싸고 있는 주변 국가들 가운데서, 일본에 가장 가까운 이웃은 남한이었다. 두 나라는 서로에게 중요한 존재였다. 일본이 없었다면 한국이 비공산 국가로 생존할 수 없었을지도 모르고, 한국이 없었다면 일본은 대륙의 공산주의 세력들에 불안하게 노출되었을 것이다. 그러나 오랫동안 일본은 남한과의 동맹 관계를 확립하는 일이 어렵다는 것을 발견하였다. 일본의 식민 통치에 대한 한국인들의 기억은 여전히 생생하였으며, 일본의 보다 강력한 경제적 지배에 대해 남한 사람들은 공포감을 갖고 있었다. 그들은 일본인들이 지불하려고 하는 것보다 더 많은 배상을 요구하였고, 그들은 보다 능률적인 일본의 고깃배들이 자기들의 수역 안으로 들어오는 것을 금지시켰으며, 일본 정부가 일본에 거류하고 있는 60만 한국인으로 하여금 어느 한국을 인정할 것인지를 스스로 선택하도록 하려는 태도에 대하여 불쾌하게 생각하였다. 일본의 정치적 좌파 역시 북한과 남한 사이의 틈을 더욱 깊게 하고 일본의 반공 입장을 강화시켜 줄 것이라는 이유로서, 남한과의 관계 확립에 반대하였다. 1965년에 이르러, 이러한 어려움들이 충분히 극복되어 남한과의 관계 정상화가 이루어지고, 일본의 원조와 차관, 투자 및 교역 증대가 뒤따라, 남한의 폭발적인 경제 성장에 도움이 되었다. 그 다음 20년 동안, 양국 관계를 훼손시킨 몇몇 사건들이 있었음에도 불구하고, 양측의 자세는 개선되었다. 과거의 식민지 속국에 대하여 내려다보는 경향이 있었던 일본인들은 한국의 경제적 성취에 대하여 칭찬하기 시작하였다(1988년 서울 올림픽에 찾아온 외국 방문객의 대부분은 일본인이었다). 한편 한국인들도 점점 더 자신감을 크게 갖게 되었고, 과거 식민지 시대를 개인적으로 경험하지 않은 새로운 세대의 한국인 지도자들이 등장했다.

대만과 중국에 대한 일본의 태도도 복잡했다. 일본은 미국의 강요로 1952년에 대만의 국민당 정부를 승인하였다. 대만은 중국 본토보다 더 중요한 일본의 교역 상대였으며, 대만에 대한 일본의 투자도 상당한 수준으로 이루어졌다. 국민당 정부는 이러한 투자를 지렛대로 이용하여, 북경 정부를 승인하지 않거나 경제적 지원을 하지 말도록 일본에 거듭 압력을 가하였다. 일본 보수당의 일부 지도자들은 북경의 대만 지배는 일본을 전략적으로 위태롭게 할 것이라 생각하고, 대만과의 결속을 좀더 강화할 것을 주장하였다. 반일 감정이 동아시아의 어떤 나라보다도 대만인들 사이에서는 약하다는 사실도 양국 관계에 도움이 되었다. 그러나 일본은 장래 중국과의 관계 개선에 방해가 될 정치적 공약과 같은 것은 매우 조심스럽게 회피하였다.

공산 혁명 직후의 몇 년 동안, 중국에 대한 일본의 인상은 나쁘지 않았다. 대학에 몸담고 있는 많은 이들이 중국이 서서히 일본을 앞질러 나갈 것이라고 생각했다. 그러나 대약진 운동의 실패와 문화 혁명의 정치적 혼란이 있은 뒤, 중국에 대한 일본의 인상은 부정적인 것이 되었다. 심지어 정치적 좌파 중 극단적 집단들을 제외한 거의 대부분이 중국을 일본의 가능한 모범으로 삼는 것을 포기했다. 그럼에도 불구하고, 중국과 중국인은 일본인들에게는 —— 일본 전통 문화의 영감의 원천으로서, 같은 계통의 인종으로서, 원자재의 잠재적 원천으로서, 잠재적 교역 상대자로서, 혁명적 지도자들이 이끌어가는 실험적 사회로서, 그리고 중국해 바로 너머에 있는 핵강국으로서 —— 여전히 특별한 매력을 갖고 있었다. 대체로, 일본인들은 중국과의 좀더 나은 경제적 정치적 관계를 갈망하였다. 정부에 몸담고 있는 사람들조차도 중국과의 관계 정상화를 원하였지만, 보다 중요한 다른 경제적, 정치적 관계에 손상을 입히는 위험을 무릅쓰면서까지 그것을 원하지는 않았다.

정상화의 기회는 미국의 닉슨(Richard M. Nixon) 대통령이 1972년에 중국을 방문한다는 1971년 7월의 발표와 더불어 찾아왔다. 그 뒤 같은 해에 실시된 여론 조사에서는 일본인의 대다수가 이러한 움직임을 환영하였다. 일본의 모든 정당들은 적어도 속으로는 미국의 중국 정책을 비현실적인 것으로 생각했다. 그러나 미국의 발표가 너무나 갑작스러웠기 때문에 일본 정부는 당황하였다. 왜 일본과 가장 가까운 동맹국이 일본에 미리 알려 주지도 않은 채 아시아 정책의 주요한 변화를 결정하였을까?(이 발표는 일본에서 '닉슨 쇼크'라고 불려졌다.) 월남으로부터 미국이 철수하고 아시아의 다른 지역에 주둔하는 미군이 감소되자마자 이러한 변화가 일어났다는 것은 무엇을 의미하는 것일까? 세계 5대 강국(유럽, 소련, 일본, 중국, 미국)의 상호 관계에 기초한 미국의 새로운 정책에 관한 성명은 신고립주의로의 전환을 예시하는 것일까? 이러한 변화가 아시아의 주변 국가들에 어떻게 영향을 미칠 것이며, 이후 이러한 나라들에서 일어날 변화는 일본에 어떻게 영향을 미칠 것인가? 어떤 점에서는, 일본이 얕잡아 보였다고 생각되었을 뿐만 아니라, 일본의 대외 정책이 의거하는 기본 가정에 대한 의문이 제기되었다. 이 일이 있은 뒤, 미국은 곧 일본인들의 경악을 완화시키기 위해 신속하게 움직였다. 닉슨 대통령은 북경에 가기 전에 사토〔佐藤〕 수상을 샌클러멘티(San Clemente) 대통령 별장으로 초청하였다. 이 회동에서, 그는 미일 관계를 손상시킬 어떠한 합의도 중국과 이루어지지 않을 것이라고 말했다.

1972년 8월, 새로 일본 수상이 된 다나카 가쿠에이(Tanaka Kakuei, 田中角榮; 1972년 7월~1974년 11월)가 하와이에서 닉슨과 만났다. 한 달 뒤에 그는 북경에서 주은래(周恩來, Chou En-lai) 중국 수상과 만나, 인민 공화국과 외교 관계를 수립하고 그것을 중국 유일의 합법 정부로 인정하였다. 이 협정은 비록 중국과 일본이 사회 체제는 다르지만, 양국은 평화와 우의의 관계를 수립해야 하고 또 수립할 수 있다고 명시했다(도쿄의 언론인들은 일본의 북경 승인은 일본이 새로운 행동의 독립성을 강조하려는 소망에서 하와이 발언을 편리하게 망각한 채 중국에서의 미국의 주도권을 훨씬 뛰어넘어선 것임을 알아차리고, 이 사건을 '다나카 쇼크'라고 불렀다). 이 협정은 대사의 교환과 1974년 4월의

항공 협정, 같은 해 11월의 해운 협정 및 1975년 8월의 어업 협정 등을 실현시
켰다.

　이러한 단계들은 마침내 1978년에 중일 평화 조약의 조인에까지 이르게 하
였다. 이 조약은 아시아에서의 소련의 패권에 반대하는 조항을 중국측에서 요
구하였기 때문에 수년간 지체되었다. 두 공산주의 강대국과의 공평한 외교를
희망한 일본은 이 조항의 포함을 거부하였다. 외교적 승인과 새 평화 조약은
교역의 길을 열어, 1972년에 11억 달러였던 교역량이 1975년에는 38억 달러로
3 배 증가하였고, 그 뒤에도 계속 확대되었다. 1975년의 양국간 교역은 일본의
전체 무역량의 3.3 퍼센트였고 중국 전체 무역량의 25 퍼센트를 점하였다. 일
본의 대중국 수출은 언제나 중국으로부터의 수입보다 많았다. 중국은 일본의
기술에 매료되었으나 그 대가로 돌려 줄 만한 것이 거의 없었으며, 단순히 원
유와 다른 원자재들을 공급하는 것으로 만족할 수밖에 없었다.

　일본의 중국 승인은 필연적으로 대만과의 외교 관계에 균열을 가져왔다. 대
만은 일본의 행동을 비난하면서, 그것을 일본 외교 사상 최악의 세 가지 실수
(다른 두 가지는 1937년의 중일 전쟁과 진주만 공격이다) 가운데 하나로 불렀
다. 그러나 실제로 경제 및 문화적 결속은 이전만큼이나 완강하게 계속되었
다. 일본과 대만의 교역은 1972년의 16억 달러에서 1975년의 26억 달러로 증가
하였고, 그 뒤에도 계속 성장하였으며, 대만에 대한 일본의 투자도 계속 확대
되었다. 1975년 7월에 일본의 정기 항공 회사(JAL의 간판 회사)가 1972년에 중
단되었던 대만행 업무를 재개하였다. 사실상 일본의 북경 승인이 국민당의 대
만 지도력을 아무리 손상시켰어도, 일본과의 관계를 끊을 수는 없었다. 또한
북경 당국의 입장에서는 일본의 경제적 두 중국 정책이 아무리 불만스러워도,
일본과 좋은 관계를 유지하는 것 이외에는 다른 선택의 여지가 없었다.

　동아시아의 또 다른 강대국인 소련과 일본의 관계는 1956년에 정상화되었지
만, 완전한 평화 조약은 성취되지 않았다. 그 배경이 되는 요인의 하나는 소련
이 일본의 여론 조사에서 일본인들이 싫어하는 나라 가운데 제 1 위로 오르는
경우가 많았을 정도로 일본에서는 인기 있는 나라가 아니었다는 점이다. 이러
한 혐오감은 과거의 사건들——즉, 1904~1905년의 러일 전쟁과 제 2 차 세계
대전 종전 일주일 전에 만주의 일본군에 대한 소련의 기습 공격, 일본군 포로
에 대한 시베리아 감옥에서의 학대 및 홋카이도에서 캄차카(Kamchatka) 반도까

지 동북으로 뻗어 있는 쿠릴(Kuriles) 열도 남부에 대한 소련의 점령 등——에 뿌리를 두고 있었다. 일본은 1951년의 평화 조약(이때 소련은 참여하지 않았다)에서 쿠릴 열도에 대한 권리 주장을 포기하였다. 그러나 일본은 먼저 발견했다는 권리를 들어 쿠릴 열도 최남단의 두 섬과 다른 두 개의 작은 섬에 대한 권리를 주장하였고 그것이 반환되어야 한다고 주장하였다. 이들 네 개 섬은 상징적인 의미를 제외하고서는 그다지 중요하지 않았으나, 물리적으로는 일본에 가까웠다(최남단의 섬 하나는 홋카이도에서 보인다). 소련은 이 섬들의 지위가 해결되었다고 주장하였으나, 일본인들은 기회가 있을 때마다 문제로 삼았다.

그러나, 일본인들은 소련에 대항하려는 중국에 자기들이 이용되지 않도록 주의하였다. 소련과 일본의 외무부 장관들은 때때로 만나 시베리아 개발에 일본이 참여하는 문제를 논의하였으나, 회담의 성과는 아무것도 없었다. 일본과 소련의 경제 규모는 거대하지만, 그들의 경제적 유대는 여전히 작은 규모로 남아 있었다.

새로운 시대

1970년대, 특히 70년대말에 일본에서는 새롭고 다른 성격의 시대가 출현했다. 경제 성장은 둔화되었으며, 균형된 무역이 거대한 수출 초과에 자리를 내주어, 일본을 세계 최고의 재정 강국으로 만들었다. 소비자 중심주의와 풍요의 습관이 일본 사회에서 나타났다. 정치적 보수주의의 분출이 20년간 하강하던 자유 민주당의 득표율을 바꾸어 놓고 '균형의 시기'를 종식시켰다. 그러나 이처럼 특별한 변화들을 넘어, 1970년대말에 일본은 서구를 따라잡겠다는 1세기 이상 오래된 메이지 시대의 목표를 마침내 성취하였다.

따라잡는다는 것은 국내 정책과 대외 정책 등 모든 측면에 대한 뜻을 포함하였고, 일본을 세계에서 크게 두드러지게 나타나 보이도록 만들었다. 프랑스와 독일의 서점에서든, 오스트레일리아와 캐나다의 신문에서든, 혹은 제3세계 학자들의 저술에서든, 일본에 대한 논문과 서적의 산출이 배가 되고 또 배가 되었다. 모든 나라의 정부 지도자들과 지식인들은 일본의 경험을 연구함으로써 무언가 가치 있는 것을 배울 수 없겠는가라고 물었다. 그러나 일본의 새로운 돌출에 대한 반응이 모두 좋았던 것은 아니다. 일본 상품은 선망의 대상이 되기도 했지만 공포의 대상이 되기도 했다. 많은 이들은 일본과의 경쟁이 불가능하다고 생각했고, 엄청난 무역 적자에 직면하여 어떤 형태의 보호주의를 주장하였다. 일본 안에서는 우호적이든 적대적이든 이처럼 일본에 대한 주의가 급증함에 따라 좁은 경제적 문제에서부터 방위와 대외 정책의 문제에 이르기까지 논쟁에 불이 붙었다. 어떤 일본인 정치 비평가들의 눈에는, 요시다 독트린은 따라잡는 것만을 위해 고안되었을 뿐, 따라잡은 다음에는 무엇을 할 것인가에 대해서는 거의 아무것도 말하지 않았던 것으로 보였다.

경제적 초강대국의 성장 감속 1972년 이후, 일본과 다른 선진국들 사이의 간격이 좁혀짐에 따라, 지난 20년 동안 유지해 온 11 퍼센트의 성장률이 4 퍼센트 혹은 그보다 약간 낮은 율로 하강하였다. 이것은 선진국에서는 여전히 높은 부분의 성장률이지만, 오랫동안 예상되어 온 일임에도 불구하고, 이러한 성장 감속은 대부분의 일본인들에게는 놀라움으로 다가왔다.

지금까지 일본을 도와 준 몇 가지 유리한 요인들──높은 질의 노동, 저축하는 습성, 낮은 방위비, 개방된 세계 시장 등──은 계속 유지되었다. 그러나 다른 이점들은 상실되었다. 1953년에, 웨스턴 일렉트릭(Western Electric)이 2만 5,000 달러를 단 한 번 지불하는 조건으로 고체 트렌지스터의 기술 특허를 한 일본 회사에 넘겨주었다. 1970년대에 이르러, 태평양 전쟁이 끝날 때부터 일본이 끌어들였던 값싼 외국 기술의 비축분이 거의 다 떨어져 버렸다. 서방을 따라잡는다는 것은 일본이 제조 비용을 올려서라도 기초적 연구와 생산 개발을 위해 자기들의 연구실을 사용해야 한다는 것을 의미하였다. 이와 유사하게, 전후의 경제는 값싼 원유에 연동되어 있었으며, 석유 수출국 기구(OPEC)의 결성과 1972년과 1979년의 원유가 파동이 일본을 세차게 때렸다. 일본은 신속하게 회복하였으나──일본은 석유 파동 이전부터 에너지를 절약하였고 그 뒤에는 더욱 절약하였다──그렇다 하더라도 생산 비용은 올라갔다.

이전에 향유한 또 다른 이점은 값싼 노동력과 높은 생산성의 결합이었다. 1970년대에 이르러서는, 이러한 이점이 남한과 대만, 홍콩 및 싱가포르로 옮겨 갔다. 노동력은 이제 더 이상 값싸지 않았으며, 성장 감속은 보다 값비싸고 나이 많은 노동자들이 점하는 비율이 증대되어 가고 있음을 의미하였다. 정부 지출도 증대되었다. 앞서 살펴본 바와 같이, 1970년대초에 이를 때까지 일본은 혹심하게 오염되었고 복지의 수준은 매우 낮았으나, 한 차례의 강력한 파동을 치르면서 세계에서 가장 강력한 반(反)공해법을 제정하고 광범한 복지제도를 확립하였다. 1980년대 동안, 일본의 언론들은 일본이 세기의 전환 이후에 노년층을 위해 복지 비용을 지불할 수 있을 것인지에 대해 빈번하게 논의하였다.

성장 감속이 균형잡힌 상태로 이뤄졌음이 틀림없다. 1970년대에 이르러, 일본의 경제는 그 규모가 너무나 커서 4퍼센트의 증가조차도 실질적 증대를 가져왔다. 일본의 1985년 국민 총생산을 동아시아와 다른 지역의 나라들과 비교하면 〈표 26-4〉와 같다.

<table>
<tr><td>〈표 26-4〉</td><td colspan="2">국민 총생산(GNP) 비교</td></tr>
<tr><td>나　라</td><td colspan="2">GNP
(단위 : 미화 1억 달러)</td></tr>
<tr><td>중　국</td><td>3,450</td><td></td></tr>
<tr><td>대　만</td><td>600</td><td></td></tr>
<tr><td>남　한</td><td>860</td><td></td></tr>
<tr><td>북　한</td><td>200</td><td></td></tr>
<tr><td>홍　콩</td><td>230</td><td></td></tr>
<tr><td>싱가포르</td><td>160</td><td></td></tr>
<tr><td>필 리 핀</td><td>330</td><td></td></tr>
<tr><td>타　이</td><td>370</td><td></td></tr>
<tr><td>인　도</td><td>1,900</td><td></td></tr>
<tr><td>파키스탄</td><td>280</td><td></td></tr>
<tr><td>오스트레일리아</td><td>1,530</td><td></td></tr>
<tr><td>브 라 질</td><td>2,140</td><td></td></tr>
<tr><td>아르헨티나</td><td>630</td><td></td></tr>
<tr><td>베네수엘라</td><td>450</td><td></td></tr>
<tr><td>총　　계</td><td>13,220</td><td>일　본　13,290</td></tr>
</table>

　일본의 '섬 경제'와 세계의 두 대륙 초강대국의 경제를 비교해 보는 것도 유용할 것이다. 일본의 1985년 국민 총생산(GNP)은 1조 3,290억 달러로서 미국(3조 9,880억 달러)과 소련(2조 630억 달러)의 그것보다 뒤떨어져 있었다. 그러나 지금까지는 낮았던 엔〔円〕화의 가치가 그때부터 올라가기 시작하여 결국은 거의 두 배가 되었다. 1988년에 어떤 경제 학자들은 엔화가 앞으로 더 오를 것이라고 예상하였고, 다른 이들은 현재의 범위 안에서 등락을 거듭하게 될 것이라고 조심스럽게 예측하였다. 만약 우리가 1 달러당 130 엔의 환율을 사용한다면, 1988년의 국민 총생산 363조 엔은 미화 2조 7,920억 달러와 같은 가치로 평가할 수 있다. 다시 말해서, 일본 경제의 규모가 소련의 그것보다도 더 크게 되었다고 할 수 있다. 여전히 미국의 그것보다는 작지만, 일본의 인구가 미국의 반밖에 되지 않는다는 사실을 감안한다면, 이러한 평가를 통해 일인당 국민 총생산은 일본이 미국보다 수천 달러 더 많은 것으로 추측할 수 있다.

　물론, 일인당 국민 총생산이 생활 수준과 반드시 같은 것은 아니다. 일본의 국민 총생산 가운데 보다 많은 부분이 높은 저축으로 이어져 미래의 성장을 위해 재투자되었다. 자국 농산물 보호를 위한 관세 때문에, 식량 가격은 일본에서 훨씬 더 높았다. 땅값은 미국의 그것과 비교하면 천문학적인 것이었다. 일본 전체 지표——몬타나(Montana) 주와 대충 같다——의 가격은 미국 50 개 주 지표 가격의 2~3배나 되었다. 도쿄 하나만 해도 캘리포니아보다도 높은 가치를 갖고 있다. 따라서 주택은 더욱 비용이 들었고 공간이 훨씬 더 좁았다. 생활 수준을 비교하면서, 제한된 생활 공간이 일본인의 생활 수준을 떨어뜨린다고 주장하거나, 그렇지 않으면 일본인은 문화적으로 보다 작은 공간에 적합하기 때문에 그것이 그렇게 가치를 떨어뜨리는 것은 아니라고 말할 수 있을 것인가? 또한 일본의 노동자들이 통근하면서 보내는 긴 시간과 미국의 보다 높은 범죄율을 어떻게 비교할 것인가?

　일본의 국제 무역도 1980년대에 변화되었다. 1970년대에는, 일본은 해외에 판 만큼 해외에서 사들였다. 그러나 1980년대가 시작되면서, 이러한 균형이 깨어졌다. 전세계의 소비자나 일본내의 소비자 모두가 고품질의 일본 제품을 보다 더 원하였다. 따라서 1980년부터 1985년 사이에 일본의 수입은 1,410억 달러에서 1,300억 달러로 줄어들었으나, 수출은 1,300억 달러에서 1,760억 달러로 크게 증가되었다. 수출의 신장은 주로 자동차와 사진기, 전자 기구, 및 부

일본에서 자동차를 만드는 로봇과 노동자들. 일본은 원래 미국에
서 특허를 낸 기술을 이용하여 미국의 생산성을 앞질렀다.

가 가치가 높은 다른 제품들 분야에서 일어났다. 미국은 일본과의 무역 적자
가 1975년에 3억 달러이었던 것이 1980년에 70억 달러로, 1985년에는 400억 달
러로 늘어남에 따라 특히 심각한 타격을 받았다. 이러한 무역 적자가 두 나라
사이에 무역에 관한 논쟁에 불을 붙였다.

일본의 대변인들은 일본이 공정한 게임을 진행하고 있다고 주장하고 미국이
자기 집부터 깨끗하게 정돈해야 할 것이라고 주장했다. 또한 그들은 일본인들
이 미국 정부의 공채를 구입함으로써 반이나 메워 주고 있는 미국 연방 정부의
엄청난 적자는, 미국의 노동자들이 일본인들처럼 좀더 열심히 일하고 좀더 많
이 저축함으로써 없어질 수 있을 것이라고 말했다. 그들은 새로운 설비와 장
비에 보다 많은 투자를 해야 한다고 권고하고, 기업의 경영자들은 자기 자신
들에게 지불하는 돈을 줄이고 자기 회사의 장기적 건강 상태에 좀더 관심을 가
져야 한다고 충고했다. 뿐만 아니라, 일본의 경제학자들은 일본에 대한 미국
의 무역 적자가 대만이나 남한, 멕시코, 혹은 캐나다 등에 대한 미국의 무역

적자보다는 그 비율에 있어 상대적으로 낮다고 주장했다.

미국내에서는, 반응이 다양하게 나타났다. 어떤 경제학자와 정치가들은 시장 개방과 자유 무역을 지지하면서, 수입을 줄이고 수출을 고무하기 위해서는 미화(달라)의 가치를 떨어뜨려야 한다고 주장했다. 다른 이들은 일본이 공정한 게임을 하지 않는다고 주장했다. 미국의 농산물이 관세 장벽에 의해 일본 시장 안으로 들어가지 못하고, 미국의 높은 기술은 여러 가지 비관세 장벽에 의해 차단되었다는 것이다. 또한 미국은 자유 세계의 나라들 가운데서 가장 무거운 방위 부담을 짊어지고 있다는 것이다(영국의 국방비는 국민 총생산의 5 퍼센트이고, 프랑스는 4 퍼센트, 서독은 3 퍼센트, 일본은 1 퍼센트인데 반해 미국은 7 퍼센트에 이른다). 그들은 미일 안보 조약으로 인해 일본이 무임 승차를 했다고 주장했다.

그러나 미국의 다른 관찰자들은 일제 상품의 매력을 문제의 요점으로 보았다. 그들은 소비자들이 자기의 돈지갑 사정을 헤아리면서 투표하였다고 생각하였다. 만약 미국이 경쟁하려 한다면, 보다 나은 제품을 만들어야 할 것이다. 1980년대 중반에는 의회 의원들과 학자들이 한결같이 산업 정책을 거론하였으며, 1980년대말에는 대통령 후보들이 미국의 경쟁력을 향상시키자는―― 혹은 미국의 시장을 보호하자는―― 의제를 제출하였다. 미국에서 때때로 들리는 최종적인 주장은 일본인들이 생활 방식을 바꾸어 좀더 우호적인 상대가 되어야 한다는 것이었다. 즉, 일본인들은 토요일에 반나절 일하는 것을 그만두고, 좀더 많은 휴가를 가지며, 수입의 좀더 많은 부분을 소비하고, 보다 일찍 퇴직하여(미국인의 17 퍼센트만이 65 세까지 일하는 데 비해, 일본 노동자의 45 퍼센트가 65 세까지 일한다), 전반적으로 좀더 인생을 즐겨야 한다는 것이었다. 이러한 충고는 희망적인 생각처럼 들리지만, 사실은 이 모든 것이 일본인 자신들에 의해 논의되고 있는 쟁점들이었다.

수출과 수입 사이의 간격이 낳은 즉각적인 결과의 하나는 일본의 무역 계정에 쌓이는 엄청난 잉여 달러였다. 일본은 세계 제1의 채권국이 되었고 미국은 세계 최대의 채무국이 되었다. 1988년에 다이 이치 간교(Dai Ichi Kangyō, 第一勸業) 은행이 세계에서 가장 큰 은행이 되었으며, 나머지 9대 은행도 모두 일본 은행들이었다. 일본의 존재는 전세계의 금융 시장에 그 거대한 모습을 드러냈다. 일본 은행과 보험 회사 및 개인 등이 미국 정부의 공채뿐만 아니라 뉴욕과

로스앤젤레스의 사무용 빌딩, 중서부의 농장, 전자 회사, 하와이의 부동산 등을 사들였다. 1980년대말에도 미국의 반응은 여전히 소리를 죽이고 있었으나, 언론의 논설 위원들은 라틴 아메리카의 채권국인 미국이 거꾸로 일본에 대해서는 채무국이 되는 아이러니를 언급하였다.

새로운 시대의 사회　　1980년대에 보인 경향의 하나는 인구 증가율의 지속적인 둔화 현상이다. 1980년대말에 이르러 일본의 인구는 1억 2.200만에 다다랐다. 한 연구에 의하면, 일본 인구는 2,115년에 최고 수준에 다다른 다음, 서서히 줄어들 것이라고 한다. 인구와 가용 토지의 비율로 보면, 일본은 세계에서 가장 인구가 밀집된 나라이다. 인구가 더 적어지면, 일본에서의 생활은 더욱 안락하게 될 것이다. 그러나 인구 성장이 과도하게 통제권 밖으로 벗어난 나라들에 비하면, 일본의 인구 통계는 안정되었고 미래에 대한 위협이 되지 않았다.

지난 고도 성장의 기간 동안, 일본인의 수명은 유럽의 수준으로 향상되었다. 1980년대말에 이르러, 일본인은 세계의 다른 어떤 사람들보다도 더 오래 사는 국민이 되었다. 일본 여성은 평균 수명 81세로 4년이 더 늘었고, 남성의 평균 수명은 3년 더 늘어나 75세가 되었다. 그러나 수명이 연장됨으로써 더 많은 비용이 필요하게 되었다. 잡지들은 특집 기사로 주식 시장의 이윤이나 높은 이자율, 회사 보너스에 대한 정보, 1년에 1,000만 엔(미화 7만 5,000 달러)을 받을 수 있는 일거리의 탐색 등이 다루어진 은퇴(일본에서는 'silver years'라고 부른다)를 위한 금융 계획을 빈번하게 취급하였다. 여성 잡지들은 남편이 직장을 그만두는 상황——남편이 아침 일찍 집을 나갔다가 밤 늦게 돌아오는 수십 년간의 결혼 생활이 지난 다음——에 어떻게 대처할 것인가 하는 문제를 취급하였다. 은퇴를 위한 집과 병원들이 좀더 많이 지어지고, 노인 병동이 확장되었다. 도쿄의 각 구역에는 스포츠와 사회 및 교육 시설을 갖춘 시민 센터들이 세워져, 다른 구민들과 함께 은퇴한 사람들에 의해 자주 이용되었다. 일본의 연령 분포가 제2차 세계 대전과 전후의 베이비 붐에 의해 왜곡되었기 때문에, 수명 연장이라는 새로운 현상 역시 심각한 장래 문제를 예고하였다. 세기가 전환될 때에 이르면, 일본은 일하지 않는 노인층의 비율이 다른 어떤 나라보다도 높아질 것이다.

도쿄의 신주쿠 교엔[新宿御苑]
국립 정원.

　교육은 1960년대와 70년대의 발전이 80년대로 확대된 제3의 분야였다. 고등 학교 입학은 1975년의 430만 명에서 1987년의 540만 명으로 조금씩 늘어났다. 1980년대말에 이르러서는, 의무적인 과정이 아님에도 불구하고 중학교 졸업생의 96 퍼센트가 고등 학교에 진학했다. 중고등 학교 다음 단계로의 진학도 증가되었다. 1987년에는 190만 명의 학생들이 4년제 대학에 등록하였고, 43만 8,000 명이 2년제 대학에, 5만 명이 고등 기술 학교에 입학하였다. 다수의 새로운 대학들이 수요를 충족시키기 위해 세워졌다. 이전과 마찬가지로, 고등 교육으로 들어가는 문은 여전히 좁았다. 1986년에 290만 명의 학생들이 입학 시험을 치렀지만, 43만 6,000 명만이 합격되었다. 고등 학교 졸업생 수의 두 배가 입학 시험을 치렀다. 그들의 반수 이상이 두 번, 세 번 혹은 네 번씩이나 입시 지옥을 통과하려 시도한 학생들이다.

1980년대의 일본 교육은 세계에서 가장 피라밋 형태와 가까운 것이어서, 도쿄 대학에는 가장 뛰어난 학생이 들어가고 교토 대학에는 그 다음 수준의 학생이, 히토쓰바시(Hitotsubashi, 一橋) 대학은 그 다음 등급의 학생이 들어가는 식으로 차례가 서 있다. 이러한 제도는 마치 50센트, 25센트, 10센트, 5센트, 1센트짜리로 구분하는 기계와 같았다. 많은 일본인들은 시험에서 뛰어난 성적을 낸 사람이 첨단 기술의 경제를 운영할 수 있는 사람이기도 하다고 주장하면서, 이 제도에 만족하였다. 일본인들은 교육상의 시험을 민족적 정략이나 감상주의로 보는 미국인들의 비판을 무시하는 경향이 있었다. 그러나 일부의 일본 지도자들은 세계 경제 강국으로서의 일본의 수요를 충족시키기 위해 교육이 보다 국제화되어야 하며 미국에서 컴퓨터 소프트웨어 회사를 세우는 것과 같은 독불 장군을 만들어 내는 창조력을 좀더 강조해야 한다고 주장하면서, 일본 교육의 단점들을 지적하였다.

결혼 형태에 있어서도, 전후의 변화는 1980년대의 단계에 다다랐다. 전후 시대의 초기에는, 대부분의 결혼이 중매인의 소개와 부모의 승락으로 정해졌다. 1960년대와 70년대에는 이러한 방법이 밀려나고, 때때로 직장 상사나 스승에게 명예 중매인의 역할을 당부할 때도 있지만 남녀 쌍방이 스스로 혼인을 정하는 연애 결혼이 유행하였다. 이 시기 동안에는, 대부분의 젊은 부부들이 부모를 떠나 살았으며, 1980년대에 이르러서는 거의 80퍼센트에 달하는 결혼의 사례가 이런 새로운 형태로 이루어졌다. 낡은 방식의 중매 결혼은 20대말까지 자신의 힘으로 짝을 구하는 데 실패한 사람들을 위해 남겨진 유물이 되었다. 이런 결혼의 구혼 기간은 잃어버린 시간을 벌충해야 한다는 생각 때문에 짧았으며, 이러한 관계들조차도 데이트와 같이 지배적인 형태의 몇 가지 특징들을 갖고 있었다.

연애 결혼은 빈곤과 고생을 기억하지 못하는 새로운 세대의 사회적 형태를 반영하였다. 공부하는 시간을 제외한다면, 젊은이들의 생활은 학교 친구들과 직장 동료(졸업한 뒤에는)들과 쉽게 사귀는 일에 집중되어 있었다. 이 세대는 텔레비전과 비디오 카세트 리코더(VCR)와 함께 자랐다. 그들은 맥도널드(McDonald) 햄버거와 켄터키 프라이드 치킨(Kentucky Fried Chicken), 그리고 일본의 간이 식품 연쇄점에서 만든 음식을 먹었다. 그들은 일본 로큰롤(rock'n' roll) 스타뿐만 아니라 마이클 잭슨(Michael Jackson)과 마돈나(Madonna)의 노래

비행기와 함께 미국의 성공적인 대일 수출품의 대열에 오른 영화와
텔레비전 드라마 및 팝(pop) 문화.

를 들었다. 나이든 세대는 때때로 그들을 신인류(新人類)라고 비판하였다. 그
러나 받은 것을 풍족하게 쓰고 편의를 향유하는 것을 제외하고서는, 새로운
세대는 사실 다른 한 쪽이 생각했던 것보다는 나이든 세대에 더 가까웠다.

보수 정치 1970년대에서 80년대로 전환하는 대목에서 나타난 한 가지 분
명한 정치적 경향은 보수주의의 증대였다. 서구를 따라잡은 것이 일본이 이룩
한 것에 대한 자부심의 파도를 불러일으켰다. 오랫동안 잡지나 신문의 주제로
선호되었던 민족성에 대한 논의가 뚜렷하게 고조되었다. 1953년의 여론 조사
에서 "당신은 일본인이 서양인들보다 우월하다고 생각하는가, 열등하다고 생
각하는가?"라고 물었을 때, 오직 20퍼센트만이 우월하다고 답했다. 그러나
1983년의 여론 조사에서는 우월하다고 생각하는 일본인의 비율이 53퍼센트로
증가하였다. 이 새로운 민족적 자신감의 분위기는 선거 정치에서 자유 민주당

536

에 유리하게 작용하였다.

이러한 혜택이 20년간 쇠퇴하고 있던 자민당 득표수에 반전의 형태를 취하였다. 집권 자민당의 운이 밑바닥에 다다랐던 것은 43 퍼센트의 표만을 얻었던 1976년 선거 때였다. 그것은 자민당이 의회 지배력을 상실할 여야 균형 시대의 새벽이 도래했다고 정치 학자들이 보았을 정도로 심각한 수치였다. 그러나 이들의 극단적인 예언과는 정반대로, 이러한 경향이 1979년부터 역전되기 시작했고, 1986년의 선거에서는 자민당의 득표수가 49.4 퍼센트로 증가하여 의회의 총 512 개 의석 가운데 300 석의 안정된 다수를 확보하였다. 균형의 공포는 사라져 버리고, 전전의 두 주요 정당의 보수적 계승자인 자유 민주당은 계속 집권하게 될 것처럼 보였다.

투표 성향의 역전이 앞서 언급한 바가 있는 사회학적 침식 현상의 종결에 기인하였다기 보다는, 오히려 (일본의 새로운 번영에 참여했음에도 불구하고 타성에 빠져 활발하지 못했던) 야당에 표를 던질 집단들이 이제는 자유 민주당에 투표하게 되었기 때문이다. 예컨대, 사회주의 정당들에 표를 주었던 화이트 칼라(봉급 생활자) 계층이나 엘리트 블루 칼라(임금 노동자) 계층의 반수가 1986년 선거에서 자민당에 표를 던졌다. 이렇게 달라지게 만든 것은 교육이었다. 1980년대에 이르러, 전후에 교육받은 세대가 선거에서 압도적인 수적 우세를 보였다. 기간이 길어진 새로운 방식의 교육이 일본인 유권자를 반드시 보수화시켰던 것은 아니었지만 좀더 유연하게 만들었으며, 보수적 성향표의 증가는 풍요에 대한 반응이었다. 노동 조합의 약화도 한 요인이었다.

〈표 26-5〉　　　　　전체 노동력에서 점하는 노동 조합원의 비율

해(年)	퍼센트(%)
1950	46.2
1960	31.6
1970	35.0
1980	30.8
1985	28.9

전쟁이 끝난 뒤, 연합군 최고 사령부의 장려로 일본의 노동 계급은 거의 유럽 수준의 조직을 획득했지만, 그 뒤부터는 점차 쇠퇴해갔다. 1980년대 중반

에 이르러, 미국의 노동 조합원 수준——전체 노동력의 20 퍼센트 정도——에 접근하였다. 사회주의 정당들에게는 조합원의 상실이 치명적 타격이 되었다.

1980년대의 보수주의는 지방 정치에도 영향을 미쳤다. 1960년대와 1970년대에는, 주민 운동——공해의 사례들에 대한 지방의 반응, 핵발전 시설의 위치 선정 등——이 일본에서는 반체제 정치의 일부였다. 1980년대에 들어와서는 이러한 운동들이 거의 중단되었다. 마찬가지로, 1970년대 중반에 이르기까지 자유 민주당의 중앙 정치에 대한 주도권 장악이 왕왕 사회주의자나 공산주의자의 시·현 정부 지배와 균형을 이루었다. 그러나 1970년대말부터 자민당은 지방 선거에서도 다시 주도권을 획득하기 시작하였다.

전후 초기에 급진주의의 모판이 되었던 일류 대학조차도 보수주의의 물결에 휩쓸렸다. 1977년에 도쿄 대학에 들어온 신입생들에게 어느 정당을 좋아하느냐는 질문이 던져졌을 때, 23 퍼센트가 자유 민주당을 선호하였고 같은 수의 학생들이 공산당을 지지하였다. 그러나 1년 뒤의 반응은 45 퍼센트가 보수 정당을 선호하고 3 퍼센트만이 공산당을 지지하는 것으로 나타났다. 이 같은 돌연한 변화는 믿기 어려운 것이지만 다른 증거들도 1970년대말을 대학생들의 정치적 태도가 바뀌는 분수령으로 지적하였다. 1980년대말에 이르러, 일본의 대학 교정들은 자동차들로 혼잡하게 붐비었다. 학생들은 좋은 옷을 차려 입고, 어떤 학생들은 패션 잡지를 읽었으며, 많은 학생들이 해외에서 공부하거나 여행하였다. 옛 대학 교정을 다시 방문한 50년대의 어느 학생은 시간이 정지된 해신(海神)의 궁전에서 체류하다가 집에 돌아온 우라시마 다로(Urashima Tarō, 浦島太郎; 일본의 립 밴 윈클(Rip Van Winkle))와 같은 기분을 느꼈다.

21세기를 위한 정책 1980년대에 이루어진 두번째의 정치적 발전은 21세기의 도전에 잘 대응하기 위하여 일본의 위치를 어떻게 설정할 것인가라는 문제에 대하여 보수 진영 안에서 전개된 논쟁이었다. 이 논쟁은 일본이 이제 더 이상 외국의 모범을 기대할 수 없다는 사실과 그렇기 때문에 일본은 자기 장래의 목표를 분명하게 정하여 미지의 바다로 항해해야 할 것이라는 사실에 대한 새로운 자각에 의해 촉발되었다.

경제 정책에 대해서는 대부분의 보수적 지도자들의 의견이 서로 일치되었

538

다. 의견의 일치를 본 한 가지 조치는 정부를 좀더 축소시키되 보다 효율적으로 만드는 것이었다. 공무원수는 1987년에서 1992년 사이에 5 퍼센트를 감소시키기로 하였다. 세제가 개혁되었으며, 정부가 운영하는 기업과 공공 법인은 사유화되었다. 1906년에 국유화되었던 일본 국철(國鐵)은 6 개 기업으로 해체되었으며, 일본 전신 전화 회사(NTT)와 일본 항공(JAL)도 사유화되었다. 이러한 조치들은 단순히 민간 부문이 보다 효율적이라는 이유 때문에 취해진 것이 아니라, 정부는 수행해야 할 보다 중요한 다른 과업을 갖고 있고 이들 기업체를 운영하여 주의가 분산될 수 없다는 취지로 행해졌다.

일부의 보수적 학자들은 일본을 새로운 문명 단계로 이끄는 것이 정부의 과업이라고 보았다. 19세기에 영국은 세계의 기술과 금융의 선두 주자였고 그 뒤 미국이 그 지위를 이었으며, 이제 바통은 일본으로 막 넘어가려 하고 있다는 것이다. 이들 이론가들은 세계 역사상의 이 새로운 단계를 정보 사회라 불렀다. 그들이 말하는 정보 사회란 전자 공학과 정보 전달 기술에 기초를 둔 사회를 의미하며, 모든 가정에 설치된 컴퓨터와 전국적 규모의 데이터 베이스(data base), 그리고 지방의 테크노폴리스(기술 사회)가 도쿄와 경쟁할 수 있을 정도로 광범위하게 구축된 통신망 등으로 특징지어지는 사회를 뜻하였다. 1980년대초에, 대장성이 다양한 여러 분야의 지도 기준을 설정하기 위해 관료와 기업인, 학자 등으로 구성된 39 개의 팀을 만들었다. 정부는 교육을 좀더 융통성 있고 창조적이고 국제적인 것으로 만들고, 정보 기술 분야의 교수진과 새로운 연구소를 개발하기 위한 계획을 작성하였다. 1970년대의 발전 위에 세워진 이들 새로운 움직임의 대부분은 나카소네 야스히로(Nakasone Yasuhiro, 中曾根康弘 ; 1982~1987) 수상과 관련되어 있었다.

미국이나 유럽에서 유래하지 않은 새로운 종류의 사회에 대한 전망은 자유 민주당 지도자들의 상상을 불러일으키고 다수의 흥미로운 혁신에 불을 붙였다. 그러나 정보 사회라는 현란한 단어 뒤에는, 그리고 정부의 여러 부처에서 내놓은 계획과 안내 및 지원의 뒷면에는, 일본의 여세를 계속 유지하고 모든 고도 기술 분야에서 선두 주자가 되려는 일본 산업 지도자들의 깊고 넓은 결정이 있었다. 일본은 기억 칩(chip, 半導體素子) 분야에서뿐만 아니라 조직 칩 분야에서도 세계를 지배할 수 있도록 전진해야 한다. 또한 일본은 주변 장비 분야에서 컴퓨터, 특히 슈퍼 컴퓨터 분야로 옮겨 가야 한다. 이미 소재 분야의

일본 과학 재단에서 지원하는 순회 컴퓨터 학교 버스에서 퍼스널 컴퓨터를 조작하는 법을 배우고 있는 도쿄의 유치원 어린이들.

기술에서 세계의 선두 주자가 되었지만, 더 나아가 초전도(超傳導) 분야에서도 선두 주자가 되기 위해 예컨대 세라믹 기술 분야의 압도적 지위를 이용하여 일본의 지위를 강화해야 한다. 제약, 화학 및 발효 산업에 의지하였던 일본은 1980년대 중반에는 생물 공학에 대규모로 투자하기 시작했다. 또한 일본은 항공기 분야에도 참여하기 시작하여, 1986년에 새 세대 상용기의 공동 개발에 관한 협정을 보잉(Boeing)사와 맺기도 했다.

나라의 경제적 장래에 관해 일본내에 존재했던 커다란 의견 일치가 국방과 대외 정책에 관해서는 덜 두드러지게 나타났다. 자유 민주당의 주류는 이전보다는 더 많은 양의 대외 원조를 제공하고 있으면서도, 시끄러운 논쟁을 회피하고 외국의 분규에 말려들지 않기 위하여 최소한의 국방과 소극적인 대외 정책을 확고하게 계속 지지하였다. 어느 전직 관료는 오늘날의 세계를 고도로

540

계급화된 도쿠가와 시대의 일본 사회와 비교하여, 미국과 소련이 사무라이〔武士〕라면 일본은 상인〔조닌, 町人〕이고 제3세계는 농민과 같다고 말했다. 그는 국가의 각 계급이 수행해야 할 역할이 있었다고 말하면서, 일본은 보다 고급한 정치적 원칙들은 옆으로 치워 두고, '조닌'의 '정보 수집과 계획의 능력'*을 개발하면서 계속 '조닌'의 역할을 수행해야 한다고 권고했다. 자유 민주당의 주류는 낮은 방위비 지출의 이점을 계속 보존하기를 희망하기도 했다. 모든 방위 백서는 안보 조약의 골격 안에서 미국과 협력하는 정책을 되풀이하였다. 일부의 정치 학자들은 일본은 일본의 재무장 문제에 대한 미국의 이중 의식 때문에, 그리고 미국의 전략적 사고에 있어 일본을 도저히 방어하지 않을 수 없을 정도로 중요하다는 점 때문에, 이 정책을 계속 유지할 수 있을 것이라고 주장했다. 어느 정치가는 이것을 냉소적으로 표현하였다. "계속 앵글로 색슨(Anglo-Saxons)족에게 돈을 걸기만 하면, 우리는 적어도 20년간은 안전하게 될 것이다."

보수 진영에 있던 또 다른 이들은 미일 안보 조약이 일본이 경제적으로 미약하고 군사적 힘을 갖고 있지 못했던 시기에 체결된 것임에 주목하였다. 이 조약에서 미국은 일본 위에 핵우산을 받쳐 주었지만, 이로 인한 반대 급부는 거의 없었다. 일본은 원유 수송로와 같이 일본 자신의 생사가 걸린 긴요한 이해를 보호하기 위한 일에조차도 해외에 해군력을 사용할 수 없다. 다시 말해서, 그것은 동등하지 않은 나라들 사이의 조약이었다. '신현실주의자'로 불린 몇몇 자유 민주당내 인사들은 몇 차례의 개정이 있었음에도 불구하고 안보 조약은 일본의 새로운 성장에 어울리지 않는다고 주장했다. 그들은 더욱 강력한 군사력을 구축하고 적극적인 대외 정책을 채택하라고 권고했다. 어떤 이는 일본을 경제적으로는 거인이나 정치적으로는 난쟁이라고 표현했다. 주류의 장관이 일본을 세계 역사상 무언가 새로운 성격의 나라, 즉 경제적 발전이 군사적 힘과 병행하지 않은 '평화 국가'라고 칭송하였을 때, 이들 신현실주의자들은 오히려 일본을 미국의 핵방어력에 의존하면서도 미국의 핵무기가 자국의

---

* Kenneth B. Pyle, "The Future of Japanese Nationalism," p. 32. 참조. 교과서는 그 특성상 다른 저서에서 많은 부분을 인용하게 되는데 인용 도서를 일일이 기록할 수가 없다. 그러나 다음 3페이지에 걸쳐서 나오는 짧은 인용문들에 대해서는 특별히 Pyle 교수에게 사의를 표하고 싶다. Pyle ed., *The Trade Crisis : How Japan will Respond*(Society for Japanese Studies, University of Washington, 1987) 참조.

나카소네 수상의 집권은 일본이 세계 강국으로 출현한 것과 동시에 이루어졌다. 그의 대외 정책과 경제 정책은 미국과의 긴밀한 동반 관계에 기초를 두고 있었다. 로널드 레이건(Ronald Reagan) 미국 대통령이 1987년 4월의 백악관 회담에서 나카소네와 인사하고 있다.

해역을 통과하는 것은 거부하는 국제적 괴짜라고 말하면서 반론을 제기하였다. 또 다른 신현실주의자는 미국에 의해 유지되는 자유와 자유 무역의 세계 질서는 일본에 긴요한 것이라고 강조하고, 일본은 그 유지비에 보다 더 많이 기여해야 한다고 주장했다. 물론 이러한 논의의 이면에는, 무역 마찰에 대한 통렬한 자각과 미국내에서 고조되고 있는 보호주의 물결에 대한 공포가 있었다.

그러나 또 다른 신현실주의자는 일본이 그 이념적 원칙을 서방과 함께 하고, 서방 진영의 일원으로서 보다 많은 책임을 부담해야 한다고 주장했다. 나카소네 수상은 신현실주의자들의 지도적 인물이었다. 그는 일본에 대한 소련 위협의 중대성을 강조했다. 미국에서 행한 연설에서, 그는 일본이 양국의 상호 전략적 목적에 봉사하는 '거대한 항공 모함'이 되어야 한다는 견해를 피력했다. 그러나 일본에서 행한 수상의 연설은 좀더 부드러웠다. 또한 그는 1 퍼센트의 한계를 돌파한 방위비 예산을 통과시킬 수는 있었으나, 초과분은 1 퍼센트의 4천분의 1밖에 되지 않았다. 1988년 현재에도, 자유 민주당의 주류가 계속 책임을 맡고 있다.

1980년대에 출현한 여론의 세번째 부분은 '신우익'이었다. 이 집단은 의회에는 대표를 거의 진출시키지 못했지만, 몇 가지 관점에서 관심을 모았다. 첫째, 이 집단은 지금까지 금기시되어 왔거나 거의 들을 수 없었던 의견들을 자유롭게 표현하였다. 둘째, 이 집단은 한때는 매파로 불려졌던 자유 민주당의 신현실주의자들을 비교적 온건하게 보이게 했다. 셋째, 이 집단은 주로 유명 잡지와 신문에 기고하는 언론인과 학자들로 구성되었다. 이 집단은 전쟁 직후의 극우적이고 친천황적이었던 과격 집단들보다는 사회적으로 보다 평판이 좋고 사상적으로는 보다 근대적이었다. 끝으로 이 집단이 자유 민주당의 주류와 신현실주의자들과 직접 대화했다고 말하는 것은 신우익의 중요성을 과장하는 것이지만, 이 집단이 통상적인 언어로써 그들에 반대하는 글을 썼고 거꾸로 자민당 의원들은 이러한 신우익의 비판을 알고 있었다고 말할 수는 있을 것이다.

신우익은 국제적으로는 미국이 월남전 패배로 약화되었고, 국내적으로는 그 사회가 산업의 비효율성과 쇠퇴하는 노동 윤리, 범죄, 마약, 에이즈(AIDS)의 확산, 높은 이혼율, 비합법적 출생, 불법 이민, 그리고 소수 민족 문제 등으로 약화되었다는 사실을 지적함으로써 자신의 입장을 밝히기 시작했다. 1960년대에는 일본의 시사 평론가들이 영국의 경제 문제를 가리켜 '영국병'이라고 말했다. 월남전 이후에는 몇몇 논설 위원들이 '미국병'을 이야기하기 시작했다. 어느 평론가는 〈아사히(Asahi, 朝日) 신문〉에서, "그들의 당당함을 갑자기 잃어버리는 미국을 바라보는 것은 아름다움을 잃고 시들어 가는 옛 애인을 바라보는 것과 같다. 그것은 나로 하여금 눈을 가리고 싶도록 만든다." 라고 시적으로 표현했다. 어떤 이는 일본이 이제 더 이상 자신의 안보를 미국에 맡길 수 없다는 결론을 이끌어 냈다.

신우익은 일본이 요시다 독트린하에서 '변칙적이고 나약한' 피터팬(Peter Pan) 나라라고 불려지게 된 데 대해서도 비판적이었다. 원래 마르크스주의자였다가 신우익으로 전향한 어떤 사람은 핵무기의 개발을 지지하면서, 일본에 정치적 압력을 가하는 것은 '아기의 팔을 비트는 것'과 같다고 말했다. 그의 저서 〈일본! 국가가 되어라, 핵으로 무장하라〉에서, 그는 "왜 일본이 초강대

일본의 정치가들은 선거에서 승리하면 선종(禪宗)의 전설적인 개조
였던 보디다루마(Bodhidaruma, 達磨)를 묘사한 인형의 눈에 점을 찍
는다. 1987년 11월에 수상으로 당선된 다케시타 노보루(竹下登)가
이 축하 의식을 행하고 있다.

국이 될 수 있는 자질을 당당하게 갖추고 있으면서도 ······ 신체적으로 불구인
사람처럼 평범한 세계관을 갖고서 행동하고 있는가?"라고 물었다. 신우익의
일부 사상가들은 완전히 독립적인 방위 전략을 갖출 필요성이 있다고 주장하
였다. 또 다른 이들은 일본이 재무장한 뒤, 동등한 동반자로서 미국과 상호 안
보에 대해 안전하게 협력할 수 있다고 생각했다.

1980년대말에는 이들 새로운 목소리가 일본 정치의 장래에 어떤 의미를 지
니게 될지 분명하지 않았다. 어떤 정치 해설가들은 신우익을 전쟁 전의 초국
가주의에 비유하면서 그 위험성을 경고하였다. 그들은 신우익이 요시다 독트
린의 평화주의 —— 혹은 수동적 태도 —— 와는 다른 방법으로 일본인들의 깊
은 민족적 자존심에 호소한다고 지적했다. 이 새로운 사고에 동정적인 다른

집필자들은 이러한 사고는 초국가주의적인 것이 아니고 단지 미국이나, 프랑스, 영국, 소련 등에서는 당연한 것으로 받아들여지는 일종의 일상적인 애국심을 표현한 것이라고 반박하였다. 1945년 이후 40년 이상이나 지나갔다. 이제 일본이 정상적인 국민 국가가 되어야 할 시간이 아닌가라고 그들은 물었다.

그러나 다른 해설가들은 신우익의 중요성을 인정하지 않았다. 좌익에는 언제나 쇠파리같이 귀찮게 구는 존재가 있었음을 그들은 지적했다. 마찬가지로 이제 우익에도 그런 존재가 약간 있게 된 것이다. 신우익은 단지 일본의 다양한 정치적 여론 가운데 하나의 작고 특별히 조리가 서지도 않는 목소리에 지나지 않았다. 구(舊)좌익계 야당들은 좀더 잘 조직되고 자금이 더 풍부하였으며 보다 폭넓은 지지 기반을 향유하였다. 또한 보다 중요한 것은, 자유 민주당 주류의 정책들은 점증하고 있는 일본의 교육받은 유권자들의 감정들——즉 일본 문화와 산업력에 대한 자부심, 보다 나은 주택과 여가에 대한 갈망, 그리고 구식이든 신식이든 애국적 선동에 대한 무관심 등——을 반영하기 때문에 그것들이 계속 지속될 것이라는 사실이다.

일본에 대해 어떤 결론에 도달하는 것은 어려운 일이 아니다. 경제 및 교육에 관한 통계 자료와 국세 조사 보고서, 여론 조사 결과 등이 충분할 정도로 많이 나와 있어, 아시아의 다른 지도자들이 자기들 나라에 대해 알고 있는 것보다도 외국인들이 일본의 어떤 측면에 대해 더 많이 알 수 있다. 다른 의회 민주주의 국가들처럼, 제2차 세계 대전이 끝난 뒤의 일본은 금붕어 어항처럼 모든 것이 노출되어 있었다.

그러나 바로 이 개방성이 관찰자를 현혹시킬 수도 있다. 이처럼 엄청나게 많은 자료들 가운데서, 어떤 측면이 근본적인 것이고 어느 지표가 핵심적인 것인가? 초기의 공업화가 지금은 전통적 농업 사회를 완전히 전환시키고 있는 이웃 국가들과는 달리, 일본 사회는 복잡하다. 흐려진 계급적 구분, 사상적 다양성, 전통의 제약으로부터의 해방, 사회에서 개인에게 개방된 선택의 범위, 그리고 근대 문화의 활기 등이 관점의 차이와 심지어는 관점의 상충으로부터 올바른 인식이 가능하도록 하였다. 이러한 특성들 가운데서 많은 것이 유럽과 미국에서도 발견되고 있기 때문에, 서구인들은 아시아의 다른 나라들보다는 일본이 이해하기가 더 용이함을 알게 되었다. 그러나 일본을 매우 쉽게 이해할 수 있는 나라로 여긴다거나 일본을 매우 서구적인 나라로 이해하는 것은 위험한 일이다. 근대 서구가 유대-그리스도 교-그리스(Judeo-Christina-Greek) 전통으로부터 영향을 계속 받고 있는 것과 똑같이, 일본의 근세의 비(非)서구적인 과거가 근대 생활에 계속 영향을 미치고 있다. 이러한 문화적 뿌리가 서구에 대한 연구로서는 도저히 그 해답을 찾을 수 없는 문제를 제기하였다. 완전하게 근대화된 유일한 비서구 국가로서, 일본은 개발도상의 비서구 국가들과 효과적으로 비교될 수 있는 한 모형이라 할 수 있다. 이 모형에 대한 연구는 진행되고 있다.

제27장

동아시아의 주변 국가들 —— 월남, 대만,
한국, 홍콩, 그리고 싱가포르

제2차 세계 대전이 끝났을 때, 경제학자들은 식민지주의의 속박에서 벗어난 국가들이 당연히 공업화되고 생활 수준도 상승될 것이라고 생각하였다. 그러나 이러한 가정은 잘못된 것이었음이 입증되었다. 어떤 나라의 경제는 잘 발달되었으나, 어떤 나라의 경제는 최저한의 개선만이 이루어졌다. 또 다른 나라들의 경제는 이전보다 더욱 악화되어, 근면하지 않고 교육받지 못한 많은 인구가 빈곤과 질병 및 기아에 계속 시달렸다. 세계의 경제적 신흥 지역들 —— 라틴 아메리카, 아프리카, 중동, 남아시아 및 동아시아 —— 가운데서 오직 동아시아만이, 그 가운데서도 몇몇 특정한 나라들만이 기대할 만한 역동적 힘을 과시하였다. 그렇다면 이러한 성장을 가능케 한 동아시아 사회 혹은 그 문화의 공통된 특징 —— 그리고 보다 역동적인 경제의 몇몇 동아시아 국가들만이 갖고 있는 특징 —— 이 있는가?

동아시아 국가들에 공통된 특징의 하나는 그들 문화의 여러 측면에서 역사적으로 받은 유교의 영향이다. 비록 유교 본래의 철학적 원리와 도덕적 가르침 가운데 일부는 경제 성장에 불리하게 작용하기도 했지만 —— 예컨대 이익의 추구를 비난하고 어떠한 부의 다른 형태보다도 토지를 중시하는 사상 —— 유교의 또 다른 특징들이 경제적 발전을 이끄는 정치·사회적 지표와 가치로서 존속해 왔다.

유교는 가족 단위의 중요성을 강조하였다. 오늘날에 이르기까지, 아이들은 '가정의 보물'로 간주된다. 가족은 고된 일과 검소, 저축과 같은 가치들을 새로운 세대에게 전해 주고, 부모는 아이들의 교육을 위해 희생하며, 아이들은 으레 연로한 부모를 공손히 봉양한다. 가족은 늘 하나의 경제적 단위로서 기능한다.

유교는 정치 사상이기도 했다. 동아시아의 전통 사회에서, 유교적 엘리트들은 스스로 정치에 대해 사명을 갖고 있는 것으로 생각했다. 서구의 제국주의가 전개되는 국면에서도, 교육받은 엘리트들의 일반적 반응은——그것이 외국을 혐오하는 보수주의의 형태로 나타났든, 유교적 개혁주의로 나타났든, 혹은 새롭고 보다 유용한 사상에 경도되는 형태로 나타났든 간에——정치적이었다. 식민지가 된 나라들에서는 강력한 반(反)식민주의적 민족주의가 빠른 속도로 일어났으며, 이러한 현상은 독립 국가로서의 오랜 역사를 갖고 있었던 한국과 월남에서 특히 현저하였다. 그리하여 민족주의는 유교가 분해되어 생긴 산물처럼 출현하여, 이 새롭고 전세계적인 서구 사상이 유교의 위치를 대신하게 된 뒤까지 계속되었다.

동아시아 사회들에 공통된 유교의 또 다른 특징은 교육욕이었다. 식민지가 되기 전에도, 학문은 그 자체로서 높은 가치를 가질 뿐만 아니라, 사회적으로 출세하는 방법으로도 높게 평가되었다. 이러한 교육에 대한 강조는 유교적 사회에서 보다 근대적인 사회로 전환되는 역사적 변화의 와중에서도 여전히 지속되었다. 예컨대 남한에서는 많은 수의 학생들이 대학에 진학하여 아침부터 밤까지 도서관을 가득 채운다. 이들 학생들의 대부분은 졸업 후에 기업체에 들어가 자기 나라의 경제 발전을 위해 일한다.

이와 같이 공통된 문화적 요소가 있음에도 불구하고, 동아시아의 어떤 나라들은 경제적으로 앞서 나가고, 어떤 나라들은 뒤로 처졌다. 이러한 차이는 부분적으로는 역사적 배경으로 설명될 수도 있다. 도쿠가와[德川] 일본의 세습적 사무라이[武士]들이 청대 중국의 문관(文官)들과 아주 달랐던 만큼, 아시아의 동쪽 가장자리에 위치한 나라들 사이에는 근본적인 차이가 있었다. 대만은 중국의 변방 지역이었다. 그것은 독립된 국가가 아니라 일개 성(省)이었으며, 그 관리들은 멀리 북경에서 파견되었다. 월남은 문화적으로 동아시아의 나라이면서 동남 아시아의 나라이기도 하였으며, 중국화하여 세련된 북부 조정과 남부의 조야한 변방 사회 사이에는 별개의 세계가 존재하였다. 한국은 동아시아에서 중국 다음 가는 유교적 사회였지만, 그 문관들은 주로 세습적 특권을 갖고서 통치하였으며, 상업적으로는 후진적인 나라였다.

식민 통치의 유산도 달랐다. 싱가포르(Singapore)와 홍콩(Hong Kong)은 영국의 식민지였고 항구 경제로 발달하였다. 홍콩의 전후(戰後) 발전은 전전(戰前)의 (조약에 의한) 개항장(開港場) 공업에서 발달한 것이었다. 일본은 대만과 한국에서 정부 관공서와 철도, 도로, 학교를 세우는 등 식민지 개발을 위해 많은 것을 했다. 훨씬 더 짧은 기간 동안 일본의 지배하에 있었던 만주는 1949년 중국에서 가장 발달된 부분이었다. 이와 대조적으로, 프랑스는 월남의 개발을 위해 한 것이 거의 없었다.

동아시아 국가들이 보여 주는 경제 개발상의 차이를 설명하면서 세번째로 언급해야 할 점은 일본의 예를 따라 사기업(비록 정부의 많은 장려를 받는 것이기는 하지만)과 시장 경제에 의존한 지역들——남한, 대만, 홍콩, 싱가포르 등——이, 공산화되어 고도로 중앙 집권화한 통제 경제를 수립한 월남과 북한에 비해 대체로 더 나아졌다는 것이다. 이것이 핵심적 차이점이 될 것이다. 북한과 남한의 경험을 비교한다면, 북한은 대부분의 광업 자원을 보유하고 일본인들로부터 상당량의 수력 발전소와 공업 시설들을 물려받았지만, 공산주의하의 경제 성장은 남한의 그것에 의해 크게 추월되었다.

끝으로, 제2차 세계 대전 이후 동아시아 각 지역의 정치적 풍토가 그들 경제 성장에 깊은 영향을 미쳤다. 홍콩과 싱가포르는 정치적으로 안정된 작은 섬 식민지, 혹은 섬 국가로서, 양자 모두 주변 지역에 개방된 주요 항구요 시장이 되었다. 대만과 남·북한은 출발이 좋지 않았지만, 50년대 중반 이후부터는 비교적 안정되었다. 이에 반해, 월남은 80년대말까지 지속된 거의 끊임없는 전쟁의 파괴와 소모라는 부담을 짊어졌다. 월남의 잠재력이 다른 환경하에서 어떻게 나타날는지는 몰라도, 그 경제적 성과가 동아시아에서 가장 빈곤한 것임은 결코 놀라운 일이 아니다.

월남 —— 식민지에서 공산 국가로

제 2 차 세계 대전 이후 월남의 역사는 세 가지 전쟁 시기라는 관점에서 볼 수 있다. 첫째, 1946년에 시작하여 1954년까지 지속된 프랑스에 대항한 반(反) 식민 전쟁, 둘째, 미국 및 기타 외국의 군대와 더불어, 남부 월남과 북부 월남 사이에 주로 남쪽에서 싸움을 벌인 1959~1975년의 전쟁, 셋째, 1978년에 월남인이 캄보디아를 점령하여 캄보디아 게릴라군과 계속 싸운 전쟁 등이 그것이다. 1945년 이후의 월남사를 만들어 온 이들 전쟁들은 월남의 식민지 시대와 그 이전의 역사에 뿌리를 두고 있다.

식민 통치의 유산   프랑스에 대한 월남의 대응은, 서방에 대한 중국의 대응과 마찬가지로, 충정의 초점이 될 국가와 진보의 수단이 될 기술에 대한 새로운 관심이 유교적 사회 가치들을 대신해야 할 필요성으로 인해 지연되었다. 1860년대와 1870년대에, 월남의 학자들은 서구화 개혁을 통한 자강(自强)을 주창하면서 청조의 그것을 모방하였다. 1880년대에 프랑스가 월남을 접수한 뒤에도, 많은 월남인들은 계속 자신의 모범적 틀을 중국에서 찾으려 하였다. 세기가 바뀐 뒤 몇 년 동안에도, 새로운 세대의 학자들은 강유위(康有爲)와 양계초(梁啓超)의 개혁 계획을 지지하였다. 이들 중국인 학자들과 마찬가지로, 월남인 학자들은 결국 도쿄[東京]에 모였지만, 그들이 지적 바탕으로 이용한 사상은 루소(Rousseau)와 몽테스키외(Montesquieu), 애덤 스미스(Adam Smith), 밀(Mill), 스펜서(Spencer), 헉슬리(Huxley) 등의 그것이었다. 월남에서 프랑스 교육이 확산되어 서구의 민족주의적 혁명 전통에 보다 직접적으로 접근할 수 있는 통로가 열리게 된 것은 그 뒤의 일이었다.

1905년에 일본이 승리함으로써, 약 200여 명의 젊은 월남인들이 도쿄, 즉 '동경으로의 탈출[東遊運動]'을 할 수 있게 되었다. 이들의 지도적 인물 가운데 한 사람이 반패주(潘佩珠, Phan Boi Chau)였으니, 그는 이곳에서 양계초와 손일선(孫逸仙, 孫文) 및 범(汎)아시아주의 일본인 후원자인 오쿠마 시게노부[大隈重信], 이누카이 쓰요시[犬養毅] 등과 아는 사이가 되었다. 강유위와 양계초의 저작에 고무된 반패주*는 〈월남 망국사(越南亡國史)〉를 짓고 입헌 군주제 하의 월남 독립을 목적으로 한 정치 조직을 결성하였다. 불행히도 일본과 프랑스가 맺은 열강 우호 관계로 말미암아, 앞서 손문이 그러했듯이, 반패주도 1909년에 도쿄에서 추방되었다. 1911년에 중국 혁명이 성공하고 동맹회(同盟會)의 지도자인 호한민(胡漢民, Hu Han-min)과 광동에서 접촉하여 고무받은 반패주는 월남 광복회(越南光復會)를 조직하였다. 그러나 반(反)프랑스 봉기를 선동한 그의 노력은 모든 혁명적 노력에 대한 원세개(袁世凱)의 전면적 탄압에 의해 좌절되고, 그는 1913년부터 4년간 중국에 감금되었다.

자칭 개혁주의자들도 더 나은 대접을 받지 못하였다. 중국·프랑스·월남의 혼합 교육을 발전시키고 프랑스와의 협력이라는 뼈대 안에서 민족 근대화를 추진하려 한 학자들도 거의 아무런 진척도 보지 못하였다. 이러한 실패는 부분적으로는 일관성 없는 프랑스 정책의 동요에 기인하였다. 프랑스의 자유주의적 혹은 사회주의적 행정관들이 앞서 허락해 준 학교와 개혁 집단에 대하여, 뒤에 부임해 온 보수적 행정관들은 가혹한 조치를 취하였다. 반(反)프랑스 감정이 학자 계층 사이에 너무나 강하게 남아 있어서 개혁을 위한 어떠한 모험도 통제하기 어려운 지경에까지 다다랐음도 사실이었다. 민족주의적 학인 신사〔文紳〕들은 월남에서 그들 자신의 근대적 교육을 발전시키기 위하여, 후쿠자와 유키치〔福澤諭吉〕가 일본에 세운 게이오 대학〔慶應義塾〕을 그대로 모방하여, 1907년에 하노이에 통킹 자유 학교〔東京義塾〕를 열었다. 프랑스 인들은 이 학교를 개교한 해에 폐쇄시켜 버리고 그 지도자들을 추방하였다. 그 대신에 그들은 1918년 보다 온순한 대안인 하노이 대학을 허락하였다.

이 모든 일들은 프랑스에게 권력을 빼앗긴 지배 계급이 학인 관료에 의한 통치, 황제에 대한 충성, 외세의 지배에 대한 저항 등의 전통에 푹 젖어 있었음을 반영하였다. 월남의 젊은 학자들은 스스로를 장래의 지배 계급으로 간주하고 있었기 때문에, 그들이 압제받은 조국의 구원자로 자처하게 된 것은 자연스러운 일이었다. 1916년이 되어서야, 완조(阮朝)의 젊은 황제 유신(維新, Duy-tan)제가 반란 조직을 돕다가 사전에 발각되어 산으로 도피하였다. (216쪽 참조)

---

*월남인들의 이름은 중국식 표기 순서와 마찬가지로 성을 먼저 쓰고 있는데 그들은 관습적으로 성 뒤에 쓰여지는 이름을 마치 성처럼 사용한다. 이는 완(阮, Nguyen)과 같이 몇 개의 성들이 너무 흔해서 성으로 사람을 구별하기가 어렵기 때문에 비롯되었다고 한다.

이러한 상층 계급의 반란에 대하여, 프랑스는 군사력과 조작에 의해, 주로 인도차이나〔印度支那〕를 분할된 상태로 계속 유지하고 늙은 관리들을 권위의 방벽으로 이용하는 등의 방법을 통해 지배력을 유지시켰다. 그리하여 그들은 민중을 통치하는 새로운 체제의 창출을 지연시키면서, 과거를 이용하여 미래에 대항하는 것과 같은 정책으로, 새로운 발전을 전통의 힘으로 억제하려 하였다. 프랑스가 직접 지배한 코친 차이나(Cochin China ; 남부 월남)에서는, 월남인이 행정 조직의 상층부에 존재하지 않고 오직 하급 조직만을 점차 채우게 되었을 뿐이다. 캄보디아와 라오스, 통킹(북부 월남), 안남(安南 ; 중부 월남) 등의 보호령에서는, 프랑스 인들은 전통적 정부의 겉모양을 파괴하지 않고 계속 보존하였다. 관료 기구는 프랑스 인에 의존하는 온순한 직원들에 의해 구성되었다. 완조(阮朝)는 프랑스의 지배에 협력하도록 강요되었기 때문에, 완조의 정상부는 민족주의의 영향을 받을 수 없었다. 12세에 보대(保大, Bao-dai)라는 연호로 1925년에 제위에 오른 완조의 새 황제는 오직 의례(儀禮)의 기능만을 수행할 수 있었을 뿐이었다. 1928년에는 경제 및 재정 문제를 논의할 대평의회가 창설되어 월남인들도 참여하였지만, 이 역시 프랑스 인의 지배하에 놓이게 되었다. 코친 차이나에서는 하급의 공무원직조차도 프랑스 인들이 다수 차지하였다. 1942년에 프랑스 인 관리들이 5,100여 명이고 인도차이나 인들은 2만 7,000여 명이었는데, 이는 아시아의 다른 식민지 정부에서 유럽 인이 점하는 비율 가운데 가장 높은 것이었다. 원주민들의 정치적 활동은 여행과 우편 통신 및 출판에 대한 프랑스 인 경찰의 통제와, 자유로운 집회와 노동 조직 및 정치 운동의 탄압에 의해 질식되었다. 피의자들은 약식 재판에 의해 풀로콩도르(Poulo Condore) 섬에 있는 감옥으로 보내졌다.

여러 가지 시대 착오적인 교육상의 일들 가운데, 낡은 권위를 가르치는 고전적 과거 시험이 1915~1918년까지, 즉 중국보다도 더 늦게까지 존속되었다. 새로운 질서를 위한 근대적 교육은 느리게 발전하였다. 인도차이나의 몇몇 문화와 복잡한 역사에 대한 근대적 연구는 비록 하노이의 프랑스 극동 학원(École Française d'Extrême Orient)에 의해 눈부시게 진행되긴 하였지만, 그 주제는 비정치적·골동품적 취향의 범주에 제한되어 있었다. 1941년에 이르러서야 노더뉴(Know the New) 그룹으로 알려진 애국적 학자들이 민족주의 운동에 역사의 지지를 얻기 위하여 18세기의 서산(西山, Tay-son) 형제들과 같은 '인민의 영웅들'에 관한 대중적 전기를 쓰기 시작하였다. 한편, 한자를 사용하는, 중국-월남 혼합형의 낡은 고전 교육은 어떤 분야에서는 사라져 버렸지만 또 다른 분야에서는 여전히 생명을 부지하고 있었다. 고전의 영향력이 역사적으로 가장 미약하였고 프랑스의 식민 통치가 1860년대에 가장 가혹하였던 코친 차이나에서는, 프랑스 인과 '원주민'들을 가로막는 '중국어'라는 장벽을 깨뜨리기 위하여 로마자화한 글자를 사용하도록 사이공의 식민지 정부가 결정하였다. 안남과 통킹에서는, 한자 체계가 그 지배력을 훨씬 더 오랫동안 유지하였다. 그러나 초기의 월남 혁명가들은 결국 로마자화한 글자의 사용이 보다 광범한 대중과 보다 신속하게 접촉할 수 있도록 도와 줄 것이라는 사실을 정확하게 인식하였다. 1915년에 이르러, 로마자화한 월남어로 인쇄된 일간 신문이 3개 지역 전체에 보급되었다.

국민 전체의 교육은, 프랑스 인에 대한 교육조차도 최소한의 수준에 머물러 있었다. 1939년의 경우, 인도차이나 전체에서 약 50만여 명의 학동만이 일반 교육 과정에 들어갔다. 이들 가운데 대다수가 국민학교의 1학년과 2학년만을 다녔고, 약 600여 명의 학생만이 대학 수준의 교육 과정에 들어갔다. 동남 아시아에 있는 서방의 식민지들 가운데서는 오직 네덜란드의 동인도(인도네시아)만이 이보다 더 빈곤한 기록을 보여 주었다. 따라서 지식인 계급 안에서 뒤끓어오르는 흥분이 있었음에도 불구하고, 1930년까지 월남은 매우 유교적인 촌락 사회로 남아 있었다. 1930년부터는 도시화가 좀더 효력을 갖기 시작하였고, 새로운 도시 거주 집단들——의사, 교사, 법률가, 공장 소유자 등——은 서방 문화와 전통적 중국 사상의 타협을 추구하였던 앞선 세대의 열정을 상실하기 시작하였다. 비록 월남은 중국의 5·4 운동과 똑같은 것을 갖지는 못했지만, 사회 개혁의 특별 계획과 그들 자신의 잡지를 가진 작가 동인들이 출현하였다. 이들 동인 가운데 가장 유명했던 것은 자립 문학 그룹(Self-Reliance Literary Group)이었다. 이 문학 동인은 1933년에 쉽게 쓴 문학, 평등주의, 개인주의, 애국주의, 과학적 방법 등을 단호하게 요구하고 낡은 유교적 관념들을 맹렬히 공격하여——이는 1919년의 북경을 연상케 한다——글을 깨친 월남인들을 흥분시켰다. 프랑스 인들은 1936년에 처음으로 출간된 이 동인의 잡지 〈풍화(風化, Phong Hoa ; 관습의 개혁)〉를 탄압하였다.

이와 같이 분열시키고 주의를 다른 데로 돌리면서 탄압하는, 여러 가지 전통적 수단들을 통해, 프랑스 인들은 근대화가 진행된 초기의 수십 년 동안 자신의 지배력을 유지하였다. 낡은 질서는 분명히 파탄에 이르렀다. 프랑스 인들의 힘은 사이공과 같이 새롭고 매력적인 대도시에서 근대적 시설을 갖춘 새로운 행정 체제를 창출하고 있었다. 월남인의 혁명적 지도력이 나타나기 전인 1920년대에는 프랑스 자본의 대규모 투자가 이루어져 프랑스 인 사회주의자들조차도 프랑스와 월남의 협력 관계에 대하여 일부 관심을 표명하기에 이르렀다. 한편——근대화로 인해 얻을 수 있는 두 가지 혜택 가운데 또 다른 혜택인——공중 보건 면에서 이룩한 프랑스 인의 성과는 식량의 공급보다 인구의 증가가 훨씬 더 빠르게 이루어지도록 도와 주었다.

중국의 집약적 농경 지역과 흡사하게 인구가 밀집된 북부 월남 하노이 부근의 삼각주 지대는 인구 증가로 인한 고통을 가장 크게 받았다. 땅덩어리는 같은데 인구가 점점 더 많아진다는 것은 빈곤과 불안정이 더욱 심화된다는 뜻이다. 한편 새로 정착하고 인구가 덜 밀집된 남부 월남에서는, 버마(Burma)나 네덜란드령 동인도(인도네시아)에서나 가능할 뿐 동아시아의 다른 어떤 곳에서도 찾아볼 수 없는 대규모 농장 경제가 프랑스 인들에 의해 창출되었다. 1860년대에 코친 차이나에서 시작된 프랑스의 토지 정책은 공동체적 토지 소유라는 고대의 전통을 유지시키지 않았다. 공동체 토지란 경작지의 5분의 1 정도를 따로 만들어 빈궁한 촌락민들이 의존할 수 있는 자원으로 삼았던 것이다. 그 대신 프랑스 인들은 토지 수용 계획을 추진하여, 많은 액수의 토지를 프랑스 인 식민 이주자들에게 양여하였고, 그 중의 상당 액수는 프랑스에 협력한 새로운 계급의 월남인들의 손으로 넘어갔다. 결국, 토지의 약 반(半)이 대규모 농장을 이루기 위하여 접수되었고, 이 농장에서 농민들은 농토를 갖지 못한 노동자로서 수출용 고무나무와 기타 곡물을 생산하기 위해 일하였다. 프랑스 인이 경영하는 대규모 고무 농장과 석탄 광산, 기타 수출 상사들이 인도지나 은행(Banque de l'Indochine)과 중국인 미곡 무역업자나 고리 대금업자 등과 함께 점차 식민지 경제를 지배하면서 식민주의와 결합한 이해 집단을 형성한 반면, 주민들의 상황은 더욱 악화되었다.

많은 월남인들에게는 개혁이 아닌 혁명만이 이러한 경제적 착취와 정치적 탄압, 그리고 문화적 정체에 대한 유일한 해답으로 보였다. 제 1 차 세계 대전 중에 프랑스로 보내어진 9만여 명의 월남인 병사와 노동자들 가운데서 다수가

554

‘위험한’ 사상을 갖고서 돌아왔다. 1920년대초에 중국에서 크게 유행하였던 민족 자결과 혁명적 계급 투쟁, 당(黨) 독재 등의 관념들이 즉각 중월(中越) 국경 남쪽에까지 울려퍼졌다. 중국의 그것과 비슷한 민족주의 조직과 공산주의 조직을 통해 혁명이 월남에서 시작되었다.

식민지 시대 월남의 민족주의와 공산주의 1927년에 창건된 월남 국민당(國民黨)은 이념과 방법, 지원 등의 측면에서 중국 국민당으로부터 많은 도움을 받았다. 기존의 선거 과정에 참여할 어떠한 기회도 거부한 국민당은 1920년대말에 테러리즘(暴力主義)으로 방향을 바꾸었다. 그러는 동안에, 보다 고도로 훈련된 전문적 혁명 운동이 호지명(胡志明, Ho Chi Minh ; 1892~1967)에 의해 시작되고 있었다. 호지명은 처음에는 손문처럼 민족주의자로 시작하였으나(阮愛國이란 이름을 사용했다), 손문보다 한 세대 젊은 그는 공산주의로 전향하였다. 제 1 차 세계 대전 전에 프랑스로 간 그는 1920년에 프랑스 공산당(共産黨)의 창건을 도왔고, 1923년에는 동방 노력자 대학(東方勞力者大學)에서 공부하기 위해 프랑스 공산당에 의해 모스크바(Moscow)로 파견되었다. 그는 1924년에 열린 코민테른(Comintern) 제 5 차 총회에 참석하고 1925년에는 보로딘(Borodin) 아래에서 활동하기 위해 광동에 도착하였다. 그곳에서 그는 공산당을 조직하기 위한 첫번째 단계로서 월남 청년 혁명 동지회(越南靑年革命同志會)를 결성하기 위해 월남인들을 규합하고 〈청년(靑年, Thanh Nien)〉이라는 신문을 발간하였다. 이 같은 레닌(Lenin)주의 사상 교육을 통해, 그는 인도차이나에서 프랑스 경찰의 탄압을 피할 수 있는 비밀 세포를 기초로 하여 중앙 집권적 체제 전복 운동을 처음으로 조직화하기 시작하였다. 일부 조직원들은 황포 군관 학교(黃埔軍官學校)에서 훈련받았다. 중국에서 국민당과 공산당이 분열된 뒤, 호지명은 코민테른의 수석 대리인으로서 1930년 홍콩에서 당시 각 지역에 흩어져 있던 분파 집단들을 ‘월남’의 공산당(共産黨, Cong-san Dang)으로 통합하는 데 성공하였으며, 이 명칭은 곧 ‘인도차이나’ 공산당으로 확대되었다. 얼마 지나지 않아, 공산당은 약 1,500여 명의 당원을 갖고 코민테른의 지원을 받게 되었다.

1930년에 시작된 월남 혁명의 제 1 단계는 세계 공황이 인도차이나의 수출 경제에 타격을 가하는 한편 이와 동시에 일어난 흉작과 기근이 삼각주의 인구 밀집 지역에 사는 민중의 고통을 한층 더 심화시킨 상황에 부분적으로 기인하였다. 월남 국민당은 이해 2월에 북부 월남의 중앙 고원 지대에 위치한 옌바이(Yen Bai)에서 일어난 군대 폭동을 시발로 하여 군사 봉기를 시도하였다. 프랑스 인들은 이 반란을 혹독한 방법으로 분쇄하였기 때문에, 국민당은 거의 파괴되었다. 기근에 대한 반응으로 농민 반란이 일어나고, 그 결과 최근에 통합된 공산당 조직 안으로 새로운 당원들이 쇄도해 들어왔다. 1930~1931년에는 안남의 두 개 성(省)에 소비에트(Soviet)가 세워졌다. 1931년에 프랑스 인들은 상황을 장악하기 위하여 소규모 전쟁에 외인(外人) 부대를 사용하였으며, 그 결과 수천 명이 죽고 재판을 받고 처형되거나 추방되었다. 호지명은 홍콩에서 투옥(1931~1933)되었고, 공산당의 조직과 코민테른의 접촉이 잠시 끊어지게 되었다.

이 패배로 인해, '부르주아(bourgeois) 민족주의자들'과의 어떠한 통일 전선도 본질적으로 '반동적'이고 신뢰성이 없다는 트로츠키(Trotsky)주의자들의 견해가 일부 월남인 공산주의자들 사이에서 설득력을 갖기 시작했다. 그러나 1930년대 후반에 이르러, 시암(Siam ; Thailand)을 통해 모스크바로부터 도움을 받아 지하 조직을 재건한 정통파 스탈린(Stalin)주의자들의 당이 인민 전선(人民戰線) 기간 동안에 트로츠키주의자들과 사이공 지방 정계의 다른 분파들과 합세하였다. 제 2차 세계 대전이 폭발하여 통일 전선 정책이 끝나게 되자, 월남인 민족주의자들과 공산주의자들은 다시 프랑스의 지배에 저항하여 봉기하기 시작하였고, 또다시 무자비한 탄압을 받았다. 그럼에도 불구하고 공산주의 운동은 분명 월남 민족주의의 가장 중요한 매체가 되었다.

공산주의자들이 월남에서 민족 혁명 지도자가 된 데에는 여러 가지 이유가 있었다. 중국에서는 국민당, 즉 민족주의 정당이 경쟁 상대인 공산주의자들에 비해 나이나 경험 면에서 이점을 갖고 있었지만, 월남에서는 그 반대였다. 1930년에 처형된 월남 민족주의자들의 젊고 성급한 지도자 완대학(阮大學, Nguyen Thai Hoc)에 비해 더 나이가 많고 현명하였던 호지명과 그의 동료들은 변방이나 월남 바깥에 조심스럽게 남아 있음으로써 그들의 당이 벌였던 '소비에트 운동'──── 이 운동은 1930년대초에 중부 월남에서 피비린내 나는 탄압을 받았다 ──── 의 결과로부터 교묘하게 도피하였다. 보다 중요한 것은, 국제 공산주의가 중국에서 이미 익숙해진 알기 쉬운 정치·철학적 이념 체계와 조직

556

화 방법을 문화적 차용의 긴 전통을 갖고 있었던 이 나라에 제공해 주었다는 사실이다. 1세기 전에 월남의 군주들이 중국의 관료제적 청사진을 받아들였던 것과 같은 창조적 방법으로 월남인 혁명가들도 이러한 이념과 방법을 받아들일 수 있었다. 불행히도 비(非)공산계 월남 혁명가들은 이 같은 효능을 가진 외부의 모형을 발견할 수가 없었다. 1930년대에, 중국 국민당은 젊은 월남인들을 고무할 수 있는 정치적 운동의 지표를 제시할 계기를 상실하였다. 중국 국민당은 손문(孫文)과 호한민(胡漢民)을 움직였던 범(汎)아시아 이상에 더 이상 실질적 주의를 기울이지 못하였다. 그러는 동안에, 월남의 공산주의자들은 연안(延安, Yenan)과의 접촉을 끊임없이 주장하였다. 한 명의 원로 공산주의 이론가는 중국 공산당이 1935년에 이룩한 위업에 경의를 표하기 위하여 '장정(長征)'이라는 중국 용어를 월남어〔트루옹 친(Truong Chinh)〕로 바꾸어 자기의 필명으로 사용하기까지 하였다.

혁명적 문제로 본다면, 월남은 군사적으로는 중국보다 더 어려웠지만 정치적·사회적으로는 중국에 비해 다소 덜 복잡하였다. 첫째, 이론의 차원에서, 중국의 개항장 안에 위치한 조약국들의 제국주의는 다원적이고 제한적인 것이었다. 그것은 중국의 빈곤과 군벌(軍閥) 및 정치적 분열 등 국내의 여러 문제들에 대하여 오직 간접적으로만 비난받을 수 있었을 뿐이다. 월남에서는 제국주의가 프랑스 정권 하나로 일원화되어 있어, 국내 문제에 대하여 직접적으로 책임을 지고 있었다. 모든 악(惡)이 마르크스-레닌주의자들의 제국주의론에 의해 비판될 수 있었다. 민족주의자들과 공산주의자들의 반(反)프랑스 운동의 목적은 거의 일치하였다. 둘째, 실질적 면에서, 국가의 모든 통신 수단과 경찰, 재정, 군사적 힘을 장악하고 있던 중앙 집권적 프랑스 정권은 —— 중국의 경쟁적 제국주의 열강들과는 매우 다르게 —— 변방의 개항장에만 그 힘이 제한되어 있었던 것이 아니라 전국을 장악하는 통일된 제국주의를 대표하였다. 이러한 사실로 인해, 월남의 혁명가들이 지방에 권력 기반을 구축하는 일이 거의 불가능하게 된 반면, 외부로부터의 도움이 핵심적인 것은 아니라 하더라도 매우 중요한 의미를 갖게 되었다. 이러한 점에서 코민테른의 조직이 다른 모든 경쟁 상대를 크게 앞지를 수 있었다.

통일 전선의 노선 위에서 여러 계급이 제휴하는 것은 프롤레타리아 계급이 거의 존재하지 않는 월남에서는 이미 예상된 전술이었다. 1920년대에 호지명이 마르크스-레닌주의의 해석과 적용 문제에 고심하고 있던 바로 그때에 반란이 일어나기 시작하였다. 그리하여 그는 2단계 혁명——즉, 먼저 독립을 성취하기 위하여 모든 혁명적 계급들이 '부르주아 민주주의'적 투쟁을 전개하고, 그런 다음에 '프롤레타리아 혁명'을 추진한다는——을 구상하였다. 1927년에 그가 말한 것처럼, 월남에서는 아무도 "아직 세계 공산주의의 중요성을 이해"하지 못하고 있었다. 결과적으로 공산주의는 월남에서 승리하였기 때문에, 식민지 시대에서의 그 초기 역사는 특별한 관심의 대상이 되었다. 그러나 1945년 이전에 월남의 공산주의가 이룩한 실질적 성과는 보잘것없었다. 프랑스의 보안 경찰은 월남 안에서 호지명의 당을 탄압하는 데 매우 유능하였고, 공산당은 밀고자들에 의해 벌집처럼 되었다. 일본이 인도차이나를 점령하여 필요한 촉매를 제공해 준 뒤에야 비로소 월남 공산당은 그 나라의 정치 무대에 주요한 선수로 등장하였다.

　일본은 진주만 공격 이후 군사력으로 동남 아시아의 대부분을 장악하였다. 정복한 지역에서 일본이 취한 상용 수법은 지금까지 지배해 온 유럽 식민 세력에 대항하여 싸우도록 민족주의 운동을 지원하여, 일본인 자신의 지배에 필요한 도움을 얻으려는 것이었다. 그러나 일본은 독일의 꼭두각시인 프랑스의 비시(Vichy) 정권과 협약을 맺음으로써, 진주만 공격 이전인 1940년에 처음으로 인도차이나에 들어갔다. 이 협약과 점령지 행정관의 부족으로 인해, 일본인들은 경찰과 군대를 포함하여 프랑스 식민 정부를 현지에서 그대로 유지하였다. 일본인들은, 마치 앞선 수십 년 동안 프랑스 인들이 월남인 관리들을 통해 안남과 통킹을 지배한 것처럼, 프랑스 인들을 통해 인도차이나를 지배하였다. 그러나 일본과 프랑스의 이러한 협력은 대동아 공영권(大東亞共榮圈) 즉 '아시아 인을 위한 아시아'라는 공식적 정책과 일치하지 않았다. 월남인들은 그들의 식민 지배자들을 아시아의 다른 민족인 일본인을 위해 일하는 앞잡이로 보았기 때문에, 월남인을 통치하기 위한 이 이중적 행정 체제는 민족주의적 감정을 불러일으키는 역할만 하였을 뿐이다.

　1945년 3월에 이르러, 일본이 전쟁에서 패배할 것임이 분명해졌다. 프랑스인 식민 행정관들은 태도를 바꾸어 드골(de Gaulle) 휘하의 자유 프랑스에 지지를 보내기 시작했다. 일본인들은 자기들에게 대항할 어떤 행동을 미리 막기 위하여 정부에 대한 통제력을 장악하여 프랑스 인 관리들을 억류하였고, 항복

558

프랑스 인 주재관과 자신의 수상을 대동한 보대(保大, Bao-dai) 황제
가 프랑스에서 10년을 보낸 뒤 20세의 나이에 그의 나라로 돌아오
고 있다. 그가 실질적 입헌 군주가 되려고 시도하자, 이를 반대한
프랑스 인들은 그가 1945년에 월맹(越盟, Viet Minh)에 의해 퇴위당할
때까지 아무 일도 하지 못하게 하였다.

하지 않은 프랑스 부대를 격멸하였다. 프랑스 통치에서의 이 갑작스러운 단절
은 결정적인 것이었음이 입증되었다. 식민지의 행정 체제와 유능한 당국 모두
다시는 회복되지 못하였다.

한편, 호지명과 그의 추종자들은 중국 변경 부근에서 자기 세력을 다시 결
집하고 있었다. 중국의 군벌(軍閥)이 일본에 대한 투쟁의 일환으로 그들에게
지원과 근거지를 제공하였다. 1941년 봄에, 월남인 공산주의자들은 월남 독립
동맹회, 즉 월맹(越盟, Viet Minh)이라는 통일 전선 조직을 만들고 호지명을 서
기장(書記長)으로 선출하였다. 월맹은 중국에서 중국인 공산주의자들이 세운
'해방구(解放區)'와 흡사한 '해방구'를 중국 변경에 세웠다. 이곳을 근거지로
하여, 그들은 홍하(紅河) 델타 지역과 심지어는 보대(保大, Bao Dai)제의 영역

에까지 침투하였다. 1944~1945년의 기근 동안에, 월맹은 구제 활동을 지도하여 경험과 인기를 얻었다. 1945년에 이르러, 전직 교사이며 중국인 공산주의자들에 의해 연안(延安)에서 훈련받은 젊은 장군 무원갑(武元甲, Vo Nguyen Giap ; 1912~)이 통킹에서 게릴라 부대를 지휘하였다. 그들의 수는 5,000여 명을 넘지 않았다.

일본이 1945년 8월에 갑자기 항복함으로써 월남에서는 힘의 공백 상태가 만들어졌다. 여러 종류의 군대가 경쟁하였지만, 1,000여 명의 군대를 이끌고 하노이에 들어가 호지명을 수반으로 한 월남 임시 정부를 수립한 사람은 무원갑 장군이었다. 하노이에 3만 병력을 갖고 있던 일본은 8월 18일에 호지명의 임시 정부를 월남의 새로운 정부로 인정하였다. 8월 23일에는 보대제가 제위에서 물러났다. 9월 2일, 그 전쟁중에 협조한 바 있는 미국의 OSS(전략 정보국) 관리들과 함께, 호지명은 월남 민주 공화국을 선포하였다.

월남의 첫번째 전쟁——프랑스 식민 통치에 대한 저항 1945년 9월의 월남의 상황은 불안정하였다. 호지명(胡志明)의 정부는 하노이와 일부 오지를 통제하였고 나라의 다른 부분에까지 그 영향력을 확장하려 하였다. 그러나 정부 관리의 수가 너무 적고 훈련받은 행정관은 거의 없었으며, 정부는 모순되는 목표들을 추구하였다. 월맹은 프랑스 인을 축출하여 독립을 성취하기를 원하였던 반(反)식민 민족주의자들이었다. 이와 동시에, 그들은 마르크시즘의 원리를 신봉하고 북부 월남 델타 지역의 빈곤과 불평등 가운데 위치하고 있었기 때문에 사회 혁명가가 될 수밖에 없었다. 그러나 월맹은 사회 혁명을 위하여 빈민들을 움직일 수는 있었지만, 교육받고 부유한 사람들의 지지를 얻는 것은 어렵다는 사실을 발견하였다. 그리하여 당(黨)은 호소력의 범위를 넓히기 위하여 많은 것을 양보하였다. 당은 1945년 11월에 인도차이나 공산당을 해체하였는데, 이는 부분적으로는 중국 국민당으로부터 보다 많은 지원을 얻으려는 희망에서였다. 또한 당은 지주들의 토지를 몰수하지 않고 그냥 두었다. 당은 처음으로 선거를 실시하여 '독립과 민주'라는 계획을 갖고 '월남 인민 전선 (Lien Viet)'을 조직하였으며, 보다 많은 비(非)공산계 민족주의자들과 카톨릭 신도들, 사회주의자들 및 기타 사람들을 하노이 정부 안으로 몰려들게 했다. 그러나 당은 월맹의 군사력에 대한 엄격한 통제력은 계속 유지하였다.

일본인의 무장을 해제하여 본국으로 송환하기 위한 연합국측의 월남 접수는 16 도선 북쪽은 중국군이, 그 남쪽은 영국군이 맡도록 나눠졌다. 사이공에 잔류해 있던 2만 명의 프랑스 시민들에 대하여 관심을 갖고 있던 자유 프랑스 세력이 1945년 9월 중순에 영국인들과 같이 다시 월남으로 돌아왔으며, 드골 장군 등은 제국을 포기함으로써 민족적 영광을 감소시키는 일은 하지 않기로 결정하였다. 영국인들이 지방 치안을 책임진 가운데 재무장한 프랑스 인들이 9월 23일에 사이공을 강제로 장악하였으며, 1946년 1월에 영국인들이 떠나자 농촌 지역에서 간헐적인 저항이 계속되었음에도 불구하고, 프랑스 인들이 코친 차이나의 주요 도시들과 통로와 대농장들을 다시 점령하였다. 남부 월남의 상황은 호아 하오(Hoa Hao, 和好)나 카오 다이(Cao Dai, 高臺)와 같이 구세(救世)를 외치는 종파들의 존재로 인해 더욱 복잡하게 되었다. 그 기원이 19세기로 돌아가는 이들 종파들은 민중 불교와 유교 및 민간 종교의 여러 요소들을 갖고 있었다. 그들은 상호 부조와 조화, 검소, 소박, 덕행 등과 같은 낡은 가치로 되돌아갈 것을 가르쳤으며, 프랑스와 공산주의에 반대하는 입장을 취하였다. 1944년에 '호아 하오'는 일본의 도움을 받아 남부 촌락들에 대한 지배를 확장하였다. 이들 종파들은 제각각 민병대를 보유하고서 코친 차이나 안에서 조그마한 신정(神政) 국가들을 세웠다.

이에 반해, 통킹에서는 9월 중순에 도착한 중국 국민당 군대가 월맹(Viet Minh)에 하노이에서의 기능을 허용하고 있었고, 프랑스의 대표들은 무기력하게 바라보고만 있었다. 통킹의 자원을 소모하기만 하던 중국의 점령군은 1946년 봄에 월남에서 철수하면서, 그 대가로 중국에 교역상의 이익을 가져다 줄 협약을 프랑스와 체결하였다. 이 무렵 월맹은 프랑스가 다시는 이전 상태로 돌아갈 수 없다는 입장을 견고히 지켰다. 그러나 월맹의 이러한 입장은 프랑스의 단호한 노력에 저항할 수 있을 만큼 강력하지는 않았다. 결국 호지명은 1946년 3월에 프랑스와 협약을 맺었다. 이 협약의 조문에 의거하여, 프랑스는 월맹에 의해 지도되는 월남 민주 공화국을 '자신의 정부와 의회, 군대 및 재정을 갖는 자유로운 국가'로 인정하였다. 그러나 그 대신 월남 민주 공화국은 '인도차이나 연합과 프랑스 연방의 일부'가 될 것에 동의하였다. 다시 말해서, 이 협약은 독립 국가를 창건하려 한 월맹의 결정과 인도차이나에서 모종의 식민지 질서를 다시 구축하려 한 프랑스의 결정 사이에 이루어진 어색한 타

월남 민주 공화국의 대통령 호지명(胡志明, Ho Chi Minh)이 인도에서 환영받고 있다.

협이었다. 코친 차이나와 하노이 및 하이퐁(Haiphong, 海防) 등의 지위와 같은 몇몇 중차대한 문제들이 해결되지 않은 채 남아 있었다. 프랑스는 이러한 지역들이 특수한 식민지 조계(租界)이지 월남 민주 공화국의 일부는 아니라고 본 반면 월맹은 이것들이 월남을 구성하는 데 절대로 필요한 부분이라고 보았다. 1946년 7월부터 8월까지 프랑스에서 열린 협상은 양측의 입장 차이가 얼마나 타협하기 어려운 것인가를 확인시켜 주었을 뿐이다. 프랑스는 이 협약을 제멋대로 해석하여 코친 차이나에서 자국의 행정 체제를 세우고 하노이와 하이퐁에 군대를 파견하였다. 11월에 군대가 하이퐁에 상륙하기에 앞서, 시가지를 포격하여 6,000명 이상의 시민을 살육하였다. 월맹은 12월에 하노이에 있던 프랑스 인들에 대한 기습 공격으로 대응하였고, 그 결과 전면전이 일어났다.

7년 전쟁은 최전선의 쌍방에서 전개된 군사적 교전의 양상이 아니었다. 프랑스 군——20만 명의 월남인 병사를 포함하여 총 42만여 명에 달하였다——은 더 좋은 장비를 갖추었고 재래식 전투에 더 잘 훈련되어 있었다. 1947년 4월에 이르러, 프랑스 군은 모든 도시와 대부분의 도회지에서 월맹을 몰아냈다.

월맹은 게릴라로 활동했다. 공격에 직면하여 그들은 농촌 지역으로 사라져 버렸지만, 프랑스 군이 떠나고 나면 즉시 그 지역을 다시 점령하였다. 몇 년 동안 소강 상태가 계속되었다. 프랑스 군은 게릴라들을 근절시킬 수 없었으며, 월맹군은 프랑스 군의 우세한 무기에 맞설 수가 없었다. 그러나 월맹은 그들의 수가 프랑스 군의 수와 같아질 때까지, 시종 정치적 영향력을 확장하고 군사적 힘을 구축하고 있었다.

중국에서 공산주의자들의 승리를 예상하고, 자치(自治)에 대한 월남인의 점증하는 요구에 응대하면서 월맹에 대한 반격을 시도하려 한 프랑스는 1949년에 전(前)황제인 보대(保大)를 국가 원수로 한 월남인 정부를 위에(Hue)와 사이공(Saigon)에 수립하였다. 1950년 1월, 프랑스 국민 의회는 보대의 월남뿐만 아니라 캄보디아(Cambodia)와 라오스(Laos)까지 독립 국가로 승인하였으나, 프랑스 연방에 참여하는 '연합' 국가라는 단서를 빠뜨리지 않았다. 공산주의에 반대하고 조국의 장래가 프랑스에 매여 있다고 보는 많은 월남인 민족주의자들이 새 정부에 참여하였다. 그러나 새 정부가 프랑스와 관련되어 있다는 사실이 다른 지도급 인사들로 하여금 적극적 참여를 망설이게 하였다. 반공주의자요 카톨릭 신도인 전직 관리 오연염(吳延琰, Ngo Dinh Diem)은 1933년에 보대제의 수상을 역임한 바 있었고, 심지어 프랑스가 코친 차이나를 프랑스와 연합한 통일 월남의 일부로 만드는 데 끝내 동의하였음에도 불구하고, 이제 보대의 새 정부에서 수반이 되는 것은 거절하였다. 요컨대, 비록 민족주의가 교육받은 월남인들 사이에서는 강력한 힘을 갖고 있었고 교육을 덜 받은 촌락민들 사이에서도 약간의 영향력이 있었다 하더라도, 그것이 곧 정치적 충성을 예정하는 것은 아니었다. 어떤 민족주의자들은 공산당을 지지하였다. 그들은, 호지명의 모스크바 시절에 관계없이, 월남 독립의 걸출한 상징으로 호지명이 출현한 사실에 영향받았다. 다른 이들은 보대를 지지하였고, 혹자는 정치적 중립을 지켰다. 월맹이 지배한 지역을 제외한 대부분의 촌락민들은 정치에 무관심하였다.

제2차 세계 대전 동안과 전쟁 직후의 미국은 월남에서 식민지를 다시 세우려고 시도하는 프랑스에 대하여 동정적이지 않았다. 그러나 냉전(冷戰)이 시작되고 특히 1950년 6월에 한국 전쟁이 발발하자 미국의 태도가 바뀌었다. 그 뒤부터 프랑스에 대한 지원이 아시아에서의 공산주의 팽창의 위협에 대한 미

국의 대규모 대응의 일부가 되었다. 월남은 냉전 체제의 초점이 되었다. 1949
년에 통킹의 변방에 다다른 중공(中共)과 소비에트 연방은 호지명의 정부를 승
인하였다. 미국과 영국은 보대의 정부를 승인하였다. 중국의 경제 원조와 무
기 및 훈련(남부 중국에 근거)이 월맹을 받쳐 주는 동안, 미국의 무기는 곧 대량
으로 월남의 프랑스 군에게 유입되었다.

　프랑스와의 7년 전쟁 동안, 경제적 궁핍과 정치적 통제가 북부 월남을 덮쳤
다. 정치 체제는 전적으로 중국식 모형을 본뜬 공산 체제였다. 인도차이나 공
산당(1945년 해체)을 계승한 월남 노동(Viet Nam Lao Dong)당이 1951년초에 출
현하였다. 전쟁은 공산당이 지도한 '자유 라오스 인(Pathet Lao)' 운동이 서쪽
으로 라오스를 침공한 1954년 봄에 결정적 전환점에 다다랐다. 프랑스 인들은
이에 대응하여 산악으로 둘러싸인 디엔비엔푸(Dien Bien Phu) 주둔지의 병력을
공수로 증강하여 주요 침입 통로를 막았다. 4월에, 무원갑 장군은 박격포
와 대공포——대부분 중국에서 얻었다——를 이 지역으로 옮기고 프랑스 주
둔군을 포위하여 압력을 가하였다. 이 전쟁을 비판한 사람들에 의해 '더러운
전쟁'이라 불릴 만큼, 이 전쟁은 프랑스에서 오랫동안 평판이 좋지 못하였다.
프랑스 군의 정예가 디엔비엔푸에서 참패함으로써 전쟁을 계속하려 한 프랑스
의 의지가 좌절되었다. 제네바(Geneva)에서 개최된 국제 회의에서 이미 양측은
임시로 위에(Hue)에서 조금 떨어진 북위 17도선을 경계로 전국을 남부 월남과
북부 월남으로 분할할 것을 인정하였다. 공산당이 통제하는 월남 민주 공화국
은 하노이에서 북부 월남을 지배하였다. 남부에서는 고 딘 디엠(Ngo Dinh
Diem)을 수상으로 하여 사이공에 수립된 월남 공화국의 보대(保大, Bao Dai) 정
부를 위하여 프랑스가 철수하였다. 미국의 후원을 받은 디엠이 제네바에서 약
속한 전국적 규모의 선거에 참여할 것을 거부하자 북부와 남부 월남으로 갈라
진 월남의 분열은 지속되었다. 그러나 프랑스는 갔다.

월남의 두번째 전쟁——남북 전쟁　디엠(Diem) 수상은 사이공의 폭력단을
소탕하고 여러 종파들을 통제하기 위해 움직임으로써 남부 월남에서의 자신의
역할을 시작하였다. 그는 스스로 하늘로부터 받은 천명(天命)을 갖고 있는 것
으로 생각하여 어떠한 반대도 허락하려 하지 않았다. 1955년말에 그는 선거에
서 승리하여 보대를 몰아내고, 스스로 월남 공화국의 대통령이 되었다. 그를

곤명(Kunming)
서 강(Xi R.)
국 (China)
중
운남(Yunnan)
광서(Guangxi)
홍하 (Red R.)
남녕(Nanning)
옌바이(Yen-Bai)
카오방(Cao-Bang)
랑손(Langson)
버마(Burma)
디엔비엔푸(Dien-Bien-Phu)
하노이(Hanoi)
하이퐁(Haiphong)
메콩 강(Mekong R.)
루앙프라방(Luang Prabang)
통킹 만(Gulf of Tongking)
해남도(Hainan)
라오스(Laos)
비엔티안(Vientiane)
북위 17도선
위에(Hué)
다낭(Dà Nẵng)
[투랜]
남지나해(South China Sea)
타이(Thailand)
관로(2號 Mandarin Road)
월남(Vietnam)
퀴논(Qui Nhon)
방콕(Bangkok)
시엠레아프(Siemreap)
앙코르(Ankor)
메콩 강(Mekong R.)
바탐방(Battambang)
톤레사프 호(Tonle Sap)
나트랑(Nha Trang)
캄보디아(Cambodia)
달라트(Dalat)
프놈펜(Pnompenh)
호치민 시(Ho Chi Minh City)
[사이공]
북
타이 만(Gulf of Thailand)
0   50   100 마일
0   50 100 150 킬로미터
인구 100만 이상의 도시
인구 50만 이상의 도시
인구 20만 이상의 도시
인구 20만 이하의 도시
공업의 중심지
풀로콩도르 섬(Pulo Condore Is.)

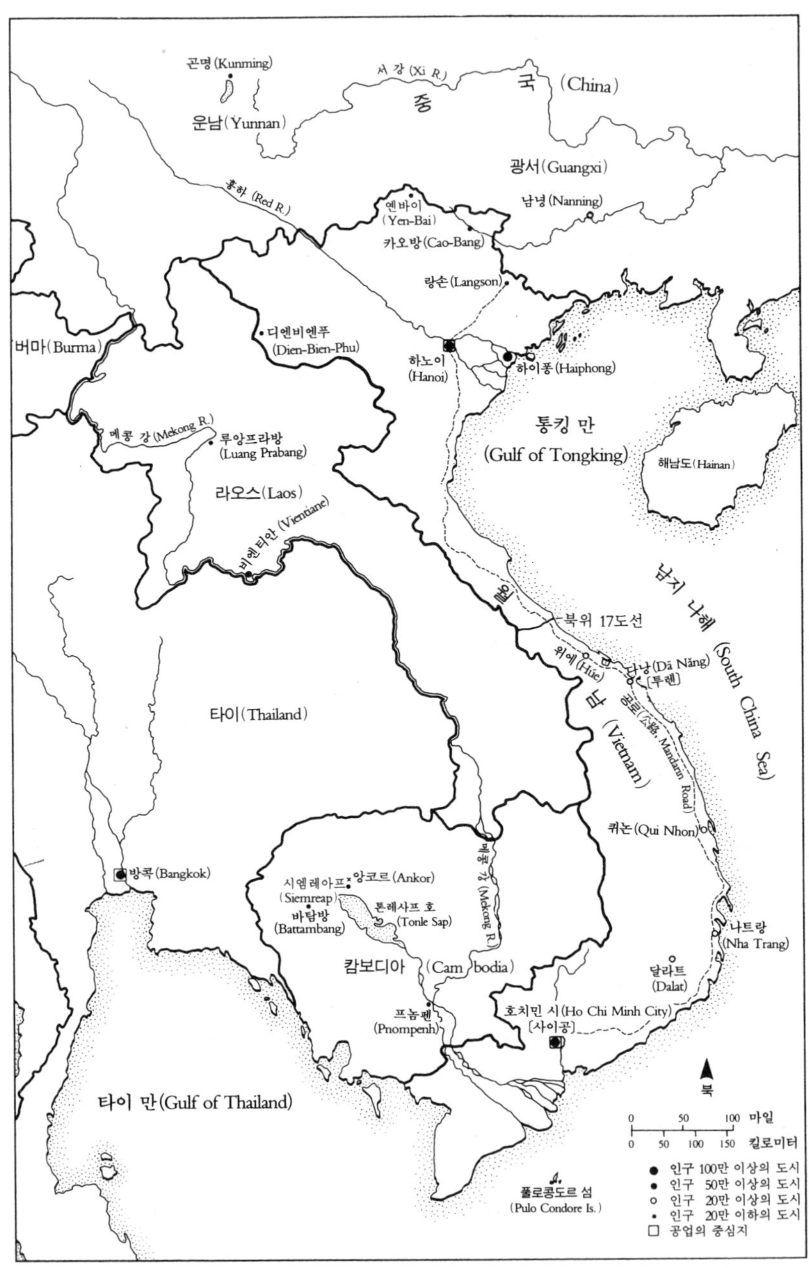

월남과 주변 국가들

정치적으로 지원하는 세력의 대부분은 공산주의에 반대하는 90만 카톨릭 신도와 분단 이후 북부에서 흘러 들어온 또 다른 사람들이었다. 디엠 자신은 은둔 생활을 하였고 친척들에게 지나치게 의존하였다. 미국은 그를 별로 달갑게 생각하지 않았지만, 다른 대안이 없었기 때문에 경제적·군사적 원조를 그에게 제공하였다.

두번째 전쟁이 월남 안에서 1959년에 시작되었다. 나라가 분단된 뒤 남부에 뒤쳐져 남은 공산당 간부들은 더욱 적극적이 되었다. 디엠은 그들과 그들을 지원해 주는 사람들을 탄압하기 시작하였다. 그 과정에서 많은 수의 지방민들이 고통을 받았고 디엠 정권에 점차 등을 돌리게 되었다. 1959년에 하노이 당국은 민족 해방 전선(NLF)의 조직화를 승인하였고, 1960년에 그것이 정식으로 조직되었다. NLF는 대부분 남부 출신으로 구성되었으나, 그 지도부는 하노이의 통제를 받았다. NLF는 군사 조직뿐만 아니라 자체의 지하 정부까지 갖추고 있었다.

처음에는 몇몇 폭동이 고립된 양상으로 일어났으나, 수년 안에 광범한 게릴라전으로 바뀌었다. NLF는 촌락민들을 조직화하고 의식화하려 하였다. 정부는 NLF에 반격하려 하였으나 성공하지 못하였다. 정력적이며 낙관적인 존 케네디(John F. Kennedy) 대통령은 국제 공산주의의 확산을 저지하기 위해서는 미국의 힘을 기꺼이 쓸 용의가 있었으므로, 1961년에 600명의 군사 고문단을 월남에 파견하고 2년의 과정이 지난 뒤에는 1,000명을 증파하였다. 전쟁의 중요한 전환점이 1963년에 왔다. 디엠의 제도적 개혁의 실패와 그 탄압 정책의 강화가 한 원인이 되어, NLF 군과의 교전에서 남부 월남인들이 점점 더 많은 것을 잃게 되자, 디엠 정권은 곧 전복되었다. 그는 미국의 승인하에 군사 정부의 관리들에 의해 살해되었다. 그러나 새로 등장한 군사 정부는 그의 선임자보다 더 나을 것이 없음이 입증되었다. 남부 월남의 고질적인 불안정이 미국의 지상 부대 파견을 초래하였으니, 1965년에는 7만 5,000명, 그 뒤에 12만 5,000명, 그리고 1960년대말에 이르러서는 50여만 명이 파병되었다. 미국의 장군들은 린던 존슨(Lyndon B. Johnson) 대통령에게 "우리에게 더 많은 군대를 주면 우리가 승리할 수 있다."고 말했다. 존슨은 월남을 잃으면 자신이 미국에서 실현하려 한 위대한 사회 계획이 위험에 빠질지도 모른다고 걱정하여 이들의 의견을 받아들였다. 이것이 이 전쟁의 '미국화' 과정이었다.

1968년 1월 31일, 테트(Tet)라 불리는 음력설〔舊正〕공휴일에 NLF와 북부 월남군이 남부 월남의 15개 도시를 동시에 공격하자, 그 뒤 전국적 규모의 전투가 전개되었다. 구정 공세는, 이 전쟁에서 치러진 일련의 전투 가운데 하나에 불과하지만, 두 가지 관점에서 보아 전환점으로 평가될 수 있었다. NLF에게는 이 구정 공세가 하나의 군사적 재앙이었다. 공산당이 예상하였던 민중의 자연 발생적 봉기는 일어나지 않았고, 오히려 미군과 남부 월남군의 반격에 의해 많은 수의 NLF 대원들이 죽음을 당하였다. 이때부터 공산측에서는 주로 북부 월남의 정규군이 전쟁을 담당하였다.

구정 공세는 미국에 있어서도 전환점이었다. 점점 더 피비린내 나는 전쟁의 참혹한 장면들이 수백만 미국인 가정의 텔레비전 화면에서 번득였다. 고도한 기술의 폭탄들이 농민들의 촌락에 대하여 사용되는 것을 보고 많은 사람들이 강한 혐오감과 죄의식을 느꼈다. 미국적 가치들이 위태롭게 되었다는 느낌으로 인해 근본적인 정신적 위기가 초래되었다. '터널의 끝에 빛'이 보인다는 공식 발표는 광범위한 회의에 부딪쳤다. 기자들은 수년 전 디엔비엔푸(Dien Bien Phu)의 전야에 합참 본부의 래드퍼드(Radford) 제독이 의회의 위원회에서 프랑스가 전쟁의 유리한 전환점에 다다랐다고 한 말을 상기시켰다. 반전(反戰) 운동이 새로운 절정에 이르렀다. 심지어는 정부 안에서도 이 전쟁에서는 웬만한 희생을 치러도 승리할 수 없음을 느끼는 사람들이 점점 더 늘어갔다. 또한 1960년대말에 이르러 아시아에서의 공산주의의 위협이 감소되었다. 중국과 소련 사이에 깊어 가는 불화의 의미가 1960년대의 그것과는 다른 것으로 이해되었다. 인도네시아(Indonesia)에서 강력한 정치적 힘이었던 친(親)북경 공산주의자들이 1965년에 권력을 장악하려 시도하였으나, 곧 군대의 반격을 받아 30만 명의 공산주의자들이 처형되었다. 문화 혁명(文化革命 ; 1966~1976)의 무정부적 혼란 상태로 들어가고 있던 중국 역시 그 이웃에 큰 위협을 주기가 어렵게 되었다.

존슨 대통령은 1968년에 재선(再選)을 포기했다. 같은 해에, 북부 월남과의 협상이 파리(Paris)에서 시작되었다. 리처드 닉슨(Richard M. Nixon) 대통령은 1969년 6월부터 월남에 주둔하는 미군의 수준을 감축하기 시작했는데, 이 과정을 가리켜 전쟁의 '월남화'라고 한다. 그러나 월남에서 미군을 철수시키는 과정에서도, 닉슨은 북부 월남의 협상 대표들에 대한 압력을 유지하기 위하여

1968년에 월남의 민간인들이 자기 소유물들을 가지고 전투 지역에서 피난가고 있다.

캄보디아로 전쟁을 확대하고 하노이에 폭격하였다. 1973년 1월에 조인한 파리 평화 협정은 남아 있는 미군을 안전하게 철수시키는 일만을 보장하였을 뿐이었다. 2년 뒤, 남부 월남의 군대가 패하고 미국 대사관이 철수하였다. 북부 월남은 NLF를 앞질러 남부에 북부의 행정관들을 파견하고 전국을 하노이에서 직접 통치하였다. 사이공의 이름은 호지명(胡志明, Ho Chi Minh) 시로 바뀌었다.

남부 월남과 미국은 왜 이 전쟁에서 패배하였는가? 미국은 수조에 달하는 막대한 원조를 제공하였을 뿐만 아니라 자신의 최정예 군대를 파견하였다. 중국과 러시아는 장비와 무기를 북부에 제공하였지만 군대는 보내지 않았다. 패배의 이유는 전쟁이 끝난 오랜 뒤에 논의되었지만, 다음과 같은 몇 가지 일들은 명백한 것으로 보인다.

1. 남부 월남의 정부는 허약하고 부패하였다. 그것은 반공주의자들에게조차도 충성심을 거의 얻지 못하였다. 전쟁의 패배를 피하기 위한 어떠한 희생도 감수하려 하지 않았다. 남부 월남의 군대 역시, 미국의 무기와 후원이 있었음에도 불구하고, NLF나 북부 월남인들처럼 싸우려 하지 않았다. 그 결과, 남부 월남 정부의 정통성은 그것을 위해 사용된 엄청난 액수의 돈과 수많은 외국군에 의해 기초가 위태롭게 되었다. 미국이 식민지 소유의 야심을 전혀 갖고 있지 않았다는 것은 중요하지 않았다.

2. 1948년에, 장개석(蔣介石)의 국민당 군을 돕기 위해 1만 명의 미국 고문관을 파견하자는 군사적 제안이, 그것은 무한정한 규모와 기간의 위임을 의미한다는 이유로 조지 마셜(George Marshall) 국무 장관에 의해 단호히 반대된 바 있었다. 그러나 1961년의 케네디 대통령은 이같이 지혜로운 조언을 듣지 못하였다. 한국전 후 아시아 정책의 일환으로, 미국은 전략적 중요성이 거의 없는 이 멀리 떨어진 땅에서 참전하게 되었다. 출발 때부터, 비판자들은 "우리가 왜 그곳에 있는가?"라고 물었다. 미국의 전술은 기술을 사용하여 병사들을 구한다는 것이었다. 제2차 세계 대전 때 일본에 투하한 것보다 더 많은 폭탄을 캄보디아 한 곳에만 떨어뜨렸다. 그러나 밀림의 오솔길과 자급 자족적인 촌락이 있는 나라에서는 기술이 별다른 효능을 발휘하지 못하였다. 미국의 손실이 늘어남에 따라 —— 결국 5만 7,939명을 잃기에 이르렀다 —— 북부 월남이 계속하여 싸우는 한 이 전쟁에서 이길 수는 없다는 사실이 분명하게 되었다. 무한한 기간의 전쟁을 계속하려 한 미국인의 의지는 종지부를 찍게 되었다.

3. 북부 월남의 지도자들은 1940년대부터 한 외세와, 혹은 또 다른 외세에 대항하여 투쟁해 온 혁명가들이었다. 그들은 사이공 당국을 미국의 대리자로 간주하였다. 그들은 그들 자신의 나라에서 싸우면서 긴 전쟁에 대비하였다. 그들의 손실이 50만 내지 60만 명의 전사자에까지 이르렀을 때도, 그들은 더 많은 군대를 계속 보내고 있었다.

월남의 세번째 전쟁——캄보디아에서　70년대 후반에, 월남과 라오스 및 캄보디아 등은 세계에서 가장 황폐화한 지역이 되었다. 전국을 통일한 뒤 하노이의 공산 정부는 경제 재건을 희망하여, 농경의 공영화를 시도하고 스탈린식 경제 계획을 세웠으며, 1976년에는 제 1 차 5 개년 계획을 시작하였다. 또한 하노이 정부는 1975년에 월남에서 도망하지 못한 과거의 남부 월남의 정부 관리와 장교들을 재교육 캠프로 보냈다.

캄보디아에서는 폴 포트(Pol Pot)를 우두머리로 한 공산 크메르 루주(Khmer Rouge)가 1975년에 권력을 장악하였다. 그 뒤 3 년간은 20세기에 감행된 가장 잔혹한 대살륙의 하나가 진행된 시기였다. 크메르 루주는 캄보디아에서 살고 있는 회교도 참(Chams)족과 한족(漢族), 월남족 등을 포함하여 수만 명에 달하는 소수 민족을 학살하였다. 이 나라의 교육받은 사람들——의사, 교사, 기술자, 법률가 등——거의 모두를 포함하여 100만 명 이상의 캄보디아 인들(어떤 이는 200만이라고 말한다)도 살해되었다. 수도 프놈펜(Phnom Penh) 시는 텅 비었고, 화폐와 교역이 철폐되었으며, 불교는 금지되고, 가족은 산산이 흩어져 나이별로 집단화된 노동군으로 재편성되었다. 외국인 기피증과 민족주의 및 극좌(極左)적 이념이 어떻게 조합되어서 이와 같은 행동이 저질러졌는가는 지금까지도 알려지지 않고 있다. 600만 내지 700만 정도의 총인구 가운데서 적어도 15 퍼센트 혹은 그 이상이 죽거나 살해되었다.

캄보디아와 월남은 전통적으로 적대 관계에 있었다. 폴 포트의 군대가 변경을 넘어 월남의 촌락들에 대해 약탈을 자행하였고, 월남은 이에 대응하여 1978년말에 캄보디아를 침공하여 프놈펜에 괴뢰 정부를 세웠다. 1980년대말까지도 14만의 월남군이 계속 캄보디아를 점령하면서 이 꼭두각시 정부를 받쳐 주고, 폴 포트와 다른 저항군 지도자들의 게릴라군에 대항하여 지방에서 전투를 벌이고 있었다. 또다시 아들 세대의 희생까지 강요받은 월남의 인민은 얼마나 오랫동안 전쟁을 계속해야 하는지를 물었다. 월남의 통제하에 있는 정부는 폴 포트의 잔학 행위를 끊임없이 상기시켰으며, 대부분의 캄보디아 인들은 월남인들에 대해 역사적으로 뿌리깊은 적의를 갖고 있었음에도 불구하고, 폴 포트가 돌아오는 것보다는 차라리 낫다고 생각하면서 월남인의 지배를 수동적으로 받아들였다.

월남은 캄보디아에서의 모험으로 인해 값비싼 희생을 치러야 했다. 1980년 대말에 5 개년 계획이 포기되었고, 월남 인민은 기력을 잃었으며 경제는 비틀거렸다. 그리하여 월남의 1 인당 국민 소득(GNP)이 방글라데시(Bangladesh)의 그것과 거의 같은 정도가 되어, 월남은 동아시아 국가들 가운데서 가장 가난한 나라로 전락하였다. 그 참담한 상황으로 인해 1987년과 1988년에는 보다 실용적인 관리들이 임용되지 않을 수 없었다. 아마도 러시아의 영향력이 작용하였기 때문에, 새 행정부는 경제적 개혁에 대해 말하기 시작하였다. 캄보디아로부터의 철수도 논의되었다.

캄보디아에서의 전쟁은 월남의 대외 관계에도 영향을 미쳤다. 앞선 남북 전쟁 동안에 하노이 당국은 중국과 소련 사이의 적대 관계에도 불구하고 양국 모두로부터 원조를 얻을 수 있었다. 그러나 일단 전쟁이 끝난 이상, 월남은 한쪽 편을 들지 않을 수 없게 되어, 소련을 선택하고 1978년에 우호 조약을 체결하였다. 이 조약은 미국이 만들어 놓은 캄란(Cam Ranh) 만의 해군 기지를 소련에 주고, 그 대신 월남은 군사, 경제, 외교적 지원을 받을 수 있게 하였다. 이 지원은 월남의 캄보디아 점령을 가능하게 하였다. 하노이와 중국의 관계는 남북 전쟁 이후의 수년 동안 나빠지기 시작했다. 하노이는 미국의 군대가 아직도 월남에서 싸우고 있는 1972년에 중국이 닉슨 대통령을 초대한 것에 대하여 불쾌하게 생각하였다. 보다 중요한 것은 월남이, 가난하지만 지역적으로 강력한 이웃인 중국보다는 부유하고 멀리 떨어진 곳에 위치한 소련이라는 강대국의 보호를 받는 것이 더 안전하고 이익이 많을 것으로 느꼈다는 것이다. 중화 제국주의의 2,000년이 저울질되었다.

남북 전쟁중에 하노이를 도와 준 중국의 입장에서 보면, 월남은 배은 망덕하였다. 중국은 소련에 대한 월남의 접근을 싫어하였고, 월남의 캄보디아 점령을 반대하였으며, 중국계 소수 민족에 대한 월남의 거친 대우에 분개하였다(월남에서 살고 있던 중국계 소수 민족은 1977~1978년에 채택된 '반(反)자본가' 정책이 자기들을 직접 겨냥한 것으로 보아, 수만 명이 도망하였다). 1979년에 중국은 "월남에게 교훈을 가르쳐야겠다."고 결심하고 그 북변 성들을 침공하였다. 전장에서 강인해진 월남의 군대가 중국군을 몰아냈지만, 양측 모두 막대한 손실을 입었다. 1979년 이래로, 중국은 타이(Thailand)를 통해 물자들을 넘겨줌으로써 폴 포트 게릴라를 지원하였고, 월중(越中) 변방에 연하고 있는 취락지에 간헐적으로 포격과 공격을 가하였다.

대만──식민지에서 공화국으로

일본의 식민 방식　　일본이 식민 세력이 되리라고는 아무도 예상하지 못하였다. 1854년에 서방에 의해 억지로 개국한 일본은 세기가 바뀐 뒤까지도 불평등 조약 체제 아래에 남아 있었다. 그 무렵, 일본은 근대적 경제 개발의 첫걸음을 떼고 있었을 뿐이었다. 일본은 일본 밖에서 투자할 여분의 자본을 갖고 있지 않았으며, 시장도 급속히 확장되지는 않아, 대만(臺灣, Taiwan)과 한국에 대한 수출이 전체 수출에서 점유하는 비율은 대단히 적었다. 그러나 일본은 1895년에 중화 제국을 간단하게 패배시키기에 충분한 근대적 군사력을 창출하였으며, 10 년 뒤에는 러시아 제국을 간신히 패퇴시킬 수 있었다. 이러한 승리가 1895년에 일본에 대만을 가져다 주었으며, 1905년에는 한국을 보호국으로, 1910년에는 식민지로 만들수 있게 했다.

　지리적 위치가 가깝다는 점, 해군력으로 통제할 수 있는 섬과 반도와 바다를 통해 쉽게 교통할 수 있다는 점, 그리고 이에 못지않은 중요한 문화적 근접성 등 몇 가지 요인이 일본의 제국 건설을 용이하게 하였다. 일본, 대만 및 한국 등은 그들의 예술과 건축술 및 음악에서, 그리고 유교와 불교라는 공통된 유산에서 명백하게 드러나듯이, 모두가 동아시아 문화권에 속한다. 일본인 관리는 글을 깨친 한국인이나 대만인이 이해할 수 있는 고전적 한자로 명령서를 쓸 수 있었다. 그는 개인과 가족, 사회와 국가에 유효한 공통된 관념들──덕치, 충성, 효도, 사회적 조화 등──에 호소할 수 있었다. 인도차이나에서의 프랑스와 인도에서의 영국이 경험한 비효율적인 간접 통치 방식은 일본의 식민지들에서는 그다지 필요하지 않았다. 일본은 스스로의 힘으로 직접 통치할 수 있었으며, 특히 권위주의적 통치의 이념과 방법이 오랫동안 발달하여 성숙함과 균형 및 정교함을 얻은 지역에서는 더욱 그러하였다. 문화적 근접성 역시 대만의 중국인과 한국인들이 보다 쉽게 식민지 정부와 협력하고, 합성된 경찰력이 주민들을 더욱 쉽게 감시할 수 있게 하였다. 일본인들은 스스로 식민지 주민들보다 우월하다고 생각하였지만, 양자의 차이란 종족적인 차등이 아니라 주로 양자가 성취한 성과 면에서 있었을 뿐이었다. 일본인들이 근대적

572

사회를 건설하기 시작하였을 때, 대만인과 한국인들은 힘이 약하고 시대에 뒤져 있었다.

세기의 전환기에 일본 자체가 개발을 위해 애쓰고 있었기 때문에, 일본이 자국에서 수행한 바와 같은 많은 개혁을 그 식민지에서도 수행하려 한 것은 놀라운 일이 아니었다. 일본은 일본 자신의 이익을 위해 새로운 식민지를 개발하려 하였을 뿐만 아니라, 일본으로의 궁극적인 흡수를 위해 준비시키고자 하였다. 메이지〔明治〕 시대의 일본에서 그러하였듯이, 식민지에서의 통치 방식은 흔히 군사적 인물을 우두머리로 하는 중앙 집권적 관료 체제, 법과 질서, 도덕과 공중 위생을 강제하는 근대적 경찰 제도, 대중의 의무 교육, 그리고 농업과 은행 및 식민지에 적합하다고 판단되는 종류의 산업을 개발하는 일 등이었다. 이러한 정책들이 일본이 지배한 수십 년 동안 대만과 한국의 사회에서 실행되었다. 이러한 과정이 외형상 식민 통치에 의한 근대화로 보여지기도 하지만, 정치적 근대화를 동반하지 않았음은 물론이다. 자치(自治)를 위한 훈련이 전혀 없었다.

일본의 식민지 대만　대만섬은 길이가 250 마일이고 넓이는 60~80 마일이며, 중국 해안에서 100 마일 약간 안 되게 떨어져 있다. 거의 3분의 2가 산악으로 덮여져 있는 이 섬은 16세기에 포르투갈 무역업자들에 의해 일하 포모사(Ilha Formosa), 즉 '아름다운 섬'으로 불려졌다. 아열대에 속하고 적절한 양의 비가 내리기 때문에, 대만 사람들은 "언제나 여름이고 언제나 푸르다〔常夏常綠〕."고 말한다. 이 섬의 원주민은 말레이-폴리네시아 인(Malayo-Polynesian)으로서, 1895년에는 12만여 명을 헤아렸다. 16세기말부터 중국인 무역업자와 비적이나 농민들이 정착하기 시작하였지만, 대부분의 중국 이민은 그 이후에 왔다. 이 섬은 1683년에 만주의 지배하로 들어가 복건성(福建省)의 주현(州縣)으로 편입되었다. 중국의 군대가 조직적으로 주둔하고 있었음에도 불구하고, 사회적 불안이 대만을 괴롭혀, "3 년에 한 번씩 폭동이 일어나고 5 년에 한 번씩 반란이 일어났다."고 한다. 1885년에 대만은 성이 되었다. 이 무렵 대만에는 복건과 광동 지방에서 이민 온 사람과 그 후손들로 구성된 300만의 중국인 주민을 갖게 되었다. 대만 사회는 지주-향신(地主鄕紳)들에 의해 지배되었는데, 도회지에서 거주하고 있던 이들의 토지는 본토에서 보다 많은 비율을 점하는 소작인들에 의해 경작되었다. 대만은 중국에 설탕과 차, 장뇌(樟腦)를 수출하고 직물과 아편(阿片)을 수입하였다.

대만은 민족 의식을 거의 갖고 있지 않았다는 점에서 이상적인 식민지였다. 또한 대만은 변방의 행정 구역〔省〕으로서는 중국의 정치적·지적 중심으로부터 너무 멀리 떨어져 있었으며, 이들 정치적·지적 중심 지역조차도 개혁 운동의 초기 민족주의가 1898년에 이르기까지는 나타나지 않았다. 일본은 먼 지역에서 파견된 관리들에 의해 통치되고 이해할 수 없는 언어를 말하는 데 익숙해 있는 정치 조직을 접수한 것이다(대만에서 사용되는 복건 방언은 북경의 관화와 크게 다른 중국어의 한 형태이다). 적어도 처음에는, 새 지배자들이 어떻게 보일 것인가는 그들이 누구인가라는 문제보다는 그들이 무엇을 했는가라는 문제에 더 크게 달려 있었다.

일본에 있어 식민지 개척은 하나의 도전이었다. 기존의 유럽 식민 세력들은 같은 대열에 끼여든 아시아의 신참에 대하여 기꺼워하지 않았다. 일본인들은 이들 외세의 시선을 강하게 의식하여 이상적 식민지의 건설을 목표로 삼았다. 대만의 개발은 1898년에 고다마 겐타로〔兒玉源太郎〕 장군을 총독(總督)으로, 그리고 고토 신페이〔後藤新平〕를 민정 장관〔政務總監〕으로 임명함으로써 시작되었다. 의사이기도 했던 고토는 특히 유능한 관리였다. 이들 두 지도자들은 중앙의 낡은 행정 체제가 대부분 파괴되고 전통적인 생활 경제가 무질서로 인해 파탄에 빠진 무정부의 상황을 물려받았다. 고다마와 고토는 반도들을 진압하고 질서를 회복하였고, 아편의 사용을 규제하고 나아가서는 절멸시켰으며 수년 안에 유행성 질병들을 통제하였고, 토지와 인구, 관습 등을 철저하게 조사하고 자원의 과학적 개발을 서둘렀다. 사회 질서를 유지하기 위하여, 고토는 낡은 보갑제(保甲制)를 부활하여 촌락의 가족 집단 사이에 연대 책임을 부과하고, 그것을 근대적이고 중앙 집중적인 경찰 체제와 통합시켰다. 경찰의 하부 조직은 일본인 관리 아래서 특별한 교육과 훈련을 받은 대만인으로부터 점점 더 많이 충당되었다. 많은 봉급을 받고 기강이 잘 확립된 경찰은 많은 종류의 행정 업무——호구 조사, 세금 징수, 공중 위생, 관개 치수 및 삼림 녹화에 이르기까지——를 보조하였다. 인구수에 비례하고 원주민 지역을 따로 떼어 생각한다면, 대만 경찰의 수가 일본 본토의 그것보다 적었음이 분명하다. 식민지 정부에 의해 소개된 위생 조치의 결과로서, 대만의 사망률이 1906년의

1,000 명당 33 명에서 1940년의 1,000 명당 19 명으로 떨어졌다.

그 다음, 식민지 행정 당국은 토지 제도를 재조직하였다. 중국의 토지세는 고정된 채 남아 있었고, 새로 개간된 많은 토지는 과세되지 않은 채 놓여 있었다. 또한 일본인들에 앞서, 많은 대지주들이 군소 지주들에게 토지를 빌려 주고, 이들은 다시 땅을 나누어 다른 이에게 빌려 주었기 때문에, 여러 명의 계약 당사자가 한 조각의 땅을 소작하였다. 일본인들은 토지를 측량하여 새로운 지도를 그리고 등록하였으며, 1904년에는 직접 경작하지 않는 지주들로부터 토지를 사들이기 위하여 공채를 발행하였다. 그리하여 자기 개인의 소유지에 부과되는 세금에 대하여 책임지는 토지 사유 농민의 사회가 창출되었으며, 무엇보다도 토지세 수입이 세 배나 증가하였다.

대만을 접수하였을 때, 일본은 자국내에서 초등 학교 교육을 보편적으로 실현하는 단계에 와 있었다. 일본은 유용한 일거리에 비해 너무 많은 엘리트들이 양산되는 것은 원하지 않았기 때문에, 고등 교육과 중등 교육은 일본에서 느린 속도로 발달하였다. 1898년에는, 학교에 들어가야 할 나이의 어린이들 가운데 오직 극소수의 아이들만이 전통적인 중국식 학교에 들어갔다. 일본은 식민지에 거주하는 일본인 아동을 위한 정규 학교와 나란히, 대만인을 위한 ‘보통 학교’의 문을 열었다. 보통 학교는 근대 과학과 유교적 도덕 및 일본어를 가르쳤다. 1929년에 이르면, 취학 연령 아동의 31 퍼센트가 학교에 들어갔으며, 1944년에는 71 퍼센트가 입학하였다. 일본의 예정표에 의하면 1946년에는 초등 교육의 의무화를 실현하도록 되어 있었다(네덜란드 인들이 인도네시아에 남겨 준 유산이란 겨우 10 퍼센트의 인구로 하여금 글을 깨치게 하는 것이었고, 개화를 목적으로 하는 프랑스 사절단〔교화단, mission civilatrice〕의 노력에도 불구하고 인도차이나에서 프랑스 인이 남긴 문화적 유산도 이와 비슷하였다). 그러나 일본인들은 대만인들로 하여금 일본의 지배에 대해 반대할지도 모를 고등 교육에 대해서는 경계하였다. 그리하여 약간의 정규적 직업 학교를 제외하고서는, 1915년에 이르러서야 비로소 대만 최초의 중등 학교가 세워졌다. 1919년에는 보다 일반적인 자유화 계획의 일환으로 이 섬의 일본인 학교와 대만인 학교가 통합되었지만, 일본인 학교에 들어가는 데 필요한 어학 시험을 통과할 수 있는 대만인 학생은 거의 없었다. 1928년에 대북(臺北, Taipei) 제국 대학이 세워졌지만, 학생의 대부분은 일본인이었다. 부유한 대만인들은 자기 아이들이 고등 교육을 받을 수 있도록 일본에 보냈지만, 일본에서 소수 민족에 할당된 정원은 대만에서의 그것보다도 더 적었다. 1922년에는 적어도 2,400명의 대만인이 일본에서 공부하고 있었으며, 1942년에는 그 수가 세 배로 늘었다.

식민지가 경제적으로 자급 자족하고 —— 1905년에 그렇게 되었다 —— 일본에 유익하게 되도록 하는 것이 고토의 의도였다. 물질적 개발이 주로 정부의 지도와 투자를 통해 급속히 이루어졌다. 1903년이 되면, 이 섬의 남북을 연결하는 철로가 놓여지고 6,000여 마일의 도로가 시골까지 뻗쳐졌다. 생산 노력은 쌀과 차, 특히 사탕수수에 집중되었다. 정부는 수확이 많은 종자와 비료, 그리고 새로운 경작 기술을 소개하였다. 하와이(Hawaii)에서 사탕수수를 수입해 온 농업 시험장은 일본이 재정적 뒷받침을 제공한 설탕 공장의 생산을 고무하였고, 이 공장은 토지 개량과 관개 및 수송 부문에 투자하였다. 노동력이 유치되었고, 경작자들은 사탕수수를 일부 생산한다는 조건으로 새롭고 자유로운 토지를 경작하도록 설득되었다. 생산 수준과 판매 방법이 과학적으로 개발되었다. 대만의 설탕 공업은 집중적인 투자와, 설탕이 관세 없이 일본에 들어갈 수 있는 보호 정책의 덕택으로 1914년에 이르러 4배 정도나 증가하고 일본의 수요를 대부분 충당할 수 있었으니, 실로 자본주의적 발달의 개가라 하겠다. 일본은 제 1 차 세계 대전 이후 경제적으로 성장하여 대만에 새로운 투자를 할 수 있게 되었다. 1936년에 일본은 대만 개발 회사를 세워 직물과 도자기, 기계 도구, 화학 등에 투자하였다. 이들 제조업들은 거의 전적으로 일본인들에 의해 소유되고 경영되었다. 대만인 기업가들은 극소수에 불과하였다. 그러나 한 세대의 대만인 노동자들과 경영인들은 뒤에 유효한 것으로 입증된 기술들을 훈련받을 수 있었다.

식민 통치에 저항하는 감정은 약간 느리게 나타났다. 일본의 지배로 인해 지방의 지배적 가문이 탄압받거나 전통적 문명의 위신이 송두리째 손상되어야 할 필요가 없었다. 일본의 지배는 농촌 공동체를 파괴하지도 않았다. 반면에, 식민지 정부는 농촌 개량을 촉진하기 위한 농민 조직을 후원하였고(그 뒤 1950년대에 농촌 재건에 성공하게 한 기초가 이때 놓여졌다), 대만 농민들의 벽돌 집과 전기 및 과학적 기술의 이용 등은 아시아 지역에서는 그들이 비교적 잘살고 있었음을 입증하였다. 이러한 경제적 발전과 경찰의 통제로 인해 일본에 대한 저항은 방해받았다. 그러나 제 1 차 세계 대전중에, 일본인과의 평등을 강구하기 위해 대만인의 정치 조직이 결성되었다. 일본의 중등 학교와 대학에 재학하고 있던 대만인 학생들이 개인적 자유와 정치적 개혁 등 자유주의적 사상에 빠른 속도로 반응하였다. 1920년대에 이르러서는 대의 정치(代議政治)가 거듭 청원되고 문화 단체와 청년 단체들이 조직되었으며, 성공하지는 못했지만 공산주의 활동도 약간 있었다. 일본은 1919년부터 1936년까지 지속된 '문민(文民) 통치'의 시대 동안에는 제한된 양보로 대응하였으나, 1937년에 중국과의 전쟁이 발발한 뒤부터는 경찰의 탄압을 강화하고 동화(同化)를 강요하였다. 그리하여 일본에 저항하는 사건은 1945년에 일본이 떠나기 전까지 거의 일어나지 않았다.

대만의 중화 민국　제2차 세계 대전에서 일본이 패배한 뒤, 대만은 다시 한 번 더 중국의 일개 성(省)으로 만들어졌다. 대만인들은 식민 통치에서 해방된 것을 자축하면서 본토에서 파견된 관리들을 환영하였다. 그러나 국민당 관리들은 대만인들을 일본의 지배를 받은 반세기로 인해 오염된 존재로 간주하고, 이 섬을 정복 지역과 거의 다를 바 없이 취급하였다. 떠돌이 정상배(政商輩)처럼 부패할 대로 부패한 본토의 관리들은 1947년 2월과 3월에 대만인들이 이들에 대항하여 일어날 때까지 자원을 착취하였다. 국민당 당국은 시위를 진압하기 위하여 수천 명을 살해하였고, 그 뒤 5월에는 더 많은 군대를 데려와 수천 명의 저명한 대만인들——지방의 지도력을 갖고 있는 한 세대 전원——을 조직적으로 학살하였다. 1949년에 공산당군에 패퇴한 국민당 정부와 근 200만에 이르는 군인과 공무원들이 대만으로 도망쳐 왔다. 장개석(蔣介石)의 맏아들 장경국(蔣經國)은 국민당 지구당 위원장이 되어 모든 반대를 무자비하게 탄압하였다. 이 과정에서 수천 명이 더 살해되었고 대만인들은 철저하게 폭력의 위협 아래 놓이게 되었다. 남한(南韓) 사회에서 정치적 생활의 일상적 부분으로 받아들여진 것과 같은 활기 찬 반대 운동은 대만에서는 그 뒤 수십 년 뒤까지 나타나지 않았다. 그리하여 대만인이 처음 경험한 국민당 지배는 식민지 시대보다 훨씬 더 혹독하고 착취적인 독재였다. 본토에서 온 탄압자들에 대한 대만인들의 분노는 수십 년간 지속되었다.

　1949년부터 오늘에 이르는 동안의 대만 정치는 대북의 중화 민국이 중국 전체의 정통적 정부이며 중화 민국이 언젠가는 재정복이나 공산 정권의 붕괴로

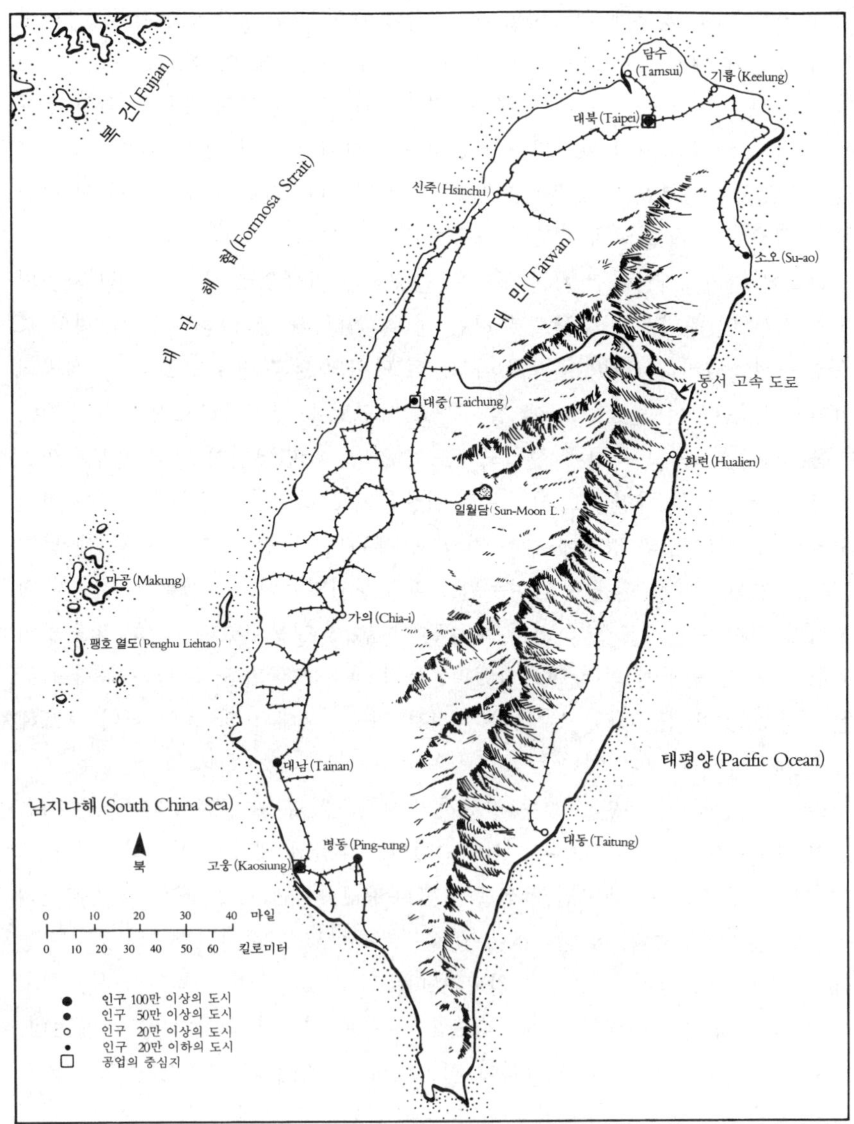

대만(Taiwan)

인해 본토를 회복할 것이라는 공식적 신화에 기초를 두고 있었다. 중화 민국 이라 부르는 것 자체가 소수의 본토인이 다수의 대만인을 지배할 수 있는 이론적 근거를 대북 정부에 제공하였다. 그러나 대만의 완고한 입장이 다른 나라들의 승인이 여전히 가능하였던 1950년대와 1960년대에 이 섬의 독립을 선언할 수 있는 선택권을 봉쇄해 버렸다. 장개석과 그의 본토 동료들은 단일 정부에 의해 모든 중국인이 통치되어야 한다는 이상에 전념한 애국자들이었다. 결국, 본토의 재정복은 구세대의 퇴색한 꿈이 되었다. 그러나 누구든지 이 사실을 지적하거나 독립을 주장하면 감옥으로 보내졌다.

신화에 따라, 대만의 정치적 구조는 전중국을 대상으로 하는 국가적 차원의 당과 정부 및 대만섬을 대상으로 하는 성(省) 단위의 당과 정부 등 두 개의 층으로 구성되었다. 시간이 흐름에 따라, 성 단위의 당과 정부는 보다 더 개방되었다. 대만인들이 관료 기구에 들어가고 국민당에 참여하였으며, 대중(臺中, Taichung)에 있는 성 의회에 선거되기도 하였다. 국민당원이 아닌 후보자들조차도 약간의 의석을 얻었고 시장으로 선출되기도 하였다. 그러나 권력은 여전히 국가 차원의 당과 정부에 남아 있었다. 예컨대, 국민 의회는 1948년에 남경(南京, Nanking)에서 선출된 입법부원으로 구성되었는데, 그 까닭은 본토가 회복되기 전까지는 새로운 의회가 구성될 수 없기 때문이었다. 의회 의원들이 늙고 죽으면, 임명에 의해 대체되었다. 사실 의회는 국가 단위 당의 독재를 위한 고무 도장에 불과하였고, 경찰과 정보 기관, 군대와 당 등의 힘이 보호해 줌으로써 유지될 수 있었다.

1960년대말부터, 대만 사회는 변화하기 시작하였다. 수업료를 내지 않는 9년간의 의무 교육이 1968년부터 실시되었다. 대만과 대륙의 어린이들이 같은 학교에 함께 갔으며, 대만인 학생들은 관화(官話, Mandarin)를 배웠다. 양자간의 결혼도 일반화되었다. 80년대초에 이르면, 중학교 어린이의 3분의 2가 고등 학교에 갔으며, 고등 학교를 마치고 보다 고급한 교육 기관에 진학하는 학생의 수가 더욱 증가하였다. 각급 학교의 진학은 시험에 의존하였다. 예컨대, 대학 입학은 전적으로 국가 시험에 의존하여, 여기서 가장 높은 점수를 얻으면 가장 좋은 학교에 갈 수 있었다. 그 결과, 벼락 공부 학교와 '교육 엄마들'과 더불어 일본과 흡사한 '시험 사회'가 대만에서 발달되었다. 1970년대말에 이르러서는, 교육과 도시화 및 경제적 풍요가 중산 계층의 기풍을 대만에서 창출하기 시작하였으며, 대만인과 본토인들 사이에 가로놓여 있던 장벽이 더 많이 허물어졌다.

대만 남부의 한 마을을 방문한 장경국(蔣經國, Chiang Ching-kuo) 총통.

사회적 변화가 정권에 의해 향유된 국내 안보와 결합하여 정치적 해빙을 낳기도 했다. 약간의 정치범들이 풀려나왔다. 1973년에는——비록 본토인이 여전히 고급한 지위를 독점하고 있었지만——국민당원의 약 80퍼센트가 대만인이었다. 초기의 정책과는 달리, 1969년에는 국민 의회의 공석이 선거에 의해 채워졌으며, 몇몇 대만인들이 의석을 얻었다. 1980년과 1984년의 선거에서도 더 많은 대만인들이 국가 단위와 성 단위의 관청에 들어갔다. 1986년의 선거에서는 국민당과 다른 정당들이, 비록 여전히 합법성을 얻지는 못했지만, 입후보자를 추천할 수 있도록 허락받았고, 이들 가운데 몇 명은 당선되었다. 40년이나 해묵은 전시(戰時) 법률이 1987년에 폐기되었으며, 반대당들은——

공산주의에 반대하고 본토의 회복에 참여한다는 조건으로 —— 합법화되었다. 이러한 변화의 대부분이 장경국에 의해 제도화되었다는 것은 역설적인 일이었다. 여러 핵심적 지위를 거쳐 1972년에 수상이 되고 1978년에 총통이 된 그는 1984년에 다시 6년 임기의 총통으로 재선되었다. 그는 권위주의적 지도자로서 생애를 시작하였으나, 국제 사회에서 고립된 대만이 그 주민의 지지를 필요로 한다는 사실을 인정하였다. 그가 1988년 1월에 죽었을 때, 그는 다수의 대만인들로부터 존경을 받고 있었다.

장경국의 죽음과 동시에, 부총통이었던 이등휘(李鄧輝, Lee Teng-hui)가 자동적으로 총통이 되어 장경국의 남은 임기를 채웠다. 이등휘는 식민지 시대에 대만에서 태어나 일본인 고등 학교에 진학하였다(그의 학급에는 4명의 중국인 학생이 있었다). 그는 교토[京都] 제국 대학에 진학하였고 전쟁이 끝난 뒤에 코넬(Cornell) 대학에서 농업 계획을 전공하여 박사 학위를 취득하였다. 그 뒤 이등휘는 국립 대만 대학에서 강의하였다. 그는 1972년에 장경국의 부하로서 장관이 되고, 1978년에는 대북 시장, 1981년에는 대만 성장(省長), 그리고 1984년에는 장경국의 부총통이 되었다. 총통에 취임하면서, 그는 대만과 본토의 재통일이라는 '위대한 과업'을 포함하여 장경국의 정책들을 계속 추진할 것을 언약하였다. 이 총통은 그리스도 교 신도이며, 은퇴한 뒤에는 선교사가 될 것이라고 말하고 있다.

1945년 이후의 대만 역사를 형성한 또 다른 강력한 힘은 현저한 경제 성장이었다. 제2차 세계 대전이 끝날 무렵, 이 섬의 주산업은 농업이었고, 수도 대북(臺北)은 일본의 조용한 지방 중심지처럼 보였다. 1988년에 이르러, 대만은 도시화하고 산업화한 국가로 전환되었고, 대북은 번잡한 세계 수준의 대도시가 되었다. 대만의 인구는 1950년의 약 800만에서 1988년의 약 2,000만으로 증가되었다. 국민 총생산(GNP)은 1945년에는 측정되지는 않았지만 매우 낮은 수준이었으나, 1960년에는 81억 달러, 1986년에는 726억 달러로 증대되었다. 1980년대에, 대만은 세계에서 가장 빠른 경제 성장국을 놓고 남한과 경쟁하였다. 대만의 경제적 성공은 여러 가지 요인들, 즉 일본 통치하의 식민지 개발의 유산, 부지런한 대만인들의 능력, 숙련되고 잘 훈련된 본토인의 유입, 성장을 지원한 국민당의 정책, 미국의 원조와 이를 동반한 자유 시장의 원칙, 그리고 개방된 세계 시장들, 특히 대만의 성장 단계에 있는 수출의 반을 소화해 준 미국 시장 등에 기인하였다.

성장은 농업 부문에서 시작되었다. 일본인들은 재래의 부재(不在) 지주를 소멸시켰고, 대만 정부는 1949년에 소작지를 모두 없애 버리기로 결정하였다. 대만 정부는 먼저 소작료를 감소시켰고, 그 뒤에 공유지를 농민들에게 매각하였으며, 그 뒤에는 다시 소작인들이 농경지 소유 농민에게서 차용한 농경지를 정부가 모두 사들여 소작인들에게 팔았다. 전(前)소유주들은 정부의 공채(公債)로 그 대가를 지불받았다. 핵심적 관점에서 본다면, 이 개혁은 전후(戰後) 일본의 그것과 다르지 않았다. 일본에서 점령군이 그러하였듯이 본토의 정부는 바깥에서 들어왔으며, 전국을 통제할 수 있는 군사력과 정치적 힘을 전적으로 보유하고 있었다. 또한 정부는 이 땅에서 기존의 이해를 갖고 있지 않았으며, 그 목적은 안정되고 보수적인 농촌 사회를 확립하는 것이었다. 이 목적은 성취되었다. 대만 정부 역시 (일본인 통치 시대부터 계승된) 농민회 조직을 장려하였고 기술 교육, 새로운 씨앗과 비료, 농촌 수공업 및 협동 조합 등을 촉진하였다. 1950년대 중에 농업은 급속히 성장하였다.

대만의 제조업은 1950년대초까지만 해도 혼란스러운 상태에 놓여 있었다. 최초의 정부 정책은 안정화를 목표로 하였다. 그 뒤 1950년에 미국의 원조가 시작되자, 이 목표는 성장으로 전환되었다. 정부 정책의 이 같은 변환은 1953년에 시작된 제 1 차 4 개년 계획에서 두드러지게 나타났다. 이해에, 일본인에 의해 세워지고 1945년에 정부에 의해 몰수된 수십 개의 공장들이 사(私)기업가들――주로 정부와 연결된 본토인들――에게 양도되기 시작하였다. 밀가루 제조업과 방직업과 같은 몇몇 새로운 기업도 시작되었다. 1950년대말에 이르러 공업 생산이 두 배로 늘어났는데, 이는 주로 대만에서 소비되는 소모품을 생산하면서 정부로부터 보호받는 경공업 분야에서 이루어졌다. 1960년대에는 더 큰 변화가 수출 산업을 향하여 일어났다. 정부는 제한을 철폐하고 외국의 자본을 환영하였다. 미국인과 일본인 회사들이 상당한 규모로 투자하였다. 외국 기업들은 대만의 싸고 질 좋은 노동력을 이용할 수 있었으며, 그 대신 대만인 노동자들은 새로운 재주를 배우거나 새로운 기술을 얻을 수 있었다. 1960년대의 신종 제조업 가운데 중심을 이룬 것은 소모용 전자 제품이었다. 1960년대말에는, 월남전이 마치 한국전이 일본의 경제에 준 것과 같은 도움을 대만 경제에 가져다 주었다. 노동력이 농촌 마을에서 새 공업 도시로 흡수되었지만,

그래도 1970년대 중반까지는 노동 공급이 부족하였다. 이러한 노동력의 부족으로 인해 노동 집약적 공업에서 자본 집약적 공업 —— 주로 강철과 석유 화학 —— 으로의 전환이 이루어졌다. 1980년대에는, 제조업의 새로운 물결이 일어나 컴퓨터와 자동화 및 군사 장비 제조업이 융성하였다. 1988년에 대만의 국민 총생산은 약 950억 달러에 이르렀으며, 1인당 국민 소득은 약 4,820 달러 —— 이는 중국 본토의 그것에 비해 10배가 넘는 수치다 —— 에 달했다.

대만 역사에 대한 마지막 관점은 세계의 다른 나라들과의 관계다. 이는 세 단계로 나누어 설명할 수 있다.

1. 1945년부터 1950년까지, 대만은 고아였다. 중국의 내란이 끝난 뒤 찌꺼기를 가라앉게 하려는 미국의 정책으로 인해, 대만은 잊혀진 상태로 방기되어 있었다.

2. 1950년에 한국 전쟁이 발발한 뒤 30년 동안, 대만은 미국의 피보호국으로 안전을 보장받았다. 미국의 7함대가 대만 해협을 순항하였고, 1954년에는 미국과 대만이 상호 방위 조약을 체결하였다. 미국은 대만에 약 20억 달러를 원조하였다. 1968년에 이르러, 근대적 경제 성장이 너무나 활발하게 진행되었기 때문에 경제 원조는 종식되었으나, 미국의 외교적·군사적 지원은 계속되었다.

그러나 1970년 이후, 대만의 국제적 지위는 침식되기 시작하였다. 중국이 문화 혁명의 쇼크와 스스로 자초한 격리 상태에서 빠져나옴에 따라, 많은 국가들이 잇따라 대만과 관계를 끊고 북경 정부를 승인하였다. 대만은 1971년에 국제 연합(UN)에서 의석을 잃었고, 1980년에는 세계 은행(WB)과 국제 통화 기금(IMF)에서 축출되었다. 1979년에, 미국은 대만과 관계를 끊고 북경을 중국의 합법적 정부로 인정하였으며, 1980년에는 상호 방위 조약의 효력을 소멸시켰다.

3. 1980년 이후 대만의 국제 관계는 그 특징을 설명하기가 쉽지 않다. 1950년 이전의 그것처럼, 대만은 다시 한 번 더 외교적 망각의 상태에 놓이게 되었다. 대만은 단지 남한과 이스라엘(Israel), 사우디아라비아(Saudi Arabia), 남아프리카(South Africa) 및 몇몇 다른 나라들과 외교 관계를 맺고 있을 뿐이다. 그러나 대만의 수출이 갑자기 호황을 누림에 따라, 북경을 승인한 나라들도

잇따라 비공식적 영사관의 기능도 수행할 수 있는 교역 사무소를 대북에 설치하였다. 외국의 주요 은행들이 대만에서 사무실을 열었다. 교역 관계가 외교 관계의 적절한 대체물이 될 수는 없지만 외교 관계가 없음에도 불구하고, 대만은 수십 년 전에 그리하였던 것보다는 훨씬 더 강력한 국제적 힘으로 평가되었다.

외교 관계가 끊어진 뒤에도, 미국은 대만과의 비공식적 이해 관계를 강하게 유지하였다. 일본의 예를 따라, 미국은 대북에 있는 사무소를 통해 간접적으로 정부 대 정부의 관계를 유지하였다. 미국 협회(American Institute)라 부르는 대북의 이 비(非)외교적 사무소는 '은퇴한' 외교관들로 구성되어 있었다. 1979년에, 미국 의회는 대만 관계법을 통과시켰는데, 이 법은 미국과 대만 간의 경제 관계에 관한 입법화된 모든 협정들이 계속 효력을 발휘할 수 있게 하고 미국이 방어용 군사 무기를 대만에 계속 판매할 수 있도록 법률로서 규정하였다. 북경 당국의 압력에 의해, 미국은 1982년에 대만에 대한 무기 판매를 감소시키는 데 동의하면서, 오직 하나의 중국만이 있을 뿐이며 북경은 하나의 중국을 통치하는 정부이고 대만은 중국의 일부일 뿐이라는 사실을 확인하였다. 그러나 이것은 오랜 시간을 요하는 것이었다. 이 동의는 즉각적인 효력을 갖지 못하였으며, 대만에 대한 미국의 무기 판매는 계속되었다.

본토에 대해 오랫동안 견지해 온 대만의 입장은 '3불(三不)' 정책, 즉 접촉하지 않고 타협하지 않으며 교섭하지 않는다는 것이었다. 1976년에 모택동주의자들의 지도력이 약화된 뒤, 북경은 대만을 해방시킨다는 정책에서 자발적인 재통일을 요구하는 정책으로 바뀌었다. 무력을 사용할 수 있는 권리를 포기하지 않은 채, 북경 당국은 단일 중국의 골격 안에서 자체의 정부와 군대 및 경제 체제를 유지하는 자치(自治)를 대만에 제안하였다. 대만은 이 제안을 거절하고, 그것이 계략에 불과하다고 주장하였다. 그러나 1970년대말부터, 대만과 본토 사이에 홍콩을 통한 비공식적 교역이 착실하게 증진되었다. 그리고 1987년에는 대만이 중국 여행 금지령을 철폐하였다. 이러한 정책상의 주요한 변화의 이면에는 대만에서 서서히 증대되는 자유, 교육과 직업의 기회, 물질적 복지, 그리고 수준 높은 문화 생활 등이 시민들의 신뢰를 얻었다는 자신감과, 대만 체제의 우월성을 이전보다 더 많이 이해하게 되었다는 회신이 본토에서 올 것이라는 확신이 있었다. 또한 대만 정부는 대만 시민들이 이러한 감상을 본토의 친척들과 교환하게 되기를 기대하였다. 북경 당국은 대만에서 오는 동포들을 따뜻하게 환영할 것이라고 말함으로써 이 새로운 정책에 답하였다.

한국 —— 식민지에서 분단 국가로

일본 식민지로서의 한국　대만의 경우, 비교적 최근에 중국의 성으로 편입되었다가 아직 중국에서 민족주의가 일어나기 전인 1895년에 일본의 지배 아래로 들어갔다. 그러나 한국의 경우, 그 전제가 대만과 달랐다. 한국은 월남이나 일본처럼 독립 국가로서 길고 자랑스러운 역사를 갖고 있었다. 중국을 제외한다면, 한국은 아시아에서 가장 유교적인 국가였다. 한국은 중국에 대하여 스스로 아우 국가로 자처하였지만, 이와 동시에 한국의 민족 의식은 중국의 제국주의에 대항하여 싸운 1,000년 이상의 긴 역사에 의해 형성되었다. 1910년에 일본이 한국을 병합하였을 때, 한국의 민족주의는 이미 상층 계급 사이에서 활발하게 일어났다. 사실, 1895년과 1910년 사이의 고난의 15년은 전통적인 외국인 기피증에서 아시아에서는 가장 일찍 형성된 근대적 민족주의로 전환되는 분기점이었다.

한국에서 시도한 일본의 초기 계획은 이보다 앞서 대만에서 한 것과 같은 것이었다. 일본은 중앙 집중적 관료 체제와 근대적으로 통일된 경찰과 주둔군 조직 등을 확립하였다. 일본은 철도와 도로 및 우편과 통신 등의 모범적 제도를 개발하였다. 공중 보건 조치와 평화와 질서에 힘입어, 식민 통치하의 35년간 인구가 거의 두 배로 증가하였다(대만에서도 말라리아와 전염병의 박멸로 인해 1905년과 1940년 사이에 인구가 배가 되었다). 그러나 비슷한 개혁이 언제나 같은 결과를 낳지는 않았다. 개량 종자와 새로운 화학 비료의 보급과 함께 실시된 토지세 개혁은 생산성의 향상을 가져왔다. 그러나 1930년대에 이르러 미곡의 반이 일본을 먹이기 위하여 수출되었고, 한국에서의 개인당 쌀 소비량은 실제로 감소되었다. 일본인들의 지주화 현상도 일어났다. 농업 경제는 일본의 이익을 위해 운용되었다.

북
0   50   100 마일
0   50   100   150 킬로미터
인구 100만 이상의 도시
인구 50만 이상의 도시
인구 20만 이상의 도시
인구 20만 이하의 도시
공업의 중심지
국 (China)
두만강
압록강
청진
북
한
김책
신의주
동강
함흥
흥남
평양
남포
원산
동   해
1953년 휴전선
38°
1945년 점령선
개성
강화도
서울
인천
[제물포]
황   해
청주
대전
남   한
전주
대구
울산
광주
목포
부산
대마도
퍼
제주 해협
대   한
애
제주도

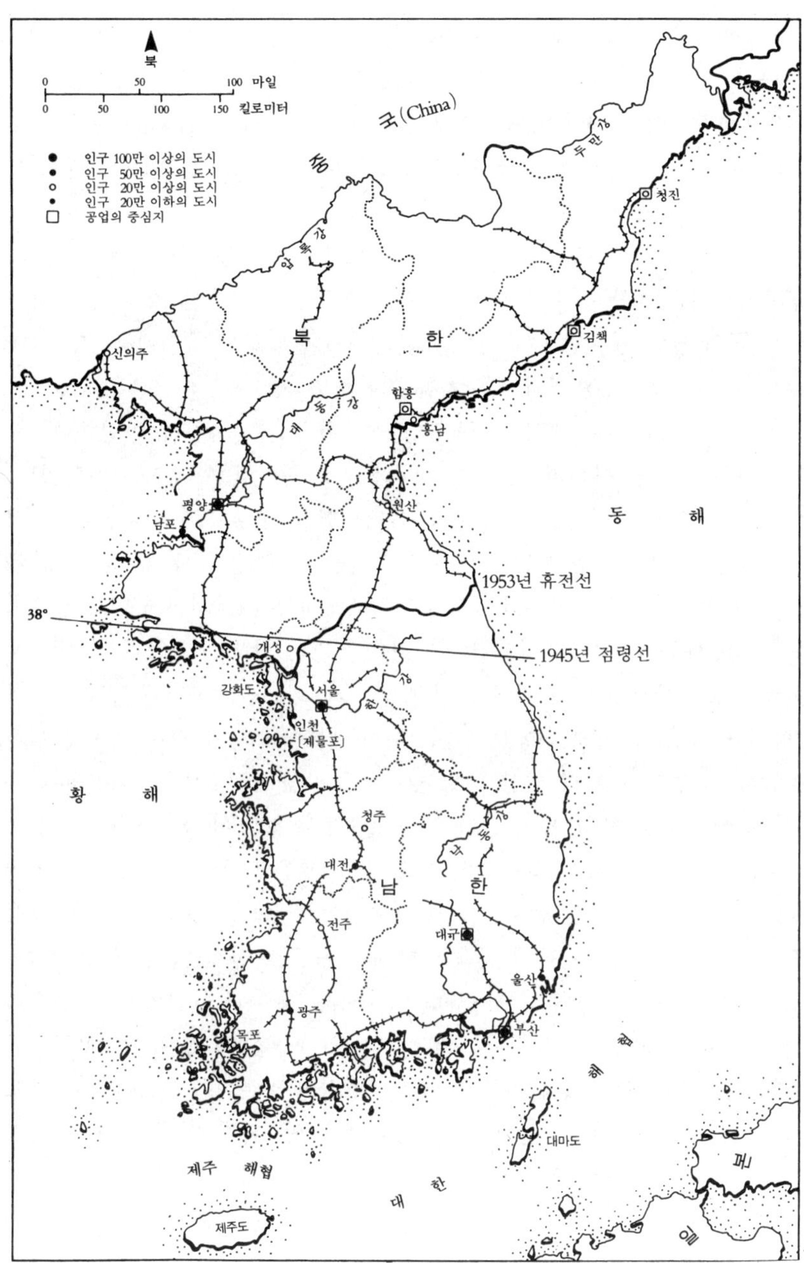

남한과 북한

한국이 합병된 지 9년이 지난 1919년에, '3·1 운동'이라 알려진 한국 민족주의자들의 비무장 시위가 전국적 규모로 일어났다. 베르사유(Versailles)에서 세계를 재편성하고 있던 정치가들에게 압력을 가하고 윌슨(Wilson)의 민족 자결주의에 호소하려 한 한국의 애국자들은 그들 황제〔高宗〕의 장례일에 맞추어 저항 운동을 비밀리에 조직하고 극적으로 대중화하였다. 33인의 종교 문화계 지도자들과 전국의 모든 읍과 군에서 모인 공모자들이 감동적인 '독립 선언문'을 낭독하였다. 100만 정도의 시위자들이 행진하면서 자유를 소리 높여 요구하였다. 깜짝 놀란 일본인들이 이들을 잔혹하게 탄압하는 과정에서 1만 9,000명의 투옥자와 2만 1,000명의 사상자를 기록하였다.

3종의 전혀 다른 원천에서 나온 관념들이 한국인의 점증하는 민족주의의 배경이 되었을 뿐만 아니라 해방 이후의 한국을 형성하는 데도 기여하였다. 그 중 첫번째이자 가장 중요한 것은 학교 제도였다. 1910년에 한국은 이미 상층 양반 계급의 지원을 받은 많은 수의 유교적 학원〔書院〕과 사설 초급 학교〔書堂〕를 두고 있었다. 이들 전통적 학교들은 1920년대에 이르기까지 계속 확대되었다. 1918년에는 1만 6,000개의 서당과 110만 명의 학생이 있었다. 서당에서는 중국의 고전뿐만 아니라 한국에 관해서도 가르쳤으며, 민족주의적 정서를 배양하기도 하였다. 학교 벽에는 흔히 '대한(大韓) 독립'과 같은 표어가 씌어져 있었다. 식민지 개발의 일환으로, 일본인들은 대만의 '보통 학교'와 같은 수준의 초급 학교를 세웠다. 식민 통치가 8년간 계속된 뒤, 8만 8,000명의 학생이 464개의 보통 학교에 입학하였고, 7명당 1명은 여학생이었다. 1919년의 독립 운동으로 인해, 식민 당국은 그들의 노력이 적절하지 못하였다고 판단하게 되었다. 그들은 한국인들의 급속한 동화를 목표로 한 변화를 시도하였다. 보통 학교가 확대되어, 1940년에는 학교에 들어갈 나이의 어린이들 중 반수가 입학하였으며, 1946년에는 의무적으로 입학하도록 계획하였다. 1929년부터, 일본인들은 모든 서당에 일본어 교과서를 사용하고 일본어를 가르치도록 강요하였다. 1922년에는, 한국인을 위한 학교와 일본인을 위한 학교가──적어도 이론상으로는──통합되었다. 1920년대에는 제2단계의 보통 기술 학교가 더 증가되었다. 보다 많은 한국인들이 한국에서보다는 일본에서 고급한 교육을 받았지만, 경성(京城) 제국 대학이 1926년에 서울에서 개교하였다.

한국에서의 식민지 교육을 개관하면, 두 가지 결론이 나온다. 그 하나는 일본인들이 동화를 목적으로 하였다 하더라도 한국인들은 결코 가까이 다가오지 않았다는 것이다. 일본어를 유창하게 구사하는 한국인들——한국어의 배어법(配語法)이 일본어와 아주 근사하기 때문에 어렵지 않은 일이다——과 식민 정부나 일본인 기업체에서 일하면서 생계비를 벌어들이는 한국인들조차도 격렬한 민족주의적 정서를 버리지 않았다. 이는 대만의 경우와는 뚜렷하게 대조적이었다. 또 다른 결론은 한국인들이 일본의 옷을 입고서 서구 사상, 혹은 근대적 사상을 받아들였다는 사실이다. 문학이나 희곡, 경제나 정치 기술, 대부분의 예술과 지적 발전 등은 일본의 그것을 본보기로 하여 새로운 싹을 틔우면서 시작되었다.

한국의 민족주의를 고무한 두번째 원천은 그리스도 교 선교단, 특히 미국의 장로교와 감리교였다. 그리스도 교 선교사들은 1882년에 서방에 문을 연 한국에 들어와, 여성을 교육시키고 한국인 목사를 훈련시키는 시설물을 비롯하여 많은 병원과 학교를 세웠다. 1910년에 이르러, 약 20만 명의 한국인이 50여 명의 외국인 카톨릭 사제들과 300명 이상의 외국인 프로테스탄트 선교사들의 지도 아래 그리스도 교를 신봉하게 되었다. 선교사들은 본국 정부로부터 한국의 정치에 '참견'하지 말라는 명령을 되풀이해서 받았지만, 종교, 의료, 교육 등 여러 기관을 갖고 있었기 때문에, 일본 제국주의에 반하는 기득 권익을 지키면서 서양식 본보기에 기초한 한국의 발전에 관심을 갖고 있었다. 같은 이유로, 1910년의 합방 이후 일본인 행정가들은 그리스도 교와 서방의 자유주의가 불온한 것이라고 생각하였다. 1911년에, 그들은 100명 이상의 지도적 한국인 그리스도 교 신도들을 총독 암살 음모 혐의로 투옥하였다. 그 뒤 미국으로부터 제기된 항의에 힘입어 많은 수의 그리스도 교 신도들이 풀려나왔다. 선교사들은 바깥 세계와의 접촉을 계속 유지시켜 주는 수는 적지만 자질이 뛰어난 그리스도 교 공동체를 계속 제공하였다. 그리스도 교는 한국인들의 민족주의적 갈망과 함께함으로써 아시아의 다른 어떤 곳보다도 더 많은 신도를 확보할 수 있었다.

한국 민족주의에 대한 미국 선교사들의 지원이 갖는 성격과 한계는 이승만(李承晩 ; 1875~1965)의 긴 생에서 잘 나타난다. 그의 인생은 1885년에 감리교 선교사들에 의해 서울에 세워지고 이(李) 왕조 정부에 의해 근대적 관리 양성 기관으로 인정받은 교육 기관[培材學堂]에서, 영어와 서양 공부를 배우고 그리스도 교와 접촉하는 일로 시작되었다. 신문 발간과 토론 활동에 참여하여 학생 지도자가 된 그는 이러한 과정을 통해 혁명적 정치를 훈련받기도 하였다. 1896년에 한국내에서 위기가 고조되고 있을 무렵(228쪽 참조), 그는 독립 협회에 가담하여, 전통적 방법으로 대중 시위를 조직하는 일을 도왔다. 7년간의 옥살이를 치른 뒤, 그는 망명 민족주의자로서 미국으로 건너가 저명한 대학들에서 공부하였고, 한국으로 돌아가 Y.M.C.A에서 일하였다. 1911년에 그리스도 교에 가해진 일본의 탄압에 의해 강제로 추방된 그는, 그 뒤 25년간 하와이에서 자리를 잡고, 해외에 망명한 한국인 민족주의자들을 지도하면서, 일본의 지배를 묵인하는 서방 선교사들의 태도에 대하여 계속 불만을 표시하였다.

한국인의 지적 생활에 영향을 미친 세번째 요소는 러시아와 중국에서 온 마르크시즘(Marxism)이었다. 19세기말부터, 두만강(豆滿江) 너머 한소(韓蘇) 국경 근처 만주 동부 지방[間島]에서 망명해 온 한국인 공동체가 자라고 있었다. 시베리아(Siberia) 횡단 철도 연변의 여러 시베리아 도시들에서도 다른 한국인 이민 집단이 정착하였다. 그 결과, 한국인들은 혹은 무장 세력으로, 혹은 코민테른(Comintern)을 통해 소비에트(Soviet) 혁명에 참여한 동아시아 최초의 민족이 되었다. 레닌(Lenin)이 동방으로 관심을 돌렸을 때, 가장 기꺼이 유용한 동맹자가 되고 가장 반일(反日)적인 태도를 보인 것은 한국인이었다. 워싱턴(Washington) 회의에 대항하기 위하여 1922년에 모스크바(Moscow)에서 열린 동방 노력자 대회(東方勞力者大會)에도 한국인들은 중국인들보다 더 많이 참석하였다. 그러나 한국 안에서는 독립 운동의 조직화가 쉽지 않았다. 1925년 서울에서 한국의 공산주의자 정당[朝鮮共産黨]이 마침내 결성되었지만, 대부분의 공산당원들보다도 한국 공산주의 운동에 대해 실제로 더 잘 알고 있었던 식민지 경찰에 의해 계속 탄압되었다. 한편 제2차 세계 대전에 이르러, 미국과 유럽에서 활동하고 있던 한국인들은 비(非)공산주의 세력으로부터 도움을 구하려 하였으나, 그들은 소련에 의해 여러 해 동안 비밀리에 준비되어 온 군대와 사관 후보생들에 비해 규모가 작고 무력하였다.

그러는 동안에, 한국 안에서는 식민지 개발이 1920년대부터 제2차 세계 대전까지 신속히 진행되었다. 제1차 세계 대전 직후에 일본에서 일어난 자유주의의 물결로 인해, 1920년대에는 식민지 정부가 유화(宥和) 정책과 개혁 운동을 실시하였다. 그러나 1930년대에 일본을 휩쓴 군국주의(軍國主義)의 물결이

1948년 동경에서 주일 미국 공사 윌리엄 시발드(William Sebald)가 주최한 한 연회에서 피치코프(Z. Pechkoff) 장군과 인사를 나누는 한국의 이승만(李承晩) 대통령.

넘쳐들어와, 이러한 자유주의적 정책은 시작하자마자 질식해 버렸다. 한국인들은 일본식 이름을 사용하도록 강요받았고, 한국어 신문은 거의 다 폐간되었으며, 1930년대말에는 한국어 사용조차 금지되었다. 물론 한국인들은 집에서는 한국어를 그대로 사용하였다. 그리스도 교는 작은 몫의 신도들――1938년에 50만 명――을 계속 보유하고 있었다. 제2차 세계 대전에 이르러, 한국인들은 일본 제국 안으로 통합되었다. 선택의 자유를 갖지 못한 한국인들은 일본군에 봉사하고 전쟁 노력에 가담하지 않을 수 없게 되었다. 그러나 1910년 이후 그들이 아무리 많이 변화되었다 하더라도, 한국인이라는 그들의 자의식

590

은 확고하게 남아 있었다.

한국 및 일본의 다른 식민지들이 유럽의 식민지들과 구별되는 특징은 일본 자신의 방침을 반영하는 경제 성장이었다. 한국에서의 일본인 식민 당국은 농업과 공업의 발전을 촉진하기 위해 은행을 세웠다. 그들은 산이 많은 북부의 강들을 이용하여 값싼 전력(電力)을 생산하였다. 그리고 1920년대에 이 전력을 이용하여 전기 분해 방법으로 질소 비료를 생산하는 공장을 세웠다. 광업이 1927년과 1937년 사이에 연간 19퍼센트씩 성장하였다. 1929년에 공업 생산량의 26퍼센트를 점하였던 화학, 금속, 기계 부문이 1940년에는 44퍼센트를 책임맡았다. 제조업은 1920년대에 전체적으로 10퍼센트 비율로 성장하였다. 제조업의 구조는 이중적 형태를 취하고 있었다. 일본인들은 일본 경제의 일부로서 장비, 부품, 시장, 기술 면에서 일본에 의존하는 대규모의 근대적 기업체를 보유하고 있었다. 이들 대기업체와 더불어, 수적으로는 훨씬 더 많지만 규모가 작고 적은 자본이 투입되고 기술적으로 후진적인 기업체들이 동시에 공존하였는데, 이들 소기업체들은 간혹 한국인들에 의해 소유된 경우도 있었다. 일본인들은 대기업체에서 이윤을 축적하였으나, 다른 식민지 경영자들과는 달리, 식민지에 보다 많은 부분을 재투자하여 전체적으로 보면 한국에도 도움이 되었다.

1936년에 식민지 관료 조직 —— 서울의 총독부와 도-시-군 및 교육 부분에서 —— 은 일본인이 5분의 3을 차지하였다(한국인이 3만 5,000명인 데 비해 일본인은 5만 2,000명이었다). 대규모 제조업에서 일본인이 점하는 비율은 낮았지만, 이러한 대기업체가 일본인들에 의해 지배되고 있었음은 명백한 일이었다. 최근에 이를 때까지, 한국의 관료 조직과 산업 부문에서 일본인들이 지배적 위치에 있었던 사실이 단순히 식민지 개발의 증거로 해석되어 왔다. 그러나 최근의 연구에서는, 1945년 이후 남한의 모든 분야에서 지도적 위치에 서게 된 사람들은 식민지 시대에 중류 혹은 중하류 수준의 지위로 오른 사람들, 혹은 일본에서 고급한 교육을 받은 사람들 출신이었다는 사실이 지적되었다. 다시 말해서, 식민지 시대에 한 세대의 한국인들이 전후 발전의 발판을 제공한 근대적 기술로 훈련받았다는 것이다. 그러나 이 말이 한국인들 스스로가 전후의 발전을 이룩하였음을 조금이라도 손상시킬 수는 없다. 그 반대로, 이 말은 근대적 경제에 참여하는 한국인들의 준비성을 강조하는 것이고, 외국 도움의 중요성을 강조하지 않거나 최소한 균형 있게 강조하는 것이다. 전후 한국에 남겨진 제 2의 유산은 한국의 '부르주아지(bourgeoisie)'는 그 기원에서부터 개발 지향적인 권위주의적 정부에 의존하는 데 익숙해져 있었다는 사실이다. 유럽에서의 경우와 대조적으로, 이들은 보다 큰 정치적 주장을 요구하지 않았다.

전후의 한국——1945~1953   월남과는 달리, 한국은 제 2차 세계 대전이 끝난 뒤 전(前)지배자에 의해 다시 점령당하지는 않았다. 그 대신, 한국은 두 승전국에 의해 점령되어 양분되었는데, 그들 중 하나(소련)는 앞을 미리 내다보고서 다른 한쪽(미국)보다 더 치밀한 준비를 하고 있었다.

미국의 민족 자결주의——구체적인 계획이라기보다는 하나의 태도라고 할 수 있다——는 1943년 12월 1일에 루스벨트(Franklin D. Roosevelt)와 처칠(Winston Churchill), 장개석(蔣介石) 등이 "적당한 순서에 따라 한국은 해방되어 독립하게 될 것이다."라고 발표한 카이로(Cairo) 선언에 반영되었다. '적당한 순서에 따라(in due course)'란 구절은 한국인들이 어떻게 자치를 성취할 것인가 하는 문제에 대한 연합국측의 불확실한 입장을 나타냈다. 그 뒤에 영국과 중국, 미국, 소련 등에 의한 국제 신탁 통치가 합의되었다. 그러나 작은 나라의 독립에 대한 바다 건너 멀리 떨어져 있는 미국의 관심과는 대조적으로, 국경(불과 12마일의 길이밖에 되지 않지만)을 공유하는 대륙 세력 소련의 관심은 소비에트 공산주의라는 매우 다른 이념과 그 진행 과정에서 나타난 장기적인 전략적 관심을 반영하였다. 소비에트 군대는 1945년 8월 15일 일본이 항복하기 바로 직전인 8월 9일에 북한으로 들어갔으며, 사전 준비가 없었던 미국의 군대는 겨우 9월 8일에야 도착하였다. 이 두 강대국은 일본의 항복을 38도선의 남과 북에서 나누어 받아들임으로써, 2개의 나라를 만드는 결과를 초래하였다. 국제적 신탁 통치는 끝내 실현되지 못하였다. 통일은 불가능한 것이 되어 버렸다.

북부에서는, 공산 국가를 세우려는 러시아의 목표가 비교적 명백하게 드러났고 그 후 이 목표는 일련의 단계를 거쳐 달성되었다. 공산 분자들은 정부의 각급 단위——군, 시, 도 등——에서 조직되고 있던 '인민 위원회'를 장악하는 한편, 갖가지 방법으로 반대자들을 제거하였다(북한 주민 100여만 명이

공산주의 북한을 오랫동안 지도해 온 김일성(金日成). 공식적으로 발표된 사진 설명에 의하면, 김일성이 현장에서 이들 노동자들에게 교시하여 강철 생산뿐만 아니라 모든 작업에서 급속한 변화를 가져 왔다고 한다.

남한으로 이주하였다). (이제 '해방된') 노동자, 농민, 청년, 여성들과 기타 사람들을 민족 전선으로 동원하기 위해 대중 조직이 만들어졌다. 마침내 강대 국들은 재통일의 방법을 합의하는 데 실패하였고, 1946년 11월에 북한에서는 거의 모든 사람들이 투표한 가운데 총선거가 치러지고 인민 의회가 개설되었다. 그 정상에는 원래 소비에트가 지명한 김일성(金日成)이라는, 예전의 항일 유격대 지도자의 이름을 가진 젊은이가 앉았다. 정치적 사상 교육과 동원의 모든 과정은 노동당(즉 공산당)이라는 제 1 당에 의해 운영되었으며, 15만이 넘는 한국인 '인민 의용대(人民義勇隊)'가 이를 지원하고 소비에트 고문단이 배후에서 지도하였다. 이 같은 정치적 구조와 더불어, 지주 소유지의 몰수와 재분배로 시작한 토지 개혁 형식의 농촌 재조직, 그리고 공업 국유화와 전반적 계획 경제를 위한 일련의 계획이 적극적으로 추진되었다.

남부에서는, 독립적·자치적인 국가의 성장을 조장하려는 미국의 목표는 엄청나게 복잡하고 어려운 것이었다. 북부에서의 러시아 인들과는 달리, 미국인들은 남한을 일시적으로나마 접수할 수 있는 준비가 되어 있지 않았다. 힘의 공백 지대로 갑자기 휩쓸려 들어간 미국인들이 전쟁이 끝난 뒤 3주가 지나 도착하였을 때는, 이미 일본의 총독이 중도적 인물〔呂運亨〕을 수반으로 한 잠정적 정부를 결성하도록 재촉한 뒤였다. 이 정권은 전국에 지방 '인민 위원회'를 조직하고, 광범위한 경제적·정치적 개혁 계획을 추진할 '인민 공화국(人民共和國)'를 선포하였다. 그러나 이것이 비(非)공산 정권이 될 수 있는 잠재적 가능성은 끝내 시험되지 못하였으니, 그 까닭은 책임을 맡게 된 미국 군사 정부가 그것을 승인하기를 거부하였기 때문이다. 그 대신, 미국인들은 일본인들과 먼저 접촉함으로써 비난을 불러일으켰으며, 그나마 일본인들은 곧 모두 자국으로 떠나가 버렸다.

정치적 결단을 지연시키려 애쓰는 동안, 미국 점령군은 긴급한 경제적 문제에 직면하였다. 한국 경제는 전쟁으로 인해 기력을 잃고 있었으며, 그 동안 일본 경제와 긴밀하게 연결되어 왔었기 때문에 이제 그 연결의 끈이 끊어짐에 따른 고통을 받게 되었다. 미국인들은 1945년에는 일반적으로 한국이 곧 통일될 것이라고 생각하였다. 그러나 국제적 협력에 의해 평화적 재건을 이룩할 수 있을 것으로 기대한 그들의 희망은 두 강대국이 냉전(冷戰)의 대결로 움직임에 따라 점차 수포로 돌아가 버렸다. 1945년 12월에, 이 막다른 골목에서 빠져나오기 위하여, 모스크바 외상(外相) 회담은 5년간의 4개국 신탁 통치하에서 통일된 한국 정부가 창출되는 과정을 미소(美蘇) 공동 위원회가 관리해야 한다는 데 합의하였다. 그러나 한국인 자신은, 공산주의자들의 통제하에 있었던 사람들을 제외하고는, 모두 신탁 통치에 반대하였다. 이 계획은 1946년 중엽에 이르러 그 실현 가능성을 완전히 상실하였다.

그리하여 남쪽의 미군정(美軍政)은 한국인 요원들에게 점차 더 많은 책임을 위임하였다. 1946년 12월에는 부분 선거를 통해 입법 의회를 구성하였다. 정치적·경제적 자유의 기초로서 법의 지배를 확립하려 노력한 미국의 정책은 경제적 목적보다는 정치적 목적을 더 지향하였다. 미국의 목표는 기본적 경제 개혁을 시도함이 없이 가능하면 빨리 안정되고 대표성이 강한 정부를 수립하는 것이었다. 그 결과, 일본인 소유의 토지를 재분배함으로써 가난으로 몰락한 다수의 소작농들을 돕는 토지 개혁은 1948년까지 연기되었다. 이러한 개혁의 지연은 부분적으로는 국가 생성 초기의 정치적 과정이 지주(地主) 의식을 가진 보수주의자들에 의해 지배받게 된 데에 기인하였다.

남한 정치의 중심에는 이승만이 있었다. 오랜 정치적 망명 생활을 보내고 이제 70세가 된 이승만은 마치 말년의 모세(Moses)처럼 자기 인민을 구원하려고 다시 나타났다. 그는 지체 없는 독립과 어떤 희생도 감수하여 이루어야 할 통일, 그리고 극단적이면서도 보수적인 민족주의를 주장하였으나, 이는 신탁 통치와 협상에 의한 해결이라는 당시 미국의 정책과 충돌하는 것이었다. 그는 경찰 안에서 전략적 가치를 갖는 추종 세력을 조용히 조직함과 동시에, 지방을 여행하면서 지지를 호소하는 등, 자기 목적을 달성하기 위해서 온갖 정치적 수단을 다 사용하였다. 그는 곧 정당 조직을 만들어 대중 시위와 강력한 무장 집단이라는 수단까지 갖추었다. 좌익에서 공산주의자들이 비타협적 태도를 보다 분명하게 드러내자, 우익에서는 반(反)공산주의가 힘을 얻었다. 이처럼 양극화한 정치 무대에서 극단주의자들이 득세하게 되자, 온건 중도파들은 점차 밀려나게 되었다.

한편, 미국은 한국 문제를 1947년 9월에 국제 연합(UN)에 상정하여, 한국의 통일을 돕고 국회와 정부를 창출할 한국의 총선거를 감시하기 위해 한국 위원회를 구성하였다. 1948년 5월에 남한에서 실시된 총선에서 이승만의 정당이 승리를 거두고, 이승만은 새 국회의 의장이 되었다. 8월 15일에는, 이승만이 광범위한 집행권을 갖는 새 대한 민국(大韓民國)의 대통령이 되었고, 미국 군사 정부는 그 역할을 끝마쳤다.

국제 연합의 선거 관리 위원회를 거부한 북한 정권도 서둘러 독자적인 총선거를 실시하고 1948년 9월 9일에 민주주의 인민 공화국을 선포하였다. 1년이 지나지 않아, 소련군과 미군이 분단된 반도에서 대부분 철수하였다. 1950년에 이르러, 북한은 산업 면에서는 그 지하 자원과 수전력(水電力)으로 인해, 군사 면에서는 소련이 공급한 공격용 무기로 인해 보다 강력한 국가가 되었다.

1950년 6월 25일, 북한이 남한에 대하여 기습 공격을 감행하였다. 이 공격은 즉각 국제 연합 안전 보장 위원회에서 규탄되었다(민족주의 중국의 이사회 참석에 대한 항의로서 6개월간 이사회 참석을 거부하고 있던 소련은 표를 던지기 위해 출석하지는 않았다). 1930년대에 중국과 유럽에서 배운 —— 침략이

제재되지 않으면 더 전면적인 전쟁을 불러일으킨다는——역사적 교훈을 염두에 두고 있던 트루먼(Harry. S. Truman) 대통령은 힘으로 재통일하려는 북한의 시도를 한 주권 국가가 다른 주권 국가를 침략하는 경우로 해석하였다. 그는 남한의 방위를 국제 연합군에 위임하였고, 집단 안보의 이름으로 국제 연합의 지지를 확보하였다. 영국과 터키(Turkey) 기타 13개 회원국들이 군대를 파견하였으며, 남한에 있는 지상군의 이 모든 군대가 맥아더(Douglas MacArthur) 장군의 통합 사령부 아래에 놓여졌다. 미국이 입은 14만 2,000명의 전사자 수로 인해 한국 전쟁은 미국 역사상 네번째로 큰 전쟁이 되었다(남한의 전사자 수는 30만 명, 북한은 대충 52만 명, 중국군은 아마 80만 명 정도로 추산된다).

전쟁은 4단계로 진행되었다. 제1단계에서는, 만반의 준비를 갖추고 소련제로 무장한 북한군이 강력한 공세를 취하여 수적으로도 열세에 놓인 한미(韓美)군을 낙동강(洛東江) 동남방으로 퇴각하지 않을 수 없게 하였다. 이곳에서 한미군은, 해외로부터 힘을 모으는 동안, 부산(釜山) 주변의 가로 세로 50마일되는 돌출 지역을 보호하기 위하여 북한군의 격렬한 공격을 격퇴하였다. 제2단계에서는, 맥아더 장군이 9월 15일에 대규모 수륙(水陸) 양면 작전으로 인천(仁川)——수도 서울의 출입항——에 상륙하여 현대 군사 기술의 공격력을 과시하였다. 이는 눈부신 성공을 거둔 도박이었으며, 그 후 곧 서울을 회복하게 되었다.(585쪽 지도 참조)

국제 연합군이 10월초에 38도선을 넘어, 북한의 침입을 격퇴한다는 애초의 목표를 무력으로 한국을 재통일시키려는 노력으로 확대하면서, 압록강(鴨綠江)을 향해 북쪽으로 진격하였을 때, 전쟁은 제3단계로 들어갔다. 미군의 두 주력 부대는 '횡단할 수 없는' 50마일의 산악 지대로 나누어져 서로 다른 지휘하에 있었다. 10월 중순에, 대규모로 조직된 중국 공산주의자 '의용군(義勇軍)'이 압록강을 넘어 북한으로 들어오기 시작하였다. 밤에는 산을 타고 낮에는 공중 정찰을 피해 엎드려 숨으면서 긴 거리를 행진한 그들은, 11월말에 모두 30만 이상이 될 때까지 기다렸다. 중국군의 갑작스러운 측면 공격으로 인해, 미군은 겨울 추위에 많은 희생을 치르면서 서울 이남으로 전전선에서 275마일이나 퇴각하지 않을 수 없었다. 그러나 엄청난 인력을 이용하여 무력으로 한국을 통일하려 한 중국의 기도 역시 국제 연합군의 화력에 의해 억제되었으

596

며, 결국은 38 도선 부근에서 일진일퇴를 거듭하는 교착 상태가 이루어졌다. 맥아더 장군은 전쟁을 중국으로 확대하기를 원하였지만, 그의 주장은 미국의 제한된 정책과의 공공연한 불일치를 증폭시켰기 대문에, 트루먼 대통령은 1951년 4월에 그를 해임시켰다. 전쟁의 제 4 단계에서는, 휴전 회담이 1951년 7월부터 시작되어 판문점(板門店)에서 2 년 동안이나 끌었다. 1953년 7월 27일에 마침내 휴전 조약이 조인되었다. 1988년에 이르기까지 여전히 효력을 발휘하고 있는 이 조약으로 인해, 아직도 차단된 경계가 반도를 가로지르고 있다.

한국 전쟁 이후의 남한　1950~1953년 전쟁 이후 남한의 정치는 행정부 중심의 정부와 군사 정부에 의해 지배되었다. 1948~1960년의 이승만과 1961~1979년의 박정희(朴正熙), 1980~1988년의 전두환(全斗煥) 등 3 명이 이 시기의 주요 인물이었다.

한국 전쟁은 공산주의 침략에 대항하여 갓 태어난 민주 국가를 보호하기 위해 싸운 것이다. 그러나 북으로부터의 공격으로 인해, 전후 남한의 정치 지도자들은 가장 높은 우선권을 민주주의와 민권에 두지 않고 군사적 안보, 법과 질서, 민족주의, 반공 등에 두었다. 저 유명한 이승만의 권위주의적 정부는 경제 재건과 재투자라는 과업을 시작하였다. 그러나 실업이 광범하게 확산되어 정부를 무능하게 보이게 하였고, 이승만은 점점 더 대중적 인기를 잃게 되었다. 1960년 4월에, 정당들에 대한 경찰의 탄압과 정부내의 추문, 그리고 부정 선거로 인한 학생 시위가 서울에서 시작되었다. 이승만은 85 세의 나이에 권좌에서 물러나지 않을 수 없게 되었다.

그 뒤 9 개월 동안, 파벌 다툼에 시달리는 국회의 정당들과 군부 사이에 긴장이 조성되었다. 군부의 지도자들은 이 9 개월이 무정부적 혼란의 시기였고 자신들은 국가 이익의 책임 있는 수호자일 뿐이라고 주장하였지만, 그 반대자들은 이 기간이 남한에서 진정한 민주주의가 꽃핀 짧은 시기였다고 아쉬워했다. 1961년 5월 16일에, 박정희 장군에 의해 주도된──육군 사관 학교의 1946년과 1949년 학급 출신의──젊은 장교들의 군사 정부가 무혈 쿠데타로 권력을 장악하고 그 뒤 18 년간 지배하였다. 박정희는 군복을 벗어 버리고 문민(文民)이 되었다. 그는 새 헌법을 공포하고 국회에서 자신의 정부를 지원해 줄 민주 공화당이라는 새 정당을 조직하였다. 1963년에 박정희는 선거에서 승리하여 대한 민국의 대통령이 되었다. 그러나 1979년 10월 어느 날, 저녁 식사에 동반한 한국 중앙 정보부(KCIA;현 국가 안전 기획부) 부장에 의해 암살됨으로써, 그의 지배는 종식되었다. 이 쿠데타가 실패로 돌아가고 얼마 지나지 않아, 한국 사관 학교 1955년 학급 출신의 장교들로 구성된 또 다른 군사 정부가 권력을 잡았다. 이 군사 정부를 주도한 전두환 장군도 문민 대통령으로 변신하여 박정희가 했던 것만큼 지배하였다. 그러나 전두환의 권력 장악에 대한 저항이 일어나, 수백 명의 시위 군중들——혹은 이보다 훨씬 더 많은 수로 어림된다——이 광주(光州)에서 살해되었다. 이 대량 학살로 인해 인상을 더럽힌 전두환 정부는 박정희 정부가 그러했던 것만큼도 국민들에게 결코 용납되지 않았다.

박정희와 전두환이 지배한 시기의 정부 형태는 세 가지 측면을 갖고 있었다.

1. 정치 권력은 사법부나 입법부에 의해 거의 영향을 받지 않은 강력한 행정부에 집중되어 있었다. 그것은 대통령을 중심으로 한 관료 조직의 직접적 지배로 규정할 수 있다. 대통령은 내각의 모든 각료와 판사, 도지사, 국립 대학 총장 및 군부의 모든 지도적 인물들을 직접 임명하였다. 이들 모두가 개인적으로 대통령에게 책임을 졌다. 박정희와 전두환은 자신이 임명한 자들에게 실적을 요구하였고 그것을 이루어내지 못한 자들은 내쫓아 버렸다. 국가 안보와 공공 질서를 제하고서 정부가 가장 우선적으로 고려한 것은 경제 성장이었다. 만약 권위주의적 정부를 생산적이라고 말할 수 있다면, 바로 이것 하나 때문이었다.

2. 내각의 안보와 경제 계열 각료 사이에서 상당히 뚜렷한 구분이 발견될 수 있다. 내무부, 법무부, 국방부, 중앙 정보부, 통일원 등의 장관 자리는 주로 퇴역 장성들에게 주어졌다. 이에 반해, 재무부, 상공부, 동력 자원부, 농수산부 등의 장관 자리는 자유 기업 시장 경제와 균형 예산, 낮은 임금 노동 및 높은 비율의 이윤 재투자 등을 확신하는 보수적 문민 경제학자나 경제 관료들이 차지하였다. 그들은 또한 급속한 교육의 확대, 특히 기술과 과학 교육의 확대를 확신하였다. 그러나 그들의 보수주의는 성장을 위해 정부가 사기업 부문을 지도하는 데 최상급의 역할을 수행하지 않으면 안 된다는 그들의 확신이나, 1962년부터 시작한 일련의 5 개년 계획에 전념한 그들의

598

태도와 충돌하지 않았다. 요컨대, 그들의 보수주의란 미국적인 보수주의보다는 일본적인 것에 더 가까웠다.

3. 남한의 정부나 정치의 세번째 측면은 반대 세력의 활력과 이들에 대한 정부의 효과적인 견제 및 위급한 과도기에서의 도덕적 과실이었다. 반대 세력을 구성한 한 성분은 야당(野黨)이었다. 야당의 영향력은 1960년대에 가장 컸었다. 그러나 카리스마적 지도자요, 카톨릭 신자인 김대중(金大中)이 1971년의 선거에서 46퍼센트의 표를 얻은 뒤부터, 정부는 야당을 끊임없이 괴롭혔으며 국회를 그들 정책을 추인하는 고무 도장으로 만들어 버렸다. 예컨대, 김대중은 1973년에 한국 중앙 정보부에 의해 일본에서 납치되어 한국으로 끌려온 뒤 여러 번 구속되었으며, 1980년에는 광주 학살과 관련하여 내란 선동죄로 사형 선고를 받고 1982년에 미국으로 갈 수 있도록 허용되었다가, 1984년에 한국에 돌아왔을 때 다시 구속되었다. 제2의 반대 세력은 대학생이었다. 그들의 의견은 자유주의적인 것에서 급진적인 것에 이르기까지 다양하였다(물론 그들 가운데는 보수적인 입장을 갖고 정치적 활동을 하지 않는 경우도 있었다). 그들은 그들 자신을 민주적이라 생각하고 정부는 권위주의적이라고 생각했다. 그들은 흔히 폭동 진압 경찰과 격렬하게 충돌하면서, 그들 대학 안에서 혹은 시가지에서 정치적 시위 행진을 자주 벌였다. 대학 행정과 교수진에 대한 정부의 압력, 학도 호국단의 조직, 그리고 경찰과 정보원의 캠퍼스 상주 등은 학생들의 저항을 질식시키는 데 별다른 효력을 발휘하지 못하였다.

정부에 반대하는 제3의 세력은 그리스도 교였다. 앞서 언급한 바와 같이, 그리스도 교는 이(李) 왕조 말기에 한국으로 들어왔다. 그리스도 교도들은 일본의 식민 지배에 반대하기도 하였고, 1945년 이후에도 많은 그리스도 교도들이 일련의 군사 정부들에 대하여 계속 반대하였다. 1980년대에 이르면, 남한 인구의 5분의 1 이상이 그리스도 교를 신봉하였다. 그리스도 교의 다수가 새로운 도시 중산층에 속하였다. 그들은 민주주의와 시민 권리 및 각 개인의 가치를 강조하는 그리스도 교 입장 등의 상호 관계를 주목하였다. 목사와 신부 및 신도들이 빈번하게 반정부 시위에 참여하였고 그들 가운데 구속되는 경우도 자주 있었다. 반대 세력의 마지막 성분은 노동자들이었다. 공장들은 거의 가부장적 원리에 의존하여 운영하였다. 단독 조합만이 허용되었고, 그나마 그것도 노동자의 8 내지 9 퍼센트만이 소속되었다. 정부와 경영인들은 모두 노동 현장의 소요를 용인하지 않았다. 마치 메이지(Meiji, 明治) 시대 일본의 농민들이 높은 세금을 납부하여 공업에 도움을 가져다 주었듯이, 한국 공장들의 노동자들도 전후 한국의 공업 성장에 협력한 대가로 박봉을 받았을 뿐이었다. 그래서 한국의 노동자들은 메이지 시대의 농민들처럼 야당에 지지를 보내었다. 특히 1980년대초에, 그들의 교육 수준이 높아지고 그들의 수가 증가됨과 동시에, 중산층의 생활 수준으로 오를 수 있다는 꿈이 현실화됨에 따라, 그들은 정치적으로 더욱 적극적 태도를 취하게 되었다.

대부분의 경우, 정부는 반대 세력을 통제하든가 억제할 수 있었다. 정부는 경찰과 중앙 정보부, 지방 관청, 사법부 등을 이용하고 은행과 산업 조직들에 영향을 미침으로써 엄청난 힘을 행사할 수 있었다. 정부의 지도자들은 그들 자신이 추진하는 정책의 도덕적 정당성에 대하여 확신하였다. 그들은 메이지 시대의 과두 집정자들이 그러하였듯이, 자기 나라에 근대화와 번영, 그리고 힘을 가져다 줄 지도자로 자처하였다. 그들은 민주적 반대자들을 파벌 싸움이나 벌이는, 한국의 발전을 속행할 만한 능력을 갖고 있지 못한 사람들로 간주하였다. 그러나 모든 반대 세력이 대규모 시위로 규합되면 정부는 이들을 탄압할 수 없었으니, 1987년 여름이 바로 그러하였다.

1980년에 권좌에 올랐을 때, 전두환은 대중적 지지를 얻으려는 노력의 일환으로 1988년 2월에 물러나겠다고 약속하였다. 1987년초부터, 새 대통령을 전두환의 후보에게 유리한 간접 선거로 뽑을 것인지, 아니면 야당에게 기회를 줄 직접 선거의 방법을 선택할 것인가라는 문제가 다툼의 초점이 되었다. 늦봄부터 초여름에 이르기까지, 수많은 한국인들이 직접 선거를 지지하는 시위에 참여하여, 마침내 정부로 하여금 동의하지 않을 수 없게 하였다. 그 뒤를 이은 선거 운동의 가장 주요한 문제는 김대중과 김영삼(金泳三)이라는 두 야당 지도자들이 단일 후보로 통합할 것인가 하는 것이었다. 그들은 통합하지 못하였다. 개인적 야심과 분파주의가 군사 정부의 후보를 패배시킬 의지보다 더 강하였기 때문이다. 결국 집권 민정당의 후보인 노태우(盧泰愚)가 1987년 12월의 선거에서 승리를 얻었다. 그는 27 년 만에 처음으로 군사 쿠데타가 아닌 선

1987년 선거에서 야당표가
분산되어 노태우(盧泰愚)
후보가 남한의 대통령으로
당선되었다.

거를 통해 대통령에 취임하였다.

선거 과정에서 고의적인 투표 부정이 광범위하게 이루어졌지만, 그렇다고
해서 노태우가 얻은 200만 표에 달하는 승리의 여분을 설명할 수 있을 만큼 광
범위한 부정은 아니었다. 보다 본질적인 것은, 노태우를 반대한 52퍼센트의
표가 두 명의 야당 후보에 의해 쪼개어졌기 때문에 노태우가 총투표자의 37퍼
센트만을 득표하고서도 승리를 얻었다는 것이다. 신문 논설에서 지적한 것처
럼, 두 김씨가 노태우를 뽑은 셈이었다. 노의 37퍼센트는 한국 사회의 보수
세력(대기업주, 농민, 군인, 관리 및 일부 중산층)을 나타낸 것으로, 이들은
경제 성장이 지속되고 군이 새 정부에 관여하지 않는다는 것만 보장된다면 민
주화가 보다 느린 속도로 진행되는 것은 기꺼이 받아들일 수 있었다.

노태우는 전두환과 사관 학교 동기생이었다. 그는 1981년에 군을 떠나, 체
육부 장관, 내무부 장관, 서울 올림픽 준비 위원회 위원장 등을 역임하고 1985
년부터는 집권당의 대표를 맡았다. 선거가 끝난 뒤 승리의 연설에서, 노태우
는 스스로 보통 사람임을 표방하고 화해를 요구하면서, 자신은 반대 의견도
경청할 것이라고 말했다. 또한 그는 1988년 서울 하계 올림픽이 끝난 뒤에 신
임을 묻는 중간 투표를 실시하겠다고 약속하였다.

남한의 전후 경제 성장은 경이적인 것이었다. 앞서 언급한 바와 같이, 한국은 식민지 기반――도로, 철도, 전선, 은행, 제조 기술, 그리고 근대적 노동 인력의 시작 등――의 이점을 갖고 출발하였다. 한국 전쟁은 커다란 퇴보였으며, 전쟁이 끝난 뒤에도 이승만 대통령은 경제 성장에 높은 우선권을 두지 않았다. 그러나 한국 인민의 정력과 능력이 미국의 대규모 원조와 결합되어 1953년과 1960년 사이에 연평균 6.5 퍼센트라는 상당히 높은 비율의 성장을 이룩하였다. 대부분의 원조는 수입품을 국내 생산으로 대체하는 데 사용되었다.

그 뒤 박정희 정권과 전두환 정권(1960~1988)하에서는 경제 성장이 국가의 중심 목표가 되었다. 정부 관리들이 싼 이자의 차관을 이용하여 외국 자본에 접근하고 조세 우대 조치 등의 여러 유인으로써 기업가들을 수출 지향적 산업 체제로 몰아가면서, 경제를 육성하고 관리하였다. 국제 시장에서 이기는 것이 성장으로 가는 새로운 길이었다. 남한의 수출은 1960년에 겨우 3,300만 달러밖에 되지 않던 것이 1987년에는 470억 달러로 증가하였다. 처음에는 적은 자본으로 한국의 양질의 값싼 노동을 이용할 수 있는 경공업에 초점이 맞추어졌다. 그 뒤에는 중공업과 첨단 기술의 소비 제품, 즉 건설과 조선, 강철, 자동차, 전자 제품 등으로 업종이 바뀌었다.

한국의 본보기는 일본이었다. 일본에서처럼, 한국의 대기업들은 서방의 기업체들보다 더 밀접하게 정부와 밀착되어 있었다. 현대(現代)와 삼성(三星) 같은 한국의 기업가들은 수직적으로 통합된, 전후 일본의 미쓰이(三井)나 미쓰비시(三菱)와 흡사한 거대한 복합 기업체를 만들었다. 한국에서는 이러한 복합 기업체를 가리켜 '재벌'이라 부르는데, 이는 일본어로 자이바쓰(zaibatsu)라 읽는 한자(財閥)의 한국식 발음이다. 일본처럼, 한국은 이미 광범하게 축적되어 있는 기술을 이용하여 언제나 가장 발달된 수준을 달성하기 위해 노력하였다. 또한 일본처럼, 한국은 미국의 비(非)보호 시장에서 번창하였다. 1980년대에 이르면, 한국은 텔레비전 수상기와 비디오 카세트 리코더(VCR) 및 하이파이(高忠實度音) 리시버 등의 판매를 위해 일본과 공개적인 경쟁을 벌였으며, 비록 아직 많은 양은 아니지만 자동차 시장에서도 경쟁하기 시작하였다. 또한 일본처럼, 한국은 미국과의 무역에서 많은 차익을 남겼으니, 1986년의 대미 수출이 135억 달러나 되었는데 수입은 63억 달러에 불과하였기 때문이다.

남한의 국민 총생산은 1953년의 27억 달러에서 1988년에는 약 1,200억 달러

한국제 현대 자동차가 북미 시장에서 성공적으로 경쟁하고 있다.

로 증가하였다. 1960년 이후, 성장률은 평균 9.5 퍼센트를 기록하였는데, 이 놀라운 수치는 세계에서 가장 높은 경우에 속한다. 국민 1 인당 총생산(GNP) 은 1955년에 80 달러이던 것이 1988년에는 2,849 달러로 올랐다. 이러한 경제 성장은 한국 사회를 변화시켰다. 노동자의 수가 증가하면서 도시 인구가 팽창한 데 반해, 농민의 수는 점점 줄어들었다. 1970년에, 6.4 퍼센트의 한국 가정이 텔레비전 수상기를 보유하였고 그 10 년 뒤에는 86.7 퍼센트로 증가되었다. 1980년대말에 이르러서는, 많은 가정이 자동차를 보유하게 되었다. 1960년의 평균 연령은 52.4 세였지만, 1985년에는 68.1 세로 높아졌다. 1980년대 중엽에 이르러, 거의 모든 국민이 문자를 해독하였고, 사실상 모든 어린이가 학교에 들어가 9 년간 교육을 받았으며, 그 중의 반은 고등 학교로 진학하였고 대학에는 입학 희망자들이 쇄도하였다. 예술은 전통적 도자기 부문에서부터 전위적 미술과 무용에 이르는 광범위한 분야에서 꽃을 피웠다. 20 년 전 일본에서 일어났던 중산층 혁명이 남한에서도 활발하게 진행되었다. 민주주의가 중산층의 정부 형태이고 지금까지는 그것이 제대로 실현되지 못하였던 만큼, 이제 한국은 민주주의를 실현할 수 있는 단계에까지 이르게 되었다고 하겠다.

북한(北韓)   남한에서 비무장 지대를 지나면 북한이 있다. 북한은 남한보다 더 넓지만 숲과 산이 더 많다. 1988년의 북한 인구는 2,000만 정도여서, 거의 4,200만에 달하는 남한 인구의 반밖에 되지 않는다. 북한의 군사력은 1987년의 경우 남한의 그것(60만)보다 약간 더 많지만(70만~80만), 남한의 군사력은 4만의 미군에 의해 보충되고 미공군에 의해 후원되었다(수십 년 동안, 남한의 집권자들은 북한으로부터의 침공 위협을 이용하여 남한 정치에서의 군부의 핵심적 역할을 정당화하였다).

북한의 전후 경제는 일본인들이 개발해 놓은 대부분의 산업 시설과 수력 발전소들이 위치하고 있다는 유리한 조건에서 출발하였다. 1950년대에는 북한은 공업 발전에 있어 남한을 앞서 갔으며, 1970년대 중엽까지만 해도 국민 1 인당 총생산이 남한과 비슷하였던 것으로 보인다. 그러나 중공업과 경제적 자급 자족을 강조한 북한 경제는 점차 궁색하게 되었고, 반면에 수출 지향적인 남한 경제는 앞서 나가기 시작했다. 1985년의 북한의 국민 총생산은 겨우 230 억 달러, 1 인당 국민 총생산은 1,150 달러로 추산되는데, 이는 남한의 절반에 해당한다. 모든 경제 지표가 양자 사이의 이러한 간격이 앞으로 더욱 더 넓혀질 것임을 시사하고 있다.

이에 반해 아시아의 다른 공산 국가들과 비교한다면, 북한은 동아시아의 동독이요, 체코슬로바키아(Czechoslovakia)라 할 수 있다. 북한의 1 인당 국민 총생산은 중국의 그것보다 3 배나 더 많고 월남과 비교하면 5 배가 된다. 특히 국영 농장보다는 촌락 집단에 기초를 두고 있는 북한의 농업 생산성은 다른 공산 국가들보다 더 높다. 북한의 소비재 공급은 부족하지만, 대부분의 인민은 적절하게 먹고 입을 수 있다. 다른 공산 국가에서는 대기 행렬을 흔히 볼 수 있지만, 북한에서는 고객이 상점이나 음식점에 들어가기 위해 기다리는 긴 행렬은 찾아볼 수 없다.

북한의 정치에서 가장 눈에 띄는 현상은 그 지도자의 장기 집권이다. 김일성은 일찍이 1946년에 권력을 장악하였는데, 76 세가 되는 1988년에 이르기까지 여전히 권좌에 앉아 있다. 1950년대에는, 북한 정부는 몇몇 공산주의 분파들——친소비에트 집단, 친중국 연안(延安) 집단, 국내파, 그리고 김일성 집단 등——사이의 권력 투쟁으로 인해 표류한 바 있었다. 그러나 1958년에, 김일성은 경쟁자들을 숙청하고, 한국 공산주의를 자신과 만주에서 일본에 대항하여 싸운 일단의 빨치산 집단과 일치시키는 데 성공하였다. 그 뒤부터 그는 거의 살아 있는 신(神)으로 간주되어, 전성기 때의 스탈린이나 모택동보다도 더 큰 개인 숭배의 대상이 되었다. 김일성은 '자애로운 지도자', '위대한 지도자', '국가의 태양', '인민의 아버지'였다. 공산당은 '어머니 당'이고, 북한 인민은 '혈육의 사랑', '아버지의 사랑'에 의해 김일성과 결합된 '위대한 가족'이다. 1970년대초에는, 김의 아들 김정일(金正日)이 그의 비공식적 후계자가 되었고, 1980년에는 3개의 고위 당직이 그에게 주어졌다.

김일성 부자와 김의 빨치산 잔여 대원들을 정점으로 하여, 당과 국가군의 관료적 위계 질서가 형성되었다. 그 조직으로만 판단한다면, 북한의 공산당은 소비에트형의 마르크스-레닌주의 정당으로 규정할 수 있다. 그러나 북한 공산당은 그 대중적 지도 노선과 자아 비판을 위해 조직된 소집단, 마르크스주의 학습, 그리고 건설, 생산, 교육, 기타 목적을 위해 주민을 동원하는 주기적 운동 등, 여러 면에서 모택동의 중국으로부터 많은 영향을 받았다. 북한의 깃발에는 망치와 낫과 더불어 글쓰는 붓이 그려져 있어, 지식인과 노동자, 농민의 통합을 상징하고 있다. 중국의 문화 혁명 때 있었던 숙청과는 달리, 북한에서는 지식인 탄압이 거의 없었다. 그러나 사실 언론과 대학이 모두 국가의 지령에 예속되어 있기 때문에 지식인 탄압은 필요한 일이 아니었다. 여행은 제한되고, 법정은 정부의 도구에 지나지 않았으며, 언론의 자유와 야당이 존재하지 않는다. 전체적으로 말한다면, 북한은 폐쇄적이고 억압적인 사회다.

홍콩과 싱가포르

대만 이외에도, 우파적(자본주의적) 환경하에서 동아시아에서는 특별한 경제 성장의 경향을 보여 주는 두 개의 다른 중국인 거류 지역이 있으니, 홍콩과 싱가포르가 그것이다. 홍콩은 광동(廣東, Canton)에서 동남쪽으로 91 마일 정도 떨어진 남중국 해안의 영국 식민지다. 403 평방 마일 넓이의 홍콩 영역 안에는 영국이 아편 전쟁의 전리품으로 1842년에 얻은 홍콩섬과, 제 2 차 아편 전쟁이 끝난 뒤 1860년에 다시 얻은 섬 건너편의 구룡(九龍, Kowloon) 반도, 1898년에 청조로부터 99 년간 조차(租借)한 새 영토 등이 포함되어 있다. 1988년의

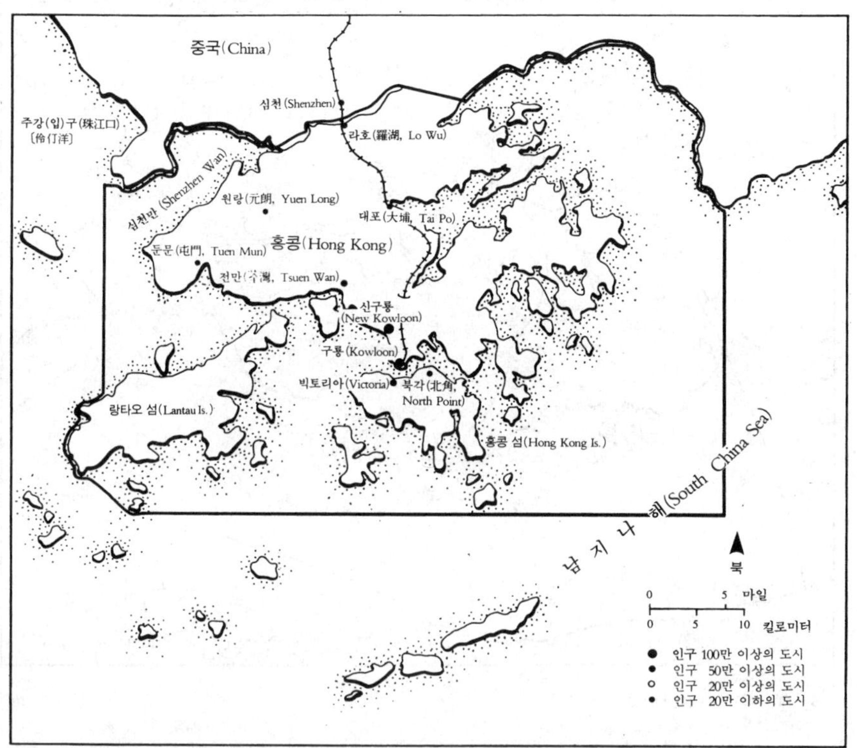

홍콩(Hong Kong)

홍콩 인구는 550만을 약간 상회한다.

　말레이시아(Malaysia) 반도 남쪽 끝에 위치한 싱가포르는 넓이가 244 평방 마일로서 홍콩의 절반 정도 크기다. 홍콩 인구가 사실상 모두 중국인인 데 비해, 싱가포르는 74 퍼센트가 중국인이고 14 퍼센트는 말레이(Malay) 인, 8 퍼센트는 인도인 혹은 파키스탄(Pakistan) 인이다. 싱가포르는 홍콩처럼 1819년에 영국의 식민지로 건설되었으며, 제 2 차 세계 대전 중에는 일본인에 의해 점령되었다. 전쟁이 끝난 뒤에 영국의 직할 식민지가 된 싱가포르는 1959년에 독립하게 되었다. 1963년에, 싱가포르는 말레이시아 연방에 참여하였다. 그러나 싱가포르가 가담함으로써 중국인은 말레이시아에서 다수 민족이 되었고, 이는 말레이 인들이 원하는 바가 아니었다. 그리하여 1965년에 싱가포르는 연방에서 축출되어 공화국으로 독립되었다. 1965년부터 싱가포르는 매우 유능하나 독재적인

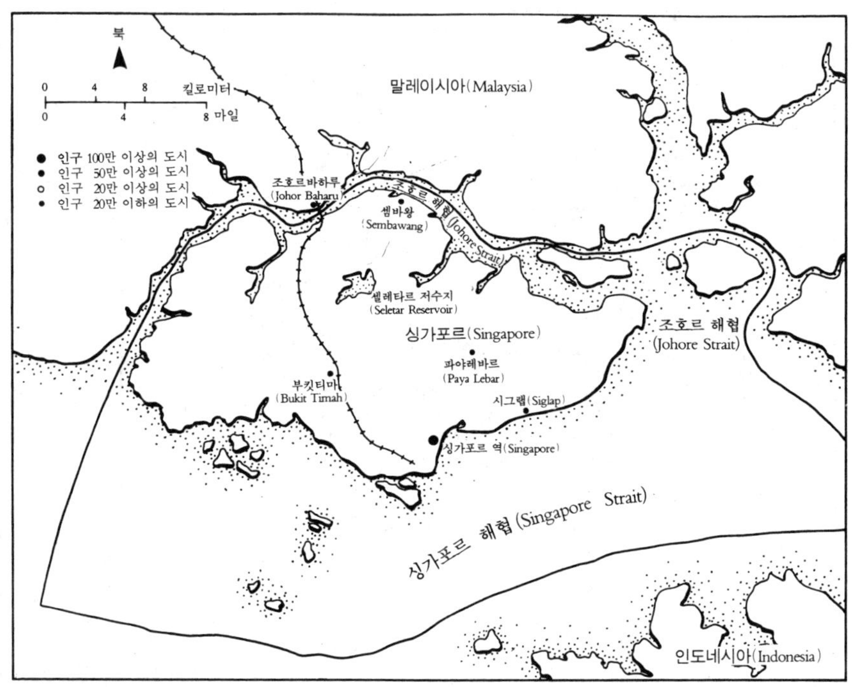

싱가포르(Singapore)

수상이요, 인민 행동당(People's Action Party) 당수인 이광요(李光耀, Lee Kuan Yew)에 의해 통치되었다.

이 두 지역은 어떤 상호 유사성을 갖고 있었다. 양자는 모두 지속적인 정치적 안정을 향유해 왔는데, 홍콩은 영국인들이, 싱가포르는 이광요 정부가 이러한 안정을 가져다 주었다. 양자는 전후에 인구 유입을 경험하였다. 싱가포르는 그 이웃 나라들에서 유입되었고, 홍콩은 중국에서 흘러들어온 난민이 1945년에서 1949년 사이에 100만을 넘었으며, '대약진(大躍進)' 운동이 중국에서 진행된 뒤에는 또 다른 인구의 물결이 홍콩으로 밀려들었다. 최근에는, 이들 두 지역 모두 경제 개발을 통해 생활 수준을 높이려는 노력이 수포로 돌아갈지도 모른다는 우려 때문에, 더 이상의 이주민들에게 문을 닫아 버렸다. 양자 모두 천연 자원이 궁핍하여 매우 낮은 생활 수준에서 출발하였다. 그들이 갖고 있는 유일한 재산이란 풍부하고 값싼 노동력과 주로──── 검소하고 근면하여 열심히 일하고 교육에 관심이 많은 ―― 중국인으로 주민이 구성되어 있다는 점뿐이었다. 두 지역은 모두 영국(혹은 한때는 영국의) 식민 구역과 '원주민 구역' 및 저개발 지역 ―― 홍콩은 신영토, 싱가포르는 북부가 여기에 해당한다 ―― 으로 나누어져 있었다. 홍콩의 오래 묵은 구역은 건물 양식이 광동의 그것과 비슷하지만, 싱가포르는 중국과 동남 아시아의 건축 양식이 섞여져 있다.

　두 도시 모두 거대한 집산지가 되었다. 싱가포르는 동남 아시아에서 가장 큰 항구로서 인도양과 남지나해 사이의 많은 교역을 조정하였다. 또한 싱가포르는 말레이시아와 인도네시아에서 생산되는 농산물과 원료를 가공하고 포장하여 다른 배로 옮기는 일을 하였다. 싱가포르는 원유를 자체 생산하지 못하였으나, 그곳의 정유소에서 싱가포르 소득의 4분의 1 정도를 만들어. 냈다. 홍콩처럼, 싱가포르는 개방된 항구이고 자유 시장 경제였다. 홍콩은 남중국의 산물들을 모으는 집산지로 시작하였다. 홍콩은 식량과 물, 그리고 원료의 상당량을 중국에 의존하였다. 이러한 것들에 대해 홍콩이 중국에 지불한 돈이 한때는 중국이 벌어들이는 외환의 반을 점하였다.

　두 국가 모두 중개업자로 남는 데 만족하지 않았다. 홍콩은 그 국가적 필요성을 변화시켰다. 중국의 물자를 다른 배로 옮기는 홍콩의 초기 역할은 첫째 한국 전쟁으로 인한 대(對)중국 통상 금지에 의해, 그 다음엔 1950년대말부터 1970년대 중엽까지 지속된 중국 자체의 정치적 변동으로 인해 중단되었다. 상해(上海)에서 도망쳐 나온 기업가들의 기술과 자본을 끌어들인 홍콩은 스스로를 직물 및 전자 제품의 제조 중심으로, 그리고 해운업과 국제 금융업의 중심으로 만들었다. 전형적인 홍콩 회사는 중간 정도의 규모에 중국인에 의해 소유되었다. 1980년대말의 홍콩만큼 억만 장자가 많이 거주하고 있는 곳은 세계 어느 곳에도 없다. 보다 중요한 것은, 1985년에 국민 총생산(GNP)이 233억 달러로 오르고 국민 1인당 총생산은 중국의 15배 정도나 되는 4,310 달러로 올랐다는 사실이다.

　싱가포르에서는 그 이웃에서 일어나는 민족주의로 인해 화물을 옮겨 싣는 중개상 역할에 제한이 가해지기 시작했다. 정부는 제조업을 발전시키기 위하여 자본과 기술을 그 지역 기업가들에게 의존할 것인지 아니면 외국의 회사들에게 의존할 것인지를 결정하지 않으면 안 되었다. 싱가포르는 후자를 선택하

홍콩 이 사진은 섬의 정상에서 상사 밀집 지역과 항만 너머 본토를 내려다보면서 찍은 것으로, 본토 오른편의 구룡(九龍) 반도와 왼편의 공업 단지가 보인다.

였고, 1980년대까지 약 70퍼센트의 제조업이 외국인에 의해 소유되었다. 많은 자본이 쏟아졌으며, 시계, 사진기, 전자 장비 등의 '연해(沿海) 생산'이 갑작스럽게 번창하였다. 홍콩처럼, 싱가포르도 해운업과 국제 금융업의 지역 중심지로 발전하였다. 인도네시아와 말레이시아가 그렇지 못했는 데 반해, 싱가포르는 개방되고 안전하였다. 싱가포르는 1985년에 국민 총생산이 162억 달러가 되고 국민 1인당 총생산이 6,230달러나 되어, 일본을 제외하고 아시아에서 가장 부유한 국가가 되었다.

식민지 정부가 아닌 싱가포르 당국은 홍콩보다 더 적극적으로 경제 계획에 열중하였으며, 또한 보다 적극적인 사회 정책을 갖고 있었다. 싱가포르는 학교 제도를 확대하여 영국류의 중등 교육을 장려하였고, 영어로 강의하는 국립 대학에 많은 기금을 쏟아 넣었다. 싱가포르는 중국인 대학의 문을 닫고 싱가

싱가포르 새로 지은 아파트 건물의 그림자가 드리워진 오래된 중국인 거리.

포르 대학으로 통합함으로써 중국어로 하는 고등 교육을 종식시켰다. 민족 구성이 다원적이고 문화 역시 다원적인 사회에서는 공통어에 의한 교육이 싱가포르 민족 의식을 형성하는 수단으로 간주되었으며, 이광요 자신이 케임브리지 (Cambridge) 대학의 졸업생이었다. 또한 정부는 공공 주택을 짓고 의료 사업을 확대하였다. 1985년에는 80 퍼센트 이상의 주민이 공공 단위 안에서 살았다. 어떤 공공 정책은 논쟁의 여지를 안고 있었다. 도로가 붐비게 되자, 5,000 달러의 세금이 자동차에 부과되었다. 범죄와 마약이 가혹하게 다루어졌다. 대학 정도 수준의 부인들에게는 보다 많은 아이를 갖도록 몇 가지 유인이 제공되었다. 이에 반해 교육을 거의 받지 못한 부인들에게는 불임 수술을 받는다는 조건으로 2년간 봉급과 같은 액수의 돈이 지급되었다.

1980년대에 이르러, 근대적 주택과 높은 수입, 그리고 열대 식물이 결합되어, 싱가포르는 무심코 들른 방문객에게는 전원 국가로, 또는 번영의 오아시스로 보인다. 많은 정책들이 시민들에 의해 비판받기도 했지만, 번영의 미래를 위한 발판이 놓여졌다는 사실은 아무도 부인하지 않는다. 오랜 뒤까지 남을 문제는 과연 싱가포르가 비록 가난하지만 더 크고 강력한 이웃 나라들 사이에서 미묘한 균형을 이루면서 확고한 지위를 지킬 수 있을 것인가 하는 의문이다. 북쪽 말레이시아에서 이루어지는 중국인에 대한 억압이 이 나라와의 관계에서 싱가포르가 피할 수 없는 아픈 점이다.

홍콩은 싱가포르와는 완전히 다르고 더 불확실한 미래와 마주서 있다. 대영제국과 중국은 1997년 7월 1일에 식민지를 반환한다는 협정을 1985년 12월에 맺었다. 중국은 홍콩이 50년 동안 자유항으로 남아 현재의 경제 체제를 유지할 수 있는 특별 행정 구역으로서 자치를 유지하게 될 것임을 약속하였다. 이 약속의 의미하는 바가 자주 논의되었으며, 신문, 법정, 학교, 대학 등의 자치에 관한 수많은 문제들이 특별히 명시되지 않은 채 남아 있다. 1980년대말에 이르러, 대부분의 가난한 중국인들은 홍콩에 남아 있기로 계획하였지만, 점점 더 많은 수의 교육받은 계층과 전문직에 종사하는 사람들은 떠나거나 떠날 준비를 하고 있다.

제28장
중화 인민 공화국

모택동주의 지도자들의 부상(浮上)

코민테른과 마찬가지로 중국 공산당도 처음에는 정통 마르크스-레닌주의의 입장에서 농민들을 한갓 보조 기능만 할 수 있는 존재로 보았다. 그러나 1927년 2월에 일어났던 호남성의 농민 운동에 대한 모택동(毛澤東, Mao Tse-tung)의 유명한 보고서에서 그는 중국의 '혁명 선봉대'는 프롤레타리아가 아니라 '빈농(貧農)'이라는 이단적 주장을 하였다. 모택동은 경험을 통하여 농민 대중 조직과 군사력 결합의 필요성을 곧 알아차렸다. 주덕(朱德, Chu Teh)을 군 사령관으로 한 수천 명과 함께 모택동은 호남성과 강서성의 경계에 있는 산악 지역인 정강산(井崗山, Ching-kang-shan)으로 1927년부터 1928년 사이의 겨울에 숨어들었다. 그곳에서 그는 폭도들의 전통적인 방식에 따라 지역 근거지를 발전시켰다. 그러나 모택동은 이념적으로 정통적인 용어를 사용하여 자신의 운동을 계속하였다. 중화 소비에트 공화국이 1931년 11월에 강서성 서금(瑞金, Juichin)에서 선포되었고, 이를 '노동자와 농민의 민주적 독재'라고 불렀다. 이는 레닌이 1905년에 쓴 방식을 완전히 다른 환경 속에서 이용한 것이었다. 있지도 않은 '프롤레타리아 계급'이 서류상의 훌륭한 노동법에 따라 우대를 받았다. 홍군(紅軍)은 정치적 계급 군대라는 특권을 특별히 부여받았다. 토지는 과감

612

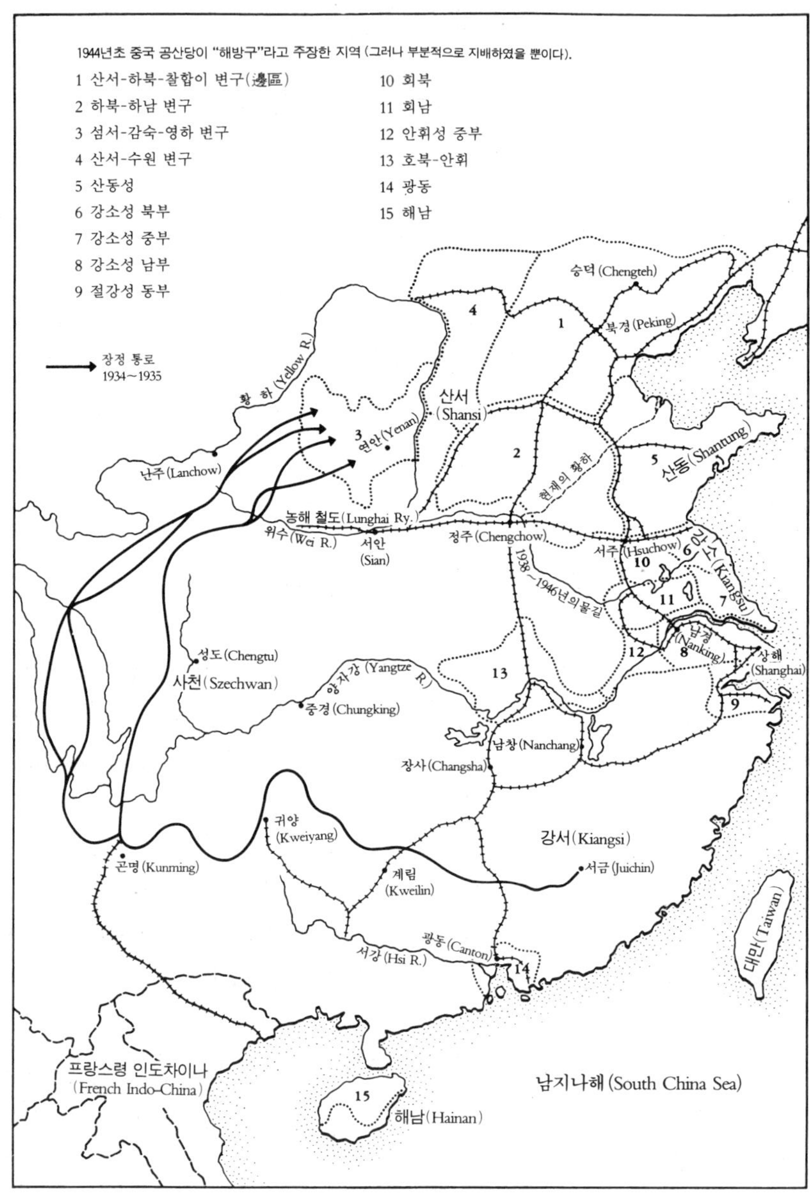

중국 공산당의 회생(回生)

하게 다시 분배되었으나, 집단 농장을 추진하지는 않았다.

모택동의 주도권 장악은 천천히 이루어졌다. 그것은 모스크바에서 귀국한 젊은 유학생들이 장악하고 있었던 중국 공산당 중앙 위원회가 1932년 가을에 상해를 포기하고 서금으로 옮겨갈 때까지 지체되었다. 1931년말, 1932년 6월 및 7월부터 10월까지, 그리고 1933년에 다시 계속된 장개석의 처음 4차에 걸친 섬멸 작전들은 국민당 군대들을 산악 지역으로 유인해 들인 게릴라 전술 때문에 저지되었다. 그러나 1933년말부터 1934년에 걸쳐 독일인이 고안한 국민당의 조직적인 봉쇄와 진지선들을 따라들어오는 침투는 공산당 지역을 침공하기 시작하였다. 그 결과, 10만 명 이상의 중국 공산당 당원들은 1934년 10월에 자신들의 강서성 보루를 탈출하여 야음을 틈타 신속하게 이동하면서 장정(長征)에 나섰다. 장정은 인간의 인내력에 대한 위대하면서도 이제는 전설로 되어 버린 위업(偉業)이었으니, 그들은 도중에 계속되는 전투를 치르면서 1년 동안에 약 6,000 마일을 걸어갔던 것이다. 중국 공산당이 모스크바와 연락이 끊어졌던 때인 1935년 1월에야 비로소 모스크바에서 훈련받은 적이 있던 당원들이 모택동의 지도권을 인정하게 되었다〔준의회의(遵義會議)〕. 그렇다 하더라도 그들은 당 회의에서 모택동의 노선을 그 후 몇 년 동안 계속 반대하였다.

연안(延安, Yenan) 시대   중국 공산당의 지도자들과 2만 명도 채 안 되는 병력이 1935년에 섬서(陝西, Shensi)성 북부에 도달하였고, 1936년말에 연안(延安, Yenan)에서 자신들의 사령부를 설립하였다. 침식된 골짜기들이 따로 떨어져서 바퀴 달린 차량들이 쉽게 통과하기 힘든 이 건조하고 햇볕이 내리쬐는 먼지 많은 황토 지대는 방어하기에는 유리하였지만, 전반적으로 물과 여유분 농산물이 부족하였으며 지주들도 없었다. 그곳은 단순하고 평등하면서 손수 해결하는 생활 방식으로 도시 생활과 거리가 먼 자연스러운 환경을 이루었다. 10년 동안의 연안 시대는 모택동에게 기회를 가져다 주었고, 그는 중국 공산당의 지휘를 받는 모든 사람들에게 자신의 도장을 날인하였다. 모험심이 강한 미국의 언론인 에드거 스노(Edgar Snow)가 장정을 마친 모택동과 그의 동지들을 회견하였을 때, 그는 자신 만만하고 노련한 혁명가들의 무리를 발견하였다. 〈중국의 붉은 별(*Red Star over China*)〉에서 훌륭하게 묘사된 그들의 소박한 순진성과 농민 운동을 위한 강한 애착은 전세계 독자들의 상상력을 사로잡았다.

전쟁 시기 북중국의 목판화들
―군과 인민 "우리 백성 자신들의 군대를 지지하자."
(위에서부터) 농민들이 양식으로 쓸 양떼와 운반을 위한 가축떼를 몰고 온다. 그들은 음악을 울리면서 병사들을 환영한다. 그리고 또 그들은 깃발을 들고, 보초를 서고, 따뜻한 물을 준비하고, 부상자를 옮기며, 새 보충병들을 전송하고, 상이 군인을 보살핀다. 군인의 집 대문에 마주 걸린 간판들은 '좋은 옷과 풍족한 음식', '안정된 가정'의 의미이다.

'혼인 신고'. 한 쌍의 남녀가 근대적 방식으로 결혼하기로 결정하고 지방 사무원의 온돌 위 앉은뱅이 책상에서 등록 장부에 서명하고 있다. 오른쪽은 벽돌로 만든 요리용 화덕과 접어서 포개어 놓은 누비 이불들.

1937년이 되자 일본에 대한 중국인들의 저항은 일본의 소련에 대한 공격과 남경 정부의 중국 공산당에 대한 공격을 돌려놓을 것이 분명하였다. 그러므로 중국 공산당은 1937년 7월 7일에 북평(北平, Peiping) 근교에서 일어난 일본군의 공격〔7·7사건, 蘆溝橋事件〕에 뒤이어 국민 정부와 새로운 통일 전선을 합작〔제 2차 국공 합작〕하였다. 국민당과 중국 공산당의 제 2차 합작 노력은 애국적 열정을 지닌 분위기에서 시작되었으나 곧 타락해 버린 불안한 무장 상태의 휴전에 지나지 않았다. 중국 공산당의 무력은 이제 민족적 저항 전쟁이라는 전적으로 새로운 맥락 속에서 팽창하게 되었으니, 그 전쟁은 애국적인 자기 방어의 측면에서 농민 동원의 궁극적 근거를 그 자체로서 제공하였던 것이다. 조직적인 저항을 위한 근거지들은, 1938년에 설립된 산서·호북·찰합이(察哈爾, Chahar) 변구(邊區)를 시작으로 하여, 성들 사이의 접근하기 힘든 경계 지역들에 집중되었다. 1945년까지 흔히 '해방구(解放區)'로 불리는 근거지들이 19 개였다고 하며, 총 7,000 만 명에서 9,000 만 명 사이의 인구가 약 200 만 명의 민병대와 총 91 만 명으로 주장되는 중국 공산당군의 보호를 받았다고 한다. 중국의 공산주의자들은 북중국에 있던 일본군에 대하여 농민 저항력의 가장 실질적인 지도자들로 성장해 나갔다. 이러한 차원에서 경쟁이 되지 않았던 중경(重慶, Chungking)의 국민 정부는 연안 지역을 봉쇄하였다.

전쟁 기간 동안 공산당은 토지 몰수 계획을 일시적으로 그만두고 소작료 감축을 시행하였다. 지주들은 대개 토지를 소유한 채로 줄어든 소작료를 보장받았고, 또 지방 선거들에서 투표할 수 있도록 허락받았다. 이전의 소비에트 체제 대신 공산당은 소위 3·3제에 따른 직접 선거를 선언하였다. 그들은 자신들의 대표권을 관직의 3분의 1로 제한하였고, 국민당과 당파에 속하지 않은 사람들을 나머지 3분의 2에서 유지하도록 노력하였다. 공산주의 운동과 공산당의 팔로군(八路軍)은 일반 인민들이 전쟁 기간 동안의 자유로운 정치적 경쟁을 통하여 공산당에게 기꺼이 지지를 보낸 정도에 따라 번성하였으며, 그 당시 국민당뿐만 아니라 일본군과 그들의 괴뢰 정권도 공산당 정권에게 어떤 대안을 제의하고 있었다. 중국 공산당의 경제 계획은 식량 공급 면에서 각 지역들이 자급 자족을 이룰 수 있도록 군인들과 농민들을 이용한 생산 운동을 포함하였다. 서양식의 과학적 영농법으로 이루어진 개량 종자와 기술은 크게 부족하였으나, 공산당은 토지 개간을 위한 협동과 농민들 사이의 노동력 교환, 운

농장에서 일하는 군인들 도리깨와 돌 롤러로 타작을 하고, 짚을
쌓으며, 곡식이 든 자루를 저장하는 병사들. 오른쪽 뒤편의 농구 공
을 던져넣을 수 있는 쇠테를 주목하라.

새로운 분만법(分娩法)에 대한 설명 한 여성 지도자가 위생 원칙과
분만을 위한 적절한 준비를 강조하면서 그림을 가리키고 있다.

반할 때 서로 도와 주는 일 및 소규모의 공업 조합체들을 강조함으로써 이러한 점을 메워 나갔다. 농민들을 공동 목표를 위한 단체들에 가입시키고 이 단체들을 지도력과 선전을 통하여 지배함으로써 중국 공산당은 정치적·군사적 힘을 향한 새로운 길을 닦았다.

이념의 발전   1940년에 천명한 모택동의 세 가지 목표는 국민당과 통일 전선을 추구하는 것, 일본에 대한 무장 투쟁, 그리고 중국 공산당 지역에서 당을 건설하는 것이었다. 별로 알려지지 않은 네번째의 목표는 100만 명의 군대를 건설하는 것이었다. 전반적인 과제는 국민당과 경쟁하고 일본과 싸우면서 중국을 개혁하는 노력의 면에서 가능한 한 많은 협력자들을 찾아내면서 장기적으로 혁명 목표들을 유지하는 것이었다. 중국 공산당의 통일 전선 전략은 세련되고 융통성 있는 효율적인 것이 되었다. 공산당은 모든 가능한 협렵자들과 중립주의자들을 분별해 냈고, 뒤를 돌보아 주는 정치가들처럼 그들의 이해 관계에 호소하고 특정한 요구들을 보살폈으나, 중국 공산당의 독립성은 절대 양보하지 않으면서 적들을 고립시키려고 노력하였다. 국민당 안에 있던 '통일 전선의 공산당 간부들'은 공산당이 아닌 것처럼 가장하였고, 결코 중국 공산당의 원조를 기대하지 않았다. 중화 민국의 문화적·정치적 생활은 중국 공산당의 미래를 자신들의 비밀 신조로 간직하던 유능하고 헌신적이면서 근면한 공산당원들의 영향을 받았다. 마찬가지로 '우군(友軍)' 계획은 공을 세워 승진한 군인들을 국민당 부대로 침투시켰다. 그러나 통일 전선은 동시에 공통된 목적에서 우호적인 협력과 모범적 희생이라는 전쟁 시기의 자세를 조장하기도 하였다. 일본 침략자들이나 한때 공산당을 완전히 고립시켰던 국민당 강경파에 대항한 무장 투쟁은 이처럼 통일 전선과 전체적으로 결합될 수 있었던 것이다.

중국 공산당이 가진 권력의 세번째 요인은 당을 건설한 것이었다. 당원은 1937년에 4만 명이던 것이, 1945년에 120만 명으로 늘어났다. 중국 공산당을 기강이 잡히고 중앙의 지배를 받는 레닌주의 정당으로 유지하기 위해서는 노력이 요구되었다. 비록 농민들이 이제 '농촌의 프롤레타리아들'이라고 불려지긴 했어도, 중국 공산당은 이제까지의 어느 프롤레타리아 정당보다 프롤레타리아 계급의 수가 적었다. 그 활동 범위는 25만 평방 마일에 미치고 있었다.

철저한 이념적 동질화를 목표로 삼는 공산주의자들만이 통제력을 발휘할 수 있었고, 따라서 새로운 당원들에게 이론을 주입하는 것은 필수적이었다. 이러한 목적을 위하여 당에서 세운 학교들이 연안에서 수천 명의 학생들을 교육시켰다.

1942년에 모택동은 사상과 당 내외의 개인 관계, 그리고 언론 및 저술에서 '비(非)정통적 풍조들을 바로잡기'〔정풍(整風)〕위한 이념 개혁 운동을 일으켰다. 소규모 집단들에서 오랫동안 계속된 비판과 자아 비판, 그리고 공개 석상에서 이루어진 범죄 행위 고백과 참회는 일상적인 절차들로 되어 버렸다. 그 목적은 통일 전선 시기 동안 당의 투쟁 정신을 유지하고, 그렇게 함으로써 미래의 과업들을 준비하기 위한 것이었다. 이 운동은 자유주의적 배경과 개인주의적 기질 및 전통적 도덕률에 아직도 오염되어 있던 새 추종자들을 다시 교육시키고 훈련시키기 위한 격렬한 노력을 동반하였다.

이러한 교정 운동은 동시에 모스크바에서 귀국한 '국제파'를 중국 공산당 위원회에서 최종적으로 제거하는 의미도 가졌다. '국제파'는 코민테른이 훈련시켰고, 모택동의 지도권을 반대한 사람들이었던 것이다. 마르크스-레닌주의 이론은 행동으로 검증되어야만 하고 중국 농촌의 구체적인 현실에 적용되지 않으면 안 된다는 점에 일치하게 되었으며, '민족주의적 형태를 가진' 마르크스주의로 되었다. 이점은 '모택동 사상'의 토대가 되었다. 모택동 사상은 전쟁 시기의 민족주의 및 소련의 영향이 가장 적었던 시기인 창당 20년 뒤의 중국에서 공산주의의 중국화를 의미하였다. 이후 그것은 더 이상 다른 곳으로부터 온 강령이 아니었다. 그 주요 업적은, 공산주의 사회가 프롤레타리아 계급과 사실상 관계 없는(마르크스주의 이론과 반대되는) 점을 과시하면서, 농민을 기초로 한 레닌주의 정당을 건설한 점이었다. 이 마르크스주의의 전도(顚倒)는 한 인간의 이념적 경향들이 유물 사관에서 가정하듯이 소속 계급에서 나오지 않는다는 점을 암시하였다. 그의 계급은 이제 자신의 이념에 따라 결정되었으니, 영리한 농민은 '프롤레타리아'로 될 수 있었던 것이다. 이는 마르크스주의의 경제적 생산 양식 강조에 대한 주관적이고 정치적인 사고(思考)의 승리였다.

모택동이 1940년에 쓴 "신민주주의론(新民主主義論)"이라는 작은 논문은 통일 전선을 잠정적 단계로 정당화시키고 중국 공산당의 장기적인 사명을 다시 확인한 설득력 있는 선전 문서였다. 마르크스주의자가 아닌 그의 청중들을 위하여 모택동은 손문과 5·4운동의 옷을 상속해야 한다고 부드럽게 주장하였고, 한편으로 마르크스주의자들을 위해서 그는 자신을 마르크스, 엥겔스, 레닌, 그리고 스탈린과 같은 수준에서 공산주의 이론에 독창적인 공헌을 하였다고 넌지시 밀어붙였다. 사실 모택동의 '혁신'은 이론 면에서가 아니라 실천 면에 속한 것이었다. 그의 모든 말들은 옛 문학 작품에서 발견될 수 있었으니, 그의 진정한 공헌은 농촌의 지역 근거지에서 공산당과 당의 군대 및 대중의 지지를 만들어 낸 데 있었다.

일반 인민들에 대한 새로운 예찬은 그들의 '해방'을 강조하면서 중국 농민 대중의 각성과 활성화를 목표로 하였다. 문화 운동은 값싸게 다시 복사할 수 있는 목판화 형태의 회화를 강조하였다. 합창곡은 앙가(秧歌;모내기 노래)에 속하는 새로운 형태를 만들어 내기 위하여 옛날 방식의 시골 춤과 결합되었으니, 이는 민요 가락과 연속적인 발놀림을 이용한 빈민의 오페라였으며, 해방된 존재임을 가르쳐 주는 오락을 제공하기 위하여 일상 생활 가운데서 그 주제를 가져왔다. 일반인들에 대한 새로운 신조는 근대 기술과 새로운 사회 조직이 농민의 생활을 개조하고 넉넉하게 하는 데 이용될 수 있다는 혁명 이념을 포함하였다. 이러한 일반 인민들에 대한 숭배는 간부들과 군대들에 활기를 불어넣었다. 당 간부는 촌락에서 살면서 농민과 함께 일하고, 농민의 음식을 먹고, 농민의 생활을 이끌어 주면서 농민의 생각들을 믿어야 했다. 오직 이렇게 함으로써 그는 대중을 쇄신시킬 수 있었다. 냉혹한 결과론에 따라 '해방'은 동시에 새로운 일당 독재 체제의 근거가 되었다. 즉, 1) 혁명은 대중에게 새 생활을 마련해 주는 데 목표를 둔다. 2) 이는 옛 질서를 변화시키는 데 충분한 절대적 정치 권력을 통해서만 달성될 수 있다. 3) 정치 권력은 중앙 집권화된 당의 조직을 통해서만 이루어질 수 있다. 4) 당은 당원들이 절대적인 당 규율에 복종할 때만 효과를 발휘할 수 있다. 당은 역사적 사명을 지니고 전진하는 살아 있는 실체로서 개인을 초월하였던 것이다.

1928년 이후로는 처음 열린 1945년 4월부터 6월까지의 중국 공산당 제 7 차 대회는 '연합 정부'라는 융통성 있는 노선을 채택함으로써 전쟁이 끝난 후를 대비한 전략을 확립시켰다. 국민 정부군이 양자강 남쪽에서 중국 공산당 군과 싸웠던 1941년 1월의 신사군(新四軍) 사건 이후, 국민 정부는 중국 공산당 지역

1940년대 중국의 분배 문제 잘 먹어 살이 찐 여인이 곡물 가게 앞에 앉아 있고, 기근 지역에서 시내로 들어온 한 거지 소년이 그 앞에 앉아 있다.

을 한층 더 철저하게 봉쇄하였다. 제 2차 세계 대전에 뒤이어 내전이 터질 것이라는 전반적인 두려움이 중국에서 퍼져나갔다. 모택동은 그 즈음 중국이 "모든 정당들과 비정당 대표들을 포괄하는 연합적 성격의 신민주주의 정부"를 필요로 한다고 선언하였다. 편의주의에 입각한 이것은 1946년에 제안되었듯이 국민당을 포함하는 연합을 의미할 수도 있었고, 1949년에 이루어졌듯이 국민당에 항거한 작은 규모의 정당들 및 자유주의자들과 연합하는 것을 뜻할 수도 있었다. 한편, 이 노선은 근대적 의식은 가졌으나 좌절해 버린 지식인들에게 특히 호소력을 가지고 있었다.

국민당과 중국 공산당의 내전(內戰)　제 2차 세계 대전 동안 장개석의 명목상 참모장이었던 조셉 스틸웰 장군은 버마 북부 지역을 다시 탈환하기 위해 인도에서 중국인 부대를 훈련시켰고, 한편으로는 히말라야 산맥을 넘어온 공중 보급으로 보완된 미국 공군이 중국의 도시들을 보호하면서 일본군들을 괴롭혔다. 그러나 일본에 대한 연합국의 공격은 중국을 우회하면서 바다를 통하여 더욱 직접적으로 이루어졌다. 그리하여 정치적으로 약화된 국민 정부에게 1945년 이후 중국 공산당을 대적하기 위한 우수한 군비와 지나친 자부심을 준 것이 미국 원조의 주된 결과였다. 특사(特使)로서 중국에 파견된 조지 마셜(George C. Marshall) 장군은 연합 정부를 수립하기 위하여 1946년에 중재하려고 나섰으나, 국민 정부군의 장군들(스탈린도 마찬가지였다)은 국민 정부군의 화력의 효력을 과대 평가하였고, 반면에 모택동과 중국 공산당은 대중 동원과 내전을 밀고나갔다. 1946년 이후 미국 군대는 철수하였고, 워싱턴에 있던 국무 장관 마셜은 조정 작업을 그만두었다.

1946년부터 1949년에 걸친 중국 내전은 현대에 일어난 대규모 투쟁들 가운데 하나였다. 초기에 국민 정부 군대는 미국이 공급해 준 트럭과 탱크, 비행기를 포함한 대부분 현대 무기로 무장한 약 300만 명의 병력을 보유하고 있었다. 가장 부족하였던 점은 일반 병사들을 분발시키는 동기였다. 경험에 따른 충고를 외면한 장개석은 북부와 동북부 성들의 중심지들을 다시 점령하는 데에 집착하였고, 그곳에서 그의 요새들은 곧 고립되어 공중 보급에 의존하게 되었다. 중국 공산당은 그들이 일찍이 북중국에서처럼 동북 지역에서도 농촌으로 침투하여 지지를 얻어냈다. 중국 공산당 병력은 약 100만 명으로 출발하였으나, 국민 정부군의 투항자들로부터 인원과 미국제 무기를 꾸준히 획득하였다. 시골에서 작전하면서 마을 사람들을 동원하고 국민 정부의 철로를 파괴하였으나, 중국 공산당의 야전군은 불리한 전투 조건들을 회피하면서 규모나 화력 면에서 증강되었다. 그들은 병참 지원에 동원된 약 100만 명의 농민들로부터 도움을 받았으니, 이들은 탱크를 상대하는 구덩이를 파고 그 결과들을 보고할 뿐만 아니라 철로를 파괴하면서 군인들을 대신할 수 있었던 것이다.

1947년부터 1949년에 걸친 국민 정부의 패주는 무기보다는 목적이 훨씬 중요한 데서 온 실패였다. 장개석의 군대는 우수한 무기를 보유하고 있었으나 경제를 회생시킬 능력도, 대중 동원을 위한 계획도, 중국의 미래에 대한 새로운 꿈도 가지고 있지 않았다. 국민당 지역들의 도시 거주자들은 폭등하는 인플레이션으로 차차 기가 꺾였다. 양자강 하류 지역을 다시 점령한 국민 정부군은 마치 타락한 정복자들처럼 행동하였고, 재물을 탈취하고 그들의 중국인 동포들을 적과 내통한 사람들처럼 다루었다. 내전에서 국민 정부군의 군사적

인민 공화국이 선포된 후 1년도 못 되어서 약 5만 명의 청년들이 민주 청년 세계 연방(World Federation of Democratic Youth)의 대표들을 환영하려고 이제는 고궁(故宮)이라 불리는 자금성 안으로 집결하였다.

붕괴는 여러 가지 원인들에 말미암았다. 즉, 지휘관들 가운데 황포(黃埔)파와 광서(廣西)파의 시기, 군벌식으로 방어하고 물자를 비축하는 것, 보급품 처리에서 오는 부패, 장교들과 병사들 사이의 불신, 총통이 멀리 떨어진 배후에서 작전을 결정한 것 등이다. 1948년 중엽까지 공산당 군은 국민 정부 군과 수적으로 비슷하였다. 10월에 공산당 군들은 동북 지역에서 대규모 수비대의 항복을 받았고, 1949년 1월에 남경 북쪽의 서주(徐州, Hsuchow) 평원에서 포위된 규모가 큰 부대의 항복을 받았다. 공산당 군은 1월에 천진과 북경에, 4월에는 남경에, 5월에는 상해에, 10월에는 광동에, 11월에는 중경에 입성하였다. 1950년 5월이 되자 그들의 승리는 완결되었다. 장개석과 국민당 지도자들의 일부는 대만으로 물러났고, 이 사건들의 와중에서 중화 인민 공화국이 1949년 10월 1일에 북경에서 선포되었다.

중화 인민 공화국의 창건

정치 조직　　권력의 길을 향한 28년 동안의 시행 착오 후에, 중국 공산당은 새로운 중국을 건설하기 위한 경험과 꿈과 자신감을 얻었다. 명 왕조 같은 새 왕조가 외래 영향을 쓸어내 버렸던 위대한 재조직의 시기를 생각나게 하는 1950년대초에는 토지와 인구를 조사하였고, 제국에 질서를 가져왔다. 그러나 과거와 연속된 것은 현대 세계가——특히 소련이——제공하는 창조적 적응인 혁신보다는 덜 매혹적이었다. 1957년까지 중화 인민 공화국의 초창기 8년 동안은 기운찬 혁신의 시대요 확실한 성공의 시대였다.

중국 공산당은 무력으로 정권을 장악하면서 대부분의 지방 행정관들을 그대로 두었다. 중국 공산당은 겨우 70만 명으로 200만의 자리를 채워야 했기 때문이다. 공산당 간부들은 길거리에서 앙가(秧歌)를 부르고 평화와 해방을 찬양하면서 혁명에 잔치 분위기를 더하였다. 그것은 희망에 찬 밀월의 시대였으니, 새 연합 정부로 대체시키고 중국의 군대와 대외 관계 및 경제 제도를 개혁하면서 국민당 세력의 찌꺼기를 없애는 데 힘을 쏟았다. 모택동은 새 정부에 대하여 공산당이 주도하는 민주 연합인 동시에 반동 계급들이나 '인민의 적'에 맞서 감독하는 독재라고 규정하였다. 이리하여 중국의 '인민 민주 독재'는 정권에 대한 광범한 잠재적 지지자를 정돈하는 동시에 적들을 없애 버리기 위한 통일 전선의 방식을 시도하려고 하였다. 어느 개인이라도 단번에 인민의 적이라는 부류 속으로 몰릴 수 있었다. 이는 주민들 가운데서 불만을 가진 사람들을 제거하기 위한 신축성 있는 체제였으며, 많은 반(反)혁명주의자들이 처형당하였다.

주은래 총리가 이끄는 중앙의 새 행정부〔정무원(政務院), 나중에 국무원(國務院)으로 명칭을 변경하였다〕는 신봉자들도 별로 없는 몇몇 작은 정당들을 그대로 두었으며, 연합 정부의 이념을 실행하기 위하여 중요한 직책들을 공산당원이 아닌 사람들에게도 주었다. 공산당원이 되어본 적이 없는 대다수 상류 계급을 훈련시키는 일과 그들의 능력을 이용하는 것이 필요하였던 것이다. 그러므로 자유주의적 지식인들에게 그들의 능력을 발휘하도록 해주고 고위직에도 앉혔

모택동 주석과 주은래 총리. 1952년에 인민 해방군의 운동회를 보면서 찍은 사진이다.

으며, 능력은 부족하지만 더욱 통제되어 있는 공산당원들과 함께 각 부처에 임명하였다. 학자들의 대부분은 서양에서 돌아온 애국자들이었고, 그들은 자신들의 조국의 미래에 몸을 바쳤다. 오래 전부터 국민당과 멀어진 그들로서는 중국 공산당과 협력하는 외에 달리 방도가 없었던 것이다.

국민당과 마찬가지로 공산당도 개별적 지휘 계통을 가졌으며, 모두 공산당 지도부에 연결되어 있는 당과 정부와 군대라는 세 가지 축을 갖추었다. 공산당의 당원은 1947년에 270만 명으로, 1953년에 610만 명으로, 1959년에 1,400만 명으로, 1961년에 1,700만 명으로, 그리고 1973년에는 2,800만 명으로 늘어났다 (1987년에는 총 4,700만 명 정도 되었을 것이다). 당 중앙 위원회는 1962년 현재 94 명의 위원과 93 명의 후보 위원을 포함하였으나, 권력은 19 명의 위원으로 구성된 당 중앙 정치국이 행사하였고, 궁극적으로는 7 명으로 구성된 당 중앙 정치국 상무 위원회(常務委員會)가 실행하였다. 당 중앙 위원회에 딸린 당 조직은 대략 8 단계로 이루어져 있었다. 그 가운데서 중요한 것은 6 개의 지방국(地方局), 28 개의 성 및 대도시의 위원회, 258 개의 특별 지구 위원회, 2,200 개의 현이나 그와 동등한 위원회, 1958년 이후 약 2만 6,000 개의 자치 위원회, 그리고 마을과 공장과 학교와 군대 및 그 밖의 단위들에 있는 100만 이상의 지부 위원회 등이었다.

당 조직은 당원들이 침투해 있던 정부 조직과 대응되었다. 인민 대표 대회가 1954년에 처음 소집되어 시골 마을에서부터, 위로는 북경에서 열린 전국 인민 대표 대회에 이르기까지 각 단계에 걸쳐 설립되었다. 이 인민 대표 대회들은 대중들이 정치에 참여할 수 있는 활동 무대로 마련되었으나 실질적인 권력은 갖지 않았다. 정부 조직은 새로운 헌법(1956년의 당의 새 헌법과 구별되는)이 비공산당원의 역할을 줄이고 총리의 역할을 강화시켰을 때인 1954년에 다시 정비되었다. 주은래는 이제 16명이나 되는 부총리와 약 70개의 부처와 그와 비슷한 기관들로 이루어진 국무원의 책임자였다. 행정은 정치와 법률 관계 업무(국내), 선전과 교육(문화 관계), 농업과 임업과 수자원 관리(농촌 부문), 공업과 교통, 재정과 무역을 처리하는 주요 직무상의 계통으로 나눠져 있었다. 각 계통은 국무원과 당 중앙 위원회로부터 감독을 받았다. 더 낮은 하급 기관을 거치면서 아래쪽으로 확대되어 가는 '수직 관리'는 그 하급 기관들도 동시에 계급 조직 안의 해당 단계에서 측면으로 영향을 주는 위원회를 거치면서 조정되는 '이중 관리'로 말미암아 균형이 맞추어졌다. 대외 관계 업무와 군사 관계 업무도 직무상의 계통에 따라 처리되었다.

당은 모든 면에서 정책을 세웠고, 정부 기관들은 그것을 실행하였다. 당은 또한 대부분의 핵심 행정직들에 당원들을 임명하였고, 당의 지방국과 성 및 지역의 당 위원회들도 각각의 단계들에서 기능을 조정함으로써 감독할 수 있었다. 각각의 정부 기관 안에서 당원들은 위원회들과 하급 기관에 자신들의 조직을 유지하였으며, 지도적인 당원들은 하나의 최상층 그룹이나 '당의 분신'을 형성하였다.

당과 정부에 병행하여 새로운 전국적 대중 조직들이 있었다. 이들은 1920년대의 국민당과 중국 공산당의 합작 시기에 시작되었으나, 국민당은 그들을 쇠퇴하게 만들었다. 예를 들면, 1922년에 만들어진 중화 전국 총공회(中華全國總工會)는 1956년에 1,300만 명 이상의 회원을 자랑하였다. 비슷한 단체들이 설립되었으니, 중화 전국 부녀 연합회(中華全國婦女聯合會 ; 1953년에 7,600만 명의 회원), 민주 청년 동맹(民主靑年同盟 ; 1957년에 3,400만 명의 회원), 농민들의 협동 조합인 협동 노동자 동맹(協同勞動者同盟 ; 1956년에 1억 6,200만 명의 회원), 그리고 지식인과 학생들, 진보적 청년들의 단체 등이 그것이다. 이들 대중 조직체들은 사람들 사이에서 직업적 또는 사회적 역할을 통하여 개인과 연결되어 있었고, 이는 정부가 할 수 없는 방식이었다. 각 단체는 폭 넓은 계획과 여러 방면에 걸친 운영 기구를 가지고 있었다. 이리하여 성인 인구의 반이 이런 저런 행동 단체에 가입하여 회의나 연구, 선동 계획에 끼여들었다. 학교나 양성소를 갖춘 중대한 훈련 계획들은 활동적인 사람들을 모집하여 길러냈다. 일반 대중과 관리 사이의 해묵은 괴리(乖離)를 메워 주는 대중 조직체들은 이전에는 정치적 관심이 없었던 일반 대중을 정치화하도록 하였고, '대중 노선'의 개념을 적용할 수 있도록 거들었다. 즉, 중국 공산당 지도부는 노동자 농민 대중들과 끊임없는 접촉을 통하여 방향을 결정할 수밖에 없었으니, 우선 대중들이 가진 문제점들과 생각들에 관한 충분하고 정확한 보고를 당원들을 통하여 확보하였고, 다음으로는 이러한 과제들을 처리하기 위한 정책 지침들을 내리고, 마지막으로 대중들이 정책들을 자신의 것으로 받아들여 실행해 나가도록 하였던 것이다. 사실 이러한 점들은 여론을 주입시키고 조작하려는 하나의 노력이었다. 각 지역에서 통합 조정되면서, 이 기관 전체는 각 개인에게 스며들어 저항할 수 없는 공공연한 압력을 휘두를 수 있었던 것이다.

이러한 압력을 적용시키는 방법은 조직적인 선전이나 운동이었으니, 이는 자발적으로 시작되는 것처럼 보이지만 단지 당 중앙 위원회의 지령에 따라 전개될 뿐이었다. 이 운동들은 당과 국가와 대중 조직체들이라는 거대한 새 기관들을 신속하게 움직이게 하였고, 여러 계급들 및 그들이 가진 기질이나 관례들 가운데 표적들을 하나하나 맞추어 나갔다.

혁명적 변화를 겨냥하는 이러한 장치 뒤에는 보수를 많이 받는 보안군과 비밀 요원들이 있었다. 지방 관서들도 지역의 최하급 자치 위원회들을 감독하였고, 이 위원회들의 임무는 이웃과 가족의 범위 안에서 복지 수단들뿐만 아니라 상호 감시와 고발을 조장하는 것이었다. 이 위원회들은 개인 사이에서 일어나는 분쟁들을 비공식적으로 해결하였다. 경찰 관서들은 매우 심각한 사건들이나 필요한 경우에 각급 '인민 법원'으로 그것들을 이관시켰다. 그곳에서 형사 사건은 피고가 변호사의 도움도 없이 철저하게 심문당하고 충분히 자백하고 다른 관련자들을 고발한 후에야 정상적으로 재판을 받게 되었다. 법률은 당의 혁명 정책을 표현하였기 때문에, 그것은 대개 성문화되지 않은 가변적인 것이었다. 법률 관계 직업은 발전되지 못하였다. 재판은 국가의 부담이 적도록 최소한의 절차를 거쳤고, 각 사건의 사정에 일반적 원칙들을 적용하여 확정하였다. 소송은 경멸되었고, 법률은 중요하지 않았다. 법전들이 발간되지 않았는데도 처리 규범들은 정치적 교화를 통하여 알려져 있었다. 이 모든 것에는 중국의 전통이 많이 반영되어 있었다. 소련의 조직을 따른 국영 공장들과 작업장들에서 '노동을 통한 개혁'은 개인의 품행이 교화와 사회적 압력을 통해서 개조될 수 있다는 고대 중국인의 신념을 반영하였을 뿐이다. 그러나 개인에 대한 국가의 전면적인 통제는 더욱 느슨하게 조직되어 있었던 과거의 정권들보다 훨씬 심하였다.

경제의 재건   1949년에 모택동은 '도시로 전환할 것'과 공업화를 소련의 본보기에서 배울 필요가 있음을 선언하였다. 첫번째 목표는 생산량을 전쟁 전의 수준으로 되돌려놓는 것이었다. 동북 지역에서는 소련이 점령하여 주요 설비의 반 이상을 뜯어갔으며, 그것은 적어도 미국 돈으로 20억 달러에 해당하였다. 중국 본토에서는 철로들이 파괴되었고, 도시 노동자는 혼란에 빠졌다. 도시와 농촌 사이에서 벌어졌던 전쟁 시기 동안의 격리는 농촌의 자급 자족 능력을 증대시켰으니, 면화 같은 상품 작물이 다시 등장할 수밖에 없었다. 약 900만 명의 사람들이 정부의 배급을 받거나 정부에 고용되었다(소수의 국민당 행정관과 군인들이 포함되었다). 정부는 약 75 퍼센트에 이르는 예산 부족을 메우려고 여전히 화폐 발행을 늘리지 않을 수 없었다.

인플레이션을 억제하기 위한 최초의 조치는 조세 수입을 늘려 예산을 다소 균형잡히게 하는 것이었다. 먼저 농촌에서 현물(現物)로 농업세를 거둬들이고, 다음으로는 도시의 더욱 화폐화된 경제 부문에서 돈을 짜내기 위해 상업 단체들의 '민주적인 평가'로 결정된 영업세와 주요 상품에 대한 판매세 따위를 이용하였다. 둘째로, 중앙 정부가 이전의 지방세들을 관리할 수 있도록 하고, 사설 은행들의 공금 취급을 없애며, 차차로 지출을 줄여 나가기 위하여 전체적인 재정 운영을 다시 편성하였다. 은행들을 접수함으로써 정부는 통화와 신용을 통제하게 되었고, 주요 소비 상품들의 가격을 통제하려고 6 개의 정부 교역 상사들을 설립하였다.

신뢰를 회복시키기 위한 한 방법은 임금과 봉급, 은행 예금, 일부 정부 지불금 및 채권 발행을 생활 용품 단위들로 표현하는 것이었다. 즉, 쌀이나, 밀가루, 석탄, 흰 옷감 등 일상적으로 사용하는 상품의 양으로 규정하였던 것이다. 물가가 오르면 생활 용품에 기초를 둔 단위도 그 화폐 가치가 자동적으로 상승할 것이었다. 이러한 단위를 이용하여 지불하자 사람들은 더 이상의 인플레이션으로부터 보호를 받게 되었다. 이와 같이 상품의 공급과 화폐 수입의 흐름 사이에 하나의 균형을 실현시키려고 고안된 여러 가지 방법들을 통하여 인플레이션은 1950년 중반에 억제되었다. 그것은 하나의 감동적인 업적이었다.

1952년에 이르러 옛 경제는 대통합을 이루게 되었다. 철로 선로가 다시 건설되어 약 1만 마일에서 1만 5,000 마일로 확장되었으며, 도로는 모두 약 7만 5,000 마일로 다시 개통되었다. 중앙 집중화된 은행 제도와 획일적인 단일 통화가 이제 전국적으로 시행되었다. 예산 책정도 현실적으로 처음 시도될 수 있었다. 개인 사업은 형식적으로는 계속 허용되었으나, 실제로는 차차 국가 통제를 받게 되었다. 신용과 원자재를 통제하고 핵심 상품들을 독점함으로써 국가는 이제 생산과 교역을 지배하였고, 게다가 대부분의 중공업과 철로와 대외 무역을 철저히 통제하게 되었다. 또 다른 필요한 한 가지는 토지의 잉여 생산을 통제한다는 전통적인 목표를 달성하는 것이었다.

1950년 중반에 시작하여 1953년초에 마무리된 전국적인 토지 개혁은 중국 공산당이 항일 전쟁 시기 동안에 북중국에서 그들의 권력을 수립하려고 생각해 냈던 확실하고도 틀림없는 방법들을 적용하였다. 그 과정은 목표 면에서 경제적일 뿐만 아니라 사회적이고 정치적이기도 하였다. 마을로 들어온 당 간부들의 작업팀은 우선 철저하게 적들을 파악하고, 만약 필요하다면 그들을 길거리로 내쫓은 다음 빈농들에게 토지 개혁의 타당성을 설명하였으며, 다가올 운동을 이끌어갈 적극적인 사람들을 뽑았다. 이러한 준비가 이루어진 후에 '계급 투쟁'의 시기가 시작되었다. '투쟁 대회'에서 대중들의 누적된 불만들이 '통렬한 어조'나 '설욕'으로 나타날 수 있었다. 평판이 나쁜 지주들이나 '지방의 포학한 자들'은 살해 또는 추방되거나 참회를 하고 개선될 수 있었다. 이렇게 하면서 사회 전체는 폭력적인 수단을 취함으로써 그 자신들을 새 질서 속으로 빠져들게 하였던 것이다.

다음 단계는 농민 협회들을 만들어 내는 것이었다. 농민 협회는 지역 사회가 동의하는 과정을 통하여 각 개인의 계급적 지위를 지주, 부농(富農), 중농(中農), 빈농(貧農) 또는 농장 노동자로 규정해 낼 수 있었고, 토지 소유에 대한 분류와 몰수와 재분배를 실행할 수 있었다. 그 결과로 나타난 '토지 보유의 균등화'는 농민 반란의 오랜 전통이었다. 일반적으로 지주 신사의 잔재들은 개인적으로나 신분상으로 소멸된 반면, 당 대표들이 자신들의 권위를 확립하였다. 토지 경작자는 이제 자신의 토지에 이름을 써 붙였던 것이다.

이 '신민주주의' 단계의 토지 사유제는 '꽤 오랫동안' 지속될 것이라고 1950년에 발표되었지만, 실제로는 농민을 위한 것보다 자본가를 위한 것이 더 오래 지속되었다. 공산 정권은 지체 없이 새로운 집단 농장제의 건설을 목표로 움직였던 것이다. 토지 개혁은 북쪽에서 남쪽으로 일련의 계획적인 단계들을 거치면서 차차 이동해 갔다. 처음에는 잠정적으로 대개는 계절적인 작은 규모의 호조조(互助組)들을 만들고, 그 다음에는 좀더 크고 영구적인 것을 만들며, 그 다음으로는 농민이 공동으로 경작하고 그들이 공동으로 기부한 토지와 장비와 노동력의 정도에 따라 공동 생산물을 분배하기 시작하는 농업 생산 합작사(農業生産合作社)들을 만들었다. 합작사들은 아직까지 토지 사유제와 상호 이익을 위한 자발적인 협동에 의지하고 있었다. 그러나 그 목표들이 변하기 시작하였다. 곧이어 그것은 전면적인 집단 생산만이 공업화의 대가를 치르는 데 필요한 농업 생산의 증대를 실행할 수 있을 것이라고 주장되었던 것이다.

사회의 변화 중국의 전통적인 조상 숭배와 가족 씨족의 결합성 및 효도는 오래 전부터 침식당하여 왔다. 공산주의자들의 '해방'은 이 과정을 더 촉진시켰다. 1950년의 새 혼인법으로 여성은 결혼과 이혼 및 재산 소유에서 남성과 완전한 동등성을 얻었다. 한 세기에 걸쳐 추진되어 왔던 세속적 변화인 중국의 여성 해방에 대하여 놀랍게도 거의 주목하지 않았음을 이 혼인법은 인정하였다. 옛 가족에 대한 상징적인 치명타로서 어린이들이 이제 자신들의 부모를 고발하도록 교육받았고, 이리하여 최고 덕목인 효도에 대한 예로부터의 강조는 극적으로 뒤집혔다. 광범위한 가족 유대는 봉건적이고 부르주아의 낭만적인 사랑이라 해서 비난받았다. 새 국가는 사람의 원초적 충절의 초점인 대가족 제도를 없애고, 산업 도시화된 사회들처럼 핵가족을 규범화하려고 노력하였다.

대중 동원은 한국 전쟁으로 말미암아 1950년대말이 되자 훨씬 쉽게 이루어졌다. (27장 참조) 초기에 거둔 중국의 승리에 대한 보고들과 미국이 세균전을 일으켰다는 나중의 허위 보도들은 일반적으로 미국에 대하여 호의적으로 생각하던 중국인들의 감정을 파괴하는 근거를 가져다 주었다. "미국에 대항하고,

조선을 원조하자"는 것과 "반(反)혁명 분자들을 타도하자"는 두 가지 주요 운동들이 시작되었다. 그들은 친척과 이웃을 애국심을 가지고 조사할 것과 심지어는 부모까지도 공개적으로 고발하도록 요구하였으며, 또 인민의 적들을 '노동을 통하여 개조'시키도록 인도하라고 부르짖었다. 그러한 적들과 함께 토지 개혁 과정에서 '인민 법원'의 유죄 판결을 받은 사람들에 대한 처형이 수십만 명——수백만 명이라고 말하는 사람들도 있다——에 이르렀다. 밀월 시대는 끝장나 버렸던 것이다.

이러한 공포와 애국주의의 분위기 속에서 외국 선교사들은 스파이들이라고 고발되어 투옥되거나 추방되었다. 중국 그리스도 교회는 '자치, 자활, 자기 전달'이라는 '3자립(三自立)' 운동을 시작하고 있었다. 이는 선교사들의 '문화 제국주의'로부터 벗어나자는 것이었다. 마침내 외국의 속박에서 벗어난 '국립 교회들'이 건립되었다. '삼자립' 운동은 1958년에 각 지역에서 그리스도 교의 모든 교파들의 예배 의식을 통일하였다.

지목된 개인 행동의 유형들에 대하여 대중적 압력을 동원하는 운동 방법은 중국의 사회 구조를 개조시킬 목적으로 점점 더 확실하게 이용되었다. 1951년부터 1952년 사이에 일어난 '삼반(三反)'과 '오반(五反)' 운동은 통일된 방법들로 대단히 잘 조직되었다. 관리들을 겨냥한 '삼반' 운동은 부패 반대와 낭비 반대와 관료주의 반대였다. 그것은 국민당으로부터 물려받고 또 1949년 이후에 급속하게 덧붙여진 거대한 행정 기구를 정비하여 활기를 불어넣으려는 노골적인 노력이었다. '오반' 운동은 상인들과 제조업자들(부르주아 계급)을 대상으로 취해진 유사한 공격이었으며, 그것은 특히 뇌물, 탈세, 국가 자산의 도둑질, 노동과 물자의 사기, 그리고 국가의 경제 정보를 훔치는 것에 대항한 것이었다. 모든 운동들에서처럼 대중이 동원되었고, 위원회들이 설립되었으며, 겉보기에는 마치 광범한 대중들의 솔선과 정의에 찬 분노와 미덕의 승리를 위한 열정에서 나온 듯이 꾸며졌다. 자백, 변명, 개조, 자살 등을 통한 죄인들의 제거와 처형이나 노동 수용소가 뒤를 이었고, 그와 함께 실업가(實業家) 계급으로부터 막대한 액수의 돈을 빼앗았다.

당을 레닌주의식으로 만들기 위하여 연안(延安)에서 사용하였던 방법에 기대를 걸면서(일본인 전범들을 개조시키기 위한 것과 마찬가지로), 유소기(劉少奇, Liu Shao-ch'i)와 그 밖의 당 조직가들은 갖가지 형태의 적과 지지자를 다루기 위한 사상 개조의 실험적 과정들을 발전시켰다. 한국 전쟁에서 포로로 잡힌 미국인들이 세균전에 대하여 '자인'하면서 중국인 체포자들에게 협력하였을 때, 그들은 당원들을 포함한 중국인들에게 사용하였던 모든 방법을 이용하여 개발된 수법에 반응을 보이고 있었던 것이다. 죄수들에게 적용되었던 이른바 '세뇌' 과정들은 훨씬 더 정상적인 방식으로 혁명을 지향하였던 공산당의 진정한 노력의 극단적 예였으며, 이는 중국인들의 생각과 행동을 개조하기 위한 것이었다.

사상 개조는 대개 다음과 같은 일정한 공통점들을 가지고 있었다. 개인의 일신상의 환경과 그가 이용할 수 있는 정보의 통제(이는 그 무렵 모든 지역에서 해당되고 있었다), 이상주의와 공포가 서로 뒤얽힌 자극, 그리고 계속되는 단계들에 이끌려 가면서 고통을 받고 또 개인의 죄악감과 수치심을 조작함으로써 정도가 깊어진 소름끼치는 심리적 경험 등이었다. 중국인들의 속어인 '세뇌'는 과거의 종교적 개혁 운동 어디에서나 볼 수 있었던 과정에 너무나 심한 신비성을 부여해 주었다. 그러나 이제는 훨씬 철저하게 조직화되었을 뿐이었다. 궁핍과 장기적 불안감 및 긴장이, 지겨운 일 및 반복되는 계몽과 겹치면서, 개인의 내적 주체 의식을 어떻게 파괴할 수 있는가에 대하여, 그리고 또 권위에 굴복하는 것이 많은 사람들의 유일한 탈출구라는 압력들을 어떻게 만들어 내는가에 대하여 심리학자들은 설명할 수 있다. 중국 공산당의 간부들로 보충될 중국의 학생 계층을 위한 이 지적이고 감정적인 재조절 작업은 새 교육 제도의 한 부분으로 설립된 커다란 혁명 대학들에서 이루어졌다.

약 4,000명의 학생들을 수용한 이러한 유형의 중앙 기관은 100명 또는 200명으로 학급을 나누었고, 그 다음으로는 6명에서 10명 사이의 연구회로 다시 나누어졌다. 전형적인 6개월 과정의 사상 개조는 세 단계로 이루어졌다. 첫째 단계는 집단 동일화로서 단결과 상당한 자유와 열정의 시기이다. 이 단계 동안에 마르크스-레닌-모택동주의의 주요 개념들이 학습되었고, 공동 노력에 대한 열정을 가진 자유로운 의견의 교환이 훈련생에게 스스로를 '사상 동원'에 거리낌없이 드러내도록 만들었다.

두번째 단계는 각 개인의 내부에서 유도된 정서적 갈등의 하나이다. 매일매일의 일정은 육체적으로 지치도록 계속되었다. 무대 뒤에서 신중하게 통제된 분위기는 이제 바로 근처에 다가선 것처럼 보였다. 개인은 심화된 비판과 자아 비판의 압력을 느끼기 시작하였고, 퇴짜맞을 듯한 위기감들이 분명해지기 시작하였다. 관념상의 옛 사회뿐만 아니라 옛날의 자신 속에 있던 사악함들도 그 즈음에서 공격을 받았고, 학생은 자신의 부족한 점을 찾아내서 그것을 바로 잡으려고 노력하였다. 그는 그 자신과 갈등을 일으켰고, 정도가 지나친 주관주의 또는 객관주의, 기회주의 또는 교조(敎條)주의, 관료주의 또는 개인적 영웅주의 등을 둘러싸고 같은 집단에 속한 동료들로부터 '비판'을 당하였다. 모든 참가자들은 자신이 저항하든 하지 않든 완전하게 외톨이인 것처럼 느꼈다. 그는 곧 죄의식(자신이 처벌받아야 한다는)과 동시에 수치심도 느꼈다. 이렇게 그는 고백과 자기 비판을 통한 심리적 카타르시스를 얻으려고 준비하였던 것이다.

세번째 단계는 굴복과 재생이었다. 그의 마지막 사상 요약이나 고백이 끝나고 그것이 받아졌을 때, 개인은 활기를 가지고 순결해진 새로운 사람처럼 느꼈던 것이다. 그는 솟구쳐오르는 자신의 본성이 그 자신을 강렬한 감정의 압력 속으로 밀어넣도록 조종되었다. 그리고 이렇게 스스로 이끌려 들어간 긴장에서 해방되는 것은 그가 앞으로 의존해야 할 당의 형식적 권위와 연결되도록 조종되었다. 당의 목표는 훈련받은 활동가들에 대한 통제를 확실히 할 뿐만 아니라, 그들의 목표와 가치 기준들을 바꿈으로써 그들이 성취할 공적의 질을 높이려는 것이었다. 그들은 가족 및 아버지와 관계를 끊었고, 자신들의 처지에서 당과 혁명을 받아들였던 것이다.

나이 많은 지식인들, 특히 서양에서 귀국한 학생들의 경우, 비판과 자아 비판 및 고백은 성숙한 인간에게 융통성 있는 경험을 덧씌우는 것일 수밖에 없었다. 북경의 교수들이 서양 부르주아의 타락한 영향을 비난하였을 때, 진짜 효과는 아마도 이들 개인들을 개조하는 것이기보다는 세상 사람들이 주시하는 가운데 그들을 새 질서의 지지자들로 내세우는 것에 더 많이 있었다. 이리하여 서양의 비(非)공산주의자의 영향을 대표할지도 모를 한 부류는 그 자신들을 중립화시켜 버렸던 것이다.

중국인들의 유산 가운데 권위주의적 전통들은 현재의 목적을 위하여 이용될 수 있었다. 반향(反響)을 불러일으킨 한 가지 문제는 이론과 실천의 일치라는 개념이었다. 이론은 세계를 이해하기 위해서뿐 아니라 세계를 변화시키기 위한 노력으로서 행동에 적용되어야 한다고 레닌은 주장하였다. 또 모택동은

"우리들은 중국의 구체적 실제와 마르크스주의의 일반적 진리를 일치시켜야 한다."고 말하였던 것이다. 유학자(儒學者)들, 특히 왕양명(王陽明 ; 1472~1529)은 완벽하게 성실한 사람은 자신의 도덕적 인식을 도덕적 행위에서도 나타내지 않으면 안 된다고 주장하면서 지(知)와 행(行)의 이원론(二元論)을 공격하였다. 유가 사상의 자기 수양이란 지식은 행동으로 실현되고 행동은 지식에 도움이 된다는 점을 의미하였던 것이다.

유가적인 자기 수양은 집단적인 것이 아니었다. 그러나 그것은 인간 본성의 도덕적 개조 가능성을 강조하였다. 이는 적당한 윤리적 교육과 훈계를 통하여 사람은 더욱더 사회적 존재로 만들어질 수 있다는 고대 중국인들의 믿음이었던 것이다. 개인적인 자기 수양과 집단적인 자아 비판의 틈은 사실 대단히 컸다. 그러나 두 가지는 어떤 공통점을 가지고 있다. 연안에서 이루어졌던 사상 개조는 전통적인 중국의 용어를 사용하였고, 유가적 논거들에 호소하였다. 유소기에 따르면, 훌륭한 공산주의자는 당의 지도에 유연하고도 꾀바르게 순종하도록 "혼자 있을 때 자기 자신을 감시하면서" 자기 수양을 통하여 자신을 훈련해야 한다고 하였다. 이처럼 유가 사상은 가족과 아버지와 황제에게 충성을 스며들게 만들었고, 모택동주의 사상은 이제 그것을 인민과 당과 지도자에게 돌려놓았다. 유가 경전은 이러한 목적을 위하여 인용되었던 것이다.

사상 개조는 잠재적 엘리트들의 인재 저장소였던 주로 교육받은 소수인들 가운데서 수행되었다. 촌락에 거주하던 농민들 대부분 사이에서 일어나는 사회 변화는 각 개인에 대한 계급 신분의 부여와 새로운 지도부 ── 당 간부들이나 혁명을 불러일으키는 행동주의자들 ── 의 임명에서 가장 잘 드러나게 될 것이었다. 중국 공산당의 새로운 권위와 공산당의 중앙 정부를 대변하는 이 지방 관리 계층이 옛 하급 신사(紳士)의 지위를 계승할 것이었다. 그러나 광대한 중국 농촌의 사회 변화는 도시 지역들보다 훨씬 천천히 다가왔다.

한국 전쟁과 소련의 원조   모택동은 1949년초에 '자본주의적 제국주의'에 반대하여 '한쪽으로 기울어지는' 정책을 발표한 다음 모스크바에서 9 주일에 걸친 힘든 흥정을 하였고, 그곳에서 그는 1950년 2월에 30 년 동안의 중·소 동맹 조약을 스탈린과 체결하였다. 그러나 1950년 6월에 있었던 소련의 무기로 무장한 북한의 남한 침공에 북경 당국이 참가하려고 작정했을 것 같지는 않

634

다. 그보다 중국 공산당은 국민당 정부로부터 대만을 탈환하려고 기대하였을 지도 모른다. 그러나 이는 트루먼(Truman) 대통령이 미국 제7함대에게 대만 해협을 건너는 양쪽 방향의 침공을 저지하도록 명령하자 좌절되었다. 한국 전쟁이 전개되어 감에 따라, 중국의 주된 전략적 관심은 남만주 지역에서 일본으로부터 인계받은 중국 제1의 공업 기지를 보호하는 데 있었다.

미국 군대가 10월초에 38도선을 넘어서 압록강을 향하여 북진하자, 미국은 북한 침공의 격퇴라는 자신들의 목표를 노골적으로 확대시켰고, 무력을 이용한 한국 재통일이라는 분별 없는 시도를 하게 되었다. 맥아더(MacArthur)의 승리에서 비롯되어 워싱턴 당국이 묵인하였던 이 군사적 목표는 중국의 동북 공업 기지의 경계선에서 공공연한 적을 가지지 않도록 완충 국가로 되려는 중국의 전략적 필요성을 무시해 버렸다. 중국은 개입하겠다는 경고를 분명히 선포하였고, 10월 중순에는 중국 공산당의 '지원병들'——임표(林彪, Lin Piao)의 제4야전군——이 비밀리에 압록강을 넘어 북한으로 들어오기 시작하였다. 11월말에 그들은 미국인들을 깜짝 놀라게 하였으며, 미군은 멀리 서울 남쪽으로 흩어져 철수할 수밖에 없었다.

그러나 막대한 인력을 이용하여 한국을 무력으로 통일시키려던 중국의 시도는 국제 연합의 화력 때문에 저지당하였으며, 이는 결국 38도선 근처에서 교착 상태를 가져왔다. 휴전 협상이 1951년 7월에 시작되어 경계 지점인 판문점(板門店)에서 2년 동안 끌었다. 이 기간 동안에도 전투는 계속되었고, 한국에 있던 중국 군대는 소련제 무기들로 강화되었다. 그와 동시에 인민 해방군은 1950년 10월에 티베트를 침공하였으며, 1년 동안 계속된 원정을 통하여 중국의 지배권을 다시 확인하였다. 이후 중국 군대의 근대화는 소련의 방식들과 원조를 이용하였다. 약 250만 명의 정규군을 소련식으로 운영해 나가도록 직업 장교단이 창설되었다.

소련의 원조는 비싼 대가를 치르고서 들어왔을 뿐이다. 1950년에 신강(新疆, Sinkiang)성의 광산 개발과 그와 비슷한 목적들을 위하여 동유럽에서 이용되었던 방식에 따라 중·소 '합자' 회사들이 설립되었다. 그러나 1953년에 스탈린이 사망한 이후 이 회사들은 폐지되었고, 소련은 아울러 동북 지역의 주요 철로와 여순 해군 기지에 대한 그들의 특권적 지위도 차차 포기하였다.

공업화의 면에서 처음에는 소련의 예와 전문적인 기술이 중국에게 가장 큰 자극제였다. 수천 명의 중국인 훈련생들이 소련으로 파견되었고, 수천 명의 러시아 인 기술자들이 수백 건의 공업 계획을 들고 도우려고 들어왔다. 소련의 차관을 제공받았고, 전쟁 이전의 중국의 대외 무역 방식은 바뀌어서 서양과 일본 대신 소련권(圈)으로 흐르게 되었다. 중국은 기술과 막대한 양의 군사 무기 및 주요 설비에서 없어서는 안 될 도움을 받기는 하였으나, 그에 따라서 빚을 지게 되었고, 차관은 원자재로 다시 지불되었다.

스탈린식의 소련 공업 방식을 따라가려는 중국의 능력은 몇 가지 특별한 조건들 때문에 방해를 받았다. 1950년대초의 중국은 5개년 계획이 시작되었던 1928년의 소련보다는 1900년의 러시아에 사실상 더 가까웠다. 1900년의 러시아는 1952년의 중국보다 무쇠와 강철 및 면제품에서 더 높은 1인당 생산성을 이미 보유하고 있었고, 그와 함께 근대적 훈련을 받아 기술을 갖춘 직업인들과 더욱 발달된 교육 제도를 소유하고 있었다. 농민을 희생시키고 중공업을 강조하였던 소련의 방식은 이처럼 중국의 상황에는 사실 적합하지 않은 것이었다. 중국의 인구 과잉(1953년의 인구 조사에서 5억 8,300만 명으로 조사되었고, 약 1,200만 명에서 1,400만 명이 해마다 증가한 것으로 추산되었다)은 새로운 경작지의 상대적인 부족과 함께, 중국의 인구 문제는 식량 공급 면에서 러시아의 경우보다도 훨씬 더 크게 내리누를 것임을 의미하였다.

사회주의를 향한 투쟁

중국의 사회 혁명은, 가장 기본적으로는 대중을 정치 속으로 끌어들이기 위하여 농민을 시민으로 만들려고 시도하였다. 그러나 중국의 농촌 사람들은 아직도 자율적인 시민의 일부는 아니었다. 그들의 관심사는 더 단순한 시대로부터 전해져 왔으니, 즉 생존하기에 충분한 생산 방법과 그것을 어떻게 분배하는가였다. 다음으로는 굶주림과 질병이었으며, 농민들의 해묵은 적(敵)은 지배 계급——교육과 연줄이 그들을 토지와 관직에 접근하도록 해 주었던 특권을 지닌 소수——이었다. 지배 계급은 도회지 출신으로 농촌 지역을 전반적으로 지배하였고, 권력을 장악한 이후의 모택동의 과제는 그것을 뒤집기 위하여 어떻게 농촌에 접근하는가였다. 만약 그가 그들에게 접근할 수 없어서 개

636

조할 수 없다면, 농촌 사람들은 지배 계급을 용인하였던 고대의 이상(理想)
──예를 들면, 교육을 받는다는 것은 한 사람에게 다른 사람들을 지배하는 자
격을 준다는 따위──을 그대로 지킬 것이었고, 이런 식으로 옛 농촌은 새로
운 지배 계급을 받아들일 준비를 갖출 것이었다. 모택동주의 혁명은 인민들을
개조함으로써 사회를 개조하기 위하여 이처럼 이상 및 행동 유형들과 계급적
이해 관계 사이에서 투쟁 과정을 어느 정도 통제하게 되었다.

혁명의 한 가지 양상은 도덕률과 정책의 혼동이었다. 행동이 인격을 분명하
게 드러낸다는 고대 유가 사상의 가정 위에서, 또는 이론과 실천은 상호 작용
한다는 마르크스주의 용어 안에서 정책의 오류는 도덕적 죄악일 정도였다. 이
러한 사상과 행동의 통일은 유가 사상이 지배하던 제국(帝國)과 마찬가지로 인
민 공화국에서도 성취될 수 있었고 (또는 적어도 목표로 삼을 수 있었고), 도
덕적 이념적 권위로 되었으며, 정치 권력과 결합되었다. 중국인들의 이러한
자세 속에서 이론과 실천이 스며들었으므로, 사건들에 대한 이념의 적용도 중
국인들이 어떻게 생각하느냐에 따라 끊임없이 변화될 수밖에 없었다.

모택동 사상의 또 다른 면은 변증법적인 모순들을 강조하는 것이었다. 예를
들면, 바깥 세계에서 제국주의와 사회주의의 모순들, 국내에서 공업의 필요성
과 농업의 필요성의 모순들, 개인 속에서 프롤레타리아의 경향과 부르주아적
경향의 모순들, 자유와 규율의 모순들, 민주주의와 중앙 집권주의의 모순들,
그리고 인생의 모든 면들에 걸쳐 있는 모순 등이었다. 모순들이 인식될 때 투
쟁과 궁극적인 양극화와 새로운 통일 속의 해결로 나아간다. 이리하여 하나의
투쟁은 진행 과정의 종말점도 없이 단지 다른 투쟁으로 나아갈 뿐이었다. 모
택동은 그것을 적절하게도 '계속 혁명'이라고 불렀고, 그것은 하나의 생활 방
식이었던 것이다. 조화(調和)를 강조한 옛 유가(儒家)의 이상(理想)과 너무나
다르지 않은가 !

농업 대(對) 공업　　도시와 공업 부문에 대한 통제와 함께 토지 개혁은 1953
년에 이르러 북경 당국을 공업화와 농업 집단화의 계획을 세울 만한 위치에 서
게 만들었다. 팽창하는 도시들은 농업 생산물에 대한 그들의 수요를 증대할
것이었다. 공업화도 동시에 소련권에서 생산된 주요 상품의 수입이 필요할 것
이었고, 농업 생산물로 다시 지불될 것이었다. 농업 경제에서 더 많이 뽑아 내

기 위한 착취 기구가 공동체의 형태로 창립되어야만 하였다. 이런 것들이 자극을 적게 줄지도 모르지만, 그들이 보기에는 저축을 증대하고 '부농' 계급의 소생을 막는 확실한 방법이었다.

집단화를 향한 최초의 조처는 기대하였던 것보다 더 빠르게 성과를 거두었다. 경작지와 농가들의 15 퍼센트는 1955년 중반까지 농업 생산 합작사들에 소속되었다. 모택동은 주요 성들을 여행하고 지방의 여론을 확인해 보면서 몇 주일을 보낸 다음, 2억 5,000만 명의 농민들에게 각각 50 가구씩으로 된 200만 개의 농업 생산 합작사를 조직하도록 요구하였다. 열성적인 당 간부들이 추진한 이 대담한 계획도 또 기대하였던 것보다 빠르게 진행되었다. 1956년 5월에 이르자 농민의 10분의 9가 합작사들에 가입하였다고 보고되었다. 농민들은 합작사 안에서 자신들의 몫(역할에 따라 서로 달랐다)을 포기하고 본격적인 집단 농장들에서 임금 노동자들이 됨으로써 더 높은 수준의 사회주의화된 농업으로 옮겨 가도록 곧 요청받았다. 1929년부터 1932년 사이의 비참했던 소련의 농업 집단화를 닮지 않게끔, 중국의 농업 집단화는 국유화하지 않고 개별 합작사들이 소유하도록 지도하였으며, 합작사들은 농민 소유자들로부터 토지를 사들였다. 연속된 단계들에 따른 계획은 저항을 없애기에 충분한 결과들을——어쨌든 거의 아무 저항도 보고되지 않았다——분명하게 만들어 냈다. 비록 신민주주의가 겨우 5 년 만에 벌써 갈 때까지 갔지만, 중국의 농민들은 모택동 주석과 당을 믿는 것 외에는 달리 선택의 여지가 없다고 생각하였다. 레닌과 달리 모택동은 도시에서가 아니라 농촌에서부터 시작하였고, 공산당이 아닌 모든 지도층은 제거되었다.

합작사들은 곧바로 완전히 집단 농장들로 발전하여 갔다. 황제가 다스릴 때에는 신사 지도층의 기능이었던 지방 공공 사업들과 복지 사업들을 한 마을에 하나 또는 둘이 있게 된 합작사가 맡아 하면서, 이제 농촌 생활의 새로운 중심으로 이바지하였다. 지방 대가문들의 유생(儒生) 학위 소지자들——보수적 성향을 가졌고, 종종 착취적인 엘리트——이 사원과 다리를 보수하고 서원과 자선 단체들을 유지하는 일을 전통적으로 주도하여 왔으나, 그것은 이제 대개 당에서 임명하는 열성적인 사람인 지방의 합작사 또는 집단 농장 책임자에게 맡겨졌다. 이들은 산림을 다시 가꾸는 일, 토지의 침식을 막는 일, 노인들을 돌보는 일, 지방 시약소(施藥所)의 개선, 펌프와 새 농기구의 도입, 문자 해독 능력을 높이기 위한 계획 사업들을 시작하였다. 야심적인 계획들이 화려한 약속들을 하였다. 즉, 문화 시설들을 즐기도록 도입하고, 수많은 질병들과 모든 홍수와 가뭄이 제거되고, 삼림이 광범위하게 가꾸어졌으며, 노동력은 완전히 고용되었다. 이제 막 배우기 시작한 농촌 아이에게는 이 확신에 찬 광경이 확실히 자극을 주고 있었다. 이것을 의심하거나 반대하는 사람들에게는 '노동을 통한 교정(矯正)'이 노골적으로 통고되었다.

한편으로 소련식의 공업 발전을 위한 강제 징발적인 준비는 금융, 공업, 무역의 국유화와 함께 추진되었다. 농업과 공업의 발전 사이에서 생겨나는 갈등, 그리고 그에 따른 전자(前者)의 종속은 1953년부터 1957년에 걸친 제1차 5개년 계획의 목표들에서 분명하게 드러났다. 그 목표들은 1955년에야 발표되었다. 즉, 철강은 4배로 늘리고, 전력과 시멘트는 2배로 늘려 잡았으나, 면제품들은 2분의 1만, 그리고 식량은 5분의 1만 증산되도록 되어 있었다. 농민의 생산물은 곡물과 세금에 대한 직접적 징수와 마찬가지로 농부들에게서 간접적으로도 빼앗아 갈 것이었다. 중국의 전쟁에서 사람의 목숨이 무기보다 쌌던 것처럼, 농업 개발 면에서 중국은 홍수 통제 제방이나 관개용 수로 같은, 자본이 적게 들고 노동력을 집중시키는 사업들을 강조하였다. 식량과 거름을 공급하기 위하여 돼지들이 불어날 수 있었으나, 화학 비료들은 제한되었던 것 같다. 한편으로 자본 투자는 중공업에 집중하도록 되어 있었다. 이제 중국 공산당 중앙 위원회를 지배하게 된 열성 모택동주의자들은 인민의 생산력이 심리적으로 해방될 것이라는 점과 경합 운동 같은 자극적 방법들이 '양과 속도와 질과 경제'를 모두 동시에 달성할 것으로 기대하였다. 이 강제적인 공업화는 결국 정부를 통하여 중국 인민이 국민 총생산의 약 30퍼센트 정도를 집중시켰고, 정부는 그 가운데 대략 2분의 1을 투자 목적으로 사용하였다. 중국의 공업 성장은 신속하고도 놀라운 것 —— 1957년 현재, 아시아의 어느 저개발 국가보다도 빠른 —— 이었다.

또한 이 시기에는 철로도 서북 지역에서 외몽고 지역으로, 그리고 사막의 통로를 넘어 투르키스탄까지 연장되었다. 이주자들이 이루어 낸 이 노선들은 더 중요한 개발을 위하여 건조한 아시아 내륙 변경 지대로 통하게 되었고, 동시에 내몽고와 신강성 지역에 대하여 중국의 회복된 지배력을 강화하는 정치적 및 전략적 중요성도 가지고 있었다.

북경의 인민 대학에서, 학생들은 '협동적인 사고 방식을 발전시키기 위하여' 연구회들에 속하도록 편성되었다.

지식인들과 공산당 간부들 '사회주의 건설'은 모든 사람들이 동원되도록 요구하였다. 그것은 아직도 주로 서양의 영향을 받고 있던 약 10만 명의 기술적·직업적·학문적 '고급 지식인들'의 엷은 계층을 포함하였다. 당 수뇌부는 자신들이 이 무렵까지 이 계층을 '정신적으로 변모시켜' 충성을 얻어냈다고 낙관적으로 믿었다. 그러나 당 수뇌부는 새로운 당 조직이 지적 생활을 질식시켰다는 점을 염려하였다. 이리하여 1956년부터 1957년에 걸쳐 이들 두 중요한 요소들인 지식인들과 당 간부들을 다루기 위한 운동이 시작되었다.

당 간부들과 관료주의자들에 대한 지식인들의 자유로운 비판 운동이 '백화제방 백가 쟁명(百花齊放百家爭鳴)'의 구호 아래 1956년 5월에 시작되었다. 이는 자유로운 언론을 요구하는 나팔 소리가 아니었다. 비판은 당의 최종적 권위에 완전히 복종한다는 암암리에 설정된 한계를 넘어서지 않도록 되어 있었다. 1956년 10월부터 11월에 걸쳐 일어난 헝가리 의거와 러시아가 그것을 진압한 영향은 중국에서 일어난 불만의 징후와 일치하였고, 그러한 가운데서 모택동은 1957년에 모순들에 대한 그의 방침 —— 일부는 정권과 그 '적들' 사이처럼 '적대적'이고, 일부는 관료 정치 제도와 '인민' 사이처럼 정상적이며 논의할 수 있는 것으로서 '비(非)적대적'이다 —— 을 선언하였다. 이러한 테두리 안에서 정책 수행을 둘러싼 끊임없는 투쟁이 '통일-비판-통일'이라는 자신의 방법을 이용하면서 건전하게 추구될 수 있고 게다가 견제될 수 있다고 그는 기대하였다. 연안 시대와 마찬가지로 이 변증법적 과정은 비판을 불러일으킬 것이었고, 그 다음에는 그것과 대항할 것이었다. 거듭된 권유는 결국 1957년 5월에 중국 공산당의 전체주의적 정치 체제와 이념과 목표 및 방법들에 대하여 지식인들과 전문적으로 훈련받은 엘리트가 불만을 공공연하게 놀라울 정도로 표명하는 사태를 불러왔다. 이는 당을 경악하게 하였고, 가혹하게 탄압되었다. 그리하여 그 무렵의 비판자들은 곧 자신들을 공개적으로 고발하고 서로 규탄할 수밖에 없게 되었다.

한편 중앙 위원회는 당의 정책을 집행하는 간부들로 이루어진 거대한 기관에 대한 통제라는 더욱 심각한 문제에 직면하였다. 농업과 공업의 두 가지 면에 걸친 대대적인 운동은 괄목할 만한 성과를 이룩하였다. 전국의 겉모습은 새 도로와 공장, 도시와 제방, 댐과 호수, 조림(造林) 및 경작지로 바뀌어졌고, 이를 위하여 중국의 6억 5,000만 인구가 전례 없이 강렬하고 거창한 거국적 노력에 동원되었다. 수백만 명의 활동가들로 이루어진 거대한 기관이 당의 업무를 처리하기 위하여 필요하였으나, 그것은 대부분 미숙하고 경험이 없는 상태였다. 당원의 5분의 4는 아마도 고등 교육을 받지 않았을 것이다. 당의 교화를 갓 받은 젊은 간부들은 토론과 논리와 설득을 통하여 농민들을 조종하는 대신 '맹목적인 낙관주의', '교조주의', '명령 지상주의', 또는 '보수주의', '경험주의' 및 '맹목적인 기회주의'의 폐단 속으로 쉽사리 빠져들어갈지도 몰랐다. 당 간부들은, 과거의 농민과 관리 관계를 만성적으로 특징지었던 부패와 허위 보고에서 자신들이 지혜를 갖고 헤쳐 나오기보다는, 모택동의 이념적 선언에서 훨씬 더 쉽게 자극받을 수 있었다. 농업 집단화는 사실상 상당한 알력 속에서 진행되었고, 농민들은 당 간부들의 허위 약속들 때문에 크게 현혹되어 있었던 것이다.

‘대중과 거리가 멀어질’ 위험이 생겨나자 중국 공산당은 1957년 4월에 당 간부들의 업무 방식을 ‘교정(矯正)’하기 위한 고도의 이념적 운동을 시작하였으며, 이는 지식인들의 비판을 얻어내려고 권유하던 운동과 함께 진행되었다. 1957년 중엽이 되자 이 두 가지 운동은 엄청난 ‘반우파(反右派)’ 투쟁으로 융합되었다. 그 결과는 많지 않은 중국의 교육받은 엘리트 100만 명 가운데 2분의 1에서 4분의 3 정도에게 오명을 뒤집어씌우고 활동을 그만두게 하였으니, 이는 혁명에 대하여 커다란 타격을 주는 일이었다. 지식인들과 관리들도 모두 ‘하방(下放)’을 위한 대운동 속으로 휩쓸려 들어갔다. 이 운동은 교사와 학생, 도시의 당 간부 및 관리들을 시골로 내려 보내 농촌 사람들 사이에서 육체 노동을 하도록 함으로써 그들이 ‘대중으로부터 분리되는 것’을 막을 수 있도록 하고, 동시에 농업 생산을 도울 수 있도록 하려는 것이었다. 이 무렵부터 모택동의 혁명은 연속된 재난 속으로 빠져들어가기 시작하였다.

1958년의 대약진(大躍進) 운동   1957년에 당 중앙 위원회의 회의가 열리자 중대한 문제에 직면하였다. ‘사회주의 전환’은 국가와 당으로 이루어진 융합체에 경제를 효율적으로 통제하도록 만들었고, 각급 당 위원회들은 이제 경제적 결단을 내렸다. 그러나 생산보다는 비능률적인 사무가 더 빨리 늘어났다. 집단화는 정부 당국이 거두어들이는 농업 생산물을 실제로는 증대시키지 못하였으므로, 정부 당국은 농업 침체라는 긴박한 문제에 부딪쳤다. 1952년부터 1957년 사이에 인구는 약 30 퍼센트 가량 늘어났으나, 정부의 곡물 징수는 거의 전혀 늘어나지 않았다. 중공업을 육성하기 위하여 농업에 부담을 지우는 소련의 방식은 종말을 맞이하고 있었던 것이다.

이러한 위기를 처리하기 위하여 1958년에 대약진 운동이라는 전략이 채택되었는데, 진행 과정들은 서로 관련되어 있지만 실제로는 서로 다른 근대 공업 분야 및 농촌 농업 분야에서 발전을 이루기 위해서였다. 농촌에서는 이전에 결코 완전 고용된 적이 없었던 농촌의 노동력을 대중 동원에 이용할 예정이었다. 즉, 첫째로는 관개와 홍수 통제 및 경작지 개간을 위해서였고, 둘째로는 더 많은 일손을 이용하여 경작지의 단위 면적당 생산량을 높이기 위해서였으며, 셋째로는 지역적으로 이용할 수 있는 원자재와 설비로써 작은 규모의 농촌 공장들을 확장하기 위해서였다. 이러한 농촌의 발전은 중국의 풍부한 노동력을 이용하면서 근대 공업 부문으로부터는 많은 도움을 필요로 하지 않을 것으로 예상되었으며, 근대 공업 부문은 주요 상품의 확보를 위하여 생산물을 수출하거나 더 많은 공장을 건설하는 데에 생산물을 투자하게 될 것으로 기대되었다.

대약진 운동은 중국 농촌의 후진성과 잉여 노동력을 이용할 예정이었으며, 이념적인 동기들이 경제적 성과를 가져올 수 있다는 점 및 새로운 정신이 지금까지 이용되지 않은 인간 에너지를 열어 놓을 수 있다는 점을 주장한 모택동주의의 신념을 실현하도록 되어 있었다. 전문적인 경제학자들도 다른 지식인들처럼 반우파 투쟁의 결과로 격하되었기 때문에, 의욕에 넘친 대약진의 목표들을 경제 전문가도 아닌 당 간부들이 경쟁 의식과 전문가들을 깔보는 정신 상태로 작업 현장에서 공식화하였다. 공업을 지방화하면서 하나의 볼 만한 점은 농부들을 쇠 녹이는 일에 종사토록 하였던 조그마한 철 용광로를 (생산된 금속은 사용할 수 없는 것으로 판명되긴 하였지만) 뒤뜰에 설치하는 일이었다. 대약진 운동이 전개되어 감에 따라 경제 계획과 운용 면에서 전반적인 지방 분산화가 일어났다. 훈련받지 못한 지방 열성 분자들이 제출한 보고서의 결과에 따라 통계국은 1958년의 식량 생산과 면(綿) 생산이 1년 만에 거의 두 배에 이르렀다고 주장하였다. 지도층은 자신들이 발표하였던 주장의 포로가 되어 버렸다. 당 중앙 위원회가 해외에다 떠벌렸던 믿을 수 없는 수치들은 1959년 늦여름에 창피를 무릅쓰고 취소되지 않을 수 없었다.

대약진 운동은 가지 각색의 결과를 가져왔다. 순전한 근육의 힘만으로 중국의 면모를 변화시켰던 것이다. 수만 개의 저수지, 작은 규모를 가진 수천의 수력 발전소, 수백 마일의 철로, 큰 강을 건너는 다리들, 새 운하와 고속도로, 더 많은 광산, 더 많이 관개된 경작지 등이었다. 그러나 급속한 성장을 향하여 전력을 기울인 노력은 새로 물을 댄 경작지에 염분이 축적된다거나 농업에서 빼내 온 노동력의 엄청난 낭비 등과 같은 광범위한 실책들을 가져왔다.

1958년에 만들어진 인민 공사(人民公社)는 대약진 운동의 빼놓을 수 없는 부분이 되었다. 그것은 '일반 대중의 자발적인 주도'로 이루어진 해방이라는 대중 노선 사상에 바탕을 두었다. 전형적인 인민 공사는 수준이 높은 수많은 농업 생산 합작사들을 합병함으로써 이루어졌다. 인민 공사는 당의 통제를 받은 지역적인 교역, 재정, 조세, 회계, 통계, 계획 수립 등의 모든 것뿐만 아니

대약진 운동 후의 첫 봄(1959년)에 본 한 인민 공사.

라, 지방 정부의 기능들인 군사와 보안에까지 관계하였다. 인민 공사는 생산대(生産隊)들로 구성된 생산 대대(生産大隊)로 분할되어 있었고, 생산대는 이전의 합작사와 같은 것으로서 대체로 마을의 반(半)에 해당하였다. 개인이 가졌던 조그마한 땅은 접수당했다. 거의 이루어지지는 않았지만 농민들은 커다란 식당에서 식사를 하도록 되어 있었으며, 모든 노동은 통제를 받았다. 농민 부대는 새로운 생산 목표들을 공격하기 위한 기습 부대들처럼 진격해 나아갔고, 여자들도 들판에서 자신들의 위치를 지켰다. 이 거창한 생각은 대담한 허세와 유토피아적인 열정으로 추구되었다. 기대된 결과는 자신들의 토지를 없애 버리고 프롤레타리아로 된 농민들이 거주하는 새로운 형태의 농업 도시였다. 토지 소유는 중국 농가들 사이에서는 뿌리 깊은 이상(理想)이었으므로, 농민들은 인민 공사들에 반대하여 일부러 꾸물거리기가 쉬웠다.

　이 혁명은 전반적인 과로와 소모, 동기(動機)의 손상, 그리고 운영상의 무능으로 실패하였다. 동등한 임금 제도가 시행되고 자신의 필요에 따라 지급되자 이것이 생산성을 끌어내렸다. 인민 공사 안에서는 교대 노동도 군대의 소대처럼 하였다. 1958년 12월에 당 중앙 위원회는 결정 기관을 인민 공사에서 생산 대대의 수준으로 끌어내리지 않을 수 없었다. 임금은 노동 성과에 따라 다시 지급되었고, 작업 위치들도 다시 얻었다. 1960년에 농업 위기가 더욱 나빠지자 인민 공사는 더욱 분권화되었고, 함께 일할 수 있는 평균 약 40가구의 생산대가 기본 단위로 되었다. 개인 소유의 작은 채소밭들도 다시 도입되었다. 1960년 이후 경제적 후퇴와 공업 정체(停滯)는 더 잘사는 소련 경제에서 일어났던 어떤 것보다도 더 심하였다. 1960년대초에 중국은 좋지 않은 기상 조건으로 형편없는 수확을 거두었고, 동시에 소련의 기술자들이 돌아가고 원조도 끊기는 일을 겪었다. 그 결과 중국은 몇 년 동안의 심각한 경제적 혼란에 시달렸다. 국민 총생산은 1960년에 대략 3분의 1로 줄어들었다. 영양 부족 상태가 널리 만연되었다. 사망자 수가 1959년에 2,500만 명으로 증가하여 정상 상태를 훨씬 넘어섰다. 이러한 일들은 실수에 대한 희생물들이었다. 인민들은 지쳐서 냉담해졌다. 수송망도 파괴되었고, 공업도 침체되었다. 당국은 지난 10년 동안 경멸되었던 농업이 이제는 최고의 우선권을 가져야 한다는 점을 인정하였다. 모택동과 중국 공산당은 자신들의 정치 권력을 이용하여 실로 엄청난 규모의 경제적 오류를 저질렀던 것이다.

1950년대에 날로 심해져 가던 중국 혁명의 극단주의와 운동들을 가속화시키고 목표를 늘려 잡으려는 열띤 경향이 모택동과 당 중앙 위원회로부터 끊임없는 격려를 받았다. 모택동과 당 중앙 위원회는 일반 대중들이 사회의 잠재적 '생산 세력들'을 해방시키는 방법과 "이제까지 국내 및 외국의 착취 계급들에게 견제당했다고 믿어 온 중국 노동 계급의 창의력"을 자유롭게 하는 방법인 마르크스-레닌주의 지도력에 따를 것이라고 믿었던 것이다. 이러한 신념은 완전히 좌절되지는 않았지만 그것이 정당하다고 입증해 주는 것은 아무것도 없었다. 1960년대가 되자 중국 인민들은 마치 과거의 전제 정치에서 하였던 것처럼 중국 공산당 정권과 공존하는 방법을 배웠으나, 혁명에 대한 초창기의 열정은 사라져 버렸다. 더욱 좋지 않게 된 점은 당의 최고위층 조직원들과 카리스마적 지도자 사이에서 불화(不和)의 틈이 넓어진 것이었다. 1959년 중엽에, 경제적 대약진의 와해와 분개한 당 중앙 위원회의 위원들이 낭만적이고 극단적인 모택동의 정책들을 비난하였다. 아직도 필요한 존재였던 모택동은 그들의 비난을 헤쳐 나갔으나, 그의 무과오성(無過誤性)은 끝나 버렸고, 매일매일의 업무 처리에서 밀려날 수밖에 없었다. 이 무렵부터 국내 정책 투쟁이 시작되었고, 곧이어 그것은 대외 관계로 말미암아 복잡하게 뒤엉켰다.

대외 정책　중화 제국이 천하(天下)나 인류의 '중심된 국가〔중국(中國)〕'라는 종족 중심주의적 전통은, 전략상으로 중요한 내륙 아시아 변경 지대를 제외한다면, 중국의 자급 자족과 비(非)팽창성을 강조하였다. 1950년대의 혁명은 전례 없는 총 7억 명 이상의 인구로 구성된 광대한 통치 영역 안에서 티베트 인과 위구르 인, 내몽고인 및 그 외의 40여 소수 민족들을 포함하는 내륙 아시아를 넘어 팽창해 가는 새로운 한인(漢人) 국가를 만들어 냈다. 압도적으로 우세한 한족(漢族)은 내란과 외국의 침략에 대항하여 평화와 번영에 대한 유일한 보증인이라는 통일된 중앙 정부의 이상(理想)을 물려받았다. 그리스도교 문화의 테두리 안에서 일어난 유럽 인들의 민족 국가와 달리 중국인들은 전체 중국인들의 영역에 대한 통일을 요구하는 문화적 또는 종족적 민족주의 의식을 가지고 있었다. 그러므로 대외 정책의 한 주요 목표는 대만을 회복하는 것이었다. 대만은 미국 제국주의에 '점령된' 빼놓을 수 없는 중국의 한 부분이라고 북경 당국은 주장하였다. 대만을 회복하는 것은 국민당과 공산당의 내전을 종식시키고 중국의 재통일을 완결지을 것이었다.

국내 혁명은 바깥 세계를 향하여 투쟁적 태도를 가지도록 하였으며, '미국 제국주의'가 적이라는 일반적인 주제를 강조하였다. 또 반동적인 '제국주의 진영'에 대항하는 진보적인 '사회주의 진영'의 전세계적인 위대한 투쟁에서, 식민지였던 저개발 국가들의 본보기로서 중국의 해방을 강조하였다. 이러한 의미에서 새롭게 고양된 중국의 민족주의는 더 높은 보편주의로 나타났고, 그 가운데 중화 인민 공화국은 소련을 중국의 '큰 형'으로 신뢰하였다. 이와 같은 정신에서 1950년대의 북경 당국은 대외 정책에서 국내와 마찬가지로 강압책과 설득을 모두 활용하였다.

1950년에서 1954년까지 제 1 단계는 미국의 봉쇄 정책과 상호 작용하면서 도전적으로 시작하였다. 미국의 정책은 1950년 6월에 소련의 도움을 받은 북한이 남한을 침공함으로써 특별하게 시작된 것이었다. 이미 말하였듯이, 이는 미국이 후원한 국제 연합의 남한 방어와 미국 육군과 해군의 지원을 받는 대만 국민당 정부의 소생을 촉진시켰다. 중국 군대는 한국 전쟁에 개입한 얼마 후에 티베트로 들어갔으며, 중국의 군사적 지원은 인도 차이나(Indo-China)의 월맹(越盟, Viet Minh)을 원조하였다. 2 년 동안의 협상이 있은 뒤에 한국 전쟁의 휴전 협정이 1953년 7월에 체결되었다. 또한 디엔비엔푸(Dien Bien Phu)에서 프랑스 군이 패배한 뒤 프랑스는 인도 차이나에서 철수하는 데 동의하였으며, 그와 함께 중국은 1954년 7월의 제네바(Geneva) 회담에 강대국으로서 참석하였다. 그러나 북경 당국의 이러한 영향력 확대는 미국의 팽창적 개입과 나란히 이루어졌다. 냉전(冷戰)이라는 전선 위에서 양측은 군사적 행동을 통하여 안전을 모색하였다. 1954년 9월에 동남 아시아 조약 기구(SEATO)라는 공동 방위 체제가 영국, 프랑스, 오스트레일리아, 뉴질랜드, 필리핀, 타이 및 파키스탄을 포함하면서 미국의 주도로 창설되었다. 워싱턴 당국은 동시에 서울(1953년 10월) 및 대북(臺北, Taipei, 1954년 12월) 당국과 각각 방위 조약을 맺었다. 이리하여 하문(厦門, Amoy) 근처의 금문도(金門島, Quemoy) 앞바다를 둘러싼 공산당과 국민당의 대결이 1955년초의 위기로 발전되었을 무렵, 인접 4 개 지역——한국, 대만, 월남, 그리고 티베트——에 관계된 중국의 행동은 미국이 이끌고 돈을 대면서 봉쇄하고 있던 반(反)공산주의 세력과 맞서게 되었다.

초기의 몇 년 동안에 걸친 호전성 다음으로 외교적 설득에 크게 의지하는 단계가 왔다. 1954년 4월부터 7월까지 열린 제네바 회담에서 주은래는 프랑스의 철수에 따른 인도 차이나의 안전을 가져오도록 하려는 노력에서 다른 열강들의 외상(外相)들과 자리를 함께하였다. 이 당시 인도 및 버마와 가진 협상에서 주은래는 '평화 공존' 5 개 원칙을 제창하였다. 이 원칙들은 1955년 4월, 자바(Java) 섬 서부 지역의 반둥(Bandung)에서 아시아와 아프리카 국가들의 지도자 20 명이 참가하여 개최한 회담에서도 주은래의 주요 주제였다. '반둥 정신'에 입각하여 미국과 중국의 대사들이 1955년 8월에 정기적 회담을 시작하여, 제네바에서 모두 73 차례, 그리고 다음으로는 1958년부터 1966년까지 바르샤바(Warsaw)에서 모두 58 차례를 가졌다.

그러나 이러한 유화적인 노선은 곧 강경 노선에 밀려나게 되었다. 러시아가 첫번째의 대륙간 탄도탄(ICBM)을 1957년 8월에, 그리고 10월에는 최초의 인공 위성을 지구 궤도에 진입시킨 뒤 제국주의는 방어하는 입장에 놓이게 된 것처럼 보였다. 모택동은 볼셰비키 혁명 40 주년을 축하하기 위하여 두번째로 중국을 떠나 11월에 모스크바로 갔다. "동풍(東風)이 서풍(西風)을 압도한다."고 선언한 그는 동서(東西) 관계에서 새로운 교전 상태를 요구하였다. 이는 대만 해협에서 곧 나타났다. 그곳에서 1951년 국민 정부의 군대를 강화시키려는 미국의 노력이 다시 시작되었던 것이다. 국민 정부는 간첩, 정찰대와 삐라 살포 비행, 그리고 특공대 기습으로 더욱더 공산 중국을 괴롭혔다. 그들은 또 금문도 '전선'에 있는 요새를 강화하였고, 국민 정부 군대의 3분의 1을 그곳에 투입하였다. 결국 1958년 8월부터 9월에 걸친 공산군측의 포격은 두번째의 금문도 위기를 가져왔다. 그 위기는 곧 가라앉았으나 금문도를 전쟁의 원인으로 남겨 놓았고, 국민 정부측은 이곳을 여전히 공산 중국의 일부로 생각하여 점령하고 있었다.

교전 상태가 새로 시작된 다른 지역은 티베트였다. 그곳의 인민들은 결국은 중국화를 의미하게 될 사회주의 혁명을 지향하도록 압력을 받았다. 달라이 라마(Dalai Lama)가 인도로 도망간 때인 1959년 3월 라사(Lhasa)에서 일어난 봉기는 중국인들의 가혹한 탄압을 불러왔다. 그 다음해 여름에 일어난 중국과 인도의 마찰은 히말라야 산맥의 양쪽 끝 전선에서 증대되었고, 마침내는 1962년 10월에 단시간의 교전 상태로 터져나왔다. 중국은 신강성과 티베트 사이의 악사이친(Aksai-Chin) 지역을 통과하는 전략 통로의 지배를 주장하였다. 짧은 시간 동안에 박살내 버린 중국의 역습은 인도가 유발한 것으로 나중에 밝혀지긴 하였지만, 서방(西方) 사회는 그 당시에 중화 인민 공화국을 침략자로 생각하였다.

문화 혁명(文化革命)

분파주의로의 전락　　사회주의적 전환으로 인해 중국인들의 생활은 관료화되었지만, 대약진(大躍進) 운동이나 공산적 공동체[人民公社] 생활이 인민의 경제적 기대를 충족시켜 주지는 못하였다. 대중의 불만이 고조됨에 따라, 양립하는 정책 노선 사이의 다툼이 당의 회의 기구들 안에서 일어나게 되었다. 중국 공산당(CCP) 지도자들은 중국에 대한 통제력은 일단 확립하였으나, 정책 결정의 긴장으로 인해 그 단결력에 손상을 입기 시작하였으며, 소련식의 공업화를 포기하지 않을 수 없게 되자 이러한 긴장은 더욱 고조되었다. 대립하는 두 개의 정책 노선은 그것을 대표하는 지도자들, 즉 한쪽의 모택동과 다른 한쪽의 유소기(劉少奇)와 등소평(鄧小平, Teng Hsiao-p'ing) 등이 처한 사정에 뿌리를 두고 있었다.

이르티슈 강(Irtysh R.)
소　　련(U.S.S.R.)
바이칼 호(Baikal L.)
이르쿠츠크(Irkutsk)
발하슈 호(Balkhash L.)
셀렝가 강(Selenga R.)
오르혼 강(Orkhon R.)
일리 강(Ili R.)
(카라코룸(Karakorum))
우르가(Urga)
[울란바토르]
쿨자(Kuldja)
우루무치(Urumchi)
외몽고(Outer
[몽고 인민
파미르(Pamir)
카슈가르(Kashgar)
투르판(Turfan)
타림 강(Tarim R.)
신강(Xinjiang)
감숙(Gansu)성
내몽고(Nei Mongol)
은천(Yinchuan)
인더스강(Indus R.)
청해(Qinghai)성
서녕(Xining)
영하(Ningxia)
난주(Lanzhou)
가르토크(Gartok)
티베트(Tibet)
[서장]
감숙(Gansu)성
섬서(Shaan
창포 강(Tsangpo R.)
사천(Sichuan)성
라사(Lhasa)
네팔(Nepal)
성도(Chengdu)
중경(Chongqing)
부탄(Bhutan)
갠지스 강(Ganges R.)
브라마푸트라 강(Brahmaputra R.)
양자 강(Yangtze R.)
메콩 강(Mekong R.)
귀주(Guizhou)
방글라데시(Bangladesh)
귀양(Guiyang)
캘커타(Calcutta)
다카(Dacca)
곤명(Kunming)
인　　도(India)
이라와디 강(Irrawaddy R.)
살윈 강(Salween R.)
운남(Yunnan)성
남녕(Nan
버마(Burma)
월남(Vietnam)
라오스(Laos)
벵골 만(Bay of Bengal)
타이(Thailand)

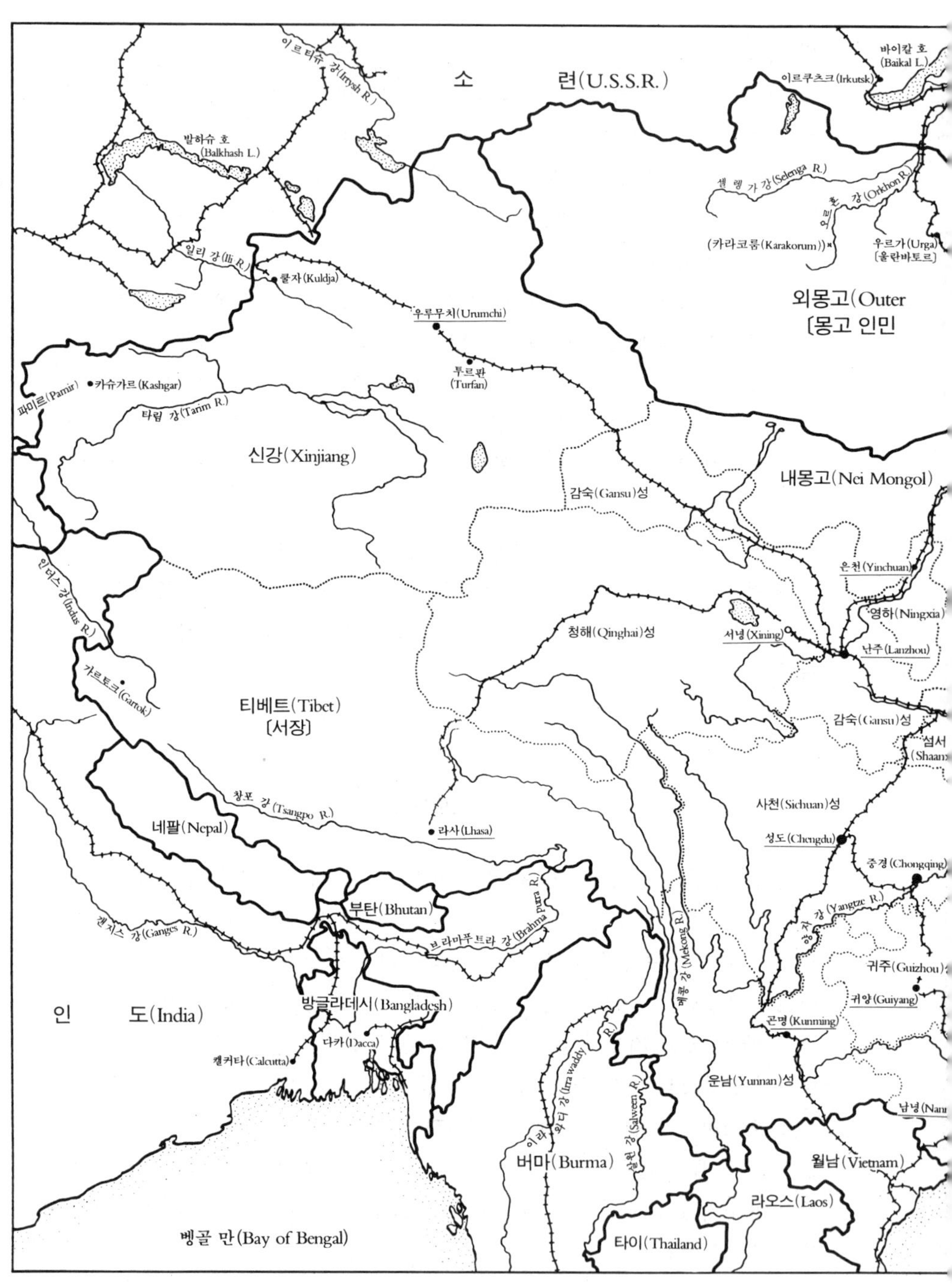

중국—인민 공화국

＊이 지도의 지명은 병음(拼音, Pinyin)식 철자법에 따라 표기하였다. 그러나 1800년부터 현재까지의 일관성을 보여 주기 위해 이 책의 본문 및 다른 지도들은 지금까지 써 오던 웨이드-자일스(Wade-Giles)식 철자법을 사용하였다. 티베트의 라사 지방에 이르는 철도는 아직 완공되지 않아 미완공 부분은 희미한 선으로 표시하였다.

모택동의 몇 가지 특별한 성격——견해의 독자성과 일반 농민에 대한 관심——은 젊은 시절에 확고하게 형성되었다. 그는 1920년대초와 중엽에는 중국 국민당(KMT)에 협력하였으며, 1927년의 국공 분열(國共分裂) 이후에는 군사력과 게릴라[遊擊] 전술의 중요성을 배웠다. 1927년 이전에나 이후에나, 그는 공산당 안에서 일하는 조직 인간은 아니었다. 모택동의 지도력이 확립된 20년 동안, 그의 군사적 투쟁 방식이 거듭 성공하였다. 개인적 지도력을 필요로 하는 혁명 운동으로 인해 모택동 개인의 지배적 지위가 계속 구축되었으나, 양립하는 노선이나 분파가 형성되면 그는 어느 한쪽을 분명하게 지지하였다.

혁명에 대한 두 가지 견해가 유럽의 마르크스주의에 기원을 둔 것임은 물론이다. 한쪽은 역사를 도덕적 드라마로 보고 혁명을 도덕적 성전(聖戰)으로 보았다. 다른 한쪽은 기술의 진보, 특히 물질적 기술의 발달이 새로운 계급을 창출할 수 있는 새로운 생산력을 가져다 줄 혁명의 동인(動因)이라고 생각했다. 이처럼 기원이 동일한 주제들을 추구하는 과정에서, 유소기와 등소평이 전문화된 기술의 실질적 필요성과 물질적 진보를 강조할 수 있었는 데 반해, 모택동은 사회적 평등에 대한 도덕적 추구와 자기를 돌보지 않는 덕성을 강조할 수 있었다. '과학적 마르크스주의'를 계승한 전자 계열은 정치·사회·문화적 생활과 같은 사회의 '상부 구조'는 그 물질적 기초, 즉 생산 관계를 반영하며, 상부 구조가 바뀌기 전에 먼저 이러한 물질적 기초가 변화되어야 한다고 생각하였다. 이에 반해, 모택동이 신봉한 의지주의(意志主義)와 인민주의(人民主義)는 일단 에너지를 공급받은 대중의 의지는 무엇이든 정복할 수 있다고 주장하였다. 모택동의 이면에서 우리는 지배 계급의 특권과 특수한 지위에 대한 농민들의 해묵은 증오를 발견할 수 있다. 20세기초에는, 중국의 학생들이 무정부주의적 이상에 반응하여, 정부와 자본주의의 모든 것을 없애 버리고 상호 협조에 기초한 자유로운 사회를 창출하려 하였다. 그의 배후에서는, 과거 중국의 또 다른 흔적이 발견된다. 즉, 중국의 고전들은, 모든 사람이 잠재적으로 선량하여 오직 그 잠재력을 깨달을 수 있도록 가르치는 일만이 필요하며, 지도자는 반드시 그들이 처한 환경을 도덕적 탁월성으로써 초월할 수 있는 윤리적 엘리트[精粹分子] 가운데서 뽑혀져야 한다고 주장하였다. 유교의 이 같은 유산은 현인(賢人) 영웅의 무상(無上)의 역할을 고무하였지만, 보다 소련에 경도되었던 유소기와 그 동료들은 1956년에 새로 제정된 중국 공산당 당헌에서

모택동 주석이 1940년경에 연안(延安) 부근의 양가령(楊家嶺, Yang-chia-ling)에서 농민과 이야기하고 있다.

'모택동 사상'을 빼 버리고 모택동 개인 숭배에 반대하였다.

　이들 양립하는 두 가지 입장은 몇 가지 제목으로 나누어 이해할 수 있다. 1)의지주의 대(對) 계획주의 : 모택동과 같은 세대의 대부분은 투자 자금의 축적과 공업 시설의 건설 등과 같은 5개년 계획의 체계적 노력을 선호하였다. 그러나 모택동은 정치에 비해 경제에 대해서는 그다지 관심을 갖지 않았다. 의지주의는 모택동의 개인적 신념이었다. 따라서 그는 중앙의 통제보다는 분산된 지방의 주도권을 더 선호하였으며, 관료주의보다는 인민을, 지배 계급의 어떠한 부활보다도 소농민 계급을 더 선호하였다. 2) 지도자 대 인민 위원 : 모택동은 멀리서 베풀어지는 어버이의 온정을 상징하였지만, 유소기 아래의 당 위원들은 지방에서 엄격한 규율을 적용하지 않으면 안 되었다. 모택동은 그 동료들과 구별되는 인물로서 그들 위에 서 있으면서, 황제와 다를 바 없는 존재로 숭배의 대상이 되었다. 3) 대중 노선 대 당의 건설 : 모택동은 투쟁을 지지하였다. 그는 인민에 봉사하고, 인민을 선동하여, 대중 노선의 정신으로 인민의 분발에 대응할 수 있는 기간 요원들을 원하였다. 유소기와 당의 다른 건설자들은 투쟁이 당의 단결에 종속되기를 원하였으며, 당의 기간 요원들이 중국의 전환을 인도할 수 있는 새로운 정예 분자가 되도록 훈련되어야 한다고 강조하였다. 4) 촌락 대 도시 : 모택동의 관심은 연안(延安)에서의 단지 존재하기만 했을 당시로 되돌아갔다. 그는 도시 생활을 경멸하였다. 그의 이상은 자급 자족적 농촌에서 농부와 기술자, 병사의 역할을 함께할 수 있는 흙의 전인(全人)이었다. 이에 반해, 당 중앙 위원회에서 일하는 조직자들은 공업화를 위한 전문 기술의 필요성과 도시 엘리트의 중요성, 그리고 기술 교육의 필요성 등을 알고 있었다. 5) 홍(紅) 대 전(專) : 끝으로, 이 모든 대조적 입장은 대부분 정치적으로 교화된 사람들과 전문적으로 훈련받은 사람들——다시 말해서, 당의 조직자들과 정부의 전문인들——에 의해 공표되었다.

미래의 중국으로 향한 이들 두 갈래의 다른 길은 언제나 상호 배타적이었던 것만은 아니어서, 중앙 위원회의 많은 발표문에서는 뿌리를 같이하는 (마치 고대의 음과 양처럼) 원칙으로 주장되기도 했다. 유소기와 등소평은 모택동주의적인 것임이 분명한 유토피아적 대약진 계획을 지원하였다. 그러나 이 운동의 실패로 인해 이들의 태도는 경직되었다. 1958년 12월에, 모택동은 국가 주석 자리를 자발적으로 포기하고 유소기에게 넘겨주었다. 중국 공산당의 지도자들은 이제 모든 혁명이 만나는 문제에 직면하게 되었다. 언제 변화의 시기가 끝나고 안정의 시기로 넘어가야 할 것인가? 그렇지 않으면, 어떻게 혁명 정신을 계속 유지할 수 있을 것인가? 결국, 이것은 수정주의(修正主義)의 문제였으며, 소련도 직면하였던 진퇴 양난의 문제였다. 이로 인하여 소련의 수정주의가 중국의 정치에 가한 충격은 더욱더 커지게 되었다.

중·소 분열　중국과 러시아 민족은 매우 다른 역사와 자아상, 욕구 및 목표 등을 갖고 있었으므로, 한때 그들 사이에 몇몇 차원에서 주요한 분열이 발생했다는 것이 놀라운 일은 아니다. 그들은 과거에 있었던 사건을 기억하면서 서로 의심하였다. 예컨대, 몽고 부족이 13세기에 남부 러시아를 노예화하였으며, 제정 러시아 시대의 제국주의자들이 중국의 동북 지방과 몽고 및 투르키스탄 지방을 침입하였다. 공산주의자들의 우애를 과장하는 미사여구의 이면에는, 서로 칭찬한 역사적 유대가 거의 발견되지 않는다. 주로 소련이 도와 주고 중국이 보답하는 형태로 이뤄진 이들의 협력 관계는 쌍방 지도자들의 욕망으로 인해 쉽게 깨어져 버릴 수 있었다. 이념은 원래 양자를 묶어 준 끈과 같은 역할을 하였지만, 이제 그것은 균열의 원인으로 작용하게 되었다.

모택동은 어떤 외국어도 알지 못했다. 그가 습득한 마르크스주의 개념은 왕왕 번역의 과정에서 약간 중국화한 것이었다. 뿐만 아니라, 모택동은 혁명적 행동과 더불어 배우기 시작했으며, 혁명을 진행해 가면서 이념을 습득하였다. 그는 현장에서의 필요성에 맞도록 공산주의 원리를 적용하지 않을 수 없었다. 러시아는 사회주의로 가는 유일한 길로서 '프롤레타리아〔無産階級〕독재'를 창출해 내었다. 그러나 중국 공산당은 '인민의 민주적 독재'를 외치면서, '프롤레타리아의 영도력'은 단지 모든 '혁명적 계급들'을 대표하는 연립 정부와 통일 전선의 선두에서 중국을 사회주의로 이끌 뿐이라고 주장하였다. 뿐만 아니라, 중국 공산당은 그러한 일이, 레닌(Lenin)과 스탈린(Stalin)이 요구한 갑작스럽고 격렬한 변화와는 아주 다르게, 점진적이고 난폭하지 않고 설득력 있는 변환의 방법으로 이루어져야 한다고 주장하였다.

1956년에 소련에서 일어난 '스탈린 격하'——스탈린이 저지른 과오의 폭로——운동은 그때까지도 여전히 스탈린의 이름을 부르고 있었던 중국 공산당을 당황하게 하였다. 확실히, 흐루시초프(Khrushchev) 소련 수상은 '사회주의로 가는 많은 길'을 인정함으로써 북경 당국의 주장을 아시아의 모범으로 받아들였지만, 이러한 양보조차도 선수를 쳐서 마르크스-레닌주의의 이념을 궁지에 빠뜨린 것이었다. 이때부터, 분열의 틈은 더욱 벌어졌다. 북경은 모스크바처럼 이제 이념적 권위의 자율적 중심이 되었다. 국제 공산주의는 더 이상 동질적 통합체가 되지 못하였다. 불화가 아니면 알력이 불가피하게 되었다. 첫 스푸트니크(sputnik ; 人工衛星)를 쏘아 올림으로써 소련의 성공이 절정에 달하였던 시점에서, 흐루시초프는 모택동이 모스크바에 앞섰다고 주장한 대약진과 인민 공사를 지나친 좌경화와 위험스러운 광신주의로 매도하였다. 북경 당국은 이러한 소련의 '수정주의'에 대해 자본주의에 사회주의를 팔아먹는 기회주의적 배신이라고 공격하였다. 1957년 모스크바는 북경 당국에 핵무기 지원을 약속하였지만, 이 계획을 중단시켜 버렸다. 소련의 기술자들이 그 청사진과 함께 1960년에 중국에서 돌연히 철수한 것이다. 중국의 광신주의와 팽창주의가 가져다 준 강렬한 공포가 소련에서 점차 확산되었으며, 1969년에는 아

654

무르(Amur, 黑龍) 강변과 중앙 아시아에서 무력 충돌이 일어났다. 중국인들은 대규모 방공호들을 만들었다.

중소 분열이 확대됨에 따라, 북경 당국은 처음에는 문화 사절과 군사 선전을 수출하고 아시아와 아프리카의 '민족 해방 운동'을 지원함으로써 공산주의 세계 혁명의 지도력을 장악하려 하였다. 모택동과 이 시기에 그를 지지한 가장 중요한 인물인 임표(林彪, Lin Piao) 장군은 공업화한 제국주의 열강들에 대항하여 인류의 3분의 2에 해당하는 저개발국에 중국적 혁명 모형을 적용시킬 수 있는 방법을 모색하였다. 1965년 9월에 사용된 상징어는 "농촌에서 도시를 포위한다."는 것이었으나, 모든 인민 혁명의 자립을 주장한 것은, 중국은 단지 방법만을 가르쳐 줄 뿐, 중국 자체가 팽창적으로 세계 혁명을 성취하는 것은 아니라는 사실을 의미하였다(이것은, 중국은 다른 나라들이 따라야 할 모범이지만 그 나라 스스로 솔선하여 본받아야 한다는, 고대의 조공 관계 이론을 연상시킨다).

임표가 세계 혁명의 방법으로 내놓은 이러한 '손수하기' 규칙은 부분적으로는 소련의 핵 보호 아래에 있는 월남에서 전문적 군사력으로 개입하려는 어떠한 노력도 저지해야 할 현실적 필요성에서 나왔다. 왜냐하면 이러한 일은 지속적인 혁명에 기울이는 모택동주의자들의 노력을 빗나가게 할 것이기 때문이다. 1965년 2월에 미국은 북부 월남에 지속적인 폭격을 시작했다. 중국의 현관 앞 계단에 대한 이 침략은 북부 월남에 대한 지상군의 진입은 하지 않겠다는 약속을 동반하고 있었기 때문에, 북경 당국은 이웃 동맹국을 보호해 주지 못하는 무기력의 치욕을 감수하지 않을 수 없었다. 한편, 1965년에도 북경 당국의 대외 관계에서 또 다른 후퇴가 있었다. 아프리카-아시아(AA) 회의를 조직하면서 소련을 제외시키려 한 중국의 노력이 6월에 실패한 것이다. 또한 10월에는 인도네시아에서 미완성 쿠데타가 일어나 친(親)북경 인도네시아 공산당원들이 대량 학살되었다. 해외에서의 이런 저런 실패들로 인해 중국은 국내 문제로 관심을 돌리게 되었다.

당내의 문제들   1960년대말에 일어난 국내 소요의 배후에는 극도의 긴장과 긴박함이 있었다. 무엇보다도 인민들 가운데서 긴장이 팽배해 있었으니, 중국의 빈곤과 새로이 정치에 적극적인 태도를 갖게 된 인민의 기대 사이에 간격이 있었던 것이다. 중국 공산당은 낡은 질서를 파괴하기 위하여, 회오리 바람을 일으켜 그것을 타지 않으면 안 되었다. 국민당이 작고 피상적인 정권이었던 데 반해, 중국 공산당은 그 권위가 실로 벼의 뿌리에까지 미쳐진다고 주장하였다. 따라서 과거 자유 시장 경제에서 물자가 부족하였던 것은 어느 누구의 과실도 아니었지만, 이제는 물자 부족의 책임이 계획의 빈곤으로 돌아오게 되었다.

감당하기 어려운 부담을 짊어진 중국 공산당은 거대한 행정 기구를 만들었다. 그러나 집단 단위들의 행정 담당자들은 관료가 되려는 경향을 보여 주었다. 즉, 그들은 손으로 하는 일반 노동에는 관심을 보이지 않은 채, 상층 계급이 되려고 노력하였다. 기회주의자들은 그들 자신의 경력과 다시 출현한 가문에 대하여 관심을 갖고 있었으며, 연고자와 특수한 권리, 더 나은 교육 및 사사로운 재산을 추구하였다. 예컨대, 대장정 세대의 당 지도자들은 그들의 자녀가 특수 학교에 들어가는 것을 싫어하지 않았다. 다시 말해서, 일반 농민의 '해방'으로 인해 엘리트의 지위를 다투는 경쟁이 소멸되었다기보다는 오히려 더욱 강화되었다. 당(黨)-정(政)-군(軍)의 새로운 권력 구조는, 극도로 신분 의식과 방어 의식이 강한, 위로부터 아래로 통제되는 엘리트 조직이었다. 고급한 재직자들이 보다 소심하고 덜 혁명적인 태도를 보이는 동안, 하급의 재직자들은 좌절감을 느끼고 실망하였다. 혁명가들이 앙시앵 레짐〔舊體制〕을 대신할 경우 나쁜 것들만 이어받는다는 공식이 간부들과 중국 민중 사이의 폭넓은 간격에서도 사실로 입증되었다. 모택동은 새로운 지배 계급이 국가 주석 유소기와 공산당 사무 총장 등소평과 같은 조직인들에 의해 교사되어 그 모습을 드러내고 있음을 알 수 있었다.

관료 기구내에는 사기 진작과 동기 부여라는 문제가 있었다. 당은 모든 당원들의 사상과 행위, 충성과 기율에 대하여 책임을 지고 있었다. 당원들은 비당원들과 엄격히 구별되었고, 끊임없는 회합, 비판과 자아 비판, 부하들에 대한 보고, 인사 통제 및 감독 기관의 비밀 서류철에 보관된 좋은 기록을 유지하는 노력 등과 같은 '당 생활'에 깊이 빠져 있었다. 당내에서건 당외에서건, 간부의 개인 서류는 그 자신보다도 더 중요하였다. 그는 그 서류를 본 적이 없지만, 그것이 자기 개인의 역사와 배경, 그의 사상적 견해, 그리고 그의 모든 가족과 교제하는 사람들에 대한 그 자신의 진술을 담고 있음을 알고 있었다. 수상한 사람은 체계적으로 조사되었으며, 약점이 있는 사람이 사회 운동의 과정에서 비판의 표적이 되었음은 물론이다. 고대의 과거 시험은 자신을 스스로 교화하게 하였으나, 공산주의 체제는 자신을 스스로 위협하게 하였다. 운동 과정에서 특별한 죄악이 공격받는 일 이외에도, 우발적으로 어떤 사람이 조직적인 비난과 대중적 모욕의 표적으로 뽑혀짐으로써, 그 장면을 구경하는 사람들은 누구라도 당의 은총으로 칼씌운 죄인이 될 수 있다는 사실을 상기하게 되었다. 이처럼 인민의 기력을 빼앗는 대중적 구경거리는 당의 권위를 크게 강화시켜 주었다. 흔히 그들은 위협을 느끼는 사람들로 하여금 비상한 열의로써 칼이 씌워진 동료들을 규탄하도록 움직였다.

이 모든 것의 결과로서, 사회 변혁의 발동기인 운동은 1960년대에 그 효력을 잃어버렸다. 간부들은 철저하게 헌신하지 않은 채 회합에서 적당하게 처신해 나갈 수 있는 방법을 배웠다. 그들은 친밀한 사이의 세세한 일에 대한 비난에 휩쓸려들지 않기 위하여 다른 사람과의 가까운 교제를 피하도록 배웠다. 적극적인 행동가들은 유동적인 국면에서는 진취적인 열정을 가장하고 안정적인 국면에서는 적당하게 신중하고 자아 비판적인 태도를 취함으로써, 운동의 폭풍에서 견뎌 낼 수 있는 방법을 발견하였다. 다시 말해서, 당의 지도자 계급은 혁명을 끊임없이 지속시키는 모택동식 방법에 대하여 자신을 보호하는 방법을 배웠으나, 이로 인해 진실로 인민을 변화시킬 수 있는 능력은 상실해 버렸다.

그리하여, 너무나 많은 당원들이 하늘에서 폭풍우가 몰아치듯 낭만적으로 중국 문제에 접근하는 모택동의 해결 방법에 대한 확신을 상실하였기 때문에, 수정주의 문제가 일어나게 되었다. 유소기와 등소평과 같은 당료(黨僚)들은 모택동주의자들의 광신주의와 열광적 행동은 오직 경제 회복을 방해할 뿐이라고 반대하였다. 실질적 문제들과 맞붙어 씨름하던 관료들은, 모택동이 1962년 말에 '사회주의 교육'에 대한 또 다른 운동을 요구하였을 때, 일부러 꾸물거렸다. 이 운동에 대한 만족스럽지 못한 반응이 모택동으로 하여금 군(軍)으로 눈을 돌리게 하였다.

관료주의는 1955년에 확립된 소련식 직업 장교단에서도 나타났다. 장교들은 정치 위원제와 '지휘상의 정치(politics in command)'에 도전하였으며, 지휘의 소련식 통합 방식을 선호하였다. 군내의 당 위원회와 당원들의 역할은 쇠퇴하였다. 그러나 국방 장관 팽덕회(彭德懷, P'eng Te-huai)가 대약진을 비판하고 소련과 접촉했다는 이유로 1959년에 해임되고, 그 뒤를 이은 임표(林彪) 장군이 이제 모택동과 밀착되어 일하게 되었다. 군내로 새 당원들이 보충되었고 중대 단위의 당 위원회가 재건되었다. 이제 군내의 당원들로 중대와 분대에까지 이르는 각급의 조직을 독립된 지휘 체계로 갖추었다. 교화와 감시 감독이 강행되었다. 정치 장교들은 이 체제의 기능을 유지시켰고 같은 의견의 반대자 집단이 형성되는 것을 방해했다. 이로 인해 군은 철저하게 교화되었기 때문에, 1964년에 이르면 "인민 해방군으로부터 배운다."는 본받기 운동이 전국적 규모로 개시될 수 있었다. 1965년 가을에 이르러, 군은 모택동이 프롤레타리아 문화 대혁명이라 부르는, 좀더 정확히 표현한다면 '무산 계급 문화를 창출하는 대혁명'이라는 새로운 운동으로 움직일 수 있도록 기반을 제공해 주었다.

모택동 주석의 성전(聖戰)   문화 혁명은 명목상으로는 1966년 5월부터 1969년 4월까지 지속되었다 하나, 실제로는 1976년에 모택동이 죽을 때까지 지속된 초대형 운동이었다. 이 운동은 결과적으로 하나의 통제된 계획이었다기보다 제 2의 혁명이었음이 밝혀졌다. 모택동이 거리낌없는 비판자들과 대항하려는 움직임을 보임에 따라, 당내에는 그가 예상했던 것보다 더 많은 사람들이 비판자들을 지지하고 있음을 알게 되었다. 1956년에 비판이 활발히 제기되었을 때〔百花齊放〕도 반대 세력이 놀라울 정도로 광범위하게 존재하였음이 드러났지만, 이번에는 당내에서 강력한 비판이 제기된 것이다. 모택동은 당 바깥에서 지지 세력을 동원하려는 새롭고 엄청난 노력으로 이에 대응하였다. 공개적 무대는 곧 모택동을 '우리 가슴 속의 붉은 태양'으로 칭송하는 대중 집회와 시위 및 선전 전시 등으로 가득 차게 되었다. 수백만 젊은이들의 엄청난 흥분과 광란이 소모와 무감동, 그리고 또 다른 노력의 격동으로 이끌었다. 이 과정에서, 지도자에 의해 전반적인 당의 숙청이 이루어졌다. 그러나 스탈린이 자신의 당을 당내에서 당 기구를 이용하여 비밀스럽게 숙청한 데 반해, 모택동은 중국 공산당을 당외에서 홍위병(紅衛兵)과 같은 대중 조직을 이용하여 공개적으로 숙청하였다. 스탈린은 자신의 비밀 경찰을 이용하여 수백만의 인민을 살륙하였지만, 모택동은 인민 해방군에 의존하였고, 흔히 폭행과 감금을 수반한 공개적 모욕의 방법을 이용하였다.

모택동의 첫번째 행동은 문화 교육 담당 위원들과 북경 당 위원회를 공격함

658

문화 혁명이 진행되던 1967년, 대채(大寨, Tachai)의 농민들이 들판으로 가는 길 옆에 〈모택동 어록〉에서 인용한 문구를 적은 입간판이 세워져 있다.

으로써, 중앙에서 대중 매체를 장악할 수 있는 자신의 힘을 확인한 것이었다. 그는 당 기구 밖으로 나가, 자신의 손으로 "본부를 폭격하라"고 쓴 벽보대로 10대의 홍위병 학생들이 행동하도록 격려하였다. 그들 홍위병들은 혁명을 수행함으로써 혁명을 학습하도록 요구되었다. 또한 그는 당 바깥의 통로를 통해 전국적 규모의 문화 혁명 조직을 세웠는데, 이 조직은 그의 아내 강청(江靑, Chiang Ch'ing)이 포함된 한 위원회에 의해 영도되었다. 1966년 가을에, 군으로부터 병참 지원을 받은 1,100여만 명의 홍위병들이 북경에 모여 일련의 대중 집회를 가진 다음, 다른 이들과 연대하여 그들 자신의 '장정(長征)'을 수행하기 위하여 전국 각지로 흩어져 갔다. 공개적 장소에서, 그들은 '4구(四舊; 낡은 이념과 사상, 습관 및 관습)'를 대표하는 사람들과 사물들을 난폭하게 공격하였다. 1967년 1월에, 모택동은 혁명을 더욱 격화시켜, 1870년의 파리 코뮌

1966년에 북경에서 열린 대중 집회에서, 모택동(가운데)이 등소평
과 주은래(오른편으로)와 함께 학생들에게 에워싸여 있다.

(Paris Commune)에서와 같이 '혁명적 대중'이 당 기구 그 자체를 공격하여 아
래로부터 권력을 장악하도록 선동하였다. 수백만 권의 붉은 소책자 〈모택동
어록(毛澤東語錄)〉이 모든 행동주의자들에게 사고의 광범위한 원칙과 열광적
으로 헌신하게 하는 불가사의한 힘을 가져다 주었다. 당권을 장악하고 있던
사람들은 개별적으로 공격받았기 때문에, 그들끼리 조직화될 수 있는 방도가
없었다. 그 결과, 당 지도부는 철저하게 분쇄되었다. 유소기와 등소평 등 기
타 지도자들은 '자본주의적 길을 택한 당국자'로서 숙청되었다.

마침내 모택동은 낡은 권력 구조를 대체하기 위하여 정부의 각급 기관에
'혁명 위원회'를 설치하도록 요구하기에 이르렀다. 이 위원회는 '혁명적 대중
(새로운 피)'과 군부 및 적절하게 혁명화한 옛 당 간부들을 포함하였다. 당 지
도부도 자기들의 적위대(赤衛隊)를 수비수로 내세워 이곳 저곳에서 격렬하게
저항하였다. 그들은 한편으로는 모택동에 대한 충성을 공언하면서, 다른 한편
으로는 모택동의 군대를 패퇴시켰다. 결국, 지방의 분파들이 싸움의 와중에서
화기를 사용하기 시작하였다. 내전은 질서를 회복하기 위하여 군을 더욱 많이

불러들이지 않을 수 없는 상황에까지 이르렀다. 1968년 1월에 이르러서는 전국의 29개 성(省)과 주요 도시들에 혁명 위원회가 설치되었지만, 행정의 효과적인 심장부가 그 안에 세워지지 않았다. 결국, 당에 대한 공격으로 인해 그 수가 점점 더 많아지게 된 군부 출신 인물들에게 민정권이 넘어가게 되었으며, 이들 군부 출신들은 핵심적인 행정 부서로 진입하여 지식인들과 관료들을 계속 위협하였다.

이처럼 모두가 미쳐 날뛰는 광란의 와중에서, 대학과 학교들은 여러 해 동안 문을 닫고 있었으며, 지식인들과 전문인들은 공격을 받았고, 학생들은 분파적 싸움을 벌이면서 혁명화하였다. 1968년 가을에, 모택동은 홍위병을 해산하였으며, 지난날의 홍위병을 포함한 수백만의 학생 젊은이들은 농촌으로 하방(下放)되었다. 1969년 4월의 9차 전당 대회에서 군사적 인원이 우세한 새로운 중앙 위원회가 선출되었다. 새 당헌은 임표를 모택동의 후계자로 명시하였다.

1970년대에 이르러, 대학들이 서서히 문을 다시 열었으나, 학생들은 엘리트 창출의 수단이 되어 온 공개 시험 방식으로 선발된 것이 아니라, 그들이 일하는 생산 단위에서의 평판을 기준으로 지명되었다. 고등 교육을 받고자 하는 지원자들은 중학교를 졸업한 뒤 2년 동안 일해야 하며, 그들의 출신 공동체로 되돌아가서 봉사하도록 기대되었다. 노동자와 농민들을 거의 하룻밤 사이에 '프롤레타리아 지식인'으로 만들려는 이 이상주의적 노력은 단지 낮은 식자율과 학교 교육의 부족으로 인해 실패하였다. 학식의 습득은 급조된 상태에서 성취될 수 있는 것이 아니었다. 일반 인민들 사이에서 일하는 '맨발의 의사들'에게 초급의 공중 보건 훈련을 실시하려는 노력은 이보다 더 성공하였다. 한편 도시의 기능인들은 정기적으로 '5·7 학교'(사실은 농장임)에 교대로 보내어져 땅에서 맨손으로 일하는 경험이 제공되었는데, 이는 지배 계급의 전통을 파괴하려는 지속적인 노력의 일환이었다. 도시민들에게는 농민과 같은 수준의 땅위 생활이 몹시 혹독한 경험이었다. 문화 혁명은 대약진 운동이 그러했던 것만큼이나 심각하게 경제를 붕괴시키지는 않았다. 그러나 그 이념적 편향성이 —— 예컨대, 곡물의 지역적 자급 자족을 요구한다거나 오리와 닭 사육 등과 같은 농민 부업을 금지시킴으로써 —— 경제 발전을 더디게 하였다.

1971년 9월에 갑자기, 문화 혁명 기간중에 그토록 높게 부상하여 군사적 대

농장에서 일하는 지식인들 북경 항공 연구소의 교사들과 학생들이 1967년 7월에 똥뻬이왕(東北旺, Tungpeiwang) 인민 공사 농민들의 수확을 돕고 있다. 수백 명의 사람들이 손 농구를 사용하고 있다.

권을 장악하였던 임표 장군이 외몽고에서 비행기가 추락하여 죽었다고 보도되었다. 그 뒤 조금씩 단계적으로 발표된 이야기에 의하면, 그는 권력을 찬탈하고 심지어는 모택동을 암살하려는 계획을 도모하였고 이 비열한 음모가 발각되자 도망하려 하였다는 것이다. 이 기괴한 일화 가운데서 무엇이 사실이든, 임표의 오랜 배신 행위가 발각되어 혁명의 배반자였음이 드러났다는 정황 설명이 임표의 전임자였던 유소기의 경우와 흡사하다. 이러한 사실은 어떻게 그토록 사악한 인물이 그토록 높은 지위에 오를 수 있었는가라는 의문을 다시 제기하였다. 바깥에서 바라보는 관찰자에게는, 정책적 패자(敗者)의 도덕적 성격을 욕해야 할 필요성은 유교로부터 전승되어 온 기묘한 유산이었던 것처럼 보인다. 중국 공산당의 위신과 신뢰성은 중국 안에서 새로운 타격을 입게 되었다.

임표가 제거된 뒤에, 여전히 대중 매체를 장악하면서 계급 투쟁을 설교하는 모택동파의 지도자들과 주은래(周恩來) 수상을 추종하면서 질서 있는 경제 성장을 기대하고 있던 중국 공산당의 행정 수뇌들 사이에 일련의 투쟁이 이어졌다. 주은래는 1976년 1월에 죽기 전에 등소평을 복권시켜, 군사 위원회 주석직을 맡기고 수상을 대행케 하였다. 그러나 작고한 주은래 수상에 대한 호평이 1976년 4월 5일에 공식적으로 흘러나온 뒤, 그의 대역인 등소평은 모택동의 문화 혁명 소조(小組), 즉 모택동의 처 강청을 우두머리로 한 이른바 4인방(四人幇)에 의해 권력에서 다시 추방되었다. 이념을 우선적으로 강조하는 이들 과격 분자들은 9월에 모택동이 죽을 때까지 권력을 장악하고 있었다.

지금까지 연구된 바에 의하면, 일반적으로 문화 혁명은 중국의 근대화 발전 과정에서 '잃어버린 10년'으로 간주되고 있다. 무지한 10대의 까닭 없는 파괴, 지식 분자와 지도적 관리들에 대한 공포의 지배, 거의 100만에 가까운 희생자들에게 저질러진 괴롭히기와 투옥, 폭행, 고문, 혹은 살해 등은 엄청난 인간적·문화적 재앙이었다. 그토록 거칠게 계급 투쟁의 논리에 매달렸던 모택동의 태도는 비정상적인 극단주의였으며, 그것은 도시 엘리트들로 하여금 농부 생활을 일시적으로 경험하게 하고 더 많이 이해하게 한다고 해서 보충될 수 있는 것은 아니었다.

중미(中美) 관계의 정상화　　중국 인민들이 문화 혁명이라는 과정을 통과하고 있었을 무렵, 미국인들은 1965년부터 1973년까지 지속된 월남전(27장 참조)이라는 다른 혼란 속에 빠져 있었다. 미국이 5만 8,000여 생명을 소모한 뒤에 월남에서 맞이한 패배는 닉슨(Nixon) 대통령의 극적인 중미 관계의 재개를 가능케 하였던 몇몇 다른 요인들과 동시에 일어났다.

첫째, 인도차이나 지역(월남, 캄보디아, 라오스)에서 미국이 철수한 뒤에 워싱턴과 모스크바 사이의 지속적인 경쟁 과정에서 군사적 대결 대신 데탕트(détente；긴장 완화) 혹은 협상 정책이 개시되었다. 그 결과, 소련과 미국 사이에 교역상의 협조와 경쟁이 함께 이루어지고, 전략 무기 제한 협정(SALT)이 체결되어(1972년 5월) 군비 경쟁이 제한됨과 동시에 문화적 교류도 이루어져, 두 초강대국들의 냉전 자세가 부드럽게 변화되었다. 이렇게 되자, 중·소·미(中·蘇·美) 3각형의 세번째 변(邊), 즉 중미 관계의 변화, 다시 말해서 중국과 미국의 접촉이 매우 소망스러운 일이 되었다.

둘째, 월남전 노력은 한국에서처럼 중국의 개입을 자극하지 않도록 하기 위하여 월남 북부로 진공하지 않아야 할 필요성에 의해 언제나 제한되어 있었지만, 남부 월남에서 미국이 패배하는 것을 본 모택동은 중국에게는 소련의 '사회주의적 제국주의'가 '주요한 모순'인데 비해, 미국의 자본주의적 제국주의는 '덜 주요한 모순'이라는 결론을 내렸다. 이처럼 북경 당국은 러시아를 제1의 위협으로 평가하였기 때문에, 관계를 회복하려 한 닉슨 행정부의 신중한 노력에 적극적인 반응을 보였다.

22년간의 반목을 타개하는 과정은 실로 극적이었다. 1971년 4월에, 뜻밖에도 북경 당국은 '민간 외교'를 가장하여 미국 탁구 선수들과 언론인들을 환영하였다. 7월에는, 닉슨은 갑자기 자신의 국가 안보 보좌관인 헨리 키신저(Henry Kissinger) 박사(뒷날의 국무 장관)가 대통령의 방문을 준비하기 위하여 북경을 비밀리에 방문하였다고 발표하였다. 10월에는, 대만의 중화 민국이 국제 연합(UN)에서 축출되고 중화 인민 공화국이 들어갔다. 1972년 2월에, 닉슨 대통령이 북경을 방문하여 모택동 당 주석을 만나고, 주은래 수상과 함께 상해에서 공동 발표문(communiqué)에 서명하였다. 이 문서는 몇 가지 문제에 대한 쌍방의 서로 다른 견해를 적시하였으나, 통상과 문화 교류를 발전시키고 정상적인 관계로 향해 나아가기 위한 공동 노력에 합의하였다. 1973년 5월에, 양국 정부는 대사를 책임자로 한 연락 사무소의 형태로 초기 단계의 외교 공관을 북경과 워싱턴에 개설하였다.

이 새로운 질서 아래에서 교역이 발전되고 수많은 대표단이 왕래하였으며(주로 기술 분야에서), 수천 명의 미국인들(주로 중국계)이 인민 공화국을 방문하였다. 중국측의 입장에서 본다면, 이것은 전세계에서 오는 다른 외국인들에게도 이미 개방된 바 있는 중국내의 관광 여행로로 미국인들을 데려오는, 통제하면서 접촉하는 대규모 정부 계획의 하나였다. 사실 이러한 외국인 관광 여행은, 내국인 대표단을 산서성(山西省) 대채(大寨, Tachai)의 생산대와 같이 농업 부분에서 성공한 사례와 동북방 대경(大慶, Taching) 유전(油田) 지대와 같이 공업 부문에서 성공한 사례를 직접 보고 배울 수 있도록 모범적인 시범 도시들로 데려가는, 대규모의 대내적 계획에 추가된 것이었다. 이와 같이 미국과의 접촉은 중국을 개조하기 위해 진행중인 노력과 부합되었다.

미국측이 "대만 해협 양편의 모든 중국인들은 오직 하나의 중국이 있을 뿐이고 대만은 중국의 일부임을 지지한다."는 사실을 인정했을 때, 상해 코뮈니

케는 대만의 지위까지 규정하였다. 미국은 "중국인 자신에 의한 대만 문제의 평화로운 해결"을 기대하였다. 따라서 미국은 완전한 철수를 최종적 목적으로 하여 대만에 주둔하고 있는 미군을 감소시키게 되었다. 이 문서에 함축되어 있는 것과 하나의 중국 개념을 받아들인 것은 워싱턴 당국이 결국은 북경과의 완전한 외교 관계, 즉 '정상화'를 달성하기 위하여 대북(臺北)에 대한 외교적 승인을 철회하게 될 것임을 뜻하였다. 그러나 1949년부터 두 개의 개별적 정부가 존재하였고 각자가 하나의 중국이 될 것이라고 주장해 왔기 때문에, 이 유력한 문구가 실제보다는 관념(사실 전통적 중국 국가의 중심된 신화)을 표현하였다고 보는 것이 무난하다. 이로 인해 대만의 역사와 상황이 특별히 중시되었다.(27 장 참조)

1972년의 상해 코뮈니케 이후, 1974년 8월에 닉슨 대통령이 사임함으로써 절정에 오른 워터게이트(Watergate) 조사의 혼란으로 인해 관계 정상화를 향한 미국인들의 발걸음이 느려지게 되었다. 키신저 박사가 북경을 다시 방문하였고, 1975년 12월에는 포드(Ford) 대통령도 방문하여 정상화 정책을 확인하였다. 그러나 북경과 대북은 여전히 워싱턴과 몇몇 다른 수도들에서 함께 중국을 대표하였으며, 국제 기구에서만 북경이 단독으로 중국을 대표하였다.

지연의 또 다른 원인은 북경에서 전개된 일련의 투쟁에 있었으니, 이곳에서 등소평이 승리하여 '최고 권력의 지도자'가 된 것은 1978년말이었다. 반공(反共)은 여전히 미국에서 광범위한 대중적 정서였으나, 일단 등소평의 지도력이 안전하게 확립된 것으로 보이게 되자, 1979년 1월 1일에 카터(Carter) 행정부는 북경의 인민 공화국을 중국의 정부로 인정하였다. 1972년에 있었던 일본의 예를 따라, 미국 의회는, 1979년 4월에 대만 관계법을 통과시켰는데, 이 법은 미국의 교역과 투자 및 대만과의 문화적 관계를 지원하는 법적 장치들을 존속시키는 것이었다. 외교적 승인이 철회되었다. 지금까지의 대사관은 대만 주재 미국 연구소가 되었으며, 그 직원은 그때까지는 외교관이었으나 이후부터는 재외 공관에서 휴가 나온 신분이었다. 이런 식으로, 미국은 결국 애국적인 중국인들의 '하나의 중국설'과 대만은 바다로 에워싸인 별개의 성(省)으로서 독자적인 정부와 군대를 갖는다는 사실을 인정하게 되었다. 대만에 대한 미국의 군사 원조는, 비록 규모의 감소는 약속되었지만, 여전히 계속되었다.

1983년의 등소평.

등소평 지도하의 개혁

1978년말에 등소평이 지도력을 획득한 뒤, 중국 공산주의의 계급 투쟁 표어가 4화(四化), 즉 농업과 공업, 과학과 기술 및 군사 부문에서의 현대화 표어에 의해 밀려나 버렸다. 개혁 시기의 정책들은 문화 혁명 시기의 그것과 놀라울 정도로 대조적이었다. 제방이 무너짐에 따라 새로운 정책과 계획이라는 홍수가 범람하여, 모택동이 설파하였던 평등주의와 엄격한 이념적 열정을 압도해 버렸다. 몇 년도 지나지 않아, 중국인의 생활 방침이 아주 달라지게 되었다.

이러한 변화들은, 모택동의 지도력이 너무나 파괴적으로 끝나 버렸기 때문에, 매우 근본적인 것이었다. 모택동 자신만이 정확하게 불러 낼 수 있는 애매 모호한 계급 투쟁 표어의 이름으로, 그는 국가의 주요한 요소들을 공격하여 손상을 입혔다. 지식인들이 당의 열성 분자들에 의해 우파(右派)로 낙인찍혔다(1957). 광적인 실정으로 인해 수천만이나 되는 농민의 생명이 낭비되었다 (1958~1959). 당과 정부의 관료들의 활동은 홍위병에 의해 방해되었다(1967). 서로 다투던 홍위병 젊은이들이 군에 의해 시골로 내려 보내졌다(1968). 그리고 군의 총사령관 임표가 파멸되었다(1971). 모든 계란이 둥우리 안에서 깨져 버렸기 때문에, 모택동은 마침내 푸줏간에 나앉게 되었다. 지도력과 이념의 통합 위에 그 존재를 의존하는 거대한 중국 국가가 서로 다른 표어들을 외쳐 대는 여러 분파들의 상쟁을 보게 된 것이다. 그리하여 1978년 이후의 개혁은 당내에서 시작되지 않으면 안 되었다.

중국 지도층의 기운 회복　중국 공산당은 그 정통성을 재확립하기 위하여 국가의 양심으로 기능하고 불법적인 일들을 바로잡지 않을 수 없게 되었다. 문화 혁명에 희생된 수십, 수백만의 경우들이 1957년의 반(反)우파 운동까지 거슬러 올라가서 모두 재조사되었다. 한때는 국가 주석이었으나 1969년에 아무도 돌보지 않는 가운데 쓸쓸히 죽어간 유소기와 기타 많은 이들이 사후에 복권되었다. 살아 남은 교수들과 작가 및 당원들과 한때는 오명을 뒤집어쓰고 혹독한 취급을 받았던 사람들이 공직 생활로 되돌아갔다.

그 다음, 모택동의 후계자들이 신뢰성을 갖고서 나라를 다스리기 위해, 중국의 레닌이자 스탈린이었던 모택동을 공개적으로 재판하지 않으면 안 되었다. 1981년 6월에 중앙 위원회는 당내의 부르주아적 수정주의에 대한 모택동의 규탄을 부정하였고, 그의 위대한 초기의 공헌이 말년의 쓰라린 과오보다 70 대 30 정도의 비율로 더 무겁다고 결론지었다. 그러나 모택동의 사상은, 사회주의로 가는 도정의 중국 공산당 독재의 필요성과 함께, 중국의 진로를 안내하는 지속적인 길잡이로 환영받았다.

더 필요한 것은 당원을 재정비하는 거대한 작업이었다. 4,000만 당원 가운데서 반은 문화 혁명중에 입당하였다. 이들은 보통 교육을 받지 않은 대신, 이념적 열정으로 가득 차 있었다. 이런 사람들은 중국의 새 시대에서는 지도되기 어려웠다. 등소평의 이중적 문제는 지도자층과 평단원들을 함께 바꾸어야 한다는 것이었다. 은퇴 제도가 마련되었고, 나이 많은 지도자들은 명예로우나 실권이 없는 참사회로 초대되어, 봉급과 부수적인 여러 대우들——집, 시종, 대형 승용차, 특별 배급품, 특전 등——을 계속 유지했다. 명성과 개인적 관계에 기반을 둔 지도자들의 영향력은 시간의 흐름에 따라 증대되었기 때문에, 그것은 느린 과정이었다. 9년이 지나서야, 많은 장정(長征) 고참들이 죽음으로써 제거되었기 때문에, 은퇴 계획이 1987년 10월에 열린 중국 공산당 13차 전국 대표자 대회에서 성공을 거두게 되었다. 83세의 등소평이 나이 많은 경쟁자들을(등소평 자신은 당 군사 위원회 주석으로 계속 남았지만) 계획대로 은퇴로 이끌었다. 당의 새로운 지도자 조자양(趙紫陽, Chao Tzu-yang)의 지도 아래, 이제 50대말이나 60대가 된 장정 후 세대가 당 정치국과 권력의 정상에 있는 5인 상임 위원회를 접수하였다.

한편, 바로잡기 운동은 당원을 키질하여 부적격자를 당원에서 제외시키는 것을 목표로 했지만, 이 역시 느린 과정이었다. 20만 명 이상이 축출되고 32만 5,000명이 징계되었지만, 이는 전체 당원의 1퍼센트를 조금 넘는 수였다. 자연사하는 당원의 수가 늘어나고 1987년에 당원의 수가 4,700만 명으로 확대됨에 따라, 당의 구성비가 바뀌었다. 학교에서, 심지어는 대학에서 상당한 교육을 받은 당원의 비율이 약 3분의 1에서 2분의 1로 높아졌다.

당의 기운 회복은 '잃어버린 10년'을 벌충하고 현대화에 필요한 기술을 장려하기 위한 전국적 규모의 엄청난 교육상의 노력을 동반하였다. 중화 인민 공화국은 대학에서 교육받은 전문 인력의 부족에 직면하였다. 교육의 질을 선진 공업 국가의 수준으로 끌어올리려는 운동은 필연적으로 정예주의, 즉 뛰어난 인재를 찾는 전통적인 노력으로 되돌아가는 것을 의미하였다. 이 문제에 있어서는, 중국인들은 위대한 기술을 상속받은 바 있기 때문에, 복잡한 제도를 고안해 낼 수 있었다. 일반적으로, 고등 학교 수준에서 학생들을 능력별로 나누어 두 갈래로 선발하였으니, 그 중 소수의 정예 분자들은 보다 고급한 교육을 받도록 진학하였으며, 그 외의 많은 학생들은 유용한 기술과 전공 분야를 배우기 위해 직업 교육을 받게 되었다. 대학에 진학한 정예 분자들 가운데서도 소수의 초정예 분자들만이 정상의 지도자가 되기 위하여 몇몇 종합 대학에 가거나 해외로 유학하도록 되어 있었다.

1978년 이후, 다시 되살아난 국가 시험이 중학교 학생들을 열중케 하는 연례 목표가 되었다. 모택동 치하에서처럼 특별한 직업과 교육 기관에 자의적으로

지명되는 대신, 이제 학생 지원자들은 자기가 가고 싶은 곳을 표현하였으며, 교육 기관들은 점차 학문적 능력에 근거하여 그들을 선발하였다. 이와 동시에, 높은 수준의 질을 유지하고 다수의 교육받은 젊은이들을 실업 상태로 남겨두는 위험을 피하기 위하여, 학교와 졸업생들은 수적으로 감소되었다. 관리와 지식인들의 자녀들은 가정에서 일찍부터 글을 깨칠 수 있는 유리한 조건에서 출발하기 때문에 새로운 교육 엘리트를 형성하는 경향이 있었다. 이와 마찬가지로, 1,000여 개의 고등 교육 기관 가운데서 오직 몇 개만이 '중앙 대학'으로 선택되었다. 대학원 수준의 연구 기관들도 많이 늘어났다. 중앙 과학 연구원과 더불어 사회 과학 연구원이 북경에서 설립되었고, 각 성의 주요 중심부에는 동일 계열의 지부들이 세워졌다. 이러한 엘리트 제도를 통해 양성된 수천 명의 고급 인재들이 그 이상의 훈련을 위해 해외로 파견되었으며, 기업 경영 부분과 같이 높은 우선권이 주어진 특수 분야에서는 장·단기 과정이 중국 안에서도 개설되었다(그러나 1980년대 중반에 중화 인민 공화국에서 미국에 유학온 1만 내지 1만 5,000여 명의 학생들의 수는 대만에서 온 유학생들만큼이나 많지 않았다).

한편 일반 학교와 대학 외에도, 여러 종류의 특수 교육 기관들이 등소평의 4대 현대화의 필요성을 충족시키기 위하여 설립되었다. 공장들과 지방 정부 및 중앙 행정 부처들이 시간제 학교와 통신 교육 학교 및 기술 훈련 연구소 등을 세웠다. 교육 과정은 라디오와 텔레비전을 통해 제공되었다. 영어 공부가 붐을 이루었고, 일어 공부의 열기가 그 다음이었으며, 러시아 어에 관한 관심은 세번째로 밀려났다. 이 새로운 교육 시대에서, 너무나 많은 사람들이 너무나 많은 방법으로 너무나 많은 종류의 교육을 기대하였기 때문에 정상적인 교육 제도는 빙산의 일각이었을 뿐이다. 일본과 아시아 주변 국가들의 사회를 바꾸어 놓은 변화가 마침내 중국에서도 진행되는 듯이 보였다.

문화 혁명중에 정치화된 바 있는 인민 해방군에게는, 나아가 많은 장교들의 퇴진과 직업적 훈련의 부활이 요망되었다. 고등 교육에서처럼, 양을 감소시킴으로써 질을 개선하였다. 군병력을 약 4분의 1 정도 감소시켜 총 300만에 이르는 군대를 계속 남겨두었다. 초강대국들의 고급 기술은 채택되지 않았지만, 군대는 해외 공격을 위해서보다는 방어를 위하여 준비되었다. 중국이 1979년 초에 월남에 '한 수 가르쳐 주기' 위해서 공격을 기도하였을 때, 전장에서 단런되고 일부 미국 장비로 무장된 월남군을 다루는 데 상당히 애를 먹은 적이 있었다. 그러나 중국의 우주 로켓과 핵 개발 및 탄도 미사일을 발사하는 잠수함 등은 중국의 군사적 발전 능력을 보여 주었다,

경제 개발 문제   모택동이 통치할 때, 경제가 성장하였지만 중국의 인구도 증가하였다. 보수와 소비는 정체되었으나, 낭비와 비능률은 증가되었다. 과오의 일부는 계획 입안에 있었다. 농업을 희생하고 중공업을 통해 생산재에 투자하는 스탈린식 모형을 따르면서, 중국의 입안자들은 자본 대 생산량의 비율 (투자의 생산성)이 변하지 않을 것이라 생각했다. 그러나 실제에 있어 1960년대 와 1970년대 동안에, 투자는 증가하였는데 생산은 조금밖에 증가하지 않았기 때문에, 이 비율은 높아졌다. 예컨대, 1976~1980년의 제 5 차 5 개년 계획 기간 동안에, 1966~1970년의 제 3 차 계획 기간 동안에 얻은 만큼의 전력량(킬로와트 時)을 생산하기 위하여 투자한 액수는 3 배나 되었다. 투자액이 계속 증가했음에도 불구하고, 성장은 둔화되었던 것이다. 모택동을 추종하던 혁명 분자들은 물질적 자극과 대외 교육 및 기술을 경시하였다. 그들은 지역적 자급 자족을 요구하기까지 하였으며, 이로 인해 각 지역이 가장 잘 할 수 있는 것을 할 수 있게 하는 비교적 유리한 점을 무시하였다. 그 결과, 중국은 계속 동아시아의 다른 공업화 국가들보다 훨씬 더 뒤떨어지게 되었다.

 개혁자들의 새로운 접근은 물질적 자극을 부활시키고 외국의 교역과 투자 및 기술에 중국을 개방하는 것이었다. 자극의 부활은 농업 부분, 즉 70 퍼센트의 중국 인민이 살고 있는 촌락에서 가장 인상적이었다. 모택동주의의 집단 생산 체제하에서는 농민의 생계, 즉 이른바 '철로 만든 밥솥〔大鍋飯〕'이 보장되었기 때문에, 농민들의 생산 의욕이 약화되고 생산성이 하강하게 되었다. 벼종자가 개량되고 새로운 과학적 영농 방법이 적용되었음에도 불구하고, 집단 농장은 그토록 중세적인 것으로 보이던 가족 단위로 분산된 과거의 농경지에서보다 더 많이 생산하는 일에 실패하였다.

 1980년대의 치료법은 '책임'제였다. 이 제도하에서 각 가구는 집단 생산대로부터 할당받은 액수를 생산할 것을 협약한 다음, 잉여 생산분은 시장에 내다팔 수 있었다. 사영 농지가 전체 경작 면적의 15 퍼센트까지 확장되었고, 이로 인해 농민의 의욕이 되살아났다. 주로 사영 농지에서 이루어진 농장 생산

은 놀랍게도 생산량을 배가시켰으니, 이는 곧 '인민에 봉사'한다는 모택동의 교시보다는 물질적 자극이 더 효과가 있었음을 입증하는 것이었다.

등소평 치하의 또 다른 변화는, 앞서 모택동에 의해 '초기 자본주의'라고 비난받았던, 부업 활동을 농가에 허용하는 것이었다. 많은 결과가 잇따라 일어났다. 전체 농가의 6분의 1 정도가 운송, 수송, 사영 식료품점 및 기타 소비재 욕구를 충족시키는 서비스 분야에서 활동하게 되었다. 이들 농가들은 임금 노동도 허락받았다. 촌락민들 가운데서 기업가로서의 잠재적 능력을 갖고 있던 이들은 상당한 정도의 부를 쌓을 수도 있었다. 그들은 2층 집을 짓고 지방의 주요 인물이 되었다. 그들은 모범적 인물로 보여졌다.

기업을 경영하는 농가들은 곧 지방의 당 간부들과 협조하였다. 당 간부들이 경제적 활동에 종사하거나 그들이 갖고 있는 지위를 이용하여 이익을 추구한 것으로 생각되지는 않는다. 그러나 새로운 기업가들에게는 그들과의 접촉과 그들의 영향력이 유용한 것이었다. 그리하여 당 간부와 기업가들은 새로운 지방 엘리트로 출현하게 되었으니, 이는 과거의 지방 신사(紳士) 계급과 약간 비슷했다. 부패해질 기회가 많이 있었다. 전체적으로 보아, 경제적 혁신을 위한 새로운 기회들이 소비재와 서비스를 증가시켰고 촌락민들의 생활 수준을 개선하였다. 그러나 이익을 추구하려는 새로운 열의로 인해 인민 공사가 철폐되고 집단 기관이 퇴화됨으로써, 상대적으로 능력이 떨어지는 사람들의 생계 문제가 제기되었다.

공업 부문에서의 새로운 개발은 훨씬 더 혁신적이고 광범위한 것이었지만, 그것을 성취하는 데는 보다 많은 어려움이 뒤따랐다. 모택동 시대에는, 공장의 지배인들이 당 위원회의 긴밀한 감독하에 일하면서 국가가 지정해 준 생산 할당액을 채우지 않으면 안 되었으며, 이를 위해 계획 경제 체제가 그들에게 원자재를 공급해 주었지만 배분의 수단까지 언제나 제공해 준 것은 아니었다. 그 결과, 각 공장은 주기적인 생산 할당액을 채우기 위해 규정 외 시간까지 열심히 일하였지만, 그리고 나서는 다음 마감 시기까지 작업을 늦추면서 꾸물거렸다. 경비를 효율적으로 이용하려는 의욕이 거의 없었으며, 생산된 물품은 있지도 않는 구매자들을 기다리면서 문밖에서 썩고 있었다. 자신의 업적을 돋보이게 하기 위하여, 어떤 공장 지배인은 전체 경제에 대한 기여 여부가 불확실한 때에도 공장 설비를 추가로 계획하고 세웠다. 철제 밥솥은 한편으로 노동 생산성의 증가를 억제하였다. 보너스 지급에 의한 자극도 떨어졌다. 장기 결근 등으로 인해, 노동 훈련도 지지 부진하였다.

등소평의 개혁은 공장 지배인들을 '책임'제하에 놓아 두고, 적어도 명목상으로는 당 위원회의 철저한 감독으로부터 자유롭게 해 주었다. 할당량을 채우게 하는 대신에, 지배인들에게 국채를 주어 생산을 통해 이를 상환하도록 했다. 그리하여 공장 지배인들은 상환하여 이자 부담을 감소시키고자 하는 자극을 갖게 되었다. 경비의 효용성에 초점을 맞춘 이 새로운 정책은 지방 분산적인 계획 조절과 함께 추진되었다. 지방의 행정 지도가 중앙의 지령을 부분적으로 대체하였다. 북경 당국이 수입세의 지불과 국채의 상환만을 기대하자, 공장 지배인들은 지방 소비자들의 수요에 맞추어 생산하고 시장 가격으로 생산품을 판매할 수 있는 기회를 더 많이 가질 수 있게 되었다. 중앙 정부의 원료 공급이 감소됨에 따라, 공장 지배인들은 그들의 공급품을 시장에서 구매하였다. 그들의 자금(즉 국채)을 보다 자유롭게 투자할 수 있게 됨으로써, 공장 지배인들이 개인적 거래와 부패의 기회를 수없이 많이 갖게 되었지만, 이로 인해 개발이 자극된 것도 역시 사실이다.

기업이 성장함에 따라, 신용의 필요성도 확대되었다. 따라서 중앙 은행이 일련의 특수 은행들을 낳았다. 중화 인민 은행은 중앙 정책 입안 기관으로 남음과 동시에, 농업, 공업, 상업, 건설, 보험, 국제 무역 및 외환 등 여러 가지 업무를 취급하는 특약 은행들을 감독하였다. 이로 인해 전국에 걸친 은행 지부망이 크게 확장되어, 경제 성장을 이끄는 수단으로서 국채를 발행하고 이자율을 정하는 데 이용되었다.

국가 경제 부문이 가장 큰 문제였다. 1980년대 중반에, 도시 고용과 공업 생산에서 집단 혹은 협동 생산 부문이 점하는 비율이 25 퍼센트 정도였고 새로운 사영 기업 부문이 5 퍼센트 정도밖에 되지 않았는 데 비해, 국가 경제 부문이 차지한 비율은 70 퍼센트 정도나 되었다. 지금까지 중앙 정부의 관료들이 자원을 배분하고 생산 할당량을 정해 온 대규모 국영 기업체를 활성화하는 과정에서, 개혁 지도자들은 가장 어려운 도전에 직면하였다. 국영 기업체들은 낭비와 비능률을 몰아내기 위하여 이제 시장을 위해 생산하도록 고무되었다. 이는 시장 가격으로 원료를 사들이고, 무능하고 태만한 노동자들을 추방하며, 물품의 가격을 경쟁에 의해 책정하는 것을 의미하였다. 그러나 이러한 경쟁은 공장이 파산하여 문을 닫을 수도 있는 가능성도 열어 놓았다. 그리하여 저항이 일어났고, 이러한 저항은 흔히 이념적 용어로써 표현되기도 했다. 지금까지는 대부분의 가격을 국가가 정하였을 뿐만 아니라, 중국의 전통적인 방식대로 지방의 공장들에게 그 지방 시장에 대한 독점권을 부여해 왔다. 이제 공급과 수요에 의해 책정된 새로운 자유 시장 가격은 관료들의 기득 이익을 위협하는 경쟁을 창출하였다. 자유 시장의 힘과 계획된 통제 경제를 결합하는 일은 매우 어려웠다. 물품의 자유 시장화가 노동과 자본(주로 시장)의 자유 시장화까지 요구하지 않을까? 자유 시장 경제 원리의 도입이 어디까지 진행될 것인가?

1980년대에, 중국은 관료주의적 통제 경제와 시장 경제 체제가 혼합되는 방향으로 움직였다. 일본, 남한 및 대만 등도 모두 그리하였지만, 사적 민영 부문이 지배적 역할을 수행하였다. 이에 반해, 중국은 대부분의 기업을 민간에 맡기는 대신, 국영 기업이 지배적 위치에 남아 있었다. 중국은 자본주의적 길을 걷지 않았다. 경쟁과 생산량을 자극하기 위해 시장의 힘에 의존하는 것이 중국이 택한 새로운 산업 전술의 일부였다. 등소평의 개혁으로 소비 제품을 생산하기 위해 경공업이 구축되었다. 그 결과, 보다 높은 임금과 사적 이익으로 부추겨진 국내의 수요를 충족시킬 수 있었다. 직물, 의류, 자전거 등과 같은 소비재가 외환을 확보하고 외국의 기술을 도입하기 위해 수출될 수도 있었다.

문호 개방과 그 결과　1980년대초, 중국의 산업 경기는 모택동주의와 반대되는 또 다른 정책, 즉 외국의 무역과 투자에 문을 여는 등소평의 개방 정책에 힘입었다. 모택동 시대의 중국은 자본주의로 하여금 가급적 나라 바깥에 멀리 있도록 하였으나, 등소평의 개혁 계획은 이제 그것을 안으로 불러들여 경제 성장을 촉진시키는 것이니, 이것은 물론 다른 나라들이 공업화의 초기 과정에서 경험한 것이었다. 외국 도움을 받지 않은 것이 중국을 후퇴시켰음은 의심할 바 없는 일이다.

교역과 자본에 새로이 문호를 개방한 결과는 복합적이기는 하나 자못 볼 만한 것이었다. 1978년 이후 중국의 자원과 산업을 개발하기 위해 외채를 빌리려는 엄청난 열의가 처음에는 너무 과도하게 팽창되어 실패로 돌아갔다. 일본, 미국, 유럽 등과 합작하려는 웅대한 계획과 광범한 협상은 그 규모가 축소되었다. 그 대신 중화 인민 공화국은 외국의 투자를 유인할 조건을 구축하기 위하여 4개의 경제 특별 구역〔特區〕을 만들었는데, 그 중 가장 눈에 띄는 곳이 홍콩 바로 옆에 있는 심천(深圳, Shenzhen)이었다. 이들 특구에서는, 외국인 투자자들이 중국인 동업자들과 함께 모험적 사업에 참여하는 동안 외국인 생활 방식에 편의한 시설은 제공하였다. 특구는 일반적인 중국 경제와는 따로 구별되어 있었다. 특구의 설치와 더불어, 외국의 통상에 특별히 적합한 14개의 항구들을 개방하였다. 이들 개항장들은 19세기의 조약항들을 연상시키는 바가 다소 있지만, 이제는 외국인이 아닌 중국인 자신들이 생각한 대로 운영하였다. 1980년에 중국은 국제 통화 기금(IMF)과 세계 은행(WB)에 다시 참여하였다. 외채가 외환 준비금을 만들어 주었다.

　대외 무역으로 인해 외국과의 합작 조정을 위한 상법을 가르칠 법률 전문 학교의 설립이 요망되었다. 그러나 중국의 사회주의 경제의 성장, 특히 정부 관청들간의 수평적 관계로 인해 계약, 노동, 계획, 파산 등에 관한 새로운 법률 제정이 이미 요망되고 있었던 것이 사실이다. 따라서 매년 열리는 국가 인민 회의는 새 입법을 논의하는 토론의 광장으로서 새로운 중요성을 갖게 되었다.

　등소평이 일단 개발에 착수하자, 많은 변화들이 중국 정부 안에서 일어났다. 모택동은 국가 안보를 위하여 북경 각 부처의 통제하에 내지의 각 성에서 중공업을 발전시키려 노력했다. 그러나 이제 이러한 중공업 개발 대신에, 생산물을 해외에 판매할 수 있는 항구 도시와 경공업의 성장을 강조하게 되었다. 이러한 사업들은 북경 당국의 통제를 보다 덜 받았다. 기업은 지방 분권화를 요구하였으며, 북경 당국은 번거롭게 중앙 정부 각 부처에 의존하는 대신, 다양한 산업 제분야에서 이루어지는 광범위한 개발을 조정할 협회와 위원회를 많이 설립하는 것이 편의하다는 사실을 곧 발견하였다. 예컨대, 수많은 정부 기관들이 종합 교육 위원회 산하에 결합되었으며, 다른 기관들은 석유 화학 위원회 혹은 조선 담당 부처의 산하로 묶여졌다. 가장 혁신적인 것은 중화 국제 무역 투자 협회였으니, 이 기관은 과거에 다국적 기업 형식으로 세계적 사업을 개발한 바 있는 상해의 저명한 자본가에 의해 운영되었다. 개방 정책으로 인해 외국의 많은 경제 제도들, 심지어는 주식 시장까지 연구하고 부분적으로 모방하게 되었다. 그리하여 등소평의 중국은 여러 가지 다양한 방법으로 활기찬 경제 성장의 꽃을 피웠다.

이러한 성장 문제는 굉장한 것이었다. 그러나 에너지 공급과 수송 문제는 여전히 부적절한 상태에 놓여 있었다. 석유 생산이 증가되었지만, 중국의 수요를 충족시키기에는 부족한 것으로 느껴졌다. 석탄은 여전히 주요 연료였지만, 매장량의 대부분은 내지 —— 예컨대, 산서성 —— 에 있고 제 1의 소비처는 연안 지방이었다. 외국 장비의 수입은 제한된 외환으로 인해 억제되었다. 현대적 공업 경영자의 필요성은 해외 유학생의 파견으로 부분적으로는 해결되었으나, 이 역시 시간이 걸리는 일이었다. 또한 시종 일관 누그러지지 않는 인구 성장이 중국 농업의 자급 자족을 위협하였다.

1980년대초에 실시된 중국 최초의 근대적 인구 조사에서 10억 이상의 인구가 파악되고 그 가운데서도 아이를 가질 수 있는 연령 집단이 압도적으로 많다는 사실이 확인된 뒤, 전통적 가족 제도와의 치열한 갈등을 무릅쓰고, 한 부부 한 자녀 갖기 국가 정책이 공식적으로 추진되었다. 한 아이 정책은 도시에서는 약간 성공하였지만, 농촌에서는 자신의 노력으로 번창한 농가가 여분의 일손을 필요로 하였기 때문에 효과를 거두지 못했다. 또한 농꾼으로 일하고 가계를 이을 아들을 선호하는 경향으로 인해 여자 아이를 살해하는 경우도 있었다. 한 부부 한 아이 갖기 목표가 농촌에서는 성공할 수 없었기 때문에, 피임약(기구)과 낙태의 효용성에도 불구하고, 21세기 중엽까지 15억 인구로 증가되는 것이 불가피한 것으로 보인다. 과거에는 이러한 인구 증가가 전쟁과 기근에 의해 억제되기도 했다. 그러나 녹색 혁명과 개선된 수송 체계의 결합으로 인해, 공업화되나 빈곤한 상태의 인구가 훨씬 더 많이 증가될 것이라는 전망이 가능하게 되었다.

공업화의 초기 국면은 불결한 사업이라는 법칙에서 중화 인민 공화국도 예외가 아니었다. 세계에서 가장 인상적인 제국 수도로서 오랫동안 아름다움을 유지해 온 북경이 매연으로 뒤덮여지고, 성벽과 성문 누각과 같은 오랜 기념물들이 파괴되었으며, 수백만의 새로운 주거지를 마련하기 위해 획일적인 고층 건물들이 건축되었다.

도시화의 폐해는 이미 외국풍의 상해(上海, Shanghai)에서 오랫동안 예시되었다. 초기의 모택동주의자들은 상해를 외국의 해군력에 취약한, 자본주의의 부끄러운 산물로 보고, 그것을 해체하여 내지로 옮기려 하였다. 그러나 그것이 공업 발달에 꼭 필요한 기지임이 입증되자, 상해는 하부 구조의 경제 기반을

1985년의 북경 거리 풍경. 일요일에 물건 사러 나온 이 엄청난 인파
가 중국의 높은 인구 밀도를 잘 보여 주고 있다.

거의 쌓지 못한 채 중공업의 책임을 떠맡았다. 운송, 건축, 하수 처리 등 사회
공공 사업들이 일반적으로 거의 주의를 받지 못하여 낡고 시대에 뒤떨어지게
되자, 근본적인 갱신이 필요하게 되었다. 그리하여 개혁 계획은 수송 부문에
서만 새로운 다리와 강밑 터널을 만들고 지하철 건설을 시작하였으며 항만 능
력과 공항을 확장하였다. 새로운 정책은 소비자 수요를 충족시키기 위해 경공
업을, 고급 기술을 촉진하기 위해 특수 교육 시설을 강조하였으며, 대외 무역
과 외국 자본가들과의 합작 투자 능력을 강화하였다.

문화와 정치 그토록 많이 개방되고 지방 분권화하는 와중에서, 공산당은
어떻게 통제력을 유지할 수 있었는가? 과거에도 흔히 그러하였듯이, 불일치
의 위험성은 일반적으로 작가와 예술가 및 지식인들 가운데 특히 많이 있었던
것으로 보인다.

중국의 전통 시대에는, 학자들이 국가에 봉사하였다. 국가는 그 자신의 정
통적 신념 체계를 선전하였으며, 학자들은 그것의 유지를 도왔다. 질서에 대

한 갈망이 있었다. 붕괴, 즉 질서의 결핍〔亂〕은 국가에 대한 위협으로 간주되었다. 이러한 관점은 문화주의, 즉 중국의 예술과 문학-철학 및 가치들이 보다 우월하고 외국의 것들은 보다 열등하다는 생각에 바탕을 두고 있었다. 이러한 전통적 태도 가운데 많은 부분이 근대적 시기로 계승되었으며 공산 국가에 의해 재강화된 경우도 가끔 있었다. 의견의 상이는 비건설적이고 비애국적인 것으로 간주되었다. 지식인들의 충성과 정통성이 다 같이 기대되었다. 마르크스주의의 원리는 유교적 교리가 학인-관료들에 중요했던 것만큼이나 공산당 간부들에게 중요하였다.

등소평 지도하의 당은 이러한 전통과 대결하면서, 경제 성장을 위해 개방을 고무하였다. 개혁에는 문학적 표현에 대한 당의 통제를 점진적으로 완화시키는 것이 포함되어 있었다. 이로 인하여, 작가와 교수들에 대한 문화 혁명의 끔찍스러운 공격이 그때 '상처입은 사람들'의 문학 속에서 기록될 수 있도록 허락되어, 개인적 재난의 묘사가 그들의 외상 —— 과학자들과 학자들의 사기 저하와 젊은이들의 냉소벽 —— 을 치료해 줄 수 있게 하였다. 예술에 대한 정치의 무거운 압력을 비교적 가볍게 함으로써, 모든 종류의 문화적 활동이 부활될 수 있었다. 전통적 중국 창극이 다시 상연되었고, 수백 종의 새 잡지들이 나타났으며, 수천 종의 외국 도서와 잡지들이 번역, 출판되었고, 선별된 외국 영화와 텔레비전 쇼를 볼 수 있도록 다시 허락되었다. 작가와 예술가들은 새로운 기술을 경험하고 중국 문제의 연구에 더 깊이 몰두하였다. 지금까지 금지되어 온 사랑, 강간, 부패, 부정 등을 주제로 한 이야기들이 표현될 수 있었다. 이제 중국 인민들이 혁명에서 얻은 경험의 자국에서 위대한 문학과 예술 작품들이 나오게 될 것임이 분명하게 되었다.

변화의 속도를 조정하기 위하여, 개혁 운동 안에서 급진파와 온건파 사이에 시소 게임이 벌어졌다. 보수적인 온건파 사람들은 도시의 젊은이들이 좋아하는 새로운 외국 유행과 생활 방식 —— 디스코, 비키니를 입은 여자들의 육체미 운동, 전자 장치에의 열중, 모든 방면의 상업 광고 등 —— 을 보고 경악하였다. 이러한 개인적 자기 만족과 물질주의의 폭발을 억제하기 위한 운동이 시작되었다. 1979~1980년에는 북경의 '민주의 벽' 벽보를 통해 진정한 민주주의를 요구하는 정치 개혁에 대항하여, 1980~1981년에는 문학과 예술의 '부르주아적 자유주의'에 대항하여, 1983~1984년에는 '정신적 오염'에 대항하

여, 그리고 1985~1986년에는 '건강하지 않은 경향'에 대항하여 운동이 전개
되었다. 허용과 억압 사이에서 동요하는 이 모든 정책적 진동 가운데서, 등소
평은 한편으로는 도덕적 붕괴와 사회적 불안정을 걱정하는 보수적 개혁가들의
입장을 인정하고, 또 다른 한편으로는 혁신과 창조적 자기 표현을 요구하는
급진적 개혁가들의 입장을 접수함으로써 적절한 균형을 이루려 노력하였다.
1986년 12월에, 학생들의 시위대가 다시 거리로 몰려나와, 경제적 현대화가
정치적 현대화 —— 다당제(多黨制), 출판의 자유, 경쟁적인 선거, 공식적 이
념의 철폐 등—— 를 동반해야 한다고 요구하였다. 보다 역동적인 시장 경제
를 관료가 지배하는 통제 경제에 접목시키는 문제와 마찬가지로, 이러한 정치
적 요구들은 시간 조정과 통제라는 고통스러운 문제들을 제기하였다.

　등소평 지도하의 중국 공산당은 그 주장을 최종적인 권력에 완강하게 의존
하면서 서서히 양보하였다. 매년 열리는 국가 인민 회의는 정책 결정 과정에
서 보다 더 큰 역할을 수행하기 시작하였지만, 여전히 조언자의 입장으로 남
아 있었다. 민주주의로 향하는 움직임은 당 중앙 위원회에 뽑힐 수 있는 후보
자들을 몇 명 더 많이 지명하는 것으로 상징되었다. 그러나 중국 공산당은 법
위에 서 있었고, 그 자신에 대해서만 책임질 뿐, 다른 어느 누구에 대해서도
책임지지 않았다. 당은 1981년 6월에 설정된 '4 가지 기본 원칙'의 한계 안에
서만 창조적일 수 있는 자유를 지식인들에게 부여하였다. 그것은 마르크스-레
닌주의와 모택동 사상의 보존, 중국 공산당의 지도, 인민의 독재, 그리고 사
회주의 노선 등이 그것이다. 이러한 원칙은 의문의 여지가 없는 것이었다.

중국 혁명의 전망

　모택동에서 등소평으로의 진전은 우선 그 국제적 환경에서 바라볼 수 있다.
1940년대에는 스탈린의 러시아가 공산 세계를 지배하였다. 중국이 근 10여 년
동안 소비에트의 모범과 지도를 받아들였다는 것은 놀라운 일이 아니었다. 모
택동은 바깥 세계를 직접 경험할 기회를 갖지 않았다. 그가 성장한 조약항 중
국은 레닌의 제국주의 이론을 확인해 주는 것처럼 보였다. 모택동은 자본주의
국가는 경기와 파산의 순환에 종속되고 으레 그들의 노동자들을 착취한다는

관념을 받아들였다. 그는 비(非)공산 세계와의 경제 관계를 신뢰하지 않고 중국의 자급 자족을 기대하였으나, 경제는 정체하기 시작하였다.

모택동이 죽은 1976년 이후 10여 년 동안에, 분명하게 달라진 세계가 그 모습을 중국 앞에 드러내 보였다. 개혁과 경제적 현실주의의 파도가 소련과 다른 공산 국가들을 가로지르면서 부서졌다. 마침내 월남과 북한까지도 영향을 받았다. 그러는 동안에, 동아시아의 제 3세계, 즉 중국에 가장 가까웠던 주변 국가들이 자립하여 자본주의 국가가 되었고 높은 생산력과 복지로써 번영하였다. 레닌의 이론에 따르면, 이러한 일은 도저히 일어날 수 없는 것이었다. 더구나 마르크스주의는 스스로 과학적임을 자랑하였다. 과학이란 공산 세계 특유의 암호와 같은 말이었다. 그러나 공산 국가들은 과학적으로 후진하였다. 노벨(Nobel) 상은 서유럽과 미국 및 일본 등에 돌아갔으며, 동아시아의 비공산 국가들은 빠른 속도로 이들을 따라잡고 있었다. 따라서 1978년 이후, 등소평의 개방 정책은 경제에 활기를 불어넣기 위하여 외국의 무역과 투자를 이용하는 것을 목표로 하였다. 모택동은 비현실적으로 이론을 고집하였지만, 등소평은 실용주의적인 입장을 택하였다.

이와 유사한 대비가 중국의 성장과 변화의 내적 원동력을 특징지었다. 현대적 혁신이 고대의 전통과 조화를 이루지 않으면 안 되었다. 낡은 것과 새로운 것, 중국적인 것과 외국적인 것의 비율은 각 부문에 따라 달라질 것이다. 그리하여 경제 개혁의 부문에서는, 지방의 자급 자족을 갈망하는 모택동주의적 욕구가 국가적 조직의 필요성과 타협하지 않으면 안 되었으며, 시장의 힘이 중앙의 통제와 함께 행사되어야 했고, 개인 기업은 관료 조직의 계획에 따라 장려되어야 했다. 사회 생활의 부문에서는, 여성과 젊은이의 해방이 새로운 환경과 마찬가지로 낡은 가치에 의해서도 제한되어야 했다. 노동 단위는 각 개인을 인도하기 위하여 가족 제도와 경쟁하였다. 그러나 총체적 집단의 주장이 새로운 개인주의적 소비 생활의 욕구와 다투지 않으면 안 되었다. 정치 분야에서도, 이와 비슷한 경쟁이 새로운 관행들과 낡은 가치들 사이에서 현저하게 이루어졌다. 시험 제도가 부활함에 따라, 권력 소유자들이 훈련받은 엘리트를 이용하여 통치한다는 낡은 관념이 새로운 기반을 얻게 되었다. 어떻게 하면 현대적 대중 매체와 민주적 선거 절차가 대중 운동과 보안 경찰에 의한 조작 없이도 대중을 정치에 참여시킬 수 있을 것인가! 등소평의 참을성 있는 실용주의적 개혁은 우리로 하여금 학인 관료들이 당면 문제에 대처하기 위하여 인민의 생활을 조직화하였던 치국책의 오랜 전통을 연상케 한다. 목적은 여전히 보다 강력하고 고상한 사회를 창출하는 것이지만, 이 목적에 접근하는 방법은 단숨에 크게 약진하는 것이 아니라 한걸음 한걸음 앞으로 나아가는 것이었다.

　지금 중국에서 모양을 다듬고 있는 새로운 국가와 사회는 혁신으로 계속 우리를 놀라게 할 것이며, 동시에 외관상으로 이전의 시대로 되돌아감으로써 우리를 실색하게 할 것이다. 역사가 중국인 생활의 표면 바로 아래에 놓여 있어, 쉽게 접근하여 이용할 수 있다. 중국적 방식과 바깥 세계의 방식이 서로 수렴되는 경향이 이미 뚜렷이 나타나 있다. 그러나 과학과 기술, 이와 근사한 산물과 수법, 음식과 의류, 주택, 운송 및 통신 등의 소비 생활을 위한 모든 장치들이 우리의 사회 구조와 정치적 역사 및 가치상의 현저한 차이를 소멸시키는 데 성공하지는 못할 것이다. 중국과 미국의 전통상의 차이는 생태학적·인구 통계학적 환경의 차이와 마찬가지로 너무 커서 두 문화의 균질화(均質化)는 이루어지지 못할 것이다. 중국 인민들은 그들 자신의 땅에 닻을 내리고, 그들 과거의 그림자 속에서 계속 살아갈 것이다.

680

□ 역자 소개

김한규(문학박사 · 고대 동아시아사 전공)
서강대학교 사학과 교수
저서: 〈고대 중국적 세계질서연구〉 (1981)
       〈고대 동아세아 막부체제연구〉 (1997)

전용만(문학박사 · 중국 근 · 현대사 전공)
동아대학교 사학과 전임 강사(1983~1988)

윤병남(문학박사 · 일본사 전공)
서강대학교 사학과 교수　　.

동양 문화사(하)

발행일
1992년 1월 15일 초판 1쇄
2015년 8월 15일 초판 14쇄

옮긴이 김한규 · 전용만 · 윤병남
펴낸이 정무영
펴낸곳 (주)을유문화사

창립 1945년 12월 1일
주소 서울시 종로구 우정국로 51-4
전화 734-3515, 733-8153 | FAX 732-9154
홈페이지 www.eulyoo.co.kr
ISBN 89-324-5074-9 93920

越南
南中國
北中國
邊疆
韓國
日本
(1766?)
商(殷)
(1122 혹은 1027)
西周
770
770
722
東周
春秋時代
吳 楚 宋 魯 秦 晉 燕 齊
484
473
越
403
403
334
周
376 376
戰國時代
286
魏 韓 趙
東山文化
楚
256
南비에트(南越)
249
230 225 222 222 221
223
秦
221
218 秦 征服
古朝鮮
韓
조몬(繩文) 文化
206-195 高祖
206
180
157 文帝
141
月氏
武帝
前漢
匈奴
야요이(彌生) 文化
87
108
74
111 韓 征服
宣帝
漢四郡
49
33
37
成帝
57
7 B.C.
18
8 A.D.
8 A.D.
B.C.
A.D.
8-23 新(王莽) 8-23
B.C.
A.D.
25
42
光武帝
25
A.D.
57
明帝
75
後漢
146
桓帝
167
三國時代
189
220
獻帝
220
伽倻(任那)
우지(氏) 時代
200
222
三國時代
222
高句麗
百濟
新羅
古墳文化
吳 蜀漢 魏
鮮卑
280
西晉
265
304
317
317
313
十六國
317
東晉
386
386
拓跋
六朝
439
402
420
劉宋
420
北魏
479
南齊
柔蠕(柔然)
502
梁
535 西魏 東魏 534
552
557 陳 557 北周 550 北齊 577
552
562
589
隋
581
589
618 626 太宗
618
突厥
649 高宗
唐
668
663
645
大化

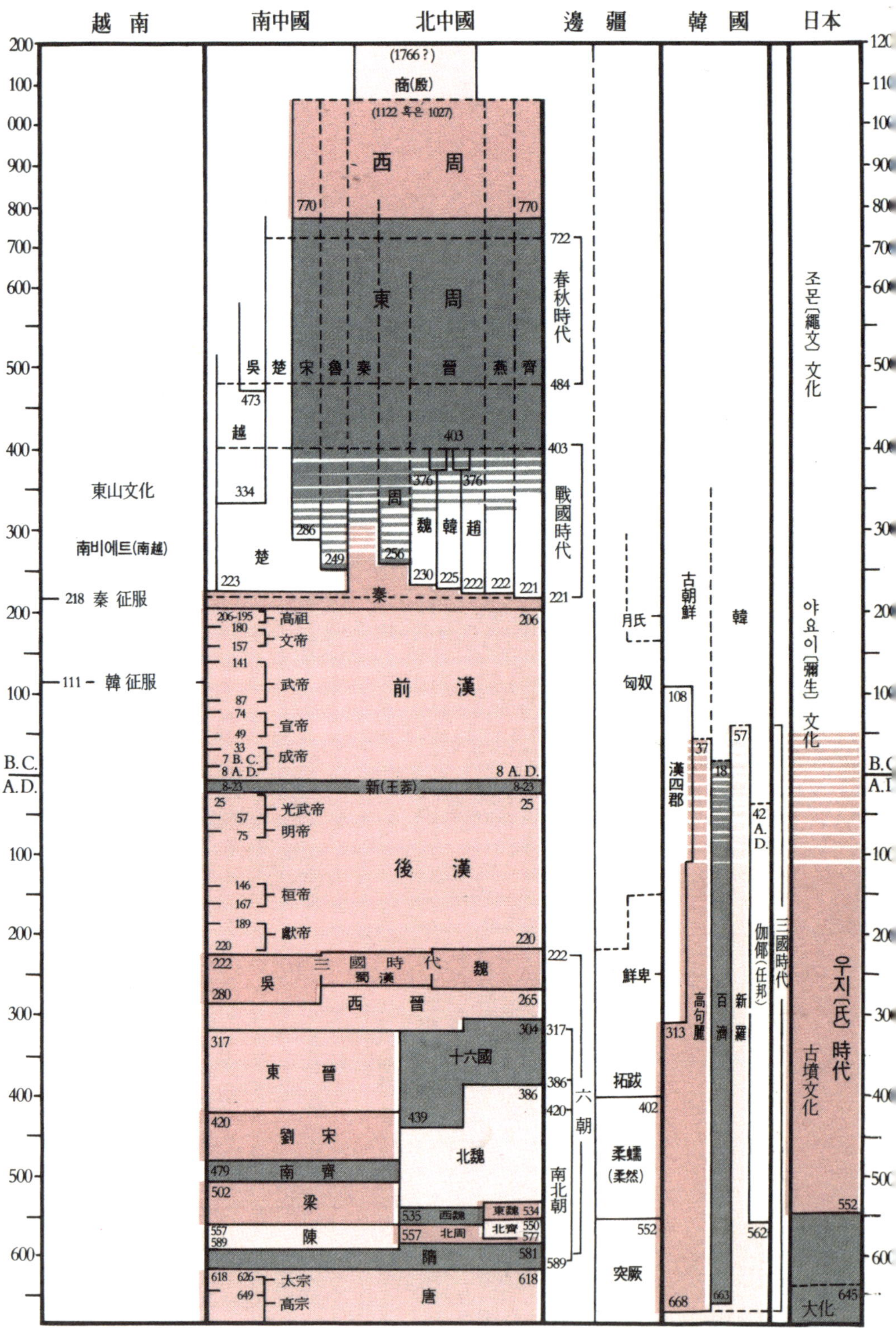

동아시아사 연표

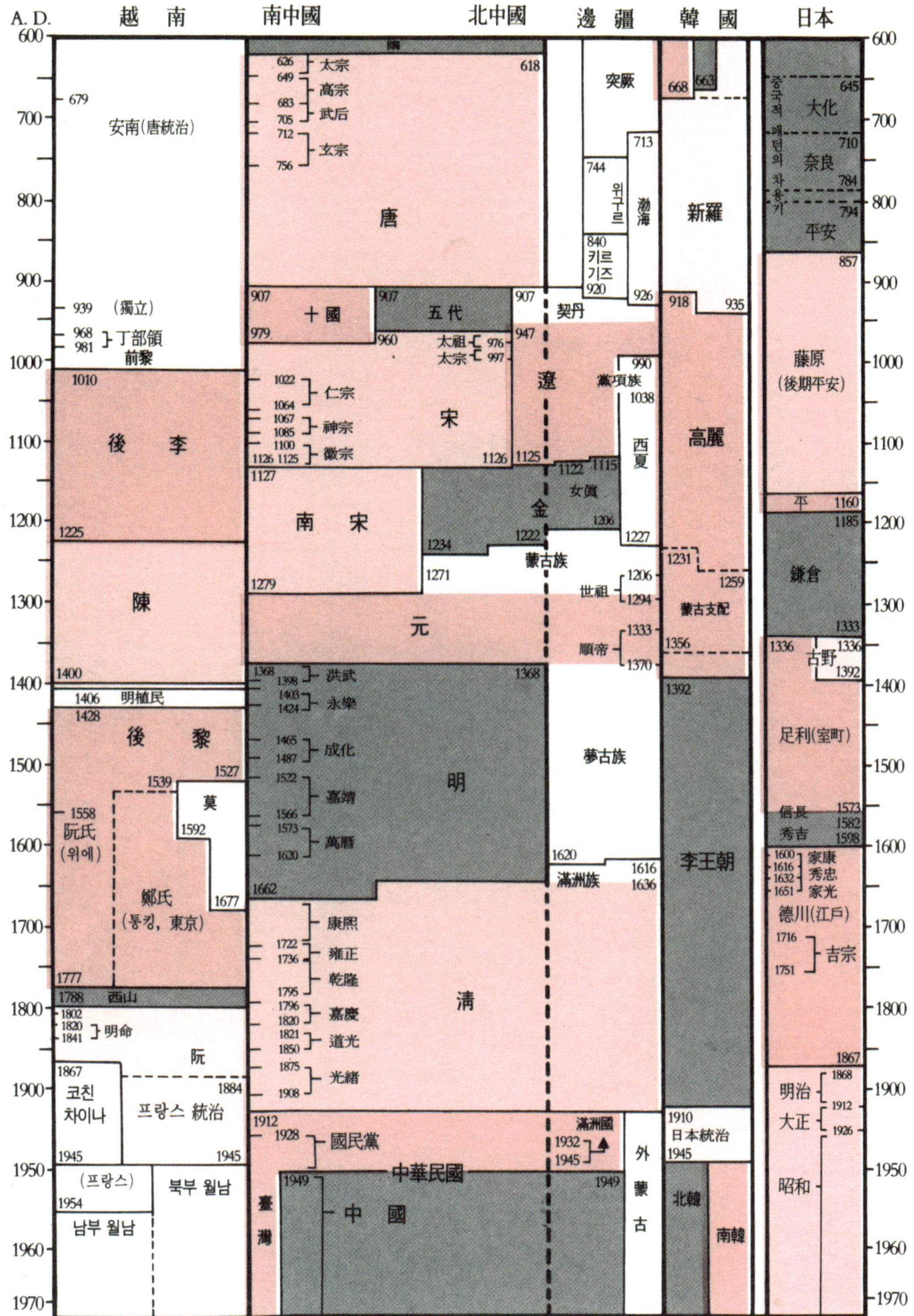

A. D.
越 南　南中國　北中國　邊 疆　韓 國　日 本
600
越南(唐統治)
安南(唐統治)
679
唐
626 太宗
649 高宗
683 武后
705
712 玄宗
756
隋
618
突厥
668 663
大化
645
奈良
710
784
平安
794
中국적 패턴의 차용기
渤海
713
744
위구르
840 키르기즈
920
新羅
918 935
926
藤原
(後期平安)
857
939 (獨立)
968 丁部領
981 前黎
1010
後 李
907 十國
979
907 五代
960
907 契丹
947
太祖 976
太宗 997
遼
黨項族
990
1038
高麗
1022 仁宗
1064
1067 神宗
1085
1100 徽宗
1126 1125
宋
1126
1125
1122 1115
女眞
金
西夏
平 1160
1185
鎌倉
1225
1127
南 宋
1206
1234 1222
1271
蒙古族
1206
世祖 1294
1227
1231
1259
蒙古支配
1356
陳
1279
元
順帝 1333
1370
1333
1336 古野 1336
1392
1400
1368
1398 洪武
1403 永樂
1424
1465 成化
1487
1522 嘉靖
1566
1573 萬曆
1620
明
1368
夢古族
足利(室町)
1406 明植民
1428
後 黎
1527
1539 莫
1592
1558
阮氏
(위에)
1677
鄭氏
(통킹, 東京)
1777
1662
康熙
1722 雍正
1736 乾隆
1795
1796 嘉慶
1820
1821 道光
1850
1875 光緒
1908
清
信長 1573
秀吉 1582
1598
1600 家康
1616 秀忠
1632 家光
1651
德川(江戶)
1716 吉宗
1751
1620
滿洲族
1616
1636
李王朝
1788 西山
1802
1820 明命
1841
阮
1867
코친
차이나
프랑스 統治
1884
1867
滿洲國
1912
1928 國民黨
中華民國
1932
1945
日本統治
1910
1945
明治
1868
大正 1912
1926
昭和
1945 1945
(프랑스)
1954
북부 월남
남부 월남
1949
臺灣
中 國
1949
外蒙古
北韓
南韓
600
700
800
900
1000
1100
1200
1300
1400
1500
1600
1700
1800
1900
1950
1960
1970